Gert Albert · Steffen Sigmund (Hrsg.)

Soziologische Theorie kontrovers

Kölner Zeitschrift für Soziologie und Sozialpsychologie
Sonderheft 50/2010

Sonderhefte
Begründet durch René König

Gert Albert
Steffen Sigmund (Hrsg.)

Soziologische
Theorie kontrovers

Kölner Zeitschrift für Soziologie und Sozialpsychologie

Begründet als „Kölner Zeitschrift für Soziologie" durch *Leopold von Wiese* (1948 – 1954)
Fortgeführt als „Kölner Zeitschrift für Soziologie und Sozialpsychologie" durch René König (1955 – 1985)
Herausgeber: Prof. Dr. *Jürgen Friedrichs*, Universität zu Köln, Prof. Dr. *Wolfgang Schluchter*, Universität Heidelberg und Prof. Dr. *Heike Solga*, WZB Berlin
Beirat: Prof. Dr. *Eva Barlösius*, Universität Hannover; Prof. Dr. *Jens Beckert*, Max-Planck-Institut für Gesellschaftsforschung, Köln; Prof. Dr. *Hans-Peter Blossfeld*, Universität Bamberg; Prof. Dr. *Christian Fleck*, Universität Graz; Prof. Dr. *Gisela Trommsdorff*, Universität Konstanz; Prof. Dr. *Paul Windolf*, Universität Trier
Redaktion: PD Dr. *Volker Dreier*, Forschungsinstitut für Soziologie der Universität zu Köln
Zuschriften werden erbeten an: Redaktion der Kölner Zeitschrift für Soziologie und Sozialpsychologie Forschungsinstitut für Soziologie, Lindenburger Allee 15, D-50931 Köln. Telefon: (0221) 470-2518 Fax: (0221) 470-2974; E-Mail: kzfss@uni-koeln.de; Internet: http://www.uni-koeln.de/kzfss/
Die KZfSS wird u. a. in den folgenden Informationsdiensten erfasst: *Social Science Citation Index* und *Current Contents* des Institute for Scientific Information; *sociological abstracts; psychological abstracts; Bulletin signalétique; prd*, Publizistikwissenschaftlicher Referatedienst; *SRM*, social research methodology abstracts; *SOLIS*, Sozialwissenschaftliches Literaturinformationssystem; Literaturdatenbank *PSYNDEX* Juris-Literaturdatenbank; *KrimLit* u.a.m.

VS Verlag für Sozialwissenschaften I Springer Fachmedien Wiesbaden GmbH
Postfach 1546 I 65173 Wiesbaden
Abraham-Lincoln-Straße 46 I 65189 Wiesbaden
Amtsgericht Wiesbaden, HRB 9754 I USt-IdNr. DE811148419

Geschäftsführer: Dr. Ralf Birkelbach (Vors.) I Armin Gross I Albrecht F. Schirmacher
Verlagsleitung: Dr. Reinald Klockenbusch
Gesamtleitung Anzeigen und Märkte: Armin Gross
Gesamtleitung Produktion: Christian Staral
Gesamtleitung Vertrieb: Gabriel Göttlinger
Abonnentenverwaltung: Ursula Müller, Telefon (0 52 41) 80 19 65; Telefax (0 52 41) 80 96 20;
E-mail: Ursula.Mueller@bertelsmann.de
Leserservice: Martin Gneupel, Telefon (06 11) 78 78-151; Telefax (06 11) 78 78-423;
E-mail: Martin.Gneupel@springer.com
Marketing: Ronald Schmidt-Serrière M. A., Telefon (06 11) 78 78-2 80; Telefax (06 11) 78 78-4 40;
E-mail: Ronald.Schmidt-Serriere@springer.com
Anzeigenleitung: Dr. Bianca Matzek; Telefon: (06 11) 78 78-321; Telefax: (06 11) 78 78-430;
E-Mail: bianca.matzek@gwv-media.de
Anzeigendisposition: Monika Dannenberger, Telefon (06 11) 78 78-1 48; Telefax (06 11) 78 78-4 43;
E-Mail: Monika.Dannenberger@springer.com
Es gilt die Sammelpreisliste vom 01.01.2010.
Produktion/Layout: Frieder Kumm, Telefon (06 11) 78 78-1 75; Telefax (06 11) 78 78-4 68;
E-mail: Frieder.Kumm@springer.com

Bezugsmöglichkeiten 2010: Jährlich erscheinen 4 Hefte. Jahresabonnement / privat (print+online) € 174,–; Jahresabonnement / privat (nur online) € 109,–; Jahresabonnement / Bibliotheken/Institutionen (nur print) € 269,–; Jahresabonnement Studenten/Emeritus (print+online) – bei Vorlage einer Studienbescheinigung € 59,–. Alle Print-Preise zuzüglich Versandkosten.
Die angegebenen Bezugspreise enthalten die gültige Mehrwertsteuer. Alle Preise und Versandkosten unterliegen der Preisbindung.
Kündigungen des Abonnements müssen spätestens 6 Wochen vor Ablauf des Bezugszeitraumes schriftlich mit Nennung der Kundennummer erfolgen. Jährlich erscheint ein Sonderheft, das nach Umfang berechnet und den Abonnenten des laufenden Jahrgangs mit einem Nachlass von 25 % des jeweiligen Ladenpreises geliefert wird. Bei Nichtgefallen kann das Sonderheft innerhalb einer Frist von 3 Wochen zurückgegeben werden.

© VS Verlag für Sozialwissenschaften I Springer Fachmedien Wiesbaden GmbH 2011
VS Verlag für Sozialwissenschaften ist eine Marke von Springer Fachmedien.
Springer Fachmedien ist Teil der Fachverlagsgruppe Springer Science+Business Media.

Die Zeitschrift und alle in ihr enthaltenen einzelnen Beiträge und Abbildungen sind urheberrechtlich geschützt. Jede Verwertung außerhalb der engen Grenzen des Urheberrechtsgesetzes ist ohne Zustimmung des Verlags unzulässig und strafbar. Das gilt insbesondere für Vervielfältigungen, Übersetzungen, Mikroverfilmungen und die Einspeicherung und Verarbeitung in elektronischen Systemen.

Satz: ITS Text und Satz Anne Fuchs, Bamberg
Druck und Verarbeitung: Ten Brink, Meppel
Gedruckt auf säurefreiem und chlorfrei gebleichtem Papier.

ISBN 978-3-531-17337-5

INHALTSÜBERSICHT

Einleitung

Gert Albert und Steffen Sigmund
Soziologische Theorie kontrovers – Eine Einführung 11

*I. Handlungstheorie:
Der Rational-Choice-Ansatz – Anomalien, Erweiterungen, Alternativen*

1. Die Theorie der Frame-Selektion als Überwindung
der Theorie der rationalen Wahl

POSITION
Hartmut Esser
Das Modell der Frame-Selektion. Eine allgemeine Handlungstheorie für die Sozialwissenschaften? 45

KRITIK
Karl-Dieter Opp
Frame-Selektion, Normen und Rationalität. Stärken und Schwächen des Modells der Frame-Selektion 63

REPLIK
Hartmut Esser und *Clemens Kroneberg*
Am besten nichts Neues? 79

2. Praxistheorie – die rationalere Wahl?

POSITION
Raymond Boudon
Ordinary vs. Instrumental Rationality 87

KRITIK
Andreas Reckwitz
Reasons and Beliefs or Scripts and Schemes? 106

REPLIK
Raymond Boudon
Rejoinder to Professor Andreas Reckwitz's Comment 116

3. Altruismus, Egoismus, Reziprozität

POSITION
Axel Ockenfels und *Werner Raub*
Rational und fair 119

KRITIK
Steffen Sigmund
Fair und rational? Handeln in institutionellen Konstellationen 137

REPLIK
Axel Ockenfels und *Werner Raub*
Rationale Modelle 147

4. Rationalität und Emotion

POSITION
Karen S. Cook and *Sarah K. Harkness*
Rationality and Emotions 154

KRITIK
Rainer Schützeichel
Emotions, Rationality and Rational Choice 169

REPLIK
Karen S. Cook and *Sarah K. Harkness*
Cognition, Emotion, Rationality and Sociology 178

II. Ordnungstheorie:
Die Pluralität von Modellen sozialer Ordnung und das Koordinationsproblem

5. Kollektives Wissen und epistemisches Vertrauen: der Ansatz der Sozialen Erkenntnistheorie

POSITION
Michael Baurmann
Kollektives Wissen und epistemisches Vertrauen. Der Ansatz der Sozialen Erkenntnistheorie 185

KRITIK
Martin Endreß
Zur Vertrauenswürdigkeit sozialen Erfahrungswissens 202

REPLIK
Michael Baurmann
Die Heuristik epistemischen Vertrauens 214

6. Signaling und die Theorie sozialer Normen

POSITION
Andreas Diekmann und Wojtek Przepiorka
Soziale Normen als Signale. Der Beitrag der Signaling-Theorie 220

KRITIK
Agathe Bienfait
Signaling-Theorie als Kulturtheorie 238

REPLIK
Andreas Diekmann und Wojtek Przepiorka
Der soziologische Gehalt der Signaling-Theorie 247

7. Koordination und Ordnungsbildung in der Akteur-Netzwerk-Theorie

POSITION
Annemarie Mol
Actor-Network Theory: Sensitive Terms and Enduring Tensions 253

KRITIK
Georg Kneer
Social Order from an Association Theory Perspective 270

REPLIK
Annemarie Mol
A Letter to Georg Kneer 279

8. Funktionale Differenzierung der Gesellschaft: Soziale Ordnung ohne Koordinationseinrichtungen?

POSITION
Richard Münch
Die Weltgesellschaft im Spannungsfeld von funktionaler, stratifikatorischer und segmentärer Differenzierung 283

KRITIK
Rudolf Stichweh
Funktionale Differenzierung der Weltgesellschaft 299

REPLIK
Richard Münch
Funktionale, stratifikatorische und segmentäre Differenzierung der Weltgesellschaft 307

9. Koordination durch Übersetzung?

POSITION
Joachim Renn
Koordination durch Übersetzung. Das Problem gesellschaftlicher Steuerung aus der Sicht einer pragmatistischen Differenzierungstheorie 311

KRITIK
Rainer Greshoff
Akteure als dynamische Kräfte des Sozialen 328

REPLIK
Joachim Renn
„Akteure" als Effekte sozialer Zuschreibungskonventionen 343

III. Kulturtheorie:
Kritik und Verteidigung des subjektivistischen Kulturbegriffs

10. Die Emergenz von Kultur

POSITION
Dave Elder-Vass
The Emergence of Culture 351

KRITIK
Jens Greve
Culture and Interpretation 364

REPLIK
Dave Elder-Vass
Can Groups Have Causal Powers? 378

11. Kultur als soziale Tatsache?

POSITION
Margaret Gilbert
Culture as Collective Construction 383

KRITIK
Annette Schnabel
Group Beliefs, Group Speakers, Power and Negotiation 394

REPLIK
Margaret Gilbert
Joint Commitment and Group Belief 405

12. Kultur als Kompromiss

POSITION
Andreas Wimmer
Kultur als Kompromiss 411

KRITIK
Wolfgang Ludwig Schneider
Kultur als soziales Gedächtnis 427

REPLIK
Andreas Wimmer
Wider die Austreibung von Macht und Interesse aus der Kulturtheorie 441

13. Brauchen wir den Systembegriff? Zur (Un-)Vereinbarkeit von Akteurs- und Systemtheorie

POSITION
Thomas Schwinn
Brauchen wir den Systembegriff? Zur (Un-)Vereinbarkeit von Akteurs- und Systemtheorie 447

KRITIK
Uwe Schimank
Wie Akteurkonstellationen so erscheinen, als ob gesellschaftliche Teilsysteme handeln – und warum das gesellschaftstheoretisch von zentraler Bedeutung ist   462

REPLIK
Thomas Schwinn
Erscheinen Strukturen nur als Systeme oder sind sie es wirklich? 472

14. Objektivitätsansprüche Kritischer Theorie heute

POSITION
Rahel Jaeggi
Der Standpunkt der Kritischen Theorie. Überlegungen zum Objektivitätsanspruch Kritischer Theorie 478

KRITIK
Axel Bühler
Abschied von der Kritischen Theorie 494

REPLIK
Rahel Jaeggi
Rekonstruktion, nicht Abschied! 498

IV. Methodologie, Methoden, Ontologie: Übergreifende Problemperspektiven

John Dupré
Causality and Human Nature in the Social Sciences 507

Gert Albert
Handlungstheorien mittlerer oder universaler Reichweite? Zu einer latenten methodologischen Kontroverse 526

Udo Kelle und *Alexander Nolte*
Handlung, Ordnung und Kultur und das Mehrebenenproblem der empirischen Sozialwissenschaften 562

Hans-Bernhard Schmid
Auf einander zählen. Rationale Idiotie, kollektive Intentionalität und der Kern des Sozialen 589

Die Autorinnen und Autoren 611
Summaries 617

Einleitung

SOZIOLOGISCHE THEORIE KONTROVERS – EINE EINFÜHRUNG

Gert Albert und Steffen Sigmund

Zusammenfassung: Die Geschichte der Soziologie ist von Beginn an eine Geschichte der soziologischen Kontroverse. Das erste Sonderheft der Kölner Zeitschrift zum Thema „Soziologische Theorie" nimmt diese fruchtbare Form der Kontroverse auf und gestaltet den Band mit vierzehn Kontroversen zwischen jeweils zwei Parteien sowie vier Beiträgen in der normalen Form des Artikels. Die Einleitung widmet sich zunächst einer kurzen Soziologie der soziologischen Kontroverse. Kontroversen werden als eine kommunikative Gattung im Sinne Thomas Luckmanns analysiert. Eine wissenschaftliche Kontroverse kann danach als schriftlich in der wissenschaftlichen Öffentlichkeit geführter Streit zur kritischen Prüfung wissenschaftlicher Erkenntnisansprüche bezeichnet werden. Sie stellt sich als eine eher symmetrische Form der Umsetzung der Norm des organisierten Skeptizismus und besitzt eine tetradische Grundstruktur. Da in der wissenschaftlichen Kontroverse, mit Simmel gesprochen, der Inhalt formbestimmend wird, ist sie zumindest in dieser Hinsicht der adäquateste kommunikative Ausdruck des kollektiven Unternehmens Wissenschaft. Empirische Recherchen zeigen, dass sich die Form der Kontroverse in vielen soziologischen Zeitschriften wie der *KZfSS* und der *AJS* zunehmend institutionalisiert hat. Anschließend werden die vier Blöcke des Bandes vorgestellt. Der erste Block beschäftigt sich mit Anomalien, Erweiterungen und Alternativen zur Rational-Choice-Theorie, der zweite Block mit dem Problem der sozialen Ordnung und mit dem der Koordination. Der dritte Block befasst sich mit den Fragen subjektiver und objektiver Kultur und der vierte, nun in Artikelform, mit übergreifenden Problemperspektiven aus anthropologischer, methodologischer und ontologischer Sicht.

Debatten um die Soziologie, ihre Theorien und ihre Methoden, ihre Aufgaben wie auch ihr Selbstverständnis sind Legion. Blickt man auf die Geschichte des Faches, so scheint die Soziologie einem inneren Zwang zur Selbstreflexion zu unterliegen. Beginnend mit dem berühmten *Werturteilsstreit,* der 1910 zur Gründung der *Deutschen Gesellschaft für Soziologie* führte, kam es in regelmäßiger Folge immer wieder zu Auseinandersetzungen über die begrifflichen, theoretischen, empirischen, methodischen und methodologischen Grundlagen des Faches, die sowohl Ausdruck disziplinärer Vitalität und Offenheit als auch Motor intellektueller Weiterentwicklungen waren.[1] Von der Etablierung der wissenschaftlichen Disziplin der Soziologie über das Vorantreiben methodologischer Grundlagenprogramme bis zur Herausbildung soziologischer Theorieansätze sind die grundlegenden Innovationen soziologischer Theoriebildung stets von mehr oder weniger heftigen Debatten über die aussichtsreichsten Pfade der soziologischen

---

1 Zum Werturteilsstreit und anderen bedeutsamen Debatten der Soziologie in Deutschland vgl. Kneer und Moebius (2010).

Begriffsentwicklung begleitet gewesen. Eines der Kennzeichen dieser Entwicklung ist, dass sie „multiparadigmatisch" und in wechselseitiger Befruchtung vor sich geht. Soziologische Theorieansätze stehen niemals ganz für sich allein, sondern finden ihre Formulierung meist in kritischer Auseinandersetzung und gegebenenfalls willentlicher Übernahme der Einsichten anderer Forschungsprogramme. Geltung erlangen sie *nicht allein* aufgrund weitgehender empirischer Prüfungen, sondern, auch in empirischer Hinsicht, aufgrund einer *kritischen Prüfung durch Konfrontation mit ihren Alternativen*.[2] Insofern lebt die Soziologie von Kontroversen, sie prägen ihre spezifische Gestalt. Es folgt eine kurze Analyse zur Soziologie der soziologischen Kontroverse, die unsere Wahl dieser Form für den vorliegenden Band begründet. Die Leserin und der Leser, die sich damit nicht weiter aufhalten wollen, seien auf S. 24 verwiesen, wo etwas zum Aufbau des Bandes und seinen einzelnen Beiträgen zu finden ist.

Die multiparadigmatische Grundkonstitution der Soziologie, ihr Neben-, Mit- und Gegeneinander theoretischer Forschungsprogramme, gestaltet sich etwas komplexer als es in den einfachen Darstellungen pluralistischer Theorieformationen zum Ausdruck kommt. In diesen residiert über der pluralistischen Theorienformation *die eine* Verfassung der Wissenschaft, die die methodologische Grundlage für alle verschiedenen Theorieprogramme bildet, Handlungsorientierung für den einzelnen Forscher bietet und kollektive Belohnungs- und Bestrafungsnormen impliziert. Zumindest in der Soziologie scheint die Lage aber etwas komplizierter zu sein. Hier besitzt fast jedes theoretische Forschungsprogramm eine jeweils eigene Verfassung der Wissenschaft, die jeweils unterschiedliche Handlungsorientierungen bietet und jeweils verschiedene Belohnungs- und Bestrafungsnormen involviert. Mit der Theorie ändern sich dann auch jeweils die Regeln ihrer Beurteilung, ebenso ändern sich damit die heuristischen Normen der Beurteilung der Theorieentwicklung. Trotzdem sind die Grenzen zwischen den einzelnen Theorieprogrammen und ihren Verfassungen nicht völlig distinkt, sondern fließend und es gibt in weiten Bereichen Überschneidungen. Einzelne Theorieelemente wie auch empirische, methodische oder methodologische Probleme und ihre Lösungen können für die verschiedenen Programme gleichermaßen interessant sein. Die jeweils verschiedenen Hintergrundsphilosophien als auch die damit verbundenen konkreten Verfassungen der Wissenschaft führen teilweise aber auch zu äußerst divergenten Beurteilungen und Einschätzungen von Theorieproblemen und deren Lösungen. Aus diesem Grund sind und bleiben die Debatten in der Soziologie virulent, lebhaft und flammen immer wieder auf. Es gibt vorerst keinen Grund anzunehmen, dass es zu einem völligen Abebben der damit verbundenen Kontroversen kommen könnte.[3] Insgesamt kommt der Kontroverse eine zentrale Bedeutung für die Soziologie zu. Um sich dieser Bedeutung etwas zu nähern, muss man sich aber intensiver mit der soziologischen Form der Kontroverse auseinandersetzen. Es folgt eine kurze Analyse zur *Soziologie der soziologischen Kontroverse*, die unsere Wahl dieser Form für den vorliegenden Band begründet.

---

2 Auch die Güte einer empirischen Untersuchung ergibt sich tatsächlich erst durch den Vergleich mit einem Konkurrenzunternehmen oder mit beispielhaften Untersuchungen, die sich auch auf ganz andere Bereiche beziehen können.
3 Unserer Begrifflichkeit nach kann eine Debatte mehrere Kontroversen beinhalten, wie bspw. den Werturteilsstreit und den Positivismusstreit, die im Prinzip zu *einer* Debatte gehören.

0. Zur Form der soziologischen Kontroverse

Kontroversen können in verschiedenen Bereichen vorkommen: im Recht, in der Politik, in der Philosophie, in der Wissenschaft oder auch in der Religion. Gerade in der Religion hat die Kontroverse eine lange Tradition. Im Christentum ist es sogar zur Entstehung einer „Kontroverstheologie" gekommen, die sich bis auf die Auseinandersetzung von Paulus mit Gemeinden anderer Ausrichtung zurückverfolgen lässt (Köpf 2001: 1651). Sie erhielt ihre Funktion meist im Kontext von Häresien und Kirchenspaltungen.

Die *Form der Kontroverse* kann sich mit verschiedensten Inhalten verbinden. Daher scheint es nicht unplausibel, Kontroversen als eine Art kommunikative Gattung, oder zumindest eine gattungsnahe Verfestigung kommunikativen Handelns im Sinne Thomas Luckmanns aufzufassen (Luckmann 1986, 2002, vgl. auch Knoblauch 1995; Schützeichel 2008). Während viele kommunikative Handlungen von Fall zu Fall spontan aufgebaut werden, kommt es bei den kommunikativen Gattungen zu einer Orientierung des kommunikativen Handelns an mehr oder weniger vorgegebenen Gesamtmustern, also zu einer Art Institutionalisierung kommunikativen Handelns (Luckmann 1986: 201). Sie sorgen für eine Synchronisierung der Handlungsziele und erleichtern die Koordination kommunikativer Handlungen (Knoblauch 1995: 165). Wie auch im Fall sozialer Institutionen können kommunikative Gattungen von der Bewältigung untergeordneter Handlungsprobleme, z. B. den Formen des Redezugwechsels, entlasten. Wissenschaftliche Kontroversen scheinen solche Züge der Institutionalisierung aufzuweisen.

Wie kann nun der Begriff der wissenschaftlichen Kontroverse genauer bestimmt werden? Bekannte Kontroversenforscher wie Marcelo Dascal typisieren die Kontroverse und verwandte Kommunikationsformen nach inhaltlichen Kriterien, ob bspw. eine Methode der Entscheidung der Auseinandersetzung in Form einer empirischen Prüfung oder ähnlichem vorhanden ist (vgl. Dascal 2006). Für eine soziologische Herangehensweise scheinen aber die sozialstrukturellen Merkmale von Kontroversen heuristisch wertvoller zu sein. Es bietet sich für unsere Zwecke daher folgende Begriffsbestimmung an: Eine *wissenschaftliche Kontroverse* kann als schriftlich in der wissenschaftlichen Öffentlichkeit geführter Streit zur kritischen Prüfung wissenschaftlicher Erkenntnisansprüche bezeichnet werden. Abzugrenzen wäre die Kontroverse damit zum einen vom wissenschaftlichen *Disput* als öffentlich geführter mündlicher Auseinandersetzung, zum anderen von der informellen, privat geführten wissenschaftlichen *Diskussion* schriftlicher oder mündlicher Art. Weiterhin lassen sich latente von manifesten Kontroversen unterscheiden. Bei einer *latenten* wissenschaftlichen Kontroverse bestehen offensichtliche Unterschiede in den wissenschaftlichen Überzeugungen, und es wird zwischen den streitenden Parteien bisweilen wechselseitig kritisch aufeinander Bezug genommen, aber erst in der manifesten Kontroverse wird die Position eines anderen Forschers zum Anlass genommen, eine Gegenposition oder zumindest eine Kritik zu verfassen und diese zu publizieren, meist in der Erwartung, dass der Angegriffene dazu wiederum öffentlich Stellung nehmen wird.[4] Schließlich lassen sich noch wissenschaftsbasierte von wis-

---

[4] Vgl. dazu auch die Unterscheidung von latentem und manifestem Konflikt von Tyrell (1976: 255).

senschaftlichen Kontroversen unterscheiden (Trischler und Weitze 2006b: 73). Während letztere nur mit Beteiligung von Wissenschaftlern vor einem wissenschaftlichen Publikum stattfindet, gibt es im ersteren Fall zwar zentrale wissenschaftliche Aspekte der Kontroverse, sie findet aber nicht nur vor der wissenschaftlichen Teil-Öffentlichkeit statt und es sind oft nicht nur Wissenschaftler an ihr beteiligt. Hier ist an massenmedial geführte Diskurse um Nutzen und Risiken wissenschaftlicher Erkenntnisse und damit verbundener Technologien zu denken, wie etwa im Fall der Kontroversen um die Atomkraft oder die Gentechnik. Im Mittelpunkt der Kontroversen-Forschung stehen meist die wissenschaftsbasierten Kontroversen.

Die inzwischen etablierte Kontroversen-Forschung interessiert sich ebenso wie die Forschungen zu den kommunikativen Gattungen für die temporalen Dimensionen ihrer Forschungsobjekte.[5] Hinsichtlich dieser temporalen Dimension von Beginn, Verlauf und Beendigung von Kontroversen hat sich die Kontroversen-Forschung vor allem auf letztere konzentriert: Es wurden verschiedene Typologien entwickelt, die Möglichkeiten für die „Schließung" (closure) von Kontroversen aufzeigen.[6] Eine davon unterscheidet bspw. vier Typen der Schließung: die Schließung aufgrund erlahmenden Interesses, die Schließung durch Macht, die Schließung durch Konsens, eine letzte, nochmals unterteilbare, die Schließung durch „sound argument". Andere, stärker differenzierende Typologien sind auch zu finden. Da hier nicht die Ergebnisse der Kontroversen-Forschung referiert werden sollen, die oft von einem eher philosophischen, denn einem soziologischen Interesse an ihrem Gegenstand zeugen, soll hier aber auf einen Punkt hinsichtlich des Beginns von Kontroversen aufmerksam gemacht werden, der für die Kategorisierung, welche Beiträge zu einer Kontroverse gerechnet werden müssen, interessant ist: Und zwar beginnen viele natürlich entstandene, nicht-organisierte Kontroversen erst mit der kritischen Reaktion eines Opponenten auf eine sie in irgendeiner Weise provozierende Schrift eines Proponenten.[7] Dies führt zu einer rückwirkenden Definition einer gar nicht als Kontroversen-Beitrag gemeinten Publikation als Teil einer solchen.[8] Während die Kontroverse also eigentlich erst mit der Publikation durch den Opponenten beginnt, wird der erste Beitrag des Proponenten eventuell auch gegen seinen Willen zum Teil einer solchen, und auch die mögliche Nicht-Reaktion des Proponenten auf die Kritik des Opponenten kann als Antwort gedeutet werden. Zum einen, dass es nicht wert sei, darauf zu entgegnen, zum anderen, dass der Proponent nicht fähig sei, eine überzeugende Antwort zu formulieren. Für die wissenschaftlichen Kontroversen als empirischen Gegenstand im Rahmen ihrer soziologischen Untersuchung als kommunikative Gattung ist diese Bestimmung durch rückwirkende Definition natürlich bedeutsam.

Für kommunikative Gattungen als prozessuale Sozialformationen sind die Analyse ihres Beginns, Verlaufs und ihrer Beendigung natürlich von großem Interesse. Trotzdem steht ihr die Untersuchung der strukturellen Beschaffenheit kommunikativer Gat-

---

5 Zur Kontroversenforschung siehe Eemeren und Garssen (2008), Engelhardt und Caplan (1987a), Liebert und Weitze (2006) sowie Machamer, Pera und Baltas (2000).
6 Schließung ist hier im Sinne von Beendigung gemeint (vgl. Engelhardt und Caplan 1987b).
7 Die Kontroversen dieses Bandes sind hingegen nicht-natürlich entstanden, sind also organisierte Kontroversen. Zur Unterscheidung Opponent/Proponent vgl. Dascal (2006).
8 Solche rückwirkenden Definitionen behandelt Ingo Schulz-Schaeffer (2008). Allerdings folgen wir nicht den bei ihm zu findenden anti-realistischen Implikationen.

tungen an Bedeutung nicht nach. Mit der Institution der Wissenschaft sei daher zunächst ein zentraler Aspekt der *Außenstruktur* der kommunikativen Gattung „wissenschaftliche Kontroverse" genannt. Die wissenschaftliche Kontroverse ist eine spezifische Form der Kommunikation, die innerhalb der Wissenschaft von dem Personal für das Personal dieser Institution geführt wird. Bei dieser Kommunikation sind die Leitidee, die Normen und Werte der Wissenschaft Teil der kollektiven, von den Mitgliedern des Personals geteilten Definitionen der Situation. Mit Robert Mertons klassischer und nach wie vor aktueller Analyse der Wissenschaft als Institution lassen sich einige Grundzüge, die für die institutionelle Definition der Situation eine Rolle spielen, aufklären (vgl. zum Folgenden Merton 1985: 86-99; Breithecker-Amendt 1992: 17-62; kritisch Felt, Nowottny und Taschwer 1995: 59-64). Das kulturelle Ziel der Wissenschaft besteht in der Erweiterung des abgesicherten Wissens, d. h. im Erkenntnisfortschritt. Auf diese Leitidee der Wissenschaft sind die Werte der Wahrheit, der Objektivität, der Unpersönlichkeit, der Originalität und der Bescheidenheit bezogen. Diese Werte müssen aber erst durch konkretere Normen spezifiziert werden, um verhaltenswirksam zu werden. Man kann hier technische von moralischen Normen unterscheiden. Technische Normen wären bspw. empirische Überprüfbarkeit und Widerspruchsfreiheit. Die vier zentralen moralischen Normen sind der Universalismus, der Kommunismus, die Uneigennützigkeit und der organisierte Skeptizismus. Sie sind für die Kontroversenforschung von besonderem Interesse. Der *Universalismus* fordert die Anwendung universeller Maßstäbe bei der Bewertung von Forschungsleistungen. So sollten wissenschaftliche Beiträge in Gutachterverfahren bspw. nicht deswegen bevorzugt werden, weil sie von einem Wissenschaftler mit hoher wissenschaftlicher Reputation geschrieben wurden – wobei gerade dies natürlich passiert. Merton hatte solche Reputationseffekte bekanntermaßen als Matthäus-Effekt („Wer hat, dem wird gegeben") bezeichnet. Die Norm des *Kommunismus* bezeichnet die nur eingeschränkten Rechte der Wissenschaftler an ihrem geistigen Eigentum. Demnach können sie zwar in Anspruch nehmen, als originelle Beitragende zum Erkenntnisfortschritt zitiert zu werden, ansonsten können aber alle Mitglieder des wissenschaftlichen Personals über die Ergebnisse der wissenschaftlichen Forschung frei verfügen. Damit ist auch eine Forderung nach Zugänglichmachung der Forschungsergebnisse durch Veröffentlichung angesprochen, auf die hin auch erst die Belohnungsstrukturen der Wissenschaft zum Tragen kommen. Die Norm der *Uneigennützigkeit* fordert schließlich ein Verhalten gemäß der Leitidee und den Werten der Institution der Wissenschaft und nicht nach rein persönlichen Vorlieben, Wünschen und Interessen.[9]

Die für unsere Zwecke hier zentrale Norm ist aber die des *organisierten Skeptizismus*. Sie fordert die grundsätzliche Bereitschaft, alle Forschungsergebnisse der Kritik und der Überprüfung nach Maßstäben der wissenschaftlichen Methode zu unterziehen. Die kommunikative Gattung der wissenschaftlichen Kontroverse scheint eine besonders enge Verknüpfung mit dieser Norm zu besitzen und eine besondere Form der kommunikativen Umsetzung gerade dieser Verhaltensmaßregel zu sein. Man kann sie als eine symmetrischere Form der peer-review auffassen, die ansonsten als Paradebeispiel für die konkretere institutionelle Umsetzung des organisierten Skeptizismus angeführt wird

---

[9] Mit Max Weber könnte man hier wohl von einer Forderung nach wertrationaler Handlungsorientierung sprechen.

(Weingart 2003: 21 Fn. 8). Die peer-review, durchgeführt als Gutachtersystem bspw. in Zeitschriften, scheint in der Regel durch ein für das „demokratische" Ideal der Wissenschaft eher untypisches Machtgefälle ausgezeichnet zu sein. Es ist nämlich kein institutionalisiertes Verfahren, im Falle einer Ablehnung den Autor des begutachteten Textes zu den negativen Gutachten zu hören, wenn er es wünscht. Die Entscheidung über Ablehnung oder Annahme eines Artikels erfolgt in der Regel nur aufgrund des eingereichten Artikels und der gegebenenfalls negativen Gutachten. Deswegen besteht hier eine starke Machtasymmetrie zwischen den Herausgebern, den Gutachtern und den Begutachteten. Diese Machtasymmetrie wird im Falle der wissenschaftlichen Kontroverse zumindest etwas aufgehoben. Die Möglichkeit des „Angegriffenen" sich öffentlich „zu wehren", bringt ihm die Möglichkeit, Richtigstellungen vorzunehmen und Gegenargumente vorzubringen, die die Angriffe oft in einem ganz anderen Licht erscheinen lassen, als wenn sie unwidersprochen blieben. Gleichzeitig bleibt aber das Kernanliegen der peer-review, nämlich die kritische Überprüfung der Erkenntnisansprüche durch qualifizierte Forscherkollegen, erhalten. Unter diesem „demokratischen" Aspekt muss die wissenschaftliche Kontroverse also als eine durchaus vorzugswürdige Umsetzung des organisierten Skeptizismus angesehen werden.[10]

Betrachtet man die *Binnenstruktur* der wissenschaftlichen Kontroverse, so ist zunächst auf deren materiale Grundlage in Form der wissenschaftlichen Sprache aufmerksam zu machen.[11] Diese stellt ein theoretisches Vokabular zur Verfügung, deren Gebrauch zumindest bis zu einem gewissen Maße verpflichtend ist. Die Problemstellungen der schriftlichen Beiträge einer Kontroverse müssen wissenschaftlicher Natur sein und ihre Behandlung in sachlicher, unpersönlicher Weise vorgenommen werden. Unterscheidet man neben Außen- und Binnenstruktur schließlich noch eine strukturelle Zwischenebene, die die kommunikative Situation in ihrer „Eigengesetzlichkeit" als strukturierte Interaktion thematisiert, so gehört zum Definitionsmerkmal der wissenschaftlichen Kontroverse, dass in ihr argumentativ auf die Erkenntnisansprüche anderer Bezug genommen wird. Dies ist aber zumindest im engeren Fall der Kontroverse in Zeitschriften auch verpflichtende Norm, dass nämlich ein Beitrag zu einer Kontroverse die argumentative Auseinandersetzung mit den Forschungsergebnissen anderer zum Inhalt haben *muss*.[12] Dabei sind bspw. offensichtlich missbräuchliche *argumenta ad hominem* als Abweichungen vom sachlichen Standard der Argumentation in der Regel nicht zugelassen; wobei hier die Grenzen natürlich nicht klar gezogen sind. Die Fokussierung auf ein zu diskutierendes Ober-Thema ist vermutlich auch implizit normiert: Niemand käme zumindest auf die Idee, als Beitrag zu einer Kontroverse einen Beitrag mit einer Vielzahl unzusammenhängender Themen einzusenden.[13] Eine weitere zentrale Norm

---

11 Damit ist nicht gemeint, dass die Kontroverse bspw. den „regulären" Zeitschriftenartikel ersetzen könnte. Sie baut ja oft, im Falle einer Kontroverse in einer Zeitschrift, auf ihm auf und umfasst ihn damit als „kleinere" Gattungsform. Aber natürlich könnte man darüber nachdenken, die asymmetrischen Begutachtungsverfahren etwas zu symmetrisieren, sie also demokratischer zu gestalten.

12 Für die Unterscheidung verschiedener Strukturebenen der kommunikativen Gattungen vgl. Luckmann (2002: 166 f.).

13 Es ist vermutlich davon auszugehen, dass als Kontroversenbeiträge verfasste Manuskripte dabei gleichzeitig oft ohne externe gutachterliche Prüfung den Weg in die wissenschaftliche Öffentlichkeit finden.

für die Kontroversen in Zeitschriften besteht wahrscheinlich auch in der Regulierung des Redezugwechsels, d.h. bevor eine zweite Wortmeldung eines der Kontrahenten erfolgen darf, muss der andere erst geantwortet haben.[14] Interaktionstheoretisch kann eine wissenschaftliche Kontroverse weiterhin als Abfolge von Publikationen aufgefasst werden, die auf einen Zweifel oder ein Bestreiten von Erkenntnisansprüchen oder auch nur von Teilen von Erkenntnisansprüchen eines Proponenten zielen, die dieser in einer vorhergehenden Veröffentlichung behauptet hat.[15] Das Ziel des kritisierenden Opponenten besteht in der Herbeiführung eines negativen Urteils der wissenschaftlichen Öffentlichkeit oder des wissenschaftlichen Publikums hinsichtlich der Erkenntnisansprüche des Proponenten. Jeder der Kontrahenten handelt durch das Bestreiten oder Verteidigen von Erkenntnisansprüchen gegen den vermuteten Willen des anderen und greift durch die jeweilige argumentative Kritik oder Verteidigung in die Interessensphäre des anderen zu dessen Schaden ein. Daher sähe jeder der beiden das Argumentationspotenzial des anderen lieber unrealisiert. Die präferierte Alternative bestände bspw. in der Billigung und hohen Einschätzung der eigenen Erkenntnisansprüche durch den anderen als eines beachtenswerten Beitrags zum wissenschaftlichen Erkenntnisfortschritt.[16] Dies ist im Falle der Kontroverse allerdings meist nicht oder zumindest nicht vollständig gegeben und so erfahren sich die zwei Kontrahenten mit ihrer Selbständigkeit und Handlungsautonomie jeweils als in bewusster Dissoziation stehend mit einem anderen, dessen „feindselige" Handlungspotenziale dem eigenen Zugriff entzogen sind.

Will man die Interaktionsstruktur der wissenschaftlichen Kontroverse noch präziser bestimmen, so lässt sich bei ihr, von Georg Simmel ausgehend, eine tetradische, also eine vierstellige Beziehungsstruktur ausmachen.[17] Zunächst lassen sich die zwei oben schon genannten kommunikativen Rollen des Opponenten und Proponenten unterscheiden (Dascal 2006: 26). Selbstverständlich kann eine größere Zahl von Kontrahenten Teilnehmer der Kontroverse sein. Die idealisierende Annahme der zwei gegnerischen Parteien findet aber seine Begründung zum einen darin, dass die minimale Teilnehmerzahl die von zwei Parteien ist, wobei eben auch mehrere Autoren zusammen eine Rolle ausfüllen können, zum zweiten in der realen Tendenz der Zuspitzung von wissenschaftlichen Auseinandersetzungen auf zwei polare Positionen hin (vgl. auch Tyrell 1976: 264). Zentral ist aber schließlich, wenn man Simmel folgt, dass sich bei einer quantitativen Bestimmtheit der Gruppe über die Triade hinaus keine grundsätzlich neuen Phänomene mehr ergeben, die nicht schon spätestens in der Triade aufgetaucht

---

13 Dies ist natürlich auch bei Zeitschriftenartikeln der Fall und wird aber im Falle eines Kontroversenbeitrags vermutlich strenger gehandhabt.
14 Eine in Buchform stattfindende Kontroverse kennt diese Beschränkung wahrscheinlich weniger.
15 Vgl. zu diesem Absatz Hartmann Tyrells Analyse zum „Konflikt als Interaktion" (Tyrell 1976: 255-261 sowie Utz 1996: 19-26).
16 Allerdings sind „Lobeshymnen" wohl eher in Beiträgen zu Büchern, wahlweise Festschriften, denn in Zeitschriften zu finden, da sie in der Regel seltener verfasst und wohl auch als wesentlich geringerer Beitrag zum Erkenntnisfortschritt betrachtet werden.
17 Wir orientieren uns hier primär an Richard Utz (1996), Hartmann Tyrell (1976) und selbstverständlich Georg Simmel (1992).

wären (vgl. Utz 1996: 26f.). Daher lässt sich die wissenschaftliche Kontroverse auch als Superposition triadischer Strukturen zu einer Tetrade deuten.

Zur Dyade der Rollen des Opponenten und des Proponenten muss also die Rolle eines Dritten, zunächst des Publikums, hinzugefügt werden (vgl. zum Folgenden Simmel 1992: 63-159, 284-382).[18] Dem Publikum kommt die Position des „tertius gaudens", des lachenden Dritten, zu. Es ist passiver Nutznießer der Konkurrenz zwischen Opponenten und Proponenten und wird ohne weiteres Zutun begünstigt, da die Streitenden zum einen die kritische Prüfung von Erkenntnisansprüchen quasi in Stellvertretung verschiedener Teile des interessierten Publikums übernehmen, zum anderen auch in der Art ihrer Darbietung in der Regel zumindest etwas um die Gunst des Publikums buhlen. Wobei dieses wiederum nicht als einheitlich gedacht werden darf, sondern als in unterschiedlichste epistemische Gemeinschaften und Netzwerke fraktioniert angesehen werden muss, sodass hier durchaus beide streitende Parteien zu den Gewinnern zählen können; nämlich indem sie bei möglicherweise unterschiedlichen Teilen des Publikums mit einem Gewinn an Reputation belohnt werden.[19]

Als vierte Partei müssen die vermittelnden *Kommunikateure* genannt werden, die in den Schaltzentralen der Medien, in unserem Fall der Verlage und Zeitschriften, als Gatekeeper der Diskurse fungieren, und hierbei die strengen Schließungsregeln der wissenschaftlichen Qualitätssicherung zur Anwendung bringen (vgl. Neidhardt 1994). Wenn man die wissenschaftlichen Kontroversen auf die Arena der Zeitschriften eingrenzt, so sind damit in erster Linie deren Herausgeber und Redakteure gemeint. Sie fungieren im Idealfall wiederum in der Position des Dritten als *Vermittler* zwischen den Kontrahenten unparteiisch zum Wohle der Gruppe, indem sie nicht nur durch die Überwachung der Regeln, sondern schon alleine durch ihre Existenz mäßigend und rationalisierend auf die Streitenden einwirken. Es ist allerdings nicht ausgeschlossen, dass sie in der Position des Dritten auch der Strategie des „divide et impera" folgen, einen Zwist zwischen sich nahe stehenden theoretischen Fraktionierungen stiften und so eventuell nicht nur den wissenschaftlichen Erkenntnisfortschritt voranbringen, sondern auch die eigene theoretische Position durch eine Schwächung des Gegners vermittels der „Bekämpfung des Gleichen durch Gleiche" publikumswirksam zu stärken versuchen. Die letzte Triade schließlich, aus der sich die tetradische Beziehungsstruktur der wissenschaftlichen Kontroverse zusammensetzt, besteht in der nicht-dissoziativen kommunikativen Dreierbeziehung zwischen den *Sprechern*, Opponenten und Proponenten diesmal als eine Position gefasst, den Herausgebern und Verlagen als *Kommunikateuren* und dem Publikum, den *Rezipienten* der Kontroversen. Diese kommunikative Triade manifestiert sich einfach in der wissenschaftlichen Publikation als kommunikativem Medium.[20]

---

18 Ebenso wie in Simmels Analyse der Einsamkeit eine momentan nicht gegebene Beziehung zur sozialen Umwelt hinzugedacht werden muss, muss in der nicht-öffentlichen wissenschaftlichen Diskussion zwischen zwei Forschern die wissenschaftliche Öffentlichkeit als nur momentan unbesetzte Position mitgedacht werden.

19 Solch eine Win-win-Situation ist hoffentlich auch das Ergebnis für die Autoren der Kontroversen dieses Bandes!

20 Wenn man die ideelle Stellvertretung des Opponenten und des Proponenten für verschiedene Teile des Publikums in Betracht zöge, könnte man noch weitere Triaden in dieser tetradischen Beziehungsstruktur finden.

Kommunikative Gattungen wie die wissenschaftliche Kontroverse weisen nicht nur typische Beziehungsstrukturen auf, sie stellen Thomas Luckmann zufolge auch institutionalisierte Lösungen kommunikativer Probleme dar (Luckmann 2002: 175 f.).[21] „Bei Belehrungen etwa stellt sich den Handelnden das Problem, bestimmte Formen der Wissensasymmetrie zu beheben; im Klatsch muss zusätzlich das Problem der Diskretion gelöst werden und bei Telefonanrufen bei der Feuerwehr das Problem der Dringlichkeit und der Zuständigkeit. Die Suche danach, auf welche kommunikativen Probleme eine kommunikative Gattung antwortet, verweist somit auf eine Typik der sozialen Beziehungen, der Verteilung des Wissens, der moralischen Verpflichtungen usw." Die wissenschaftliche Kontroverse scheint nun mit verschiedenen ihrer Eigenschaften verschiedene kommunikative Probleme zu lösen. Ein erstes Merkmal der wissenschaftlichen Kontroverse besteht in ihrer *Öffentlichkeit*. Dieses Merkmal hängt mit dem zentralen wissenschaftlichen Wert des Kommunismus zusammen, der, wie oben gesehen, die Forderung nach Veröffentlichung aller Ergebnisse beinhaltet. Die Veröffentlichung der Forschungsergebnisse ermöglicht eine weite Distribution wissenschaftlicher Erkenntnisse, die die Gleichzeitigkeit und wechselseitige Anschlussfähigkeit der Bearbeitung wissenschaftlicher Probleme als kollektives Unternehmen in Konkurrenz und Kooperation ermöglicht. Ein zweites Merkmal besteht in *Schriftlichkeit* und *Druck* der wissenschaftlichen Kontroverse:[22] Auch dieses Merkmal hängt mit der Ausprägung der Komponente des wissenschaftlichen Ethos zusammen, das Merton als Kommunismus bezeichnet hat: „Mit dem Aufkommen des Buchdrucks konnten Erkenntnisse auf Dauer gesichert, Irrtümer bei der Übermittlung exakten Wissens weitgehend ausgeschaltet und intellektuelle Besitzansprüche im Druck festgehalten werden" (Merton 1985: 176). Insbesondere die damit verbundene dauerhafte Speicherung wissenschaftlichen Wissens im kulturellen Gedächtnis ermöglicht kumulativen Fortschritt theoretisch-komplexen Wissens unter Ausschaltung der Gefahr unfruchtbarer Wiederholungen (vgl. Assmann 2000: 102-123). Die damit verbundene Reputationssicherung qua dauerhafter kommunikativer Verfestigung von Originalitätsansprüchen ist weiterhin eine unentbehrliche Komponente der Motivations- und Belohnungsstruktur der Wissenschaft.

Öffentlichkeit, Schriftlichkeit und Druck sind als Merkmale der wissenschaftlichen Kommunikation natürlich keineswegs auf die Kontroverse beschränkt, sondern auch schon bei wissenschaftlichen Zeitschriftenartikeln zu finden, aus denen sich die Kontroverse ja oft zusammensetzt.[23] Die *differentia specifica* der wissenschaftlichen Kontroverse muss deswegen in einem anderen kommunikativen Merkmal gesucht werden. Sie scheint in einem Punkt zu liegen, der für die sonstige schriftliche Wissenschaft untypisch ist, die hinsichtlich ihres auch konflikthaften Grundcharakters in der Form indirekter Konkurrenz organisiert ist: In der Kontroverse wird dieser Konflikt nun direkt argumentativ ausgetragen. Gleichzeitig kooperieren die Wissenschaftler aber in einer

---

21 Nach Luckmann (2002: 175) haben kommunikative Gattungen „eine gemeinsame Grundfunktion: die Bereitstellung, in gesellschaftlichen Wissensvorräten, von Mustern zur Bewältigung spezifisch kommunikativer Probleme." Der Begriff der Funktion scheint hier aber auch vermeidbar zu sein.
22 Natürlich müssten Schriftlichkeit und Druck eigentlich auseinandergehalten und jeweils gesondert diskutiert werden.
23 Man könnte hier vielleicht den Luckmann'schen Begriff der *Gattungsaggregation* in Anschlag bringen (vgl. Luckmann 2002: 176).

paradoxen Weise. Es handelt sich nämlich um eine gemeinsame kritische Prüfung von Erkenntnisansprüchen und somit um eine zwar medial vermittelte, gleichwohl aber direkte Interaktion mit dem Charakter einer antagonistischen Kooperation.

Die Einsicht, dass die Wissenschaft ein kollektives Unternehmen antagonistischer Kooperation ist, findet sich auch schon im kritischen Rationalismus Karl Poppers, konkret formuliert in einem Beitrag zu einer berühmten soziologischen Kontroverse, dem so genannten „Positivismusstreit": „Was man als wissenschaftliche Objektivität bezeichnen kann, liegt einzig und allein in der kritischen Tradition, die es trotz aller Widerstände so oft ermöglicht, ein herrschendes Dogma zu kritisieren. Anders ausgedrückt, die Objektivität der Wissenschaft ist nicht eine individuelle Angelegenheit der verschiedenen Wissenschaftler, sondern eine soziale Angelegenheit ihrer gegenseitigen Kritik, der freundlich-feindlichen Arbeitsteilung der Wissenschaftler, ihres Zusammenarbeitens und ihres Gegeneinanderarbeitens" (Popper 1972: 112). Der kritische Rationalismus stellt sich in die Tradition kritischen Denkens und ersetzt *die* monologische Idee der zureichenden Begründung, die in den klassischen Erkenntnislehren dominierte, durch das dialogische Prinzip der kritischen Prüfung (vgl. dazu Albert 1991: 1-66). Die klassische Suche nach einer zureichenden Begründung aller Überzeugungen auf vermeintlich gewisse empirische Tatsachen oder theoretische Vernunfteinsichten ist auch durch den einsamen Forscher im Elfenbeinturm durchführbar. Die kritische Prüfung ist hingegen im Wesentlichen ein dialogisches Erkenntnisideal, denn erst die grundlegende Kritik durch andere überwindet die immer wieder durchschlagende Suche nach Gewissheit in der Erkenntnis und die Tendenz zur immunisierenden Selbstbestätigung der eigenen Erkenntnisversuche. Abgesehen davon ist erst die dialogische kritische Prüfung in der Lage, das ungleich verteilte kollektive Wissen zur Prüfung alter und neuer Wissensbestände einzusetzen. Die Idee der kritischen Prüfung scheint also ein zutreffenderes Bild der kollektiven Erkenntnisprozesse in der Wissenschaft zu liefern als die der zureichenden Begründung.[24] Sie entspricht auch Mertons Norm des organisierten Skeptizismus, die sich als generalisiertes Misstrauen verstehen lässt, das zur Herstellung begrenzt vertrauenswürdigen Wissens eingesetzt wird.[25] Die gemeinsame kritische Prüfung von Erkenntnisansprüchen ist ein Akt kollektiven Misstrauens zur Produktion zeitlich limitierter vertrauenswürdiger Erkenntnisse. Sie sind zeitlich limitiert, weil das mit ihnen verknüpfte Denken in Alternativen beim Auftauchen neuer, origineller Forschungsergebnisse die eigenen Erkenntnisse immer wieder einer strengen Prüfung unterziehen muss, denn erst der immer wieder wiederholte Vergleich von Alternativen unter übergeordneten Gesichtspunkten ermöglicht Erkenntnis-„sicherung" und -fortschritt.

Mit Georg Simmel lässt sich schließlich festhalten, dass in der wissenschaftlichen Kontroverse mit der dialogisch-wechselseitigen Kritik Form und Inhalt der Wissenschaft zusammenfallen. Oder anders ausgedrückt: Der Inhalt wird formbestimmend! Die wissenschaftliche Kontroverse ist damit zumindest in dieser Hinsicht der adäquateste kommunikative Ausdruck des kollektiven Unternehmens Wissenschaft.

---

24 Auch Dascal (2006: 21) verweist auf die Bedeutung der Popper'schen Idee der Kritik für die Kontroversenforschung.
25 Vgl. zur Rolle epistemischen Vertrauens auch Baurmann und Endreß in diesem Band.

Wenn man die soziologische Kontroverse als eine kommunikative Gattung innerhalb der (sozial-)wissenschaftlichen Disziplin der Soziologie versteht, muss man sich die Frage stellen, inwiefern eine „Institutionalisierung dieser Gattung" festzustellen wäre. Als ein möglicher Indikator einer solchen Institutionalisierung käme die Einrichtung bestimmter Rubriken innerhalb von soziologischen Zeitschriften in Frage. Daher haben wir mehrere Zeitschriften mit einer relativ langen Tradition daraufhin untersucht, ob ab einem bestimmten Jahr eine solche Rubrik eingerichtet wurde. Dies ist tatsächlich auch der Fall! Mittels einer relativ groben, noch unreflektierten Recherche konnten wir Folgendes feststellen: In der *Kölner Zeitschrift für Soziologie und Sozialpsychologie* gibt es ab 1954 die Rubrik „Literaturberichte und Diskussionen".[26] Davor existierte nur in der jeweiligen Sonderausgabe zum Soziologentag die Rubrik „Diskussionsbeiträge". 1981, 1983 und 1986 änderte sich das Inhaltsverzeichnis etwas: Hier wurde innerhalb der Rubrik „Literaturbesprechung" die Unterrubrik „Diskussion" eingeführt. 1988 wurde innerhalb der „Literaturbesprechung" zusätzlich die Rubrik „Berichte und Diskussionen" eingeführt, 1989 dann unter „Berichte und Diskussionen" die Rubrik „Diskussionsforum", die aber 1991 schon wieder abgeschafft wurde zugunsten der seitdem alleinigen Rubrik „Berichte und Diskussionen". Diese kann aber auch temporär wegfallen, wenn keine Beiträge dazu vorhanden sind. Interessanter Weise bedeutet in diesem Fall die Einführung der Rubrik nicht, dass auch wirklich Kontroversen als Beiträge zu dieser Rubrik vorhanden waren. Die erste Kontroverse seit Einführung der ersten Kontroversenrubrik 1954 fand erst acht Jahre später statt, nämlich 1962: der so genannte „Positivismusstreit". Die Einführung einer ständigen Kontroversenrubrik in der Kölner Zeitschrift war vermutlich nur als Doppelrubrik mit Literaturberichten *und* Diskussionen möglich, da sie ansonsten die ersten Jahre mangels Beiträgen wahrscheinlich gar nicht aufgetaucht wäre. Ein Vergleich mit der erheblich jüngeren *Zeitschrift für Soziologie* ergibt, dass diese die Rubrik „Diskussion" seit der ersten Ausgabe 1972 kennt, allerdings, wie zuletzt auch bei der KZfSS, die Rubrik mangels Beiträgen auch wegfallen kann, da sie eben keine mit dem Rezensionsteil fusionierte „Doppelrubrik" ist. Auch in amerikanischen Zeitschriften hat eine solche Institutionalisierung einer „Kontroversenrubrik" stattgefunden. Das *American Journal of Sociology* kennt die Einzel-Rubrik „Commentary and Debate" seit 1964; ab diesem Zeitpunkt treten Kontroversen allerdings fast durchgängig auf. Das heißt, die Einrichtung der Rubrik fällt zusammen mit einer erhöhten Häufigkeit von Beiträgen, die in diese Rubrik passen.

Auch die *American Sociological Review*, das 1936 gegründete Flaggschiff der *American Sociological Association*, hat seit 1943 eine Rubrik für Kontroversen eingeführt, die ähnlich wie bei der Kölner Zeitschrift eine wechselvolle Geschichte besitzt: Zunächst eingeführt als Unterrubrik „Communications" der Rubrik „Current Items" wurde sie 1950 umbenannt in „Communications and Opinion". Ab 1958 heißt sie dann „Communications", ab 1982 „Comments and Replies" und ab 1983 schlicht „Comments". Auch sie kann wegfallen, wenn keine Beiträge zu dieser Rubrik zustande kommen.

---

26 Die *KZfSS* geht auf die 1921 von Leopold von Wiese begründeten *Kölner Vierteljahreshefte für Soziologie* zurück und auf die 1948 wieder erfolgte Neugründung als *Kölner Zeitschrift für Soziologie*. Unsere Recherche bezieht sich auf den gesamten Zeitraum seit 1921.

Das an der *London School of Economics* beheimatete *British Journal of Sociology (BJS)* kannte bis vor kurzem keine Rubrik für Kontroversen. Allerdings wurde 2009 in der ersten Nummer des Jahres eine Rubrik „Replies" aufgeführt. Diese ist in der nächsten Ausgabe weggefallen, in der dritten findet sich dann aber „A micro-debate on ‚Violence'" mit einem positionierenden Artikel von Randal Collins zu diesem Thema, zwei kritischen Stellungnahmen und einer abschließenden Replik wiederum von Collins. Zu vermuten ist, dass das *BJS* die Attraktivität von Kontroversen für die Zeitschrift erkannt hat und mit entsprechenden Formen der Auseinandersetzung und möglichen Arten ihrer Institutionalisierung experimentiert. Ebenso scheint die Redaktion der seit 1949 erscheinenden *Sozialen Welt* in jüngster Zeit Interesse an Kontroversen gefunden zu haben. Im Jahr 2009 wurde mit dem Heft 2 erstmals die Rubrik der „Kommentare" oder bei nur einem Beitrag die Rubrik „Kommentar" eingeführt. Wenn wir noch einen kurzen Blick nach Frankreich wagen, sehen wir, dass die traditionsreiche, 1898 von Émile Durkheim gegründete, Zeitschrift *L'Année Sociologique* bisher keine Rubrik für Kontroversen eingerichtet hat. Anders sieht es bei einer erheblich jüngeren französischen Zeitschrift aus. Die 1960 von Jean Stoetzel gegründete *Revue Française de Sociologie* besitzt seit 1961 die Kategorie „Débats", die dann in „Critique" bzw. „Note critique" umgetauft wurde.

Es lässt sich also feststellen, dass es in einigen Zeitschriften schon seit längerer Zeit, bei manchen in jüngster Vergangenheit und bei einer der untersuchten aber auch gar nicht, zur Einrichtung einer Rubrik für Kontroversen gekommen ist. Ein weiterer Indikator für eine zunehmende Institutionalisierung der kommunikativen Gattung der Kontroverse könnte in einer zunehmenden Häufigkeit ihres Vorkommens zu finden sein. Daher haben wir die *Kölner Zeitschrift für Soziologie und Sozialpsychologie (KZfSS)* und das *American Journal of Sociology (AJS)* bezüglich der Häufigkeit von darin ausgetragenen Kontroversen und der Anzahl der erschienenen Artikel untersucht. Zu den Kontroversen wurden alle Komplexe aufeinander bezogener Artikel gezählt, die mindestens drei Publikationsbeiträge enthalten (ähnlich Position, Kritik, Replik wie hier in diesem Band); weiterhin tauchen in der *KZfSS* zusätzlich acht Kontroversen auf, die keine Replik auf die Kritik enthalten. Nicht hinzugezählt wurden Nachrufe, Würdigungen, Tagungsberichte, Vorworte und Literaturbesprechungen.

In der *KZfSS* lässt sich seit der zweiten Hälfte der 1960er Jahre ein Anstieg der absoluten wie der relativen Häufigkeit von Kontroversen beobachten. Mitte bis Ende der 1980er Jahre wird ein Höhepunkt der Auseinandersetzungen erreicht. Danach flauen sie auf zwischen 1 und 3 Kontroversen pro Jahr ab, es gibt aber auch Jahre ganz ohne Kontroversen. Vergleicht man dies mit dem *American Journal of Sociology*, so zeigt sich hier, dass sich ab 1964 mit der Einführung der Rubrik „Commentary and Debate" eine rege Kontroversenkultur entwickelt, die ihren Höhepunkt 1976, also zehn Jahre vor dem Höhepunkt in der *KZfSS* erreicht. Mit der Abnahme der Anzahl der Artikel geht auch die Anzahl der Kontroversen zurück. Die Publikationsmenge liegt aber auf einem höherem Durchschnittsniveau als in der *KZfSS*. Würde man dies mit der Anzahl der an Forschungseinrichtungen beschäftigten Soziologen gewichten, so würde sich aber wahrscheinlich ein niedrigeres Durchschnittsniveau an Publikationen in der *AJS* ergeben, das ja ein Journal für die gesamte USA ist. Die relative Häufigkeit von Kontroversen scheint seit dem Jahr 2000 in der *AJS* auch stärker abzunehmen als in der *KZfSS*. Man könnte nun sicherlich viele Hypothesen entwickeln hinsichtlich der Ursa-

Graphik 1: Anzahl der Kontroversen und Artikel in der KZfSS 1921-2009

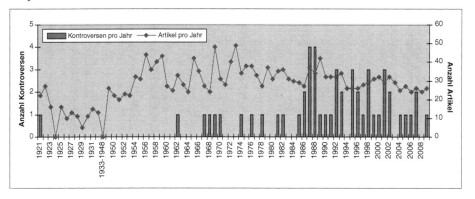

Graphik 2: Anzahl der Kontroversen und Artikel in der AJS 1895-2009

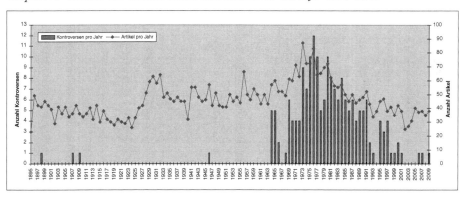

chen des Verlaufs dieser Entwicklung. Vielleicht könnte die Abnahme der relativen Häufigkeit der Kontroversen auf eine zunehmende Homogenität der Forschungsorientierungen unter Soziologen hinweisen, vielleicht auch auf eine zunehmende empirische Orientierung der Soziologie unter Vernachlässigung der stärker theoretisch orientierten Diskussion oder auch nur auf eine zunehmende Profilbildung dieser Zeitschriften, deren implizite Schließungsregeln eine immer stärkere wissenschaftliche Homogenität der veröffentlichten Publikationen wie eventuell auch ihres Publikums bewirkt. Was könnten Ursachen für die Zunahme und die Spitzenwerte hinsichtlich der Anzahl an Kontroversen sein? Die Abnahme autoritärer Einstellungen bei den Soziologen durch die sozialen Bewegungen der 1960er und 1970er Jahre, die soziologische Verwandlung aktueller Konflikte um die gesellschaftspolitische Modernisierung, die Ausdifferenzierung soziologischer Paradigmen mit dem dazugehörigen Konfliktpotenzial hinsichtlich interparadigmatischer Auseinandersetzungen, die Ausdifferenzierung methodischer Verfahren im Zusammenhang mit ihrer zunehmenden Computerisierung: Es ergeben sich viele Fragen für eine konflikttheoretische Bearbeitung dieses Themas, die hier nicht weiter beantwortet werden können.

Insgesamt lässt sich feststellen: Wenn man die Einführung einer Rubrik für Kontroversen in Zeitschriften und deren Häufigkeit als einen Indikator für die Institutionalisierung dieser Form der wissenschaftlichen Kommunikation versteht, dann lässt sich die empirische These aufstellen, dass es zu einer gewissen Institutionalisierung der soziologischen Kontroverse gekommen ist. Es lassen sich aber zumindest zwei Möglichkeiten einer weitern Institutionalisierung von Kontroversen denken: 1. Die Einführung einer in jedem Heft erscheinenden Rubrik, in der Autoren zu einer organisierten Form der Kontroverse eingeladen werden. 2. Die Erstellung eines zur Zeitschrift gehörenden Online-Forums, wie es die *Zeitschrift für Soziologie* neuerdings besitzt, in der man schnell und spontan Diskussionsbeiträge veröffentlichen kann. Diese Form der Fortführung von Kontroversen besitzt den Vorteil, dass die Knappheit des für Veröffentlichungen zur Verfügung stehenden Raums wesentlich geringer ist als im gedruckten Format, was eine Beendigung von Kontroversen aufgrund inhaltlicher Gründe zulässt, wenn nämlich die wesentlichen Argumente als ausgetauscht erscheinen und nicht wenn die Herausgeber der Meinung sind, dass einer Kontroverse kein weiterer Raum zur Verfügung gestellt werden sollte. Dies hätte den Vorteil zu einer symmetrischeren und demokratischeren wissenschaftlichen Streitkultur beizutragen.

Es folgt nun die Einleitung in die Inhalte der vierzehn in diesem Band ausgetragenen Kontroversen, die in drei Blöcke (Handlungs- Ordnungs- und Kulturtheorie) aufgeteilt ist, sowie in die Artikel des vierten Blocks, die übergeordnete Problemperspektiven im Blick haben. Die Kontroversen folgen der Struktur Position (erste Partei) – Kritik (zweite Partei) – Replik (erste Partei).

*I. Handlungstheorie: Der Rational Choice-Ansatz –
Anomalien, Erweiterungen, Alternativen*

Der dominierende theoretische Ansatz der Soziologie in den letzten dreißig Jahren war der der Theorie(n) der rationalen Wahl (vgl. bspw. Braun 2009; Diekmann 1999; Opp 2004; Schmid 2004). Was seine Stärke unter anderem bis heute ausmacht ist seine interdisziplinäre Verankerung. In allen sozialwissenschaftlichen Disziplinen gab und gibt es Forschung, die mit diesem Ansatz arbeitet. Eine solche Vernetzung eines Ansatzes in die unterschiedlichsten Fächer hinein führt zu einer verstärkten Möglichkeit, in besonders effektiver Weise die Forschung der Kollegen zu nutzen und ergibt, durch den hohen Verbreitungsgrad bedingt, ein hohes Potenzial für kumulativen Erkenntnisfortschritt. Zu diesen Möglichkeiten kollektiver Forschungskooperation gesellt sich ein weiteres Merkmal dieses theoretischen Forschungsprogramms: die gut ausgebaute philosophische Fundierung in systematischer und historischer Hinsicht. Historisch führt ein direkter Pfad von den britischen Moralphilosophen zum ökonomisch geprägten Forschungsprogramm des Rational-Choice-Ansatzes heute. Auf diese Grundlagen wurde nicht nur als *argumentum ad autoritatem* immer wieder hingewiesen, sondern es gab auch Arbeiten, die die Erkenntnisse gerade der schottischen Moralphilosophen wie bspw. David Humes, in den neuen Forschungskontext zu übertragen versuchten (vgl. bspw. Kliemt 1985).

In systematischer Hinsicht scheinen zwei philosophische Grundpfeiler dieses Forschungsprogramms für seine besondere Stärke konstitutiv zu sein: die Verankerung in der Ethik (und der Rechtstheorie) und in der Erkenntnistheorie oder der Methodologie. In der Ethik ist es die utilitaristische Tradition, die Orientierung gibt hinsichtlich des Umgangs mit den schwigiren Problemen, denen sich Sozialwissenschaftler ausgesetzt sehen, wenn sie sich mit dem normativen Charakter sozialer Ordnungen und Institutionen auseinandersetzen müssen. Gerade auch solche Ausdifferenzierungen der utilitaristischen Position wie Handlungs- und Regelutilitarismus geben Spielraum für kreative Forschungsvarianten innerhalb des Rahmens von Rational-Choice (vgl. Kliemt und Zimmerling 1993; Baurmann 1996). In der Erkenntnistheorie ist es die analytische Philosophie, besonders in den USA, und in Deutschland vor allem der kritische Rationalismus, der die strikte methodologische Orientierung des Ansatzes geprägt hat.

Hervorzuheben ist die Emphase, die auf das Moment der Erklärung gelegt wird, und zwar im Rahmen einer nomologischen Orientierung. Hierbei spielte natürlich das Vorbild der Naturwissenschaften eine Rolle und die Idee von der Einheit der Wissenschaft. Diese Idee involvierte als ein zentrales Moment, dass auch im sozialen Bereich nichts gegen die Möglichkeit nomologischer Erklärungen spricht – eine Auffassung, die, wie man weiß, in verschiedenen anderen Forschungsprogrammen wie bspw. dem der rein verstehenden Soziologie nicht geteilt wird (vgl. Albert 1999). Diese nomologische Orientierung wurde in der Theorieentwicklung des Rational-Choice-Ansatzes aber nicht nur postuliert, sondern auch ernst genommen. Denn erst die ernsthafte nomologisch-explanative Ausrichtung dieses Ansatzes führte dazu, dass man überhaupt von Anomalien dieses Ansatzes sprechen kann, wie es sich schon der Titel des bekannten Bandes „Pathologies of Rational Choice Theory" ausdrückt (vgl. Green und Shapiro 1994). Denn in Anomalien drückt sich eine stringente methodologische Ausrichtung aus, sodass man in der Lage ist, von Misserfolgen der Forschung zu sprechen. In Karl Poppers kritischem Rationalismus ist es ein Kennzeichen von Wissenschaft, dass sie auch scheitern kann. Versuch und Irrtum bilden hier die Grundlagen der Erkenntnis. Und Anomalien sind der beste Ausgangspunkt für innovative Forschung: Sie fungieren als heuristische Wegweiser im Dickicht der unzähligen Pfade möglicher Forschung.

Was den Rational Choice-Ansatz zu Beginn seiner Karriere in der Soziologie auszeichnete, nämlich seine Heuristik, wird mittlerweile zu einer Schwäche. Die These, die hinter dem ersten Block dieses Bandes steht, lautet daher: Dem Rational-Choice-Ansatz scheint seine Heuristik abhanden gekommen zu sein! Ohne umfassendere Orientierung wird innerhalb seines Rahmens sehr erfolgreich geforscht, aber ohne ein klares Ziel, oder auch mehrere, vor Augen zu haben. Es gibt kein einigendes Band mehr unter den Forschern, die sich im weitesten Sinne diesem Programm zurechnen lassen oder bis vor einiger Zeit noch zurechnen ließen.[28] Diese These lässt sich mit Imre Lakatos' Begriffen zur Heuristik von Forschungsprogrammen verdeutlichen. Ohne Lakatos insgesamt folgen zu wollen, kann man seine Unterscheidung von negativer und positiver Heuristik eines Forschungsprogramms zur Illustration der These aufnehmen. Negative Heuristik meint den nomologischen Kern, der zeitweise vor Falsifikation geschützt sein soll; eine Immunisierungsstrategie, der eigentlich nicht gefolgt werden sollte und auch nicht gefolgt werden muss. Positive Heuristik meint eher die Vorschläge, in welche Richtung sich das Programm weiter entwickeln soll. Wenn man das

---

[28] Sigwart Lindenberg, Hartmut Esser, Michael Baurmann und Viktor Vanberg haben sich so weit von den vormaligen Positionen der Rational Choice-Theorie entfernt, dass zumindest eine nicht weiter spezifizierte Zuordnung dieser Forscher zu diesem Ansatz nicht mehr statthaft zu sein scheint.

Rational Choice-Programm in seiner Geschichte betrachtet, dann sieht man, dass einige seiner Vertreter es schon bald von innen her kritisierten und begannen, nicht nur den Schutzgürtel der Hilfshypothesen zu verändern, sondern auch zentrale nomologische Annahmen in Frage zu stellen. Die positive Heuristik bestand hier zumindest auch in der Veränderung des nomologischen Kerns, um mit Anomalien des Ansatzes umzugehen und dabei zentralen Problemen soziologischer und ökonomischer Theorie besser gerecht zu werden. Ein zentrales Thema war hierbei sicherlich das Problem der Ordnung wie auch damit zusammenhängende Fragen von Habitualisierung, dem normativen Charakter von Ordnungsphänomenen, Fragen der Grundlagen normenbefolgenden Handelns und der Kooperation wie bspw. des Altruismus und der Emotionen.

Die Forschungserfolge innerhalb des Programms lassen seinen ursprünglichen Kern für viele eigene Anhänger nun als kaum noch haltbar erscheinen: Wohin aber bewegt es sich? Kommt es zu einer Aufspaltung des Programms in mehrere konkurrierende theoretische Ansätze? Insofern man das Rational-Choice-Programm für stark hält, könnte vielleicht folgende Bemerkung Randall Collins', die auch gut in den „kontroversen" Rahmen unseres Bandes passt, zutreffen: „Kreativität gibt es auf dem Weg nach oben und auf dem Weg nach unten: starke Positionen spalten sich auf, schwache Positionen schließen sich zusammen – eine weitere Erklärung für den Schärfegrad von intellektuellen Auseinandersetzungen und seine Bedeutung für das geistige Leben" (Collins 2003: 261).

Bevor wir uns den einzelnen Kontroversen um Rational Choice zuwenden wollen, ist es hilfreich, sich darüber klar zu werden, in welche Richtung sich der Ansatz weiterbewegen kann, ohne dabei völlig seine Identität zu verlieren. Viktor Vanberg hat darauf hingewiesen, dass für das neoklassische Modell menschlichen Verhaltens in der Ökonomik traditionell zwei Grundannahmen identitätsbildend waren: die Annahme der Rationalität und die Annahme des Selbstinteresses (vgl. Vanberg 2008: 241-246). Die Rationalitätsannahme wird über die Zuschreibung einer Nutzenfunktion und einer damit verbundenen Maximierungsthese spezifiziert. Die Annahme, dass Akteure dazu disponiert sind, ihren Nutzen zu maximieren, lässt sich als formale Seite dieses handlungstheoretischen Ansatzes begreifen. Die materiale, also inhaltliche Seite dieses Ansatzes besteht hingegen in der These, dass Akteure egoistisch handeln und somit ausschließlich ihr Selbstinteresse verfolgen. Von diesen zwei Grundannahmen kann nun jeweils abgewichen und damit der Theoriekern des Rational-Choice-Programms verändert werden. Einige der meistbeachtetsten Abweichungen von diesem Theoriekern bestanden in jüngerer Zeit in der „Erweiterung" seiner inhaltlichen Annahme: Karl-Dieter Opp unterscheidet in diesem Zusammenhang weite und enge Versionen der Rational-Choice-Theorie (vgl. zum Folgenden Opp 2004: 43-51). Neoklassische Ökonomen scheinen eher die enge, soziologische RC-Vertreter eher die weite Version zu bevorzugen. Es sind *inhaltliche* Annahmen, die zu Unterscheidungen zwischen den beiden Versionen führen. Die enge Version lässt bspw. nur egoistische Präferenzen zu. Viele Forschungsergebnisse deuten aber darauf hin, dass Altruismus, Fairness, das Streben nach Gleichheit oder Gerechtigkeit mit in die Nutzenfunktionen der Akteure aufgenommen werden muss, um der empirischen Realität gerecht zu werden (vgl. auch Vanberg 2008: 243-246). Die weite Version lässt daher alle Arten von Präferenzen zur Erklärung menschlichen Handelns zu. Die enge Version berücksichtigt nur materielle Restriktionen, die weite Version hingegen alle möglichen Arten von Restriktion, neben monetären Anreizen bspw. Sanktionen, die sich auf den Entzug sozialer Anerkennung beziehen. Zur engen Version gehört auch die Annahme der vollständigen Information, die in der weiten Version fehlt. Wer vollständige Information postuliert, postuliert damit auch, dass nur objektive Restriktionen handlungsrelevant sind, während in der weiten Version subjektive Irrtümer die Handlungsrestriktionen bestimmen können, wie bspw. falsche Annahmen über Wahrscheinlichkeiten, für bestimmte Vergehen bestraft zu werden. Es lässt sich feststellen: Die weite Version des Rational-Choice-Ansatzes besteht in inhaltlichen Erweiterungen des theoretischen Kerns.

Änderungen der inhaltlichen Annahmen, vor allem auch der des Selbstinteresses, sind die eine Möglichkeit vom traditionellen RC-Modell abzuweichen. Eine andere Möglichkeit besteht in der Modifizierung der Annahme, Menschen handelten immer nutzenmaximierend, was vor dem Hintergrund der Unterscheidung Form/Inhalt eine Änderung der Form der RC-Theorie bedeutet. Hier lässt sich leicht wieder der Weg zu Max Weber finden, der ja neben das zweckrationale Handeln, welches quasi den Nutzenmaximierer enthält, das wertrationale, das affektuelle und das traditionale Handeln gestellt hat. (Das traditionale Handeln muss dabei als routinisiertes, habitualisiertes Handeln verstanden werden.) Es gehört auch schon zu den *Alltagstheorien* des Menschen anzunehmen, dass alle diese vier Arten von Handeln existieren: Die Erfahrung, dass man auf routinisierte Abläufe des Handelns automatisch ohne Nachdenken zurückgreift, gehört sicherlich zum Alltag jedes Menschen, der ein geregeltes Berufsleben führt, und ist diesem auch bewusst (traditionales Handeln). Das Überwältigtwerden von einem Affekt in einem Konflikt bspw., das zu einem aggressiven Verhalten führt, z. B. zu einer Beschimpfung, obwohl man schon vorher mit Sicherheit weiß, dass einem diese Reaktion schadet und man sie hinterher bedauern wird, ist vermutlich eine Erfahrung, die zumindest die impulsiveren Menschen teilen (affektuelles Handeln). Und die Annahme, dass moralisch authentisches Handeln öfters keinerlei Nutzen bringt und höchstens symbolische Bedeutung bekommt, ist für viele Kämpfer für Freiheit und Menschenrechte eine traurige Erfahrung, mit der sie oft genug und auch leider rechnen müssen (wertrationales Handeln). Alle diese Typen des Handelns stehen der Nutzenmaximierungsannahme entgegen und werden mittlerweile aber in der einen oder anderen Form von Teilen des Rational-Choice-Lagers für akzeptabel gehalten (vgl. Kliemt 1993; Baurmann 1996; Vanberg 2008 sowie Esser, Cook und Harkness und dazu auch Sigmund in diesem Band).

Bedeutet ein Aufgeben beider Annahmen, von Rationalität und von Selbstinteresse, den Bruch mit dem Rational-Choice-Programm? Da solche Grenzziehungen konventioneller Art sind und die tatsächlichen Übergänge flüssig, lässt sich darüber natürlich trefflich streiten. Aber da es neben dem Fallenlassen einer der beiden Annahmen und dem Beibehalten der anderen noch eine dritte Möglichkeit des Umgangs mit den Anomalien des Rational Choice-Ansatzes gibt, nämlich die Verschiebung der Annahmen um eine Ebene nach „oben", lässt sich in solchen Fällen doch eine gewisse Kontinuität zum Rational-Choice-Programm feststellen. Man kann nämlich eine *Rational-Choice-Theorie zweiter Stufe* vertreten. Eine Möglichkeit wäre es zum Beispiel, die Annahme des Selbstinteresses auf irgendeine Weise in die evolutionäre Selektion, sei es biologischer oder kultureller Art, hineinzuverlegen. Die biologische These des „egoistischen Gens", die alle scheinbar rein altruistisch motivierten Verhaltensweisen an die Erhöhung der Selektionswahrscheinlichkeit der genetischen Grundlagen der Einzel-Organismen koppelt, wäre eine Möglichkeit dafür. Eine typische Argumentationsfigur bei heutigen Rational-Choice-Theoretikern ist deswegen auch der Rückgang auf die optimale Anpassung des Menschen an seine Umwelt und seine damit verbundene als feststehend postulierte genetische Ausstattung, wie es die evolutionäre Psychologie beschreibt (vgl. zur evolutionären Psychologie Dupré in diesem Band; allgemein hierzu bspw. Vanberg 2008: 255, 260). Eine andere Möglichkeit besteht darin, die Nutzenmaximierung und gegebenenfalls auch das Selbstinteresse als übergreifende Theorie zweiter Stufe zu verwenden, die das Auftreten von verschiedenen Handlungsmodellen auf der ersten Stufe, vor allem solchen moralischen Handelns, erklärt. Hartmut Kliemt und Michael Baurmann gehören zu den frühen Vertretern einer solchen Weiterentwicklung des Rational-Choice-Ansatzes (bspw. Kliemt und Zimmerling 1993; Baurmann 1996).

Hartmut Essers und **Clemens Kronebergs** Modell der Frame-Selektion stellt sich als ein umfassenderer Versuch dar, zunächst von einer Rational-Chocie-Theorie zweiter Stufe auszugehen, die in der ersten Kontroverse dieses Bandes diskutiert wird (vgl. Esser, Opp und Esser und Kroneberg in diesem Band). Grob gesprochen dient die Rational-Choice-Theorie hier zunächst, wenn auch vielleicht in abnehmenden Maße, als übergreifende Modellierungsgrundlage des Modells der Frame-Selektion, ohne die einzelnen Handlungen direkt zu bestimmen, wobei eines der möglichen Handlungsmodelle zusätzlich dem RC-Modell entspricht. Aber sie impliziert auf jeden Fall eine bedeutende Modifikation des herkömmlichen Rational-Choice-Ansatzes. Unter dem Titel „Die Theorie der Frame-Selektion als Überwindung der Theorie der rationalen Wahl" baten wir deshalb Hartmut Esser für die erste Kontroverse des Bandes darum, die Gründe darzulegen, aus denen er sein neu entwickeltes Modell als die bessere Alternative zur RC-Theorie versteht. Inwiefern stellt das Modell der Frame-Selektion eine korrigierende Erklärung hinsichtlich des RC-Ansatzes dar? **Karl-Dieter Opp** haben wir gebeten, in dieser Kontroverse den Part des Verteidigers des RC-Ansatzes gegen allzu weitreichende Modifikationen oder den des Kritikers der Theorie der Frame-Selektion einzunehmen.

Raymond Boudons und **Andreas Reckwitz'** Kontroverse zielt unmittelbar auf die im letzten Jahrzehnt immer prominenter werdende Frage einer praxistheoretischen Wende innerhalb der soziologischen Handlungstheorie. Boudon verweist in seinen Arbeiten zwar immer wieder auf die Notwendigkeit, eine zu enge rationalistische Perspektive zu überwinden und fordert, mit engem Bezug auf Max Weber, eine Überwindung eines rein instrumentellen Handlungsverständnisses, bleibt aber doch als Vertreter eines rationalistischen Ansatzes einer individualistischen Handlungstheorie verpflichtet. Diese stellte Reckwitz in vielfältigen Arbeiten der letzten Jahre immer wieder in Frage, indem er kultursoziologische und praxistheoretische Konzepte systematisch in seinen Ansatz einbaute. Insoweit war er unseres Erachtens prädestiniert, diese Debatte unter dem von uns vorgegebenen Stichwort „Praxistheorie – Die rationalere Wahl" zu führen.

In Zentrum der verhaltensökonomischen und spieltheoretischen Debatten um die Grundlagen des Standardmodells rationalen Handelns stehen die Erkenntnisse der sogenannten Behavioral Economics, denen es eindrucksvoll gelang, auf der Basis einer Vielzahl empirischer Experimente vermeintlich nicht-rationale Handlungs- und Interaktionsformen wie Altruismus, Fairness und Reziprozität in das rationalistisches Handlungsmodell zu integrieren. **Axel Ockenfels** und **Werner Raub** haben hierzu grundlegende Arbeiten vorgelegt und repräsentieren in gewisser Weise die Speerspitze dieser aktuellen Debatten, die u.a. mit dem Ziel, eine facheinheitliche Handlungstheorie für die Wirtschafts- und Sozialwissenschaften auszuarbeiten, auch international intensiv diskutiert wird. **Steffen Sigmund** kommentiert diese Position aus institutionalistischer Perspektive und versucht damit die Kontroverse stärker aus soziologischer Sicht voranzutreiben.

Die vierte Kontroverse zwischen **Karen S. Cook, Sarah Harkness** und **Rainer Schützeichel** ist schlicht mit „Rationalität und Emotion" betitelt. In den letzten Jahren hat sich besonders im Rational-Choice-Ansatz eine lebhafte Forschung zur Bedeutung von Emotionen und von emotionalen Mechanismen für die soziologische Erklärung entwickelt. Dahinter stehen fundamentale Fragen wie folgende: In welchem Verhältnis stehen das Fühlen zum Handeln, Rationalität zu Emotionalität und in welcher Weise sind sie verknüpft? Wie kann die Rational-Chocie-Theorie die Emotionsforschung befördern und wie kann die Emotionsforschung die Rational-Choice-Theorie voranbringen? Karen Cook und Sarah Harkness haben wir als Vertreterinnen der Rational-Choice-Theorie gebeten, uns ihre Position zu diesen Fragen darzulegen. Rainer Schützeichel hat sich bereit erklärt, hier die Rolle des Kritikers zu übernehmen.

II. Ordnungstheorie: Die Pluralität von Modellen sozialer Ordnung und deren Koordinationsprobleme

Die auf der Grundlage der Ergebnisse der verhaltensökonomischen Forschung zu Altruismus, Fairness und Reziprozität begründete Erweiterung des Standardmodells rationalen Handelns (Fehr und Gintis 2007) galt innerhalb des Rational-Choice-Ansatzes als entscheidender Erkenntnisfortschritt, auf Grundlage dessen die lange Zeit mit dem Kooperationsproblem einhergehenden theoretischen Schwierigkeiten gelöst erschienen. Solch ein „erweitertes" Verständnis der Rationalität des Handelns ermöglichte es, nicht mehr das Problem der Handlungskooperation, sondern sehr viel stärker das Problem der Handlungskoordination in den Mittelpunkt des Erklärungsmodells zu stellen. Galt der erste Block dieses Bandes somit solchen soziologischen Kontroversen, die diese Erweiterungs- und Expansionsstrategie des Rational-Choice-Ansatzes mit Blick auf eine soziologische Handlungstheorie kritisch reflektierten, so besteht eine weitere zentrale Herausforderung für die allgemeine soziologische Theoriebildung gegenwärtig darin, hierauf aufbauend die Frage nach den sozialen Prozessen und Mechanismen, die für soziale Ordnungsbildungsprozesse relevant sind, zu problematisieren.

Georg Simmels klassische Frage: „Wie ist Gesellschaft möglich?" schien Talcott Parsons ebenso klassisch beantwortet zu haben: durch Wertekonsens. Diese Lösung des ebenfalls von Parsons so bestimmten Grundproblems der Soziologie (Wie ist soziale Ordnung möglich?) galt lange Zeit als Königsweg, da hierüber sowohl die Grundlagen des Kooperationsproblems über die gemeinsame normativ geprägte Handlungsorientierung bestimmt werden konnte, wie auch die theoretische Brücke zur Lösung des Kooperationsproblems, wie zwischen den verschiedenen gesellschaftlichen Teilsystemen Abstimmung möglich ist, gebaut schien. Ordnungsbildung galt als Integration, und zwar auf der Handlungsebene als Integration im Sinne einer Homogenisierung der Handlungsgrundlagen, und auf der Ordnungsebene als Integration oder Interpenetration der Handlungssysteme. Wenngleich der oft hiermit verknüpfte sogenannte „orthodoxe Konsens" (Atkinson, Gouldner) innerhalb der Soziologie faktisch so nie bestand, es innerhalb des Faches immer plurale und divergierende Perspektiven auf das Grundproblem wie auch dessen Lösung gab, markiert dies Problemsituation doch in zweierlei Hinsicht einen wichtigen Ausgangspunkt für die soziologische Theoriebildung. Zum einen wirft sie die Frage auf, wie angesichts der allseits konstatierten gesellschaftlichen Ausdifferenzierung in Wertsphären (Weber), soziale Felder (Bourdieu), Subsysteme (Luhmann), Teilsysteme (Schimank), Frames (Goffman, Esser), organisationale Felder (Di Maggio und Powell) oder institutionelle Arenen (Lepsius) eine Koordination zwischen diesen hergestellt werden kann, d.h. welche sozialen Mechanismen ermöglichen eine Bezugnahme dieser Teilbereiche aufeinander und ermöglichen damit die Stabilisierung der jeweiligen Ordnungsmodelle. Zum anderen verweist dies auf die Notwendigkeit, die Reichweite und die Ebenen der Koordination klar zu bestimmen, denn es sind hierdurch unterschiedlichen Aggregationsebenen Probleme der Ordnungs- wie der Handlungskoordination angesprochen, die es analytisch klar voneinander zu scheiden gilt. Die Rede von Sozial- und Systemintegration (Lockwood) zielte hierauf ebenso ab, wie die immer wieder verwandte Bezeichnung von Mikro- und Makrosoziologie oder Mikro- und Makrodetermination. Luhmanns (1972) frühe Unterscheidung zwischen Interaktion, Organisation und Gesellschaft als Ebenen der Systembildung verweist explizit auf diesen Punkt der „Existenz" differenter gesellschaftlicher Handlungs- und Ordnungsniveaus (er spricht in diesem Zusammenhang von unterschiedlichen Prinzipien der Grenzziehung und Selbstselektion), die nach unterschiedlichen Logiken strukturiert sind und distinkten Mechanismen der Handlungskoordination folgen. D.h., das Koordinationsproblem stellt sich nicht nur im Hinblick auf abstrakte, funktional oder kulturell ausdifferenzierte Kontexte, sondern gleichzeitig auch mit Blick auf konkrete Interaktionssysteme, auf Face-to-face-Beziehungen unter Anwesenden. Die vielfältigen kategorialen Vorschläge zur Lösung des Koordinationsproblems, etwa unter den Stichworten der strukturellen Kopplung, der symbolischen Interaktionsmedien oder auch der Interessenabsprachen oder Normenbindung, folgten nun aber weitgehend der Unterscheidung in differente Aggregationsebenen, die Ausarbeitung einer „Allgemeinen Theorie der Koordinationsmedien" (Wiesenthal 1999) blieb Desiderat. Stattdessen galt die theoretische Aufmerksamkeit lange Zeit der Ausarbeitung abstrakter Modelle, in denen differente Prinzipien der Koordination in idealtypischen Ordnungsmodellen, wie etwa dem Staat, dem Markt und der Gemeinschaft herausgearbeitet wurden. Diese weitreichende und fortgeschrittene Debatte, in deren Mittelpunkt organisationssoziologische, korporatistische und Governance-Fragen thematisiert wurden, trägt einerseits der Anerkennung einer Pluralisierung distinkter Ordnungsmodelle Rechnung[28], ihr gelingt es andererseits aber nicht hinreichend, Koordination als faktisches Zusammenwirken dieser unterschiedlichen Mechanismen genauer herauszuarbeiten. Diesbezüglich scheint es zukünftig eine zentrale Aufgabe der soziologischen Theoriebildung zu sein, nicht nur der Kombination der analytisch zu trennenden Koordinationsmechanismen durch eine genauere Modellierung der wechselseitigen Bezugnahme der Ordnungsmodelle und ihrer unterschiedlichen kulturellen und institutionellen Prägung, Rechnung

---

28 So wird mit dem Verweis auf Verbände (Streeck und Schmitter 1985) oder die Zivilgesellschaft, die Möglichkeit weiterer eigenständiger Modelle diskutiert, indem sie auf die reinen Koordinationsmechanismen in diesen Bereichen verweist.

zu tragen, sondern darüber hinaus auch zu fragen, ob angesichts der Pluralisierung von Ordnungsmodellen eine Koordination der Koordinationsmechanismen notwendig erscheint. Die Hauptartikel in diesem Abschnitt reflektieren diese Problemstellung in unterschiedlicher Weise. So thematisieren Baurmann und Diekmann und Przepiorka zwar Koordinationsprobleme auf der Ebene der Interaktionen, suchen gleichzeitig aber der Ordnungsebene Rechnung zu tragen, während sich etwa Münch stärker Koordinationsfragen auf der Ordnungsebene stellt. Beidem in gewisser Weise Rechnung zu tragen ist Renns expliziter Anspruch.

Ausgangspunkt ist die Kontroverse zwischen **Michael Baurmann** und **Martin Endreß**, in deren Mittelpunkt das Konzept des Vertrauens steht, das in den vergangenen Jahren zunehmend Bedeutung bei der Analyse sozialer Kooperations- und Koordinationsprozesse gewann. Dies baut auf dem Forschungsprogramm der sozialen Erkenntnistheorie auf und der daraus abgeleiteten These, dass ein großer Teil des von den Akteuren in ihren Handlungen genutzten Wissens über die Welt auf dem Wissen und den Erkenntnissen anderer beruht. Epistemisches Vertrauen stellt nach Baurmann insofern die zentrale Voraussetzung für die Akzeptanz und Übernahme von Wissen dar. Die theoretische Reichweite wie auch systematische Begründung von dessen rationalistischem Ansatz wollten wir in Auseinandersetzung mit einem phänomenologisch wissenssoziologischen Zugang zur Vertrauensproblematik konfrontieren, wie er in der Tradition von Schütz und Berger und Luckmann entwickelt wurde und für die gegenwärtig Martin Endreß steht.

Die Debatte zwischen **Andreas Diekmann**, **Wojtek Przepiorka** und **Agathe Bienfait** scheint ähnlich gelagert. Auch hier wird die Koordinationsfrage auf der Ebene der Akteure diskutiert und somit eng mit der Kooperationsfrage verkoppelt, weist aber weit darüber hinaus. Die von Diekmann und Przepiorka vorgeschlagene Signaling-Theorie sozialer Normen steht in der Tradition der Rational-Choice-Theorie, modifiziert und erweitert diese aber auf der Grundlage spieltheoretischer Experimente. Im Gegensatz zu der hier vorgeschlagenen individualistischen Erklärung der Nützlichkeit und Rationalität von Signalen sahen wir in Bienfaits weberianisch geprägtem kultursoziologischen Ansatz eine Position, die den Kern für eine fruchtbare Debatte über die Bedeutung von Signalen für die symbolische Kommunikation und darüber hinaus die Koordination von Handlungen bietet.

Die Akteur-Netzwerk-Theorie stellt gegenwärtig eines der innovativsten, intensiv diskutierten und international rezipierten neueren Theorieprogramme dar, das eine völlig neuartige Bestimmung von Sozialität und sozialer Ordnung vorschlägt. Menschen und Nicht-Menschliches, wie etwa Maschinen oder Natur im Allgemeinen, gelten in dieser Perspektive als gleichberechtigte Akteuren, die sich in Netzwerken aufeinander beziehen. Ausgehend von den Arbeiten von Bruno Latour und Michel Callon baten wir **Annemarie Mol**, diesen Ansatz in seinen Grundzügen zu entwickeln, wobei ein besonderes Augenmerk der Erklärung von Ordnungsbildungsprozessen und sozialen Koordinationsmechanismen gelten sollte. Mit **Georg Kneer** konnten wir einen Diskutanten gewinnen, der sich mit dem Akteur-Netzwerk-Ansatz schon seit längerer Zeit intensiv auseinandergesetzt hat und uns deshalb prädestiniert schien, dessen Grundannahmen kritisch zu hinterfragen.

Richard Münch und **Rudolf Stichweh** setzen sich in ihrer Kontroverse nun explizit mit der Frage auseinander, inwieweit in der Weltgesellschaft ein dominantes Differenzierungsprinzip vorherrscht. Hierbei liegt der Fokus der Auseinandersetzung auf der Frage, inwiefern die Luhmann'sche Systemtheorie nicht stärkere Annahmen über die vorliegenden Mechanismen intersystemischer Koordination machen müsste als es in den programmatische Auseinandersetzungen der Theorie bislang zu finden ist. Die besondere Spannung gewinnt diese Diskussion aus der Tatsache, dass beide, Münch und Stichweh, als prominente Vertreter einer soziologischen Systemtheorie dem Konzept der funktionalen Differenzierung als zentralem Differenzierungsmodus der Moderne folgen, sie aber weitgehend divergieren bei der Einschätzung der Erklärungskraft dieses Differenzierungsprinzips für eine Analyse weltgesellschaftlicher Prozesse.

Unter dem Titel Koordination durch Übersetzung baten wir schließlich **Joachim Renn**, sein Konzept der Übersetzungsverhältnisse in einem Hauptartikel zur Diskussion zu stellen. Renn beansprucht, auf der Grundlage von integrations- und differenzierungstheoretischen Überlegungen, einen gesellschaftstheoretischen Ansatz entwickeln zu können, der Handlungs- und Systemebene systematisch miteinander in Beziehung setzt und somit eine weitreichende theoretische Lösung des Problems sozialer Ordnung in Aussicht stellt. Da er sich auf handlungs-, systemtheoretische und pragmatistische Überlegungen bezieht, baten wir **Rainer Gresshoff**, dies im Angesicht der neueren handlungs- und systemtheoretischen Debatten kritisch zu durchleuchten, um damit eine Diskussion anzustoßen und der es gelingt, in besonderem Maße dem aktuellen Anspruch an eine umfassende Gesellschaftstheorie Raum zu geben, die sich explizit dem Problem der Ordnungsbildung angesichts pluralisierter Handlungskontexte widmet.

III. Kulturtheorie: Kritik und Verteidigung des subjektivistischen Kulturbegriffs

Der dritte Block des Bandes beschäftigt sich mit den schwierigen Fragen, inwieweit kulturelle Phänomene objektiven oder subjektiven Charakter tragen. Es gibt spezifische Unterschiede in dieser Hinsicht zwischen weberianischen und durkheimianischen Ansätzen, oder auch zwischen Rational-Choice-Theorie und Systemtheorie. Diese Unterschiede besitzen natürlich auch Bedeutung für die Themen der ersten beiden Blöcke dieses Bandes. Die meisten Rational-Choice-Anhänger bspw. versuchen mit ihrer Forschung, trotzdem sie oft sehr auf die Seite der Perspektive der Subjekte konzentriert ist, zum objektiven Erkenntnisfortschritt beizutragen. Kollektivistisch oder holistisch denkende Wissenschaftssoziologen, die sich vor allem mit der Frage befassen, welche „objektiven" kollektiven Überzeugungen in einer bestimmten wissenschaftlichen Gemeinschaft geteilt werden, werden hingegen die Möglichkeit einer vermeintlichen „Objektivität der Erkenntnis" sehr viel skeptischer beurteilen als ihre erkenntnisoptimistischen Kollegen der Rational-Choice-Fraktion und eher einem „subjektivistischem" Relativismus, sei er moderaterer oder radikalerer Natur, zuneigen. Damit ist schon angedeutet, welche Bedeutungsvielfalt mit den Begriffen der Objektivität und der Subjektivität verbunden ist und welche Mehrzahl an Möglichkeiten verschiedenster Mischungen von objektivistischen und subjektivistischen Elementen in ein- und derselben kultursoziologischen Position vorhanden sein können.

Auch die Frage, was Koordination sein kann, hängt eng mit der Verwendung subjektivitäts- oder objektivitätsbetonter Kulturbegriffe zusammen. Wer nur individuelle Subjekte und deren Relationen kennt, wird auch nur individualistische Koordinationskonzepte, bspw. mittels markt- oder organisationsmäßiger Mechanismen, kennen. Wer die Existenz überindividueller, „objektiver", Subsysteme postuliert, könnte schon eher geneigt sein, Koordinationsmechanismen auf einer makrosozialen Ebene zu postulieren.[29]

Für die Soziologie ist in diesem Zusammenhang der Begriff der Objektivation interessant. Man kann ihn schon bei Wilhelm Dilthey finden (vgl. Albers 1984: 1055 f.). Zunächst lassen sich darunter alle „nicht-naturgegebenen" Gegenstände des menschlichen Geistes und Lebens verstehen. Dazu zählen zunächst Sprechen und Handeln, insofern es dort zur Objektivation von Ideen, Absichten, Werteinstellungen und Ähnlichem kommt. Aber auch Bauwerke und Maschinen fallen unter diesen Begriff, wie auch Normen, Institutionen und Ordnungen als sozial konstruierte Objektivationen verstanden werden können. Damit ist meist die Vorstellung verbunden, dass mit diesen Objektivationen eine gewisse Eigenständigkeit verbunden ist, vor deren Hintergrund die Verwendung des Begriffs des „objektiven Geistes" seine Berechtigung erhält.

Einer der prominentesten Ansätze, der mit dem Begriff der Objektivation arbeitet, ist der phänomenologische Sozialkonstruktivismus von Berger und Luckmann. Objektivation bedeutet für sie Vergegenständlichung und bezeichnet den Vorgang, durch den die Produkte menschlicher Selbstentäußerung objektiven Charakter gewinnen (Berger und Luckmann 1967). Ihr Ergebnis sind Tatbestände, die Objektcharakter besitzen, wie bspw. die Sprache oder gesellschaftliche Ordnungen. Sie werden als soziale Tatsachen mit sui generis-Charakter im Sinne Durkheims verstanden, die außerhalb des einzelnen Individuums zu verorten sind und deren Wirkung auf das Individuum zwingend ist. Gesellschaft in diesem Sinne existiert aber nicht nur objektiv, sondern auch subjektiv. Qua Internalisierung wird die objektive Wirklichkeit der Gesellschaft wiederum subjektviert. Das Ganze funktioniert nach der bekannten Dialektik von Entäußerung, Objektivation und Internalisierung.

Aber auch bei Pierre Bourdieu (1982) findet sich das Moment der Objektivität gesellschaftlicher Verhältnisse, bspw. in seinem Kapitalbegriff. Danach ist Kapital akkumulierte Arbeit und eine der Objektvität der Dinge innewohnende Kraft, die dafür sorgt, dass nicht alles gleich möglich oder unmöglich ist, die also für die Verteilung von Lebenschancen sorgt. Besitzt schon der Kapitalbegriff alleine eine objektive Konnotation, so findet sich diese Konnotation in gesteigerter Form beim objektivierten kulturellen Kapital, in Form von Gemälden, Büchern oder auch Maschinen. Aber auch die institutionalisierte Form des kulturellen Kapitals in Form von Titeln scheint eine Art von Objektivation zu sein. Und schließlich machen Bildungsinvestitionen nur Sinn, wenn Rückumwandlungen von kulturellem in ökonomisches Kapital *objektiv* in gewissem Ausmaß garantiert sind.

Locus Classicus und in vieler Hinsicht Vorbild für diese späteren Autoren war aber sicherlich auch Simmels Passage über das Auseinandertreten von subjektiver und objektiver Kultur in seiner „Philosophie des Geldes" (Simmel 1989). „Wie unser äußeres Leben von immer mehr Gegenständen umgeben wird, deren objektiven, in ihrem Produktionsprozess aufgewandten Geist wir nicht entfernt ausdenken, so ist unser geistiges Innen- und Verkehrsleben von symbolisch gewordenen Gebilden erfüllt, in denen eine

---

29 Das muss aber nicht notwendigerweise so sein, denn das hängt auch von der Gesamtarchitektur des theoretischen Ansatzes ab.

umfassende Geistigkeit aufgespeichert ist – während der individuelle Geist davon nur ein Minimum auszunutzen pflegt" (Simmel 1989: 621). In den materiellen Kulturgütern wie Möbeln, Kulturpflanzen, Maschinen und Büchern verdichten wir die Geistesarbeit der Kulturgemeinschaft in vergegenständlichter, objektivierter Art und Weise. Die praktische Kulturbedeutung dieser objektiven Kulturwerte bemisst sich aber nach dem Ausmaß, in dem sie zu Entwicklungsmomenten der Individuen werden und dort zu einem Werterhöhungsprozess führen. Während in unserer heutigen Gesellschaft dieser Werterhöhungsprozess hinsichtlich der objektivierten Kulturwerte ständig weiterläuft, ist er Simmel zufolge zumindest bei den Individuen der höheren Stände nicht in demselben Verhältnis fortgeschritten oder sogar zurückgegangen. Dies zeigt sich bspw. an den verminderten sprachlichen Ausdrucksmöglichkeiten der Einzelnen, an den zunehmend flacheren, uninteressanteren und weniger ernsthaften Konversationen, aber auch in der technischen Kultur der Arbeit und des Militärs. Die objektive Kultur feiert hier Triumphe, während die subjektive Kultur stagniert oder verkümmert, so Simmels Diagnose.

Simmels kulturdiagnostische Soziologie arbeitet hier mit eingängigen Unterscheidungen von subjektiver und objektiver Kultur. Es lassen sich aber bei jeder soziologischen Theorie solche Kategorisierungen finden, die Wichtiges über den spezifischen Standpunkt des jeweiligen theoretischen Ansatzes aussagen. Neben anderen lassen sich vier Aspekte dieser Kategorisierung objektiv/subjektiv finden, die man unterscheiden kann. 1. Den *ontologischen Aspekt*: Hier lässt sich bspw. fragen, ob soziale Gruppen und kollektive Überzeugungen objektiv, also real existieren und weiterhin, ob man ihnen daher berechtigter Weise kausale Kraft zuschreiben kann? 2. Den *epistemologischen Aspekt*: Welchen Stellenwert sollen objektive und subjektive Kulturphänomene in unseren Erklärungen bzw. in unserem theoretischen Vokabular haben? 3. Den *hermeneutischen Aspekt*: Müssen wir uns kulturellen Phänomenen über ein Verstehen des subjektiven Sinns der Akteure nähern oder besitzt vielleicht das objektive Verstehen Vorrang? 4. Den *ethischen Aspekt*: Ist der Sozialwissenschaftler wissenschaftlich berechtigt, aufgrund seiner Forschung wertende Stellungnahmen zu praktischen Fragen des sozialen Lebens abzugeben, weil diese ebenso objektiven Charakter tragen können wie seine anderen wissenschaftlichen Erkenntnisurteile? Alle Autoren der Kontroversen im dritten Block dieses Bandes beziehen bekanntermaßen zu einigen dieser Aspekte dezidiert Position.

Zur ersten Kontroverse dieses Blocks unter dem Titel „Die Emergenz der Kultur" („The Emergence of Culture") haben wir **Dave Elder-Vass** aufgefordert, seinen emergentistischen Ansatz zu Kultur darzulegen und zu zeigen, warum ein rein subjektivistischer Ansatz nicht adäquat ist. Worin liegen die objektiven Aspekte der Kultur, wie sie in seinem Ansatz beschrieben werden und was kann über die Kausalität der Kultur, Makrodetermination und den Prozess der Vermittlung von Kultur und Handlung gesagt werden? **Jens Greve** luden wir ein, diese emergenztheoretische Positionierung zur Kultur kritisch zu kommentieren, unter der Annahme, dass er reduktionistische Argumente dagegen in Anschlag bringen würde.

Margaret Gilbert und **Annette Schnabel** sind die Kontrahenten in der zweiten Kontroverse „Kultur als soziale Tatsache" („Culture as a Social Fact"). In der deutschen Soziologie wohl eher unbekannt, gehört Margaret Gilbert zu den ersten und innovativsten Autorinnen der neuen Sozialontologie, ihre Beiträge gehören zu den wohl international am besten rezipierten und meistdiskutierten innerhalb dieser neu etablierten Teildisziplin der Philosophie. Von Georg Simmel und Emile Durkheim ausgehend hat sie eine Ontologie der Existenz sozialer Gruppen und kollektiver Überzeugungen entwickelt, die den Begriff des „plural subject" herausstellt. Wir haben sie gebeten, ihren „plural subject-approach" darzustellen und zu entwickeln, warum ein rein subjektivistischer, singularistischer Ansatz von Kultur oder kollektiven Überzeugungen dem entsprechend nicht überzeugend ist. Es bot sich an, bei Annette Schnabel anzufragen, ob sie den Part der Kritikerin übernehmen könnte, da sie sich als individualistische Vertreterin eines Rational Choice-Ansatzes mit den Möglichkeiten reduktionistischer Erklärung vermeintlich „kollektiver" Überzeugungen schon beschäftigt hatte.

„Kultur als Kompromiss" ist der Titel der dritten Kontroverse des dritten Blocks. Im Zentrum des Interesses steht hier der kultursoziologische Ansatz **Andreas Wimmers**, der in Deutschland gut bekannt ist. Wimmer stellt in seinem Hauptartikel zunächst eine vehemente Kritik holistischer Kulturbegriffe voran und entwickelt von daher seine prozessorientierte Theorie von Kultur, die die Konsensfindung zur Stabilisierung von Bedeutungshorizonten in den Mittelpunkt stellt. Es werden von ihm die unter Machtgesichtspunkten interessanten Prozesse sozialer Schließung aber nicht vergessen. Wir sahen mit unserem als Kontroversen konzipierten Band hier eine gute Möglichkeit, diesen eher individualistischen und interessenzentrierten Ansatz mit einer ganz anders konzipierten Gegenposition zu konfrontieren. Wir gingen davon aus, dass **Wolfgang Ludwig Schneider** mit seiner Verbindung von Systemtheorie und objektiver Hermeneutik in einem anderen kulturtheoretischen „Lager" zu verorten ist, weswegen von einer Konfrontation zwischen diesen grundsätzlich verschiedenen Herangehensweisen eine lebhafte und interessante Auseinandersetzung zu erwarten war.

Die vierte Kontroverse des dritten Blocks trägt den Titel: „Brauchen wir den Systembegriff? Zur (Un-)Vereinbarkeit von Akteurs- und Systemtheorie". Unsere Wahrnehmung bei der Planung dieser Kontroverse war die, dass aus einzelnen Bemerkungen **Thomas Schwinns** hervorging, dass er von einer Unvereinbarkeit von akteurszentriertem Ansatz und Systembegriff bei **Uwe Schimank** ausgeht, während dieser der Auffassung zu sein schien, dass Thomas Schwinn sich mit Luhmanns Systembegriff wichtige Erkenntnisse entgehen lässt. Wir gingen davon aus, dass sich davon ausgehend eine Diskussion entwickeln könnte, die sich gut in diesem dritten Block dieses Bandes unterbringen ließ, in der es eben auch um die Frage der Objektivität oder der objektiven Existenz kultureller Phänomene „im weitesten Sinn" geht und deswegen auch um die Berechtigung eines Systembegriffs, der etwas in dieser Richtung anzunehmen scheint. Denn bei Uwe Schimank sind gesellschaftliche Teilsysteme zunächst Zusammenhänge generalisierter sinnhafter Orientierungen: Damit ist ein kultureller Sachverhalt angesprochen. Es geht ihm um den quasi-objektiven Charakter subjektiver Vorstellungen, die intersubjektiv bestätigt sind. Insgesamt passt die Schwinn-Schimank-Kontroverse also wegen der speziellen Fassung des hier skizzierten Problems in den kultursoziologischen Block des Bandes.

Die letzte Kontroverse lässt sich als eine Weiterführung der Debatte verstehen, die den Werturteils- und den Positivismusstreit als zwei seiner berühmtesten Kontroversen umfasst. Unsere Überlegung zielte darauf zu erfahren, wie sich die Positionen hier weiter entwickelt haben. Daher luden wir eine Vertreterin einer neueren Variante Kritischer Theorie, **Rahel Jaeggi**, dazu ein, in ihrem Positionsbeitrag ihren Standpunkt Kritischer Theorie sowie dessen normative Grundlagen zu erläutern. Wir erwarteten, dass sie damit eine Art des objektiven Geltungsanspruchs verbinden würde. Wie zu vermuten war, sollte ein jüngerer Vertreter einer eher kritisch rational ausgerichteten Philosophie der Sozialwissenschaften, **Axel Bühler**, in Bezug auf Objektivitätsansprüche in praktisch-ethischen Fragen eine „subjektivistischere" Position, ähnlich wie die Max Webers, vertreten hat. Interessanter Weise sind Max Webers klassische Beiträge zu dieser Problematik dann auch ein wichtiger Ausgangspunkt der Diskussion geworden.

V. Anthropologie, Methodologie, Ontologie: Übergreifende Problemperspektiven

Der letzte Block dieses Bandes folgt nicht der Form der Kontroverse, sondern enthält die übliche Form des Zeitschriftenaufsatzes. In diesen Aufsätzen sollen übergreifende Perspektiven für die in den Kontroversen behandelten Probleme entwickelt werden. Sie bieten vor allem auch alternative Perspektiven hinsichtlich solcher Annahmen der Rational-Choice-Theorie, wie sie eher im Hintergrund dieses Ansatzes wirksam sind. Und sie befassen sich in verschiedenster Weise mit den Themen von Handlung, Koordination, Ordnung und Kultur sowie deren Grundlagen.

Wie weiter oben festgestellt wurde, kann man den Rational-Choice-Ansatz als den dominierenden Ansatz der letzten dreißig Jahre betrachten und er ist daher auch in vielen Kontroversen in diesem Band, auch außerhalb des ersten Blocks, vertreten. Die Dominanz dieses Ansatzes könnte nun unter Umständen dazu geführt haben, dass wichtige Erkenntnisprobleme ohne jede Absicht wie selbstverständlich der Diskussion entzogen wurden und daher teilweise nicht mal ein Bewusstsein dafür vorhanden ist, dass es grundsätzliche Alternativen zu den hier vorfindbaren Problemlösungen geben könnte. Dies könnte zumindest für diejenigen Soziologen gelten, die sich als Vertreter einer erklärenden oder erklärenden und verstehenden Soziologie sehen. Alleine das Bewusstmachen und Aufweisen von möglichen Alternativen könnte deswegen schon helfen, Denkblockaden aufzulösen und diesbezügliche Erkenntnisfortschritte zu befördern. Selbst wer an bisherigen Lösungen festhalten möchte, ist herausgefordert, sich mit alternativen Denkansätzen auseinander zu setzen und die eigene Position auf ein höheres Niveau, meist verbunden mit Korrekturen, weiter zu entwickeln. Wie immer man also inhaltlich zu den hier ausgeführten neuen Möglichkeiten stehen mag, sie bilden zumindest Anregungen für weitere Diskussionen.

John Dupré widmet sich in seinem Aufsatz der Frage nach der menschlichen Natur und den damit verbundenen Kausalitätsannahmen. Fragen nach der menschlichen Natur gehören selbstverständlich zu den zentralen Ausgangspunkten soziologischer oder sozialwissenschaftlicher Theoriebildung. Er versucht zu zeigen, dass es keineswegs nur die Biologie ist, an die die Frage nach der menschlichen Natur verwiesen werden darf, sondern dass die Sozialwissenschaften hier selbst einen Teil beizutragen haben. Damit bezieht er eine Gegenposition zu den Auffassungen der starken Bewegung, die mit der Soziobiologie E. O. Wilsons startete und heute mit der sogenannten „evolutionären Psychologie" verbunden ist. Diese beruht seiner Ansicht nach auf einer mittlerweile obsoleten und zu einfachen Sicht der Evolution. Entwicklungen innerhalb der Biologie bezüglich kultureller Evolution, der Konstruktion von Nischen, von Entwicklungssystemen, aber auch der Epigenetik führen nicht zu dem engen deterministischen Bild des

Menschen, wie es mit der evolutionären Psychologie verbunden ist, sondern zu einer Sicht des Menschen als eines äußerst flexiblen und an fortdauernden Wandel anpassungsfähigen Wesens. Wie die in der deutschen Soziologie noch immer lebendige Anthropologie Arnold Gehlens, Hellmuth Plessners und Max Schelers sieht Dupré den Menschen von seiner Natur her als entwicklungs- und verhaltensmäßig weltoffenes und plastisches Wesen. Diese Auffassung kombiniert er, ähnlich wie Karl Popper, mit einem indeterministischen Weltbild und dem Postulat menschlicher Willensfreiheit, wobei letztere über die (starke) Emergenz des Mentalen zur Makrodetermination menschlichen Verhaltens im Sinne menschlicher Autonomie führt.

Das Thema der fundamentalen menschlichen Plastizität spielt auch in **Gert Alberts** Aufsatz zur Reichweite soziologischer Handlungstheorien eine tragende Rolle. Mit dem Rational-Choice-Ansatz ist in der Regel die Auffassung verbunden, dass ein anzustrebendes Ziel der soziologischen oder ökonomischen Erkenntnis in der Formulierung der einen einheitlichen, universalen Handlungstheorie liegt. Diese Position wird oft an die Thesen der evolutionären Psychologie zurückgebunden, da die Stabilität der menschlichen Natur auch die These von der einen universalen Handlungstheorie stützen kann, eine größere Plastizität des Menschen hingegen Zweifel an einem zu starken Postulat von der Universalität soziologischer Handlungstheorien wecken könnte. Albert behandelt in diesem Aufsatz aber nicht die anthropologischen Grundlagen soziologischer Handlungstheorie, sondern nähert sich von eher epistemologischer Seite diesem Thema. Zunächst arbeitet er die ursprünglich heuristisch gemeinte Bedeutung von Robert K. Mertons Begriff der Theorien mittlerer Reichweite heraus und gibt diesem eine mikrosoziologische Wendung mit dem Begriff der „Handlungstheorien mittlerer Reichweite". Handlungstheorien mittlerer Reichweite sind nicht für alle Menschen zu allen Zeiten an allen Orten gültige Handlungsmodelle. Darunter fallen Max Webers Idealtypen ebenso wie bspw. auch Uwe Schimanks Handlungsmodelle, während als universal gemeinte Handlungstheorien die RC-Theorie wie die Theorie der Frame-Selektion gelten können, nicht eigentlich aber Peter Hedströms DBO-Theorie, die streng genommen gar keine Theorie darstellt. Nach einer kurzen Analyse dieser sechs handlungstheoretischen Ansätze wird untersucht, welche Position von emergentistischen und welche von reduktionistischen Ansätzen gestützt werden kann. Es zeigt sich, dass Handlungstheorien die Annahme mentaler Verursachung involvieren und damit streng genommen starke Emergenz und Makrodetermination implizieren. Sie sind daher mit reduktionistischen Ansätzen nur schwer zu vereinbaren. Klammert man dieses Problem aber aus, so stellt sich heraus, dass sowohl reduktionistische wie emergentistische Ansätze eher Handlungstheorien mittlerer Reichweite favorisieren müssten.

Auch für **Udo Kelle** und **Alexander Nolte** ist ein Begriff der mittleren Reichweite von zentraler Bedeutung: hier ist es zunächst der Begriff der „Strukturen mittlerer Reichweite". Damit gemeint sind „situationsübergreifende Ordnungen, die über längere Zeit relativ fest sind, um sich dann in kurzen Zeiträumen grundlegend zu wandeln, oder soziale Strukturen, die innerhalb einer bestehenden Gesellschaft, Organisation oder Kultur einen begrenzten Geltungsbereich haben." Versucht man mittels des gängigen Makro-Mikro-Makro-Modells diese Strukturen begrenzter Reichweite zu erklären, wird der empirische Gehalt der Erklärung nicht nur aus den vermeintlich universalen Handlungstheorien generiert, sondern ist auf soziohistorisch kontingente Wissensbestände angewiesen. Dies wird durch eine „Gewohnheitsheuristik des Alltagswissens", an der die Sozialwissenschaftler als informierte Teilnehmer ihrer Gesellschaft teilhaben, oft verschleiert, stößt aber in unbekannten Forschungsumgebungen an seine sozio-kulturellen Grenzen. Viele Strukturen begrenzter Reichweite, wie etwa in bestimmten Milieus dominante Normen und Lebensstile oder spezifische Praktiken und Bräuche in Organisationen, können die Sozialforscher also von vornherein nicht kennen und sie müssen erst explorativ erforscht werden. Aus dieser Tatsache müssen methodologische Konsequenzen gezogen werden, die in Kontrast stehen zu methodologischen Auffassungen, wie sie sich bei den Anhängern des Rational-Choice-Ansatzes finden. Dieser favorisiert in der Regel die rein quantitative Forschung, während Kelle und Nolte einen quantitiv-qualitativer Methodenmix empfehlen. Beide Traditionen haben spezifische Stärken und Schwächen, die ihre Komplementarität nahe legen. Diese methodologische Empfehlung könnte dazu beitragen, bisherige Debatten um qualitative und quantitative Methoden etwas zu pazifizieren, indem sie eine Zwischenposition skizziert, die ähnlich wie Max Webers Zwischenposition in der Erklärens-Verstehens-Debatte eine spezielle Attraktivität für diejenigen haben könnte, die den einseitigeren Verlautbarungen aus beiden Lagern Skepsis entgegenbringen.

Schließlich öffnet **Hans-Bernhard Schmid** mit seinem Aufsatz über die Perspektiven der Theorie(n) kollektiver Intentionalität der Soziologie neue sozialontologische Horizonte. Er beginnt mit einer Analyse des Problems der Koordination und zeigt, dass die Theorien der rationalen Wahl im wesentlichen daran scheitern, auch wenn dies bisher kaum aufgefallen ist. Er plädiert dafür, dass man keine Theorie akzeptieren sollte, die diesem Grundproblem menschlicher Sozialität, das eben nicht das Problem der Kooperation ist, nicht gerecht werden kann. Neben Max Webers Begriffe der sozialen Beziehung, dem Begriff des Gemeinschaftshandeln und dem des Einverständnisses rekurriert er auf Talcott Parsons und Niklas Luhmanns Behandlung des Problems doppelter Kontingenz, das das Problem der Möglichkeit der Erklärung von Koordinationsleistungen verdeutlicht. Luhmann argumentiert mit der Annahme doppelter Kontingenz zwischen wechselseitig motivational intransparenten Systemen, was zu Selbstwidersprüchen führt. Im Unterschied zu Luhmann kommt Schmid schließlich zu dem Ergebnis, dass, wenn in Koordinationssituationen anhand von Konventionen Interaktion zustande kommt, konventionelles Verhalten in normativer und nicht in kognitiver Hinsicht erwartet wird. Während Talcott Parsons die Rolle normativer Haltungen in der Bewältigung doppelter Kontingenz im Gegensatz zu Luhmann richtig erkannt hat, kommt bei ihm mit der Internalisierung eine andere Form psychischer Kausalität als die praktischer Rationalität zum Tragen, die hier aber gefordert ist. In seiner Analyse der Theorie des kommunikativen Handelns von Jürgen Habermas zeigt Schmid, dass Habermas das Moment praktischer Rationalität für das Problem der Koordination im Prinzip richtig einschätzt, dass ihm aber ein gehaltvoller Begriff eines vordiskursiven Einverständnisses fehlt, ein Problem, das mit seiner sprachtheoretischen Wende zusammenhängt. Ein zentrales Moment vordiskursiven Einverständnisses findet sich hingegen in Michael Tomasellos Untersuchungen zur „joint attention", zur gemeinsam geteilten Aufmerksamkeit, die schon bei Kleinkindern in vorsprachlichen Entwicklungsstufen auftritt. Schließlich wendet sich Schmid der neueren Debatte um die kollektive Intentionalität zu und skizziert seine eigene Position: Danach ist kollektive Intentionalität irreduzibel, vorreflexiv, relational und normativ gehaltvoll und eröffnet eine neue Perspektive auf das Problem der Koordination, an dem die Theorien der rationalen Wahl offenbar grundsätzlich scheitern.

Abschließend möchten wir uns bei all denjenigen bedanken, die in je unterschiedlicher Weise zum Gelingen dieses Projektes beigetragen haben. In erster Linie sind hierbei natürlich alle Autorinnen und Autoren zu nennen. Zu unserer großen Freude und Überraschung erklärten sich so gut wie alle der von uns angesprochenen Wissenschaftlerinnen und Wissenschaftler spontan bereit, an diesem, mit vielfältigen zeitlichen und technischen Restriktionen verbundenen Theorieprojekt teilzunehmen. Besonderer Dank gilt hierbei natürlich allen „Kritikern", da sie sich nicht nur hinsichtlich des ihnen zur Verfügung stehenden „argumentativen Raums" beschränkten, sondern auch die zentrale Spielregel akzeptierten, dass nicht sie, sondern die Positionierer das „letzte Wort" in der jeweiligen Kontroverse bekamen. Eine Form intellektueller Großzügigkeit, die ungewöhnlich, aber für den Erfolg des gesamten Unternehmens entscheidend war. Darüber hinaus danken wir Volker Dreier und dem Redaktionsteam der Kölner Zeitschrift für die reibungslose Zusammenarbeit, Lydia Ponier für ihre technische Unterstützung bei der Bearbeitung der vielen Manuskripte, Sarah Förster und besonders Johannes Sonnenholzner für ihre Unterstützung bei einer Reihe von Recherchen sowie Wolfgang Ludwig Schneider für einen substanziellen Hinweis bei der konzeptionellen Planung des Bandes. Besonderer Dank gilt den Herausgebern der Kölner Zeitschrift für Soziologie und Sozialpsychologie Jürgen Friedrichs, Wolfgang Schluchter und Heike Solga für ihre konstruktive Diskussion der Konzeption des vorliegenden Bandes.

Literatur

Albers, Franz-Josef. 1984. Objektivation des Geistes/des Lebens, In *Historisches Wörterbuch der Philosophie* Band 6: Mo-O, Hrsg. Joachim Ritter, Karlfried Gründer, 1055 f. Darmstadt: Wissenschaftliche Buchgesellschaft Darmstadt.
Albert, Hans. 1991. *Traktat über kritische Vernunft*. Tübingen: Mohr.
Albert, Hans. 1999. Die Soziologie und das Problem der Einheit der Wissenschaften. *Kölner Zeitschrift für Soziologie und Sozialphilosophie* 2: 215-231.
Assmann, Jan. 2000. Religion und kulturelles Gedächtnis. Zehn Studien. München: Beck.
Baurmann, Michael. 1996. *Der Markt der Tugend – Recht und Moral in der liberalen Gesellschaft*. Tübingen: Mohr.
Berger, Peter L., und Thomas Luckmann. 1967. *Die gesellschaftliche Konstruktion der Wirklichkeit*. Frankfurt a. M.: S. Fischer Verlag.
Bourdieu, Pierre. 1983. Ökonomisches Kapital, kulturelles Kapital, soziales Kapital. In *Soziale Ungleichheiten*. Sonderband 2 der Sozialen Welt. Hrsg. Reinhard Kreckel, 183-198. Göttingen: Schwartz.
Breithecker-Amend, Renate. 1992. *Wissenschaftsentwicklung und Erkenntnisfortschritt. Zum Erklärungspotential der Wissenschaftssoziologie von Robert K. Merton, Michael Polanyi und Derek de la Solla Price*. Münster, New York: Waxmann.
Braun, Norman. 2009. Rational Choice-Theorie. In *Handbuch Soziologische Theorien*, Hrsg. Georg Kneer, Markus Schroer, 395-418. Wiesbaden: VS Verlag für Sozialwissenschaften.
Collins, Randall. 2003. Über die Schärfe in intellektuellen Kontroversen. *Leviathan* 2: 258-284.
Dascal, Marcelo. 2006. Die Dialektik in der kollektiven Konstruktion wissenschaftlichen Wissens. In *Kontroversen als Schlüssel zur Wissenschaft. Wissenskulturen in sprachlicher Interaktion*, Hrsg. Wolf-Andreas Liebert, Marc-Denis Weitze, 19-38. Bielefeld: transcript.

Diekmann, Andreas. 1999. Homo ÖKOnomicus. Anwendungen und Probleme der Theorie rationalen Handelns im Umweltbereich. In *Handlungstheorie: Begriff und Erklärung des Handelns im interdisziplinären Diskurs*, Hrsg. Jürgen Straub, Hans Werbik, 137-181. Frankfurt a. M., New York: Campus.
Eemeren, Frans H. van, und Bart Garssen, Hrsg. 2008. *Controversy and confrontation. Relating controversy analysis with argumentation theory.* Amsterdam, Philadelphia: John Benjamins Publishing Company.
Engelhardt, H. Tristram Jr. und Arthur L. Caplan. 1987a. Introduction. Patterns of controversy and closure: the interplay of knowledge, values and political forces, In *Scientific controversies. Case studies in the resolution and closure of disputes in science and technology*, Hrsg. H. Tristram Engelhardt, Jr., Arthur L. Caplan, 1-23. Cambridge: Cambridge University Press.
Engelhardt, H. Tristram Jr., und Arthur L. Caplan, Hrsg. 1987b. *Scientific controversies. Case studies in the resolution and closure of disputes in science and technology.* Cambridge: Cambridge University Press.
Fehr, Ernst, und Herbert Gintis. 2007. Human motivation and social cooperation: experimental and analytical foundations. *Annual Review of Sociology* 33: 43-64.
Felt, Ulrike, Helga Nowotny und Klaus Taschwer. 1995. *Wissenschaftsforschung. Eine Einführung.* Frankfurt a. M., New York: Campus.
Green, Donald P., und Ian Shapiro. 1994. *Pathologie of Rational Choice-Theory: a critique of applications in political science.* New Haven: Yale University Press.
Kliemt, Hartmut, 1985. *Moralische Institutionen. Empiristische Theorien ihrer Evolution.* Freiburg: Alber.
Kliemt, Hartmut, und Ruth Zimmerling. 1993. Quo vadis Homo oeconomicus? Über einige neuere Versuche, das Modell eines Homo oeconomicus fortzuentwickeln – Teil 1, *Homo oeconomicus* Bd. X (1), 1-44.
Kneer, Georg, und Stephan Moebius, Hrsg. 2010. *Soziologische Kontroversen. Beiträge zu einer anderen Geschichte der Wissenschaft vom Sozialen.* Frankfurt a. M.: Suhrkamp.
Knoblauch, Hubert. 1995. *Kommunikationskultur. Die kommunikative Konstruktion kultureller Kontexte.* Berlin, New York: de Gruyter.
Köpf, Ulrich. 2001. Kontroverstheologie, In *Religion in Geschichte und Gegenwart: Handwörterbuch für Theologie und Religionswissenschaft.* Band 4 I-K, Hrsg. Hans Dieter Betz, Don S. Browning, Bernd Janowski, Eberhard Jüngel, 1651-1653. Tübingen: Mohr.
Liebert, Wolf-Andreas, und Marc-Denis Weitze, Hrsg. 2006. *Kontroversen als Schlüssel zur Wissenschaft. Wissenskulturen in sprachlicher Interaktion.* Bielefeld: transcript.
Luckmann, Thomas. 1986. Grundformen der gesellschaftlichen Vermittlung des Wissens: Kommunikative Gattungen, In *Kultur und Gesellschaft.* Sonderheft der Kölner Zeitschrift für Soziologie und Sozialpsychologie, Hrsg. Friedhelm Neidhardt, M. Rainer Lepsius, Johannes Weiss, 191-211. Opladen: Westdeutscher Verlag.
Luckmann, Thomas. 2002. Der kommunikative Aufbau der sozialen Welt und die Sozialwissenschaften, In *Wissen und Gesellschaft. Ausgewählte Aufsätze 1981-2002*, Hrsg. Thomas Luckmann, Hubert Knoblauch, Jürgen Raab, Bernt Schnettler, 157-181. Konstanz: UVK.
Luhmann, Niklas. 1972. Einfache Sozialsysteme. *Zeitschrift für Soziologie* 1: 51-65.
Machamer, Peter, Marcello Pera, und Aristides Baltas, Hrsg. 2000. *Scientific controversies. Philosophical and historical perspectives.* New York, Oxford: Oxford University Press.
Merton, Robert K. 1985. *Entwicklung und Wandel von Forschungsinteressen. Aufsätze zur Wissenschaftssoziologie.* Frankfurt a. M.: Suhrkamp.
Neidhardt, Friedhelm. 1994. Öffentlichkeit, öffentliche Meinung, soziale Bewegungen, In *Öffentlichkeit, öffentliche Meinung, soziale Bewegungen.* Sonderheft 34 der Kölner Zeitschrift für Soziologie und Sozialpsychologie, Hrsg. Friedhelm Neidhardt, 7-41. Opladen: Westdeutscher Verlag.
Opp, Karl-Dieter. 2004. Die Theorie rationalen Handelns im Vergleich mit alternativen Theorien, In *Paradigmen der akteurszentrierten Soziologie*, Hrsg. Manfred Gabriel, 43-68. Wiesbaden: VS Verlag für Sozialwissenschaften.
Popper, Karl. 1972. Zur Logik der Sozialwissenschaften. In *Der Positivismusstreit in der deutschen Soziologie*, Hrsg. Theodor W. Adorno, Hans Albert, Ralf Dahrendorf, Jürgen Habermas, 103-123. Darmstadt, Neuwied: Luchterhand.

Schmid, Michael. 2004. Die Theorie rationaler Wahl. Bemerkungen zu einem Forschungsprogramm. In *Rationales Handeln und soziale Prozesse. Beiträge zur soziologischen Theoriebildung*, Hrsg. Michael Schmid, 146-170. Wiesbaden: VS Verlag für Sozialwissenschaften.

Schützeichel, Rainer. 2008. Beratung, Politikberatung, wissenschaftliche Politikberatung, In *Politikberatung*, Hrsg. Stephan Bröchler, Rainer Schützeichel, 5-32. Stuttgart: Lucius & Lucius.

Schulz-Schaeffer, Ingo. 2008. Die ›Rückwärtskonstitution‹ von Handlungen als Problem des Übergangs von der Logik der Selektion zur Logik der Aggregation, In *Das Mikro-Makro-Modell der soziologischen Erklärung. Zur Ontologie, Methodologie und Metatheorie eines Forschungsprogramms*, Hrsg. Jens Greve, Annette Schnabel, Rainer Schützeichel, 267-284. Wiesbaden: VS Verlag für Sozialwissenschaften.

Simmel, Georg. 1989. *Philosophie des Geldes*. Gesamtausgabe Band 6. Frankfurt a. M.: Suhrkamp.

Simmel, Georg. 1992. *Soziologie. Untersuchungen über die Formen der Vergesellschaftung*. Gesamtausgabe Band 11. Frankfurt a. M.: Suhrkamp.

Streek, Wolfgang, und Phillip Schmitter. 1985. Gemeinschaft, Markt und Staat – und die Verbände? Der mögliche Beitrag von Interessenregierungen zur sozialen Ordnung. *Journal für Sozialforschung* 25: 133-158.

Trischler, Helmut, und Marc-Denis Weitze. 2006. Kontroversen zwischen Wissenschaft und Öffentlichkeit: Zum Stand der Diskussion. In *Kontroversen als Schlüssel zur Wissenschaft. Wissenskulturen in sprachlicher Interaktion*, Hrsg. Wolf-Andreas Liebert, Marc-Denis Weitze, 57-80. Bielefeld: transcript.

Tyrell, Hartmann. 1976. Konflikt als Interaktion. *Kölner Zeitschrift für Soziologie und Sozialpsychologie*, 28: 254-271.

Utz, Richard. 1996. *Soziologie der Intrige. Der geheime Streit in der Triade, empirisch untersucht an drei historischen Fällen*. Berlin: Duncker & Humblot.

Vanberg, Viktor J. 2008. Rationalität, Regelbefolgung und Emotionen. Zur Ökonomik moralischer Präferenzen, In *Wettbewerb und Regelordnung*, Hrsg. Nils Goldschmidt, Michael Wohlgemuth, 241-267. Tübingen: Mohr.

Weingart, Peter. 2003. *Wissenschaftssoziologie*. Bielefeld: transcript.

Wiesenthal, Helmut. 1999. Auf dem Weg zu einer allgemeinen Theorie der Koordinationsmedien. *BISS public* 9: 83-114.

Korrespondenzanschrift: Dr. Gert Albert, Institut für Soziologie, Universität Heidelberg, Bergheimer Str. 58, 69115 Heidelberg
E-Mail: gert.albert@soziologie.uni-heidelberg.de

Korrespondenzanschrift: Dr. Steffen Sigmund, Institut für Soziologie, Universität Heidelberg, Bergheimer Str. 58, 69115 Heidelberg
E-Mail: steffen.sigmund@soziologie.uni-heidelberg.de

I. Handlungstheorie:

Der Rational-Choice-Ansatz – Anomalien, Erweiterungen, Alternativen

1. Die Theorie der Frame-Selektion als Überwindung der Theorie der rationalen Wahl

POSITION

DAS MODELL DER FRAME-SELEKTION

Eine allgemeine Handlungstheorie für die Sozialwissenschaften?*

Hartmut Esser

Zusammenfassung: Der Beitrag stellt das Modell der Frame-Selektion in den Zusammenhang der verschiedenen Paradigmen und Ansätze in den Sozialwissenschaften insgesamt sowie der Bemühungen den verschiedenen theoretischen Unvollständigkeiten, Unzulänglichkeiten und empirischen Anomalien innerhalb des jeweiligen Ansatzes zu begegnen. Es wird gezeigt, dass das Modell der Frame-Selektion in der Zusammenführung wichtiger Aspekte der verschiedenen Ansätze in ein inhaltlich übergreifendes und formal konsistentes Modell ein Weg aus diesen Sackgassen und Revierabgrenzungen sein könnte, und auch, dass es kein (komplizierter) Spezialfall eines der Paradigmen ist und schon gar nicht eine Variante der (weiten) Rational-Choice-Theorie.

I. Ein Puzzle

Eines der bemerkenswertesten Ergebnisse der experimentellen Spieltheorie in der letzten Zeit war das, was Ernst Fehr und Simon Gächter herausgefunden haben (Fehr und Gächter 2000, 2002; vgl. auch Fehr und Gintis 2007: 47 ff.). Es geht um ein gemeinsames Projekt, bei dem die Versuchspersonen einen gewissen Betrag einzahlen konnten, woraus sich bei entsprechender Beteiligung in der Gruppe ein Gewinn für jeden ergeben konnte, der auch denen zugutekam, die sich nicht beteiligten. Das Experiment lief zunächst über 10 Runden und nach den Regeln der Theorie des rationalen Handelns (RCT) sollte sich gleich von Beginn an schon niemand beteiligen. Aber das war, wie man auch schon vorher oftmals festgestellt hatte, keineswegs der Fall (vgl. *Abbildung 1*): In den ersten drei Runden lag die Kooperationsrate bei rund 50 Prozent, blieb dann bis zur 7. Runde konstant auf ca. 40 Prozent, ehe sie schließlich recht steil zurückging und in der 10. Runde auf nur noch 15 Prozent absackte, wobei auch die eingezahlten Beträge immer kleiner wurden. Das aber war erst die halbe Geschichte. Nach der 10. Runde wurde den Versuchspersonen unvermutet die Möglichkeit gege-

---

* Für wichtige inhaltliche Hinweise und Diskussionen bedankt sich der Verfasser bei Clemens Kroneberg und für die bewährte Hilfe bei der Erstellung des Manuskriptes bei Coni Schneider.

Abbildung 1: Kooperation bei Fehlen und bei Vorhandensein von Bestrafungsmöglichkeiten

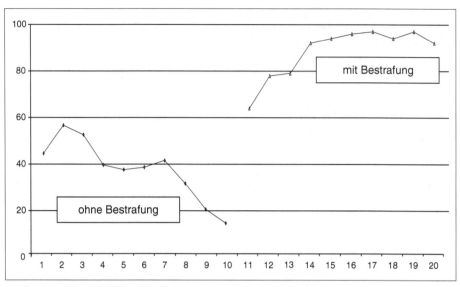

Quelle: Nach Fehr und Gächter (2000: 138), Fehr und Gintis (2007: 48).

ben, die „Egoisten" zu bestrafen: Nachdem jeder für die folgende Runde investiert hatte, wurden alle über die Beiträge der anderen informiert und die Akteure konnten dann entscheiden, ob sie bestrafen wollten oder nicht. Wer bestrafte, musste etwas zahlen, wobei der Betrag mit der Höhe der Bestrafung stieg, was dann entsprechend den eigenen Gewinn schmälerte. Rationale Egoisten hätten nicht bestraft. Schlagartig aber änderte sich nun das Verhalten: Die Kooperationsrate stieg von den nur noch 15 Prozent in der 10. Runde sofort auf kaum glaubliche 65 Prozent in der 11. Runde, nimmt danach rasch weiter zu und konvergiert auf eine Beteiligung von fast 100 Prozent bis ganz zum Schluss.

Mit einer engen Version der RCT, die nur rationale Erwartungen, nur materielle Anreize und nur „Egoisten" kennt, lässt sich das nicht erklären, wohl aber mit einer erweiterten (vgl. Fehr und Gintis 2007: 47 f.): Es gibt nicht nur materielle Motive, sondern auch etwa soziale Beweggründe. Die materiellen Kosten steigen aber, wenn man immer nur einzahlt, und irgendwann dreht sich die Bilanz. Das erklärt die zunächst hohe Kooperationsrate zu Beginn, das Beharren über die ersten drei und sogar sieben Runden und auch den Abfall der Kooperationsrate zum Schluss. So weit also: o. k. Was aber ist mit den nächsten 10 Runden nach der Eröffnung von Bestrafungsmöglichkeiten? Dass die Kooperationsrate nun zunimmt und dann weiter steigt und bis zum Schluss nahezu 100 Prozent beträgt, lässt sich mit der Erweiterung auch wieder ganz gut verständlich machen: Die Egoisten müssen befürchten, dass sich in der Folge ihr Gewinn schmälert, und die Altruisten können eher davon ausgehen, dass sie nicht schließlich doch wieder ganz über den Tisch gezogen werden. Soweit also wieder: o. k. Aber lässt sich damit auch der doch abrupte Anstieg der Kooperationsrate um ca. 50 Prozent von der 10. auf die 11. Runde gleich nach der Eröffnung der Bestrafungsmöglichkeit erklären? Über die Erfahrung einer aktuellen Bestrafung vorher ginge das nicht, weil die Investition für die 11. Runde erfolgte, bevor bekannt war und gegebenenfalls sanktioniert wurde, was man gemacht hatte. Aber vielleicht haben die Akteure ja antizipiert, dass es nun schon etwas setzen würde, wenn man weiter defektiert. Und so weiter.

Aus den Berichten über die Experimente wird nicht rekonstruierbar, was zutrifft und welches der zugrunde liegende Mechanismus letztlich war. Es wird aber deutlich, dass man mehr und mehr Annahmen machen muss, die man zwar auch prüfen und vielleicht belegen könnte, die sich aber doch immer weiter von dem Ursprungskonzept der RCT entfernen und auch immer komplizierter werden. Aber vielleicht gab es ja einen völlig anderen und dazu ganz einfachen Mechanismus, den die RCT in keiner ihrer Varianten kennt: Die Ankündigung der Bestrafungsmöglichkeiten ist nicht bloß eine weitere Option, sondern auch ein Symbol, das bei einem Teil der Akteure die gesamte Sicht der Dinge plötzlich und komplett ändert. In der 10. Runde mit dem Niedergang der Kooperation sehen so gut wie alle das Projekt als eines an, in dem der bloße Egoismus herrscht, auch die Altruisten, aber nun ist es offenbar ein ganz neues „Spiel", bei dem nicht länger das Eigeninteresse, sondern das Gemeinwohl „angesagt" ist, auch für die Egoisten. Und dafür gibt es Belege. In einem an sich ganz ähnlich angelegten Kooperationsexperiment haben Liberman et al. (2004) dem Spiel jeweils zwei verschiedene Namen gegeben: „Wall Street Game" mit der Assoziation „rugged individualism, concern with self interest, and contexts in which competitive or exploitative norms are likely to operate" und „Community Game" mit der Vorstellung von „interdependence, collective interest, and contexts wherein cooperative norms are likely to operate" (Liberman et al. 2004: 1176). Als Versuchspersonen waren Studenten ausgewählt worden, von denen die Wohnheimmitarbeiter mit großer subjektiver Sicherheit (jeweils 85 Prozent) annahmen, dass sie kooperieren oder defektieren würden. Das Ergebnis war eindeutig *(Abbildung 2):* Allein die Bezeichnung des Spiels veränderte die Kooperationsrate massiv (um ca. 40 Prozent in der ersten Runde und ca. 35 Prozent im Durchschnitt über alle Runden des Spiels), ganz ähnlich wie zwischen der 10. und 11. Runde bei dem Bestrafungsexperiment. Die Einschätzung als „Egoist" oder „Altruist" hatte dabei keinerlei systematische Bedeutung.

Kurz: Es sind wohl nicht die unterschiedlichen Nutzenfunktionen der Egoisten und der Altruisten und komplizierte strategische Überlegungen (allein), die das Verhalten bestimmen, sondern (wenigstens: auch) Vorgänge einer symbolisch gesteuerten „Definition der Situation" und der Aktivierung von auch emotional verstärkten „Programmen", bei denen Kosten, Nutzen, zukünftige Erträge und rationale Berechnungen offenbar keine Rolle spielen, wohl aber womöglich neuro-physiologische Prozesse in den „tieferen", unmittelbar auch Emotionen auslösenden Regionen des Gehirns, was darauf hindeuten könnte, dass Rache zwar tatsächlich süß sein und die Kosten der Bestrafung auffangen kann, aber nicht als „Nutzen" dagegen abgewogen wird (Fehr und Gächter 2002: 139; Fehr und Gintis 2007: 52).

Abbildung 2: Effekte der Bezeichnung von Situationen und des Typs von Akteuren
(Anteile „Kooperation"; A: Typ „Altruist", E: Typ „Egoist")

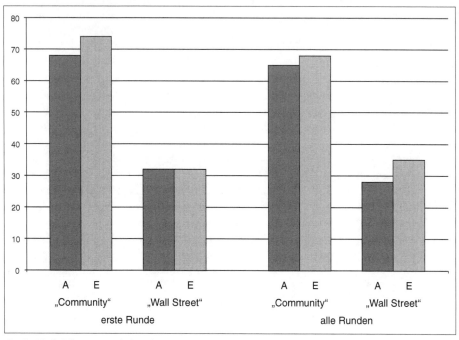

Quelle: Nach Liberman et al. (2004: 1177).

II. Drei Paradigmen

Hinter den Beobachtungen und deren Erklärungsversuchen steht die alte Auseinandersetzung um den homo oeconomicus gegenüber dem homo sociologicus und, etwas weiter differenzierend, die Frage, wie die Sozialwissenschaften mit ihren drei Kernkonzepten Interessen, Institutionen und Ideen (handlungs-)theoretisch umgehen müssten. Diesen drei Konzepten entsprechen die drei wichtigsten Paradigmen der Soziologie: das utilitaristische, das normative und das interpretative Paradigma.[1] Die Interessen sind dabei vor allem das, was das utilitaristische Paradigma ausmacht: die Opportunitäten, die Anreize und die rationalen Erwartungen, der homo oeconomicus, die RCT und der Mechanismus einer auf zukünftige Folgen gerichteten „Kalkulation", auch wenn diese unbewusst verläuft. Die Institutionen stehen im Zentrum des normativen Paradigmas: die mit Geltungsansprüchen versehenen und eventuell mit Sanktionen bewehrten Regeln oder Normen und der homo sociologicus, der „unbedingt" den Vorgaben einer „normativen Orientierung" folgt. Kulturelle Ideen und die Deutung von damit verbundenen Symbolen sind der Gegenstandsbereich des interpretativen Paradigmas:

---

1 Üblicherweise wird noch das sogenannte strukturtheoretische Paradigma unterschieden. Man kann diesen Ansatz dem utilitaristischen Paradigma zurechnen, weil die Analyse der objektiven Strukturen beim „Maximieren unter Restriktionen" ohnehin der erste Schritt ist.

die inneren Vorstellungen der Akteure über typische Situationen und Abläufe, repräsentiert über „signifikante Symbole", die aber nicht bloß als Auslöser einer festen „Definition der Situation" fungieren, sondern als Anhaltspunkt für eine reflektierende Ausdeutung des Geschehens, des strategischen „Aushandelns", des geschickten „impression management" und des intelligenten Findens einer „sinnhaft" erscheinenden Handlungslinie in einer grundsätzlich fragilen Welt, speziell dann, wenn der „Rahmen" nicht so recht „passt".

Zwischen den drei Konstrukten gibt es eine Reihe von Querverbindungen und nur in Grenzfällen ist jeweils immer nur eines davon bedeutsam. Eigentlich sollte es also keine Trennung oder programmatische Betonung jeweils nur eines Aspektes geben. Normalerweise setzen sich die Paradigmen gleichwohl deutlich gegeneinander ab, wenn sie sich denn überhaupt zur Kenntnis nehmen, oder sie versuchen, das jeweils andere Problem und Paradigma in die jeweils eigene Sprache zu übersetzen.

Die deutlichste Version des utilitaristischen Paradigmas ist die enge Fassung der RCT der neo-klassischen Ökonomie des perfekt informierten homo oeconomicus mit einer übergreifenden und konsistenten Präferenzordnung und mit nur materiellen Anreizen und „rationalen" Erwartungen (vgl. dazu Esser 1999: Kapitel 8). Sie hat den wichtigen Vorteil der Präzision, der Sparsamkeit und eines hohen Informationsgehaltes, weshalb sie sich, anders als alle anderen Paradigmen, mit dem Problem ihrer „Widerlegung" besonders (und unverdienterweise) herumplagen muss. In der Tat hat eine Reihe von unerwarteten empirischen Ergebnissen dazu geführt, das Konzept partiell zu ändern und zu erweitern. Eine wohl allzu einfache „Lösung" schlägt Peter Hedström in seinem DBO-Konzept vor (Hedström 2005: 38 ff., 60 ff.): Die Grundbausteine sind, wie bei der RCT, die „desires", „beliefs" und „opportunities" der Akteure, aber die RCT wäre ein zu enger Spezialfall der DBO-Theorie, deren Vorzug ihre Offenheit wäre. Das ist die Preisgabe des Kriteriums des Informationsgehalts und auch dann nicht akzeptabel, wenn es Schwierigkeiten mit mancher allzu enger Annahme der RCT gibt. Anders ist das bei der Erweiterung der RCT auch auf andere Motive als nur die materiellen Interessen (vgl. Opp 1999). Damit lässt sich für viele Fälle der kausale Mechanismus der RCT beibehalten, speziell die Vorstellung, dass doch immer nur Interessen maßgeblich sind, dass es eine konsistente Nutzenfunktion gebe und dass das Handeln weiter der Maximierungsregel folge. Die Maximierungsregel selbst wird seit Langem im Zusammenhang der offensichtlich doch stark begrenzten Rationalität der Menschen diskutiert, insbesondere von Herbert Simon. Zunächst wurden die Grenzen der Rationalität wieder im Rahmen der (engen) RCT aufzufangen gesucht, und zwar als Kosten für die Beschaffung und Verarbeitung von Informationen und deren Grenzerträge (Simon 1955). Unter dem Einfluss der Kenntnisnahme von Ergebnissen der kognitiven (Sozial-)Psychologie hat Simon seine Vorstellung von den „wirklichen" Entscheidungsprozessen jedoch später deutlich geändert (Simon 1993). Der Mechanismus der Handlungsselektion ist danach nicht länger die Berechnung von Nutzendifferenzen, sondern die Wiedererkennung von symbolisch repräsentierten gedanklichen Mustern für typische Situationen. Von Ronald A. Heiner stammt im gleichen Zusammenhang die Annahme, dass es gerade die Unsicherheiten und der Mangel an Informationen sind, die die Akteure zum Rückgriff auf (sicher verfügbare) habitualisierte Reaktionen bringen (Heiner 1983). Im Zusammenhang der subjektiven Vereinfachung von Situationen hat Siegwart Lindenberg das Konzept des sogenannte Goal-Framing vorgeschlagen (vgl. Lindenberg und Steg 2007): Situationen werden durch die Konzentration aller Aufmerksamkeit auf ein die Situation dominierendes Ziel strukturiert, aber die anderen Ziele bleiben im Hintergrund stets erhalten, und wenn sich die Preise der verschiedenen Ziele verändern, dann schiebt sich ein neues Oberziel in den Vordergrund.

Das normative Paradigma geht, am deutlichsten bei Talcott Parsons, davon aus, dass ein allein auf Interessen beruhendes Handeln schon konzeptionell nicht denkbar sei: Dem Handeln fehle angesichts der Variabilitäten der Anreize jede Konsistenz und Verlässlichkeit und eine soziale Ordnung sei (daher) nicht möglich. Die Lösung ist das Konzept des „unit act": Jedem Handeln geht eine „normative orientation" voraus, die die Situation in bestimmter Weise definiere und damit die Interessen und die Möglichkeiten eingrenze (vgl. dazu Esser 2001: Kapitel 1). Nach diesem Konzept folgen die Akteure normalerweise den normativen Vorgaben und den zugewiesenen „Rollen" ganz ohne weitere Irritation oder Abweichung, und wenn es dauerhafte Spannungen oder Abweichungen gibt, dann werden diese durch institutionelle Umstrukturierungen aufgefangen. Der angenommene handlungstheoretische Mechanismus ist dabei, zunächst: erstaunlicherweise, ganz ähnlich zu dem, was George C. Homans in seiner Lern- und Verhaltenstheorie als Mikrofundierung der Soziologie vorgeschlagen hatte: Es gibt gewisse symbolisch bedeutsame Hinweise oder Stimuli, die das entsprechende Verhalten unmittelbar und ohne jede weitere Reflexion zukünftiger Folgen auslösen. Nicht ohne Grund hat Thomas S. Wilson in seinem bekannten Aufsatz daher Talcott Parsons *und* George C. Homans in dieser Hinsicht dem normativen Paradigma zugerechnet (Wilson 1970: 698 f.). Das Problem mit dem (traditionellen) normativen Paradigma war, dass es gesellschaftliche Spannungen und Abweichungen eher als „Normalfall" gibt und dass die Akteure nicht (immer) blind und als „cultural dopes" den normativen und kulturellen Vorgaben folgen. Das machte Konzepte des intentionalen, reflektierten, „sinnhaften", rationalen Handelns plausibel, und nicht zuletzt George C. Homans hat später dann noch auf die formalen Analogien zwischen Lern- und Verhaltenstheorie und dem Konzept des rationalen Handelns hingewiesen (Homans 1974: 43-47). Das normative Paradigma gibt es in der strikten Form der unmittelbaren Verhaltensauslösung daher (schon lange) nicht mehr, wohl aber eine ganze Reihe von Ansätzen, die die normative Strukturierung des Handelns mit den Interessen und der Rationalität einerseits und den interpretativen Vorgängen der Stabilisierung von Sinnzusammenhängen und der Einbettung in interaktive Prozesse der „Definition der Situation" andererseits zu verbinden versuchen. Zu nennen wären etwa die Versuche des sogenannten Neo-Funktionalismus von Jeffrey Alexander, die Konstitutionstheorie von Anthony Giddens oder auch die soziologische Systemtheorie von Niklas Luhmann, die alle auf ihre Weise eine Art von „reflexiv" gewendetem normativen Paradigma vorgeschlagen haben: Es gibt die Institutionen und normativen Strukturen, aber diese sind nichts weiter als so nicht intendierte Produkte der Herstellung von „Sinn" in einer an sich gänzlich fragilen sozialen Welt. Stärker analytisch orientierte Reaktionen sind der sogenannte Neo-Institutionalismus und der sogenannte Akteursorientierte Institutionalismus. Der Neo-Institutionalismus versucht in allen seinen Varianten irgendeine Verbindung zwischen den institutionellen Vorgaben und sozialen Einbettungen einerseits und den Interessen, Opportunitäten und Restriktionen der Akteure andererseits herzustellen (vgl. etwa North 1990 oder Nee 2005), gelegentlich auch unter explizitem Bezug auf die kulturellen Ideen als eigenen Beweggründen von institutionellem Wandel und Beharrung (so ausdrücklich North 1990: 95 ff.). Das Konzept des Akteurszentrierten Institutionalismus (vgl. Scharpf 1997 oder Schimank 2004) geht davon aus, dass die Akteure sich zuerst an den institutionellen Regeln orientieren und dann, unter anzugebenden Umständen, auch die Interessen und die Rationalität in den Blick genommen werden könnten – und eben nicht umgekehrt wie bei der RCT, die die Normen zu allererst als zusätzliche Anreize oder Kosten für das rationale Handeln versteht (vgl. Opp 1979). Im Hintergrund steht eine bekannte Unterscheidung von March und Olsen (1989): Es komme bei dem Handeln im Rahmen institutioneller Regeln nicht auf die „logic of calculativeness" der RCT an, sondern auf die durch die Regeln bestimmte „logic of appropriateness" des Tuns. Raymond Boudon (1996) hat mit der Konzeption einer „cognitivist" oder „axiological rationality" eine ähnliche Differenzierung vorgeschlagen: Das Handeln richtet sich im Rahmen bestimmter Werte nicht nach Konsequenzen, sondern (nur) nach der Angemessenheit im Rahmen der Werte und institutionellen Vorgaben.

Alle Varianten des interpretativen Paradigmas eint die Vorstellung, dass der Hauptgesichtspunkt für jedes Handeln der damit verbundene „Sinn" sei, und der Hauptvorwurf an die jeweils anderen Ansätze ist, dass sie daher (in einem doppelten Sinne) sinnlos wären (vgl. für eine Übersicht Esser 2001: Kapitel 2-4 sowie auch 2000: Kapitel 8): Das normative Paradigma behandle den Menschen als Marionette und als kulturellen Deppen und das utilitaristische Paradigma kenne sowieso keine Moral, keine Kultur, keine Symbole und keine Kommunikation. Innerhalb des interpretativen Paradigmas gibt es ein breites Band von, nicht immer klaren, Äußerungen über den Sinn und das Handeln, aber sie bilden zusammengenommen doch ein recht eindeutiges Bild darüber, wie man sich das Handeln der Menschen vorstellt und was dabei zu beachten ist. Die wichtigsten Aussagen dazu stammen von den Klassikern des Ansatzes, allen voran William I. Thomas, Alfred Schütz, George H. Mead, Herbert Blumer, Erving Goffman und Harold Garfinkel. Dazu gehört die Vorstellung, dass jedes Handeln vor dem Hintergrund eines normalerweise nicht thematisierten Wissens geschieht und über die Wiedererkennung „signifikanter" Symbole gesteuert wird, die auf spezielle Bereiche dieses Hintergrundwissens verweisen, bestimmte „Ideen", „Weltbilder", „Deutungsmuster" oder „Sinnprovinzen" im Gedächtnis der Akteure aktivieren und die Situation darüber in dem Sinne „definieren", dass nur ganz bestimmte und wenige Aspekte bedeutsam sind und alles andere ausgeblendet ist. Normalerweise wird, so wird weiter angenommen, im „Alltagshandeln" der „Lebenswelt" darüber nicht sonderlich nachgedacht und die Akteure folgen den für den jeweiligen Rahmen eingespielten Routinen und Rezepten ohne besonderen Bezug auf zukünftige Konsequenzen. Gelegentlich aber kommt es zu, auch als Schock erlebten, Unterbrechungen dieses unreflektierten „Stroms des Handelns". Das führt zu mehr oder weniger starken Irritationen, und zwar sowohl über die Richtigkeit des eigentlich erwarteten Rahmens als auch über die Anwendbarkeit der bisherigen Routinen. Diese Irritationen erhöhen (schlagartig) die Aufmerksamkeit, wo vorher eine eher träge Konzentration auf die jeweils wie selbstverständlich als „sinnvoll" angesehenen Umstände herrschte. Gibt es keine rasche Möglichkeit, das Rätsel zu lösen und die Ungewöhnlichkeit zu erklären, greifen die Menschen zu spontanen Reparatur- und Erklärungsversuchen, die sich, wenn das Problem nicht als sonderlich wichtig eingeschätzt wird, an Vordergründigkeiten der Situation orientieren. Gibt es dagegen die Möglichkeiten und ist das Problem einigermaßen bedeutungsvoll, kommt es zur weiteren Aktivierung des „Bewusstseins" oder des „Geistes", der weiteren Suche nach Lösungen im Gedächtnis oder nach neuen Informationen von außerhalb – bis hin zur „Berechnung" von erwarteten Konsequenzen in der Zukunft, auch über ganz neue Lösungen eines „kreativen Handelns". Eine explizite Theorie des dabei angenommenen symbolisch-strategischen Handelns gibt es dafür freilich nicht und es verwundert daher nicht, dass lockere Anleihen sowohl bei der kognitiven (Sozial-)Psychologie, beim normativen Paradigma und, eher verschämt, sogar bei der RCT gemacht werden: Deutungsmuster werden durch Symbole aktiviert und lösen automatische Reaktionsprogramme aus, aber wenn sie nicht ganz passen, wird „bewusst" und mit viel „Geist" nach Anhaltspunkten gesucht, jetzt doch einigermaßen verständlich, angemessen und dem eigenen Selbst zuträglich zu agieren.

III. Definition der Situation, variable Rationalität und Mustererkennung

Geht man davon aus, dass die verschiedenen Paradigmen und Ansätze jeweils einige nicht unbegründete Gesichtspunkte benennen, dann fällt auf, dass ihnen eigentlich allen etwas fehlt. Das utilitaristische Paradigma kann zwar – als einziges Paradigma von allen! – eine präzise Handlungstheorie vorweisen, und das ist auch seine Hauptstärke, aber es kennt keine („unbedingten") Normen, die mehr sind als Zusatzanreize oder -kosten, keine rahmenden Ideen, keine „signifikanten" Symbole, keine Mustererkennung, keine „Definition der Situation" und speziell nicht die Vorstellung eines vergangenheitsgetriebenen, automatischen Verhaltens nach einem zuvor erlernten „Programm". Das normative Paradigma kennt zwar auch die Interessen, Anreize und Kosten, aber diese sind immer normativ gerahmt. Die rationale Wahl wäre danach eigentlich nichts weiter als auch ein normatives Programm, einschließlich der Vorgabe, dass es jetzt die „Kalkulation" von zukünftigen Erträgen und bei der Entscheidung eine „Maximierung" geben muss (vgl. deutlich so: Vanberg 2002). Vor allem aber fehlt eine präzise Funktion, in der die angenommenen (Rand-)Bedingungen mit den zu erklärenden Handlungen verbunden sind. Dieses Manko der theoretischen Unterspezifikation gilt erst recht für die Aussagen des interpretativen Paradigmas, und manche seiner Vertreter können daher auch nicht ansatzweise erkennen, wie man diese in eine präzise Handlungstheorie überführen könnte. Der wohl wichtigste Beitrag des interpretativen Paradigmas sind die Hinweise auf die Bedeutung von kulturellen Ideen und Symbolen und deren rahmender Kraft und darauf, dass Menschen sowohl automatisch-unbedacht als auch interpretierend-rational agieren können – und dass es dafür einige Bedingungen zu geben scheint, wie beispielsweise die Unterbrechung einer eingespielten Routine. Diese Dualität der Mechanismen der Handlungsselektion wiederum kennen weder das utilitaristische noch das normative Paradigma.

Vor diesem Hintergrund wird es plausibel, ein Modell zu entwickeln, das die verschiedenen substanziellen Aspekte der Paradigmen aufgreift und sie in einer möglichst präzisen, sparsamen, aber auch nun vollständigen Fassung aufeinander bezieht. Als ersten Schritt dahin lassen sich drei spezielle Mechanismen systematisieren, über die schon erkennbar wird, wie die verschiedenen Aspekte zusammenspielen und integriert werden können. *Erstens:* Den beobachtbaren Handlungen geht stets eine „Definition der Situation" voraus, die darin besteht, dass bestimmte Objekte in der externen Umgebung bei den Akteuren intern mit mentalen Dispositionen verbunden sind und so als Symbol oder Auslöser für die betreffende Disposition fungieren. *Zweitens:* Die Unterscheidung eines vergangenheits- und programmgetriebenen automatisch-spontanen *(as)* „Verhaltens" und eines intentionalen, auf zukünftige Konsequenzen gerichteten reflektiert-kalkulierenden *(rc)* „Handelns". Sie verweist darauf, dass zwar die Fähigkeiten des Menschen zur Informationsverarbeitung begrenzt sind, nicht aber unbedingt die Möglichkeiten für eine volle rationale Elaboration der Situation. Menschen können Situationen mit einer *variablen* Rationalität begegnen: mit dem reflexartigen Auslösen bestimmter Programme als dem einen und dem „rationalen" Handeln als dem anderen, wohl recht seltenen, aber durchaus möglichen, Extremfall, gegebenenfalls mit verschiedenen, unterschiedlich „rationalen" und unterschiedlich aufwendigen Heuristiken als Zwischenstufen (vgl. dazu u. a. Gigerenzer 2002; insbesondere aber Payne et al. 1988; Payne und Bettman 2002; s. auch Esser 2001: 254 f.). Und *drittens:* Alles wird über Vorgänge der Wiedererkennung eines wahrgenommenen Objektes in einer Situation mit bestimmten inneren Vorstellungen gesteuert. Ist dieser „Match" perfekt und ungestört, kommt es zur unmittelbaren, automatischen Auslösung der betreffenden Frames und Skripte. Gibt es jedoch eine Störung, dann erhöht sich (schlagartig) der Grad der Aufmerksamkeit und es beginnt eine Suche nach Gedächtnisinhalten und weiteren Anhaltspunkten zur Klärung des Rätsels.

Für diese drei Vorgänge gibt es eine ganze Reihe von inzwischen auch gut belegten empirischen Hinweisen aus anderen Kontexten, teilweise experimenteller Art. Der Vorgang der Definition der Situation wurde oben bereits mit dem Verweis auf das Experiment von Liberman et al. (2004) erwähnt und hier sind auch die frühen Hinweise auf derartige „Framing"-Effekte in den Experimenten von Kahneman und Tversky (1979) zu nennen. Ein allgemeiner Hintergrund ist die sogenannte Schematheorie der (Sozial-)Psychologie: Für typische Situationen und für das darin erwartete Handeln gibt es typische, vereinfachende und organisierte Wissensmuster, die mit dem Auftreten typischer Objekte aktiviert werden und die den Akteur auch gegen andere Anreize daran binden (vgl. dazu etwa schon Abelson 1981; vgl. für neuere Beiträge Kay et al. 2004; Haley und Fessler 2005; Stapel et al. 2010). Das Vorkommen und die Bedingungen einer „variablen Rationalität" sind durch die gut ausgebauten und experimentell abgesicherten „Dual Process"-Theorien umfangreich belegt (vgl. etwa die Übersicht bei Chaiken und Trope 1999; s. auch ausführlich Esser 2001: Kapitel 6). Nach der richtungsweisenden Fassung von Russell H. Fazio (1990) folgt die Aktivierung eines (stereotypen) mentalen Modells typischen symbolischen Reizen in der Situation und erst bei einer unerwarteten Störung (oder bei einem Widerspruch mit anderen gespeicherten Modellen) besteht die Chance auf eine „rationale" Beurteilung. Dazu kommt es aber erst bei einer hinreichend starken Motivation, vorhandenen Gelegenheiten und nicht zu hohen Kosten für die nötige Elaboration. Die Ergebnisse der neuro-physiologischen Gehirnforschung bestätigen diese Zusammenhänge schon seit einiger Zeit eindrucksvoll (vgl. z. B. bereits LeDoux 1999; Rolls 1999; Roth 2001). Das menschliche Verhalten folgt danach zunächst bestimmten angeborenen oder erlernten „Programmen", seien es bloß „kognitive" Habitualisierungen von Reaktionen oder „heiße" emotionale Programme, und erst unter recht speziellen Bedingungen kommt es zu einer „bewussten" Kalkulation, nämlich wenn die Situation neu und wichtig erscheint (vgl. dazu auch Esser 2006). Die Prüfung der Neuheit und der Wichtigkeit vollzieht das Gehirn offenbar ganz automatisch. Die Effekte einer perfekten Mustererkennung oder die oft immense Wirkung von unscheinbar scheinenden Störungen bei der symbolischen Definition der Situation hat insbesondere Harold Garfinkel in einer Reihe von allerdings eher unsystematischen empirischen (Feld-)Experimenten belegt: Eine zunächst ganz unproblematisch erscheinende Alltagssituation gerät völlig aus den Fugen, wenn etwas geschieht, was nicht nur unerwartet war, sondern vollkommen aus dem Rahmen der Vorstellbarkeit herausfällt. Experimente zur Wirkung von „Marken" bestätigen die enormen Effekte der Wiedererkennung von stark verankerten und auch emotional besetzten Mustern von der anderen Seite der vorherigen Prägung her. Bei „namenlosen" Produkten, für die es die gleichen „objektiven" Informationen gibt, ist der Neocortex der Versuchspersonen deutlich mit komplizierten, aber letztlich unentschiedenen Überlegungen beschäftigt. In dem Moment aber, in dem eine gut bekannte Marke erscheint, schaltet der Neocortex das Kalkulieren abrupt ab und es gibt nun deutliche Aktivitäten in evolutionär tiefer verankerten Gehirnregionen, speziell solche, die mit Emotionen verbunden sind, welche darüber vor allem unmittelbare (Kauf-)Reflexe auslösen (vgl. etwa Plassmann et al. 2006; Hubert und Kenning 2008: 283 ff.; vgl. zu den neuro-physiologischen Hintergründen von (solchen) Framing-Effekten auch: Bechara et al. 1997; Deppe et al. 2005; oder De Martino et al. 2006).

Kurz: Es gibt einige inhaltlich offenbar unverzichtbare Bestandteile, die eine übergreifende sozialwissenschaftliche Handlungstheorie zu berücksichtigen hätte. Die Frage ist dann: Kann man ein Modell spezifizieren, das formal die Vorteile der RCT behält, dabei aber inhaltlich vollständig, jedoch auch nicht allzu kompliziert ist und sich obendrein empirisch bewährt, gegebenenfalls auch gegen die Vorhersagen der jeweiligen Paradigmen? Das Modell der Frame-Selektion (MdFS) ist ein Versuch, das hinzubekommen.

IV. Das Modell der Frame-Selektion[2]

Um das Modell der Frame-Selektion hat es von Beginn an eine Reihe von kritischen Diskussionen gegeben und einer der Haupteinwände war, dass es sich letztlich doch nur um eine verkappte Version der RCT handele und dass damit der avisierte Integrations- oder Vereinnahmungsversuch gescheitert sei (so der überwiegende Tenor noch in einigen Beiträgen bei Greshoff und Schimank 2006) oder dass man die Komplikationen des MdFS angesichts der weiten Version der RCT nicht brauche (so etwa Opp 2004: 258 ff., 2009: 29 f.). Manche dieser Einwände hatten damit zu tun, dass das Modell in der Tat nicht schon von Beginn an vollständig und konsistent war. Diese Einwände treffen die inzwischen vorliegende Fassung von Clemens Kroneberg nicht

---

2 Die folgende Zusammenfassung beruht in wichtigen Teilen auf den Ausarbeitungen von Clemens Kroneberg (2005, 2006a). Es ist die inhaltlich und formal vervollständigte Fassung verschiedener Beiträge von Esser (1990, 1991, 1996, 2001: Kapitel 5 bis 7). Hinweise auf die Beziehungen der verschiedenen Paradigmen zum Modell der Frame-Selektion finden sich ausführlich bei Esser (2001: Kapitel 1 bis 4) und dort kompakt in den Passagen „Eine kurze Zwischenbemerkung" (203 f.).

mehr. Um gleichwohl das Ausmaß der immer noch möglichen Fehldeutungen zu begrenzen, seien die zentralen Elemente des MdFS in aller Kürze dargestellt.

Das Explanandum des MdFS ist die Selektion eines bestimmten Akts A_i. Das MdFS besteht aus zwei Teilen und einer Verbindung zwischen ihnen. Der erste Teil ist die Modell-Selektion. Sie betrifft die „Definition der Situation" über die Selektion eines Frames F_i aus einem Satz von alternativen Frames $F = \{F_1, ..., F_M\}$. Dieser Frame bestimmt die gesamte Sichtweise des Akteurs auf die Situation, grenzt sie von anderen Sichtweisen ab, gibt eine bestimmte „Relevanzstruktur" vor und vereinfacht die Situation gedanklich drastisch. Daran anschließend erfolgt innerhalb des so aktivierten Rahmens, eventuell, die Aktivierung eines, damit mehr oder weniger verbundenen, Skripts S_i aus einem Satz von alternativen Skripten $S = \{S_1, ..., S_N\}$ und daran wiederum anschließend dann die Selektion von A_i aus einem Satz von alternativen Einzelakten $A = \{A_1, ..., A_K\}$. Der zweite Teil ist die Modus-Selektion für den jeweiligen Grad der „variablen Rationalität" mit den beiden Extremfällen des unmittelbaren Auslösens automatischer Reflexe und einer vollständigen Elaboration nach den Regeln der RCT (und diversen „Heuristiken" als Zwischenstufen). Verbunden sind die beiden Selektionen über den (immer: automatischen und nicht zu kontrollierenden) Vorgang der Mustererkennung: der mehr oder weniger perfekte „Match" zwischen intern gespeicherten mentalen Modellen und den damit assoziierten Objekten in der externen Umgebung, den „signifikanten Symbolen".

Es sind damit Modell-Selektionen für Frames, Skripte und Einzelakte jeweils im rc- und im as-Modus zu unterscheiden. Für die Modell-Selektionen im rc-Modus gelten die Regeln und Möglichkeiten einer rationalen Wahl, etwa nach Maßgabe der SEU-Theorie und ihren Varianten, allgemein also: $SEU(F_i) > SEU(F_j)$ (für alle $j \in F$, $j \neq i$) bei der Selektion der Frames, $SEU(S_i) > SEU(S_j)$ (für alle $j \in S$, $j \neq i$) bei der der Skripte und $SEU(A_i) > SEU(A_j)$ (für alle $j \in A$, $j \neq i$) für die Einzelakte. Weil die Frames sich jeweils auf situationsspezifische Ziele, Wissenshintergründe und Sichtweisen beziehen, bildet ihre „richtige" Identifikation eine erste und damit notwendige Voraussetzung für ein sozial verständliches und individuell erfolgreiches Handeln. Daher kommt es zunächst vor allem auf die „cognitive rationality" an: die Definition der Situation nach ihrer institutionellen und kulturellen „Angemessenheit" und die dazu jeweils „passende" und „sinnvolle" Wahl von Skripten und Einzelakten. Die Modell-Selektionen im as-Modus folgen dagegen *nur* der automatischen Aktivierung von Frames, Skripten und Einzelakten. Deshalb gibt es dafür auch keine SEU-Werte, sondern „Aktivierungsgewichte" (AW). Für die Frame-Selektion ergibt sich das Aktivierungsgewicht $AW(F_i)$ bei einem Frame F_i aus dem Match, mit dem eine Situation wiedererkannt wird. Der Match m_i ist von drei Parametern bestimmt: der Verfügbarkeit (availability) a_i, mit der ein mentales Modell, kognitiv und emotional, gespeichert und „internalisiert" ist; der Erkennbarkeit eines Objektes in der Umgebung o_i; und der gedanklichen Verbindung l_i zwischen Objekten und mentalen Modellen (mit Werten bei m_i, a_i, o_i und l_i jeweils im Intervall [0,1]). Also: $AW(F_i) = m_i = a_i \cdot o_i \cdot l_i$. Ein Mis-Match kann über alle drei Bedingungen geschehen. Selektiert wird jener Frame, der das höhere Aktivierungsgewicht aufweist: $m_i > m_j$ (für alle $j \in F$, $j \neq i$). Die Folge ist: Im as-Modus zählt bei der Modell-Selektion *nur* die Vergangenheit, und es kommt zur nicht weiter reflektierten Auslösung eines „response" durch einen „stimulus". Skript- und Handlungs-Selektion geschehen vor dem Hintergrund der jeweiligen Frame-Selektion analog.

Das Aktivierungsgewicht für ein Skript S_j bei einem Frame F_i ist $AW(S_j|F_i) = a_j \cdot a_{j|i} \cdot m_i$, wobei a_j die Verankerung des Skripts allgemein bezeichnet und $a_{j|i}$ die für die Verbindung mit dem Frame F_i, der selbst im Grade m_i aktiviert ist. Die Auslösung eines Skripts erfolgt entsprechend nach der Stärke der Aktivierungsgewichte: $AW(S_j|F_i) > AW(S_k|F_i)$ (für alle $k \in S$, $k \neq j$). Entsprechend gilt für die Aktivierung einer mit dem Skript verbundenen Handlung A_k: $AW(A_k|S_j) = a_{k|j} \cdot AW(S_j|F_i)$ bzw. $AW(A_k|S_j) > AW(A_i|S_j)$ (für alle $i \in A$, $i \neq k$). Der Parameter $a_{k|j}$ bezeichnet den Regelungsgrad der betrachteten Handlungswahl durch das Skript und verweist auf mögliche „Leerstellen", die selbst bei starker Skriptaktivierung noch zu einer Handlungsselektion im rc-Modus führen können. In *Abbildung 3* sind diese Einzelheiten zusammengefasst.

Abbildung 3: Frame-, Skript-, und Handlungs-Selektion im Modell der Frame-Selektion

Prozess	Alternativen	Selektionsgewichte der Alternativen im	
		as-Modus	rc-Modus
Definition der Situation	Frames F_i	$AW(F_i) = m_i = a_i \cdot l_i \cdot o_i$	$SEU(F_i)$
Aktivierung eines Verhaltensprogramms	Skripte S_j	$AW(S_j|F_i) = a_j \cdot a_{j|i} \cdot m_i$	$SEU(S_j|F_i)$
Handlungs-Selektion	Handlungen A_k	$AW(A_k|S_j) = a_{k|j} \cdot AW(S_j|F_i)$ $= a_{k|j} \cdot a_j \cdot a_{j|i} \cdot m_i$	$SEU(A_k|S_j)$

m_i = Match von Frame i, a_i = mentale Zugänglichkeit von Frame i, o_i = Anwesenheit eines situationalen Objektes, das Frame i anzeigt, l_i = Stärke der mentalen Verbindung zwischen den Objekten und dem Frame i, a_j = allgemeine Verfügbarkeit von Skript j, $a_{j|i}$ = Zugänglichkeit von Skript j bei Frame i, $a_{k|j}$ = Grad, in dem Skript j die Handlung k reguliert. Alle vier Parameter liegen im Einheitsintervall [0,1]. Im as-Modus addieren sich die Gewichte zu 1.

Quelle: Nach Kroneberg (2005: 354).

Die formale Modellierung der Modus-Selektion folgt dem Vorschlag von Riker und Ordeshook (1973: 21 ff.; vgl. mit Bezug auf Alfred Schütz auch Esser 1991: 61 ff.) zur Erklärung der Änderung von Gewohnheiten. Ausgangspunkt ist die Ausführung einer Routine gegenüber der Berücksichtigung einer neuen Alternative. Mit der Routine ist das zu erwarten, was mit ihrer Aktivierung bisher stets eingetreten ist, mit der Berücksichtigung einer weiteren Alternative evtl. gewisse Erträge, aber auch Kosten der Änderung der Gewohnheiten. Damit lässt sich die automatische Beibehaltung von Routinen gegenüber einer reflektierenden Abweichung davon formal (!) als SEU-Modell konzipieren. Im *as*-Modus ist die Situation daher über den Frame F_i mit dem höchsten Aktivierungsgewicht definiert. Ist dieser Rahmen tatsächlich angemessen, gibt es bei entsprechenden Aktivitäten einen Gewinn U_i, wenn nicht, fallen Kosten C_w für ein „falsches" Handeln an. Die Erwartung für die tatsächliche Angemessenheit ist gleich dem Match m_i und die dafür, dass die Rahmung nicht angemessen ist, $1 - m_i$. Bei einer stärkeren Durchdringung im *rc*-Modus fallen bestimmte Reflexionskosten C (etwa in Form von Aktivitäten zur Informationsbeschaffung oder des aufwendigen retrievals von Gedächtnisinhalten) an, es sind aber auch Gewinne U_{rc} möglich. Ob sich das realisieren lässt, hängt von den Opportunitäten p für eine ausreichende Elaboration ab. Für die Selektion eines Frames F_i gegenüber einem Frame F_j ergeben sich aus der Kombination von Angemessenheit und Opportunitäten damit vier Konstellationen mit entsprechenden Eintrittswahrscheinlichkeiten (vgl. *Abbildung 4*).

Abbildung 4: Entscheidungsmatrix für die Modus-Selektion
(bezogen auf die Frame-Selektion)

	subjektive Erwartungen möglicher Weltzustände			
	Opportunitäten hinreichend; F_i gültig	Opportunitäten hinreichend; F_j gültig	Opportunitäten nicht hinreichend; F_i gültig	Opportunitäten nicht hinreichend; F_j gültig
Alternativen	$p \cdot m_i$	$p \cdot (1 - m_i)$	$(1 - p) \cdot m_i$	$(1 - p) \cdot (1 - m_i)$
rc-Modus	$U_i - C$	$U_{rc} - C$	$U_i - C$	$- C_w - C$
as-Modus	U_i	$- C_w$	U_i	$- C_w$

p = Opportunitäten für eine Reflexion, m_i = Match von Frame i, U_i = mit Frame i assoziierter Gewinn, U_{rc} = mit Reflexion erreichbarer Gewinn, C = Reflexionskosten, C_w = Kosten einer falschen Entscheidung. Alle Parameter beziehen sich auf subjektive Einschätzungen unmittelbar aus Eigenschaften der aktuellen Situation und/oder der Lerngeschichte des Akteurs.

Quelle: Nach Kroneberg (2006a: 354).

Daraus folgt für die Selektion z. B. eines Frames F_i im *rc*-Modus nach SEU(rc) > SEU(as) die folgende grundlegende Bedingung (zur Herleitung vgl. Kroneberg 2005: 355):

$$(1 - m_i)(U_{rc} + C_w) > C/p.$$

Der Ausdruck $(U_{rc} + C_w)$ beschreibt die Motivation, p die Opportunitäten und C die Kosten für den Übergang in die Elaboration. Hinzu tritt der Match m_i als erster und immer automatisch ausgelöster Ausgangspunkt jeder „Definition" der Situation. Inhaltlich enthält die Ungleichung damit alle aus den Dual-Process-Theorien gut belegten Umstände für den Übergang von der automatischen Reaktion in die Elaboration und bringt sie in eine systematische Beziehung. Formal entspricht sie dem Modell der Routine-Selektion bei Riker und Ordeshook (1973: 21 ff.), auch in seiner wichtigsten Implikation: Wenn p gegen null geht, steigt die Übergangsschwelle C/p über alle Maßen, und es kommt nie zur Elaboration oder zum *rc*-Modus.

Diese Modellierung der Modus-Selektion könnte als Hinweis gewertet werden, dass das MdFS nichts weiter sei als eine Variante der (gescheiterten) Informationsökonomie. Das Modell ist jedoch *nicht* an die eigentlich unerfüllbare Bedingung gebunden, dass die Akteure schon wissen müssten, was sie finden werden: Alle Konstrukte des Modells sind entweder als grobes „Vorratswissen" *vorab* bekannt oder werden mit dem Mis-Match *unmittelbar* aktiviert (wie Vermutungen über Chancen und Erträge bei Geltung eines anderen Frames), in der Situation *aktuell* erlebt (wie eine erkennbare Änderung des Routineertrags) oder fungieren als *objektive* Begrenzungen und Kosten (wie Zeitrestriktionen und die unvermeidbaren Anstrengungen beim Nachdenken). Mit den Ergebnissen der Gehirnforschung kann zudem davon ausgegangen werden, dass die Abschätzung einer Situation als „neu" (Mis-Match) und „wichtig" (Motivation) ein im Gehirn verankerter automatischer Filter-Vorgang ist und dass die Begrenzungen und Kosten (p und C) einen eventuell spontan anlaufenden Elaborationsprozess *objektiv* stoppen, bevor er überhaupt eine bestimmte „rationale" Heuristik erreicht und ohne dass es dazu einer „Kalkulation" bedürfte.

V. Eine(s) für Alle?

Das MdFS geht davon aus, dass das menschliche Handeln nur ausnahmsweise einmal *nur* auf die Interessen und die rationale Wahl, *nur* auf Institutionen und („unbedingte") normative Orientierungen oder *nur* auf kulturelle Ideen und symbolische Repräsentationen zurückzuführen ist. Insofern muss *jede* übergreifende Handlungstheorie komplexer sein als die nur jeweils einen Aspekt betonenden Spezial-Theorien der drei Paradigmen. Das MdFS sieht daher nicht ohne Grund auf den ersten Blick recht kompliziert aus, und auch wenn das Kriterium der Sparsamkeit auch hier ein wichtiger Gesichtspunkt bleibt, scheint das der unvermeidliche Preis für die Vermeidung von Einseitigkeiten zu sein. Das MdFS ist aber auch nicht einfach nur eine (unnötig) komplizierte Variante jeweils eines der drei Paradigmen. Es ist vielmehr der Versuch, auf eine immer noch recht unaufwendige Weise das wohl in der Tat nicht ganz einfache Zusammenspiel von Interessen, Institutionen und Ideen bei der Erklärung des Handelns in einen präzisen analytischen Rahmen von Kausalprozessen zu bringen, die auf gut belegten empirischen Beziehungen und den theoretischen (Weiter-)Entwicklungen vor allem in der kognitiven (Sozial-) Psychologie und der neueren Gehirnforschung beruhen. Trotzdem lässt es sich über seine verschiedenen Parameter systematisch wieder zu einigen wenigen und dann auch wiederum typischen Konstellationen vereinfachen, und nicht für jede Problemstellung müssen alle Einzelschritte und Möglichkeiten berücksichtigt werden. Das sogenannte Alltagshandeln wäre jener (extrem) übersichtliche Fall, bei dem Frames, Skripte und Einzelakte allesamt stark miteinander verbunden sind, der Match perfekt ist und daher allein schon die „Definition der Situation" ausreicht, um zu erklären, was geschieht. Die Besonderheit ist die absolute und unreflektierte „Unbedingtheit", mit der die Akteure den Vorgaben folgen. Sie ist im MdFS leicht zu modellieren: Wenn der Match m_i perfekt ist, wird die Reflexions-Bedingung $(1 - m_i)(U_{rc} + C_w)$ gleich null, und wenn es auch nur minimale Kosten C für jede noch so geringe Reflexion gibt, folgt immer eine automatische Reaktion. Das ist der Modellfall des normativen Paradigmas. Der andere (extreme) Fall wäre, dass über alle drei Selektionen „rational" entschieden wird, etwa weil es keinen fest verankerten Frame, kein verfügbares Skript und verschiedene Optionen an Einzelakten gibt – und die Bedingungen für eine intensive Elaboration gegeben sind. Das wäre der Modellfall des utilitaristischen Paradigmas. Das interpretative Paradigma bezieht sich auf den Spezialfall, dass alles zunächst auch einer symbolischen Definition der Situation folgt, dass aber die Mustererkennung oder der Match gestört sind, es jedoch auch keine besondere Motivation und nur wenig Gelegenheit für eine „rationale" Elaboration gibt. Dann greifen die Akteure auf vordergründige, leicht „verfügbare" Aspekte der Situation zurück oder beginnen mit unüberlegten und tastenden Versuchen der („interaktiven") Auslotung des Geschehens, was man als „Interpretation" bezeichnen kann (vgl. dazu auch schon Fazio 1990: 87 f. im Zusammenhang der Dual-Process-Theorien). Nicht besonders betont, aber deutlich herauszulesen ist auch, dass, wenn es denn möglich ist, die Akteure die Situation ganz „überlegt" bestimmen und danach handeln; insofern unterscheidet sich dort das Handeln mit „Bewusstsein", „Geist" und „Sinn" von dem rationalen Handeln der RCT eigentlich nur dadurch, dass das interpretative Paradigma diese Vorgänge nicht weiter präzisiert.

Das MdFS geht über alle diese Einzeltheorien hinaus, muss gleichwohl aber den Aussagen der verschiedenen Paradigmen keineswegs widersprechen. Seine Funktion ist vor allem, die verschiedenen Ansätze theoretisch in eine übergreifende Logik zu integrieren und die Bedingungen zu spezifizieren, wann sie Geltung beanspruchen können und wann nicht. Beispielsweise geht das normative Paradigma von einer unbedingten und von Nutzenerwägungen unabhängigen, das utilitaristische dagegen von einer zu den anderen Nutzenargumenten zusätzlichen und daher eben *nicht* unbedingten Wirkung verinnerlichter Normen aus. Beides lässt sich empirisch auch beobachten. Das MdFS lässt beide Mechanismen auch zu, das aber nicht einfach nur als (extrem gehaltmindernde) Erweiterung derart, dass es eben die beiden „Typen" irgendwie gibt und alles dann nur eine „empirische Frage" der Verteilung in einer Population oder der Höhe gewisser Parameter für die Typen in den Nutzenfunktionen sei, sondern unter Angabe der spezifischen Bedingungen für die Geltung des einen oder des anderen Mechanismus/Paradigmas. Für die Geltung der Aussagen des normativen Paradigmas nimmt das MdFS z. B. eine starke Verankerung der rahmenden Orientierung und einen perfekten Match (und damit den *as*-Modus und die „Unbedingtheit" der Normen) an, für die des utilitaristischen Paradigmas eine schwächere Verankerung und einen gewissen Mis-Match (und damit den *rc*-Modus und die „Bedingtheit" der Normen). Das scheint in der Tat auch empirisch zuzutreffen, etwa für Ehescheidungen (Esser 2002), für partnerschaftliche Stabilität (Hunkler und Kneip 2008), für das Befragtenverhalten (Stocké 2006), für die Wahlteilnahme (Kroneberg 2006b), für das Umweltverhalten (Best 2009) oder für die Rettung von Juden im Zweiten Weltkrieg (Kroneberg et al. 2010): Mit zunehmender Verankerung der jeweiligen normativen oder kulturellen Orientierungen verlieren die verschiedenen Anreize, Risiken und Kosten ihre Wirkung – bis hin zu jener absoluten „Unbedingtheit", die den Kern des Normenverständnisses im normativen Paradigma immer ausgemacht hat und für die die RCT und das utilitaristische Paradigma buchstäblich nichts übrig hatten.

Das MdFS ist ein Modell für alle diese Fälle (vgl. für eine Vertiefung der Beziehungen zum interpretativen Paradigma Esser 2010): Es liefert eine („korrigierende") Erklärung für die jeweils nur bedingte Geltung der Erklärungen der Paradigmen. Aber es belässt sie auch, wenn die dafür notwendigen Bedingungen vorliegen, im Revier ihrer Geltung, Anwendungen und Erfolgsbeispiele; und in der Anerkennung und Nutzung ihrer Leistungen nicht nur dort. Das gilt speziell für die RCT als die analytisch am weitesten entwickelte Sparte der Sozialwissenschaften und ihren, teilweise wenigstens, recht voraussetzungsreichen, theoretischen Lösungen, etwa zur (spieltheoretischen) Erklärung der sozialen Ordnung unter rationalen Egoisten. Diese Lösungen werden mit dem MdFS in keiner Weise gegenstandslos, denn es kennt ja den „*rc*-Modus" ausdrücklich. Aber die Welt ist nicht immer, eher sogar recht selten so, wie es die RCT braucht, und daher sind auch die verschiedenen spiel- und nutzentheoretischen Modellierungen zur Erklärung der sozialen Ordnung nicht immer auch (sinnvoll) anwendbar. Es gibt auch die „unbedingte" Befolgung normativer und symbolischer Vorgaben – und damit auch einen extrem einfachen Mechanismus für die Entstehung und den Erhalt sozialer Ordnung, selbst wenn das „objektiv" eine Dilemma-Situation sein sollte und man alles, was man beobachtet, in eine immer länger und komplizierter werdende Nutzenfunktion hineinschreiben könnte, wie das manche tun.

Literatur

Abelson, Robert P. 1981. Psychological status of the script concept. *American Psychologist* 36: 715-729.
Bechara, Antoine, Hanna Damasio, Daniel Tranel und Antonio R. Damasio. 1997. Deciding advantageously before knowing the advantageous strategy. *Science* 275: 1293-1295.
Best, Henning. 2009. Kommt erst das Fressen und dann die Moral? Eine feldexperimentelle Überprüfung der Low-Cost-Hypothese und des Modells der Frame-Selektion. *Zeitschrift für Soziologie* 38: 131-152.
Boudon, Raymond. 1996. The „Cognitivist Model". A generalized „Rational-Choice Model". *Rationality and Society* 8: 123-150.
Chaiken, Shelly, und Yaacov Trope, eds. 1999. *Dual-Process Theories in social psychology*. New York: The Guilford Press.
De Martino, Benedetto, Dharshan Kumaran, Ben Seymour und Raymond J. Dolan. 2006. Frames, biases, and rational decision-making in the human brain. *Science* 313: 684-687.
Deppe, Michael, Wolfram Schwindt, Julia Krämer, Harald Kugel, Hilke Plassmann, Peter Kenning und Erich B. Ringelstein. 2005. Evidence for a neural correlate of a framing effect: bias-specific activity in the ventromedial prefrontal cortex during credibility judgements. *Brain Research Bulletin* 67: 413-421.
Esser, Hartmut. 1990. „Habits", „Frames" und „Rational Choice". Die Reichweite von Theorien der rationalen Wahl (am Beispiel der Erklärung des Befragtenverhaltens). *Zeitschrift für Soziologie* 19: 231-247.
Esser, Hartmut. 1991. *Alltagshandeln und Verstehen. Zum Verhältnis von erklärender und verstehender Soziologie am Beispiel von Alfred Schütz und „Rational Choice"*. Tübingen: Mohr Siebeck.
Esser, Hartmut. 1996. Die Definition der Situation. *Kölner Zeitschrift für Soziologie und Sozialpsychologie* 48: 1-34.
Esser, Hartmut. 1999. *Soziologie: Spezielle Grundlagen*, Band 1: *Situationslogik und Handeln*. Frankfurt a. M.: New York: Campus.
Esser, Hartmut. 2000. *Soziologie: Spezielle Grundlagen*, Band 5: *Institutionen*. Frankfurt a. M.: New York: Campus.
Esser, Hartmut. 2001. *Soziologie: Spezielle Grundlagen*, Band 6: *Sinn und Kultur*. Frankfurt a. M.: New York: Campus.
Esser, Hartmut. 2002. In guten wie in schlechten Tagen? Das Framing der Ehe und das Risiko zur Scheidung. Eine Anwendung und ein Test des Modells der Frame-Selektion. *Kölner Zeitschrift für Soziologie und Sozialpsychologe* 54: 27-63.
Esser, Hartmut. 2006. Affektuelles Handeln: Emotionen und das Modell der Frame-Selektion. In *Emotionen und Sozialtheorie. Disziplinäre Ansätze*, Hrsg. Rainer Schützeichel, 143-174. Frankfurt a. M., New York: Campus.
Esser, Hartmut. 2010. Sinn, Kultur, Verstehen und das Modell der soziologischen Erklärung. In *Kultursoziologie. Paradigmen – Methoden – Fragestellungen*, Hrsg. Monika Wohlrab-Sahr, 309-355. Wiesbaden: VS Verlag für Sozialwissenschaften.
Fazio, Russell H. 1990. Multiple processes by which attitudes guide behavior: The MODE model as an integrative framework. In *Advances in experimental social psychology*, ed. Mark P. Zanna, 75-109. San Diego u. a.: Academic Press.
Fehr, Ernst, und Simon Gächter. 2000. Cooperation and punishment in public goods experiments. *American Economic Review* 90: 980-994.
Fehr, Ernst, und Simon Gächter. 2002. Altruistic punishment in humans. *Nature* 415: 137-140.
Fehr, Ernst, und Herbert Gintis. 2007. Human motivation and social cooperation: Experimental and analytical foundations. *Annual Review of Sociology* 33: 43-64.
Gigerenzer, Gerd. 2002. The adaptive toolbox. In *Bounded rationality. The adaptive toolbox*, eds. Gerd Gigerenzer, Reinhard Selten, 37-50. Cambridge, MA & London: The MIT Press.
Greshoff, Rainer, und Uwe Schimank, Hrsg. 2006. *Integrative Sozialtheorie? Esser – Luhmann – Weber*. Wiesbaden: VS Verlag für Sozialwissenschaften.

Haley, Kevin J., und Daniel M. T. Fessler. 2005. Nobody's watching? Subtle cues affect generosity in an anonymous economic game. *Evolution and Human Behavior* 26: 245-256.

Hedström, Peter. 2005. *Dissecting the social. On the principles of analytic sociology.* Cambridge u. a.: Cambridge University Press.

Heiner, Ronald A. 1983. The origin of predictable behavior. *American Economic Review* 73: 560-595.

Homans, George C. 1974. *Social behavior. Its elementary forms.* 2. ed. New York: Harcourt, Brace, Jovanovich.

Hubert, Mirja, und Peter Kenning. 2008. A current overview of consumer neuroscience. *Journal of Consumer Behaviour* 7: 272-292.

Hunkler, Christian, und Thorsten Kneip. 2008. *Das Zusammenspiel von Normen und Anreizen bei der Erklärung partnerschaftlicher Stabilität.* Working paper Nr. 108. Mannheim: Mannheimer Zentrum für Europäische Sozialforschung.

Kahneman, Daniel, und Amos Tversky. 1979. Prospect theory: an analysis of decision under risk. *Econometrica* 47: 263-292.

Kay, Aaron C., S. Christian Wheeler, John A. Bargh und Lee Ross. 2004. Material priming: The influence of mundane physical objects on situational construal and competitive behavioral choice. *Organizational Behavior and Human Decision Processes* 95: 83-96.

Kroneberg, Clemens. 2005. Die Definition der Situation und die variable Rationalität der Akteure. Ein allgemeines Modell des Handelns. *Zeitschrift für Soziologie* 34: 344-363.

Kroneberg, Clemens. 2006a. *The definition of the situation and variable rationality: the model of frame selection as a general theory of action.* Working paper Nr. 06-05. Mannheim: Sonderforschungsbereich 504.

Kroneberg, Clemens. 2006b. Die Erklärung der Wahlteilnahme und die Grenzen des Rational-Choice-Ansatzes. Eine Anwendung des Modells der Frame-Selektion. In *Jahrbuch für Handlungs- und Entscheidungstheorie,* Band 4: *Schwerpunkt Parteienwettbewerb und Wahlen,* Hrsg. Thomas Bräuninger, Joachim Behnke, 79-111. Wiesbaden: VS Verlag für Sozialwissenschaften.

Kroneberg, Clemens, Meir Yaish und Volker Stocké. 2010. Norms and rationality in electoral participation and in the rescue of Jews in WWII: an application of the model of frame selection. *Rationality and Society* 22: 3-36.

LeDoux, Joseph. 1999. *The emotional brain. The mysterious underpinnings of emotional life.* London: Phoenix.

Liberman, Varda, Steven M. Samuels und Lee Ross. 2004. The name of the game: predictive power of reputations versus situational labels in determining prisoner's dilemma game moves. *Personality and Social Psychology Bulletin* 30: 1175-1185.

Lindenberg, Siegwart, und Linda Steg. 2007. Normative, gain and hedonic goal frames guiding environmental behavior. *Journal of Social Issues* 63: 117-137.

March, James G., und Johan P. Olsen. 1989. *Rediscovering institutions. The organizational basis of politics.* New York u. a.: The Free Press.

Nee, Victor. 2005. The new institutionalisms in economics and sociology. In *The handbook of economic sociology.* 2. Band, eds. Neil J. Smelser, Richard Swedberg, 49-74. Princeton: Princeton University Press.

North, Douglass C. 1990. *Institutions, institutional change and economic performance.* Cambridge u. a.: Cambridge University Press.

Opp, Karl-Dieter. 1979. The emergence and effects of social norms. A confrontation of some hypotheses of sociology and economics. *Kyklos* 32: 775-801.

Opp, Karl-Dieter. 1999. Contending conceptions of the theory of rational action. *Journal of Theoretical Politics* 11: 171-202.

Opp, Karl-Dieter. 2004. Review essay. Hartmut Esser: Textbook of sociology. *European Sociological Review* 20: 253-262.

Opp, Karl-Dieter. 2009. Das individualistische Erklärungsprogramm in der Soziologie. Entwicklung, Stand und Probleme. *Zeitschrift für Soziologie* 38: 26-48.

Payne, John W., und James R. Bettman. 2002. Preferential choice and adaptive strategy use. In *Bounded rationality. The adaptive toolbox,* eds. Gerd Gigerenzer, Reinhard Selten, 123-145. Cambridge, MA, London: The MIT Press.

Payne, John W., James R. Bettman und Eric J. Johnson. 1988. Adaptive strategy selection in decision making. *Journal of Experimental Psychology: learning, memory, and cognition* 14: 534-552.
Plassmann, Hilke, Peter Kenning und Dieter Ahlert. 2006. The fire of desire: neural correlates of brand choice. *European Advances in Consumer Research* 7: 516-517.
Riker, William H., und Peter C. Ordeshook. 1973. *An introduction to positive political theory.* Englewood Cliffs, NJ: Prentice-Hall.
Rolls, Edmund T. 1999. *The brain and emotion.* Oxford: Oxford University Press.
Roth, Gerhard. 2001. *Fühlen, Denken, Handeln. Wie das Gehirn unser Verhalten steuert.* Frankfurt a. M.: Suhrkamp.
Scharpf, Fritz W. 1997. *Games real actors play. Actor-centered institutionalism in policy research.* Boulder, CO: Westview Press.
Schimank, Uwe. 2004. Der akteurszentrierte Institutionalismus. In *Paradigmen der akteurszentrierten Soziologie,* Hrsg. Manfred Gabriel, 287-301. Wiesbaden: VS Verlag für Sozialwissenschaften.
Simon, Herbert A. 1955. A behavioral model of rational choice. *The Quarterly Journal of Economics* 69: 99-118.
Simon, Herbert A. 1993. *Homo rationalis. Die Vernunft im menschlichen Leben.* Frankfurt a. M., New York: Campus.
Stapel, Diederik A., Janneke F. Joly und Siegwart Lindenberg. 2010. Being there with others: how people make environments norm-relevant. *British Journal of Social Psychology* 49: 175-187.
Stocké, Volker. 2006. Attitudes toward surveys, attitude accessibility and the effect on respondent's susceptibility to nonresponse. *Quality and Quantity* 40: 259-288.
Vanberg, Viktor J. 2002. Rational choice vs. program-based behavior: alternative theoretical approaches and their relevance for the study of institutions. *Rationality and Society* 14: 7-53.
Wilson, Thomas P. 1970. Conceptions of interaction and forms of sociological explanation. *American Sociological Review* 35: 697-710.

Korrespondenzanschrift: Hartmut Esser, Universität Mannheim, Fakultät für Sozialwissenschaften, LS Soziologie und Wissenschaftslehre, 68131 Mannheim
E-Mail: esser@sowi.uni-mannheim.de

KRITIK

FRAME-SELEKTION, NORMEN UND RATIONALITÄT

Stärken und Schwächen des Modells der Frame-Selektion[*]

Karl-Dieter Opp

Zusammenfassung. Dieser Aufsatz behandelt drei Probleme des Modells der Frame-Selektion (MFS): (1) An einem Beispiel wird die Unklarheit zentraler Begriffe und Unterscheidungen im MFS aufgezeigt. (2) Ein angeblicher Unterschied zwischen dem MFS und der Theorie rationalen Handelns besteht in der Erklärung der Wirkung von Normen und anderen Anreizen auf soziales Handeln. Es wird argumentiert, dass der behauptete Unterschied nicht besteht. (3) Im Gegensatz zu Vertretern des MFS wird die These vertreten, dass das MFS nicht eine Alternative, sondern eine Erweiterung der weiten Version der Theorie rationalen Handelns ist. Abschließend werden eine Reihe von offenen Fragen diskutiert.

I. Einführung

Ein wichtiges Kriterium für die Beurteilung einer Theorie ist die Präzision ihrer Begriffe. Im Folgenden wird zunächst anhand eines Beispiels dargelegt, dass die Klarheit zentraler Begriffe des Modells der Frame-Selektion (MFS) erheblich zu wünschen übriglässt. Sodann wird die These diskutiert und zurückgewiesen, dass das MFS die Wirkungen von Normen besser erklären kann als die Theorie rationalen Handelns. Schließlich wird zu zeigen versucht, dass das MFS keineswegs der Theorie rationalen Handelns widerspricht, wie behauptet wird, sondern dass auch im MFS die Determinanten der zu erklärenden Sachverhalte Nutzen und Kosten sind.[1]

II. Zur Klarheit der Begriffe des Modells der Frame-Selektion, illustriert am Beispiel einer Alltagssituation

Sind die Begriffe des MFS so klar, dass in beliebigen Situationen eindeutig entschieden werden kann, welche Phänomene unter diese Begriffe fallen? Wenn dies zu verneinen ist, eröffnen sich Möglichkeiten, bei empirischen Befunden ad hoc zu behaupten, sie seien mit der Theorie vereinbar oder auch nicht vereinbar. Die Bedeutung der Präzision von Begriffen einer Theorie kann also kaum überschätzt werden.

---

[*] Mein besonderer Dank gilt Dr. Heiko Rauhut (Eidgenössische Technische Hochschule – ETH Zürich) für wertvolle Hinweise zu einer früheren Version dieses Manuskripts.
[1] Im Folgenden wird wegen der leichteren Lesbarkeit die männliche Form benutzt. Es versteht sich von selbst, dass damit die weibliche Form eingeschlossen wird.

Zur Prüfung der Präzision der Begriffe des MFS werden diese im Folgenden auf ein einfaches Beispiel aus dem Alltagsleben angewendet. Gehen wir davon aus, eine in Köln geborene und aufgewachsene Person P betrete eine typische Kölner („kölsche") Gaststätte. Die Ober, Köbesse genannt, sind Männer mit einer typischen Kleidung: sie tragen ein blaues Hemd, eine blaue Schürze und haben eine lederne Geldtasche umgeschnallt. Das lokale Bier „Kölsch" wird in einem Tragegestell (dem „Kranz") den Gästen gebracht. P suche zuerst einen Tisch, schaut in die auf dem Tisch liegende Speisekarte und sucht sich eine Speise aus. Nach einiger Zeit kommt statt eines Köbes eine Muslimin mit Kopftuch. Ansonsten trägt sie die typische Köbes-Kleidung. Sie bietet P ein Glas Kölsch aus dem „Kranz" an. Keine Frage, das Auftauchen der Muslimin ist eine ganz außergewöhnliche Situation. Wie wird P reagieren?

Frage 1: Wie ermittelt man die in der Situation für das Verhalten relevanten Frames und Skripte?

Eine Annahme des MFS ist, dass in jeder Situation ein Frame aktiviert wird. Der Frame betrifft die „Definition der Situation" und „bestimmt die gesamte Sichtweise des Akteures auf die Situation, grenzt sie von anderen Sichtweisen ab, gibt eine bestimmte ‚Relevanzstruktur' vor und vereinfacht die Situation gedanklich drastisch" (Esser 2010). Man kann sagen, dass zu einem Frame alles gehört, was ein Akteur gespeichert hat (siehe z. B. Esser 2001: 262-264). Was aber gehört genau zu dem Frame, der bei Betreten der Gaststätte oder bereits kurz vorher aktiviert wird und der für die Erklärung der Handlungen des P von Bedeutung ist? Man kann sicherlich ad hoc eine Vielzahl von kognitiven Elementen aufzählen, die man dem (Kölner) *Gaststätten-Frame* zurechnen kann. Hierzu gehören Wissensbestände wie Kleidung der Ober oder auch Normen wie z. B. über die Höhe des Trinkgeldes. Es gibt aber keine genaue Regel oder Definition, die festlegt, welche Elemente eines mentalen Systems zu dem situationsspezifischen Frame gehören, der für das Handeln des P wichtig ist. Gehört z. B. zum Frame, dass die Ober in Köln geboren sind oder dass es keine Tischtücher auf den Tischen gibt? Dies und Vieles mehr variiert in Kölner Gaststätten. Bezieht sich der Frame z. B. darauf, was jemand für „typisch" in Kölner Gaststätten hält, d. h. was in der überwiegenden Anzahl der Gaststätten – 60, 70, 80 Prozent? – nach Meinung einer Person vorliegt? Was bedeutet es, wenn es heißt, dass die Situation „drastisch vereinfacht" wird? Es ist also weitgehend in das Belieben des Forschers gestellt zu entscheiden, was er unter den Gaststätten-Frame subsumiert. Oder muss man verschiedene Arten von Unter-Frames unterscheiden: einen Köbes-Frame, einen Tischtuch-Frame oder einen Kölsch-Frame? Dann bleibt immer noch die Frage, welche Arten kognitiver Elemente diese Unter-Frames enthalten.

Gleiches gilt für Skripte, also „ein im Reaktionsrepertoire gespeichertes inhaltliches Modell (...) des *Handelns* für den betreffenden Frame der Situation" (Esser 2001: 261), das nach der Aktivierung des „Rahmens" aktiviert wird. Dann erfolgt die Handlungsselektion. Was genau ist der Inhalt des oder der aktivierten Skripte in einer Situation? Gibt es für jede Handlung genau ein Skript? Enthält dieses die gesamte Anreizstruktur für die jeweilige Handlung oder für alle Handlungen? Wahrscheinlich wird P nicht immer dasselbe tun: So wird er unterschiedliche Speisen bestellen und sich unterschiedliche Plätze suchen. Wie genau lautet das Skript, das für das konkrete Handeln relevant ist? Oder falls für jede Handlung ein Skript existiert: was genau enthält das Skript?

Bei der RCT sind die Arten der Anreize bei der Erklärung einer bestimmten Handlung festgelegt: diejenigen Präferenzen sind von Bedeutung, die der Akteur durch die zu erklärenden Handlungen erreichen will. Weiter sind die für die zu erklärenden Handlungen relevanten Restriktionen in die Erklärung einzubeziehen. Die Wert-Erwartungstheorie illustriert dies. Es ist also falsch, wenn manchmal behauptet wird, dass in der RCT *beliebige* Präferenzen und Restriktionen für die Erklärung bestimmter Verhaltensweisen ausgewählt werden können (zur Diskussion dieses Arguments siehe Opp 1999). Dies scheint aber beim MFS der Fall zu sein. Zumindest haben wir keine explizit formulierten Regeln gefunden.

Weiter besteht das Problem, dass die Frames immer durch objektiv gegebene Situationsmerkmale ausgelöst oder aktiviert werden. Welche Elemente werden in einer konkreten Situation wahrgenommen und durch welche Situationsmerkmale werden die Frames aktiviert? Wenn der automatisch-spontane Modus auftritt und sozusagen automatisch ein Verhaltensprogramm abläuft: Wie ermittelt man dies unabhängig von den durchgeführten Handlungen?

Frage 2: Was genau heißt automatisch-spontanes und reflexiv-kalkulierendes Handeln?

Der automatisch-spontane und reflexiv-kalkulierende Modus (as- und rc-Modus) sind Extremfälle: im as-Modus erfolgt die Entscheidung „unhinterfragt auf der Basis der unmittelbaren Situationswahrnehmung und mentaler Modelle"; „im rc-Modus trifft der Akteur eine bewusste Entscheidung unter systematischer Berücksichtigung der vorliegenden Informationen und der zu erwartenden Folgen" (Kroneberg 2005: 347). Wie ermittelt man, ob vor oder auch nach dem Auftreten der Muslimin der as- oder rc-Modus aktiviert wurde?

Es erscheint auf den ersten Blick plausibel, dass beim Betreten der Gaststätte und vor dem Erscheinen der Muslimin der as-Modus aktiviert wird. Alles ist ja wie immer. Wird also nicht reflektiert? Beim Betreten der Gaststätte könnte P überlegen, welchen Platz er wählen will. Dann studiert er die Speisekarte. Auch hier wird überlegt. Wenn der as-Modus gewählt wird, dann geschieht alles „unhinterfragt auf der Basis der unmittelbaren Situationswahrnehmung und mentaler Modelle". Obwohl P die Situation genau kennt und bereits häufig in der Gaststätte war, wird kalkuliert oder überlegt. Dies geschieht manchmal nur kurz, manchmal auch länger, wenn sich P z. B. „nicht entscheiden kann", welche Speise er wählen soll. Von einem as-Modus kann man hier wohl generell nicht sprechen. Aber der rc-Modus liegt noch nicht vor, da nicht systematisch die vorliegenden Informationen über zu erwartende Folgen bei den einzelnen Handlungen kalkuliert werden. Oder muss man bei jeder einzelnen Handlung zwischen as- und rc-Modus unterscheiden? Wenn man die einzelnen Handlungen von P in der Gaststätte Revue passieren lässt, gibt es wohl kaum eine Handlung bei der völlig automatisch reagiert wird. Bei den überwiegend meisten Handlungen in einer Situation wird mehr oder weniger kalkuliert oder überlegt. Hier zeigt sich bereits, dass aufgrund der Dichotomie der beiden Modi die Theorie empirisch kaum anwendbar ist. Dies wird auch von den Vertretern des MFS zugestanden, wenn bei den beiden Modi von „idealtypischen" Situationen gesprochen wird (Kroneberg 2005: 347). Wir kommen auf die theoretische Fruchtbarkeit der Dichotomie zurück.

Frage 3: Wie ermittelt man die Determinanten der automatisch-spontanen Frame-Selektion?

Im as-Modus erfolgt die Auswahl der Frames, Skripte und Handlungen aufgrund von Aktivierungsgewichten (AW). Für die Selektion der Frames ergibt sich das AW „aus dem Match, mit dem eine Situation wiedererkannt wird. Der Match (...) ist dabei von drei Parametern bestimmt: der *Verfügbarkeit* (...), mit der ein mentales Modell – kognitiv und emotional – gespeichert und 'internalisiert' ist; der (physischen) Anwesenheit bzw. *Erkennbarkeit eines Objektes* in der Umgebung (...); und der gedanklichen *Verbindung* (...) zwischen Objekten und mentalen Modellen (...) Ein Mis-Match kann über alle drei Bedingungen geschehen: geringe Verfügbarkeit, fehlende oder gestörte Objekte und fehlende oder schwache symbolische Links. Selektiert wird dann jener Frame, der das höhere Aktivierungsgewicht aufweist (...)" (Esser 2010). Die Idee ist also, dass derjenige Frame gewählt wird, der mit der Situation am ehesten vereinbar ist. Wie klar sind diese Variablen, d. h. inwieweit ist es möglich, unzweideutig festzustellen, in welchem Ausmaß diese Variablen vorliegen?

Um die obige Hypothese testen zu können, müsste es zunächst zweifelsfrei möglich sein, den Match zwischen Frame und Situation zu ermitteln: Bei einem Test der genannten Hypothesen muss ja die abhängige Variable, der Match, unabhängig von den erklärenden Variablen Verfügbarkeit etc. gemessen werden. Da nicht einmal klar ist, welches in einer konkreten Situation genau der Frame ist, ist es auch kaum möglich, dessen Match zu ermitteln.

Im vorigen Absatz ging es darum, ob es möglich ist, eindeutig zu ermitteln ob ein „match" „perfekt und ungestört" ist (Esser 2010) oder nicht. „Match" ist eine quantitative Variable. Es fragt sich, ob der rc-Modus nur dann zustande kommt, wenn der Match perfekt ist. Vielleicht wird dieser Modus auch ausgelöst, wenn der Match nicht ganz perfekt ist. Hier müsste man ermitteln, in welchem Ausmaß es einen Match geben kann. Wie ermittelt man dieses Ausmaß?

Betrachten wir nun die drei Bedingungen. Die erste Bedingung ist die „Verfügbarkeit (...), mit der ein mentales Modell – kognitiv und emotional – gespeichert und ‚internalisiert' ist". Was ist damit bezüglich der Gaststättensituation gemeint? Heißt „emotionale" Verfügbarkeit das Ausmaß, in dem man Kölner Gaststätten mag oder sich darin wohl fühlt? Heißt „kognitive" Verfügbarkeit das Ausmaß, in dem man auf Anfrage die verschiedensten Eigenschaften von Kölner Gaststätten zutreffend auflisten kann?

Die zweite Bedingung ist die (physische) „Anwesenheit oder Erkennbarkeit eines Objektes in der Umgebung o_i". Was bedeutet dies in der Gaststätte? Ist die Helligkeit der Beleuchtung von Bedeutung, so dass alle Objekte in der Gaststätte leicht erkennbar sind?

Schließlich ist für den Match die gedankliche „Verbindung (...) zwischen Objekten und mentalen Modellen" von Bedeutung. Auch hier ist nicht klar, was man sich darunter vorzustellen hat.

Resümierend muss man sagen, dass es wegen der Unklarheit der genannten Begriffe kaum möglich sein dürfte, die betreffenden Hypothesen zu testen. Dasselbe gilt auch für die Determinanten anderer Explananda, z. B. für die Bedingungen der Wahl des Modus, die später behandelt werden: auch hier ist nicht klar, wie z. B. die Reflexionskosten oder die Motivation zur Reflexion in konkreten Situationen zu ermitteln ist.

Frage 4: Wie ermittelt man Bedingungen für Selektionen im reflexiv-kalkulierenden Modus?

Fahren wir mit unserem Beispiel fort. Das plötzliche Erscheinen der Muslimin ändert die Situation schlagartig. Wie wird P handeln? Zunächst ist festzuhalten: Es gibt keinen „,Match' zwischen intern gespeicherten mentalen Modellen und den damit assoziierten Objekten in der externen Umgebung". Damit wird der rc-Modus gewählt. Hier gelten „die Regeln und Möglichkeiten einer rationalen Wahl, etwa nach Maßgabe der SEU-Theorie und ihren Varianten" (Esser 2010). D. h. ein Frame F_i, im Gegensatz zu anderen Frames F_j, wird ausgewählt, wenn $SEU(S_i) > SEU(S_j)$, wobei SEU für „subjektiv erwarteter Nutzen" steht. Dasselbe gilt für Skripte und Handlungen.

Wie lauten die alternativen Frames in dieser Situation? Ein Frame, der Gaststätten-Frame, enthalte, so nehmen wir an, die Informationen über die Situation in einer „normalen" Gaststätte in Köln. Dieser Frame „passt" nicht. Liegt hier überhaupt ein alternativer Frame beim Akteur vor, also ein Frame, in dem eine Muslimin als Köbes auftritt? Wie wird hier der subjektiv erwartete Nutzen (SEU) ermittelt?

III. Die Rolle von Normen im Modell der Frame-Selektion und in der weiten Version der Theorie rationalen Handelns

Eine zentrale These des MFS lautet, dass der as-Modus insbesondere bei stark internalisierten Normen auftritt. Dies, so die weitere These, stehe im Gegensatz zu einer weiten Version der RCT. In dieser Version wird von Wahrnehmungen sozialer Sachverhalte ausgegangen; weiter werden nicht nur materielle, sondern andere Arten von Anreizen (einschließlich Normen) in Erklärungen zugelassen.[2] Zu der genannten zentralen These des MFS führt Esser (2010) bei der Diskussion von March und Olsen (1989) aus: „Das Handeln richtet sich im Rahmen bestimmter Werte nicht nach Konsequenzen, sondern (nur) nach der Angemessenheit im Rahmen der Werte, etwa wenn es um moralische Urteile oder wissenschaftliche Wahrheiten gehe, die eben nicht aus Kosten- und Nutzenerwägungen akzeptiert oder abgelehnt würden. In allen diesen Fällen wird davon ausgegangen, dass das Handeln nicht nur unterschiedlichen Randbedingungen folgt, sondern einem ganz anderen Mechanismus als dem der RCT unterliegt: keine ‚Maximierung', sondern die (unbedingte) Erfüllung eines zuvor ‚definierten' Standards." Im Folgenden wird argumentiert, dass diese These nicht haltbar ist. Um dies zu zeigen, soll zunächst dargestellt werden, wie Normen in die weite Version der RCT integriert werden können.

---

2 Vgl. zu dieser Version der RCT die detaillierte Diskussion in Opp (1999).

1. Normen in der weiten Version der Theorie rationalen Handelns

In der weiten Version der RCT sind internalisierte Normen bestimmte Anreize. Wenn z. B. eine Norm, dass man an politischen Wahlen teilnehmen sollte, internalisiert ist, dann hat dies folgende Konsequenzen: bei der Wahlteilnahme (also bei der Befolgung der Norm) wird man ein gutes Gewissen haben. Dies ist eine interne Belohnung. Bei Nicht-Befolgung tritt dagegen ein schlechtes Gewissen auf oder man empfindet Scham. Dies sind interne Kosten. Die Befolgung einer internalisierten Norm ist also mit Nutzen verbunden, während die Nicht-Befolgung kostspielig ist.[3] Betrachten wir drei Implikationen dieser Integration von Normen in die RCT.

1.1 Normen als ausschließliche Determinanten sozialen Handelns

Im Extremfall können Normen, im Vergleich zu anderen Anreizen, so stark sein, dass sie allein Handeln bedingen. In unserem Beispiel wartet man etwa mit der Bestellung, bis der Ober an den Tisch kommt.

Wenn die normativen Anreize, im Vergleich zu anderen Anreizen, relativ stark sind, besteht für den Akteur kein Anlass zu kalkulieren: wozu soll man Reflexionskosten auf sich nehmen, wenn sowieso klar ist, wie zu handeln ist?

In einer solchen Situation mit einer dominanten Norm ist weiter zu erwarten, dass Konsequenzen der Einhaltung oder Verletzung der Norm nicht beachtet werden, da, wie gesagt, kein Anlass gesehen wird zu kalkulieren.

Zu beachten ist, dass auch bei spontaner Normbefolgung nach Nutzen und Kosten gehandelt wird. Aus welchen Gründen sollte man sonst eine Norm befolgen? Selbst wenn man also nicht nachdenkt oder kalkuliert, bedeutet dies nicht, dass Nutzen und Kosten keine Rolle spielen. Wir werden hierauf noch zurückkommen.

1.2 Handeln ohne normative Anreize

Im zweiten Extremfall liegen für die in Betracht gezogenen Handlungen keine Normen vor. Wenn z. B. jemand, der von Hamburg nach Rom mit dem Auto fährt und überlegt, an welchen Orten oder Raststätten er eine Pause einlegen soll oder ob er Landstraßen oder Autobahnen benutzen soll, dann wird für die Auswahl dieser Handlungen keine Norm gelten.

1.3 Normen und andere Anreize als gemeinsame Determinanten von Handeln

In vielen Situationen liegen Normen für ein Verhalten vor, aber zusätzlich existieren für die in Betracht gezogenen Handlungen andere Kosten und Nutzen. Dies gilt etwa für kriminelle Handlungen, aber auch für viele Alltagshandlungen. Da hier konfligierende Anreize bestehen, bei denen kein Anreiz eine besondere Stärke hat, wird der Akteur überlegen, wie er nun handeln soll.

---

3 In der Literatur werden zur Definition des Normbegriff auch (externe) Sanktionen und Erwartungen Dritter verwendet. Auch diese Sachverhalte können leicht in die RCT integriert werden: Sanktionen und die Erwartungen Dritter können Arten von Nutzen oder Kosten sein.

2. Die Norm-Hypothese im Modell der Frame-Selektion: Führen Normen zur Ignorierung nicht-normativer Anreize?

Eine zentrale These des MFS, die der RCT widersprechen soll, lautet, dass bei relativ starker Norm-Internalisierung andere Anreize gar nicht in Betracht gezogen werden. Diese Hypothese, so wird behauptet, folge aus dem MFS und nicht aus der RCT. Kroneberg et al. (2009: 9) formulieren die Hypothese in folgender Weise:

Norm-Hypothese: „*The more strongly* a norm prescribing a certain behavior is internalized, the weaker are the effects of calculated incentives on this behavior. If internalization is *very strong*, the norm is enacted *irrespective* of the presence and strength of such incentives" (Kursivdruck im Original).

Man beachte, dass es bei einer stark internalisierten Norm irrelevant ist, wie stark die anderen Anreize sind.

2.1 Die Ableitung der Norm-Hypothese aus dem MFS[4]

Eine Grundannahme des MFS ist, dass Skripte Determinanten von Handlungen sind (siehe Annahme 1 in der folgenden Ableitung). Dabei ist die Art des Skripts für die Art der Handlung von Bedeutung: für die Ableitung der Norm-Hypothese muss entsprechend die Existenz eines Skripts angenommen werden, das eine Situation beschreibt, in der ein Akteur eine starke Verpflichtung fühlt, eine Norm auszuführen (Annahme 2). Wie das Skript genau lautet, ist nicht klar. Sicherlich enthält es u.a. die Forderung nach einer unbedingten Ausführung der Norm in der Situation, in der sie gilt (Annahme 3).

Eine erste Bedingung dafür, dass das Skript spontan befolgt wird, ist die Wahl des as-Modus; im MFS wird der Modus immer zuerst gewählt (z. B. Kroneberg 2006a: 14). Die Wahl des as-Modus ist relativ wahrscheinlich, wenn die wahrgenommenen Reflexionsopportunitäten (p) und die Motivation zur Reflexion (U) relativ gering und Kosten der Reflexion (C) relativ hoch sind. Innerhalb dieses Modus, d. h. wenn der as-Modus gewählt wurde, wird eine Handlung A_k umso eher gewählt, je höher ihr Aktivierungsgewicht AW ist. Dieses ist wiederum abhängig von dem aktivierten Skript, das die Handlung vorschreibt und das als S_j bezeichnet wird. In diesem Zusammenhang ist wichtig, dass sich bei Normen das AW auf den Grad der Norm-Internalisierung bezieht. Wenn das AW so groß ist, dass es, im Rahmen des as-Modus, aktiviert wird, dann wird die dem Skript entsprechende Norm befolgt.

Genauer gesagt: das AW muss einen bestimmten Schwellenwert überschreiten, sodass es im Rahmen des as-Modus ausgeführt wird:

$$AW(A_k|S_j) \geq 1 - C/(pU)$$

Das AW für Handlung A_k, die dem Skript S_j entspricht, also in diesem Zusammenhang das Ausmaß der Norm-Internalisierung, muss größer oder gleich dem Ausdruck 1

---

[4] Vgl. Kroneberg et al. (2010). Siehe auch Kroneberg (2005, 2006a). Wir befassen uns hier aus Raumgründen nur mit der Gleichung der Norm-Hypothese, nicht mit deren Ableitung aus den Annahmen des MFS.

– C/(pU) sein. C, p und U sind die Variablen, die auch für die Wahl des as-Modus von Bedeutung sind.[5]

Was genau bedeutet der Ausdruck auf der rechten Seite der Ungleichung?[6] Da alle Variablen zwischen 0 und 1 variieren, und, so nehmen wir an, C/(pU) ebenfalls nur Werte zwischen 0 und 1 annehmen kann, folgt: wenn C relativ hoch und die Werte im Nenner relativ niedrig sind (d. h. die Reflexionskosten sind hoch, die Reflexionsopportunitäten und die Reflexionsmotivation sind dagegen gering), dann hat der Ausdruck C/(pU) einen hohen Wert. Dies bedeutet, dass die Anreize für die Kalkulation gering sind. Wenn der Wert von C/(pU) hoch ist, dann ist der Wert von 1 – C/(pU) niedrig. Dies bedeutet dann, dass die Anreize für Kalkulation *hoch* und die Anreize für die Aktivierung des Skripts j und der Handlung k niedrig sind. Je größer also 1 – C/(pU) ist, desto geringer sind die Anreize für spontanes Handeln und desto geringer ist das AW des Skripts für die Norm. Das AW muss nun relativ hoch sein, damit k aktiviert wird. Es muss also ein bestimmter Schwellenwert überschritten werden. Diese Überlegungen werden in Annahme 4 zusammengefasst.

Nun komme der Akteur in eine normrelevante Situation, in der die Bedingungen für die Geltung der Norm vorliegen (Annahme 5). Wenn die vorangegangenen Annahmen gelten, wird entsprechend die Norm „unhinterfragt" angewendet oder befolgt. Dies ist die Norm-Hypothese als die Folge aus den Annahmen 1 bis 5.

Annahme 1: Ein Skript der Art n determiniert die Ausführung der im Skript enthaltenen Handlung A_n (allgemeine Annahme des MFS).

Annahme 2: Es existiert ein Skript n, das eine in hohem Grade internalisierte Norm N enthält.

Annahme 3: Skript n fordert, die Norm N in einer normrelevanten Situation S unbedingt auszuführen.

Annahme 4: Wenn die Kosten einer Kalkulation der Normbefolgung hoch und die Nutzen gering sind, erfolgt Handeln im as-Modus in einer normrelevanten Situation (siehe genauer die Ausführungen im Text).

Annahme 5: Wenn eine normrelevante Situation S auftritt (in der also die Norm N gilt), wird Skript n aktiviert.

FOLGE (Norm-Hypothese): Wenn eine Norm N in hohem Ausmaß internalisiert ist, dann handelt der Akteur in normrelevanten Situationen S nach Norm N und ignoriert alle anderen Anreize (aus Annahmen 1 bis 5).

---

5 Es ist nicht klar, warum C, p und U zunächst für die Wahl des as-Modus und dann noch einmal für die Wahl des Skripts von Bedeutung sind.

6 Leider sind viele Ausführungen in Darstellungen des MFS nicht sehr leserfreundlich. So wird die obige Ungleichung nur sehr knapp erläutert, sodass der Leser Papier und Bleistift zur Hand nehmen muss, um ihre Implikationen zu verstehen.

2.2 Die Ableitung der Norm-Hypothese aus der Theorie rationalen Handelns

Es ist erstaunlich und auch zu kritisieren, dass Vertreter des MFS nicht ernsthaft prüfen, ob die Norm-Hypothese nicht auch aus der RCT folgt oder ob sich aus dieser eine Alternative zur oder Modifizierung der Norm-Hypothese ableiten lässt. Wenn schon die Überlegenheit des MFS behauptet wird, wäre es wünschenswert, im Einzelnen zu prüfen, inwieweit aus alternativen Ansätzen andere Hypothesen ableitbar sind.

Im Folgenden soll eine Ableitung der Norm-Hypothese aus der RCT skizziert werden. Kurz zusammengefasst lautet die Argumentation: Wenn eine Norm besonders intensiv ist, im Vergleich zu anderen Anreizen, sodass es für den Akteur klar ist, dass er die Norm befolgt, dann wird es aus seiner Sicht zu kostspielig sein, über andere Anreize nachzudenken. Der Akteur kann Reflexionskosten sparen. Bei stark internalisierten Normen, werden also andere Anreize nicht in Betracht gezogen. Im Gegensatz zum MFS wird hier aber behauptet, dass die Befolgung von Normen auch dann mit Nutzen und Kosten verbunden ist, wenn Normen „spontan" befolgt werden (siehe hierzu weiter unten). Genauer kann man dieses Argument so formulieren:

Annahme 1': Je stärker eine Norm internalisiert ist, desto größer ist der Nutzen der Befolgung und desto stärker sind die Kosten der Nicht-Befolgung.

Annahme 2': Die Abwägung von Kosten und Nutzen (d. h. „Kalkulation") ist kostspielig (es entstehen Reflexionskosten).

Annahme 3': Wenn eine Norm, im Vergleich zu anderen Anreizen, relativ stark ist, dann wird der Akteur die (kognitive) Erwartung bilden, dass er die Norm befolgen wird.

Annahme 4': Je größer die Differenz zwischen der Intensität der Norm und der Intensität anderer Anreize ist (d. h. je größer die Normintensität im Vergleich zu anderen Anreizen ist), desto weniger wird der Akteur Vorteile erwarten, wenn er über andere Anreize nachdenkt (d. h. kalkuliert).

Annahme 5': Bei relativ hoher Differenz zwischen der Normintensität und anderen Anreizen sinkt der erwartete Gewinn der Kalkulation (d. h. Reflexion „bringt nichts").

FOLGE: Bei steigender Norm-Internalisierung und relativ großer Differenz zwischen der Intensität einer Norm und der Intensität anderer Anreize sinkt die Wahrscheinlichkeit, dass nicht-normative Anreize in Betracht gezogen werden und dass kalkuliert wird.

Vergleichen wir diese Ableitung mit der im vorangegangenen Abschnitt skizzierten Ableitung. Welche der Annahmen 1' bis 5' würde von Vertretern des MFS nicht akzeptiert werden? Wenn immer wieder behauptet wird, dass die Befolgung von Normen nichts mit Nutzen und Kosten zu tun hat, dann wird Annahme 1' abgelehnt werden. Dies erscheint aber, wie gesagt, wenig plausibel. Annahme 2' wird auch im MFS getroffen. Bei den darauf folgenden Annahmen 3' bis 5' ist nicht klar, ob sie mit dem MFS in Einklang stehen.

Inwieweit sind die Annahmen des MFS aus der Sicht eines Vertreters der weiten Version der RCT problematisch? Diese enthält zwar nicht die Terminologie des MFS

(Frames, Skripte); trotzdem könnten die Sachverhalte, auf die sich dessen Begriffe beziehen, in der RCT enthalten sein. Jeder Vertreter der RCT geht davon aus, dass ein Individuum eine Vielzahl von kognitiven Elementen wie Informationen über die Konditionalität von Normen gespeichert hat (siehe bereits Denzau und North 1994). Weiter wird selbstverständlich davon ausgegangen, dass in bestimmten Situationen bestimmte Informationen abgerufen oder aktiviert werden (siehe die Stimulushypothese der Lerntheorie). Vielleicht könnte man sagen, dass die Annahmen 1' bis 5' Inhalte eines Frames oder Skripts sind? Will man ableiten, dass eine Norm in konkreten Situationen befolgt wird, müsste dann in der vorangegangenen Ableitung die Stimulushypothese, z. B. als Annahme 6', eingefügt werden.

Annahme 3 besagt, das Skript müsse die „unbedingte" Ausführung einer Norm fordern. Was genau heißt das? Enthält das Skript die gesamte Anreizstruktur, die besagt, dass die Norm der stärkste Anreiz ist? Diese Anreize werden in der Ableitung aus der RCT im Detail spezifiziert! Hier zeigt sich wieder, wie problematisch es ist, dass offen gelassen wird, was die Frames und Skripte genau enthalten.

Annahme 4 enthält u.a. die Annahme des dichotomen as- und rc-Modus – hierauf wird später noch einmal eingegangen. Es ist äußerst unplausibel, dass sozusagen aus heiterem Himmel (also ab einem bestimmten Schwellenwert) plötzlich der as-Modus (oder auch der rc-Modus) gewählt wird: Menschen springen also sozusagen in Bruchteilen von Sekunden von der detaillierten Kalkulation zu spontanem Handeln oder umgekehrt. Wir wiesen bereits darauf hin, dass in realen Situationen *mehr oder weniger* kalkuliert wird. Also selbst wenn eine Norm in sehr hohem Maße internalisiert ist und wenn andere Anreize schwach sind, könnte kalkuliert werden. Anstatt von der Dichotomie „as- vs. rc-Modus" auszugehen, scheint es weit plausibler, dass mit zunehmendem *Grad* der Internalisierung das *Ausmaß* der Kalkulation abnimmt.

Es ist weiter nicht einleuchtend, warum der as-Modus aktiviert sein muss, damit eine spontane Normbefolgung auftritt. Reicht es nicht aus, wenn das Skript fordert, die Norm sofort auszuführen (und nicht zu überlegen) und wenn das Skript bereits einen hohen Aktivierungsgrad hat?

Es wird bei beiden Ableitungen angenommen, dass keine Selbstverpflichtung der Akteure existiert: es gibt eine Alltagsregel, die besagt, dass man wichtige Entscheidungen (bei denen also die Kosten einer nicht getroffenen Entscheidung hoch sind) nicht überstürzt treffen sollte. D. h. selbst wenn man überzeugt ist, dass man richtig entscheidet, sollte man zunächst noch einmal „darüber schlafen". Hier wird der as-Modus nicht auftreten. Auch die RCT-Ableitung müsste modifiziert werden, wenn eine solche Selbst-Bindung vorliegt. Hierauf soll jedoch nicht weiter eingegangen werden.

Wir sind in diesem Abschnitt davon ausgegangen, dass klar ist, was mit den vier Bedingungen (p, U, C und AW) gemeint ist. Dies ist jedoch bei weitem nicht der Fall. Solange diese Variablen nicht präzisiert werden, ist ein strenger Test der Normhypothese nicht möglich, es sei denn, man trifft bestimmte – ungeprüfte – Annahmen über das Vorliegen dieser Bedingungen ad hoc. Genau dies geschieht in den vorliegenden Untersuchungen.

Eine mit der Norm-Hypothese inkonsistente Hypothese ist die bereits erwähnte „Low-Cost"-Hypothese, die aus Raumgründen nicht behandelt werden kann. Es wäre wichtig für die weitere Forschung, genauer die Bedingungen herauszuarbeiten, unter denen beide Hypothesen gelten (Hinweise hierzu findet man bei Diekmann und Preisendörfer 2009).

IV. Rationalität und Frames: Das MFS als eine Erweiterung der Theorie rationalen Handelns

In diesem Abschnitt geht es darum, inwieweit das MFS von den Grundannahmen der RCT ausgeht. Danach sind Kosten und Nutzen bzw. Präferenzen und Restriktionen Determinanten sozialen Handelns. Es wird die These vertreten, dass Vertreter des MFS faktisch ebenfalls von diesen Annahmen ausgehen und dass entsprechend das MFS eine Version der RCT ist.

1. Wird beim automatisch-spontanen Modus nicht nach Nutzen und Kosten gehandelt?

Eine Antwort auf diese Frage geben Kroneberg et al. (2010: 7): „The MFS assumes that actors are either engaging in a systematic consideration of future consequences while weighing costs and benefits, or following unquestioned rules or unconditional normative beliefs". Dies wird auch die *Annahme der variablen Rationalität* genannt. „Rationalität" bedeutet, „that an actor considers the full range of available alternatives and incentives" (Kroneberg et al. 2010: 30). Dies lässt sich so verstehen, dass sowohl bei spontanem als auch bei kalkuliertem Handeln Nutzen und Kosten für die Ausführung des Verhaltens von Bedeutung sind. Beim spontanen Verhalten findet jedoch keine Abwägung statt. Dem stehen Ausführungen Essers (2010) entgegen, wonach bei dem Verhalten der Versuchspersonen in einem Experiment von E. Fehr und S. Gächter „... Vorgänge einer symbolisch gesteuerten ‚Definition der Situation' und der Aktivierung von auch emotional verstärkten ‚Programmen' [ablaufen – KDO], *bei denen Kosten, Nutzen, zukünftige Erträge und rationale Berechnungen offenbar keine Rolle spielen*" (Kursivdruck nicht im Original). Allerdings relativiert Esser diese Behauptung kurz nach dem obigen Zitat, wenn er ausführt, dass ja vielleicht eine spontane „Rache tatsächlich süß ist und die Kosten der Bestrafung auffangen kann, aber nicht als (kalter) ‚Nutzen' dagegen abgewogen wird". Wenn Rache „süß" ist, dann heißt dies, dass Rache mit Nutzen verbunden ist; ob dieser „kalt" oder „warm" ist, ist unerheblich. Von Bedeutung ist lediglich, *dass* Nutzen eine Rolle spielt.

Man kann also folgende Fälle unterscheiden (siehe *Tabelle 1*): Einerseits können Kosten und Nutzen für die Ausführung von Handlungen von Bedeutung sein oder nicht, andererseits werden Nutzen und Kosten kalkuliert oder nicht. Entsprechend lassen sich vier mögliche Fälle unterscheiden. Die RCT behauptet, dass Handeln immer durch Nutzen und Kosten bedingt ist; dabei ist es unerheblich, ob kalkuliert wird (siehe das obere linke und obere rechte Feld der Tabelle). MFS und RCT widersprechen sich, wenn nicht kalkuliert wird: Hier wird im MFS (in der Version Essers) bestritten, dass Handeln durch Nutzen und Kosten erklärt werden kann (oberes rechtes Feld der Tabelle). Das MFS behauptet dagegen, dass bei spontanem Handeln (wenn also keine

Tabelle 1: Die Rolle von Nutzen/Kosten und Kalkulation im Modell der Frame-Selektion und der Theorie rationalen Handelns

Handeln auf der Grundlage von Nutzen und Kosten	Kalkulation von Nutzen und Kosten vor Ausführung einer Handlung	
	Ja	Nein
Ja	Theorie rationalen Handelns und MFS	Theorie rationalen Handelns, *nicht* MFS
Nein	Weder Theorie rationalen Handelns noch MFS	*Nicht* Theorie rationalen Handelns, MFS

Kalkulation erfolgt) nicht nach Nutzen und Kosten gehandelt wird (unteres rechtes Feld).

Wenn im as-Modus Nutzen und Kosten keine Rolle spielen, entsteht die Frage, welches die Entscheidungsregel ist, nach der Akteure handeln. Warum befolgt man z. B. eine Norm „unhinterfragt", d. h. ohne zu überlegen? Vermutlich wird zu einem bestimmten Zeitpunkt kalkuliert, dann aber eine Entscheidung für ein Verhaltensprogramm in bestimmten Situationen getroffen, bei dessen Ausführung nicht mehr kalkuliert wird. Der Prozess könnte so ablaufen: (1) Ein Akteur hat in der Vergangenheit bei der Ausführung bestimmter Handlungen H in bestimmten Situationen S positive Erfahrungen gesammelt (d. h. für bestimmte Handlungen erfolgten in S Belohnungen, für andere nicht). Beispiel: nach einem Umzug hat er ausprobiert, was der „beste" Weg zur Arbeit ist. (2) Der Akteur entscheidet, in Zukunft keine Überlegungen mehr vorzunehmen, dies erspart Reflexionskosten, wenn er in eine Situation S' kommt, die S ähnlich ist, sondern H (also ein Verhaltensprogramm) sofort auszuführen. Dies entspricht der Hypothese der Stimulusgeneralisierung der Lerntheorie.

Bei der „automatischen" Befolgung von stark internalisierten Normen hat ein Akteur in der Vergangenheit in hohem Maße Belohnungen für die Befolgung einer Norm erhalten. Diese Belohnungen sind „internalisiert" und treten auf, wenn die Norm befolgt wird. Wir werden hierauf noch zurückkommen.

In der Terminologie des MFS würden die relevanten Situationsmerkmale in einem Frame oder Skript gespeichert. Die Situation wird identifiziert, und bei hohem Match läuft das Verhaltensprogramm ab. Damit können auch die *Aktivierungsgewichte* im MFS erklärt werden: wenn für den Akteur bestimmte Handlungen erfolgreich waren, dann werden diese auch „automatisch" ausgeführt und haben somit ein relativ hohes Aktivierungsgewicht. Wird dies bestritten, ist zu fragen: Wenn beim as-Modus Nutzen und Kosten keine Rolle spielen, wie bilden sich dann die Aktivierungsgewichte? Ein Akteur muss diese auf der Grundlage vergangenen Handelns oder vergangener Ereignisse (oder aufgrund von Beobachtungen oder Informationen durch Dritte) bilden.

Ausführungen Essers zum as-Modus sind erstaunlicherweise vereinbar mit der These, dass auch die Aktivierung des as-Modus von Nutzen und Kosten abhängt: wenn der Frame „angemessen" ist, „gibt es bei entsprechenden Aktivitäten einen Gewinn U_i, wenn nicht, fallen Kosten C_W für ein ‚falsches Handeln' an". Also: Auch im as-Modus wird nach Kosten und Nutzen gehandelt!

Unsere zentrale These ist also, dass der Akteur automatisch-spontan handelt, weil dieses Handeln in der Vergangenheit mit relativ hohem Nutzen verbunden war und weil er bei Wiederholung der Handlungen in ähnlichen Situationen die gleichen Belohnungen erwartet. Die Aktivierungsgewichte eines Frames sind also sozusagen die geronnenen Belohnungen, die ein Akteur in Situationen erhalten hat, auf die sich der Frame bezieht. *Wir behaupten also im Gegensatz zum MFS, dass auch beim as-Modus Kosten und Nutzen für die Ausführung der Handlungen von Bedeutung sind.*

2. Die erklärenden Variablen des MFS und ihre Vereinbarkeit
mit der Theorie rationalen Handelns

Sind die Bedingungen für die Wahl des as-Modus Variablen der RCT, also Präferenzen und Restriktionen? Diese Frage ist eindeutig zu bejahen, wie eine Analyse der Bedeutung der Variablen *Verfügbarkeit, Erkennbarkeit eines Objektes* oder *Verbindung* zwischen Objekten und mentalen Modellen zeigt (Esser 2010, *Abbildung 3*). Der „match" von Situation und mentalem Modell hat offensichtlich ebenfalls etwas mit Kosten zu tun: Ein „mis-match" ist kostspielig und führt zu entsprechenden Reaktionen.

Bei den Determinanten der Modus-Wahl (Esser 2010, *Abbildung 4*) ist die Übereinstimmung mit Variablen der RCT noch deutlicher: *Zugänglichkeit* eines mentalen Modells, *Gelegenheiten* zur Reflexion, *Reflexionskosten* und der *Ertrag* einer „reflektierenden Durchdringung der Situation" sind Variablen der RCT (Kroneberg 2005: 347; siehe auch unsere Ausführungen zur Norm-Hypothese vorher).

Damit zeigt sich, dass das MFS keineswegs eine Alternative, sondern eine Erweiterung der RCT darstellt: Die erklärenden Variablen verschiedener Explananda des MFS sind Arten von Präferenzen und Restriktionen bzw. Nutzen und Kosten.

V. Offene Fragen und Empfehlungen für die weitere Forschung

In diesem Abschnitt sollen einige weitere Fragen angeschnitten werden, die wegen des beschränkten Umfanges dieses Aufsatzes nicht ausführlicher behandelt werden können.

1. Inwieweit ist das MFS empirisch bestätigt?

Die vorliegenden Untersuchungen zur Überprüfung des MFS weisen eine Reihe von Problemen auf.

(1) Oft werden heroische Annahmen getroffen, die nicht empirisch überprüft werden. So bei Best (2009) die Bedingungen für die Geltung der Norm-Hypothese, also die Gelegenheit zur Reflexion (p), die Motivation zur Reflexion (U), die Reflexionskosten (C) und das Aktivierungsgewicht (AW). Es fragt sich, ob in solchen Fällen überhaupt von einem Test gesprochen werden kann.

(2) Weiter werden ad hoc bestimmte Frames behauptet, ohne dass deren Elemente spezifiziert und empirisch ermittelt werden. Es reicht nicht aus, einfach einen neuen Namen zu erfinden wie „friendship script" und damit bestimmte empirische Sach-

verhalte zu erklären, ohne im Detail zu prüfen, welche Elemente eines Frames zu welchen Handlungen führen.

(3) Bei der Beurteilung der Ergebnisse von Untersuchungen ist man oft ein wenig großzügig – zugunsten des MFS. So ist die Norm-Hypothese so formuliert, dass nur ein Interaktionseffekt von Normen und anderen Variablen vorliegen dürfte. Bei der Erklärung der Absicht zur Wahlteilnahme und der berichteten Wahlteilnahme hat die Normvariable („civic duty") in allen Modellen einen klaren *additiven* Effekt (Kroneberg et al. 2010). Weiter müsste ein Modell mit nur additiven Variablen deutlich weniger Varianz erklären als ein Modell mit additiven *und* Interaktionseffekten, da sich die zentrale Hypothese des MFS auf Interaktionseffekte bezieht. In den entsprechenden Modellen für die Wahlintention *(Tabelle 1)*, wo das Pseudo R^2 berichtet wird, ist der betreffende Wert für das additive Modell 0,30, für das vollständige Modell (additive Variablen und Interaktionseffekte) 0,32; sicherlich kein eindrucksvoller Unterschied. Ähnliches gilt für die Untersuchung von Best (2009; siehe hierzu auch Diekmann und Preisendörfer 2009). Hier ist der Interaktionseffekt nicht einmal statistisch signifikant. Diekmann und Preisendörfer (2009) erwähnen Studien der experimentellen Spieltheorie, die ebenfalls mit dem MFS nicht vereinbar sind. Es sei auch auf die Kritik Rössels (2008) an der Scheidungsstudie Essers verwiesen.

(4) Es wäre dringend erforderlich, einmal im Detail zu analysieren, inwieweit die Untersuchungen zur Überprüfung des MFS als Tests oder als strenge Tests des MFS gewertet werden können.

2. Welche Theorien sollten verglichen werden?

Vertreter des MFS verweisen oft als Beleg für die Überlegenheit des MFS auf alternative Theorien, die deutliche Mängel aufweisen wie die enge Version der RCT. Ein besonders krasses Beispiel findet man bei Stocké (2004: 306): „Die (!) RCT geht von in jeder Einzelsituation sorgfältig abwägenden und die Gesamtheit der verfügbaren Informationen nutzenden Akteuren aus." Dieser Strohmann wird dann abgeschossen durch das selbstverständlich überlegene MFS.

Aber auch die weite Version lässt sich so darstellen, dass sie von vornherein fragwürdig erscheint: man erwähnt andere Autoren, die auf bestimmte Probleme hinweisen, ohne dann diese Probleme zu diskutieren. So erwähnt Kroneberg (z. B. Kroneberg 2006b: 80) als Kritik an der weiten Version, dass durch die Berücksichtigung aller Arten von Nutzen und Kosten der RC-Ansatz seine Erklärungskraft verliere (zur Kritik dieses Arguments siehe ausführlich Opp 1999). Aber dann wird das MFS beschrieben, das genau wie die weite Version alle real wichtigen erklärenden Faktoren in Erklärungen einbezieht. Im ersten Falle verliert das theoretische Modell (die RCT) die Erklärungskraft, im anderen Falle dagegen leistet das Modell, natürlich das MFS, eine Integration der verschiedenen Ansätze der Sozialwissenschaften. Was im ersten Falle als Schwäche eines Modells kritisiert wird, ist im anderen Falle eine Stärke. Die vergleichende Theoriediskussion sollte Theorien heranziehen, die wirklich ernsthafte Gegner sind.

3. Kann das MFS Präferenzen und kognitive Überzeugungen erklären?

Die RCT wird oft kritisiert, weil sie Präferenzen und (kognitive oder auch normative) Überzeugungen nicht erklären kann. Ist dies mittels des MFS möglich? Falls nein: Könnte das MFS entsprechend erweitert werden?

4. Inwieweit trifft die frühere Kritik auf die neue Version des MFS zu?

Die neueste Version des MFS, die Esser in diesem Band darstellt und die auf Schriften von C. Kroneberg beruht, soll eine Reihe von Mängeln älterer Versionen beheben. Es wäre wichtig in einer Meta-Analyse zu ermitteln, inwieweit ältere Kritik auch für die neue Version gilt. Wir denken insbesondere an die Kritik von Rohwer (2003; vgl. auch Opp 2004).

VI. Ein ermutigendes Schlusswort

Das Ziel dieses Aufsatzes war nicht, ein Loblied auf das MFS zu schreiben. Da dieser Aufsatz nur Kritik enthält, könnte der Eindruck entstehen, dass der Autor vielleicht das ganze Unternehmen „MFS" für wenig fruchtbar hält. Dies ist jedoch keineswegs der Fall. Das MFS enthält interessante theoretische Ideen, die eine Erweiterung der weiten Version der RCT darstellen. Trotz des grundsätzlich fruchtbaren Ansatzes dürfte aufgrund der behandelten Mängel noch ein weiter Weg bis zu einer präzisen und erklärungskräftigen Theorie zurückzulegen sein.

Literatur

Best, Henning. 2009. Kommt erst das Fressen und dann die Moral? Eine feldexperimentelle Überprüfung der Low-Cost-Hypothese und des Modells der Frame Selection. *Zeitschrift für Soziologie* 38: 131-151.
Denzau, Arthur T., und Douglass C. North. 1994. Shared mental models: ideologies and institutions. *Kyklos* 47: 3-31.
Diekmann, Andreas, und Peter Preisendörfer. 2009. Das Feldexdperiment von Best und die Low-Cost-Hypothese. Eine Erwiderung. *Zeitschrift für Soziologie* 38: 535-539.
Esser, Hartmut. 2001. *Soziologie. Spezielle Grundlagen. Band 6: Sinn und Kultur.* Frankfurt a. M.: Campus.
Esser, Hartmut. 2010. Das Modell der Frame-Selektion. Eine allgemeine Handlungstheorie für die Sozialwissenschaften? In *Soziologische Theorie kontrovers*, Hrsg. Steffen Sigmund, Gert Albert 45-62. Wiesbaden: VS Verlag für Sozialwissenschaften.
Kroneberg, Clemens. 2005. Die Definition der Situation und die variable Rationalität der Akteure. Ein allgemeines Modell des Handelns. *Zeitschrift für Soziologie* 34: 344-363.
Kroneberg, Clemens. 2006a. *The definition of the situation and variable rationality: the model of frame seledtion as a general theory of action.* Sonderforschungsbereich 504, Universität Mannheim.
Kroneberg, Clemens. 2006b. Die Erklärung der Wahlteilnahme und die Grenzen des Rational-Choice-Ansatzes. Eine Anwendung des Modells der Frame-Selektion. In *Jahrbuch für Handlungs- und Entscheidungstheorie*, Band 4. Hrsg. Thomas Bräuninger, Joachim Behnke, 79-112. Wiesbaden: VS Verlag für Sozialwissenschaften.

Kroneberg, Clemens, Meir Yaish und Volker Stocké. 2010. Norms and rationality in electoral participation and in the rescue of jews in WWII: an application of the model of frame selection. *Rationality & Society* 22: 3-36.

Liberman, Varda, Steven M. Samuels und Lee Ross. 2004. The name of the game: predictive power of reputations versus situational labels in determining prisoner's dilemma game moves. *Personality and Social Psychology Bulletin* 30: 1175-1185.

March, James G., und Johan P. Olsen. 1989. *Rediscovering institutions. The organizational basis of politics.* New York: Free Press.

Opp, Karl-Dieter. 1999. Contending conceptions of the theory of rational action. *Journal of Theoretical Politics* 11: 171-202.

Opp, Karl-Dieter. 2004. Review essay. Hartmut Esser: Textbook of sociology. *European Sociological Review* 20: 253-262.

Rössel, Jörg. 2008. Vom rationalen Akteur zum „systemic dope". Eine Auseinandersetzung mit der Sozialtheorie von Hartmut Esser. *Berliner Journal für Soziologie* 18: 156-178.

Rohwer, Götz. 2003. Modelle ohne Akteure. Hartmut Essers Erklärung von Scheidungen. *Kölner Zeitschrift für Soziologie und Sozialpsychologie* 55: 340-358.

Korrespondenzanschrift: Karl-Dieter Opp, Sulkyweg 22, 22159 Hamburg
E-Mail: opp@sozio.uni-leipzig.de

REPLIK

AM BESTEN NICHTS NEUES?*

Hartmut Esser und Clemens Kroneberg

Zusammenfassung: Der Haupteinwand von Opp gegen das Modell der Frame-Selektion (MFS) betrifft die zentrale These des Hauptartikels: Das MFS lasse sich, anders als dort vertreten, sehr wohl als Variante einer (erweiterten) Rational-Choice-Theorie (RCT) rekonstruieren, und es bedürfe daher keiner Veränderung der RCT als allgemeiner handlungstheoretischer Grundlage der Sozialwissenschaften. Die Entgegnung zeigt (noch einmal), dass das nicht der Fall ist: Keine noch so erweiterte Variante der RCT kennt den zentralen Mechanismus der Mustererkennung und der Definition der Situation über die Aktivierung mentaler Modelle und hat daher auch keine Lösung für ein zentrales Anliegen der MFS: die Erklärung der möglichen „Ungedingtheit" von Normen und anderen Einstellungen über die Unterdrückung aller (rationaler) Anreize – anstelle der in der RCT stets beibehaltenen Betrachtung von Nutzendifferenzen. Für die daneben vorgebrachten konzeptionellen und methodischen Einwände wird gezeigt, dass sie entweder unzutreffend oder kein spezielles Problem der MFS sind.

Es kann keinen Zweifel geben, dass die Rational-Choice-Theorie (RCT) ein mächtiges und unverzichtbares Instrument zur Erklärung sozialer Prozesse ist. Ihr wohl wichtigster Beitrag zur Auseinandersetzung zwischen den Paradigmen der Sozialwissenschaften war der (Existenz-)Beweis der Möglichkeit sozialer Kooperation unter lauter „rationalen Egoisten" (über das Theorem von der „Evolution der Kooperation" bei einem hinreichend hohen „Schatten der Zukunft"). Das war ein überzeugendes theoretisches Argument und bedeutete die Widerlegung des zentralen Apriori der (normativen) Soziologie schon nur gegen die Vorstellbarkeit von RCT-Erklärungen. Empirisch zeigte sich aber auch bald, dass Menschen in Dilemma-Situationen keineswegs so defektiv agieren, wie es die RCT postuliert, und zwar auch ohne jeden „Schatten der Zukunft" und bei Anonymität. Das hat zu diversen Erweiterungen der RCT geführt, etwa die Veränderung des zunächst nur materiell definierten Nutzens über Abweichungen von einer Fairnessnorm. Damit gelang es zwar, eine Reihe von Anomalien der engen Version der RCT aufzufangen (und auch zu interessanten neuen Hypothesen zu kommen), aber es blieben für den, der sich die Sache ein wenig von außen ansah, drei Dinge auffällig. Erstens: Die Veränderungen in der Theorie waren im Wesentlichen von den empirischen Ergebnissen der Experimente getragen und bedeuteten damit eine Art von nach-

---

* Der Beitrag wurde in Ko-Autorenschaft mit Clemens Kroneberg verfasst, weil er maßgeblich an der Weiterentwicklung und der weiteren empirischen Überprüfung des Modells der Frame-Selektion beteiligt gewesen ist und in der Kritik von Opp auch unmittelbar angesprochen wird.

träglichem Modellfit. Das, wie es auch heißt, „Kalibrieren" der Nutzenfunktion steht (wie alle bloß induktiv und instrumentalistisch vorgenommenen Anpassungen und Erweiterungen) aber vor dem Problem, dass die betreffende Theorie an Sparsamkeit, Informationsgehalt und Verständnis des generierenden Mechanismus verlieren kann und dass man daher damit schon recht vorsichtig, nicht bloß ad hoc und auch nicht nur instrumentalistisch, sondern möglichst wieder theoriegeleitet und mit Blick auf andere Vorgänge und theoretische Entwicklungen vorgehen sollte.[1] Zweitens: Es gab (und gibt) auch für diese Modelle eine Reihe weiterer Anomalien und Rätsel, die darauf hindeuten, dass die Akteure gelegentlich einmütig und spontan auf Eigenheiten in der Präsentation, der kontextuellen Einbettung und der Art des Versuchsablaufs reagieren, speziell auf auch recht subtile Hinweisreize, und dass dann Anreize (aller Art) keine Bedeutung zu haben scheinen oder in Subgruppen unterschiedlich stark wirken. Entsprechend gibt es inzwischen Versuche, auch die Effekte solcher Hinweisreize in die Nutzenfunktion aufzunehmen, etwa indem man unterschiedliche Sensitivitäten für die Verletzung normativer Erwartungen einbaut, wodurch sich die Nutzenkomponente der normativen Anreize unterschiedlich auswirkt (vgl. Bicchieri 2006: 52 ff., 112 ff., 123 ff.). Drittens: Alle diese Modelle bleiben bei der Vorstellung, dass das Handeln auch bei der Orientierung an Normen einer Bestimmung von Nutzendifferenzen folgt, dass also (wenngleich nicht unbedingt auch: „bewusst") zwischen verschiedenen Anreizen abgewogen wird. Es fehlt damit aber, wie schon für die Framing-Effekte bei Kahneman und Tversky, ein erklärender Mechanismus für die eine Situation unter Umständen komplett anders „definierenden" Effekte der Hinweisreize und der damit verbundenen kognitiven Vorgänge, speziell der Kategorisierung und der Aktivierung von mentalen Modellen, und es ist auch nicht zu sehen, wo dieser in einer noch einmal um andere Motive erweiterten Bestimmung von Nutzendifferenzen zu finden wäre.

Das war die Ausgangssituation für die Konzipierung des Modells der Frame-Selektion (MFS): Es gibt (mindestens: zwei) verschiedene Mechanismen und dem entsprechende Theorien zur Erklärung der Handlungsselektion, die man vereinfachend als utilitaristisches und normatives Paradigma bezeichnen könnte (mit dem interpretativen Paradigma als einer Art von Mischfall der beiden). Das MFS versucht nun *nicht*, jeweils die eine Theorie als Spezialfall oder Erweiterung der anderen zu konzipieren. Es ist vielmehr ein Ansatz zur korrigierenden Erklärung der (beiden) Theorien durch ein *übergreifendes* Modell. Karl-Dieter Opp geht es vor allem darum zu zeigen, dass das MFS diesem Anspruch nicht gerecht wird, weil es letztlich doch wieder nichts anderes wäre als eine nochmalige Erweiterung der RCT. Der Hintergrund dafür ist die Implikation des MFS, dass unter den im Modell spezifizierten Bedingungen speziell Normen auch eine *un*bedingte Geltung bekommen können, und zwar derart, dass dann *keine* noch so hohen Anreize, Kosten oder Risiken etwas ändern könnten. „Man beachte,

---

1 Anders als Opp es darstellt (vgl. z. B. Opp 1999: 182), ist der Informationsgehalt der weiten Version der RCT *nicht* höher als der einer engen. Die enge Version besagt, dass materielle Anreize *allein* schon für ein Handeln A *hinreichend* sind – ohne jede weitere Einschränkung, etwa dass es noch soziale Anreize gäbe. Die weite Version nimmt in die Nutzenbestimmung auch andere Motive mit auf, und für die Erklärung von A müsste, wenn man, wie bei Opp, die RCT als subjunktive Beziehung zwischen Anreizen und Handeln modelliert, vorausgesetzt werden, dass der materielle und der soziale Nutzen *zusammen* für eine Alternative B *nicht* höher ist als für A: eine (deutliche) *Einschränkung* der Geltungsbedingungen bei der weiten Version.

dass es bei einer stark internalisierten Norm irrelevant ist, wie stark die anderen Anreize sind" schreibt Opp mit Blick auf das MFS ganz richtig (S. 69). Das ist in der Tat für jede Variante der RCT eine ernste Herausforderung, denn gleichgültig wie weit man das Verständnis der RCT auch ausdehnt: In *jedem* Fall bleiben Nutzen*differenzen* des normgerechten zum devianten Verhalten die entscheidende Erklärungsvariable und daher ist für die RCT der Fall niemals ausgeschlossen, dass auch eine zunächst sehr große Differenz doch einmal übertroffen werden könnte. Normen sind für die RCT eben nichts weiter als Anreize und alles hat, wie immer, nur seinen Preis. Insofern *kann* es im Rahmen der RCT keine „un-"bedingt geltenden, „kategorischen" Normen geben, sondern nur solche, die im Prinzip gegen Anreize anfällig sind.

Dass das MFS wie die RCT auch nur wieder auf Anreizen beruhe, wird bei Opp speziell im Zusammenhang der Bedingungen der Modus-Selektion diskutiert (S. 69 ff.), und weil sich darauf die gesamte Kritik am MFS exemplarisch fokussieren lässt, greifen wir das angesichts der Platzknappheit für die Antwort heraus. Auf den ersten Blick scheint der Einwand recht naheliegend: Drei für den Schwellenwert des Übergangs vom as- auf den rc-Modus bedeutsame Variablen (Motivation, Möglichkeiten, Aufwand) kommen auch in der RCT vor und man könnte, wenn das alles wäre, versuchen, die Modus-Selektion als eine Art von Entscheidung zu modellieren, nicht zu entscheiden, und gewisse Vorversionen des heutigen MFS haben das auch so gemacht (dort freilich immer schon im Kontext der „Definition der Situation" über Symbole). Aber die RCT-Version der Modus-Selektion erzeugt ein Problem, an dem z. B. die sogenannte Informationsökonomie gescheitert ist. Sie setzt voraus, dass zukünftige Erträge auf der Grundlage von Informationen kalkuliert werden, die man aktuell nicht hat, worauf man wieder zu entscheiden hat, ob man jetzt weiter sucht, weil das sich evtl. lohnt (...) usw. – ein unendlicher Regress (siehe u. a. bereits Winter 1964). Das ist dem MFS dann auch von anderer Seite (fälschlicherweise) vorgehalten und, wie bei Opp, als Argument verwandt worden, dass es doch nur eine Art von RCT wäre, die ja, gänzlich konträr natürlich zu Opp, ohnehin vollkommen unbrauchbar wäre. Die Lösung: Das MFS bedient sich bei der Modus-Selektion zwar formal einer entscheidungstheoretischen Modellierung, bildet damit aber einen *anderen* inhaltlichen Mechanismus ab – die „Definition" der Situation über den Vorgang der Kategorisierung und ein eventueller (Mis-)Match bei der Mustererkennung. Durch ein (un-)erwartetes Ereignis wird *unkontrollierbar* ein neurophysiologischer Vorgang gestartet, der, im einfachsten Fall, darin besteht, dass das Gehirn die (Un-)Wichtigkeit der Situation identifiziert und dass daran anschließend gegebenenfalls eine, ebenfalls automatische, weitere Suche nach Lösungen im Gedächtnis beginnt. Die anlaufende Elaboration ist umso stärker, eine je höhere Wichtigkeit aktuell gemeldet wird (Motivation). Sie kann aber jederzeit in dem Maße gestoppt werden, wie die Möglichkeiten und/oder der Aufwand der Elaboration die Weiterführung *objektiv* begrenzen (vgl. dazu z. B. Roth 1994: 211 ff. und weitere Hinweise im Ausgangsbeitrag). „Entschieden" wird dabei nichts, und Intentionalitäten werden auch nicht angenommen. Damit aber gibt es hier *keinen* unendlichen Regress. Und alles steht im Einklang mit einer breiten experimentellen Forschung und immer zahlreicher werdenden Hinweisen aus der Neuropsychologie, von den diversen kultur- und wissenssoziologischen Beobachtungen des interpretativen Paradigmas einmal ganz abgesehen.

Opp versucht dann selbst eine RCT-Rekonstruktion der Modus-Selektion. Sie besteht im Kern aus der Annahme, dass bei einer im Vergleich zu anderen Anreizen „besonders intensiven" Norm, „es für den Akteur klar ist, dass er die Norm befolgt" und dass es dann „aus seiner Sicht zu kostspielig" sein wird, „über andere Anreize nachzudenken". Daher werden bei „stark internalisierten Normen (...) andere Anreize nicht in Betracht gezogen" (S. 71). So könnte man es natürlich versuchen, aber es gibt drei unterschiedlich gravierende Probleme. *Erstens* wird der Zusammenhang nur ad hoc über eine bis dahin in der RCT kaum geläufige Zusatzannahme skizziert, und es sieht schon sehr nach jener Beliebigkeit aus, die man der Erweiterung der RCT gelegentlich vorhält. *Zweitens*, und schon deutlich gravierender, gäbe es eine konzeptionelle Schwierigkeit: Zur Entscheidung für oder gegen den as-Modus müsste zuerst die Nutzendifferenz bestimmt werden. Aber in welchem Modus? Und wie ohne Hinweise auf die „Definition der Situation"? Das erinnert ein wenig an das Problem des unendlichen Regresses, diesmal sozusagen nach hinten; das bereits beschriebene Problem des unendlichen Regresses nach vorne gibt es ohnehin. Diese Schwierigkeiten und Paradoxien sind unausweichliche Folgen der Ausblendung des Mechanismus der Kategorisierung oder der Mustererkennung, der im Zentrum des MFS (und speziell der Modus-Selektion) steht und es von jeder Variante der RCT unterscheidet. Das wird schließlich *drittens* gerade bei jenem für das spontane Handeln in Hochkostensituationen besonders wichtigen Fall deutlich: Der „perfekte" Match bei der Mustererkennung. Dann kann es dem MFS zu Folge zu einem Handeln kommen, das ausschließlich der Angemessenheit im betreffenden Rahmen entspricht und alle noch so hohen Anreize, Kosten und Risiken ausblendet. Die Mustererkennung ist aber etwas (grundlegend) anderes als ein Vergleich von Nutzendifferenzen (vgl. dazu auch Simon 1993: 27-45). Und deren Störung ist eine zunächst nur wahrgenommene und sich unwillkürlich aufdrängende Irritation von (oft sehr latenten) Erwartungen in einer Situation, wie das bei der „Versteckten Kamera", bei den Garfinkelschen Krisenexperimenten oder bei einem Kölschen Köbes mit Kopftuch der Fall ist. Nutzen und Kosten spielen dabei, anders als Opp meint (S. 75), *keine* Rolle, wohl aber natürlich gegebenenfalls bei einer an einen Mis-Match evtl. anschließenden Elaboration, einschließlich der nachträglichen Rationalisierung, „Erklärung" und „Reparatur" der Störung, deren Beschreibung eine der Lieblingsbeschäftigungen des interpretativen Paradigmas ist.

Die Frage nach der empirischen Bestätigung eines (negativen) Interaktionseffekts zwischen Aktivierungsstärke und Anreizwirkungen wird damit zum Prüfstein, ob sich das MFS als RCT rekonstruieren lässt oder nicht. Insofern ist verständlich, dass man sich die Ergebnisse dazu besonders kritisch ansieht. Neben einigen technischen Einwänden formuliert Opp quer durch den Text einen Pauschalvorwurf: Man könne das MFS wegen seiner mangelnden Präzision eigentlich gar nicht anwenden oder überprüfen und die bisherigen Studien hätten mit reichlich ungesicherten Annahmen gearbeitet. Dieser Vorhalt bezieht sich zunächst schon auf die Ebene der theoretischen Konstrukte selbst: Anders als bei der RCT seien die Konstrukte des MFS allzu unpräzise und ließen es daher kaum zu, spezifische Randbedingungen zu formulieren. Näher begründet wird freilich nicht, warum etwa die Konstrukte der kognitiven (Sozial-)Psychologie, z. B. die der Schematheorie oder der Dual-Process-Theorie, derart vage seien, dass sie alles offen ließen und daher nicht testbar wären (und inwiefern in dieser Hinsicht die Konstrukte der RCT – Nutzen und Kosten – a priori präziser wären). An den

Stellen, an denen diese pauschale Kritik etwas genauer spezifiziert wird, bezieht sie sich auch nicht darauf, sondern auf die empirische Interpretation: Es fehle die empirische Konkretisierung der Konstrukte, wie etwa der spezielle Inhalt eines Restaurant-Skripts. Abstrakte theoretische Modelle werden aber *immer* erst in einem gesonderten Schritt empirisch interpretiert, und das gilt natürlich für das MFS ebenso wie für die RCT, deren Konstrukte (Erwartungen und Bewertungen) auch erst noch über Brückenhypothesen und Messannahmen empirisch gefüllt werden müssen, bevor man sie prüfen kann. Niemand würde etwa der RCT ernsthaft mangelnde Präzision attestieren, weil sie offen lässt, ob Restaurantbesucher bei der Essenswahl ihren Nutzen aus den Attributen „Fleisch vs. Fisch vs. vegetarisch", „Leibgericht vs. mal etwas anderes", „Fett vs. mager" oder woraus auch immer ziehen. Und selbstverständlich geht es dem MFS ebenso wenig um eine essentialistische Betrachtung irgendwelcher Gaststätten-Frames und -Skripte. Vielmehr ist auch bei Anwendungen des MFS immer von den *jeweils* zu *erklärenden* spezifischen Handlungen auszugehen. Nur so lässt sich bestimmen, welche Elemente der Situationsdefinitionen und der Skripte möglicherweise erklärungsrelevant sind. RCT und MFS unterscheiden sich in diesem Punkt nicht, und das Beispiel von Opp greift daher ins Leere. Entsprechend sollte auch die Unterscheidung zwischen as- und rc-Modus nicht derart vergegenständlicht werden wie Opp das tut: Fast jedes Handeln ist in einigen Hinsichten unhinterfragt und in anderen reflektiert, allein z. B. schon wegen der drei gesonderten Schritte von Frame-, Skript- und Handlungs-Selektion. Anwendungen des MFS lenken den Blick daher immer auf eine *bestimmte* Hinsicht, in welcher manche Akteure eine *bestimmte* Selektion unhinterfragt, andere dagegen reflektiert vollziehen. Mit der in dieser Weise analytisch gebrauchten Modus-Unterscheidung des MFS lassen sich daher ohne weiteres verschiedene Grade der Elaboration betrachten und nicht nur die Extrempunkte von „as" und „rc" (vgl. dazu Kroneberg 2010 ausführlicher).

Im Zusammenhang der empirischen Überprüfungen des MFS spricht Opp auch immer nur sehr allgemein von „heroischen Annahmen", die nicht geprüft würden, ohne nur eine davon zu nennen. Das heißt natürlich nicht, dass aufgrund von Restriktionen der analysierten Datensätze nicht manchmal auch Lücken klaffen und umfassendere und direktere Tests immer wünschenswert bleiben. Aber das ist ein Problem aller empirischen Überprüfungen, im Übrigen gerade auch der weiten Versionen der RCT – und sicher kein spezieller Mangel des MFS, wie es Opp wieder und wieder inauguriert. In den angesprochenen empirischen Anwendungen des MFS ist jedenfalls so genau wie möglich und sinnvoll für die jeweils verfügbaren Daten spezifiziert, welche Situationsdeutungen und Skripte welche Handlungen nahe legen (siehe z. B. Kroneberg 2006: 85 f.; Kroneberg et al. 2010: 12 f., 19 f.). Und es wird dort auch jeweils explizit gemacht, welche Annahmen hinsichtlich relevanter, aber nicht gemessener Bedingungen plausibel sind und welche weniger – z. B. ob in der Handlungssituation auch hinreichende Reflexionsopportunitäten vorliegen, wenn, etwa am Wahltag, genug Zeit für stärkere Elaborationen der Teilnahmeentscheidung ist.

Die weiteren Einwände von Opp betreffen die Ergebnisse oder die Interpretation statistischer Analysen. *Erstens* sei es widersprüchlich, dass die jeweils geprüften Normvariablen immer auch klare additive Effekte hätten und nicht bloß die vom MFS postulierten Interaktionseffekte. Dieses Argument beruht auf einer falschen Interpretation der Koeffizienten in Regressionsmodellen mit Produkttermen (siehe dazu u.a. bereits

Friedrich 1982: 806). Was Opp als additiven Effekt bezeichnet, ist ein konditionaler Effekt, der in keiner Weise dem MFS widerspricht. Ebenso ist *zweitens* Opps Auffassung irrig, „ein Modell mit nur additiven Variablen [müsste] deutlich weniger Varianz erklären als ein Modell mit additiven *und* Interaktionseffekten, da sich die zentrale Hypothese des MFS auf Interaktionseffekte bezieht" (S. 76). In statistischen Analysen, mit denen Kausalhypothesen überprüft werden sollen, ist der Anteil erklärter Varianz kein sonderlich sinnvolles Kriterium (zu dieser mittlerweile eigentlich geläufigen Auffassung siehe u. a. bereits King 1986: 675 ff.). Es geht vielmehr um die geschätzten Koeffizienten, die sich auch zwischen Modellen mit ähnlicher Varianzaufklärung erheblich unterscheiden können. *Drittens* unterliegt Opp einer verbreiteten Fehlinterpretation, wenn er die Tatsache, dass etwa die Studie von Best (2009) eine nur tendenzielle, aber nicht statistisch signifikante Bestätigung der MFS-Interaktionshypothese ergibt, ohne Weiteres als Evidenz für die Nicht-Existenz des Interaktionseffektes interpretiert (siehe hierzu allgemein u. a. Aguinis 2004: 68 f.). Gerade hinsichtlich von Interaktionshypothesen bei nicht-linearen Modellen besteht häufig ein Problem geringer Teststärken, das in Rechnung zu stellen ist, wenn man die „Signifikanz" des Effektes beurteilt (vgl. Kroneberg 2010). Und schließlich wird *viertens* auch nicht gesagt, inwiefern genau die Ergebnisse anderer Studien dem MFS widersprechen (ebenso wenig bei Diekmann und Preisendörfer 2009). Hier wäre zunächst einmal zu prüfen gewesen, inwieweit jeweils die vom MFS spezifizierten Bedingungen für die Geltung der Interaktionshypothesen überhaupt vorliegen oder nicht (siehe dazu Kroneberg 2008).

Im Ausgangsbeitrag wurde zu begründen versucht, dass das MFS nicht einfach nur wieder eine Variante der RCT ist, sondern schon etwas Neues (mit der RCT als einem wichtigen Spezialfall darin). Das zentrale Argument bei Opp gegen diese Auffassung ist, dass das MFS Nutzen und Kosten als „Variablen" enthalte und daher alles bei einer (nochmals) erweiterten RCT bleiben könne. Dass das MFS auch Anreize systematisch vorsieht, wird selbstverständlich nicht bestritten. Aber es kommen auch „Variablen", Mechanismen und Hypothesen vor, die selbst eine noch einmal kräftig erweiterte Version der RCT nicht kennt: Die Definition der Situation über den Vorgang der Mustererkennung, die Aktivierung von mentalen Modellen und daran hängenden Reaktionsprogrammen und die Unterdrückung der Wirksamkeit von Anreizen. Es genügt jedenfalls für die Einvernahme des MFS durch die RCT *nicht*, dass im MFS (auch) Anreize vorkommen, ebenso wie das MFS nicht schon deshalb zu einer Variante des normativen oder des interpretativen Paradigmas wird, nur weil es auch (kategorische) Normen, kulturelle Deutungsmuster und Symbole vorsieht. Es ist genau umgekehrt: Das MFS erklärt die jeweils nur bedingte Geltung der RCT und der diversen anderen Paradigmen und wäre damit das, was sich Karl R. Popper für eine Tiefenerklärung oder für eine „korrigierende" Erklärung von Theorien vorgestellt hat: „Aber weit davon entfernt, nur eine Konjunktion dieser (...) Theorien zu sein (...), *berichtigt sie diese, indem sie sie erklärt*" (Popper 1972: 39; Hervorhebung im Original).

Sicher ist noch viel zu tun. Unter anderem dürfte die Anwendung des MFS auf das Handeln in strategischen Situationen ganz neue Perspektiven zur Erklärung von sozialer Kooperation eröffnen – insbesondere die Verbindung zu den in der RCT so gut wie ganz ausgeblendeten kultur- und wissenssoziologischen Aspekten einer durchaus „hermeneutisch" und interpretativ vorgehenden, aber dann auch analytisch präzisen erklärenden Sozialwissenschaft (vgl. Esser 2010; s. für die wohl kaum zu beendende Hilflosigkeit um eine bessere analytische Fundierung dieser Ansätze z. B. wieder die aktuellen Versuche von Gross 2009 oder Reckwitz 2010). Das scheint sich im Übrigen allmählich auch im RCT-Lager selbst herum zu sprechen. In dem bereits erwähnten Buch von Cristina Bicchieri mit dem für einen RCT-Beitrag etwas ungewöhnlichen Titel „The Grammar of Society" zur Wirkung von Normen in Dilemma-Situationen findet man in Kapitel 2 unter der bemerkenswerten Überschrift „Habits of the Mind" (fast) alles was man brauchte, um das anreizgesteuerte Handeln mit den Vorgängen der Mustererkennung, der Definition der Situation und der variablen Rationalität zu verbinden – *ohne* das Eine auf das Andere zu „reduzieren". Leider gibt es dort dazu kein ausgearbeitetes Modell, und die Ideen werden deshalb auch nur recht ad hoc angewandt. Hier ist es. Man brauchte nur zuzugreifen.

Literatur

Aguinis, Herman. 2004. *Regression analysis for categorial moderators*. New York: The Guilford Press.
Best, Henning. 2009. Kommt erst das Fressen und dann die Moral? Eine feldexperimentelle Überprüfung der Low-Cost-Hypothese und des Modells der Frame-Selektion. *Zeitschrift für Soziologie* 38: 131-151.
Bicchieri, Cristina. 2006. *The grammar of society, The nature and dynamics of social norms*. Cambridge: Cambridge University Press.
Diekmann, Andreas, und Peter Preisendörfer. 2009. Das Feldexperiment von Best und die Low-Cost-Hypothese. Eine Erwiderung. *Zeitschrift für Soziologie* 38: 535-539.
Esser, Hartmut. 2010. Sinn, Kultur, Verstehen und das Modell der soziologischen Erklärung. In *Kultursoziologie: Paradigmen–Methoden-Fragestellungen,* Hrsg. Monika Wohlrab-Sahr, 309-335. Wiesbaden: VS Verlag für Sozialwissenschaften.
Friedrich, Robert J. 1982. In defense of multiplicative terms in multiple regression equations. *American Journal of Political Science* 26: 797-833.
Gross, Neil. 2009. A pragmatist theory of social mechanisms. *American Sociological Review* 74: 358-379.
King, Gary. 1986. How not to lie with statistics: avoiding common mistakes in quantitative political science. *American Journal of Political Science* 30: 666-687.
Kroneberg, Clemens. 2006. Die Erklärung der Wahlteilnahme und die Grenzen des Rational-Choice-Ansatzes. Eine Anwendung des Modells der Frame-Selektion. In *Jahrbuch für Handlungs- und Entscheidungstheorie,* Bd. 4: *Schwerpunkt Parteienwettbewerb und Wahlen,* Hrsg. Thomas Bräuninger, Joachim Behnke, 79-111. Wiesbaden: VS Verlag für Sozialwissenschaften.
Kroneberg, Clemens. 2008. Zur Interpretation und empirischen Widerlegbarkeit des Modells der Frame-Selektion – Eine Erwiderung auf Christian Etzrodt. *Zeitschrift für Soziologie* 37: 266-270.
Kroneberg, Clemens. 2010. *Die Erklärung sozialen Handelns. Grundlagen und Anwendung einer integrativen Theorie.* Wiesbaden: VS Verlag für Sozialwissenschaften.
Kroneberg, Clemens, Meir Yaish und Volker Stocké. 2010. Norms and rationality in electoral participation and in the rescue of Jews in WWII: an application of the model of frame selection. *Rationality and Society* 22: 3-36.
Opp, Karl-Dieter. 1999. Contending conceptions of the theory of rational action. *Journal of Theoretical Politics* 11: 171-202.
Popper, Karl R. 1972. Die Zielsetzung der Erfahrungswissenschaft. In *Theorie und Realität. Ausgewählte Aufsätze zur Wissenschaftslehre der Sozialwissenschaften,* Hrsg. Hans Albert, 29-41. Tübingen: Mohr Siebeck.
Reckwitz, Andreas. 2010. Auf dem Weg zu einer kultursoziologischen Analytik zwischen Praxeologie und Poststrukturalismus. In *Kultursoziologie: Paradigmen-Methoden-Fragestellungen,* Hrsg. Monika Wohlrab-Sahr, 179-205. Wiesbaden: VS Verlag für Sozialwissenschaften.

Roth, Gerhard. 1994. *Das Gehirn und seine Wirklichkeit. Kognitive Neurobiologie und ihre philosophischen Konsequenzen.* Frankfurt a. M.: Suhrkamp.

Simon, Herbert A. 1993. *Homo rationalis. Die Vernunft im menschlichen Leben.* Frankfurt a. M., New York: Campus.

Winter, Sidney G. 1964. Economic „natural selection" and the theory of the firm. *Yale Economic Essays* 4: 225-272.

2. Praxistheorie – die rationalere Wahl?

POSITION

ORDINARY VS. INSTRUMENTAL RATIONALITY

Raymond Boudon

Abstract: The current instrumental conception of rationality even in the revised versions proposed by important theorists as Herbert Simon or Gary Becker leads to the view that people choose rationally the *means* they use to reach their goals, while their *goals, values* or *beliefs* would be imposed to them by social, cultural, biological or psychological forces they have little control of and even are unaware of. Should we consider the objectives, preferences, values, normative and positive beliefs of actors as facts to be observed and left unexplained or explained by conjectural forces? A way to get rid of the difficulties aroused by the various instrumental versions of the theory of rationality is to substitute for it the Theory of Ordinary Rationality (TOR). The paper proposes a formal definition of this notion, shows that it can be applied to representations and values, presents a sample of applications and sketches a survey of its logical advantages over the theories of rationality currently in use, as notably the so-called *Rational Choice Theory* (RCT).

I. Introduction: Bentham's heritage

Following Bentham's lead, his numerous disciples have implanted the idea that the social sciences should treat human behaviour as governed by instrumental rationality. They consider human beings as mainly concerned with satisfying their preferences by adequate means. This theory was perfectly acceptable in its Benthamian version, for Bentham considered that any action produces a given amount of pleasure and pain and that the choice between alternative lines of action consists in determining which of these lines produces the most favourable balance between *pleasure and pain*. Then, interests replaced the categories of pleasure and pain. Later, *preferences* replaced the interests. This move extended the domain of application of the Benthamian approach, but created a serious problem: by difference with pleasures and pains or even interests, which could be considered as mere *facts*, preferences call for an explanation. The *Rational Choice Theory* (RCT), the modern neo-Benthamian version of the Benthamian theory that substituted preferences for pleasures and pains, was widely used then, though its weaknesses were soon clearly perceived. Herbert Simon introduced a half-revolution in the neo-Benthamian approach to rationality when he observed that, in order to determine the means most likely to meet a preference, the social actor has to gather information and that information gathering is costly. As Simon's theory of *bounded ratio-*

nality retains the neo-Benthamian frame, it provides no ways to explain the preferences of social agents, their objectives, values, normative and positive beliefs, except, say, when some objective is treated by a subject as a means toward a further objective. Gary Becker (1996) introduced another half-revolution in the neo-Benthamian approach when he made the point that a goal followed by a subject at time t can increase the probability that he wants to follow the same goal at time $t + 1$, as in the case of addiction or of playing a music instrument.

We do not actually need to endorse the view of rationality that leads to consider objectives, preferences, values and normative and positive beliefs as facts to be observed and left unexplained. This solidly established view is at the origin of another common view: that individual beliefs, values, preferences, objectives are the effect of cultural, social, psychological or biological forces rather than of reasons. On the whole, the social sciences are dominated by the view that individuals choose rationally the means they use to reach their goals, while forces they have little control of and even would be unaware of would impose their goals, values or beliefs to them. Because of this duality, the current theory of social action gives an impression of confusion. Moreover, the cultural, social, psychological or biological forces postulated by this fundamentally *eclectic* view have the unpleasant property of providing in many cases *ad hoc* and tautological pseudo explanations. On the whole, the instrumental version of the theory of rationality currently in use in the social sciences may to a large extent be responsible for the feeling that they are frequently not treated as genuine sciences by outside observers. This instrumental version of the theory of rationality gives perhaps a reliable backbone to economics, not to the social sciences.

Significant classical writers as Adam Smith, Tocqueville, Max Weber or Durkheim and many modern writers endorse implicitly a more satisfactory theory of social action because they have a much broader view of rationality than the followers of the Benthamian tradition. They do not see rationality as merely instrumental. I will qualify this broadened notion of rationality as *ordinary rationality* and will in the following: 1) define this notion; 2) illustrate the usefulness of the *Theory of Ordinary Rationality* (TOR) by various examples; 3) list the main benefits to be expected from this theory from a scientific point of view.

II. The Theory of Ordinary Rationality[1]

Let us assume X represents some objective, some opinion or some normative or positive belief. The TOR assumes that a *rational* subject will likely endorse X if he has more or less consciously the impression: 1) that X is grounded on a system of reasons including statements that appear to him as being all individually acceptable and 2) that no alternative system of reasons is available to him, which would be preferable and which would lead to an alternative objective, opinion, normative or positive belief.

---

[1] In other texts, I have used the expression *General Rational Theory* rather than *Theory of Ordinary Rationality*. The former expression insists on a logical feature of the theory, the latter on the continuity between ordinary and methodical thinking.

Scientific beliefs are the most evident applications of this theory. We accept the view that the height reached by quicksilver in a barometer is the effect of the weight of the atmosphere because if we carry the barometer on the top of a tower or a mountain the quicksilver goes down. The alternative Aristotelian explanation that the quicksilver would raise because nature would abhor emptiness is *weaker* because it introduces an anthropomorphic notion and is unable to explain the variation of the behaviour of the barometer with altitude. The TOR explains why some scientific beliefs eliminate others: why, in this example, the Torricelli's theory was irreversibly preferred after a while to the older Aristotelian explanation.

This example suggests three points: 1) the endorsement of Torricelli's theory is explained here as rational, as being caused by reasons; 2) the explanation is self-sufficient *because* it is rational: so, the example illustrates Hollis' (1977) formula that rational action has the unique feature that "it is its own explanation"; 3) the rationality at work here is *not instrumental*.

The TOR postulates that the basic process illustrated by this example is more or less at work *whatever the nature of X*. In the example of the barometer, X is a scientific belief. The TOR postulates that the process is also at work if X is an individual normative or positive belief or an individual objective. And, as the TOR postulates that in some cases X is endorsed because it rests upon objectively valid reasons, it explains also the *collective consensus on X* when such a consensus is observed. I define the notion of *objectively* valid reasons in agreement with the definition of TOR as the set S of mutually compatible reasons characterised by the fact that no set S' is available to no individual that he would prefer to S and that would lead him to the conclusion X' rather than X.

Nothing says of course that it is possible to associate a set S of statements satisfying the conditions of ordinary rationality to *any* X. Doubt is a normal state, regarding as well scientific beliefs as ordinary normative or positive beliefs and objectives. In many cases, it is impossible to decide actually whether S is better or worse than S'. But a subject will normally try to get out from this situation, using the ordinary rationality approach.

1. Deviations from the idealtypical case

I do not contend that the *homo sociologicus* should be assimilated to a *homo scientificus*. Ordinary thinking applies generally the model illustrated above in an approximate fashion. As Pareto has contended, any belief is associated with reasons, but these reasons can be invalid, as in the case where a subject approves some X on the basis of a syllogism making X congruent with *natural* requirements, but where the major and minor statements of the syllogism use the notion of *nature* with different meanings, as, according to Pareto, in the case of the belief that private property is not *natural*.

But I disagree with him when he draws from such cases the conclusion that invalid reasons cannot be the causes of a belief. According to Pareto, in this case the reasons would always cover up the conclusion with a *logical varnish*. This is true in particular cases only. The fox that cannot reach the grapes because they are too high and declares that they are sour does not cover up his disappointment with a *logical varnish* or in psychoanalytic parlance does not *rationalise* it. La Fontaine does not write "they are too sour, *the fox says to himself*", but "they are too sour, *he says*" ("Ils sont trop verts, *dit-il*"). The fox is simply insincere. In the example of the syllogism using the notion of *nature* with two meanings, the subject is convinced that some practices, rules, etc. are *natural* while others are not. He oversees the fact that *nature* has many meanings. As to the conclusion of the syllogism that property is bad, nothing prevents to accept the conjecture that the reasons formulated in the premises are the causes of the subject's belief.

Pareto's theory introduces the strong conjectures that the passion of the subject against private property would be unconscious and that this passion would be the unconscious cause of his belief that private property is bad. This causal mechanism would be as unconscious as the physiological mechanisms at work in the subject's body. It seems easier to accept the alternative conjecture that the system of reasons mobilized by a subject is the cause of his belief though it can be invalid in many ways. Thus, I can endorse statements as X *is good* or X *is true* on the basis of some reasons, while I ignore other reasons leading to the opposite conclusion. I may ignore these other reasons because I am too lazy to criticise my belief or have no confidence in the exponents of these alternative reasons. This situation can be observed not only in the context of ordinary, but also of scientific deliberation or discussion. Many studies on scientific controversies illustrate this figure.

Exactly as instrumental rationality can ideally be perfect but is in reality in many cases *bounded*, cognitive rationality can also be bounded: for reasons of access to the relevant information, but also under the effect of cognitive strategies or of the interference of some conflicting goals.

2. Factual statements and principles

The elements of a set S of statements grounding some objective, value or belief belong normally to several categories. Some are *factual* statements, while others are *principles*. Now, factual statements can be confronted with the real world, while principles are by nature conjectural. They tend to be confirmed if they are successfully introduced in a number of sets S. They tend to be replaced by more solid conjectures if they give birth to sets S that are currently dominated by sets S' using alternative principles.

The history of science gives again a straightforward illustration of this idea. Weber has rightly stated that "Keine Wissenschaft ist absolut voraussetzungslos" (1995: 41). Some principles are very general, as when a researcher considers a question as interesting, chooses to explain natural events by mechanical rather than spiritual forces or evolutionary phenomena by the neo-Darwinian mutation/selection scheme. Principles are selected when they are more clearly able than alternative principles to be included in sets of reasons satisfying the TOR requirements. As the universe of the theories inspired by a principle is indefinite and open, a principle can never be *proved* though.

3. Four ideal cases

Rationality can be context-dependent or context-free. A scientific belief aims to be context-free. Reasons that individuals belonging to a context, but not individuals belonging to other contexts consider as solid can also be the causes of beliefs.[2] Rain dances are considered as effective in some societies, not in modern Western societies.

On the whole, the system of reasons grounding a belief in the mind of a social actor can be *strong* or *weak* and *context-dependent* or *not*. It can be context-free and strong as in the case of scientific beliefs. It can be context-free and weak as in the above mentioned example from Pareto where a belief is grounded on reasons using a notion with various meanings. It can be context-dependent and strong as in the case of the beliefs in miracles or in the effectiveness of rain dances (Durkheim). It can be context-dependent and weak as when civil servants conclude from weak reasons that only state ruled agencies could serve the interests of the public (Tocqueville, Weber).

Systems of reasons	Strong	Weak
Context-free	Scientific beliefs (Torricelli)	Private property is *natural* (Pareto)
Context-dependent	Rain dances, miracles (Durkheim)	Beliefs of civil servants (Tocqueville, Weber)

4. The main thesis of the TOR

The main thesis of TOR is again that it can be applied whether X is an objective, a normative or positive belief, a value, a means or an objective. By contrast, the conventional theory of rationality is limited to explaining the choice of means.

In the following, I will try to suggest by examples taken from various fields that the TOR is a better candidate to the status of backbone or grammar of the social sciences. I will consider successively examples where the X's to be explained are *representational beliefs, normative beliefs, the development of consensus on an issue, long term* and *middle term evolutionary phenomena*, and will try to suggest by these examples that the TOR is a useful theoretical framework within which all kinds of phenomena of interest to the social sciences can be explained.

III. Representations as products of ordinary rationality

I will consider, to begin with, the case where X is a representational belief and generally a belief that can be expressed by a statement of the type *X is true*.

---

2 For the sake of clarity, I prefer now to restrict the expression *subjective rationality*, which I used in earlier writings to characterise context-bound reasons, to the case where the reasons grounding a belief are related to personal idiosyncrasies.

I do not come back to the idea that ordinary rationality is the basic mechanism behind scientific beliefs and scientific progress, i.e. the overtime change in scientific beliefs.

Some examples will suggest that the postulate of the continuity between scientific and ordinary knowledge can in many circumstances be considered as valid in the sense that, exactly as scientific knowledge, everyday knowledge appears as inspired by ordinary rationality. I will evoke here examples dealing with representational beliefs spontaneously regarded as *irrational*: religious and magical beliefs. Incidentally, as stated in Boudon (2009), it would be preferable to qualify these beliefs as *a-rational*.

1. Beliefs in miracles

Why, asks Durkheim, do people believe so easily in the existence of miracles from early times to the 18th century? Why was the idea eradicated? Durkheim's answer: as long as the idea that natural phenomena are governed by laws was not established, the contrast between unexplained phenomena and phenomena explained by natural laws could not be conceived: it had no meaning. Now, the idea of *natural law* has the status of a principle. It became slowly and more and more solidly established from the moment when physics, chemistry, and then the life sciences made an intensive use of it. The principle appeared as more and more powerful and eradicated the notion of miracle. Not completely though, as Fatima, Lourdes or the theory of the intelligent design show, because a principle cannot be proved.

2. Peasants against monotheism

Why, asked Weber, were the Roman civil servants and army officers attracted by the monotheistic cults imported from the Middle East, as Mithraism, while the Roman peasants felt deeply hostile to these cults and remained attracted by the traditional polytheistic Roman religion? Their hostility to Christianity was so persistent that in Latin the word *paganus* (peasant) turned out to be used by Christians to describe those who were hostile to Christianity (heathen).

Weber explains that peasants had trouble accepting monotheism because natural phenomena that are an essential dimension of their everyday life did not seem to them compatible with the idea that the order of things could be due to a single will: a notion which implied to their eyes a minimal degree of coherence and predictability. The natural phenomena, as e. g. the meteorological phenomena, appeared to them as too whimsical to be the effect of a single will. This analysis explains also that an impressive body of saints appeared in the early centuries of our age in the Christian world. Thanks to the saints, Christianity was again made polytheistic, since God delegated his power to them.

The Roman civil servants and army officers were in an entirely different cognitive context. They had the impression that Mithraism and then Christianity were consonant with the organization of the Roman Empire: a single will at the top supposed to enforce universal norms and values, a body of servants recruited with the help of formal procedures, while the host of believers were supposed to behave according to prescribed rules.

3. Practicing a magical ritual as a product of ordinary rationality

There are three basic explanations of the so-called magical rituals, as the rain dances. One states that people do not really believe that magical rituals can effectively produce the outcomes they are apparently devised for. By practising their rituals people would express their desire that rain falls on their crops (Wittgenstein *et varii auctores*). Another theory states that people who believe in magical rituals do so because their brain and the brain of modern Western people would follow different rules of inference (Lévy-Bruhl and other writers[3]). Following Comte's lead, Lévy-Bruhl has explained that magical beliefs would derive from the fact that in the early age of mankind men would have been less sensitive to logical contradictions or would not have made a clear distinction between relations of similarity and of causality. They would have believed for this reason that hurting the puppet representing one's enemy would hurt him. A third theory states that magical rituals are the outcome of context-dependent ordinary rationality (Durkheim, Weber, Horton and others). Wittgenstein's theory is incompatible with many facts.[4] Lévy-Bruhl's theory uses very conjectural assumptions. Durkheim's (1979) theory uses by contrast exclusively simple easily acceptable assumptions and is moreover compatible with the available data.

According to his theory, rain rituals are instrumental, in the sense that they are supposed to generate rain fall, without which plants cannot grow. This *instrumental* side of rain dances raises no particular question though. The puzzling question is rather as to why the members of archaic societies believe that rain rituals have the capacity of producing rain, while objectively they have not.

When the *primitive*, in 19th century parlance, grow some plant, they use much empirical know-how transmitted from one generation to the next. But they also need to know why plants grow, wither and die. This cannot be determined empirically. So they need to forge some biological theory. As they have no access to science in the modern sense, they draw this biological theory from the religious interpretation of the world treated as legitimate in their society. As to the magical recipes, they are technical procedures derived from this religious theory of the world. But magical recipes are unreliable. Does not this show, as Lévy-Bruhl postulates, that Durkheim's Australians follow rules of inference different from ours?

---

3 Lévy-Bruhl (1960) supposes that rationality is culture dependent. Beattie (1964), Needham (1972) or Sahlins (1995) endorsed the same view with variations. They assume that the rules of inference Westerners consider universal would be in fact characteristic of their culture.

4 Wittgenstein's theory is incompatible with many observations, as Horton's (1993) has shown: Africans believe in magical practices even after they have been converted to Christianity. When asked why, they answer that Christianity has the shortcoming of proposing no magical remedies against the evils of everyday life, while such remedies are offered by the animistic religion they come from. Moreover, the believers in magical rituals reject without hesitation the idea that magical rituals would have a mere *expressive* function.

Durkheim's Australians not only dislike contradiction, they treat it as modern scientists do: by inventing auxiliary assumptions. We know from the Duhem-Quine thesis that, when a theory fails to explain some data, the normal reaction of any scientist is to invent auxiliary assumptions rather than to reject the theory. As he does not know *a priori* which element in the theory is wrong, it is reasonable for him to assume that an auxiliary assumption will likely reconcile the theory with the data. This is what scientists do, as the history of science shows. This is also what the magician does. In the case where his magical rituals fail, he will assume, say, that they have not been executed exactly as they should have been.

Another objection raised by Durkheim himself is that, being ungrounded, magical recipes fail in around 50 percent of the cases. Durkheim's answer is that, as the rain rituals are practised in the period of the year where rain is more likely to fall, a correlation between the two variables *days with/without rituals* and *days with/without rain* will be normally observed. The correlation will of course be spurious. But modern Westerners ground also often their beliefs on spurious correlations.

On the whole, Durkheim's theory is much more acceptable than the alternative theories of magical rituals available on the market. Moreover, it explains convincingly a number of puzzling data: why magical practices were much more frequent in Europe in the 16th or 17th centuries than in the 14th century, and more frequent in the modern parts of Europe. It explains on the whole many comparative data, some of them have been discovered a long time after Durkheim (Boudon 2007).

Durkheim's central thesis is that his Australians are rational in the same way as scientists are: they use the same rules of inference as modern scientists, but they do not have at their disposal the same body of knowledge: Western modern biology was unknown to them.

IV. The gap between ordinary and scientific thinking

Why don't many thinkers accept the idea that ordinary rationality is at work in the case of representational beliefs which appear, not *in a scientific context*, but in everyday life?

For two reasons, I submit. *Firstly*, because representational beliefs on any given subject are variable from one context to another, while representational scientific beliefs aim at being context-free; *secondly*, because positivism has implanted the idea of an unbridgeable discontinuity between scientific and ordinary beliefs.

The influence of positivism in this respect was reinforced by Marxism, Freudianism and structuralism. All these movements describe the human being as seeing the world through a veil of illusions. In our time, the idea of a basic discontinuity between ordinary and scientific knowledge has been reinforced by the findings produced by cognitive psychology. Many experiments show that respondents give false answers to statistical or mathematical questions: they see correlations where there is none, underestimate or overestimate probabilities, etc. But no general conclusion can be drawn from these experiments. I have shown elsewhere that the invalid answers given by respondents to the questions proposed to them by cognitive psychologists can be satisfactorily explained by the TOR (Boudon 2007).

Most classical thinkers from Aristotle to Descartes, Leibniz, Kant, Adam Smith or Tocqueville accepted the idea that ordinary as well as scientific knowledge is driven by good sense. Later, Albert Einstein (1954) has stated against the discontinuous view that "science is nothing more than a refinement of our everyday thinking". In our days, Susan Haack (2003) has convincingly shown that most scientists of the *hard* sciences share the same view.

1. Values as products of ordinary rationality

Before going back to my second main thesis that, not only representational beliefs, but also axiological feelings and beliefs can be explained by ordinary rationality, I will explore sketchily the reasons why this thesis is considered as controversial in wide circles.

The idea that normative and generally axiological beliefs would be rational meets a great deal of resistance as a consequence of a wrong interpretation of Hume's uncontroversial statement that no prescriptive conclusion can be drawn from a set of descriptive statements. Gilbert Moore's (1954) states in the same way, through his notion of the *naturalistic fallacy*, that normative beliefs cannot be grounded on facts and hence cannot rest on objective reasons. But a prescriptive or normative conclusion can be derived from a set of statements which are *all* descriptive, *except at least one*, so that the right formulation of Hume's theorem is that no conclusion of the prescriptive type can be drawn from a set of statements *all* of the descriptive type. The unbridgeable gap between prescriptive and descriptive beliefs is actually a myth.

Another objection states that, as normative *principles* are needed in the premises in order to derive a normative or generally an axiological conclusion, this would confirm Moore's thesis of a gap between facts and values. But scientific explanations also rest on principles.

2. Axiological rationality

My second main point is again that axiological feelings can be explained by ordinary rationality. Durkheim said that values give a feeling of *constraint*.[5] The TOR contends that his feeling derives from the same process as the process that produces a feeling of constraint in the case of a convincing representational theory.

According to the TOR, *axiological rationality* is in other words a special form of ordinary rationality. It can be formally defined: given a system of arguments Q containing at least one axiological statement and concluding that the axiological statement N is valid, all the components of Q being acceptable and mutually compatible, it is axio-

---

5 Durkheim does not actually use the word *value*. The contemporary meaning of this word became familiar in France after Durkheim's death under Nietzsche's influence. Durkheim's notion of the *sacred* is best translated though by the modern notion of *value*. Hayek (1973-1979) makes the same point as Durkheim on the *constraining* character of values. Some actions, he says, are determined by our will, others by our reason. We are free not to follow the former, while the latter command us. Exactly as we are not able to believe that 2 + 2 is 5, we are unable to discard some of our axiological beliefs.

logically rational to accept N if no alternative system of arguments Q' preferable to Q and leading to prefer N' to N is available to the mind of a social actor.

This definition of axiological rationality formalizes in my view the intuition contained in Weber's notion of *Wertrationalität* (Boudon 2007). This intuition was apparently already present in earlier works, as Adam Smith's: an indirect proof of its relevance. While it is recognized that Smith's *Theory of Moral Sentiments* does not rest on the instrumental version of rationality, it is sometimes believed that his better known work on *the Wealth of Nations* does. The following example shows, however, that even in this book, Smith explains the feelings of fairness or unfairness aroused by the fact that the salaries of some occupations are higher or lower than the salaries of some other occupations with the help of what I call the TOR. Smith's notion of the *impartial spectator* metaphorises the processes underlying axiological rationality.[6] The notion is explicitly used in the book on moral sentiments, implicitly in the book on the wealth of nations.

Why, asks Adam Smith (1976: book 1, chapter 10), do we consider as normal that the public executioner is paid a high salary? His qualification is low. His job supposes a low level of formation and competence. He is thanks God highly underemployed. But, as the job is the most "disgusting" of all, this should be compensated by a reasonably high salary. Some other differences in salaries rest upon more complex systems of reasons. Thus Smith's contemporaries generally considered that coal miners should be paid more than soldiers. The two jobs require a low level of qualification. It takes a short time to train a miner and a soldier. Both are exposed to the risk of death. But the death of a miner is spontaneously interpreted as an *accident*, while the death of a soldier is regarded as a *sacrifice* for the sake of the homeland. Consequently, the soldier is entitled to symbolic rewards while the miner is not. As the two jobs were comparable from the viewpoint of qualification and exposure to risk, the principle *equal contribution, equal reward* required that the miner receives a higher salary than the soldier, in compensation of the fact that the latter but not the former is entitled to glory and other symbolic goods.

In his pages on salaries, Smith starts in other words from the ideas: 1) that the salaries rewarding the various types of activities are normally considered by people as fair or unfair, 2) that these feelings of fairness are dictated by a more or less implicit system of reasons shared to a greater or lesser degree by all, 3) that these reasons deal with a number of dimensions of a given job, 4) that, given the characterization of a job on these dimensions, the public concludes that such and such job should be more or less highly paid. The relative consensus emerging on the question as to whether some job should be more or less highly paid than some other derives in other words from the set of reasons developed by impartial spectators: by individuals trying to figure out systems of reasons likely to be accepted by all.

In this example, people have reasons to believe what they believe, but these reasons are not of the consequential type. If miners were paid less than soldiers, this would perhaps generate consequences (as a strike of miners, say), but these eventual consequences are not the causes of the fact that most people consider that miners should be paid more. People do not believe so because they fear these eventual consequences.

---

6 As Rawls' notion of the *veil of ignorance*.

A contemporary theorist of ethics proposes analyses of some of our moral sentiments reminding Smith's. We consider conscription a legitimate recruitment method in the case of soldiers but not of miners, states Walzer (1983), because the function of the former but not of the latter is vital: preserving the integrity of the nation. If conscription could be applied to miners, it could be applied to any and eventually to all kinds of activities, so that it would lead to a regime incompatible with the principles of democracy. In the same fashion, would I add, we easily accept that soldiers are used as garbage collectors to meet situations of public health emergency. But we would consider illegitimate to use them to such tasks in normal situations. In all these examples, the collective moral feelings are grounded on non-instrumental reasons likely to be shared by many people.

3. The ultimatum game

Axiological beliefs, as representational beliefs, can be context-free or context-dependent. A notion such as *fairness* can e.g. be affected by contextual parameters. Thus, in the ultimatum game, the 50/50 proposal is more frequent in societies where cooperation with one's neighbors is essential to the current economic activity than in societies where competition between neighbors prevails (Henrich et al. 2001). Such findings are not incompatible though with a rational interpretation of moral beliefs. They show simply that a system of reasons is more easily evoked in some contexts than in others. In summary, while contextual variation in moral beliefs is generally interpreted as validating a cultural-irrational view of axiological feelings, the contextual-rational paradigm illustrated by the previous examples appears as more satisfactory: as offering self-sufficient explanations, i.e. explanations without black boxes.

4. Feelings of fairness

Many other examples can be evoked to indicate that ordinary rationality ground the feelings of fairness. Thus, empirical research confirms (Mitchell et al. 1993; Fröhlich and Oppenheimer 1992) that, when a sample of respondents are asked whether some income distributions are fair or not, they develop systems of reasons taking into account the particular context created by the way the question is formulated. If they are told that a given income distribution corresponds to a society where inequalities are weakly meritocratic, they give a Ralwsian answer: they wish the standard deviation to be lowered. If they are told that inequalities are to a large extent functional, in the sense that they reflect differences between people in terms of responsibility or competence, they appear as not Rawlsian: they want the mean of the distribution to be increased but disregard the standard deviation.

On the whole, the literature on the relationship between inequalities and fairness shows that the feelings of the public are easily explained by the TOR. The public considers only some well-specified forms of inequalities as unfair (Forsé and Parodi 2007). Functional inequalities are not perceived by the *impartial spectator* as unfair. He easily recognises that rewards should be indexed on aptitude, responsibility, competence and/

or contributions displayed by social actors. The income of show business stars is perceived as abnormally high, rather than unfair, because it results from free individual choices from the part of their fans. In principle, when the contributions of two individuals are of an identical value, they should be equally rewarded. But few people consider as unfair that two persons having the same job and executing the same tasks are unequally rewarded if they belong to firms with unequal potentialities. Thus, if a plumber A is as competent as a plumber B but is employed by a firm confronted with serious economic difficulties, people would accept that his salary is lower. Inequalities characterising incommensurable activities are not considered as unfair either. It is possible to argue with Adam Smith that miners should be paid more than soldiers, but not, say, that experts in climatology should be paid more or less than supermarket managers. Are not considered as unfair either the inequalities the origin of which is unknown or the inequalities that cannot be classified as functional or not. As to overall income distributions, they are the product of functional inequalities, of inequalities that are not functional but reflect, say, differences in socio-economic dynamics and of inequalities of which it is impossible to say whether they are functional or not. For this reason, the public does not seem according to surveys to consider the reduction of the overall income distribution as a major political objective except in the conjectures when the inequalities between the top and bottom social layers are so high that they cannot possibly be considered as functional. Generally, the public considers as deeply unfair inequalities that can clearly be interpreted as privileges, as when a business leader who has led his firm to a decline is dismissed with high indemnities or when a political leader uses his position to generate illegitimate advantages to his own benefit.

On the whole, once the observations made by the social sciences on the issue of the legitimacy of inequalities are synthesised, they show that the public sees them as fair or unfair on the basis of impersonal reasons.

5. Consensus as a product of ordinary rationality

The previous examples show that individual axiological beliefs can be explained by the fact that conviction on many questions is produced by a system of reasons to which the subject sees no better alternative. This process is at the origin of consensus in science as well as in the social and political life. It explains why we have the impression that the reasons grounding our positive or normative beliefs have to be shared by others. Otherwise, we would not perceive them as valid reasons. The Durkheimian idea of constraint says nothing else: we are constrained by a convincing system of moral as well as of factual reasons. Ordinary rationality can consequently also explain why certain institutions or states of affairs give birth to social consensus, often after long discussions and eventually violent struggles.

6. Income tax

For a long period of time, democratic societies have debated on the question as to whether an income tax should be introduced. Once the idea was accepted after many discussions and conflicts, the income tax was defined as proportional. Then a consensus appeared on the idea 1) that the notion of an income tax is a good one, 2) that income tax should be rather progressive, 3) that it should be moderately progressive[7] These three principles are now widely accepted, because the impartial spectator has recognised that they can easily be legitimated by strong reasons.

As already stated by Tocqueville (1991), modern societies are roughly composed of three social classes: 1) the rich, who have at their disposal a significant surplus which can be converted into political or social power; 2) the middle class, which enjoys a more or less important surplus but insufficient in size to convert it into political or social power; 3) the poor. Social cohesion and the principle of the dignity of all require that the poor benefit from a subsidy, from the middle class in the first place because of its numerical importance. However, the middle class would not accept to assume its share if the rich would not accept to bear the load of subsidies to the poor to a greater extent, in conformity with elementary principles of fairness. It can be concluded from these reasons that the income tax should be progressive. On the other hand, it must be moderately progressive, since another main principle, the principle of efficiency, would be violated if the tax were too brutally progressive, for the rich would be incited to transfer their resources abroad, generating a loss for the national community.

On the whole, one can legitimately conclude that the consensus on income tax results from a set of convincing reasons, accepted because of their validity. Once he is sufficiently informed, any citizen belonging to any of the social classes, should accept the idea that a moderately progressive income tax is a good thing. Some citizens are hostile to the idea, because their interests, prejudices or passions influence them. Some economists recommend substituting a proportional flat tax to a progressive income tax. They are isolated though, because they oversee the fact that the question has two dimensions, an instrumental and an axiological one, and neglect the latter.

7. Long term evolution as a product of ordinary rationality

Ordinary rationality can also explain long term evolutionary phenomena. Durkheim (1960) has observed that Western societies are characterised by a secular trend toward more lenient penal sentences. An increasing number of acts having negative effects on other persons are dealt with by civil rather than penal courts. An increasing number of acts are prosecuted before lower-level courts.

These long-term evolutionary phenomena derive mainly from a basic process: when a new type of sentence appears as equally dissuasive as a former one and as better from some viewpoint, the new type of sentence tends to be selected by the impartial spectator. Thus, a basic two-stage mechanism is at work in this evolutionary process: 1) production of innovations and 2) rational selection of the innovations. The increasing density and division of labour *facilitated* or even made possible according to Durkheim the operation of this two-stage mechanism.

The mechanism can easily be observed in our modern world. Death penalty tends to disappear from modern democratic societies notably because its dissuasive power is

---

[7] I lean here on Ringen (2007a, b).

dubious. Moreover, it makes judiciary errors irreparable. And it is cruel. These reasons lead the *impartial spectator* to prefer other types of penalties, as life sentencing. They tend to be rationally selected under his control.

Some groups – notably in the US – justify the death penalty by religious reasons. But the principle of the freedom of opinion implies that no sanction can be considered as acceptable because it is grounded merely on religious principles. This conclusion derives itself from the fact that a religion cannot be demonstrated true, as shows the fact that religions themselves state that believing in their dogmas is a matter of *faith*. Consequently, their principles cannot be imposed without contradicting the principle of the freedom of opinion. The conjectural prediction that can be drawn from these *reasons* is that the death penalty will probably be abolished in the United States in a more or less remote future.

Unfavourable conjunctures can incite the public to demand that the death penalty be reintroduced, as some surveys have shown, notably when particularly barbarous crimes have been committed. This was the case in Belgium some years ago when a criminal, Dutroux, was tried because he had locked up, raped and killed two young girls. Surveys then showed that a majority of Belgians were in favour of reintroducing the death penalty. But political representatives refrained from answering this demand. Probably because they were more or less clearly aware that the solid reasons against death penalty would reappear on the political stage once public emotion dimmed, and would have then disowned them.

8. Personal objectives as products of ordinary rationality

Personal objectives too can be explained within the frame of ordinary rationality. Thus, I introduced in my *Equality, education and opportunity* (Boudon 2006), the idea that students tend to fix the social level or type of occupation they want to reach by taking as a reference point the type of status reached by people they are in relation with. They try then to guess the probability they have to reach the educational level giving them serious chances to get this type of status. Once this system of reasons is modelled, it reproduces in a satisfactory fashion a number of statistical aggregate data. Moreover, it shows that certain educational policies are more effective than others in order to reduce the level of the inequality of educational opportunity.[8] Several studies have been inspired by this TOR approach of personal objectives.[9]

Some final remarks on the scientific benefits to be expected from moving from the current instrumental view on rationality to the TOR can be introduced at this point.

---

[8] Boudon's (2006) conclusions are confirmed in the case of modern Germany by Müller-Benedict (2007) on the basis of data from the Pisa study.

[9] Among the most recent and remarkable, see Manzo (2009).

9. Avoiding solipsism

The TOR solves the objections raised against methodological individualism. It assumes that individuals are not in a *solipsistic* position. Their representations and evaluations rest upon reasons that they perceive as valid and hence likely to be shared by the *generalized other*, to use G. H. Mead's illuminating notion. According to the TOR, social action can be motivated by egoistic goals but also by shared reasons.[10] The TOR evacuates the idea that altruism would *always* be merely apparent and hide egoistic motivations.

The TOR has also the advantage of preserving the property of rational action that *it is its own explanation*, to use Hollis' formulation. The RCT by contrast looses this benefit as soon as it introduces the notion of *frames* to explain the ingredients of behaviour that, as beliefs, the RCT is unable to explain. But *frames* have the logical status of black boxes.

10. Avoiding proceduralism

The TOR avoids also the weaknesses of procedural theories, as Habermas', which assume that people's representations and evaluations would be shared *if and only if* they can be considered as generated by acceptable procedures. Scientific representations are at least in principle generated by acceptable procedures. But, as Pareto has sarcastically noted, the history of science is a churchyard of false ideas. Hence procedures cannot guarantee by themselves the validity of representations. Pareto's statement is true not only of scientific beliefs and more generally of representational beliefs, but *a fortiori* of evaluations. Habermas sees only the first stage of the two-step process identified by Durkheim (1979: 624): "in a first stage we believe in a notion because it is collective, then it becomes collective because it is true. We examine its credentials before we endorse it" ("Le concept qui, primitivement, est tenu pour vrai parce qu'il est collectif tend à ne devenir collectif qu'à condition d'être tenu pour vrai: nous lui demandons ses titres avant de lui accorder notre créance"). Habermas by contrast fails to see that consensus cannot be the ultimate cause of endorsement. He sees rationality as procedural, while Durkheim sees it aptly as substantial.

11. The TOR makes empty dispositional variables useless

Theories that, as the RCT, rest upon an instrumental conception of rationality cannot avoid introducing dispositional variables as *frame, framework, habitus,* etc. in order to explain the objectives or values of social actors in the current case where these parameters of social action cannot be explained with the mere help of instrumental rationality. Now, dispositional variables are often tautological and *ad hoc*. Moreover, psychological

---

10 Durkheim (1960) writes that "individualism" (the need for autonomy) and "freethinking" (the ability of judging freely) "begins nowhere", in other words that they are basic features of all men in all times.

indeterminism between a psychic experience at time t and its effect at time $t + 1$ is the rule. A liberal education can generate a liberal but also an authoritarian *habitus*. A hard childhood can generate generous as well as egoistic, compassionate as well as cruel adults.[11] Because of their logical and empirical weaknesses, dispositional variables are the Achilles' heel of the social sciences. Popper (1976) has shown that this type of concepts hindered severely the solidity of the social sciences.

The TOR obviously does not propose to consider the social actor as a *tabula rasa*. In his analysis of magical beliefs, Weber starts from the uncontroversial fact that the *primitive* do not know the law of the transformation of energy, whence he deduces that, by contrast with Westerners, they have no *reasons* to make a difference between rain- and fire makers. Modern Westerners and *primitive* have different cognitive *dispositions*. They use different *frames*, *frameworks* or *cognitive schemes*. But the *frames* are in this case not occult, but *observable*.

The Pharisians believed in the immortality of the soul, while the Sadduceans did not, because, explains Weber (1920-1921), the former are in majority shopkeepers, while the latter belong to the political elites. The former use in their everyday life the notions of exchange and of the equity of exchanges. For this reason, they find palatable to learn that the soul is immortal, so that the unrecognised merits and the unpunished sins during the lifetime will have a chance to be corrected after the death. The Sadduceans have not the same reasons to be attracted by this idea. Weber injects here plausible contextual reasons into the mind of the two categories. His explanation has nothing to do with the pseudo-explanations offered by *occult* dispositional variables.

12. The TOR: a general theory

Another important advantage of the TOR is that it represents a genuinely general theory of rationality in the sense that alternative theories, as the RCT, can be regarded as special cases of the TOR generated by introducing additional restrictions. In many cases, the representational or axiological beliefs at work in social actions are trivial. Thus, a pedestrian looks on his right and his left because he *believes* that, if he would not, he would expose himself to a potential danger. But this belief is not worth being explained. In that case, we can suppose as in RCT that the pedestrian is exclusively worried with maximising the benefits and minimising the costs of his action. In this case, the restriction is *realistic*. In other cases, it is not. The rain rituals are motivated by the wish of the actor to see his crop grow. But the puzzling point is why he believes that practising rain rituals is likely to help the crops growing.

In summary: 1) the RCT is not general since it appears in many cases as unrealistic, 2) the RCT and its variants, as the theory of bounded rationality, are special cases of the TOR.[12]

---

11 For this reason psychoanalysis was unable to reach a scientific status. The same reason explains why the correlations between past experiences and behaviour are generally weak and contradictory from one study to the next.

12 I have also made elsewhere (Boudon 2009) a point that I can only mention here: that the difficulties met by game-theorists when they look for a *rational* solution to structures as the insurance game or the prisoner's dilemma can in most cases be levelled off if the broadened version

V. Four objections

First objection: Individual human behaviour is often irrational. But individual *social* behaviour, the only type of behaviour of interest to sociologists, is not. This type of behaviour is located under the control of the *Other*: it aims always more or less to be approved by the Other. The TOR is concerned in other words, not by concrete individuals and does not consider them as *by essence* rational. It is concerned by the *homo sociologicus*.

Second objection: Some writers claim that the *homo sociologicus* should be seen as emotional rather than rational. But social emotions are always spontaneously conceptualised and at least implicitly associated with reasons: I know that my reaction toward some event is a reaction of indignation and not, say, of fear and I know the reasons of my indignation.

The TOR can easily answer the *third* objection that, if people are rational in its sense, then all should after a while have the same representations and evaluations. Are not all scientists expected to agree with one another in the long run?

The difference between *ordinary* and *scientific* representations of the world is not that the former would be irrational, produced by irrational cultural, psychological or biological forces, while the latter would be rational. The difference is rather that ordinary rationality can operate in a context-free or in a context-bound situation. For this reason, democracy or the abolition of death penalty are likely to spread, but at different speeds given the context, the circumstances and other historical factors.

No systematic cultural uniformity should moreover be expected or feared from the processes governed by ordinary rationality for two simple reasons: *customs* express norms and *norms* express *values*. Now, ordinary rationality affects the norms and the values, but not necessarily the way they are expressed through customs, since the relation between a norm and its expression is symbolic, i. e. arbitrarily related to it. Second reason: a principle can tend to be more and more widely accepted, but take many forms, as the principle of the division of powers illustrates.

A *fourth* frequent objection is raised against the theories that describe human behaviour as rational: they are accused of *intellectualism*. But, as well seen by Weber (1920: 252 sq.), ideas rather than interests are the main causes of human actions: "Interessen (materielle und ideelle) nicht: Ideen beherrschen unmittelbar das Handeln des Menschen."[13] Do not the most violent conflicts deal effectively with values and ideas?

---

of rationality of the TOR is substituted for the narrow instrumental version of rationality used by game theory.

13 Weber's text goes on as follows: „Aber: die ‚Weltbilder‘, welche durch ‚Ideen‘ geschaffen wurden, haben sehr oft als Weichensteller die Bahnen bestimmt, in denen die Dynamik der Interessen das Handeln fortbewegte". Ideas are an independent, interests a dependent variable.

References

Beattie, James. 1964. *Other cultures*. London: Cohen & West.
Becker, Gary S. 1996. *Accounting for tastes*. Cambridge: Harvard U. Press.
Boudon, Raymond. 1975. *Equality, education and opportunity.* New York: Wiley.
Boudon, Raymond. 2006. *L'Inégalité des chances* (1973). Paris: Hachette, Pluriel.
Boudon, Raymond. 2007. *Essais sur la Théorie Générale de la Rationalité*. Paris: Presses Universitaires de France.
Boudon, Raymond. 2008. *Defence of common sense: towards a general theory of rationality.* Oxford: Bardwell.
Boudon, Raymond. 2009. *La rationalité*. Paris: Presses Universitaires de France.
Durkheim, Émile. 1960. *De la division du travail social* (1893). Paris: Presses Universitaires de France.
Durkheim, Émile. 1979. *Les Formes élémentaires de la vie religieuse* (1912). Paris: Presses Universitaires de France.
Einstein, Albert. 1954. Physics and Reality (1936). In: *Ideas and opinions of Albert Einstein*, ed. S. Bargmann, 290-323. New York: Crown Publishers.
Forsé, Michel, and Maxime Parodi. 2007. Perception des inégalités économiques et sentiments de justice sociale. *Revue de l'OFCE* 102: 484-539.
Fröhlich, Norman, and Joe A. Oppenheimer. 1992. *Choosing justice, an experimental approach to ethical theory.* Oxford: University of California Press.
Haack Susan. 2003. *Defending science within reason. Between scientism and cynicism*. Amherst. NY: Prometheus Books.
Hayek, Friedrich August. 1973-1979. *Law, legislation and liberty.* London: Routledge and Kegan Paul.
Henrich, Joseph, Rob Boyd, Sam Bowles, Colin Camerer and Ernst Fehr. 2001. In search of homo economicus: behavioral experiments in 15 small-scale societies. *American Economic Review* 91: 73-78.
Hollis, Martin. 1977. *Models of man: philosophical thoughts on social action*. Cambridge: Cambridge University Press.
Horton, Robin. 1993. *Patterns of thought in Africa and the West.* Cambridge: Cambridge University Press.
Lévy-Bruhl, Lucien. 1960. *La mentalité primitive (1922)*. Paris: Presses Universitaires de France.
Manzo, Gianluca. 2009. *Analyse comparée de la stratification éducative en France et en Italie*. Presses de la Sorbonne. Forthcoming.
Mitchell, Ash G., Philip. E. Tetlock, Barbara Ann Mellers and Lisa D. Ordonez. 1993. Judgements of social justice: compromise between equality and efficiency. *Journal of Personality and Social Psychology* 65: 629-639.
Moore, George E. 1954. *Principia ethica* (1903). Cambridge: Cambridge University Press.
Müller-Benedict, Volker. 2007. Wodurch kann die Soziale Ungleichheit des Schulerfolgs am stärksten verringert werden? *Kölner Zeitschrift für Soziologie und Sozialpsychologie* 59: 615-639.
Needham, Roger. 1972. *Belief, language and experience*. Oxford: Blackwell.
Popper, Karl. 1976. The myth of the framework. In *The abdication of philosophy: philosophy and the public good*, ed. E. Freeman, 34-48. La Salle, Ill.: Open Court.
Ringen, Stein. 2007a: *What democracy is for. On freedom and moral government.* Oxford: Oxford University Press, Princeton University Press.
Ringen, Stein. 2007b. *The Liberal vision.* Oxford: Bardwell.
Sahlins, Marshall. 1995. *How 'natives' think. About Captain Cook for instance*. Chicago: Chicago U. Press.
Smith, Adam. 1976. *An inquiry into the nature and causes of the wealth of nations*, 7th ed. (1793). London: Strahan & Cadell.
Walzer, Michael. 1983. *Spheres of justice. A defence of pluralism and equality.* Oxford: Martin Robertson.

Weber, Max. 1995. *Wissenschaft als Beruf* (1919). Stuttgart: Reclam.
Weber, Max. 1920. *Gesammelte Aufsätze zur Religionssoziologie*. Tübingen: Mohr Siebeck.

Korrespondezanschrift: Prof. Dr. Raymond Boudon, Université des Paris-Sorbonne, Groupe d`Etudes des Méthodes de l'Analyse Sociologique, 54, Bd. Raspail, 75006 Paris, France
E-Mail: rboudon@noos.fr

KRITIK

REASONS AND BELIEFS OR SCRIPTS AND SCHEMES?

Andreas Reckwitz

Abstract: The article outilines a critique towards Raymond Boudon's theory of action, pointing out the alternative of a theory of social practices. Its point of departure is the issue whether actions can be derived from reasons and inhowfar the recourse to implicit knowledge (schemes and scripts) can be more informative.

Since the 1970s Raymond Boudon has been one of the most significant and influential authors striving for an adequate sociological theory of action and of agency. Within the French intellectual landscape of sociology of the 1970's and 1980's, he was a challenging rival of Pierre Bourdieu, and some commentators have described the theoretical field of French sociology of those decades as a conflict between the four "tribes" of Bourdieu, Boudon, Alain Touraine and Michel Crozier (Moebius and Peter 2004). Meanwhile the landscape of French theories of action has of course become considerably more complicated with the appearance of Boltanski's and Thevenot's neo-pragmatism and Latour's actor-network theory (in the wake of Michel Serres) alongside the work of the followers of Foucault's analysis of apparatuses (Dosse 1997). But Boudon's approach has been developing as well.

From the German perspective, Raymond Boudon as a "modern classic" is received above all as a theorist of the unintentional consequences of action. Besides, he has regularly been interpreted as an influential protagonist of a neo-utilitarian "rational choice theory" and thus of a version of methodological individualism (Maurer and Schmid 2004). His recent article "Ordinary vs. Instrumental Rationality" makes it clear, however, that such a categorization would be highly misleading. Instead, in his article, as in recent books such as "Raison, bonnes raisons" (2003), Boudon chooses a thorough critique of classical neo-Benthamist rational choice theory and its limited concept of rationality as his point of departure. His own approach completely renounces the utilitarian core idea of a maximization of utility as the alleged leading principle of human action, outlining instead a theory which seeks to explain action by recourse to the agent's subjective "good reasons", embedded in larger systems of (collective) beliefs and principles. The notion of "reasons" of action thus achieves a core significance in Boudon's approach.

Quite obviously such a line of argumentation can no longer be adequately connected to the tradition of rational choice theory. It comes as no surprise that, instead, Boudon ties his own approach closely to Max Weber, and partly also to Durkheim.

Moreover, I would detect a close proximity to the Anglo-Saxon tradition of a post-Wittgensteinian analytical theory of action, which for a long time has focused on the issue whether actions can be explained with reference to "causes" or understood with reference to "reasons" (or possibly by connecting both; cf. Beckermann 1977). Maybe it is not by accident that Boudon's self-description as a theorist of "ordinary rationality" is placed in conceptual proximity to ordinary language philosophy. Besides, Boudon's focus on systems of beliefs (including moral and normative ones) in their immanent logic as a background for reasons and actions places him in the context of the debate among recent Anglo-Saxon theorists of culture as reflected in Margaret Archer's "Culture and Agency" (1988) and Mark Bevir's "The Logic of the History of Ideas" (1999), which develop a concept of culture as a relationship between collective beliefs and subjective reasons. Thus, I would interpret Boudon's theory of action simultaneously as an outline of a both concise and elegant theory of *culture* and as proof of an interest in theorizing about the relationship between culture and agency via the concept of reasons. I will begin with a brief summary of what I understand as the core idea of Boudon's argument, which presents itself as a 'culturalist rationalism' of action and as a beliefs-model of culture. Afterwards, I will outline in a very sketchy way an alternative vocabulary of action and of culture which decentres both the concept of reasons and of beliefs in the direction of actions as practices triggered primarily by schemes and scripts. Instead of Boudon's concept of rationality as a justification of reasons I would favour a concept of rationality as intelligibility and workability in social practice. As the core problem of a heuristically constructive theory of action and of the social, I would identify the question how it comes to grips with social reproduction on the one hand and social change on the other.

Boudon himself provides a summary definition of his approach towards action:

"Let us assume X represents some objective, some opinion or some normative or positive belief. The TOR (his theory) assumes that a rational subject will likely endorse X if he has more or less consciously the impression: 1) that X is grounded in a system of reasons including statements that appear to him as being all individually acceptable and 2) that no alternative of reasons is available to him, which would be preferable and which would lead to an alternative (...) belief" (p. 88).

Boudon argues that this approach is superior to a classical rational choice approach, pursuing the argument that it implies a more encompassing concept of rationality. Whereas RC-theory restricts its explanation to the means which an agent employs in order to fulfil a purpose against the background of certain information or beliefs, his explanation includes these beliefs (and normative principles) themselves. Classical rational choice theory assumes that an agent chooses the means best suitable for reaching an end, while leaving the ends unexplained. It is interesting that Boudon here suggests a secret alliance between rational choice theory and culturalism: they both regard beliefs or, more abstractly, frames or habitus as culturally given. Now here Boudon's approach sets in. Basically, it distinguishes between a constellation of reproduction and one of change by means of rational choice between beliefs. In the former constellation, agents are situated within firm and subjectively plausible belief systems. Their actions are backed by these (cognitive and normative) belief systems, which provide good reasons for acting. Boudon stresses that these belief systems imply their local and historical rationality so that archaic rituals or traditional religions are also completely reasonable to their contemporary agents. So, Boudon's position is one of a remarkable culturalism here (which is however moderated by his assumption that there are also existing "context free" systems of reason, for instance Western science). However, this constellation of a firm system of belief is not the only possible case. For Boudon's perspective on action and culture it is crucial that in social reality these systems of reason can potentially be confronted with alternative systems of beliefs which themselves claim (cognitive or normative) validity. In these situations, it turns out that the beliefs are not arbitrary, but themselves open to argumentation and choice.

If there is an element of "rational choice" in Boudon's approach it is situated exactly here. Agents choose between belief systems and systems of reasons in a "rational" way – and this means against the background of their (again subjectively or intersubjectively interpreted) plausibility. Although Boudon in one passage of his article distances himself from Habermas's proceduralism, his idea of rationality generally seems to be closer to Habermas than to Bentham or Gary Becker. It is not a rationalism of means-end-relationships, but a rationalism of reasonable ends, norms and beliefs.

A discussion of Boudon's approach can take the form of an internal or external criticism. From my point of view, which leans towards a strong, post-positivist culturalism, an international criticism would primarily tackle the issue of the context dependence or context-freedom of systems of beliefs and reasons. There are many passages in Boudon's text which do tend towards a strong culturalism: hence magic rituals and religions are not presented as irrational, but as rational in the sense that they imply their culturally specific systems of reasons and beliefs which in turn imply their immanent logic. However, Boudon distinguishes between these "context dependent" systems of reasons and "context free" belief systems, with scientific reasons representing the paradigmatic case. I wonder, however, how such a context free system of reasons can be sociologically possible. It might be that standards of Western science are meanwhile globally accepted and form an alternative-free frame of reference, but nevertheless even the modes of thought of Western science, their concepts of law and observation, do form a culturally highly specific context which predetermines what can be held as rational and true. In contrast, Boudon refers, quoting Durkheim, to a "substantial rationality" which possesses a stronger status than Habermas's procedural rationality. The question arises what such a substantial rationality concerning cognitive or normative statements can mean apart from a temporary consensus on what seems to be convincing within a specific language game, as large and encompassing as it may be. Of course, here we are entangled right away in the meanwhile already classical and still highly contested debate between cultural contextualism and universalism.

Instead of going deeper into this long-standing debate on truth and rationality, which would lead us into epistemology and sociology of knowledge and science (with their endlessly repeated arguments for or against correspondence theories of truth; cf. Quine 1960; Hesse 1980; Rorty 1991), I would prefer the path of an external critique. The question is: which alternative vocabularies do we dispose of in order to conceptualize human action and the relationship between culture and agency? And what heuristic advantages could they contain? Of course, we never have access to any true picture of human behaviour, but we can produce different discourses on behaviour and culture which highlight different aspects. A criterion which from my point of view is crucial for an informative sociological vocabulary of action consists in its ability to grasp social reproduction and social dissolution. How can it be possible that patterns of human action transcend time and space, that they repeat themselves and spread? This is the issue of social reproduction, which was classically described as the problem of social order. And how can we make it plausible that these patterns are again and again dissolving and changing into new forms simultaneously? This is the problem of social dissolution, classically defined as the issue of social change. Consequently, from my point of view, the central issue for a theory of action is less the explanation of a single action by a single person, but rather grasping the social reproduction and change of collective *patterns* of actions. Thus, following Parsons as well as contemporary authors such as Bourdieu, Giddens, Alexander, Archer or Boltanski, action theory and theory of the social have to be combined right from the beginning.

From my point of view, a number of philosophical and sociological traditions of the last decades have delivered instructive contributions to these issues: phenomenology and ethnomethdology, structuralism and poststructuralism, Wittgenstein's language-game-philosophy, and actor-network-theory (cf. Reckwitz 2000). There have been recent attempts to draw elements from these different angles in order to work on the heuristic framework of a theory of "social practices".[1] Such a framework pursues a perspective on behaviour and culture which is directed against an 'intellectualization' of human action (criticized by such diverse authors as Pierre Bourdieu in "Meditations pascaliennes" and Charles Taylor), i. e. against an intellectualist framework of action which is pictured as an intentional, self-transparent activity prompted by explicit and reflexive mental qualities such as goals, reasons, beliefs or norms. Instead, theories of social practice shift the perspective: from actions as single intentional acts to sequences and patterns of interrelated, routinized behaviour and from single reasons and explicit beliefs to the collective implicit schemes and scripts which enable and constrain these patterns of behaviour. This shift from action theory to practice theory means that "how"-questions (how are actions in the way X carried out?) are superimposed upon the classical "why"-questions (why does X act as he does?).[2]

Indeed, it is remarkable that Boudon, here the representative of a whole tradition of action theory, immediately has a lot to say about reasons, beliefs, and principles, but relatively little about behaviour, about what is actually *done*. Interestingly enough his core definition, which I have quoted above in full length, is not about explaining actions or behaviour, but about explaining reasons. Before leaping into the mentalist realm of reasons and beliefs, however, one should become aware again that behaviour exists and is observable only in its material, observable qualities: as movements of human bodies which form sequences of acts of behaviour. In these sequences and distributions of bodily activities and reactions of other bodies relatively similar, repeated patterns become visible. Now, the bodily activities are inseparably intertwined with the activities of other moving entities, be they instruments or architecture, media technology or animals, organic or anorganic processes. Thus, instead of beginning our analysis of human behaviour with single intentional, i. e. purpose-oriented actions, we should

---

[1] For theories of social practice cf. Giddens (1979), Schatzki (1997, 2002), Schatzki et al. (2001), also Reckwitz (2002b).
[2] As to this distinction cf. Heritage (1984).

describe its dependence both on bodies and on artefacts. Whereas as Hans Joas, (1992: 245) aptly remarked, "in most theories of action the body does not appear at all", many recent cultural theorists from Bourdieu to Foucault have in diverse ways rightly stressed the bodily anchoring of human behaviour, the 'embodiment' of action, which then in the second step also means an embodiment of knowledge (cf. Gugutzer 2004; Hirschauer 2004). Simultaneously, Latour and actor network theory have pointed out the close interconnection between human behaviour and the activities of "quasi-objects" and other non-human entities in complex and dynamic subject-object networks, without falling either into materialism or instrumentalism (cf. Belliger and Krieger 2006). From my point of view, an adequate theory of action and of the social is thus not able to dispense either with the bodily character of behaviour or with the networks between subjects and "objects". Not that this has already been satisfactorily achieved, but the challenge remains for future action theory.

Both the bodily and the objects-related quality of behaviour are crucial in order to grasp social order and social reproduction. As Latour rightly emphasizes, the relative stability of artefacts (from files to houses) considerably contributes to social reproduction at least as long as these artefacts are competently used, i. e. tied up into practices, and actions presuppose a corresponding environment of artefacts in order to be successfully carried out. To borrow Foucault's concept: practices form together with their environment of artefacts (which, for instance, form spatial arrangements) whole 'dispositifs' which bring about a certain social stability (Foucault 1976). Simultaneously, however, apart from the artefacts, there is something in the humans themselves which furthers social reproduction, i.e. the repetition of comparable acts. If we do not get seduced into biologism, at this point we are driven into the realm of culture. Human beings are not mere bodies, but agents dealing with meanings. They explicitly or implicitly ascribe meanings to the world, which is routinely interpreted in contingent ways. However, how are we to conceptualize this culture- or meanings-component of human behaviour? The theory of social practices would argue that a reference to *schemes* and *scripts* instead of to reasons or beliefs implies heuristic advantages here.[3] What renders the relative reproduction of behaviour possible, what is 'embodied' in competent, socialized human bodies at the end of the day is not the intellectual plane of reasons or beliefs, but the more implicit plane of schemes and scripts. What transforms observable acts of bodily behaviour into social practices is that the carriers of these practices, the agents and their bodies, have learned certain schemes and scripts which enable them to bring about a competent, routinized accomplishment.

Scripts refer to stocks of tacit know-how knowledge, a "knowing what to do and how to do it" in certain contexts, a knowledge which is not only localized on a mental (and neurophysiological) plane, but also on a bodily plane. All social practices, from doings with simple or complex objects to communicative acts (within "communicative genres", as Luckmann put it) and other practices using signs, imply these know-how scripts which make their repeated accomplishment and patterned observability explicable. Scripts are specific for specialized activities, writing letters or "original" poems, cleaning the house, doing an experiment in the lab, delivering a judgement in court, doing a salesman's job, but, crossing these specialized activities, they can also be spe-

---

3 I outlined a similar argument in response to Mark Bevir in Reckwitz (2002a).

cific for the forms of life of certain classes, milieux or subcultures, specific for gender positions, age groups or ethnic groups.

Cultural *schemes* refer to what I would like to call second-order semantic systems. The semantic system of a language, i.e., a first-order semantic system, creates a world of distinct objects by providing the speakers with a system of signifiers and signifieds. It enables and forces the speakers to follow a certain classification system on the basis of which objects become identifiable objects. Against the background of such a shared semantic system, people develop their individual or shared beliefs; they invent and support certain propositions and hold them to be true (or contest them). Yet the semantic system is not held to be true in the way these propositions are: rather it provides the constitutive rules (Searle) of a Wittgensteinian language game, creating the very possibility of forming propositions and raising truth-claims. Now, cultural schemes (or cultural distinctions), such as Bourdieu's habitus or Foucault's episteme, can be understood as a second-order semantic system (or, as Roland Barthes (1957) would put it, as a second-order semiological system). Whereas the basic semantic system of a language enables classification and identification of objects on the plane of ordinary language, cultural schemes and distinctions classify, identify and evaluate objects on a more abstract plane, but in a similar fashion to semantics. To borrow Dorothy Holland's (1992) phrase, these schemes and models offer "simplified worlds" on the basis of which cultural collectivities structure their social practices. Again all social practices contain such mostly implicit systems of classification, which enable us to ascribe certain meanings to concrete or abstract objects, other subjects or the self. Again these schemes are implied in specialized activities, including discursive practices and their "codes" representing the world in texts or images, and they can be specific for classes or gender positions. Schemes and scripts are intertwined and can only be put apart analytically: Both are practical, implicit knowledge. Scripts apply schemes, and schemes require scripts to be put into practice.

Of course, a scheme- and scripts-oriented approach towards human activities is not without risks. Neither schemes nor scripts are observable, but can only indirectly be reconstructed by the sociological interpreter. There might be the danger of referring to schemes and scripts as empty auxiliary constructs, without really having made an effort to analyze them. Boudon here and there makes reference to a scheme-oriented approach in such a critical vein, arguing that it could treat schemes as "black boxes". This risk, however, is shared by all approaches which transcend behaviourism and refer to elements of meaning, and Boudon's model of reasons and beliefs involves it as well, only in a different way.[4] What is plainly present is always only bodily movements (including their products such as voices and created artefacts), but never reasons or beliefs. These are ascriptions made by the sociological interpreter. Even if the sociologist interviews the agent, only subjective *accounts of* reasons and beliefs are provided. Who knows the true reasons and real beliefs? Even worse: do the agents necessarily have to have relevant reasons and relevant beliefs which actually influence their doings and sayings? Is this talking about purposes and goals not a product of typically Western

---

4 For a very general scepticism towards a reference to factors of meaning and culture in descriptions and explanations of action (a scepticism which results in quasi-behaviourism) cf. Turner (1994).

"Motivverdacht" ("suspicion of motive") (Luhmann 1989: 190), the curiosity which assumes that there must be motives 'behind' any action? One could even suspect that the *talk about* motives and reasons just as the talk about beliefs and personal opinions themselves primarily provide culturally highly specific social practices, communicative genres prompted by their own cultural schemes and scripts.

I do think that a vocabulary of social practices, of implicit scripts and schemes is more informative in order to grasp social reproduction than an 'intellectualist' vocabulary of purpose-oriented action, of reasons and beliefs. This is also the case in order to grasp social change. Concerning the reproduction of patterns of action among people, the crucial constellation for the sociologist's classical interest in social order, I would put forward the argument that practices gain their seemingly automatic repetition and social taken-for-granted-nature as they imply their specific schemes and scripts, i.e. their implicit and practical knowledge. Even if we identify certain reasons for action or a set of beliefs, i.e. statements such as religious creeds whose truth seems undoubted to the agents, these achieve their validity and plausibility by being embedded into larger complexes of schemes and scripts, their taken-for-granted lifeworld knowledge and well-functioning practices. It is just as in language: we utter statements which formulate convictions which we hold true and others contest, but these statements already presuppose and reproduce semantics, syntactical and paradigmatic rules. These are not held to be true themselves, but are applied; they *make* certain statements *intelligible* and others unintelligible.

In a similar fashion, action-relevant goals and interests, beliefs in the form of propositional statements held to be true or normative beliefs in principles make sense only against the background of those normally non-explicit schemes and scripts implied in social practices, and they make sense within these practices. Subjective reasons and beliefs are secondary forces which work within the larger context of background knowledge enabling and constraining a horizon of what *can* be believed and of what *can* become a plausible reason, a goal or an interest. Thus, an alternative concept of rationality becomes evident here: instead of referring rationality to the truth of beliefs and the plausibility of reasons, practices are rational in the sense of *intelligibility* and *workability*. They are rational because against the background of shared implicit schemes they are intelligible to a social group and because their actions work, i. e. can be repeated without any crises of action.

Against this background, we arrive at an altered picture of social and cultural change as well. In Boudon's perspective, the critical constellation of cultural change consists in the confrontation between different systems of reasons. Why do certain systems of beliefs assert themselves against others? New systems of reasons and beliefs, such as new scientific theories or religious world-views, compete with the old ones and the agents decide in favour of that cultural system which seems more valid and plausible. Rationality of action here means deciding for the more convincing belief system. Again the question arises whether this perspective runs the risk of intellectualizing and rationalizing social life. It seems that to Boudon cultural change follows the path of what Habermasians might call 'discursive learning', i. e. processes in which argumentations take place which rationally 'verify' beliefs (cf. Miller 2006). Now, I would not deny that such processes exist, but the question is whether the transformation of patterns of human action generally is adequately pictured in this way. Proceeding from a model of social practices as triggered by schemes and scripts, there are three other constellations relevant for cultural change:

1) Cultural change by means of imitation and power: If we suppose that social practices largely depend on prediscursive schemes and scripts which elude debate or verification in the strict sense, there are good reasons to suppose that both the appropriation and the transformation of these embodied schemes and scripts are to be described as processes of socialization and prereflexive imitation of behaviour and judgements. Which practices assert themselves, which practices supplant others in the course of time, then depends considerably on power resources, for instance on which schemes and scripts (and belief systems depending on them) are conveyed at school or at work, in ordinary family upbringing, or are transmitted by mass media. 'Explaining' the social change in schemes, scripts and practices then means reconstructing the social constellation in which cultural conflicts of power take place and in which power constellations might change.[5]

2) Cultural change by means of hybridization: In historical situations in which several systems of schemes, scripts and practices are available, there is no reason to presuppose that the agents decide consciously in favour of the "more plausible" solution. Rather cultural change often takes the path of a syncretism and hybridization of schemes and scripts (and on a second plane: of beliefs) so that the new practices and tacit knowledge turn out to be combinations of hitherto existing cultural forms. Not only 'multicultural' ethnic constellations, but also the cultural development of economic, political or gender-practices abound with such an impure logic of "creolization", a combination of cultural elements "at hand" stemming from different contexts. Even if an observer might object that these cultural horizons contradict one another and require a rational decision or a search for the better reasons – the practical logic of culture often is one of implicit combination of the seemingly contradictory.[6]

3) Cultural change by means of crises of practice: Generally, the schemes and scripts within social practices are not objects of choice and theoretical debate, but they are applied. However, apart from the influence of power relations and the prereflexive processes of cultural hybridizations, it does of course make sense to suppose that a basic rationality is implied in them, that the processes of change and destabilization are not completely random. I would describe this practical rationality as a logic of "workability", i. e. of an effortless functioning of scripts and schemes in practice, in which 'going on' is possible and intelligibility is taken for granted. In crises of practice then this workability is in danger: scripts do not lead to successful outcomes and schemes only lead to irritation in place of understanding. In such constellations, then, practical experiments with slightly or distinctly different schemes and scripts, with modified practices, with combinations of old and new practices "at

---

[5] Archer (1988) rightly stressed this aspect in her theory of cultural change by distinguishing between cultural systems and socio-cultural constellations.
[6] As to the concept of hybridization in a narrower and a more abstract form cf. Pieterse (1995) and Reckwitz (2006).

hand" can set in.[7] Beginning from the singular context, in the long run and by means of social distribution, these crises of practice and their experimentation with alternative doings can lead to cultural change. Again it seems, that this "logic of practice" differs from a "logic of logic" (Bourdieu): it is less about plausible reasons and convincing beliefs than about smooth workability and intelligibility. Indeed, we require a concept of "ordinary rationality" in order to grasp human action, but perhaps Boudon's concepts of action and rationality just are not ordinary enough.

References

Archer, Margaret S. 1988. *Culture and agency. The place of culture in social theory.* Cambridge: Cambridge University Press.
Barthes, Roland. 1993. *Mythologies* (1957). London: Farrar, Straus and Giroux.
Beckermann, Ansgar, ed. 1985: *Analytische Handlungstheorie,* Band 2: *Handlungserklärungen* (1977). Frankfurt a. M.: Suhrkamp.
Belliger, Andrea, und David J. Krieger, eds. 2006. *ANThology. Ein einführendes Handbuch zur Akteur-Netzwerk-Theorie.* Bielefeld: Transcript.
Bevir, Mark. 1999. *The logic of the history of ideas.* Cambridge: Cambridge University Press.
Boudon, Raymond. 2003. *Raisons, bonnes raisons.* Paris: Presses Universitaires de France.
Bourdieu, Pierre. 1972. *Esquisse d'une théorie de la pratique, précédé de trois études d'éthnologie kabyle.* Genf: Droz.
Bourdieu, Pierre. 1980. *Le sens pratique.* Paris: Minuit.
Bourdieu, Pierre. 1997. *Méditations pascaliennes.* Paris: Éditions du Seuil.
Coulter, Jeff. 1979. *The social construction of mind.* London: Macmillan.
Dosse, Francois. 1997. *L'Empire du sens. L'humanisation des sciences humaines.* Paris: La Découverte.
Giddens, Anthony. 1979. *Central problems in social theory. Action, structure and contradiction in social analysis.* London: Macmillan.
Gugutzer, Robert. 2004. *Soziologie des Körpers.* Bielefeld: Transcript.
Habermas, Jürgen. 1988. *Theorie des kommunikativen Handelns,* Erster Band: Handlungsrationalität und gesellschaftliche Rationalisierung (1981). Frankfurt a. M.: Suhrkamp.
Heritage, John. 1984. *Garfinkel and ethnomethodology.* Cambridge: Polity.
Hesse, Mary. 1980. *Revolutions and reconstructions in the philosophy of science.* Bloomington: Indiana University Press.
Hirschauer, Stefan. 2004. Praktiken und ihre Körper. Über materielle Partizipanden des Tuns. In *Doing culture. Zum Begriff der Praxis in der gegenwärtigen soziologischen Theorie,* eds. K. Hörning, J. Reuter, 73- 91. Bielefeld: Transcript.
Holland, Dorothy. 1992. How cultural systems become desire. In *Human motives and cultural models,* eds. Roy G. D'Andrade, Claudia Strauss, 61-89. Cambridge: Cambridge University Press.
Hörning, Karl H., and Julia Reuter, eds. 2004. *Doing culture. Neue Positionen zum Verhältnis von Kultur and sozialer Praxis.* Bielefeld: Transkript.
Joas, Hans. 1992. *Die Kreativität des Handelns.* Frankfurt a. M.: Suhrkamp.
Latour, Bruno. 1991. *Nous n'avons jamais été modernes. Essai d' anthropologie symétrique.* Paris: La Découverte.
Luhmann, Niklas. 1993. *Gesellschaftsstruktur and Semantik. Studien zur Wissenssoziologie der modernen Gesellschaft,* Band 3 (1989). Frankfurt a. M.: Suhrkamp.
Maurer, Andrea, and Michael Schmid. 2004. Ein Vertreter der erklärenden Soziologie: Raymond Boudon. In *Französische Soziologie der Gegenwart,* eds. Stephan Moebius, Lothar Peters, 111-138. Konstanz: UVK.

---

7 The structure of such a crisis of practice is a complex issue and cannot be dealt with in detail here. Ulrich Oevermann (1992) provides an interesting outline.

Miller, Max. 2006. *Dissens. Zur Theorie diskursiven and systemischen Lernens.* Bielefeld: Transcript.
Moebius, Stephan, and Lothar Peter, eds. 2004. *Französische Soziologie der Gegenwart.* Konstanz: UVK.
Oevermann, Ulrich. 1991. Genetischer Strukturalismus und das sozialwissenschaftliche Problem der Erklärung der Entstehung des Neuen. In *Jenseits der Utopie. Theoriekritik der Gegenwart,* ed. Stefan Müller-Doohm, 267-336. Frankfurt a. M.: Suhrkamp.
Pieterse, Jan Nederveen. 1995. Globalization as hybridization. In *Global Modernities,* eds. M. Featherstone, S. Lash, R. Robertson, 45-68. London: Sage.
Quine, Williard Van Orman. 1960. *Word and object.* Cambridge (Mass.): The MIT Press.
Reckwitz, Andreas. 2000. *Die Transformation der Kulturtheorien. Zur Entwicklung eines Theorieprogramms.* Weilerswist: Velbrück Wissenschaft.
Reckwitz, Andreas. 2002a. The constraining power of cultural schemes and the liberal model of beliefs. *History of the human sciences* 15: 115-125.
Reckwitz, Andreas. 2002b. Toward a theory of social practices. A development in culturalist theorizing. *European Journal of Social Theory* 5: 245-265.
Reckwitz, Andreas. 2004. Die Entwicklung des Vokabulars der Handlungstheorien: Von den zweck- and normorientierten Modellen zu den Kultur- and Praxistheorien. In *Paradigmen der akteurszentrierten Soziologie,* ed. Manfred Gabriel, 303-328. Wiesbaden: VS Verlag für Sozialwissenschaften.
Reckwitz, Andreas. 2006. *Das hybride Subjekt. Eine Theorie der Subjektkulturen von der bürgerlichen Moderne zur Postmoderne.* Weilerswist: Velbrück.
Reckwitz, Andreas. 2008. *Unscharfe Grenzen. Perspektiven der Kultursoziologie.* Bielefeld: Transcript.
Rorty, Richard. 1991. *Objectivity, relativism, and truth.* Philosophical papers 1. Cambridge: Cambridge University Press.
Schatzki, Theodore. 1996. *Social practices. A Wittgensteinian approach to human activity and the social.* Cambridge: Cambridge University Press.
Schatzki, Theodore R. 2002. *The site of the social. A philosophical account of the constitution of social life and change.* University Park (Penn.): Pennsylvania Univ. Press.
Schatzki, Theodore R., Karin Knorr-Cetina and Eike von Savigny, eds. 2001. *The practice turn in contemporary theory.* London: Routledge.
Strauss, Claudia, and Naomi Quinn 1998. *A cognitive theory of cultural meaning.* Cambridge: Cambridge University Press.
Taylor, Charles. 1985. *Human agency and language.* Philosophical papers 1. Cambridge: Cambridge University Press.
Turner, Stephen P. 1994. *The social theory of practices. Tradition, tacit knowledge and presuppositions.* Cambridge: Cambridge University Press.

Korrespondenzanschrift: Prof. Dr. Andreas Reckwitz, Professur für Vergleichende Kultursoziologie, Kulturwissenschaftliche Fakultät, Europa-Universität Viadrina, Postfach 1786, 15207 Frankfurt (Oder)
E-Mail: reckwitz@euv-frankfurt-o.de

Replik

REJOINDER TO PROFESSOR ANDREAS RECKWITZ'S COMMENT

Raymond Boudon

Abstract: Social phenomena are the effects of individual social actions. The Theory of Ordinary Rationality maintains that individual social action and behavior is in the general case the outcome of intentions, normative and descriptive beliefs, all grounded on cognitive reasons in the actor's mind. The TOR defines a paradigm responsible for the explanatory powerfulness of many classical and modern sociological works.

I am deeply grateful to Professor Andreas Reckwitz for his thoughtful and rich discussion. It contains so many points that I cannot comment them all. Moreover, I agree with most of his remarks. So, I will rather concentrate on a single one. It raises the question as to which axioms of social action are the most fruitful and promising, if the main goal of sociology as of any other scientific discipline is to explain the phenomena belonging to its jurisdiction in a fashion satisfying the scientific *ethos*.

I would be interested in reasons and beliefs rather than action and behavior, suggests Professor Reckwitz. My Theory of Ordinary Rationality would yield to the temptation of intellectualism. I have tried to show though, by a host of examples spread in many articles and books, that macroscopic phenomena should be analyzed and have been successfully analyzed by classical and modern sociologists as the outcome of sets of actions led occasionally by instrumental rationality, but generally by ordinary rationality.

I have shown, to mention a few of these examples in a random way, that the *primum movens* of the fall of the Soviet Empire was the strategic move of the US government called the *strategic defense initiative*. Following Durkheim, I have stressed that the fact that an increasing number of types of deviant behavior are dealt with over time by civil rather than criminal courts can be explained as the outcome of rational behavior from the part of judiciary actors and of the public. I have explained in my *Education, Equality and social Opportunity* that a number of macroscopic data are satisfactorily explained by ordinary rationality: by the fact, which illustrates the Mertonian reference group theory, that the son or girl of a higher class family will likely perceive the prospect of becoming a middle level clerk with another eye than the girl or son of a lower class family. Consequently, they will have reasons to take different educational decisions. Their *reasons* produce *decisions* and the aggregation of decisions explains the observed macroscopic statistical data. I was happy to see that Hans-Peter Blossfeld and Walter Müller have recently successfully elaborated on these ideas in Cherkaoui and Hamilton (2009). I have insisted on the pathbreaking methodological interest of the numerous analyses we owe to Tocqueville, where he successfully explains macroscopic data as the outcomes of ordinary rational actions, as when he shows that the French peasants in the 18th century had *reasons* to perceive the members of the gentry negatively, while the British peasants had reasons to perceive them positively. This led French peasants to *actions* of upheaval against the gentry.

I can stop this list here. I have developed examples illustrating the sequence reasons-*actions*-macroscopic outcomes in my work by dozens. And I have insisted that most of the path breaking explanations that can be collected in the works of classical and modern sociologists of collective *actions* use systematically and successfully what I call ordinary rationality. Even an *action* such as taking part in a ceremony should be explained according to Durkheim by ordinary rationality: "Les hommes ne peuvent célébrer des cérémonies auxquelles ils ne verraient pas de raison d'être, ni accepter une foi qu'ils ne comprendraient d'aucune manière. Pour la répandre ou simplement pour l'entretenir, il faut la justifier, c'est-à-dire en faire la théorie" (Durkheim 1979: 615).

On the objection of *intellectualism*, I have the same reaction as Robin Horton, to me one of the most illuminating anthropologists of our time. Why did Christianity spread so quickly in Africa? Why though do the new Christians keep practicing magical rituals, while Christianity regards magical practices in a highly negative fashion? Deciding to belong to a new religion is beyond doubt an *action*. Practicing magical rituals is also an *action*. Horton explains these actions by *reasons* of the ordinary type: Christianity attracts Africans because of its promises, while the traditional animist religions deliver no promises. So, they see Christianity as a serious help to meet the difficulties of their new life in crowded cities. As to magical rituals, they offer to their eyes practical recipes useful in the conduct of everyday life that Christianity is unable not provide. Confident in the scientific strength of the *rational* explanation he proposes of the massive conversion to Christianity of Africans and of many other macroscopic phenomena, Horton is very critical of the so-called structural approach in anthropology, which uses occult unconscious conjectural forces to explain behavior. For this reason, he does not hesitate qualifying the anti-intellectualism dominant among his colleagues as a "sinister prejudice". Weber would have likely agreed, as his statement that "Ideen beherrschen unmittelbar das Handeln des Menschen" indicates. It seems to me this postulate grounds to a large extent the explanatory power and lasting scientific value of Weber's analyses.

More generally, contemporary sociologists are necessarily confronted with a simple well-articulated three way basic theoretical choice, whether they are conscious of it or not. They can use either 1) the so-called *Rational Choice Theory*, or 2) the irrational theories explaining action with the help of occult forces, as *primitive mentality, framework, frame, habitus, structure, imitation instinct, épistémè*, etc., or 3) the *Theory of Ordinary Rationality*. The first option, with its narrow purely instrumental view of rationality has the shortcoming that it has to take for granted the objectives, preferences, values and other beliefs of social actors and to treat them as mere data, which they leave unexplained. The second option has the shortcoming of introducing explanatory variables that are speculative by construction and doomed to remain so, thus providing circular explanations. Popper has convincingly suggested in his seminal article on "the myth of the framework" that this flaw would be responsible for the frailty of many social scientific works. The third option eliminates the forever-closed black boxes of the two other ones.

A final point can be shortly evoked. Since Prof. Reckwitz pays a great deal of attention to the French sociological stage, I would claim that the reason why irrational theories produced by the second option have long been dominant among French sociologists may be that, as Tocqueville and Auguste Comte already clear-sightedly diagnosed and bitterly complained, words have always interested many French social analysts more than things. The success of structuralism in the 1960s has reinforced this trend by orienting two generations of social scientists toward the metaphysical idea that the genuine causes of behavior should be searched on the side of occult social, cultural or psychological forces. But the French scenery is changing: today's most brilliant younger sociologists are turning toward rational theories of behavior (Boudon 2010).

References

Boudon, Raymond. 2010. *La sociologie comme science*. Paris: La Découverte.
Cherkaoui, Mohamed, and Hamilton Peter, eds. 2009. *Raymond Boudon: A life in sociology*, 4 volumes. Oxford: Bardwell.
Durkheim, Emilie. 1979. *Les formes élémentaires de la vie religieuse* (1912), new edition. Paris: Presses Universitaires de France.

3. Altruismus, Egoismus, Reziprozität

POSITION

RATIONAL UND FAIR*

Axel Ockenfels und Werner Raub

Zusammenfassung: Das „Standardmodell" des Rational-Choices-Ansatzes, das Modell des *homo oeconomicus*, unterstellt rationales *und* eigennütziges Verhalten. Das Standardmodell hat manche Vorzüge, aber es gibt auch empirische Regelmäßigkeiten, die diesem Modell widersprechen. Wir behandeln experimentelle Evidenz zu Markt-Spielen, Diktator- und Ultimatumspielen und zum Gefangenendilemma. Wir skizzieren Alternativen zum Standardmodell, die an der Rationalitätsannahme festhalten, aber die Eigennutzannahme aufgeben oder modifizieren. Bei einer dieser Alternativen handelt es sich um ein Modell, in dem die Präferenzen der Akteure selbst Modell*konsequenzen* und keine Modell*annahmen* sind. Ein zweites Modell unterstellt zusätzlich zum Eigennutz ein einfaches Motiv basierend auf sozialen Vergleichsprozessen, und kann so ein breites Spektrum von empirischen Regelmäßigkeiten organisieren, einschließlich solcher, die mit der Eigennutzannahme unvereinbar sind.

I. Das „Standardmodell" rationalen und eigennützigen Verhaltens und seine Grenzen am Beispiel experimenteller Befunde

Man kann über beinahe alles streiten und in den Sozialwissenschaften wird auch über viel gestritten, aber es ist dem Erkenntnisfortschritt nicht förderlich, über alles zugleich zu streiten. Daher nehmen wir in diesem Beitrag an, dass es in den Sozialwissenschaften, jedenfalls auch und wesentlich, um die Erklärung sozialer Phänomene und Prozesse und um die Erklärung sozialer Regelmäßigkeiten geht. Erklärungen sind im Prinzip und idealerweise deduktive Argumente oder Varianten solcher Argumente. Wir nehmen weiter an, dass es in den Sozialwissenschaften, jedenfalls auch und wesentlich, um die empirische Überprüfung solcher Erklärungen geht. Auch in den Sozialwissenschaften streben wir nach empirisch gehaltvollen und bewährten Erklärungen. Schließlich nehmen wir an, dass sozialwissenschaftliche Erklärungen elementaren heuristischen Regeln des methodologischen Individualismus folgen. Es geht also darum, soziale Phänomene und Prozesse – Makro-Phänomene wie z. B. Preise und Eigenschaften von Gü-

---

* Ockenfels dankt der Deutschen Forschungsgemeinschaft für finanzielle Unterstützung. Raub dankt der Niederländischen Organisation für wissenschaftliche Forschung (NWO) für finanzielle Unterstützung durch das PIONIER-Programm „The Management of Matches" (S. 96-168 und PGS 50-370) und das Projekt „Commitments and Reciprocity" (400-05-089).

terverteilungen wie deren „Fairness" oder „Effizienz" – als Resultate des Zusammenspiels individueller Handlungen zu erklären, wobei individuelle Handlungen – Mikro-Phänomene – ihrerseits durch soziale Bedingungen beeinflusst werden.[1] Unser Beitrag folgt damit einem sozialwissenschaftlichen Erkenntnisprogramm, wie es in inzwischen bereits klassischer Weise durch Hans Albert (1977) beschrieben wurde. Albert hat vor allem die ökonomische Wissenschaft im Blick. Lindenberg und Wippler (1978), Opp (1979) und Esser (1993) haben dieses Programm, das auf die schottische Moralphilosophie (David Hume, Adam Smith) zurückgeht, auch den Soziologen wieder in Erinnerung gebracht. Die Wirkung der Arbeiten von Coleman (1990) und Hedström (2005) zeigt, dass dieses Erkenntnisprogramm in der modernen Soziologie inzwischen Einfluss gewonnen hat. Das nährt die Hoffnung, dass Ökonomen und Soziologen durch ein gemeinsames Erkenntnisprogramm fruchtbar zusammenarbeiten und voneinander lernen können.

Der Rational-Choice-Ansatz ist eine Variante des skizzierten Erkenntnisprogramms. Das „Standardmodell" dieses Ansatzes, gelegentlich auch als das Modell des *homo oeconomicus* angedeutet, unterstellt rationales *und* eigennütziges Verhalten. In unserem Beitrag beschäftigen wir uns mit Situationen strategischer Interdependenz zwischen zwei oder mehr Akteuren. Damit ist gemeint, dass die Entscheidungen eines Akteurs Folgen haben für den oder die „Mitspieler" und umgekehrt. Nimmt man weiter an, dass die Akteure bei ihren Handlungen diese Interdependenzen auch „in Rechnung stellen", dann sind wir bei Webers (1976: 1) berühmter Definition der Soziologie angelangt: „Soziologie (...) soll heißen: eine Wissenschaft, welche soziales Handeln deutend verstehen und dadurch in seinem Ablauf und seinen Wirkungen ursächlich erklären will (...). ‚Soziales' Handeln (...) soll ein solches Handeln heißen, welches seinem von dem oder den Handelnden gemeinten Sinn nach auf das Verhalten anderer bezogen wird und daran in seinem Ablauf orientiert ist." Die Spieltheorie ist der Zweig der Theorie rationalen Handelns, der Situationen mit Interdependenzen zwischen Akteuren modelliert, und zwar unter Webers Annahme, dass die Akteure in der Tat ihre wechselseitige Beziehung und Abhängigkeit insofern in Rechnung stellen, dass sie auch das Handeln der anderen Akteure berücksichtigen. Die Spieltheorie ist damit ein maßgeschneidertes Instrument für eine Soziologie in Webers Sinn (siehe dazu Raub und Buskens 2006). In Situationen strategischer Interdependenz liegt es nahe, rationales Verhalten als Gleichgewichtsverhalten zu interpretieren, d. h. jeder Akteur maximiert seinen erwarteten Nutzen, gegeben die Strategien aller anderen Akteure.[2]

Zufolge der Rationalitätsannahme maximieren Akteure ihre Nutzenfunktion, aber die Rationalitätsannahme als solche sagt nichts darüber, was Akteure „inhaltlich" nützlich finden. Darüber wird man aber häufig Annahmen machen müssen, will man Verhalten erklären. Das Standardmodell des Rational-Choice-Ansatzes unterstellt daher nicht nur rationales Verhalten, sondern es enthält auch eine Annahme über das Argu-

---

1 Es ist klar, dass unsere Beispiele für Makro-Phänomene typische Forschungsfelder von Ökonomen *und* Soziologen betreffen. In der Soziologie werden sie z. B. unter Stichworten wie „soziale Ungleichheit" und „Problem der sozialen Ordnung" behandelt (vgl. z. B. Diekmann und Voss 2004).
2 Wir verzichten in diesem Beitrag auf die Diskussion technischer Details. Vgl. Diekmann (2009) für eine moderne und leicht zugängliche Einführung in die Spieltheorie (dort auch Hinweise auf weiterführende und technisch anspruchsvollere Literatur).

ment der Nutzenfunktion, also über die Motivation der Akteure, nämlich die Annahme eigennützigen Verhaltens: Akteure sind ausschließlich durch den eigenen materiellen Gewinn motiviert („Nutzen = eigenes Geld"), und mehr Geld ist besser als weniger Geld.

Um Verhalten erklären und prognostizieren zu können, müssen neben den individuellen Motivationen häufig institutionelle und soziale Rahmenbedingungen spezifiziert werden, etwa der Informationsstand der Akteure und andere Umstände, unter denen die Interaktion stattfindet. Es ist nicht ganz unüblich, gerade in manchen „soziologienahen" Darstellungen, im Zusammenhang mit sehr spezifischen Annahmen, z. B. vollständige Informiertheit und perfekte, anonyme Märkte, auf die neoklassische Mikro-Ökonomik als eine Disziplin zu verweisen, in der solche Annahmen typischerweise verwendet werden. Man sollte sich allerdings darüber im Klaren sein, dass es inzwischen schon recht lange her ist, dass sich die neoklassische Mikro-Ökonomik in ihrer Breite einigermaßen treffend auf diese Weise charakterisieren ließ (man konsultiere etwa eine maßgebende Einführung wie Mas-Colell et al. (1995), um zu sehen, dass die moderne Mikro-Ökonomik sehr viel mehr ist als allgemeine Gleichgewichtstheorie für perfekte Märkte).

Das Standardmodell mit seinen Annahmen Rationalität und Eigennutz hat wichtige Vorzüge. Zu diesen Vorzügen gehört, dass es ein einfaches und sparsames Modell mit hohem Informationsgehalt und hoher empirischer Überprüfbarkeit im Sinn Poppers (1973) ist: die Kombination von Rationalitäts- und Eigennutzannahme führt zu vielen empirisch prüf- und widerlegbaren Implikationen. Diese Vorzüge entgehen auch denjenigen Kritikern des Standardmodells nicht, die wissenschaftstheoretisch geschult sind und ansonsten das oben skizzierte sozialwissenschaftliche Erkenntnisprogramm teilen (vgl. Abschnitt II von Essers Beitrag in diesem Band für ein gutes Beispiel). Es gibt auch andere Argumente für das Standardmodell. Eines dieser Argumente ist interessant, weil es darauf abhebt, dass es in der Soziologie und in anderen sozialwissenschaftlichen Disziplinen anders als in der Psychologie ja nicht um die Erklärung individuellen Verhaltens an sich geht, sondern um die Erklärung von Makro-Phänomenen, die aus individuellem Verhalten resultieren. Ganz im Sinn dieses Gedankens finden wir in der Ökonomik bei Becker (1976: Kap. 9) und in der Soziologie bei Coleman (1987) und Goldthorpe (1996) das Argument, dass man auf der Mikro-Ebene individuellen Verhaltens zwar möglicherweise Widerlegungen des Standardmodells antreffe („Anomalien") und dass komplexere Theorien dem Standardmodell möglicherweise überlegen seien im Hinblick auf die Erklärung individuellen Verhaltens, dass solche komplexeren Theorien aber gerade wegen ihrer Komplexität ungeeignet seien für die Ableitung von Makro-Implikationen oder aber, dass die Makro-Implikationen komplexerer Individualtheorien sich jedenfalls nicht von denen des Standardmodells unterscheiden.[3]

---

3 Eine gewisse Verwandtschaft dieser Argumente mit Friedmans (1953) „as if"-Interpretation des Standardmodells ist offensichtlich. Und natürlich gibt es auch noch andere Argumente für das Standardmodell. Dazu gehört der Vorschlag, das Standardmodell als „worst case"-Szenario für institutionelles Design und wirtschaftspolitische Entscheidungen zu verwenden (vgl. Brennan und Buchanan 1985: Kap. 4 für eine systematische Ausarbeitung dieses Gedankens und Schüßler 1988 für eine kritische Diskussion). Dazu gehört auch die Verwendung des Standardmodells als „benchmark", um danach empirisch beobachtete Abweichungen von den Vorhersagen des Standardmodells als Explananda zu behandeln (vgl. z. B. Harsanyi 1976: Kap. 6, 7, 1977:

In diesem Beitrag konzentrieren wir uns auf experimentelle empirische Evidenz zum Standardmodell. Uns geht es hier um empirische Evidenz für oder gegen alternative Theorien und Hypothesen. Die Vorzüge experimenteller Designs bei der Überprüfung von Theorien und Hypothesen, im Gegensatz zur Suche nach Zusammenhängen und empirischen Regelmäßigkeiten, sind bekannt, gerade dann, wenn zusätzlich im Rahmen von Kreuzvalidierungen Laborexperimente mit Feldexperimenten und auch mit nicht-experimentellen Methoden wie etwa Surveystudien verbunden werden (vgl. z. B. Ockenfels 2009 sowie Buskens und Raub 2010), um so den verschiedenen Problemen experimenteller Designs zu begegnen. Bei der Überprüfung und Weiterentwicklung von Theorien im Rahmen des Rational-Choice-Ansatzes spielen Experimente inzwischen eine immer größere Rolle (vgl. z. B. Camerer 2003 über die Forschungsrichtung „Verhaltensökonomik"). Es gibt Anzeichen, dass die systematische Verwendung der experimentellen Methode eine wichtige Rolle spielen kann bei der Annäherung von Ökonomik und Soziologie im Rahmen eines gemeinsamen Erkenntnisprogramms (vgl. z. B. Diekmann 2008 sowie Fehr und Gintis 2007).

Das Standardmodell ist oft in der Lage, das Verhalten von vielen Individuen mit unterschiedlichen Interessen und Ausgangspositionen selbst in hochkomplexen Situationen adäquat abzubilden (und ist daher beispielsweise in der Wettbewerbspolitik sowie im angewandten Marktdesign ein in der Praxis zunehmend akzeptierter Ansatz). Ein einfaches Beispiel ist das *Marktspiel* von Roth et al. (1991), in dem neun Käufer simultan einem Verkäufer jeweils ein Gebot für ein unteilbares Gut machen. Das Gut besitzt für alle Käufer denselben Wert ($ 10), aber keinen Wert für den Verkäufer. Der Verkäufer kann das höchste Gebot annehmen oder ablehnen. Im letzteren Fall erhält keiner der Akteure eine positive Auszahlung. Wenn der Verkäufer akzeptiert, erhält er das höchste Gebot, und der Käufer mit dem höchsten Gebot erhält die Differenz zwischen dem Wert und seinem Gebot. Wenn mehrere Käufer den höchsten Preis bieten, entscheidet das Los. Alle anderen Käufer gehen leer aus. Ist mehr Geld besser als weniger, nimmt der Verkäufer jedes positive Gebot an. Jeder Käufer, der nicht das höchste Gebot macht, erhält mit Sicherheit $ 0, während die Käufer mit dem höchsten Gebot eine positive erwartete Auszahlung haben, wenn das Gebot kleiner ist als $ 10. Folglich gilt, dass alle Käufer dasselbe Gebot machen, wenn das höchste Gebot kleiner als $ 10 ist. Wenn aber alle Käufer ein Gebot kleiner als $ 10 machen, so ist es für einen Käufer vorteilhaft, sein Gebot ein wenig anzuheben, sodass er den Zuschlag mit Sicherheit anstatt lediglich mit Wahrscheinlichkeit 1/9 erhält. Folglich muss in jedem Gleichgewicht ein Angebot $ 10 sein und vom Verkäufer auch angenommen werden, sodass der Verkäufer den gesamten Wert des Gutes abschöpft, während alle Käufer leer ausgehen. Tatsächlich zeigt sich, dass diese spieltheoretische Prognose eine hohe Anziehungskraft besitzt. In allen Märkten in allen vier Ländern, in denen Roth et al. (1991) das Experiment durchgeführt haben, wird das Gleichgewicht bereits nach wenigen Runden erreicht, obwohl es zu extrem ungleichen Auszahlungsverteilungen führt. Dieses und ähnliche Marktspiele wurden von zahlreichen Forschern repliziert, mit stets denselben Ergebnissen und Schlussfolgerungen.

Kap. 1, 2). Eine nähere Diskussion dieser Argumente würde aber den Rahmen unseres Beitrags sprengen. Viele Vertreter des Rational-Choice-Ansatzes anerkennen nicht nur dessen Grenzen als Erklärungsansatz, sie sind auch selbst maßgeblich daran beteiligt, diese auszuloten; wir kommen darauf noch zurück.

Dieselbe Studie von Roth et al. (1991) untersucht auch Ultimatumspiele, die erstmals von Güth et al. (1982) experimentell untersucht wurden. Das Ultimatumspiel ist den formalen Regeln nach ein Marktspiel mit nur einem Käufer, der hier „Proposer" genannt wird. Der Proposer schlägt also einem (anonymen) „Responder" (dem Verkäufer im Marktspiel) die Aufteilung eines Geldbetrages vor. Der Responder hat ein Vetorecht, d. h. er kann das Angebot annehmen oder ablehnen. Nimmt er es an, erhalten beide Akteure die Auszahlung, die der Proposer vorgeschlagen hat. Lehnt der Responder dagegen ab, so erhält keiner der beiden Akteure eine positive Auszahlung. Unter der Annahme, dass beide Akteure mehr Geld weniger Geld vorziehen, sollte der Responder jedes positive Angebot annehmen. Im (teilspielperfekten) Gleichgewicht wird der Proposer konsequenterweise nicht mehr als die kleinste mögliche Geldeinheit anbieten. Wie im Marktspiel kommt es also auch in diesem elementaren Verhandlungsspiel im Gleichgewicht zu einer extrem ungleichen Auszahlungsverteilung. Doch anders als im Marktspiel versagt das Standardmodell. Im Ultimatumspiel werden nur selten geringe Angebote gemacht, und wenn doch, werden diese oft abgelehnt. Der Modalwert für das Angebot liegt bei einer Gleichaufteilung der Auszahlungen. Auch dieses Ergebnis hat sich in hunderten Variationen als außerordentlich robust erwiesen (siehe Roth 1995 für einen Übersichtsartikel über die frühe Literatur).

Das Diktatorspiel besitzt dieselben Regeln wie das Ultimatumspiel mit der Ausnahme, dass der Responder kein Vetorecht besitzt: der Proposer bestimmt schlicht die Aufteilung eines Geldbetrags. Ist mehr Geld besser als weniger Geld, sollte der Proposer alles für sich behalten. Doch auch hier geben viele etwas ab, und einige wählen gar die Gleichaufteilung – allerdings signifikant weniger als im Ultimatumspiel (Forsythe et al. 1994).

Ähnlich robuste Abweichungen von eigennützigen Strategien werden auch im Gefangenendilemma beobachtet, in dem keiner von zwei eigennützigen Akteuren kooperieren sollte, egal was der Partner macht, und dies, obwohl wechselseitige Kooperation beiden Akteuren eine höhere (und faire) Auszahlung bringen würde. Typischerweise beobachtet man jedoch, dass der Anteil an kooperativen Entscheidungen signifikant über Null liegt, dass Kooperation auf die Kooperationsbereitschaft des Partners konditioniert wird (Reziprozität), dass aber effiziente Ergebnisse oft ebenso deutlich unerreicht bleiben (vgl. auch Abschnitt III sowie die Übersichtsartikel Roth 1988; Dawes und Thaler 1988).

Insgesamt zeigen sich in den verschiedenen Kontexten (Märkte, Verhandlungen, soziale Dilemmata) sehr unterschiedliche Verhaltensweisen, nämlich wettbewerbliches, eigennütziges Verhalten in Märkten, Fairness bei Verhandlungen und Reziprozität bei Kooperationsproblemen. Das Standardmodell liefert außerhalb von Märkten oft unbefriedigende Erklärungen für Mikro- und Makro-Phänomene.

II. Alternativen zum Standardmodell: Aufgabe der Eigennutzannahme

Die skizzierte experimentelle Evidenz motiviert die Entwicklung von theoretischen Alternativen zum Standardmodell. Man kann dazu unterschiedliche Wege einschlagen (vgl. z. B. Ockenfels 1999: Kap. 2 für eine knappe Übersicht zu alternativen Modellen für die Erklärung empirischer Phänomene in den drei Kontexten, die wir im vorhergehenden Abschnitt besprochen haben). Man kann insbesondere unterscheiden zwischen der Aufgabe oder Modifikation der Rationalitätsannahme, der Aufgabe oder Modifikation der Eigennutzannahme und der Aufgabe oder Modifikation der Annahmen über die sozialen Kontexte, unter denen die Akteure handeln. Es empfiehlt sich, systematisch und schrittweise vorzugehen und nicht alle Annahmen des Standardmodells zugleich fallen zu lassen. Durch schrittweises Vorgehen kann man hoffen, mehr darüber zu erfahren, *welche* Annahmen des Standardmodells unter *welchen* Bedingungen mehr oder weniger problematisch sind.

Manche empirische Evidenzen der skizzierten Art lassen sich dadurch erklären, dass man anstelle der Rationalitätsannahme z. B. Lernmodelle verwendet (vgl. die Übersicht in Camerer 2003: Kap. 6). Andere empirische Evidenzen werden verständlich, wenn man soziale Bedingungen wie etwa wiederholte Interaktionen und Netzwerke von Beziehungen zwischen Akteuren berücksichtigt und gegebenenfalls zusätzlich in bestimmten Hinsichten unvollständige Informationen der Akteure über ihre Interaktionspartner annimmt. Unter solchen Bedingungen wird ansonsten rationales und eigennütziges Verhalten auch dadurch beeinflusst, dass die Akteure die langfristigen Folgen ihres Handelns (Reziprozität im Sinne bedingter Kooperation als Resultat „aufgeklärten Eigeninteresses") und Reputationseffekte berücksichtigen (vgl. als Übersicht z. B. Buskens und Raub 2010 sowie Bolton und Ockenfels 2009a). Wir beschäftigen uns hier ausschließlich mit Modellen, die die Eigennutzannahme aufgeben, an der Rationalitätsannahme hingegen festhalten. Ein wesentlicher Grund dafür ist, dass das Standardmodell gerade auch in solchen Kontexten widerlegt wird, in denen es nicht nur für den Forscher, sondern auch für die Akteure selbst offensichtlich ist, welches Verhalten aus der Annahme rationalen und eigennützigen Verhaltens folgt. Außerdem handelt es sich um Kontexte, in denen die Akteure einmalig interagieren, in denen Netzwerkeffekte keine Rolle spielen und in denen auch unvollständige Information über den oder die Interaktionspartner das Verhalten eines rationalen und eigennützigen Akteurs nicht beeinflussen kann. So ist Defektion im nicht-wiederholten Gefangenendilemma für einen Akteur bei jeder Entscheidung des anderen Akteurs stets mit einer höheren eigenen Auszahlung verbunden. Die Konsequenzen für die eigene Auszahlung im Ultimatumspiel bei Ablehnung eines positiven Angebots des Proposers sind für den Responder klar und das gleiche gilt für den Diktator bei einer positiven Abgabe im Diktatorspiel. Es ist wenig plausibel, dass eigennützige Akteure in solchen Situationen allererst lernen müssen, sich rational zu verhalten und es kann auch nicht so sein, dass rationale und eigennützige Akteure in derartigen Kontexten durch die Antizipation von langfristigen Folgen und Reputationseffekten ihres Verhaltens beeinflusst werden. Die Akteure *wollen* vom homo-oeconomicus-Modell abweichen.

Wenn man die Eigennutzannahme des Standardmodells aufgibt und mithin andere und zusätzliche „Nutzenargumente" berücksichtigt, dann ist das aus wissenschaftstheoretischer Sicht nicht unproblematisch, denn die Theorie wird komplexer und im Prinzip schwieriger widerlegbar. Wenn man die Motivationsannahmen „richtig" oder komplex genug wählt, dann kann man zwar dafür sorgen, dass mehr oder weniger jedes Verhalten mit der Rationalitätsannahme und entsprechenden Motivationsannahmen konsistent ist, aber gerade deshalb sind solche „Erklärungen" aus wissenschaftstheoretischer Sicht wertlos (vgl. zu Vorzügen „einfacher" Theorien allgemein Popper 1973: Kap. VI und neuer Anhang VIII; im Hinblick auf die Motivationsannahmen im Rahmen des Rational-Choice-Ansatzes hat z. B. Harsanyi 1976: Kap. VII und vor allem S. 122 den Punkt klar formuliert; vgl. auch Esser in diesem Band und im Hinblick auf spieltheoretische Modelle Diekmann 2008: 543 und Schmidt 2009).

Man kann dem Problem von *ad hoc*-Erklärungen und „Immunisierungen" (Albert 1977) des Rational-Choice-Ansatzes durch Verwendung anderer Motivationsannahmen als der Eigennutzannahme auf mindestens zweierlei Weise entgehen. Eine Möglichkeit besteht darin, Alternativen zur Eigennutzannahme überhaupt nicht als Annahmen („Axiome") zu verwenden, sondern in einem ersten Schritt ihrerseits als Konsequenzen aus einem allgemeineren Modell abzuleiten und mithin, wenn man so will, Bedingungen explizit zu spezifizieren, unter denen Akteure nicht oder jedenfalls nicht nur durch Eigennutz motiviert sind. Eine andere Möglichkeit ist, auch *neue* und *falsifizierbare* Vorhersagen aus alternativen Motivationsannahmen abzuleiten oder jedenfalls zu zeigen, dass man mit „sparsamen" alternativen Motivationsannahmen sehr verschiedene und prima facie „widersprüchliche" empirische Evidenzen erklären kann, die mit den Vorhersagen des Standardmodells z. T. übereinstimmen, die anderen Vorhersagen des Standardmodells aber widersprechen. Im Hinblick auf die oben skizzierten experimentellen Befunde hieße dies etwa zu zeigen, dass relativ einfache Alternativen zur Eigennutzannahme ausreichen, um sowohl augenscheinlich eigennütziges Verhalten auf Märkten als auch faires und reziprokes Verhalten in Fairness- und Dilemma-Spielen zu erklären (ganz im Sinn von Poppers drei Kriterien für den Erkenntnisfortschritt: Einfachheit, unabhängige Prüfbarkeit und empirische Bewährung (vgl. Popper 1963: 240-242)).

Im Folgenden skizzieren wir zwei theoretische Modelle. Eines dieser beiden Modelle ist eine Implementation des Gedankens, Alternativen zur Eigennutzannahme ihrerseits aus einem allgemeineren Modell abzuleiten. Das andere Modell folgt der zweiten Strategie und erklärt eine breite Palette von Verhaltensweisen in unterschiedlichen Kontexten mit relativ einfachen, aber von der Eigennutzannahme abweichenden Motivationsannahmen. Für beide Modelle gibt es in der Literatur Konkurrenten, die auf ähnlichen Überlegungen beruhen. Es geht uns in diesem Beitrag nicht um Belege, dass die hier skizzierten Modelle ihren Konkurrenten überlegen sind. Es geht uns lediglich um den Nachweis, dass die Aufgabe der Eigennutzannahme nicht notwendigerweise mit aus methodologischer Sicht problematischen ad hoc-Modifikationen des Rational-Choice-Ansatzes verbunden sein muss.

III. Alternativen zur Eigennutzannahme als deduktive Konsequenzen eines Rational-Choice-Modells

Der Gedanke, Präferenzen zu „endogenisieren", also Aussagen über Motivationen von Akteuren nicht als *Annahmen* eines Modells zu verwenden, sondern solche Aussagen als *Konsequenzen* eines Modells abzuleiten, ist im Rahmen des Rational-Choice-Ansatzes häufiger anzutreffen. Wir begegnen auch verschiedenen Ansätzen, in denen die Motivationen selbst Resultate rationalen Verhaltens sind, in denen Akteure also ihre Motivationen selbst in irgendeiner Weise wählen (vgl. Raub und Voss 1990 für eine Literaturübersicht). Wir skizzieren ein stark vereinfachtes Beispiel eines solchen Ansatzes für den Spezialfall des Gefangenendilemmas, also für das Spiel in *Abbildung 1*.

Abbildung 1: Das Gefangenendilemma ($T > R > P > S$)

		Akteur 2	
		Kooperation	Defektion
Akteur 1	Kooperation	R, R	S, T
	Defektion	T, S	P, P

Wir wollen annehmen, dass die Parameter T, R, P und S die materiellen Auszahlungen für die beiden Akteure repräsentieren. Wenn also etwa Akteur 1 defektiert und Akteur 2 kooperiert, dann erhält Akteur 1 einen Geldbetrag T und Akteur 2 einen Geldbetrag S. Man nehme nun weiter an, dass beide Akteure rational und eigennützig sind. Dann gilt für ihre kardinalen Nutzenfunktionen $u(T) = T^n > u(R) = R^n > u(P) = P^n > u(S) = S^n$, und sie würden beide defektieren, da Defektion dominante Strategie ist.[4] Nun nehmen wir an, dass die Akteure ihre eigenen Präferenzen wählen und gegebenenfalls auch modifizieren können. Wir modellieren die Wahl von Präferenzen als ein Spiel M zwischen den beiden Akteuren. In diesem Spiel M wählt jeder Akteur seine eigene effektive Präferenzordnung O_i ($i = 1,2$) für die materiellen Auszahlungen im Gefangenendilemma aus *Abbildung 1*. Wir nehmen an, dass M ein nichtkooperatives Spiel ist. Die beiden Akteure können also keine bindenden Vereinbarungen über die Wahl ihrer Präferenzen treffen. Wir nehmen weiter an, dass die beiden Akteure in M ihre effektiven Präferenzen simultan wählen. Effektive Präferenzen repräsentieren wir durch kardinale Nutzenfunktionen. Eine Strategie O_i von Akteur i in M ist dann eine Ordnung der kardinalen effektiven Nutzenwerte T_i^e, R_i^e, P_i^e und S_i^e für die materiellen Auszahlungen T, R, P und S im 2 × 2-Spiel in *Abbildung 2*. Uns interessiert, ob rationale und eigennützige Akteure, die in der Lage sind, ihre eigenen Präferenzen zu modifizieren, gegebenenfalls andere als eigennützige Präferenzen wählen würden.

Abbildung 2: Das effektive Spiel

		Akteur 2	
		Kooperation	Defektion
Akteur 1	Kooperation	R_1^e, R_2^e	S_1^e, T_2^e
	Defektion	T_1^e, S_2^e	P_1^e, P_2^e

Der Einfachheit halber wollen wir annehmen, dass jeder der beiden Akteure in M zwischen zwei effektiven Präferenzordnungen oder Strategien wählen kann, die wir mit O_i^D und O_i^{AG} notieren. Die Präferenzordnung O_i^D entspricht eigennützigen Präferenzen, mithin gilt $T_i^e = T^n > R_i^e = R^n > P_i^e > P^n > S_i^e = S^n$. Die andere Präferenzord-

---

4 Um den Vergleich zu erleichtern, verwenden wir die Notation aus Raub und Voss (1990). Dort deutet das Superskript „n" die „natürlichen Neigungen" der Akteure an. In unserem Modell nehmen wir an, dass diese natürlichen Neigungen eigennütziger Art sind. Die Pointe des Modells ist dann gerade der Nachweis, dass Akteure auch unter der (möglicherweise „pessimistischen") Annahme, dass sie eigennützig sind, Anreize haben, ihre eigennützigen Präferenzen zu modifizieren.

nung O_i^{AG} entspricht dagegen Sens (1982: Kap. 3) „Assurance Game"-Präferenzen, und es gilt $R_i^e > T_i^e > P_i^e > S_i^e$. Unter dieser Präferenzordnung ist Defektion im effektiven Spiel nicht mehr dominante Strategie. Vielmehr bleibt eigene Defektion zwar (einzige) beste Antwort gegen Defektion des anderen Akteurs, aber eigene Kooperation ist nun (einzige) beste Antwort gegen Kooperation des anderen Akteurs. Haben beide Akteure „Assurance Game"-Präferenzen im effektiven Spiel in *Abbildung 2*, dann ist also nicht nur wechselseitige Defektion ein Gleichgewicht, sondern auch wechselseitige Kooperation. Wechselseitige Kooperation stellt nicht nur jeden der beiden Akteure besser als wechselseitige Defektion, sondern ist sogar für jeden der beiden Akteure mit dem höchsten möglichen Nutzen verbunden.

Nun müssen wir die Nutzenfunktionen der Akteure für das Spiel **M** spezifizieren. Dazu machen wir uns klar, dass eine Strategienkombination $O = (O_1, O_2)$ im Spiel **M** die Nutzenfunktionen der Akteure für das effektive Spiel in *Abbildung 2* festlegt. Wir nehmen an, dass das effektive Spiel in *Abbildung 2* ein nichtkooperatives Spiel mit vollständiger Information ist. Das bedeutet insbesondere, dass jeder der beiden Akteure nicht nur über seine eigenen effektiven Präferenzen informiert ist, sondern auch über die effektiven Präferenzen des anderen Akteurs, nachdem diese effektiven Präferenzen gewählt wurden und bevor das effektive Spiel selbst gespielt wird. Die zentrale Idee für die Spezifikation der Nutzenfunktionen für das Spiel **M** ist nun, dass beide Akteure auf die Folgen der in **M** gewählten effektiven Präferenzen für das Verhalten im effektiven Spiel aus *Abbildung 2* antizipieren, wobei sie diese Folgen *eigennützig* bewerten.

Nehmen wir also an, dass beide Akteure im Spiel **M** die Präferenzordnung O_i^D wählen, also ihre eigennützigen Präferenzen nicht modifizieren. Das effektive Spiel in *Abbildung 2* hat dann nicht nur im Hinblick auf die Ordnung der materiellen Auszahlungen die Struktur eines Gefangenendilemmas, es ist auch ein Gefangenendilemma im Hinblick auf die Präferenzen der Akteure und sie werden unter der Rationalitätsannahme im effektiven Spiel beide defektieren. Wenn also beide Akteure im Spiel **M** die Präferenzordnung O_i^D wählen, ihre eigennützigen Präferenzen also nicht modifizieren, und wenn sie die Folgen der Wahl von Präferenzen im Spiel **M** für die Resultate des effektiven Spiels eigennützig bewerten, dann ist beiderseitige Wahl der Präferenzordnung O_i^D für beide Akteure mit dem Nutzenwert P^n im Spiel **M** verbunden.

Nun betrachten wir den Fall, dass beide Akteure im Spiel **M** die Präferenzordnung O_i^{AG} wählen, so dass $R_i^e > T_i^e > P_i^e > S_i^e$ für das effektive Spiel gilt. Das effektive Spiel ist dann also selbst ein „Assurance Game". Unter der relativ schwachen Annahme, dass rationale Akteure ein Gleichgewicht spielen, das jeden Akteur besser stellt als alle anderen möglichen Strategienkombinationen und insbesondere auch alle anderen Gleichgewichte, werden die beiden Akteure in diesem effektiven Spiel also wechselseitig kooperieren. Mithin ist beiderseitige Wahl der Präferenzordnung O_i^{AG} für beide Akteure mit dem Nutzenwert R^n im Spiel **M** verbunden.

Es bleibt der Fall, dass einer der beiden Akteure im Spiel **M** die Präferenzordnung O_i^D wählt, also seine eigennützigen Präferenzen nicht modifiziert, während der andere Akteur im Spiel **M** die Präferenzordnung O_j^{AG} wählt. Im effektiven Spiel ist dann Defektion dominante Strategie für Akteur i, während Defektion einzige beste Antwort von Akteur j gegen Defektion von Akteur i ist. Wechselseitige Defektion ist mithin das einzige Gleichgewicht dieses effektiven Spiels. Wenn also einer der beiden Akteure im

Abbildung 3: Das Spiel **M** ($R^n > P^n$)

		Akteur 2	
		O_2^{AG}	O_2^D
Akteur 1	O_1^{AG}	R^n, R^n	P^n, P^n
	O_1^D	P^n, P^n	P^n, P^n

Spiel **M** die Präferenzordnung O_i^D wählt, also seine eigennützigen Präferenzen nicht modifiziert, während der andere Akteur im Spiel **M** die Präferenzordnung O_j^{AG} wählt, dann realisieren beide Akteure den Nutzenwert P^n im Spiel **M**.

Abbildung 3 zeigt die Normalform von Spiel **M**. In diesem Spiel ist wechselseitige Wahl von „Assurance Game"-Präferenzen O_i^{AG} ebenso ein Gleichgewicht wie wechselseitige Wahl von eigennützigen Präferenzen O_i^D. Wechselseitige Wahl von „Assurance Game"-Präferenzen stellt jeden Akteur besser als alle anderen möglichen Strategienkombinationen und insbesondere auch besser als wechselseitige Wahl von eigennützigen Präferenzen. Die Wahl von „Assurance Game"-Präferenzen ist sogar schwach dominante Strategie im Spiel **M**. Wir können daher annehmen, dass rationale Akteure im Spiel **M** „Assurance Game"-Präferenzen wählen und im effektiven Spiel kooperieren. Wir sehen also, dass rationale und eigennützige Akteure, die ihre Präferenzen selbst modifizieren können und die von *eigennützigen* Motiven geleitet werden, in der Tat ihre Präferenzen anpassen.

Auf den ersten Blick liegt der Einwand nahe, dass wir hier einen extremen Spezialfall betrachtet haben. Wir haben z. B. angenommen, dass die beiden Akteure im Spiel **M** nur zwischen O_i^D und O_i^{AG} wählen können. Wenn man aber überhaupt annehmen will, dass Akteure ihre Präferenzen selbst wählen können, warum sollte man dann nicht auch noch ganz andere Präferenzordnungen als wählbar unterstellen? Gilt dann noch stets, dass Akteure ihre Präferenzen modifizieren und im effektiven Spiel kooperieren? Unser Spezialfall wäre wenig interessant, falls sich das Resultat nicht verallgemeinern lässt. Diese skeptische Reaktion ist berechtigt. Unser Resultat, nämlich die rationale (auf Gleichgewichtsverhalten beruhende) und eigennützige Modifikation von Präferenzen derart, dass die endogenen Präferenzordnungen Kooperation induzieren, lässt sich aber verallgemeinern. Wir können hier nicht auf technische Details eingehen (vgl. für ausführliche Analysen und technische Bedingungen und Einschränkungen Raub und Voss 1990 sowie Raub 1990), man kann aber, grob gesprochen, zeigen, dass sich das Resultat in ähnlicher Form auch dann ergibt, wenn im Spiel **M** beliebige effektive Präferenzordnungen gewählt werden können und dass das Resultat nicht nur für das Gefangenendilemma gilt, sondern auch für andere soziale Dilemmas, auch für solche mit mehr als zwei Akteuren.

In dem skizzierten Modell werden verschiedene restriktive Annahmen verwendet. Insbesondere haben wir angenommen, dass die Akteure vollständig informiert sind über die gewählten effektiven Präferenzen, also nicht nur ihre eigenen effektiven Präferenzen kennen, sondern auch die effektiven Präferenzen des anderen Akteurs, und dass sie sich im effektiven Spiel auch entsprechend ihren effektiven Präferenzen verhalten, dass sie sich also auf ihre effektiven Präferenzen „festlegen" können (vgl. Raub und Voss 1990 für eine genauere Übersicht und vor allem auch für soziale Bedingungen, unter denen solche Annahmen einigermaßen plausibel erscheinen). Das ändert aber nichts an dem Nachweis, dass es im Prinzip möglich ist, Präferenzänderungen im Rahmen eines Rational-Choice-Modells zu endogenisieren und Alternativen zur Eigennutzannahme als Konsequenzen eines Rational-Choice-Modells zu betrachten.[5]

IV. ERC: neue Vorhersagen aus Alternativen zur Eigennutzannahme

Das Ziel des ERC-Modells[6] ist, mit Hilfe einer empirisch fundierten Motivationsstruktur Laborverhalten auf ein einfaches Prinzip zurückzuführen. ERC greift klassische Ideen der Soziologie und Sozialpsychologie auf (vgl. z. B. „Eminenz" bei Hobbes, aber auch Bezugsgruppentheorie z. B. bei Merton), nämlich dass Akteure nicht nur durch die Resultate ihres Handelns für die eigene Person selbst beeinflusst werden, sondern auch durch „soziale Vergleichsprozesse" (ein ähnliches Modell mit weitgehend analogen Resultaten wurde von Fehr und Schmidt 1999 entwickelt). Der Kern von ERC ist die Annahme, dass jeder Akteur i so handelt, als ob er den erwarteten Wert seiner Motivationsfunktion (oder Nutzenfunktion) $v_i = v_i(y_i, \sigma_i)$ maximiert, wobei y_i die monetäre Auszahlung von Akteur i,

$$\sigma_i = \sigma_i(y_i, c, n) = \begin{cases} y_i/c, & \text{falls } c > 0 \\ 1/n, & \text{falls } c = 0 \end{cases}$$

der relative Anteil von i an der Gesamtauszahlung, c = die Gesamtauszahlung aller Akteure (oder der „Kuchen") und n die Anzahl aller Akteure ist. Anders als im Standardmodell wird angenommen, dass Akteure nicht nur durch ihre monetäre Auszahlung y_i („mehr Geld ist besser als weniger Geld") motiviert sind, sondern auch durch ihre relative Position σ_i in der Gruppe. Es wird angenommen, dass die Akteure darunter leiden, wenn sie weniger als die Anderen (im Mittelwert) haben, aber auch wenn sie mehr haben. Der Disnutzen von Ungleichheit kann für die Akteure sehr unterschiedlich sein; während einige keinen Wert auf soziale Vergleiche legen mögen, mag für andere lediglich unvorteilhafte Ungleichheit problematisch sein, während wiederum andere jede Art von Ungleichheit ablehnen.[7] Die Heterogenität individueller sozialer Präferenzen ist eine entscheidende Komponente des Modells, die für die Abbildung bestimmter Makro-Phänomene notwendig ist. Das Modell kann zwar individuelles soziales Verhalten oft nicht prognostizieren (wie viel gibt Lieschen Müller im Diktatorspiel ab?), es sagt aber sehr wohl voraus, wie sich soziales Verhalten in der Gruppe insgesamt

---

5 Ein alternativer Ansatz zur Endogenisierung sozialer Präferenzen ist der so genannte indirekt evolutionäre Ansatz, bei dem sich in einem formalen Modellrahmen die Präferenzen rationaler Individuen (sowie Aspekte der Institutionen) im evolutorischen Wettbewerb anpassen können. Hier zeigt sich analog zur obigen Analyse, dass die erfolgreichen, im evolutionären Wettbewerb effektiv selektierten Präferenzen nicht etwa eigennütziger, sondern reziproker Natur sind; siehe etwa Güth und Kliemt (2000) sowie Güth und Ockenfels (2003, 2005).
6 E steht für Equity, R für Reciprocity und C für Competition.
7 Das Modell unterstellt nicht, dass die Ausprägung der eigenen sozialen Präferenzen anderen Akteuren bekannt ist.

ausbildet (siehe Bolton und Ockenfels 2000 für die Details und mathematische Formulierungen).

Es gibt wohl kaum eine einfachere Möglichkeit, soziale Vergleiche im Standardmodell zu berücksichtigen als durch die Modifikation des ERC-Modells. Umso überraschender ist, dass sich diese Motivationsstruktur zusammen mit dem Gleichgewichtskonzept als außerordentlich erfolgreich erwiesen hat, scheinbar disparate Verhaltensweisen auf ein gemeinsames Prinzip zurückführen zu können. Gemäß dem Modell gibt ein Akteur, der soziale Ungleichheit ablehnt, in Diktatorspielen etwas ab, aber nicht mehr als die Hälfte. In Ultimatumspielen werden faire Aufteilungen immer angenommen, aber unfairere Aufteilungen mit höherer Wahrscheinlichkeit abgelehnt; die im Standardmodell prognostizierte Gleichgewichtsaufteilung wird stets abgelehnt. Im Ergebnis geben Proposer im Ultimatumspiel aus strategischen Gründen (nämlich aus Furcht vor Ablehnung) mehr ab als im Diktatorspiel. Auch prognostiziert das Modell konditional kooperatives (reziprokes) Verhalten im Gefangenendilemma und in zahlreichen anderen Dilemmata wie Vertrauensspielen (Berg et al. 1995; Bolton et al. 2004) oder dem „gift-exchange"-Spiel von Fehr et al. (1993). Auf der anderen Seite ist das Modell jedoch auch konsistent mit wettbewerblichem Verhalten im Marktspiel; ein Käufer, der die Konkurrenz meidet und sich nicht auf den Bietkampf einlässt, steht nicht nur absolut gesehen (nämlich finanziell) schlecht da, sondern auch bezüglich seiner relativen Position: Er müsste dann nämlich zusehen, wie andere sich den Kuchen aufteilen. Im Ergebnis wird sich niemand dem Wettbewerb entziehen, unabhängig davon, wie sozial die Präferenzen auch sein mögen.

All diese Prognosen sind im Einklang mit den empirischen Befunden, teilweise auch bis ins Detail. Dies legt nahe, dass aus den robusten empirischen Ergebnissen nicht etwa folgt, dass soziale Präferenzen kontextabhängig „aufquellen". Vielmehr führt das Zusammenspiel eigennütziger und sozialer Präferenzen mit den institutionellen und sozialen Rahmenbedingungen zu systematisch unterschiedlichen und prognostizierbaren Makro-Phänomenen in unterschiedlichen Kontexten. Beispielsweise ist es in Verhandlungen zuweilen selbst für Egoisten klug, sich aus strategischen Gründen fair zu verhalten, und andererseits ist es im Wettbewerb selbst für Akteure mit ausgeprägten sozialen Präferenzen nicht vermeidbar, sich dem Konkurrenzdruck zu beugen (für eine aktuelle ausführliche und kritische Würdigung des Modells siehe Cooper und Kagel, im Erscheinen, und z. B. Fehr und Schmidt 2006 für eine ähnliche Schlussfolgerung).

Zugleich ermöglicht die mathematisch stringente Modellierung sozialer Präferenzen und die dadurch ermöglichte Ableitung falsifizierbarer Verhaltenshypothesen unter verschiedenen sozialen und ökonomischen Bedingungen auch Aussagen über die zugrundeliegende Natur sozialen Verhaltens, beispielsweise über den inhärenten Zusammenhang zwischen Fairness und Reziprozität in vielen experimentellen Befunden (z. B. Bolton et al. 2008) oder über die Selbstzentriertheit sozialer Verhaltensweisen. Ein Beispiel für letzteres ist das Güth-van Damme (1998)-Spiel, ein Ultimatumspiel, in dem Proposer und Responder ihren Kuchen zusätzlich auf einen Dummy aufteilen, der in dem Aufteilungsprozess jedoch nichts zu sagen hat. Wie im Ultimatumspiel macht der Proposer einen Vorschlag, und der Responder nimmt an oder lehnt ab.

Abbildung 4 zeigt das Ergebnis: der Proposer bietet dem Dummy praktisch nichts und dem Responder seinen fairen Anteil (nämlich ein Drittel) an. Güth und van Damme (1998) schreiben, dass sie in ihren Daten merkwürdigerweise weder Evidenz

Abbildung 4: Ergebnisse im Güth-van Damme-Spiel

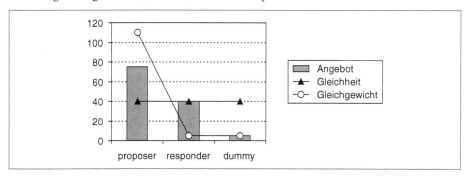

für Fairness noch für Eigennutz finden. Eigennutz würde implizieren, dass weder der Responder noch der Dummy einen signifikanten Anteil am Kuchen bekommen (siehe „Gleichgewicht" unter der Eigennutzannahme in der Abbildung), und fair wäre es gewesen, wenn der Proposer auch dem Dummy seinen fairen Anteil gibt („Gleichheit" in der Abbildung), oder wenn zumindest der Responder unfaire Aufteilungen nicht nur für sich, sondern auch für den Dummy ablehnt. Doch *Abbildung 4* zeigt, dass dies nicht passiert.[8] Tatsächlich sind diese Beobachtungen jedoch mit dem ERC-Modell und damit auch mit Fairness in Ultimatumspielen und Eigennutz im Wettbewerb konsistent, wie die mathematische Analyse aufzudecken vermag. Der Grund steckt in der ERC Motivationsfunktion: Die Akteure kümmern sich lediglich um ihre *eigene* relative Position σ_i, nicht aber um die relative Position der anderen Akteure. Entsprechend lehnt der Responder niemals ab, wenn zumindest er „seinen fairen" Anteil erhält, und der Proposer sieht sich folglich nicht genötigt, den Dummy zu bedienen (siehe Bolton und Ockenfels 1998 für eine mathematische und statistische Analyse dieser und weiterer Effekte). Das Ergebnis erscheint zwar normativ unfair, ist aber konsistent mit einem in anderen Kontexten entwickelten deskriptiven Modell rationalen, selbstzentrierten sozialen Verhaltens.

V. Zusammenfassung und Ausblick

In diesem Beitrag haben wir zunächst skizziert, dass das Standardmodell des Rational-Choice-Ansatzes, das zusätzlich zur Rationalitätsannahme auch die Eigennutzannahme verwendet, mit manchen experimentellen empirischen Befunden unvereinbar ist. Zwar erklärt das Standardmodell viele empirische Regelmäßigkeiten, die wir in experimentellen Märkten antreffen, zahlreiche empirische Regelmäßigkeiten in Experimenten zu Ultimatum- und Diktatorspielen und zum Gefangenendilemma widersprechen aber dem Standardmodell. Wir haben Alternativen zum Standardmodell präsentiert, in denen auf die Eigennutzannahme verzichtet wird. Unsere Alternativen lösen das Problem, dass

---

8 Güth und van Damme (1998: 242) schreiben: „The experimental data clearly refute the idea that proposers are intrinsically motivated by considerations of fairness: They only allocate marginal amounts to the dummy". Und (1998: 230): „There is not a single rejection that can be clearly attributed to a low share for the dummy."

andere Motivationsannahmen als die Eigennutzannahme leicht zur „Immunisierung" (Albert 1977) von Rational-Choice-Modellen führen können. Mit einem Modell endogener Präferenzänderungen haben wir Bedingungen spezifiziert, unter denen rationale und eigeninteressierte Akteure ihre eigenen Präferenzen modifizieren werden. Andere als eigennützige Präferenzen, genauer: „Assurance Game"-Präferenzen, werden in diesem Modell nicht *angenommen*, sondern sind *Konsequenzen* des Modells. Das ERC-Modell ist dagegen ein Modell, das mit einer relativ „sparsamen" Alternative zur Eigennutzannahme, nämlich der Annahme, dass Akteure sowohl durch ihre eigenen materiellen Auszahlungen als auch durch ihre relative Position motiviert sind, zahlreiche empirische Regelmäßigkeiten aus experimentellen Spielen organisieren kann. Das ERC-Modell kann wie das Standardmodell eigennütziges Verhalten in Marktspielen erklären, aber es ist dem Standardmodell überlegen, weil es auch faires Verhalten in Ultimatum- und Diktatorspielen sowie reziprokes Verhalten im Gefangenendilemma erklären kann, und zwar gerade auch bei anonymen und nicht wiederholten Interaktionen.

Man kann sich im Übrigen klar machen, dass es systematische Zusammenhänge zwischen den „Assurance Game"-Präferenzen gibt, die von rationalen Akteuren in unserem Modell endogener Präferenzänderungen gewählt werden, und ERC Motivationsfunktionen, die im Gefangenendilemma zu wechselseitiger Kooperation führen. Ein rationaler Akteur mit einer ERC-Motivationsfunktion kann sich nämlich im Kontext des Gefangenendilemmas aus Abschnitt III lediglich entweder wie durch eigennützigen Präferenzen induziert oder wie durch „Assurance Game"-Präferenzen induziert verhalten (siehe Bolton und Ockenfels 2000, Kapitel VI.A für Details). In diesem Sinn kann man also ERC-Motivationsannahmen im Gefangenendilemma-Kontext auch als Implikationen des Modells endogener Präferenzänderungen auffassen (ähnliche Zusammenhänge gibt es auch zwischen „Assurance Game"-Präferenzen und Nutzenfunktionen à la Fehr und Schmidt 1999; vgl. z. B. Diekmann und Voss 2008).

Zugleich ist klar, dass solche Modelle sozialer Präferenzen nicht alle Verhaltensphänomene richtig erfassen können. Soziales Verhalten ist ein komplexes Phänomen, das durch motivationale Prinzipien allein nicht vollständig erfasst werden kann, sondern auch kognitive, biologische (einschließlich neurologische, chemische und quantenphysikalische), adaptive und andere Wurzeln besitzt; z. B. kann soziales Verhalten auch durch das Einsprühen bestimmter Stoffe in die Nase oder durch das kurzzeitige Halten einer Tasse Kaffee beeinflusst werden (Kosfeld et al. 2005, Williams und Bargh 2008).[9] Doch es ist oft nicht hilfreich, und in der Regel auch nicht möglich, alle potenziell relevanten Faktoren gleichzeitig zu berücksichtigen. Modelle, seien sie mathematisch oder verbal formuliert, müssen generell von der Realität abstrahieren, um nützlich zu sein. Das richtige Abstraktionsniveau hängt von der Fragestellung ab (siehe Lindenberg 1992; Bolton und Ockenfels 2009b; Bolton 2010; und Roth 1996 für ähnliche Argumente).

---

9 Die skizzierten Modelle können naturgemäß auch nicht alle potenziell relevanten Motivationen abbilden; siehe Cooper und Kagel (im Erscheinen); Bolton und Ockenfels (2006, 2009a, 2009b) sowie die dort zitierten Referenzen für wichtige Beispiele und Diskussionen (etwa zur Rolle prozeduraler Fairness, die das ERC-Modell nicht einfangen kann; siehe dazu aus soziologischer Sicht z. B. Vieth 2009).

Es hilft, wenn man sich Theorien sozialen Verhaltens als Landkarten vorstellt. Um die Bewegung von Planeten zu verstehen, reicht es in der Regel aus, sich die ganze Erde als einen Massepunkt vorzustellen – die einfachste Version einer Landkarte. Einem Bergsteiger ist mit so einer Karte jedoch wenig geholfen. Ebenso kann ein U-Bahn-Plan helfen, die richtige U-Bahn zu finden, den Autofahrer dagegen oft in die falsche Richtung schicken. Letzterer benötigt eine detailliertere Karte, doch eine Karte, die die Erdoberfläche bis zum letzten Grashalm abbildet, ist wenig hilfreich, wenn man von Köln nach Utrecht fahren möchte.

Ähnliches gilt für Theorien sozialen Verhaltens. Keine uns bekannte Theorie fängt gleichzeitig alle potenziell relevanten ökonomischen, psychologischen und biologischen Einflussfaktoren sozialen Verhaltens ein; alle Theorien werden demnach streng genommen falsifiziert (soweit sie falsifizierbar sind). Das heißt jedoch nicht, dass die Modelle unnütz sind. Die Erde ist auch kein Massepunkt, und der U-Bahn-Plan versagt, wenn er den Fußweg zu unseren Büros weisen soll. Doch für viele Fragen, mit denen sich Soziologen und Ökonomen beschäftigen, ist es allenfalls von untergeordneter Relevanz, ob ein warmes Getränk im Durchschnitt zu mehr Vertrauen führt als ein kaltes Getränk. Eine Theorie, die die Komplexität der Realität reduziert, kann durchaus nützlich sein, da sie Wissenschaftlern und Praktikern Orientierung gibt, so wie die Landkarte Orientierung gibt. Wir glauben, dass nicht-eigennützige Motivationen in vielen Fällen für das Verständnis sozialen Verhaltens relevant sind, was erklärt, warum sie auf vielen Landkarten verzeichnet sind. Diese Landkarten können mit Karten, die andere ökonomische, soziologische, psychologische und biologische Erkenntnisse zusammen stellen, übereinandergelegt werden und im wissenschaftlichen Wettbewerb revidiert, verbessert und zusammengeführt werden.

In empirischer Hinsicht haben wir uns in diesem Beitrag auf experimentelle Evidenzen konzentriert, und zwar auf Evidenzen aus Laborexperimenten. Dafür gibt es gute Gründe (s. o.), aber es ist klar, dass Laborexperimente von vielen Kontexteigenschaften abstrahieren. Gerade dadurch können Hypothesen systematisch überprüft und relevante Einflussfaktoren identifiziert und analysiert werden. Gerade dadurch sind aber auch komplementäre empirische Designs nützlich – z. B. Feldexperimente, Vignetten-Studien, Surveystudien, die Analyse nicht-reaktiver Verhaltensdaten und Fallstudien, um zu robusten Befunden über Fairness, Reziprozität und Eigennutz in unterschiedlichen Kontexten wie Märkten, sozialen Situationen mit Verteilungsproblemen und sozialen Dilemmata zu kommen (vgl. auch Diekmann 2008; Greiner und Ockenfels 2009; Harrison und List 2004; Levitt und List 2007).

Literatur

Albert, Hans. 1977. Individuelles Handeln und soziale Steuerung. Die ökonomische Tradition und ihr Erkenntnisprogramm. In *Handlungstheorien – interdisziplinär IV: Sozialwissenschaftliche Handlungstheorien und spezielle systemwissenschaftliche Ansätze*, Hrsg. Hans Lenk, 177-225. München: Fink.

Becker, Gary S. 1976. *The economic approach to human behavior*. Chicago: University of Chicago Press.

Berg, J., John Dickhaut und Kevin McCabe. 1995. Trust, reciprocity and social history. *Games and Economic Behavior* 10: 122–142.

Bolton, Gary E. 2010. Testing models and internalizing context: A comment on Vernon Smith's 'theory and experiment: what are the questions?' *Journal of Economic Behavior and Organization* 73: 16-20.
Bolton, Gary E., Jordi Brandts, Elena Katok, Axel Ockenfels und Rami Zwick. 2008. Testing theories of other-regarding behavior – a sequence of four laboratory studies. In *Handbook of experimental economics results* vol. I., eds. Charles R. Plott, Vernon L. Smith, 488-499. North Holland: Elsevier.
Bolton, Gary E., Jordi Brandts und Axel Ockenfels. 2005. Fair procedures: evidence from games involving lotteries. *Economic Journal* 115: 1054–1076.
Bolton, Gary E., Elena Katok und Axel Ockenfels. 2004. Trust among internet traders – a behavioral economics approach. *Analyse und Kritik* 26: 185-202.
Bolton, Gary E., und Axel Ockenfels. 1998. Strategy and equity: an ERC-analysis of the Güth-van Damme Game. *Journal of Mathematical Psychology* 42: 215-226.
Bolton, Gary E., und Axel Ockenfels. 2000. ERC: A theory of equity, reciprocity and competition. *American Economic Review* 90: 166-193.
Bolton, Gary E., und Axel Ockenfels. 2006. Measuring efficiency and equity motives – a comment on "inequality aversion, efficiency and maximin preferences in simple distribution experiments". *American Economic Review* 96: 1906-1911.
Bolton, Gary E., und Axel Ockenfels. 2009a. The limits of trust in economic transactions. In *Trust. Forming relationships in the Online-world,* eds. Karen S. Cook, Chris Snijder, Vincent Buskens, Coye Cheshire, 15-36. New York: Russell Sage.
Bolton, Gary E., und Axel Ockenfels. 2009b. Testing and modeling fairness motives. In *Perspectives in moral science,* eds. Michael Baurmann, Bernd Lahno, 199-206. Frankfurt a. M.: Frankfurt School Verlag.
Bolton, Gary E., und Axel Ockenfels. 2010. Risk taking and social comparison – a comment on "betrayal aversion: evidence from Brazil, China, Oman, Switzerland, Turkey, and the United States". *American Economic Review* 100: 628-633.
Brennan, Geoffrey, und James M. Buchanan. 1985. *The reason of rules. Constitutional political economy.* Cambridge: Cambridge University Press.
Buskens, Vincent, und Werner Raub. 2010. Rational choice research on social dilemmas. In *Handbook of Rational Choice social research,* eds. Rafael Wittek, Tom A. B. Snijders, Victor Nee (im Erscheinen).
Camerer, Colin F. 2003. *Behavioral game theory. Experiments in strategic interaction.* Princeton, NJ: Princeton University Press.
Coleman, James S. 1987. Psychological structure and social structure in economic models. In *Rational choice. The contrast between economics and psychology,* eds. Robin M. Hogarth, Melvin W. Reder, 181-185. Chicago: University of Chicago Press.
Coleman, James S. 1990. *Foundations of social theory.* Cambridge, MA: Belknap Press of Harvard University Press.
Cooper, David J., und John H. Kagel. 2009. Other regarding preferences: a selective survey of experimental results. In *Handbook of experimental economics,* vol. 2, eds. John H. Kagel, Alvin E. Roth. Princeton, NJ: Princeton University Press (im Erscheinen).
Dawes, Robyn M., und Richard H. Thaler. 1988. Anomalies: cooperation. *Journal of Economic Perspectives* 2: 187-197.
Diekmann, Andreas. 2008. Soziologie und Ökonomie: Der Beitrag experimenteller Wirtschaftsforschung zur Sozialtheorie. *Kölner Zeitschrift für Soziologie und Sozialpsychologie* 60: 528-550.
Diekmann, Andreas. 2009. *Spieltheorie. Einführung, Beispiele, Experimente.* Reinbek bei Hamburg: Rowohlt.
Diekmann, Andreas, und Thomas Voss, Hrsg. 2004. *Rational Choice Theorie in den Sozialwissenschaften. Anwendungen und Probleme.* München: Oldenbourg.
Diekmann, Andreas, und Thomas Voss. 2008. Soziale Normen und Reziprozität. In *Rational Choice: Theoretische Analysen und empirische Resultate,* Hrsg. Andreas Diekmann, Klaus Eichner, Peter Schmidt, Thomas Voss, 83-100. Wiesbaden: VS Verlag für Sozialwissenschaften.
Esser, Hartmut. 1993. *Soziologie. Allgemeine Grundlagen.* Frankfurt a. M.: Campus.

Esser, Hartmut. 2010. Das Modell der Frame-Selektion: Eine allgemeine Handlungstheorie für die Sozialwissenschaften? In *Soziologische Theorie kontrovers,* Hrsg. Steffen Sigmund, Gert Albert, 45-62. Wiesbaden: VS Verlag für Sozialwissenschaften.
Fehr, Ernst, und Herbert Gintis. 2007. Human motivation and social cooperation: experimental and analytical foundations. *Annual Review of Sociology* 33: 43-64.
Fehr, Ernst, Georg Kirchsteiger und Arno Riedl. 1993. Does fairness prevent market clearing: an experimental investigation. *Quarterly Journal of Economics* 108: 437-459.
Fehr, Ernst, und Klaus Schmidt. 1999. A theory of fairness, competition, and cooperation. *Quarterly Journal of Economics* 114: 817-868.
Fehr, Ernst, und Klaus M. Schmidt. 2006. The economics of fairness, reciprocity and altruism – experimental evidence and new theories. In *Handbook of the economics of giving, altruism and reciprocity,* vol. I, Hrsg. Serge-Christophe Kolm, Jean Mercier Ythier, 615-691. Amsterdam: Elsevier.
Forsythe, Robert, Joel L. Horowitz, N.E. Savin und Martin Sefton. 1994. Fairness in simple bargaining experiments. *Games and Economic Behavior* 6: 347-369.
Friedman, Milton. 1953. *Essays in positive economics.* Chicago, IL: University of Chicago Press.
Goldthorpe, John H. 1996. The quantitative analysis of large-scale data sets and rational action theory: for a sociological alliance. *European Sociological Review* 12: 109-126.
Greiner, Ben, und Axel Ockenfels. 2009. Vom Labor ins Feld: Die Ökonomik des Vertrauens. *Kölner Zeitschrift für Soziologie und Sozialpsychologie,* Sonderheft 49: 219-242. Wiesbaden: VS Verlag für Sozialwissenschaften.
Güth, Werner, und Eric van Damme. 1998. Information, strategic behavior and fairness in ultimatum bargaining: an experimental study. *Journal of Mathematical Psychology* 42: 227-247.
Güth, Werner, und Hartmut Kliemt. 2000. Evolutionarily stable co-operative commitments. *Theory und Decision* 49: 197-221.
Güth, Werner, und Axel Ockenfels. 2003. The coevolution of trust and institutions in anonymous and non-anonymous communities. In *Jahrbuch für Neue Politische Ökonomie 20,* Hrsg. Manfred J. Holler, Hartmut Kliemt, Dieter Schmidtchen, Manfred Streit, 157-174. Tübingen: Mohr Siebeck.
Güth, Werner, und Axel Ockenfels. 2005. The coevolution of morality and legal institutions: an indirect evolutionary approach. *Journal of Institutional Economics* 1: 155-174.
Güth, Werner, Rolf Schmittberger und Bernd Schwarze. 1982. An experimental analysis of ultimatum bargaining. *Journal of Economic Behavior and Organization* 3: 367-388.
Harrison, Glenn W., und John A. List. 2004. Field experiments. *Journal of Economic Literature* 42: 1009-1055.
Harsanyi, John C. 1976. *Essays on ethics, social behavior, and scientific explanation.* Dordrecht: Reidel.
Harsanyi, John C. 1977. *Rational behavior and bargaining equilibrium in games and social situations.* Cambridge: Cambridge University Press.
Hedström, Peter. 2005. *Dissecting the social. On the principles of analytical sociology.* Cambridge: Cambridge University Press.
Kosfeld, Michael, Markus Heinrichs, Paul J. Zak, Urs Fischbacher und Ernst Fehr. 2005. Oxytocin increases trust in humans. *Nature* 435: 673-676.
Levitt, Steven D., und John A. List. 2007. What do laboratory experiments measuring social preferences reveal about the real world? *Journal of Economic Perspectives* 21: 153-174.
Lindenberg, Siegwart. 1992. The method of decreasing abstraction. In *Rational Choice theory. Advocacy and critique,* eds. James S. Coleman, Thomas J. Fararo, 3-20. London: Sage.
Lindenberg, Siegwart, und Reinhard Wippler. 1978. Theorienvergleich: Elemente der Rekonstruktion. In *Theorienvergleich in den Sozialwissenschaften,* Hrsg. Karl-Otto Hondrich, Joachim Matthes, 219-231. Darmstadt: Luchterhand.
Mas-Colell, Andreu, Michael D. Whinston und Jerry R. Green. 1995. *Microeconomic theory.* New York: Oxford University Press.
Ockenfels, Axel. 1999. *Fairness, Reziprozität und Eigennutz.* Tübingen: Mohr Siebeck.
Ockenfels, Axel. 2009. Marktdesign und experimentelle Wirtschaftsforschung. *Perspektiven der Wirtschaftspolitik* 10: 31-54.
Opp, Karl-Dieter. 1979. *Individualistische Sozialwissenschaft.* Stuttgart: Enke.

Popper, Karl R. 1973. *Logik der Forschung* (1934). 5. Aufl. Tübingen: Mohr Siebeck.
Popper, Karl R. 1974. *Conjectures and refutations* (1963). The growth of scientific knowledge, 5. Aufl. London: Routledge and Kegan Paul.
Raub, Werner. 1990. A general game-theoretic model of preference adaptations in problematic social situations. *Rationality and Society* 2: 67-93.
Raub, Werner, und Vincent Buskens. 2006. Spieltheoretische Modelle und empirische Anwendungen in der Soziologie. *Kölner Zeitschrift für Soziologie und Sozialpsychologie*, Sonderheft 44: 560-598.
Raub, Werner, und Thomas Voss. 1990. Individual interests and moral institutions: an endogenous approach to the modification of preferences. In *Social institutions: their emergence, maintenance, and effects*, eds. Michael Hechter, Karl-Dieter Opp, Reinhard Wippler, 81-117. New York: Aldine.
Roth, Alvin E. 1988. Laboratory experimentation in economics: a methodological overview. *Economic Journal* 98: 974-1031.
Roth, Alvin E. 1995. Bargaining experiments. In *Handbook of experimental economics*, Hrsg. John H. Kagel, Alvin E. Roth, 253-348. Princeton: Princeton University Press.
Roth, Alvin E. 1996. Comments on Tversky's 'Rational theory and constructive choice'. In *The rational foundations of economic behavior*, eds. Kenneth Arrow, Enrico Colombatto, Michael Perlman, Christian Schmidt, 198-202. London, New York: Macmillan.
Roth, Alvin E., Vesna Prasnikar, Masahiro Okuno-Fujiwara und Shmuel Zamir. 1991. Bargaining and market behavior in Jerusalem, Ljubljana, Pittsburgh, and Tokyo: an experimental study. *American Economic Review* 81: 1068-1095.
Schmidt, Klaus. 2009. The role of experiments for the development of economic theories. *Perspektiven der Wirtschaftspolitik* 10: 14-30.
Schüßler, Rudolf. 1988. Der homo oeconomicus als skeptische Fiktion. *Kölner Zeitschrift für Soziologie und Sozialpsychologie* 40: 447-463.
Sen, Amartya. 1982. *Choice, welfare and measurement*. Oxford: Blackwell.
Vieth, Manuela. 2009. *Commitments and reciprocity. Experimental studies on obligation, indignation, and self-consistency.* PhD thesis ICS-Utrecht.
Weber, Max. 1976. *Wirtschaft und Gesellschaft* (1921). 5. Aufl. Tübingen: Mohr Siebeck.
Williams, Lawrence E., und John A. Bargh. 2008. Experiencing physical warmth promotes interpersonal warmth. *Science* 322: 606-607.

Korrespondenzanschrift: Prof. Dr. Axel Ockenfels, Staatswissenschaftliches Seminar, Universität zu Köln, Albertus-Magnus-Platz, 50923 Köln
E-Mail: office.ockenfels@wiso.uni-koeln.de

KRITIK

FAIR UND RATIONAL?
HANDELN IN INSTITUTIONELLEN KONSTELLATIONEN

Steffen Sigmund

Zusammenfassung: Die zunehmende Skepsis gegenüber dem Standardmodell rationalen Handelns zeigt sich insbesondere daran, dass die Konzepte der Reziprozität, der Fairness und des Altruismus immer größere Bedeutung für Handlungserklärungen erlangen. Der vorliegende Aufsatz konzentriert sich darauf, den verhaltensökonomischen Beitrag von A. Ockenfels und W. Raub zu dieser Debatte unter drei Gesichtspunkten zu diskutieren: 1. Muss man bei der Modifikation des Rational-Choice-Modells nicht auch die diesem zugrunde liegende Rationalitätsannahme modifizieren? 2. Inwiefern kommt in diesem Zusammenhang der Einbeziehung institutioneller Kontexte eine zentrale Bedeutung zu, und 3. Lassen sich auf der Grundlage einer spieltheoretischen Modellierung von Interaktionsprozessen allgemeine Aussagen zu gesellschaftlichen Prozessen treffen? Die Antworten hierzu sollen die Debatte um die Entwicklung einer interdisziplinären Konsistenz in Fragen der Erklärung sozialen Handelns weiter voranbringen.

I.

In der sozialwissenschaftlichen Theorieentwicklung der letzten Jahre zeigt sich eine zunehmende Skepsis gegenüber dem Standardmodell rationalen Handelns. Kern dieser Debatten sind die Konzepte der Reziprozität, der Fairness und des Altruismus.

So schließt etwa der in den letzten 15 Jahren wiederbelebte Diskurs um Theorien der Reziprozität und der Gabe (vgl. Adloff und Mau 2005; Stegbauer 2002; Schmid 2004) an klassischen soziologischen und ethnologischen Ansätzen an, wonach generalisierte Formen des Austauschs sich weder auf eigennützige noch auf rein normenorientierte Motive zurückführen lassen (Gouldner 1984; Sahlins 1999). Und die neuere französischsprachige Soziologie hebt im Anschluss an Marcel Mauss auf die prosozialen Anteile von Formen des Gebens ab (Caillé und Godbout 1998; Hénaff 2009), indem sie die These propagiert, dass die Dichotomie von Interesse und Moral durch die Wirkung der Gabe als Initiatorin sozialer Reziprozität transzendiert wird. Die Gabe ist *auch* desinteressiert, nicht weil es keine Gegengabe gibt, sondern weil diese nicht kalkulierbar ist; sie verletzt die Tauschregel der Äquivalenz. Es liegt offenbar ein Moment der Spontaneität, des Überflusses und des Nicht-Kontrollierbaren in prosozialen Formen des Gebens.

Ähnliches findet sich auch mit Blick auf die Altruismusforschung. Während die Sozial- und Entwicklungspsychologie (Bierhoff 2002) in den letzten Jahren grundlegende altruistische Tendenzen beim menschlichen Verhalten identifiziert, verweist die aktuelle evolutionäre Anthropologie (Tomasello 2009) darauf, dass dieses Verhalten nicht nur in eine evolutionäre Perspektive rückt, sondern den Homo sapiens mit unseren nächsten Verwandten, den Primaten, vergleicht und entwickelt in diesem Zusammenhang die provokative These, dass nicht Menschen, sondern Schimpansen die eigentlichen Nutzenmaximierer sind. Am fortgeschrittensten und elaboriertesten ist diese Forschung aber sicherlich im Rahmen der experimentellen Wirtschaftsforschung ausgearbeitet, die auf der Grundlage einer Vielzahl weitreichender empirischer Befunde solche Formen von Prosozialität mit dem Ziel analysieren, grundlegende Annahmen des Rational-Choice- oder Homo-Oeconomicus-Modells zu revidieren (vgl. hierzu etwa Ockenfels 1999; Bolton und Ockenfels 2000; Fehr et al. 2002; Fehr und Gintis 2007; Bowles 2008).

All diese Ansätze zielen auf eine Überwindung oder Modifikation der Dominanz ökonomischer Erklärungsmodelle in den Sozialwissenschaften und stellen somit auch gewichtige Herausforderungen für die Soziologie dar, wobei diese Infragestellung des ökonomischen Verhaltensmodells durch die Einbeziehung insbesondere soziologischer Theorien ihren Ausgangspunkt in besonderem Maße in der Ökonomie findet.

Axel Ockenfels' und Werner Raubs Aufsatz „Rational und Fair" markiert einen weiteren eindrucksvollen Beitrag zu dieser Debatte. Sie erheben hierbei einen doppelten Anspruch. Einerseits beabsichtigen sie, „theoretische Alternativen zum Standardmodell" (S. 122) rationalen und eigennützigen Verhaltens zu entwickeln, andererseits erhoffen sie darüber hinaus, dass die „systematische Verwendung der experimentellen Methode eine wichtige Rolle spielen kann bei der Annäherung von Ökonomik und Soziologie im Rahmen eines gemeinsamen Erkenntnisprogramms" (S. 122). Wenngleich sie betonen, dass eine Theorie sozialen Verhaltens einer Vielzahl von disziplinären „ökonomischen, soziologischen, psychologischen und biologischen" (S. 130) Erkenntnissen Rechnung tragen muss, so liegt ihr primäres Anliegen doch darin, dass sich die aktuelle soziologische und ökonomische Theoriebildung einander annähern sollte. Ohne die hier ebenfalls aufgeworfene Frage nach einer facheinheitlichen, universalistischen (Handlungs-)Theorie vertiefen zu wollen (vgl. zu den damit einhergehenden Problemen Gert Albert in diesem Band), markiert diese theoretische Annäherungsbewegung einen zentralen Referenzpunkt für die aktuelle soziologische Theoriediskussion in zumindest dreierlei Hinsicht: 1. Lässt sich das Rational-Choice-Modell modifizieren, ohne die diesem zugrunde liegende Rationalitätsannahme zu problematisieren? 2. Welche weiterführenden Konsequenzen hat die Einbeziehung sozialer und institutioneller Kontexte in das Erklärungsmodell? 3. Bietet eine spieltheoretische Modellierung sozialer Interaktionsprozesse eine hinreichende Voraussetzung für die Erklärung gesellschaftlicher Interaktionsprozesse? Im Folgenden möchte ich diese drei Aspekte nun kurz skizzieren. Im Zentrum der Diskussion stehen somit weniger einzelne Befunde oder Ergebnisse des Aufsatzes von Ockenfels und Raub als vielmehr einige hiermit verknüpfte generelle Problembereiche, die aus meiner Sicht wichtige Anknüpfungspunkte für eine fruchtbare Weiterführung der hier angestoßenen Debatte markieren.

II.

Ausgangspunkt für den Ansatz von Ockenfels und Raub sind die neueren Ergebnisse und Erkenntnisse der experimentellen Wirtschaftswissenschaften, wonach das Modell des „homo oeconomicus", das „rationales und eigennütziges Verhalten" unterstellt (S. 120), einer Modifikation und theoretischen Erweiterung bedarf. Dieses Konzept umfasst zunächst einmal zwei Grundprämissen: „die Annahme der Rationalität und die Annahme des Selbstinteresses" (Vanberg 2009b: 241). Das heißt, formal stehen zur Modifikation dieses Modells einerseits die Rationalitätsannahme und die damit verbundene Vorstellung, dass Akteure bei ihrer Handlungswahl immer diejenigen Entscheidungen treffen, die ihnen den maximalen Gewinn versprechen, und andererseits die mit dem Selbstinteresse unmittelbar verbundene Nutzenfunktion zur Verfügung. Ockenfels und Raub konzentrieren sich explizit auf „Modelle, [die] die Eigennutzannahme aufgeben, an der Rationalitätsannahme aber festhalten" (S. 124). Sie stehen damit in der Tradition der umfangreichen Literatur der experimentellen Verhaltensökonomie (Fehr und Schmidt 1999, 2006; Ockenfels 1999), in der insbesondere vor dem Hintergrund der Analysen von Ultimatum-Spielen immer wieder überzeugend darauf verwiesen wird, dass die empirisch beobachtbaren Abweichungen vom Standardmodell rationalen Handelns dadurch kompensiert werden können, dass man weitergehende Interessen, wie etwa Altruismus oder auch Fairness, in die Nutzenfunktion mit aufnimmt. Auch wenn die Akteure ihr Eigeninteresse im Zusammenhang mit der gerechten Situation anderer bewerten und einschätzen und gegebenenfalls die Bedeutung reziproker Fairness vor ihr eigenes unmittelbares Wohl stellen, bleiben sie doch rationale Nutzenmaximierer. Um dem wissenschaftstheoretischen Ziel ein „einfaches und sparsames Modell mit hohem Informationsgehalt und hoher empirischer Überprüfbarkeit" (S. 121) gerecht werden zu können, scheint somit die Modifikation der Nutzenannahme bei gleichzeitiger Beibehaltung der Rationalitätsannahme eine wichtige methodologische Voraussetzung zu sein. Dies bedeutet aber gleichzeitig, der Frage auszuweichen, ob solche moralischen Präferenzen, wie Fairness und Gerechtigkeit, „genauso behandelt werden können wie die ‚gewöhnlichen' Präferenzen für monetäre Erträge, Konsumgüter und andere Objekte der Begierde" (Vanberg 2009b: 244). Präferenzen richten sich in dieser Perspektive danach, ob die erwarteten Handlungsergebnisse oder Wirkungen für den Akteur (wahrscheinlich) eintreten. Die Handlungswahl ist demzufolge im Rahmen der Rational-Choice-Theorie unmittelbar an die erwarteten Resultate des Handelns gebunden und es besteht „kein Platz für Präferenzen bezüglich Handlungen *per se*" (ebd: 245). Aber gerade dies scheint von großer Bedeutung zu sein. Denn moralische Präferenzen sind meist eben nicht von den Ergebnissen des Handelns geleitet, man denke hier etwa an Webers (1976: 12) Definition des wertrationalen Handelns: „Rein wertrational handelt, wer ohne Rücksicht auf die vorauszusehenden Folgen handelt", das ja gerade nicht die Handlungsfolgen ins Zentrum stellt, sondern sehr viel stärker von den Handlungen selbst, dem Handlungsvollzug, der Praxis und den Regeln des Handelns ausgeht.[1] Insofern verweist die in der Ökonomie empirisch gewonnene Erkenntnis, dass für die Erklärung von Handlungsprozessen moralischen Präferenzen

---

1 Vgl. hierzu die instruktiven Überlegungen von Viktor Vanberg (2009b), der vorschlägt „die Vorstellung von Präferenzen bezüglich Handlungen mit dem Phänomen regelbasierten Verhaltens" zu verknüpfen, „unter besonderer Berücksichtigung moralischer Präferenzen und der Rolle, die Emotionen im moralischen Verhalten spielen" (ebd. 263). Daneben könnte ein Blick auf die aktuelle Debatte über Regelfolgen innerhalb der Soziologie weitere interessante Anschlüsse hierfür bieten.

eine bedeutende Rolle zukommt, darauf, nicht nur die Nutzen-, sondern auch die Rationalitätsannahme zu modifizieren. Weber hat dies, wie bekannt, dadurch zu lösen versucht, an Stelle einer universellen Handlungstheorie eine Handlungstypologie zu entwickeln, die es ermöglicht, differenten Rationalitäten Rechnung zu tragen (vgl. Döbert 1989). In diesem Zusammenhang schlägt Viktor Vanberg (2009a) jüngst vor, die Mehrdeutigkeiten der Rationalitätsannahme dadurch aufzuklären, indem er zwischen Rationalitätsprinzip und Rationalitätshypothese unterscheidet. Das Rationalitätsprinzip bezieht sich auf die „subjektive Konsistenz menschlichen Handelns" in dem Sinne, dass „das menschliche Handeln zweckgerichtet oder absichtsgeleitet ist und dass es im Sinne der Präferenzen und Theorien, auf denen die Entscheidung des Handelnden beruht, Sinn macht" (ebd. 216). Rationalitätshypothesen sind demgegenüber „Interpretationen der Rationalitätsannahme, die über die Ziele oder Präferenzen und die Theorien eines Handelnden weitergehende Behauptungen aufstellen als nur die, dass sie ... zum Zeitpunkt der Handlungsentscheidung konsistent sind" (ebd. 217). Dies schließt die Frage der „internen Konsistenz des gesamten Systems der Präferenzen" ebenso ein, wie „die Frage der Korrespondenz zwischen den subjektiven Theorien, auf denen ein Handelnder seine Entscheidungen basiert, und den tatsächlichen Gegebenheiten und den faktischen Wirkungszusammenhängen" (ebd.). Da das Rationalitätsprinzip Vanberg zu Folge „als definitorische Aussage" (ebd. 219) unwiderlegbar und nicht überprüfbar ist, bedarf es für ein Modell rationalen Handelns der Ergänzung um Rationalitätshypothesen, „Annahmen über die Präferenzen und Theorien von Handelnden, (die ihnen) Schranken auferlegen" (ebd. 221), die empirisch überprüf- und widerlegbar sind. Dies schließt einerseits an die klassische Kritik Herbert A. Simons an, das allgemeine, vollkommene Rationalitätsmodell um die Aspekte der unvollkommenen oder beschränkten Rationalität zu ergänzen, führt aber andererseits noch darüber hinaus, indem es sehr viel stärker auf die Notwendigkeit verweist, diejenigen Prozesse in die Analyse mit aufzunehmen, die deutlich machen, wie die Handelnden ihr Wissen erlangen, mit Hilfe dessen sie die sich ihnen stellenden Probleme lösen. Die theoretische „Herausforderung [besteht, S. S.] darin aufzuzeigen, wie die Angepasstheit gegenwärtigen Verhaltens in einer ‚rückblickenden' Weise als Ergebnis von aus vergangener Erfahrung gewonnenem Problemlösungswissen erklärt werden kann – und eben nicht als Produkt einer postulierten Fähigkeit zu vorausschauender Anpassung" (ebd. 231). Solange man also nicht davon ausgehen kann, dass perfekte Rationalität vorherrscht, und dies haben ja insbesondere die neueren verhaltensökonomischen Untersuchungen überzeugend deutlich machen können, muss man davon ausgehen, dass die Handelnden über eine Vielzahl unterschiedlicher, kontextabhängiger und somit subjektiv differenten handlungsleitende Theorien und Annahmen verfügen, die sich nicht einer universellen Handlungstheorie fügen und dadurch die Chance zu „interdisziplinärer Konsistenz" (ebd. 237) eröffnen.

III.

Auch Ockenfels und Raub verweisen nachdrücklich darauf, dass den Handlungskontexten eine zentrale Bedeutung für die Erklärung sozialer Verhaltensweisen zukommt. Denn die experimentellen Untersuchungen von unterschiedlichen Spielsituationen wie Marktspiel, Ultimatumspiel, Diktatorspiel und Gefangenendilemma (vgl. Ockenfels

1999) weisen darauf hin, dass „in verschiedenen Kontexten (Märkte, Verhandlungen, soziale Dilemmata) sehr unterschiedliche Verhaltensweisen, nämlich wettbewerbliches, eigennütziges Verhalten in Märkten, Fairness bei Verhandlungen und Reziprozität bei Kooperationsproblemen" (S. 123) vorliegt. Das Standardmodell rationalen Verhaltens bietet demnach zu wenig theoretische Elastizität, diesen variablen Kontexten gerecht zu werden und es bedarf einer spezifischen Erweiterung und Modifikation des Modells. Hierfür entwickeln sie zwei Lösungsmodelle: Zum einen betonen sie, dass „es im Prinzip möglich ist, Präferenzordnungen ... zu endogenisieren" (S. 128 f.), d. h. dass „rationale und eigeninteressierte Akteure ihre eigenen Präferenzen modifizieren" (S. 132) können, zum anderen gelingt es durch eine Erweiterung des ERC-Modells (Bolton und Ockenfels 1999) im Hinblick auf „soziale Vergleichsprozesse" (S. 128 f.), der Bedeutung variabler sozialer Kontexte besser gerecht werden zu können, so dass faires und reziprokes Verhalten als rationales Verhalten erklärt werden kann.

Die hierdurch vollzogene Einbeziehung kontextspezifischer Besonderheiten dokumentiert sehr gut die von Ockenfels und Raub beabsichtigte soziologische Erweiterung des Standardmodells. Sie bezieht sich jedoch wiederum nur auf die Nutzendimension des Rationalmodells. „Dies legt nahe, dass aus den robusten empirischen Ergebnissen nicht etwa folgt, dass soziale Präferenzen kontextabhängig ‚aufquellen'. Vielmehr führt das Zusammenspiel eigennütziger und sozialer Präferenzen mit den institutionellen und sozialen Rahmenbedingungen zu systematisch unterschiedlichen und prognostizierbaren Makro-Phänomenen in unterschiedlichen Kontexten" (S. 130 f.). Es sind aber nicht nur die Präferenzen, die sich in den jeweiligen Kontexten verändern können, sondern die Einbettung (Polanyi 1957; Granovetter 2000) der Akteure in spezifische institutionelle Arrangements hat ebenso weitreichende Bedeutung für die Rationalität der Akteure.[2] Denn Institutionen, von Hartmut Esser (2003: 47) etwa als „Regeln mit Geltung" bestimmt, können das Handeln der Akteure in mehrfacher Hinsicht bestimmen. In Form instrumenteller Regeln markieren sie eine Zweck-Mittel-Beziehung auf der Grundlage subjektiver Zwecksetzungen, in Form präskriptiver Regeln sind es die objektiven Bedingungen, die über die Anwendung einer Regel entscheiden. Davon abzugrenzen sind schließlich die konstitutiven Regeln, die weniger handlungsregulierenden als vielmehr handlungsermöglichenden Charakter besitzen (Stachura 2009). Diese Differenzierung ist für unseren Zusammenhang insoweit wichtig, da sie den oben angesprochen Aspekt der Entstehung moralischer Präferenzen nochmals aufnimmt. Schließt man in dieser Hinsicht an das Weber'sche Forschungsprogramm (Albert et al. 2003) an, dann lässt sich zeigen, dass Institutionen sehr wohl eine regulative und eine konstitutive Regel ausdrücken können (vgl. zum Folgenden Stachura 2009: 13 f.). Bezugspunkt ist hierbei der Begriff des Wertes. Handlungsvollzüge unterliegen einerseits, wenn sie regelkonform ausgeführt werden, einer Bewertung als gut oder richtig, andererseits zeigt sich aber auch, dass diese präskriptiven Regeln selbst wiederum bezogen sind auf konstitutive Regeln, sie sind Teil „höherstufiger, konstitutiver Regeln, welche bestimmen, was es heißt, einen Wert im Handeln zu verwirklichen" (ebd.). Die insti-

---

2 Mit Blick auf den Markt als der zentralen Institution ökonomischen Handelns, das oft als Paradebeispiel für das Standardmodell rationalen Handelns herangezogen wird, zeigen die Arbeiten von Jens Beckert (1997) exemplarisch, welche Relevanz den Einbettungsprozessen für das individuelle Handeln zukommt.

tutionelle Fixierung und Konkretisierung von Werten oder Leitideen (Lepsius 1990) in Form von präskriptiven Regeln eröffnen somit die Möglichkeit einer spezifischen Wertverwirklichung durch bestimmte Handlungen. Es ist die hiermit angesprochene Einbettung der präskriptiven Regeln des Handelns, die auch von zentraler Bedeutung für die Genese von moralischen Präferenzen ist, denn Institutionen haben in dieser Hinsicht sehr wohl auch ein konstitutives, sinnstiftendes Moment, das „aus der Bezugnahme auf die Werte entsteht. Es sind Werte und nicht konventionelle Spielregeln, welche die Dimensionen abstecken ‚in denen man überhaupt handelt'" (Stachura 2009: 14). Die institutionelle Rahmung des Handelns ist somit für die Genese von besonderer Bedeutung, insbesondere auch für die moralischen Handlungspräferenzen. Und dies impliziert wiederum die Notwendigkeit, den Rationalitätsbegriff zu erweitern. Denn die im Standardmodell vorgegebene Zweck-Mittel-Relation des Handelns muss auch auf die Relation zwischen den Zwecken und den die präskriptiven Regeln ermöglichenden Werten erweitert werden. „Die Entscheidung zwischen konkurrierenden und kollidierenden Zwecken und Folgen kann dabei ihrerseits wertrational orientiert sein: dann ist das Handeln nur in seinen Mitteln zweckrational" (Weber 1976: 13). Auch kulturelle und moralische Kontexte sind demnach rationalisierbar und spielen für die Umsetzung subjektiver Zwecke und Ziele eine bedeutende Rolle. Ockenfels und Raub verweisen deshalb völlig zu Recht darauf, dass erst das Zusammenspiel von Präferenzen und institutionellen und sozialen Rahmenbedingungen ein kontextabhängiges „Aufquellen" der Präferenzen verhindert. Und ihr Hinweis auf die große Bedeutung sozialer Vergleichsprozesse deutet dies genau an. Solange sie bei der Modifikation des Standardmodells aber nur die Nutzenfunktion modellieren, scheint es schwierig, dies systematisch in die Analyse mit einzubauen. Denn die Auswahl und Bestimmung der Handlungsziele folgt nicht immer einer Maximierungslogik, sondern ebenso einer institutionell bestimmten Anerkennungslogik (vgl. Stachura 2006 und, wenn auch mit anderer Schwerpunktlegung, Honneth 1994), die durch spezifische Wertmuster und Wertvorgaben strukturiert ist.

IV.

Abschließend ist es im Hinblick auf die Reichweite des Erklärungsmodells von Ockenfels und Raub von zentraler Bedeutung festzuhalten, dass sie in der „Situation strategischer Interdependenz zwischen zwei und mehr Akteuren" (S. 120), den empirischen Ausgangspunkt ihrer Überlegungen sehen. Sie gehen davon aus, dass eine spieltheoretische Grundausrichtung (vgl. auch Raub 1990 sowie Raub und Buskens 2006), ein „maßgeschneidertes Instrument für eine Soziologie in Webers Sinn" (S. 120 f.) darstellt, ein Ansatz somit, der im Sinne des methodologischen Individualismus, „soziale Phänomene und Prozesse – Makro-Phänomene ... – als Resultate des Zusammenspiels individueller Handlungen zu erklären" (S. 120) sucht. Ihr Ziel, durch die „systematische Verwendung der experimentellen Methode [einen Beitrag zur, S. S.] Annäherung von Ökonomik und Soziologie im Rahmen eines gemeinsamen Erkenntnisprogramms" zu leisten, beruht auf den spieltheoretischen Modellierungen von Interdependenzsituationen zwischen zwei und mehr Akteuren. Neben dem klassischen soziologischen Problem der doppelten Kontingenz[3] ist insbesondere die Frage der Verallgemeinerbarkeit dieser Grundkonstellation adressiert.

Es geht nun darum zu bestimmen, inwiefern diese klaren und scharfen spieltheoretischen Modelle der Wirklichkeit entsprechen und inwiefern sie auch weitreichendere und umfangreichere soziale Prozesse adäquat abzubilden in der Lage sind. Ockenfels und Raub modellieren ihr Grundmodell für sozialwissenschaftliche Erklärungen zunächst entlang der Konstellation von zwei Personen. Dies hat den Vorteil, dass das Modell nur auf sparsamen Grundannahmen über die Qualitäten der Akteure ruht und sich so auch einfache Mechanismen für die Erklärung von Interaktionsprozessen und der sich hieraus bildenden Strukturdynamiken ableiten lassen. Damit geht aber auch das Problem einher, wie soziale Ordnungsbildungsprozesse, die oftmals auf verschiedenen Ebenen oder in unterschiedlichen Wertsphären oder gesellschaftlichen Teilsystemen festzustellen sind, auf der Basis solch einfacher Mechanismen analysiert werden können, oder ob die Komplexität der sozialen Wirklichkeit es nicht notwendig macht, komplexere Modelle hierfür in Anschlag zu nehmen. Mit Blick auf zwei mögliche Alternativen möchte ich dies abschließend kurz skizzieren. *Einerseits* besteht die Notwendigkeit zu einer Höherskalierung in quantitativer und qualitativer Hinsicht (vgl. Schimank 2005). Quantitativ bedeutet, dass das Erklärungsmodell sowohl der Zunahme von Personen in Handlungskonstellationen Rechnung tragen muss, worauf schon Georg Simmel (1908) verwies, als er die Konsequenzen, die durch das Hinzutreten von Dritten für die Koordination von Handlungen auftreten, deutlich machte, als auch, eng hiermit verknüpft, der Art der Konstellation. Neben wechselseitiger Verhandlung und Beeinflussung gibt es natürlich auch Konstellationen wechselseitiger Beobachtung (vgl. hierzu Schimank 2000). Uwe Schimank (2005) entwickelt in diesem Zusammenhang den Vorschlag, mit Hilfe von Typisierungen und sozialen Netzwerken Konstellationen mit einer Vielzahl von Akteuren zu modellieren. Dies impliziert, wie es die Überschrift seines Aufsatzes „From ‚Clean Mechanisms' to ‚Dirty Models'" anzeigt, die Anerkennung, dass soziologische Erklärungsmodelle komplexer sozialer Prozesse auf einen Werkzeugkasten unterschiedlichster Mechanismen aus vielfältigen Theorieansätzen zurückgreifen sollte. Eine Höherskalierung in qualitativer Hinsicht verweist auf die schon angesprochene Erweiterung des Standardmodells dahingehend, dass neben dem Nutzenmaximierungsaspekt auch Normen, Emotionen, institutionelle Bindungen und Skripte von weitreichender Bedeutung für das Verständnis des Handelns in komplexen Interaktionsgeflechten sind.

Der von Ockenfels und Raub gewählte Ausgangspunkt bei Max Weber eröffnet aber *zweitens* auch die Möglichkeit, der Komplexität von Handlungskonstellationen mit Hilfe institutionentheoretischer Analysen zu begegnen. Im Zentrum einer solchen Analyse stünde die Einsicht, dass die faktische Verhaltensorientierung der Individuen rückgebunden werden müsste. Rückgebunden sowohl an die generellen geltenden Wertmuster im Sinne von Leitideen als auch an die normierenden Verhaltensvorgaben und deren Präzisierung auf die jeweiligen Handlungskontexte, für die sie gelten sollen. Diese drei Ebenen miteinander zu vermitteln und über den Grad von Wertbeziehun-

---

3 Vgl. Parsons' (1951) klassische Lösung dieses Problems, die interessanterweise schon damals gegen den Utilitarismus gerichtet war, und die entsprechenden rationalistischen Antworten von Axelrod (1995), Bauermann (1998) und Esser (2000).

gen sowohl die Gültigkeit von kulturellen Orientierungen als auch die tatsächliche Befolgung an diesen Wertbeziehungen näher aufzuklären wäre das Ziel einer solchen Erklärungsstrategie. Wenngleich diese Ebenendifferenzierung zugegebenermaßen analytisch ist, bietet sie doch den Vorteil, dass die einzelnen Stufen für eine speziellere Analyse operationalisiert werden können. Die Verknüpfung der Teilmomente ist hierbei jedoch keineswegs statisch oder folgt natürlichen oder gesetzesgleichen Logiken, sondern unterliegt ständigen Wandlungen und Veränderungen. Die Durchsetzungsfähigkeit einzelner Rationalitätskriterien ist immer „prekär, sowohl im Hinblick auf die Motivation" der Akteure „wie auch im Hinblick auf die Abwehr von Geltungsansprüchen anderer Leitideen, Interessenlagen und gegensätzlicher Rationalitätskriterien" (Lepsius 1995: 296). Erst die Bestimmung der konkreten Handlungskontexte eröffnet demzufolge der soziologischen Analyse die Möglichkeit, die Wechselwirkungen zwischen den Leitideen und den Handlungspraktiken genauer aufzuklären, wobei es sich hier um komplexe Konstellationen von individuellen oder organisationalen Interessen, Orientierungen und Wertbezügen handelt, die differente Entwicklungsdynamiken entfalten können. „Diese prinzipielle Dreidimensionalität ist keine ‚Mehrebenenanalyse', die man sich linear und hierarchisch gegliedert vorstellen könnte. Soziales Handeln auf der ‚Akteursebene' erfolgt in strukturierten Handlungskontexten unter Bezugnahme auf Wertvorstellungen, die ‚Ebene der Handlungskoordination' durch Regulierungen, Organisationen, Verbände und Institutionen bezieht sich immer auf legitimierende Sinnzusammenhänge und auf das soziale Handeln von Akteuren, die ‚Ebene der kulturellen Wertvorstellungen' erfasst vielfältige Kombinationen von Wertideen in höchst unterschiedlichen Selektionen als Handlungsorientierungen und als Legitimierungen von Ordnungen" (Lepsius 2003: 33).

V. Fazit

Die Rational-Choice-Theorie hat sich in den letzten Jahren in vielerlei Hinsicht auf die klassische Soziologie zubewegt und eine Reihe ihrer Grundannahmen hierbei auch modifiziert, wie insbesondere die Theorieentwicklung Hartmut Essers deutlich zeigt (vgl. auch seine Debatte mit K. D. Opp in diesem Band). Ockenfels und Raub gehen diesen Weg in gewisser Weise mit, bleiben aber in ihren Grundannahmen dem klassischen Rationalmodell, insbesondere auch in seinen wissenschaftstheoretischen Grundannahmen, sehr viel stärker verhaftet. Dies scheint mir eine besondere Stärke ihres Ansatzes zu sein. Denn die Arbeit an den Grundkategorien sozialwissenschaftlicher Theoriearbeit erfordert, wie schon Max Weber postulierte, „scharfe Begriffe". Diese zu erarbeiten ist die Grundaufgabe für jeden, der sich mit Theorie auseinandersetzt. Ockenfels und Raub verfügen über solch scharfe Begriffe, ohne sie zu musealisieren. Vielmehr unterwerfen sie sie ständig der empirischen, d. h. in ihrem Fall experimentellen, Überprüfung und modifizieren sie gegebenenfalls. Darüber hinaus müssen sie sich aber auch in theoretischer Hinsicht bewähren. Die vorangehenden Überlegungen sollten hierzu einen Beitrag leisten, indem insbesondere darauf hingewiesen wurde, dass sich eine Erweiterung des Standardmodells rationalen Verhaltens sowohl der Problematisierung der Rationalitätsannahme wie auch der Bedeutung von Handlungskontexten und institutionellen Konstellationen stellen muss, um Phänomene wie Altruismus, Fairness und Reziprozität in das Erklärungsmodell mit aufnehmen zu können. Auf dem Weg, ökonomische und soziologische Theoriebildung zu verbinden, sind Ockenfels und Raub der Soziologie schon einige Schritte entgegengekommen, wenngleich es mir so erscheint, dass das Beharren auf einer spieltheoretischen Modellierung eher wieder einen Schritt zurück bedeutet. Die Soziologie sollte sich nun ebenfalls aufmachen, diesen Weg offensiv zu begehen (und zwar nicht nur in Richtung Ökonomie, sondern ebenfalls in Richtung Evolutionärer Anthropologie, Psychologie und Verhaltensbiologie), nicht notwendigerweise mit dem Ziel einer facheinheitlichen Theorie, sondern zunächst um eine Debatte weiterzuführen, an deren Ende die Möglichkeit zu größerer interdisziplinärer Konsistenz in Fragen des Verständnisses und der Erklärung der Grundlagen sozialer Handlungsprozesse steht.

Literatur

Adloff, Frank, und Steffen Mau, Hrsg. 2005. *Vom Geben und Nehmen. Zur Soziologie der Reziprozität*. Frankfurt a. M., New York: Campus.
Albert, Gert, Agathe Bienfait, Steffen Sigmund und Claus Wendt. 2003. *Das Weber Paradigma*. Tübingen: Mohr Siebeck.
Axelrod, Robert. 1995. *Die Evolution der Kooperation*. München: Oldenburg.
Bauermann, Michael. 1998. Normative Integration aus individualistischer Sicht. In *Konflikt in modernen Gesellschaften*, Hrsg. Hans Joachim Giegel, 245-287. Frankfurt a. M.: Suhrkamp.
Beckert, Jens. 1997. *Grenzen des Marktes. Die sozialen Grundlagen wirtschaftlicher Effizienz*. Frankfurt a. M., New York: Campus.
Bierhoff, Hans-Werner. 2002. *Prosocial behaviour*. London: Routledge.
Bolton, Gary E., und Axel Ockenfels. 2000. ERC: a theory of equity, reciprocity and competition. *American Economic Review* 90: 166-193.
Bowles, Samuel. 2008. Policies designed for self-interested citizens may undermine 'The Moral Sentiments': evidence from economic experiments. *Science* 320: 1605-1609.
Döbert, Rainer. 1989. Max Webers Handlungstheorie und die Ebenen des Rationalitätskomplexes. In *Max Weber heute*, Hrsg. Johannes Weiß, 210-249. Frankfurt a. M.: Suhrkamp.
Esser, Hartmut. 2000. *Soziologie Spezielle Grundlagen Bd. 3: Soziales Handeln*. Frankfurt a. M., New York: Campus.
Esser, Hartmut. 2003. Institutionen als Modelle. Zum Problem der Geltung von institutionellen Regeln und zur These von der Eigenständigkeit einer „Logic of Appropriatness". In *Ökonomischer und soziologischer Institutionalismus*, Hrsg. Michael Schmid, Andrea Maurer, 47-72. Marburg: Metropolis Verlag.
Fehr, Ernst, Urs Fischbacher und Simon Gächter. 2002. Strong reciprocity, human cooperation and the enforcement of social norms. *Human Nature* 13: 1-25.
Fehr, Ernst, und Herbert Gintis. 2007. Human motivation and social cooperation: experimental and analytical foundations. *Annnual Review of Sociology* 33: 33-64.
Fehr, Ernst, und Klaus M. Schmidt. 1999. A theory of fairness, competition and cooperation. *Quaterly Journal of Economcs* 114: 817-868.
Fehr, Ernst, und Klaus M. Schmidt. 2006. The economics of fairness, reciprocity and altruism – experimental evidence and new theories. In *Handbook of the economics of giving, altruism and reciprocity 1*, Hrsg. Serge Christoph Kolm, Jean Mercier Ythier, 615-691. Amsterdam: Elsevier.
Godbout, Jacques T., und Alain Caillé. 1998. *The world of the gift*. Montreal, Kingston: McGill Queens University Press.
Gouldner, Alvin. 1984. *Reziprozität und Autonomie. Ausgewählte Aufsätze*. Frankfurt a. M.: Suhrkamp.

Granovetter, Mark. 2000. Ökonomisches Handeln und soziale Struktur. Das Problem der Einbettung. In *Moderne amerikanische Soziologie*, Hrsg. Hans-Peter Müller, Steffen Sigmund, 175-207. Opladen: Leske + Budrich.
Hénaff, Marcel. 2009. *Der Preis der Wahrheit. Gabe, Geld und Philosophie.* Frankfurt a. M.: Suhrkamp.
Honneth, Axel. 1994. *Der Kampf um Anerkennung.* Frankfurt a. M.: Suhrkamp.
Lepsius, M. Rainer. 1990. *Interessen, Ideen und Institutionen.* Opladen: Westdeutscher Verlag.
Lepsius, M. Rainer. 1995. Institutionenanalyse und Institutionenpolitik. In *Politische Institutionen im Wandel.* Hrsg. Birgitta Nedelmann, 392-403. Opladen: Westdeutscher Verlag.
Lepsius, M. Rainer. 2003. Eigenart und Potenzial des Weber Paradigmas. In *Das Weber Paradigma*, Hrsg. Gert Albert, Agathe Bienfait, Steffen Sigmund, Claus Wendt, 32-41. Tübingen: Mohr Siebeck.
Ockenfels, Axel. 1999. *Fairneß, Reziprozität und Eigennutz. Ökonomische Theorie und experimentelle Evidenz.* Tübingen: Mohr Siebeck.
Parsons, Talcott. 1951. *The social system.* Glencoe Ill.: Free Press.
Polanyi, Karl. 1957. The economy as an instituted process. In *Trade and market in the early empires*, eds. Karl Polanyi, Conrad M. Arensberg, Harry W. Pearson, 243–270. New York: Free Press.
Raub, Werner. 1990. A general game theoretic model of preference adaptions in problematic social situations. *Rationality and Society* 2: 67-93.
Raub, Werner, und Vincent Buskens. 2006. Spieltheoretische Modelle und empirische Anwendungen in der Soziologie. *Kölner Zeitschrift für Soziologie und Sozialpsychologie, Methoden der Sozialforschung,* Sonderheft 44: 560-598.
Sahlins, Marshall. 1999. Zur Soziologie des primitiven Tauschs. *Berliner Journal für Soziologie* 9: 149-178.
Schimank, Uwe. 2005. From ‚clean mechanisms' to ‚dirty models': methodological perspectives of an up-scaling of actor-constellations. In *Socionics. Sociability of complex social systems*, eds. Klaus Fischer, Michael Florian, Thomas Malsch, 15-35. Berlin, Heidelberg, New York: Springer.
Schimank, Uwe. 2005. *Handeln und Strukturen.* Opladen: Leske + Budrich.
Schmid, Michael. 2004. Reziprozität. Bemerkungen zur Theorie der Tauschverhältnisse. In *Rationales Handeln und soziale Prozesse*, Hrsg. Michael Schmid, 219-246. Wiesbaden: VS Verlag für Sozialwissenschaften.
Simmel, Georg. 1908. *Soziologie.* Berlin: Duncker & Humblot.
Stachura, Mateusz. 2006. Logik der Situationsdefinition und Logik der Handlungsselektion. Der Fall des Wertrationalen Handelns. *Kölner Zeitschrift für Soziologie und Sozialpsychologie* 58. 433-452.
Stachura, Mateusz. 2009. Einleitung. Der Standort weberianischer Institutionentheorie im Raum konkurrierender Forschungsprogramme. In *Der Sinn der Institutionen*, Hrsg. Mateusz Stachura, Agathe Bienfait, Gert Albert, Steffen Sigmund, 8-39. Wiesbaden: VS Verlag für Sozialwissenschaften.
Stegbauer, Christian. 2002. *Reziprozität. Einführung in soziale Formen der Gegenseitigkeit.* Wiesbaden: Westdeutscher Verlag.
Tomasello, Michael. 2009. *Why we cooperate.* Cambridge, Mass.: MIT Press.
Vanberg, Viktor, J. 2009a. Rationalitätsprinzip und Rationalitätshypothesen. Zum methodologischen Status der Theorie rationalen Handelns. In *Viktor J. Vanberg. Wettbewerb und Regelordnung*, Hrsg. Nils Goldschmidt, Michael Wohlgemuth, 215-240. Tübingen: Mohr Siebeck.
Vanberg, Viktor, J. 2009b. Rationalität, Regelbefolgung und Emotionen. Zur Ökonomik moralischer Präferenzen. In *Viktor J. Vanberg. Wettbewerb und Regelordnung*, Hrsg. Nils Goldschmidt, Michael Wohlgemuth, 240-267. Tübingen: Mohr Siebeck.
Weber, Max. 1976. *Wirtschaft und Gesellschaft. Grundriss der verstehenden Soziologie.* 5. rev. Auflage. Tübingen: Mohr Siebeck.

Korrespondenzanschrift: Dr. Steffen Sigmund, Universität Heidelberg, Institut für Soziologie, Bergheimerstr. 58, 69115 Heidelberg
E-Mail: steffen.sigmund@soziologie.uni-heidelberg.de

Replik

RATIONALE MODELLE

Axel Ockenfels und Werner Raub

Zusammenfassung: In unserer Antwort auf den Kommentar von Steffen Sigmund skizzieren wir verschiedene Möglichkeiten der Modellierung moralischer Präferenzen im Rahmen des Rational Choice-Ansatzes. Wir gehen der Frage nach, wie man der „Einbettung" des Verhaltens in Netzwerke und Institutionen gerecht werden kann. Schließlich beantworten wir die Frage, warum einfache Modelle oft den Vorzug vor komplexen Modellen verdienen.

Dem Kommentar von Steffen Sigmund zu unserem Beitrag „Rational und fair" entnehmen wir insbesondere drei Thesen:

(1) Moralische Präferenzen sollten, anders als in unserem Beitrag, nicht, oder jedenfalls nicht ausschließlich, als Präferenzen über die Verteilung von Auszahlungen konzeptualisiert werden. Vielmehr seien „moralische Präferenzen [...] meist eben nicht von den Ergebnissen des Handelns geleitet" (S. 139), sondern es handele sich um „Präferenzen bezüglich Handlungen *per se*" (ebd.).[1]

(2) Unsere Beschränkung auf die Modellierung der Nutzenfunktion führe dazu, dass „die Einbettung [...] der Akteure in spezifische institutionelle Arrangements" (S. 141) vernachlässigt werde. Demgegenüber sei die „institutionelle Rahmung des Handelns [...] von besonderer Bedeutung für die Genese insbesondere auch der moralischen Handlungspräferenzen" (S. 142).

(3) Sigmund zufolge erfordert „die Komplexität der sozialen Wirklichkeit", die z. B. in seinen ersten beiden Thesen zum Ausdruck kommt, dass „komplexere Modelle" verwendet werden als solche der Spieltheorie (S. 142 f.).

In unserer Replik skizzieren wir zunächst, wie man die ersten beiden Thesen in Modellen rationalen Verhaltens aufgreift. Danach behandeln wir die dritte These und gehen der Frage nach, was man angesichts der Komplexität der sozialen Wirklichkeit als zweckmäßige Modelle in den Sozialwissenschaften ansehen kann. Es geht uns also in zwei verschiedenen Hinsichten um „rationale Modelle": einerseits *Modelle im Rahmen des Rational-Choice-Ansatzes,* die moralische Präferenzen und die soziale Einbettung des Verhaltens berücksichtigen, andererseits um rationale Modelle im Sinn von *zweckmäßigen* und *dem Erkenntnisfortschritt dienlichen Modellen.*

---

1 Nicht weiter spezifizierte Verweise beziehen sich auf den Kommentar von Sigmund.

I. Moralische Präferenzen

Es ist zutreffend, dass das ERC-Modell (Bolton und Ockenfels 2000; siehe auch Ockenfels 1999) nicht ausschließlich eigennützige und in diesem Sinn moralische Präferenzen als Präferenzen über die Verteilung von Auszahlungen konzeptualisiert. Andere Modelle, wie z. B. das von Fehr und Schmidt (1999), aber auch frühere Modelle sozialer Orientierungen in der Sozialpsychologie (z. B. Messick und McClintock 1968), verfahren ähnlich. Sigmund weist darauf hin, dass man moralische Präferenzen auch anders auffassen könne, nämlich gerade nicht als abhängig von der Verteilung von Auszahlungen. Verschiedene Modelle im Rahmen des Rational-Choice-Ansatzes greifen diesen Gedanken auf. Ein Beispiel ist die „Intentionshypothese" (Bolton, Brandts und Ockenfels 1998; Ockenfels 1999: Kapitel V), die besagt, dass eine hilfreiche oder aber schädliche Handlung eines Akteurs Auslöser einer reziproken Handlung des Partners ist. Der Reziprokator bewertet also die Intentionen des anderen Akteurs und erwidert in einer Weise, die er als fair und bezüglich der Absicht des anderen Akteurs angemessen empfindet. Man unterscheide die Intentionshypothese von der „Verteilungshypothese", die das Verhalten des Reziprokators wie im ERC-Modell auf seine Präferenzen über die Auszahlungsverteilungen zurück führt und beachte, dass die Intentionshypothese den Gedanken Sigmunds trifft, dass es bei moralischen Präferenzen um „Präferenzen bezüglich Handlungen *per se*" geht. Inzwischen liegen (beginnend mit Rabin 1993) verschiedene Modelle intentions-basierter Reziprozität im Rahmen des Rational-Choice-Ansatzes vor und auch (beginnend mit Blount 1995 in der Sozialpsychologie) diverse empirische Überprüfungen (vgl. Cooper und Kagel, im Erscheinen, für eine aktuelle Übersicht und Diskussion, die auch noch weitere Modelle moralischer Präferenzen einbezieht). Experimentelle Untersuchungen zur intentions-basierten Reziprozität gibt es inzwischen auch in der Soziologie (Snijders 1996; Gautschi 2000; Vieth 2009). Es gibt empirische Evidenz für intentions-basierte Reziprozität, aber es ist keineswegs so, dass die Evidenz durchgängig zeigen würde, dass die Intentionshypothese der Verteilungshypothese überlegen ist. Zum Beispiel widersprechen Blounts Resultate teilweise direkt der Intentionshypothese, andere Experimente wie Bolton, Brandts und Ockenfels (1998; siehe auch Ockenfels 1999: Kapitel V) und Charness (2004) finden im Vergleich zur Verteilungshypothese nur schwache empirische Evidenz zugunsten der Intentionshypothese, wiederum andere Phänomene lassen verschiedene Interpretationen zu (siehe Falk et al. 2005; Bolton und Ockenfels 2005). Wichtig im Zusammenhang mit der These Sigmunds ist aber erstens die Beobachtung, dass die experimentelle Forschung zur Intentionshypothese und alternativen Erklärungen sozialen Verhaltens an Fahrt gewonnen hat, nachdem die Verteilungshypothese im Rahmen des Rational-Choice-Ansatzes präzise und überprüfbar formuliert wurde, und dass es zweitens keineswegs ausgeschlossen ist, die Intentionshypothese in ein Rational-Choice-Modell zu integrieren.

Es scheint uns im Übrigen eine nützliche Erwägung, dass der Rational-Choice-Ansatz es nicht nur erlaubt, verschiedene Modelle moralischer Präferenzen, einschließlich intentions-basierter moralischer Präferenzen, zu formulieren und empirisch prüfbare Hypothesen aus solchen Modellen abzuleiten, sondern dass er es im Prinzip auch ermöglicht, solche Präferenzen zu endogenisieren, sie also nicht als Annahmen des Modells zu verwenden, sondern als Konsequenzen des Modells abzuleiten (vgl. dazu *Ab-*

schnitt III unseres Positionsbeitrags und die dort behandelte Literatur). Gelegentlich (vgl. z. B. Boudon 1977: Kapitel VII für eine klare Diskussion) wird ja die Auffassung vertreten, es sei ein Merkmal der Soziologie, dass man in dieser Disziplin versuche, Präferenzen zu endogenisieren. Ein prinzipieller Gegensatz mit dem Rational-Choice-Ansatz besteht also auch in dieser Hinsicht nicht.

II. Einbettung und Institutionen

Die von Sigmund vorgebrachte Idee, dass Verhalten von „Einbettung" im Sinn Granovetters (1985) und von Institutionen im Sinn von „rules of the game" (z. B. North 1990, aber auch die von Sigmund erwähnte Literatur) beeinflusst werde, schließt in gewisser Weise vorzüglich bei unserem Positions-Beitrag an. Das ERC-Modell zeigt nämlich, dass Akteure mit nicht ausschließlich eigennützigen Präferenzen sich unter unterschiedlichen institutionellen Gegebenheiten unterschiedlich verhalten werden: wettbewerbliches und augenscheinlich eigennütziges Verhalten im Marktspiel versus mehr oder weniger faires oder reziprokes Verhalten im Ultimatumspiel, Diktatorspiel und Gefangenendilemma. Man muss sich nur klar machen, dass sich diese Spiele ja gerade hinsichtlich der sie definierenden Regeln unterscheiden. Man kann dieses Argument auch noch verschärfen: das ERC-Modell zeigt sogar, dass es gerade das *Zusammenwirken* von Präferenzen und Institutionen ist (in der technischen Sprache der empirischen Sozialforschung könnte man zutreffend von einem Interaktionseffekt sprechen), der Verhalten steuert.

Es ist dann auch nicht verwunderlich, dass der Rational-Choice-Ansatz und innerhalb dieses Ansatzes spieltheoretische Varianten eine Vielzahl von Modellen zur Institutionenanalyse hervorgebracht haben (ein herausragendes Beispiel ist Greif 2006), und zwar sowohl Modelle, in denen Institutionen als exogen angenommen werden und Handeln beeinflussen als auch solche, in denen die Institutionen selbst endogenes Resultat von Gleichgewichtsverhalten sind (vgl. z. B. Schotter 1981 für diese Unterscheidung). Dazu gehören auch Modelle, die soziale Einbettung im Sinn von wiederholten Interaktionen und Interaktionen in Netzwerken von Akteuren zum Gegenstand haben, einschließlich der Frage nach der Dynamik von Netzwerken, wenn diese selbst Resultat strategischer Partnerwahl sind (vgl. als knappe Übersicht über die Literatur Raub 2010). Unsere eigenen theoretischen und empirischen Arbeiten über die Effekte von wiederholten Interaktionen und der Netzwerkeinbettung auf Verhalten in sozialen Dilemmas wie dem Gefangenendilemma oder Vertrauensspielen (z. B. Raub und Weesie 1990; Bolton und Ockenfels 2009a; Buskens, Raub und Van der Veer 2010), von Reputationssystemen auf Internet-Märkten (z. B. Bolton, Greiner und Ockenfels 2009; Greiner und Ockenfels 2009) und über freiwillige „Commitments" als eine institutionelle Lösung von Kooperationsproblemen (z. B. Raub und Keren 1993) betreffen diese Fragestellungen.

Sigmunds Hinweis auf Einbettung und Institutionen ist auch deshalb hilfreich, weil er den Blick auf eine weitere Funktion spieltheoretischer Modelle lenken kann: Institutionen kann man verändern, man kann sie so oder auch anders einrichten. Angewandtes Marktdesign ist inzwischen eine Disziplin an der Schnittstelle von Theorie und Praxis, die sich mit der Frage beschäftigt, wie Institutionen so ausgestaltet werden können, dass Anreize und Verhalten mit vorgegebenen Zielen im Einklang stehen (vgl. Ockenfels 2009 als knappe Einführung). Die für den Betreiber und die Benutzer zweckmäßige Ausgestaltung eines Reputationssystems für eine Internet-Plattform ist ein Beispiel (vgl. Bolton, Greiner und Ockenfels 2009). Im Kern geht es dabei um eine Abwägung der Vor- und Nachteile alternativer institutioneller Regeln auf Basis des Verhaltens unter den verschiedenen Regeln.

III. Modellbau in den Sozialwissenschaften

Unsere Bemerkungen zu den ersten beiden Thesen Sigmunds und die Beobachtung, dass dem Rationalverhalten als deskriptiv relevantes Modell auch Grenzen gesetzt sind (Simon 1957; Selten 1998), legen die Frage nahe, warum wir angesichts der „Komplexität der sozialen Wirklichkeit" (S. 143) nicht auf ein „umfassenderes" Modell abzielen, das alle relevanten Einsichten sozusagen „integriert". Damit sind wir bei Sigmunds dritter These angekommen.

Eine Antwort folgt aus dem von Hans Albert so überzeugend geschilderten sozialwissenschaftlichen Erkenntnisprogramms, mit dem wir unseren ursprünglichen Beitrag begonnen haben. Alberts Programm wird von Sigmund ja ersichtlich nicht in Frage gestellt, und es ist auch darum eine nützliche Grundlage für unsere Replik: Wir müssen nicht über alles zugleich diskutieren.

Dieses Erkenntnisprogramm führt insbesondere zu zwei Kriterien für zweckmäßige, dem Erkenntnisfortschritt dienliche Modelle. Sie sollten die Ableitung von Implikationen ermöglichen, insbesondere auch die Ableitung von empirisch prüfbaren Implikationen. Und zumindest einige dieser Implikationen sollten auch tatsächlich empirisch überprüft werden. Wenn man so will: keine „frei schwebende Theorie". Uns will scheinen, dass gerade tonangebende deutsche Soziologen wie z. B. Ziegler (1972), Hummell (z. B. 1973), Opp (z. B. 1979) und Esser (z. B. 1993) schon sehr frühzeitig eine klare analytische Tradition in der Disziplin begründet haben, in der diese beiden Kriterien leitend sind und auch in die Tat umgesetzt wurden und werden (vgl. als Übersicht Raub und Voss 1981). Es will uns auch scheinen, dass wesentliche Fortschritte des Rational-Choice-Ansatzes in den Sozialwissenschaften damit zusammenhängen, dass die von Green und Shapiro (1994) seinerzeit nicht ganz zu Unrecht beklagte Kluft zwischen vielen Rational-Choice-Modellen und systematischer empirischer Forschung inzwischen einer viel stärkeren Verwobenheit von Modellen und Empirie gewichen ist. Dazu hat die experimentelle Spieltheorie beigetragen (vgl. z. B. die Übersichten in Camerer 2003 und Diekmann 2008). Dazu hat auch die inzwischen deutlich ausgeprägte Integration von Rational-Choice-Modellen und theorieorientierter Survey-Forschung beigetragen (vgl. z. B. Goldthorpe 1996; Blossfeld und Prein 1998). Sigmund schenkt dem wenig Beachtung.

Es sind gerade diese beiden Kriterien, die die „Landkarten-Analogie" nahelegen, mit der wir unseren ursprünglichen Beitrag abgeschlossen haben (vgl. dazu ausführlicher Bolton und Ockenfels 2009b). Man kann es auch anders formulieren. Sparsame Modelle, die sich auf für die Erklärung eines sozialen Phänomens als zentral angenommene Mechanismen konzentrieren (im Falle von ERC: auf die individuelle Motivation im Zusammenwirken mit einfachen institutionellen Gegebenheiten), von anderen Faktoren (bei ERC beispielsweise von kognitionspsychologischen und neurobiologischen Faktoren, vgl. die Hinweise in *Abschnitt V* unseres Positions-Beitrags) aber absehen und dadurch Komplexität reduzieren, erleichtern die Ableitung von Implikationen. Komplexe Modelle stehen der Ableitung von Implikationen gerade durch ihre Komplexität häufig im Wege. Und gerade weil ein Modell sparsam ist, hat man im Fall widersprechender empirischer Evidenz auch bessere Chancen, schrittweise die empirisch problematischen Annahmen zu identifizieren und sie danach schrittweise durch adäquatere Annahmen zu ersetzen (elementare Logik sowie die analytische Wissenschaftstheorie informieren über diese Zusammenhänge). Für Soziologen ist das eigentlich auch keine Neuigkeit, da sie ja z. B. Mertons Argumente über die Vorzüge von „Theorien mittlerer Reichweite" im Gegensatz zu „all-inclusive ... efforts to develop a unified theory" (Merton 1968: 39) kennen. Sparsame Rational-Choice-Modelle folgen weitgehend Mertons Plädoyer und sie sorgen zugleich für eine gewisse Einheit in der Verschiedenheit von Theorien mittlerer Reichweite (und damit für weniger Fragmentierung der Sozialwissenschaften im Allgemeinen und der Soziologie im Besonderen), weil sie Familienähnlichkeit zwischen solchen Theorien sicherstellen.

IV. Schluss

Durch den Kommentar von Sigmund scheint sich die Auffassung zu ziehen, dass Rational-Choice-Modelle sozusagen „von außen" in die Soziologie hineingetragen werden, die „eigentlich" auf anderen theoretischen Grundlagen aufbaut („Auf dem Weg ökonomische und soziologische Theoriebildung zu verbinden, sind Ockenfels und Raub der Soziologie schon einige Schritte entgegengekommen", S. 145 und diverse andere Textstellen). Diese Sichtweise ist nicht ganz unproblematisch. Im Licht des Albert'schen Erkenntnisprogramms ist es unzweckmäßig, disziplinäre Grenzen ernst zu nehmen, geschweige denn, den Rational-Choice-Ansatz „eigentlich" der Ökonomik zuzurechnen. Viele der in neueren Rational-Choice-Modellen verwendeten Ideen entstammen weniger der Ökonomik als anderen Disziplinen wie der Soziologie und das betrifft z. T. auch die Modelle selbst: es geht um die Analyse individuellen Verhaltens – gegebenenfalls nicht ausschließlich eigennützig orientierten Verhaltens – und seiner „Makro"-Folgen auch in solchen Kontexten, die sich von (perfekten) Märkten unterscheiden. Dazu passt übrigens die Einschätzung von Granovetter, den man ja üblicherweise nicht mit dem Rational-Choice-Ansatz assoziiert und der dennoch betont: „My claim is that however naïve that psychology [of rational choice] may be, this is not where the main difficulty lies – it is rather in the neglect of social structure" (Granovetter 1985: 506).

Literatur

Blossfeld, Hans-Peter, und Gerald Prein, eds. 1998. *Rational Choice Theory and Large-Scale Data Analysis*. Boulder, CO: Westview.
Blount, Sally. 1995. When social outcomes aren't fair: the effect of causal attributions on preference. *Organizational Behavior and Human Decision Processes* 63: 131-144.
Bolton, Gary E., Ben Greiner und Axel Ockenfels. 2009. *Engineering trust – reciprocity in the production of reputation information*. Arbeitspapier Köln.
Bolton, Gary E., und Axel Ockenfels. 2000. ERC: A theory of equity, reciprocity and competition. *American Economic Review* 90: 166-193.
Bolton, Gary E., und Axel Ockenfels. 2005. A stress test of fairness measures in models of social utility, *Economic Theory* 25: 957–982.
Bolton, Gary E., und Axel Ockenfels. 2009a. The limits of trust. In *eTrust. Forming relationships in the online world*, Hrsg. Karen S. Cook, Chris Snijders, Vincent Buskens, Coye Cheshire, 15-36. New York: Russell Sage.
Bolton, Gary E., und Axel Ockenfels. 2009b. Testing and modeling fairness motives. In *Perspectives in moral science*, eds. Michael Baurmann, Bernd Lahno, 199-206.
Boudon, Raymond. 1977. *Effets pervers et ordre social*. Paris: Presses Universitaires de France.
Buskens, Vincent, Werner Raub und Joris van der Veer. 2010. Trust in triads: an experimental study. Erscheint in *Social Networks*, 32(4).
Camerer, Colin F. 2003. *Behavioral game theory. Experiments in strategic interaction*. Princeton, NJ: Princeton University Press.
Charness, Gary. 2004. Attribution and reciprocity in an experimental labor market. *Journal of Labor Economics* 22: 665-688.
Cooper, David J., und John H. Kagel. Im Erscheinen. Other-regarding preferences: a selective survey of experimental results. In *Handbook of experimental economics*, vol. 2, eds. John H. Kagel, Alvin E. Roth. Princeton, NJ: Princeton University Press.
Diekmann, Andreas. 2008. Soziologie und Ökonomie: Der Beitrag experimenteller Wirtschaftsforschung zur Sozialtheorie. *Kölner Zeitschrift für Soziologie und Sozialpsychologie* 60: 528-550.
Esser, Hartmut. 1993. *Soziologie. Allgemeine Grundlagen*. Frankfurt a.M.: Campus.
Falk, Armin, Ernst Fehr und Urs Fischbacher. 2005. Driving forces behind informal sanctions. *Econometrica* 73: 2017-2030.
Fehr, Ernst, und Klaus Schmidt. 1999. A Theory of fairness, competition, and cooperation. *Quarterly Journal of Economics* 114: 817-868.
Gautschi, Thomas. 2000. History effects in social dilemma situations. *Rationality and Society* 12: 131-162.
Goldthorpe, John H. 1996. The quantitative analysis of large-scale data sets and rational action theory: for a sociological alliance. *European Sociological Review* 12: 109-126.
Granovetter, Mark. 1985. Economic action and social structure. The problem of embeddedness. *American Journal of Sociology* 91: 481-510.
Green, Donald P., und Ian Shapiro. 1994. *Pathologies of Rational Choice-Theory*. New Haven, CN: Yale University Press.
Greif, Avner. 2006. *Institutions and the path to the modern economy. Lessons from medieval trade*. Cambridge: Cambridge University Press.
Greiner, Ben, und Axel Ockenfels. 2009. Vom Labor ins Feld: Die Ökonomik des Vertrauens. In *Wirtschaftssoziologie*, Hrsg. Jens Beckert, Christoph Deutschmann, 219-242. Wiesbaden: VS Verlag für Sozialwissenschaften.
Hummell, Hans J. 1973. Methodologischer Individualismus, Struktureffekte und Systemkonsequenzen. In *Probleme der Erklärung sozialer Prozesse II: Soziales Verhalten und soziale Systeme*, Hrsg. Karl-Dieter Opp, Hans J. Hummell, 61-134. Frankfurt a.M.: Athenäum.
Merton, Robert K. 1968. *Social theory and social structure*. Enlarged ed., New York: Free Press.
Messick, David M., und Charles G. McClintock. 1968. Motivational bases of choice in experimental games. *Journal of Experimental Social Psychology* 4: 1-25.

North, Douglass C. 1990. *Institutions, institutional change and economic performance.* Cambridge: Cambridge University Press.

Ockenfels, Axel. 1999. *Fairness, Reziprozität und Eigennutz.* Tübingen: Mohr Siebeck.

Ockenfels, Axel. 2009. Marktdesign und experimentelle Wirtschaftsforschung. *Perspektiven der Wirtschaftspolitik,* 10: 31-53.

Opp, Karl-Dieter. 1979. *Individualistische Sozialwissenschaft.* Stuttgart: Enke.

Rabin, Matthew. 1993. Incorporating fairness into game theory and economics. *American Economic Review* 83: 1281-1302.

Raub, Werner. 2010. Theorien der Netzwerkforschung: Rational Choice. In *Handbuch der Netzwerkforschung,* Hrsg. Roger Häussling, Christian Stegbauer. Wiesbaden: VS Verlag für Sozialwissenschaften (im Erscheinen).

Raub, Werner, und Gideon Keren. 1993. Hostages as a commitment device: a game-theoretic model and an empirical test of some scenarios. *Journal of Economic Behavior and Organization* 21: 43-67.

Raub, Werner, und Thomas Voss. 1981. *Individuelles Handeln und gesellschaftliche Folgen.* Darmstadt: Luchterhand.

Raub, Werner, und Jeroen Weesie. 1990. Reputation and efficiency in social interactions: an example of network effects. *American Journal of Sociology* 96: 626-654.

Schotter, Andrew. 1981. The economic theory of social institutions. Cambridge: Cambridge University Press.

Selten, Reinhard. 1998. Features of experimentally observed bounded rationality. *European Economic Review* 42: 413-436.

Simon, Herbert A. 1957. *Models of man: social and rational.* New York: Wiley.

Snijders, Chris. 1996. *Trust and commitments.* PhD thesis ICS-Utrecht.

Vieth, Manuela. 2009. *Commitments and reciprocity. Experimental studies on obligation, Indignation, and self-sonsistency.* PhD thesis ICS-Utrecht.

Ziegler, Rolf. 1972. *Theorie und Modell.* München: Oldenbourg.

4. Rationalität und Emotion

POSITION

RATIONALITY AND EMOTIONS

Karen S. Cook and Sarah K. Harkness

Abstract: Rational choice theory (RCT) developed in sociology in part as a reaction to the lack of cumulative scientific work in the field (Boudon 2003). One of the significant appeals of RCT within sociology was its capacity to provide a simple model of social action at the micro-level that facilitated derivations of macro-level consequences in the aggregate. A critique from sociology as well as psychology is the tendency for rational choice theories to avoid consideration of the more emotional determinants of behavior. We delineate some of the ways in which emotions can affect "rational" choices directly or indirectly, modify the process of decision-making entirely, or serve as alternatives to RCT as determinants of behavior. In so doing we hope to stimulate further theory and empirical work on the specific linkages between emotions, rationality, and behavior. In our concluding section we mention the possibility of future connections with further developments not only in economics (e.g. behavioral economics) but also new research in neuroscience on the determinants of both emotions and behavior (*Science* May, 2010).

I. Introduction: Rational Choice Theory

Rational choice theory (RCT) developed in sociology in part as a reaction to the lack of cumulative scientific work in the field (Boudon 2003). Attributing scientific progress in economics, in particular, to the existence of a theoretical perspective on micro-level human behavior that was simple, compelling and consensual within the field, sociological theorists have developed variants of rational choice theory and explored its applications in a number of subfields over the past several decades (Hechter and Kanazawa 1997). In the United States, sociologist James Coleman is perhaps the most well known of the proponents of this general perspective. He not only founded the Rational Choice Section of the American Sociological Association, he was also the founding editor of the journal, Rationality and Society. In addition, there is an active section of the International Sociological Association (ISA) and a number of European contributors, especially from The Netherlands, Germany and Sweden.

One of the significant appeals of rational choice theory (RCT) within sociology was its capacity to provide a simple model of social action at the micro-level that facilitated derivations of macro-level consequences in the aggregate. Its commitment to methodological individualism and the provision of a micro-level model of action helped to propel theoretical work on what came to be called the micro-macro link in sociological terminology (e. g. Coleman 1990). Coleman's colleague, a Nobel prize-winning economist at the University of Chicago, Gary Becker had previously begun to explore the applications of standard micro-economic models to human social behavior (Becker 1976) and Coleman and Becker ran an influential weekly seminar on rational choice for a number of years, prior to Coleman's untimely death.

Although there were many critiques of this work from the beginning, it did gain a foothold in sociology broadening the appeal of rational choice theory and increasing the scope of economic analysis to areas of social behavior that had been left by economists in earlier days to sociologists for study. This trend is most evident in the development over the past two decades of behavioral economics (in part a reaction to RCT), which has refined theories of rational action in some cases and in others has created alternative models to provide explanations for well-known deviations from rationality, such as those empirically demonstrated in ultimatum games (efforts to provide "fair" amounts to another actor, when RCT would predict otherwise), in voting behavior (more voting than can be explained by RCT), and in judgments under risk (more loss aversion than expected under RCT assumptions), among many other examples (Boudon 2003). To use Thaler's (1991: XXI) words: "quasi rational behavior exists and it matters."

For sociological accounts, these developments within economics are welcome. They have even more appeal in the current economic climate in which standard economic accounts of market-based economies seem to have less predictive power than initially envisioned by their originators (see testimony of former head of the Federal Reserve Bank, Alan Greenspan, to the U. S. Congress in the fall of 2008 after the economic crisis became apparent as a result of the unprecedented meltdown of many U.S. financial institutions including Bear-Stearns, Inc. and Lehman Brothers).[1]

This brief introduction to the development and growth of rational choice theory within sociology as a major tradition in the field is a somewhat stylized account, leaving out other traditions that developed related conceptions of action, often much earlier. For example, Boudon (2003) clarifies the distinction between instrumental rationality (presumed in RCT) and cognitive rationality, arguing that the broader conception of cognitive rationality fits more closely with the theoretical work of some of the founders of sociology like Max Weber and, even in economics, the work of Adam Smith. In addition, the early work of Homans (1961) and Blau (1964; see also Heath 1976) on social exchange theory can be viewed in part as an effort to introduce notions of rationality and cost-benefit analysis into the conception of human social interaction (see especially "Social Behavior as Exchange" by George Homans 1958).

The quote often cited from Duesenberry (1960: 233) to distinguish economics from sociology describes economics as focused on the choices that actors make and sociology as focused on why actors do not have any choices to make. This distinction highlights what some have called the standard undersocialized view of humans in eco-

---

[1] Though perhaps this particular economic crisis is a better example of the microeconomic model working too well. Clearly, many of the actors involved were highly self-interested in monetary gain and took risks with the funds of others for their own gain. What is surprising in Greenspan's testimony is the extent to which he was shocked that without regulation such behavior could occur to the detriment of the economy and the society as a whole.

nomics versus the typical oversocialized view of humans in sociology. In many respects this characterization is accurate to the extent that economics relies primarily on neoclassical economics and its "thin" view of rational action, while sociology focuses more centrally on normative, institutional and cultural determinants of social action (which under some circumstances may be orthogonal to rationality considerations). The adoption of rational choice models of action in sociology has always been somewhat contentious (Hedstrom and Stern 2008).

The standard model of purposive action built into rational choice models views the actor as driven by interests based on preferences, values or beliefs in an effort to select the course of action that yields the greatest utility.[2] This maximization of expected utility, or subjective expected utility (SEU) under risk, is the central tenet of RCT. In what is referred to as instrumental rationality, "utility" is maximized based on preferences which are exogenous; that is, they are determined by factors not specified in the theory, but taken as given. The actor's preferences are defined as an ordering over the set of alternative actions (choices) under consideration. Typically the actor is viewed as having a complete ordering of preferences over the action alternatives and the preferences are transitive. This makes it possible to determine the best course of action. Information is assumed to be complete regarding both preferences and alternatives. This model allows for predictions of outcomes at the aggregate level based on a simple model of choice. It is generally not meant to predict individual level decision-making (Cook and O'Brien 1990); it is an approximation that yields more or less accurate macro level predictions in the aggregate of a relatively large number of actors (i.e. buyers and sellers in a market, or consumers in a world of multiple options).

Some of the criticisms of rational choice theories have often been misplaced since they assume that the model is meant as an accurate description of individual decision-making rather than a simplified approximation that in the aggregate allows for predictions at more macro levels of analysis. Hedstrom and Swedberg (1996: 129) make this very clear: "rational choice theory is not important to sociology as a behavioral theory of individual choice, but as an ideal-typical action mechanism in a theory of macro-level states or events."[3] As psychologists have made clear in investigations of individual level decision-making, there are many other factors that affect these decisions, including well-documented cognitive biases such as risk aversion, and various information-processing biases (e. g. primacy, framing and anchoring effects, Fiske and Taylor 1991).

Sociologists, on the other hand, have been critical of the failure of the theory to articulate the origins of the relevant beliefs, values and preferences (Marini 1992), in addition to noting the limitations of the model due to information constraints (typical in most settings), as well as institutional constraints that limit behavioral options. The

---

[2] In applications of RCT in the world of evolutionary game theory and human biology theorists refer not to the maximization of utility but to the maximization of "fitness" (Gintis 2009). We do not engage that distinction or the related debates in this article though we acknowledge the potential for integration with biology and evolutionary theory in the conclusion.

[3] Hedstrom and Swedberg (1996: 128-129) note further that it is not a theory intended for use in explaining the behavior of single individuals but as an "action mechanism" that helps in the analysis of aggregate social systems and provides a microfoundation for macro-level theory.

latter criticism centers on the failure to recognize other potentially relevant determinants of social action that is embedded in complex social situations containing explicit, if not implicit, role expectations, rules for behavior or anticipated routines, often enshrined in norms. Although Becker and Elster discuss the potential role of social norms in rational choice accounts of behavior, they tend to leave to sociologists the specification of how such accounts might best be developed.[4]

While sociology and economics have traditionally been viewed as quite distinct enterprises, with some of the earliest sociologists defining the field to a large extent as "in opposition" to economics, the recent past includes many more efforts to integrate various theoretical perspectives in these fields, and, more generally in the social sciences at large. Examples include the development of economic sociology, which focuses on the social determinants of economic reality, including what Granovetter (1985) calls the social embeddedness of economic action. A similar integration comes from behavioral economics, which builds on the linkages between psychology and economics, identifying various ways in which psychological processes modify the behavioral predictions of classical micro-economic theory. An example is provided by the work on "prospect theory" of Kahneman and Tversky (subsequently recognized by a Nobel Prize to Kahneman), which identifies cognitive biases that operate to directly affect choices. Their empirical research identifies the ways in which attitudes toward risk (involving loss or gain) alter decision-making in ways not predicted by standard rational choice models of behavior. The presence of a host of empirical anomalies in the field of psychology regarding decision-making has led to an industry involving alternative models which, although more predictive under various conditions, clearly have more limited scope.

Several of the topics about which there has been a great deal of empirical work, especially by experimental economists and social psychologists, include the study of fairness considerations, inequity or inequality aversion and altruism (other-regarding behavior). Much of this work is presented as setting bounds on the extent to which behavior can be adequately explained by RCT or micro-economic reasoning; however, some theorists argue that RCT can be modified to take into account such anomalies. In particular, it is not the case that RCT assumes self-interest. What it assumes most generally is that humans opt to maximize expected utility from the set of actions in their alternative set according to their preference ordering. An actor can value most highly the welfare of another person (often defined as the crux of altruism) and thus according to RCT would take action that met that goal. Fundamentally, RCT assumes goal-driven behavior or what Coleman called "purposive action." A similar argument can be made with respect to inequity aversion. Under some conditions, humans act to decrease inequity (or at least not to increase inequity) when making allocations in behavioral games (Fehr and Gachter 2000). The trick for rational choice theorists who wish to accommodate such anomalies is to avoid tautological reasoning. Several more

---

[4] In political science Ullman-Margalit (1977) has offered a treatment of the emergence of norms that is compatible with RCT and, within sociology, the volume edited by Michael Hechter and Karl Dieter-Opp (2001) on social norms attempts to offer empirical examples of the ways in which norms and RCT can be integrated using various theoretical approaches. In addition, Elster (1989) has also explored this topic.

general approaches to such behavioral anomalies have been suggested by social scientists in various fields.

II. More on the Limits to Rationality: Bounded Rationality and Related Issues

Standard models of rational choice based on microeconomic theory, as we have indicated, assume ideal circumstances surrounding action. Actors know the action alternatives, the related costs and benefits of each alternative course of action, and can weigh the alternatives to arrive at a decision, which maximizes the positive value of the outcomes at stake. This model has been criticized on several grounds, including the incompleteness of information regarding costs, benefits and alternatives, as well as constraints on decision-making, both cognitive and situational as we have noted.

Such constraints were recognized early on by Herbert Simon (1955) in his Nobel Prize-winning work on "bounded rationality" which popularized the general conception of "satisficing" instead of "maximizing" gain. The goal of this theoretical work was to make the standard micro-economic model of human action applicable to a wider range of phenomena increasing the scope of the underlying theoretical approach to social situations, though Becker and others have argued that it is incomplete and cannot easily generate testable predictions.

The types of limitations to rationality that Simon identified were limits to cognitive capacities, limitations to information availability (regarding costs, benefits, and alternative courses of action), as well as situational constraints, including time limits and other resource constraints. Given such constraints, Simon argued that humans do the best they can under the circumstances, often "satisficing" in order to take action, even if further deliberation might yield a different action that might increase one's gain in the end. Of course, time constraints make this a frequent occurrence and one that is not therefore necessarily at odds with rational choice reasoning. Time can be valued in the same way that other things can and cutting one's cost to be able to reach a goal more quickly is not irrational.

One of the ways in which it has been argued that emotions enter into the process of decision-making is by short-circuiting the mental computations involved in making decisions, focusing attention on critical components of the decision or bypassing mental calculus altogether to yield a timely action that is appropriate (and, in some cases, critical to survival). We explore this argument and other ways in which emotions can affect RCT and related conceptions of bounded rationality in the next section.

One factor often not fully appreciated for its impact on decision-making is the existence of interdependence between two relevant actors. Interdependence (or frequently mutual dependence) creates the circumstance in which two actors' fates are linked. The setting may involve competition, cooperation, conflict or even altruism. For example, one actor might value the other actor in ways that alter his or her own preferences and likely choices. The anonymous actor making choices in a social vacuum is not sociologically relevant. Thus interdependence is central to sociological conceptions of social action, even to many conceptions of rational action within sociology. It is one of the reasons why the social relation is typically taken as the primary unit of analysis in exchange theory (Emerson 1972a, 1972b; Cook and Emerson 1978).

Interdependence clearly adds an element of uncertainty; it affects not only strategic decision-making, but may alter the actor's underlying preferences and the values attached to particular outcomes especially those that affect the other actor (either positively or negatively). Game theory, historically, is the branch of theory that has been used in economics and political science as the main tool for examining the strategic elements of interaction based on rational choice considerations (Harsanyi 1977). Game theory provides solution concepts for understanding the outcomes of linked behavior under various types of games (e. g. games of cooperation and coordination, conflict and mixed-motives). It also allows for representation of the many types of disconnect between individual rationality and collective welfare. One of the best known such representations is called the prisoner's dilemma (with no communication between the parties) in which the equilibrium solution at the individual level (which specifies what is the most "rational" action for each actor independent of what the other actor does) creates a loss in collective welfare, since if they could communicate they could both be made better off (in the case of prisoners being asked to "rat" on one another, they could both go free if neither turned state's evidence). This game is also the model for the analysis of a large set of collective action problems in various fields and discussion of the ways in which such problems are resolved (e. g. Ostrom 1990, 1999).

Economist, Richard Thaler (one of the founders of behavioral economics) and psychologists, Daniel Kahneman and Amos Tversky (2000), among others, have developed alternative models of decision-making and choice behavior that account, at least descriptively, for some of the limitations of rational choice theory or what is often referred to as the simplistic conception of humans as "Homo Economicus". We discuss some of these efforts to modify RCT beyond Simon's bounded rationality model before moving to a general discussion of the potential role of emotions in rational choice theories.

One of the criticisms of RCT is the notion that actors often have multiple and sometimes conflicting goals that can not be simplified in the form of one overarching simple goal (e. g. maximizing subjective expected utility – SEU) or consistent set of ranked preferences over a range of alternative actions. Research in psychology, and in some cases, economics, has demonstrated in addition that there are preference reversals as well as inconsistencies, or violations of the transitivity of preferences (i.e. when a is preferred to b, and b to c, but c to a instead of a to c). As Hanoch (2002: 8) points out people often have multiple, simultaneously held goals: "At times these goals conflict, sometimes they have no bearing on one another, and at other times are the first step to achieving a higher ranking goal." These complexities are not easily accommodated in the standard rational choice model, though for Hanoch (2002) they fit well into a conception of "bounded rationality" and emotions can serve as a mechanism for focusing our attention on specific goals.

Another class of criticisms focuses on cognitive biases and decision-making heuristics that derive from empirical work in experimental and behavioral economics (as well as from research on negotiations), as noted above. Two specific examples include the loss aversion effect mentioned earlier, as well as the "endowment effect," both of which are identified on the basis of experimental evidence to be "fundamental characteristics of preferences" (Kahneman et al. 1991: 186) and not mistakes or errors in judgment that can be eliminated with practice, learning or training. The endowment effect refers to the additional value added to something a seller (or trader) possesses over and above the economic value of the item. Even mugs, pens, or other such objects given to subjects for the purpose of immediate trading have additional value as a result of being "their own" objects and thus the price demanded is more than the actual market value. Such effects of course apply even more to larger items owned for much longer periods of time than can be manipulated in laboratory experiments (such as houses or cars). They indicate that preferences are not always strictly determined by economic factors, but can be affected by emotional considerations such as attachment, even if only to an object.

The endowment effect not only affects individual decision-making in the context of buying and selling or more broadly exchange, it also influences negotiations between actors in many situations, including international negotiations between nations over disputed territories and related sometimes long-standing conflicts. Not to understand these effects makes it harder for those analyzing the situation to explain what appear to be significant departures from rationality. Debates persist, however, over the extent to which they can be accommodated by revisions in the basic model of rational choice, accepting quasi-rational behavior as lying under the umbrella of RCT, even if it requires modification especially under conditions of risk and uncertainty.

A larger debate surrounds the entire enterprise. Sociologists, and some psychologists, view RCT as too limited to be of great theoretical use in the domain of explaining behavior that is role-determined or involves complex decision-making. In the former, sociologists often rely on normative and cultural explanations and in the latter psychologists rely on behavioral decision theory, which is meant to apply in situations in which simple RCT models do not work. In sociology the work of the symbolic interactionists and social constructivists come readily to mind. Goffman (1959), for example, offers a compelling and complex account of social behavior as normatively prescribed, role-oriented, and often routine and fairly predictable. In this tradition of work what appears to be rational behavior is also normatively prescribed under particular conditions (e. g. as appropriate actions in the work place or in Western societies when the roles one occupies so dictate). But norms have to come from somewhere and, just like the failure of RCT to account for the origins of values and preferences, sociologists do not have good accounts of the emergence of specific norms. In addition, there are few good theories that explain the particular conditions under which deviations from norms occur (or how norms change). There are rational choice theoretic efforts to treat deviance as "rational behavior" that occurs when the costs and benefits align to make the payoffs to deviance greater than conformity to norms (see Becker's 1976 work as one example). In a more controversial application of RCT he offers a similar explanation for addiction, but this account has also been the subject of great debate.

A related critique from sociology, as well as psychology, is the tendency for rational choice theories to avoid consideration of the more emotional determinants of behavior.[5] A few economists have also echoed this theme (including, notably, Robert Frank 1988). One of the ways in which emotions have been viewed recently as relevant to

---

5 This is also a central tenet in much of Jon Elster's work (e. g. 1998, 1999), which we discuss in the next section.

models of rational choice is as a source of bounded rationality (Hanoch 2002). In this view, emotions are seen as working together with rationality considerations as determinants of decision-making behavior. Hanoch (2002: 7) argues that emotions can operate in several ways to facilitate (or affect) rational decision-making. They may serve as a "prioritizing mechanism" leading humans to act more quickly by "satisficing" in order to respond appropriately often under circumstances that do not allow more formal, time-consuming analysis prior to action. In addition, they can serve to focus the actor on the most salient factors; or they may function as a determinant of preferences and values (assumed to be exogenous in standard rational choice accounts). In the following section we develop more fully the various ways in which existing theory and research indicate that emotions and rationality are linked.

*III. The Links between Emotions and Rationality:
Emotions as Independent, Modifying and Mutual Determinants of Action*

In 1998 Jon Elster wrote in the Journal of Economic Literature that "references to economic theory by emotion theorists are perhaps even rarer than references to emotion theory by economists. The two fields seem to exist in near isolation from each other." In the succeeding decade this situation has changed and, currently, it appears that there are almost as many perspectives on the linkages between emotions and rationality as there are variants of RCT and its alternatives. We discuss only some of the possible connections. Emotions can affect "rational" choices directly or indirectly, modify the process of decision-making entirely or serve as alternatives to RCT as determinants of behavior. In the most direct instance, emotions can determine action in lieu of rational analysis.

There are many situations in which emotions are the driving force behind which action we take. Certain situations cause such intense, automatic sentiments that it is difficult to stop from behaving on such arousal to reason about our actions. Hanoch (2002) gives an interesting example of this case in which a doctor is on her way to work but ultimately alters this goal when she sees a car accident. She decides to help those who are injured without delay, thereby shifting her goals and incurring the cost of foregoing her original objective, based on her empathy for others under duress. She may rationalize her choice after the fact by assuming that she would have felt guilty for not stopping or that she would not have been fulfilling her role as physician, but her emotional state induced her to stop in that deciding moment.

Emotional processing tends to be far more automatic than formal reasoning (LeDoux 1994, 1996). In situations demanding fast action, such as in times of danger and heightened stress, action that is based on quick emotional processing is generally the best and safest course of action by saving time and, perhaps, securing one's safety (Hanoch 2002). In these cases, our behavior tends toward being automatic, and the mental processing occurs subconsciously as long as the emotions attached to the information we gather summons an emotional schema for action (Ekman 1992; LeDoux 1996; Panksepp 1982). For instance, if a parent sees a stranger approaching her child, this information carries with it a signal of possible danger and anxiety, thus invoking the schema to grab and protect the child. Elster (1999) argues, however, that actions based on these schemas do not always take place because we are sometimes caught in such a flurry of emotion that we are actually given to inactivity, such as being frozen in fear. Thus, emotions can both facilitate and hinder advantageous action.

Emotions also help us to navigate risky and uncertain worlds more successfully in which the benefits of certain decisions are difficult to calculate due to a lack of information (Hanoch 2002). The intuitions that we form in these uncertain environments are of the utmost importance for being able to act successfully. In these circumstances, emotional schemas and intuitions, such as those based on anger, nervousness, fear or happiness, may be primary sources of action precisely because they are not situation-specific. The emotions aroused by these events also provide clues as to what the norms, expectations and general "rules of the game" may be in these unfamiliar environments.

This is not to argue, however, that choices based on affect are only proper in times of emotional duress or novel situations. As we have come to know our particular social worlds, there are many diverse situations that can spark these automatic emotional schemas, such as recoiling in disgust from amoral individuals or merrily congratulating successful colleagues. Indeed, entire research programs, such as affect control theory (ACT), are devoted to examining this type of emotional processing. According to ACT, the affective meanings associated with social events shape individuals' behavior and the behavior others direct toward them (Heise 1979, 2007; MacKinnon 1994; Smith-Lovin and Heise 1988). Identities have a reflexive quality in that individuals monitor and compare the feedback they receive from others to the affective standard of the identity they are attempting to embody. Individuals internally compare this feedback to their identity's set of defining affective meanings. Through this comparison process, individuals are able to adjust their behavior to elicit confirmatory responses from other people in the social situation. Emotions provide valuable information that aids individuals in their assessment of events since emotions allow individuals to feel the impressions from interaction viscerally (Heise 2007).

Our expectations regarding the moods and emotional displays in others also affect the way we interact. According to Frank (1993), when people anticipate that others will not react in a composed, rational fashion to actions made against them, actors will be less likely to behave opportunistically due to this expectation. Frank delineates several ways in which this process can play out, including when trusting business partners, deterring a theft, making sub-optimal bargaining ultimatums and staying in committed relationships all while faced with alternatives that would provide greater material rewards. People are also acutely attuned to these emotional reactions in others, which allows for these emotional determinants of behavior to occur. As Frank notes, "the irony is that being known to be other than a purely self-interested, rational person confers material advantage" (1993: 164; see also Yamagishi et al. 2009). Nonetheless, this material advantage is not necessarily the consequence of intentional emotional states and responses as many are rigid and not easily manipulated or managed.

Aside from directly affecting action, emotions can modify rational choices by aiding in the decision-making process. When deciding on an ultimate course of action, people must select from multiple potential behaviors. Often in making this decision, individuals do not have full information on the consequences of each choice, nor do we generally understand all of the potential options available (Simon 1983). The opportunities that we do foresee may also be highly commensurate, such as the choice to purchase a particular brand of car (Elster 1999). Yet, in the face of ambiguity and a dearth of possible actions, we are still able to act.

One of the more traditional views on the interrelation of emotions and reason is that actions have material as well as emotional costs and benefits, as Becker (1996), Frank (1988) and Hirschleifer (1987) argue. Actors take account of the emotional state that a particular action is likely to produce, as well as the behavior's potential material rewards when determining the most advantageous course of action. For instance, if one foresees that cheating a negotiation partner would produce a sense of guilt, one may decide not to do so and tradeoff material gain for emotional rewards in order to avoid the cost of guilt. Elster (1999) argues, however, that this cost-benefit model of emotions and rationality is far too simplistic, as some emotions are so overwhelming or durable that their satisfaction is of the utmost priority, such as the desire to no longer feel shame or envy. This occurs regardless of whether the actions needed to accomplish this paramount goal harm or continue to ruin the actor in the process. Additionally, emotions may prompt individuals to behave in a purely instrumental fashion, such as when hate spurs one to calculatedly seek revenge, thereby affecting the overall trade-off in rewards as well (Elster 1999).

Emotions play a large role in determining our actions since they often form the basis of our preferences and values (Hanoch 2002). Many have argued that pure reason cannot illuminate which goals to ultimately pursue, whereas emotions can help individuals prioritize among their possible goals to reach a decision (Hanoch 2002; Muramatsu and Hanoch 2005; Simon 1983). Others have gone so far as to say that decision-making would be almost impossible without emotions (Charland 1998; De Sousa 1987). According to Frijda (1986) emotions enhance the use of various rules of thumb and other decision-making shortcuts to aid satisficing behavior. For instance, emotions alter our priorities (Simon 1967), as evidenced in the car accident example mentioned earlier, and can also indicate when we have processed enough information to make a competent decision (Ketelaar and Todd 2001). Emotions also help to focus the actor on certain options, such as those that personally matter or are most pertinent, to stave off indecisiveness and procrastination (De Sousa 1987; Elster 1999; Simon 1983).

When individuals think about possible actions, the emotions that are aroused when considering the various scenarios aid in inferring which option to select. This ability to imagine multiple potential courses of action plays an important role in assisting decision-making, and the emotions produced when thinking about these potential alternatives further facilitate this process (Earl 1983; Hanoch 2002; Shackle 1961). For instance, when deciding between prospective bargaining partners, one may imagine how the negotiation may proceed with each person. If the thought of negotiating with someone invokes a sense of anxiety, one is less likely to ultimately do business with that person.

Damasio (1994) argues that over time various emotional states become attached to both positive and negative outcomes. Through a learning and reinforcement process, these affective conditions begin to indicate which courses of action may be the most beneficial in a given circumstance. Thus, any particular emotional state can serve as a "somatic marker" (Damasio 1994: 174) to facilitate the selection of a beneficial behavior, or at least avoiding a detrimental decision (Elster 1999).

Emotional responses and displays are partially the result of socialization. One comes to understand directly through learning (and the associated reinforcement mechanisms) whether an emotional state indicates a beneficial course of action and what emotional displays are advantageous for reaching certain goals (Muramatsu and Hanoch 2005). There is also a second-order process involving vicarious learning in which one sees others displaying certain emotions or learns from others' recounting of their choices how they felt at that moment and, consequently, whether the chosen action was beneficial for them. This indirect socialization also helps individuals learn which emotional states lead to rewards, both intrinsic and material.

Through this learning process we not only come to understand that emotions operate as indicators of behavioral consequences but also how to manage our emotions to elicit favorable responses. When an emotion is aroused, we have the ability of giving it a faithful expression, to amplify its manifestation, to dampen its display or to convey another emotion entirely (Elster 1999). The social environment helps dictate which emotional display is normative or expected, and those who have learned to manage their emotions to fit each scenario may gain from deciding to do so.

Hochschild's (1983) work on emotional labor demonstrates how intentional a process this can be. She argues that certain occupations demand that employees have some control over their own emotional displays and work to bring about certain emotions in their clientele, such as engendering cheerful retail customers. This can be accomplished through surface acting, when a person displays an emotion that she does not truly feel, or deep acting, in which a person induces a genuine emotional expression (Grove and Fisk 1989; Hochschild 1983). Although deep acting tends to eventually be associated with negative personal outcomes, such as emotional fatigue and reduced job satisfaction (Grandey, Fisk and Steiner 2005; Brotheridge and Grandey 2002), emotional labor is associated with beneficial outcomes for the company, such as yielding positive assessments of service and product quality and repeat clientele (Isen et al. 1978; Pugh 2001; Schneider and Bowen 1985).

IV. Conclusion

In this article we have provided a brief overview of the nature of rational choice models in the social sciences, particularly in sociology, and how they might link to the emotions. This is a fruitful line of inquiry explored most fully by Elster in his 1999 book, *Alchemies of the Mind: Rationality and the Emotions*. Our approach has been to discuss the strengths and some of the limitations of rational choice theorizing as well as to identify some of the specific ways in which emotions have been argued to be involved in human social behavior. But, we have given short shrift to evolutionary accounts. In conclusion we comment briefly on evolution and the potential for rational choice thinking to aid in the integration of the social sciences.

Various theorists have discussed the evolutionary basis of emotions and the extent to which they are universal. While there is some disagreement on the degree of universality of specific emotions, there is emerging consensus that certain emotions such as anger, fear, pleasure, and disgust have an evolutionary basis, are universal in their expression (though not necessarily in the exact form of the expression which often has cultural overlays), and serve as the basis for heuristics that affect behavior directly and indirectly. Recently some have argued that emotions serve as "triggering conditions" that set in motion cognitive and physiological processes that lead to adaptive or maladaptive behaviors in various settings.

Muramatsu and Hanoch (2005: 206), for example, argue that such processes help humans identify and classify the nature of the situation they are dealing with; they aid in the search for alternative responses that facilitate or hinder adaptation to fundamental problems "a species has confronted throughout its evolutionary history." In essence many of our responses are programmed depending on the nature of the decision at stake and the emotion activated in that moment (e.g. fear, disgust, pleasure). Sociological accounts generally focus much less on the evolutionary basis of emotions (though they are sometimes acknowledged)[6] and more on the nature of emotional socialization and its effectiveness. (e. g. Thoits 1989; Hochschild 1983). The occupants of various roles in society often have to display certain emotions appropriately as part of their successful performance of the roles they occupy (e. g. physicians with their patients or mothers with their young children). These accounts address the interpretation and cultural meaning of emotional responses and the extent to which such emotional responses are learned. Exploring more fully the evolutionary basis[7] of emotions as well as the social determinants of emotional responses are certainly key to specifying the precise nature of the linkages between emotions and what social scientists call "rational" action. Understanding the evolutionary, biological, cultural, and sociological roots of emotions will require cooperation across the social and behavioral sciences.

In his recent book, *Bounded Reason,* Gintis (2009: 225) quotes economist, Jack Hirschleifer as saying: "While scientific work in anthropology, and sociology, and political science will become increasingly indistinguishable from economics, economists will reciprocally have to become aware of how constraining has been their tunnel vision about the nature of man and social interaction." Gintis adds to this assessment in his concluding chapter, arguing that the social sciences have an opportunity to develop more integrated knowledge by adopting a general view of behavior as driven by rational choice considerations, though in his account what is maximized in the end is fitness (not utility) since he approaches the topic from the point of view of evolutionary biology and evolutionary game theory. While we agree with Gintis that there may be real opportunity for integration of at least some of the major conceptions of social action and the evolution of culture and society across the social sciences by adopting a general model of social action based on rationality, in our view this enterprise will be richer to the extent that it also incorporates what we are learning about the role of emotions in human social behavior.

---

6 Turner and Stets (2006: 46), for example, argue: "Sociological theorizing on emotions cannot ignore this biological basis and the evolutionary forces that selected on hominid and human neuro-anatomy."

7 In addition, Damasio (1994) and others have investigated in some depth, with empirical work on individuals with brain damage in the frontal cortex, the links between brain, emotion and behavior. This area of investigation has great potential to add to our understanding of the rational, cognitive and emotional determinants of behavior and the decisions we make. Neuroeconomics as a nascent subfield within economics is also focused on aspects of this problem.

References

Becker, Gary S. 1976. *The economic approach to human behavior*. Chicago: University of Chicago Press.
Becker, Gary S. 1996. *Accounting for tastes*. Cambridge, MA: Harvard University Press.
Blau, Peter. 1964. *Exchange and power in social life*. New York: Wiley Press.
Boudon, Raymond. 2003. Beyond rational choice theory. *Annual Review of Sociology* 29: 1-21.
Brotheridge, Celeste M., and Alicia A. Grandey. 2002. Emotional labor and burnout: Comparing two perspectives of 'people work'. *Journal of Vocational Behavior* 60: 17-39.
Charland, Louis C. 1998. Is Mr. Spock mentally competent? Competence to consent and emotion. *Philosophy, Psychiatry and Psychology* 5: 67-81.
Coleman, James S. 1990. *Foundations of social theory*. Cambridge, MA: Harvard University Press.
Cook, Karen S., and Jodi O'Brien. 1990. Individual decision making versus market-level predictions: the applicability of rational choice theory. In *The limits of rationality*, eds. Karen S. Cook, Margaret Levi, 175-188. Chicago: The University of Chicago Press.
Cook, Karen S., and Richard M. Emerson. 1978. Power, equity and commitment in exchange networks. *American Sociological Review* 43: 721-739.
De Sousa, Ronald. 1987. *The rationality of emotion*. Cambridge, MA: MIT Press.
Damasio, Antonio R. 1994. *Descartes' error*. New York: Putnam.
Duesenberry, James S. 1960. A comment on 'An economic analysis of fertility'. In *Demographic and economic change in developed countries,* ed. NBER, 225-256. Princeton: Princeton University Press.
Earl, Peter. 1983. *The economic imagination: Towards a behavioral theory of choice*. Brighton: Wheatsheaf.
Eckman, Paul. 1992. An argument for basic emotions. *Cognition and Emotion* 6: 169-200.
Elster, Jon. 1989. Social norms and economic theory. *Journal of Economic Perspectives* 3: 99-117.
Elster, Jon. 1998. Emotions and economic theory. *Journal of Economic Literature* 36: 47-74.
Elster, Jon. 1999. *Alchemies of the mind: rationality and emotions*. Cambridge: Cambridge University Press.
Emerson, Richard M. 1972a. Exchange theory, part I: a psychological basis for social exchange. In *Sociolgcial theories in progress*, eds. Joseph Berger, Morris Zelditch Jr., Bo Anderson, 38-57. Boston, MA: Houghton Mifflin.
Emerson, Richard M. 1972b. Exchange theory, part II: Exchange relations and network structures. In *Sociolgcial theories in progress. Boston*, eds. Joseph Berger, Morris Zelditch Jr., Bo Anderson, 58-87. Boston, MA: Houghton Mifflin.
Fehr, Ernst, and Simon Gachter. 2000. Fairness and retaliation: The economics of reciprocity. *Journal of Economic Perspectives* 14: 159-181.
Fiske, Susan, and Shelley Taylor. 1991: *Social cognition*. New York: McGraw-Hill.
Frank, Robert H. 1988. *Passions within reason*. New York: Norton.
Frank, Robert H. 1993. The strategic role of the emotions: Reconciling over-and undersocialized accounts of behavior. *Rationality and Society* 5: 160-184.
Frijda, Nico H. 1986. *The emotions*. New York: Cambridge University Press.
Gintis, Herbert. 2009. *Bounded reason: game theory and the unification of the behavioral sciences*. Princeton, NJ: Princeton University Press.
Goffman, Irving. 1959. *The presentation of self in everyday life*. Garden City, NY: Doubleday.
Grandey, Alicia A., Glenda M. Fisk and Dirk D. Steiner. 2005. Must "service with a smile" be stressful? The moderating role of personal control for U.S. and French employees. *Journal of Applied Psychology* 90: 893-904.
Granovetter, Mark. 1985. Economic action and social structure: The problem of embeddedness. *American Journal of Sociology* 91: 481-510.
Granovetter, Mark. 1993. The nature of economic relationships. In *Explorations in economic sociology,* ed. Richard Swedberg, 3-41. New York, NY: Russel Sage Foundation.

Grove, Stephen J., and Raymond P. Fisk. 1989. Impression management in services marketing: A dramaturgical perspective In *Impression management in the organization,* eds. Robert A. Giacalone, Paul Rosenfeld, 427-438. Hillsdale, NJ: Lawrence Erlbaum.

Hanoch, Yaniv. 2002. Neither an angel nor an ant: emotion as an aid to bounded rationality. *Journal of Economic Psychology* 23: 1-25.

Harsanyi, John C. 1977. Advances in understanding rational behavior. In *Foundational problems in the special sciences,* eds. Robert E. Butts, Jaakko Hintikka, 315-343. Boston, MA: D. Reidel Publishing Company.

Heath, Anthony. 1976. *Rational choice and social exchange.* New York: Cambridge University Press.

Hechter, Michael, and Karl Dieter-Opp, eds. 2001. *Social norms.* New York: Russell Sage Foundation.

Hechter, Michael, and Satoshi Kanazawa. 1997. Sociological rational choice theory. *Annual Review of Sociology* 23: 191-214.

Hedstrom, Peter, and Richard Swedberg. 1996. Rational choice, empirical research, and the sociological tradition. *European Sociological Review* 12: 127-146.

Hedstrom, Peter, and Charlotta Stern. 2008. Rational choice and sociology. In *The new palgrave dictionary of economics,* eds. Steven N. Durlauf, Lawrence E. Blume. New York: Palgrave Macmillan.

Heise, David R. 1979. *Understanding events: affect and the construction of social action.* New York: Cambridge University Press.

Heise, David R. 2007. *Expressive order: confirming sentiments in social actions.* Heidelberg: Springer.

Hirshleifer, Jack. 1987. On the emotions as guarantors of threats and promises. In *The latest on the best: essays on evolution and* optimality, ed. John Dupre, 307-326. Cambridge, MA: MIT Press.

Hochschild, Arlie R. 1983. *The managed heart.* Berkeley, CA.: The University of California Press.

Homans, George C. 1958. Social behavior as exchange. *American Journal of Sociology* 63: 597-606.

Homans, George C. 1961. *Social behavior: its elementary forms.* London: Routledge and Kegan Paul.

Isen, Alice M., Thomas E. Shalker, Margaret Clark and Lynn Karp. 1978. Affect, accessibility of material in memory, and behavior: A cognitive loop? *Journal of Personality and Social Psychology* 36: 1-12.

Kahneman, Daniel, Jack L. Knetch and Richard H. Thaler. 1991. Experimental tests of the endowment effect and the Coase theorem. In *Quasi rational economics,* ed. Richard H. Thaler, 167-188. New York: Russell Sage Foundation.

Kahneman, Daniel, and Amos Tversky (eds.). 2000. *Choices, values, and frames.* New York: Russell Sage Foundation and Cambridge. U.K.: Cambridge Press.

Ketelaar, Timothy, and Peter M. Todd. 2001. Framing our thoughts: Ecological rationality as evolutionary psychology's answer to the frame problem. In *Conceptual challenges in evolutionary psychology: Innovative research strategies,* ed. Harmon R. Holcomb, 179-211. Norwell, MA: Kluwer.

LeDoux, Joseph E. 1994. Emotion, memory and the brain. *Scientific American* 270: 32-39.

LeDoux, Joseph E. 1996. *The emotional brain.* New York: Simon and Schuster.

MacKinnon, Neil J. 1994. *Symbolic interactionism as affect control.* Albany: SUNY Press.

Marini, Margaret M. 1992. The role of models of purposive action in sociology. In *Rational choice theory: advocacy and critique,* eds. James Coleman, Thomas J. Farraro, 21-48. Newbury Park, CA: Sage Publications.

Muramatsu, Roberta, and Yaniv Hanoch. 2005. Emotions as a mechanism for boundedly rational agents: the fast and frugal way. *Journal of Economic Psychology* 26: 201-221.

Ostrom, Elinor. 1990. *Governing the commons: the evolution of institutions for collective action.* New York: Cambridge University Press.

Ostrom, Elinor. 1999. Coping with tragedies of the commons. *Annual Review of Political Science* 2: 493-535.

Panksepp, Jaak. 1982. Towards a general psychological theory of emotion. *Behavioral and Brain Science* 5: 407-467.

Pugh, Douglas S. 2001. Service with a smile: emotional contagion in the service encounter. *Academy of Management* 44: 1018-1027.

Schneider, Benjamin, and David E. Bowen. 1985. Employee and customer perceptions of service in banks: replication and extension. *Journal of Applied Psychology* 70: 423-433.

Shackle, George L. S. 1961. *Decision, order and time in human affairs*. Cambridge: Cambridge University Press.
Simon, Herbert, 1955: A behavioral theory of rational choice. *Quarterly Journal of Economics* 69: 99-118.
Simon, Herbert. 1967. Motivational and emotional controls of cognition. *Psychological Review* 74: 29-39.
Simon, Herbert. 1983. *Reason in human affairs*. Stanford, CA: Stanford University Press.
Smith-Lovin, Lynn, and David R. Heise. 1988. *Analyzing social interaction: advances in affect control theory*. New York: Gordon and Breach.
Thaler, Richard. 1991. *Quasi rational economics*. New York: Russell Sage Foundation.
Thoits, Peggy A. 1989. The sociology of emotions. *Annual Review of Sociology* 15: 317-42.
Turner, Jonathan H., and Jan. E. Stets. 2006. Sociological theories of human emotion. *Annual Review of Sociology* 32: 25-52.
Ullmann-Margalit, Edna. 1977. *The emergence of norms*. Oxford: Clarendon Press.
Yamagishi, Toshio, Yukata Horita, Haruto Takagishi, Mizuho Shinada, Shigehito Tanida and Karen S. Cook. 2009: The private rejection of unfair offers and emotional commitment. In: *Proceedings of the National Academy of Sciences,* ed. National Academy of Sciences. Washington, DC: National Academy of Sciences.

Korrespondenzanschrift: Karen S. Cook, Department of Sociology MC2042, Stanford University, Stanford, California 94305, USA
E-Mail: kcook@stanford.edu

KRITIK

EMOTIONS, RATIONALITY AND RATIONAL CHOICE

Rainer Schützeichel

Abstract: In recent years, the relationship between rational choice theories and emotions has become increasingly relaxed. Many theoretical approaches that can be counted among the theories of rational choice, dealt with the relevance of emotions for making rational choices and arrived at positive results. Karen S. Cook and Sarah Harkness describe them systematically in their contribution. As explained in this replication, it is however questionable whether theories of rational choice are capable, by their analytic bases, to capture the relevance as well as the rationality of emotions in a comprehensive way. The reason for this is that, in the narrow analytic reference framework of theories of rational choice, emotions are generally regarded only in either their negative or positive effect on the decision-making processes. The rationality of emotions itself remains unaccounted for. Therefore this article considers the thesis to switch from theories of rational choice to comprehensive theories of rational acting: They are not only capable to integrate the rationality of emotions, but also forms of epistemic rationality in a comprehensive way because emotive and epistemic rationality are closely interrelated. Such an analytic approach could form an antithesis to recent developments in the social sciences, which as neurosociology or neuroeconomics emphasize the emotionality of decisions, yet minimize the deliberative rationality of decisions in favor of neurological and neurobiological mechanisms.

I. Introduction

Karen S. Cook and Sarah K. Harkness presented the discourse about rational choice theories (RCT) of emotions in a remarkable and prudent way. Their contribution exemplarily described the state of the art of the present research situation. With good reason they concentrated on the decision-theoretical core of these developments and did not concern themselves with the dimension of social relations or social exchange, to which both authors similarly presented very important, paradigmatic contributions (see Cook 2003; Cook and Gerbasi 2009; Cook et al. 2007; Kroska and Harkness 2006, 2008). As a person, who profited from their work very much and who also feels obliged to the theoretical framework of RCT as well as of exchange theory, one is faced with the question, how to commentate this contribution. Therefore, I do not like to treat individual facets and aspects, but want to address four fundamental points. The first point concerns the "emotional turn" in general and the question, how emotions found their way into sociology and in particular into RCT *(II.)*. The second consideration concerns the problem of the "concept of emotion" – how were and are emotions conceptualized? *(III.)*. Thirdly, the question of the limits of theories of rational acting and theories of rational choice is raised *(IV.)*. And in a fourth point I would like to briefly address a problem which is not just of importance for the sociological theory of emotions, but for sociology in general, i.e. the tendency towards "neurosociology" *(V.)*.

II. Models of Addition and Integration

Over the last decades, the "emotional turn", i. e. the increasing reference to emotions in sociological theory formation, occurred in the context of a model of addition or integration. In the model of addition "emotions" or "emotional actings" are added to the models of action and decision which were previously advocated. Prominent examples of this approach are the theory of the "emotional man" by Helena Flam (1990a, 1990b, 2006), as well as the broad variety of relevant emotion-sociological approaches from the different factions of symbolic interactionism over the theories of Randall Collins or Jonathan Turner to exchange theories or structure-realistic theories (Archer 2000; Williams 2000). An emotional or affective form of acting is placed to the side of the previous, cognitivistic founded theories of action or specific rational models of acting. Many of these excellent research studies, which were also noted on an interdisciplinary level, contributed much to improve our understanding of the role and function of emotions for action, for social structure and for social relations. Besides, those studies are characterised by the fact that they try to comply as much as possible to the analytic interest of sociology by considering different types of action and behavior. However, the problem of this strategy obviously is to find a common analytic framework for the different forms of action. With one important exception, i.e. the theory of the actor model by Uwe Schimank (2006), hardly any attempt was undertaken to arrive at a comprehensive, analytically coherent, and theoretically justified systematics in the context of the model of addition. This led among other things to the fact that the theoretical relevance of emotions remained limited to a subdiscipline. There is a broad sociology of emotions, but hardly any sociological theory of emotions in the strict sense of the word.

The model of integration represents the second approach. Here, an attempt was made to integrate emotions from a firm theoretical core. The family of rational choice theories stands paradigmatically for this. Over the past years hardly any other theory tried to integrate the phenomenon of emotions into its theoretical bases in such an intensive way. Karen Cook and Sarah Harkness completely rightfully emphasized that in contrast to other sociological approaches the RCT represents a research agenda, focused on cumulative scientific progress. The attempt to integrate emotions into the theoretical model can be understood as a second line of research, trying to reinforce the explanatory force and/or the empirical adequacy of the RCT.

The sociological model designated as "homo economicus" represents the nucleus of these developments. This model proceeds from the assumption that on the basis of given preferences the action decisions by actors can be understood as rational choices between action alternatives according to principles of utility maximization. This model is based further on certain assumptions such as the acceptance of transitivity and orderness of the preferences or the complete information about the action alternatives and their consequences. But an uncertainty over the methodological status of this model remains. If its function lies primarily in an ideal-typical heuristic, the assumptions of this model do not have to be empirically adequate but only heuristically fruitful. However, the following discussions oriented themselves rather on the goal of a high empirical adequacy (van Fraassen 2004). This development resulted in gradual modifications and extensions of the premises being applied to this model.

A first line of research concerns modifications and extensions, which can be described by the keyword "deciding under uncertainty and limited knowledge". How do participants decide in situations, in which they only have little knowledge about the consequences and side-effects of their options for action or about the preferences of co-participants? In this line important extensions can be found such as considerations about "bounded rationality" and about cognitive heuristics up to the discharging of the "homo economicus" in the model of "homo heuristicus" who obeys only to an ecological rationality (Gigerenzer 2007, 2009). And finally the intensified installation of socio-psychological framing models can be assigned to this line as well.

In a second line of research emotions are exceedingly integrated. Primarily, research studies by Jon Elster (1997, 1999), Hartmut Esser (2006), Robert Frank (1988, 1993) and Annette Schnabel (2005, 2006) have to be mentioned here. Frequently, this phase is regarded as an attempt to re-integrate the utilitarian theory of action with the moral sentiments which were already separated by Adam Smith. But if reconsidered, then this phase does actually not deal with "sympathy", considered as a socially integrative emotion by Adam Smith, but with emotions, on which a recourse becomes necessary, in order to fill gaps in a purely cognitivistic theory design. In other words: Emotions are examined regarding their information potential. As already in the first, cognitivistic line, this second line of research deals with making corrections in the narrower, decision-theoretical core as well, i. e. to the informational basis over possible decision alternatives.

But yet another second movement has to be considered, which permitted a convergence between RCT and emotions as well. "Emotions" can hardly be integrated into classical RCT. Decisions are understood as acts of a rational choice. They exhibit the characteristic of intentionality (in the sense of deliberateness) and are based on inferences between cognitions. Emotions are put into an elementary contrast with cognitions; emotions do not represent intentional phenomena. One experiences them, but one does not choose between them. In the course of interdisciplinary emotion research over the last decades the concept of emotions changed however in a fundamental way. To mention but a few modifications: (1) emotions are no longer regarded as non-rational phenomena only but there is a rationality of emotions (De Sousa 1987), which consists of the fact whether emotional reactions are appropriate to a norm or situation or not. (2) Thereby it becomes obvious that emotions can be subject to choice under certain conditions. (3) Further modifications concern the relationship of emotion and cognition and/or of emotionality and intentionality. The predominant majority of psychological as of philosophical concepts establish a close link between emotion and cognition and they conceive emotions as intentional, directional phenomena, thus as partial elements of the class of mental phenomena. And finally (4) neurobiological research in particular (see Damasio 1994, 1999) maintained that decisions are emotion-based. This means, among other things, that emotions are relevant for the choice of a relevance framework toward which decisions are directed and also for the choice among decisions. For instance, it is a significant fact that despite all cognitive evaluation between decisions, emotions connected to or implied by the respective decisions remain the central standard of valuation of last instance.

III. Emotions in Theories of Rational Choice

While in the model of addition described above the question about theoretical coherency is shifted into the background by the at times concise recourse to emotions, a reverse tendency can be observed in the model of integration of the RCT: theoretical coherency is highlighted at the expense of emotions. You cannot deny the impression that emotions are regarded as a pure substitute of information in the RCT. Emotions are important because knowledge and information is missing, in particular knowledge of yourself and knowledge of other actors. Actors have emotions and they take their own as well as others' emotions into consideration when they lack information in certain situations about certain decision relevant parameters. Emotions serve to close this gap in a certain way by informing the actors about how relevant certain situations and conditions of self and other are for their decisions. But the question remains whether emotions and particularly the perceived emotions are subsumed therein. What about the felt quality of emotions? Feelings can be pleasant or unpleasant, they are accompanied by desire and inappetancy, they have a hedonistic quality, a valency that is experiencable phenomenally. In this context, Annette Schnabel (2005) spoke of "emotional decisions" and "deciding emotions". Decisions accompany feelings, and feelings can be deciding. Thus do the phenomenal qualities of emotions play a role? Does it make a difference whether you consider yourself in a situation of shame or whether you are overwhelmed by shame? How does this difference become apparent in the theoretical assumptions of decision theory? Or on the other hand: Are there feelingless decisions at all?

These questions concern the concept of emotions as advocated by the RCT. Only in the course of the "scientification" of emotion research in the second half of the nineteenth century was a uniform category of emotions developed. Up to this period of time, a distinction was made between higher and lower cognitive faculties or between reason and feeling as well, but these faculties were perceived in a substantially more differentiated way, than is the case today. The standardization of all experiences equipped with phenomenal qualities in the category "emotion" leads to extremely rough, dichotomic quality attributions. A rift opens up between "emotions" and "cognitions" or between "emotionality" and "rationality", which are just now being overcome with a lot of effort. Before this standardization – for example in Kant's philosophy – one disposed of the differentiation between affections and passions: affections refer to the cognitive faculty, passions to the faculty of desire. This distinction so meaningful for sociology unfortunately fell into oblivion, although it formed the basis of Max Weber's theory. Weber did not argue, as is always insinuated today leading to much misunderstanding (see Schützeichel 2010), with the modern distinction of emotion and rationality, but with the much more fine-grained/subtle distinction of affections and passions. If one approaches Weber's sociology with the modern concept of emotion, one fails to grasp crucial aspects of his theory.

In today's research the shortness and fragility of this category "emotion" becomes more and more apparent. One is tempted to ask the question whether or not extremely heterogeneous phenomena are summarized under this category. Emotions, so a decided answer, do not represent a "natural kind" (Griffiths 1997), since they exhibit completely different physiological and mental mechanisms. This assessment is frequently put forward by approaches from the neurobiological or reductionistic research faction. However, one could also suggest that emotions though differing in their mechanisms very strongly, nevertheless exhibit a common function: They are phenomena, which, despite their different level of integration into the behavioral process, have the function to shift the organism and/or the person into a specific mode which implies certain reaction and behavior options as reaction to certain perceived, recognized or imagined situations. Emotions point to how a situation is perceived by a person.

But in whatever way this question is treated, it is a completely clear indication that one cannot speak any longer of a commonly accepted, everyday sense of "emotion" in sociology, and presuppose everybody knows what is meant. Every research approach has to point out, which concept of emotions is advocated. And this for sociological reasons, because the heterogeneity of emotions entails that social interactions or social processes can be affected in completely different ways by emotions. And in reverse social interactions and social processes can evoke and generate completely different emotions. A differentiated concept of emotion is therefore required.

Actually, discussions like this are rarely led in sociology. An exception is represented by the controversy between the "positivistic" theory of Theodor Kemper and symbolic interactionism and/or social constructivism. A controversy however, which was unfortunately based on multiple misunderstandings and ended in an unsatisfactory way. The most important exception, Karen Cook and Sarah Harkness point this out, is represented by the theory of Jon Elster. Elster proposed a remarkably differentiated concept of emotions in many of his writings. Emotions are understood as mechanisms, which have an enormous impact on other mental phenomena such as convictions, desires as well as actions. While in older works the – by no means unproblematic – tendency prevailed, to regard emotions as visceral phenomena, which are nevertheless cognitively structurable and intentionally related to something, Elster moved in his more recent works (Elster 2007, 2009) a new aspect into the foreground: Emotions do not constitute a natural kind. If however, it does not constitute a natural kind, then the question remains, how we can attribute to a common function to these phenomena. Besides, the distinction between emotions and intentions (desires, cognitions) as distinct entities remains elementary for Elster. However, with reference to integrative and also ontogenetically founded models (e. g. Zinck and Newen 2008) as well as recent considerations regarding a general "affective intentionality" (Ratcliffe 2008), a general systematics of emotions can be developed as well, which connects emotions with completely different forms of behavior and action – away from the automatic, affection induced behavior program to emotional-cognitive forms of rational acting. And furthermore, such a model could dissolve the contrast between emotion and cognition in favour of the insight that any intentional reference to whatever there is in the world is always bound to certain emotional affective modes. In this sense, emotions would constitute the mode, in which a person directs himself intentionally towards given or to be realized states in the world.

IV. Rational Action, Rational Choice, and Emotions

These views lead to a general question of the ability and the need for integration of the conceptual framework of the RCT. To mention a general observation in connection with this: Theories of rational action in general as well as their decision-specific form, the theories of rational choice, explain actions and decisions with reference to beliefs and action goals or desires. There are several different variants of these so called belief-desire-explanations. They differ for example as to whether they literally take "desires" as their basis (as in Hume's theory of action) or preferences and/or goals (as in economic theory). Secondly, they differ with regard to their claim for rationality. Theories of rational choice put forward limited claims for rationality, pertaining only to rationality of choice between alternatives; whereas beliefs just like the goals and their rationality are usually accepted as given parameters. This is different in the superordinate, general theories of rational action. They reach from minimal up to elaborate versions. An example for such a minimal version of rational action theories is the purely subjectivistic theory of Hempel (1961/1962), which appeals in its explanation to the subjectively given beliefs and goals. Therefore this theory has large influence on the theories of rational choice as well. Among the elaborate versions belong theories of rational action, which consider the rationality of decision parameters themselves, thus the rationality of the beliefs as well as the rationality of the goals or desires. Are they rationally reasonable for themselves (practical rationality)? And how and according to which rules can the rationality of beliefs be founded? Is it sufficient that participants can argue for their beliefs or do they have to refer to the knowledge recognized as given at the time (epistemic rationality)?

To this the following observations can be added. Emotions – and this is the present state of the art in newer, interdisciplinary emotion research – can have a substantial (positive and negative) relevance for epistemic as well as for practical rationality. They affect epistemic rationality and the associated psychological processes in different ways. And they are intrinsically connected to practical rationality, to goals, desires, needs, which are either satisfied or not. And vice versa, as it was briefly suggested in the last point, the genesis of emotions is so closely related to beliefs and to goals that it is tempting to speak of a "belief-desire-model" for the explanation of emotions in analogy to the explanation of actions.

However, at least the theories of rational choice proper do not have, as described, an explicit concept of epistemic or practical rationality. Usually these theories have (exogenously introduced) preferences as well as "calculations" of utility accountings at the center of their explanation of choice actions. That means, theories of rational choice proper are hardly able to deal in a substantial way with the problem of the rationality of emotions already from its premises. The reason is that they do not dispose of concepts with regard to a comprehensive epistemic as well as practical rationality. Nevertheless frequently statements about the epistemic and practical relevance of emotions turn up, usually in the form that emotions represent a non-rational category, with the result that a non-rational action type is attributed to them.

V. Heading for a Neurosociology?

In brief, one final question of concern for sociology in general. As the example of the emotion-theoretical discussion tells us in particular, sociology seems to depend on the controversy with interdisciplinary research. The sociological questions are of indispensable importance for general emotion research, but if sociology wants to retain interdisciplinary connections, then she has to face the interdisciplinary discourse. Sociology has to exhibit sufficient competence, in order to lead such a discourse and to assess the relevance of interdisciplinary research for her own research problems. In addition, she must have a "competence for incompetence", because she can not possibly grasp the entire research situation. Thus how much competence or incompetence does sociology need?

Therefore, with regard to methodology the problem of reductionism arises. Presently, economics provide a good example on which to observe the balancing act connected to such questions. Within the framework of empirical behavioural economics a new highly reputable research paradigm began to form, which did not only call for important revisions to the foundations of traditional micro-economic theory and to the model of the rational choice, but also transferred certain results from neurobiology into economic research on a one-by-one basis (Camerer et al. 2005; Glimcher et al. 2009). Thus for example the question, whether and under which conditions actors trust each other seems to be reduced to the problem, whether there is a sufficient level of Oxytocin in the brains of these actors (Kosfeld et al. 2005). Accordingly, voices calling for an appropriate neurosociology are on the increase (see Harmon Jones and Winkielman 2007; TenHouten 1999; Wentworth 1999; Williams 2009). In my opinion, such reductionistic tendencies are best met by staying focused on the genuine questions of sociology: Sociology is not concerned with the internal infinity of individuals and their brains, but the social dimensions, in which all individuals are involved. This at least was the answer which Georg Simmel gave already more than hundred years ago (Simmel 1989).

References

Archer, Margaret S. 2000. Homo economicus, homo sociologicus and homo sentiens. In *Rational choice theory: resisting colonisation,* eds. Margaret S. Archer, Jonathan Q. Tritter, 36-56. London: Routledge.
Camerer, Colin F., George Loewenstein and Drazen Prelec. 2005. Neuroeconomics: how neuroscience can inform economics. *Journal of Economic Literature* 43: 9-64.
Cook, Karen S. 2003. *Trust in society.* New York: Russell Sage Foundation.
Cook, Karen S., and Alexandra Gerbasi. 2009. Trust. In *The Oxford handbook of analytical sociology,* eds. Peter Hedstrom, Peter Bearman, 218-241. Oxford: Oxford University Press.
Cook, Karen S., Russell Hardin and Margaret Levi. 2007. *Cooperation without trust?* New York: Russell Sage Foundation.
Damasio, Antonio R. 1994. *Descartes' error: emotion, reason and the human brain.* New York: Penguin Putnam.
Damasio, Antonio R. 1999. *The feeling of what happens: body and emotion in the making of consciousness.* New York: Harcourt Brace.
De Sousa, Ronald. 1987. *The rationality of emotion.* Cambridge Mass.: MIT Press.

Elster, Jon. 1997. *Strong feelings*. Cambridge Mass.: MIT Press.
Elster, Jon. 1999. *Alchemies of the mind. rationality and the emotions*. Cambridge: Cambridge University Press.
Elster, Jon. 2007. *Explaining social behavior. More nuts and bolts for the social sciences*. Cambridge, New York: Cambridge University Press.
Elster, Jon. 2009. Emotions. In *The Oxford handbook of analytical sociology*, eds. Peter Hedstrom, Peter Bearman, 51-71. Oxford: Oxford University Press.
Esser, Hartmut. 2006. Affektuelles Handeln und das Modell der Frame-Selektion. In *Emotionen und Sozialtheorie*, ed. Rainer Schützeichel, 143-174. Frankfurt a. M., New York: Campus.
Flam, Helena. 1990a. Emotional "Man" I: the emotional "man" and the problem of collective action. *International Sociology* 5: 39-56.
Flam, Helena. 1990b. Emotional "Man" II: corporate actors as emotion-motivated emotion managers. *International Sociology* 5: 225-234.
Flam, Helena. 2006. From "Emotional man", with love. In *Emotionen und Sozialtheorie*, ed. Rainer Schützeichel, 195-222. Frankfurt a. M., New York: Campus.
Frank, Robert. 1988. *Passions within reason*. New York: Norton.
Frank, Robert. 1993. The Strategic role of the emotions. *Rationality and Society* 5: 160-184.
Gigerenzer, Gerd. 2007. *Gut feelings: the intellligence of the unconscious*. New York: Viking Press.
Gigerenzer, Gerd. 2009. Homo heuristicus: why biased minds make better inferences. *Topics in Cognitive Science* 1: 107-143.
Glimcher, Paul W., Colin F. Camerer, Ernst Fehr and Russel A. Poldrack, eds. 2009. *Neuroeconomics. Decision making and the brain*. Amsterdam: Elsevier.
Griffiths, Paul E. 1997. *What emotions really are*. Chicago: University of Chicago Press.
Harmon-Jones, Eddie, and Piotr Winkielman, eds. 2007. *Social neuroscience*. New York: Guilford Press.
Hempel, Carl Gustav. 1961/1962. Rational action. *Proceedings and Adresses of the American Philosophical Association* 35: 5-23.
Kosfeld, Michael, Markus Heinrichs, Paul J. Zak, Urs Fischbacher and Ernst Fehr. 2005. Oyxtocin increases trust in humans. *Nature* 435: 673-676.
Kroska, Amy, and Sarah K. Harkness. 2006. Stigma sentiments and self-meanings: exploring the modified labeling theory of mental illness. *Social Psychology Quarterly* 69: 325-348.
Kroska, Amy, and Sarah K. Harkness. 2008. Exploring the role of diagnosis in the modified labeling theory of mental illness. *Social Psychology Quarterly* 71: 193-208.
Ratcliffe, Matthew. 2008. *Feelings of being*. Oxford: Oxford University Press.
Schimank, Uwe. 2006. *Handeln und Strukturen*. Weinheim: Juventa.
Schnabel, Annette. 2005. Gefühlvolle Entscheidungen und entscheidende Gefühle. Emotionen als Herausforderungen für Rational Choice-Theorien. *Kölner Zeitschrift für Soziologie und Sozialpsychologie* 57: 278-307.
Schnabel, Annette. 2006. Sind Emotionen rational? In *Emotionen und Sozialtheorie*, ed. Rainer Schützeichel, 175-194. Frankfurt a. M., New York: Campus.
Schützeichel, Rainer. 2010. Der Wert der politischen Leidenschaft – Über Max Webers „Affektenlehre". In *Politische Leidenschaften. Tel Aviver Jahrbuch für Deutsche Geschichte 2010*, ed. Jose Brunner, 103-116. Göttingen: Wallstein.
Simmel, Georg. 1989. Über soziale Differenzierung (1890). In *Aufsätze 1887-1890*, ed. Heinz-Jürgen Dahme, 109-295. Frankfurt a. M.: Suhrkamp.
TenHouten, Warren D. 1999. Explorations in neurosociological theory: from the spectrum of affect to time consciousness. In *Mind, brain and society*, eds. David D. Franks, Thomas S. Smith, 3-18. Stamford: JAI Press.
Van Fraassen, Bas C. 2004. *The empirical stance*. New Haven: Yale University Press.
Williams, Simon J. 2000. Is rational choice theory "unreasonable"? The neglected emotions. In *Rational choice theory: resisting colonisation*, eds. Margaret S. Archer, Jonathan Q. Tritter. London: Routledge.
Williams, Simon J. 2009. The "neurosociology" of emotions? Progress, problems and prospects. In *Theorizing emotions. Sociological explorations and applications*, eds. Debra Hopkins, Jochen Kleres, Helena Flam, Helmut Kuzmics, 245-267. Frankfurt a. M., New York: Campus.

Zinck, Alexandra, and Albert Newen. 2008. Classifying emotions: a developmental account. *Synthese* 161: 1-25.

Korrespondenzanschrift: Dr. Rainer Schützeichel, Institut für Soziologie, Fernuniversität in Hagen, Universitätsstraße 1/11, 58084 Hagen
E-Mail: Rainer.Schuetzeichel@fernuni-hagen.de

Replik

COGNITION, EMOTION, RATIONALITY AND SOCIOLOGY

Karen S. Cook and Sarah K. Harkness

Abstract: In reply to Schützeichel we comment on some of the issues he raises with respect to the linkages between rational choice theories and emotion. In particular, we discuss the connections between cognition and emotion and the recent work on this topic, as well as the limits of rational choice as a theory of action. We conclude with comments on reductionism and challenge his perspective on the scientific division of labor across fields of inquiry. Specifically, we hold open the possibility of future collaboration on the study of emotions and the analysis of rational choice behavior with those in the fields of neuroeconomics and neuroscience more generally. This entails maintaining an open stance toward working across disciplinary boundaries.

In his reply to "Rationality and Emotions" by Cook and Harkness, Schützeichel raises additional issues to be considered in the debates surrounding the connections between cognition and emotion, rational choice as a theory of action, and methodological issues such as reductionism and the scientific division of labor across fields of inquiry. Given space constraints we will only reply to some of the significant topics he raises in his commentary on our article.

First, while Schützeichel argues that sociology is lacking a theory of emotions, as distinct from a sociology of emotions, there are a number of contributions to the development of such theories within sociology and social psychology that should be acknowledged. Here we would point out the work of Kemper, Scheff, Turner and Stets, Heise, and Smith-Lovin, among others. In each case a sociological approach to the study of emotions has been adopted by these theorists extending the more psychological work that is less focused on the social context in which emotions are activated. For instance, research on status processes demonstrates that emotions appear to moderate the impact of status hierarchies, such that sentiments associated with liking or disliking a leader affect the influence that leader can wield (Bianchi 2004; Bianchi and Lancianese 2007; Driskell and Webster 1997).

Even work in the area of social exchange, based to some extent on conceptions of rational choice, addresses the interplay between emotions and decisions. For example, both Molm and Lawler examine how various exchange environments affect the arousal of positive and negative emotions as a consequence of the relative success (or lack of it) in iterative exchanges. In addition, they explore how such emotions color and intensify the feelings of those in the exchange relationship that lead to more or less social cohesion or commitment and trust (Lawler and Yoon 1996; Lawler et al. 2000; Molm et al. 2000, 2001). Work by Lawler, Thye, and Yoon (2006) shows, for instance, that exchange relations that are structurally enabled by mutual interest and preference engender greater positive emotions and group cohesion than that found in relationships which are structurally induced by forming merely as a means of last resort. In all of this work cognitive and emotive elements interact.

We agree that cognitive theories of action (either RCT or any other cognitive approach to decision making) are typically distinct from theories of emotion and their role in decision-making and social interaction. In response to his question, "Do emotions just fill gaps in a purely cognitive theory of action?" we argue that emotions may do this in some theories of action, but that a better approach in the future would be to develop a theory (or theories) of action that incorporate both cognitive and emotional elements as primary factors. Schützeichel notes that too often social scientists take too simplistic a view of the distinction between emotions and cognition, often treating cognition as the basis of choice and emotions as experienced, serving as signifiers or sign-posts that facilitate our understanding of events and their underlying meanings. We concur that this dichotomous approach rules out much more sophisticated and perhaps realistic treatments of the linkages between cognition and emotion in theories of action. The notion that "emotions contrast with cognition" and thus "can hardly be integrated into RCT," however, is an oversimplification of both the nature of the underlying phenomena and of the theories under development in each domain.

Emotional drivers of choices and decisions are commonly recognized in the social psychology literature, even among many who use a rational choice perspective on such matters. Perhaps the best-known treatment of this fact is the work of Elster as recognized by us as well as by Schützeichel. As Elster notes in his conclusion to *Alchemies of the Mind*, there have been strong currents in psychology over the past decade moving from the dominant cognitive focus to a recognition and study of the emotions (or from "cold" to "hot" topics of study). In his view it would be a mistake to go too far in this direction because "many of the insights from cognitive psychology have great potential for the study of emotions" (1999: 476). Here he includes concepts such as framing and reference-point effects as two examples that derive from cognitive studies and have had significant implications for the analysis of emotions.

In our view, Elster is exactly right on this point and further exploration both theoretically and empirically of the ways in which cognition and emotion are linked and the mechanisms involved is precisely what is called for, by Elster as well as by Schützeichel. In the decade after *Alchemies* was published there have been a number of efforts within psychology and in sociology to fulfill this plea for further work. Affect control theory (as described in our article) is one such example. Even within the domain of rational choice theories (RCT), there has been progress beyond the work of Elster who, himself, has always been both embracing of and broadly critical of the rational choice perspective.

In the case of emotions it is odd that Schützeichel argues against reductionism and exploration of the linkages between neuroscience and cognitive and emotional phenomena. We understand the general rationale for not supposing that purely sociological phenomena can be "reduced" to neurons and activities wholly within the brain, exclusive of social determinants, but emotions and cognition emanate in the brain even if they are responses to social stimuli. Emerging work in psychology suggests that emotional processing involves embodiment, such that the body and its physical expressions are a key factor in our understanding of our own and others' emotional states and reactions (Niedenthal et al. 2005). All we argue is that as we learn more about the brain and the ways in which information is processed, how emotions are coded and interpreted, and how these elements interact with aspects of the social world of the actors and the situation, we should be open to revising our theories in light of this new knowledge.

In fact there has been a great deal of research recently within psychology precisely on the determinants of emotions and emotion feelings and their linkages with perception and cognition. Phelps (2006: 27), for example, indicates that recent findings in cognitive neuroscience "suggest that the classic division between the study of emotion and cognition may be unrealistic and that an understanding of human cognition requires consideration of emotion." This moves us beyond the more traditional orientation, which takes an information processing approach to the study of cognition and has generally excluded emotion. This research has the potential to inform us precisely about the ways in which emotions can be integrated into theories of choice through greater understanding of both the role of emotions and cognition in action.

As Izard (2009: 21) argues "great challenges await scientists who will seek to understand how the brain assigns weights or significance to emotion and cognition (which assumedly retain distinct functions) as they are integrated or mingled in different periods of development, personalities, and contexts." Emotion feelings derive from evolutionary processes and neurobiological development. Izard suggests that one significant fact we know about emotions and emotion feelings is that they are motivational as well as informational, based on "learned cognitive, social and behavioral skills". In the case of emotion schemas, he points out that neural systems and mental processes are involved in emotion feelings, perception, and cognition (2009: 3).

Even economists are attempting to work out the linkages between neuroscience and their work on decisions, judgment, and rational choice. They refer to this work as neuroeconomics. And, while neurosociology does not yet exist, it is not out of the realm of possibility. Bossaerts (2009), in a review of recent work in the realm of financial decision-making, concludes that evidence suggests that "emotions play a crucial supporting role in the mathematical computations needed for reasoned choice, rather than interfering with it" and he predicts that decision neuroscience in the future is likely to provide tools useful for decision-making in this arena. For those interested in rationality and emotions such work may provide significant insights into the "balance" of these factors in choice behavior, in much the way that behavioral economics has altered our views of the nature of the actor making reasoned choices and the role of contextual effects (also important in a sociology of emotions). With respect to the sociology of emotions, Turner and Stets (2006: 46) argue that "there is a neurological basis for shame, guilt, jealousy, vengeance, pride, sympathy and other emotions" and that sociological theories cannot ignore biological and "evolutionary forces that selected on hominid and human neuro-anatomy" even if the effects of socialization, culture, and social structure are incontrovertible.

Neuroscientists tend to treat emotion and cognition as deriving from different structures within the brain – the amygdala in the case of emotion and the prefrontal cortex in the case of cognition. But recent work is demonstrating that "neurons in these structures often have entangled representations, whereby single neurons encode multiple cognitive and emotional variables" (Salzman and Fusi 2010: 173). In this work the researchers are analyzing in different types of populations how these brain structures and the networks that interconnect them mediate emotional effects on decision-making and other cognitive processes.

In relation to future developments in neuroscience and psychology with respect to emotion and cognition, Schützeichel speaks primarily of the differentiation of labor in science, which derives from differences in training, expertise, and foci. But this division of labor is always in flux as science expands and the borders between disciplines merge or get crossed often in the development of new subfields of science and new domains for discovery. So while, in terms of practical rationality, we concur that a division of labor in science is useful, it cannot be taken as a rationale for not exploring linkages between phenomena that may not have been explored in earlier scientific work.

As an example he treats as negative, he cites work by Kosfeld and Zak (Kosfeld et al. 2005; see also Zak et al. 2005) who find that relational trust between individuals is "being reduced to appropriate levels of oxytocin in the brains of the actors involved." Oddly, this hormone seems like the perfect example of a biological element that may in fact affect human bonding and capacities for trust. It is the hormone that has been discovered to be high in new mothers and to be a stimulant to positive bonding (Feldman et al. 2007). So it is not implausible to extend this reasoning and to surmise that when it is high in individuals who are interacting as adults it might stimulate positive emotional bonding that could be reflected in our crude measures of interpersonal trust. Of course, there are other factors that may also contribute to the level of trust between actors, that are more cognitive and social, even contextual or situational, but to ignore a potential correlate of high relational trust seems non-scientific. We concur that a division of labor in science is important, but not a division of attention to relevant facts in related fields. We thank Schützeichel for the thoughtfulness and thoroughness of his reply and we look forward to further exchanges on this important topic.

References

Bianchi, Alison J. 2004. Rejecting others' influence: negative sentiment and status in task groups. *Sociological Perspectives* 47: 339-355.
Bianchi, Alison J., and Donna A. Lancianese. 2007. Accentuate the positive: positive sentiments and status in task groups. *Social Psychology Quarterly* 70: 7-26.
Bossaerts, Peter. 2009. What decision neuroscience teaches us about financial decision making. *Annual Review of Financial Economics* 1: 383-404.
Driskell, James E., and Murray Jr. Webster. 1997. Status and sentiment in task groups. In *Status, network, and structure: theory development in group processes*, eds. Jacek Szmatka, John Skvoretz, Joseph Berger. Stanford, Ca: Stanford University Press.
Elster, Jon. 1999. *Alchemies of the mind: rationality and emotions*. Cambridge: Cambridge University Press.
Feldman, Ruth, Aron Weller, Orna Zagoory-Sharon and Ari Levine. 2007. Evidence for a neuroendocrinological foundation of human affiliation: plasma oxytocin levels across pregnancy and the postpartum period predict mother-infant bonding. *Psychological Science* 18: 965-970.

Izard, Carroll E. 2009. Emotion theory and research: highlights, unanswered questions, and emerging issues. *Annual Review of Psychology* 60: 1-25.

Kosfeld, Michael, Markus Heinrichs, Paul J. Zak, Urs Fischbacher and Ernst Fehr. 2005. Oxytocin increases trust in humans. *Nature* 435: 673-676.

Lawler, Edward J., Shane R. Thye and Jeongkoo Yoon. 2000. Emotion and group cohesion in productive exchange. *American Journal of Sociology* 106: 616-657.

Lawler, Edward J. 2006. Commitment in structurally enabled and induced exchange relations. *Social Psychology quarterly* 69: 183-200.

Lawler, Edward J., and Jengkoo Yoon. 1996. Commitment in exchange relations: test of a theory of relational cohesion. *American Sociological Review* 61: 89-108.

Molm, Linda D., Gretchen Peterson and Nobuyuki Takahashi. 2001. The value of exchange. *Social Forces* 80: 159-185.

Molm, Linda D., Nobuyuki Takahashi and Gretchen Peterson. 2000. Risk and trust in social exchange: an experimental test of a classical proposition. *American Journal of Sociology* 105: 1396-1427.

Niedenthal, Paula M., Lawrence W. Barsalou, Piotr Winkielman, Silvia Krauth-Gruber and Francois Ric. 2005. Embodiment in attitudes, social perception, and emotion. *Personality and Social Psychology Review* 9: 184-211.

Phelps, Elizabeth A. 2006. Emotion and cognition: insights from studies of the human amygdale. *Annual Review of Psychology* 57: 27-53.

Salzman, Daniel C., and Stefano Fusi. 2010. Emotion, cognition, and mental state representation in amygdala and prefrontal cortex. *Annual Review of Neuroscience* 33: 173-202.

Turner, Jonathan H., and Jan E. Stets. 2006. Sociological theories of human emotions. *Annual Review of Sociology* 32: 25-52.

Zac, Paul J., Robert Kurzban and William T. Matzner. 2005. Oxytocin is associated with human trustworthiness. *Hormones and Behavior* 48: 522-527.

II. Ordnungstheorie:

Die Pluralität von Modellen sozialer Ordnung und das Koordinationsproblem

5. Kollektives Wissen und epistemisches Vertrauen: der Ansatz der Sozialen Erkenntnistheorie

POSITION

KOLLEKTIVES WISSEN UND EPISTEMISCHES VERTRAUEN

Der Ansatz der Sozialen Erkenntnistheorie*

Michael Baurmann

Zusammenfassung: Das Forschungsprogramm der „Sozialen Erkenntnistheorie" hat sich vor dreißig Jahren aus einer Kritik an der philosophischen Erkenntnistheorie entwickelt und sich seitdem eines kontinuierlich anwachsenden Interesses erfreut, bislang allerdings vorwiegend unter Philosophen. Die Soziale Erkenntnistheorie bietet aber auch fruchtbare Anschlussmöglichkeiten für die Sozialwissenschaften, insbesondere für die Wissenssoziologie. Als gemeinsamer Gegenstand und Fokus für Philosophie und Sozialwissenschaften bietet sich dabei die Analyse epistemischen Vertrauens an: Vertrauen kommt eine Schlüsselrolle bei der Akzeptanz und Verbreitung von Informationen und Wissen zu. In den Sozialwissenschaften haben Theorien und empirische Studien zu den sozialen Funktionen von Vertrauen seit längerer Zeit Konjunktur. Die epistemische Rolle des Vertrauens wurde dabei allerdings vergleichsweise wenig thematisiert. Auf diesem Feld eröffnen sich deshalb gute Chancen für eine wissenschaftliche Kooperation und interdisziplinäre Zusammenarbeit zum gegenseitigen Nutzen.

I. Soziale Erkenntnistheorie: Wissen aus zweiter Hand

1. Einleitung: individuelles und kollektives Wissen

Das Forschungsprogramm der „Sozialen Erkenntnistheorie" hat sich vor dreißig Jahren aus einer Kritik an der philosophischen Erkenntnistheorie entwickelt und sich seitdem eines kontinuierlich anwachsenden Interesses erfreut, bislang allerdings vorwiegend unter Philosophen (vgl. Goldman 1978, 1986, 1987, 1999; Hardwig 1985; Fuller 1988; Coady 1992; Matilal und Chakrabarti 1994; Schmitt 1994, 1995). Die Soziale Erkenntnistheorie bietet aber auch fruchtbare Anschlussmöglichkeiten für die Sozialwissenschaften, insbesonders für die Wissenssoziologie. Für die Wahrnehmung dieser Möglichkeiten soll im Folgenden geworben werden.

---

* Ich danke der Stiftung Alfried Krupp Kolleg Greifswald dafür, dass ich meine Beiträge während eines Fellowships am Krupp Wissenschaftskolleg in Greifswald fertigstellen konnte.

Ausgangspunkt der Sozialen Erkenntnistheorie ist die elementare Tatsache, dass der weit überwiegende Teil des Wissens, über das Individuen verfügen, nicht aus erster Hand stammt und aufgrund eigener Erfahrungen und Wahrnehmungen erworben wird, sondern aufgrund von Informationen, die von anderen Quellen bezogen werden: Das individuelle Wissen über die Welt geht zum allergrößten Teil zurück auf die *Zeugnisse* anderer. Die Abhängigkeit von dem Zeugnis anderer ist dabei eine starke Abhängigkeit in dem Sinne, dass die Rezipienten in der überwiegenden Zahl der Fälle die Wahrheit des Zeugnisses nicht selber überprüfen können. Der Grund dafür ist zum einen ein *Ressourcenproblem:* Der Einzelne hat einfach nicht die Zeit und die Möglichkeiten, sich über die Zuverlässigkeit aller Informationen ein eigenes Urteil zu bilden. In Gesellschaften mit einer signifikanten epistemischen Arbeitsteilung zwischen Experten und Laien kommt ein *Kompetenzproblem* dazu: Als Laie fehlen einem die besonderen Kenntnisse und Fähigkeiten des Experten, wenn man den Wahrheitsgehalt seiner Informationen überprüfen will.

Das Kompetenzproblem ist auch und vor allem in der modernen „Wissensgesellschaft" omnipräsent. Die Individuen sind in einer solchen Gesellschaft in überwältigendem Maße von dem Wissen von Experten und Spezialisten abhängig, deren Qualifikationen und Kompetenzen sie als Laien nicht unmittelbar bewerten können. Sie verlassen sich nicht nur auf die Auskünfte von Ärzten, Rechtsanwälten, Ökonomen, Physikern, Ingenieuren, Meteorologen oder Historikern, sondern orientieren sich auch an der Autorität von Politikern, Kirchenvertretern oder gesellschaftlichen Meinungsführern in politischen, moralischen oder weltanschaulichen Fragen. Die Abhängigkeit von externen Quellen sowie insbesondere von epistemischen Autoritäten mit einem Spezialwissen ist eine unvermeidbare Folge der immer weiter fortschreitenden kognitiven Arbeitsteilung und Differenzierung (vgl. Kitcher 1990). Experte ist man höchstens in einem sehr kleinen Ausschnitt des kollektiven Wissens, die meiste Zeit und in den meisten Bereichen sind *alle* Menschen Laien: „Die relative Unwissenheit über das – für relevant und wissenswert erachtete – Weltgeschehen ist in der wissenschaftlich-technischen Zivilisation unvergleichlich viel größer und weiter verbreitet als in früheren Zeiten" (Weiß 2006: 19). Man kann es tatsächlich als ein „Paradox des Wissens" bezeichnen, dass Individuen umso weniger wissen desto mehr sie als Kollektiv wissen – ein Phänomen, das bereits Max Weber in einer berühmten Passage als unausweichliche Konsequenz der „Entzauberung der Welt" durch Wissenschaft beschrieb (Weber 1922: 593 f.).

2. Soziale Erkenntnistheorie aus philosophischer Perspektive

Auf dem Hintergrund dieser Diagnose der epistemischen *conditio humana* stehen im Mittelpunkt der philosophischen Tradition der Sozialen Erkenntnistheorie normative Fragen: Wie lassen sich Überzeugungen *rechtfertigen,* die nicht auf eigene Erfahrungen und Informationen zurückgehen, sondern auf die Zeugnisse anderer? Wie kann durch Zeugnisse *Wissen* erworben werden, wenn Wissen aus wahren und gerechtfertigten Überzeugungen besteht und man die Wahrheit übermittelter Informationen nicht selber überprüfen kann? Und wie können *Laien* die Kompetenz und das Spezialwissen von *Experten* beurteilen, wenn Laien über diese Kompetenz und dieses Spezialwissen nicht selber verfügen?

Grundlegend für eine philosophische Theorie des Zeugnisses ist das Problem, ob der Glaube an die Wahrheit von Zeugnissen in letzter Instanz auf eine von Zeugnissen unabhängige Basis gestützt werden kann. Der „reduktionistischen" Sichtweise zufolge ist das möglich. Eine Rechtfertigung zeugnisbasierter Überzeugungen lässt sich demnach auf Überzeugungen zurückführen, die ihre Rechtfertigung aus anderen Quellen beziehen. Eine solche reduktionistische Position wurde von David Hume vertreten. Nach seiner Ansicht ist der Glaube an die Wahrheit eines Zeugnisses nur dann gerechtfertigt, wenn der Rezipient des Zeugnisses induktive Gründe für die Annahme hat, dass entweder Menschen im Allgemeinen oder bestimmte Zeugen im Besonderen glaubwürdig und zuverlässig sind. Thomas Reid hat dagegen bereits zu Humes Lebzeiten den Reduktionismus abgelehnt. Er war der Auffassung, dass ein generelles Vertrauen in Zeugnisse als selbständiges und fundamentales epistemisches Prinzip gerechtfertigt ist und nicht erst aus Überzeugungen abgeleitet werden muss, die sich aus unabhängigen Wahrnehmungen und Erfahrungen ergeben.

Bis heute spielt die Debatte zwischen „Reduktionismus" und „Anti-Reduktionismus" in der philosophisch ausgerichteten Sozialen Erkenntnistheorie eine zentrale Rolle (vgl. etwa Coady 1992; Burge 1993; Lackey 2006). Im Kern geht es weiterhin um die Frage, ob der mit „Wissen" verbundene Rechtfertigungsanspruch im Fall von Zeugnissen dadurch eingelöst werden muss, dass die Zuverlässigkeit von Zeugen jeweils mit unabhängigen Gründen belegt wird, oder ob eine „Beweislastumkehrung" ausreicht, wonach Rezipienten solange das epistemische Recht haben, von der Zuverlässigkeit beliebiger Zeugen auszugehen, solange keine außergewöhnlichen Umstände vorliegen. In den aktuellen philosophischen Debatten wird in diesem Zusammenhang den speziellen Problemen in der Beziehung zwischen Laien und Experten eine besondere Aufmerksamkeit gewidmet (vgl. Kitcher 1991; Goldman 2001; Coady 2006).

3. Soziale Erkenntnistheorie aus sozialwissenschaftlicher Perspektive

In den Sozialwissenschaften sind die sozialen Dimensionen des Wissens bislang vor allem Gegenstand der Wissenssoziologie. Anders als die Soziale Erkenntnistheorie befasst sich die traditionelle Wissenssoziologie aber vorrangig mit den sozialen Determinanten und der gesellschaftlichen Bedingtheit des *Inhalts* von Wissens- und von Glaubenssystemen. Der Begründer der Wissenssoziologie, Karl Mannheim, wollte die generelle „Seinsverbundenheit" des Wissens aufdecken, die Abhängigkeit von Theorien und kognitiven Kategorien von der sozialen Realität und von gesellschaftlichen Prozessen. Heute ist an die Stelle der antiquierten Vokabel von der Seinsverbundenheit des Wissens die Annahme von der „sozialen Konstruktion" aller Erkenntnisse getreten. Den Prinzipien dieser „Konstruktion" geht man in allen Kontexten nach, in denen Wissen erzeugt wird: angefangen vom Alltag der Bürger (vgl. Berger und Luckmann 1969) über die professionelle Praxis von Experten (vgl. Honer und Maeder 1994) bis hin zu den Laboratorien der Wissenschaftler (vgl. Knorr-Cetina 2002). Die Untersuchung der Beziehungen zwischen der Gesellschaft und der „Konstitution von Wissen" konzentriert sich aber auch unter dieser Perspektive auf die „Produktionsseite" des Wissens, nicht auf seine „Konsumtionsseite" (Stehr und Meja 2005: 11).

Mittlerweile hat sich die Wissenssoziologie thematisch immer weiter aufgefächert:[1] Zu ihren Gegenständen gehören die Institutionalisierungsprozesse der Wissenschaft, die Eigenschaften und Probleme einer „Wissensgesellschaft", die soziale Verteilung von Wissen angesichts der immer weiter zunehmenden Spezialisierung und Professionalisierung sowie die gesellschaftliche Rolle von Experten und Spezialisten und ihre Beziehung zu Laien. Weniger Aufmerksamkeit gilt aber weiterhin der „Konsumtionsseite" des Wissens: einer systematischen und genauen Analyse des Wissenstransfers an diejenigen, die dieses Wissen nicht selber produziert haben. Eine solche Mikroanalyse würde nicht die Entstehung der Inhalte des Wissens in den Vordergrund stellen, sondern die Prozesse, die eine Weitergabe, Verbreitung und Akzeptanz von Wissen vermitteln. Ohne ein Verständnis dieser Prozesse bleibt der Kern der Beziehung zwischen individuellem und kollektivem Wissen im Dunkeln. Das gilt insbesondere in der modernen Gesellschaft mit ihrer exponentiell zunehmenden Diskrepanz zwischen dem Wissen des Einzelnen und dem akkumulierten Wissen der Gesellschaft als Ganzer.

Zwar wird bereits in Berger und Luckmanns Klassiker der modernen Wissenssoziologie gebührend hervorgehoben, dass die „gesellschaftliche Konstruktion der Wirklichkeit" auf einem Wissen beruht, das der Einzelne von „signifikanten Anderen" mit einem teilweise esoterischen Expertenwissen übernimmt (Berger und Luckmann 1969: 81 ff., 139 ff.). Diese pauschal als „Internalisierungs-" oder „Sozialisationsprozess" etikettierte Übernahme der Weltsicht durch das Zeugnis anderer wird allerdings keiner differenzierten theoretischen Analyse unterzogen. Die Mechanismen, durch die sich „im Gespräch mit den [...] signifikanten Anderen" eine unabänderliche Wirklichkeit „formt" (170), und nach welchen Prinzipien der „gesellschaftliche Prozess der Wirklichkeitskonstruktion" in der alltäglichen Lebenswelt funktioniert, wird nicht im einzelnen aufgedeckt. Genau diese Mechanismen und Prozesse und ihre soziale Verankerung sind im Fokus der Sozialen Erkenntnistheorie: Sie untersucht im Detail sowohl die allgemeinen Bedingungen, unter denen Wissen durch das Zeugnis anderer erworben wird, als auch die speziellen Bedingungen, unter denen Wissenstransfer bei Vorliegen von Kompetenzasymmetrien stattfindet.

Eine interdisziplinäre Kooperation in diesem Bereich muss allerdings berücksichtigen, dass die Problematik des Wissenstransfers aus einer philosophischen Perspektive anders thematisiert wird als aus einer sozialwissenschaftlichen. Mit einer sozialwissenschaftlichen Sicht ist zunächst einmal der Wechsel von einer *normativen* zu einer *deskriptiven* Fragestellung verbunden: Während es in der philosophischen Sichtweise um die Frage geht, unter welchen Bedingungen Überzeugungen gerechtfertigt werden können, die auf das Zeugnis anderer zurückgehen, und inwiefern demnach durch Zeugnisse genuines Wissen erworben werden kann, geht es aus einer sozialwissenschaftlichen Sichtweise um die Frage, unter welchen Bedingungen Überzeugungen faktisch entstehen, die auf das Zeugnis anderer zurückgehen – wobei die Frage, ob es sich bei diesen Überzeugungen unter epistemologischen Gesichtspunkten um „Wissen" handelt, nur am Rande in den Blick kommt.

---

1 Vgl. die zusammenfassenden Übersichten bei Stehr und Meja (2005) sowie Knoblauch (2005).

Trotzdem kann philosophische und sozialwissenschaftliche Forschung in diesem Bereich kooperieren und sich wechselseitig nützen: Normative, philosophisch begründete epistemische Prinzipien liefern Sozialwissenschaftlern Wertorientierungen und Relevanzrahmen, die aufklärungswürdige empirische Fragestellungen auszeichnen. Philosophische Theorien der epistemischen Rechtfertigung können von Sozialwissenschaftlern darüber hinaus als idealtypische Modelle verwendet werden, die ihnen bei der Interpretation und empirischen Analyse beobachtbarer Verhaltensweisen als Heuristiken und Vergleichsmaßstäbe dienen. Auf der anderen Seite sind normative Argumente und Begründungen von Philosophen substanziell abhängig von empirischen Erkenntnissen. Sozialwissenschaftliche Studien über die Bedingungen, unter denen in verschiedenen Kontexten Informationstransfers tatsächlich stattfinden, decken die empirischen Restriktionen für die Beteiligten und ihre Erkenntnismöglichkeiten auf und ermöglichen dem Philosophen, die externen Schranken epistemischer Urteilsbildung angemessen zu berücksichtigen. Darüber hinaus erlaubt ein Wissen über die dabei faktisch leitenden epistemischen Regeln, normative Theorien und idealisierte Prinzipien mit dem realem Verhalten von Rezipienten zu vergleichen und kann so vor einem unfruchtbaren Modellplatonismus bewahren.

Die Aussichten für eine interdisziplinäre Zusammenarbeit zwischen einer normativ-philosophischen und einer deskriptiv-sozialwissenschaftlichen Sozialen Erkenntnistheorie verbessern sich weiter, wenn Sozialwissenschaftler mit einem Rationalen-Akteur-Ansatz arbeiten. Sozialwissenschaftliche Theorien in dieser Tradition versuchen, soziale Tatsachen und Entwicklungen als aggregierte Ergebnisse rationalen individuellen Handelns zu erklären. Verfolgt man ein solches Forschungsprogramm im Gegenstandsbereich der Sozialen Erkenntnistheorie, dann ist es das Ziel, Prozesse des Informationstransfers und daraus resultierende Überzeugungen auf rationale Entscheidungen und Handlungen der beteiligten Individuen zurück zu führen.[2] Gelingt eine solche rationale Erklärung, werden die Erkenntnisse sozialwissenschaftlicher Theoriebildung für die normativen Interessen von Philosophen unmittelbar relevant: Wenn ein Sozialwissenschaftler empirisch plausibel machen kann, dass in einer bestimmten Situation der Glaube an die Wahrheit einer durch Zeugnis übermittelten Information auf rationalen Einstellungen und Verhaltensweisen beruht, dann kommt er damit einem philosophischen Begriff rationaler Rechtfertigung sehr nahe. Und umgekehrt gilt ebenfalls, dass eine philosophische Rechtfertigung für bestimmte epistemische Strategien von Sozialwissenschaftlern als Hypothese für eine rationale Erklärung verwendet werden kann.

Die genaue Beziehung zwischen einem sozialwissenschaftlichen Begriff rationalen Handelns und Entscheidens und einem philosophischen Begriff rationaler Rechtfertigung ist freilich selber klärungsbedürftig. Die Kriterien für rationale Meinungsbildung können in einem sozialwissenschaftlichen Kontext nicht einfach von den Standards der philosophischen Erkenntnistheorie übernommen werden. Sie müssen auf der Basis einer pragmatischen „Street-level Epistemology" (Hardin 1992) entwickelt werden, die zu klären versucht, wie Individuen als Laien ihre persönlichen Kenntnisse über die Welt auf der Grundlage heuristischer Prinzipien und ihres Commonsense erwerben. In diesem Kontext erhält der Begriff der „rationalen Begründung" eine strikt subjektive

---

2 Im Rahmen einer ökonomischen Theorie des Wissens verfolgt Russell Hardin einen solchen Ansatz in seinem neuen Buch (Hardin 2009).

Bedeutung. Die Tatsache, dass es für ein Individuum von seinem subjektiven Standpunkt aus rational gerechtfertigt sein mag, an die Wahrheit einer bestimmten Behauptung zu glauben, impliziert dann nicht, dass diese Behauptung auch von einem intersubjektiven Standpunkt aus als rational gerechtfertigt und wahr gelten muss (vgl. Lehrer 1994).

Zahlreiche Vertreter der „neuen" Wissenssoziologie gehen noch einen entscheidenden Schritt weiter und preisen den gänzlichen Verzicht auf die Suche nach einem objektiven Standpunkt und „die entschlossene Übernahme der relativistischen Konsequenzen" (Tänzler 2006: 325). Es wird als eine besonders wertvolle Errungenschaft des „konstruktivistischen" Ansatzes gesehen, dass er normative Fragen nach den Maßstäben für Objektivität und Wahrheit für obsolet erklärt und ersetzt durch die Untersuchung der faktischen Bedingungen, unter denen sich Überzeugungen über Objektivität und Wahrheit in der sozialen Realität herausbilden. Sofern die Soziale Erkenntnistheorie überhaupt in den Blick kommt, wirft man ihr vor, dass sie diesen „methodologischen Agnostizismus" nicht mit vollzieht (Knoblauch 2005: 343).

Mit einem demonstrativen Relativismus und Agnostizismus beraubt sich die Wissenssoziologie aber eines wichtigen Potenzials: Sie ist auf der Basis dieser Selbstbeschränkung nicht in der Lage, einen Beitrag zu der praktisch wichtigen Frage zu liefern, welche gesellschaftlichen Bedingungen die Produktion und Distribution von intersubjektiv überprüfbaren Erkenntnissen und validem Wissen fördern und welche Bedingungen „epistemische Effizienz" verhindern oder gefährden. Es handelt sich dabei um Fragen, die für das institutionelle Design und die soziale Einbettung der Wissensproduktion und -verbreitung gerade in der modernen Gesellschaft mit ihrer enormen Kluft zwischen Spezialwissen und Allgemeinwissen von entscheidender Bedeutung sind. Wenn aber wissenssoziologische Theorien aufgrund ihres relativistischen Glaubensbekenntnisses keinen substanziellen epistemischen Unterschied machen können zwischen der „gesellschaftlichen Konstruktion der Wirklichkeit" in einer Subkultur von Astrologen, Wunderheilern, Scientologen oder Fundamentalisten einerseits und innerhalb der kompetitiven Institutionen der Wissenschaft und einer demokratischen Öffentlichkeit andererseits, dann verabschiedet sie sich als ein relevanter Gesprächspartner in dem praktischen Diskurs über die normativ wünschenswerten Rahmenbedingungen für die Produktion und Distribution von Wissen. Auch in dieser Hinsicht kann man deshalb von der Sozialen Erkenntnistheorie und ihrem normativen Anspruch lernen (vgl. Kitcher 1993). Nur mit einem solchen Anspruch kann man ein „veritistisches" Programm unterstützen, dessen Ziel nicht nur die deskriptive Analyse und Erklärung epistemischer Prozesse und ihrer gesellschaftlichen Determinanten ist, sondern ihre Verbesserung und Optimierung im Dienste der Wahrheitssuche und Wissenserweiterung: „Under veritism we are asked to select the social practices that would best advance the cause of knowledge" (Goldman 1999: 79).

II. Individuelles Wissen durch epistemisches Vertrauen

Als gemeinsamer Gegenstand für eine interdisziplinäre Kooperation zwischen Philosophie und Sozialwissenschaften bietet sich im Bereich der Sozialen Erkenntnistheorie eine Analyse *epistemischen Vertrauens* an: Vertrauen kommt sowohl aus philosophischer als auch sozialwissenschaftlicher Sicht eine Schlüsselrolle bei der Informationsvermittlung durch Zeugnis zu: Ohne Vertrauen der Rezipienten in bestimmte Informationsquellen können Überzeugungen, die auf dem Zeugnis anderer beruhen, *weder* gerechtfertigt *noch* erklärt werden – das gilt für jede Art der Informationsübertragung, nicht nur zwischen Experten und Laien. Epistemisches Vertrauen verbindet die „Produktionsseite" des Wissens mit der „Konsumtionsseite". Denn auch die Existenz effizienter Institutionen kollektiver Wissensproduktion garantiert keineswegs automatisch, dass Menschen, die unter diesen Institutionen leben, von der Qualität dieser Institutionen überzeugt sind und das von ihnen bereitgestellte Wissen auch übernehmen. Damit die Mitglieder einer Gesellschaft das vorhandene kollektive Wissen nutzen können, ist es nicht nur notwendig, dass Personen und Institutionen vorhanden sind, die Wissen produzieren, sondern es ist auch notwendig, dass diese Personen und Institutionen als zuverlässig betrachtet werden und ihren Zeugnissen geglaubt wird. In den Sozialwissenschaften haben Theorien und empirische Studien zu den sozialen Funktionen von Vertrauen seit längerer Zeit Konjunktur (vgl. Luhmann 1973; Gambetta 1988; Coleman 1990; Putnam 1992; Fukuyama 1995; Hardin 2002; Lahno 2002). Die epistemische Rolle des Vertrauens wurde dabei allerdings vergleichsweise wenig thematisiert.

In allgemeinster Form lässt sich die strategische Struktur eines Informationstransfers durch Zeugnis als Transaktion zwischen zwei Akteuren, einem Informanten und einem Rezipienten, modellieren:

Abbildung 1: Informationstransfer als Vertrauensproblem

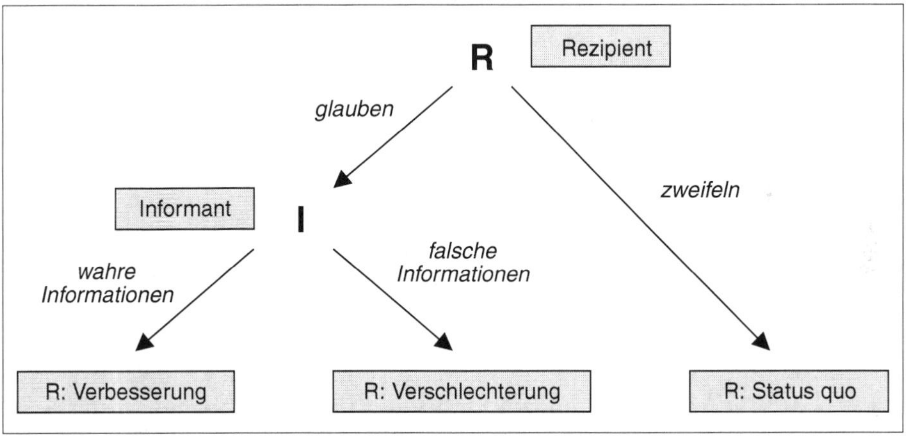

Die sequenzielle Darstellung macht das kritische Problem für einen Rezipienten R deutlich. R kann einem Informanten I glauben oder R kann die Informationen von I bezweifeln. Wenn er die Informationen bezweifelt, bleibt er auf dem Status quo seines aktuellen Wissensstandes – unabhängig davon, ob die Informationen wahr oder falsch sind. Wenn R die Informationen glaubt und die Informationen sind wahr, dann verbessert er seine Situation verglichen mit dem Status quo. Allerdings kann R voraussetzungsgemäß die Wahrheit von Is Informationen selber nicht überprüfen. Falls er die Informationen glaubt, geht er deshalb das Risiko ein, dass er falsche Informationen erhält und sich seine epistemische Situation im Vergleich zum Status quo verschlechtert.

R macht sich in diesem Fall abhängig von der Glaubwürdigkeit von *I*. Der Anreiz, dieses Risiko einzugehen, ist der potenzielle Gewinn, den *R* durch verlässliche Informationen von *I* realisieren kann. Die möglichen Anreize von *I* sind in dieser Darstellung offen gelassen worden, weil sie mit dem jeweiligen Kontext erheblich variieren können.

Diese kurze Analyse zeigt, dass die grundlegende strategische Struktur eines Informationstransfers als „Vertrauensproblem" charakterisiert werden kann (vgl. Hardwig 1991; Govier 1997: 51 ff.; Foley 2001). Ein Vertrauensproblem ist in Situationen verkörpert, in denen bestimmte Personen in ihrem Wohlergehen abhängig von anderen Personen sind, ohne dass sie die Handlungsweisen dieser Personen vollständig kontrollieren können (vgl. Lahno 2002: 25 ff.). „Vertrauen" bedeutet unter dieser Bedingung, dass man das Risiko in einer solchen Konstellation akzeptiert und sich damit gegenüber anderen Personen verletzlich macht. Der Anreiz, ein solches Risiko zu akzeptieren, besteht darin, dass im Fall der Erfüllung des Vertrauens die Lage des Vertrauensgebers sich gegenüber dem Zustand verbessert, in dem er das Risiko des Vertrauens scheut.

Situationen mit Vertrauensproblemen sind universelle Elemente menschlicher Kooperation und ihre Struktur ist verantwortlich für den grundlegend dilemmatischen Charakter sozialer Ordnung. Die Tatsache, dass ein Vertrauensproblem auch bei einem Informationstransfer zwischen Rezipienten und Informanten vorliegt, zeigt, dass die Wissenserweiterung durch Zeugnis Element einer sehr viel umfassenderen Klasse von Situationen ist, die wesentlich für menschliche Interaktionen sind und gemeinsam die gleichen exemplarischen Eigenschaften aufweisen. Sie macht deutlich, dass die Fragestellungen der Sozialen Erkenntnistheorie signifikante Überschneidungen mit den Fragestellungen der sozialwissenschaftlichen Theorien und Forschungsprogramme aufweisen, die sich seit etlichen Jahren mit der Struktur und den Anreizkonstellationen bei Vertrauensproblemen befassen, und dass sie in hohem Maße von diesen Theorien und Programmen profitieren kann.

Vertrauen muss auch im epistemischen Kontext kein „blindes" Vertrauen sein, auch dann nicht, wenn der Rezipient den Wahrheitsgehalt einer Information nicht selber verifizieren kann. Es ist für einen Rezipienten vielmehr dann eine rationale Entscheidung, von der Wahrheit einer von ihm selber nicht überprüfbaren Information auszugehen, wenn er die Vertrauenswürdigkeit eines Informanten unterstellen kann. Für epistemische Vertrauenswürdigkeit sind drei Klassen von Faktoren relevant:

1. *Kompetenz*. Zuverlässige und nützliche Informationen sind abhängig sowohl von den kognitiven und intellektuellen Fähigkeiten eines Informanten als auch von seinen externen Ressourcen, um Informationen in einem bestimmten Bereich zu beschaffen.
2. *Anreize*. Nutzen und Kosten, Lohn und Strafe, Anerkennung und Verachtung können Informanten motivieren, ihr kognitives Potenzial und ihre Ressourcen auszuschöpfen, um zuverlässige und nützliche Informationen zu erwerben und ihr Wissen an andere weiterzugeben. Externe Anreize können aber auch dazu verleiten, sich opportunistisch zu verhalten, nachlässig zu recherchieren, Ressourcen zu missbrauchen und Rezipienten mit falschen oder irreführenden Informationen zu täuschen.
3. *Dispositionen*. Emotionale Bindungen der Solidarität, Sympathie und des Wohlwollens, die Internalisierung gemeinsamer sozialer Werte und Normen, moralische Tugenden und persönliche Integrität können Informanten dazu bewegen, sich für die

Interessen der Rezipienten einzusetzen und wertvolles Wissen und zuverlässige Informationen an sie zu vermitteln. Emotionale Aversionen, Abneigung und Hass, die Internalisierung abweichender Werte und Normen, moralische Defizite und persönliche Schwächen sind potentielle Gründe, Rezipienten zu täuschen und zu betrügen und falsches Zeugnis abzulegen.

Es ist für einen Rezipienten demnach dann eine rationale Entscheidung, von der Wahrheit einer von ihm selber nicht überprüfbaren Information auszugehen, wenn er das Vorhandensein entsprechender Kompetenzen, Anreize und Dispositionen auf Seiten des Informanten unterstellen kann. Prinzipiell kann ein Rezipient das Vorliegen oder Fehlen dieser Tatsachen auch dann überprüfen, wenn er die Wahrheit der übermittelten Informationen selber nicht überprüfen kann.

Die Komplexität von Situationen, in denen ein Informationstransfer stattfindet, variiert freilich erheblich (vgl. Fricker 1994). Um die Zuverlässigkeit einer Auskunft über die Tageszeit zu beurteilen, benötigt man üblicherweise keine weit reichenden Erkenntnisse über die speziellen Kompetenzen, Anreize und Motive eines Informanten. Anders sieht es dagegen etwa im Fall von Zeugnissen wissenschaftlicher Experten und akademischer Autoritäten aus, deren besondere Qualifikationen ein Rezipient als Laie nicht ohne weiteres beurteilen kann. Hier existiert nicht nur die „normale" Informationsasymmetrie zwischen Rezipienten und Informanten, sondern auch eine möglicherweise tief greifende Kompetenzasymmetrie. Viele Informationen stammen außerdem aus anonymen Quellen, bei denen ein Rückschluss auf die epistemische Vertrauenswürdigkeit der Informanten nicht oder nur sehr indirekt möglich ist. Die Schwierigkeiten bei der Überprüfung epistemischer Vertrauenswürdigkeit sind demzufolge stark von dem jeweiligen Kontext abhängig und entsprechend unterschiedlich sind die Anforderungen, mit denen der Rezipient konfrontiert ist. Wie diesen Anforderungen in unterschiedlichen Kontexten tatsächlich begegnet wird und wie sie gemeistert werden können, welche Probleme und Hindernisse mit ihnen verbunden sind, welche epistemischen Prinzipien einer Überprüfung der Vertrauenswürdigkeit von Informationsquellen förderlich sind und welche nicht, gehört zu den Fragestellungen eines wissenssoziologischen Forschungsprogramms auf den Spuren der Sozialen Erkenntnistheorie.

Um einen ersten Eindruck davon zu vermitteln, in welcher Weise diese Fragestellungen weiter konkretisiert und strukturiert werden könnten, lassen sich grundlegend drei Arten von Informationsquellen unterscheiden, die jeweils signifikante Besonderheiten aufweisen: Experten, „normale" Mitbürger und bestimmte Einzelpersonen. Ihnen lassen sich entsprechend drei Idealtypen epistemischen Vertrauens zuordnen: *Vertrauen in Experten*, *soziales Vertrauen* und *persönliches Vertrauen*.

III. Idealtypen epistemischen Vertrauens

1. Vertrauen in Experten

Das Problem bei der Überprüfung der Zuverlässigkeit einer Information durch einen Experten besteht für einen Laien nicht nur darin, dass er prinzipiell nicht alle Informationen auf eigene Faust überprüfen kann. Bei einer Information durch einen Experten ist der Laie zusätzlich mit der Schwierigkeit konfrontiert, dass er für eine Beurteilung epistemischer Vertrauenswürdigkeit die Kompetenz des Experten einschätzen muss, obwohl er diese Kompetenz als Laie selber nicht besitzt.

In allen Gesellschaften mit einer entwickelten epistemischen Arbeitsteilung wird auf dieses Problem mit verschiedenen Varianten gesellschaftlich etablierter Kriterien reagiert, die vertrauenswürdige Experten auszeichnen und auch für Laien identifizierbar machen sollen. Das ist offensichtlich bei den offiziell lizensierten Indikatoren für wissenschaftliche Kompetenz und akademische Expertise wie Zertifikate von anerkannten Ausbildungsinstitutionen, Zeugnisse, Diplome oder Doktortitel sowie Mitgliedschaften und Beschäftigungen in anerkannten professionellen Organisationen wie Universitäten, Forschungseinrichtungen, Krankenhäuser, Gerichte oder Kirchen. Diese Indikatoren sollen nicht nur Kompetenz und Expertise verbürgen, sondern für den Normalfall auch persönliche Integrität und Wohlverhalten signalisieren (vgl. Fricker 1998; Manor 1995). Der Glaube an die Vertrauenswürdigkeit von Experten leitet sich in diesen Fällen zu einem großen Teil aus einem unpersönlichen Vertrauen in die entsprechenden Institutionen und ihre Effizienz ab: Man erwartet von ihnen, dass sie besondere Qualifikationen ihrer Mitglieder sicherstellen und Anreize erzeugen, damit ein zuverlässiges Wissen akkumuliert und weitergegeben wird.

Weniger genau definiert und präzise sind die informellen Kriterien für die Verlässlichkeit etwa von politischen Experten, persönlichen Ratgebern, gesellschaftlichen Analysten oder Kommentatoren öffentlicher Angelegenheiten. Bei einigen von ihnen kommen zwar die gleichen Kriterien zur Anwendung wie bei den wissenschaftlichen und akademischen Autoritäten. In modernen Gesellschaften wird vielen Experten aber auch aufgrund ihrer Positionen in den professionellen Medien Fernsehen, Rundfunk oder Zeitung eine besondere Autorität zugeschrieben. Das setzt allerdings voraus, dass diesen Medien als Institutionen selbst vertraut wird. Und auch in dieser Hinsicht existieren gesellschaftlich verankerte Kriterien, mit denen zwischen respektablen und dubiosen Medien unterschieden wird, z. B. nach Reichweite, inhaltliche Vielfalt und Verbreitung, Stil und Aufmachung, wobei die Zuverlässigkeit dieser Indikatoren je nach Gesellschaft und Kultur sehr unterschiedlich sein kann.

Die gesellschaftlich etablierten Kriterien für Expertise und epistemische Autorität dienen Laien als Grundlage für heuristische Regeln, an denen sie sich im Normalfall orientieren, um vertrauenswürdige Experten und Autoritäten zu identifizieren. Eine solche Orientierung an Heuristiken ist eine vollkommen rationale Strategie, auch wenn heuristische Entscheidungsregeln nicht immer zu der bestmöglichen Wahl anleiten. Es wäre ein hoffnungsloses Unterfangen, wenn jeder Laie in jedem Einzelfall einer Inanspruchnahme von Experten oder Spezialisten versuchen würde, ihre epistemische Vertrauenswürdigkeit, ihre Kompetenzen, Anreize und Dispositionen, selber zu überprüfen. Allein die Entscheidungs- und Informationskosten einer solchen Strategie wären prohibitiv. Heuristische Regeln erlauben eine massive Reduktion solcher Kosten und ermöglichen, wenn es sich um zuverlässige Regeln handelt, zumindest unter Standardbedingungen zufriedenstellende oder sogar optimale Entscheidungen.[3]

---

[3] Hier kann die Wissenssoziologie von zwei Forschungsprogrammen profitieren, die sich beide mit der Rolle und Bedeutung von Heuristiken beschäftigen: der Entwicklung eines Konzepts „ökologischer Rationalität" (Gigerenzer und Selten 2001; Gigerenzer 2007) und der „Framing-Theorie" (Lindenberg 2008).

Wenn man aus der Perspektive eines Rationalen Akteur-Ansatzes das Vertrauen in Experten und epistemische Autoritäten als Ergebnis rationalen Handelns und Entscheidens erklären will, ist die Tatsache allein, *dass* sich ein Rezipient an den in einer Gesellschaft vorherrschenden Kriterien und Heuristiken orientiert, für eine vollständige Erklärung nicht hinreichend. Darüber hinaus muss es aus der Sicht des Rezipienten plausible Gründe geben, die Zuverlässigkeit dieser Kriterien und Heuristiken selber zu unterstellen, sonst handelt es sich letzten Endes doch wieder nur um ein „camoufliertes" blindes Vertrauen. Die Frage, ob und welche Strategien und Möglichkeiten einem Normalbürger und Laien zur Verfügung stehen, um die Zuverlässigkeit der Kriterien und Indikatoren für die epistemische Vertrauenswürdigkeit von Experten und Autoritäten zu beurteilen, ist keine triviale Frage und selber ein intensiv und kontrovers diskutierter Gegenstand in der Sozialen Erkenntnistheorie. Diese Diskussionen sind von unmittelbarer Bedeutung auch für eine sozialwissenschaftliche Theoriebildung in diesem Bereich. Sie berühren das fundamentale und grundlegende Problem, wie Laien überhaupt in der Lage sein können, die spezielle Kompetenz von Experten, die Qualität kollektiver Wissensproduktion und von Bildungsinstitutionen oder die Zuverlässigkeit der Implementation wissenschaftlicher Erkenntnisse in Technologie, soziale Institutionen und professionelle Praktiken zu beurteilen und zu bewerten.

Grundsätzlich ist die Überprüfung der besonderen Kompetenz und des Spezialwissens von Experten durch Laien keineswegs ein aussichtsloses Unterfangen. Das lässt sich mit Hilfe der Unterscheidung zwischen *esoterischen* und *exoterischen* Aussagen plausibel machen (Goldman 2001: 94 ff.). Esoterische Aussagen gehören zu dem Bereich des Expertenwissens, das für Laien opak bleibt und das sie deshalb nicht beurteilen und bewerten können: z. B. die Behauptung, dass eine bestimmte Krankheit durch eine bestimmte Art von Viren verursacht wird. Exoterische Aussagen sind demgegenüber Aussagen von Experten, die für Laien verständlich sind und deren Wahrheitswert sie überprüfen können: z. B. die Behauptung, dass eine bestimmte Therapie eine Krankheit heilen kann. Während Laien die Kompetenz eines Experten demnach nicht aufgrund des Wahrheitsgehalts seiner esoterischen Aussagen beurteilen können, können sie Rückschlüsse auf diese Kompetenz aufgrund des Wahrheitsgehalts seiner exoterischen Aussagen ziehen: Erfolgreiche Therapien sind positive Indikatoren für die Kompetenz eines Arztes und die Verlässlichkeit der Medizin als Wissenschaft, erfolglose Therapien sind mögliche Hinweise auf die Inkompetenz eines Arztes und/oder die Defizite der Medizin als Wissenschaft.

Wissenschaftliche Disziplinen mit einer direkten Verbindung zu Technologien oder anderen praktischen Anwendungen wie Physik, Chemie, Meteorologie oder Medizin produzieren einen großen Output an exoterischen Aussagen, die praktisch von jedermann verifiziert oder falsifiziert werden können: Behauptungen, dass Flugzeuge fliegen, Kraftwerke Energie produzieren, Autos fahren oder Tabletten heilen können, werden in dem alltäglichen Gebrauch und den zahllosen Anwendungen der Produkte einer wissenschafts- und technologiebasierten Zivilisation permanent überprüft. Laien können also im Prinzip relevante Evidenzen für ein Qualitätsurteil über die speziellen Kompetenzen und Fähigkeiten von Experten und epistemischen Autoritäten sammeln; das gilt insbesondere bei der Beurteilung von Wissenschaft und Technik und damit der Kompetenz wissenschaftlicher Experten (für die Beurteilung von epistemischer Autorität in anderen Bereichen vgl. Baurmann 2010).

Welche Strategien und Möglichkeiten einem Normalbürger und Laien in dieser Hinsicht aber auch immer zur Verfügung stehen mögen: Der *Einzelne* ist *allein* zu einer solchen Beurteilung der Qualität etwa bestimmter wissenschaftlicher Disziplinen und der Validität der einschlägigen Heuristiken nicht in der Lage. Die individuelle Erfahrung des Einzelnen wird in jedem Fall nur einen winzigen Bruchteil der relevanten Informationen vermitteln und ist viel zu eingeschränkt, um als eine ausreichende Basis für ein allgemeines Urteil über die Experten und epistemischen Autoritäten in einer Gesellschaft dienen zu können. Die grundlegende Abhängigkeit vom Zeugnis anderer iteriert sich deshalb: Ein Laie ist auf die Erfahrungen und das kollektive Wissen zahlreicher anderer Personen angewiesen, wenn er die Kompetenz und Vertrauenswürdigkeit von wissenschaftlichen und akademischen Autoritäten, technischen Spezialisten, politischen Experten, professionellen Medienakteuren und die Zuverlässigkeit der formell und informell institutionalisierten Kriterien, die sie identifizieren, kritisch prüfen will.

2. Soziales Vertrauen

Neben Experten und Autoritäten mit einem Spezialwissen sind für den Einzelnen seine „normalen" Mitbürger eine wichtige Informationsquelle. Sie sind wichtig als Quelle für allgemein zugängliche Informationen in vielen Bereichen des Alltags und des sozialen Lebens, aber auch als Quelle für Informationen über die Vertrauenswürdigkeit von Experten und gesellschaftlichen Institutionen. Und auch in diesem Fall lassen sich eine Vielzahl von gesellschaftlich etablierten Kriterien feststellen, die in der sozialen Praxis als heuristische Leitlinien für die Identifikation von vertrauenswürdigen Mitbürgern dienen. Diese Kriterien sind in hohem Maße kontextspezifisch und umfassen einen weiten Bereich von trivialen Alltagsfragen bis hin zu existentiell wichtigen religiösen und sozialen Fragen: „Their generalizations will be about particular types of testimony, differentiated according to subject matter, ot type of speaker, or both" (Fricker 1994: 139). Sie sind bei weitem nicht so präzise und differenziert wie etwa die Indikatoren für wissenschaftliche Expertisen. Es handelt sich um informelle, in einem sozialen Evolutionsprozess entwickelte Kriterien, die häufig nicht explizit formuliert sind, sondern aus der Beobachtung und Interpretation der sozialen Praxis rekonstruiert werden müssen.

Diese Kriterien bilden die Grundlage für *soziales Vertrauen* und bestimmen damit unter anderem die Reichweite und die Art des kollektiven sozialen Wissens, von dem ein Individuum profitieren kann. Es existiert ein Kontinuum an Möglichkeiten zwischen zwei Extremen: Zum einen kann epistemische Vertrauenswürdigkeit in einem bestimmten Bereich mehr oder weniger als Normalfall zugeschrieben werden. Ein Rezipient soll davon ausgehen, dass Informanten die Wahrheit sagen, es sei denn, es liegen außergewöhnliche und verdächtige Umstände vor. Man kann sagen, dass unter dieser Bedingung ein *generalisiertes* soziales Vertrauen herrscht. Es unterstellt, dass normalerweise jeder die in dem betreffenden Bereich relevante epistemische Kompetenz besitzt und dass es keine dominanten Anreize gibt, die Wahrheit anderen vorzuenthalten.

Das andere Extrem besteht darin, epistemische Vertrauenswürdigkeit in einer *partikularistischen* Weise zuzuschreiben. Partikularistisches soziales Vertrauen ist das Spiegelbild eines generalisierten sozialen Vertrauens: Die heuristische Regel eines generalisierten Vertrauens fordert, dass man jedermann vertrauen soll, solange keine außergewöhnlichen Umstände vorliegen; die Heuristik partikularistischen Vertrauens verlangt, dass man jedermann misstrauen soll, einige besondere und spezifizierte Fälle ausgenommen. Individuen sind auf ein partikularistisches soziales Vertrauen beschränkt, wenn sie nur den Mitgliedern einer klar abgegrenzten Gruppe vertrauen und den Angehörigen aller anderen Gruppen generell misstrauen (vgl. Baurmann 1997).

Die Verfügbarkeit und die Verteilung von Informationen und Wissen in einer Gruppe hängen entscheidend von der Reichweite des vorherrschenden Vertrauens ab. Ein generalisiertes soziales Vertrauen ermöglicht, sofern es gerechtfertigt ist, dem Einzelnen die Nutzung eines maximalen Pools an kollektivem Wissen bei geringen Kosten. Unter dieser Bedingung haben Individuen Zugang zu einer großen Zahl von verschiedenen Informationsquellen und können von der Erfahrung vieler Personen in verschiedenen Kontexten profitieren. Partikularistisches Vertrauen schränkt im Gegensatz dazu die Chancen auf solide und vielfältige Informationen ceteris paribus ein. Das kollektive Wissen, auf das ein Individuum seine Urteile stützen kann, wird in diesem Fall mehr oder weniger limitiert sein. Enthält das kollektive Wissen seiner besonderen Gruppe selektive Informationen und einseitige Weltsichten, dann kann das systematische Fehlen alternativer Informationen und Sichtweisen nicht nur zu einem ungerechtfertigen Misstrauen gegenüber tatsächlich vertrauenswürdigen Informationsquellen führen, sondern auch zu einem ungerechtfertigten Vertrauen in nicht vertrauenswürdige und unzuverlässige Personen und Institutionen führen (vgl. Baurmann 2007a).

Wenn man nach den Möglichkeiten des Einzelnen fragt, die Validität der Zuschreibungskriterien und die Zuverlässigkeit der entsprechenden Heuristiken für soziales Vertrauen zu überprüfen, dann ist allerdings auch hier festzustellen, dass dazu ein Wissen notwendig ist, das schwerlich einem Individuum allein zur Verfügung steht. Auf sich allein gestellt kann der Einzelne kaum ausreichende Informationen über die durchschnittliche Kompetenz seiner Mitbürger erhalten, über die Anreize, denen sie in verschiedenen sozialen Kontexten und Situationen ausgesetzt sind, und über die Motive und Einstellungen, die sie normalerweise besitzen. Um rational entscheiden zu können, ob und inwiefern man seinen Mitbürgern vertrauen kann, muss man relevante Fakten über die Institutionen und die soziale Struktur einer Gesellschaft kennen, man muss etwas über die ethnische und politische Zusammensetzung der Bevölkerung wissen, über die möglichen Wert- und Interessenkonflikte zwischen verschiedenen Gruppen und vieles mehr. Die Abhängigkeit vom Zeugnis anderer, wenn es um ein belastungsfähiges Fundament für ein begründetes epistemisches Vertrauen selber geht, wiederholt sich also auch im Fall des sozialen Vertrauens.

3. Persönliches Vertrauen

Bisher wurde betont, dass ein Urteil über die epistemische Vertrauenswürdigkeit anderer Personen, ob Wissenschaftler oder normale Mitbürger, über die heuristische Anwendung gesellschaftlich etablierter Indikatoren und Kriterien vermittelt wird. Zu einem solchen Vorgehen existiert grundsätzlich keine Alternative, denn es ist nicht möglich, mit einer Strategie der Einzelanalyse im jedem konkreten Fall auf sich allein gestellt erneut zu untersuchen, ob man einer Quelle trauen soll oder nicht – mit einer solchen Strategie würde man nicht viel über die Welt lernen. Das schließt aber die Möglichkeit nicht aus, dass es einen besonderen Typus von Situationen gibt, in denen sich eine Vertrauensvergabe tatsächlich auf eine solche individualisierte Einschätzung und Bewertung der Kompetenzen, Anreize und Dispositionen anderer Personen stützt; man kann diese Fälle als Fälle von *persönlichem Vertrauen* bezeichnen. Paradigmatisch für diese Art von Vertrauen sind kontinuierliche und enge Beziehungen, die eine Fülle an Informationen über andere Personen vermitteln. Aber auch wenn auf anderen Wegen ein ausreichend dichter Informationsfluss existiert, kann man zu substantiierten Einschätzungen der Fähigkeiten, Handlungssituationen und des Charakters anderer Personen gelangen (vgl. Frank 1992; Baurmann 1996: 409 ff.).

Je mehr Menschen man in diesem Sinne persönlich vertraut, desto größer ist das potenzielle Reservoir an unabhängigen Informationen, das man nutzen kann, um die Zuverlässigkeit der gesellschaftlich vorherrschenden Indikatoren und Kriterien für die Vertrauenswürdigkeit von Menschen, Institutionen und Autoritäten kritisch zu hinterfragen. Eine solche Beurteilung wird ebenfalls den Bezug auf das Zeugnis anderer einschließen, aber es sind Zeugnisse von Quellen, deren Qualität man nicht nur aufgrund von heuristischen Regeln, sondern aufgrund eigener, möglicherweise sorgfältig untermauerter Erkenntnisse beurteilen kann. Diese Informationen können deshalb einen hohen „Vertrauenswert" haben und Informationen aus anderen, gesellschaftlich zertifizierten Quellen übertrumpfen. In dieser Weise kann man von einem Netzwerk von Vertrauensbeziehungen profitieren, das geknüpft wird durch Menschen, die sich persönlich vertrauen und gegenseitig als Vertrauensintermediäre fungieren (vgl. Coleman 1990: 180 ff.). Solche Vertrauensnetzwerke sind wichtige Verkörperungen von *sozialem Kapital*, die Zugang zu Informationen und Wissen bei geringen Kosten ermöglichen. Je größer die Reichweite dieser Netzwerke, je öfter sie die Grenzen von Familien, Gruppen, Gemeinschaften, Klassen, Nationen und Rassen überwinden, desto vielfältiger und detaillierter die Informationen, die sie aggregieren, und desto besser die Chancen, Informationen zu erhalten, die ein realistisches und ausgewogenes Bild der Welt vermitteln (vgl. Baurmann 2007b).

Die besondere Bedeutung von persönlichen Vertrauensnetzwerken wird evident, wenn sich, etwa unter einem autoritären Regime, ein allgemeines Misstrauen gegenüber den offiziellen Informationsquellen verbreitet. Aber Vertrauensnetzwerke stellen auch in demokratischen Gesellschaften mit einem normalerweise hoch generalisierten Vertrauen in die sozial und institutionell beglaubigten epistemischen Quellen wichtige „Notfall"-Ressourcen dar (vgl. Antony 2006). Sie können lange latent bleiben, aber ihr Potenzial kann in Zeiten einer Vertrauenskrise in die formalen Institutionen und Autoritäten einer Gesellschaft wieder belebt und aktualisiert werden. Geht man von der wichtigen Funktion persönlicher Vertrauensnetzwerke als ultimater Quelle für zuverlässige Informationen und Zeugnisse aus, dann hat eine systematische Einschränkung ihrer Reichweite und eine willkürliche Limitierung ihrer Mitglieder ernste Konsequenzen für die Qualität und die Bedeutung des kollektiven Wissens, das sie aggregieren. Exklusive Netzwerke, die nur aus Menschen einer speziellen und begrenzten Gruppe bestehen, können einen Teufelskreis mit einem partikularistischen sozialen Vertrauen bilden, während weit gespannte und offene Netzwerke ein generalisiertes soziales Vertrauen stützen und stärken und damit zu der Qualität individuellen Wissens beitragen können.

IV. Subjektive und objektive epistemische Rationalität

Drei Arten von epistemischen Quellen wurden kurz charakterisiert: Experten und Autoritäten, „normale" Mitbürger sowie Mitglieder persönlicher Netzwerke. Jede dieser Quellen verfügt über ein kollektives Wissen, das für den individuellen Rezipienten relevant ist. Um dieses Wissen nutzen zu können, muss er der Zuverlässigkeit dieser Quellen trauen. Die verschiedenen Typen des Vertrauens, die den drei Quellen entsprechen, basieren auf unterschiedlichen Voraussetzungen und sind mit jeweils besonderen Herausforderungen und Problemen für den Rezipienten verbunden, wenn er die Vertrauenswürdigkeit einer Quelle verifizieren will. Von entscheidender Bedeutung ist, dass die verschiedenen Typen des Vertrauens nicht gegenseitig isoliert sind, sondern wechselseitig voneinander abhängen und in einer vielschichtigen Hierarchie mit komplexen Beziehungen zwischen den verschiedenen Ebenen eingebettet sind. Die Analyse der Entwicklungsdynamiken und der unterschiedlichen Gleichgewichte, die sich aus diesen Beziehungen ergeben können, ist ein wichtiger Gegenstand für eine von der Sozialen Erkenntnistheorie inspirierten wissenssoziologischen Forschung.

Eine solche Forschung muss sich vor allem auch mit der grundlegenden Tatsache auseinandersetzen, dass die Qualität individuellen Wissens nicht vorrangig ein Ergebnis der Qualität individueller Fähigkeiten und Einsichten ist, sondern abhängt von der Qualität der kollektiven Wissensproduktion und den komplexen Strukturen epistemischen Vertrauens. Ob individuelle Erkenntnisstrategien bei der Orientierung in der Welt in ein zuverlässiges Wissen und fundierte Überzeugungen münden, wird zum größten Teil von externen Bedingungen bestimmt, die der Kontrolle und dem Einfluss des Einzelnen weitgehend entzogen sind. Aus diesem Grund können Menschen, die unter defizienten Institutionen kollektiven Wissenserwerbs und den Restriktionen eines partikularistischen epistemischen Vertrauens leben, Auffassungen und Sichtweisen übernehmen, die subjektiv gerechtfertigt sind, von einem externen Standpunkt aus betrachtet jedoch als objektiv falsch oder gar als absurd erscheinen (vgl. Baurmann 2006, 2007a). Die Übereinstimmung subjektiver und objektiver epistemischer Rationalität wird vor allem bestimmt von der Rationalität der kollektiven epistemischen Institutionen und ihrer gesellschaftlichen Einbettung (vgl. Kitcher 1993; Goldman und Cox 1996). In einer offenen Gesellschaft mit einem kompetitiven und transparenten System der öffentlichen Meinungsbildung und Wissensproduktion werden die Behauptungen von Laien, Experten und Autoritäten von anderen Laien, Experten und Autoritäten begutachtet, diskutiert und kritisiert. Überzeugungen, Hypothesen und Theorien werden systematisch getestet und geprüft und ein hoch generalisiertes soziales Vertrauen sorgt für die Verbreitung und leichte Zugänglichkeit von Informationen. Solche Bedingungen tragen dazu bei, die Mitglieder einer Gesellschaft vor Scharlatanen, falschen Propheten und einseitigen Sichtweisen der Welt zu bewahren. Aber die Tatsache, dass Individuen das Glück haben, in einer Gesellschaft zu leben, die mit solchen Institutionen ausgestattet ist und in der sich die unterschiedlichen Ausprägungen epistemischen Vertrauens in einem produktiven Gleichgewicht befinden, ist nicht ein Ergebnis individuell rationaler Strategien des Wissenserwerbs. Das Gegenteil trifft zu: Das Ergebnis individueller epistemischer Strategien hängt ab von der „epistemischen Umwelt", in welcher Individuen leben und nach Orientierung suchen.

Literatur

Antony, Louise. 2006. The socialization of epistemology. In *The Oxford handbook of contextual political analysis*, eds. Robert E. Goodin, Charles Tilly, 58-76. Oxford: Oxford University Press.

Baurmann, Michael. 1996. *Der Markt der Tugend – Recht und Moral in der liberalen Gesellschaft*. Tübingen: Mohr Siebeck.

Baurmann, Michael. 1997. Universalisierung und Partikularisierung der Moral. Ein individualistisches Erklärungsmodell. In *Moral und Interesse*, Hrsg. Rainer Hegselmann, Hartmut Kliemt, 65-110. München: Oldenbourg Verlag.

Baurmann, Michael. 2006. Kritische Prüfung ist gut, Vertrauen ist unvermeidlich? Individuelle und kollektive epistemische Rationalität. In *Wissenschaft, Religion und Recht. Hans Albert zum 85. Geburtstag*, Hrsg. Eric Hilgendorf, 239-261. Berlin: Logos Verlag.

Baurmann, Michael. 2007a. Rational fundamentalism? An explanatory model of fundamentalist beliefs. Episteme. *Journal of Social Epistemology* 4: 150-166.

Baurmann, Michael. 2007b. Markt und soziales Kapital: Making democracy work. In *Politisches Denken. Jahrbuch 2006/2007. Politik und Ökonomie*, Hrsg. Karl Graf Ballestrem (†), Volker Gerhardt, Henning Ottmann, Martyn P. Thompson, Barbara Zehnpfennig, 129-155. Berlin: Duncker & Humblot.

Baurmann, Michael. 2010. Fundamentalism and epistemic authority. In *Democracy and fundamentalism. The tampere club series 3*, ed. Aulis Aarnio, 76-86. Tampere: Tampere University Press (im Druck).

Berger, Peter L., und Thomas Luckmann. 1969. *Die gesellschaftliche Konstruktion der Wirklichkeit. Eine Theorie der Wissenssoziologie*. Frankfurt a. M.: S. Fischer Verlag.

Burge, Tyler. 1993. Content preservation. *Philosophical Review* 102: 457-88.

Coady, C. A. J. Tony. 1992. *Testimony*. Oxford: Oxford University Press.

Coady, David. 2006. When experts disagree. *Episteme. Journal of Social Epistemology* 3: 71-82.

Coleman, James S. 1990. *Foundations of social theory*. Cambridge, London: Harvard University Press.

Foley, Robert A. 2001. *Intellectual trust in oneself and others*. Cambridge: Cambridge University Press.

Frank, Robert H. 1992. *Passions within reason. The strategic role of the emotions*. New York, London: W. W. Norton.

Fricker, Elizabeth. 1994. Against gullibility. In *Knowing from words*, eds. Bimal K. Matilal, Arindam Chakrabarti, 125-161. Dordrecht: Kluwer Academic Publishers.

Fricker, Miranda. 1998. Rational authority and social power: towards a truly social epistemology. *Proceedings of the Aristotelian Society* 98: 159-17.

Fukuyama, Francis. 1995. *Trust: The social virtues and the creation of prosperity*. New York: Free Press.

Fuller, Steve. 1988. *Social epistemology*. Bloomington: Indiana University Press.

Gambetta, Diego (Hrsg.). 1988. *Trust: Making and breaking cooperative relations*. Oxford, New York: Basil Blackwell.

Gigerenzer, Gerd. 2007. *Bauchentscheidungen: Die Intelligenz des Unbewussten und die Macht der Intuition*. München: Goldmann.

Gigerenzer, Gerd, und Reinhard Selten, eds. 2001. *Bounded rationality: the adaptive toolbox*. Cambridge: The MIT Press.

Goldman, Alvin I. 1978. Epistemics: the regulative theory of cognition. *Journal of Philosophy* 75: 509-23.

Goldman, Alvin I. 1986. *Epistemology and cognition*. Cambridge: Harvard University Press.

Goldman, Alvin I. 1987. Foundations of social epistemics. *Synthese* 73: 109-44.

Goldman, Alvin I. 1994. Argumentation and social epistemology. *Journal of Philosophy* 91: 27-49.

Goldman, Alvin I. 1999. *Knowledge in a social world*. Oxford: Oxford University Press.

Goldman, Alvin I. 2001. Experts: which ones should you trust? *Philosophy and Phenomenological Research* LXIII: 85-110.

Goldman, Alvin I., und James Cox. 1996. Speech, truth, and the free markets for ideas. *Legal Theory* 2: 1-32.
Govier, Trudy. 1997. *Social trust and human communities*. Montreal, Kingston: McGill-Queen's University Press.
Hardin, Russell. 1992. The street-level epistemology of trust. *Analyse & Kritik* 14: 152-176.
Hardin, Russell. 2002. *Trust and trustworthiness*. New York: Russell Sage Foundation.
Hardin, Russell. 2009. *How do you know? The economics of ordinary knowledge*. Princeton: Princeton University Press.
Hardwig, John. 1985. Epistemic dependence. *The Journal of Philosophy* 82: 335-349.
Hardwig, John. 1991. The role of trust in knowledge. *The Journal of Philosophy* 88: 693-708.
Honer, Anne, und Christoph Maeder, Hrsg. 1994. *Expertenwissen. Die institutionalisierte Kompetenz zur Konstruktion von Wirklichkeit*. Opladen: Westdeutscher Verlag.
Kitcher, Philip. 1990. The division of cognitive labor. *Journal of Philosophy* 87: 5-22.
Kitcher, Philip. 1991. Persuasion. In *Persuading science: the art of scientific rhetoric*, eds. Marcello Pera, William R. Shea, 3-27. Canton: Science History Publications.
Kitcher, Philip. 1993. *The advancement of science*. New York-Oxford: Oxford University Press.
Knoblauch, Hubert. 2005. *Wissenssoziologie*. Konstanz: UVK Verlagsgesellschaft.
Knorr-Cetina, Karin. 2002. *Wissenskulturen. Ein Vergleich naturwissenschaftlicher Wissensformen*. Frankfurt a. M.: Suhrkamp Verlag.
Lackey, Jennifer. 2006. It takes two to tango: beyond reductionism and anti-reductionism in the epistemology of testimony. In *The epistemology of testimony*, eds. Jennifer Lackey, Ernest E. Sosa, Ernest, 160-188. Oxford: Oxford University Press.
Lahno, Bernd. 2002. *Der Begriff des Vertrauens*. Paderborn: Mentis Verlag.
Lehrer, Keith. 1994. Testimony, justification and coherence. In *Knowing from words*, Hrsg. Bimal K. Matilal, Arindam Chakrabarti, 51-58. Dordrecht: Kluwer Academic Publishers.
Lindenberg, Siegwart. 2008. Social rationality, semi-modularity and goal-framing: what is it all about. *Analyse & Kritik* 30: 669-687.
Luhmann, Niklas. 1973. *Vertrauen. Ein Mechanismus der Reduktion sozialer Komplexität*. Stuttgart: Enke Verlag.
Matilal, Bimal K., und Arindam Chakrabarti, eds. 1994. *Knowing from words*. Dordrecht: Kluwer Academic Publishers.
Manor, Ruth. 1995. My knowledge, our knowledge, and appeals to authority. *Logique & Analyse*, 191-207.
Putnam, Robert D. 1992. *Making democracy work. Civic traditions in modern Italy*. Princeton: Princeton University Press.
Schmitt, Frederick F., ed. 1994. *Socializing epistemology. The social dimensions of knowledge*. Lanham: Rowman and Littlefield.
Schmitt, Frederick F. 1995. *Truth*. Boulder: Westview Press.
Stehr, Nico, und Volker Meja. 2005. Introduction: the development of the sociology of knowledge and science. In *Society & knowledge. Contemporary perspectives in the sociology of knowledge & science*, eds. Nico Stehr, Volker Meja, 1-33. New Brunswick: Transaction Publishers.
Tänzler, Dirk. 2006. Von der Seinsgebundenheit zum Seinsverhältnis. In *Neue Perspektiven der Wissenssoziologie*, Hrsg. Dirk Tänzler, Hubert Knoblauch, Hans-Georg Soeffner, 317-335. Konstanz: UVK Verlagsgesellschaft.
Weber, Max. 1922. Wissenschaft als Beruf. In *Gesammelte Aufsätze zur Wissenschaftslehre*, 582-613. Tübingen: Mohr Siebeck.
Weiß, Johannes. 2006. Wissenselite. In *Zur Kritik der Wissensgesellschaft*, Hrsg. Dirk Tänzler, Hubert Knoblauch, Hans-Georg Soeffner, 13-29. Konstanz: UVK Verlagsgesellschaft.

Korrespondenzanschrift: Michael Baurmann, Universität Düsseldorf, Sozialwissenschaftliches Institut, Universitätsstr. 1, 40225 Düsseldorf
E-Mail: baurmann@phil-fak.uni-duesseldorf.de

KRITIK

ZUR VERTRAUENSWÜRDIGKEIT SOZIALEN ERFAHRUNGSWISSENS

Martin Endreß

Zusammenfassung: Der Beitrag diskutiert das von Michael Baurmann entwickelte Verhältnis von Sozialer Erkenntnistheorie und Rational Choice Ansatz. Mit Blick auf unterschiedliche Formen des Vertrauens wird die Frage nach dem Zusammenhang von Vertrauen und Wissen im Hinblick auf Typen von Plausibilitätsgeneratoren erörtert. Anfragen ergeben sich aufgrund dieser Überlegungen insbesondere an die von Baurmann unterschiedenen Formen „epistemischen Vertrauens".

I.

Philosophische und soziologische Beiträge zu einer systematischen und wechselseitig interdisziplinär informierten Problemexposition wie Analyse zu integrieren darf für jede Profilierung theoretischer Soziologie als essentiell erachtet werden. Anschlussmöglichkeiten für (bisweilen auch intradisziplinär) voneinander weitgehend entkoppelte Argumentations- und Reflexionsperspektiven freizulegen und für die Produktivität ihrer wechselseitigen Beziehbarkeit zu werben, konturiert entsprechend auch den Anspruch von Michael Baurmanns Überlegungen zur Sozialen Erkenntnistheorie. Konkret verfolgt er das Anliegen, „eine von der Sozialen Erkenntnistheorie inspirierte wissenssoziologische Forschung" auf den Weg zu bringen (S. 199). Er greift damit einen seit bald zwei Jahrzehnten (vgl. Scholz 2001; Antony 2006; Goldman 2006; Wilholt 2007) revitalisierten Diskussionszusammenhang vornehmlich in der angelsächsischen philosophischen Diskussion auf, der sich um die Frage der Vertrauenswürdigkeit mittelbaren Wissens organisiert, und sucht dessen systematische Relevanz für die soziologische (empirische wie theoretische) Forschung auszuloten. Baurmann unternimmt in seinem Beitrag damit weit mehr als dessen bescheidener Untertitel zunächst vermuten lässt.

Für jeden, wie auch immer theoretisch positionierten, wissenssoziologisch zugeschnittenen Beitrag muss, will man eine solche positionale Selbstbeschreibung als adäquat bezeichnen können, *a priori* eine Reflexion der Perspektive des eigenen Argumentierens nicht nur am Anfang stehen, sondern die Entfaltung der eigenen Position kontinuierlich begleiten. So sind für den argumentativen Zuschnitt dieses Kommentars zunächst dessen potenzielle analytische Perspektiven zu differenzieren. Denn die Überlegungen von Baurmann ließen sich in mehrere Richtungen kommentieren: In einer ersten Perspektive könnte gefragt werden, ob es gelingt, Optionen für die angezielte interdisziplinäre Forschungsoptik aufzuzeigen; in einer zweiten Richtung ließe sich fragen, ob es dafür einen Bedarf gibt, ob also die Analyse der Defizite des gegenwärtigen wissenssoziologischen Forschungsfeldes als zutreffend anzusehen ist und weshalb genau die Soziale Erkenntnistheorie als Ergänzungsoption eine adäquatere Forschungsperspektive zu eröffnen gestattet. Ebenso ließe sich schließlich aber auch drittens fragen, ob wir es hier eventuell mit einer Identifizierung intellektueller Parallelaktionen zu tun haben, deren jeweilige paradigmatische Zuspitzungen eine fruchtbare Kooperation möglicherweise als wenig wahrscheinlich ansehen lassen. Je nach gewähltem Einsatzpunkt des Kommentierens stellen sich also prioritär andere Fragen. Im Kern wird in den folgenden Bemerkungen die zweite der angezeigten Perspektiven verfolgt, ohne dabei die beiden anderen gänzlich aus dem Blick zu verlieren.

Vor dem Hintergrund des angeführten methodologischen Imperativs ist einleitend sodann, gerade auch im Rahmen eines kontrovers konzipierten Bandes zur theoretischen Soziologie, noch eine weitere Beobachtung zu notieren: Die Herausgeber bringen nämlich im vorliegenden Zusammenhang zwei Autoren ins Gespräch, deren theoretische Grundintuitionen im Spektrum zwischen Rational-Choice-Ansätzen und phänomenologisch-fundierten Theorieperspektiven nicht nur vorderhand paradigmatisch weit auseinanderliegen, sondern diese Kompositionsstrategie der Herausgeber hat im vorliegenden Fall darüber hinaus die weitere Implikation, dass die beiden so aufeinander verwiesenen Autoren ihre jeweiligen theoretischen Positionen bisher ohne jede Referenz aufeinander entwickelt haben, wie jeder Blick in die thematisch für das hier zu verhandelte Problemfeld einschlägigen Beiträge beider gut dokumentiert. Dieser Umstand könnte nun leicht dazu verführen, den erbetenen Kommentar sogleich ins Grundsätzliche zu wenden und eine prinzipielle Ablehnung mit einer konzeptionellen Alternative zu verbinden. Eine derartige Strategie jedoch würde das Gespräch vor seinem Beginn im Grundsatz belasten, wenn nicht vorschnell beenden, was dem Anliegen dieses Kommentars zuwider liefe. Als Ausgangspunkt dient somit zunächst die von Michael Baurmann präsentierte Deutung des Ansatzes der Sozialen Erkenntnistheorie und deren von ihm als relevant erachteten Aspekte. Nicht also geht es mir im Folgenden um eine Auseinandersetzung mit der in seinem Beitrag vertretenen Rezeptionsperspektive, sondern um seine Beurteilung ihrer soziologischen Relevanz und spezifischen konzeptionellen Anschlussfähigkeit.

II.

Grundsätzlich muss man m. E. Baurmanns Plädoyer für ein produktives Ergänzungsverhältnis von philosophischen und soziologischen Reflexionen nicht nur folgen, sondern kann dieses noch insofern verlängern, als sich das angezielte interdisziplinäre Gespräch meiner Auffassung zufolge weder vorrangig noch gar kooperationssprengend auf den Unterschied von normativer und deskriptiver Reflexion zuspitzen lässt (S. 187 f.). Die philosophische Frage nach der „Rechtfertigung" trägt auch kognitive und nicht ausschließlich normative Signatur; und die soziologische Frage nach der gesellschaftlichen „Konstruktion" von Deutungen und Überzeugungen wiederum ist nicht nur „deskriptiv" angelegt, sondern impliziert zugleich generelle Regeln der „Konstitution" von Sozialität[1] ebenso wie Begründungs- und Plausibilisierungskonstruktionen. So sind bei-

---
1 Verwiesen sei an dieser Stelle exemplarisch auf die Unterscheidung der Situiertheit und Situativität von Interaktionen bei Goffman.

de Perspektiven notwendig verzahnt mit Fragen nach gesellschaftlich etablierten Mustern und Modi der Wissensgenerierung sowie Strukturen der Wissensplausibilisierung und -legitimierung. D. h., auch in soziologischer Perspektive geht es mit Blick auf gesellschaftliche Wissensbestände, deren Entstehung und ihren Wandel um die Frage ihrer Rechtfertigung im Sinne vor-normativer Legitimierungsprozesse, die ihrerseits natürlich stets auch normative Implikationen transportieren. Insofern lässt sich die von Baumann angedachte Kooperation durchaus stärker machen: Jenseits der externen, auf wechselseitig verwendbare Wissensressourcen abstellenden Kooperationsoption plädiere ich demzufolge für eine schon interne Kooperationslogik.

Diese „interne" Kooperationslogik nimmt somit vorrangig Konstitutionsprozesse von Wissen in den Blick. Inwiefern eine derartige Kooperation jedoch gerade dann besonders erfolgversprechend zu sein verspricht, wenn, so die These von Baumann, der Soziologe oder Sozialwissenschaftler „mit einem Rationalen-Akteur-Ansatz arbeitet" (S. 189), somit also von einer besonderen Affinität von Sozialer Erkenntnistheorie und Rational-Choice-Ansatz auszugehen sei, das wiederum leuchtet nicht ein. Und zwar gerade aufgrund der von Baumann zu Recht besonders herausgestellten „hermeneutischen" Imprägnierung der Fragestellung und angedachten Kooperationsoption. Hier scheint eine zweifache Engführung der Fragestellung vorzuliegen, die die offenkundigen Kooperationschancen geradezu zu unterlaufen droht. Denn drei Fragen zumindest stellen sich: Was heißt, erstens, in der von Baumann herangezogenen Konzeption „rationaler Meinungsbildung" (S. 189) „rational"? Und was bedeutet, zweitens, dieses Kriterium mit Blick auf „Einstellungen und Verhaltensweisen" ebenso wie hinsichtlich der angezielten „Rechtfertigung" (S. 189)? Und bedeutet schließlich drittens „rational" in beiden Fällen Identisches? Die Vermutung liegt nahe, dass hier letztlich eine Äquivokation zwischen pragmatischer und kognitiver Rationalität vorliegt. Schon Max Weber und Alfred Schütz hatten darauf hingewiesen, dass die Rede von einer „Irrationalität" im Zusammenhang „subjektiver" Sinnsetzungen alltäglichen Handelns ins Leere führe. Und auch der Hinweis auf Russell Hardins „street-level epistemology" mit ihrem pragmatischen Zuschnitt scheint mir an dieser Stelle gerade nicht die gewünschte Begründung einer privilegierten Kooperation zwischen Rational Choice und Social Epistemology offerieren zu können. Denn in pragmatischen Kontexten erhält der Rekurs auf eine Vorstellung „rationaler Begründung" ja keineswegs „eine strikt subjektive Bedeutung" (S. 189), sondern es geht stets um eine solche im Kontext intersubjektiver Bewährtheit; eines Kontextes, der dann subjektiv-situativ potenziell (erneut) appliziert wird. Anders formuliert: Die Differenz zwischen dem Konzept „rationaler Begründung" und dem der „pragmatischen Alltagsrationalität" ist der hier leitenden Überzeugung zufolge gerade keine zwischen Intersubjektivität und Subjektivität.

Dieser Hinweis auf den im Kern sozialen Zuschnitt von Plausibilisierungs- und Legitimierungsprozessen führt dann konsequent zur Frage nach dem „demonstrativen Relativismus und Agnostizismus", den Baumann als für „die Wissenssoziologie" charakteristisch erachtet (S. 190). Bezogen auf diese Einschätzung halte ich erneut eine Differenzierung für unabdingbar: Relativismus und Agnostizismus sind erstens zweierlei und in beiden Hinsichten verhält sich zweitens eine wissenssoziologische Perspektive, wie ich sie im Anschluss an die klassische neuere Grundlegung bei Berger und Luckmann (1969) favorisiere (vgl. Endreß 2000a, 2006a, 2006b, 2008, 2010b), je unterschiedlich. Hinsichtlich des vermuteten Agnostizismus scheint mir vor allem wichtig zu fragen, woher die Soziale Erkenntnistheorie, liest man diese im Sinne von Baurmann für sozialwissenschaftliche Zwecke, denn ihre (normativen) Maßstäbe nimmt. Tatsächlich vermag die Soziologie aufgrund ihres analytischen Profils über normativ Wünschbares nur in rekonstruktiver Optik zu handeln (vgl. Endreß 2000b). D. h. mit Blick beispielsweise auf spezifische Trägergruppen lassen sich deren normative Präferenzen etc. erheben. Weiteres scheint gerade auch im Rahmen einer Rational Choice Option nicht machbar. Chancen der „Verbesserung und Optimierung", die Baurmann im unverkennbaren Anschluss an den Planungsoptimismus früherer Jahre anspricht (S. 190), kann sie m. E. ausschließlich mit Blick auf ihr vorgegebene Ziele formulieren, also wiederum nur intern. Und auch die Relativismusthese scheint in der von Baurmann vertretenen Form nicht haltbar, und zwar völlig unabhängig von ihrer normativen Wünschbarkeit oder Verwerflichkeit. Der, wenn man so will, „Wahrheitsbegriff" der Wissenssoziologie ist ein dreistelliger, wie ich glaube im Anschluss an Karl Mannheim gezeigt zu haben (vgl. Endreß 2000a): Kontextintern wie kontextextern ist er verwiesen auf relationale Plausibilitätsstrukturen. Anders formuliert: die Absage an kognitive oder normative Absolutismen hat zu ihrer Kehrseite eben keinen Relativismus, sondern kluge epistemologische Selbstbeschränkung im Horizont der Leitwährungen Historizität, Perspektivität und Relationalität. D. h. die Absage an „ewige Werte" führt nur unter Vernachlässigung dieser konstitutiven Kontextualität zum Relativismus.

Nun stellt Baurmann, ganz im Sinne der entsprechenden Analysen von Alfred Schütz (1946: 97 f., 2003: 269 f., 330 f.), vor allem auf einen Aspekt des Umstandes der Vermitteltheit von Wissen ab: auf die „Analyse des Wissenstransfers" (S. 188). Er versteht darunter die Prozesse der „Weitergabe, Verbreitung und Akzeptanz von Wissen" (S. 188). In der Sprache der wissensanalytischen Grundlagentheorie von Berger und Luckmann (1969) geht es also um die Prozesse der Tradierung, Multiplizierung und Plausibilisierung oder Legitimierung.[2] Baurmann komponiert hier theoriepolitisch ein Ergänzungsverhältnis: er erachtet die Beiträge „der" Sozialen Erkenntnistheorie als Erweiterung und Vertiefung der Analyse der allgemeinen wie speziellen Bedingungen der Wissensaneignung wie des Wissenstransfers angesichts seines Zeugnischarakters auf der einen wie unter der Voraussetzung von „Kompetenzasymmetrien" (S. 188) auf der anderen Seite. Wobei hinsichtlich der Annahme letzterer aus soziologischer Perspektive im Blick zu halten wäre, dass es sich zunächst einmal um Fremdzurechnungen wie Selbstbeschreibungen handelt: Das (zugeschriebene, unterstellte) Verfügen über Wissen ist zu unterscheiden von der „objektiven" Kompetenz, dieses in pragmatischer (Handlung) wie kognitiver (Urteil) Hinsicht adäquat zu verwenden. Und das gilt auch, und gerade unter den Bedingungen der institutionalisierten Kompetenzzuweisung in modernen, durch inflationäre Beratungs- und Expertisierungsprozesse geprägten Gesellschaften.

---

[2] Baurmanns Einschätzung, dass jenen Aspekten im Rahmen dieses Ansatzes bisher „weniger Aufmerksamkeit gilt" (S. 188), kann ich nicht teilen. Für eine systematische Lektüreperspektive auf den Entwurf der Autoren vgl. Endreß (2008). Für eine klassische Studie zum „gesellschaftlichen Prozess der Wirklichkeitskonstruktion" in dieser Reflexionsperspektive vgl. nur Berger und Kellner (1965).

III.

Der Umstand des mittelbaren (vermittelten), über soziale Wissensaneignungen wie Transfers geprägte Zuschnitt allen menschlichen Wissens verweist unmittelbar auf das Problem des Vertrauens in die „Zeugenschaft" Anderer, d. h. auf die Frage der Glaubwürdigkeit der von Anderen formulierten Zeugnisse, auf deren Vertrauenswürdigkeit. Eine doppelte Unterscheidung dürfte an dieser Stelle erneut erforderlich sein: Es scheint wesentlich zu beachten, dass sich die Frage nach der Güte des Zeugnischarakters von Wissen in alltäglichen und wissenschaftlichen (sowie politisch-rechtlich-expertokratischen) Kontexten unterschiedlich stellt.[3] Die Kriterien der Bewährung oder der Zuschreibung an die erforderliche Bewährtheit des jeweils vermittelten Wissens sind verschieden: im Kern im Alltag pragmatisch und in wissenschaftlich-politischen Kontexten vorrangig kognitiv. Es macht einen Unterschied hinsichtlich des in Rechnung zu stellenden Generalisierungsniveaus von Kriterien nach der grundsätzlichen Legitimierbarkeit eines Wissens zu fragen oder aber nach seiner mehr oder weniger gegebenen Bewährtheit in praktischen Handlungszusammenhängen, also hinsichtlich seines konkret-situativen („bis-auf-Weiteres" als gegeben unterstellten) Problemlösungspotenzials. Darüber hinaus ist aber wohl ebenso zwischen der Zeugenschaft eines Zeugnisses und derjenigen eines Zeugen oder einer Zeugin zu unterscheiden. Die Zuschreibungen an die Glaubwürdigkeit von „Sachen" ist mit derjenigen an Personen nicht in Eins zu setzen. Und diese Hinweise sind m. E. zugleich über professionelle Kontexte, also Experten-Laien-Interaktionen hinaus zu verlängern (S. 186 f.).

Stellt man so auf die Fragen der Plausibilisierung und Überzeugungskraft in Konstellationen der Wissensvermittlung ab, dann wird unmittelbar die prominente Rolle des Vertrauens „bei der Informationsvermittlung durch Zeugnis" einsichtig (S. 190). Glaubwürdigkeit, Zuverlässigkeit und Vertrauenswürdigkeit kommt eine Schlüsselstellung hinsichtlich der „epistemologischen Rolle des Vertrauens" zu, die Baurmann zufolge bisher „vergleichsweise wenig thematisiert" wurde (S. 191). Ein Urteil, dessen Plausibilität sich wohl der Beschränkung auf die rational- oder entscheidungsanalytische Reflexionslinie von Analysen zum Vertrauensphänomen verdankt, deren Fokus hier adäquat identifiziert wird als diejenige des Blickes auf „die strategische Struktur eines Informationstransfers" (S. 191).[4]

Meine Auffassung, dass eine solche Konzeptualisierung von Vertrauen lediglich einen sehr eingeschränkten Blick auf das in Frage stehende Phänomen lenkt, habe ich bereits mehrfach formuliert (vgl. Endreß 2001, 2002, 2004). Das muss an dieser Stelle nicht in extenso rekapituliert werden (s. u. unter Abschnitt V.). Hinweisen möchte ich aus systematischen Gründen aber darauf, dass sich derartige Fragen nach einem grundlagentheoretisch leitenden Vertrauensbegriff dann nicht vermeiden lassen, wenn man,

---

3 Giddens hatte letztere Konstellation der Abhängigkeit von Wissensressourcen von Experten als „Systemvertrauen" gefasst.

4 Nur nebenbei bemerkt sei, dass „Glauben" und „Bezweifeln" m. E. strukturell neutral gegenüber der Frage eines Informationszugewinns sind. Insofern kann ich Baurmanns Auffassung nicht teilen, wonach Bezweifeln ein Verharren „auf dem Status quo eines aktuellen Wissensstandes" nach sich ziehe. Schon Hegel hatte in seiner „Enzyklopädie" darauf verwiesen: „Als *Schranke*, Mangel wird etwas nur gewußt, ja empfunden, indem man zugleich darüber *hinaus* ist" (1830, § 60. In *Werke Bd. 8*, 144. Frankfurt a. M.: Suhrkamp).

wie Baurmann dies nachfolgend tut, auf die Metakompetenz der „Kompetenz des Einschätzens von Kompetenz" abstellt (vgl. dazu auch die jüngste revidierte wie erweiterte Fassung meiner Vertrauenstheorie in Endreß 2010a). Darauf komme ich zurück.

Zuwenden möchte ich mich zuvor der von Baurmann ins Zentrum seiner Überlegungen gestellten Form des *„epistemischen Vertrauens"* (S. 190) oder der „epistemische(n) Vertrauenswürdigkeit" (S. 192). Diesen Begriff des Vertrauens verstehe ich weniger als Auszeichnung eines spezifischen Vertrauenstypus als vielmehr im Sinne der Exposition eines funktionsspezifischen Vertrauensmodus: als Frage nach der „Art" von Vertrauen, für die Baurmann zufolge in Prozessen der „Informationsvermittlung" von einer vorrangigen Relevanz auszugehen ist (S. 190). Diese Situation wird ganz im Sinne von Gambetta (1988), Coleman (1990) oder Sztompka (1999) als eine Konstellation unter Unsicherheit modelliert, insofern es einem Rezipienten von Informationen typischerweise nicht möglich ist, das Zeugnis (die Auskunft) des Informaten hinsichtlich seiner Güte vollständig zu durchleuchten. Dem „Vertrauen" des Rezipienten in einen Informanten kommt somit erkenntnis- oder wissensgenerierende Bedeutung zu. Es ist diese Konstellation, die Baurmann von „epistemischen Vertrauen" sprechen lässt. Klar ist dann aber, dass es sich hierbei nicht um einen Typus von Vertrauen, sondern um einen Anwendungsfall eines noch näher in den Blick zu nehmenden Vertrauenstypus handelt.

Drei Typen von Plausibilitätsgeneratoren stellt Baurmann für die von ihm behandelte Form des epistemischen Vertrauens auf Seiten der konsultierten „Informanten" als relevant heraus: ihr Verfügen über Kompetenzen und Ressourcen zur Beschaffung zuverlässiger und nützlicher Informationen, ihre Steuerung durch Anreize zur Ausschöpfung der eigenen Potenziale und Ressourcen zum Informationserwerb und zur Informationsweitergabe sowie schließlich Dispositionen den Informationsbedarf des oder der Rezipienten zu decken (S. 192 f.). Die Rationalität der Vertrauensgabe an einen Informanten bemisst sich Baurmann zufolge somit an der (hinreichend plausiblen) Annahme über „das Vorhandensein entsprechender Kompetenzen, Anreize und Dispositionen auf Seiten des Informanten" (S. 193).[5] Und je ausgeprägter die „Informationsasymmetrie" wie auch die „Kompetenz-Asymmetrie" zwischen Informant und Rezipient sich darstellt, umso schwieriger das Problem „der Überprüfung epistemischer Vertrauenswürdigkeit" für den Rezipienten: eine forcierte (und sich vermutlich dauerhaft reproduzierende) Abhängigkeitskonstellation.

Im offenkundigen Anschluss an die Typologie der sozialen Verteilung des Wissens von Alfred Schütz (1946)[6] wird von Baurmann eine Unterscheidung von „Idealtypen epistemischen Vertrauens" (Vertrauen in Experten, soziales Vertrauen, persönliches Vertrauen) über die Unterscheidung dreier „Arten von Informationsquellen" (S. 193) oder „epistemische(r) Quellen" (S. 198) eingeführt: Experten (auch: „Autoritäten"), sogenannte „normale Mitbürger" und „Mitglieder persönlicher Netzwerke" (S. 199). Diese werden im Hinblick auf ihre jeweilige Basis der Konstitution oder Generierung von

---

5 Wiederum scheint mir herauszustellen, dass diese Argumentation immer schon den Umstand der Fragwürdigkeit der Vertrauenswürdigkeit eines Informanten zur Voraussetzung hat. Stets geht es hier also um einen reflexiven Modus (s. u. unter IV).
6 Für eine Übersicht über den wissenssoziologischen Ansatz von Schütz vgl. Endreß (2006a: 99-125).

„Glaubwürdigkeit" betrachtet (S. 196-198). Was, so die Frage von Baurmann, kann im jeweiligen Fall ein Urteil über die „Zuverlässigkeit dieser Quellen" erzeugen oder zumindest fördern (S. 199)? Auffällig ist für diesen Schritt seiner Argumentation, dass die zuvor angeführten Typen von Plausibilitätsgeneratoren in diesem Zusammenhang nicht herangezogen werden, um die fraglichen Konturen dieser „Zuverlässigkeit" analytisch weiter auszuleuchten. Beide Bausteine seiner Argumentation bleiben so eigentümlich unvermittelt nebeneinander stehen.

Es scheint mir nun vor allem aber fraglich, ob mit Blick auf diese „Idealtypen" von einer analytisch konsistenten Unterscheidung gesprochen werden kann. Hinsichtlich ihrer informationellen „Güte" sind diese drei Quellen in epistemologischer Hinsicht wohl zunächst strukturell indifferent gegeneinander. Denn so sehr ich Baurmanns Auffassung teile, dass bezogen auf diese drei Typen von Wissensressourcen typischerweise unterschiedliche Vertrauensformen dominant auftreten, so unbefriedigend scheint mir eine Unterscheidung von „Typen des Vertrauens" (S. 199) aufgrund einer Klassifizierung unterschiedlicher Informationsquellen. In dieser Argumentationslogik wird die soziale Positionierung von Akteuren (u. a. entlang der Achse Nähe-Distanz) unmittelbar mit der Unterscheidung von Vertrauensformen kurzgeschlossen. Analytisch angemessener wie auch von vorrangiger Bedeutung für eine soziologische Untersuchung des Vertrauensphänomens erschiene mir demgegenüber ein Ausgang von „Modi" des Vertrauens. Diese weisen empirisch typischerweise zwar vermutlich eine spezifische Verteilung im Hinblick auf soziale Konstellationen und Positionen auf, lassen sich aber auf diese eben nicht einfach zurückführen. Das erinnert an ein klassisches Argument der Soziologie: So ist, worauf schon Schütz mit Blick auf Missverständnisse hinsichtlich des Intimitätsgrades von Face-to-face-Beziehungen hingewiesen hatte, die analytische Achse Nähe-Distanz (raum-zeitliche Gemeinsamkeit) strukturell neutral gegenüber der Auszeichnung besonders ausgeprägter Vertrauensbeziehungen, wie es das Sitzen im Zugabteil im Kontrast bspw. zum Austausch von Zärtlichkeiten eines Paares anschaulich macht.

IV.

Auf dieser Grundlage möchte ich mich nun den drei unterschiedenen „Idealtypen epistemischen Vertrauens" zuwenden. Das den Beitrag von Michael Baurmann im Kern leitende Problem der Möglichkeiten und Chancen der Einschätzung von Kompetenz anerkannter, sogenannter oder als solcher eingeführter „Experten" ist m. E. insofern als ein Metaproblem zu begreifen als diese vorrangig auf die Frage nach der Selbstzuschreibung einer Kompetenz zur Einschätzung von Kompetenz zielt. Ein Metaproblem, dessen sowohl methodologische wie gesellschaftstheoretische Konditionen wie Implikationen Baurmann sieht (S. 193 f.). Die vielfältigen Institutionalisierungsprozesse von Kompetenz, Expertise und – nicht zu vergessen! – Beratung führen offenkundig auch für Baurmann letztlich zu einer Verschiebung des Vertrauensproblems und der Vertrauensadressierung: weg von den jeweils agierenden Personen hin zu den von ihnen oder durch sie repräsentierten Institutionen, Agenturen etc. (S. 194). Letztlich wäre hier dann wohl von einer weiteren, einer zweiten „Mediatisierung" (um einen Begriff von Habermas zu verwenden) zu sprechen: der primären Bedeutung mittelbarer Erfahrung korrespondiert (zumindest unter fortgeschrittenen gesellschaftlichen Bedingungen) eine forcierte Bedeutung ebenso mittelbarer Formen der Vertrauensgabe oder von Vertrauenswürdigkeitszuschreibungen über Institutionen und Organisationen.[7]

Wie aber prüft nun der Nicht-Experte den von Akteuren beanspruchten oder ihnen „gesellschaftlich" zugeschriebenen Expertenstatus? Welche Chancen stehen ihm zu Gebote, „epistemische Vertrauenswürdigkeit" einzuschätzen, zu beurteilen, zu bestätigen, zu attestieren. Wenig überzeugend scheint mir diesbezüglich die von Baurmann herangezogene Unterscheidung von esoterischen und exoterischen Expertenstatements, deren letztere einer Überprüfung zugänglich sein sollen. Denn der alleinige Umstand der Adressierung impliziert gegebenenfalls das Bemühen um alltagstaugliche Verständlichkeit oder generell eine ausgeprägtere Bereitschaft zur Verständlichkeit. Aber dies allein impliziert, wie nicht zuletzt die Dialoge Platons so nachdrücklich dokumentieren, noch keineswegs die Möglichkeit eigener Überprüfbarkeit (S. 195). Und der Hinweis auf die pragmatische Bewährung von bspw. medizinischen Expertisen oder therapeutischen Maßnahmen trifft vermutlich nicht den Kern des Problems und scheint ein eher abkünftiger Modus, denn die Frage der Bewährung stellt sich ja zumeist schon bei Fragen der adäquaten Diagnose und der Wahl der „richtigen" Behandlungsform. Zudem: wann eigentlich ist eine Therapie erfolgreich? In welchen Zeithorizonten, mit welcher Verlaufsgestalt (bspw. angesichts von Rückschlägen), mit welchen kurz- wie langfristigen Nebenfolgen? Somit scheint die Annahme, dass „wissenschaftliche Disziplinen mit einer direkten Verbindung zu Technologien oder anderen praktischen Anwendungen ... einen großen Output an exoterischen Aussagen [produzieren], die praktisch von jedermann verifiziert oder falsifiziert werden können" (S. 195) – wenn auch auf der Basis wiederum wesentlich mittelbaren Erfahrungswissens (S. 196) – entweder Ausdruck fragloser oder vorbehaltloser Technikgläubigkeit oder aber ausschließlich für Bagatellfälle relevant.[8] Jedenfalls vermag sie m. E. keine Begründung oder Erklärung für die Vertrauensgabe an Experten bereitzustellen.

Ein weiterer Einwand tritt m. E. hinzu. Denn inwiefern handelt es sich bei derartigen Kriterien dann um „gesellschaftlich etablierte Kriterien" im Sinne „heuristischer Leitlinien" zur „Identifikation von vertrauenswürdigen Mitbürgern" (S. 196), auf die Baurmanns Argument abstellt. Diese Kriterien dürften nicht nur sozusagen milieuspezifisch erheblich changieren, sondern dieser Rekurs steht auch im wenn nicht Widerspruch so doch Kontrast zur leitenden Annahme individueller Vertrauenswürdigkeitskalküle. So wird spätestens an dieser Stelle deutlich, dass Baurmanns Urteil einer besonders erfolgversprechenden Kooperationsoption von Soziologie und Sozialer Erkenntnistheorie sich der Prädominanz individueller Entscheidungskonstellationen im Rahmen von Rational-Choice-Ansätzen verdankt; einer Perspektive aus der heraus sich dann das Untersuchungsanliegen der Sozialen Erkenntnistheorie nachvollziehbar als Ergänzung anbietet. Entsprechend führt Baurmann die Form „persönlichen Vertrauens" im Unterschied zu den beiden vorgenannten, seines Erachtens wesentlich intersubjektiv

---

[7] Wobei systematisch Institutionalisierungsprozesse von Professionalisierungsprozessen zu unterscheiden bleiben.
[8] Unberücksichtigt bleiben bei Baurmann im Übrigen die Kriterien bzw. Prozesse der Zuweisung von Vertrauenswürdigkeit bzw. des Entzuges dieser Qualifizierung zwischen Experten!

strukturierten Formen des Vertrauens dann auch quasi als individuelle Wissensakkumulationsressource ein (S. 197 f.).

Vertrauen in Experten oder Wissenschaftler, Vertrauen in Zeitgenossen oder Mitbürger und Vertrauen in „persönlich Vertraute" oder Nahestehende, diese drei Beziehungs- oder Interaktionskonstellationen dienen Baurmann zur Unterscheidung von „Idealtypen" epistemischen Vertrauens oder von „drei Arten von epistemischen Quellen" (S. 199) oder – und m.E. analytisch am präzisesten – von drei Ausprägungen „epistemischer Vertrauenswürdigkeit ... über die heuristische Anwendung gesellschaftlich etablierter Indikatoren und Kriterien" (S. 197). Anders formuliert: Akteure sind in komplexen gesellschaftlichen Konstellationen kontinuierlich auf die Rezeption mittelbaren, sozialen Erfahrungswissens angewiesen um ein hinreichend generalisiertes und differenziertes (und mehr oder weniger explizites) Wissen zur Bewältigung vielfältiger sozialer Situationen zu erwerben. Das ist unstrittig. Aber die dafür vorrangig relevante Erörterung der zuvor eingeführten Plausibilitätsgeneratoren (S. 192 f.) wird von Baurmann leider gerade ausgespart.

V.

Das Fehlen entsprechender Überlegungen zeitigt deshalb systematische Konsequenzen, weil deren Erörterung m. E. konsequent zu Differenzierungen hinsichtlich des Vertrauensbegriffs führen müsste. Systematisch zu unterscheiden sind meiner Auffassung zufolge die Modi des Wissens um Vertrauenswürdigkeit, des Ausgehens von Vertrauenswürdigkeit und des Vertrauens auf Vertrauenswürdigkeit. Gerade weil die damit angezielten Unterscheidungen sowohl im Rahmen alltagssprachlichen Gebrauchs als auch im Kontext wissenschaftssprachlicher Konventionen regelmäßig (und nur partiell pragmatisch bedingt) verwischt werden, scheint die grundlagentheoretische Reflexion ihrer konstitutiven Differenz unabdingbar.

Meinem Vorschlag zufolge sind drei Typen oder Modi von Vertrauen aus systematischen Gründen zu unterscheiden, die in soziologischen wie sozialwissenschaftlichen Debatten typischerweise miteinander vermengt und damit nivelliert werden: fungierendes Vertrauen als konstitutiver Modus; habitualisiertes Vertrauen als pragmatisch wirksame Routinegrundlage und Interaktionsprodukt des Handelns und schließlich thematisch-reflexives Vertrauen als kognitiver Modus und strategische Handlungsressource. Mit anderen Worten: Während reflexives Vertrauen *per definitionem* thematisch ist und habitualisiertes Vertrauen potenziell thematisch werden kann, also zumindest prinzipiell thematisierbar ist, ist demgegenüber der Modus fungierenden Vertrauens als prinzipiell vor-thematisch, d. h. aus systematischen Gründen nicht thematisierbar (vgl. Endreß 2010a).

Auseinanderzuhalten ist danach ein pragmatisch wirksamer habitualisierter Modus des Vertrauens, der als empirische Basis des Gelingens sozialer Beziehungen wie auch der Routinegrundlagen alltäglichen Handelns verstanden werden muss, und ein konstitutiver Modus des Vertrauens, der als solcher unverzichtbar (und zwar nicht empirisch, sondern konstitutionell) ist für jedwedes Handeln und Interagieren als solches. Aus diesem Grund kann der Typus reflexiven Vertrauens weder als primäre noch gar als einzige Ressource kooperativen Handelns, sozialer Beziehungen oder institutioneller Arrangements begriffen werden; Konstellationen, in denen Akteure sich auf die Vertrauenswürdigkeit von Wissen stützen. Es erweist sich damit als Kurzschluss, das Vertrauensphänomen auf den Aspekt reflexiven Vertrauens auch und gerade für sozialwissenschaftliche Reflexionszwecke zu reduzieren. Aus systematischen Erwägungen muss zwischen den drei Typen des fungierenden, des habitualisierten und des reflexiven Vertrauens unterschieden werden.[9] Der von Baurmann favorisierte Begriff des epistemischen Vertrauens changiert zwischen diesen Typen, weshalb die Konturen nicht zuletzt der angezielten Kooperationschancen und -erfordernisse mit der Sozialen Erkenntnistheorie unklar bleiben.

VI.

Der von Baurmann schließlich unterstellte, starke Zusammenhang zwischen einer „offenen Gesellschaft" und einem „hoch generalisierten sozialen Vertrauen" (S. 199) scheint mir daher deutlich problematischer und ambivalenter. Transparenz dürfte typischerweise dazu angetan sein, Vertrauenskonstellationen ebenso wie eine Vertrauenskultur zu generieren (vgl. Sztompka 1999), jedoch ist systematisch zwischen der Institutionalisierung eines gesellschaftlichen Modus der Wissenserzeugung und -verbreitung auf der einen und der Typik sozialen Vertrauens auf der anderen Seite zu unterscheiden, denn ebenso wenig wie eine gesellschaftliche Grundordnung nicht das „Ergebnis individueller rationaler Strategien des Wissenserwerbs" ist (S. 199), so folgen aus diesen Strategien eo ipso auch noch keine Vertrauensbeziehungen oder -verhältnisse. Das ebenso epistemologisch wie politisch relevante Problem der konstitutiven Differenz zwischen als „subjektiv gerechtfertigt" angesehenen gleichwohl aber als „objektiv falsch" anzusehenden Einschätzungen und Beurteilungen (S. 199) scheint mir ein Grundphänomen der Sozialwelt, für die bezogen auf das je in ihr Artikulierte stets von dessen Historizität, Perspektivität und Relationalität auszugehen ist.

Einig bin ich mit Michael Baurmann jedoch insbesondere darin, dass einer wissensanalytischen (wissenssoziologischen) Perspektive für die methodologische Reflexion wie für die Grundlegung des Forschungsprofils der Soziologie herausragende Bedeutung zukommt. Insgesamt stellt sich mir aber die Frage, welches Forschungsprofil oder welcher Zuschnitt „wissenssoziologische(r) Forschung" (S. 199) für Baurmann aus dieser Überlegung folgt. Ein Hinweis beschränkt sich auf die Aufgabe der Analyse kontextspezifischer Bedingungen für die „Überprüfung epistemischer Vertrauenswürdigkeit" (S. 193 f.), ein weiterer auf die erforderliche Analyse der Beziehungen, Hierarchien, Entwicklungsdynamiken und Gleichgewichtsverhältnisse, die sich aus den situativ-spezifischen Beziehungsmöglichkeiten zwischen den drei „Typen des Vertrauens" einstellen können (S. 199). Das sind ohne Zweifel wichtige Detailfragen, die allerdings kaum Auskunft weder über den generellen Zuschnitt des angezielten Forschungsprogramms noch auch über dessen *sur plus* gegenüber dem breiten theoretischen und forschungspraktischen Angebot wissensanalytischer Varianten der Soziologie geben. In dieser Richtung scheinen mir zumindest einige weitergehende Ausführungen notwendig;

---

9 Insbesondere die Opposition zwischen dem Modus des Wählens aufgrund rationaler Kalkulation und einer pragmatischen Hintergrundressource tritt also augenfällig zu Tage.

zumal bisweilen ein ausgesprochen souveränes Ignorieren der im Rahmen der wissenssoziologischen Tradition bereits vorgetragenen konzeptionellen Überlegungen wie empirischen Anstrengungen doch irritiert. M. E. folgt für die Frage einer ebenso möglichen wie ertragreichen Kooperation von Sozialer Erkenntnistheorie und wissensanalytisch angelegter Soziologie vor allem die Einsicht in die Notwendigkeit einer systematischen Inventarisierung vorliegender wissenssoziologischer Forschungserträge im Horizont der die Protagonisten der Sozialen Erkenntnistheorie beschäftigenden Fragen. Allzu offenkundig wird hier bisweilen das Rad in anderer disziplinärer Ummantelung gewissermaßen neu erfunden. Die Soziologie könnte entsprechend ihren erzielten Forschungsstand weit offensiver kommunizieren und sich so im interdisziplinären Gespräch positionieren.

Literatur

Antony, Louise. 2006. The socialization of epistemology. In *The Oxford handbook of centextual political analysis,* eds. Robert E. Goodin, Charles Tilly, 58-77. Oxford: Oxford UP.
Baumann, Michael. 2002. Vertrauen und Anerkennung. Wie weiche Anreize ein Vertrauen in Institutionen fördern können. In *Neuer Institutionalismus. Zur soziologischen Erklärung von Organisationen, Moral und Vertrauen,* Hrsg. Andrea Maurer, Michael Schmid, 107-132. Frankfurt a. M., New York: Campus.
Baumann, Michael. 2006. Kritische Prüfung ist gut, Vertrauen ist unvermeidlich? Individuelle und kollektive epistemische Rationalität. In *Wissenschaft, Religion und Recht. Hans Albert zum 85. Geburtstag,* Hrsg. Eric Hilgendorf, 239-261. Berlin: Logos.
Baumann, Michael. 2007. Markt und soziales Kapital: making democracy work. In *Politisches Denken. Jahrbuch 2006/2007,* Hrsg. Karl Graf Ballestrem (†), Volker Gerhardt, Henning Ottmann, Martyn P. Thompson, Barbara Zehnpfennig, 129-155. Berlin: Duncker & Humblot.
Baumann, Michael. 2010. Kollektives Wissen und epistemisches Vertrauen. Der Ansatz der Sozialen Erkenntnistheorie. In *Soziologische Theorie kontrovers,* Hrsg. Steffen Sigmund, Gert Albert, 185-201. Wiesbaden: VS Verlag für Sozialwissenschaften.
Baumann, Michael, und Bernd Lahno. 2002. Vertrauen, Kooperation und große Zahlen. In *Politisches Vertrauen. Soziale Grundlagen reflexiver Kooperation,* Hrsg. Rainer Schmalz-Bruns, Reinhard Zintl, 191-220. Baden-Baden: Nomos.
Berger, Peter L., und Hansfried Kellner. 1965. Die Ehe und die Konstruktion der Wirklichkeit. Eine Abhandlung zur Mikrosoziologie des Wissens. *Soziale Welt* 16: 220-235.
Berger, Peter L., und Thomas Luckmann. 1969. *Die gesellschaftliche Konstruktion der Wirklichkeit. Eine Theorie der Wissenssoziologie.* Frankfurt a. M.: Fischer.
Coleman, James S. 1990. *Foundations of social theory.* Cambridge, MA: Harvard UP.
Endreß, Martin. 2000a. Soziologie als methodischer Relationismus. Karl Mannheims Auseinandersetzung mit der Relativismusproblematik als Kern seiner wissenssoziologischen Analyse der Moderne. In *Jahrbuch für Soziologiegeschichte 1996,* Hrsg. Martin Endreß, Ilja Sruba, 329-351. Opladen: Leske + Budrich.
Endreß, Martin. 2000b. Anthropologie und Moral. Soziologische Perspektiven. In *Anthropologie und Moral. Philosophische und soziologische Perspektiven,* Hrsg. Martin Endreß, Neil Roughley, 53-97. Würzburg: Königshausen & Neumann.
Endreß, Martin. 2001. Vertrauen und Vertrautheit. Phänomenologisch-anthropologische Grundlegung. In *Vertrauen. Die Grundlage des sozialen Zusammenhalts,* Hrsg. Martin Hartmann, Claus Offe, 161-203. Frankfurt a. M., New York: Campus.
Endreß, Martin. 2002. *Vertrauen.* Bielefeld: transcript.
Endreß, Martin. 2004. Foundations of trust. Introductory remarks on the sociology of trust. In *Trust and social transformation. Theoretical approaches and empirical findings from Russia,* ed. Heiko Schrader, 15-30. Münster: LIT.

Endreß, Martin. 2006a. *Alfred Schütz* (Klassiker der Wissenssoziologie. Bd. 3). Konstanz: UVK.
Endreß, Martin. 2006b. Varianten verstehender Soziologie. In *Max Webers „Grundbegriffe". Kategorien der kultur- und sozialwissenschaftlichen Forschung*, Hrsg. Klaus Lichtblau, 21-46. Wiesbaden.
Endreß, Martin. 2008. Reflexive Wissenssoziologie als Sozialtheorie und Gesellschaftsanalyse. Zur phänomenologisch fundierten Analytik von Vergesellschaftungsprozessen. In *Phänomenologie und Soziologie. Theoretische Positionen, aktuelle Problemfelder und empirische Umsetzungen*, Hrsg. Jürgen Raab, Michaela Pfadenhauer, Peter Stegmaier, Jochen Dreher, Bernt Schnettler, 85-95. Wiesbaden: VS Verlag für Sozialwissenschaften.
Endreß, Martin. 2010a. Vertrauen – soziologische Perspektiven. In *Vertrauen – zwischen sozialem Kitt und der Senkung von Transaktionskosten*, Hrsg. Matthias Maing, 91-113. Karlsruhe: KIT.
Endreß, Martin. 2010b. Verstehende Soziologie(n) und hermeneutische Tradition(en). In *Alfred Schütz und die Hermeneutik*, Hrsg. Michael Staudigl. Konstanz: UVK (im Druck).
Endreß, Martin. 2010c. Trust and structures of belonging. In *Social capital, social identities: from ownership to belonging*, eds. Dieter Thomä, Christoph Henning, Hans Bernhard Schmid. Berlin, New York: de Gruyter (im Druck).
Gambetta, Diego, ed. 1988. *Trust: making and breaking cooperative relations*. Oxford, Cambridge, MA: Blackwell.
Goldman, Alvin. 2006. Social epistemology, http://plato.stanford.edu/entries/epistemology-social/ (Stand: 06.12.2009).
Scholz, Oliver. 2001. Das Zeugnis Anderer. Prolegomena zu einer sozialen Erkenntnistheorie. In *Erkenntnistheorie. Positionen zwischen Tradition und Gegenwart*, Hrsg. Thomas Grundmann, 354-375. Paderborn: Mentis.
Schütz, Alfred. 1946. Der gut informierte Bürger. In *Gesammelte Aufsätze* 2, Hrsg. Alfred Schütz, 85-101. Den Haag: Nijhoff.
Schütz, Alfred. 2003. *Werkausgabe Bd. V.1: Theorie der Lebenswelt. Die pragmatische Schichtung der Lebenswelt*, Hrsg. Martin Endreß, Ilja Srubar. Konstanz: UVK.
Sztompka, Piotr. 1999. *Trust. A sociological theory.* Cambridge: Cambridge UP.
Wilholt, Torsten. 2007. Soziale Erkenntnistheorie. *Information Philosophie* 35: 46-53.

Korrespondenzanschrift: Prof. Dr. Martin Endreß, Universität Trier, FB IV – Soziologie, Universitätsring 15, 54286 Trier
E-Mail: endress@uni-trier.de

Replik

DIE HEURISTIK EPISTEMISCHEN VERTRAUENS

Michael Baurmann

Zusammenfassung: Heuristische Entscheidungsregeln empfehlen ein bestimmtes Verhalten, ohne dass der Akteur alle Alternativen abwägen und einem Optimierungsprinzip folgen muss. Eine solche Orientierung an Heuristiken kann eine rationale Strategie sein, weil heuristische Regeln eine Reduktion von Entscheidungskosten erlauben und zufriedenstellende oder sogar gute Entscheidungen ermöglichen können. Die Orientierung an heuristischen Regeln spielt auch eine wichtige Rolle, wenn es um die Akzeptanz der Zeugnisse anderer Personen geht. Das gilt im Besonderen in der Beziehung zwischen Laien und Experten, bei der die Heuristiken auf den gesellschaftlich etablierten Kriterien für epistemische Vertrauenswürdigkeit und Expertise beruhen.

Martin Endreß hat Recht, wenn er feststellt, dass die Herausgeber mit uns zwei Autoren ins Gespräch gebracht haben, deren theoretische Ansätze „paradigmatisch weit auseinander liegen". Ich möchte ihm deshalb zunächst dafür danken, dass er sich der unter diesen Bedingungen für ihn nicht unbedingt vergnüglichen Aufgabe eines Kommentars in einer unpolemischen und sachorientierten Weise gestellt hat.

In seinem Kommentar spricht Endreß eine ganze Reihe von aus seiner Sicht kritischer und kritikwürdiger Punkte an, die ich in einer kurzen Replik nicht alle aufgreifen kann. Ich möchte mich deshalb auf einen wesentlichen Aspekt konzentrieren, der in der Tat von mir nur ungenügend ausgeführt wurde und dessen Vertiefung nicht nur geeignet sein mag, einige der kritischen Einwände von Endreß zu relativieren, sondern die darüber hinaus die Perspektive einer Verbindung von Sozialer Erkenntnistheorie mit einem Rationalen Akteur-Ansatz weiter verdeutlichen könnte. Es geht um die Heuristik epistemischen Vertrauens und ihre Einbettung in eine Theorie rationalen Handelns.

Endreß moniert, dass die von mir behauptete Affinität zwischen Sozialer Erkenntnistheorie und einem Rational Choice-Ansatz nicht einleuchtend belegt sei. Unter anderem bleibe die Beziehung zwischen „rationaler Meinungsbildung" und „rationaler Rechtfertigung" ebenso unklar wie der Unterschied zwischen „pragmatischer" und „kognitiver Rationalität" (S. 204). Gerade dieser Unterschied sei aber wesentlich, weil „sich die Frage nach der Güte des Zeugnischarakters von Wissen in alltäglichen und wissenschaftlichen … Kontexten unterschiedlich stellt. … im Kern im Alltag pragmatisch und in wissenschaftlich-politischen Kontexten vorrangig kognitiv" (S. 206). Endreß ist zwar wie ich der Auffassung, dass in allen „Konstellationen der Wissensvermittlung" die „epistemologische Rolle des Vertrauens" zentral sei, dieser Rolle könne man aber nicht umfassend gerecht werden, wenn man sich mit einem Fokus auf die strategische Struktur eines Informationstransfers auf die „rational- oder entscheidungsanalytische Reflexionslinie von Analysen zum Vertrauensphänomen" beschränke (S. 206). Endreß legt dagegen großen Wert auf die Feststellung, dass man „aus systematischen Erwägungen" zwischen drei „Typen oder Modi von Vertrauen" unterscheiden müsse: „fungierendes Vertrauen als konstitutiver Modus; habitualisiertes Vertrauen als pragmatisch wirksame Routinegrundlage und Interaktionsprodukt des Handelns und schließlich thematisch-reflexives Vertrauen als kognitiver Modus und strategische Handlungsressource". Der Typus reflexiven Vertrauens könne „weder als primäre noch gar als einzige Ressource kooperativen Handelns, sozialer Beziehungen oder institutioneller Arrangements begriffen werden" (S. 210). Ein solcher eingeschränkter Blick sei aber für Rational-Choice-Ansätze und damit auch für meine Sichtweise charakteristisch.

Die Bedeutung der Typologie von Endreß ist mir zwar nicht in allen Facetten klar geworden – insbesondere hat sich mir auch bei weiterer Lektüre (z. B. Endreß 2002: 68 ff., 2004) nicht erschlossen, was ein „fungierendes Vertrauen als konstitutiver Modus" ist und warum ein solches Vertrauen aus „systematischen Gründen nicht thematisierbar" (S. 210) sein soll. Unabhängig davon bin ich jedoch ebenfalls der Auffassung, dass Vertrauen im allgemeinen und auch im epistemischen Bereich unterschiedliche Grundlagen haben kann und dass sich diese Unterschiede bis zu einem gewissen Grad in der von Endreß vorgeschlagenen Typologie spiegeln. Ich will deshalb erstens zeigen, dass im Rahmen meiner Sichtweise die „Heuristik epistemischen Vertrauens" eine zentrale Rolle spielt und man auf dieser Grundlage zwischen einem „habitualisierten" und einem „kognitiv-reflexiven Vertrauen" und damit in gewisser Weise auch zwischen einer „pragmatischen" und „kognitiven Rationalität" unterscheiden kann; und zweitens will ich andeuten, wie sich eine pragmatische Orientierung an heuristischen Regeln im Rahmen einer individualistischen Theorie rationalen Handelns erklären lässt.

Ich habe meine Sichtweise allerdings mit Bedacht nicht als *Rational-Choice-Ansatz*, sondern als *Rationaler-Akteur-Ansatz* charakterisiert. Der Grund dafür ist, dass man bei einem engen Verständnis von Rational Choice diesen Ansatz in der Tat mit einer einseitigen Festlegung auf rationales Entscheiden im Sinne einer Maximierungsstrategie assoziieren kann, also mit der Prämisse, dass jeder rationale Akteur in jeder Entscheidungssituation bei gegebenen Präferenzen und Restriktionen das Ergebnis seiner Handlungswahl optimieren will – durch „Reflexion" aller Optionen und ihrer wahrscheinlichen Folgen. Ein Rationaler-Akteur-Ansatz unterstellt dagegen nicht, dass rationales Handeln immer einem Optimierungsprinzip folgen muss, sondern dass es sich im Sinne einer „bounded rationality" oder einer „ökologischen Rationalität" auch an bestimmten „Frames" oder Heuristiken orientieren kann. Nach dieser erweiterten Rationalitätskonzeption kann ein „pragmatisches" Handeln, das im Alltag routinemäßig „bis auf Weiteres" bewährte Heuristiken anwendet, ebenso rational sein wie ein „reflexives" Handeln, dass in anderen Kontexten tatsächlich ein Optimierungsprinzip umsetzt.

Was sind die Ausgangspunkte aus der Sicht eines solchen Rationalen-Akteur-Ansatzes bei der Analyse eines Informationstransfers durch Zeugnis? Erstens wäre es irrational für einen Rezipienten, generell „blind" zu vertrauen und bedingungslos *jedes* Zeugnis als wahr zu akzeptieren. Zweitens wäre es ebenfalls irrational, bedingungsloses Misstrauen zu praktizieren und *kein* Zeugnis als wahr zu akzeptieren. Einzig rational ist deshalb die Befolgung einer diskriminierenden Strategie, mit der zwischen akzeptablen und unakzeptablen Zeugnissen unterschieden werden kann. Drittens aber kann eine solche diskriminierende Strategie, wie immer sie auch aussehen mag, nicht einem Optimierungsprinzip folgen, nach dem jeder Rezipient in jedem Einzelfall eines Informationstransfers versuchen müsste, die epistemische Vertrauenswürdigkeit eines Informanten umfassend und abschließend zu überprüfen. Die Kosten solcher Einzelfallprüfungen wären prohibitiv und die Menge an Informationen, die man auf diese Weise akzeptieren könnte, wäre drastisch reduziert.

Daraus folgt, dass man in den meisten epistemischen Kontexten auf die Verwendung von *heuristischen* Regeln angewiesen ist, die möglichst einfach anwendbare Kriterien an die Hand geben, mit denen sich die normalerweise vertrauenswürdigen Informationsquellen identifizieren lassen. Heuristische Regeln haben den Charakter von Standardregeln, die für bestimmte Situationen ein bestimmtes Verhalten empfehlen, ohne dass der Akteur alle Alternativen abwägt und eine optimale Wahl zu treffen versucht. Wie ich bereits in meinem Aufsatz betont habe, kann eine solche Orientierung an Heuristiken eine vollkommen rationale Strategie sein, auch wenn heuristische Entscheidungsregeln nicht immer zu der bestmöglichen Wahl anleiten. Heuristische Regeln erlauben aber eine massive Reduktion von Entscheidungskosten, die in einer komplexen und unsicheren Umwelt schnell den Wert „optimierter" Entscheidungen aufwiegen. Wenn es sich um zuverlässige, an die jeweiligen Entscheidungsumwelten hinreichend angepasste Regeln handelt, ermöglichen sie zufrieden stellende oder sogar gute Entscheidungen. Heuristiken können funktionieren, weil Entscheidungsumwelten in vielen Bereichen relativ konstant bleiben. Da aber Änderungen oder außergewöhnliche Bedingungen im Einzelfall nicht ausgeschlossen werden können, brauchen heuristische Regeln eine „Ausstiegsoption": „In Situationen vom Typ S soll man x tun, *es sei denn* ...". Liegen außergewöhnliche Bedingungen vor, kann es angeraten sein, unmittelbar zu einer Einzelfallprüfung zu wechseln, es kann aber auch sein, dass es eine Hierarchie von heuristischen Regeln gibt, die im Fall besonderer Umstände zunächst auf eine stärker spezifizierte heuristische Regel verweisen. Ändert sich die Entscheidungsumwelt allerdings grundsätzlich, müssen auch die heuristischen Regeln insgesamt angepasst werden. Heuristische Regeln fordern deshalb keine „blinde" Befolgung, kein „traditionales" Handeln im Sinne einer internalisierten Bindung an Herkommen und Gewohnheit. Sie bleiben in den „reflexiven" Modus rationalen Entscheidens „eingebettet" und können im Prinzip jederzeit durch ihn abgelöst werden.

Es bedarf nun keiner vertieften empirischen Studie, um festzustellen, dass Menschen tatsächlich solche heuristischen Regeln in großer Zahl verwenden, wenn sie die Zeugnisse anderer Personen akzeptieren, angefangen von der Auskunft des „Manns auf der Straße" bis hin zu den Diagnosen von Ärzten und Rechtsanwälten oder den Gutachten von Experten und Wissenschaftlern. Das führt dazu, dass die Akzeptanz von Zeugnissen in vielen Kontexten in der Tat habitualisiert und unreflektiert erfolgt, weil sie nicht auf überlegten und kalkulierten Entscheidungen, sondern auf der routinemäßigen Befolgung von Regeln beruht. Diese Regeln haben aber sehr unterschiedliche Inhalte. Endreß hat Recht mit seinem Hinweis, dass sie „milieuspezifisch erheblich changieren" (S. 209), d. h. sie variieren mit dem jeweiligen epistemischen Kontext. Diese Varianz ist auch notwendig, denn heuristische Regeln müssen an ihre jeweiligen Umwelten angepasst sein, wenn sie ihre Funktion als zuverlässige Leitprinzipien erfüllen sollen. Dabei kann man von zwei Extremen ausgehen. So spricht einerseits viel dafür, dass es für unsere epistemische Praxis unverzichtbar ist, in bestimmten Bereichen standardmäßig erst einmal von der Wahrheit eines Zeugnisses auszugehen, solange es keine entgegenstehende Evidenz gibt. Sprache, so wie wir sie kennen und verwenden, könnte kaum funktionieren, wenn wir in vielen Kontexten nicht unterstellen würden, dass andere Sprecher normalerweise die Wahrheit sagen und zutreffende Informationen vermitteln. Ein solches Prinzip eines „epistemischen Grundvertrauens" ist erfolgreich, weil Kommunikation häufig unter Bedingungen stattfindet, unter denen ein reines Koordinationsinteresse bei den Beteiligten besteht, ein gemeinsames Interesse an wechselseitiger Verständigung, und unter denen eine hinreichende kommunikative und epistemische Kompetenz der Sprecher vorliegt. Ein „epistemisches Grundvertrauen" existiert, ähnlich wie das Endreß für ein „fungierendes Vertrauen als konstitutiver Modus" annimmt, normalerweise als implizite Hintergrundannahme und wird nicht „thematisiert". Allerdings folgt daraus nicht, dass es grundsätzlich nicht thematisierbar *ist*. Wenn außergewöhnliche Bedingungen vorliegen, dann kann auch dieses Prinzip zugunsten einer „skeptischen" Überprüfung der Vertrauenswürdigkeit der Interaktionspartner zurückgestellt werden.

Wenn man sich zu der anderen Seite des Extrems möglicher epistemischer Heuristiken bewegt, wird epistemisches Vertrauen (zunehmend) vom Vorliegen spezifizierter Bedingungen abhängig. Das ist evident und ausgeprägt in Bereichen, in denen ein Informant über eine besondere Kompetenz verfügen muss. Es kann aber auch um Situationen gehen, die nicht durch gemeinsame Koordinationsinteressen, sondern durch konfliktorische Interessen bestimmt werden und in denen man zwischen aufrichtigen und opportunistischen Informanten unterscheiden können muss.

Besonders interessant ist in diesem Zusammenhang die Beziehung zwischen Experten und Laien. Endreß bemängelt zu Recht, dass in meiner Darstellung der Zusammenhang zwischen gesellschaftlich etablierten Kriterien zur Identifizierung von Experten und heuristischen Leitlinien sowie das Verhältnis zwischen solchen Kriterien und „individuelle(n) Vertrauenswürdigkeitskalküle(n)" nicht klar wird (S. 209). Unter gesellschaftlich etablierten Kriterien für Experten verstehe ich etwa die offiziell lizenzierten Indikatoren für akademische Expertise, wie Zeugnisse, Diplome oder Doktortitel. Diese gesellschaftlichen Kriterien können von Laien in heuristischen Regeln verwendet werden, um vertrauenswürdige Experten zu identifizieren: „Akzeptiere die medizinische Diagnose eines Informanten, wenn er ein Medizinstudium erfolgreich abgeschlossen und als Arzt approbiert ist, es sei denn ...".

Aber das Vertrauen in gesellschaftlich etablierten Kriterien für Expertise ist selber ein erklärungsbedürftiges Faktum: Ihre Inkorporation in heuristische Regeln setzt ja voraus, dass man ihre grundsätzliche Verlässlichkeit unterstellt. Auch in dieser Hinsicht stellt sich deshalb die Frage, wie sich eine pragmatische Orientierung an heuristischen Regeln mit einer individualistischen Theorie rationalen Handelns erklären lässt. Bei einer solchen Erklärung muss aber der „Rekurs" auf gesellschaftliche Kriterien nicht, wie Endreß annimmt, im „Widerspruch" oder „Kontrast" zur „leitenden Annahme individueller Vertrauenswürdigkeitskalküle" stehen (S. 209). Die individualistische Perspektive oder der Anspruch, die Akzeptanz heuristischer Regeln auf individuell rationales Handeln zurückzuführen, kommt in diesem Fall vielmehr gerade dadurch zum Tragen, dass man untersucht, inwieweit es aus der Sicht des individuellen Rezipienten gute Gründe geben kann, die Zuverlässigkeit der gesellschaftlichen Kriterien für epistemische Vertrauenswürdigkeit und damit auch der auf ihnen beruhenden Heuristiken anzunehmen.

Diese Fragestellung tangiert das grundlegende Problem, wie Laien überhaupt in der Lage sein können, die spezielle Kompetenz von Experten zu beurteilen. Ich habe in diesem Zusammenhang eine Idee von Alvin Goldman aufgegriffen, der vorschlägt, zwischen esoterischen und exoterischen Aussagen zu unterscheiden. Esoterische Aussagen gehören demnach zu dem „inneren" Bereich des Expertenwissens, den Laien nicht verstehen und bewerten können. Exoterische Aussagen sind demgegenüber Aussagen von Experten, die für Laien verständlich sind und deren Wahrheitswert sie ohne ein Spezialwissen überprüfen können. Die These ist, dass Laien auf diese Weise plausible und damit rational begründete Rückschlüsse auf die besondere Kompetenz von Experten ziehen können.

Endreß hält diesen „Hinweis auf die pragmatische Bewährung" von Expertenwissen für wenig überzeugend (S. 209). In bester soziologischer Tradition kritischer Distanzierung hält er mir „vorbehaltlose Technikgläubigkeit" vor, weil ich, offenbar naiv, behaupte, dass in vielen Bereichen von Wissenschaft und Technik ein großer Output an exoterischen Aussagen produziert wird, die in der alltäglichen Praxis einer modernen Zivilisation kontinuierlich überprüft werden. Dieses Erfahrungswissen vermag nach Endreß aber keine „Begründung oder Erklärung für die Vertrauensgabe an Experten bereitzustellen" (S. 209). Er selbst nennt keine alternative Begründung oder Erklärung. Ich nehme aber an, dass auch Martin Endreß über Brücken fährt, Flugzeuge benutzt, in Aufzüge steigt und dann und wann Medikamente einnimmt. Und spielt bei dieser Art von „praktizierter Technikgläubigkeit" sein Wissen wirklich keine Rolle, dass es selten der Fall ist, dass Brücken zusammenbrechen, Flugzeuge abstürzen, Aufzüge verunglücken oder Medikamente wirkungslos sind? Natürlich hat Endreß Recht, dass es für Laien kein hieb- und stichfestes Überprüfungsverfahren für alle Gelegenheiten gibt, bei denen sie mit den Behauptungen von Experten konfrontiert sind. Aber es gibt offenbar klare Fälle des Gelingens und Scheiterns, von eindeutigen Erfolgen und Misserfolgen, die auch für Laien unmittelbar einsichtig und aussagekräftig sind. Ist ein Vertrauen in bestimmte Experten und ihr Wissen aber erst einmal in dieser Weise fundiert, dann können Laien die Fachkompetenz anerkannter Experten für die Beurteilung auch schwieriger und kontroverser Probleme nutzen.

Ich hoffe, dass bei dieser kleinen Analyse der „Heuristik epistemischen Vertrauens" zumindest in Umrissen erkennbar wurde, warum es Formen epistemischen Vertrauens gibt, die auf der Basis eines regelbefolgenden Verhaltens „nichtreflexiv" und „habitualisiert" sind, und warum die pragmatische Orientierung an solchen Heuristiken selber ein Gebot der Rationalität sein kann. Darüber hinaus sollte der kontextabhängige Übergang zwischen verschiedenen Heuristiken und auch die prinzipiellen Grenzen heuristischer Regeln im Prinzip verständlich geworden sein. Ein solches Verständnis eröffnet die Möglichkeit einer normativen Analyse der Bedingungen, unter denen der Einzelne die besten Chancen hat, die Informationen zu erhalten, die er für ein erfolgreiches Handeln in einem bestimmten Kontext benötigt. Hier kann man etwa von den Diskussionen in der Sozialen Erkenntnistheorie über den epistemischen Wert von demokratischen Institutionen profitieren;[1] eine Fragestellung, bei der auch die von En-

---

[1] Vgl. die Beiträge in dem Themenheft von *Episteme* 5. 2005. *Epistemic Approaches to Democracy*; und Baurmann und Brennan (2009).

dreß angemahnte „systematische Inventarisierung vorliegender wissenssoziologischer Forschungserträge" (S. 212) einen Blick über die disziplinären Grenzen nicht erübrigt. Allerdings mache ich mich mit der Frage nach der Verbesserung epistemischer Praxis offenbar einer weiteren Naivität schuldig, indem ich damit „unverkennbar" dem „Planungsoptimismus früherer Jahre" verfalle (S. 205). Diese Naivität werde ich mir aber erhalten.

Literatur

Baurmann, Michael, und Geoffrey Brennan. 2009. What should the voter know? Epistemic trust in democracy. *Grazer Philosophische Studien* 79: 159-186.
Endreß, Martin. 2002. *Vertrauen.* Bielefeld: transcript.
Endreß, Martin. 2004. Foundations of trust: introductory remarks on the sociology of trust. In *Trust and social transformation,* ed. Heiko Schrader, 15-30. Münster: LIT.

6. Signaling und die Theorie sozialer Normen

Position

SOZIALE NORMEN ALS SIGNALE

Der Beitrag der Signaling-Theorie*

Andreas Diekmann und Wojtek Przepiorka

Zusammenfassung: Warum schmücken sich Leute mit aufwändigen Piercings oder Tattoos, erwerben gegen Aufpreis „stonewashed" Jeans, kleiden sich in Designertuch oder praktizieren andere Formen kostspieligen, aber in den jeweiligen Subkulturen sozial normierten Verhaltens? Die Rational-Choice-Theorie kann Koordinations- und Kooperationsnormen erklären. Eine dritte Kategorie sozialer Normen, die wir als „Signalnormen" bezeichnen, blieb dagegen weitgehend unbeachtet. Zunächst erscheint es schwierig, die Entstehung und Aufrechterhaltung sozialer Normen zu erklären, die auf den ersten Blick mit selbstschädigendem Verhalten verbunden sind und auf dem Prinzip der Verschwendung von Ressourcen basieren. Für das Verständnis der Entstehung und des Wandels von Signalnormen legt die Signaling-Theorie die Grundlagen. Sie ist auch für die Soziologie ein innovatives Theorieangebot. In diesem Artikel stellen wir die Grundzüge der Theorie an verschiedenen Beispielen dar. Anknüpfend an Ideen von Posner (2000) entwickeln wir sodann ein formales, spieltheoretisches Modell. Mit dem Signaling-Modell wird die Möglichkeit eröffnet, Bedingungen für die Entstehung und den Wandel sozialer Normen zu identifizieren.

Wie kommt es, dass soziale Normen entstehen, die offenbar keinen Nutzen stiften, deren Befolgung mit teilweise hohen Kosten verbunden ist und die dem Außenstehenden im höchsten Maße irrational erscheinen? Leute „piercen" ihren Körper und ziehen sich Ringe durch Lippen, Nase und andere Körperteile, lassen sich in einer schmerzhaften Prozedur aufwändige Tätowierungen in die Haut stechen oder investieren erhebliche Ressourcen an Geld und Zeit für die Herstellung und Pflege bizarrer Haarschnitte und Kleidungsstile. Die körperlichen Inszenierungen und Konsumstile variieren nach sozialen Gruppen und Kulturen und nehmen eventuell den Charakter sozialer Normen an. Wer den jeweiligen sozialen Normen folgt, gehört zur Gruppe, wer die Investition scheut, wird mehr oder minder subtil oder offen sanktioniert oder aus der sozialen Gruppe ausgeschlossen. Klassische Arbeiten von Veblen (1981) über „demonstrativen Konsum", von Elias (1976) über die Verfeinerung sozialer Normen im „Prozess der Zi-

---

* Diese Arbeit ist im Rahmen des Projekts „Signaling Trustworthiness in Laboratory and Field Experiments" entstanden, gefördert vom Schweizerischen Nationalfonds (SNF-Nr. 100015_ 1248-77).

vilisation", von Goffman (1959) über die Techniken der Selbstinszenierung, von Bourdieu (1987) über „soziale Distinktionen" oder auch die Arbeit des Historikers Jacob Burckhardt über die „Cultur der Renaissance" (1860) liefern reichhaltiges Material eines breiten Spektrums von Verhaltensmustern, die in historischen oder zeitgenössischen Gesellschaften normative Prägekraft gewonnen haben. Wie aber kann man erklären, dass solche Normen entstehen, zeitweise aufrechterhalten werden und sich dann unter bestimmten Bedingungen verändern? Die klassische Rational-Choice-Theorie hat Schwierigkeiten, diese Fragen zu beantworten. Die Signaling-Theorie[1] ist eine interessante und innovative Variante, die möglicherweise geeignet ist, die genannten Fragen zu beantworten. *(I.)* Wir werden in diesem Beitrag zunächst die RC-Theorien sozialer Normen kurz skizzieren. *(II.)* Sodann werden wir das Prinzip der Signaling-Theorie erläutern und *(III.)* diese Theorie, im Anschluss an die Arbeiten von Posner (2000), auf die Erklärung sozialer Normen anwenden. *(IV.)* Aufbauend auf Posners Hypothesen entwickeln wir ein spieltheoretisches Modell, das nicht nur die Argumente präzisiert, sondern auch die Ableitung neuer Hypothesen ermöglicht, die an Daten prüfbar sind. *(V.)* Einige kritische Punkte und weiterführende Überlegungen werden wir schließlich im Schlussteil ansprechen.

I. Rational-Choice-Theorie sozialer Normen

In der einflussreichen Arbeit von Ullmann-Margalit (1977) und in der nachfolgenden Rational-Choice-Literatur[2] werden im Allgemeinen zwei Klassen von Situationen unterschieden, die (unter bestimmten Bedingungen) soziale Normen hervorbringen.[3] Dabei handelt es sich erstens um Koordinationsprobleme und zweitens um „soziale Dilemmata".[4] Bei einem Koordinationsproblem haben alle beteiligten Akteure ein Interesse daran, ihre Handlungen abzustimmen. Industrienormen oder Verkehrsregeln sind dafür Beispiele. Das Linksfahrgebot in England oder das Rechtsfahrgebot auf dem Kontinent sind soziale Normen, die ein Koordinationsproblem lösen. Solche Koordinationsnormen werden auch Konventionen genannt (Lewis 1969). Koordinationsnormen sind „self-enforcing". Weiß man, dass in einer Kultur eine bestimmte Norm existiert, hat niemand ein Interesse von der Norm abzuweichen. Anders verhält es sich bei sozialen Dilemmata. In einem sozialen Dilemma hat jeder Akteur ein Interesse daran, dass jeweils die anderen Akteure kooperieren und das kollektive Gut herstellen oder ein kollektives Übel beseitigen. Der handelnde Akteur selbst profitiert vom Trittbrettfahren.

---

1 Wir sprechen von „Signaling-Theorie" mangels einer besseren sprachlichen Alternative, da der Begriff „Signaltheorie" missverständlich wäre.
2 Opp (1983), Coleman (1990), Lindenberg (1994), Voss (1998a, 2001), Esser (2000) sowie Hechter und Opp (2001).
3 Wir wollen hier nicht auf die Feinheiten der Diskussion über die Definition sozialer Normen eingehen. Für unsere Zwecke genügt die Definition: „Eine soziale Norm ist eine beobachtete oder erwartete Verhaltensregelmäßigkeit in einer sozialen Gruppe, deren Verletzung mit Sanktionen verbunden ist." Siehe auch Popitz (1961), zur Diskussion verschiedener Vorschläge (siehe Eichner 1981; Opp 1983; Voss 2001).
4 Ullmann-Margalit nennt als dritte Kategorie Ungleichheitsnormen, die wir an dieser Stelle aber nicht weiter verfolgen.

Rationale Akteure folgen dieser Logik, sodass das Kollektivgut nicht produziert wird. Ohne weitere Vorkehrungen mündet ein soziales Dilemma in eine „ineffiziente" Situation. Könnten die Akteure einen sanktionierbaren Vertrag abschließen, würden sich alle Personen besser stellen. Soziale Normen verbieten und sanktionieren Trittbrettfahren in einem sozialen Dilemma. „Du sollst nicht den Streik brechen, keinen Abfall auf die Straße werfen, bei Akkordlohn nicht schneller als die Kolleginnen und Kollegen arbeiten, keine Insiderinformationen an der Börse verraten, bei Sportwettkämpfen nicht dopen" usw. sind typische soziale Normen (oder auch Rechtsnormen) zur Lösung von Situationen mit Dilemma-Charakter. Diese Normen werden als Kooperationsnormen bezeichnet. Im Gegensatz zu Normen bei Koordinationsproblemen sind soziale Normen kooperativen Verhaltens in sozialen Dilemmata *nicht* „self-enforcing". Wer bei Rechtsverkehr links fährt, schädigt sich automatisch selbst (und andere), wer dagegen aus Bequemlichkeit die Umwelt verschmutzt, profitiert von der Normverletzung. Mit Sanktionen bewehrte Normen sind eine Lösung, um kooperatives Verhalten in einem sozialen Dilemma herzustellen. Dass eine Lösung existiert, ist aber noch keine Erklärung dafür, dass eine bestimmte Norm auch entsteht. Weiterhin stellt sich das Problem der Kontrolle und Sanktionierung von Normabweichungen, sofern die Sanktionierung für den strafenden Akteur mit Kosten verbunden ist (Voss 1998a). Denn auch die Sanktionierung von Normbrüchen ist ein Kollektivgut, sodass ein Dilemma „zweiter Ordnung" entsteht (Yamagishi 1986; Heckathorn 1989). Es gibt verschiedene Vorschläge zur Lösung des „Trittbrettfahrerproblems zweiter Ordnung". Wenn es sich um Gruppennormen handelt, deren Verletzung nicht durch einen äußeren Erzwingungsstab (Polizei, Gerichte etc.), sondern durch die Gruppenmitglieder selbst geahndet wird, kann der psychologische Mechanismus „altruistischer Bestrafung" als empirisch gestützte Erklärung der Einhaltung von Kooperationsnormen gelten (Fehr et al. 2002). Experimente zeigen, dass Trittbrettfahrer von anderen Gruppenmitgliedern bestraft werden, auch wenn die Sanktionierung für den strafenden Akteur mit Kosten verbunden ist (Fehr et al. 2002; Gürerk et al. 2006). Diese „altruistische Sanktionierung" ermöglicht die Aufrechterhaltung von Kooperationsnormen in sozialen Gruppen, die kollektive Güter herstellen. Rational-Choice-Theorien befassen sich ferner mit der Frage, welche Art von sozialen Normen in Dilemma-Situationen entsteht. So hat Ellickson (1991) die These formuliert, dass sich soziale Normen durchsetzen, die Transaktionskosten minimieren. Anhand einer Fallstudie von Walfängern untersucht Ellickson die Entstehung spezifischer Eigentumsrechte. Solche Normen, die bei gegebenen Technologien möglichst geringe Transaktionskosten (Kosten der Überwachung u. a.) verursachen, haben die besten Chancen, aus dem Wettbewerb alternativer Normen als Sieger hervorzugehen.[5] Wir wollen an dieser Stelle die umfangreiche Rational-Choice-Literatur über soziale Normen nicht weiter vertiefen. Die wesentlichen Punkte sind, dass bei der zentralen Frage nach der Stabilität von Normen (Theorien sozialer Ordnung) als auch bei der Frage nach den Bedingungen der Entstehung spezifischer Normen (Theorien der Entstehung von Normen) die Aufmerksamkeit sich hauptsächlich auf zwei Klassen von Normen richtet, die bereits von Ullmann-Margalit (1977) diskutiert wurden, nämlich Koordinations- und Kooperationsnormen. Beide Arten sozialer Normen erhöhen die „Effizienz" der Ergebnisse bei Koordinationsproblemen und in sozia-

---

5 Zur Evolution von Koordinationsnormen sei auf Young (1993) verwiesen.

len Dilemma-Situationen.[6] Wie aber lässt sich die Entstehung und Aufrechterhaltung sozialer Normen erklären, die mit Verschwendung und Ineffizienz verbunden sind?

II. Signaling-Theorie

Bei vielen Entscheidungen in alltäglichen Interaktionen, insbesondere mit fremden Personen, sind wir uns nicht sicher, wie unser Interaktionspartner reagieren wird. Anhand von Signalen wie Kleidung, Geschmack, Umgangsformen, Sprechweise, Gestik und Mimik, Besitztümer usw. versuchen wir abzuschätzen, mit welchem „Typ" von Akteur wir es zu tun haben. Ausgangspunkt ist also eine Situation mit unvollständiger Information. Weiterhin gibt es unterschiedliche Typen von Akteuren, im einfachsten Fall die beiden Typen A und B. In einer Situation mit asymmetrischer Information wissen wir nicht, ob wir mit Typ A oder B interagieren. A und B kennen ihren Typ, diese Information ist aber „privat". In einem Signalspiel können nun A und B in „Signale" investieren, um ihren Typ oder auch einen vorgetäuschten anderen Typ zu kommunizieren. Personen investieren in Signale, um eine Botschaft zu übermitteln und Signale sind mit Kosten verbunden. So weiß ein Kunde nicht, ob ihn der Gebrauchtwarenhändler übers Ohr hauen will oder ob er ehrlich ist, ob der Zahnarzt minimalen Aufwand betreibt und die Krone nach kurzer Zeit wieder herausfallen wird, ob die Autowerkstätte unnütze „Reparaturen" durchführt, der Arzt den Privatpatienten als zahlendes Versuchskaninchen missbraucht oder der Verkäufer einer Internetauktion das Geld einstreicht, aber die angepriesene Ware nicht versendet. Eine Versicherung kennt nicht das Risiko eines potenziellen Versicherungsnehmers, eine junge Frau, die von ihrem Liebhaber heftig umworben wird, weiß nicht, wie ernst der junge Mann es meint. Im alltäglichen Miteinander und im Geschäftsleben sind wir ständig mit mehr oder minder folgenreichen Entscheidungen unter unvollständiger Information konfrontiert. Auch korporative Akteure wie Unternehmen oder Staaten sind in Signalspiele involviert. In der weltweiten Finanzkrise wussten Banken nicht, in welchem Ausmaß Geschäftspartner in ihren Büchern „toxische" Papiere führten. Die Kreditvergabe zwischen Banken brach zusammen, weil die Banken keine verlässlichen Signale über die Kreditrisiken hatten und Banken wiederum zögerten, staatliche Hilfen in Anspruch zu nehmen, weil sie damit ein selbstschädigendes (Not-)Signal gesendet hätten. Warum, um ein weiteres Beispiel anzuführen, schicken Eltern aus der Mittelklasse ihre Sprösslinge heute wieder gerne auf Schulen, die auch das Fach „Latein" anbieten? Der Erwerb des Wissens selbst hat überhaupt keinen Einfluss auf die spätere Karriere, sofern nicht eine Laufbahn im Vatikan angestrebt wird. Das Lateinangebot ist aber, so wird vermutet, ein Signal dafür, dass es sich um ein „ordentliches" Gymnasium handelt mit einer sozialen Zusammensetzung, die den Bedürfnissen der Eltern aus höheren Sozialschichten entspricht. Wirksame Signale müssen allerdings glaubwürdig sein. Um einen ehrlichen von einem unehrlichen Gebrauchtwarenhändler unterscheiden zu können, muss der ehrliche Händler in einem Ausmaß in ein Signal investieren, dass sich für den unehrli-

---

[6] Aus dem Blickwinkel der Spieltheorie führen soziale Normen mit genügend hohen Sanktionen dazu, dass eine Situation mit einem ineffizienten Nash-Gleichgewicht in eine Situation mit einem Pareto-optimalen (effizienten) Nash-Gleichgewicht verwandelt wird.

chen Händler nicht lohnt. Dass der Verkäufer eloquent, charmant und mit gepflegtem Äußeren auftritt, hat noch keine ausschlaggebende Überzeugungskraft. Wenn er allerdings eine Garantie für einen längeren Zeitraum auf das verkaufte Fahrzeug vertraglich garantiert, könnte dies ein Signal sein, dass den ehrlichen vom unehrlichen Verkäufer unterscheidet.

Mit der Kommunikation durch Symbole und Signale hat sich die Soziologie, insbesondere der „symbolische Interaktionismus", seit langem befasst. Auch die eingangs zitierten klassischen Arbeiten untersuchen die Mechanismen der Kommunikation durch mehr oder minder subtile Signale. Auffallend ist, dass z.b. in den Arbeiten von Goffman (1959, 1969) insbesondere Techniken der Täuschung, also die Aussendung falscher Signale, untersucht wird. Mindestens ebenso wichtig ist aber das genau entgegengesetzte Problem, nämliche glaubwürdige Signale zu „erfinden", um den Empfänger zu überzeugen, dass ein Akteur dem Typ entspricht, den er tatsächlich repräsentiert.

Obgleich die Idee der Bedeutung von Signalen für Interaktionen seit langem diskutiert wurde, erfolgte eine systematische Ausarbeitung der Theorie erst in den siebziger Jahren des vergangenen Jahrhunderts. Der Ökonom Spence (1973) hat ein relativ einfaches spieltheoretisches Modell vorgeschlagen, um die Signalwirkung von Bildungszertifikaten zu erklären.[7] Arbeitgeber suchen Hochschulabgänger, die talentiert und gut trainierbar sind. Es sei – im Gegensatz zur Humankapitaltheorie – angenommen, dass das in der Hochschule erworbene Wissen für die Firma keine Rolle spielt. Sämtliches Humankapital wird erst am Arbeitsplatz erworben. Wieder handelt es sich um eine Situation mit asymmetrischer Information. Es gibt, grob vereinfacht, zwei Typen von Personen A und B. Typ A ist talentierter als Typ B in Bezug auf die von der Firma geforderten Fähigkeiten. Die Firma macht Profit, wenn sie einen Kandidaten oder eine Kandidatin vom Typ A einstellt und ein überdurchschnittlich hohes Gehalt zahlt. Bei Typ B würde die Firma dagegen einen Verlust machen. Ein Irrtum kann erst spät entdeckt werden und die Korrektur des Irrtums ist für die Firma relativ teuer. Ein Bewerber kennt seinen Typ, aber der Arbeitgeber weiß nicht, ob eine Person talentiert ist oder nicht. Ein Einstellungstest, um talentierte Kandidatinnen oder Kandidaten herauszufinden, existiert nicht, ist zu unzuverlässig oder zu teuer. Kandidaten können eine längere (Zertifikat α) oder kürzere Hochschulbildung (Zertifikat β) vorweisen. Nun wird angenommen, dass talentierte Bewerber vom Typ A schneller lernen und somit das höherwertige Zertifikat α zu geringeren Kosten erwerben können als weniger talentierte Bewerber vom Typ B. Unter bestimmten Bedingungen existiert dann ein „separierendes Gleichgewicht".[8] Bewerber vom Typ A werden die höherwertige Ausbildung absolvieren, Bewerber vom Typ B werden sich für die kürzere Ausbildung entscheiden und das Unternehmen wird Bewerber mit Zertifikat α einstellen und diesen

---

7 Für die grundlegende Arbeit (Spence 1973), die hier nur verbal in den Grundzügen skizziert wird, sowie diverse Erweiterungen des Modells hat Michael Spence zusammen mit George Akerlof und Joseph Stiglitz 2001 den Nobelpreis für Ökonomie erhalten.

8 Genauer: Ein „separierendes, perfektes Bayesianisches Gleichgewicht", eine Verfeinerung des Nash-Gleichgewichts. Die genauen Ableitungen der Bedingungen für ein (oder mehrere) Gleichgewichte sind nur im Rahmen eines formalen, spieltheoretischen Modells möglich. Siehe dazu Lehrbücher der Spieltheorie, z. B. Gintis (2009: 179-200). Zu einer Einführung anhand soziologischer Beispiele siehe Diekmann (2009: 179-199). Siehe auch die einführende und sehr klare Darstellung in Riechmann (2008).

das überdurchschnittlich hohe Gehalt zahlen. Der Arbeitgeber weiß, dass Bewerber mit Zertifikat α immer vom Typ A sind, denn Typ B hätte kein Interesse, das Zertifikat zu erwerben, da die höheren Kosten der Ausbildung nicht durch das höhere Einkommen kompensiert werden. Die Bildungszertifikate sind somit Signale für die unbeobachteten Eigenschaften der Kandidaten. Nehmen wir nun an, dass aus irgendwelchen Gründen die Anforderungen für das Zertifikat α herabgesetzt werden, sodass es sich auch für Personen vom Typ B lohnen würde, den längeren Ausbildungsabschluss zu erwerben. In diesem Fall würde das separierende Gleichgewicht zusammenbrechen und eventuell ein „Pooling"-Gleichgewicht entstehen, bei dem die Bewerber anhand der Signale nicht mehr unterschieden werden können und die Firma z. B. allen Bewerbern nur noch einen durchschnittlichen Lohn zahlt.

Ein zweiter Strang der Signaling-Theorie stammt aus der Biologie. Zahavi (1975, 1977) hat zur Erklärung evolutionärer Wettläufe (die Schwanzfedern des Pfaus sind ein Beispiel) das sogenannte Handicap-Prinzip vorgeschlagen. Seine Erklärung wurde später von Grafen (1990a, 1990b) formalisiert (siehe zu den Wurzeln der Signaling-Theorie auch Gambetta 2009a). Die Idee des Handicap-Prinzips löst ein Rätsel der Evolutionstheorie. Pfauen z. B., die mit einer aufwändigen Federpracht ausgestattet sind, müssten eigentlich eine Einbuße der Fitness erleiden, weil sie weniger wendig sind und leichter zur Beute von Räubern werden. Diese Einbuße kann nur kompensiert werden durch eine höhere Vermehrungsrate. Aber warum sollte das Federkleid zum Vorteil bei der sexuellen Selektion gereichen? Hier kommt das Handicap-Prinzip ins Spiel. Das aufwändige Federkleid ist ein Handicap und signalisiert zugleich, dass der Träger ein besonders gesundes und erfolgreiches Exemplar seiner Art sein muss, da er sich eine derartige Verschwendung von Ressourcen leisten kann.[9] Auch im sozialen Leben spielt das Handicap-Prinzip eine Rolle. Eine Firma z. B. startet eine aufwändige Werbekampagne nicht nur zur Erhöhung der Marktanteile, sondern vor allem, um zu signalisieren, dass sie Produkte von hoher Qualität herstellt, mit deren Umsatz problemlos ein hohes Werbebudget finanziert werden kann (Nelson 1974). Thomas Mann hatte als Lübecker Kaufmannssohn ein sehr genaues Gespür für die bürgerlich-hanseatische Geschäftswelt. Der Bankier Kesselmeyer versucht in den „Buddenbrooks" des bankrotten Grünlichs Schwiegervater für einen Kredit zu gewinnen mit dem Argument, dass dadurch für die ganze (Geschäfts-)Welt sichtbar wäre, dass die Firma Buddenbrook über die Maßen wirtschaftlich gesund sei. Nicht von Gewinn und Rendite ist die Rede, denn Kesselmeyer weiß nur zu gut, dass der Schwiegervater, Konsul Johann Buddenbrook, nach der Prüfung von Günlichs Büchern weiß, dass ein Darlehen an ihn so gut ist, wie das Geld in der Trave zu versenken. Der Appell richtet sich an den „Signalingeffekt"! Von dem Renaissancemenschen Agostino Chigi wird berichtet, dass er in seinem römischen Palast ein Festmahl auf goldenen Tellern servieren lässt. Die kostbaren Teller werden nach dem Mahl vor den Augen der Gäste durch die Fenster des Palastes in den Tiber geworfen. Die Botschaft ist eindeutig: „Ich bin so reich und mächtig, diese ungeheure Verschwendung leisten zu können." (Die Gäste wussten allerdings nicht, dass es sich um eine Täuschung handelte, denn der verschlagene Gastgeber hatte im Tiber Netze spannen lassen, um das kostbare Geschirr aufzufangen.)

---

[9] Dazu genauer und zu zahlreichen weiteren Anwendungen siehe Searcy und Nowicki (2005). Siehe auch zu einer Anwendung auf soziale Normen Voland (2004).

Signalspiele treten mitunter auch als nicht-intendierte (oder auch gewollte?) Folgen neuer Institutionen auf. In mehreren amerikanischen Bundesstaaten kann vor dem Standesamt wahlweise eine Ehe mit hohen („covenant marriage") und geringen Trennungskosten („no-fault divorce") geschlossen werden. Wer die „Ehe light" bevorzugt, gibt seinem Partner ein Signal und möglicherweise kommt die Ehe dann gar nicht mehr zustande. Ähnliches gilt vermutlich auch in Deutschland für Eheverträge gegenüber einem einfachen Ja-Wort auf dem Standesamt. Womöglich haben Ehepartner oft Hemmungen, einen Ehevertrag mit z. B. Gütertrennung vorzuschlagen, weil sie um die Signalwirkung fürchten. Arbeitsmarktpolitiker haben vorgeschlagen, Arbeitnehmern bei der Einstellung eine zusätzliche Option zu geben, um die Flexibilität der Arbeitsmärkte zu erhöhen. Wer auf den Kündigungsschutz verzichtet, soll nach diesem Vorschlag zum Ausgleich einen Gehaltsaufschlag erhalten. Die Folge wäre eine Signalwirkung. Wer jetzt noch den gesetzlichen Kündigungsschutz vorzieht, signalisiert dem Arbeitgeber, dass es eventuell um seine Qualifikation oder Gesundheit nicht so gut bestellt ist. Arbeitgeber würden nur noch Bewerber einstellen, die auf den Kündigungsschutz verzichten oder für den Kündigungsschutz extrem hohe Gehaltsabschläge verlangen, um das Risiko der Minderqualifikation zu kompensieren. Eventuell kommt es wie bei Akerlofs (1970) Gebrauchtwarenmarkt zu einem Verfall der Gehälter, sodass der Arbeitsmarkt für abgesicherte Beschäftigungsverhältnisse kollabiert.

„Separierendes Gleichgewicht" ist ein zentraler Begriff der Signaling-Theorie. Wirksam sind Signale dann, wenn ein separierendes Gleichgewicht entsteht. Betrachten wir wieder den speziellen Fall einer Interaktion mit unvollständiger Information und zwei Akteuren, Ego und Alter, wobei die Alteri zum Typ A oder B gehören. Das Wissen um den Typ ist „private" Information. Für ein separierendes Gleichgewicht sind dann zwei Bedingungen erforderlich (vgl. auch Gambetta 2009a): Erstens muss die Kostendifferenz oder die Gewinndifferenz (oder beides) der Typen A und B für die Investition in Signale hinreichend groß sein, sodass es sich für Typ A lohnt, in das Signal zu investieren, aber nicht für Typ B. Und zweitens muss Ego davon profitieren, wenn er Typ A anhand des Signals erkennen kann. Im Gleichgewicht hat keiner der Akteure einen Anreiz, einseitig sein Verhalten zu verändern. Dies ist das Prüfkriterium für ein Nash-Gleichgewicht. Allerdings können bei einem Signalspiel mehrere Gleichgewichte existieren. Eine aussagekräftige (informative) Theorie erfordert dann Zusatzannahmen, um zu erklären, welches Gleichgewicht realisiert wird.

Es ist offensichtlich und anhand der oben diskutierten Beispiele erkennbar, dass die Signaling-Theorie auch und gerade in der Soziologie in vielen Bereichen anwendbar ist. Das Potenzial wurde bis heute bei weitem nicht ausgelotet. Zahlreiche Beispiele für „Signaling" finden sich zudem in Ethnologie und Anthropologie, wie Bliege Bird und Smith (2005) in einem Überblicksartikel berichten.[10]

---

10 Eine Anwendung in der Soziologie ist Camerers (1988) Erklärung sozialer Normen über das Geben von Geschenken. Siehe weiterhin die Arbeiten von Gambetta und Hamill (2005) und Gambetta (2009b).

III. Signaling und soziale Normen

Eine soziale Norm ist eine beobachtete oder erwartete Verhaltensregelmäßigkeit in einer sozialen Gruppe, deren Verletzung mit Sanktionen geahndet wird. Nicht jede Regelmäßigkeit ist eine Norm, aber sehr schnell werden in sozialen Gruppen gemeinsam gepflegte Gewohnheiten normiert. Jedem Beobachter alltäglichen Geschehens fällt auf, dass Angehörige bestimmter sozialer Kreise (Berufsgruppen, Subkulturen von Jugendlichen, Cliquen in Schulklassen usw.) in Bezug auf Äußerlichkeiten häufig gemeinsam geteilten Regeln folgen. Die folgende Beobachtung bei einer Fakultätssitzung ist vielleicht trivial, aber erklärungsbedürftig. Die Fakultät kennt die Hauptfächer VWL, Politik, Soziologie und BWL. In der Sitzung waren 16 Professoren anwesend. Sechs der Teilnehmer haben an dem warmen Julitag eine Krawatte getragen. Nach Fächern aufgeschlüsselt findet man eine sehr hohe Korrelation zwischen BWL und dem Merkmal „Krawatte". Von den zehn Vertretern der Fächer VWL und Sozialwissenschaften waren neun ohne Schlips und Binder erschienen. Von den sechs Kollegen der BWL schmückten sich dagegen fünf mit einer Krawatte. (Die Korrelation beträgt $\varphi = 0{,}73$.) Wie kommt es zu derart bemerkenswert starken Regelmäßigkeiten im sozialen Leben? Offenbar ist eine Krawatte, wenn auch früher mehr als heute, immer noch ein Zeichen für Zuverlässigkeit, Normentreue und Seriosität im Geschäftsleben. Natürlich nicht die Krawatte allein, aber sie gehört zu einem Ensemble von Zeichen dazu, die insgesamt ein Signal bilden. Bankangestellte tragen Krawatte, nicht aber Computerfreaks in Softwareschmieden. Und vermutlich haben auch BWL-Professoren mehr Kontakte mit Geschäftsleuten und Aufträge von Unternehmen als die Kollegen aus den Sozialwissenschaften. Diese Kleidernormen sind schwerlich als Koordinations- oder Kooperationsnormen erklärbar.[11]

In historischen Zeiten war die höfische Kleidung ein Privileg des Adels. Für untere Sozialschichten waren die Kosten dieser Gewänder ohnehin prohibitiv hoch. Seit modische Textilien, jedenfalls in den reichen Gesellschaften des Westens, für fast alle Menschen erschwinglich sind, hat Kleidung und generell der Konsum als Distinktionsmerkmal an Wert verloren. Aber eben nur teilweise. Der Aufstieg der Markenkleidung, der „Labels", ist ein nicht zufälliger Gegentrend. Es sind nicht nur die hohen Anschaffungskosten von Bedeutung. Auch das Tragen der Kleidung im Alltag ist je nach Tätigkeitsfeld mit mehr oder minder hohen Kosten verbunden. Über die Mode von Ralph Lauren heißt es in einem Artikel:[12] „Außerdem dominieren die Pastellfarben – ein klares Zeichen dafür, dass sich diese Kreise weder in der Freizeit noch bei der Berufsausübung allzu häufig schmutzig machen." Die Mode ist hier, wie die gebundenen Füße der Frauen und lang wachsende Fingernägel im kaiserlichen China, ein Signal für einen privilegierten Status, dessen Inhaber keine manuelle Arbeit ausführen muss. Nun gibt es sicher keine soziale Norm des Inhalts: „Du sollst in Situation xy Polohemden von Ralph Lauren tragen." Die soziale Norm lautet aber: „Wenn du zu bestimmten so-

---

11 Eine Kooperationsnorm wäre allerdings die Begrenzung eines „Rüstungswettlaufs" mit teurer Bekleidung in einer sozialen Gruppe. Die Pflicht an manchen Internaten, Schuluniform zu tragen, hat den Nebeneffekt einer Kooperationsnorm, weil dadurch ein kostspieliger Wettbewerb mit Markenkleidung eingeschränkt wird.
12 Schmeltzle, Timo. 2009. Sport, Landhaus, Wildwest-Romantik. *Die Rheinpfalz*, 17.10.2009.

zialen Kreisen gehören und respektiert werden möchtest, dann tritt mit gepflegter Markenkleidung auf, die dem Anlass entspricht und Stil und Geschmack verrät." Ein solches Verhalten ist gleichzeitig ein Signal, dass eine Person in gewisser Hinsicht loyal ist, sich an Regeln hält, diszipliniert und eventuell auch finanziell gut gepolstert ist. Tugenden, die von Akteuren in sozialen und geschäftlichen Interaktionen gerne erwartet werden.

Gambetta und Hamill (2005) haben in einer qualitativen empirischen Studie die Bedeutung alltäglicher Signale bei Taxifahrern untersucht, die ihrem Gewerbe in gefährlichen Regionen von Belfast und New York nachgehen. Für die Taxifahrer ist es überlebenswichtig, einschätzen zu können, ob ein Kunde eine Bedrohung darstellen könnte. Ein Geschäftsmann mit Aktenköfferchen erscheint da als geringeres Risiko als eine Gruppe angetrunkener Halbwüchsiger. Aber Vorsicht, so einfach ist es nicht. Einen Aktenkoffer und eine Krawatte kann sich jeder besorgen, der böse Absichten hat. Es ist die Kombination verschiedener Zeichen, die ein Signal ausmachen, dessen Fälschung dem Hochstapler zu hohe Kosten (im Verhältnis zum Gewinn) bereiten würde. Taxifahrer, die in risikoreichen Zonen tätig sind und im Geschäft bleiben wollen, müssen gelernt haben, diese Signale zu erkennen.

Signale, die als Kandidaten für soziale Normen gelten können, müssen Kosten bereiten. Ein bunt aufgemaltes Tattoo oder ein leichtes Piercing gehören für sich alleine genommen nicht zu dieser Kategorie von Signalen, die für ein separierendes Gleichgewicht in Frage kämen. „Cheap talk" ist für den rationalen Akteur nicht genug. Echte Tätowierungen oder extremes Piercing erfordern dagegen höhere Investitionen. Solche Signale sind von Außenseitern nicht leicht vorzutäuschen. Tätowierungen können signalisieren, dass eine Person mit hoher Wahrscheinlichkeit einer bestimmten sozialen Gruppe angehört und vertrauenswürdig ist. Die Kosten sind hoch, so dass ein separierendes Gleichgewicht entstehen kann. Gleichzeitig wird die Tätowierung in diesem Kreis zur sozialen Norm. Wer nicht in das Signal investiert, wird eventuell von ihm wichtigen Interaktionen und Verdienstmöglichkeiten abgeschnitten.[13]

Posners (2000) Theorie sozialer Normen basiert auf der Idee des separierenden Gleichgewichts durch Signale. Ausgangspunkt ist ein Kooperationsproblem, z. B. das Problem der Vertrauenswürdigkeit von Geschäftsleuten. Ist Alter an „wiederholten Spielen" interessiert, ist also sein „Schatten der Zukunft" hinreichend groß (Typ A), wird er im Eigeninteresse kooperieren und vertrauenswürdig handeln (Axelrod 1984; Friedman 1971). Hat er dagegen nur ein einmaliges Geschäft vor (Typ B), wird er versuchen, seinen Mitspieler auszubeuten. Der Schatten der Zukunft, ausgedrückt durch den Diskontparameter, ist eine unbeobachtete Eigenschaft. Ego kennt nicht den Typ des Geschäftspartners, mit dem er interagiert. Unter bestimmten Bedingungen entwickelt sich aber ein separierendes Gleichgewicht, sodass Typ A mit geringer Diskontrate (hohem Schatten der Zukunft) in ein Signal investiert, Typ B mit hoher Diskontrate dies unterlässt und Ego nur mit solchen Akteuren kooperiert, die in das teure Signal investiert haben. Die Voraussetzungen sind hier wieder, (1) dass die Kosten für das Signal in angemessener Relation zum Gewinn stehen und (2) Ego von einer Kooperation mit Typ A profitiert.

---

13 Zu solchen Signalen, den „Codes of the Underworld", siehe die Studie von Gambetta (2009b).

Der Diskontparameter ist nicht notwendigerweise eine „subjektive" Eigenschaft eines Akteurs. Vielmehr kann der Wert des Parameters durch eine strukturelle soziale Situation bedingt sein, etwa durch die Einbettung in soziale Netzwerke mit einer hohen Wahrscheinlichkeit wiederholter Interaktionen (Raub und Weesie 1990). Ein reisender Handelsvertreter mit häufig wechselnder Kundschaft hätte demzufolge eine geringere Diskontrate als ein Verkäufer mit Stammkundschaft. Die von Muhammad Yunus gegründete Grameen-Bank vergibt Mikrokredite bevorzugt an Frauen. Der Grund ist, dass Frauen mit Kindern den Haushalt führen, eher am Ort bleiben und mit größerer Wahrscheinlichkeit den Kredit abzahlen als Männer. Frauen als Empfänger von Mikrokrediten haben einen größeren Schatten der Zukunft als Männer.

Bei der Partnersuche und Partnerwahl sind es zumeist Männer, die ihrer Auserwählten Geschenke machen. Wenn es um eine langfristige Bindung geht, haben die Partner ein Vertrauensproblem. Da beim Scheitern einer Verbindung in der Mehrzahl der Fälle die Frauen die Kinder groß ziehen, ist für Frauen ein Vertrauensmissbrauch mit höheren Kosten verbunden als für Männer. Nehmen wir der Einfachheit halber wieder an, dass es zwei Typen von Liebhabern A und B gibt. A möchte eine längerfristige Bindung, hat also eine geringe Diskontrate. B ist dagegen der „Fly-by-Night"-Typ mit hoher Diskontrate. Wie kann A die Ernsthaftigkeit seiner Bemühungen zu erkennen geben? A wird seiner Geliebten Geschenke machen. Auch B könnte Geschenke machen. Da er kein Interesse an einer dauerhaften Beziehung hat, werden die Geschenke aber mager ausfallen. Der Wert ist maximal so hoch wie sein Nutzen aus der kurzfristigen Beziehung. Wenn A Geschenke macht, die diesen Wert übersteigen, ist dies ein Signal für die Braut, dass der Geliebte vom Typ A ist. Dass solche Kalkulationen nicht bewusst ablaufen müssen, ist klar. Vielmehr dürften sich in Kulturen, in denen die beschriebenen Vertrauensprobleme regelmäßig auftreten, soziale Normen über Brautgeschenke durch kulturelle Evolution herausbilden. Die Hypothese von Posner lautet, dass das von sozialen Normen vorgeschriebene Verhalten Signalen im separierenden Gleichgewicht entspricht.

Wir bezeichnen solche Normen als „Signalnormen". Nicht alle Normen sind Signalnormen und nicht alle Signale sind Normen. Aber neben Koordinationsnormen und Kooperationsnormen kommt den Signalnormen als dritte Kategorie von Normen erhebliche Bedeutung in sozialen Interaktionen zu. Signalnormen beziehen sich auf beobachtbare Verhaltensregelmäßigkeiten. Die mit Kosten verbundenen Signale deuten daraufhin, dass ein Akteur unmittelbare Bedürfnisse einschränken kann, dass sie oder er in der Lage ist, Selbstdisziplin zu zeigen. Gepflegte Kleidung ist wieder ein Beispiel. Das Veprassen von Geld lässt zwar auf Reichtum schließen, gleichzeitig aber auch auf einen undisziplinierten Charakter. Deshalb gilt Verprassen, Glückspiel und die zwecklose Verschwendung in unserer Kultur als unfein. Der Monet an der Wand zeugt dagegen gleichermaßen von Reichtum und der Ausbildung guten Geschmacks, von Selbstkontrolle und zukunftsorientierten Verhaltens (Posner 2000). Auch die Verwendung des Reichtums folgt sozialen Normen. Selbstdisziplin ist ein Indikator für niedrige Diskontraten, für Zukunftsorientierung und ein Interesse an wiederholten Interaktionen. Der soziale Wandel von Normen, die kulturelle Vielfalt von Normen und die scheinbare Irrationalität mancher sozialer Normen sind alles Eigenschaften, die mit Posners Theorie im Einklang stehen. Insbesondere der letztere Aspekt ist von der „herkömmlichen" Rational-Choice-Theorie nicht erklärbar.

IV. Ein Signaling-Modell sozialer Normen

Wir werden in diesem Abschnitt ein Vertrauensspiel mit asymmetrischer Information und Signalen untersuchen und die Bedingungen herausarbeiten, unter denen ein separierendes Gleichgewicht entsteht.[14] Die Modellbildung ist keineswegs ein Selbstzweck, um den verbalen und spekulativen Hypothesen ein hübsches mathematisches Gewand zu verpassen. Vielmehr präzisiert das Modell zunächst die Theorie und schafft damit mehr Klarheit über die Annahmen und Zusammenhänge. Darüber hinaus aber, und das ist wohl der wichtigste Punkt, ermöglicht das Modell die Ableitung von Hypothesen und macht auf Bedingungen aufmerksam, unter denen bestimmte Arten von Gleichgewichten entstehen, stabil bleiben oder dem Wandel unterworfen sind, wobei die Folgen für die Beteiligten unterschiedlich sein können und eventuell auch paradoxe Effekte auftreten. Die aus dem Modell abgeleiteten Hypothesen können wiederum am empirischen Material, von qualitativen Beobachtungen über Surveystudien bis hin zu Feldexperimenten und Laborstudien, einer Prüfung unterzogen werden.

Signaling kann bei unterschiedlichsten Typen von sozialen Interaktionen oder Spielstrukturen auftreten. Wegen der großen Bedeutung im sozialen und wirtschaftlichen Leben basiert unser Modell auf dem Vertrauensspiel *(Abbildung 1)*. Es ist ein dyadisches Spiel mit zwei Akteuren, einem Treugeber (Spieler 1) und einem Treuhänder (Spieler 2). Das Spiel ist dem Gefangenendilemma ähnlich, wird aber sequenziell gespielt und im Unterschied zum Gefangenendilemma kann nur der Treugeber, nicht aber der Treuhänder ausgebeutet werden. Ein typisches Beispiel für ein Vertrauensspiel ist eine Geschäftsbeziehung. Der Treugeber sieht von einem Geschäft ab (Defektion, D) oder leistet Vorkasse (Kooperation, C), der Treuhänder kann die Ware in der vereinbarten Qualität liefern (C), minderwertige Ware schicken oder sich gar mit dem Geld aus dem Staub machen (D). Bei beidseitiger Kooperation erzielen die Akteure eine Auszahlung von R. Kommt das Geschäft nicht zustande, erhalten beide P. Der Ausbeutungsgewinn eines untreuen Treuhänders ist T und der Verlust des Treugebers S. Es gilt die Rangfolge der Präferenzen: $T > R > P > S$ *(Abbildung 1)*.

Ein egoistisch-rationaler Treuhänder wird auf einen kooperativen Zug des Treugebers mit D antworten, denn T ist besser als R. Der rationale Treugeber antizipiert die Defektion und wird deshalb kein Geschäft abschließen. Im einzigen Nash-Gleichgewicht kommt keine Kooperation zustande, ein homo oeconomicus muss sich mit der ineffizienten Auszahlung P begnügen.

Es gibt mehrere Lösungen des Vertrauensspiels: Wiederholte Spiele, Reputation, Kautionen, einklagbare Verträge oder soziale Normen des ehrbaren Kaufmanns (siehe z. B. Diekmann 2009; Raub 2004; Snijders 1996; Voss 1998b) und eben auch Signaling. Dies sind Alternativen, die je nach sozialem Kontext, Kultur und institutionellen Regeln zu Kooperationslösungen verhelfen können. Wir betrachten hier den Fall, der schon mehrfach angesprochen wurde, nämlich ein Vertrauensspiel mit asymmetrischer Information. Wir erweitern zunächst das einfache Spiel in *Abbildung 1,* indem wir zwei

---

14 Wir bauen auf Posner (1998, 2000) auf. In Posner (2000) wird zwar auf spieltheoretische Begriffe zurückgegriffen, die Theorie aber nur verbal formuliert und auf eine formale Darstellung verzichtet. Posner (1998) entwickelt ein spieltheoretisches Modell anhand von Rechenbeispielen.

Abbildung 1: Vertrauensspiel

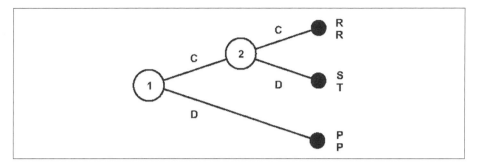

Typen A und B von Treuhändern (Spieler 2) einführen. Typ A ist langfristig, an wiederholten Interaktionen interessiert, Typ B hat nur Interesse an einer einmaligen Interaktion. Diese Annahme kann durch die Diskontrate ausgedrückt werden. Typ A hat eine geringe Diskontrate (oder einen hohen Diskontfaktor), Typ B hat eine hohe Diskontrate (oder einen geringen Diskontfaktor).[15] Man beachte, dass die Typen A und B nicht durch intrinsische Normen von Ehrlichkeit und Vertrauenswürdigkeit charakterisiert werden müssen. Das Modell ist soziologisch-strukturell in dem Sinne, dass eine soziale Situation (z. B. soziale Einbettung versus hohe Mobilität) einen mehr oder minder ausgeprägten Diskontfaktor implizieren kann.

Beim Modell mit unvollständiger Information wählt „Natur" (Spieler N) zunächst einen Typ A oder B, d. h. bei einer Interaktion wird ein Treugeber (Spieler 1) einem Typ A mit einer bekannten Wahrscheinlichkeit α und Typ B mit Wahrscheinlichkeit $1 - \alpha$ begegnen *(Abbildung 2)*. Typ A hat einen Diskontfaktor δ_A. Bei unendlich oft wiederholter Kooperation erzielt A demnach $W_A = R + \delta_A R + \delta_A^2 R + \ldots = R/(1 - \delta_A)$. Würde Typ B unendlich oft kooperieren, erhielte er $W_B = R/(1 - \delta_B)$. Der Treugeber erhält als Kooperationsgewinn $W_C = R/(1 - \delta_C)$. Ein Spiel wird abgebrochen, sobald ein Treuhänder defektiert hat. Für Typ A ist die Präferenzrangfolge: $R/(1 - \delta_A) > T > P$, für B lautet sie: $T > R/(1 - \delta_B) > P$ und für den Treugeber $R/(1 - \delta_C) > R > P > S$. Typ A wird also wiederholter Kooperation einer Ausbeutung vorziehen, während Typ B den Ausbeutungsgewinn T höher veranschlagt als den Gewinn aus wiederholten Interaktionen.

Wie wird sich ein Treugeber im Spiel mit unvollkommener Information verhalten? Er kann nicht zwischen A und B diskriminieren. Er wird aber Vertrauen schenken, wenn der Anteil der betrügerischen B-Typen relativ gering ist. Wie gering, lässt sich leicht berechnen. Ein Treugeber kann sich immer einen Wert von P sichern, indem er kein Geschäft eingeht. Kooperieren wird er demnach nur, wenn sein Erwartungswert größer ist als P. Es muss demnach gelten: $P < E_C = \alpha W_C + (1 - \alpha)S$.

Daraus folgt $\alpha > \alpha^* = (P - S)/(W_C - S)$, d. h. der Treugeber wird immer kooperieren, sobald der Anteil der A-Typen über dem Schwellenwert α^* liegt. Den Schwellenwert bezeichnen wir als „Coleman-Schwelle".[16]

---

15 Für den Diskontfaktor und die Diskontrate gilt die inverse Beziehung Diskontfaktor = 1/(1 − Diskontrate). Je größer der Diskontfaktor, desto größer „der Schatten der Zukunft".
16 Coleman (1990) hat den Index bei Vertrauensproblemen eingeführt, wobei er nicht auf den

Abbildung 2: Vertrauensspiel mit unvollkommener Information

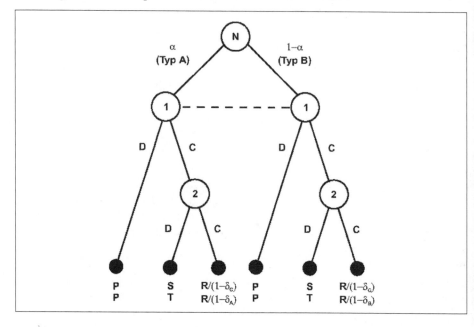

Das Ergebnis ist effizient (und ein Nash-Gleichgewicht), wenn der Anteil der ausbeuterischen B's gering ist. Der Treugeber kooperiert dann immer, wobei die wenigen Betrügereien nicht so sehr ins Gewicht fallen. Der Treugeber erzielt im Mittel einen Gewinn von $E_C > P$, Treuhänder vom Typ A erhalten $W_A = R/(1 - \delta_A)$, und Typ B freut sich über einen Ausbeutungsgewinn von T. Steigt der Anteil der betrügerischen Treuhänder über die Schwelle α^*, bricht der Markt oder die Kooperation zusammen. In diesem Fall wird ein Treugeber niemals kooperieren, so dass alle Akteure nur noch P erhalten. Das Gleichgewicht ist nicht Pareto-optimal, also ineffizient.

Signaling kann aus der Defektionsfalle heraushelfen. Könnte nämlich der Treugeber zwischen A und B diskriminieren, könnte er seine Strategie daran ausrichten, ob er einem Treuhänder vom Typ A oder vom Typ B begegnet. In einer Erweiterung des Vertrauensspiels mit unvollkommener Information betrachten wir jetzt eine strategische Situation, bei der die Treuhänder A und B in Signale investieren können *(Abbildung 3)*.[17] Die Kosten eines Signals betragen c.

Wir gehen von einer ineffizienten Situation aus, die Kooperation ist kollabiert oder hat nie bestanden. Unter bestimmten Bedingungen existiert nun ein separierendes Signal-Gleichgewicht. Dies ist der Fall, wenn folgende Bedingungen erfüllt sind.[18]

---

strategischen Charakter der Entscheidungssituation eingeht. Es wird angenommen, dass Typ A ehrlich und Typ B unehrlich ist. Die Akteure unterscheiden sich also nicht wie hier durch den Diskontparameter. Der Schwellenwert beträgt dann $\alpha^* = (P - S)/(R - S)$. Zur Ableitung aus einer strategischen Situation mit unvollkommener Information siehe Voss (1998b).

17 Ähnliche Modelle werden von Voss (1998b), Bacharach und Gambetta (2001) und Raub (2004) behandelt, wobei allerdings die Typen A und B nicht durch unterschiedliche Diskontparameter definiert werden. Siehe ferner auch Bolle und Kaehler (2007).

18 Die Signalkosten sind hier für beide Typen gleich. Wir müssen hier nicht wie in anderen Mo-

Abbildung 3: Vertrauensspiel mit unvollkommener Information und Signalen

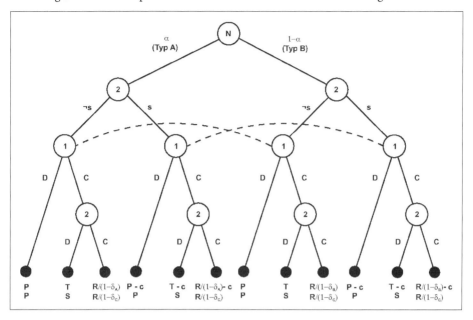

Typ A: $R/(1 - \delta_A) - P > c$
Typ B: $T - P < c$

In diesem Fall lohnt es sich für A, in das Signal zu investieren. B kann dagegen nicht mithalten, da die Signalkosten den Mehrgewinn durch Ausbeutung überschreiten. Im separierenden Signalgleichgewicht wird A in das Signal investieren (s), B wird dies unterlassen (¬s), und der Treugeber wird nur mit einem Treuhänder kooperieren, der in ein Signal investiert hat und sonst defektieren *(Abbildung 3)*. Die Möglichkeit kostspieliger Signale transformiert das Spiel mit ineffizientem Gleichgewicht in ein Spiel mit einem Pareto-optimalen Nash-Gleichgewicht. Der Treugeber verbessert sich von P auf $\alpha W_C + (1 - \alpha)P$ (wobei $W_C = R/(1 - \delta_C)$), der Treuhänder vom Typ A erzielt $W_A = R/(1 - \delta_A) - c$ anstelle von P, und die betrügerischen Akteure erhalten weiterhin P. Obwohl die Signalkosten verschwendet werden, also gewissermaßen Geld verbrannt wird, profitieren Treugeber und Treuhänder vom Typ A von Kooperationsgewinnen.

Das Signaling-Modell lässt sich in verschiedene Richtungen ausbauen. Eine Variante ist, dass die Investition in ein Signal nicht nur eine dichotome Entscheidung darstellt, sondern Treuhänder auch über die Höhe der Investition entscheiden können. In diesem Fall ist ein effizientes Gleichgewicht leicht bestimmt. Typ B kann maximal $T - P$ investieren. Typ A gibt sich als kooperativer Partner zu erkennen, indem er etwas mehr als $T - P$, also $T - P + \varepsilon$ investiert. Im separierenden Gleichgewicht wird B kein Signal abgeben, A wird sich das Signal $T - P + \varepsilon$ kosten lassen, und der Treugeber wird bei einem Signal in Höhe von $T - P + \varepsilon$ kooperieren und sonst defektieren.

---

dellen annehmen, dass B höhere Signalkosten hat als A. In diesem Modell genügt die Annahme höherer Kooperationsgewinne für Typ A im Vergleich zu Typ B.

Aus dem Modell folgen mehrere Hypothesen. Erstens werden Signale besonders dann entstehen, wenn α niedrig ist und unterhalb der Coleman-Schwelle liegt. In urbanen Gesellschaften mit hoher Mobilität, bei einer starken Frequenz von Interaktionen mit Fremden, werden kostspielige Signale häufiger auftreten als in relativ abgeschlossenen, immobilen Gesellschaften. Zweitens wird sozialer Wandel zu beobachten sein, wenn sich die Kosten einer Signalnorm verringern, die Normen quasi „billiger" werden. Dies ist oftmals der Fall durch neue Technologien, etwa die Verbilligung der Herstellung von Kleidung oder prestigeträchtigen Konsumgütern. Signalnormen werden sich weiterhin wandeln, wenn kaum unterscheidbare Fälschungen zu geringen Kosten hergestellt werden können. Durch die Reduktion der Kosten bricht ein separierendes Gleichgewicht zusammen und eventuell treten neue, kostspieligere Signalnormen anstelle der alten Unterscheidungen. Die ständige Verfeinerung der Sitten, Rituale und Normen im Prozess der Zivilisation (Elias 1976) ist durch die Verbilligung von Signalkosten erklärbar. Aus dem Modell folgt auch ein interessantes Paradox. Wenn α oberhalb der Coleman-Schwelle liegt und kein separierendes Gleichgewicht realisiert wird, hat ausgerechnet der Treugeber ein Interesse daran, dass sich der Anteil der Betrüger in einer Population vergrößert. Für $\alpha > \alpha^*$ wird der Treugeber immer kooperieren und damit gelegentlich Einbußen durch Betrug erleiden. Sinkt α unter die Schwelle, werden aber eventuell Signalnormen entstehen, die dem Treugeber zu einem höheren Gewinn verhelfen können. Unter bestimmten Bedingungen kann es also der Fall sein, dass ausgerechnet der Treugeber davon profitiert, wenn sich Betrug in einer Population ausbreitet.

Der Wandel sozialer Normen kann auch durch eine Erhöhung von Signalkosten eingeleitet werden. Veblen (1981) kommentiert die Formen der Geselligkeit reicher Leute, zu denen auch der Brauch zählt, zu einem „Candle-Light-Dinner" einzuladen.[19] Er bemerkt, dass solche Veranstaltungen vor drei Jahrzehnten undenkbar wären, weil damals Kerzen äußerst billig waren. Die Veränderung der relativen Preise für Beleuchtung macht das Dinieren im Licht von Kerzenleuchtern zu einem Unterscheidungsmerkmal, einem kostspieligen Signal, das in gehobenen sozialen Kreisen zu einer sozialen Norm wurde.

V. Diskussion und Ausblick

Es gibt zahlreiche Klassifikationen und auch unterschiedliche Definitionen sozialer Normen (Coleman 1990; Eichner 1981; Esser 2000; Lindenberg 1994; Opp 1983; Popitz 1961; Voss 1998a, 2001). Wir sind davon ausgegangen, dass eine soziale Norm eine beobachtete oder erwartete Verhaltensregelmäßigkeit in einer sozialen Gruppe bezeichnet, deren Verletzung mit Sanktionen geahndet wird. Oft werden, auch vor dem Hintergrund spieltheoretischer Überlegungen, zwei Klassen von Normen unterschieden. 1. Koordinationsnormen und 2. Kooperationsnormen. Es zeigt sich aber, dass nicht alle sozialen Normen in diese beiden Klassen fallen und dass wir als weitere Kategorie 3. Signalnormen hinzufügen müssen. Weiterhin sind kostspielige, scheinbar

---

[19] Siehe zu einer Diskussion des Beispiels auch Zwecker, Loel. 2007. Die Maske des Kostspieligen und die müßiggängerische Klasse. *Neue Zürcher Zeitung*, 28./29.07.2007.

„zwecklose" und verschwenderische Aktivitäten, die dem Charakter sozialer Normen entsprechen, etwa aufwändige Ansprüche an die angemessene Kleidung in sozialen Gruppen, durch einfache Modelle der Rational-Choice-Theorie nicht erklärbar. Mit Koordinations- und Kooperationsnormen werden in Situationen strategischer Interaktion Effizienzgewinne erzielt, aber bei Signalnormen werden zunächst einmal die Investitionen in die Signale verschwendet. Auf der Grundlage der Überlegungen von Posner haben wir gezeigt, dass Signalnormen durch ein spieltheoretisches Modell erklärbar sind. Aus dem Modell sind Hypothesen ableitbar, die z. B. experimentell untersucht werden können (Diekmann und Przepiorka 2007).

Posners Theorie ist nicht unwidersprochen geblieben. McAdams (2001) zentraler Vorwurf lautet, dass Posner bei einer Vielzahl sozialer Phänomene, nicht nur bei sozialen Normen, Signalaktivitäten vermutet und die Theorie praktisch nicht überprüfbar sei. Man kann McAdams zugestehen, dass Posner mit einer zu breiten Anwendung der Signaling-Theorie den Bogen überspannt hat. Außerdem kann man hinzufügen, dass bei einer Signaling-Interpretation immer auch alternative Erklärungen mitbedacht werden sollten. Weiterhin kann man einwenden, dass natürlich nicht die Evolution oder Setzung einer spezifischen sozialen Norm erklärt wird. Tautologisch ist hingegen die Signaling-Theorie nicht. Aus der Theorie folgen falsifizierbare Hypothesen, die oft interessante Perspektiven im Vergleich zu herkömmlichen Erklärungen eröffnen. Beispielsweise wendet Posner die Theorie auf das sogenannte „Wahlparadox" an. Einer strikten Rationalitätstheorie zufolge wird ein rationaler Wähler nicht zur Wahl gehen, weil die Wahrscheinlichkeit, dass eine zusätzliche Stimme den Ausschlag gibt, nahezu null ist. Die Signaling-Theorie liefert eine alternative Erklärung der Wahlteilnahme. Personen signalisieren auf diese Weise Loyalität gegenüber dem Gemeinwesen, der Nachbarschaft oder ihrer sozialen Gruppe. Der Theorie zufolge kann man vorhersagen, dass Personen um so eher zur Wahl gehen, je stärker sie auf kooperative soziale Interaktionen angewiesen sind. Geschäftsleute werden demnach eine höhere Wahlbeteiligung aufweisen als z. B. Studenten.

Im Zentrum der Theorie steht die Signalisierung der Zeitpräferenz, ausgedrückt im spieltheoretischen Modell durch die Diskontrate. Die unbeobachtbare Eigenschaft, die der Interaktionspartner wissen möchte, ist mit Begriffen wie Selbstkontrolle, Selbstdisziplin und Zukunftsorientierung assoziiert. Wer solche Eigenschaften besitzt, so die Annahme, wird eher wiederholte Interaktionen eingehen und im Eigeninteresse kooperativ handeln.

Die Signaling-Theorie selbst ist allerdings breiter angelegt. Posners Theorie und auch das hier vorgestellte Modell stellen nur eine spezifische Variante der Signaling-Theorie dar. Im sozialen Miteinander sind auch andere Eigenschaften als die Zeitpräferenz von Interesse. Beispielsweise können altruistische Partner begehrt sein, weil anzunehmen ist, dass sie eher kooperieren und knappe Ressourcen teilen (Barclay 2009). Wir haben schon weiter oben das Modell von Spence (1973) skizziert. Hier ist die unbeobachtbare Eigenschaft ein spezifisches Talent, das kostspielige Signal ist ein Bildungszertifikat.

Die soziale Welt ist voller Symbole und Handlungen, die auf den ersten Blick wenig rational erscheinen. Hinzu kommt die enorme kulturelle Variationsbreite sozialer Normen, Rituale und Gebräuche. Die Signaling-Theorie ist ein hervorragender Kandidat um zahlreiche soziale Phänomene zu erklären, die soziologischen Theorien Rätsel aufgeben. Umso erstaunlicher, dass sich gerade die Soziologie bisher so wenig mit dieser Theorie beschäftigt hat. Es ist an der Zeit, das Potenzial der Signaling-Theorie zur Erklärung soziologischer Phänomene stärker auszuloten und dafür auch empirische Tests zwischen alternativen Erklärungen zu arrangieren.

Literatur

Akerlof, George A. 1970. The market for „Lemons": quality uncertainty and the market mechanism. *Quarterly Journal of Economics* 84: 488-500.
Axelrod, Robert. 1984. *The evolution of cooperation.* New York: Basic Books.
Bacharach, Michael, und Diego Gambetta. 2001. Trust in signs. In *Trust in society,* ed. Karen S. Cook, 148-184. New York: Russell Sage Foundation.
Barclay, Pat. 2009. Reputational benefits of altruistic behaviour. In *Altruism in psychology and sociology,* Hrsg. Frank Columbus. Hauppauge (NY): Nova Science Publishers (im Erscheinen).
Bliege Bird, Rebecca, und Eric Alden Smith. 2005. Signaling theory, strategic interaction, and symbolic capital. *Current Anthropology* 46: 221-248.
Bolle, Friedel, und Jessica Kaehler. 2007. Introducing a signaling institution: an experimental investigation. *Journal of Institutional and Theoretical Economics* 163: 428-447.
Bourdieu, Pierre. 1987. *Die feinen Unterschiede: Kritik der gesellschaftlichen Urteilskraft* (1979). Frankfurt a. M.: Suhrkamp.
Burckhardt, Jacob. 1860. *Die Kultur der Renaissance in Italien.* Basel: Schweighauser.
Camerer, Colin F. 1988. Gifts as economic signals and social symbols. *American Journal of Sociology* 94: 180-214.
Coleman, James S. 1990. *Foundations of social theory.* Cambridge (MA): The Belknap Press of Harvard University Press.
Diekmann, Andreas. 2009. *Spieltheorie.* Reinbek bei Hamburg: Rowohlt Taschenbuch.
Diekmann, Andreas, und Wojtek Przepiorka. 2007. „Signaling trustworthiness. Evidence from lab experiments." Working paper, ETH Zurich Sociology.
Eichner, Klaus. 1981. *Die Entstehung sozialer Normen.* Opladen: Westdeutscher Verlag.
Elias, Norbert. 1976. *Über den Prozeß der Zivilisation: Soziogenetische und psychogenetische Untersuchungen* (1936). Frankfurt a. M.: Suhrkamp.
Ellickson, Robert C. 1991. *Order without law: how neighbors settle disputes.* Cambridge: Harvard University Press.
Esser, Hartmut. 2000. Normen als Frames: Das Problem der „Unbedingtheit" des normativen Handelns. In *Normen und Institutionen: Entstehung und Wirkungen,* Hrsg. Regina Metze, Kurt Mühler, Karl-Dieter Opp, 137-155. Leipzig: Leipziger Universitätsverlag.
Fehr, Ernst, Urs Fischbacher und Simon Gächter. 2002. Strong reciprocity, human cooperation, and the enforcement of social norms. *Human Nature* 13: 1-25.
Friedman, Milton. 1971. A monetary theory of nominal income. *Journal of Political Economy* 79: 323-337.
Gambetta, Diego. 2009a. Signaling. In *The Oxford handbook of analytical sociology,* eds. Peter Hedström, Peter Bearman, 168-194. Oxford: Oxford University Press.
Gambetta, Diego. 2009b. *Codes of the underworld: how criminals communicate.* Princeton: Princeton University Press.
Gambetta, Diego, und Heather Hamill. 2005. *Streetwise: how taxi drivers establish their customers' trustworthiness.* New York: Russell Sage Foundation.
Gintis, Herbert. 2009. *Game theory evolving: a problem-centered introduction to modeling strategic interaction.* Princeton, NJ: Princeton University Press.
Goffman, Erving. 1959. *The presentation of self in everyday life.* New York: Anchor Books.
Goffman, Erving. 1969. *Strategic interaction.* Philadelphia: University of Pennsylvania Press.
Grafen, Alan. 1990a. Biological signals as handicaps. *Journal of Theoretical Biology* 144: 517-546.

Grafen, Alan. 1990b. Sexual selection unhandicapped by the fisher process. *Journal of Theoretical Biology* 144: 473-516.
Gürerk, Özgür, Bernd Irlenbusch und Bettina Rockenbach. 2006. The competitive advantage of sanctioning institutions. *Science* 312, 108-111.
Hechter, Michael, und Karl-Dieter Opp. 2001. *Social norms*. New York: Russell Sage Foundation.
Heckathorn, Douglas D. 1989. Collective action and the second-order free-rider problem. *Rationality and Society* 1: 78-100.
Lewis, David, 1969. *Convention. A philosophical study*. Cambridge, Mass: Harvard University Press.
Lindenberg, Siegwart. 1994. Norms and the power of loss: Ellickson's theory and beyond. *Journal of Institutional and Theoretical Economics* 150: 101.
McAdams, Richard H. 2001. Signaling discount rates: law, norms, and economic methodology. *Yale Law Journal* 110: 625-689.
Nelson, Phillip. 1974. Advertising as information. *Journal of Political Economy* 82: 729-754.
Opp, Karl-Dieter. 1983. *Die Entstehung sozialer Normen: Ein Integrationsversuch soziologischer, sozialpsychologischer und ökonomischer Erklärungen*. Tübingen: Mohr Siebeck.
Popitz, Heinrich. 1961. Soziale Normen. *Europäisches Archiv für Soziologie* 2: 185-198.
Posner, Eric A. 1998. Symbols, signals, and social norms in politics and the law. *Journal of Legal Studies* 27: 765-798.
Posner, Eric A. 2000. *Law and social norms*. Cambridge, MA: Harvard University Press.
Raub, Werner. 2004. Hostage posting as a mechanism of trust: binding, compensation, and signaling. *Rationality and Society* 16: 319-365.
Raub, Werner, und Jeroen Weesie. 1990. Reputation and efficiency in social interactions: an example of network effects. *American Journal of Sociology* 96: 626-654.
Riechmann, Thomas. 2008. *Spieltheorie*. München: Vahlen.
Searcy, William A., und Stephen Nowicki. 2005. *The evolution of animal communication: reliability and deception in signaling systems*. Princeton, NJ: Princeton University Press.
Snijders, Chris. 1996. *Trust and commitments*. Amsterdam: Thesis Publishers.
Spence, Michael A. 1973. Job market signaling. *Quarterly Journal of Economics* 87: 355-374.
Ullmann-Margalit, Edna. 1977. *The emergence of norms*. Oxford: Oxford University Press.
Veblen, Thorstein. 1981. *Theorie der feinen Leute: Eine ökonomische Untersuchung der Institutionen* (1899). München: dtv.
Voland, Eckart. 2004. Normentreue zwischen Reziprozität und Prestige-Ökonomie: Eine soziobiologische Interpretation kostspieliger sozialer Konformität. In *Fakten statt Normen*, Hrsg. Christoph Lütge, Gerhard Vollmer, 177-189. Baden-Baden: Nomos.
Voss, Thomas. 1998a. Strategische Rationalität und die Realisierung sozialer Normen. In *Norm, Herrschaft und Vertrauen*, Hrsg. Hans-Peter Müller, Michael Schmid, 117-135. Opladen: Westdeutscher Verlag.
Voss, Thomas. 1998b. Vertrauen in modernen Gesellschaften. Eine spieltheoretische Analyse. In *Der Transformationsprozess: Analysen und Befunde aus dem Leipziger Institut für Soziologie*, Hrsg. Regina Metze, Kurt Mühler, Karl-Dieter Opp, 91-129. Leipzig: Leipziger Universitätsverlag.
Voss, Thomas. 2001. Game-theoretical perspectives on the emergence of social norms. In *Social norms*, eds. Michael Hechter, Karl-Dieter Opp, 105-136. New York: Russell Sage Foundation.
Yamagishi, Toshio. 1986. The provision of a sanctioning system as a public good. *Journal of Personality and Social Psychology* 51: 110-116.
Young, Peyton H. 1993. The Evolution of conventions. *Econometrica* 61: 57-84.
Zahavi, Amotz. 1975. Mate selection – a selection for a handicap. *Journal of Theoretical Biology* 53: 205-214.
Zahavi, Amotz. 1977. The Cost of honesty: further remarks on the handicap principle. *Journal of Theoretical Biology* 67: 603-605.

Korrespondenzanschrift: Prof. Dr. Andreas Diekmann, ETH Zürich, Soziologie / SEW E 26, Scheuchzerstraße 68/70, 8092 Zürich, Schweiz
E-Mail: diekmann@soz.gess.ethz.ch

KRITIK

SIGNALING-THEORIE ALS KULTURTHEORIE

Agathe Bienfait

Zusammenfassung: „Signaling Theory" steht für das interdisziplinäre Bemühen, die Einsichten der Theorie der symbolischen Kommunikation in das Modell der rationalen Wahl zu integrieren und so zu einem übergreifenden Handlungs- und Rationalitätsmodell zu gelangen. Im Zentrum stehen soziale Normen, deren Befolgung mit hohen Kosten verbunden ist und die aus der Perspektive reiner Nutzenorientierung irrational erscheinen. Diese werden als „Signale" interpretiert, die die Übermittlung von entscheidungsrelevanten Informationen gestatten und damit soziale Kontingenz und Komplexität erfolgreich reduzieren. Unverzichtbare Voraussetzung hierfür ist allerdings die Glaubwürdigkeit der Signale, hinter der sich etliche soziale und kulturelle Homogenitätsunterstellungen verbergen, die das Kommunikations- und Ordnungsproblem erheblich entdramatisieren. Es zeigt sich, dass eine umfassende Erklärung des „Signaling" nicht im Rahmen der Theorie der rationalen Wahl konzipiert werden kann, sondern nur als Kulturtheorie, die der Vielfalt menschlicher Handlungsrationalitäten und Handlungsgründe durch eine Vielfalt von Handlungsmodellen gerecht werden will. Anstelle eines übergreifenden Handlungsmodells im Rahmen einer sozialwissenschaftlichen Supertheorie plädiert dieser Beitrag für eine vielgestaltige Handlungstypologie, wie sie seit Webers „Soziologischen Grundbegriffen" bekannt ist und sich in der Realität bewährt hat. Die Vielfalt der sozialen Wirklichkeit verlangt eine Vielfalt an Theorien, Modellen und Methoden.

Andreas Diekmann gehört zu den Vertretern des Rational-Choice-Ansatzes, die den Anspruch erheben, eine Brücke zwischen Ökonomie und Soziologie zu schlagen. In diesem Zusammenhang sei exemplarisch nur auf einen seiner jüngsten und äußerst instruktiven Beiträge hingewiesen (Diekmann 2008), in dem er die aktuellen Befunde der experimentellen Wirtschaftsforschung über Altruismus, Reziprozität, soziale Normen und Sanktionen zusammengestellt hat, um diese als empirische Basis für das sozialtheoretische Bemühen um eine Lösung des Ordnungsproblems fruchtbar zu machen. Dabei zielt sein Integrationsanspruch sowohl auf eine theoretische als auch auf eine methodische Verbesserung der sozialwissenschaftlichen Reflexion.

In theoretischer Hinsicht wird die zunehmende Attraktivität der aktuellen mikroökonomischen Forschung mit den Leistungs- und Gegenstandsgrenzen der soziologischen Theorieangebote erklärt. Durch die einseitige Konzentration auf Strukturen und Handlungsmuster beschäftigen sich die meisten soziologischen Theorien mit Handlungsbeschränkungen. Dies gilt nicht nur für die klassische Makrosoziologie (Giesen und Schmid 1978), sondern auch für die auf Sinn und Verstehen rekurrierenden Handlungs- und Interaktionstheorien (Berger 1978; Wiesenthal 1987: 434 ff.). Dieser thematischen Vereinseitigung hält die Rational-Choice-Theorie die Kontrafaktizität der modernen gesellschaftlichen Wirklichkeit entgegen, genauer: die Rationalisierungs- und

Individualisierungsmöglichkeiten in modernen Gesellschaften, die freilich auch als Zwänge und Zumutungen, als Überlastungen im Hinblick auf Kontingenz und Komplexität wirksam werden, aber nichtsdestotrotz in einer Theorie sozialen Handelns mit reflektiert werden müssen. In methodischer Hinsicht beabsichtigt Diekmann, das empirische Fundament der Sozialwissenschaften durch die Integration von Feldexperimenten zu verstärken (Diekmann 2008: 13, 21).

An diese Intentionen knüpft auch der hier vorliegende Beitrag von Diekmann und Przepiorka an. Im Zentrum steht die „Signaling Theory". Hinter diesem Begriff steht das interdisziplinäre Bemühen von Ökonomen, Biologen, Anthropologen und Ethnologen, die Einsichten der interaktionistischen Theorie der symbolischen Kommunikation in das Modell der rationalen Wahl zu integrieren und so zu einem übergreifenden Modell menschlicher Kommunikation zu gelangen. Die Ergebnisse dieses Forschungsprogramms wurden von Blieg Bird und Smith (2005) in einen hervorragenden Überblicksaufsatz dargestellt. Weitere Präzisierungen im Hinblick auf die mikroökonomische Kooperationsproblematik wurden von Colin F. Camerer (1988), Diego Gambetta (2009), Gambetta und Bacharach (2001), Gambetta und Hamill (2005), Michael A. Spence (1973) und Eric A. Posner (1997, 1998, 2000, 2002) geleistet.

Im Zentrum der Signaling-Theorie stehen „soziale Normen (...), die offenbar keinen Nutzen stiften, deren Befolgung teilweise mit hohen Kosten verbunden ist und die dem Außenstehenden im höchsten Maße irrational erscheinen?" (S. 220)

Die Beispiele, die Diekmann und Przepiorka angeben, sind vielfältig und umfassen ein breites Spektrum dessen, was die Soziologie klassischerweise unter dem Sammelbegriff „kulturelle Normen" zusammenfasst: Konsumstile und Körperstilisierungen (S. 220), Kleidung und „dress codes" (S. 227 ff.), „Geschmack, Umgangsformen, Sprechweise, Gestik und Mimik" (S. 213), aber auch Besitztümer (S. 213) und Bildungszertifikate mitsamt den dahinter verborgenen Normierungen von sozialen Biografien und Bildungskarrieren (Spence 1973: 6). Obwohl diese Phänomene einen großen Bereich des sozialen Handelns abdecken, hat die klassische Rational-Choice-Theorie konzeptionelle Schwierigkeiten, diese normativen Reglementierungen in das Kosten-Nutzen-Korsett zu zwängen. Im Unterschied zu Koordinationsnormen und Kooperationsnormen, deren Genese und Stabilität durch die Erhöhung der Effizienz des individuellen Handelns erklärt werden können (S. 222 ff.), sind die von Diekmann und Przepiorka genannten Phänomene zumindest auf den ersten Blick durch „Verschwendung und Ineffizienz" gekennzeichnet (S. 223). Dadurch sprengen sie den Rahmen eines Handlungs- und Rationalitätskonzepts, in dem Handlungen und Entscheidungen primär durch den erzielten oder zumindest erwarteten „Nutzen" (pay off) charakterisiert werden. Vor diesem Hintergrund formulieren Diekmann und Przepiorka die forschungsleitende Fragestellung: „Wie aber kann man erklären, dass solche Normen entstehen, zeitweise aufrechterhalten werden und sich dann unter bestimmten Umständen verändern?" (S. 221)

Ihre Lösung besteht darin, diese Normen als „Signale" zu interpretieren und die zugrunde liegende Situation als „Signal-Spiel" zu deuten, d. h. als eine spezielle Entscheidungssituation, deren Zweck in der bewussten Beeinflussung von Struktur und Inhalt des „information sets" begründet ist (Tewes 2008: 58). Signale verweisen auf nicht direkt beobachtbare Eigenschaften von (Gegen-)Spielern, die Rückschlüsse darauf erlauben, ob wir es mit einem kooperativen oder nicht kooperativen „Typ" zu tun haben, womit sein zukünftiges Verhalten zumindest teilweise berechenbar wird (S. 224) (Camerer 1988: 182, 186; Gambetta und Bacharach 2001: 159 ff.; Posner 1998: 767 ff., 2000: 1787 ff., 2002: 476; Tewes 2008: 58).

Signale und Signal-Normen ermöglichen eine symbolische Kommunikation zwischen Handlungssubjekten, gestatten die Übermittlung von entscheidungsrelevanter Informationen und leisten damit einen wesentlichen Beitrag zur Reduktion sozialer Kontingenz und Komplexität. Bildungsinvestitionen und -zertifikate signalisieren die Bereitschaft zu langfristigen Überlegungen und die damit verbundenen Fähigkeiten zur „Selbstkontrolle, Selbstdisziplin und Zukunftsorientierung" (S. 224, 230, 235); verschwenderische Werbekampagnen signalisieren, dass die Firma „Produkte von hoher Qualität herstellt, mit deren Umsatz problemlos ein hohes Werbebudget finanziert werden kann" (S. 225 f.); die Anpassung an kostenintensive „dress codes" wird als „Zeichen für Zuverlässigkeit, Normentreue und Seriosität" sowie als Ausdruck der Loyalität gegenüber einer bestimmten sozialen Gruppe interpretiert (S. 227 f., 235).

Betrachtet man Signale vor diesem Hintergrund, dann lässt sich ihre scheinbare Irrationalität oder Verschwendung nicht nur erklären, sondern vielmehr als rationale Vorinvestition in das Modell der rationalen Wahl integrieren: Weil Signale mit vorausgegangenen Kosten und Aufwand verbunden sind, wird den damit übermittelten Informationen eine größere Glaubwürdigkeit zugeschrieben (S. 223). Dies ist der entscheidende Effizienzvorteil der Signale gegenüber der verbalen Kommunikation, die auch als „cheap talk" bezeichnet wird, da sie weder mit aufwendigen Voraussetzungen noch mit bindenden Konsequenzen verbunden ist (S. 228) (vgl. Farell und Rabin 1996: 116; Tewes 2008: 73). Je höher die vorausgegangenen Investitionen und Kosten, desto größer die Glaubwürdigkeit und desto höher ist der Signalwert der übermittelten Information (Tewes 2008: 61).

Im Folgenden möchte ich der Frage nachgehen, ob und in welchem Ausmaß die hier dargelegte Signaling-Theorie den versprochenen Zugewinn für die sozialwissenschaftliche Diskussion erfüllt? Genauer gesagt: Erfüllt die Signaling-Theorie den Anspruch, als eigenständiges Modell die Entstehung, Aufrechterhaltung und Veränderung von Normen und Signalen zu erklären?

Ich beginne mit einigen Überlegungen zu einem zentralen Aspekt, dem der Glaubwürdigkeit der verwendeten Signale. „Sign reading is a fundamental part of deciding whether to trust" (Gambetta und Bacharach 2001: 155). Obwohl dies von ganz entscheidender Bedeutung in Signal-Spielen ist, bleiben Diekmann und Przepiorka hier eine präzise Definition schuldig.[1] Textpassagen und Argumentation lassen vermuten, dass die Glaubwürdigkeit der Signale einfach aus der Quantität der Investitionen resultiert: „Wirksame Signale müssen allerdings glaubwürdig sein. Um einen ehrlichen von einem unehrlichen Geschäftsmann unterscheiden zu können, muss der ehrliche Händler in einem Ausmaß in ein Signal investieren, das sich für den unehrlichen Händler nicht lohnt" (S. 223, auch S. 228). Diese Gleichsetzung von Glaubwürdigkeit und Kostenquantität wird allerdings von vielen Signaling-Autoren nur unter Vorbehalt verwendet (vgl. Posner 1998: 769; Spence 1973: 359), von manchen sogar als klassisches

---

[1] Dieses Definitionsdefizit gilt im Übrigen auch für die zentralen Unterscheidung zwischen Normen, Signalen und Signalnormen (S. 229 f.).

Beispiel der „missunderstandings of costly signaling" (Bliege Bird und Smith 2005: 223, 236) kritisiert.[2]

Andere Autoren, wie z. B. Robert J. Aumann und Joseph Farell (vgl. Tewes 2008: 74), beschränken die Glaubwürdigkeitsproblematik nicht auf die Summe der vorausgegangenen Investitionen, sondern kennzeichnen sogenannte „selbstsignalisierende (self signaling)" Aussagen und Handlungen durch den „Glauben" der Mitspieler, dass die Aussagen und Handlungen „wahr" sind. Glaubwürdigkeit ist insofern eine Folge des „Vertrauens" in die „Wahrhaftigkeit" der Aussagen und Handlungen. Andernfalls werden Signale nicht als Anreize oder relevante Informationen wahrgenommen. Mit anderen Worten: Im Hinblick auf die Glaubwürdigkeitsfrage erweisen sich Signal-Spiele als eine Variante des „Vertrauensspiels" (Diekmann und Wyder 2002; Gambetta und Bacharach 2001).

Ausgehend davon kann man die Frage formulieren: Welche Voraussetzungen müssen erfüllt sein, damit Akteure zwischen wahrhaftigen/glaubwürdigen und unwahrhaftigen/unglaubwürdigen Signale unterscheiden können?

Es ist offensichtlich, dass das Erkennen glaubwürdiger Signale ein beträchtliches Insiderwissen voraussetzt, um sowohl die Handlungen als auch die dahinterliegenden Handlungsmotive zu „verstehen". Signale sind „meaningful actions (Camerer 1988: 182), und diese Bedeutungsdimension erschließt sich nicht dem fremden Beobachter, sondern nur demjenigen, der an diesem Bedeutungshorizont teilhat. Dabei ist für die Qualität der Überlegungen zur Wahl einer Handlungsstrategie nicht nur entscheidend, mit Hilfe von Signalen Rückschlüsse auf frühere Handlungen zu ziehen; neben diesen beobachtbaren Ereignissen müssen ebenso Überlegungen zu den unbeobachtbaren und unsichtbaren Gründen oder Motiven mit einbezogen werden, die berechtigterweise vermuten lassen, dass das Gegenüber nicht nur in der Vergangenheit, sondern auch bei zukünftigen Handlungen die signalisierten Eigenschaften unter Beweis stellen wird.

Signaling setzt also sowohl Sinnverstehen als auch Motivverstehen voraus, und beides verweist auf „Bereiche gemeinsamen Wissens" (Gambetta und Bacharach 2001: 153 ff.; Tewes 2008: 71). Dies ist auch der Grund, warum glaubwürdige Signale von Außenseitern nicht leicht vorgetäuscht werden können (S. 228).

Anders ausgedrückt: Signal-Spiele funktionieren nur dann, wenn alle Spieler zugleich Teilnehmer eines gemeinsamen Symbolhorizonts sind und bestimmte Traditionen und Konventionen miteinander teilen (Camerer 1988: 193). Erst vor diesem Wissenshintergrund können Inhalt und Glaubwürdigkeit der verwendeten Signale dekodiert werden; und erst dann kann annähernd erkannt werden, welche Kosten und in welcher Höhe mit dem verwendeten Signal überhaupt verbunden sind.

---

2 Dieses Auseinandertreten von Kosten und Glaubwürdigkeit hat verschiedene Ursachen: Zunächst weil bei Signalkosten nicht nur die Quantität, sondern auch die Qualität entscheidend ist – wobei selbst hohe Qualität keine Glaubwürdigkeit garantiert. Zudem gibt es verschiedene Kosten entlang unterschiedlicher Kostenursachen: Produktionskosten, Aufrechterhaltungskosten, Transaktionskosten, kurzfristige und langfristige, innerliche und äußerliche etc., deren Vergleichbarkeit und Quantifizierbarkeit mit enormen Schwierigkeiten verbunden ist. Und schließlich gibt es Interaktionssituationen, in denen Sender und Empfänger soweit übereinstimmen, dass eine glaubwürdige Kommunikation praktisch kostenfrei möglich ist (vgl. dazu Bliege Bird und Smith 2005: 236).

Die vermeintliche „Verschwendungen", die Akteure in Signal-Spielen unter Beweis stellen, offenbaren sich vor diesem Hintergrund als rationale Investitionen zur Aufrechterhaltung des gemeinsamen symbolischen Horizonts (Camerer 1988: 193); rational, weil in diesem gemeinsamen Horizont auch die unverzichtbaren Bedingungen der Glaubwürdigkeit enthalten sind, „trust-warranting properties" wie Werte, moralische Prinzipien, kulturelle Dispositonen (Gambetta und Bacharach 2001: 153), gemeinsame Sprache und Praktiken (Gambetta und Bacharach 2001: 169), die durch Internalisierung und Habitualisierung eine relativ unreflektierte Verwendung erlauben (Gambetta und Bacharach 2001: 174 f.).

Hinter dem Stichwort „Glaubwürdigkeit" verbirgt die Signaling-Theorie letztendlich eine Vielzahl nichttrivialer, sozialer Homogenitätsunterstellungen, die im Vorab das zu lösende Kommunikations- und Ordnungsproblem auf entscheidende Art und Weise „entdramatisieren": einen kohärenten Symbol- und Wissenshintergrund, der durch Sozialisation von jedem Gemeinschaftsmitglied internalisiert wird, ein ausgeprägtes Kollektivbewusstsein und einen damit verbundenen geringen Individualisierungsgrad.

Von hier aus erklärt sich auch die deutliche empirische Präferenz der Vertreter der Signaling-Theorie für kleine Gemeinschaften. Ein Großteil der ethnographischen Beispiele, die zur Erläuterung und zum Beleg des Signaling angeführt werden, diskutieren Klangesellschaften und andere Formen von „small-scale societies" (Bliege Bird und Smith 2005: 226-232; Camerer 1988; Gintis et al. 2001: 113 ff.). Oft muss jedes Beispiel durch eine ausführliche Darstellung des notwendigen Hintergrundwissens eingeleitet werden, um den fremden Leser in die Lage zu versetzen, auch nur annähernd die zugrunde liegende Logik und Rationalität des Spiels zu begreifen.

Dies führt allerdings zu einer deutlichen Reduktion des Erkenntnisgewinns. So fruchtbar auch das Studium von kleinen Gemeinschaften sein mag, um das „working of society" zu studieren, so fragwürdig ist doch die Übertragbarkeit dieser „mechanischen Solidarität" (Durkheim) auf komplexe und funktionale ausdifferenzierte Gesellschaften mit ausgeprägter Anonymität, hohem Individualisierungsgrad und einer Pluralität von Subkulturen und symbolischen Universen. An diesem Punkt ist schon so manche strukturalistische Ordnungstheorie gescheitert; umso mehr muss dieser Einwand für die Lösung von Ordnungs- und Kooperationsprobleme aus der Perspektive einer strikt individualistischen Sozialtheorie gelten.[3]

Mit der Reduktion des Erkenntnisgewinns auf Interaktionen innerhalb eines gemeinsam geteilten symbolischen Horizonts geht allerdings auch der theoriepolitische Anspruch der utilitaristischen Signaling-Theorie verloren, den Diekmann und Przepiorka formulieren. Anstatt eine umfassende und ausreichende Erklärung für die diskutierten Signal-Phänomene zu liefern, zeigt sich bei genauerer Betrachtung, dass das vorgestellte Signaling-Konzept in einem nicht unwesentlichen Umfang an etablierte kultursoziologische Modelle und Erkenntnisse anschließen muss, um den eigenen Beitrag

---

3 Noch größere Schwierigkeiten bereitet freilich die Übertragbarkeit von Ergebnissen aus der biologischen Signaling-Forschung, die sich nicht nur auf das Verhalten von Primaten beschränkt (Gintis et al. 2001; Zahavi 1975, 1977). Ohne Zweifel kann die Soziobiologie erhellende Einblicke in das instinktive Anpassungsverhalten von Lebewesen gestatten, aber ist es wirklich sinnvoll, das strategisch-rationale menschliche Verhalten damit zu explizieren?

überhaupt leisten zu können. Neben den bereits erwähnten verstehenstheoretischen Voraussetzungen verweist das glaubwürdige Signaling auf lern- und sozialisationstheoretische Modelle (dazu Diekmann und Wyder 2002: 676), um die Weitergabe und die Reproduktion sozialer Symbole oder Signale zu gewährleisten. Darüber hinaus muss implizit auf soziale Institutionen und Kontrollsysteme rekurriert werden. Dies zeigt sich deutlich im Fall der Signalwirkung von Bildungszertifikaten. Deren Signaleffekt im Sinne glaubwürdiger Informationen über den Signalsender beruht in ganz entscheidendem Ausmaß auf der Leistungsfähigkeit des dahinterstehenden Reputationssystems (vgl. Diekmann und Wyder 2002) im Bildungsbereich, das als „vertrauensstiftende Institution" wirksam wird, weil damit eine Vielzahl von Kontroll- und Sanktionsmöglichkeiten verbunden sind, die sich im Betrugsfall massiv in Erinnerung rufen (vgl. Brinkmann und Meifert 2003: 563).

Dies ist eine wichtige Bemerkung, denn sie zielt direkt auf den von Diekmann und Przepiorka erhobenen Überlegenheitsanspruch der Ökonomie gegenüber der Soziologie, in dem sie behaupten, mit ihrem Modell „zahlreiche Phänomene zu erklären, die soziologischen Theorien Rätsel aufgeben", und diese wären: „Symbole und Handlungen, die auf den ersten Blick wenig rational erscheinen" sowie die „enorme kulturelle Variationsbreite sozialer Normen, Rituale und Gebräuche" (S. 235). Das ist nun aus soziologischer Perspektive eine ganz erstaunliche These. Nicht nur, weil die genannten Phänomene geradewegs im Zentrum zahlreicher kultursoziologischer Modelle und Theorien stehen, sondern auch weil diese Theorien umfangreiche und enorm fruchtbare Analysen dieser Phänomene zur Verfügung gestellt haben. Diekmann und Przepiorka selbst zitieren diese kultursoziologische Tradition in aller Ausführlichkeit (S. 220, 224), von Veblen (2007) über Bourdieu (1984, 1994) und Elias (1976, 1992) bis hin zu Goffman (1969). Bei aller kritischen Einsicht in die Grenzen der eigenen Disziplin muss die Frage erlaubt sein: Wie kann man bei der Lektüre dieser Autoren behaupten, die Soziologie hätte keine Erklärung für die soziale Wirksamkeit von Symbolen und Signalen, sondern liefere nur „reichhaltiges Material" (S. 220)?

Diese kultursoziologischen Modelle können allerdings weder einfach in Anspruch genommen noch umstandslos in das Modell der rationalen Wahl integriert werden, ohne dass dies mit entsprechenden grundbegrifflichen Korrekturen verbunden wäre.[4] Dies gilt auch für das soziologische Modell, das gerne von den Vertretern der Signaling-Theorie zitiert wird: die Distinktionstheorie von Pierre Bourdieu. Sicherlich zeigen sich beim ersten Augenschein einige fruchtbare Parallelen zwischen Bourdieus „allgemeiner Ökonomie der Praxis" und dem Modell der rationalen Wahl, allem voran ein Verständnis menschlichen Handelns, das mit dem Modell des erfolgsorientierten Handelns vieles gemeinsam hat. Bei beiden geht es um den effizienten Einsatz von Mitteln zu gegebenen Zwecken.

---

4 Diese Absicht skizzieren zum Beispiel Bliege Bird und Smith (2005). Sie erkennen im Signaling die Möglichkeit, die Begrenzungen des Kosten-Nutzen-Kalküls und dem damit verbundenen verkürzten Verständnis von Motivation und Interaktion durch den Anschluss an die reiche kulturtheoretische Soziologie zu überwinden. Von hier formulieren sie das Ziel, auf handlungstheoretischer Ebene den *homo oeconomicus* durch ein eindeutig soziologisches Akteurskonzept zu ersetzen, nämlich durch die Vorstellung: „individuals as self-interested but socially embedded decision-makers" (siehe Bliege Bird und Smith 2005: 221 f.).

Doch hier enden dann auch schon die Wahlverwandtschaften, und wir kommen zu den paradigmatischen Unterschieden, die zugleich die Grenzlinie zwischen Soziologie und Ökonomie markieren: Bourdieus Akteure sind nicht auf individuellen Nutzen ausgerichtet, sondern an der Erfüllung überindividueller, sozialer Zwecke und Bedürfnisse interessiert. Dieser Orientierungswechsel im Bereich der Zwecke wird in Bourdieus Logik auf die Spitze getrieben, denn hier erzielen die Individuen gerade dann die höchsten Profite, wenn sie keine individuellen Interessen verfolgen. Und diese Zweckorientierung ist nicht das Ergebnis einer freien Wahl, sondern das Resultat lebenslanger Konditionierung, oder treffender ausgedrückt: erfolgreicher Sozialisation. Deshalb wendet sich Bourdieu explizit gegen jede Interpretation der symbolischen Praxen als willentlich „bestimmt", „gemacht" oder gar „kalkuliert": „In der Tat wäre es völlig falsch, die Sprache der rationellen Strategie und des zynischen Kalküls von Kosten und Nutzen zu verwenden, um die ‚Wahl' des Habitus zu beschreiben (...)" (Bourdieu 1983: 195, Fußnote 18).

In Bourdieus Modell hat das Individuum kaum Möglichkeiten, aus der vorgegebenen Welt der signifikanten Symbole auszusteigen, denn um erfolgreiche Kommunikationen zu meistern, ist es gezwungen, sich an den sozialen Symbolen zu orientieren und diese regelkonform zu verwenden. Deshalb kann der Einzelne weder seinen Habitus wechseln noch verneinen. Bezogen auf die Verwendung, Veränderung und Entstehung von Signalen gilt auch hier in abgewandelter Form Marx' Formulierung der begrenzten Freiheit: Die Menschen machen ihre eigenen Signale, aber sie machen sie nicht aus freien Stücken, nicht unter selbstgewählten, sondern unter unmittelbar vorgefundenen, gegebenen und überlieferten Umständen. Oder in den Worten von Eric Posner (1998: 798): Wir sind „prisoners of symbols when the symbols are sufficiently powerful". Damit werden Freiheit oder Kreativität keineswegs geleugnet, aber es wird auf ihre nicht zu leugnende Ambivalenz und Begrenztheit hingewiesen.

Bourdieus Handlungsmodell ist weder individualistisch noch streng rational. Eine umstandslose Aufnahme dieser soziologischen Erklärung von Signalen könnte nur durch ein hemmungsloses „Überdehnen" und „Überstrapazieren" des Begriffs der rationalen Wahl erreicht werden. Sehr anschaulich kann man dies bei Hartmut Essers Integration der Alltagsrationalität in seiner Version des Rational Choice erkennen (Esser 1990; 1991). Wie für Diekmann und Przepiorka, so ist auch für Esser alles „rational", was Kosten einspart und Kontingenz durch Informationen reduziert, sodass am Ende sogar die „unreflektierte ‚Wahl' von Habits und die spontane Orientierung an bestimmten Frames (...) als Spezialfälle der Grundregel der ‚rationalen' Wahl erkennbar" werden (Esser 1991: 442). Mit dieser Redefinition von Rationalität büßt allerdings die Theorie der rationalen Wahl ihren „Wesenskern", ihr „Alleinstellungsmerkmal" ein, durch den sie sich bislang erfolgreich vom *homo sociologicus* abgegrenzt hat: die Betrachtung des menschlichen Handelns als eine „intentionale, an der Situation orientierte Wahl zwischen Optionen", womit sie „der menschlichen Fähigkeit zu Kreativität, Reflexion und Empathie (...) Rechnung trägt (...)" (Esser 1991: 431).

Als Fazit: Zunächst kann das Modell der rationalen Wahl zeigen, dass Signale *auch* aufgrund individueller Nützlichkeit und Rationalität verwendet und verändert werden. Diese Betrachtung von Normen und Signalen unter dem Gesichtspunkt ökonomischer Rationalität ist interessant, aber nicht umfassend. Nutzenerwägungen sind nicht die einzigen Gründe, die Menschen bewegen, sich an normativen Reglementierungen zu orientieren. Darüber hinaus ermöglicht die sogenannte Signaling-Theorie eine funktionalistische Analyse von Normen und Signalen. Eine zufriedenstellende Erklärung für die Evolution von Normen oder für die Herausbildung einer Norm zum Signal ist damit aber nicht gegeben, was die Autoren auch eingestehen (S. 235). Aus der Funktion erklärt sich nicht die Genese. Funktionen können nachträglich entstehen, manchmal ohne jeden Bezug zum ursprünglichen Zweck, bisweilen sogar diesem geradewegs entgegengesetzt: Die Transformation der „Protestantischen Ethik" in den „Geist des Kapitalismus" ist das klassische Beispiel für derart paradoxe Effekte in der kulturellen Entwicklung und nach wie vor ein gutes Argument gegen „funktionalistische Fehlschlüsse".

Eine umfassende Signaling-Theorie im anspruchsvollen Sinne kann nur als Kulturtheorie konzipiert werden, und zwar als eine Kulturtheorie, die der Vielfalt menschlicher Handlungsrationalitäten und Handlungsgründe durch eine Vielfalt von Handlungsmodellen gerecht werden will. Nur auf diesem Wege kann die Sozialwissenschaft zufriedenstellende Erkenntnisse über die Heterogenität von Normen, ihrer Genese, ihrer Funktionen und Reproduktionsmechanismen gewinnen. Dazu braucht es kein übergreifendes Handlungsmodell, sondern vielmehr eine vielgestaltige Handlungstypologie, wie sie seit Webers Soziologischen Grundbegriffen bekannt ist und sich an der Realität bewährt hat. Der Vorteil einer Typologie sind ihre undogmatische Ergänzungsfähigkeit und die primäre Orientierung an den Anforderungen des zu erklärenden Gegenstands. Dies bedeutet freilich auch einen konsequenten Verzicht auf alle Versuche, eine sozialwissenschaftliche Supertheorie zu entwerfen, mit dem Ziel, die soziale Wirklichkeit in ihrer Gänze durch ein einziges Handlungsmodell zu erklären. Die Vielfalt der sozialen Wirklichkeit verlangt eine Vielfalt an Theorien, Modellen und Methoden.

Literatur

Berger, Johannes. 1978. Soziologische Handlungstheorie und politische Ökonomie. In *Theorievergleich in den Sozialwissenschaften*, Hrsg. Karl Otto Hondrich, Joachim Matthes, 146-157. Darmstadt, Neuwied: Luchterhand.
Bliege Bird, Rebecca, und Eric Alden Smith. 2005: Signaling theory, strategic interaction, and symbolic capital. *Current Anthropology* 46: 221-248.
Bourdieu, Pierre. 1983. Ökonomisches Kapital, kulturelles Kapital, soziales Kapital. In *Soziale Ungleichheiten. Soziale Welt,* Sonderband 2, Hrsg. Reinhard Kreckel, 183-198. Göttingen: Schwartz.
Bourdieu, Pierre. 1984. *Die feinen Unterschiede. Kritik der gesellschaftlichen Urteilskraft.* Frankfurt a. M.: Suhrkamp.
Bourdieu, Pierre. 1994. *Zur Soziologie der symbolischen Formen.* Frankfurt a. M.: Suhrkamp.
Brinkmann, Ulrich, und Matthias Meifert. 2003. Vertrauen bei Internet-Auktionen. Eine kritische Stellungnahme. *Kölner Zeitschrift für Soziologie und Sozialpsychologie* 55: 557-565.
Camerer, Colin F. 1988. Gifts as economic signals and social symbols. *American Journal of Sociology* 94: 180-214.
Diekmann, Andreas. 2008. Soziologie und Ökonomie: Der Beitrag experimenteller Wirtschaftsforschung zur Sozialtheorie. *Kölner Zeitschrift für Soziologie und Sozialpsychologie* 60: 528-550.
Diekmann, Andreas, und David Wyder. 2002. Vertrauen und Reputationseffekte bei Internet-Auktionen. *Kölner Zeitschrift für Soziologie und Sozialpsychologie* 54: 674-693.
Elias, Norbert. 1976. *Über den Prozeß der Zivilisation.* Frankfurt a. M.: Suhrkamp.

Elias, Norbert. 1992. *Studien über die Deutschen. Machtkämpfe und Habitusentwicklungen im 19. und 20. Jahrhundert.* Frankfurt a. M.: Suhrkamp.
Esser, Hartmut. 1990. „Habits", „Frames" und „Rational Choice". Die Reichweite von Theorien der rationalen Wahl (am Beispiel der Erklärung des Befragtenverhaltens). *Zeitschrift für Soziologie* 19: 231-247.
Esser, Hartmut. 1991. Die Rationalität des Alltagshandelns. Eine Rekonstruktion der Handlungstheorie von Alfred Schütz. *Zeitschrift für Soziologie* 20: 430-455.
Farell, Joseph, und Matthew Rabin. 1996. Cheap talk. *The Journal of Economic Perspectives* 10: 103-118.
Gambetta, Diego. 2009. Signaling. In *The Oxford handbook of analytical sociology*, eds. Peter Hedström, Peter Bearman, 168-194. Oxford: Oxford University Press.
Gambetta, Diego, und Michael Bacharach. 2001. Trust in signs. In *Trust in society*, ed. Karen S. Cook, 148-184. New York: Russell Sage Foundation.
Gambetta, Diego, und Heather Hamill. 2005. *Streetwise: how tax drivers establish their customer's trustworthiness.* New York: Russell Sage Foundation.
Giesen, Bernhard, und Michael Schmid. 1978. Individualistische und makrosoziologische Theorieansätze. In *Theorievergleich in den Sozialwissenschaften*, Hrsg. Karl Otto Hondrich, Joachim Matthes, 178-195. Darmstadt, Neuwied: Luchterhand.
Gintis, Herbert, Eric Alden Smith und Samuel Bowles. 2001. Costly signaling and cooperation. *Journal of Theoretical Biology* 213: 103-119.
Goffman, Erving. 1969. *Wir alle spielen Theater. Die Selbstdarstellung im Alltag.* München: Piper.
Posner, Eric A. 1997. Altruism, status, and trust in the law of gifts and gratuitous promises. *Wisconsin Law Review* 1: 576-609.
Posner, Erik A. 1998. Symbols, signals, and social norms in politics and the law. *The Journal of Legal Studies* 27: 765-798.
Posner, Erik A. 2000. Law and social norms: the case of tax compliance. *Virginia Law Review* 86: 1781-1819.
Posner, Erik A. 2002. Response: the signaling model of social norms. Further Thoughts. *University of Richmond Law Review* 36: 465-480.
Spence, Michael A. 1973. Job market signaling. *Quarterly Journal of Economics* 87: 355-374.
Tewes, Gunar. 2008. *Signalingstrategien im Stakeholdermanagement: Kommunikation und Wertschöpfung.* Wiesbaden: Gabler.
Veblen, Thorstein. 2007. *Theorie der feinen Leute. Eine ökonomische Untersuchung der Institutionen.* Frankfurt a. M.: Fischer.
Wiesenthal, Helmut. 1987. Rational Choice – Ein Überblick über Grundlinien, Theoriefelder und neuere Themenakquisition eines sozialwissenschaftlichen Paradigmas. *Zeitschrift für Soziologie* 16: 434-449.
Zahavi, Amotz. 1975. Mate selection – a selection for a handicap. *Journal of Theoretical Biology* 53: 205-214.
Zahavi, Amotz. 1977. The cost of honesty: further remarks on the handicap principle. *Journal of Theoretical Biology* 67: 603-605.

Korrespondenzanschrift: PD Dr. Agathe Bienfait, Institut für Soziologie, Universität Heidelberg, Bergheimer Str. 58, 69115 Heidelberg
E-Mail: agathe.bienfait@soziologie.uni-heidelberg.de

Replik

DER SOZIOLOGISCHE GEHALT DER SIGNALING-THEORIE

Andreas Diekmann und Wojtek Przepiorka

Zusammenfassung: In diesem Artikel klären wir einige Fragen zur Anwendung der Signaling-Theorie auf soziologische Problemstellungen, die in dem Beitrag von Bienfait (2010) aufgeworfen wurden. Dazu zählen der Stellenwert von Kostendifferenzen, die keine notwendige Voraussetzung für ein separierendes Signalgleichgewicht darstellen, ferner das Problem der Glaubwürdigkeit und des Verstehens der Bedeutung von Signalen und das Problem der Erklärung sozialer Normen. Die Signaling-Theorie bezieht sich nicht nur auf kleine soziale Gruppen oder Gemeinschaften, sondern leistet einen Beitrag zur Erklärung makrosoziologischer Fragen. Wir plädieren abschließend dafür, das Potential der Signaling-Theorie in der Soziologie stärker auszuloten. Zur Präzisierung der Argumente und zur Ableitung prüfbarer Hypothesen empfiehlt es sich dabei, auf Modelle der Spieltheorie zurückzugreifen.

Der Beitrag von Agathe Bienfait befasst sich mit den (vermeintlichen?) Defiziten der Signaling-Theorie und plädiert für eine Rückbesinnung auf die Kulturtheorie. Wo sich Signaling-Theorie und Kulturtheorie ergänzen, fällt es nicht schwer, Anregungen aus der Replik aufzugreifen. Anderen Vorschlägen, insbesondere dem Fazit, eine Handlungstheorie durch eine Handlungstypologie zu ersetzen, um der „Vielfalt der sozialen Wirklichkeit" besser gerecht zu werden, können wir uns allerdings nicht anschließen. Denn Typologien sind zwar wichtig, liefern aber noch keine Erklärung. Ziel der Signaling-Theorie ist dagegen, Erklärungen zu finden und empirisch prüfbare Hypothesen zu generieren. Ein Kernproblem besteht z. B. darin zu erklären, weshalb Menschen enorme Ressourcen verschwenden, um „ineffizienten" sozialen Normen Genüge zu tun. Auch die herkömmliche Rational-Choice-Theorie hat damit Schwierigkeiten. Sie richtet die Aufmerksamkeit insbesondere auf „effizienzsteigernde" Koordinations- und Kooperationsnormen. Signalnormen bilden aber eine dritte Kategorie sozialer Normen. Für solche Normen offeriert die Signaling-Theorie ein überzeugendes Erklärungsmodell. Dies ist allerdings nur ein Anwendungsbereich der Theorie. Die Signaling-Theorie ist ganz allgemein ein Kandidat zur Erklärung von Normen, Institutionen und Verhaltensregelmäßigkeiten in sozialen Situationen, in denen Unsicherheit bezüglich des Typus von mindestens einem Interaktionspartner besteht und die Akteure davon profitieren, wenn die Informationsunsicherheit oder asymmetrische Information durch glaubwürdige Signale beseitigt oder vermindert wird.

Hier setzt ein erster, wichtiger Kritikpunkt von Bienfait an. Was bedeutet „Glaubwürdigkeit" von Signalen? Zunächst einmal vermisst sie in unserem Artikel eine präzise Definition und bemängelt, dass wir „Glaubwürdigkeit" implizit nur über das Ausmaß der Kosten bestimmen. Tatsächlich spielen die Kosten der Herstellung von Signalen in der Signaling-Theorie eine zentrale Rolle. Allerdings geht es nicht nur um materielle Kosten, sondern um Aufwand und Anstrengung, insbesondere auch um Zeitaufwand. Warum machen Leute Geschenke und verschenken nicht einfach Bargeld (Camerer 1988)? Der Aufwand für ein Geschenk ist oft wesentlich größer als der materielle Wert. Um ein seltenes antiquarisches Buch zu finden, benötigt man eventuell viel Zeit für die Suche. Wenn das Geschenk genau den Geschmack des Empfängers trifft, ist dies zudem ein Indiz für Empathie. Man hat sich sehr genau Gedanken über die Vorlieben der beschenkten Person gemacht. Ein passendes Geschenk signalisiert Interesse an einer sozialen Beziehung. Zweitens, und das ist der wichtige Punkt, sind nicht allein die Kosten der Signalproduktion für den „ehrlichen" Typ relevant. Wie Bienfait mit Verweis auf Bliege Bird und Smith (2005) völlig zu Recht betont, können Signale glaubwürdig sein, die nicht mit Kosten verbunden sind und so zu sagen zum Nulltarif produziert werden. Aber Vorsicht, das heißt nicht, dass Kosten keine Rolle spielen. Die Grameen-Bank vergibt Mikrokredite in Entwicklungsländern bevorzugt an Frauen, da diese im Unterschied zu Männern eher Verantwortung für Haushalt und Kinder übernehmen, weniger mobil sind und deshalb Kredite mit höherer Wahrscheinlichkeit zurückzahlen. Die Kommunikation des Signals „Frau" ist für eine Frau kostenlos, für einen Mann dagegen ziemlich aufwändig (wie für Dustin Hoffman in dem Film „Tootsie") oder sogar unmöglich.[1] Je schwieriger es ist, sich ein Verhalten anzueignen oder ein beobachtbares Merkmal zu erwerben (oder zu unterdrücken), desto größer ist die Distinktionsleistung und damit die Glaubwürdigkeit eines Signals. Aber ist ein Akteur einmal des Signals mächtig, kann es für ihn ein Leichtes sein, es wiederholt zu senden. Entscheidend sind nicht nur die Kosten zur Herstellung des Signals durch einen ehrlichen Akteur, sondern die Kosten der Fälschung durch einen „Hochstapler". Der Erwerb eines Signals kann für Akteure mit unterschiedlichen Kosten verbunden sein; das ist jedoch keine notwendige Voraussetzung für eine hohe Distinktionsleistung des Signals. Weiterhin spielen die Interaktionsgewinne des ehrlichen und des unehrlichen Akteurs eine Rolle und natürlich der Gewinn oder Verlust des Mitspielers (im Vertrauensspiel der Treugeber) bei einer Interaktion mit einem ehrlichen oder unehrlichen Treuhänder. In unserer spieltheoretischen Formalisierung einer Idee von Posner (1998, 2000) haben wir gezeigt, dass Unterschiede im zu erwartenden Nutzen das Distinktionspotenzial eines ansonsten für alle Akteure gleich teuren Signals konstituieren können. Deshalb ist es wichtig, dass in einem signaltheoretischen Modell sowohl die Signalkosten als auch der zu erwartende Nutzen der Unsicherheitsreduktion berücksichtigt werden (Gambetta 2009a; Johnstone 1997).

Kommen wir auf die Definition von Glaubwürdigkeit zurück. Ein Signal ist ein Indikator für eine unbeobachtete Eigenschaft. Der Grad der Glaubwürdigkeit ist die Wahrscheinlichkeit, mit der vom Signal auf die unbeobachtete Eigenschaft, den Typ des Akteurs, geschlossen werden kann. In spieltheoretischen Signaling-Modellen wird diese Wahrscheinlichkeit durch Bayeseanisches Updating bestimmt. Präzise kann man „Glaubwürdigkeit" im Sinne der Signaling-Theorie wie folgt definieren: Ein Signal ist

---

[1] Signale lassen sich nicht nur als intentionale Handlungen verstehen. Dem Beobachter können unbewusst gesendete Signale oder andere beobachtbare Merkmale für eine nutzbringende Unsicherheitsreduktion ausreichen. Spence (1973) verwendet dafür den Begriff *„indices"*.

glaubwürdig, wenn ein separierendes Gleichgewicht besteht und der Empfänger anhand des Signals erkennen kann, mit welchem Typ er interagiert. Die Kostendifferenz, der ehrliche Typ kann das Signal zu geringeren Kosten produzieren als der Hochstapler, ist eine Möglichkeit, um ein glaubwürdiges Signal zu produzieren. Es kann aber, wie gesagt, auch der Fall sein, dass die Signalkosten für beide Typen gleich sind, während sich die Gewinne aus der Interaktion unterscheiden. Auch unter dieser Bedingung kann es zu einem separierenden Gleichgewicht und zu glaubwürdigen Signalen kommen. Für genauere Aussagen benötigt man ein spieltheoretisches Modell. Die spieltheoretische Modellbildung und Formalisierung ist keine überflüssige Zutat, sondern ein wichtiges Instrument der Theoriebildung, um die strategische Situation angemessen zu analysieren und empirisch prüfbare Hypothesen abzuleiten.[2]

Im Zusammenhang mit der Diskussion um die Glaubwürdigkeit von Signalen macht Bienfait auf einen weiteren, wichtigen Punkt aufmerksam. Sie schreibt: „Es ist offensichtlich, dass das Erkennen glaubwürdiger Signale ein beträchtliches Insiderwissen voraussetzt, um sowohl die Handlungen als auch die dahinter liegenden Handlungsmotive zu ‚verstehen'. Signale sind ‚meaningful actions' (Camerer 1988: 182), und diese Bedeutungsdimension erschließt sich nicht dem fremden Beobachter, sondern nur demjenigen, der an diesem Bedeutungshorizont teilhat." Dies ist gewissermaßen das Scharnier zwischen den Signaling-Modellen und kultursoziologischer Theorie: Der „Sinn" von Signalen muss auch erkannt werden. Liegt in einer wohl definierten strategischen Interaktion von Akteuren eine bestimmte Auszahlungsstruktur vor und führt diese Struktur zu einem separierenden Gleichgewicht, dann genügt diese Voraussetzung noch nicht, um das Gleichgewicht zu realisieren. Die Signale und der dahinter stehende Aufwand zur Produktion von Signalen müssen vom Empfänger dekodiert werden können. Wenn Bildung Signalcharakter hat, müssen Personalchefs die zum Erwerb der Bildungszertifikate nötigen Anstrengungen und Talente einschätzen können. Welche Auswirkungen die Inflation der Bachelor- und Masterstudiengänge auf die Fähigkeit zur Entschlüsselung der Signale hat, wäre Stoff für eine bildungssoziologische Untersuchung. Bologna führte womöglich zu einem „Verrauschen" der Signale, was zur Konsequenz haben könnte, dass Arbeitgeber traditionellen Abschlüssen ein höheres Gewicht einräumen werden. Kulturkonflikte zeichnen sich oft dadurch aus, dass die Bedeutung von Signalen von Akteuren verschiedener Herkunft nicht verstanden wird. Der Erwerb „kulturellen Kapitals" ist nicht nur erforderlich, um bestimmte Signale senden zu können. Man braucht es auch, um die Signale und die zu ihrer Herstellung erforderlichen Kosten einschätzen zu können. Max Weber (1920: 209; siehe auch Voss 1998) berichtet nach seiner Amerikareise von einem Nasen- und Rachenspezialist deutscher Abstammung in Ohio. Der Arzt wunderte sich über seinen ersten Patienten, der ihm sogleich eröffnete, er sei Mitglied der Baptisten. Ein Kollege entschlüsselte dem Arzt, dem Weber diese Begebenheit erzählte, die Bedeutung der Botschaft: „... das be-

---

[2] Es ist bekannt, dass die Rationalitätskriterien empirisch oftmals nicht erfüllt sind. Dennoch empfiehlt es sich, ein präzises Modell der Situation zu konstruieren, das als Referenz dienen kann (zu einer Einführung in verschieden Varianten von Signaling-Modellen siehe Gintis 2009b). Weiterhin kann das Modell durch Hypothesen der verhaltensorientierten („behavioral") Spieltheorie ergänzt werden (Camerer 2003; Gintis 2009a). Schließlich kann es der Fall sein, dass sich Rationalitätslösungen evolutionär durch Lernen oder durch Wettbewerb herausbilden (Young 1998).

deute nur: „seien Sie wegen des H o n o r a r s ohne Sorgen"". Studien über den Sinn von Signalen, das Verstehen von Signalen, das Kodieren und Dekodieren von Signalen in Subkulturen sind Teil soziologischer Forschung. Als Musterbeispiele sei auf die Studien von Gambetta und Hamill über Taxifahrer (2005) und die Subkultur krimineller Akteure (Gambetta 2009b) verwiesen. Schon heute kann man von einer soziologischen „Signaling-Forschung" sprechen.

Es ist allerdings nicht immer der Fall, dass Signale nur dann eine Wirkung entfalten, wenn alle interagierenden Akteure einen gemeinsamen Bedeutungshorizont teilen. Bei Signalnormen, an die sich Akteure mit einer gemeinsamen sozialen Identität halten, ist es oft so, dass deren Einhaltung Außenstehenden verwehrt bleibt, genau weil letzteren der zugrunde liegende Bedeutungshorizont fehlt. Umgekehrt fördert das Einhalten von Signalnormen den Zusammenhalt und das Vertrauen innerhalb der sozialen Gruppe, zumal ein Ausstieg oder Identitätswechsel mit hohen Opportunitätskosten verbunden wäre (Iannaccone 1994; Sosis 2005). Signalnormen sind somit nichts anderes als Normen, die eine Distinktionsleistung erbringen.

Bienfait erwähnt eine „Präferenz der Vertreter der Signaling Theorie für kleine Gemeinschaften", was „zu einer deutlichen Reduktion des Erkenntnisgewinns führen" würde. Die Aussagekraft der Signaling-Theorie ist aber in keiner Weise auf kleine Gruppen beschränkt. Manche Signale, etwa der Besitz bestimmter Luxusgüter, kann man weltweit beobachten, andere sind auf spezielle Subkulturen beschränkt. Gehen wir über die Signaling-Theorie sozialer Normen hinaus, so lassen sich weitere makrosoziologische Anwendungen nennen. Der Signalcharakter von Bildungszertifikaten ist ein globales Phänomen, wenn man an die internationalen Rankings von Universitäten denkt. Außerdem muss es sich bei den Akteuren, die Signale senden und empfangen, nicht notwendigerweise um Individuen handeln. Die Signaling-Theorie ist auch auf korporative Akteure anwendbar. Unternehmen senden Signale (z. B. Investitionen in pompöse Firmenzentralen), um Kunden ein Bild von den Ressourcen der Firma und der Qualität der Produkte zu kommunizieren. In der internationalen Staatengemeinschaft haben kostspielige Investitionen in Signale immer eine Rolle gespielt, insbesondere in der Diplomatie und Militärpolitik.

Kommen wir auf die Signaling-Theorie sozialer Normen zurück. Bienfaits Replik macht darauf aufmerksam, dass die Theorie „eine funktionalistische Analyse von Normen und Signalen" ermöglicht. „Eine zufriedenstellende Erklärung für die Evolution von Normen oder für die Herausbildung einer Norm zum Signal ist damit aber nicht gegeben, was die Autoren auch eingestehen. Aus der Funktion erklärt sich nicht die Genese." Es ist richtig, dass die Signaling-Theorie allein nicht erklären (oder vorhersagen) kann, welche Arten von Normen entstehen werden. Funktionalistische Analysen liefern zudem keine vollständigen Erklärungen. Das gilt für alle Arten von Normen, auch für Koordinations- und Kooperationsnormen. Die Höflichkeitsnorm, einer älteren Person den Vortritt zu lassen oder die Institution einer Verkehrsampel, d. h. die Norm „bei Rotlicht anhalten", damit zu erklären, dass die Norm ein soziales Dilemma vom Typ des Chicken-Spiels löst, ist keine vollständige Erklärung, da es funktionale Alternativen gibt.[3] Gleiches gilt für Signalnormen. Um die Entstehung einer konkreten,

---

3 Verkehr wurde früher an Kreuzungen gar nicht und dann mit steigendem Verkehrsaufkommen in urbanen Regionen durch Polizisten geregelt. Verkehrspolizisten wurden schließlich durch

spezifischen sozialen Norm zu erklären, benötigt man die Kenntnis weiterer Randbedingungen. So ist für Signalnormen in einer strukturgleichen Situation oft eine enorme kulturelle Vielfalt zu beobachten. Welche Arten von Geschenken z. B. zulässig und üblich sind, ist kulturell variabel und hängt von historischen und lokalen Bedingungen ab. Die Signaling-Theorie erlaubt aber, empirisch prüfbare Hypothesen abzuleiten und kann zur Erklärung sozialer Normen und ihrer Befolgung beitragen. Beispielsweise prognostiziert die Signaling-Theorie, unter welchen Bedingungen in Vertrauenssituationen Signalnormen auftreten werden. Weiterhin folgt aus der Theorie, dass Akteure mit bestimmten Eigenschaften solche Normen eher befolgen werden als andere Akteure. Und sie macht Aussagen darüber, unter welchen Bedingungen sich Signalnormen verändern werden. Mittels dieser Hypothesen und zusätzlicher Randbedingungen sind Erklärungen möglich und die Hypothesen können empirisch überprüft werden. Einige Beispiele haben wir in unserem Artikel genannt.

Die Rational-Choice-Theorie schließlich ist nur in dem Sinne „universell", dass sie eine weithin verwendbare Heuristik zur Konstruktion von „Theorien mittlerer Reichweite" zur Verfügung stellt. Das Problem ist nicht die „Überdehnung" des Begriffs der Rationalität. Die Theorie könnte auf das Wörtchen „rational" ohne Einbuße an Erklärungskraft verzichten. Rational-Choice-Theorie ist eine Heuristik von Werkzeugen und Modellen, die der jeweiligen sozialen und strategischen Situation angepasst werden müssen. Zu diesen Werkzeugen gehören auch die Signaling-Modelle. In der Rational-Choice-Theorie und ganz allgemein in der Soziologie wurde das Potenzial der Signaling-Theorie zur Erklärung sozialer Normen und anderer Phänomene noch viel zu wenig ausgelotet.

Signaling-Theorie und soziologische Forschung ergänzen und bereichern sich gegenseitig. Wir haben an keiner Stelle, wie in der Replik behauptet, von einer Überlegenheit ökonomischer Theorie gesprochen. Vielmehr geht es darum, eine Brücke zu schlagen und dort, wo es „Sinn" macht, ökonomische, sozialpsychologische und soziologische Theorieteile miteinander zu verbinden. Die Soziologie war in ihrer Geschichte immer stark in der Generierung von wirklichkeitsnahen Ideen und Hypothesen (über soziale Normen, Tausch, Reziprozität, Institutionen, soziale Einbettung, Netzwerke, Signale, Symbole usw.), und sie war innovativ bei der Erfindung von empirischen Methoden, um diese Hypothesen nachzuspüren. Die Sozialpsychologie informiert uns über die Grundlagen menschlichen Verhaltens und sozialer Interaktionen. Die Stärke der Ökonomie und Spieltheorie ist, diese Ideen in ein präzises Korsett zu schnüren, damit man weiß, worüber man eigentlich spricht. Warum also nicht die Stärken der einzelnen sozialwissenschaftlichen Disziplinen zusammenfügen?

Ampeln ersetzt. Mindestens drei Faktoren sind an der Entstehung der Koordinationsnorm beteiligt: Eine „normenträchtige" Dilemma-Situation, die durch ein steigendes Verkehrsaufkommen verschärft wurde, wachsende Lohnkosten und die Verfügbarkeit einer kostengünstigen Technologie.

Literatur

Bliege Bird, Rebecca, und Eric Alden Smith. 2005. Signaling theory, strategic interaction, and symbolic capital. *Current Anthropology* 46: 221-248.
Camerer, Colin F. 1988. Gifts as economic signals and social symbols. *American Journal of Sociology* 94: 180-214.
Camerer, Colin F. 2003. *Behavioral game theory.* Princeton, NJ: Princeton University Press.
Gambetta, Diego. 2009a. Signaling. In *The Oxford handbook of analytical sociology,* eds. Peter Hedström, Peter Bearman, 168-194. Oxford: Oxford University Press.
Gambetta, Diego. 2009b. *Codes of the underworld: how criminals communicate.* Princeton: Princeton University Press.
Gambetta, Diego, und Heather Hamill. 2005. *Streetwise: how taxi drivers establish their customers' trustworthiness.* New York: Russell Sage Foundation.
Gintis, Herbert. 2009a. *The bounds of reason: game theory and the unification of the behavioral sciences.* Princeton: Princeton University Press.
Gintis, Herbert. 2009b. *Game theory evolving: a problem-centered introduction to modeling strategic interaction.* Princeton, NJ: Princeton University Press.
Iannaccone, Laurence R. 1994. Why strict churches are strong. *American Journal of Sociology* 99: 1180-1211.
Johnstone, Rufus A. 1997. The evolution of animal signals. In *Behavioral ecology: an evolutionary approach,* eds. John R. Krebs, Nicholas B. Davies, 155-178. Oxford: Blackwell.
Posner, Eric A. 1998. Symbols, signals, and social norms in politics and the law. *Journal of Legal Studies* 27: 765-798.
Posner, Eric A. 2000. *Law and social norms.* Cambridge, MA: Harvard University Press.
Sosis, Richard. 2005. Does religion promote trust? The role of signaling, reputation, and punishment. *Interdisciplinary Journal of Research on Religion* 1: 1-30.
Spence, Michael A. 1973. Job market signaling. *Quarterly Journal of Economics* 87: 355-374.
Voss, Thoas. 1998. Vertrauen in modernen Gesellschaften. Eine spieltheoretische Analyse. In *Der Transformationsprozess: Analysen und Befunde aus dem Leipziger Institut für Soziologie,* Hrsg. Regina Metze, Kurt Mühler, Karl-Dieter Opp, 91-129. Leipzig: Leipziger Universitätsverlag.
Weber, Max. 1920. *Gesammelte Aufsätze zur Religionssoziologie* I. Tübingen: Mohr Siebeck.
Young, Peyton H. 1998. *Individual strategy and social structure: an evolutionary theory of institutions.* Princeton: Princeton University Press.

7. Koordination und Ordnungsbildung in der Akteur-Netzwerk-Theorie

Position

ACTOR-NETWORK THEORY: SENSITIVE TERMS
AND ENDURING TENSIONS

Annemarie Mol

Abstract: ANT is not a "theory", or, if it is, then a "theory" does not necessarily offer a coherent framework, but may as well be an adaptable, open repository. A list of terms. A set of sensitivities. If ANT is a theory, then a theory helps to tell cases, draw contrasts, articulate silent layers, turn questions upside down, focus on the unexpected, add to one's sensitivities, propose new terms, and shift stories from one context to another. In this presentation of "Actor Network Theory" the terms "actor", "network", "theory", as well as the terms "order" and "coordination", will be explored. But mind you. ANT does not define these terms, but rather plays with them. It does not seek coherence. It does not build a stronghold. Instead of crafting an overall scheme that becomes more and more solid as it gets more and more refined, ANT texts are out to move – to generate, to transform, to translate. To enrich. And to betray.

The editors of the *Kölner Zeitschrift für Soziologie und Sozialpsychologie* have asked me to contribute to their special celebratory issue with an article on actor-network theory. Could I please explore and explain what this theory makes of "coordination" and of "order"? Having said "yes", I now face the question of how to do this.[1] This is not obvious, if only because: "ANT is not a theory. It is this that gives it both its strength and its adaptability". This is a quote from Michel Callon, from an article that he published in 1999 in a volume with the telling title *Actor Network Theory and After* (Callon 1999: 194). Callon should know. In the early eighties, in an article in French, he was the first to speak of acteur-reseau. A short while later this term was translated and transformed to become actor-network in English.[2] At some point theory was

---

[1] In 1982/1983 I was lucky enough to attend the sociology of technology research seminar that Michel Callon and Bruno Latour gave in the École de Mines in Paris. It was the best teaching I ever had and this article may be read as a somewhat belated thank you note, even if, or maybe precisely because, it continues to raise difficult questions. I also want to thank John Law, for asking related questions, and for a continuing discussion since the early nineteen nineties. What follows here is a result of our joint work.

[2] The earliest use of the term that I could find in English is Callon (1986).

added and, as abbreviations proliferated in English language academia, the term ANT was coined in the early nineties.[3] But authorship is not ownership: despite the clarity of Callon's warning that "ANT is not a theory", nobody seemed to notice. Nor did anyone listen to Bruno Latour who up to the late Nineties had rarely used the term when he wrote: "there are four things that do not work with actor-network theory: the word actor, the word network, the word theory and the hyphen! Four nails in the coffin" (Latour 1999: 15). One could scarcely be more scathing, yet since 1999 the term has continued to gain in momentum.[4] This is not just remarkable, it is also uncomfortable. For, as John Law put it, and this is again a quote from the same book: "Easy use of the term 'actor-network' has tended to defuse the power and the tension originally and oxymoronically built into the expression" (Law 1999: 8).

What, then, to do? What to do now, ten years after "After"? How to write about "actor-network theory" – a wild and creative theoretical tradition, but a term that stopped working a long time ago? Added to that concern, I have another. Where am I writing when I write for the *Kölner Zeitschrift für Soziologie und Sozialpsychologie*? "Theory" is not transcendental. Academia is somewhere, or rather it is in many different places.[5] Some things move far more easily than others. These days, money is transferred all over the globe all but instantaneously, while viruses move so fast that it gets scary. But even the cosmopolitan bodies that travel business class between Berlin, New York and Singapore, suffer jet lag; while the person from the next village over may never have visited the capital. How, in such a world, to think of the situatedness of academic texts and of the way in which they travel? The present text is a tough case, I have trouble situating it. What is it to write about a tradition with an obvious French ancestry (acteur-reseau), in a *Kölner Zeitschrift* (it is easy to find Köln on the map, but where does this journal come from and where does it go?), asking questions about order and co-ordination that have specific connotations in German sociology (but which?), while doing so in English (the imperialist language in which "ANT" became famous)? A complex situatedness. Zelfs als ik u mijn Nederlands bespaar. (Even if I leave Dutch, my mother tongue, out of it.)

Having conveyed some of my unease and the slight sense of alienation with which I write this text, let me now tell you what to expect. (But can I put it that way? Is it possible to use "I", the first person singular, in the *Kölner Zeitschrift für Soziologie und Sozialpsychologie*? What is it to do so, what might it signal? Will it connote self-indulgence, or a lack of academic rigour, or girl-talk? Or will it remind you of the "I" of phenomenology that elevates a single person's self-ethnography to grandiose proportions? Or might this "I", as I hope it will, evoke the concerns of the self-reflexive turn, that in seeking to move from universalist pretensions, stages the author as one of the sites where a text is situated?[6] I was going to tell you what to expect. First I will try

---

3 In 1992 Law still used phrase "the theory of the actor-network".
4 Latour, continuously inventive and inspiring, wasn't very helpful in *this* particular respect, as he agreed to publish a book with the subtitle: *An Introduction to Actor-Network-Theory* Latour (2007).
5 The "social studies of science and technology" tends to insist on *immanence,* and thus on situatedness. For this see Law and Mol (2001) and Haraway (1991).
6 This kind of self-reflection has various sources and backgrounds, notably in feminism and cultural anthropology. In social studies of science it was introduced in Woolgar (1988).

to bring "the power and the tension originally and oxymoronically built into the expression" actor-network to life by introducing to you both the actor and the network.[7] Where did they come from and what has become of them? Then I will move on to theory and address the crucial question of what it is, theory. Only once the stage has thus been set, will I finally confront order and co-ordination.

I. Actor

Actor. It is easy, everyone knows what an actor is – an actor does things – it, he, she acts. But no, of course it is not easy, because in different theoretical repertoires an "actor" is made to be different things. Look at these sentences. First, they state that an actor acts and then that an "actor" is made to be. From one sentence to the next there is a shift from a real life actor who acts to the term actor which is made to be and, at the same time, a shift from the active to the passive. Making such shifts and playing with them to see what happens, is one of the pleasures of engaging in "actor-network theory".

An actor acts. It he, she does something, makes a difference. If the actor were eliminated from its setting, it would take others a lot of work to replace these actions. Although actors never form a starting point (they are made to be by other actors, see below) the question ANT asks not where the activities of actors come from, but rather where they go: effects are crucial. Not goals, not ends, but all kinds of effects, surprising ones included. Take a door: what does it do? It keeps rain and noise out of a walled space a building, a room while allowing people to go in and out with little effort. If human beings had to replace the activity of the door, they would have a lot of work to do: breaking down the wall, building it up again.[8] A question that is raised time and again: is this really what an actor is – something like a door, a mere thing? ANT is not very sensitive to this question.[9] Its point is not to finally, once and for all, catch reality as it really is. Instead, it is to make specific, surprising, so far unspoken events and situations visible, audible, sensible. It seeks to shift our understanding and to attune to reality differently. It may well be that in the process ANT fails to protect humans from being treated as "mere things", but it offers something else instead. It opens up the possibility of seeing, hearing, sensing and then analysing the social life of things – and thus of caring about, rather than neglecting them.[10]

An actor acts. But how much exactly does it, he or she do? It is striking that some actors receive a great deal of credit: they are celebrated as heroes. But it may well be that they only seem so strong because the activity of lots of others is attributed to

---

7 This concern with the waning of the "power and tension" of science and technology studies, also emerges in Woolgar (2004).
8 For the example of the door, enriched by that of a door-closer, see Latour (1988c).
9 This gives rise to misunderstandings between social scientists caught up in various versions of the "verstehende" tradition, and ANT-type semioticians. For an obviously failed attempt to end these misunderstandings, see Mol and Mesman (1996).
10 For the argument that *things* are far from alien to love and care, see Latour (1996) on a failed metro system; and Harbers et al. (2002) or Moser (2006) on things in health care settings.

them. Pasteur was a case in point.[11] All kind of people, journalists, farmers, technicians, vets, were involved in the discovery/invention of anthrax and the inoculations against it. All kinds of things were active as well, Petri-dishes, blood, transport systems. But French towns tend to have a "rue Pasteur" rather than a "rue Petri-dish" and there are no squares that are named after the first cow inoculated against anthrax even though she was the one risking her life. Pasteur was singled out as the hero, the responsible actor behind the pasteurisation of France. Bringing out that he, like any general, could only fight thanks to an entire army of people and things, is a typical ANT move. Against the implied fantasy of a masterful, separate actor, what is highlighted is the activity of all the associated actors involved. A strategist may be inventive, but nobody acts alone.

An actor acts. But while in doing so some become iconic heroes, others hide behind their own deeds and achievements. Take Morgan, the engineer who could have claimed to be the author of, and actor behind, the Zimbabwe Bush Pump type B.[12] He could have filed a patent for it, but he never did. When asked why not, Morgan points to all the others who were actively involved in shaping "his" pump: the person who suggested he might quit bacteriology and help to design clean water technologies instead; his predecessors among Zimbabwe/Rhodesian water engineers; the workers in the pump factory and the factory's director; and of course the Zimbabwean villagers who adapt the pump when they use it. As Morgan shifts out credit to others, his case is a counterpoint to that of Pasteur. Thus he again forms an interesting subject for an ANT-type analysis, because the ANT-tradition rarely works by adding to what has already been established.[13] Instead it introduces variations, sets up contrasts, and, time and again, proposes shifts. The art is not to build a stronghold, but to adapt the theoretical repertoire to every new cases. The story of the Zimbabwe Bush pump suggests that an actor is not necessarily a hero who designs the strategy of the army he depends upon. Rather than taking control, actors may also seek to serve the world around them.[14]

An actor acts. Such acting may be strategic or subservient, and there are other possibilities as well. Stories about other cases experiment with other verbs: loving, tinkering, doctoring, caring. Actors may even, to some extent, let go. But to what extent? Is loss of control the place where actor-ship finally ends? No, it isn't. Once it is singled out as a topic of study, even undergoing appears to have little to do with being passive. It is hard work. Ask amateurs – of music, of drugs, of wine – and follow what they do in practice.[15] They do a lot: their pleasure depends on preparations. Amateurs learn to

---

11 The case of Pasteur is extensively explored in Latour (1988b).
12 For the case of Morgan and the Bush Pump see De Laet and Mol (2000).
13 I talk about an ANT-*type* analysis and ANT-*inspired* work. Latour is not the only author discussed here who rarely used the term. What to do? If I sample only texts that call *themselves* ANT, much of the spark is lost. If I draw texts together under the heading "Actor-Network Theory", I risk in my turn to solidify a fire. A typical enduring tension. See also Law (2009).
14 Because he serves those around him, the authors jokingly? Call Morgan a *feminist* hero – an "ideal man". Feminism in ANT is not a matter of repeating the categories "man" and "woman" in order to see oppression at work everywhere, but of shifting and changing them. See Hirschauer and Mol (1994) and Singleton (1996).
15 For extensive explorations of the work of "amateurs", see Hennion (2001); Gomart and Hennion (1999).

be affected. In the case of music, for instance, amateurs learn to listen by acquiring knowledge about the music they seek to attune to and enjoy. They practice a lot, listening and listening again, and they also learn from others: acquire a language, talk, read and otherwise share comments. Amateurs care about technicalities as well: the right recording is important and so is the right equipment and the right kind of light. Block out all noise. Undergoing, then, as in "undergoing pleasure" does not mean doing nothing at all.[16] And this leads to another shift, another tension in the "theory". What is an "actor" if this case be included? An actor may be receptive. Resonate. Attune.

Thus every time a new case is considered it suggests different lessons about what an "actor" might be. At the same time, the point of extending the list is not to replace one "theory of action" with another. Instead the cases gradually assembled about Pasteur, Morgan's bush pump, amateurs of music, and many others left out here may still all be told. Since they are in tension they do not simply add up, but neither is there a debate with winners and losers, where each new proposal seeks to cancel the earlier ones and each innovation depends on killing the ancestors. The point is not to purify the repertoire, but to enrich it. To add layers and possibilities. In this tradition, then, terms are not stripped clean until clarity is maximised. Rather than consistency, sensitivity is appreciated as a strength. This means that it is not possible to pin down exactly what an "actor" is made to be in "ANT". ANT does not define the term "actor". Instead it plays with it. In that sense, then, ANT is not a theory: there is no coherence to it. No overall scheme, no stable grid, that becomes more and more solid as it gets more and more refined. The art is rather to move – to generate, to transform, to translate. To enrich. And to betray.[17]

II. Network

In De Saussure's version of semiotics, words do not point directly to a referent, but form part of a network of words. They acquire their meaning relationally, through their similarities with and differences from other words. Thus, the word "fish" is not a label that points with an arrow to the swimming creature itself. Instead, it achieves sense through its contrast with "meat", its association with "gills" or "scales" and its evocation of "water". In ANT this semiotic understanding of relatedness has been shifted on from language to the rest of reality. Thus it is not simply the term, but the very phenomenon of "fish" that is taken to exist thanks to its relations. A fish depends on, is constituted by, the water it swims in, the plankton or little fish that it eats, the right temperature and pH, and so on. Fish relate to meat as well – if only because they compete in food markets. But that entities/actors depend on others around them does not mean that they are caused by their surroundings. Causality tends to take a determinist form. Causal explanations usually remove activity from what is "being

---

16 This even goes for undergoing pain, see Struhkamp (2005).
17 The trope of the transformation that is always also a betrayal has been around in ANT from early on. John Law put it at the centre of the project in one of his earlier overviews, see Law (1997).

caused".[18] In a network, by contrast, actors, while being enacted by what is around them, are still active. The actorship implied is not a matter of freedom, of escaping from a causal force. Instead, actors are afforded by their very ability to act by what is around them. If the network in which they are embedded falters, the actors may falter too. If they are not being enacted, actors are no longer able to do all that much themselves. They stop "working".[19]

This is easily seen when entities/actors travel. How much else must travel along with them? How much of a "network" do they need in order to stay active? If there were no cold chains of transport for food to travel in, camembert would never be sold in California: long before getting there it would have disintegrated. The model applies to facts as well as cheese.[20] Transporting the laws of Newton from London to Gabon depends on first transporting the measurement devices, calm spaces, observational skills and other features of British laboratories that allow researchers to establish those laws as facts. The circumstances on which crafting or confirming the laws of Newton depend, are not easy to remake in Gabon. With a leaking roof, most physics experiments are hard to carry through. Or, another example, if the WHO wants to compare strains of HIV between countries, say between Botswana and Uganda, the fridges in both places need to work well, or the possibility of comparison simply disappears. Faltering electricity supplies are all it takes for high-tech networks to collapse.[21] The examples of networks that do not hold are endless. And while sometimes this reflects negligence, often the bug takes even the most attentive designers by surprise. Take the case of the gasogene burners.[22] These were first designed in Scandinavia to burn wood chips, and then adapted to burn the stalks of corn in Costa Rica. They worked. Until a bug discovered the stored stalks (who could have known? never before had stalks been stored) and started to feast on them. Thus the network fell apart – and the burners, lacking fuels, were no longer able to burn. They failed.

Many such failures were documented, and the question arose about what exactly marks "success" and where "failure" sets in. When do techniques (entities, actors) work and when are they no longer "functional"? Laboratories, to start there, are highly demanding. Their syntax is precarious, everything needs to work just so for the results to count. But does, say, health care collapse if diagnostic laboratories falter? Not quite. Not necessarily. Take the diagnosis of anaemia.[23] In laboratories this diagnosis is made by testing a person's haemoglobin level – if this is below a certain threshold, the person is taken to be anaemic. In many intractable places haemoglobin is hard to measure, because there is no lab, no machine, no calibration fluid, no technician, no clean needle with which to draw blood, or simply no time. However, there is an alternative way of working. It is also possible to make a clinical diagnosis. Lower an eyelid and look at a

---

18 This is beautifully laid out in Latour (1988a). ANT-type work seeks to escape from and provide alternatives to technological determinism. See e. g. Bingham (1996).
19 For an exploration of this in the context of living bodies, that *die* when they are not actively cared for/caring see Mol and Law (2004).
20 The example comes out of the *Irréductions* part of Latour (1988b).
21 The case is from Bont (2000).
22 For this case see Akrich (1993).
23 For this case, in a topological mode, see Mol and Law 1994. For an analysis of the lab-clinic tension in anaemia see also Mol and Berg (1994).

person's nail beds: if these are pale, this signals anaemia. Clinical diagnosis does not depend on sharp thresholds: its division between health and disease is more fluid than that of the lab. With the clinic it is also harder to tell when and where it still works, and when and where it finally falls apart because there is no doctor, no nurse, no time at all, no remedy. A lot may be tinkered with along the way. Clinical techniques, then, do not hang together like networks. Their syntax is adaptable. They are fluid. Thus alongside the term network another term, fluid was brought into play. Actors may be enacted in networks that have a stable syntax, but it is also possible that their ability to act is afforded to them by a context that is adaptable and varied and behaves in a more fluid way.[24]

Another question arose as well. It had to do with coexistence. Early on in ANT it was shown that introducing a new technology, like an electric car, is not just a matter of making a good design on the drawing board and having a prototype survive a test.[25] The car in question must also catch the imagination – and attract the money – of investors. There must be battery charging points in many locations; various rules and regulations have to be adapted; and the expectations that users have about "a car" must change. The point of this analysis was to show that fixed and vested "interests" cannot explain why this network has so far failed to emerge. Instead, the term "interest" deserves to be read as a verb: to interest. For a technology to succeed, it must somehow interest financers, builders, users. In order for a network to form, associations have to be made. This is hard work. And one of the reasons that this work is so hard, is that "the electric car" is not introduced into an empty world. There are various "modes of transportation" already. How do they relate? Take bicycles and cars. While they collaborate in facilitating transport, they also clash, often all too literally. Separate cycling paths that reduce such accidents take up space where cars can no longer go. Trains, in their turn, depend on people's ability to reach the station. While bicycles and cars are helpful here and serve the trains, if they get too attractive, travellers may no longer take the train at all. And so on. Thus the term "association" cannot begin to cover all forms of relatedness. Further words are needed: collaboration, clash, addition, tension, exclusion, inclusion, and so on. Terms variously adapted to various cases. Terms that help us to attune to different events and situations.

The "transportation assemblage" that ensues, does not form a friction free "system". It is not a single network either: instead, different "networks", simultaneously interdependent and in tension, coexist. To talk about this, various terms have been tinkered with. Discourses has (pace Foucault) all too often been used for linguistic realities alone and this is not easy to undo. Logics holds some appeal, as this term stresses that what makes up a distinct network/logic and what belongs to another, partly depends on what makes sense in the terms of the network/logic at hand.[26] However, it has the disadvantage that it seems to suggest a rationally compelling coherence – it hides fissures, contradictions and the work involved in ordering. Modes of ordering in its turn,

---

[24] While in a network actors are clear-cut, in a fluid their *outlines* are less sharp. For their *ambivalent character*, see Singleton and Michael (1993).
[25] This comes from one of the great classics of actor-network theory (Callon 1986).
[26] See for the term *logic* in this context Mol and Berg (1994) and Mol (2008).

shifts from a noun – network – to the gerund of a verb – ordering.[27] There is also an attractive openness to the plural "modes". However, while introduced in a study of organisation where it fitted very well, it seems to work less well in relation to, for instance, bodies. A problem with all of these words is that they cannot quite catch that something may hang together here, in this instance, for this purpose, while it is also in tension, there, a little later, in relation to another issue. What, then, about practices as a term?[28] This, at least, calls up situated events. But it is overused and may have been emptied out, sucked dry. The quest for terms continues. But one way or another, these days most ANT researchers no longer unravel singular networks, but attend to co-existing ones in tension.[29]

This was the starting point: actors associate with other actors, thus forming a network in which they are all made into "actors" as the associations allow each of them to act. Actors are enacted, enabled, and adapted by their associates while in their turn enacting, enabling and adapting these. While the verbs keep on moving between active and passive, the relations that make actors be, may take the form of stable syntaxes or, alternatively, of fluid associations. But as actors come to participate in different "networks", discourses, logics, modes of ordering, practices, things get complex. The "actors" start to differ from one network, discourse, logic, mode of ordering, practice to the other. The anaemia diagnosed in the laboratory, is not the same thing entity/actor/object as the anaemia diagnosed in the clinic. The woman who gives birth in the middle of a lot of machinery does not do the same deeds, nor feel the same, as the woman who is free to move, but obliged to carefully attend to her pain. One "woman" differs from the other and "giving birth" is not the same event from one setting to the other.[30] Thus, reality – the reality of anaemia, woman, birth and so on and so forth – differs between sites.[31] Such "sites" are not necessarily far apart. Take the operating theatre where a patient's brain is laid bare for surgery.[32] It harbours two versions of "blood pressure". The anaesthetist enacts the blood pressure of the patient on the operating table by constantly measuring it with an apparatus. The brain surgeon regularly puts his finger on the fascia to feel the pressure in the brain. At any given moment, one of these two "pressures" may be higher or lower than the other. At the same time, anaesthetist and surgeon cannot each go their own way. They need to work together. They negotiate between their different versions of reality, and in that process trust and truth shift from one "blood pressure" to the other.

---

27 This term was introduced in Law (1994).
28 ANT crucially shifts analyses from ideas to practice. For one of the most compelling cases, escaping from Western arrogance as well as cultural relativism by foregrounding the practices of *counting* in Nigerian class rooms, see Verran (2001).
29 In related theoretical traditions the shift to analysing coexistence has come with the mobilisation of other terms, like *economies of worth* Boltanski and Thevenot (2006) and *frames,* Dodier (1998).
30 See the compelling study on giving birth in the Netherlands and France by Akrich and Pasveer (2000, 2004).
31 For an exploration of how "reality" rather than being "constructed" once, fluidly dances from one version into the other, see Cussins (1998).
32 Early multiplicity-work shifted from historical "construction" to topological "co-existence". Moreira added time back in again. See for blood pressure Moreira (2006) and for "shared action" Moreira (2004).

III. Theory

ANT is not a theory, says Callon. This is true in various ways. For a start, ANT writings do not offer something that remotely resembles a "law of nature" – or, given that typically the social and the physical are studied together in ANT work, a "law of nature-culture". Not at all. There is no attempt to draw the findings of various studies together into an overarching explanatory framework. There is no attempt to hunt for causes: the aim is rather to trace effects. And these effects do not hang together in a determinist scheme that runs forward rather than backward: the effects being traced are mostly unexpected. This is facilitated by calling all entities actors: what actors do is always again, in one way or another, surprising.[33] But this implies that ANT does not tame the world theoretically, or suggest that events might be predictable. However much research is done, surprises are never banned. Instead they are attended to.

ANT is not a theory. It does not give explanations, and neither does it offer a grid or a perspective. Since "ANT" has become an academic brand name, many authors start their articles with the promise that they will "use actor-network theory". Let me disappoint them: this cannot be done. It is impossible to "use ANT" as if it were a microscope. "ANT" does not offer a consistent perspective. The various studies that come out of the ANT-tradition go in different directions. They do different things. They not only talk about different topics (electric vehicles, music, anaemia, organisations, cheese, childbirth, blood pressure in the brain and so on) but also do so in different ways. If studies relate to earlier ones, this is not in order to consolidate or expand on "a theory" that is thereby rendered more and more solid. From one study to the next, there are shifts. These cannot be mapped on a single line, they go in different directions and what I have presented so far is not a summary, but rather a snippet of the work that has been done. Over the years new questions are constantly taken up and new concerns addressed. Thus, do not think of it as a scheme or a system, think of it as a kaleidoscope.

ANT is not a theory. It offers no causal explanations and no consistent method. It rather takes the form of a repertoire. If you link up with it you learn sensitising terms, ways of asking questions and techniques for turning issues inside out or upside down. With these you may go out and walk new roads. But beware: as you walk nobody will hold your hand, there are no assurances. In "linking up with ANT" the art is not to repeat and confirm, but to seek out cases that contrast with those that came earlier. A contribution to ANT gently shifts the existing theoretical repertoire. And then, as the theoretical repertoire shifts, it becomes possible to describe further, different cases, and to articulate so far untold events (relations, phenomena, situations). These, in their turn, will help to add to and shift the theoretical repertoire ... and so on. The point is not to fight until a single pattern holds, but to add on ever more layers, and enrich the repertoire. One might say that, in analogy with amateurs of music, drugs or wine, researchers involved in ANT are amateurs of reality. Their theoretical repertoires allow them to attune themselves to the world, to learn to be affected by it. Thus, ANT re-

---

33 For an analysis of how actors-enacted, keep on being *surprising*, see Law and Mol (2008b).

sembles the props, equipment, knowledge and skills assembled by other amateurs. It helps to train researchers' perceptions and perceptiveness, senses and sensitivity.[34]

Having said all this, I propose that we may call ANT "a theory" after all. But this implies that in good ANT fashion we radically alter the meaning of the term "theory". For if ANT is a theory, then a "theory" is something that helps scholars to attune to the world, to see and hear and feel and taste it. Indeed, to appreciate it.[35] If ANT is a theory, then a theory is a repository of terms and modes of engaging with the world, a set of contrary methodological reflexes. These help in getting a sense of what is going on, what deserves concern or care, anger or love, or simply attention. The strength of ANT is not in its coherence and predictability, but in what at first sight, or in the eyes of those who like their theories to be firm, might seem to be its weakness: its adaptability and sensitivity. If ANT is a theory, then a theory helps to tell cases, draw contrasts, articulate silent layers, turn questions upside down, focus on the unexpected, add to one's sensitivities, propose new terms, and shift stories from one context to another. If ANT is a theory, then being an amateur of reality is not merely being an amateur. Instead, and in contrast, it is a great good.

IV. Order

If I present ANT here as a tradition in which each new study slightly shifts the repertoire that has been shaped by those preceding it, it may seem that those involved in ANT-related research only talk to each other. But that is not the case. In practice each new study not only stands within the ANT-tradition, but also relates to wider discussions about the topic it explores. One text may be in dialogue with epistemology, the next with aesthetics, while others contribute to disability studies, feminism, ecology, political theory, organisation studies – what have you. Some ANT studies seek to interfere with the status of clinical trials, others with the democratisation of science, the way disasters are handled, or the relations between animals and humans.[36] And so on. Questions emerge, fade away, circulate or are foregrounded. Among these (though not particularly prominent) are questions to do with "social order".

ANT inherited, related to and actively shifted the Foucauldian mode for thinking about social order. Here, social order was not just linked to centrally set laws, rules and regulations. Instead, variously dispersed ordering modes and modalities were brought to the fore. But while Foucault was primarily interested in their form, ANT researchers insist on the work involved in "ordering".[37] They point out that when

---

34 As *method* was meant to exclude the specificities of researchers, there has been little attention for the figure of the researcher and the "I" of the text. For an ANT-exception, see Law (2000).

35 "Appreciation" escapes from the dichotomy observation/judgement. For a great ANT-inspired argument for research that "appreciates appreciations" rather than "asking for people's perspectives" (Pols 2005).

36 For ANT inspired studies that feature their concerns prominently, see Moser (2008); Rabeharisoa (2006) and Thompson (2002).

37 It would be interesting to compare the ANT-insistence on "work", with the way "Arbeit" was spread out in Negt and Kluge (1981).

norms have been set, "normalisation" does not automatically follow.[38] Making networks that hold, does not come easy. Call a meeting together, get on the phone, use a spread sheet, make an inspiring speech, convey to those involved what might be in it for them, design an artefact that condenses a relation. Things are crucial to the ordering work at hand. The phone that links voices and ears over long distances, the spread sheets that provide managers with an overview, the doors that allow walls to be opened and closed.[39] And such things are not just crucial to what in other theoretical traditions would be called "governance", but likewise to the market.[40] Markets are composed of far more "variables" than the few that are mentioned in the textbook formulae of neoclassical economics. Like laboratories, hospitals, nursing homes, schools and practices in ever so many other sites, markets depend on devices.[41]

But do devices, as they help to order, also make "societies"? In ANT (as in various other theoretical traditions) it makes little sense to separate out an object called "society" and to then say that this has "an order". While the question as to where to find "society" has been moot for a long time,[42] it is now obvious that the object of a discipline that might for historical reasons still want to call itself "sociology", has a complex spatiality. It may stretch out globally, it may be local, or it may be these two things at the same time.[43] It may be dispersed and "multi-sited". It may form a network or a fluid.[44] It may also resemble a fire in that what is elsewhere emerges, hides itself again, remerges, and then disappears, all the while being relevant as an included absent-present "other".[45] With such complex spatialities where "others" are included, while what is included may also be in tension, one may ask whether talking of order still makes much sense. Does it?

Modes of ordering may be the better term.[46] Shifting away from the noun, order, it contains the gerund of a verb, ordering, thus stressing that ordering involves work. The plural modes indicates that more than one "mode" is relevant in any given time and place. And as the ordering is open ended, it is indicated that ordering is an always

---

38 Still Callon and Rabeharisoa (2004) were surprised when in their study on handling muscular dystrophy they came across an "informant" who did not particularly want to be informed or to inform them, but who escaped such "normalisation".
39 For the managerial examples, see Law (1994). As sociology gives scant attention to things, Latour (1992) called them the *missing masses*, crucial to understanding social order.
40 For an exploration of how "things" are implied in "governance", combining the ANT- and the governance research traditions, see Barry (2001).
41 This sentence points to an impressive body of work in ANT-inspired sociology of markets. See e. g. Callon (1998) and Callon et al. (2007).
42 This comes out quite well in a history of the object "society" in an "ANT-related" collection of histories of the "coming into being" and sometimes passing away of scientific objects (Wagner 2000).
43 ANT studies are reproached to focus on local, micro objects, leaving "macro" phenomena out of focus. But things *change size:* "big" events may grow out of small ones, while "small" events may have large consequences (Callon and Latour 1981; Law 2002). "Small" events may also *contain* traces of the wider world, like monads (Law and Mol 2008a).
44 For a great ANT-inspired study of a dispersed object, the human genome diversity project, see M'Charek (2005).
45 For a study into an absent-present "other" in a formula pertaining to the size of the wings see Law (2002).
46 This is developed in Law (1994).

precarious achievement. At the same time, this term does not primarily evoke the question how we are being governed. Instead it asks about co-existence. Here, this is not a question about the ways in which different people with their different inclinations may hope to live together. What is at stake is rather the co-existence of different ways of handling problems, framing concerns, enacting reality.[47] The point, then, is not how to avoid or foster revolution (an upheaval in the social order). Instead, the research explores the merits and drawbacks of different modes of ordering and, along with that, of different kinds of coordination.

V. Co-ordination

As soon as attention shifts to the co-existence of different realities (or logics, or modes of ordering) the question arises as to how these hang together. The term co-ordination is helpful here, since it does not evoke a single, overarching and coherent order in which everything fits just fine and friction-free like the bits and pieces of a mosaic or the components of a watch. Instead, the term co-ordination suggests continuing effort. Tensions live on and gaps must be bridged, hence the need for "co-ordination".[48] Co-ordinating efforts may take many forms. To mobilise the anaemia case again: deviant lab values and clinical symptoms of anaemia, may be drawn together by establishing a statistical correlation between them; but also by sending patients who have clinical symptoms to the lab, accompanied by the request to "test for Hb level". Even keeping potentially competing versions of reality (or modes of ordering, or logics) out of each others' way – by distributing them over different sites – may be glossed as a form of co-ordination.[49] It helps, after all, to avoid confrontation and, along with that, chaos.

But if the term "co-ordination" works here, like any other term it also has its drawbacks. It may seem to suggest that someone somewhere is deliberately and mindfully engaged in co-ordination work. However unwelcome this connotation, it is there, lurking in the language. Co-ordination is a strategic term that hints at the existence of a centred strategist, someone with an overview. A network, however, does not have a single centre. It is not by accident, then, that early in the ANT tradition another term was used to indicate how gaps are being crossed. I've mentioned this already: the term was association. Rather than calling up a centre this term suggests that all the entities/actors associating deserve credit for the action involved in their getting together. There is no external actor "doing" the association. The limit of this term is that "association" does not hint at the frictions that persist even after linkages have been made. It hides the fact that, more often than not, gaps are only partially bridged, while tensions endure. It does not call up complexity.

ANT does not define its terms, let alone consolidate them. Instead, over the years, again and again, new words have been borrowed, invented, adapted. They open new possibilities and throw up surprising insights. Less strategic in its connotation than

---

[47] This suggests a politics of *what* rather than a politics of *who*, see Mol (2002, 2008).
[48] There are interesting cross-overs here with the work of Strathern (e.g. 2004).
[49] For various forms of coordination (addition, distribution and mutual inclusion) see Mol (2002).

"co-ordination", and better at stressing an ongoing effort than "association", is tinkering.[50] This suggests persistent activity done bit by bit, one step after another, without an overall plan. Cathedrals have been built in a tinkering mode, and signallers or aircraft designers also work in this way.[51] As technologies and techniques are being tinkered with, they are fluidly adapted. As bodies and lives are being fluidly adapted, the term doctoring seems more fitting. Both terms, however, suggest that there is a tinkerer, or someone doctoring, separate from the "object/subject" being tinkered with or doctored with.[52] Might the term adjusting be more symmetrical? This stresses that the actors involved in a practice may mutually adjust themselves to one another. Here, in good ANT-mode, passivity and activity are ambivalent and shift around more easily. People may adapt and/or be adjusted to the wheelchair that they use, while the wheelchair, in its turn, may adjust and/or be adjusted to the people involved with it (sitting in it, pushing it, repairing it).[53]

Symmetrical, likewise, is the term affordance, that stresses that actors do not and cannot act alone: they afford each other their existence and their capabilities. This calls up an activity that resembles giving, while the term attuning stresses that receiving also involves activity. If an actor attunes to actors and entities around it, it attunes itself. Thus it becomes more sensitive and better capable of seeing, hearing, tasting, feeling. But nobody and nothing can attune itself to "the world" all alone. The world "itself" is involved in the process. In order to get attuned to, for instance, good food, in order to learn to taste it and appreciate it, a person needs the collaboration of such food.[54] An eater may only develop a "good taste" if she has access to food that "tastes good". I might say that overall appreciation only increases if, somehow, eater and food are well co-ordinated. And if I put it that way, I close the circle and underline that there are resonances between the various terms that I have presented here. At the same time: there is no circle. ANT is a theory of the kind that produces lists of terms. The list that starts with "co-ordination" assembles terms that evoke, resonate, shift or stage "what it is to hang together". It is not closed, this list, but open.

VI. Conclusion

ANT is not a "theory", or, if it is, then a "theory" does not necessarily offer a coherent framework, but may as well be an adaptable, open repository. A list of terms. A set of sensitivities. The strength of ANT, then, is not that it is solid, but rather that it is adaptable. It has assembled a rich array of explorative and experimental ways of attuning to the world. The terms and texts that circulate in ANT are co-ordination devices. They move topics and concerns from one context to another. They translate and be-

---

50 Levi Strauss took "bricolage" to be a pre-modern way of working, ANT research imports it into the heart of technoscience.
51 For the cathedrals, see Turnbull (2000); and for the signallers see Law and Mol (2002).
52 For doctoring see Mol (2008) and Struhkamp et al. (2008).
53 The reference here is Winance (2006).
54 See for this argument, with the term "adjustment" as word for what it is to come to hang together, Méadel and Rabeharisoa (2001).

tray what they help to analyse. They sharpen the sensitivity of their readers, attuning them/us to what is going on and to what changes, here, there, elsewhere. In one way or another they also intervene, not from a place of overview, but rather in a doctoring mode. They care, they tinker. They shift and add perspectives. That is what I have tried to articulate and get across in this text for the *Kölner Zeitschrift für Soziologie und Sozialpsychologie*. Rather than seeking to say something about electric cars, anaemia, or other socio-material actors, I have been concerned with theory here. With the question what theory is. With theoretical terms and what these may do for analysing reality – and for "sensing" it. Questions to do with theory and the status of terms are the source of most misunderstandings about ANT. I said "yes" when asked to write for this special issue in the hope of being able to address this. Redressing it is another matter. About that I have few illusions.

And now there will be a discussion. I know. This was made clear to me in the very first *Kölner* email message. A good colleague has been invited to now engage in criticism (of me? of this text? of actor-network theory?). We will see. I do not think that I have prepared us (myself, this text, actor-network theory) very well for a fight. I have not crafted a stronghold that is easy to defend. There are no walls around this text, instead it is quite open. I have written this as a present. Here it is. Enjoy it or forget it. Eat from it, as much as you like, and digest it – or push your plate away. Run with it or feel comfortably reassured that, since ANT is not a Theory, there is nothing serious to learn from it. Argument is war.[55] How to engage in other kinds of conversation?

References

Akrich, Madeleine. 1993. Essay of technosociology: a Gasogene in Costa Rica, In *Technological choices. Transformation in material cultures since the Neolithic*, ed. P. Lemonnier. London: Routledge.

Akrich, Madeleine, and Bernike Pasveer. 2000. Multiplying obstetrics: techniques of surveillance and forms of coordination, *Theoretical Medicine and Bioethics* 21: 63-83.

Akrich, Madeleine, and Bernike Pasveer. 2004. Embodiment and disembodiment in childbirth narratives. *Body & Society* 10: 63-84.

Barry, Andrew. 2001. *Political machines. Governing a technological society.* Athlone: Continuum International Publishing Group.

Bingham, Nick. 1996. Object-ions: from technological determinism towards geographies of relations. *Environment and planning D: Society and Space* 14: 635-657.

Bingham, Nick. 2008. Slowing things down: Lessons from the GM controversy. *Geoforum* 39: 111-122.

Boltanski, Luc, and Laurent Thévenot. 2006. *On justification. Theories of worth.* Princeton: Princeton University Press

Bont, Antoinette de. 2000. *De organisatie van een virus. Over de wereldgezondheidsorganisatie, wetenschap en transnationale gezondheidspolitiek.* Maastricht: Thesis.

---

55 This is a quote from Lakoff and Johnson (1980), who show that the language to do with "argumentation" is filled with war-metaphors winning, losing, devastating, powerful, weak, etc. For the mistrust of fighting as a way to engage in theory, see also Serres (2007). And for the argument that it might be time to shift from "critique" to "concern", see Latour (2004).

Callon, Michel, and Bruno Latour. 1981. Unscrewing the Big Leviathan. How actors macrostructure reality and how sociologists help them to do so. In *Advances in social theory and methodology*, eds. K. Knorr-Cetina, A. Cicourel, 277-303. London: Routledge & Kegan Paul.

Callon, Michel. 1986. The sociology of an actor-network: the case of the electric vehicle. In *Mapping the dynamics of science & technology*, eds. Michel Callon, John Law, Arie Rip, 19-34. London: McMillan.

Callon, Michel, ed. 1998. *The laws of the markets*. Oxford: Blackwell and the Sociological Review.

Callon, Michel, Yuval Millo and Fabian Muniesa. 2007. *Market devices*. Oxford: Blackwell Publishing, Sociological Review.

Callon, Michel, and Vololona Rabeharisoa. 2004. Ginos lesson on humanity: genetics, mutual entanglements and the sociologists role. *Economy and Society* 33: 1-27.

Cussins, Charis. 1998. Ontological choreography agency for women patients in an infertility clinic. In *Differences in medicine: unravelling practices, techniques and bodies*, eds. Marc Berg, Annemarie Mol, 166-201. Durham: Duke University Press.

Dodier, Nicolas. 1998. Clinical practice and procedures in occupational medicine: a study of the framing of individuals. In *Differences in medicine. Unraveling practices, techniques and bodies*, eds. Marc Berg, Annemarie Mol, 53-85. Durham: Duke University Press.

Gomart, Emilie, and Antoine Hennion. 1999. A sociology of attachment: music amateurs and drug addicts. In *Actor network and after*, eds. John Law, John Hassard, 220-247. Oxford: Blackwell.

Harbers, Hans, Annemarie Mol, and Alice Stollmeijer. 2002. Food matters. Arguments for an ethnography of daily care. *Theory, Culture & Society* 19: 207-226.

Hennion, Antoine. 2001. Music lovers. Taste as performance. *Theory, Culture & Society* 18: 1-22.

Laet, Marianne de, and Annemarie Mol. 2000. The Zimbabwe bush pump. Mechanics of a fluid technology. *Social Studies of Science* 30: 225-263.

Lakoff, George, and Mark Johnson. 1980. *Metaphors we live by*. Chicago: University of Chicago Press.

Latour, Bruno. 1988a. Mixing humans and nonhumans together: The sociology of a door-closer. *Social Problems* 35: 298-310.

Latour, Bruno. 1988b. *The pasteurization of France*. Cambridge, Mass.: Harvard University Press.

Latour, Bruno. 1988c. The politics of explanation: an alternative. In *Knowledge and reflexivity: new frontiers in the sociology of knowledge*, ed. Steve Woolgar, 155-176. London: Sage.

Latour, Bruno. 1992. Where are the missing masses? Sociology of a few mandane artefacts. In *Shaping technology, building society: studies in sociotechnical change*, eds. Wiebe Bijker, John Law, 225-258. Cambridge, Mass.: MIT Press.

Latour, Bruno. 1996. *Aramis, or the love of technology*. Cambridge, Mass: MIT Press.

Latour, Bruno. 1999. On recalling ANT. In *Actor network theory and after*, eds. John Law, John Hassard, 15-25. Oxford: Blackwell and the Sociological Review.

Latour, Bruno. 2004. Why has critique run out of steam? From matters of fact to matters of concern. *Critical Inquiry* 30: 225–248.

Latour, Bruno. 2007. *Reassembling the social: an introduction to actor-network theory*. Oxford: Oxford University Press.

Law, John. 1992. Notes on the theory of the actor-network: ordering, strategy and heterogeneity. *Systems Practice* 5: 379-393.

Law, John. 1994. *Organizing modernity*. Oxford: Blackwell.

Law, John. 1999. After ANT: topology, naming and complexity. In *Actor network theory and after*, eds. John Law, John Hassard, 1-14. Oxford, Keele: Blackwell.

Law, John. 2000. On the subject of the object: narrative, technology and interpellation. *Configurations* 8: 1-29.

Law, John. 2003. Traduction / trahison: notes on ANT. TMV. Working paper 106. Oslo: University of Oslo. Also available at http://www.lancaster.ac.uk/fass/sociology/papers/law-traduction-trahison.pdf (Stand: 1997).

Law, John. 2001. *Aircraft stories: decentering the object in technoscience*. Durham: Duke University Press.

Law, John. 2009. Actor-network theory and material semiotics. In *The new Blackwell companion to social theory*, ed. Bryan S. Turner, 141-158. Oxford: Blackwell.

Law, John, and Annemarie Mol 2001 Situating technoscience: an inquiry into spatialities. In *Environment and planning D: Society and Space*, 19: 609-621.
Law, John, and Annemarie Mol. 2008a. Globalisation in Practice: on the Politics of Boiling Pigswill. *Geoforum* 39: 133-143.
Law, John, and Annemarie Mol. 2008b. The Actor Enacted. Cumbria Sheep in 2001. In *Material Agency. Towards a non-Antropocentric Approach*, eds. C. Knappet, L. Malafouris, 57-77. Heidelberg: Springer.
M'Charek, Amade. 2005. *The human genome diversity project. An ethnography of scientific practice*. Cambridge: Cambridge University Press.
Méadel, Cécile, and Vololona Rabeharisoa. 2001. Taste as a form of adjustment between food and consumers. In *Technology and the market. Demand, users and innovation*, eds. Rod Coombs, Ken Green, Albert Richards, Vivien Walsh, 234-253. Cheltenham: Edward Elgar Pub.
Mol, Annemarie. 2002. *The body multiple. Ontology in medical practice*. Durham: Duke University Press.
Mol, Annemarie. 2008. *The logic of care. Health and the problem of patient choice*. London: Routledge.
Mol, Annemarie, and Marc Berg. 1994. Principles and practices of medicine. The co-existence of various anemias. *Culture, Medicine and Psychiatry* 18: 247-265.
Mol, Annemarie, and John Law. 1994. Regions, networks and fluids: anaemia and social topology. *Social Studies of Science* 24: 641-671.
Mol, Annemarie, and John Law. 2004. Embodied action, enacted bodies. the example of hypoglycaemia. *Body & Society* 10: 43-62.
Mol, Annemarie, and Jessica Mesman. 1996. Neonatal food and the politics of theory: some questions of method. *Social Studies of Science* 26: 419-444.
Moreira, Tiago. 2004. Self, agency and the surgical collective. *Sociology of Health & Illness* 26: 32-49.
Moreira, Tiago. 2006. Heterogeneity and coordination of blood pressure in neurosurgery. *Social Studies of Science* 36: 69-97.
Moser, Ingunn. 2006. Disability and the promises of technology: technology, subjectivity and embodiment within an order of the normal. *Information, Communication & Society* 9: 373-395.
Moser, Ingunn. 2008. Making Alzheimer's disease matter. Enacting, interfering and doing politics of nature. *Geoforum* 39: 98-110.
Negt, Oskar, and Alexander Kluge. 1981. *Geschichte und Eigensinn. Geschichtliche Organisation der Arbeitsvermögen*. Frankfurt a. M.: Suhrkamp.
Pols, Jeanette. 2005. Enacting appreciations: beyond the patient perspective. *Health Care Analysis* 13: 203-221.
Rabeharisoa, Vololona. 2006. From representation to mediation: the shaping of collective mobilization on muscular dystrophy in France. *Social Science & Medicine* 62: 564-576.
Serres, Michel. 2007. *Parasites*. Minneapolis, MN: University of Minnesota Press.
Singleton, Vicky. 1996. Feminism, Sociology of scientific knowledge and postmodernism: politics, theory and me. *Social Studies of Science* 26: 445-468.
Singleton, Vicky, and Mike Michael. 1993. Actor-networks and ambivalence: general practitioners in the UK cervical screening programme. *Social Studies of Science* 23: 227-264.
Strathern, Marilyn. 2004. *Partial connections*. Oxford: Rohman & Littlefield Publishers.
Struhkamp, Rita. 2005. Wordless pain. Dealing with suffering in physical rehabilitation. *Cultural Studies* 19: 701-718.
Struhkamp, Rita, Annemarie Mol and Tjalling Swierstra. 2009. Dealing with independence: doctoring in physical rehabilitation practice. *Science, Technology & Human values* 34: 55-76.
Thompson, Charis. 2002. When elephants stand for competing philosophies of Naturel Amboseli National Park, Kenya. In *Complexities. Social studies of knowledge practices*, eds. John Law, Annemarie Mol, 166-190. Durham: Duke University Press.
Turnbull, David. 2000. *Masons, tricksters and cartographers*. Amsterdam: Harwood Academic Publishers.
Verran, Helen. 2001. *Science and an African logic*. Chicago: The University of Chicago Press.
Winance, Myriam. 2006. Trying out the wheelchair. The mutual shaping of people and devices through adjustment. *Science, Technology & Human Values* 31: 52-72.

Woolgar, Steve, ed. 1988. *Knowledge and reflexivity. New frontiers in the sociology of knowledge.* London: Sage.

Woolgar, Steve. 2004 What happened to provocation in science and technology studies? *History and Technology: An International Journal* 20: 339-349.

Korrespondenzanschrift: Annemarie Mol, Universität Amsterdam, Faculty of Social and Behavioural Sciences – Department of Sociology and Anthropology, OZ Achterburgwal 185, 1012 DK Amsterdam

E-Mail: a.mol@uva.nl

KRITIK

SOCIAL ORDER FROM AN ASSOCIATION THEORY PERSPECTIVE

Georg Kneer

Abstract: The paper discusses the idea found in actor-network theory of describing the construction of social order with the idea of an expanded symmetry principle. With a focus on the generalized notion of the actor and the concept of network the article highlights several problems and inconsistencies characteristic of ANT. The critique presented here takes a pragmatic approach. Rather than attacking the use of a symmetrical descriptive vocabulary, this paper critiques the pretensions associated with this vocabulary.

I.

Sociological approaches which, like actor-network theory (Callon 2006; Latour 1998, 2005), claim to open up a radically new, quite different perspective on "the social", can be critiqued in two different ways. First, we might dispute the proposed perspective's conceptual viability by bringing out the untenable or dubious nature of its basic assumptions and initial decisions, pointing to its lack of complexity, or highlighting the inconsistency or one-sidedness of its findings and conclusions. Second, we might question whether this approach is really a radically new research perspective in the first place. I shall pursue both these critical strategies in this brief comment on the preceding article by Annemarie Mol and on actor-network theory (ANT) – though given the number of pages allotted to me I will have to be cursory rather than systematic.

The fact that my chief concern here is to critique the above-mentioned approach is due – at least in part – to the overall structure of this volume. A more detailed comment would have to take account of the conceptual advantages and usable insights of ANT. To at least hint at what I consider to be one beneficial idea within the context of interest here: for the exponents of this approach, as Mol explicitly underlines, social order is not something predetermined. It is not assured by a timeless and placeless antecedent structure. Rather, its production – and, if applicable, its reproduction – requires countless activities, operations and interventions occurring in specific contexts. Because it clearly rejects the reification or hypostatization of the concept of structure, one may view ANT, as recently suggested, as a type of post-structuralist sociology (Reckwitz 2008: 338). In my opinion, however, such a critique of the notion of fixed, superordinate structures (groups, classes, institutions) is also made from other theoretical standpoints. Indeed, it is found in the work of the classical sociologists, at least in outline. One way or the other, this rejection of the notion of a structure that is, to borrow from Jacques Derrida, removed from the game, and the consequent formulation of a perspective that conceives of social reality as "performative reality", as a process of ongoing acting, coordinating, adapting, negotiating and deciding, is by no means as new as the advocates of ANT would make us believe. My remarks so far also suggest that the claim to innovation made by Latour and his colleagues is by no means always due to original insights, but often to that sudden and unexpected gesture through which much of traditional sociological theory had previously been dismissed.

It might be objected that, by viewing ANT straightforwardly as a contribution to social theory, a comment such as this fails to take account of its peculiar understanding of theory. This is why Mol goes to such lengths in her article to underline the special way in which the term "theory" is used. For her, in light of traditional standards, ANT is not a theory at all. It formulates, she suggests, no universal laws, provides no causal explanations, possesses no general and consistent descriptive or conceptual system (such as a general theory of action) and is not geared to any uniform method. Rather, on the basis of specific, material case studies – particularly in the field of science and technology research – it displays a merely loose heuristics; it works with a conceptual repertoire that can be constantly modified and expanded. In brief, this approach is not geared towards a standard framework. Instead, it opens up a method of obtaining new insights that is by no means entirely consistent, but which is capable of adaptation. I believe, however, that such an account is quite inadequate (by which I do not only mean that such an "alternative" understanding of theory can in no way lay claim to any originality, that there are in fact numerous precursors – *grounded theory* being a case in point). I believe that ANT has a quite different objective. Bound up with its rejection of classical and contemporary theoretical standpoints within sociology, it aims to draw up a symmetrical descriptive vocabulary (of which more later) that enables us to describe and explore the social in new ways. This vocabulary is used to formulate a huge number of general ideas and far-reaching conclusions. In terms of the degree of generalization, these ideas and conclusions are every bit a match for competing (traditional) social theories. At any rate, they clearly go beyond the limited context of the case studies – when it is asserted, for example, that we have never been modern, that society doesn't "really" exist, that we are in fact members of collectivities existing together with objects in hybrid constellations, that science, politics, economy and other functional spheres cannot be clearly demarcated, that the contemporary social order has a uniform constitution, and should, moreover, be reorganized in line with the proposal for a parliament of things, etc.

The comments above are by no means intended as an endorsement of Mol's call for the total renunciation of general theory and concept building. Theories aim not only to describe an individual case, but also to produce higher-level accounts and explanations. Precisely because of this, they bring together various facts so that we might make a comparison, and this is often associated with surprising observations (ones that enhance our understanding). Mol's contribution also contains a number of such comparisons, some of which are highly amusing yet instructive, such as her analogy between keeping cheese fresh and the maintenance, reproduction and dissemination of scientific constructions/facts (rather like Latour, who refers to fish rather than Camembert). In light of this, I question whether ANT, as claimed, can make do without work on general theory and concepts. And I have serious doubts as to whether ANT's sweeping suppositions and far-reaching conclusions, as outlined in the previous paragraph, can be sustained in this form. However, in what follows I will not be returning to, or elaborating on my reservations, expressed elsewhere, about the critique of modernity and society put forward by Latour and his colleagues (see Kneer 2008). Instead, I aim to discuss in more detail two proposed terms from which this theoretical conception takes its name and which also stand centre stage in Mol's article. I am referring to the terms "actor" and "network".

II. Actors

Mol underlines that the concept of the actor is not a simple category that can be understood without further ado. ANT is therefore concerned, as Mol sees it, to explore and lay bare the various, sometimes contradictory aspects of this category. In my own words, I would state that ANT puts forward no concise, binding definition of the term "actor". Instead, we are offered a complex description with the help of a large number of inter-referential terms. Mol's account, as well as other reference texts, contains at least three considerations that are taken into account in describing the category of actor. *First*, it is emphasized that the actor is neither the unqualified subject nor the only cause of action. Instead, action is seen as the result of a plurality of forces. To be more precise, on this view action appears as a dislocal, non-transparent process, in which a multifarious array of entities is involved. In brief, the "actor is what is *made* to act by many others" (Latour 2005: 46). *Second*, it is proposed that we relinquish entirely any intentionalist vocabulary. Because of this, ANT has no interest in the actor's individual motives and intentions, but merely describes the effects and impact of action. *Third*, the renunciation of intentionalist vocabulary opens up a perspective that appreciably extends the circle of actors. ANT uses a generalized concept of the actor that avoids any restriction to human individuals. Instead, every efficacious unit is viewed as an actor, thus including people of flesh and blood as well as microbes, key fobs, scallops and speed bumps.

I can be fairly brief in responding to the first point. Here again, I would claim that the view identified here is not new to sociology as a whole. Durkheim himself shows that actors do not act with complete autonomy, but are always already to be found within a constellation of circumstances that facilitates, influences and structures their action. Hence, actors owe their status as actors not to intrinsic qualities, but to their location within the social space or, expressed in more up-to-date terms, certain practices of classification and ascription.

I would like to tackle the two remaining points in more depth, and it makes sense to do so by considering them together. This is because both ideas are connected with the so-called ANT symmetry principle. This refers to the principle of deploying a uniform language of description and explanation when analyzing natural, technological and social entities or processes. The generalized notion of the actor, together with the renunciation of an intentionalist vocabulary and widening of the circle of actors, is clearly geared directly to the requirements of the symmetry principle. In an in-depth discussion, Latour (2002: 236) underlines that the aim of this principle is by no means merely to "confer subjectivity upon things or view people as objects". Thus, for Latour, the aim is not to call into question all the differences between the various entities. Instead, the goal is to avoid any dichotomous presumptions – such as the distinction between intentionally acting individuals and passive objects. And this allows us to express more precisely ANT authors' key concern in formulating the symmetry principle. The symmetrical language of description – and in this respect: the extended category of actor – is presented as a complete alternative to an asymmetrical vocabulary. "To be symmetric, for us, simply means *not* to impose a priori some spurious *asymmetry* among human intentional action and a material world of causal relations" (Latour 2005: 76).

This, I believe, brings us to a truly awkward aspect of ANT arguments. Latour obviously sees an asymmetrical descriptive language as a false means of representation (and it is this idea that puts him in the position of ideological critic in the first place, enumerating the errors and misperceptions of the "moderns", all of whose arguments he regards as asymmetrical). In so doing, he is, as it were, also asserting that a symmetrical vocabulary is an accurate observational language. Now, my critique is not concerned simply to reverse the assignment of the values "true" and "false". The point I wish to make is quite different: I do not believe that descriptive vocabularies are candidates for truth value in the first place. In other words, the world "out there" does not lay down for us which descriptive language is the correct one. And we cannot cast off all vocabularies in order to first observe the world as it "really" is before going on to decide which language is more sound, accurate or true. Such an undertaking, as Richard Rorty (1987) has correctly pointed out, proceeds according to the misleading premise that our means of depiction are a kind of mirror of nature. The choice of our theoretical descriptive vocabularies is not imposed upon us from outside, but occurs in accordance with criteria we ourselves have selected. This choice thus emerges, among other things, as dependent on our epistemological interests and goals.

In light of this – let me be very clear on this point – I have no objections in principle to the *use* of a symmetrical descriptive vocabulary. Such a language may be perfectly adequate for some epistemological goals. It may in fact possess marked advantages with respect to certain epistemological goals (relating to ecological issues for example). I would also point out that in certain respects behaviourism and behavioural theories also make use of symmetrical terminology. These approaches also do without an intentionalist vocabulary, describing and explaining the behaviour of humans as well as animals and plants by means of a uniform representational language – in this case a generalized stimulus-response model.[1] Adherents of a *Verstehen*-oriented sociology generally criticize such an approach by putting forward the so-called naturalism objection. This states that social entities cannot be "correctly" described and explained through

---

1 This is certainly not to say that ANT is a variety of behaviourism or behavioural theory. Despite superficial parallels, there are substantial differences between these approaches. Apart from anything else, as we have seen, ANT clearly rejects the assumption of law-like, or at least generalizable, stimulus-response processes. Its advocates, furthermore, are not concerned merely to replace the conceptual apparatus of a social scientific hermeneutics with that of a natural science espousing causal arguments. Their aim is to formulate a vocabulary that precedes the fundamental distinction between natural and social scientific languages (see Callon and Latour 1992: 347). This aspiration reinforces the suspicion that ANT is characterized by a secret fundamentalism (for more details, see Kneer 2009a).

the methods of the natural sciences, but only with a hermeneutic approach. A distinction is thus made between two spheres of existence within the world, which feature marked similarities with Descartes' dichotomy of mind and nature. Such a view raises problems not because it differentiates between different descriptive vocabularies (such as the language of the humanities and social sciences versus that of the natural sciences), but because it formulates this distinction in ontological terms. ANT has rightly rejected such a view. Yet its advocates come to the same false conclusion. Because they deploy a uniform descriptive vocabulary, they conclude that the world itself is ordered symmetrically – or at least not asymmetrically – and that the use of an asymmetrical language misconceives this order right from the outset.[2]

Unlike followers of ANT (and unlike many advocates of a *Verstehen*-oriented sociology) my plea, in brief, is for a calm, pragmatic approach to the descriptive vocabularies available to us. To argue once again with Rorty, we use them not in order to produce a copy of the world, but to cope with the world. In other words, our means of depiction are not simply true or false, but we can evaluate them according to whether they further our epistemological goals. On this basis, ANT exponents' call for us to abandon the intentionalist vocabulary completely makes no sense. I would go so far as to say that this language has clear advantages with respect to certain epistemological goals. I believe that the intentionalist or meaning-oriented language of observation, with its diverse range of concepts (such as intentions, motives, expectations, norms, stock of knowledge, symbols, discourses, cultures, etc.), furnishes us with a significantly more complex vocabulary than the sparse language of symmetrical concepts, one that quite simply enables us to deal more effectively with certain problems. Furthermore, the use of intentionalist concepts by no means inevitably results in a wrongly understood – in other words ontologically conceived – asymmetry: no-one forces us to use the concept of intentional action solely to depict and analyze human behaviour. With regard to certain epistemological and practical goals, it may well make sense to use this term to describe other entities and processes as well – in recent times this has chiefly applied to computer-aided operations. It would be of great benefit if the fundamentalist controversy over whether or not it is only human beings that can act were to be replaced by the pragmatic question of whether, and to what extent, observable changes are discussed semantically a) as causal effects, b) as "mere" behaviours or c) as intentional acts. The conceptual apparatus of ANT emerges as insufficiently complex not least because, having abandoned intentionalist vocabulary, it cannot even ask this question.

---

2 One might take issue with my critique on the grounds that ANT's symmetrical descriptive vocabulary is in no way intended to explicate its own unique perspective on the "order of things". Instead, it might be argued, it is meant to provide an infralanguage that enables us to capture the descriptions and theories of the actors themselves. But this "retort" takes us nowhere. As has often been pointed out, the demand for observation free of prior assumptions cannot be fulfilled. Linguistic knowledge and knowledge of the world, moreover, cannot be strictly separated; they are intermeshed.

III. Networks

Investigating the concept of the network allows us to examine more closely ANT's ideas on questions of social coordination and the generation of social order. It is vital here that we take account of the close connection between the concept of the network and the concept of the actor discussed above. This connection is anchored in the assumption, mentioned earlier, that actors do not act independently, but in association with other actors. In short, they act in networks. The term "network" thus functions as a basic theoretical concept intended to capture the diverse range of relations, connections and interconnections between heterogeneous actors or entities. On this view, networks come into being through interactions, interventions and negotiations, in which the participants – human and non-human beings – assigned specific characteristics, competencies, programmes of action, roles and functions. From this point of view, the process of network formation consists of two processes, which can be separated only for analytical purposes: the constitution or modification of relations between actors, and the constitution or modification of the actors themselves. This also implies that actors possess no existence or identity independent of the network or antecedent to the network. Actors have no autonomous or fixed characteristics, intrinsic qualities, competencies, opportunities for action, interests, etc. Instead, actors, including their factual existence and specific characteristics, are dependent on other actors and thus on a network of contributing entities.

If we adhere to the theory's basic assumptions as outlined so far, we may state that the terms "actor" and "network" are inter-referential: an actor without a network wouldn't be an actor at all. He or she would lack an identity, potential for action, role or script. In fact, we would know nothing of his or her existence. Thus, "an actor always consists of a network as well" (Law 2006: 435). Conversely, a network without actors would be no network at all, because the function of networks is none other than to open up, transform and focus the potential and opportunities for action, in other words to assign them to particular actors. According to ANT, all actors are also networks or are configured within networks. Conversely, every network may itself function as a (hybrid) actor. From the perspective of a theory of order, the process of network formation is of particular interest here. ANT describes this process through the term "translation". Translations thus represent multistage processes in which the underlying circumstances or initial problems are first defined *(problematization)*, possible allies are sought out and mobilized *(interessement)*, instructions for action and roles are negotiated *(enrolment)* and finally – should the translation succeed – toleration or consent is transformed into active support for the proposed programme of action *(mobilization)*. The result of the process of translation is an at least temporarily stable network that authoritatively defines the identities, competencies and room for manoeuvre of the actors involved. The outcome attained may of course be terminated again at any time. In order to ensure that action scripts are realized or implemented over the longer term, additional work is required. More entities will have to be recruited and new alliances founded. In other words, the network must be expanded.

Several aspects of the conception of social order briefly indicated above would merit more in-depth examination. In her contribution, Mol refers chiefly to the advantages of her theoretical proposal in this regard. Among these she includes its understanding of the fragility of the construction of social order, its rejection of the idea of a central authority of control or coordination and its emphasis on the fact that social order is by no means externally determined "from above", but arises as the (unintended) result of processes of translation, association and linkage "from below". On the other hand, Mol says nothing at all about the fundamental conceptual difficulties and inconsistencies with which ANT finds itself confronted. I would like to briefly examine three of these problems. *First*, in describing how social order comes about, Latour in particular underlines the special role played by physical things. On this view, concrete objects and material artefacts are the guarantee that social relations are made permanent – in other words framed, extended temporally and spatially, and given a more robust form. Latour makes a comparison between the fragile face-to-face interactions of baboons, which get by without concrete objects, and human relations, which are stabilized through material objects, to bring out how material technology consolidates the social. Though most social theories would immediately concur with such a view, it is quite incompatible with the basic assumptions of ANT. This is because here the consolidation of social order is explained with reference to the intrinsic characteristics of specific actors – in other words, the material recalcitrance of things. In short, the emphasis on the special role of technology contradicts the view, mentioned above, that the stabilization of associative orders occurs as an effect of the self-organization of a heterogeneous network. This also points to the fundamental problem of whether only hybrid entities or also human, natural and artificial beings (without hybrid "admixtures") may be considered as actors. Though relevant evidence can be put forward for both points of view, ANT authors have failed to notice that they are incompatible (see Schulz-Schaeffer 2009; Kneer 2009b).

Second, the status of networks in general remains unclear. As we have seen, in the early publications on ANT networks are understood as associative structures, in which a broad range of actors plays a part. In more recent accounts, meanwhile, Latour sees the network as an analytical instrument of observation. "Network is a concept, not a thing out there. It is a tool to help describe something, not what is being described" (Latour 2005: 131). Quite apart from this ambiguity, in light of ANT's basic assumptions this last categorization also makes no sense – after all, building on Alfred North Whitehead's concept of the proposition, Latour had advocated a perspective that does without the dichotomous distinction between signifier and signified, description and described.

Third, with her account of the network, Mol lands herself with new problems. She emphasizes that recent studies on ANT are not content to describe singular networks, but instead investigate the tense coexistence of a number of network-like structures. Yet this view of a coordination of networks stands in marked contrast to other statements found within ANT. Latour for example emphasizes that networks, unlike closed systems, have no interior or exterior. They cannot, therefore, be marked off from an external environment. If we nonetheless wished to retain the concept of the boundary, we would have to state that networks consist of nothing but a boundary: "A network is all boundary without inside or outside" (Latour 1996: 372). Such a conception, however, rules out the hypothesis that several networks might be meshed together or interconnected. Rather, with regard to other actors or factors whose activities are beginning to have an impact on the events within the network, we would have to state that the original, singular network is being extended (or that previous accounts of this network were incomplete, and must therefore be expanded).

IV. Conclusion

The preceding remarks have pointed to a number of problems and inconsistencies characteristic of ANT. This is not to say that the descriptive vocabulary that ANT offers is simply false. Such a conclusion is incompatible with my plea for a pragmatic approach to theoretical languages. Neither do I entirely reject ANT's claim to innovation. I do not, for example, dispute that using a symmetrical language of description may cast new light on seemingly familiar phenomena, in other words that these may be portrayed in an unfamiliar manner. We should not underestimate the insights and epistemological benefits that this makes possible. But I have the impression that ANT, at least in its current state of development, is incapable of making best use of the advantages associated with such a "defamiliarization strategy". At the very least, ANT's (unacknowledged) fundamentalism, lack of basic conceptual clarity, insufficiently complex means of description and hasty generalizations constitute significant deficiencies, which even the deliberately provocative rhetoric, often clothed in radical guise, can do nothing to obscure. Anyone looking for an analysis of mechanisms of social order and coordination featuring greater reflexivity, analytical depth and conceptual precision would therefore be well advised to have a look at competing theories as well.

References

Callon, Michel. 2006. Einige Elemente der Übersetzung: Die Domestikation der Kammmuscheln und der Fischer der St. Brieuc-Bucht. In *ANThology. Ein einführendes Handbuch zur Akteur-Netzwerk-Theorie*, Hrsg. Andréa Belliger, David J. Krieger, 135-174. Bielefeld: Transkript.
Callon, Michel, and Bruno Latour. Don't throw the baby out with the bath school! A reply to Collins and Yearley. In *Science as practice and culture*, ed. Andrew Pickering, 343-368. Chicago, London: Chicago press.
Kneer, Georg. 2008. Hybridizität, zirkulierende Referenz, Amoderne? Eine Kritik an Bruno Latours Soziologie der Assoziationen. In *Bruno Latours Kollektive – Kontroversen zur Entgrenzung des Sozialen,* Hrsg. Georg Kneer, Markus Schroer, Erhard Schüttpelz, 261-303. Frankfurt a. M.: Suhrkamp.
Kneer, Georg. 2009a. Jenseits von Realismus und Antirealismus. Eine Verteidigung des Sozialkonstruktivismus gegenüber seinen postkonstruktivistischen Kritikern. *Zeitschrift für Soziologie* 38: 5-25.
Kneer, Georg. 2009b. Akteur-Netzwerk-Theorie. In *Handbuch Soziologische Theorien*, Hrsg. Georg Kneer, Markus Schroer, 19-39. Wiesbaden: VS Verlag für Sozialwissenschaften.
Latour, Bruno. 1996. On actor-network theory. A few clarifications. *Soziale Welt* 47: 369-381.
Latour, Bruno. 1998. *Wir sind nie modern gewesen. Versuch einer symmetrischen Anthropologie*. Frankfurt a. M.: Fischer.
Latour, Bruno. 2002. *Die Hoffnung der Pandora. Untersuchungen zur Wirklichkeit der Wissenschaften*. Frankfurt a. M.: Suhrkamp.
Latour, Bruno. 2005. *Reassembling the social. An introduction to actor-network-theory*. Oxford: University Press.

Law, John. 2006. Notizen zur Akteur-Netzwerk-Theorie. In *ANThology. Ein einführendes Handbuch zur Akteur-Netzwerk-Theorie,* Hrsg. Andréa Belliger, David J. Krieger, 429-446. Bielefeld: Transkript.

Reckwitz, Andreas. 2008. Latours Plädoyer für eine poststrukturalistische Heuristik des Sozialen. *Soziologische Revue* 31: 337-343.

Rorty, Richard. 1987. *Der Spiegel der Natur. Eine Kritik der Philosophie.* Frankfurt a. M.: Suhrkamp.

Schulz-Schaeffer, Ingo. 2008. Technik in heterogener Assoziation. Vier Konzeptionen der gesellschaftlichen Wirksamkeit von Technik im Werk Latours. In *Bruno Latours Kollektive. Kontroversen zur Entgrenzung des Sozialen,* Hrsg. Georg Kneer, Markus Schroer, Erhard Schüttpelz, 108-152. Frankfurt a. M.: Suhrkamp.

Korrespondenzanschrift: Prof. Dr. Georg Kneer, Hochschule für Gestaltung, Marie-Curie-Straße 19, 73529 Schwäbisch Gmünd
E-Mail: kneer@hfg-gmuend.de

Replik

A LETTER TO GEORG KNEER

Annemarie Mol

Abstract: In answer to the text written by Dr. Georg Kneer, below you find a letter that I address to him. It is a polite letter, as the genre requires. But it is not a nice letter. Because Kneer is so blandly judgemental, no, worse, scathing in his text, he left me with few options. I had to fight back. And so I do. Thus, I point out that in his contribution Kneer does not discuss my text, nor, for that matter, any other version of Actor Network Theory, as he was asked to do, but, instead, dismisses them. Adding insult to injury, he does not do so after carefully engaging with ANT-work. Instead, he dreams up the enemy that he seeks to crush. It makes one wonder if he even read my text.

Dear Georg Kneer,

Allow me to start with a question: have you even *read* my text?

But yes, of course you have. I get a pat on the head for being *amusing* because I compare scientific facts with Camembert cheese. But *this* isn't me being funny. Here's a quote: "We may say that the laws of Newton may be found in Gabon and that this is quite remarkable since that is a long way from England. But I have seen Lepetit Camemberts in the Supermarkets of California. This is also quite remarkable, since Lisieux is a long way from Los Angeles" (Latour 1988: 227). This is great, isn't it? It is indeed one of my favourite quotes. Of course it comes from Bruno Latour. Who else weaves sentences that are so cheerful, beautiful, strong and vicious all at the same time? It is therefore with pleasure that I pass on the compliment. "Highly amusing yet instructive," wasn't it?

But wait, you tell me that you *do* relate to something specific to my text? Indeed, you do. When I argue that "network" is not necessarily the best term to describe relatedness between "actors" as it has trouble capturing co-existence *in difference*, you mention that: "Mol lands herself with new problems". What problems? Here they are: "This stands in marked contrast to other statements found within ANT". Fascinating. Of course "this stands in marked contrast to other statements found within ANT". It was *meant* to. This is called debate. In this way (and ways like this) I (and others who try to get a grasp on "difference") try to add to, rejuvenate and adapt the actor network tradition that helped to in/form us. Maybe I was not loud or clear enough when I wrote that *ANT is not a Theory*, or that, if it is, then this changes *what a "theory" is*. If ANT is a theory, I tried to say, a theory becomes a bustling family-like mess of related, shifting, sometimes clashing, notions, sensitivities and concerns. Rather than being consistent. As this did not get through to you, let me underline once more that it is not a *problem* for me that there are *contrasts* "within ANT". On the contrary, I celebrate it.

It may of course also be that your misunderstanding follows from the weird habit in some parts of academia of discussing Theory and its *consistency* quite separately from the messy realities within which academic work is *situated*. This narrow focus may have led you to overlook the fact that ANT does not quite fit the mould of the Theory you dream about. So let us shift to the situatedness of ANT. You want to be sensitive to situatedness, don't you? You do call for a pragmatic attitude. You say that we have to "choose" our terms depending on "our epistemological interests and goals". But (excuse me for making yet more trouble) this is a bit thin. Two points.

First, you suggest that Latour committed a grave error when he wrote, in *The Politics of Nature*, of a "spurious *asymmetry* between human intentional action and a material world of causal relations". He should not have made such ontological claims but have stayed calm and pragmatic instead. But what if he had? Do you think that by abstaining from vigorous statements, he would have convinced an audience involved in ecological debates (for that is what he was trying to do)? Would they actually have *listened* if he had told them that "a pragmatic understanding of language might allow us to talk about humans and materialities in symmetrical terms, were this to serve our goals"? I don't think so. It isn't just vocabularies that may (need to) shift between contexts. This also goes for *styles*. How shall I put this? I might say that a pragmatic demeanour may be fine so long as you move among language theorists, but isn't very helpful if you happen to have worldly goals relevant to a slightly wider arena. (There is a world out there, Georg. Or should I call you Dr. Kneer? These habits differ so much between languages!) I might also say that it is strange that you call for pragmatism in relation to *terms*, but forget that there might also be "pragmatism" – or another kind of context-sensitivity – in relation to entire *intellectual projects*. What if Latour is crafting a *style* that he hopes will work in the context where he seeks to interfere?

The question then is how to do so. And here we come to my second point: How exactly to think of context-sensitivity? You draw on a specific strand of pragmatism when you suggest that we should calmly *choose our terms depending on our goals*. But where do these goals come from? Goals are not given in the order of things. Instead, they come into being (emerge, crystallize, take shape) *along with* the terms we use to talk about the world. And these words, in their turn, cannot be chosen *de novo*. There is no neutral ground outside language, where we may consider our words, or deliberate about them, without using words – and without being used by them. There is always language already. Your kind of pragmatism takes goals to be given and vocabularies to be optional. As it happens, that is not very context-sensitive after all: there are few (if any) real life practices that fit such a description.

This is not to say that we should not *mind our words*, discuss our language, or care for our vocabulary. You reproach me for (in your eyes) suggesting such carelessness. You say that I claim that ANT can "make do without work on theory and concepts". This is a very strange reproach, especially in the light of the rather detailed work on theory and concepts that I happen to *do* in the text you were supposed to comment on. On and on I go, about Theory and theory, and about the terms "actor", "network", "mode of ordering", "co-ordination", "logic", "association", "tinkering" and "doctoring". Again, therefore, my question: did you *read* my text? Or does my discussion of all these terms not count as *work*? Or, yet again, do these terms not count as *concepts* since I accept their fluidity? Are proper "concepts" necessarily clearly defined, and does work on them always come to firm conclusions? But that was exactly the contested issue, wasn't it? For "Theory" (with a capital T) may well take itself to be coherently built from firmly defined concepts, but *actor network theory* is a loose assemblage of – how did I put it just now? – "related, shifting, sometimes clashing, notions, sensitivities and concerns".

More about "concerns". It is striking how absent they are from your text. You talk of ecology as a potential goal. You mention science and technology as a topic. That is it. Other than that, your entire text is concerned with Theory and Theory alone. By contrast, texts from the ANT tradition link the laws of physics with the cold chains of the cheese market. They learn about the human body as they talk about the design of wheelchairs. They praise the inventiveness of patient organisations as they come to grips with the fact that, in clinical practice too, "the patient" is a collective. They find that in the hospital every "disease" is enacted (shaped, known, treated) in endless different ways. They link telephones to managerial power. They attune to the passions of amateurs, be it for music or heroin. They follow pig feed around the world to address the question what a boundary is. They talk about care for patients with Alzheimer's as they suggest that it isn't just scientists who invent and innovate what the real might be, but nurses and care assistants too. And they always try to surprise their readers. Their authors, so much is clear, were surprised by what they studied too. At the same time, ANT-texts *interfere:* in public debates, with political issues, in theoretical traditions. That is, in different contexts. But there is none of that bustling activity in your "association theory perspective". What a pity.

All in all, it is quite clear that while you quote Latour you have not read any of the beautiful and gripping texts of the authors whom you call "... and colleagues" (and to whose work I extensively refer). Fair enough. One cannot read everything. There is too much, far too much, out there to read. Why burden yourself with all that work if you are only interested in Theory and you presume this to be coherent? Then one Master Theorist can say it all and everyone else just causes problems by introducing incoherence.

But, or so I ended up wondering, have you actually read *Latour*? I mean *read* – not as in submitting a text to your judgement, but as in trying to get a sense of what it seeks to achieve? Take that passage where you explain what (in actor network theory) an "actor" is. You write: "*Hence, actors owe their status as actors not to intrinsic qualities, but to their location within the social space or, expressed in more up-to-date terms, certain practices of classification and ascription.*" But listen: intrinsic qualities matter! Of course they do. It is just that they can never be fully known, or exhausted, since they only become visible "in action" (one quality or the other, never all, so that often such qualities, when they appear, are unexpected). And the space in which actors are located is not just *social*, it is *material* as well. And terms are not just either old fashioned or up-to-date, there are also contemporary clashes between vocabularies. (This is called debate.) And then, crucially, the ability of actors to act, does not merely depend on classification and ascription. It also depends on fuel or food, on their being pushed or paid, or on the voice, the muscles or the motor power of other actors. Mind you: an *actor* network is not quite the same thing as its predecessor, the *semiotic* network. It does not consist of words alone. There is also metal in it; and bread; and music. There are elephants and waterfalls; viruses and microscopes; supermarkets and internets. There may be trains in a network or flesh. It is moving.

Let's face it: you do not just disregard "and colleagues". Your explanation of actors does not come close to "Latour" either.

I ended my original contribution by mentioning that "argument is war" but that luckily there are also less belligerent styles available for academic conversation. More curious, more open. And indeed, I would have preferred for us to talk in another format. Did you try? You didn't really, did you? Stronger still, the style that you choose (or that you take to be self-evident), was far worse than I had ever imagined. It did not suit the occasion at all. For rather than engaging in a debate, you went for the verdict, the instruction. Instead of giving arguments, you issued judgements. And as you did this you adopted the self-assured voice that claims to speak from somewhere above the crowd. You made it seem as if there were no embodied being involved with whom one might talk face to face, or exchange email messages or letters (as in "dear Georg Kneer").

Let me give an example: "Theories", you say, "aim not only to describe an individual case, but also to produce higher-level accounts and explanations". Now do they? Listen, such sentences phrase contested issues as if they were beyond dispute. They do authority, not conversation. What would you expect me to say in response? Try: imagine it. You see? Your choice of style left *me* with little choice. I had two options, really. I could meekly submit, or engage in verbal warfare. Easy. And as the referee says when the fight begins: *Let the best man win.* Our readers will take care of that.

Yours sincerely,
Annemarie Mol

Reference

Latour, Bruno. 1988. *The pasteurization of France.* Cambridge, Mass.: Harvard University Press.

8. Funktionale Differenzierung der Gesellschaft: Soziale Ordnung ohne Koordinationseinrichtungen?

POSITION

DIE WELTGESELLSCHAFT IM SPANNUNGSFELD VON FUNKTIONALER, STRATIFIKATORISCHER UND SEGMENTÄRER DIFFERENZIERUNG

Richard Münch

Zusammenfassung: Die funktionale Differenzierung der Weltgesellschaft ist die Richtung in der sich die Evolution bewegt. Sie löst die segmentäre und stratifikatorische Differenzierung im Primat ab. Das ist der Hauptlehrsatz von Niklas Luhmanns Gesellschaftstheorie. In diesem Aufsatz soll gezeigt werden, dass dieser Lehrsatz zwar eine richtige Einsicht enthält, aber in seiner Allgemeinheit einer empirischen Prüfung nicht standhält. Er beinhaltet eine Unterschätzung der segmentären und stratifikatorischen Differenzierung als konstitutive Strukturen der Weltgesellschaft. In dieser erweiterten Perspektive wird erst sichtbar, dass in erster Linie die Wirtschaft eine zweckspezifische Ausdifferenzierung auf Weltgesellschaftsniveau erfährt, während Politik, Recht, Verwaltung und Bildung weitgehend nationalstaatlich gebunden bleiben, aber zunehmend weniger die wirtschaftliche Dynamik mit anderen Zwecksetzungen harmonisieren können. Auf diesem Weg der Evolution wandelt sich der Interventionsstaat zum Wettbewerbsstaat, zum Agenten der Weltkultur und Transmissionsriemen der Ökonomisierung der nicht-ökonomischen Funktionsbereiche.

I. Funktionale versus segmentäre Differenzierung der Weltgesellschaft

Die funktionale Differenzierung ist das Kernstück von Niklas Luhmanns Theorie der modernen Gesellschaft, die letztlich als Weltgesellschaft zu denken ist. Es ist eine Gesellschaft ohne Spitze und Zentrum, ohne zentrale Steuerung. Politik, Recht, Wirtschaft, Wissenschaft und Kunst bilden nach je eigenem Code autopoietisch operierende Teilsysteme der Gesellschaft (Luhmann 1988, 1991, 1993, 1995, 2001). Die Evolution der Gesellschaft bewegt sich vom Primat der segmentären Differenzierung in Familien, Sippen und Stämme in den Stammesgesellschaften über das Primat der stratifikatorischen Differenzierung in Stände in der traditionalen Ständegesellschaft zum Primat der funktionalen Differenzierung in der modernen Weltgesellschaft. Das heißt nicht, dass die segmentäre und die stratifikatorische Differenzierung in der Moderne völlig beseitigt werden. Sie verlieren angesichts des Primats der funktionalen Differenzierung aber an Bedeutung (Luhmann 1997: 595-865; Tyrell 1998; Stichweh 2000; Nassehi 2006; Schimank 2007).

Eine besondere, ebenfalls erst in der Moderne sich entwickelnde Form der segmentären Differenzierung ist die Differenzierung der Weltgesellschaft in Nationalstaaten (Schimank 2005). In Luhmanns funktionalistischer Perspektive erfüllt die Herausbildung von Nationalstaaten die Funktion der Unsicherheitsbewältigung durch Identitätskonstruktionen, die angesichts der fortschreitenden funktionalen Differenzierung und der damit einhergehenden Steigerung von Unsicherheiten an die Stelle der alten lokalen und ständischen Identitäten treten. Betrachtet man die Geschichte des 19. und 20. Jahrhunderts, dann muss man feststellen, dass die segmentäre Differenzierung in Nationalstaaten in der Tat in ganz erheblichem Maße der funktionalen Differenzierung der Weltgesellschaft Grenzen gesetzt hat. Trotz der Anfänge des kapitalistischen Weltsystems im 16. Jahrhundert (Wallerstein 1976) und eines ersten Höhepunktes der weltwirtschaftlichen Verflechtung zwischen 1870 und 1914 muss man der segmentären Differenzierung der Weltgesellschaft in Nationalstaaten ausreichend Beachtung schenken, um zu einer angemessenen Einschätzung der funktionalen Differenzierung zu gelangen. Man kann sogar mit guten Gründen behaupten, dass die funktionale Differenzierung im 19. und 20. Jahrhundert noch so weit von der segmentären Differenzierung in Nationalstaaten überlagert wurde, dass sie ihre eigene Entwicklungsdynamik nur sehr begrenzt entfalten konnte. Das impliziert, dass der Nationalstaat durch die Ausübung des legitimen Gewaltmonopols die souveräne Herrschaft über ein genau abgegrenztes Territorium, einen bürokratischen Verwaltungsapparat, nationales Recht, ein nationales Bildungssystem und ein nationales, die öffentliche Meinungsbildung bestimmendes Mediensystem eine Art Organisationszentrum einer nationalen Gesellschaft gebildet hat. Dieser gegenüber haben die Weltgesellschaft und die Dynamik ihrer funktionalen Differenzierung eine untergeordnete Rolle gespielt.

Die Weltgesellschaft bildete im System der nationalen Gesellschaften lediglich ein Potenzial für die Generierung wirtschaftlicher Ressourcen und für den Absatz von Wirtschaftsgütern, für Arbeitskräfte, Informationen, Wissen und Werte, auf die sich die Legitimation der nationalstaatlichen Institutionen bezog. Realistischerweise sieht der von John Meyer (2005) und seiner Forschergruppe vertretene Forschungsansatz die Weltgesellschaft nur als Träger einer Weltkultur, repräsentiert durch internationale Institutionen, Regierungs- und Nichtregierungsorganisationen, durch Berater als kulturelle Andere, durch die Nationalstaaten als legitime Akteure konstituiert und strukturiert werden. Dementsprechend ist die Weltgesellschaft nach wie vor vorrangig segmentär und nur nachrangig funktional differenziert. Luhmann (2001) selbst hat festgestellt, dass das politische System der Weltgesellschaft durch die segmentäre Differenzierung in Staaten geprägt ist (vgl. Albert 2002). Führt man diesen Gedanken zu Ende und verbindet man ihn mit dem hochgradig organisierten Charakter des Nationalstaats, dann muss man sogar konzedieren, dass, anders als differenzierungstheoretisch gedacht (Willke 1992), nationale Gesellschaften über eine Spitze und ein Zentrum verfügen.

Die Ausübung souveräner Territorialherrschaft mittels Gesetzgebung, Rechtsprechung und bürokratischer Verwaltung hat den nationalen Regierungen erlaubt, in einem Umfang in die nationale Gesellschaft zu intervenieren, dass dadurch die Eigendynamik der Funktionssysteme in viel engeren Grenzen gehalten wurde, als dies ohne den Vorrang der segmentären Differenzierung der Weltgesellschaft in nationale Gesellschaften der Fall gewesen wäre. Nur so lässt sich insbesondere die Zähmung des Kapitalismus im nationalen Wohlfahrtsstaat und die Sozialpartnerschaft von Kapital und

Arbeit erklären. Die Begriffe des Fordismus, des organisierten Kapitalismus, des Wohlfahrtskapitalismus, des Keynesianischen Interventionsstaates, des Rheinischen Kapitalismus oder des Neokorporatismus haben das institutionelle Arrangement zum Ausdruck gebracht, das der vollständigen funktionalen Ausdifferenzierung der Wirtschaft enge Grenzen gesetzt hat (Streeck 1999; Windolf 2002). Die Wirtschaft konnte als Volkswirtschaft begriffen werden, die es wirtschaftspolitisch zu steuern, finanzpolitisch zu nutzen und sozialpolitisch zu gestalten galt. Dazu gehörten Grenzkontrollen des Kapitalverkehrs, Schutzzölle sowie Subventionen für gefährdete und für zukunftsträchtige Wirtschaftszweige. Unternehmen haben in Deutschland im Geflecht mit Banken, Gewerkschaften und Staat nicht nur nach ökonomischer Rationalität, sondern auch in öffentlicher Verantwortung agiert und konnten sich in Krisensituationen auch der öffentlichen Unterstützung und der Hilfe durch Banken und Regierung sicher sein.

Betrachten wir mit Luhmann (1988) den Code der Wirtschaft als binäres Schema von „zahlen/nicht zahlen" und wirtschaftliche Kommunikation als Zahlung zum Zweck der Wiederherstellung von Zahlungsfähigkeit, dann war der organisierte Kapitalismus durch einen außergewöhnlich großen Umfang von Zahlungen ohne absehbare Wiederherstellung von Zahlungsfähigkeit, das heißt durch Zahlungen zum reinen Konsum bestimmt. Flächentarife für die Entlohnung von Arbeitnehmern, begrenzte Lohnspreizung, Lohnfortzahlung im Krankheitsfall, Sozialabgaben und Steuern sind gesetzlich oder durch kollektive Vereinbarungen der Sozialpartner bestimmt und *erzwingen* Zahlungen ohne Aussicht auf die direkte Wiederherstellung von Zahlungsfähigkeit bei den Zahlenden. Allenfalls indirekt kann die Zahlung als Investition in die Erhaltung einer zahlungsfähigen Bevölkerung *politisch* legitimiert werden. Das ist jedoch ein politischer und kein unmittelbar wirtschaftlicher Vorgang. Er ist Teil der politischen Kommunikation.

An dieser Stelle könnte man behaupten, dass sich zu viel staatlich oder sozialpartnerschaftlich verordnete Umverteilung gegen die Wiederherstellung von Zahlungsfähigkeit am Ende durch sinkende Zahlungsfähigkeit rächt, das heißt in Gestalt von insolventen Unternehmen, sinkenden Steuereinnahmen und Überschuldung der öffentlichen Haushalte, sich also die Autopoiesis, das heißt die Operation der Wirtschaft allein, nach dem Code „zahlen/nicht zahlen" und dem Prinzip der Wiederherstellung von Zahlungsfähigkeit rächt. Man könnte auch sagen, dass die ganzen politisch oder sozialpartnerschaftlich bedingten Zahlungen gar nicht Teil des Wirtschaftssystems sind, sondern Teil des politischen Systems oder des Solidsystems der Zivilgesellschaft und dementsprechend nach deren Code „Macht haben/Macht nicht haben" oder – Luhmann weiterdenkend – „solidarisch/nicht solidarisch" erfolgen. Damit verliert allerdings die Aussage, dass die Wirtschaft in der modernen Gesellschaft funktional ausdifferenziert sei, jeglichen empirischen Gehalt. So gesehen hätte auch die sowjetische Zentralverwaltungswirtschaft insoweit autopoietisch operiert, als die politisch administrierten Zahlungsvorgänge am Ende in der Tat in die Zahlungsunfähigkeit geführt haben.

Soll die Theorie der funktionalen Differenzierung einen empirischen Gehalt haben, dann müsste sie mehr sagen als den Allgemeinsatz, dass jegliche Art der Zahlung dem Gesetz der Knappheit unterworfen ist. Dieser Satz gilt für alle historischen Epochen, nicht nur für die moderne, „funktional differenzierte" Gesellschaft. Einen empirischen Gehalt hat die Theorie der funktionalen Differenzierung, wenn sie prognostizieren kann, unter welchen Bedingungen Zahlungen allein der Wiederherstellung von Zahlungsfähigkeit dienen und welche Ursachen den Umfang derjenigen Zahlungen ausweiten, die allein zu diesem Zweck getätigt werden. In diesem Sinne wäre die Theorie der funktionalen Differenzierung so zu verstehen, dass sie solche Bedingungen und Ursachen zu identifizieren vermag und zeigen kann, dass aufgrund dieser Bedingungen und Ursachen in der Moderne, das heißt ab dem 18. Jahrhundert, in dem Sinne eine Ausdifferenzierung der Wirtschaft als autopoietisch operierendes Funktionssystem zu beobachten ist, dass der Umfang von Zahlungen zum Zweck der Wiederherstellung von Zahlungsfähigkeit deutlich zunimmt. Man kann auf diese Frage eine sehr abstrakte evolutionstheoretisch-funktionalistische oder eine historisch-kausale Antwort geben. Für beide Arten der Antwort finden sich Hinweise bei Luhmann, wobei allerdings die Führung bei der evolutionstheoretisch-funktionalistischen Erklärung liegt. In dieser Perspektive ist die funktionale Differenzierung zwar höchst unwahrscheinlich und deshalb auch nur in einer bestimmten historischen Epoche, nämlich in Europa ab dem 18. Jahrhundert auf Grundlagen entstanden, die sich schon im späten Mittelalter herausgebildet haben. Einmal institutionalisiert hat sie aber den Vorteil der Verarbeitung von höherer Komplexität im Rücken und wird durch die jeweils interne Steigerungsdynamik der Funktionssysteme vorangetrieben. Man kann demnach annehmen, dass der gesetzliche Schutz des Privateigentums und der freien Verfügung darüber und der Vertragsfreiheit eine wirtschaftliche Wachstumsdynamik in Gang setzt, die sich zunehmend selbst trägt und auf die umfassende Institutionalisierung des Prinzips der Zahlung zum Zweck der Wiederherstellung von Zahlungsfähigkeit zusteuert. Der evolutionäre Vorteil dieser Entwicklung wäre die fortschreitend umfangreichere Bewältigung von Knappheit, die überdies ein spiralförmiges Vorantreiben der Erzeugung und Bewältigung von Knappheit beinhaltet (Luhmann 1988: 177-229). Die funktional ausdifferenzierte Wirtschaft erzeugt durch Angebote neue Wünsche und damit Knappheiten, die sie durch gesteigerte Angebote bewältigt.

An dieser evolutionär-funktionalistischen Argumentation befriedigt nicht, dass sie weder den unwahrscheinlichen Schritt zur funktionalen Ausdifferenzierung der Wirtschaft noch deren Begrenzung durch die nationalstaatliche Organisation der Wirtschaft erklären kann. Es gibt allerdings ergänzende Erklärungsansätze bei Luhmann, die sich dafür nutzen lassen. Was den intensiviert ab dem 18. Jahrhundert festzustellenden Schritt von der ständischen zur funktional-differenzierten Gesellschaft betrifft, nennt Luhmann eher en passant eine entscheidende strukturelle Veränderung, nämlich die Entgrenzung von Märkten:

„Die lokale bzw. regionale Differenzierung der Märkte wird überformt oder sogar ersetzt durch eine warenspezifische (also rein ökonomische) Differenzierung der Märkte für Seide, für Getreide, schließlich sogar für Bilder, Graphiken, Skulpturen. Entsprechend löst sich der Begriff des Marktes ab von der Bezeichnung bestimmter für Transaktionen freigegebener Plätze und wird zum Formbegriff, der die Eigenlogik der Transaktionen bezeichnet, die von keinen weiteren Sozialmerkmalen abhängen. Damit beginnt die seitdem anhaltende Orientierung der Wirtschaft am Konsum, also an sich selbst. (...) Die Wirtschaft lernt es, sich mit systemeigenen Mitteln, das heißt: über Preise (inklusive Geldpreise = Zinsen) zu regenerieren" (Luhmann 1997: 724-725).

Einen maßgeblichen Anteil an der Herauslösung der Wirtschaft aus lokalen und regionalen Märkten hat die Finanzierung von Investitionen durch Kredite, die durch internationale Finanzmärkte bereitgestellt werden (Luhmann 1997: 727). Das Aufblühen der Wirtschaft in einem so ressourcenarmen Land wie Holland wurde durch die Erfindung neuer Finanzinstrumente zur Geldschöpfung ermöglicht (Luhmann 1997: 726). Die mit der Entgrenzung der Märkte einhergehende Steigerung der Unsicherheit und die Entlassung aus ständischem und lokalem Schutz erzeugen nach Luhmann einen Bedarf an neuen Sicherheiten, der durch die Identifikation mit dem neuen Kollektivkonstrukt der Nation befriedigt wird. Luhmann schließt daraus jedoch nicht, dass dadurch die funktionale Ausdifferenzierung der Wirtschaft in engen Grenzen gehalten wird. Stattdessen verweist er auf die Brüchigkeit dieses Konstrukts, was durch die mangelnde Ausbildung nationaler Identitäten in den postkolonialen Staaten bewiesen werde. Dementsprechend erscheint ihm die nationale Begrenzung der funktionalen Differenzierung als ein Arrangement von begrenzter Dauer, das den Keim der Auflösung in sich trägt, weil die Evolution in eine andere Richtung weist (Luhmann 1997: 1052-1055).

II. Das Spannungsverhältnis zwischen segmentärer und funktionaler Differenzierung der Weltgesellschaft

Für Luhmann ist klar, dass das Primat der funktionalen Differenzierung der räumlichen Differenzierung in Regionalgesellschaften oder Nationalstaaten entgegenwirkt:

„Eine primär regionale Differenzierung widerspräche dem modernen Primat funktionaler Differenzierung. Sie würde daran scheitern, dass es unmöglich ist, alle Funktionssysteme an einheitliche Raumgrenzen zu binden, die für alle gemeinsam gelten" (Luhmann 1997: 166).

Es entgeht ihm bei der Betonung des Primats der funktionalen Differenzierung nicht die segmentäre Differenzierung in Staaten. Das politische System und das Rechtssystem bilden zusammen den Kern der segmentären Differenzierung in Staaten:

„Regional differenzierbar in der Form von Staaten ist nur das politische System und mit ihm das Rechtssystem der modernen Gesellschaft. Alle anderen operieren unabhängig von Raumgrenzen" (Luhmann 1997: 166).

Er sieht sogar, dass das Zusammenwirken von Politik und Recht im Staat in Verbindung mit staatlichen Notenbanken und der Nutzung von Währungsdifferenzen sowie Bildungszertifikaten ein direktes staatliches Einwirken auf die Wirtschaft, auf die Erziehung und die Berufsordnungen ermöglicht:

„Die Bedeutung der Raumgrenzen liegt in den Interdependenzen zwischen dem politischen System und dem Rechtssystem auf der einen und den übrigen Funktionssystemen auf der anderen Seite. Sie wirken vermittelt durch Einflüsse der Währungsunterschiede und Notenbanksysteme auf die Wirtschaft, vermittelt durch Bildungszertifikate auf Erziehung und Berufsordnungen" (Luhmann 1997: 167).

Diese regionale oder segmentäre Differenzierung ändert jedoch in Luhmanns Augen nichts am Primat der funktionalen Differenzierung der Weltgesellschaft. Er meint, sie ließe sich zwar durch Politik verstärken oder abschwächen. Das mache aber die regionale/segmentäre Differenzierung nicht zu einem Prinzip der Weltgesellschaft. Daraus ist zu schließen, dass Luhmann der funktionalen Differenzierung der Weltgesellschaft eine durch die Evolution begünstigte Eigendynamik zuschreibt, die von der segmentären Differenzierung in Nationalstaaten nur abgebremst und begrenzt, aber letztlich nicht vollständig unter Kontrolle gehalten werden kann. Was das für die historische Entwicklung bedeutet, lässt er allerdings offen. In diesem Punkt ist seine These des Primats funktionaler Differenzierung der Weltgesellschaft nahezu mit jedem Zustand der Wirklichkeit vereinbar und damit empirisch gehaltlos. Auch gut 30 Jahre Bändigung der Weltwirtschaft durch die Wohlfahrtsstaaten sagen nichts gegen das Primat der funktionalen Differenzierung der Weltgesellschaft. Deren Eigendynamik ist dann eben durch eine ausreichende Kraft der Gegensteuerung durch die Nationalstaaten beschränkt worden. Prinzipiell könnte diese Gegensteuerung auf unbestimmte Zeit weiter bestehen. Luhmann geht zu wenig auf diese Spannung zwischen funktionaler und segmentärer Differenzierung ein, zumal er die segmentäre nur als eine Residualkategorie in seinem Theoriegebäude mitführt, um an dieser Stelle präzisere Aussagen darüber machen zu können, unter welchen Bedingungen die funktionale, oder besser gesagt: zweckspezifische Differenzierung der Weltgesellschaft in der Tat so weit die Oberhand gewinnt, dass die Kraft der Nationalstaaten zur Gegensteuerung sichtbar schwindet. Weil das so ist, kann mit Luhmanns Werkzeug kein Unterschied zwischen der Epoche der handlungsfähigen Wohlfahrtsstaaten im System von Bretton Woods und der gegenwärtigen Situation ihrer offensichtlich schwindenden Handlungsfähigkeit erkannt werden. Um das zu leisten, lässt sich Luhmann zu wenig auf empirische Fragen und daraus resultierende Zwänge zur Schärfung der theoretischen Instrumente ein. Das führt zur Fehleinschätzung des Systems der Nationalstaaten und zugleich auch seiner gravierenden Veränderung in der Gegenwart.

Eine markante Fehleinschätzung betrifft das Ausmaß, in dem die demokratischen Rechts- und Wohlfahrtsstaaten die Eigendynamik der einzelnen Funktionsbereiche der Gesellschaft unter Kontrolle gehalten haben (vgl. Münch 1980, 1990, 1994). Dazu gehört z. B. die zentrale These, dass die funktionale Differenzierung der Gesellschaft dafür sorge, dass es, anders als in der Ständegesellschaft, keine Akkumulation von Ungleichheiten über die Funktionsbereiche hinweg gäbe, d.h. alle gleichen Zugang zu den Funktionsbeeichen hätten und erst innerhalb der Funktionsbereiche nach deren eigenen Operationen funktionsspezifische Ungleichheiten entstünden (Luhmann 1997: 624-630). Das ist empirisch schlicht falsch und wird auch dadurch nicht richtig, dass wieder nur als Residualkategorie Klassenunterschiede und für Entwicklungsländer eine „Meta-Differenz" der Inklusion/Exklusion mitgeführt werden (Luhmann 1997: 631-634). Erstens sind bis heute und heute wieder verstärkt Klassenunterschiede im Zugang zur Politik, zur Wirtschaft, zur Bildung, zur Kunst und sogar zum Recht gegeben, und zweitens ergibt sich deren Nivellierung nicht aus den Operationen der Funktionssysteme, sondern aus dem Gleichheitsversprechen des modernen demokratischen Rechts- und Wohlfahrtsstaates und aus dessen Verankerung in den nationalen Verfassungen. Die Bürger können in erheblichem Maße Gleichheit einklagen. Wenn Arbeitnehmer und Arbeitgeber vor dem Arbeitsgericht gleich behandelt werden, dann ergibt sich das, wie man im historischen und weltweiten Vergleich sehen kann, nicht aus dem Funktionieren des Rechtssystems an sich, sondern aus der verfassungsmäßig garantierten Bindung der Rechtsprechung an den Grundsatz der Gleichbehandlung. Wo das nicht garantiert und verbindlich durchgesetzt wird, können Arbeitnehmer auch dauerhaft dem Arbeitgeber unterlegen sein. Ebenso ergibt sich ein chancengleicher Zugang zum Wirtschaftssystem nur durch eine umfassende staatlich garantierte und forcierte Bildung, und der Zugang zum Bildungssystem selbst ist nur dann annähernd gleich, wenn der Staat, angefangen in der Kinderkrippe, gezielt Ungleichheiten der familialen Herkunft bekämpft. Das heißt, der gleiche Zugang zu den Funktionssystemen und der Ausschluss der Übertragung von Ungleichheiten eines Funktionsbereichs auf einen anderen ist nicht der funktionalen Differenzierung per se geschuldet, sondern einer umfangreichen staatlichen Politik der Herstellung von Gleichheit. Und das beschränkt sich nicht nur auf Chancengleichheit, sondern in einem gewissen Maße auch auf Resultatsgleichheit. Es ist ja keine Frage, dass z. B. eine durch starke Gewerkschaften erkämpfte geringere Einkommensspreizung, staatliche Umverteilung und Bildungseinrichtungen auch die Chancengleichheit des Zugangs zu Politik, Recht, Bildung und Wirtschaft erhöhen.

Ohne diese tiefgreifende Intervention des Staates in die Funktionsbereiche würde gerade deren Eigendynamik wachsende Ungleichheiten erzeugen und insbesondere die Übertragung ökonomischer Ungleichheiten und ihrer Verfestigung in Klassendifferenzen auf andere Funktionsbereiche befördern. Interessanterweise wird das von Luhmann mit Blick auf die zweckspezifische oder funktionale Ausdifferenzierung der Weltwirtschaft gesehen:

„Unter dem Regime der Funktionssysteme wirken sich gerade rationale Selektionsweisen abweichungsverstärkend (also nicht: egalisierend) aus. Wer schon Geld oder Einkommen hat, bekommt umso leichter Kredit. Kleine Leistungsdifferenzen am Beginn einer Schulerziehung verstärken sich im Laufe fortschreitender Ausbildung. Wer nicht in Zentren wissenschaftlicher Forschung mit jeweils aktuellen Informationsmöglichkeiten arbeitet, verliert den Anschluss und kann bestenfalls mit erheblicher Verspätung zur Kenntnis nehmen, was anderswo erarbeitet worden ist. Nobelpreise zeigen in den wissenschaftlichen Fächern eine deutlich regionale Verteilung. Die Folge ist ein Zentrum/Peripherie-Muster, das jedoch nicht notwendig stabil bleibt, sondern sich in seinen Schwerpunkten verschieben kann" (Luhmann 1997: 167-168).

Luhmann führt in diesem Zusammenhang weiterhin aus, dass regionale Kulturen im Kontext der Weltwirtschaft nach ihrem wirtschaftlichen Nutzen selektiert werden und dass die Ungleichheiten der Partizipation am Weltwirtschaftswachstum auch Machtungleichheiten mit sich bringen und in den peripheren Regionen die Masse der Bevölkerung weder einen Anteil am wachsenden Weltwohlstand hat noch mit einer Gleichbehandlung durch das Recht rechnen kann (Luhmann 1997: 168-171). Dabei spricht er allerdings zu weitgehend von der funktionalen Differenzierung der Weltgesellschaft, wo er de facto die zweckspezifische Ausdifferenzierung der Weltwirtschaft bei gleichzeitigem Fortbestand ihrer segmentären Differenzierung in Nationalstaaten beschreibt. Genau genommen beobachtet er, wie die Wirtschaft peripherer Regionen durch die Ausdifferenzierung der Weltwirtschaft zerstört wird, ohne dass sie am wachsenden Weltsozialprodukt partizipieren, und wie sich innerhalb der marginalisierten Entwicklungsländer Ungleichheiten verschärfen und akkumulieren. Die Ursache für das Abhängen der peripheren Regionen ist der Mangel an Gegenkräften gegen die Ungleichheit produzierende Eigendynamik der Weltwirtschaft, weil es auf dieser Ebene nichts Vergleichbares zur staatlichen Intervention in Wirtschaft und Gesellschaft auf der nationalen Ebene gibt. Für die verschärfte Ungleichheit innerhalb der Entwicklungsländer ist das Fehlen einer den westlichen Wohlfahrtsstaaten nahe kommenden staatlichen Intervention in Wirtschaft und Gesellschaft nach dem Leitbild der staatsbürgerlichen Gleichheit verantwortlich zu machen. Die Ursachen sind demnach sehr spezifisch in einem Ungleichgewicht der Kräfte der zweckspezifisch operierenden Weltwirtschaft und der nicht zweckspezifisch, sondern nach normativen Leitbildern handelnden Nationalstaaten und nicht allgemein in der funktionalen Differenzierung der Weltgesellschaft zu erkennen.

Auf den Punkt gebracht kann man sagen, dass innerhalb der Grenzen des Nationalstaats die zweckspezifische Ausdifferenzierung des Wirtschaftens mit anderen Zwecken koordiniert wird, und zwar dadurch, dass diese Zwecke, vertreten durch einen Minister oder eine Ministerin, auf gleicher Augenhöhe am Kabinettstisch der Regierung sitzen. Auf diese Weise konnte eine ganzheitliche Abstimmung zwischen unterschiedlichen Zwecken vorgenommen werden. Die Weltgesellschaft ist dagegen durch das Spannungsverhältnis zwischen der unkoordinierten zweckspezifischen und globalen Ausdifferenzierung von Wirtschaft, Umwelt-, Klimaschutz und Menschenrechten und der ganzheitlichen nationalen Koordinierung unterschiedlicher Zwecke geprägt *(Abbildung 1)*.

Es bleibt nach wie vor die Frage zu beantworten, wodurch die Kräfte der staatlichen Intervention in die Gesellschaft schwinden, wenn wir das als eine Erscheinung der Gegenwart so konstatieren wollen. Dabei geht es sowohl um die Intervention in die Weltgesellschaft als auch um die Intervention in die nationalen Gesellschaften. Das eine ist eine Sache der Kooperation von Einzelstaaten, das andere eine Sache der Einzelstaaten selbst. Die vollständige zweckspezifische oder funktionale Differenzierung der Weltgesellschaft ist offensichtlich nicht die Ursache, weil ja gerade die zentralen Funktionsbereiche von Politik, Recht und Verwaltung nationalstaatlich gebunden bleiben und allenfalls in zunehmendem Maße zu einer Sache der zwischenstaatlichen Kooperation werden. Die Ursachen sind stattdessen in der Kraft der Weltwirtschaft und in der Schwäche der Nationalstaaten zu lokalisieren. Luhmanns Vorentscheidung für das Primat der funktionalen Differenzierung impliziert, dass der Nationalstaat ohnehin nur als eine Residualkategorie zu betrachten ist, die im Kontext der Weltgesellschaft nur eine retardierende, aber keine aus deren Grundstruktur resultierende und damit fortlaufend bestätigte Kraft entfalten kann. Deshalb ist für ihn die mangelnde Fähigkeit der nachkolonialen Entwicklungsstaaten, homogene Einheiten wie die europäischen Nationalstaaten zu bilden, ein ausreichendes Indiz dafür, dass das Modell des Nationalstaats in der Weltgesellschaft keine Dauererscheinung sein kann (Luhmann 1997: 1054-1055). Damit kann man erklären, warum in den nachkolonialen Entwicklungsländern keine den europäischen Wohlfahrtsstaaten nahekommende staatliche Intervention in Wirtschaft und Gesellschaft nach dem normativen Leitbild des demokratischen Rechts- und Wohlfahrtsstaates möglich ist. Es ist damit aber nicht gesagt, dass die westlichen Wohlfahrtsstaaten diese Handlungsfähigkeit im Kontext der Weltgesellschaft zwangsläufig verlieren müssen. Im Gegenteil lassen sich sogar in den Schwellenländern im Zeitraum der letzten drei Jahrzehnte Annäherungen an das europäische Modell des demokratischen Rechts- und Wohlfahrtsstaates beobachten. In der globalen Durchsetzung von Bürger- und Menschenrechten sind ohne Zweifel Fortschritte zu verzeichnen. Die Weltkultur und ihre Durchsetzung durch internationale Institutionen, Regime und Konventionen sowie ihre weltöffentliche Bewusstmachung durch humanitäre Nicht-

Abbildung 1: Das Spannungsfeld von ganzheitlicher und zweckspezifischer Problembearbeitung zwischen Nationalstaat und Weltgesellschaft

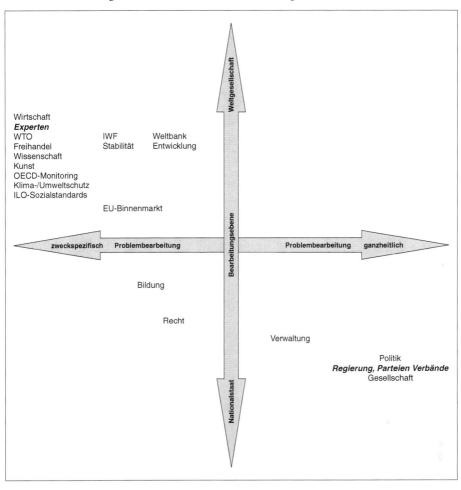

regierungsorganisationen zeigen Wirkungen, wenn auch vieles noch Fassade ist, von der die tatsächliche Praxis entkoppelt bleibt (Meyer und Rowan 1977).

Trotzdem ist eine abnehmende Kraft der westlichen Wohlfahrtsstaaten zur Intervention in Wirtschaft und Gesellschaft nach den historisch ausgeprägten normativen Leitbildern zu diagnostizieren, und zwar auffälligerweise im Gegenzug zur Aufholbewegung der Schwellenländer. Das ist möglicherweise kein Zufall, sondern systematisch bedingt (vgl. Münch 2009b). Der Ausbau des Freihandels im Rahmen der Welthandelsorganisation gibt den Schwellenländern wachsende Entwicklungschancen und zwingt die Industrieländer zu wirtschaftlichen Anpassungen in Gestalt des Abbaus alter Industrien, ohne dass ein Ersatz der verloren gehenden Arbeitsplätze garantiert wäre. Die Demokratien in den Schwellenländern werden durch das ökonomische Wachstum stabilisiert, während sich die westlichen Wohlfahrtsstaaten zu Wettbewerbsstaaten wandeln (Hirsch 1995), die ihre Bürger durch lebenslanges Lernen für den verschärften wirtschaftlichen

Wettbewerb fit machen müssen, statt ihnen eine leistungsunabhängige Rundumversorgung zu garantieren (Streeck 2009). Der Wettbewerbsstaat kann außerdem das mobile Kapital aufgrund der globalen Investitionsmöglichkeiten nicht mehr umfangreich besteuern, stattdessen ist er umso mehr auf die Besteuerung der immobilen Produktionsfaktoren, insbesondere der Arbeit und des Konsums (hohe Lohneinkommens- und Mehrwertsteuersätze) angewiesen.

Hier sind wir am entscheidenden Punkt angelangt. Warum wandelt sich der Wohlfahrtsstaat zum Wettbewerbsstaat und warum setzt dieser an die Stelle von Interventionen die Anpassung an die Wirtschaft? Ist das der funktionalen Differenzierung der Weltgesellschaft geschuldet? Das ist sicherlich nicht funktionalistisch durch die Stabilisierung höherer Komplexität zu erklären. Luhmann verweist selbst auf die hohen Transaktionskosten dieser Entwicklung und die damit einhergehenden fundamentalistischen Gegenbewegungen:

„Der *Universalismus* der weltgesellschaftlich operierenden Funktionssysteme schließt *Partikularismen* der verschiedensten Art nicht etwa aus, sondern regt sie geradezu an" (Luhmann 1997: 170).

Auch hier setzt Luhmann zu allgemein auf funktionale Differenzierung und verbucht die „Partikularismen" als Residualkategorie, statt spezifischer die Ursache im Widerspruch zwischen der zweckspezifischen Ausdifferenzierung der Weltwirtschaft und der segmentären Differenzierung der Weltgesellschaft in Nationalstaaten zu erkennen. Um den gegenwärtigen Schub zu Gunsten der Weltwirtschaft und zu Ungunsten der Nationalstaaten besser erklären zu können, müssen wir das Modell für die Gegenwart aktualisieren, das sich schon für die Erklärung der zweckspezifischen Ausdifferenzierung des modernen Kapitalismus im Übergang von der traditionalen Ständegesellschaft zur modernen Klassengesellschaft als hilfreich erwiesen hat. War es dort die Befreiung des Wirtschaftens aus lokalen und regionalen Bindungen, zuerst durch eine Avantgarde von Fernhandelskaufleuten und Bankiers, später durch eine Avantgarde des Industriekapitalismus, so ist es jetzt ein neuer Schub der Befreiung des Wirtschaftens aus den vom Interventionsstaat kontrollierten nationalen Märkten durch global operierende Finanzinstitute und Wirtschaftsunternehmen. Entscheidende Schritte auf diesem Weg waren die Auflösung des 1944 in Bretton Woods vereinbarten Systems der an den US-Dollar gebundenen Wechselkurse im Jahr 1973, die Beseitigung der Kapitalverkehrskontrollen und der zunehmende Abbau von Handelsschranken, weltweit im Rahmen des GATT und dessen Überführung in die WTO, regional im Rahmen der EU und ihr folgend NAFTA, ASEAN und SADC. Dazu kommt die Beschleunigung von Transport und Kommunikation durch neue Technologien. Die dadurch eröffneten wirtschaftlichen Chancen werden von einer Avantgarde genutzt, die eine wachsende globale Vernetzung von Produktion, Distribution und Konsumtion bewerkstelligt. Die Staaten fördern diesen Prozess der zweckspezifischen Ausdifferenzierung des Wirtschaftens allein nach den Prinzipien der Nutzen- und Gewinnmaximierung, indem sie in zwischenstaatlichen Vereinbarungen Internationale Organisationen (IO) schaffen, die einen möglichst schranken- und reibungslosen Wirtschaftsverkehr garantieren. Das ist die Rolle der WTO auf globaler Ebene und der EU wie auch der anderen erwähnten Zusammenschlüsse auf regionaler Ebene.

Von entscheidender Bedeutung ist der Grad der Verselbständigung der Internationalen Organisationen mit eigenen Organen und bürokratischen Apparaten und ihre Spezialisierung auf einen spezifischen Zweck. Hier ist es die Gewährleistung des freien Wirtschaftsverkehrs als spezifischer Zweck und die Unabhängigkeit der Internationalen Organisation von den Einzelstaaten. Diese Unabhängigkeit ist umso mehr ausgeprägt, je mehr die Entscheidungen von Organen getroffen werden, die sich von der Zwischenstaatlichkeit weg und zur Suprastaatlichkeit hin bewegen, und je größer der bürokratische Apparat ist, auf den sich die Internationale Organisation stützen kann. Von allen Internationalen Organisationen ist die EU auf diesem Weg am weitesten vorangeschritten (Münch 2008). Entscheidend dafür ist das Initiativrecht der Kommission, der qualifizierte Mehrheitsentscheid im Rat in allen Fragen, die mit dem Ausbau des Binnenmarktes zusammenhängen, und die rigorose Durchsetzung der auf den freien Wirtschaftsverkehr und den Abbau jeglicher Diskriminierung zielenden Leitlinien des Vertragswerkes der EU durch den Europäischen Gerichtshof (EuGH). Aber auch die WTO ist gegenüber dem GATT einen erheblichen Schritt weg von der Zwischenstaatlichkeit und hin zur Suprastaatlichkeit gegangen (Münch 2005). Das gilt insbesondere für den Streitbeilegungsmechanismus. Während von der EU von vielen Kommentatoren spätestens seit dem Maastricht-Vertrag eine Ergänzung der zweckspezifischen Erleichterung des Wirtschaftsverkehrs durch soziale Komponenten und der Ausbau zur Politischen Union eingeklagt wird (allerdings bislang und auf absehbare Zeit ohne Erfolg), ist bei der WTO ganz klar, dass sie nur auf einen einzigen Zweck spezialisiert ist, nämlich auf die Befreiung des Welthandels von wirtschaftlich unzweckmäßigen Restriktionen. Das heißt, dass Verantwortlichkeiten auf der Ebene der Weltgesellschaft ausnahmslos zweckspezifisch auf Internationale Organisationen übertragen werden. Das gilt genauso für die Weltbank (wirtschaftliche Entwicklung) und den Internationalen Währungsfonds (wirtschaftliche Stabilität). Und es ist unverkennbar, dass dies in der Förderung des Welthandels weitgehend vollzogen wurde, bezüglich anderer Zwecke jedoch nur rudimentär. Sie verbleiben in der Regel auf der Ebene von Konventionen oder Regimen und damit auch noch mehr in der Hand zwischenstaatlicher Kooperation, wie etwa im Bereich des zunehmend als bedeutsam erkannten Umwelt- und Klimaschutzes in den Ozon- und Klimaschutzregimen.

Die sozialpolitische Gestaltung der Weltgesellschaft ist weit weniger entwickelt als der Welthandel. Die International Labor Organisation (ILO) hat seit ihrer Gründung im Jahre 1919 aber immerhin nicht weniger als 188 Konventionen verabschiedet. Im Durchschnitt haben die Mitgliedstaaten aber nur 41 davon ratifiziert. Der Fokus liegt in der Gegenwart auf der globalen Durchsetzung der grundlegenden Arbeitnehmerrechte (Kernarbeitsnormen), d. h. der Vereinigungsfreiheit und des Verbots von Zwangsarbeit, Kinderarbeit und Diskriminierung.

NGOs haben begonnen, die Weltbank und auch die WTO zu einem Dialog über die sozialpolitische Nachhaltigkeit ihrer Wirtschaftsförderung zu bewegen. Sie haben auch transnational operierende Unternehmen zum Dialog gebracht und dazu beigetragen, dass Corporate Social Responsibility (CSR) zu einem wichtigen Imagefaktor geworden ist (Hiß 2006; Curbach 2008). Das hat mit bewirkt, dass sich etwa im Global Compact Unternehmen zur Einhaltung der elementaren Arbeitnehmerrechte (Koalitionsfreiheit, keine Zwangsarbeit, keine Kinderarbeit, Gleichbehandlung der Geschlechter) verpflichtet haben. Die Unternehmen betätigen sich dabei als moralische Pioniere.

Sie können den Abbau von Arbeitsplätzen in den Industrieländern und den Aufbau von Arbeitsplätzen in den Entwicklungs-, Transformations- und Schwellenländern als sozialen Ausgleich im globalen Maßstab feiern und damit auch noch mit Stolz auf ihre moralische Leistung in der globalen Verbreitung elementarer Arbeitnehmerrechte verweisen.

Es haben sich parallel zum Welthandel immerhin in rudimentären Zügen eine von NGOs und Wissenschaftlernetzwerken gestaltete Weltöffentlichkeit und ein globaler Diskurs über die Verwirklichung von Menschenrechten und elementaren Bürger- und Arbeitnehmerrechten herausgebildet. Das heißt, dass die Öffentlichkeit als Plattform des Agendasettings und der kritischen Auseinandersetzung mit der Politik näher an ein weltgesellschaftliches Niveau heranreicht als der Großteil der noch national oder auf unserem Kontinent europäisch gebundenen Gesetzgebung. Die Weltöffentlichkeit bildet einen viel weiteren Horizont für die Erörterung moralischer Fragen der normativen Richtigkeit und ethischer Fragen des guten Lebens, vor dem beispielsweise der Zugang der Entwicklungsländer zu den Absatzmärkten für landwirtschaftliche und arbeitsintensive industrielle Produkte in den Industrieländern vor dem Schutz der Landwirtschaft und der arbeitsintensiven Industrie in den Industrieländern vor der Konkurrenz aus den Entwicklungsländern Vorrang bekommen kann. Das bedeutet, dass der durch den freien Welthandel verursachte Druck auf Einkommen und Arbeitsplätze in den Industrieländern nicht nur ökonomischer Natur ist, sondern im Horizont globaler Maßstäbe auch als moralisch gerechtfertigt erscheinen kann. Daran würde auch eine weitergehende Anhebung der politischen Gesetzgebung auf das Niveau der Weltgesellschaft nichts ändern. Der sozialpolitische Wandel in den Industrieländern ist demnach nicht einfach einem Missverhältnis von globaler Ökonomie und nationaler Sozialpolitik geschuldet, sondern auch einer Ausdifferenzierung moralischer Diskurse aus der Binnenmoral des Nationalstaats. Die Trennung zwischen Binnen- und Außenmoral wird aufgehoben. Die global (außen) und national (innen) geltende Moral ist abstrakter und mehr als zuvor an die Gewährleistung von Chancengleichheit und Leistungsgerechtigkeit auf dem Markt durch eine Politik des Empowerment angenähert. Sie steht in einem homologen Verhältnis zum Welthandel. Um das zu erkennen, müssen wir einen anderen Begriff der Ausdifferenzierung als die Systemtheorie verwenden. Wir verstehen darunter nicht die Ausdifferenzierung autopoietisch operierender Teilsysteme, die spezifische Funktionen erfüllen, sondern die Befreiung von Handeln, Handlungsfeldern, Institutionen und Diskursen aus lokalen, regionalen und nationalen Begrenzungen. Das impliziert, dass wir diesen Befreiungsakt auch als einen Konflikt zwischen globalen und nationalen Handlungsfeldern, Horizonten und Diskursen und ihren Repräsentanten betrachten können. Während die Vereinigungen von Wissenschaftlern und NGOs die globalen Maßstäbe von Umwelt-, Klimaschutz, Moral und Gerechtigkeit zur Geltung bringen wollen, sind Parteien und Verbände in der Repräsentation ihrer nationalen Klientel noch gewohnt, in nationalen Kategorien zu denken, und können nur auf Kosten der Entfremdung von ihrer Klientel eine globale Programmatik verfolgen. Am ehesten können das die Repräsentanten der neuen globalen Eliten erreichen. So repräsentieren etwa in Deutschland die Freie Demokratische Partei (FDP) die herrschenden globalen Wirtschafts- und Wissenseliten und die Grünen die nicht herrschende global denkende Alternativelite, während die Christdemokraten (CDU) und noch mehr die Sozialdemokraten (SPD) für die schrumpfende nationale Mittelschicht stehen und sich die Linke als Fürsprecher der gewachsenen, ethnisch heterogen zusammengesetzten Unterschicht sieht.

III. Funktionale, segmentäre und stratifikatorische Differenzierung als konstitutive Strukturen der Weltgesellschaft

Wir sehen, dass die Weltgesellschaft *nicht* durch eine komplette funktionale Differenzierung geprägt ist, sondern durch die einseitige zweckspezifische Ausdifferenzierung der Wirtschaft, ergänzt durch eine deutlich schwächere globale Ausdifferenzierung des Umwelt- und Klimaschutzes, der elementaren Arbeitnehmerrechte sowie der Menschen- und Bürgerrechte. Parallel dazu findet eine globale Ausdifferenzierung des Wirtschafts- und Umweltrechts statt. Im Kielwasser des ökonomischen Primats der Weltwirtschaft ergibt sich unter der Führung der OECD auch eine globale Ausdifferenzierung der Bildung als Humankapitalproduktion (Münch 2009a). Kennzeichen der Ausdifferenzierung von Wirtschaft, Bildung, Umwelt- und Klimaschutz ist ihr zweckspezifischer Charakter, der eine Entscheidung nach „wahr/nicht wahr" oder „effektiv/nicht effektiv" durch den Diskurs spezialisierter Experten erlaubt. Dabei findet keine Harmonisierung mit anderen Zwecksetzungen auf der Ebene der Weltgesellschaft statt, wie es die Rolle des noch souveränen Nationalstaats war. An deren Stelle tritt eine Fragmentierung in unabhängig voneinander verfolgte Zwecke und eine Anpassung nichtökonomischer Zwecke durch den nationalen Wettbewerbsstaat an die Dynamik der globalen Wirtschaft. Insbesondere die soziale Integration erreicht keine globale Ausdifferenzierung derart, dass sie auf gleicher Augenhöhe in Verhandlung mit den ökonomischen Anpassungszwängen treten könnte. Sie vollzieht sich unter der Hand und unter dem Regime des Welthandels. Das bedeutet, dass die starke soziale Integration innerhalb der Nationalstaaten bei gleichzeitig schwacher globaler Integration von einer wachsenden globalen Integration abgelöst wird, die unter dem Regime des Welthandels und seines eigenen Maßstabs der Chancengleichheit und Leistungsgerechtigkeit bei gleichzeitiger Toleranz für die aus den Marktprozessen hervorgehende Ungleichheit der Resultate des Wettbewerbs steht. Der in die Weltgesellschaft eingepflanzte Antagonismus zwischen funktionaler und segmentärer Differenzierung verschiebt sich in die Richtung der zweckspezifischen Ausdifferenzierung der Ökonomie, zu Lasten der segmentären Differenzierung und mit der Konsequenz der Mutation des Interventionsstaates zum Wettbewerbsstaat.

Die Folge dieser Entwicklung ist eine neu akzentuierte Klassendifferenzierung. Die alte, das Ganze der in sich ruhenden nationalen Gesellschaft repräsentierende Mittelschicht schrumpft und sieht sich zerrieben zwischen der erstarkten globalen Elite und der fragmentierten neuen Unterschicht (Münch 2009a). Diese Klassenstruktur der nationalen Gesellschaften wird in der Weltgesellschaft überlagert von einer Differenzierung in Zentrum, Semiperipherie (Schwellenländer, Transformationsländer) und Peripherie (Entwicklungsländer). Aus der Überkreuzung dieser beiden Achsen der Stratifikation ergibt sich eine Neunfeldermatrix der Verknüpfung von Klassenposition und regionaler Position.

Eine weitere Folge des weltgesellschaftlichen Primats der Ökonomie ist die Ökonomisierung der unter der Obhut des Interventionsstaates noch im Gleichgewicht zur

Abbildung 2: Stratifikation in Klassen und Weltregionen

Stratifikation der Klassen	Stratifikation der Weltregionen		
	Zentrum	Semiperipherie	Peripherie
Globale Elite	Zentrums-Elite	Semiperiphere Elite	Periphere Elite
Nationale Mittelschicht	Zentrums-Mittelschicht	Semiperiphere Mittelschicht	Periphere Mittelschicht
Lokale Unterschicht	Zentrums-Unterschicht	Semiperiphere Unterschicht	Periphere Unterschicht

Ökonomie gehaltenen Funktionsbereiche. Diese Ökonomisierung der bisher nicht ökonomisch verstandenen Funktionsbereiche folgt der Ökonomisierung der Ökonomie auf dem Fuße (Deutschmann 2008). Die Ökonomisierung der Ökonomie ergibt sich aus der Befreiung des Wirtschaftens aus der nationalstaatlichen Umklammerung. Weil der Wettbewerbsstaat nicht mehr autonom handeln kann, sondern zum Agenten der Weltkultur, d.h. in erster Linie der Weltwirtschaft wird, muss er die Gesetze der Ökonomie in alle anderen Funktionsbereiche hineintragen, um die Bevölkerung ökonomisch wettbewerbsfähig zu halten. Nutzen- und Gewinnmaximierung oder in Luhmanns Begriffen Zahlung zur Erhaltung von Zahlungsfähigkeit werden zum Zweitcode aller Funktionsbereiche. Es wird in Bildung, Partnerschaften, Liebe, Forschung, Kunst, Sport, Unterhaltung oder Wohlfahrtspflege investiert, um möglichst hohe Renditen zu erzielen. Über wissenschaftliche Fragen wird zwar nach wie vor nach „wahr/nicht wahr" entschieden, welche Fragen überhaupt gestellt werden, das richtet sich aber nach der Unterscheidung „zahlen/nicht zahlen" bzw. „rentabel/nicht rentabel". An den weniger reichen amerikanischen Universitäten spielt es in Berufungsverfahren beispielsweise eine bedeutende Rolle, ob die Forschung, die ein Bewerber betreibt, *fundable* oder *non-fundable* ist, ob man dafür also Geld von Sponsoren bekommt oder nicht. Auch in Deutschland ist es für die unternehmerisch geführte Universität bedeutsam, wieviel Drittmittel die Forschung eines Professors einbringt. Unter dem Regime von PISA verschwinden all jene Komponenten der Bildung, die sich nicht in wettbewerbsfähiges Humankapital umsetzen lassen. Wenn sich das für Latein entgegen der von den Altphilologen gepflegten Lehre nicht wissenschaftlich nachweisen lässt, dann wird der Lateinunterricht aus dem Lehrplan gestrichen. In der Kunst steht längst fest, dass sich der öffentliche Wert eines Kunstwerks nach dem auf dem globalen Markt erzielten Preis bemisst. Von einer Autonomie ausdifferenzierter Funktionssysteme kann unter dem Primat der Ökonomie keine Rede mehr sein.

Was wir demnach in der Gegenwart beobachten können, ist nicht das Primat der funktionalen Differenzierung in der modernen Weltgesellschaft und das Zurücktreten der stratifikatorischen und segmentären Differenzierung. Stattdessen erkennen wir eine besonders spannungsreiche Konstellation aller drei Typen der Differenzierung als *konstitutive* Bestandteile der Weltgesellschaft. Die funktionale Differenzierung der Weltgesellschaft wird von der zweckspezifischen Ausdifferenzierung der Wirtschaft beherrscht. Im Kontext der ebenso konstitutiven segmentären Differenzierung drängt die zweckspezifische Ausdifferenzierung der Wirtschaft den Interventionsstaat in die Rolle eines Wettbewerbsstaates, der die Logik der Ökonomie in die weiteren, national stärker gebundenen Funktionsbereiche hineinträgt. Zugleich bildet sich eine neue, abermals konstitutive Klassenstruktur von globaler Elite, geschrumpfter nationaler Mittelschicht und fragmentierter Unterschicht sowie eine darüber gelagerte Stratifikation in Zentrum, Semiperipherie und Peripherie heraus. Eine Theorie, die nur auf die Karte der funktionalen Differenzierung der Weltgesellschaft setzt, die segmentäre Differenzierung in Nationalstaaten und die stratifikatorische Differenzierung in Klassen und Regionen nur als Residualkategorie mitführt, aber nicht systematisch in das Instrumentarium inkludiert, sieht diese Eigenart der Weltgesellschaft nicht, kann sie nicht verstehen und kann sie auch nicht erklären und in ihren Wirkungen erfassen.

IV. Schlussbemerkungen

Die Strukturen der Weltgesellschaft lassen sich mit einem handlungs- und institutionentheoretischen Vokabular besser beschreiben als mit einem systemtheoretischen. Die Systemtheorie legt der Beschreibung ein zu enges Korsett an, so dass zu viele Aspekte als Residualkategorie mitgeführt werden. Es müssen Behauptungen aufgestellt werden, die sich empirisch nicht belegen lassen. Statt von Systemen, Codes und Programmen sprechen wir besser von Feldern, Institutionen, Leitideen und Normen (Lepsius 1990; Bach 2008); statt von funktionaler Differenzierung der Wirtschaft besser von zweckspezifischer Ausdifferenzierung des Wirtschaftens; statt von Autopoiesis besser von institutionalisierter Autonomie und von Professionen als Träger (Mayntz et al. 1988; Bourdieu 1998; Kieserling 2008). In dieser Sprache lassen sich viele interessante Gedanken von Luhmann präziser, empirisch gehaltvoller und realitätsnäher fassen und auch in empirisch überprüfbaren Aussagen formulieren. Auf diese Weise ließe sich das Werk Luhmanns besser auf die aktuelle Forschung zum Wandel der Gesellschaft im Spannungsfeld von funktionaler, stratifikatorischer und segmentärer Differenzierung beziehen.

Literatur

Albert, Mathias. 2002. *Zur Politik der Weltgesellschaft.* Weilerswist: Velbrück.
Bach, Maurizio. 2008. *Europa ohne Gesellschaft. Politische Soziologie der europäischen Integration.* Wiesbaden: VS Verlag für Sozialwissenschaften.
Bourdieu, Pierre. 1998. *Praktische Vernunft: Zur Theorie des Handelns.* Frankfurt a. M.: Suhrkamp.
Curbach, Janina. 2008. *Die Corporate Social Responsibility-Bewegung.* Wiesbaden: VS Verlag für Sozialwissenschaften.
Deutschmann, Christoph. 2008. *Kapitalistische Dynamik. Eine gesellschaftstheoretische Perspektive.* Wiesbaden: VS Verlag für Sozialwissenschaften.
Hirsch, Joachim. 1995. *Der nationale Wettbewerbsstaat.* Berlin: ID-Verlag.
Hiß, Stefanie. 2006. *Warum übernehmen Unternehmen politische Verantwortung?* Frankfurt a. M., New York: Campus.
Kieserling, André. 2008. Felder und Klassen. Pierre Bourdieus Theorie der Gesellschaft. *Zeitschrift für Soziologie* 37: 3-24.
Lepsius, M. Rainer. 1990. *Interessen, Ideen und Institutionen.* Opladen: Westdeutscher Verlag.

Luhmann, Niklas. 1988. *Die Wirtschaft der Gesellschaft*. Frankfurt a. M.: Suhrkamp.
Luhmann, Niklas. 1991. *Die Wissenschaft der Gesellschaft*. Frankfurt a. M.: Suhrkamp.
Luhmann, Niklas. 1993. *Das Recht der Gesellschaft*. Frankfurt a. M.: Suhrkamp.
Luhmann, Niklas. 1995. *Die Kunst der Gesellschaft*. Frankfurt a. M.: Suhrkamp.
Luhmann, Niklas. 1997. *Die Gesellschaft der Gesellschaft*. Frankfurt a. M.: Suhrkamp.
Luhmann, Niklas. 2001. *Die Politik der Gesellschaft*. Frankfurt a. M: Suhrkamp.
Mayntz, Renate, Bernd Rosewitz, Uwe Schimank und Rudolf Stichweh. 1988. *Differenzierung und Verselbständigung. Zur Entwicklung gesellschaftlicher Teilsysteme*. Frankfurt a. M., New York: Campus.
Meyer, John W. 2005. *Weltkultur. Wie die westlichen Prinzipien die Welt durchdringen*. Frankfurt a. M.: Suhrkamp.
Meyer, John W., und Brian Rowan. 1977. Institutionalized organizations. Formal structures as myth and ceremony. *American Journal of Sociology* 83: 340-363.
Münch, Richard. 1980. Über Parsons zu Weber. Von der Theorie der Rationalisierung zur Theorie der Interpenetration. *Zeitschrift für Soziologie* 9: 18-53.
Münch, Richard. 1990. Differentiation, rationalization, and interpenetration. The emergence of modern society. In *Differentiation theory and social change*, eds. Jeffrey C. Alexander, Paul Colomy, 441-464. New York: Columbia University Press.
Münch, Richard. 1994. Zahlung und Achtung. Die Interpenetration von Ökonomie und Moral. *Zeitschrift für Soziologie* 23: 388-411.
Münch, Richard. 2005. Die Konstruktion des Welthandels als legitime Ordnung der Weltgesellschaft. In *Weltgesellschaft*, Hrsg. Bettina Heintz, Richard Münch, Hartmann Tyrell, 290-313. Stuttgart: Lucius & Lucius.
Münch, Richard. 2008. *Die Konstruktion der europäischen Gesellschaft*. Frankfurt a. M., New York: Campus.
Münch, Richard. 2009a. *Globale Eliten, lokale Autoritäten. Bildung und Wissenschaft unter dem Regime von PISA, McKinsey & Co*. Frankfurt a. M.: Suhrkamp.
Münch, Richard. 2009b. *Das Regime des liberalen Kapitalismus*. Frankfurt a. M., New York: Campus.
Nassehi, Armin. 2006. *Der soziologische Diskurs der Moderne*. Frankfurt a. M.: Suhrkamp.
Schimank, Uwe. 2005. Weltgesellschaft und Nationalgesellschaften: Funktionen von Staatsgrenzen. In *Weltgesellschaft*, Hrsg. Bettina Heintz, Richard Münch, Hartmann Tyrell, 394-414. Stuttgart: Lucius & Lucius.
Schimank, Uwe. 2007. *Theorien gesellschaftlicher Differenzierung*. 3 Aufl. Wiesbaden: VS Verlag für Sozialwissenschaften.
Stichweh, Rudolf. 2000. *Die Weltgesellschaft. Soziologische Analysen*. Frankfurt a. M.: Suhrkamp.
Streeck, Wolfgang. 1999. *Korporatismus in Deutschland*. Frankfurt a.M., New York: Campus.
Streeck, Wolfgang. 2009. *Re-forming capitalism: institutional change in the german political economy*. Oxford: Oxford University Press.
Tyrell, Hartmann. 1998. Zur Diversität der Differenzierungstheorie. Soziologiehistorische Anmerkungen. *Soziale Systeme* 4: 119-149.
Wallerstein, Immanuel. 1976. *The modern world system*. vol. 1. *Capitalist agriculture and the origins of the european world economy in the sixteenth century*. New York: Academic Press.
Willke, Helmut. 1992. *Ironie des Staates. Grundlinien einer Staatstheorie polyzentrischer Gesellschaften*. Frankfurt a. M.: Suhrkamp.
Windolf, Paul. 2002. *Corporate networks in Europe and the United States*. Oxford: Oxford University Press.

Korrespondenzanschrift: Prof. Dr. Richard Münch, Otto-Friedrich-Universität Bamberg, Lehrstuhl für Soziologie II, Lichtenhaide Str. 11, 96052 Bamberg
E-Mail: richard.muench@uni-bamberg.de

KRITIK

FUNKTIONALE DIFFERENZIERUNG DER WELTGESELLSCHAFT

Rudolf Stichweh

Zusammenfassung: Der Text prüft die Frage nach der Form der Differenzierung des Systems der Weltgesellschaft. Er verweist *(I.)* auf die Vielzahl der globalen Funktionssysteme, die sich in der gesellschaftlichen Ordnung des 20. und 21. Jahrhunderts durchgesetzt haben. Das widerspricht einer reduktiven Beschreibung der Weltgesellschaft, die letztlich nur Politik und Wirtschaft ernsthaft einbezieht und auf dieser Basis zu der Diagnose einer sowohl funktionalen wie segmentären Differenzierung der Weltgesellschaft kommt. Der Text zeigt *(II.)*, dass die segmentäre, horizontale Differenzierung des weltpolitischen Systems sich erst in der Neuordnung nach dem Zweiten Weltkrieg in ihrer heutigen Form durchgesetzt hat. Davor liegt eine jahrhundertealte Tradition der Imperien, die Inklusionshierarchien von Staaten bildet (Beziehungen hierarchischer Kontrolle zwischen Herrschaftsordnungen) und ihren Höhepunkt gerade in der Phase der ersten Globalisierung (1871-1914) erlebt. Segmentation ist in der Gegenwart nur die Binnendifferenzierung des globalen Funktionssystems Politik – und auch als solche wird sie durch „Global Governance" und die Spezialisierung des Wohlfahrtsstaats auf Inklusionsvermittlung relativiert. Der Aufsatz demonstriert *(III.)* den engen Zusammenhang von funktionaler Differenzierung der Weltgesellschaft und der Radikalisierung interregionaler Ungleichheiten in der Welt (1820-1950). Funktionale Differenzierung ist ein ungleichheitsverstärkendes Prinzip, aber sie hat bisher keine globalen Strata hervorgebracht. Auch hier ist der Vorrang funktionaler Differenzierung auffällig: er macht globale Funktionssystemeliten wahrscheinlich, aber es spricht wenig für die Entstehung einer globalen Schichtungsordnung orthogonal zu den Funktionssystemen.

I. Die Komplexität der Weltgesellschaft und die Pluralität der Funktionssysteme

Ein angemessenes Verständnis der Komplexität der Weltgesellschaft als eines funktional differenzierten Gesellschaftssystems setzt voraus, dass man die Hypothese der Selbstorganisation dieser Komplexität in der Form einer wachsenden Pluralität autonomer Funktionssysteme ernst nimmt. Das betrifft zunächst die Frage der Pluralität. Es existieren in unserer Gesellschaft nicht etwa zwei oder drei Funktionssysteme, was uns eine sehr einfache Gesellschaftsbeschreibung erlauben würde. Vielmehr ist davon auszugehen, dass eine Analyse funktionaler Differenzierung mehr als zehn globale Funktionssysteme als die Binnendifferenzierung der Weltgesellschaft entdecken wird und dass diese globalen Funktionssysteme in ihren internen Systemdifferenzierungen erneut viele Systeme, teilweise Tausende von Subsystemen hervorbringen. So gibt es beispielsweise im Wissenschaftssystem mindestens zehntausend „research fields", deren delokalisierte Autonomie sich in der Form kognitiver Netzwerke publizierter Kommunikationen und komplementär dazu in der Form sozialer Beziehungen in „scientific communities" darstellen lässt.[1]

Im Papier von Richard Münch beobachte ich bereits an diesem Startpunkt eine folgenreiche Fehllenkung. In Nebenbemerkungen und *en passant,* aber ohne analytische Aufmerksamkeit, kommen zwar immer wieder einmal mehrere Funktionssysteme vor. Im Prinzip aber verfährt fast der gesamte Text so, als ob die Gesellschaft der Gegenwart aus genau zwei Funktionssystemen bestünde: einer segmentär in Nationalstaaten differenzierten Politik und einem Wirtschaftssystem. Für diese extreme Reduktion von Komplexität trägt der Text aber weder analytische noch empirische Argumente vor. Die Tatsache, dass ein Staat über ein Ministerium für Kunst oder für Wissenschaft verfügt, scheint Münch als Indiz dafür zu genügen, dass es ein autonomes und globales Funktionssystem der Kunst oder der Wissenschaft nicht gibt. Damit begibt sich das Papier gewissermaßen in die Perspektive eines Beamten in einem dieser Ministerien, der glaubt, dass er das Wissenschaftssystem oder das Kunstsystem „steuert".

An die Stelle dieser Verkürzungen wäre eine Analyse zu setzen, die die Wirtschaft, das Recht, die Erziehung, die Religion, die Politik, die Kunst, die Wissenschaft, das Gesundheitssystem, die Massenmedien, den Sport, die Intimbeziehungen und die Familien, den Tourismus und vermutlich noch andere Kandidaten für Funktionssystemstatus historisch und empirisch sorgfältig prüft, die Globalität der jeweiligen Kommunikationszusammenhänge untersucht und die Autonomie und kommunikative Abkopplung lokaler und regionaler kommunikativer Verdichtungen durchdenkt. Eine solche Untersuchung wird auch die Hypothese berücksichtigen, die Richard Münch zu unterstellen scheint: dass es in einigen Fällen dem Nationalstaat gelingt, einen nichtpolitischen Kommunikationszusammenhang gleichsam in sich einzuschließen und auf diese Weise potenziell globale Kommunikationszusammenhänge der anderen Funktionen nicht zur Geltung kommen zu lassen. Der von ihm favorisierte Kandidat für die Gültigkeit dieser Hypothese ist das Rechtssystem, das er als eng an den Nationalstaat gekoppelt sieht. Nun ist gerade in diesem Fall die Unplausibilität dieser Annahme leicht zu demonstrieren. Wenn beispielsweise im März 2010 eine Reihe einflussreicher Schweizer Politiker den deutschen Staat wegen Hehlerei[2] verklagen wollen (es geht um im „Handel" befindliche DVDs mit Kontodaten ausländischer Anleger auf Schweizer Banken und die Frage, ob ein Staat diese illegal erstellten DVDs kaufen und sie für die Verfolgung von Rechtsverletzungen eigener Bürger nutzen darf), kann man an der politischen Klugheit einer solchen Initiative zweifeln (und vielleicht auch einen Mangel an Selbstkritik notieren). Es scheint aber unstrittig zu sein, dass eine solche Klage *möglich* ist, weil jenseits der Politik der Nationalstaaten ein globales Rechtssystem existiert, das beispielsweise Staaten (und anderen Akteuren) der Weltgesellschaft erlaubt, Klagen gegen andere Staaten (und andere Akteure) der Weltgesellschaft einzureichen. Man sieht an diesem Fall gut das Hinüberwechseln von politischer Kommunikation in rechtliche Kommunikation und sieht den Augenblick der Überschreitung einer Funktionssystemgrenze. Man kann die hier zu entscheidende Frage als eine Frage politischer

---

[1] Siehe zur Ausdifferenzierungsgeschichte Stichweh (2003).
[2] Die genauen Rechtsverletzungen wären dann noch näher zu benennen. „Hehlerei" ist in diesem Fall offensichtlich ein politischer Kampfbegriff, der den Rechtssachverhalt nicht richtig identifiziert.

Klugheit und der Pflege außenpolitischer Beziehungen behandeln; man kann sie aber auch als Rechtsfrage prozessieren. Wenn man sich für Letzteres entscheidet, wird die Frage in Termini eines globalen Korpus von Rechtsnormen entschieden werden und die initiativ werdenden Politiker können positive und negative Überraschungen erleben, die sie in Termini ihres eigenen politischen Diskurses, der auf Wähler und nicht auf Juristen zielt, weder beeinflussen noch ausrechnen können. Die Entscheidung, wenn es denn zu ihr käme, würde rechtliche Folgen haben, und sie würde politische Folgen nach sich ziehen. Aber diese beiden Typen von Folgen wären gut voneinander unterscheidbar, wenn auch miteinander gekoppelt. Das Recht würde den politischen Alternativenspielraum, über den man nach der Entscheidung verfügte, in seiner Zusammensetzung verändern, aber ihn nicht determinieren.

II. Welche Zeithorizonte muss man einberechnen? Wann entsteht die segmentäre Differenzierung der Weltgesellschaft – und gibt es sie wirklich?

Neben einer nicht hinreichenden Berücksichtigung der multifunktionalen Komplexität eines globalen Gesellschaftssystems fällt an dem zu diskutierenden Papier Richard Münchs unmittelbar auf, dass die historischen Zeiträume, die es einbezieht, sowohl unklar wie auch viel zu kurz sind. Manchmal ist vom 19. und 20. Jahrhundert die Rede, an anderen Stellen überwiegt der Eindruck, dass der Text nur über wenige Jahrzehnte in der Zeit nach dem Zweiten Weltkrieg spricht. Gerade wenn man über die Bedeutung des Nationalstaats in der Weltgesellschaft nachdenken will, scheint dies unangemessen. Diese segmentäre, nationalstaatliche Form der Binnendifferenzierung des weltpolitischen Systems ist eine relativ rezente Erfindung. Also scheint es wichtig, sich einen angemessenen Begriff davon zu bilden, was vor dem Nationalstaat war und seit wann dieser sich durchgesetzt hat.

Viele der Funktionssysteme blicken auf eine lange Ausdifferenzierungsgeschichte zurück; mehrere sind in der Globalität ihrer universalistischen Ansprüche und realisierten sozialen Strukturen auf jeden Fall nicht jünger als die von Münch favorisierten Kandidaten Politik und Wirtschaft. Wesentliche Strukturen religiösen und ethischen Denkens, die den Weltreligionen unserer Tage zugrunde liegen, entstehen bereits in der so genannten Achsenzeit des ersten Jahrtausends vor unserer Zeitrechnung in Indien, China, dem antiken Judentum und in der griechisch-römischen Welt.[3] Bereits in der prophetischen Tradition des antiken Judentums setzt sich die Vorstellung eines weltbezogenen Gottes durch, dessen Zuständigkeit und Präsenz nicht mehr räumlich begrenzt werden kann, der vielmehr für jene soziale Entität, die allerdings noch „sein" Volk ist, an jedem beliebigen Punkt in der Welt kommunikativ erreichbar ist.[4] Dieser Gott, der zwar noch sozial begrenzt ist, ist es räumlich nicht mehr und ist insofern Weltgott. Ähnliche Strukturen eines normativen Vorgriffs auf Welt entstehen im Normenkomplex des römischen Rechts, das im Übrigen fortdauernd den meisten Rechtsordnungen der modernen Welt zugrunde liegt, also nicht nur einen Vorgriff vollzieht, vielmehr

---

[3] Siehe einen guten Überblick in Armstrong (2006).
[4] Siehe, die Schritte dieser Transformation durch die prophetische Tradition verfolgend, Bertholet (1896).

Strukturen beispielsweise des Völkerrechts und des Privatrechts vorbereitet, die auch noch Strukturen des Weltrechts unserer Tage sind.[5]

Der „Take-off" zur Weltgesellschaft erfolgt in der kolonialen Expansion Europas im 15. und 16. Jahrhundert, die, in der Terminologie Wallersteins, ein ökonomisches „World-System" hervorbringt, das nie mehr in die Strukturen eines „World-Empire" zurückgeholt worden ist (siehe Wallerstein 1974). Dies ist vermutlich auch der Zeitpunkt, zu dem Politik und Wirtschaft die Führungsfunktion in der Genese eines Weltsystems oder einer Weltgesellschaft übernehmen, so dass für zwei oder drei Jahrhunderte eine Beschreibung der Weltgesellschaft eine gewisse Plausibilität gewinnt, die diese beiden Funktionskontexte im Vordergrund sieht. Das heißt aber nicht, dass es eine angemessene Deutung wäre, von einer segmentären Binnendifferenzierung des entstehenden politischen Systems der Weltgesellschaft auszugehen. Die Politik jener Jahrhunderte bis weit ins 19. Jahrhundert hinein, in anderen Hinsichten bis zum Ende des Zweiten Weltkriegs, ist nicht segmentär strukturiert. Es handelt sich viel eher um eine hierarchische Struktur, die man sinnvollerweise auch als Inklusionshierarchie beschreiben kann.[6] Es entstehen Imperien, die sich von Europa aus bilden und die miteinander konkurrierend Regionen und Länder des Erdballs in sich inkorporieren: Spanien, Portugal, England, Niederlande, Frankreich, Russland etc. Diese Imperien koexistieren mit außereuropäischen Großreichsbildungen: dem Ottomanischen Reich, China, dem Mughal-Reich Indiens.[7] Schließlich dauert in Europa auch noch das „Heilige Römische Reich Deutscher Nation" fort, das sich einst als eine Universalmonarchie mit Weltherrschaftsanspruch verstanden hatte, aber in der Situation der Frühen Neuzeit zunehmend einen gemeinsamen rechtlichen Rahmen und zugleich immer weniger eine politische Herrschaftsstruktur verkörpert.

Eingebettet in diese Imperien und Reichsbildungen existiert im Mittelalter und in der frühen Neuzeit auf lokaler und regionaler Ebene eine große Zahl verschiedener Formen politischer Herrschaft: Stadtstaaten, kirchliche Fürstentümer, Formen dynastischer Herrschaft (in denen die Kontinuität des Familienzusammenhangs wichtiger ist als die Kontinuität der Kontrolle desselben Territoriums), erste Territorialstaaten etc. (vgl. dazu Luhmann 2000: insbesondere Kap. 11). Der Begriff der Inklusionshierarchie meint die Einbettung dieser lokalen und regionalen Herrschaften in die Strukturen der Imperien. Die Ordnung, mit der wir es hier zu tun haben, ist sehr unübersichtlich, und sie kennt mehr als zwei Hierarchieebenen. Offenbar fügt sie sich nicht einer Diagnose einer segmentären Differenzierung der Herrschaftsansprüche.

Die segmentäre Struktur, die die Politik der Moderne zu charakterisieren beginnt, bildet sich erst seit der Mitte des 18. Jahrhunderts sehr langsam heraus. Territorialität und Nationalität gehen eine enge Bindung miteinander ein, die sich in den letzten zwei Jahrhunderten Schritt für Schritt verfestigt hat. Dennoch scheint noch die Epoche um 1900 erstens durch das weitere Vordringen und das Größenwachstum kontinentgroßer Einzelstaaten wie die USA, Kanada, China, Russland gekennzeichnet, die Beziehungen hierarchischer Kontrolle zu anderen Territorien unterhalten. Und zugleich er-

---

[5] Siehe zu Weltrecht Schulte und Stichweh (2008).
[6] Siehe zu Inklusionshierarchien Stichweh (1991).
[7] Siehe sehr interessant zum Mughal-Reich im Kontakt zu den nach Indien expandierenden europäischen Imperien Subrahmanyam (2005) und zu Portugal Feldbauer (2005).

reichen zweitens die europäischen Kolonialreiche in der Epoche von 1871 bis 1914 ihre flächenmäßig größte Ausdehnung.[8] Nach dem Ersten Weltkrieg entsteht im Völkerbund erstmals ein vertragsförmig institutionalisiertes System der Staaten der Welt, in das beispielsweise in der Form der Mandatsgebiete nach wie vor hierarchische Momente einer Überordnung von Staaten über andere Staaten eingebaut sind. Erst der Zweite Weltkrieg bringt dann einen definitiven Bruch. Der territorial präzise abgegrenzte Nationalstaat setzt sich als eine als universell gedachte Form weltweit durch. Die verbleibenden Kolonialreiche zerfallen schnell und an ihre Stelle treten Formen von Staatlichkeit, die als gleichartig und gleichwertig gedacht werden und durch die Ordnung der Vereinten Nationen ratifiziert werden. Erst jetzt, und das heißt nach 1950, trifft die Diagnose segmentärer Differenzierung des weltpolitischen Systems wirklich zu. Wir haben also mit einer Struktur zu tun, die in ihrer gegenwärtigen Form nicht viel älter als 50 Jahre ist.

Es wäre verkehrt, aus dieser Diagnose auf eine segmentäre Differenzierung der Weltgesellschaft zu schließen. Dieser Schluss bedeutete eine Verwechslung der Binnendifferenzierung eines der Funktionssysteme der Weltgesellschaft mit der Primärdifferenzierung des Systems der Weltgesellschaft selbst. Selbst für das globale Funktionssystem der Politik erweist sich die Hypothese seiner segmentären Binnendifferenzierung in Staaten als eine Beschreibung, die nur noch partiell zutrifft. Der Begriff der „Global Governance" deutet darauf hin, dass in der Gegenwart noch etwas anderes entsteht. Globale Politik vollzieht sich in Funktionszusammenhängen, die dann beispielsweise Migrationspolitik, Klimapolitik, Wissenschaftspolitik und Gesundheitspolitik heißen und die sich immer deutlicher als funktional differenzierte Subsysteme des weltpolitischen Systems erweisen (vgl. dazu Stichweh 2007). Die wachsende Eigenständigkeit und Relevanz dieser Differenzierungsform zeigt sich gut daran, dass in diesen funktional differenzierten Politikbereichen neben die Staaten als relevante Akteure zunehmend viele systembestimmende Akteure treten, die selbst keine Staaten sind (NGOs, IGOs etc.). Akteurschaft wird gewissermaßen durch den Funktionsbezug verliehen und dadurch, dass man diesen überzeugend demonstrieren kann. Es gibt nicht mehr jene fraglose Privilegierung des Akteurs, der mit dem Namen Staat bezeichnet wird.

III. Globale Schichtung. Ist die Weltgesellschaft stratifiziert?

Die Frage nach einer segmentären Differenzierung, die gewissermaßen als zweites, gleichrangiges Strukturprinzip neben die funktionale Differenzierung der Weltgesellschaft tritt, haben wir verneinen können. Es besteht kein Zweifel an der großen Bedeutung des Nationalstaats als einer Erfindung der Moderne und als Form der globalen Universalisierung der Politik, die keine politikfreien (= staatsfreien) Räume in der Welt zulässt. Und es gibt auch keine guten Gründe, dem Nationalstaat einen beschleunigten Niedergang zu prognostizieren. Das aber ändert nichts daran, dass der National-

---

8 Allein England kontrolliert 1914 ein Fünftel der Landoberfläche der Erde; Frankreich kontrolliert mit 10 Millionen km² eine Fläche von der Größe der USA; hinzu kommen die wachsenden Kolonialreiche Portugals, Belgiens und Deutschlands. Siehe die gute Übersicht in Barraclough (1996: 240 f.).

staat überall in das Kielwasser der funktionalen Differenzierung gerät. Ich habe dies gerade am Phänomen der „Global Governance" demonstriert. Ein anderer zentraler Phänomenbereich besteht darin, dass der moderne Staat in seiner Zweitauslegung als Wohlfahrtsstaat sich vor allem auf die Leistung der Inklusionsvermittlung in andere Funktionssysteme konzentriert (Sicherung von Bildungszugängen, Wiederherstellung der Zahlungsfähigkeit bei Personen und manchmal bei Unternehmen, öffentliche Infrastruktureinrichtungen, z. B. in der Kunst und im Sport etc.).[9] Man kann dies nicht gut als politische Kontrolle über andere Funktionssysteme deuten, weil der Staat sich, sofern er wohlfahrtsstaatlich agiert, auf die Ermöglichung von Zugängen konzentriert und damit den anderen Funktionssystemen einen großen „Pool" von Inklusionsadressen sichert, der ihr autonomes Operieren erleichtert.

Wie aber sieht es mit globaler Schichtung aus? Wenn Segmentation nicht ernsthaft in Frage kommt, eignet sich Stratifikation als zu funktionaler Differenzierung einen Kontrast herstellendes Prinzip der strukturellen Organisation der Weltgesellschaft? Es kann keinem Zweifel unterliegen, dass funktionale Differenzierung in extremem Grade als ein ungleichheitsverstärkendes Prinzip wirken kann. Im günstigsten aller Fälle entsteht unter Voraussetzungen funktionaler Differenzierung eine formale Gleichheit des Zugangs zu Partizipationsrollen in Funktionssystemen. Gerade wenn dies zutrifft, können danach die ungleichheitsgenerierenden Effekte der funktionssystemkonstitutiven Unterscheidungen ungestört operieren. Funktionssysteme sind insofern Maschinerien der unablässigen Differenz- und Ungleichheitsproduktion und der Abweichungsverstärkung (siehe dazu Stichweh 2005). Außerdem ist in keiner Weise gesichert, dass Ungleichheiten nicht in andere Funktionssysteme transportiert werden können. Selbst wenn die formale Gleichheit des Zugangs gewährleistet ist, wie beispielsweise im Universitätssystem der Schweiz, wo jede gymnasiale Matura mit jedem noch so mittelmäßigen Notendurchschnitt einen gesicherten Zugang zu jedem Fach auch an den besten Universitäten garantiert (Ausnahme: Medizin – wegen der immensen Kosten für den Staat), folgt daraus noch nicht, dass in die Erfolge *vor* der Universität und vor allem in die Erfolge *in* der Universität nicht andere Faktoren intervenieren.[10]

Historisch gesehen ist der Zusammenhang der Durchsetzung von funktionaler Differenzierung und der Herausbildung globaler Ungleichheiten eindrucksvoll. Erst im Zeitraum zwischen 1820 und 1950 entstehen in der Weltwirtschaft die extremen Ungleichheiten zwischen Regionen, die uns heute vertraut sind. Während noch um 1820 die Ungleichheiten (im Pro-Kopf-Einkommen) zwischen Weltregionen nicht viel grö-

---

9 Zu Inklusionsvermittlung siehe Bommes und Halfmann (1994).
10 Im Fall der Schweiz scheint an den besten Universitäten (ETH Zürich, EPFL Lausanne) ein naturwissenschaftlich-technisches Bildungsbürgertum, das zudem bereit ist, seinen Kindern das Studium weitgehend zu finanzieren, eine wichtige Hintergrundbedingung zu sein (siehe die Daten in CRUS und VSS-UNES 2009). Immerhin ist dies nicht die Durchgriffskausalität der Erfolge in einem anderen Funktionssystem; eher handelt es sich um die Selbstreproduktion einer Bildungsschicht. Interessant ist am Beispiel der Schweiz auch, dass die Politik unter dem unabweisbaren Druck der Globalisierung der Hochschulen keinen Hebel findet, die liberalen Inklusionsbedingungen auf Einheimische zu beschränken. Die Folge ist, dass die Schweiz im europäischen Vergleich den höchsten Ausländeranteil unter den Studierenden aufweist – und diese ausländischen Studierenden durch den Schweizer Staaten (Bund, Kantone) finanziert werden.

ßer als 2 : 1 waren, erreichen um 1950 die interregionalen Unterschiede Größenordnungen von 15 : 1 – z. B. im Vergleich von Asien (ohne Japan) mit Nordamerika und Australien.[11] In den gut fünfzig Jahren seither haben sich diese Größenordnungen nicht mehr signifikant verändert; allerdings ist es in diesem Zeitraum zu einem schnellen wirtschaftlichen Aufstieg vieler asiatischer Länder und zu einem signifikanten Abstieg Afrikas gekommen (maximale Distanz zwischen Weltregionen heute 18 : 1).

Wir beobachten also funktionale Differenzierung und extreme Ungleichheiten zwischen Weltregionen. Aber wir beobachten keine globalen Schichten, Stände oder Kasten. Die stärkste Restriktion der Wahrscheinlichkeit einer Stratifikation der Weltgesellschaft scheint darin zu liegen, dass das Weltsystem viel zu groß und unübersichtlich ist, um global verlässliche Informationsverteilungen zu erzeugen, die es mir und anderen erlauben würden, mich und andere einer einigermaßen stabilen Schichtungslage zuzurechnen und dafür dann auch noch auf globalen Konsens und globale Erwartbarkeit der Schichtzurechnung zu setzen.

Richard Münch, der für Stratifikation der Weltgesellschaft argumentieren möchte, postuliert als argumentatives Hilfsmittel in seiner *Abbildung 2* die Existenz globaler Eliten. Dies ist vermutlich richtig, aber es scheint mir sehr wahrscheinlich, dass es kaum etwas mit Schichtung zu tun hat. Die von Münch postulierten globalen Eliten sind offensichtlich Funktionssystemeliten; es handelt sich um globale Expertencommunities, die einander gut kennen und einander weltweit zu erkennen imstande sind (vgl. Nowicka 2006). Aber die symbolische Kraft ihres Eliten- und Expertenstatus reicht in der Regel nicht über ihre Funktionssystemzugehörigkeit hinaus. In anderen funktionalen Sphären können sie sich und müssen sie sich zwangsläufig „inkognito" bewegen, wie es dereinst die Praxis des europäischen Adels war, wenn er an Universitäten im entfernten Ausland studierte und Verletzungen seiner Ehre vermeiden wollte (siehe dazu Stichweh 2010: Kap. 7). Es ist in diesen kommunikativen Zusammenhängen anderer Funktionssysteme nichts von der Bedeutsamkeit dieser Eliten in der ihnen eigenen Sinnsphäre bekannt.

Die Frage der Stratifikation der Weltgesellschaft ist damit noch nicht abschließend beantwortet. Es braucht mehr differenzierte Hypothesenbildung über statushohe Expertengruppen und sorgfältige empirische Forschung, die es noch kaum zu geben scheint. Vorläufig aber ist der Befund der Überlegungen zu globaler Stratifikation dem ähnlich, den wir bei der Frage nach Segmentation der Weltgesellschaft erarbeitet haben. Für beide Strukturprinzipien, die beide historisch als Formen der Primärdifferenzierung der Gesellschaft gewirkt haben, lässt sich unter Gegenwartsbedingungen sagen, dass sie allenfalls subsidiäre Differenzierungsformen sind, die in ihrem Spielraum weitgehend durch den Primat funktionaler Differenzierung als der unhintergehbaren Differenzierungsform der Weltgesellschaft bestimmt werden.

---

11 Siehe hierzu und zum Folgenden: Acemoglu und Ventura (2002), Bourguignon und Morrisson (2002), Maddison (2003) und Maddison (2005).

Literatur

Acemoglu, Daron, und Jaume Ventura. 2002. The world income distribution. *Quarterly Journal of Economics* 117: 659-694.
Armstrong, Karen A. 2006. *The great transformation. The beginning of our religious traditions.* New York, Toronto: Alfred A. Knopf.
Barraclough, Geoffrey, Hrsg. 1996. *Knaurs Neuer Historischer Weltatlas,* 5. Aufl. München: Droemersche Verlagsanstalt Th. Knaur.
Bertholet, Alfred. 1896. *Die Stellung der Israeliten und der Juden zu den Fremden.* Freiburg/Br., Leipzig: Mohr Siebeck.
Bommes, Michael, und Jost Halfmann. 1994. Migration und Inklusion. Spannungen zwischen Nationalstaat und Wohlfahrtsstaat. *Kölner Zeitschrift für Soziologie und Sozialpsychologie* 46: 406-424.
Bourguignon, Francois, und Christian Morrisson. 2002. Inequality among World Citizens: 1820-1992. *The American Economic Review* 92: 727-744.
CRUS, und VSS-UNES. 2009. *Étudier après Bologne: le point de vue des étudiant-e-s.* Bern: Ackermanndruck AG.
Feldbauer, Peter. 2005. *Estado da India. Die Portugiesen in Asien 1498-1620.* Wien: Mandelbaum.
Luhmann, Niklas. 2000. *Die Politik der Gesellschaft.* Frankfurt a. M.: Suhrkamp.
Maddison, Angus. 2003. *The world economy. Historical statistics.* Paris: OECD.
Maddison, Angus. 2005. *Growth and interaction in the world economy. The roots of modernity.* Washington, D.C.: The AEI Press.
Nowicka, Magdalena. 2006. *Transnational professionals and their cosmopolitan universes.* Frankfurt a. M.: Campus.
Schulte, Martin, und Rudolf Stichweh (Hrsg.). 2008. *Weltrecht.* Berlin: Duncker & Humblot.
Stichweh, Rudolf. 1991. Evolutionstheoretische Modelle, hierarchische Komplexität und Mikro/Makro-Unterscheidungen. In *Mikro-Makro-Ansätze in der Wissenschafts- und Technikforschung.* Hrsg. Jürgen Klüver, 103-119. Essen: Universität Essen – http://www.unilu.ch/files/Stichweh-R._Evolutionstheoretische-Modelle...pdf (Stand: 17. Mai 2010).
Stichweh, Rudolf. 2003. Genese des globalen Wissenschaftssystems. *Soziale Systeme* 9: 3-26.
Stichweh, Rudolf. 2005. Erzeugung und Neutralisierung von Ungleichheit durch Funktionssysteme. In *Inklusion und Exklusion. Studien zur Gesellschaftstheorie,* Hrsg. Rudolf Stichweh, 163-177. Bielefeld: Transcript.
Stichweh, Rudolf. 2007. Dimensionen des Weltstaats im System der Weltpolitik. In *Weltstaat und Weltstaatlichkeit. Beobachtungen globaler politischer Strukturbildung,* Hrsg. Mathias Albert, Rudolf Stichweh, 25-36. Wiesbaden: VS Verlag für Sozialwissenschaften.
Stichweh, Rudolf. 2010. *Der Fremde. Studien zu Soziologie und Sozialgeschichte.* Berlin: Suhrkamp.
Subrahmanyam, Sanjay. 2005. *Explorations in connected history. Mughals and Franks.* New Delhi: Oxford U.P.
Wallerstein, Immanuel. 1974. *The modern world-system.* vol. 1-3, 1974/1980/1989. New York: Academic Press.

Korrespondenzanschrift: Prof. Dr. Rudolf Stichweh, Universität Luzern, Soziologisches Seminar, Kasernenplatz 3, 6000 Luzern 7, Schweiz
E-Mail: rudolf.stichweh@unilu.ch

REPLIK

FUNKTIONALE, STRATIFIKATORISCHE UND SEGMENTÄRE DIFFERENZIERUNG DER WELTGESELLSCHAFT

Richard Münch

Die von Niklas Luhmann geschaffene Systemtheorie geht bei jeder Betrachtung der sozialen Realität von ein und derselben Prämisse aus: von der Komplexität der Welt. An der Gesellschaft interessiert dann stets, wie sie es schafft, die Komplexität der Welt zu reduzieren. Differenzierung ist die erste Antwort auf diese Frage. Genau von diesen Prämissen und ihrer Umsetzung in ein Theorieprogramm geht Rudolf Stichweh in seinem Kommentar zu meinem Aufsatz über die Weltgesellschaft im Spannungsfeld von funktionaler, stratifikatorischer und segmentärer Differenzierung aus.

I. Die funktionale Differenzierung der Weltgesellschaft

Was ich empirisch untersuchen will, ist für Rudolf Stichweh (2010) theoretisch schon vorentschieden. Die Differenzierung der (Welt-)Gesellschaft in Funktionssysteme als Antwort auf die Komplexität der Welt zu erklären, scheitert nach meiner Überzeugung jedoch wie jede funktionalistische Erklärung erstens daran, dass es neben der Komplexität auch andere Weltprobleme gibt und von der Komplexität der Welt nicht direkt auf funktionale Differenzierung geschlossen werden kann, weil es dazu Alternativen gibt. Setzen wir mit Luhmann das 18. Jahrhundert als Durchbruch des Primats der funktionalen Differenzierung an, dann ist schwer zu sagen, welche Steigerung der Weltkomplexität diesen Wandel in Europa ausgelöst haben soll und warum ausgerechnet funktionale Differenzierung als Antwort darauf gefunden wurde. Weil man auf diesem funktionalistischen Weg und auf diesem Abstraktionsniveau zu keiner befriedigenden Erklärung gelangt, habe ich in der Tat „die Hypothese der Selbstorganisation dieser Komplexität" nicht ernst genommen. Ich habe sie sogar explizit verworfen und nach einer anderen Erklärung des Vorgangs gesucht, den Luhmann als Übergang vom Primat der stratifikatorischen zum Primat der funktionalen Differenzierung der Gesellschaft beschreibt.

Ich habe bei Luhmann einen entsprechenden Erklärungsansatz gefunden, der darauf hinweist, dass er „die Hypothese der Selbstorganisation dieser Komplexität" selbst nicht ganz ernst genommen und nach ergänzenden Erklärungsinstrumenten Ausschau gehalten hat. Luhmann selbst konzentriert sich auf die funktionale Ausdifferenzierung der Wirtschaft und blendet die funktionale Ausdifferenzierung anderer Funktionssysteme an der von mir für Zwecke der Interpretation herangezogenen Stelle in *Die Gesellschaft der Gesellschaft* aus. Und die Erklärung ist historisch-kausaler und nicht funktionalistischer Art. Die entscheidende Ursache für die funktionale Ausdifferenzierung der Wirtschaft ist die räumliche Entgrenzung von Märkten. Ihre Pioniere sind schon im Mittelalter die Fernhandelskaufleute, weiterhin die Bankiers als Kreditgeber für die Handelsunternehmen (Luhmann 1997: 724-725). Für die Ausdifferenzierung anderer Felder der gesellschaftlichen Praxis sind je eigene kausale Konstellationen zu benennen.

Betrachtet man Wirtschaft, Recht, Wissenschaft und Kunst mit Bourdieu (1993, 1998) anders als Luhmann nicht als Funktionssysteme, sondern als Praxisfelder im sozialen Raum, dann ist deren Autonomie gegenüber traditionalen Bindungen und gegenüber sachfremden Interessen keine Frage der Reduktion von Weltkomplexität durch funktionale Differenzierung und der Autopoiesis von Funktionssystemen, sondern ein historisch kontingentes und stets veränderbares Resultat von materiellen und symbolischen Kämpfen zwischen Akteuren, die in das jeweilige Spiel involviert sind. Nach der Befreiung aus traditionalen Bindungen im 18./19. Jahrhundert hat die Wirtschaft des modernen Kapitalismus in Gestalt der Sozialpartnerschaft von Kapital und Arbeit, der wohlfahrtsstaatlichen Absicherung gegen Erwerbsunfähigkeit aus Gründen von Arbeitslosigkeit, Krankheit, Invalidität und Alter, der staatlichen Regulierung des Arbeitsmarktes und der staatlichen Umverteilung von Einkommen eine weitreichende Einschränkung der freien Entfaltung von Nutzen- und Gewinnmaximierung erfahren. Das heißt, dass die zweckspezifische Ausdifferenzierung der Wirtschaft im Vergleich zum 19. Jahrhundert in erheblichem Umfang wieder zurückgenommen wurde. In den Begriffen Karl Polanyis (1947) wurde die aus traditionaler Moral entbettete Ökonomie wieder eingebettet, und zwar in die Moral des Wohlfahrtsstaates des 20. Jahrhunderts.

Wir beobachten heute eine neue Entbettung des Kapitalismus aus der Moral des Wohlfahrtsstaates. Und es zeigt sich, dass daran ähnliche Prozesse der räumlichen Entgrenzung des Wirtschaftens wie beim Entstehen des modernen Kapitalismus im 18./19. Jahrhundert beteiligt sind. Im Fahrwasser dieser globalen Machtverschiebung und unter maßgeblichem Einfluss der ökonomischen Experten von WTO, IWF, Weltbank und OECD ist in den letzten drei Jahrzehnten weltweit eine weitgehende Liberalisierung der Wirtschaft und eine erhebliche Ökonomisierung nicht-wirtschaftlicher Praxisfelder zu beobachten, die in diesem Zuge sowohl räumlich als auch sachlich aus nationalstaatlichen Begrenzungen befreit wurden. Zugleich bildeten sich im Zuge der Differenzierung von Zentrum und Peripherie verstärkt global dominante Machtzentren heraus.

II. Die stratifikatorische Differenzierung der Weltgesellschaft

Wegen der Vorentscheidung für die Differenzierung der (Welt)gesellschaft in autopoietisch operierende Funktionssysteme hat auch das Faktum der ungebrochenen Relevanz der Stratifikation der (Welt)gesellschaft keinen systematisch gleichrangigen Platz in der Theorie, weshalb in ihrem Rahmen keine Theorie der sozialen Ungleichheit in der (Welt)gesellschaft entwickelt werden kann. Der entscheidende Schritt, der die soziale Ungleichheit systematisch aus der Theorie ausschließt, ist die mangelnde theoretische Verarbeitung der Tatsache, dass die Entgrenzung der Märkte nicht generell die stratifikatorische durch die funktionale Differenzierung der Gesellschaft ersetzt, sondern viel spezifischer die stratifikatorische Differenzierung in Stände durch die ebenso stratifikatorische Differenzierung in Klassen.

Die moderne Klassengesellschaft hat bis heute nicht aufgehört zu existieren und das Leben der Menschen zu bestimmen. Sie hat lediglich mehrfach ihre Gestalt verändert, von der scharf akzentuierten Klassengesellschaft über die nivellierte Mittelstandsgesellschaft zur in Milieus differenzierten Erlebnisgesellschaft bis zur sich heute herausbildenden neuen Klassengesellschaft mit einer geschrumpften Mittelschicht, einer ethnisch heterogenen Unterschicht und aus nationalen Bindungen herausgewachsenen, global ausgerichteten Eliten. Ich stimme Rudolf Stichweh zu, dass Letztere weitgehend als untereinander noch wenig integrierte Funktionseliten zu begreifen sind. Das liegt daran, dass globale Governance anders als die nationale von zweckspezifischen Internationalen Institutionen bestimmt wird, allerdings mit einer deutlichen Dominanz ökonomischer Institutionen, was auch eine Vormachtstellung der ökonomischen Funktionselite auf der globalen Ebene zur Folge hat (Fourcade 2006). Auf der Ebene des Nationalstaats ist das wegen der dort erfolgten politischen Koordination unterschiedlicher Zwecke weniger der Fall. Das verändert sich aber mit der Machtverschiebung von der nationalen zur internationalen Politik. Die Veränderungen der Klassengesellschaft sind aus der Perspektive der Entgrenzung und Dynamik von Märkten, der Machtverschiebung im sozialen Raum und im Feld der Wirtschaft im Kontext der Globalisierung zu erklären. Das ist die Perspektive einer Theorie der sozialen Ungleichheit, die eher in der Tradition der Konflikttheorie steht und die These des Primats der funktionalen vor der stratifikatorischen Differenzierung der Gesellschaft mit guten Gründen ablehnt.

III. Die segmentäre Differenzierung der Weltgesellschaft

Ebenso wenig durch die historischen Tatsachen gedeckt ist die These der schwindenden Bedeutung von segmentärer Differenzierung unter dem Primat der funktionalen Differenzierung der Weltgesellschaft. Wie Rudolf Stichweh feststellt, ist die segmentäre Differenzierung der Weltgesellschaft in Nationalstaaten eine historisch junge Erscheinung, die in Europa mit dem Westfälischen Frieden von 1648 ihre ersten Konturen annimmt, weltweit aber erst nach dem Zweiten Weltkrieg vollendet wird, während über einen längeren Zeitraum Imperien weite Teile der Welt beherrscht haben. Von ihnen ist aber mit dem Ende der Sowjetunion nichts mehr übrig geblieben. Anders als Luhmann (1997: 1052-1055) annimmt, ist der Nationalstaat historisch nicht einfach als eine Reaktion auf funktionale Differenzierung auf der Suche nach Identität, sondern als Demokratisierung des vom Absolutismus geschaffenen Staats zu verstehen. In der französischen Revolution wurde die Herrschaft über den Staat paradigmatisch für das weitere Verständnis des Nationalstaats in die Hand der einen und unteilbaren Nation gelegt. Mit der Bildung der Vereinten Nationen ist der Nationalstaat nach 1945 endgültig, mit John Meyer (2005) gesprochen, zum weltkulturell verbindlichen Modell der Ausübung von territorialer Herrschaft geworden.

Auf diesem historischen Pfad ist die segmentäre Differenzierung der Weltgesellschaft in Nationalstaaten zu einem lebensbestimmenden Faktum geworden, dessen Entstehen, Erscheinungsformen, Wirkungen und Veränderungen nicht zureichend erfasst und erklärt werden können, wenn segmentäre Differenzierung nur als ein Überbleibsel einer evolutionär niedrigeren Form der Gesellschaft verstanden wird, die mit der Durchsetzung des Primats der funktionalen Differenzierung immer mehr in den Hintergrund treten muss. Das gilt auch für die gegenwärtig zu beobachtende abnehmende Gestaltungskraft des Nationalstaats im Kontext der Globalisierung, insbesondere der Ökonomie, und der Herausbildung von neuen Formen der globalen Governance mit der Verlagerung von Macht auf die Ebene Internationaler Institutionen. Die segmentäre Differenzierung der Weltgesellschaft in Nationalstaaten verliert nicht deshalb an Relevanz für das Leben der Menschen, weil sich das Primat der funktionalen Differenzierung durchsetzt, sondern weil mehr Politik jenseits territorialer Grenzen und jenseits der intergovernmentalen Koordination zwischen souveränen Nationalstaaten gemacht und in die Hände von spezifischen, vorrangig ökonomischen Zwecken dienenden Internationalen Institutionen gelegt wird.

Auch hier sehen wir eine räumliche Entgrenzung – hier der Politik –, eine Fokussierung auf spezifische Zwecke und eine Befreiung von der Rücksichtnahme auf bisher bestehende Bindungen und zweckfremde Interessen am Werk. Dabei deutet sich eine Arbeitsteilung an, zwischen einer überwiegend auf ökonomische Zwecke ausgerichteten globalen Governance, ergänzt durch Regime der Durchsetzung der Menschenrechte, elementarer Arbeitnehmerrechte und ökologischer Nachhaltigkeit, und der durch diese globale Governance in ihrem Spielraum begrenzten nationalstaatlichen politischen Koordination einer Pluralität von Zwecken. Dieser Vorgang lässt sich als eine Machtverschiebung im globalisierten Praxisfeld der Politik begreifen und in seiner Erscheinung und seinen Konsequenzen dadurch erklären. Dagegen bleibt die Erklärung dieses Vorgangs als Teil der funktionalen Differenzierung der Weltgesellschaft zu weit von den historischen Gegebenheiten entfernt, und sie bietet keinen Zugang zu den historisch variablen Veränderungen in diesem Machtfeld in der Folge materieller und symbolischer Kämpfe um die Definition von „good governance".

Literatur

Luhmann, Niklas. 1997. *Die Gesellschaft der Gesellschaft.* Frankfurt a. M.: Suhrkamp.
Stichweh, Rudolf. 2010. Funktionale Differenzierung der Weltgesellschaft. In *Soziologische Theorie kontrovers,* Hrsg. Gert Albert, Steffen Sigmund, 299-306. Wiesbaden: VS Verlag für Sozialwissenschaften.
Bourdieu, Pierre. 1993. *Sozialer Sinn.* Frankfurt a. M.: Suhrkamp.
Bourdieu, Pierre. 1998. *Praktische Vernunft. Zur Theorie des Handelns.* Frankfurt a. M.: Suhrkamp.
Fourcade, Marion. 2006. The Construction of a global profession: the transnationalisation of economics. *American Journal of Sociology* 112:145-194.
Meyer, John W. 2005. *Weltkultur. Wie die westlichen Prinzipien die Welt durchdringen,* Hrsg. Georg Krücken. Frankfurt a.M.: Suhrkamp.

9. Koordination durch Übersetzung?

POSITION

KOORDINATION DURCH ÜBERSETZUNG

Das Problem gesellschaftlicher Steuerung aus der Sicht
einer pragmatistischen Differenzierungstheorie

Joachim Renn

Zusammenfassung: Empirische Befunde der Steuerungsprobleme spätmoderner Gesellschaft legen es nahe, das klassische Modell einer zentralen und intentionalen Koordination von Gesellschaften, das für die soziologische Theorie der Moderne lange Maßstab einer anzustrebenden Gesamt-Rationalität war, mit Skepsis zu betrachten. Diese Skepsis zwingt allerdings nicht dazu, entweder in die Diagnose einer heillos fragmentierten Weltgesellschaft oder aber in die soziologische Abstinenz gegenüber dem Begriff der „Gesellschaft" zu verfallen. Der Beitrag diskutiert erstens die theoretischen Konsequenzen der notwendigen Preisgabe von Einheitsbegriffen der Gesellschaft, die in der soziologischen Theorie das Problem der „Inkommensurabilität" zwischen gesellschaftlichen Teilsystemen und -kontexten aufgibt, zweitens die Gründe für die und die Folgen der Dekomposition von vermeintlich kompakten Grundbegriffen wie „Akteur" und „soziale Handlung". Gezeigt wird schließlich, wie eine makroskopisch orientierte Theorie sozialer Formen der „Übersetzung" zwischen Teilkontexten der Gesellschaft diese Dekomposition von Grundbegriffen integrieren und gerade deshalb das Problem der Koordination der Gesellschaft einer Analyse zugänglich machen kann, weil sie eine dezentrale Form der Koordination jenseits des Gegensatzes zwischen Koordinationsoptimismus und -pessimismus sichtbar machen kann.

I. Vernünftige Koordination des „Ganzen"?

Die „vernünftige" Koordination der Gesellschaft ist ein alter und hartnäckiger Traum der Moderne, der demiurgische Optimismus, dass die Moderne und die Modernen sich aus sich selbst begründen müssen, aber auch können (Habermas 1985; Wagner 1995). Die technische Umsetzung einer sozialen Selbstbegründung und -erzeugung ruft allerdings regelmäßig krisenhafte Verselbständigungen ehemals „vernünftiger" Mittel der Problemlösung hervor.[1] Immer wieder entzieht sich die sperrige Faktizität einer zur

---

[1] In groben Zügen generalisiert die Kritische Theorie die Figur der Verkehrung der Mittel zu Selbstzwecken aus der klassischen Entfremdungstheorie (Marcuse 1970) zu einem Globalnarrativ degenerierter Vernunft, sodass in der „Dialektik der Aufklärung" in geschichtsphilosophischer Zuspitzung (Horkheimer und Adorno 1988), wenn nicht Übertreibung, das Bild einer notwendigen Umkehrung instrumenteller Vernunft in den Mythos gezeichnet wird.

„zweiten Natur" gewordenen Institutionalisierung der freien Gestaltung und der gezielten Koordination. „Gesellschaft", die so hartnäckig dem praktischen und schließlich auch dem theoretischen Zugriff (Luhmann 1992: 42 ff.) entzogen scheint, dass ganze Soziologien schon ihren Begriff kassieren wollen (Schwinn 2001), stellt sich in wesentlichen Teilen wie eine fremde Macht dem Handlungsradius überschaubarer Kontexte scheinbar transparenter Kommunikation entgegen. Dennoch oder eben gerade deshalb, und in Zeiten der Erfahrung der Krisen der Steuerung zumal, ist die umfassende Koordination ein Desiderat und darum unausweichlich ein Thema der Soziologie.

Solchermaßen geradezu soteriologisch aufgeladene Grundbegriffe erfordern allerdings besondere Behutsamkeit der Theorie; im Falle der Koordinationsfrage muss die Soziologie den Verführungen ihres eigenen Erbes widerstehen. Denn der Begriff der Koordination sozialer Systeme oder Handlungszusammenhänge verführt erstens zur Suche nach einem positiven Begriff gelungener Koordination, nach einer Zielgröße optimal integrierter oder in ihrer Umweltanpassungsfähigkeit in höchst möglichen Maße „selbstgenügsamer" Gesellschaft (Parsons 1996: 16 f.). Das ist Ausdruck des klassischen Programms einer Theorie der Gesellschaft mit Absichten auf das Projekt der Selbstbestimmung eines Ganzen durch sich selbst, die in der Modernisierungstheorie ihren letzten optimistischen Ausläufer hat (vgl. Hill 2001; Knöbl 2001). Der Begriff suggeriert zweitens, dass die entsprechende Koordination in ihrer Rationalität eindeutig zu beurteilen, steigerbar und darum die de jure transparente Aufgabe der bewussten, intentionalen Steuerung sozialer Prozesse ist (so Joas 1990; Giddens 1995), die drittens einem handlungsfähigen Koordinator, einem personalen oder kollektiven, wenigstens institutionellen Akteur (in praxisphilosophischer Tradition dem „Subjekt der Geschichte", in moderaten Varianten der solidarischen „Gemeinschaft" und ihren Repräsentanten) übertragen werden kann oder angesichts krisenhafter Steuerungsmängel (wieder oder endlich) übertragen werden sollte.

Die empirisch begründete Steuerungsskepsis (mit allerdings optimistischer Volte: Giddens 1995), die in der Soziologie seit Ende der 1970er Jahre um sich gegriffen hat, legt nahe, dass es aus Gründen des Komplexitätsgrades eingespielter Interdependenzen eine Rückkehr zur „vernünftig" geplanten und überwachten Koordination nicht geben kann (allein weil die Rückkehr zu geringerer Komplexität über „unvernünftige" Wege führen muss). Viel eher ist zu vermuten, dass durch faktisch in externe Kontexte intervenierende Versuche, Reduktionen von Komplexität durchzusetzen, Komplexität nur erhöht werden kann (Luhmann 1992). Das Luhmann'sche Argument ist von den internen Bestimmungen des Systembegriffs (z. B.: „Autopoiesis") relativ unabhängig, denn es lässt sich zu einem allgemeinen Übersetzungstheorem (Renn 1998, 2002) generalisieren: Die Reduktion von Komplexität als Bearbeitung sozialen Sinns ist zunächst eine epistemische Reduktion, d. h. spezielle Kontexte übersetzen ihre praktischen Erfahrungen mit ihrer Umgebung in vereinfachte Beschreibungen dieser Umgebung, ohne dass diese Umgebung selbst dadurch einfacher würde oder auch adäquat oder restlos „repräsentiert" wäre. Die faktische Struktur einer Konstellation aus Kontexten wird deshalb komplexer durch Prozesse der Differenzierung von Kontexten, die sich entlang sinnhafter Komplexitätsreduktion bilden (in Folge von z. B. Ausdifferenzierung von Professionen, Experten, Exekutiv-Ausschüssen, Bürgerinitiativen, Interessengruppen etc.). Eingriffe in die sinnhaft reduzierte und nur dadurch kalkulierbare („auf den Begriff gebrachte") Umgebung eines in sich relativ geschlossenen Handlungskontextes (einer Organisation, eines integrierten Kollektivs etc.) durch diesen Kontext erzeugen dann mit Notwendigkeit eine Vielzahl von Effekten, die nur zu geringsten Teilen im Radius möglicher Prognosen auf der Grundlage jener reduziert komplexen Umgebungsbeschreibung liegen (weil diese Beschreibungen Übersetzungen in die Sprache des beschreibenden Kontextes sind). Diese Eingriffe sind selbst ihrerseits (komplexe) Übersetzungen, schon weil ihre Folgen nicht durch die jeweils intervenierenden oder „steuernden" Kontexte, sondern durch die Übersetzungsprozesse in den und durch die Zielkontexte(n) bestimmt werden (prominente Beispiele laufen unter dem Titel: „Glokalisierung"; siehe Robertson 1998, aber auch Thumfart 2002).

Das bedeutet, dass die Explosion von (relevanten) Nebenfolgen (Beck 1986, 1996; Giddens 1997: 55 ff.; Holzer 2006: 52 ff.)[2] durch rigide und intentionale (auch: politisch konsentierte) Koordinations-Initiativen nicht gebremst, sondern befördert wird. Und auch dieses Argument ist auf der Grundlage der steuerungsskeptischen Einsichten der Soziologie der letzten Jahrzehnte vom durchaus kontingenten Faktor stets fortschreitender Differenzierung unabhängig, denn die Analyse der „Nebenfolgen" (Merton 1936) ist mittlerweile gewissermaßen retrospektiv um die Diagnose vervollständigt worden, dass erstens rationale Planung immer mit Transparenzdefiziten rechnen und deswegen Strategien suboptimaler Kalkulation suchen muss (Simon 1982), und dass zweitens eine ganze Gattung von Handlungseffekten, ordnungsbildende Faktoren eingeschlossen, überhaupt nur als nicht intendierte Nebenfolgen eintreten können, sofern sie als Gegenstand intentionalen Handelns und bewusster Planung das Opfer von „self defeating profecies" werden müssen (Elster 1987).[3] Bezogen auf die Frage intentionaler Koordination macht sich darin das Dilemma bemerkbar, dass jeder Versuch, auf dem Stand weitgehender sozialer Differenzierung unerwünschte Effekte des Steuerungsverlustes durch gezielte Interventionen über ausdifferenzierte Grenzen hinweg zu kompensieren, das Missverhältnis zwischen Zielbestimmungen und Handlungsfolgen mit Notwendigkeit nur steigern kann.

II. Soziale Sinn-Differenzierung: Übersetzungsverhältnisse

Aus dieser Vermutung folgt jedoch noch lange keine abschließend pessimistische Gesamteinschätzung der Koordinationsfähigkeit moderner Gesellschaft. Das unvollendete Projekt der Moderne (Habermas 1985) ist nicht gescheitert (trotz Lyotard 1986), son-

---

2 Siehe auch Beck, Holzer und Kieserling (2001). Die Verfechter des zeitdiagnostischen Projekts „reflexiver Modernisierung" fahnden im Unterschied zur nüchternen bis unengagierten Steuerungsskepsis systemtheoretischer Provenienz optimistisch nach „Therapiemöglichkeiten" (Holzer 2006: 59; Beck 1998, vor allem 2002: 19).
3 Jon Elster (1987) belegt diesen Zusammenhang mit Bezug auf einfache Alltagsphänomene wie die paradoxe und das Angestrebte notwendig konterkarierende Entschlossenheit, jetzt, genau jetzt einzuschlafen. Es zählen aber auch jene Koordinations- und Bindungsvoraussetzungen dazu, die dem soziologischen Blick als latente Strukturen auffallen und sich dadurch auszeichnen, dass sie nur als unerkannte auf Seiten der Akteure ihre Wirkungen entfalten; etwa die sozialen Kohäsionseffekte religiöser Vergemeinschaftung, die sich bei Realisierung ihrer funktionalen Bedeutung durch Kontingentsetzung des Glaubens aufzulösen drohen, oder die latenten Konkurrenzregeln in Felder symbolischer Disktinktion, die nur unter der Bedingung „anerkannter Verkennung" den Kampf um Positionen regulieren können (so Bourdieu 1982, 1987).

dern befindet sich im Stande der Neuorientierung, die allerdings aufgrund der nun sichtbaren Vermehrung vernehmbarer Stimmen, heterogener Rationalitäten und kultureller Horizonte nicht mehr zu den alten Einheitsbegriffen, großen Erzählungen und positiven Utopien zurück finden kann. Aufgabe der Soziologie kann es deshalb aktuell auch nicht sein, positive Vorschläge für Gesamtlösungen zu artikulieren, denn die Soziologie kann sich nicht länger als Disziplin „organischer Intellektueller" (Gramsci) des gesamtgesellschaftlichen Interesses an die Spitze der gesellschaftlichen Koordination imaginieren (siehe Nassehi 2006), sondern sie muss ihren Beitrag als selbst in Übersetzungsverhältnisse verstrickt betrachten (Renn 1999). Das aber heißt nicht, Erkenntnisansprüche durch konstruktivistische Selbstmissverständnisse (durch die Reduktion aller Geltung auf lokale soziale Geltung) zu erledigen, sondern auf der Grundlage einer Theorie der Übersetzung (auch der soziologischen) adäquat zu übersetzen.

Das entsprechend selbstbezügliche theoretische Programm setzt deshalb an am fundamentalen Problem des „Bedeutungsbruchs" im Übergang zwischen ausdifferenzierten Teilkontexten der Gesellschaft. Wenn, „funktionale" *und* „kulturelle", soziale Differenzierung als Differenzierung von Sinnhorizonten betrachtet werden muss, die für die Bedeutung einer Handlung, für ihre „Substanz", ihre typischen Folgen, Anschlussmöglichkeiten, Effekte, konstitutiv sind, dann differenzieren sich eben Handlungskontexte in einem radikaleren Sinne, als es die Unterstellung gesellschaftsweit identischer Bedeutungen einzelner kommunikativer oder praktischer Ereignisse zugesteht. Zwischen den Kontexten, in denen eigene Sprachen gesprochen werden und in denen Handlungen relativ zu diesen Sprachen zu bestimmten und anschlussfähigen Ereignissen synthetisiert werden, muss „übersetzt" werden. Deshalb muss die Koordinationsfrage (bezogen auf Teilkoordinationen innerhalb relativ geschlossener Kontexte und bezogen auf die Koordination solcher Koordinationen) mit den Mitteln einer präzisen und Typen unterscheidenden Rekonstruktion von Übersetzungszwängen in komplexen, multipel differenzierten gesellschaftlichen Konstellationen bearbeitet werden. Die Koordinationsfrage nimmt in dieser Perspektive gegenüber der klassischen Soziologie der Moderne eine andere Gestalt an. Denn wenn die Übergänge zu differenzierten Lagen und die Übergänge zwischen differenzierten Teilkontexten oder Subsystemen innerhalb dieser Lagen als Formen sozialer Übersetzung verständlich gemacht werden, dann kann das Desiderat gesellschaftlicher Koordination weder als Steigerung der Zweckrationalität nach dem Muster planenden Handelns noch als reine Freisetzung funktionaler Systemlogiken betrachtet werden.

Neben den historischen Erfahrungen mit den kontraproduktiven Folgen erzwungener hierarchischer Steuerung eines strukturell differenzierten Gefüges (Planwirtschaften, Kulturrevolutionen, totalitäre Sozialtechnologien) sind es zwei zentrale Argumentationslinien, die zur radikalisierten Einschätzung der Folgen sozialer Differenzierung führen: 1) die in der Theorie verbreitete und begründete Neigung, das Ergebnis sozialer Differenzierung als Inkommensurabilität zwischen den differenzierten Teilen zu betrachten, und 2) die durch Steigerung des theoretischen Auflösungsvermögens erzielte Desubstanzialisierung vermeintlicher Letztelemente des Sozialen, z. B. Personen und Handlungen. Solche Elemente gelten der „postontologischen" Theoriebildung, die sich unglücklicherweise selbst allzu oft als „Konstruktivismus" (dazu: Renn 2006b, 2006c) beschreibt, als Entitäten, die nur innerhalb spezifischer Kontexte eine stabile (Sinn-) Einheit bilden, also nicht als substanzielle Sinneinheiten über Grenzen exportiert werden können und deshalb nicht als Träger von Austauschprozessen zwischen Kontexten in Frage kommen.

III. Inkommmensurabilitäten

Das Argument der gegenseitigen Unerreichbarkeit funktional (aber auch: kulturell) differenzierter Teilkontexte (und das heißt: Sinnkontexte) wird nicht ausschließlich von postmodernen Lesarten der Theorie pluraler Sprachspiele (Lyotard 1989) oder von der in dieser Hinsicht radikalen Systemtheorie selbstreferenzieller Sinnprozesse (Luhmann 1984: 635 ff., 1997) vertreten. In Gestalt der These der Ausdifferenzierung heterogener „Wertsphären" (Weber 1972; Schluchter 1991: 339 ff.) wird schon von Max Weber, und das bedeutet: in einem handlungstheoretischen Paradigma, das Verhältnis zwischen differenzierten Handlungszusammenhängen als Verhältnis zwischen jeweils dominanten Rationalitäten, die aufeinander nicht reduzierbar sind, beschrieben. Die Freisetzung relativ autonomer Sphären der reinen Orientierung an den dort jeweils dominanten Rationalitätskriterien ermöglicht Steigerungen der Binnenrationalität, der Leistungsfähigkeit und Innovation, wenn nicht gar (bereichsinternen) Fortschritt, sie kostet jedoch den Preis der Erschwerung schon allein der Angabe eines Kriteriums für die Rationalität der Beziehung zwischen den Teilrationalitäten, die in jenen unterschiedlichen Sphären auf identische Weise als akzeptabel gelten könnte. Umso mehr ist die faktisch, die geplante und effiziente Optimierung der Austauschbeziehungen zwischen den Wertsphären und Teilrationalitäten, wenn man so will: die Steigerung der „Gesamtrationalität" problematisch (Lepsius 1990; Offe 1986: 111). Dieses Problem kann sich so zu sagen bodennah in den Schwierigkeiten „inter-institutioneller" Beziehungen zeigen oder aber auf der Makroebene in der Form problematischer Koordinationen des Verhältnisses zwischen ökonomischen, politischen und kulturellen Rationalitäten überhaupt. Besonders zugespitzt stellt auf dieser Makroebene die Luhmann'sche Systemtheorie der modernen Gesellschaft die Diagnose der radikalen Inkommensurabilität zwischen ausdifferenzierten Handlungs- oder Kommunikationszusammenhängen. Funktionssysteme folgen jeweils eigenen Funktions- und Leistungsprofilen, die sich in Leitcodes und spezifischeren Programmen operationalisieren. Zwischen diesen Leitcodes sind keine „Vermittlungen", keine „Repräsentationen" möglich, zwischen den Systemen vermittelt keine koordinierende Instanz. Das politische System ist deshalb nicht länger der institutionelle Ausdruck gesellschaftlicher und gesellschaftsweiter Selbstbestimmung des Ganzen (was die Identifizierung von Gesellschaftstheorie und politischer Theorie lange Zeit unterstellt hat), sondern es tritt zurück ins Glied und wird System zwischen anderen Systemen, das so wenig wie die Wirtschaft, eine Kultur, die Wissenschaft oder gar eine „weltgeschichtliche" Persönlichkeit für die Koordination gesellschaftsweit relevanter intersystemischer Beziehungen einstehen kann. Die Luhmann'sche Beschreibung der Moderne (1992) hat viele gute Argumente für sich und bringt eine Reihe von Evidenzen konsequent auf den Begriff. Allerdings sind in dieser Fassung des Inkommensurabilitäts-Problems nicht einmal mehr „Übersetzungen" zwischen sozialen Systemen vorgesehen. Die dafür verantwortlichen unnötigen Verengungen der Systemtheorie drücken sich in der Übergeneralisierung der Form der „Beobachtung" zur allgemeinen („fremdreferentiellen") Bezugsweise von sinnhaften Systemen (überhaupt) auf Systeme in ihren

Umwelten aus.[4] Zwei komplementäre Ausblendungen sorgen in der Systemtheorie für diese konstruktivistische Verzerrung der Übergänge zwischen Systemen: Erstens unterschätzt die Systemtheorie die Eigenständigkeit ausdifferenzierter kultureller Sinnhorizonte, die sie als Epiphänomene funktionaler Differenzierung in der Schublade des Semantikbegriffs ablegt (Luhmann 1999; vgl. Renn 2006: 97 ff.). Zweitens entsprechen solche kulturellen Sinnhorizonte deshalb nicht den Kategorien selbstreferentieller Kommunikationssysteme, weil sie als Kontexte von „Praktiken" Bezugnahmen auf materielle Aspekte der Interaktion einschließen und sich über weite Strecken im Medium des vor allem leiblich vermittelten impliziten Wissens (Polanyi 1985) realisieren und reproduzieren (Bourdieu 1979; Wittgenstein 1969, 1984; vgl. auch Winter 2001). Kulturelle Differenzierung als Verzweigung von praxisbasierten Lebensformen oder als Verzweigung von kollektiven Routinen der habituell vermittelten „Übersetzungen" abstrakten Wissens in konkrete Situationen und funktionale Differenzierung lassen sich nicht aufeinander reduzieren.[5]

Mit der Berücksichtigung kultureller Muster wird sichtbar, dass sich die allgemeine Frage der Inkommensurabilität zwischen Teilkontexten nicht auf die funktionalen oder rationalen Differenzen von Makroordnungen (Systemen oder Wertsphären) beschränken lässt. Mindestens ebenso wichtig, und für die Frage der Koordination von Koordinationen in der Gesellschaft besonders aufschlussreich, ist das Problem der Übersetzung zwischen Kontexten, die sich durch den Radius und den Abstraktionsgrad ihrer jeweils eigenen, internen Koordinationsleistungen unterscheiden. Während Funktionssysteme im Zuge der „Entbettung" aus konkreten Praxiskontexten (Polanyi 1978; vgl. Giddens 1997: 216 ff.) auf abstrakte Weise, dafür aber mit globalen Reichweiten, Handlungen und Kommunikationen koordinieren, bewegen sich kulturelle Praktiken auf Bodenhöhe situationsspezifischer Interaktionen, schon weil ihre erwartungsstabile Koordinationsleistung auf die partikulare Einheit eines habituell gleichsinnigen Milieus angewiesen ist.

Eine wesentliche strukturelle Differenzierungsfolge des modernen Gefüges aus funktionaler und kultureller Differenzierung ist darum das Gefälle zwischen abstrakten und

---

4 Das Konzept der „strukturellen Kopplung" (Luhmann 1997), das in den Luhmann'schen Ausführungen stets Lücken zwischen empirisch unabweisbaren Übergängen zwischen Systemreferenzen oder „hybriden" Systemformen wie „multireferentiellen" Systemen (Tacke 2001) und dem Prinzip der operationalen Geschlossenheit stopfen muss, beruht auf einer inkonsistenten Unterstellung von „Gleichzeitigkeit" (Luhmann 1976), die begründen soll, was sie nicht kann: nämlich dass systeminterne „Gleichzeitigkeiten" systemunabhängig gesehen synchron sein sollen (vgl. Renn 2006: 98 ff.).

5 An der Unterscheidung zwischen funktionaler und kultureller Differenzierung hängt auch die Analyse der Lebensfähigkeit hierarchischer Strukturierung: die funktionalistische Perspektive neigt notorisch dazu, „dysfunktionale" soziale Ungleichheiten als ein Residuum anzusehen, dass sich absehbar von selbst erledigt, sobald dysfunktionale Verteilungsasymmetrien und ethnisierte Konfliktlagen mit überwundenen Differenzierungsmustern ausklingen und verblassen. Demgegenüber lassen sich Effekte sozialer Ungleichheit auf Interferenzen zwischen zwei irreduziblen Differenzierungsformen zurückführen: Positionierungseffekte, die Personen in hierarchische Strukturen eingliedern (z. B. „soziale Vererbung" im Bildungssystem, „Gender-Stereotypen" mit Effekten auf geschlechtsspezifische Einkommensdifferenzen und Karrieremuster), können als Koordinationseffekte kultureller Schemata begriffen werden, die dort Entscheidungen koordinieren, wo funktionale Festlegungen qua Abstraktheit (Indifferenz gegenüber individuellen Eigenschaften des Personals) Lücken der Bestimmung lassen.

konkreten Koordinationsformen. Zwischen makroskopischen Koordinationen (Märkte, Administrationen, abstrakte Wertorientierungen) und mikroskopischen Koordinationen (interaktive Aushandlungen des situativ spezifischen Sinns, intersubjektive Praktiken) muss übersetzt werden, wobei das besondere Problem in den Übergängen zwischen Koordinationsformen unterschiedlicher Reichweiten und Bestimmtheitsgrad liegt. Nicht der Unterschied zwischen „System und Lebenswelt", ebenso wenig die Differenz zwischen unterschiedlichen, aber gleichrangigen Funktionssystemen, aber auch nicht nur die Gegensätze zwischen „Wertsphären" bilden den entscheidenden Gegensatz innerhalb moderner Übersetzungsverhältnisse. Das Koordinationsproblem der Moderne besteht vielmehr in einem Problem zweiter Ordnung, bei dem die Differenzierung zwischen funktionaler und kultureller Differenzierung zum Problem der Koordination von Koordinationsformen und -vorstellungen führt. Neben intersubjektiven, interkulturellen und intersystemischen Übersetzungszwängen machen sich Sinngrenzen bemerkbar, die auf den Achsen der Unterscheidung zwischen Sinngeneralisierung und Sinnspezifikation sowie zwischen globalen und lokalen Koordinationsreichweiten liegen.[6] Dadurch erfährt das „Koordinationsproblem" zweiter Ordnung eine gewissermaßen hermeneutische Dramatisierung. Denn es besteht nun nicht mehr ausschließlich darin, teilsystemische und kulturelle Koordinationsformen und -leistungen auf einem irgendwie institutionell manifestierten Metaniveau zu koordinieren (das wäre im Zweifel ein weitere Koordination erster Ordnung), sondern in der Interpretationsungewissheit, die durch die Streuung kontextspezifischer „Vorstellungen" über diese Koordination der Koordinationen entsteht. Nicht nur Koordinationen müssen koordiniert werden, sondern zwischen kontextspezifischen Entwürfen dieser Metakoordination muss übersetzt werden.

IV. Desubstanzialisierungen

Die Diagnose einer relativen „Inkommensurabilität" zwischen gesellschaftlichen Teilkontexten ist eng verbunden mit der zweiten oben genannten zentralen Argumentationslinie: mit der eher mikroskopisch fokussierten „Desubstanzialisierung" vermeintlicher Letztelemente des Sozialen und vor allem der einzelnen Handlung als einem elementaren Ereignis. Die Desubstanzialisierung der Akteinheit (Handlung oder Kommunikation) mit Bezug auf die Mikroebene ist für die gesellschaftstheoretische Koordinationsfrage folgenreich, weil sie einer zentralen klassischen Antwort auf die Frage nach der Koordination zunehmend ausdifferenzierter Gesellschaften den Boden entzieht. Denn diese Antwort ging davon aus, dass desintegrative Gefahren des strukturellen Übergangs von traditionellen Gemeinschaften zu ausdifferenzierten und von Fragmentierung bedrohten Ordnungsmustern durch die Abstraktion kultureller Horizonte ge-

---

6 Die große Bedeutung der Differenz zwischen globalen und lokalen Reichweiten bestätigt nicht nur die soziologische Fraktion, die die moderne Gesellschaft als eine Weltgesellschaft ansieht (Münch 1998; Meyer 2005; Stichweh 2000). Die „neo-institutionalistische" Betonung der Dialektik zwischen globaler Isomorphie der abstrakten Strukturen von Institutionen und ihrer lokaler Praxis macht überdies das „De-Coupling" zwischen formaler Selbstbeschreibung und faktischer Operationsebene (Meyer und Rowan 1977; siehe Münch 2009: 9) als eine „Übersetzung" in Richtung der Spezifikation verständlich.

bannt würden. Kompensatorische Integration wurde in erster Linie von effizienter Wertgeneralisierung erwartet (etwa Parsons 1996; vgl. Münch 1984: 26 ff.). Dieses Motiv der Kompensation von Differenzierung durch Abstraktion der normativen Klammer liegt in verschiedenen Versionen vor: als Theorie des Übergangs von der „mechanischen" zur „organischen" Solidarität (Durkheim 1992), als Modell der öffentlichen Deliberation allgemein relevanter Koordinationsprobleme in einer rationalisierten Lebenswelt (Habermas 1981, vor allem 1992); es wird besonders entschieden an die Verfassung übersichtlicher Interaktionsverhältnisse assimiliert in der kommunitaristischen Idee der Gesellschaft als einer „Gemeinschaft von Gemeinschaften" (Etzioni 1997).

Diese Ansätze stimmen bei allen erheblichen Unterschieden darin überein, dass moderne, funktional und kulturell differenzierte Gesellschaften de jure und potenzialiter normativ integrierte „Abstraktionsgemeinschaften" sind.[7] Die weiter oben identifizierten Koordinationsprobleme zweiter Ordnung werden in dieser Sichtweise durch zwei Prämissen, durch die Prämisse der hinreichend allgemeinen normativen Klammer und durch die Prämisse der hinreichend effektiven Determination lokaler Praktiken durch die abstrakten Prinzipien und Werte, aus denen diese Klammer besteht, auf Koordinationsformen erster Ordnung (innerhalb eines homogenen Kontextes) reduziert. Nur wenn diese beiden Voraussetzungen erfüllt sind, die hinreichende Allgemeinheit und die effektive Determination durch allgemeine Prinzipien, lassen sich Handlungen in allen heterogenen Teilkontexten im Sinne der Determination durch übergeordnete Regeln hinreichend koordinieren.

Die handlungstheoretische Rekonstruktion der Formen der Bestimmung einer einzelnen Handlung, „Bestimmung" im doppelten Sinne verstanden sowohl als Identifizierung als auch als Motivation oder Konditionierung, muss jedoch davon ausgehen, dass Regeln ihre Anwendung nicht determinieren können (Wittgenstein 1984). Das aber bedeutet, dass der Übergang von einer abstrakten Regel, also auch von Normen (linguistischen, juridischen, technischen wie sozialen) zu Einzelfällen, die der Regel folgen sollen, immer eine inferentielle Unbestimmtheit enthält (Kripke 1987). Der Schluss von der Regel auf ihre korrekte, aber eben konkrete Anwendung folgt nicht den notwendigen Beziehungen der Aussagenlogik, sondern bestenfalls den intuitiven Regelmäßigkeiten, auf die neben dem Konzept impliziten Wissens (Polanyi 1985) der Begriff der „konversationalen Implikatur" abzielt (Grice 1974).[8] Die Applikation abstrakter

---

7 Eine herausragende Rolle spielt deshalb in den soziologischen Theorien der Moderne das Recht. Es ist zugleich das Musterbeispiel der Abstraktion und Systematisierung normativer Orientierungen, eine durch Professionalisierung, Spezialisierung und Systematisierung selbst ausdifferenzierte (systemische) Sondereinheit und schließlich über Fäden mehr oder weniger konsistenter Implikationen an „lebensweltliche Institutionen" oder an praktische Horizonte konkreter Lebensformen gebunden (Durkheim 1992; Habermas 1981; Luhmann 1995).

8 Die Assimilation der praktischen Logik der Regelanwendung an die logischen Beziehungen zwischen Prämissen und Konklusionen (kritisch dazu Bourdieu 1987) ist typisch für rationalistische Handlungstheorien. Das gilt allerdings nicht nur für die Tradition der Theorie des Rational Choice, die das rationale Handeln mit der eins zu eins Umsetzung praktischer Syllogismen verwechselt, um glauben zu können, dass sie mit schlanken Mitteln restlos erklärbar sind. Die Habermas'sche Handlungstheorie muss unterstellen, dass lebensweltliches Wissen rational, weil propositional strukturiert ist (Habermas 1981; verwandt dazu Parsons 1994). Dann sind Regelanwendungen in demselben Sinne korrekt, wie Behauptungen durch Konsistenzbezie-

Prinzipien, muss vielmehr durch die partikularen, kulturellen Routinen impliziten Wissens korrekter Regelfolge hindurch, so dass in die inferentielle Beziehung zwischen allgemeinen Normen und der Deutung, was diese Norm hier und jetzt für uns bedeutet, heterogene, nämlich kulturell differenzierte Anwendungspraktiken intervenieren (Renn 2007). In einer funktional und kulturell „polykontexturalen" Gesellschaft, haben abstrakte Artikulationen der allgemeinen Menschenrechte so viele heterogene konkrete Bedeutungen wie es Anwendungskontexte gibt (vgl. zur Anwendungsvarianz von Grundrechten, selbst innerhalb des juristischen Systems, Günther (1988) und Fischer-Lescano (2009).

Mit einer durch die Philosophie der normalen Sprache, primär durch Wittgenstein, aufgeklärten Auffassung des Regelfolgeproblems wird aber nicht nur die konkrete Anwendung abstrakter Normen hic et nunc zu einer Übersetzung. Schon die handlungstheoretische Frage nach der „Identität der Bedeutung" einfacher Sprachhandlungen wird vom Problem der Regelfolge berührt. Die „Desubstanzialisierung" vermeintlicher Letztelemente sozialer Ordnung betrifft die einzelne Handlung und den Zusammenhang zwischen einzelner Handlung und der Intention des handelnden Akteurs. Die Identität der Bedeutung eines Satzes zwischen ego und alter aber auch zwischen Gegenwart und zukünftiger Vergangenheit eines Handlungsereignisses ist nur dann unproblematisch, wenn man voraussetzen kann, dass die Bedeutung einer Handlung kraft der allgemeinen Merkmale, die diese Handlung (als Exemplar eines Typs) aufweist, unabhängig ist von konkreten oder abstrakten Kontexten, unabhängig ist von Sequenzen aus rekursiven Bezugnahmen auf und selektiven Anschlüssen an das Ereignis der fraglichen Handlung, unabhängig ist von spezifischen Semantiken und Differenzialen zwischen möglichen Bedeutungen. Genau diese Voraussetzung aber gehört nach Einsicht jüngerer Sprach- und Handlungstheorien, die das Prinzip der „Univozität" der Bedeutung (Husserl) qua idealer Einheit des Sinns außer Kraft setzen, als ein metaphysisches Prinzip ersetzt durch die Analyse der synthetisierenden Funktion jeweils konkreter Kontexte der Sprachverwendung oder der Handlungsbestimmung. Diesen Zug teilt die Tradition des „symbolischen Interaktionismus" (Strauss 1974) mit der phänomenologischen Wissenssoziologie (Srubar 1994; Kellner und Heuberger 1988), mit der Goffman'schen Rahmenanalyse (Goffman 1977, 1981), mit der systemtheoretischen Analyse von Interaktionssystemen (Kieserling 1999) und schließlich, in extremis, mit der „Dekonstruktion" (Derrida 1974, 1988). In allen aufgeführten Zugängen zum Problem der Festlegung des Sinnes eines Handlungsereignisses werden spezifische Kontexte (Aushandlungssequenzen, Rahmen, Kommunikationssysteme, semiotische Dissimulationen) und eben keine kontexttranszendente Substanz des Handlungssinnes für die Anschlussfähigkeit, die pragmatisch hinreichende Verständlichkeit eines Handlungsereignisses verantwortlich gemacht. Man muss den Rahmen, die Interaktionspraxis, die partikulare Typisierungsroutine, die Teilhabe an der aktuellen Semiosis mit dem andern teilen, wenn hinreichend verständlich sein soll, was dieser andere sagt oder tut.

Natürlich unterscheiden sich die aufgeführten Theorietraditionen in vielen Hinsichten erheblich, vor allem darin, was die Reaktionen auf die Frage nach der relativen Sta-

---

hungen zu Argumenten, also auch anderen Behauptungen gültig sind. Die Korrektheit einer Regelanwendung ist aber nicht in diesem Sinne gültig, sondern in Abhängigkeit von impliziten Routinen der Einschätzung plausibel und/oder akzeptabel.

bilität des Sinnes betrifft. Während die ausgesprochen bedeutungsskeptizistische Tradition (Derrida 1988; aber auch Davidson 1986) selbst die Unterstellung kontext*interner* Bedeutungsstabilität für das Ergebnis einer ideologischen Machenschaft (Zwang und Ausschluss der Alterität) ausgibt, sind vor allem soziologische Handlungstheorien bemüht, die Hinweise auf die Flüchtigkeit z. B. intersubjektiver Übereinstimmung auszugleichen durch Angaben von Prinzipien wie etwa der stabilen Generalisierung einmaliger Erlebnisse zu typischen Formaten subjektiven Sinns (so Srubar 1994; mit Referenz auf bewusstlose Systeme auch Kieserling 1999). Solche Formate unterscheiden sich je nach Radius und Grad der Sinn-Generalisierung: Typisierungen im Sinne von Alfred Schütz können als mehr oder weniger abstrakte und entsprechend verbreitungsfähige Institutionalisierungen angesehen werden (Srubar 1994), „Rahmen" und Regeln werden als Effekte interaktiver Aushandlung als mehr oder weniger stark „entkoppelt" angesehen (Giddens 1997). Insofern ist die Agenda der Differenzierungstheorie in jeder Handlungstheorie bereits impliziert, denn die Unterscheidung von Kontexten der Bestimmung einer Handlung ist in diachroner Betrachtung verbunden mit der Frage, woraus solche Unterschiede resultieren und was die Folgen solcher Differenzierungen für das Verhältnis zwischen (kontext-) interner und externer Koordination sind.

Ein entscheidender Punkt ist die Frage nach dem Übergang aus dem Bereich der interaktiven, praktischen Bedeutungsaushandlung in den Bereich stabilen generalisierten Sinns (Typen, Begriffe, Regeln, abstrakte Prinzipien). Wenn Kontexte nach Graden der Abstraktheit und der Reichweite ihrer Koordinationsleistungen unterschieden werden müssen, dann kann der Unterschied zwischen Kontexten mit hohen Varianzen der Bedeutung (also Spielräumen der Aushandlung) und Kontexten der abstrakten, systemischen Synthese und Reproduktion von Handlungs- und Kommunikationsformaten kein bloß gradueller sein. Der Bedeutungsbruch, der Grenzen zwischen differenzierten Kontexten als Sinngrenzen markiert, impliziert dann, dass die abstrakte Bestimmung des Handlungssinnes, anders als es der methodische Individualismus und noch die Praxistheorie der „Strukturation" behaupten (Giddens 1997: 69), nicht auf die Leistungen und Intentionen handelnder Subjekte zurückzuführen ist und durch diese gestützt werden muss. Denn wenn die Abstraktion des Sinns und der abstrakte Sinn (Typisierung, Regelartikulation, Institutionalisierung) keine andere „Realität" und keinen anderen situationsübergreifenden Rückhalt als das Bewusstsein der Subjekte hätte, gäbe es kein Übersetzungsproblem zwischen den ausdifferenzierten Kontexten der Gesellschaft, das nicht durch einfache intersubjektive Abstimmung gelöst werden könnte. Davon kann jedoch, wenn man die Komplexität modernern Gesellschaft nicht rasant reduzieren und in der Beschreibung auf die Einheit einer Sinn aushandelnden Gemeinschaft schrumpfen lassen will, keine Rede sein.

Die handlungstheoretischen Zweifel an der kontextunabhängigen Substanzialität des Handlungssinnes hängen mit der ordnungstheoretischen Frage nach der Übertragbarkeit des Sinns über soziale Grenzen hinweg also deshalb eng zusammen, weil die Frage nach dem Sinn der Einzelhandlung immer schon das Verhältnis zwischen spezifischem Ereignis und generalisiertem oder auch typisiertem Sinn betrifft (Schütz 1974). Wenn Typisierungen kontextspezifisch (oder auch: relativ zu Sprachspielen, Wittgenstein 1984) sind, dann können sie zwischen differenzierten Kontexten nicht vermitteln; wenn sie aber andererseits kontexttranszendent als abstrakte Typisierungen etwas leisten sollen für die externe Koordinierung zwischen jeweils internen Koordinationsleistungen, dann muss zwischen abstrakten Sprachen und konkreten Kontexten „übersetzt" werden. Und das setzt mehr voraus als die vermittelnde Überlegung von Subjekten, die „zweierlei Sprachen sprechen", denn die abstrakten Sprachen ausdifferenzierter Makrokontexte werden nicht gesprochen, sie sprechen sich selbst und werden in praktische Kontexte „übersetzt".

V. Koordination und Übersetzungsverhältnisse

Die Desubstanzialisierung der Handlungseinheit verhindert nicht, dass die Gesellschaftstheorie ihre Arbeit an der Koordinationsfrage handlungstheoretisch fundieren darf. Es bedeutet nur, nicht Handlungen als deutungsunabhängige Substanzen oder als Produkte rein subjektiver Sinnsetzungen zu behandeln, sondern die Theorie unterschiedlicher Koordinationen, wie es in der pragmatistischen Tradition vorbereitet ist (Dewey 1922, 1980; Mead 1959; Heidegger 1984; Joas 1996), schon mit der Untersuchung der *interaktiven* Aushandlung spezifischen Handlungssinnes beginnen zu lassen.

„Kontexte" der Bestimmung des Handlungssinnes konstituieren, je nach Grad der Abstraktion mehr oder weniger subsumtionslogisch, mehr oder weniger „kreativ" (Joas 1996), den einzelnen Sinn einer einzelnen Handlung in komplexen Prozessen, die es selbst plausibel machen, als eine basale Form der Übersetzung betrachtet zu werden. Übersetzt werden muss zwischen generalisierten Sinnformaten des Handelns oder der Kommunikation („types") und spezifischen Ereignissen („tokens"), deren aktuelle Bedeutung den für einen Kontext typischen und identifizierenden allgemeinen Sinnhorizont (die „Semantik") zugleich überschreiten (im Sinne der situativen Spezifik) und unterschreiten (weil nicht ausschöpfen). Bei dieser Übersetzung in der Interaktion wird vor allem zwischen dreierlei „Registern" übersetzt, die jeweils an der Bestimmung des Sinnes einer Handlung beteiligt sind und von denen keines allein die Bestimmung der einzelnen Handlung und die Koordination einer konkreten Sequenz wie typischer Sequenzmuster tragen kann: Erstens hat die konkrete Handlung eine Identität im materiellen Register,[9] zweitens wird ihr von Seiten der beteiligten Personen im Medium der Intentionalität (also des stets „auf etwas" gerichteten Bewusstseins) eine von den mehr oder weniger individuellen intentionalen Horizonten der Person abhängige Sinneinheit zugeschrieben (Schütz 1974; Renn 2006: 211 ff., 432 ff.), drittens realisieren Einzelhandlungen mindestens partikulare kollektiv verbindliche sprachliche Schemata (Typi-

---

[9] Die materiale Identität des Handlungsereignisses kann nur um den Preis eines naturalistischen Fehlschlusses gleichgesetzt werden mit der physischen Identität eines Ereignisses, das im Zurechnungsschema der Kausalität als Einheit objektiver Merkmale eine eindeutige Position in Ursache-Wirkungs-Ketten verliehen bekommen kann. Material ist die Handlung als Sinneinheit zwar mehr als nur das Produkt einer Deutung, sie bleibt in ihrer materiellen Identität aber immer von Deutungen abhängig, sodass sich die materielle Seite der Handlung, die ihr eine indexikalische Beziehung zur „objektiven" Situation des Handelns sichert, indirekt zeigt in der Widerständigkeit gegenüber bloßen Konstruktionen intentionaler oder diskursiver Objektreferenzen. Diese Widerständigkeit wurde im phänomenologischen Pragmatismus mit dem Begriff der „Zuhandendenheit" des „Zeugs" belegt (Heidegger 1984: 66 ff.), in der analytischen Variante des Pragmatismus bezieht sich darauf die Beschreibung von Erfahrungsinhalten als (begrifflich) „kontaminierte Inputs" (Putnam 1990).

ken oder „Semantiken"). Die Desubstanzialisierung der Handlungseinheit bedeutet dann, die Ordnungs- und Koordinationsleistung der pragmatisch hinreichend eindeutigen oder anschlussfähigen Bestimmung des Handlungssinnes einzelner Handlungsereignisse als Funktion eines spezifischen Kontextes eingespielter praktischer Übersetzung zwischen materiellem, intentionalem und semantischem Register zu verstehen. Im Medium der Interaktion, die durch die Nähe zur materiellen Einheit von Ereignissen („Anwesenheit") einen besonders hohen Konkretisierungsgrad der Sinnbestimmung qua indexikalischer Bezüge zur nicht sprachlichen Umgebung ermöglicht, wird dieser Kontext gebildet und abgegrenzt durch den geteilten Habitus (Bourdieu 1979) eines kulturellen „Milieus" gemeinsamer Praxis (vgl. zu diesen begrifflichen Zuordnungen in größerer Ausführlichkeit Renn 2006: 283 ff.).[10]

Mit der theoriestrategischen Entscheidung, schon die einfache Interaktion unter Anwesenden (als primäre, aber nur scheinbar voraussetzungslose Koordinationsebene) als eine Übersetzungsarena zu begreifen, wird der Desubstanzialisierung der vermeintlichen „Letztelemente" „Handlung" und „Akteur" Rechnung getragen, allerdings ohne das Faktum der nachhaltigen Bildung situationsübergreifender Ordnung zu unterschätzen. Soziale (Teil-)Ordnungen bilden und reproduzieren sich in relativer Stabilität als „soziale Tatsachen" (Durkheim), die sich in den Widerständen gegen kreative und präzedenzlose Handlungen durch Zwang und Ausschluss bemerkbar machen. Die theoretische Desubstanzialisierung der Handlungseinheit zwingt nicht dazu, aus der Notwendigkeit, Ordnungsbildungen unabhängig von subjektiven Sinnsetzungen und substanziellen Handlungen zu erklären, den Schluss zu ziehen, wie die Systemtheorie den handlungstheoretischen Ansatz in der Soziologie komplett zu verwerfen (Luhmann 1985: 191 ff.), oder wie die Diskurstheorie, Handlungen, Sprechakte und schließlich „Subjektpositionen" ausschließlich den Konstitutionsleistungen anonymer diskursiver Ordnungen und „Dispositive" zuzuschreiben (Foucault 1973).

Die prominenten Theorien „transsubjektiver" Sinnkonstitution, Systemtheorie und Diskursanalyse, schütten das Kind der Handlungstheorie mit dem Bade kontextualistischer Relativierungen der Akteinheit aus, sie hypostasieren Makroordnungen zu den „eigentlichen" Koordinationsträgern und überdramatisieren die kontextspezifischen Übersetzungsleistungen zu konstruktivistischen Akten der Erzeugung bloß fiktiver Bezugnahmen auf nur vermeintlich externe, in Wahrheit inexistente Objekte („Umweltprojektionen", „Subjektpositionen"). Demgegenüber empfiehlt sich eine Strategie, die Systembildung als einen Übergang in „abstrakte" Formen der Handlungskoordination, als eine Übersetzung konkreter Praxis in „abstrakte Sprachspiele" analysiert:

---

10 „Milieus" sind in diesem Zusammenhang als moderne kulturelle „Lebensformen" (Wittgenstein) zu verstehen, d. h. als Einheiten einer kollektiven Praxis, die sich durch einen gemeinsamen Horizont impliziten Wissens abgrenzen und reproduzieren, unter modernen Bedingungen aber in Übersetzungsverhältnissen mit anderen Milieus und andersartigen Koordinationsträgern stehen (z. B. mit Organisationen), sodass ihre habituelle Identität durch Kontrasterfahrungen und durch die Lockerung der Bindung von Personen an das Milieu affiziert (kontingent gesetzt) sind (Renn 2006: 410 ff.). Ein einschlägiger Vorläufer für einen solchen Begriff des sozialen Milieus findet sich in der Verbindung zwischen phänomenologischer Wissenssoziologie und pragmatisch-existentialistischer Hermeneutik bei A. Gurwitsch (1977); mit Bezug auf aktuelle kategoriale Unterscheidungen innerhalb der Sozialstrukturanalyse ist auf die Entkoppelung von Lebensstileinheiten von klassischen meritokratisch klassifizierenden Schichtmodellen, so hinzuweisen bei Schulze (1996).

Der Übergang zu „abstrakten Sprachspielen" lässt sich anhand der Differenz zwischen konkreten und abstrakten Formen der Handlungskoordination als Übergang zwischen interaktionsnahen Aushandlungen des Sinns eines Handlungsereignisses zu einer standardisierten Form der Koordination abstrakt identifizierter Typen oder Fälle von Handlungen begreifen. Der Übergang ist motiviert durch Ansätze der Explikation impliziten Wissens, d. h. der explizierenden Übersetzung der Gewissheit des Handlungswissens und der Routinen von Regelanwendungen in ausdrückliche Artikulationen der Regeln dieses Handelns und dieser Regelanwendungen (Renn 2006: 349 ff.). Die Form der abstrakten Koordination wird gestützt durch die Etablierung spezieller Medien der Bestimmung eines nun standardisierten Handlungssinnes. Dann sind Einzelhandlungen innerhalb solcher Kontexte abstrakter Koordination eben primär „Fälle" oder Exemplare generalisierter Handlungsgattungen oder –typen. Abstrakte Koordination subsumiert Handlungsereignisse unter Kategorien, Klassifikationen und Typiken, die situationsunabhängig, situationsunspezifisch oder nur auf Standardformate typischer Situationen, z. B. „scripts", aber auch formale Verfahren, zugeschnitten sind. In der soziologischen Theorietradition bietet sich als Vorlage für die Rekonstruktion dieses Typs der Koordination der Begriff des „symbolisch generalisierten Kommunikationsmediums" an (Habermas 1981; Parsons 1996; Luhmann 1975), als Trägereinheiten entsprechender Handlungskoordination empfiehlt es sich erstens formal abgegrenzte Handlungszusammenhänge zu identifizieren, je nach Generalisierungsgrad: „Organisationen" oder „Systeme", zweitens ist es nötig, um den eingangs diskutierten Effekten der Differenzierung gerecht zu werden, diesen Einheiten eine weitgehende, medial gestützte, Fähigkeit zur Selbstorganisation zuzusprechen (dazu Renn 2006: 114 ff., 403 ff., 413 ff.).

Die im ersten Teil dieser Ausführungen skizzierte Lage gesellschaftlicher Übersetzungsverhältnisse lässt sich in den genannten Kategorien analytisch, bei aller notwendigen weiteren Spezifizierung besonderer, regionaler Lagen und Typen von Koordinationen, also durch die komplexe Konstellation von mindestens vier Typen der Übersetzung charakterisieren: 1) die Übersetzung zwischen Semantik, Intentionalität und materieller Umgebung in der konkreten Handlungssituation und im Medium einer jeweils kulturell-habituell koordinierten Praxis (als Leistung milieuspezifischer Interaktion; 2) die Übersetzung zwischen unterschiedlichen Milieus, als interkulturelle Übersetzung; 3) die diachrone und synchrone Übersetzung praktischer Koordinationen in abstrakte Koordinationsformen (Explikation von impliziten Regelmäßigkeiten in abstrakte Regeln, an denen z. B. juridische Abstraktionen oder allgemein: formale Organisation des Handelns ansetzen können); schließlich 4) die Rückübersetzung expliziter, abstrakter Handlungstypiken und -regeln in konkrete Situationen, bei der kompetente Regelanwendung und also wieder milieuspezifisches und -getragenes implizites Wissens erforderlich wird, damit abstrakte Koordinationsleistungen überhaupt lokal bzw. faktisch auf der Ebene praktischen Handelns effektiv werden können.

Die Unterscheidung zwischen „realen" Austauschprozessen, inklusive ausgetauschten Faktoren und Produkten, und inkommensurablen Teilrationalitäten lässt sich überführen in die Differenzierung zwischen impliziten und expliziten Bezugnahmen zwischen ausdifferenzierten Teilkontexten der Gesellschaft: Explizite Bestimmungen von Handlungsereignissen differieren, und in dieser Differenz ist soziale Differenzierung wirksam; implizite Bezugnahmen aber verbinden (in einer postontologischen Interpretation von Koreferentialität) die getrennten Kontexte auf praktischer Ebene, sodass der Austausch zwischen unterschiedlichen Typen von ausdifferenzierten Teilkontexten als eine Form der Übersetzung verstanden werden kann.

Jenseits von „Subjektivismus" und „Objektivismus" (Bourdieu 1979; Giddens 1997) genügt es nicht ein „sowohl als auch" zwischen Struktur und Akteur (Giddens 1997; vgl. zur Kritik daran Archer 1988) oder zwischen System und Subjekt oder zwischen Diskurs und performativer Subversion (Butler 1998) zu postulieren. Die Gesellschaftstheorie muss die globale und jeweils regionale Konstellationen zwischen unterschiedlichen Formen und Trägern der Handlungskoordination, das Verhältnis zwischen Handlung und Struktur, zwischen Systemen und Subjekten als ein Übersetzungsverhältnis begreifen, weil nur so zwei gegenläufige Annahmen miteinander vereinbar werden: zum einen die Annahme, dass zwischen ausdifferenzierten Kontexten „Sinnübertragungen" nicht möglich sind (weil anders die Differenz als Differenz zwischen Sinnhorizonten nicht bestehen würde); zum anderen die Annahme, dass Übersetzungen möglich sind, weil manifest oder explizit differente Bezugnahmen (qua Sinnhorizont), gleichwohl durch eine implizite „Koreferentialität aufeinander bezogen sind bzw. werden können.

Gesellschaftliche Koordination ist somit eine polykontexturale Aufgabe, die nicht länger einem zentralen System, einer übergreifenden Kultur, einer diskursiven Arena für die Deliberation repräsentativer Problembeschreibungen zugetraut oder aufgebürdet werden könnte. Gleichwohl erlaubt die Perspektive einer Theorie sozialer Übersetzung, gerade weil sie versucht, das theoretische Auflösungsvermögen einer pragmatistischen Handlungstheorie mit demjenigen der avancierten Theorien funktionaler und kultureller Differenzierung (Systemtheorie und Praxistheorie) zu verbinden, mindestens eine grundlegende empirische Prognose: die Dialektik zwischen globalen Vereinheitlichungen weltgesellschaftlicher Institutionen und Semantiken einerseits und lokalen Praktiken, die untereinander und gegenüber der globalen Ebene Differenzen aufrechterhalten und erzeugen, kann nicht zugunsten einer allgemeinen Homogenisierung des Wissens, der Werte, der institutionellen Formate und Regeln aufgelöst werden. Denn aus dem Zwang zur Übersetzung abstrakter Koordination auf die Ebene konkreten Handelns folgt, dass die Implementation allgemeiner Programme, die Umsetzung globaler Zielvorstellungen und weiterer abstrakter Regeln immer durch Kaskaden der Übersetzung, zuletzt durch partikulare „Anwendungskulturen" hindurch müssen, wenn sie auf der lokalen Ebene ankommen sollen (Renn 2006: 406 ff.), und dass diese Umwege, wegen der pragmatisch begrenzten Reichweite kollektiver Muster impliziten Wissens, stets Differenzierungen erzeugen müssen, auch dort wo Vereinheitlichungen angestrebt werden.

Deswegen und im Sinne einer konsequenten Verfolgung der weiter oben nur skizzenhaft umrissenen Analysestrategie gehört eine zentrale Frage auf die Agenda: die Frage nach der Rationalität der Übergänge zwischen horizontal und vertikal differenten „Rationalitäten". Wenn auch diese Übergänge Übersetzungen implizieren, dann liegt der Schlüssel zu dieser Frage einer Rationalität zweiter Ordnung in den Rätseln einer „rationalen" Anwendung von kontexteigenen Rationalitätskriterien auf dem Weg nach „draußen" im Übergang zu solchen Regionen, in denen jene Kriterien nicht zuhause sind.

Literatur

Archer, Margaret S. 1988. *Culture and Agency.* Cambridge: Cambridge University Press.
Beck, Ulrich. 1986. *Risikogesellschaft. Auf dem Weg in eine andere Moderne.* Frankfurt a. M.: Suhrkamp.
Beck, Ulrich. 1996. Das Zeitalter der Nebenfolgen durch die Politisierung der Moderne. In *Reflexive Modernisierung. Eine Kontroverse,* Hrsg. Ulrich Beck, Anthony Giddens, Scott Lash, 19-112. Frankfurt a. M.: Suhrkamp.
Beck, Ulrich. 2002: *Das Schweigen der Wörter. Über Terror und Krieg.* Frankfurt a. M.: Suhrkamp
Beck, Ulrich. 1998. Wie wird Demokratie im Zeitalter der Globalisierung möglich? Eine Einleitung. In *Politik der Globalisierung,* Hrsg. Ulrich Beck, 7-67. Frankfurt a. M.: Suhrkamp.
Beck, Ulrich, Boris Holzer und Andre Kieserling. 2001. Nebenfolgen als Problem soziologischer Theoriebildung. In *Die Modernisierung der Moderne,* Hrsg. Ulrich Beck, Wolfgang Bonß, 63-82. Frankfurt a. M.: Suhrkamp.
Bourdieu, Pierre. 1979. *Entwurf einer Theorie der Praxis.* Frankfurt a. M.: Suhrkamp.
Bourdieu, Pierre. 1982. *Die feinen Unterschiede, Kritik der gesellschaftlichen Urteilskraft.* Frankfurt a. M.: Suhrkamp.
Bourdieu, Pierre. 1987. *Sozialer Sinn. Kritik der theoretischen Vernunft.* Frankfurt a. M.: Suhrkamp.
Davidson, Donald. 1986. A nice derangement of epitaphs. In *Truth and interpretation. Perspectives on the philosophy of Donald Davidson,* ed. Ernest Lapore, 433-445. New York: Blackwell.
Dewey, John. 1922. *Human nature and conduct.* New York: Modern Library.
Dewey, John. 1980. *Kunst als Erfahrung* (1934). Frankfurt a. M.: Suhrkamp.
Derrida, Jacques. 1974. *Grammatologie.* Frankfurt a. M.: Suhrkamp.
Derrida, Jacques. 1988. Signatur, Ereignis, Kontext. In *Randgänge der Philosophie,* Hrsg. Jacques Derrida, 291-315. Wien: Passagen.
Durkheim, Emile. 1992. *Über soziale Arbeitsteilung. Studien über die Organisation höherer Gesellschaften.* Frankfurt a. M.: Suhrkamp.
Elster, Jon. 1987. *Subversion der Rationalität.* Franfurt a. M.: Campus.
Etzioni, Amitai. 1997. *Die Verantwortungsgesellschaft.* Frankfurt a. M., New York: Campus.
Fischer-Lescano, Andreas. 2009. Bundesverfassungsgericht: zurück zum Nationalstaat. *Blätter für deutsche und internationale Politik,* August 2009, 15-19.
Foucault, Michel. 1973. *Archäologie des Wissens.* Frankfur a. M.: Suhrkamp.
Giddens, Anthony. 1995. *Konsequenzen der Moderne.* Frankfurt a. M.: Suhrkamp.
Giddens, Anthony. 1997. *Die Konstitution der Gesellschaft* (1984). Frankfurt a. M., New York: Campus.
Goffman, Erving. 1977. *Rahmenanalyse.* Frankfurt a. M.: Suhramp.
Goffman, Erving. 1981. *Forms of talk.* Oxford: Blackwell.
Grice, H. Paul. 1974. Logic and conversation. In *Syntax and semantics,* vol. 3: *Speech acts,* eds. Peter Cole, Jerry L. Morgan, 1-18. New York: Academic Print.
Günther, Klaus. 1988. *Anwendungsdiskurse.* Frankfurt a. M.: Suhrkamp.
Gurwitsch, Aron. 1977. *Die mitmenschliche Begegnung in der Milieuwelt* (1931). Berlin: deGruyter.
Habermas, Jürgen. 1981. *Theorie des kommunikativen Handelns,* 2 Bände. Frankfurt a. M.: Suhrkamp.
Habermas, Jürgen. 1985. *Der philosophische Diskurs der Moderne.* Frankfurt a. M.: Suhrkamp.
Habermas, Jürgen. 1992. *Faktizität und Geltung. Beiträge zur Diskurstheorie des Rechts und des demokratischen Rechtsstaates.* Frankfurt a. M.: Suhrkamp.
Heidegger, Martin. 1984. *Sein und Zeit.* Tübingen: Max Niemeyer Verlag.
Hill, Hermann, Hrsg. 2001. *Modernisierung – Prozess oder Entwicklungsstrategie.* Frankfurt a. M.: Campus.
Holzer, Boris. 2006. Denn sie wissen nicht, was sie tun? Nebenfolgen als Anlass soziologischer Aufklärung und das Problem gesellschaftlicher Selbstbeschreibung. In *Nebenfolgen. Analysen zur Konstruktion und Transformation moderner Gesellschaften,* Hrsg. Stefan Böschen, Nick Kratzer, Stefan May, 39-65. Weilerswist: Velbrück.

Horkheimer, Max, und Theodor W. Adorno. 1988. *Dialektik der Aufklärung. Philosophische Fragmente* (1944). Frankfurt a. M.: Fischer.
Joas, Hans. 1990. Die Demokratisierung der Differenzierungsfrage. *Soziale Welt* 41: 8-27.
Joas, Hans. 1996. *Die Kreativität des Handelns*. Frankfurt a. M.: Suhrkamp.
Kellner, H., und Heuberger, F. 1988. Die Einheit der Handlung als methodologisches Problem. In *Alfred Schütz. Neue Beiträge zur Rezeption seines Werkes*, Hrsg. Elisabeth List, Ilja Srubar, 257-285. Amsterdam: Rodopi.
Kieserling, Andre. 1999. *Kommunikation unter Anwesenden. Studien über Interaktionssysteme*. Frankfurt a. M.: Suhrkamp.
Knöbl, Wolfgang. 2001. *Spielräume der Modernisierung. Das Ende der Eindeutigkeit*. Weilerswist: Velbrück.
Kripke, Saul. 1987. *Wittgenstein über Regeln und Privatsprache*. Frankfurt a. M.: Suhrkamp.
Lepsius, M. Rainer. 1990. *Interessen, Ideen und Institutionen*. Opladen: Westdeutscher Verlag.
Luhmann, Niklas. 1976. Weltzeit und Systemgeschichte. Über Beziehungen zwischen Zeithorizonten und sozialen Strukturen gesellschaftlicher Systeme. In *Seminar: Geschichte und Theorie*, Hrsg. Hans Michael Baumgartner, Jörn Rüsen, 337-388. Frankfurt a. M.: Suhrkamp.
Luhmann, Niklas. 1984. Sozial Systeme. *Grundriß einer allgemeinen Theorie*. Frankfurt a. M.: Suhrkamp.
Luhmann, Niklas. 1992. *Beobachtungen der Moderne*. Opladen: Westdeutscher Verlag.
Luhmann, Niklas. 1995. *Das Recht der Gesellschaft*. Frankfurt a. M.: Suhrkamp.
Luhmann, Niklas. 1997. *Die Gesellschaft der Gesellschaft*, 2 Bände. Frankfurt a. M.: Suhrkamp.
Luhmann, Niklas. 1999. Kultur als historischer Begriff. In *Gesellschaftsstruktur und Semantik. Studien zu Wissenssoziologie der modernen Gesellschaft*, Band 4, Hrsg. Niklas Luhmann, Sp. 939-941. Frankfurt a. M.: Suhrkamp.
Lyotard, Jean-François. 1986. *Das postmoderne Wissen*. Graz, Wien: Edition Passagen.
Lyotard, Jean-François. 1989. *Der Widerstreit*. Frankfurt a. M.: Suhrkamp.
Marcuse, Herbert. 1970. *Neue Quellen zur Grundlegung des historischen Materialismus*. In *Ideen zu einer kritischen Theorie der Gesellschaft* (1932), Hrsg. Herbert Marcuse, 7-55. Frankfurt a. M.: Suhrkamp.
Mead, George Herbert. 1959. *The philosophy of the present*. La Salle, Ill.: Open Court.
Merton, Robert K. 1936. The unanticipated consequences of puposive social action. *American Sociological Review* I 6: 894-904.
Meyer, John W., und Brian Rowan. 1977. Institutionalized organisations: formal structure as myth and ceremony. *AJS* 83: 340-363.
Meyer, John W. 2005. *Weltkultur. Wie die westlichen Prinzipien die Welt durchdringen*. Frankfurt a. M.: Suhrkamp.
Münch, Richard. 1984. *Die Struktur der Moderne. Grundmuster und differentielle Gestaltung des institutionellen Aufbaus der modernen Gesellschaft*. Frankfurt a. M.: Suhrkamp.
Münch, Richard. 1998. *Globale Dynamik, lokale Lebenswelten. Der schwierige Weg in die Weltgesellschaft*. Frankfurt a. M.: Suhrkamp.
Münch, Richard. 2009. *Globale Eliten, lokale Autoritäten. Bildung und Wissenschaft unter dem Regime von PISA, McKinsey & Co*. Frankfurt a. M.: Suhrkamp.
Nassehi, Armin. 2006. *Der soziologische Diskurs der Moderne*. Frankfurt a. M.: Suhrkamp.
Offe, Claus. 1986. Die Utopie der Null-Option. In *Die Moderne. Kontinuitäten und Zäsuren*, Hrsg. Johannes Berger, 97-117. Göttingen: Schwartz.
Parsons, Talcott. 1996. *Das System moderner Gesellschaften*. Weinheim, München: Juventa.
Polanyi, Karl. 1978. *The great transformation. Politische und ökonomische Ursprünge von Gesellschaften und Wirtschaftssystemen* (1944). Frankfurt a. M.: Suhrkamp.
Polanyi, Michael. 1985. *Implizites Wissen*. Frankfurt a. M.: Suhrkamp.
Putnam, Hilary. 1990. *Vernunft, Wahrheit und Geschichte*. Frankfurt a. M.: Suhrkamp.
Renn, Joachim. 1998. Übersetzungskultur. Grenzüberschreitung durch Übersetzung als ein Charakteristikum der Moderne. *Sociologia Internationalis* 2: 141-169.

Renn, Joachim. 1999. Explikation und Transformation. Die Anwendung soziologischen Wissens als pragmatisches Übersetzungsproblem. In *Sozialwissenschafiliche Forschung und Praxis*, Hrsg. Gert Schmidt, Aida Bosch, Clemens Kraetsch, Helmuth Fehr, 123-145. Wiesbaden: Deutscher Universitätsverlag.
Renn, Joachim. 2006. *Übersetzungsverhältnisse – Perspektiven einer pragmatistischen Gesellschaftstheorie*. Weilerswist: Velbrück.
Renn, Joachim. 2006b. Rekonstruktion statt Repräsentation – Der „pragmatische Realismus" John Deweys und die Revision des wissenssoziologischen Konstruktivismus. In *Wissenssoziologie*, Sonderband 6 der Soziologischen Revue, Hrsg. Hans-Georg Soeffner, Regine Herbrik, 13-38. München: Oldenbourg Wissenschaftsverlag.
Renn, Joachim. 2006c. Grenzen des Konstruktivismus – Konstruktion, Dekonstruktion, Rekonstruktion. In *GrenzGänge – BorderCrossings, Kulturtheoretische Perspektiven*, Hrsg. Gerd Sebald, Michael Popp, Jan Weyand, 19-42. Münster: Lit Verlag.
Renn, Joachim. 2007. Von der anerkannten Ungleichheit zur ungleichen Anerkennung – Normative Unsicherheiten durch multiple soziale Differenzierung und das Problem einer einheitlichen „Anerkennungsordnung". In *Die Gesellschaft als ‚institutionalisierte Anerkennungsordnung' – Anerkennung und Ungleichheit in Paaren, Arbeitsorganisationen und Sozialstaat*, Hrsg. Christine Wimbauer, Annette Henninger, Markus Gottwald, 121-151. Opladen: Barbara Budrich.
Robertson, Roland 1998. Glokalisierung. Homogenität und Heterogenität in Raum und Zeit. In *Perspektiven der Weltgesellschaft*, Hrsg. Ulrich Beck, 192-200. Frankfurt a. M.: Suhrkamp.
Schluchter, Wolfgang. 1991. *Religion und Lebensführung, Band 1: Studien zu Max Webers Kultur- und Werttheorie*. Frankfurt a. M.: Suhrkamp.
Schütz, Alfred. 1974. *Der sinnhafte Aufbau der sozialen Welt*. Frankfurt a. M.: Suhrkkamp.
Schulze, Gerhard. 1996. *Die Erlebnisgesellschaft. Kultursoziologie der Gegenwart*. Frankfurt a. M., New York: Campus.
Schwinn, Thomas. 2001. *Differenzierung ohne Gesellschaft. Umstellung eines soziologischen Konzepts*. Weilerswist: Velbrück.
Simon, Herbert A. 1982. *Models of bounded rationality*, 2 Bände. Cambridge, Mass.: MIT Press.
Stichweh, Rudolf. 2000. *Die Weltgesellschaft. Soziologische Analysen*. Frankfurt a. M.: Suhrkamp.
Strauss, Anselm. 1974. *Spiegel und Masken. Die Suche nach Identität*. Frankfurt a. M.: Suhrkamp.
Srubar, Ilja. 1994. Lob der Angst vorm Fliegen. Zur Autogenese sozialer Ordnung. In *Die Objektivität der Ordnungen und ihre kommunikative Konstruktion*, Hrsg. Walter M. Sprondel, 95-121. Frankfurt a. M.: Suhrkamp.
Tacke, Veronika, Hrsg. 2001. *Organisation und gesellschaftliche Differenzierung*. Opladen: Westdeutscher Verlag.
Thumfart, Alexander. 2002. *Die politische Integration Ostdeutschlands*. Frankfurt a. M.: Suhrkamp.
Wagner, Peter. 1995. *Soziologie der Moderne*. Frankfurt a. M., New York: Campus.
Weber, Max. 1972. *Gesammelte Aufsätze zur Religionssoziologie*, 2 Bände. Tübingen: Mohr Siebeck.
Winter, Rainer. 2001. *Die Kunst des Eigensinns. Cultural Studies als Kritik der Macht*. Weilerswist: Velbrück.
Wittgenstein, Ludwig. 1984. *Philosophische Untersuchungen*. Frankfurt a. M.: Suhrkamp.
Wittgenstein, Ludwig. 1969. *On Certainty* (zweisprachige Ausgabe). New York, London: Harper & Row.

Korrespondenzanschrift: PD Dr. Joachim Renn, Institut für Politische Wissenschaft und Soziologie, Universität Bonn, Lennéstraße 25/27, 53113 Bonn
E-Mail: jrenn@uni-bonn.de

KRITIK

AKTEURE ALS DYNAMISCHE KRÄFTE DES SOZIALEN

Rainer Greshoff

Zusammenfassung: Thema des Artikels sind die sozialtheoretischen Grundlagen der pragmatistischen Gesellschaftstheorie Joachim Renns. Diskutiert werden in dieser Perspektive zum einen seine handlungs- und akteurtheoretischen Konzepte, zum anderen seine Annahmen darüber, dass soziale Strukturen die Intentionalitäten von Akteuren bestimmen. Im Artikel wird ausgeführt, dass und warum diese Konzepte Renns nicht tragen. Gezeigt wird, dass die Einheit einer sozialen Handlung durch den subjektiv gemeinten Sinn der Handelnden hergestellt wird und nicht von denen, die an diese Handlung mittels einer Zurechnung anschließen. Allerdings wird die soziale Handlung erst durch solche Zurechnungen Teil sozialen Geschehens. Des Weiteren wird dargelegt, dass soziale Strukturen als soziale Strukturen keine eigene Wirkkraft haben und die Intentionalitäten von Akteuren nicht bestimmen können. Produziert wird soziales Geschehen allein von sozial ausgerichteten Akteuren.

(1) Der Text von Joachim Renn stellt im Grunde eine Kurzfassung weiter Teile seiner über fünfhundert Seiten umfassenden Monografie „Übersetzungsverhältnisse" dar. Diese Kurzversion fällt dann, wie nicht anders zu erwarten, sehr abstrakt und „dicht" aus. Und dies insofern auch noch in besonderem Maße, als schon die Monografie, ob der vielen philosophischen und sozialwissenschaftlichen Konzepte, die darin verarbeitet und in eigene Überlegungen überführt werden, ein sehr dicht gewirktes und nicht leicht zugängliches Buch ist. Gleichwohl lohnt die Mühe der Lektüre, finden sich doch, bei allen Problemen, die es bei einem eigenen und umfassenden Entwurf immer geben wird, zahlreiche sehr differenzierte Konzepte für die Erfassung sozialen Geschehens, die verdeutlichen, welchen Ansprüchen eine angemessene sozialwissenschaftliche Hermeneutik zu genügen hat.

In meinem Kommentar zum Text habe ich nun ein paar grundlagentheoretische Punkte herausgegriffen und darüber versucht, Konzepte von Renn erschließbarer zu machen. Zunächst aber kurz zu Renns Verständnis von Gesellschaft.

(2) Er umschreibt „Gesellschaft" als „Konstellation aus verschiedenen Kontexten". Diese Kontexte nennt er auch Integrationseinheiten. Letztere begreift er als abgegrenzte Einheiten von Handlungszusammenhängen, die auf je verschiedenen Formen der Integration von Handlungen basieren. Wichtig zur Verortung des Gesellschaftskonzeptes von Renn in der sozialwissenschaftlichen Diskussion ist nun, dass er, wenn ich ihn recht verstehe, „Gesellschaft" nicht als eine eigene, und dann umfassende, Integrationseinheit, nicht als einen eigenen abgegrenzten Kontext begreift (vgl. Renn 2006: 128 f., 492). „Gesellschaft" wird hier also ganz anders als etwa bei Luhmann bestimmt, wel-

cher sie als ein eigenständiges soziales System bestimmt. Bei Renn ist sie kein eigenständiges soziales Gebilde, sondern eine „komplexe Organisation von interdependenten, teilautonomen sozialen Einheiten und Ordnungen" (Renn 2006: 70).[1] Als ein im Vergleich zu Luhmanns Gesellschaftskonzept „bloßes" komplexes Konstellationsgefüge hat „Gesellschaft" nach Renn also keine Einheit, wie sie eine Integrationseinheit hat.

(3) Ich greife diesen Punkt hier aus folgendem Grunde auf. Renns mit Blick auf Weber und Schwinn formulierte Kritik daran, dass ganze Soziologien den Begriff der Gesellschaft „kassieren wollen" (S. 312), scheint mir nicht zuzutreffen. Denn Weber und Schwinn geht es doch primär darum, dass Gesellschaft nicht als ein umfassend-eigenständiges soziales Gebilde zu begreifen ist. Gegen „Gesellschaft" als ein mehr oder weniger lockeres Gefüge aus sozialen Konstellationen hätten sie, so meine Annahme, nichts einzuwenden. Denn ob man ein solches Gefüge „Gesellschaft" nennt oder nicht, ist primär ein terminologisches, nicht aber ein begriffliches Problem. Dass es dann Unterschiede zwischen Weber und Schwinn und Renn dahin gehend gibt, wie dieses Gefüge näher zu bestimmen ist (vor allem, was die Koordination seiner Teile angeht), davon ist auszugehen.

I.

(4) Diese Unterschiede werden hier aber nicht weiter thematisiert.[2] Sondern im Weiteren soll es darum gehen, die sozialtheoretische Fundierung der gesellschaftstheoretischen Position von Renn in dem einen und anderen Punkt zu erörtern. Von daher sind nun die „handlungstheoretischen Grundlagen der Integrationsproblematik" mein Bezug (Renn 2006: 187). Damit geht es dann auch um die Desubstanzialisierungsthese von Renn, also um die durch „Steigerung des theoretischen Auflösevermögens erzielte Desubstanzialisierung vermeintlicher Letztelemente des Sozialen, z. B. Personen und Handlungen" (S. 314). Die systematische Relevanz dieser Grundlagen für seine Gesellschaftskonzeption macht folgende Aussage deutlich: „Vom grundbegrifflichen Entwurf der Einheit ‚Handlung' hängt ab, wie der Weg von der Handlungs- zur Gesellschaftstheorie führt" (Renn 2006: 187).

(5) Beim letzten Zitat will ich kurz einhaken. Ich denke, dass es einen solchen Weg nicht gibt. Handlungen sind ereignishafte Operationen, keine sozialen Konstellationen. Gesellschaften aber sind soziale Konstellationen aus bestimmten solcher Operationen *sowie* sozialen Strukturen. Von einer Theorie sozialer Operationen kommt man nicht zu einer Theorie sozialer Konstellationen.[3] Schaut man sich an, was Renn macht, behandelt er unter „Handlungstheorie" auch nicht bloß Handlungen, sondern über Erwartungen strukturierte Handlungszusammenhänge, die man als so etwas wie soziale Konstellationen begreifen kann.

---

1 Die Verwendung des Terminus „Organisation" in der Umschreibung ist insofern problematisch, als „Organisation" eine eigene und zudem von „Gesellschaft" unterschiedene soziale Konstellation bei Renn bildet.
2 Vgl. zu den damit angedeuteten Problemen von Gesellschaftstheorie ausführlich und instruktiv Greve (2008).
3 Von daher haben Gegenüberstellungen etwa von „Handlungs- versus Sozialsystemtheorie" meist etwas „schiefes".

(6) Im Folgenden komme ich nun zunächst zu Renns Handlungskonzept. Es nimmt seinen Ausgang von der Prämisse, „die Verknüpfung zwischen Handlungseinheit und handelnder Person analytisch lockern" und von daher „die pragmatische Rekonstruktion bei Handlungen und nicht sofort bei Handelnden, Akteuren, Individuen oder Personen ansetzen" zu müssen (Renn 2006: 188). Diesen Ausgangspunkt begründet er damit, dass Personalität oder Individualität emergentes Resultat von Ausdifferenzierungsschritten sind, sich also mit der Zeit erst als eigene Integrationseinheiten ausbilden. Das ist der Grund, weshalb seine Handlungstheorie den Begriff der Handlung sowie auch den der Interaktion in relativer Unabhängigkeit vom Begriff der Person/des individuellen Akteurs verwendet (vgl. Renn 2006: 198).

(7) Was Renn dann vorschlägt, ist eine Art von interaktionsorientiertem Handlungskonzept. Grundlegend dafür ist die Annahme, dass „der sinnhafte Aufbau der Handlung (...) nicht einfach der intentionalen Konstitution durch ein Bewusstsein" folgt (Renn 2006: 207). Betont wird hier, so verstehe ich Renn, das „nicht einfach". Und worum es ihm hinsichtlich „Konstitution des Sinnes der Handlung" geht, macht folgende Aussage deutlich: „Die faktische und praktische Intersubjektivität hat (...) Vorrang vor der subjektiven Konstitution des Handlungssinnes" (Renn 2006: 264). D. h. der sinnhafte Aufbau einer Handlung ist primär intersubjektiv bestimmt und erst in zweiter Linie subjektiv-intentional. Gemeint ist damit folgendes:

(8) Was Sinn und Einheit einer sozialen Handlung ausmacht, kann nicht ein Bewusstsein allein entscheiden, sondern wird erst in der Interaktion durch die Anschlüsse oder die Reaktionen Anderer vollständig bestimmt (vgl. Renn 2006: 190). Denn, so Renn weiter, primär *interpretieren Handlungen andere Handlungen*. Das bedeutet, eine erste Handlung ist nicht aus sich heraus eindeutig sinnvoll, sondern sie eröffnet einen Spielraum der Deutung ihres Sinnes, an den die folgende Handlung selektiv anschließt. Durch diesen selektiven Anschluss wird jener Spielraum der Deutungen, der zunächst durch Erwartungsstrukturen bereits geordnet und eingeschränkt ist, weiter eingeschränkt, das heißt der Sinn der ersten Handlung wird praktisch näher bestimmt" (Renn 2006: 207). Von den vorstehend skizzierten Zusammenhängen her ist bei Renn begründet, die Erforschung sozialer Handlungen und ihres Sinnes „schon mit der Untersuchung der *interaktiven* Aushandlung spezifischen Handlungssinnes beginnen zu lassen" (S. 320).

(9) Für eine Erörterung der Position Renns ist nun mein Bezug seine Aussage, dass der sinnhafte Aufbau einer Handlung, ich nenne sie Handlung$_1$ (H_1), nicht einfach der intentionalen Konstitution durch den Handelnden als Träger von H_1 folgt (vgl. Renn 2006: 207). Diese Aussage habe ich zunächst nicht verstanden. Welcher Sachverhalt ist damit gemeint? Ich greife noch einmal Renns oben zitierte Beschreibung auf (siehe Nr. 8), rekonstruiere und erweitere sie dann aus meiner Sicht und ergänze sie durch Aussagen von Renn.

(10) Eine H_1, so Renn, ist nicht aus sich heraus eindeutig sinnvoll, sondern eröffnet einen Spielraum der Deutung *ihres Sinnes*. Demnach hat eine H_1 – etwa eine Frage von *Alter* („Wie soll man das verstehen?"), die in einer bestimmten sozialen Konstellation an jeweilige Gegenüber gerichtet wird – einen Sinn, aber keinen eindeutig erschließbaren Sinn. Und zwar vor allem deshalb, so konstruiere ich den Fall, weil Alter selber nicht ganz klar ist, wonach er fragt. Aber irgendetwas ist ihm unklar und hier irgendwie Abhilfe zu schaffen, wird von ihm mittels H_1 beabsichtigt. *Egos* an H_1 an-

schließende Handlung H2 versucht nun, so meine Annahme, die Uneindeutigkeit zu beheben. Ego schließt mit H2 selektiv an H1 an, und zwar dadurch, dass Ego sagt: „Fragst Du nach XY?". Ein *Tertius*, so meine weitere Annahme, sagt daraufhin mit seiner Handlung H3 „Ja, Alter fragt nach XY, aber XY in der Variante Z".

(11) Wenn man nun sagt, durch H2 und H3 wird der Sinn von H1 näher bestimmt, so muss man sich klar machen, was damit nur gemeint sein kann und was nicht. „Nähere Bestimmung" kann nicht bedeuten, dass dadurch der sinnhafte Aufbau von H1 geändert/präzisiert wird. Denn am sinnhaften Aufbau von H1 kann man nichts mehr ändern, weil Handlungen – im Unterschied zu Strukturen – Ereignisse sind. D. h. sie laufen ab und sind vorbei, können dann also nicht mehr geändert werden. Wenn H2 und H3 sich ereignen, ist H1 längst vergangen. H2 und H3 sind also nicht als Änderungen von H1 zu begreifen, sondern sie machen Vorschläge dafür, was mit H1 gemeint sein könnte.[4] Diesen Vorschlägen kann Alter dann folgen, etwa mit H4: „Ja genau, das, was H2 und H3 aussagen, habe ich gemeint" – und in diesem Sinne ist es über H2, H3 und H4 zu einem geklärten Verständnis des Sinnes von H1 gekommen. Alle diese sozialen Handlungen haben meiner Auffassung nach – je nach dem produziert durch Alter, Ego oder Tertius – einen bestimmten subjektiv gemeinten Sinn, aus dem ihre Einheit und soziale Ausrichtung resultiert.[5]

(12) Das skizzierte Zusammenspiel der verschiedenen Handlungen macht das aus, was Renn „interaktive Aushandlung spezifischen Handlungssinnes" nennt. Ein solches Aushandeln und „subjektiv gemeinter Sinn" widersprechen sich nicht nur, sondern das Aushandeln kann es allein auf Basis des jeweiligen bestimmten subjektiv gemeinten Sinnes von Alter, Ego oder Tertius geben. Vor allem H2 und H3 sind maßgeblich dafür, einmal, indem sie es deutend aufgreifen, dass H1 Teil sozialen Geschehens wird und weiter, auf welche Weise H1 im sozialen Geschehen Thema wird. Beide Punkte – Renn schreibt vom „retrospektiven Moment" (Renn 2006: 264 f.) – sind für die Analyse sozialen Geschehens von grundlegender Bedeutung. Aber dadurch werden in diesem sozialen Geschehen der Sinn und die Einheit von H1 nicht durch Ego und Tertius geändert, was aus dem eben genannten Grund – Stichwort „Ereignis" (Nr. 11) – eben nicht geht. Die Sinnkonstitution von H1 liegt nicht in ihrer Hand, genauso wenig wie es in der Hand von Alter liegt, auf welche Weise seine H1 von Ego und Tertius über deren auf jeweiligem subjektiv gemeintem Sinn basierenden Handeln rezipiert wird. Dass es im Sozialen Beeinflussungen gibt, ändert nichts daran, dass die Sinnkonstitution immer subjektiv-intentional produziert wird.[6]

Ich halte diesen Punkt – Einheit einer Handlung durch den subjektiv gemeinten Sinn des Handelnden –, der ja eine Differenz zu Renn markiert (siehe Nr. 7/8), deshalb für wichtig, weil daraus Konsequenzen für die Erforschung sozialer Handlungen

---

4 Und zwar, das ist ein eigener Punkt, den man berücksichtigen muss, auf Grund von Deutungshandlungen (Verstehen als eigene Akte) von Ego und Tertius, die H2 und H3 vorher gehen.
5 D. h. intendiert und dann umgesetzt wird mit der subjektiven Sinnkonstitution entweder eine Deutung/ein Verstehen des Handelns jeweiliger Gegenüber (siehe Anm. 4) oder – wie bei H2, H3 und H4 in Form einer Mitteilung – eine Einwirkung auf jeweilige Gegenüber, die auf dem Verstehen aufbaut.
6 D. h. am subjektiven Moment ändert sich nichts dadurch, dass die Sinnkonstitution in einer Intersubjektivitätskonstellation vorgenommen wird, nur an der Ausrichtung der Subjektivität – auf jeweilige Gegenüber – ändert sich dadurch etwas.

und für die Erforschung sozialen Geschehens anhand solcher Handlungen resultieren, wenn diese als unterschiedlich beschaffen begriffen werden.[7]

(13) Dieser Punkt wird wieder aufzugreifen sein; zum besseren Verständnis vorher noch einmal zurück zu meiner Differenz zu Renn. Dass sich unsere Auffassungen darin unterscheiden, was die Einheit einer Handlung ausmacht, lässt sich mit Blick auf Max Weber verdeutlichen. Nach Meinung Renns geht Weber davon aus, „dass die Einheit einer Handlung an der von jemanden mit der (...) Tätigkeit oder Bewegung verbundenen *Interpretation* (Hervorh. R. G.) des ‚Sinns' dieser Operation hängt" (Renn 2006: 209; „Tätigkeit/Bewegung" meint hier die äußerlich-physische Verhaltenskomponente einer Handlung). Meiner Ansicht nach hätte Weber diese Deutung von Renn nicht geteilt, sondern gesagt, dass die Einheit einer Handlung am mit der Tätigkeit/Bewegung verbundenen subjektiv gemeinten Sinn hängt (und die Bewegung vom Sinn her reguliert wird), nicht an der Interpretation des Sinnes (vgl. Weber 1976: 3, 31). Die Interpretationsperspektive, die Renn Webers Konzept hinzufügt, ist aber eben für das, was er unter handlungstheoretischer Analyse versteht, wichtig.

(14) Das zeigt sich auch an den „Registern der Identifikation von Handlungsereignissen" (S. 321), die er für diese Analyse entwickelt hat. Diese Register beschreibt Renn als „drei differente Perspektiven, aus denen heraus eine Handlung entweder als ein semantisch typisiertes oder als ein intentionales oder als ein materielles (...) Ereignis betrachtet werden kann" (Renn 2006: 203). Dieser Interpretationsperspektive – mit Bezug auf sie schließe ich an den letzten Satz des vorstehenden Abschnittes an – bedienen sich die Alters, Egos und Tertiis bei der Integration bewirkenden Identifikation von Handlungen. Die jeweilige Identifikation kann an einem Register, also an einer Handlungsdimension ansetzen und von daher die anderen Dimensionen erschließen – was Übersetzungen zwischen den Registern notwendig macht.[8]

(15) Auch wenn die Unterscheidung von Registern nicht ontologisch, sondern analytisch eingeführt wird und orientiert ist „an der Frage der Perspektive, aus der Handlungssituationen und -ereignisse bestimmt werden können" (Renn 2006: 279), so kann man doch wohl annehmen, dass Handlungen für Renn aus den drei Dimensionen „Intentionalität, Semantik und Materialität" bestehen.[9] Nachvollziehbar ist mir dann in diesem Zusammenhang, jedenfalls zunächst, dass die Registerunterscheidung benutzt werden kann, um Handlungen zu identifizieren. Die dazu notwendige Deutung ist selber eine Handlung (eine Deutungshandlung), die mittels der Registerperspektive eine

---

7 Z. B. dahin gehend, welche kausale Kraft man Handlungen zumisst, etwa in folgendem Sinne: „Wenn jemand eine Handlung vollzieht, findet eine Verursachung statt, die andernfalls nicht stattgefunden hätte (...) bestimmte Veränderungen ohne unsere Eingriffe nicht vorgekommen wären" (Keil 2000: 472; zu Keils Handlungskonzept siehe Anm. 14).

8 „Der Gegenstand handlungstheoretischer Analyse wird (...) durch die Annahme erschlossen, dass er selbst perspektivisch prozediert, das heißt hier: dass das Zusammenspiel differenter Register selbst Prozessform sozialer Interaktion ist ... Aus dieser Differenzierung zwischen Registern der Identifikation des Handlungssinnes folgt für den Begriff der Interaktion, dass schon in den einfachsten Handlungszusammenhängen Übersetzungen zwischen diesen Registern auf der Basis des impliziten Wissens und impliziter Regeln des Handelns erforderlich sind" (Renn 2006: 203; siehe auch 220 f.). Für eine nachvollziehbare Darstellung, wie man sich solche Übersetzungen vorstellen kann, vgl. Renn (2006: 295).

9 So schreibt er von der „Beziehung zwischen den drei (Register-, R. G.) Ereignissen, die eine Handlung (...) in *problematischer* Gleichzeitigkeit ‚ist'" (Renn 2006: 221).

Handlung identifiziert, etwa um an die gedeutete Handlung eines Gegenüber anschließen zu können: „Handlungen interpretieren Handlungen", so Renn. Die Deutungshandlung und ihre Übersetzungsleistung kann dann anschließend genutzt werden, wenn man eine entsprechende Anschlussentscheidung/-handlung getroffen hat, um auf ihrer Basis (und der der Anschlusshandlung) dem Gegenüber etwas mitzuteilen. Das ist dann, als Mitteilungshandlung, eine weitere Handlung.[10]

(16) Nicht klar geworden ist mir in diesem Zusammenhang aber der Stellenwert der Registerperspektive für die Produktion, im Unterschied zur Identifikation, von Handlungen. Das Problem stellt sich prinzipiell für Deutungs-, Anschluss- sowie Mitteilungshandlungen. Exemplarisch will ich es hinsichtlich der Produktion einer Mitteilungshandlung erläutern. Intentionalität, Semantik und Materialität einer Mitteilungshandlung sind nicht, wie bei einer zu identifizierenden Handlung, schon existent, sondern müssen erst produziert werden, wenn einem Gegenüber etwas mitgeteilt werden soll. Dabei wird im kommunikativen Zusammenhandeln an die Deutungs- und Anschlusshandlung angeschlossen: Es geht darum, das Ergebnis der Anschlussentscheidung auf diese oder jene Weise umzusetzen.

(17) Zu fragen ist nun: wie kommt diese Umsetzung zustande, wie läuft die Herstellung einer Mitteilungshandlung ab? Denn noch einmal: es geht hierbei ja nicht um die Identifikation von Handlungen, sondern um ein bestimmtes Selektionsproblem („Wie sage ich was meinem Gegenüber?"), das durch Übersetzung oder Identifikation nicht gelöst werden kann. Ist die dafür notwendige Umsetzung in einer bestimmten Weise reguliert, sodass von dieser Regulierung her die drei Register als Komponenten einer Handlung in einer bestimmten Weise abfolgen oder in bestimmten Verhältnissen zueinander stehen? Wird z. B. erst ein materielles Verhalten produziert, anschließend die Semantik und dann die Intentionalität? Oder ist es so, dass Verhalten und Semantik von der Intention her reguliert sind, somit erst eine Intention gebildet wird, wie klar/unklar, bewusst/unbewusst, reflektiert/unreflektiert auch immer?[11] Ich habe bei Renn kein Konzept gefunden, das solche Fragen hinsichtlich der Beschaffenheit von Handlungen beantworten lässt. Primär thematisiert er die Identifikation von Handlungen mittels Registerunterscheidungen und Übersetzungen, sagt aber nichts darüber, wie

---

10 Zur Verdeutlichung des hier Gemeinten kann man Luhmanns Kommunikationsbegriff heranziehen. Begreift man – was meiner Ansicht nach Luhmann-immanent gar nicht anders möglich ist – die Selektionen einer Kommunikation als Handlungen, entspricht der groben Linie nach die Deutungshandlung dem Verstehen, der Entschluss, auf der Basis des Verstehens dem Gegenüber etwas mitzuteilen, der Anschlussentscheidung und die darauf folgende Mitteilung dem Mitteilungshandeln. Die aneinander anschließenden Intentionalitäten, die dabei abgearbeitet werden und zu drei verschiedenen Handlungen führen, kann man so umreißen: Was will mein Gegenüber von mir (Perspektive des Verstehens)?; Wie gehe ich mit dem, was er/sie will, um (Perspektive der Anschlussentscheidung)?; Wie handle ich mit Blick auf meinen Gegenüber (Perspektive der Mitteilungshandlung)?; vgl. dazu Greshoff (2008).
11 Für diese Annahme, Regulierung von der Intention her, scheint mir Renns Anknüpfung an den weiten Handlungsbegriff von Joas zu sprechen. Danach nimmt Joas zwar eine „Unbestimmtheit von Zwecken und Handlungsabsichten" an, die aber immerhin „den Handelnden (...) anleiten", wenn sie (die Zwecke usw.) auch „niemals ausreichend spezifisch sein können, um alle in der Situation (...) beigesteuerten Kontingenzen voraussehen zu können" (Renn 2006: 270).

der Vorgang der Identifikation *als Handlung* beschaffen ist, also in welcher Weise die Registerkomponenten über welche Regulation wie relationiert und angeordnet sind.

(18) Mein Eindruck ist, dass die Frage nach der Produktion und Beschaffenheit von Handlungen mit dem Übersetzungs-/Registerkonzept nicht beantwortet werden kann, weil dies kein klares allgemeines Handlungskonzept ist, sondern ein solches fehlt. Dieser Eindruck wird bestärkt durch „Oder-Formulierungen" wie die, dass „eine Handlung entweder als ein semantisch typisiertes oder als ein intentionales oder als ein materielles (...) Ereignis betrachtet werden kann" (Renn 2006: 203). Die Frage nach Produktion und Beschaffenheit von Handlungen ist aber in verschiedenen Hinsichten zentral. Um ein paar anzudeuten: Ein guter Teil des gesamten sozialen Geschehens kommt über bestimmte solcher Produktionen und über das, was sich in ihrem Kontext abspielt – Aktivierung/Bildung/Modifizierung von Erwartungen usw. –, zustande. Weiter sind, wie schon gesagt, Handlungen Ereignisse, die ablaufen und vorbei sind. Sie können sich also nicht selber produzieren. Es bedarf somit einer „Fähigkeit", die solche Produktionen bewerkstelligen kann. An dieser Stelle sehe ich eine weitere Unklarheit bei Renn.

(19) Er will, da, wie oben (Nr. 6) erläutert, Personen als eigene Integrationseinheit Ausdifferenzierungsprodukt sind, „Handlung" in relativer Unabhängigkeit vom Begriff der Person verwenden.[12] Diese Intention wird tendenziell immer wieder dadurch konterkariert, dass er als Träger von Handlungen „Bewusstseine", „Andere", „Handelnde" usw. in Anspruch nimmt – „Auch soziologisch ist nicht schlicht zu bestreiten, das ‚jemand' handelt" (Renn 2006: 198) –, aber man nicht so recht weiß, welchen sozialtheoretischen Stellenwert „Handelnde" usw. hinsichtlich der eben angesprochenen Produktionsfähigkeit haben. Handlungen sind bei ihm vielfach einfach „da", die Produktion bleibt im Dunkeln. Geht man aber davon aus, dass Handlungen Ereignisse sind, braucht man für eine sozialtheoretische Einbindung von „Handeln" die Annahme von so etwas wie einer „Produktionsfähigkeit von Handlungen", die sich durchhält. Der systematische Punkt ist, dass eine solche „Fähigkeit" so oder so beschaffen sein und von ihrer Beschaffenheit her (nur) zu diesen oder jenen Produktionen in der Lage sein kann, weshalb man für Erklärungen sozialen Geschehens, welches durch solche „Fähigkeiten" produziert wird, um letztere wissen muss.[13]

---

12 Dass Personen ein solches Produkt sind, ist sicher richtig, gilt natürlich in abgewandelter Form auch für „Handeln/Handlungsfähigkeit".
13 Mein Vorschlag ist zunächst, solche „Fähigkeiten" als Teil sozialer Konstellationen aufzufassen. Macht man das nicht, können letztere sich nicht aus sich heraus reproduzieren. Solche „Fähigkeiten" meine ich hier, wenn ich von nicht „vorsozial" (Renn 2006: 116) gedachten Akteuren oder Trägern von Handlungen, benannt als Alter, Ego, Tertius, schreibe. Deren Vermögen bestehen zumindest in denen, die Renn „individuellen Organismen" (Renn 2006: 286) zumisst, welche er als „reflexionsbegabt" (Renn 2006: 292) beschreibt und die bei Kooperationen „bereits das intentionale Register in Gestalt von Erwartungen soweit ins Spiel bringen, dass die naturale Integration bloßen Verhaltens durch die Kontingenz der intentionalen Einstellungen der Beteiligten *überboten* wird" (Renn 2006: 286). Diese Organismen sind also kreativitätsfähig, kennen aber noch keine „rational kalkulierte Zwecktätigkeit" (Renn 2006: 286). Vom letzten Punkt weiche ich insofern etwas ab, als ich für meine Akteure die Fähigkeit annehme, Probleme entwickeln und für deren Lösung Alternativen bedenken zu können. Schließlich: bei diesen Akteuren ist nicht nur an Menschen zu denken, es können auch bestimmte Tiere oder künstliche Intelligenzen sein. Abstrakt formuliert sind dann mit Akteuren so etwas wie „reflexiv-sinn-

II.

(20) Wer, wie ich es etwa im Anschluss an Max Weber mache (Greshoff 2006), davon ausgeht, dass die Einheit einer Handlung maßgeblich von einer als umzusetzen intendierten Zielvorstellung her reguliert ist,[14] fällt in folgender Weise unter Renns Kritik: Das teleologische Handlungsmodell, so Renn, das „die Einheit einer Handlung *primär* an die von der Person mit der Handlung verbundene Ziel- und Zweckvorstellung" bindet, „abstrahiert grundbegrifflich von der *Transzendenz* der übersubjektiven Integration der Handlung gegenüber der Intentionalität der Person" (Renn 2006: 193). Was er damit meint, konkretisiert eine weitere Aussage. Individualistische Sozialontologien, die die sinnhafte Einheit einer Handlung an die intentionale Perspektive eines einzelnen Akteurs binden, vernachlässigen den „Verstehenshorizont, aus dem heraus auch ein einzelner Akteur seine Intentionen bilden, unterscheiden, überhaupt konkret bestimmen kann ... in seiner Abhängigkeit von sozialen, also übersubjektiven Strukturierungen und Stabilisierungen" (Renn 2006: 209 f.).[15] Zu wenig berücksichtigt wird dann, so Renn, dass die jeweiligen Intentionalitäten der Akteure notwendig eingebettet sind in soziale Situationen und damit in die darin geltenden Regeln, Konventionen, Bedeutungen sowie Typisierungen einer intersubjektiven Sprachpraxis (vgl. Renn 2006: 296). Mit Blick auf eine angemessene Erfassung sozialen Geschehens ist eine solche Vernachlässigung für ihn aus folgendem Grunde problematisch:

(21) Diese Regeln, Konventionen usw., abstrakter umschreibt er sie auch (wie gerade zitiert) als „übersubjektive Strukturierungen und Stabilisierungen" sowie „transsubjektive Handlungsbestimmungen", sind nach Renn „kollektive Strukturierungen", welche „als ein kollektiver Horizont" durch die Intentionalitäten der einzelnen Personen „hindurchgreifen" (vgl. Renn 2006: 193, 296, 435 f.). Wie man sich dieses „Hindurchgreifen" vorzustellen hat, wird nicht genauer ausbuchstabiert.[16] Heißen soll es aber

---

fähige Prozessoren" gemeint. Vgl. zu weiteren Aspekten, etwa dem, dass Akteure immer nur in Ausschnitten Teil sozialer Konstellationen sind, Greshoff (2010).

14 Und zwar in diesem Sinne: „Allgemein erklären wir Handlungen, gelungene wie fehlgeschlagene, über die Angabe des *erstrebten* Ziels, nicht über die des erreichten Ziels oder die Beschreibung der ausgeführten Körperbewegung. Die Rede von dem Versuch, etwas herbeizuführen, hat den Vorteil, die Absicht, in der die Körperbewegung ausgeführt wurde, sichtbar werden zu lassen, zugleich aber den erfolgsimplizierenden Charakter gewöhnlicher Handlungsbeschreibungen zu vermeiden" (Keil 2000: 460).

15 Diese Kritik an individualistischen Konzepten ist in dieser Allgemeinheit unzutreffend. Denn das „Modell der soziologischen Erklärung" in der Version von Hartmut Esser und Clemens Kroneberg etwa, zu dem als grundlegender Baustein die Frame-Selektions-Theorie gehört, berücksichtigt ganz zentral die genannten Strukturierungen. Und von einem „vorsozial gedachten Individuum" (Renn 2006: 116) kann in dieser Konzeption nicht die Rede sein (Esser geht von Ko-Konstitution von Sozialem und Personalem aus). Vgl. für einen Überblick jetzt Kroneberg (2010).

16 Einen Hinweis gibt aber etwa die Aussage, dass „Formen der Integration eines Handlungszusammenhanges (...) das explizite Wissen der beteiligten und handelnden Personen *über* diesen Zusammenhang und *über* die Bedeutung einzelner Handlungen (einschließlich ihrer eigenen ‚Absichten') (transzendieren, R. G.). ‚Hinter dem Rücken' der handelnden Personen strukturiert die kulturelle Integration von Handlungen durch den praktischen Zusammenhang einer Lebensform die Interpretationsschemata der Personen, ihre praktischen und normativen Routinen im Sinne eines kollektiven historisch-kulturellen Apriori, das sich als das implizite Wissen oder auch als der ‚Habitus' einer Person (...) geltend macht" (Renn 2006: 114).

wohl, dass es in sozialen Konstellationen mit übersubjektiven Strukturierungen eine Art von eigenständig-überindividueller „Kraft" gibt, die maßgeblich für die Entwicklung solcher Konstellationen ist und die daran beteiligten Intentionalitäten und Erwartungen der Akteure irgendwie dominiert, bedingt und bestimmt. D. h. die subjektive Intentionalität usw. der Akteure wird Transsubjektivem gegenüber irgendwie als nachrangig – dabei aber explizit nicht als irrelevant (vgl. Renn 2006: 266) – begriffen.[17] Zu meiner Deutung passt, dass er transsubjektive Strukturierungen als eine „übersubjektive Selektionsinstanz" auffasst (Renn 2006: 266). Was aber hat man sich unter einer solchen Instanz genauer vorzustellen? Ist damit eine eigene Kraft jenseits der subjektiv-intentionalen Kräfte der einzelnen Akteure gemeint? Für eine Klärung dieser Fragen ist Verschiedenes zu erörtern.

(22) Zunächst, übersubjektiv gültige Regeln usw. bestehen nach Renn im Kern in nichts anderem als in der „Übereinstimmung der *Erwartungs*haltungen der Beteiligten" an einer sozialen Konstellation (Renn 2006: 287). Kollektive Strukturierungen sind im Wesentlichen also bestimmte, wie ich sie nenne: sozial gültige, Erwartungen jeweiliger Akteure als Träger sozialer Konstellationen. Man kann also erst einmal festhalten, und ich gehe davon aus, dass Renn das genauso sieht (vgl. Renn 2006: 296 f., 320), dass diese Strukturierungen nichts jenseits von Akteuren, sondern letzteren zugehörig sind.

(23) Weitere Klärung hinsichtlich der obigen Fragen erhält man, wenn man sich anschaut, wie Renn die Entstehung neuer kollektiver Strukturierungen begreift. Er stellt das exemplarisch am Fall einer sich interaktiv einspielenden Handlungsdeutung dar. Im Beispiel wird zur Deutung der Handlung als kollektive Strukturierung eine bestimmte Erwartung in Form einer Handlungstypisierung herangezogen. Diese Typisierung erweist sich im Verlaufe der Interaktion als nicht anwendbar. Daraus resultiert der Beispielkonstruktion nach dann Folgendes: „Die Interaktion ‚wählt aus' zwischen den Möglichkeiten, rückwirkend auf einen anderen als den erwarteten (...) Handlungstypus umzuschalten, *oder* aber den ins Spiel gebrachten Typus selbst zu verändern, zu erweitern, umzustellen" (Renn 2006: 301). Nur in letzterem Falle einer Modifikation, so Renn weiter, und nur, wenn diese „Schule macht", führt die Veränderung der Handlungstypisierung „zur kreativen Transformation" einer bisher gültigen kollektiven Strukturierung (vgl. Renn 2006: 301). Um genauer einschätzen zu können, was mit „die Interaktion ‚wählt aus'" gemeint ist, muss man den Vorgang ausbuchstabieren. Ich ziehe dafür folgende Skizze eines sozialen Geschehens von Renn heran, die mir dafür geeignet scheint:

---

17 Eine solche Nachrangigkeit kommt meiner Ansicht nach in folgender Aussage zum Ausdruck. Selbst unter der Voraussetzung, dass man „den ‚Sinn' einer Handlung an die Expressivität des Subjektes und damit an die Innenperspektive der Person bindet, kann die einzelne Handlung ihre Bedeutung noch nicht allein und nicht einmal primär durch subjektive Sinnsetzung erhalten. Sie hat bereits als subjektiv gesteuerte (...) Selbstdarstellung den kollektiven Rahmen öffentlicher Bedeutung zur Voraussetzung und ordnet sich diesem nolens volens ein oder gar unter, selbst wenn sie provokativ (...) ausschert. Der subjektive Aspekt liegt dann in der Verantwortung und in der Motivation für die subjektive Selbstkontrolle des eigenen ‚dramaturgischen' Handelns innerhalb der ‚frames' einer konkreten sozialen Umgebung und ihrer normativen Erwartungshorizonte" (Renn 2006: 194). Aus den Nrn. 30-33 soll noch deutlich werden, warum ich dieser Aussage zu einem guten Teil zustimmen kann, den „subjektiven Aspekt" aber für stark „unterbelichtet" halte.

(24) „Jemand' erwartet, dass auf die eigene Handlung oder die einer anderen Person eine mehr oder weniger typische Reaktion eintritt (...) Handlungen interpretieren dann Handlungen, indem im Vollzug der Sequenz Möglichkeiten ausgeschlossen, neue Möglichkeiten eröffnet werden, diese Selektivität einerseits semantisch vorstrukturiert ist, andererseits die semantischen Typisierungen konkretisiert werden, wobei die beteiligten Handelnden (...) sukzessive ihre Interpretationen aneinander und am faktischen Verlauf der Sequenz bestimmen, überprüfen, modifizieren" (Renn 2006: 264 f.). Für einen Anschluss an das Beispiel im vorstehenden Abschnitt sei nun ergänzend angenommen, dass die Handelnden beim Überprüfen ihrer Interpretationen zu der Auffassung gelangen, dass die im Zitat dieses Abschnittes genannten Typisierungen zu modifizieren sind, diese Modifikation sich verbreitet und darüber eine kollektive Strukturierung transformiert wird.

(25) Nimmt man die vorstehende Skizze als Ausbuchstabieren des „die Interaktion ,wählt aus'", dann wird deutlich, dass die Interaktion als Interaktion nichts auswählt – wie sollte das auch gehen? –, sondern dass das Auswählen darin besteht, dass die genannten Handelnden, also die Alters, Egos und Tertii, verkürzt gesagt verschiedene Handlungen produzieren sowie – das sind im obigen Beispiel (unter anderem) die Typisierungen – diverse Erwartungen aktivieren, bilden oder modifizieren. Mit diesen Erwartungen sind hier vor allem die übersubjektiven Strukturierungen gemeint, welche nach Renn in der „Übereinstimmung der Erwartungshaltungen der Beteiligten" bestehen. Das Übersubjektive dieser Strukturierungen besteht darin, dass damit nicht bloß irgendwelche Erwartungen eines Akteurs gemeint sind, sondern sozial gültige Erwartungen der Alters, Egos und Tertii. Also solche, von denen die Alters, Egos usw. irgendwie gegenseitig bestätigt annehmen, dass sie (die Erwartungen) in jeweiligen sozialen Konstellationen für ihre eigenen Handlungen sowie die ihrer Gegenüber maßgeblich sind, und an denen sie deshalb ihre Handlungen orientieren. Sozial gültige Erwartungen können aber als soziale Erwartungen nichts auswählen oder herstellen. Sie können also weder Selektionsinstanz sein, noch durch Intentionalitäten hindurchgreifen. Was Renn mit „Selektionsinstanz/Hindurchgreifen" zu meinen scheint, kommt immer und nur durch die in diesem Abschnittes genannten Produktionen/Tätigkeiten der Alters, Egos und Tertii zustande.

(26) Um zu verdeutlichen, worauf ich hinaus will, greife ich für eine bündige Beschreibung des in der Skizze in Nr. 24 ausbuchstabierten integrierten Handlungszusammenhanges folgende Aussage von Renn auf: „Den Vollzug dieser praktischen Integration müssen wir darum ‚der Praxis' selbst (...) zuschreiben (...) Die subjektive Perspektive auf die Handlung ist dabei nicht vollständig preisgegeben, sondern zu einer Instanz der komplexeren Struktur eines Handlungszusammenhanges geworden" (Renn 2006: 225). Auch hier nehme ich wieder an: der Praxisvollzug besteht im Wesentlichen aus nichts anderem als aus bestimmten der eben genannten Produktionen/Tätigkeiten der Alters, Egos und Tertii als Träger einer sozialen Konstellation. Das bedeutet dann aber auch, dass Renns Einordnung der subjektiven Perspektive („nicht vollständig preisgegeben"), also des jeweiligen Akteurs inklusive der genannten Produktionen/Tätigkeiten, zu „dünn" und schwach ist. Denn die „komplexere Struktur eines Handlungszusammenhanges" besteht im Kern aus nichts anderem als aus mehreren solcher subjektiven Perspektiven, was ja nichts anderes heißt als: aus Akteuren und deren Pro-

duktionen/Tätigkeiten, aus denen sozial Gültiges sowie Formen des Zusammenhandelns resultieren. Das aber bleibt bei Renn unterbelichtet.

In diesem Sinne ist auch seine Aussage irreführend, dass die „faktische und praktische Intersubjektivität (...) Vorrang vor der subjektiven Konstitution des Handlungssinnes" hat (Renn 2006: 264). Es scheint mir nicht sinnvoll, beides gegeneinander zu hierarchisieren, denn die Intersubjektivität besteht ja im Wesentlichen aus (bestimmten) subjektiven Konstitutionen usw. mindestens zweier Akteure und reproduziert sich über deren Tun, wobei die Akteure natürlich in Intersubjektivitätskonstellationen sozialisierte Akteure sind. Aber das ändert nichts daran, dass die Intersubjektivität als Intersubjektivität nichts herstellen, machen usw. kann. Es sind nicht die sozialen Situationen/Gebilde „sui generis"', die den sozialen Prozess vorantreiben und ihm seine Dynamik geben, „sondern die Akteure, deren Probleme und Situationssichten, das daraus folgende Handeln und die daraus entstehenden Folgen" (Esser 1999: 26).[18]

(27) Die systematische Position des letzten Satzes gilt auch für das Übersetzungs- und Koordinationsproblem, wie es sich auf der Ebene sozialer Konstellationen/Integrationseinheiten stellt. Zum Beleg greife ich Renns mit Blick auf abstrakte Konstellationen formulierte These auf, dass stabiler generalisierter Sinn „nicht auf die Leistungen und Intentionen handelnder Subjekte zurückzuführen ist und durch diese gestützt werden" muss (S. 320). Dieser These kann ich vor dem Hintergrund meiner obigen Ausführungen nicht zustimmen. Denn bei dem generalisierten Sinn handelt es sich um nichts anderes als um bestimmte Erwartungen jeweiliger Alters, Egos usw. als Träger solcher Konstellationen, die kollektive Strukturierungen bilden (vgl. Nr. 22). Diese Erwartungen als Leistungen „handelnder Subjekte" (S. 320) zu beschreiben, ist zu abstrakt, geht es doch bei diesen Erwartungen nicht einfach um irgendwelche individuellen, sondern um sozial gültige Erwartungen bestimmter sozialer Konstellationen (vgl. Nr. 25). Gegenstand sind mit solchen Erwartungen dann also, um mich exemplarisch auf ein paar Punkte zu beschränken, Codes und Programme, die ganz wesentlich die Struktur/soziale Ordnung dieser sozialen Konstellationen dadurch ausmachen, dass die Träger letzterer an den genannten Erwartungen ihre Handlungen orientieren. Über Codes/Programme als so etwas wie grundlegender Leitlinien und Imperative ist in Form von Frames und Skripten die maßgebliche Sichtweise auf jeweilige Sachverhalte bzw. für die Gestaltung sozialer Beziehungen geregelt, anhand derer sich soziale Konstellationen von anderen Konstellationen abgrenzen.

(28) Da solche Erwartungen als Codes usw. ganze Sozialbereiche kollektiv strukturieren, können Koordinations- oder Übersetzungsprobleme zwischen solchen Bereichen nicht „durch einfache intersubjektive Abstimmung gelöst werden" (S. 320). Denn wenn es etwa um Koordinationen zwischen zwei sozialen Konstellationen X und Y *als sozialen Konstellationen* geht, dann hat man es nicht mit irgendwelchen einfachen intersubjektiven Abstimmungen zu tun, sondern mit Abstimmungen auf dem Niveau sozialer Konstellationen. Man bewegt sich somit auf der Ebene sozialer Gültigkeit. Für eine Abstimmung auf der Basis von Übersetzungen scheint dann zweierlei erforderlich. a) Einmal wäre in der sozialen Konstellation X eine Selbstbeschreibung der Konstellation anzufertigen sowie eine Beschreibung der Konstellation Y – und zwar beides im Hori-

---

18 Was nicht heißt, dass es keine sozialen Gebilde, nichts Transsubjektives usw. gibt – nur eben nicht als Produktionsfähigkeit/-instanz (vgl. Greshoff 2010).

zont von sozialer Gültigkeit (in Konstellation Y hätte umgekehrt gleiches zu geschehen). Beide Beschreibungen – und auch die folgenden Schritte – können natürlich nur im Rahmen der eben genannten maßgeblichen Sichtweisen und Leitlinien von Konstellation X hergestellt werden. b) Im nächsten Schritt wäre sodann in der Konstellation X die Selbstbeschreibung von X mit der Fremdbeschreibung von Y derart zu vermitteln, dass dadurch die Leitlinien, Vorgänge usw., die Konstellation Y ausmachen, in der Sichtweise der Dinge, die Konstellation X kennzeichnet, erfasst und eingeschätzt werden (können) (in Konstellation Y müsste umgekehrt wieder gleiches geschehen).[19]

(29) Um nun zum oben (Nr. 27) formulierten Einwand zurückzukommen: wenn solche (Selbst-)Beschreibungen sowie darüber prozessierte Übersetzungen und Koordinationen auch keine „einfachen intersubjektiven Abstimmungen" (Renn) sind, ändert das nichts daran, dass dieses Beschreiben und Prozessieren allein durch Akteure mit bestimmten ihrer Erwartungen und Handlungen geleistet werden und insofern auch darauf zurückzuführen ist (ich werde das gleich in einer kleinen Skizze noch etwas näher erläutern). Von daher kann ich denn nicht nachvollziehen, was Renn – als ein wohl „akteurfreies Geschehen" – damit meint, dass „die abstrakten Sprachen ausdifferenzierter Makrokontexte (...) nicht gesprochen" werden (S. 322 f.), sondern „sich selbst sprechen". Diesen Sachverhalt sähe ich gerne einmal detaillierter ausbuchstabiert.

III.

(30) Der Punkt, auf den ich in *Kapitel II* hinaus will, lässt sich jetzt so umschreiben: Die (Aggregations-)Dynamik sozialer, intersubjektiver, transsubjektiver, Konstellationen ist nur zu erfassen und zu erklären, wenn man die Kräfte, deren Tun und die Gründe dafür erforscht, die die Dynamik erzeugen: das sind die jeweiligen Akteure, die mit ihren Handlungen und Erwartungen sowie deren Herstellungen solche Konstellationen im Kern ausmachen.[20] Die Möglichkeit für ein solches Erforschen ist bei Renn zwar angelegt,[21] scheint mir aber zu schwach ausgeprägt oder durch Annahmen, dass „Trans-

---

19 Die Anfertigung solcher Beschreibungen und deren Vermittlung ist als „Folge von pragmatischen *Austauschbeziehungen* über Grenzen von Sinnhorizonten hinweg, die für Integrationseinheiten konstitutiv sind", zu begreifen (Renn 2006: 447).
20 Das impliziert natürlich nicht die Annahme, dass die Akteure durchschauen können müssen, welche Folgen die Einhaltung jeweiliger Regeln befördert oder welche daraus resultieren. Sie müssen jeweilige Regeln auch nicht auf den Begriff bringen können. Insofern können sich Regeln und deren Konsequenzen „der Übersicht des beteiligten Bewusstseins entziehen" (Renn 2006: 199) und „hinter dem Rücken" ablaufen (siehe dazu Anm. 16). Die Akteure müssen aber in bestimmten Situationen über ihre Situationsdeutungen immer wieder bestimmte Erwartungen bilden/aktivieren und über deren Spezifizierungen – Renn würde vermutlich sagen: Übersetzungen – ihr Mitteilungshandeln daran orientieren können, damit ein geregeltes/geordnetes soziales Geschehen zustande kommt.
21 Das zeigen Aussagen wie: „Die praktische Einheit der Lebensform trägt sich selbst, dies aber nur durch die Handelnden hindurch" (Renn 2006: 320). Oder die Annahme, dass die Handelnden „die Einheit der Praxis (tragen, R. G.), da zu deren Reproduktion, zu ihrem Vollzug und zur Erhaltung der Struktur einer Integrationseinheit die konkrete Auslegung der Situation und die Auslegung der Horizonte in die Situation durch die Übersetzung der Typen und Regeln in konkrete Ereignisse und Regelfolgen gehören, die nicht determiniert sind, nicht zur Wiederholung verurteilt sind und nicht regel*gesteuert* verlaufen" (Renn 2006: 297).

subjektives durch Intentionalitäten hindurch greift" oder Ordnungsbildungen unabhängig von subjektiven Sinnsetzungen zu erklären sind (S. 322), verstellt zu sein.[22] Was nicht genügend in den Blick kommt, soll zum Abschluss in exemplarischer Perspektive in einer kleinen Skizze zu sozialem Strukturwandel dargelegt werden.

(31) Angenommen sei als Ausgangspunkt eine soziale Situation als ein Stadium einer sozialen Konstellation, also eine bestimmte Konfiguration des Zusammenhandelns sowie der damit verbundenen und auch, etwa über Symbole, zum Ausdruck kommenden kollektiven (sozialen) Strukturen. Es sei weiter angenommen, dass ein dieser Konstellation zugehöriger Akteur, der sich einer solchen Situation gegenüber sieht, an diese Situation dadurch anschließt, dass er sich auf das Tun der jeweiligen Gegenüber richtet und im Anschluss daran über die Selektion einer strukturellen Orientierung (also bestimmter Erwartungen) sowie einer daran ausgerichteten Handlung in die Situation einbringt. Diese (overte) Handlung geht im Moment ihrer Umsetzung für andere Akteure der Konstellation irgendwie wahrnehmbar in die soziale Situation ein und verändert diese, so sei weiter angenommen, dergestalt, dass als Folge der strukturellen Orientierung, an der das Handeln ausgerichtet war, bislang gültige Strukturen der sozialen Konstellation in Frage gestellt werden. Und zwar geschieht die Veränderung dadurch, dass dieses Handeln von anderen Akteuren dahin gehend gedeutet und zugerechnet wird, dass es dieses in Fragestellen zum Ausdruck bringt. Des Weiteren wird dies Handeln von ihnen derart verarbeitet, dass im Zuge ihrer Selektion einer strukturellen Orientierung für die Situation die veränderte Situation so reflektiert wird, dass sie ihre strukturrelevanten Erwartungen modifizieren und der neuen Situation anpassen. Das anschließende overte Handeln dieser Akteure ist somit durch entsprechend gewandelte Erwartungen geprägt und wird dann wieder von anderen Gegenübern, wie gerade ausbuchstabiert, gedeutet, zugerechnet und verarbeitet. Auf diese Weise kann es, wenn die Änderungen weiter aufgegriffen werden, nach und nach, aggregierend, zu einer Verbreitung der Änderungen und schließlich zu neuen sozialen Strukturen kommen.

(32) Was man an der Skizze erkennen kann ist, dass sozialstrukturelle Änderungen nicht als bloß individuelle Änderungen einzelner Akteure zu begreifen sind, sondern als Änderungen auf dem Niveau einer sozialen Konstellation.[23] Daran ist festzumachen, dass für die Erklärung von Strukturdynamiken die Erklärungen allein von overten Handlungen noch nicht viel aussagen. Denn diese Handlungen werden zwar an den genannten Erwartungen ausgerichtet, sie sind aber nicht das Geschehen, über welches diese Erwartungen gewandelt werden. Um dies zu erklären, ist das Deuten, Zurechnen und Verarbeiten in den Blick zu nehmen. Man darf somit nicht nur den individuellen „Output", das overte soziale Handeln, sondern muss ebenso den individuellen „Input", die sozialen Handlungen des Deutens, Zurechnens sowie Verarbeitens erfassen. D. h.

---

22 Ein Problem ist in diesem Zusammenhang wieder, dass Renn mehr oder weniger direkt bei Handlungen/Erwartungen als Produkten sozialer Konstellationen ansetzt und die subjektive Produktion von Handlungen/Erwartungen, die Akteure einbeziehen müsste, „abblendet".
23 Genauer formuliert bedeutet das, dass eine genügend qualifizierte Anzahl jeweiliger Träger einer sozialen Konstellation für sich und ihre zu dieser Konstellation gehörenden Gegenüber davon ausgehen, und zwar wechselseitig irgendwie bestätigt davon ausgehen, dass die gewandelten/neuen Erwartungen für die Orientierung ihrer Handlungen in der sozialen Konstellation maßgeblich sind.

ohne ein Wissen um die verschiedenen individuellen sozialen Handlungen, die aus diesen oder jenen Gründen von Alter, Ego usw. vorgenommen werden, hat man kein empirisch begründetes Wissen darüber, wie soziale Strukturen von den Akteuren verarbeitet werden und wie sich dieses Verarbeiten, nachdem es in overte Handlungen umgesetzt wurde, aggregativ auf die Gültigkeit der Strukturen auswirkt. Man muss also von diesen Vorgängen wissen, um den aggregativen Prozess auf den Begriff zu bringen und darüber gegebenenfalls der Regelmäßigkeit auf die Spur zu kommen, welche einem Strukturwandel zugrunde liegt.

(33) Für Erklärungen überindividueller Sachverhalte bedeutet das dann: Es bedarf a) Erklärungen von den verschiedenen individuellen Selektionen, damit diese Erklärungen dann als Material genutzt werden können, um b) erklärende Transformationshypothesen aufstellen und prüfen zu können, die Aussagen über einen überindividuellen Sachverhalt machen: nämlich dass die unter bestimmten Bedingungen so oder so verlaufenden Selektionen der Handlungen der Akteure aus diesen oder jenen Gründen – und unter Umständen mit einer bestimmten Regelmäßigkeit – zum Wandel von sozialen Strukturen führen.[24] Dass für Erklärungen überindividueller Sachverhalte ein derartiges Zusammenspiel verschiedener Erklärungen sozialtheoretisch reflektiert zu erarbeiten ist, wird durch die Konzepte Joachim Renns nicht transparent.

Literatur

Esser, Hartmut. 1999. *Soziologie. Spezielle Grundlagen.* Band 1: *Situationslogik und Handeln.* Frankfurt a. M., New York: Campus.
Greshoff, Rainer. 2006. „Soziales Handeln" und „Ordnung" als operative und strukturelle Komponenten sozialer Beziehungen. In *Max Webers „Grundbegriffe". Kategorien der kultur- und sozialwissenschaftlichen Forschung,* Hrsg. Klaus Lichtblau, 257-291. Wiesbaden: VS Verlag für Sozialwissenschaften.
Greshoff, Rainer. 2008. Ohne Akteure geht es nicht! Oder: warum die Fundamente der Luhmannschen Sozialtheorie nicht tragen. *Zeitschrift für Soziologie* 37: 450-469.
Greshoff, Rainer. 2010. Emergenz und Reduktion in sozialwissenschaftlicher Perspektive. In *Emergenz: Zur Analyse und Erklärung komplexer Strukturen.* Hrsg. Jens Greve, Annette Schnabel. Frankfurt a. M.: Suhrkamp (im Erscheinen).
Greve, Jens. 2008. Gesellschaft: Handlungs- und systemtheoretische Perspektiven. In *Soziologie als multiparadigmatische Wissenschaft. Erkenntnisnotwendigkeit oder Übergangszustand?,* Hrsg. Andreas Balog, Johann Schülein, 149-185. Wiesbaden: VS Verlag für Sozialwissenschaften.
Keil, Geert. 2000. *Handeln und Verursachen.* Frankfurt a. M.: Klostermann.

---

24 Damit ist das sogenannte Aggregationsproblem angesprochen, welches Michael Schmid so umschreibt: „Es entsteht genau dort, wo der Modellbauer zu zeigen hat, wie sich die Kollektivfolgen des gemeinsamen Versuchs der untersuchten Akteure, ihr Handeln wechselseitig erträglich zu gestalten, aus der Art und Weise *faktisch* ergeben, wie und unter welchen (sozialen bzw. wechselwirksamen) Umständen die betreffenden Akteure dies (jeweils) tun. Um diesen Zusammenhang zu erklären, bedarf es offenbar einer Hypothese, die angibt, wie diese Kollektiv- oder Verteilungsfolgen aus dem Zusammenwirken der Einzelhandlungen entstehen, was insoweit ein Problem darstellen muss, als diese Folgen (…) aus den Zielsetzungen und Erwartungen der einzelnen Akteure ebenso wenig logisch abgeleitet werden können wie aus der Kenntnis der institutionell geregelten Funktionsweise ihrer Abstimmungsmechanismen" (Schmid 2009: 140 f.).

Kroneberg, Clemens. 2010. *Integrative Handlungstheorie*. Wiesbaden: VS Verlag für Sozialwissenschaften.
Renn, Joachim. 2006. *Übersetzungsverhältnisse. Perspektiven einer pragmatistischen Gesellschaftstheorie*. Weilerswist: Velbrück.
Schmid, Michael. 2009. Das Aggregationsproblem – Versuch einer methodologischen Analyse. In *Hartmut Essers erklärende Soziologie*, Hrsg. Paul Hill, Frank Kalter, Johannes Kopp, Clemens Kroneberg, Rainer Schnell, 135-166. Frankfurt a. M.: Campus.
Weber, Max. 1976. *Wirtschaft und Gesellschaft*. Tübingen: Mohr Siebeck.

Korrespondenzanschrift: Dr. Rainer Greshoff, Leostr. 13, 33098 Paderborn
E-Mail: r-greshoff@versanet.de

REPLIK

"AKTEURE" ALS EFFEKTE SOZIALER
ZUSCHREIBUNGSKONVENTIONEN

Joachim Renn

Zusammenfassung: Der Beitrag befasst sich mit der in der Soziologie weit verbreiteten Unterstellung, der Sinn und die Einheit einer sozialen Handlung wären in letzter Instanz immer auf einzelne Individuen zurückzuführen, die solche Handlungen "produzieren" und ihnen Sinn geben. Demgegenüber muss die Soziologie diese Unterstellung selbst als soziale Konvention behandeln: Interpretationen des Handlungssinnes bleiben der "Produktion" der Handlung gegenüber nicht sekundär, sondern übersubjektive Prozesse und Kontexte, in denen Handlungen identifiziert werden, beinflussen die Produktions*formen*, in denen das Verhalten individueller Akteure auch retrospektiv *als* spezifisches sinnhaftes Handeln bestimmt wird. Diese Produktionsformen umfassen schließlich auch solche in Übersetzungen verstrickte grundlegende Zurechnungsschemata, die den Akteur als Souverän seines Handelns überhaupt erst etbablieren.

Wenn die Einheit der sozialen Handlung durch die (explizite) subjektive Sinn- oder Zielorientierung des "handelnden Individuums" hinreichend, weil eindeutig und abschließend, bestimmt ist, wenn überdies nur individuelle Handlungssubjekte Handlungen "produzieren", und wenn schließlich der Sinn einer sozialen Handlung aufgrund des Ereignischarakters der Einzelhandlung nachträglich, nach Vollzug der jeweils "aktuellen Produktion", nicht verändert werden kann, dann gibt es in der Tat kein für die Soziologie interessantes Problem der Übersetzung zwischen sozialen Teilkontexten, relativ zu denen "Handlungen" jeweils etwas anderes "bedeuten".

Im Kern sind es diese akteurszentrierten Prämissen, aus denen Rainer Greshoff in seiner ausgesprochen klar formulierten Kritik der "Übersetzungsverhältnisse" (oder der kurzen Darstellung ihres Anliegens in diesem Band) seine Einwände und Gegenvorschläge ableitet. Greshoff geht sorgfältig und umfassend auf ein zugegeben unübersichtliches Gefüge von vernetzten Teilargumentationen ein. Er lässt dabei als Kriterium für die Plausibilität theoretischer Überlegungen jedoch nur jene genannten Dogmen eines vergleichsweise rationalistischen methodischen Individualismus gelten, an deren Geltung die Überlegungen zu "Übersetzungsverhältnissen" nun allerdings (begründet) Zweifel anmelden.

Diese Zweifel speisen sich aus handlungstheoretischen Diskussionssträngen im engeren Sinne und aus der makrosoziologischen Debatte, in der gesellschafts- oder auch differenzierungstheoretische Fragestellungen bewegt werden. Greshoffs diskutiert die "Übersetzungstheorie" jedoch ausschließlich mit Bezug auf die handlungstheoretisch prominente Mikroebene der Interaktion zwischen Personen. Das ist in der Sache selbstverständlich legitim, erscheint aber in Greshoffs Analyse nur deshalb als unproblematische Vereinfachung, weil seinen Prämissen zufolge eine emergente Makroebene übersubjektiver sozialer Ordnung und Ordnungsreproduktion überhaupt nicht existiert. Nur deshalb sieht es so aus, als ließen sich Effekte der „Aggregation" „sozialer Konstellationen" hinreichend erklären im Zuge der Rückrechnung auf individuelle Prämissen, Präferenzen und schließlich („Handlungen produzierende") Entscheidungen. Das Problem der Koordination von Handlungen (damit der Fokus des Beitrages in diesem Band) wird dadurch jedoch übervereinfacht, da Koordinationsleistungen und Koordinationsformen dann schon grundbegrifflich ausschließlich als Formen subjektiv „produzierten" Handelns in Betracht kommen, und weil in der Konsequenz gesellschaftliche Koordinationsprobleme auf Interessenkonflikte reduziert werden. Moderne Regime der Handlungskoordination überziehen aber die auf eigene Weise identifizierbare Einheit subjektiver Akte mit einem Netz von Handlungs- und Subjektformaten oder -typiken oder -kategorien. Und sie „produzieren" damit eine andere Bedeutung, andere Konsequenzen, schließlich eine andere Einheit von Einzelhandlungen, die im Horizont des bewussten Akteurs nur unvollkommen „repräsentiert" werden und schon gar nicht koordiniert werden können.

Es sind gerade makrotheoretische Überlegungen, die in der Tradition Durkheims und der Systemtheorie, nicht zu vergessen: Marx, den „sozialen Tatsachen" ein Eigenleben jenseits der unvollkommenen, oft genug eitlen und illusionären subjektiven Orientierungen zuschreiben. Und dies nötigt dazu, die soziale Konstitution der Handlungseinheit auf Zuschreibungsprozesse zu beziehen, bei denen „Akteure" nicht *terminus a quo*, sondern *terminus ad quem* der Handlungstheorie sind. Die Soziologie entwickelt erst dann eine gegenüber (jedenfalls analytisch-) philosophischen und psychologischen Handlungstheorien eigenständige Handlungstheorie, wenn sie die Zurechnungsroutinen, die Handlungsereignisse auf Personen als Akteure zurückzuführen zwingen, als prinzipiell kontingente soziale Institutionen zum Thema, zum Objekt der Erklärung, und nicht zum explanans macht. Dass Akteure Handlungen „produzieren", die in sich und an sich eine substanzielle (wenn auch qua Zielorientierung sinnhafte) Einheit haben, die dann sekundär interpretiert, und nur richtig oder falsch verstanden werden kann, das ist eine soziale Konvention, und keine taugliche soziologische Voraussetzung. Jedenfalls wird diese Distanzierung von der „Akt-Akteur-Dublette" verpflichtend, sobald die Soziologie sich das Ordnungsproblem nicht mehr nach dem Muster der Integration kleiner Gemeinschaften und überschaubarer „Konstellationen" zwischen Personen (die von diesen Personen durchschaut und deshalb „getragen" werden) zurechtlegt. Die Soziologie muss in ihrer Begriffsbildung den objektiven Phänomenen erstens der Verselbstständigung sozialer Ordnungen, Organisationen, Systeme (wohl auch: „Diskurse") gegenüber subjektiven Intentionen und zweitens der Rückwirkungen dieser verselbstständigten Ordnungen auf „Subjektivitäten" – qua Verantwortungs-Zuschreibung, „Subjektivierung", vielleicht auch: „Verdinglichung" – gerecht werden. „Übersetzungsverhältnisse" liegen vor, sobald das Verhältnis zwischen subjektiven Intentionen, Handlungs-Akt-Einheiten und übersubjektiven Strukturen durch die Emergenz von interaktionstranszendenten „Integrationseinheiten" verkompliziert ist, bis zu der Schwelle, jenseits derer Handlungen auf der Ebene von Makrokoordinationen effektiv etwas ganz anderes sind als in der subjektiven Perspektive der „Akteure", sodass auch die Innen- und die Außenbetrachtung von „Akteuren" erheblich voneinander abweichen.

Die „Übersetzungsverhältnisse" werben dafür, die gesellschaftstheoretische Erbmasse im Feld der Medientheorie und in Gestalt einer analytischen Typologie von heterogenen Differenzierungsformen aufzunehmen. Dies sind Theoriebereiche, auf die Greshoffs Kritik nicht näher eingeht, obwohl diese Bereiche für die Handlungstheorie folgenreich sind. In der Summe scheiden sich hier die Geister am Problem der Emergenz. Denn Greshoff macht in seiner Deutung mehrerer Passagen der „Übersetzungsverhältnisse" deutlich, dass Effekte der Transformation etablierter Semantiken und Typiken für ihn stets auf die Variationsvorschläge individueller Handelnder zurückgeführt gehören und das die Übersetzungstheorie doch eben dies ihrerseits konzediere (so Greshoff 2010: Abschnitt 24). Er bezieht sich auf die Formulierung, dass „(...) die Handelnden ihre Interpretationen aneinander und am faktischen Verlauf der Sequenz bestimmen, überprüfen, modifizieren" (Renn 2006: 264 f.), unterschlägt aber, dass es an der aufgerufenen Stelle überdies heißt, dass „(...) der Sinn einer Handlung (...) sich interaktiv einspielt" (Renn 2006: 265). Damit ist angezeigt, dass zweifellos subjektive Deutungen eine Rolle in der Interaktion spielen, gerade die Effekte der Variation von Sinntypiken, d. h. eines Kristallisationskernes „sozialen Wandels", aber eben nicht der subjektiven Sinnkonstitution, sondern einer irreduziblen Dynamik des nicht intendierten „sich Einspielens" zu verdanken sind. Bevor das Individuum das Patent auf innovative Typisierungen anmelden kann, müssen aus der „primären Sozialität" (Joas) die Formate des Individuums und das Sprachspiel der zurechenbaren, individuellen Urheberschaft (Habermas) schon ausdifferenziert sein.

Der methodische Individualismus knüpft allerdings mit der begrifflichen Verschmelzung zwischen der Einheit einer Handlung und der handelnden Person an hoch suggestive alltagsevidente Routinen an. Und diese sind in die Sprache der handlungstheoretischen Tradition bis zurück zu Aristoteles tief eingegraben. Eine Alternativkonzeption, die sich zum Ziel setzt, gegenüber dieser Verschmelzung durch „Desubstantialisierungen" der Handlungseinheit Freiräume der Analyse zu erschließen, muss gegen die Suggestivkraft der Tradition Erhebliches aufbieten; nicht zuletzt, weil sie gezwungen ist, eine intentionalistische Sprache zu sprechen, in der schon durch die subjektivistische Grammatik jede Art von Akt auf einen Akteur, jede Operation auf einen Operator zurückführbar scheint. Die sprachliche Verlegenheit, in die „subjektlose" Konzeptionen geraten, zeigt sich – vom Autor selbst ausdrücklich angemerkt – in den Luhmann'schen Texten allerorten, wo Systeme eben ständig dies und das „machen", Operationen „vornehmen", Selektionen „vollziehen", so dass Luhmann schließlich in auffälliger Penetranz in Passivkonstruktionen oder in die Verwendung des quantifikatorisch (und existentialanalytisch) obskuren „man" ausweicht (z. B. Luhmann 1985).[1] Die sprachliche Verlegenheit bei der Analyse von „Handlungen", denen das „Subjekt" von sozialen Routinen erst untergeschoben wird, ist indessen kein hinreichender Beleg für die Notwendigkeit der soziologischen Akteurszentrierung. Diese Verlegenheit ist vielmehr ein Indiz dafür, dass die welterschließende Kraft der soziologischen Theorie-

---

1 Als ein verwandter Beleg für die Widerständigkeit der ehedem „okzidentalen" subjektivistischen Handlungssemantik kann Foucault dienen, dem die Entkoppelung von „Subjekten" der Sprechakte und „Aussagen" im Dienste der Beschreibung „subjektivierender" Diskurse in der „Archäologie des Wissens" nur im Modus der aneinander gereihten Negation – der Angaben, was die „Aussage" alles *nicht* ist – zu gelingen scheint (Foucault 1973).

sprache im Feld der Handlungstheorie noch immer an der Frontlinie des Konflikts mit mächtigen Konventionen steht und gerade deshalb innovativ und ein Desiderat der soziologischen Grundlagenforschung ist.

Gerade deshalb sind die Fragen Rainer Greshoffs an die Theorie der sozialen Übersetzungsverhältnisse verständlich, die um die „Produktion" von Handlungen (S. 320 ff.) kreisen oder Genaueres über das „Agens" *übersubjektiver* Handlungsidentifikation einklagen. Allerdings stecken in diesen Rückfragen erneut Festlegungen, die man als solche um der Tiefenschärfe soziologischer Handlungstheorie willen nicht teilen sollte. Die stärkste Voraussetzung in Greshoffs Kommentar ist eine empiristische Ereignisontologie. Die Einheit der Handlung ist für Greshoff als subjektiver Sinn deshalb ab origo stabil bestimmt, weil Ereignisse vergehen und nicht mehr verändert werden können (S. 329). Das kann man bestreiten. Seit McTaggerts Zeiten ist die Frage, ob das Schema „vorher/nachher" („B-Reihe") oder das Schema „vergangen, gegenwärtig, zukünftig" („A-Reihe") Vorrang genießen (McTaggert 1908), ob also Ereignisse abhängig von Perspektiven der Bezugnahme ihre „Identität" auch retrospektiv verändern können, zumindest kontrovers. Das Problem der vermeintlichen Unmöglichkeit, Ereignisse nachträglich zu „ändern", hängt eng mit der Frage nach der „Produktion" von Handlungen zusammen, denn nur wenn man die Einheit der Handlung an den subjektiven Sinn zum Zeitpunkt der materiellen Aktivität nagelt, haben retrospektive Bestimmungen des Handlungssinnes keinen Einfluss auf die „Produktion" „dieser" bestimmten Handlung. Aber Akteure sind so wenig in Übereinstimmung mit ihrem physischen Körper „eins", wie „Handlungen" mit körperlichen Zustandsveränderungen der Welt ineinander fallen (McIntyre 1985). Deshalb ist die Unterscheidung zwischen der subjektiven Sinnsetzung und der sekundären Interpretation, die Greshoff (S. 339 f.) anmahnt, zwar berechtigt, weil sie primäre und sekundäre Zuschreibungen zu unterscheiden erlaubt. Aber die Metapher der „Produktion" einer Handlung darf nicht dazu verleiten, die kausale Rolle materieller Ereignisse mit der semantischen Identität sinnhafter Ereignisse zu konfundieren. Die Zeithorizonte von „Ereignissen" sind eben ganz unterschiedlicher Art, je nach dem, ob ein Ereignis in dem für kausale Erklärungen notwendigen vorher/nachher Schema der „B-Reihe" individuiert wird, oder aber – ganz wie bei Alfred Schütz *sensu* „modo futuri exacti" – auf die intentionalen Zeithorizonte einer subjektiven Sinnkonstitution bezogen wird (A-Reihe). An dieser Stelle verfehlt eine allzu robuste Ereignisontologie die aktuelle handlungstheoretische Diskussion über das Verhältnis zwischen teleologischen und kausalen Handlungserklärungen (Mele 2010; Sehon 2010). Denn die Frage nach der „Produktion" einer spezifischen Handlung ist gerade bei der Konzentration auf den subjektiven Handlungssinn nicht unabhängig von der Frage nach der Zuschreibung eines Sinnes, da an der intendierten Handlung niemals allein die materielle Qualität eines Ereignisses, die eine Rolle in kausalen Erklärungen einnehmen kann, relevant ist, sondern stets ihre Rolle innerhalb eines teleologischen Horizontes. „Umdeutungen" und Übersetzungen in alternative Sprachspiele sind dann „Produktionen" vergangener Ereignisse, sofern Akteure durch faktische Resonanzen auf ihr Handeln die Erfahrung machen können, realiter etwas anderes getan zu haben, als sie zu tun vermeinten. Dass Ödipus seinen Vater getötet hat, ist der retrospektiv produzierte Sinn eines vergangenen materiellen Ereignisses, und dieser Sinn hängt zwecks tragischer Lage gerade nicht an der vergangenen Gegenwart der Intention des

Akteurs, sofern die tragische Konvention und nicht die „Natur" der Handlung für die Protagonisten Eindeutigkeit der Verstrickung erzeugt.

Wenn „Produktionen" von Handlungen qua sozialer Zuschreibung eines sinnvollen Handlungsereignissen ex post möglich sind, lässt sich aber die „Produktion" einer Handlung gegen die „Bestimmung" (d. h. Identifikation *und* Konditionierung, also Motivierung und einschränkende, geordnete Selektion) einer Handlung innerhalb eines sinnhaften Horizontes nicht ausspielen. Produktionsformen betreffen auch die Zurechnungsschemata, die dem Akteur die Souveränität über sein Handeln und die Sinnbestimmung zumuten. So stellt z. B. das moderne Rechtssystem Schemata der Bestimmung individueller Handlungen zur Verfügung, durch die intentional „unschuldige" Zielsetzungen und Sinnorientierungen ex post zu sanktionierungsbedürftigen Ereignissen, oder aber intentional unterbestimmte Verhaltensweisen zu subjektiv verantwortbaren „Taten" werden. Sowohl der „Sinn" und die „Einheit", als auch die Bedeutung im inferentiellen Sinne der strukturiert zugeordneten Folgeselektionen, als auch die Einheit des Akteurs (etwa im Schema „schuldfähig/nicht schuldfähig") werden mit realen Wirkungen durch eine externe Integrationseinheit „über die Köpfe" der Individuen hinweg konstituiert. Soll man hier sagen, dass die sozial folgenreiche Sinnzuschreibung und die „Produktion" des Handlungsereignisses von einander unabhängig sind? Der Vorschlag einer Theorie der „Übersetzungsverhältnisse" besteht nun eben u. a. darin, solche Phänomene als Übersetzung zwischen heterogenen Bezugnahmen auf ein, mit Rücksicht z. B. auf das „materielle Register" identifizierbares, Handlungs-Ereignis zu beschreiben. Die möglichen „Träger" dieser Bezugnahmen dürfen dann, wenn man emergente Formen der Handlungskoordination in Rechnung stellt, nicht restriktiv auf „Subjekte" beschränkt werden, will man die Integrationsprobleme moderner Weltgesellschaft nicht auf das Verhältnis zwischen heterogenen Kleingruppen reduzieren. Aus diesem Grunde ist die von Greshoff verständlicherweise befragte Formulierung, „dass die abstakten Sprachen ausdifferenzierter Makrokontexte nicht gesprochen werden, sondern sich selbst sprechen (...)" (S. 339), weniger rätselhaft als es einem Subjektivismus erscheinen muss, für den Sprache paradigmatisch als die Expression von Gedanken gilt. Ein Hinweis auf Heideggers Satz, „die Sprache spreche", kann hier nur *pars pro toto* einen Fingerzeig in Richtung der Tradition einer nicht subjektivistischen Sprachphilosophie geben, die für die soziologische Theorie der sozialen Ordnung von Handlungen inspirierend sein kann. Die philosophische Frage: „wer spricht?" weist mannigfaltige Familienähnlichkeiten mit der soziologischen Bekümmerung um den „Akteur" auf. Immerhin räumt Greshoff ein, dass als Akteure auch Tiere und „künstliche Intelligenzen" in Frage kämen und verständigt sich schließlich auf die ausgesprochen weite Definition, Akteure wären „reflexiv-sinnfähige Prozessoren" (S. 334, Fn. 13). Die in der Soziologie verbreitete Abneigung dagegen, an dieser Stelle nun angesichts sinnfälliger gesellschaftlicher Ordnungsleistungen auf Makroniveau auch „transsubjektive" soziale Einheiten, Systeme, Organisationen, Diskurse, als „Prozessoren" zu zulassen, bleibt zu nahe an alltagsevidenten ontologischen Stereotypen: Wirklich soll nur sein, was man wahrnehmen kann; handeln sollen nun mal Menschen. Die soziologische Gesellschaftstheorie benötigt aber, auch ohne normative Selbstüberschätzung, mit guten empirischen Gründen kritischen Abstand sowohl gegenüber den reduktiven Wirklichkeitsdefinitionen der sozialen „Akteure" als auch gegenüber den Akteursdefinitionen der sozialen Routinen. Die „Konstruktion sozialer Wirklichkeiten" als eine Konstruktion zu beschreiben, heißt auch, die Wirklichkeit sozialer Konstruktionen in einer zunächst alltagsuntauglichen Terminologie zur Sprache zu bringen. An dieser Übersetzung entzünden sich Widerstände und berechtigte Nachfragen. Rainer Greshoffs Einwände bewegen sich dazwischen: Sie beharren seriös und wohlüberlegt auf der Instanz des Akteurs; sie sind damit aber zugleich symptomatisch für eine bedenkliche, weil langfristig kostenintensive Zögerlichkeit der soziologischen Theorie. Wenn die soziologische Theorie zunächst kontraintuitive Umwege der begrifflichen Welterschließung scheut, droht sie, die problematische und herausfordernde Intransparenz der Gesellschaft durch falsche Transparenzvermutungen zu verdecken.

Literatur

Foucault, Michel. 1973. *Archäologie des Wissens*. Frankfurt a. M.: Suhrkamp.
Luhmann, Niklas. 1985. Kommunikation und Handlung. In *Soziale Systeme. Grundriss einer allgemeinen Theorie*, 2. Aufl., Hrsg. Niklas Luhmann, 191-242. Frankfurt a. M.: Suhrkamp.
MacIntyre, Alasdair C. 1985. Was dem Handeln vorangeht. In *Analytische Handlungstheorie*, Band 2: Handlungserklärungen, Hrsg. Ansgar Beckermann, 168-195. Frankfurt a. M.: Suhrkamp.
McTaggert, J. M. E. 1908. The unreality of time. *Mind* 17: 457-484.
Mele, Alfred R. 2010. Zielgerichtetes Handeln: Teleologische Erklärungen, Kausaltheorien und Abweichungen. In *Gründe und Zwecke. Texte zur aktuellen Handlungstheorie*, Hrsg. Christoph Horn, Guido Löhrer, 119-225. Frankfurt a. M.: Suhrkamp.
Sehon, Scott R. 2010. Zielgerichtetes Handeln und teleologische Erklärung. In *Gründe und Zwecke. Texte zur aktuellen Handlungstheorie*, Hrsg. Christoph Horn, Guido Löhrer, 225-246. Frankfurt a. M.: Suhrkamp.

III. Kulturtheorie:

Kritik und Verteidigung des subjektivistischen Kulturbegriffs

10. Die Emergenz von Kultur

POSITION

THE EMERGENCE OF CULTURE*

Dave Elder-Vass

Abstract: This paper argues that culture necessarily depends upon both subjective and objective moments. Earlier theorists have seen the objective moment in terms of, for example, collective representations (Durkheim), objective knowledge (Popper and Archer), or epistemological communities (Nelson). This paper argues, however, that the objective moment of culture takes the form of an emergent capability of social groups called norm circles to exert normative influence on their members. Only individuals have the power to hold the beliefs that constitute the content of culture, but only norm circles have the power to designate such beliefs as culture.

I. Introduction

Although it can be defined in many ways, this paper will take culture to refer to "practices, rituals, institutions and material artefacts, as well as texts, ideas and images" (Jay 1984: 112).[1] We may simplify this list and say that culture consists of institutionalised practices and intelligibilia: artefacts from which we may decipher meanings. Sociologists are concerned with how these practices and intelligibilia are produced, reproduced and transformed, how they are differentiated and homogenised, how they may be influenced and how they may themselves influence other aspects of the social world. As a critical realist I take the view that the theoretical answers to these questions will depend upon the ontological nature of culture and of its social context. In particular, they will depend upon whether culture is merely subjective, existing purely as the mental properties of individuals, or whether it also has an objective aspect; one that depends on larger social forces. In phrasing the issue in these terms, I have already by implication excluded a purely objectivist ontology of culture; instead this paper will argue for an ontology of culture that necessarily depends upon both subjective and ob-

---

* My thanks to Margaret Archer for taking the time to read this paper and for her extremely valuable comments. This paper was written during the tenure of a British Academy Postdoctoral Fellowship. I would like to thank the British Academy for their financial support.
1 Jay also refers to these as components of a "whole way of life" (Jay 1984: 112), but this term is loaded with the (unnecessary) assumption that Archer describes as the "Myth of Cultural Integration" (Archer 1996) (see below). The conceptual ambivalence of culture is discussed, for example, in Williams (1976: 76-82) and Jenks (1993).

jective moments. It will, to be a little more specific, offer a new way of thinking of the objective aspects of culture: as a property of a specific social group that I call a norm circle.

To clarify the ontological points at issue, the paper will begin by discussing Durkheim. It will draw selectively on the work of Margaret Archer and the feminist epistemologists Helen Longino and Lynn Hankinson Nelson, while qualifying its use of Archer by questioning that element of her argument that is drawn from the work of Karl Popper. Finally, it will argue that the objective moment in the ontology of culture can be most persuasively theorised using the concept of norm circles, and show how this both draws on and improves on the work of these other authors.

II. Culture as collective representations?

The central focus in sociological explanations of culture and its impact is its relationship to human social action.[2] From a subjectivist perspective, our actions appear to be the product of individual choices, motivated by our independently formed beliefs and/or dispositions, and culture is merely those practices that individuals choose to perform on this basis. But such an understanding ignores the most fundamental feature of cultures: culture is a shared set of practices and understandings. If each of us made an entirely unconstrained individual choice of what practices to perform, there would be no such thing as culture. Unless our practices are shared they are not culture, and they can only be shared if we are all somehow influenced to follow common practices (Alexander 1990: 26). A purely subjectivist account of culture would thus be incoherent; it would lack the means to explain how culture can acquire the shared quality that makes it culture. It is the need to explain this shared quality that has driven social theorists to investigate the objective moment in the cultural process: the way in which our actions depend on a culture that exists in some sense independently of the individual actor.

One of the most important attempts to explain culture in terms that combine both objective and subjective moments is found in the work of Emile Durkheim.[3] Durkheim recognises that each of us acts on the basis of our representations; today we might say our mental properties, or our beliefs and dispositions. Durkheim, however, distinguishes between what he calls individual representations and collective representations. Individual representations are simply the specific beliefs or dispositions of particular individuals. What has always been more controversial is the ontological status of what Durkheim calls collective representations. These are representations that are shared across a society; one way of thinking about them is that they are that part of

---

2 I have discussed the determination of human action in more detail in (Elder-Vass 2007).
3 Strictly speaking, Durkheim seeks to account for social facts, and not just culture; what we call culture, however, is a subset of social facts. The religious values and practices that Durkheim invokes in Suicide, for example, are part of culture, but the suicide rate is not, though Durkheim calls them both social facts (Durkheim 1952).

each individual's beliefs and dispositions that also happens to be held by every other individual (or most others, perhaps) in their society.[4]

This way of thinking about collective representations might seem consistent with a subjectivist conception of culture. But it would leave us without any explanation of why or how our culture was shared. For Durkheim, the point of the concept of collective representations is that they form part of such an explanation because they represent the objective moment in the cultural process. For this to be possible, they must be something more than simply individual representations that happen, as if by accident, to be held in common in a group.

"Social facts do not differ from psychological facts in quality only: they have a different substratum; they evolve in a different milieu; and they depend on different conditions. This does not mean that they are not also mental after a fashion, since they all consist of ways of thinking or behaving. But the states of the collective consciousness are different in nature from the states of the individual consciousness; they are 'representations' of another type" (Durkheim 1964: XLIX).

In particular, these collective representations, he argues, "reside exclusively in the very society itself which produces them, and not in its parts, i. e. its members. They are, then, in this sense external to individual consciousnesses" (Durkheim 1964: XLVIII). Collective representations, as a variety of social fact, are "ways of acting, thinking, and feeling, external to the individual, and endowed with a power of coercion, by reason of which they control him" (Durkheim 1964: 3). But such arguments inevitably prompt us to ask where these representations, these ways of acting, thinking and feeling, could possibly reside if they do not reside in the individual members of society. One of Durkheim's formulations seems to offer an answer:

"Of course, nothing collective can be produced if individual consciousnesses are not assumed; but this necessary condition is by itself insufficient. These consciousnesses must be combined in a certain way; social life results from this combination and is, consequently, explained by it. Individual minds, forming groups by mingling and fusing, give birth to a being, psychological if you will, but constituting a psychic individuality of a new sort" (Durkheim 1964: 103).

Many critics have suggested, then, that Durkheim's collective representations exist in some kind of group mind (indeed he (or his translator) uses this term himself in at least one place: Durkheim 1964: 8). Such a conception is quite implausible, in two senses. First, given the looseness of his language on this question, it is far from clear that Durkheim meant that ideas could exist outside the minds of individuals. In his introduction to the English translation of the Rules, for example, Catlin argues that Durkheim "may be acquitted of any graver charge than lack of caution" on this question (Catlin 1964: XXIV). Second, there is no known mechanism by which groups as such can have beliefs or mental properties; their members may be able to agree on beliefs, they may be able to share beliefs in the sense that each member of the group has the same belief about some question, but the beliefs themselves always reside in the heads of the individual members concerned.

---

4 Durkheim tends to ignore the problem of whether there are such things as clearly bounded societies.

But if there can be no group mind it is hard to see how collective representations could reside exclusively in a society as opposed to its individual members. Durkheim's argument thus leads us to a recognition of the fundamental challenge facing objectivist accounts of culture: how can culture exist in a form that is external to individuals and yet able to influence their behaviour? But as we have seen, pure subjectivism cannot explain culture either, because culture by definition is shared by a group and requires some mechanism by which individuals are influenced to conform with it. Durkheim has correctly recognised this need for both objective and subjective moments in our explanations of culture, but in his attempt to show how the two can interact, the objective moment remains mysterious. It is this mystery that essentially defines the ontological problem of culture.

III. Culture as objective knowledge?

For sociological realists like myself, one of the most promising recent attempts to theorise this relation between the subjective and objective moments of culture comes from Margaret Archer. Archer frames the relationship between culture and human action as a morphogenetic cycle (e. g. Archer 1995: 193). In the first phase of this cycle, the agent is conditioned by the prevailing objective culture; in the second, the agent acts; and in the third the actions of the agent contribute to the reproduction and/or elaboration of the culture, thus providing the input to phase one of subsequent cycles. The objective culture is thus a product of human agency, but nevertheless once produced exerts a causal influence of its own. At any one moment, for the purposes of analysing the relationship between the two, we can treat culture and agency as analytically distinct, while recognising that they are mutually dependent.

Although Archer labels her approach analytical dualism, however, her argument is not that we must distinguish culture from agency for purely methodological reasons. On the contrary, analytical dualism is a methodological strategy for dealing with real ontological diversity. Archer ascribes causality in the social world to at least three different types of referent: personal emergent properties (PEPs), cultural emergent properties (CEPs), and structural emergent properties (SEPs), and beyond the social order she also recognises the causal significance of material things (Archer 1995, 2000: 161-169). As I understand it, she labels her dualism analytical for two reasons. First, it selects just two out of the many types of emergent property for the purposes of analysing the relations between those two, while temporarily bracketing the influence of the others. Second, this is not an extreme dualism of the Cartesian variety: there is no suggestion here that culture and agency, or structure and agency, or any other analytical pair, are composed of fundamentally distinct substances. On the contrary, both culture and structure are emergent from interactions between human individuals, though today's culture may be a product of such interactions in the past rather than in the immediate present. Culture, then, is ontologically distinct from human agency but (at least historically) dependent upon it.

None of this, however, yet addresses the central problem encountered by Durkheim: in exactly what form does this ontologically distinct culture exist, that is capable of acting back upon human agency? Archer's solution to this problem is to invoke Karl

Popper's account of objective knowledge, and to identify what she calls the cultural system with Popper's "World 3" knowledge, although her exposition of this at times differs a little from Popper's. "At any time," she argues, "a Cultural System is constituted by the corpus of existing intelligibilia – by all things capable of being grasped, deciphered, understood or known by someone" (Archer 1996: 104). These „intelligibilia" are concrete material things (books, films, documents, musical scores, and the like) from which we can extract cultural meaning. But the Cultural System itself consists of the ideas that are expressed in them rather than the material objects themselves (which exist in Popper's World 1 of material objects).[5] Hence its components may be logically related to each other, in particular through relations of consistency or contradiction (Archer 1996: 105; Popper 1979: 298 f.).

It is important, however, to distinguish these World 3 ideas from what Popper calls "knowledge in the subjective sense, which consists of dispositions and expectations" of individual human beings, and which constitutes the contents of his World 2 (Popper 1979: 66).[6] Popper summarises his argument thus:

"we may distinguish the following three worlds or universes: first, the world of physical objects or of physical states; secondly, the world of states of consciousness, or of mental states, or perhaps of behavioural dispositions to act; and thirdly, the world of objective contents of thought, especially of scientific and poetic thoughts and of works of art" (Popper 1979: 106).

This World 3, according to Popper, contains "knowledge without a knowing subject" (Popper 1979: 109), "knowledge in the objective sense, which consists of the logical content of our theories, conjectures, guesses" (Popper 1979: 73). As an account of knowledge, this is perhaps open to the objection that our libraries contain an enormous amount of knowledge claims that have since been refuted or that have come to be seen as obsolete, or indeed were never really accepted as valid, as well as those that are currently considered knowledge. Archer, however, does not invoke Popper's World 3 as a model of knowledge as such, but rather as a model of culture. In some ways World 3 works much better as a model of culture, because cultural beliefs can not be refuted by the same sorts of considerations as knowledge claims, and the idea that there may be a patchwork of incompatible and even outright contradictory cultural beliefs within the archive is not at all problematic. On the contrary, Archer shows that this is a virtue of the model, in her relentless critique of the "Myth of Cultural Integration", the idea that has often been implicit in social theories of culture that cultures always consist of harmonious mutually compatible bodies of belief (Archer 1996: throughout).

For Archer and Popper, then, the objective moment of culture is embedded not in a collective consciousness but in a collective archive. This has the advantage that the physical material of the archive clearly exists externally to human beings and so its contents are in a synchronic sense autonomous of them and capable of acting back

---

[5] There are some intriguing similarities here to Foucault's conception of discourse and its relation to the archive (Elder-Vass 2009a; Foucault 2002).
[6] Popper also sometimes includes in World 3 all potentially intelligible ideas whether or not artefacts exist that encode them (Popper 1979: 116, 154, 159 Fn. 8). Archer, however, is more cautious on this front.

upon them. But this physical material is still only part of Popper's World 1; what the argument requires is that World 3 is autonomous of human beings and capable of acting back upon them. This is much more problematic.

One objection to Popper's theory is that the archive contains not knowledge as such, but only potential knowledge: that as a material resource it contains only marks on paper (or some other medium) and that there is no informational content to such marks in the absence of a reader or other interpreter. To put it differently, they contain not ideas but representations of ideas. Popper himself admits that only those books that are capable of being understood can be considered to belong to World 3 (Popper 1979: 116). But this would seem to imply that they only become knowledge or cultural content when they are read, and thus that when they do become knowledge they do so as beliefs or understandings of individuals – as part, in other words, of Popper's World 2. Within books, then, there is no knowledge or culture, only marks that may be used to communicate them; and when that communication is completed successfully, what is produced is subjective (World 2) and not objective (World 3) knowledge or culture. Popper is aware of such arguments, and in response argues that if all our tools and subjective learning were destroyed, but "libraries and our capacity to learn from them" survived, we could recover our society's capabilities (Popper 1979: 107 f.). This, he claims, shows that World 3 knowledge exists independently of us. But it shows nothing of the sort. The books are World 1; our capacity to understand them is World 2; and from these we can reconstitute further World 2 knowledge. Where do we find World 3 – objective knowledge – as opposed to readable marks, and as opposed to individual belief?

In the end Popper does not escape from the problematic we find in Durkheim. If World 3 knowledge exists and can influence us, it must exist in some concrete form and Popper fails to identify any such form. We can be reasonably confident that knowledge or ideas can exist as mental properties and that as such they can participate in logical relations. But outside the brain, I would argue, there is no way for ideas to be thought or to participate in logical relations. Popper is in danger of adopting the idealist view that ideas 'as such' can be autonomous of people, can influence action, and can enter into relations, independently of being mental properties. Popper's identification of World 3 knowledge with the logical contents of the physical archive is perhaps intended to avoid such charges, but this does not succeed if, as I have argued, books and other intelligibilia do not contain ideas as such but only representations of them.

One implication of this argument would be that the sense we sometimes have of an objective external culture is an illusion. But it may be an instructive illusion: a distorted picture of a real object rather than an entirely false hallucination.

IV. Culture as a property of groups of people

One pointer towards the possible nature of that real object is provided by the feminist epistemologists Helen Longino and Lynn Hankinson Nelson. Like Popper, they are focussed on knowledge, and indeed specifically scientific knowledge, rather than culture, but like Popper's work, theirs can be deployed in a discussion of culture if we recognise that both knowledge and culture are matters of what ideas we accept and use to guide our practices.

Longino and Nelson are focussed on the processes by which certain claims come to be accepted (in their case, as scientific knowledge, but similar arguments apply to the processes by which certain beliefs come to be accepted as appropriate for guiding our cultural practice). By contrast with many traditional philosophers of science, both stress that this is a communal rather than an individual process (Longino 1993). Knowledge is established as such, they argue, when it is accorded this status by the "structures of cognitive authority" (Longino 1993: 118) within the community concerned. Nelson, however, goes a little further, and argues that "communities are the primary loci – the primary generators, repositories, holders, and acquirers – of knowledge" (Nelson 1993: 124). She continues,

"But although I do not think individuals are the primary epistemological agents (...) I do not deny that individuals know. My claim is that the knowing we do as individuals is derivative, that your knowing or mine depends on our knowing, for some 'we'. More to the point, I will argue that you or I can only know what we know (or could know), for some 'we'(...) The 'we', as I understand things, is a group or community that constructs and shares knowledge and standards of evidence – a group, in short, that is an 'epistemological community'. Hence, on the view I am advocating, communities that construct and acquire knowledge are not collections of independently knowing individuals; such communities are epistemologically prior to individuals who know" (Nelson 1993: 124).

With regard to Nelson's formulation, Durkheim's problematic still beckons: the idea that groups as such can know is still as questionable as ever. I would also argue that we need to focus not on the relative priority of groups and individuals in the process of knowing but rather on their relative roles. But despite these qualifications it does seem to me that these thinkers have pointed us in the right direction: if we are to find an objective moment in the morphogenetic cycle of culture, that moment will not take the form of a collective consciousness or a collective archive, but the form of a collective itself, a group of human beings.

To be more specific, I suggest that the objective moment is provided by groups that I have called norm circles (Elder-Vass 2008, 2010). A norm circle is that group of people that is committed to endorsing and enforcing a particular norm (although I shall extend this argument below by suggesting that intelligibilia may also be considered parts of norm circles). Each norm has its own corresponding norm circle, and although these may sometimes be clustered there is no necessity that the norm circles for any two norms consist of the same group of people. In this model, then, it is not a homogeneous monolithic society that exerts normative influence over us, but rather a patchwork of intersecting or overlapping groups that are committed to a variety of different standards. This patchwork resembles Simmel's model of intersecting social circles (Simmel 1955: 125-189), but also Nelson's model of overlapping epistemological communities (Nelson 1993: 125, 150). One important consequence is that there is no need for the norm circles model to fall into the myth of cultural integration criticised by Archer: there may be many diverse and indeed conflicting norm circles in any given social space, or there may be heavy clustering of norm circles around a broad cultural consensus, and it is an empirical question which is the case.

Elsewhere I have argued that normative social institutions are produced by the action of norm circles (Elder-Vass 2008, 2010), and I have been tempted to say that culture is produced by specifically cultural norm circles, but on reflection I am tempted to argue that all norms are cultural and all culture is normative, so there is no need to differentiate between cultural and other norm circles. Whether we are talking about styles of music, food, or painting, about the use of language to communicate ideas, or about the ways in which we regulate our social relations with each other, to list just a few examples, all of these are norm-governed elements of culture.

The mechanism by which norm circles produce a tendency to conform to a given norm is in some respects a familiar one. As Durkheim puts it, for example, "The peculiar characteristic of social constraint is that it is due (...) to the prestige with which certain representations are invested" (Durkheim 1964: LV). And not only the prestige of those actions that are normatively approved but also the sanctions that attach to those that are disapproved:

"The public conscience exercises a check on every act which offends it by means of the surveillance it exercises over the conduct of citizens, and the appropriate penalties at its disposal. (...) If I do not submit to the conventions of society, if in my dress I do not conform to the customs observed in my country and in my class, the ridicule I provoke, the social isolation in which I am kept, produce, although in an attenuated form, the same effect as a punishment in the strict sense of the word" (Durkheim 1964: 2-3).

Those around us, in other words, endorse and enforce a set of normative conventions and customs, and the consequence is that actors tend to internalise a tendency to conform to these norms. To work its effects on our behaviour, "collective force is not wholly external to us; it does not move us entirely from the outside" (Durkheim 2001: 157). "Inhibition" according to Durkheim, "is the means by which social constraint produces its psychological effects" (Durkheim 1964). Now the subjectivist might interject at this point that it is not "the public conscience" or "social constraint" that exercises such checks and sanctions on our activities – concepts that still bear traces of Durkheim's collective consciousness – but simply other human individuals. From the subjectivist point of view, this story can be retold as one in which individuals put normative pressure on other individuals, who consequently choose to act in ways that avoid negative sanctions.

One part of Durkheim's response, which is the argument I wish to develop here, would be to argue that although these social pressures are exercised by individuals, these individuals act as "representatives and intermediaries" in doing so (Durkheim 1964: 6). For Durkheim, they act as representatives of "the social milieu" (Durkheim 1964: 6) or of "society" (Durkheim 2001: 155), but I want to be more specific than this: in acting to endorse and enforce a particular norm, an individual acts as the representative of the norm circle for that norm.

My claim, then, to be justified below, is that norm circles as such make a causal contribution to the development and maintenance of culture: that the individuals who endorse and enforce the norms that constitute culture act differently in doing so than they would if those norm circles did not exist, or in other words that they act as they do at least partly because they are parts of such norm circles.

This claim in turn rests on a specifically emergentist and critical realist understanding of causality in the social, as well as the natural, world. On this account, all events are the causal outcome of interactions between the causal powers of things (known more formally as entities), and these causal powers are emergent properties of the entities concerned. They are emergent in the sense that (I) they are properties of the entity that depend upon the composition and structure of the entity, its parts and the relations between them, but (II) they would not be possessed by those parts if they were not organised into the form of such an entity. Hence they are properties of the whole entity and not of the parts.[7]

In the critical realist model, any given event is caused by the interaction of multiple emergent causal powers, and hence no individual causal power produces the exceptionless regularity of outcomes that is posited in some empiricist theories of causality (Bhaskar 1975). The outcome on any given occasion is never completely determined by a single causal power, and therefore always depends contingently on what other causal powers also exert an influence on the event concerned. Any given causal power, therefore, only has a tendency to produce a certain sort of outcome.

This paper argues that a norm circle is an entity with the emergent causal power to increase the dispositions of individuals to conform to the norm endorsed and enforced by the norm circle concerned. In the simple version of the norm circle model discussed so far, the parts of this entity are the individual human agents who are committed to endorsing and enforcing the norm in their personal relationships with others. But this is more than just a personal commitment: members of a norm circle are aware that other members of the circle share their commitment, they feel an obligation to them to endorse and enforce the norm concerned, and they have an expectation of others that they will support them in that endorsement and enforcement. In other words, the members of a norm circle share a collective intention to support the norm, and as a result they each tend to support it more actively than they would if they did not share that collective intention.[8] Of course, an individual who was not part of a norm circle might develop a belief that a certain practice was desirable, and might start to encourage others to follow it, but (I) this wouldn't be culture unless and until others started to share that belief, since culture is inherently shared; and (II) by comparison with this individual, any individual who had an equally strong personal belief in the norm but also had a sense of being committed to its collective endorsement would tend to endorse and enforce it more strongly. It is this additional tendency to endorse and enforce that shows most clearly the causal influence that the norm circle has over and above any influence of the independent individual. Of course, such influences always operate through the actions of individuals, and thus from a superficial empirical

---

7 This is therefore what Stephan has called a weak conception of emergence, since unlike strong conceptions of emergence, it is compatible with the possibility that emergent properties can be explained (Stephan 2006: 486-7). I argue, however, that although such properties can be explained, they cannot be explained away; and thus they cannot be eliminated from causal explanations (Elder-Vass 2005, 2010). They are, therefore, strong enough to justify the argument of this paper. There is a substantial literature on emergence and considerable controversy over the subject; see the sources cited in this note for further discussions of how the perspective advocated here relates to that literature.
8 For a very clear introduction to the concept of collective intentionality, see Gilbert (1990).

perspective the influence of the group is invisible, but this is no guide to the causal powers that are really at work.

Durkheim himself saw the relation between individuals and the collective in essentially emergentist terms (Sawyer 2005: chapter 6). He argued, for example, that "Whenever certain elements combine and thereby produce, by the fact of their combination, new phenomena, it is plain that these new phenomena reside not in the original elements but in the totality formed by their union" (Durkheim 1964: XVLII). Although here he is writing about chemical elements, the argument applies equally to the social world:

"If, as we may say, this synthesis constituting every society yields new phenomena, differing from those which take place in individual consciousness, we must, indeed, admit that these facts reside exclusively in the very society itself which produces them, and not in its parts, i.e. its members" (Durkheim 1964: XVLIII).

And indeed Durkheim makes almost exactly the argument I have just offered: "The group thinks, feels, and acts quite differently from the way in which its members would were they isolated" (Durkheim 1964: 104).[9]

Durkheim's error, however, was to assume that the representations themselves, the ideas that form the content of our culture, could exist in a collective form. In the norm circles model, by contrast, those ideas exist only as the mental properties of individuals, but it is their endorsement by a collective that makes them culture. Only individuals have the power to hold beliefs; but only groups have the power to designate those beliefs as elements of shared culture. Culture is not simply belief, but socially endorsed belief, and that social endorsement can only be brought about by the group.

Now it might seem that the group as such can only endorse beliefs if the group as such „knows" them, but this is not the case. All that is necessary is (I) that the members of the group are able to recognise whether any given action conforms to their understanding of the norm; and (II) that their understandings of the norm are reasonably closely consistent with each other. This does not depend on group knowledge, but it does depend on the existence of communication processes within the group that are sufficiently reliable to make such consistency possible. In relatively small isolated groups verbal communication may be adequate to this task, but today we also depend heavily on the material carriers of culture invoked by Popper and Archer (but in their World 1 sense, not their World 3 sense), and the connected skills of decoding them.

Although this paper has focussed on the role of groups of people in institutionalising our cultures, Popper and Archer's work points to a profoundly important feature of the cultural systems of literate societies: the central role played by intelligibilia in the communication, reproduction, and transformation of culture. We take not only the people around us, but also the texts that we consult, as sources of both knowledge and normative guidance. One implication is that the norm circles that influence us in effect consist not just of people but are instead hybrid entities, composed of both people and intelligibilia. Christians, for example, may see not only fellow Christians but also

---

9 Although these quotes are from the Rules, I agree with Sawyer that this invocation of emergence was no youthful aberration of Durkheim's but a commitment that we can still trace even in his later work – see, for example, Durkheim (2001: 342).

the bible as sources of moral guidance. Similarly, sportspeople may take not only fellow players and referees but also rulebooks as authoritative guides to the rules of their game. In literate societies, it is the combination of the influence of people and texts that produce tendencies for individuals to live according to particular cultural standards.

The ideas that people decipher from intelligibilia may thus support a norm, just like those that are communicated to them verbally. But a further qualification is required here, because of the radically different degrees of trust placed in different intelligibilia. Different texts have very different degrees of influence, and this in turn depends, I argue, on the different levels of endorsement they receive from what we may call epistemic norm circles.[10] Contemporary culture may thus depend on the documentary archive, but it is not enough for an idea to be decodable from a text for it to be part of a culture, at least in the sense of culture at issue here; it is only those ideas that are also collectively endorsed that shape our practices, rituals, and institutions. To return to Popper's discussion of the destruction of our libraries: we could only reconstruct a culture if we had, not only readable texts containing the ideas at large amongst the members of that culture, but also information about which of those ideas were endorsed within the culture, and how widely, and indeed how those patterns of endorsement varied and interacted across the social space.

It is this last factor that makes the norm circles model of most value for the analysis of real cultures: the recognition that cultures are composed of many cross-cutting norm circles, that different norm circles may have different social significance due to differences in the social standing, power and resources of their members, and that culture is a locus of constant struggle over which norms people should observe. Cultural change occurs when some norm circles grow at the expense of others; and when innovation produces new or altered norms which develop their own norm circles and enter this fray. It is not a question of whether some norms disappear and others appear in the archive that matters here; it is a question of which norms can secure the allegiance of the population.

One of the best ways to understand such processes is by means of Archer's morphogenetic cycle: the constant process of interaction in which, first, individuals are exposed to normative pressures that tend to influence their dispositions; second, they act, influenced by those dispositions but also, at least sometimes, by their evaluations of their needs given the social context; and third, those actions reproduce or transform the normative environment faced by those around them. Archer's models of analytical dualism and the morphogenetic cycle remain relevant because we still have an ontological differentiation between the subjective moment and the objective. But the objective moment is no longer culture conceived of as a stock of ideas with an autonomous existence. Instead, it takes the form of a set of norm circles, composed of groups of people but also of those texts taken by such groups to be authoritative. It is these social entities that have the ability to influence our cultural practices.

---

10 This argument is developed further in (Elder-Vass 2009b).

V. Conclusion

This paper has argued that while culture depends on the beliefs and dispositions of individual human beings, we cannot understand it purely in these terms. It is inherent to the concept of culture that it is shared, and so we need to explain what it is that leads to us sharing those practices that constitute culture. This can only been done in terms of something outside any given individual, something beyond the purely subjective element of dispositions or beliefs. Traditionally, however, there has been a tendency for social theorists to argue that it is the ideational content of shared culture that exists beyond the individual, for example in the form of Durkheim's collective representations, or of Popper's objective knowledge. This paper has argued that such understandings of the objective moment in the cycle of cultural reproduction are untenable; there is no known way for ideas as such to exist except as the mental properties of individual humans. But there is a better way to conceive of the objective moment in the cycle: as groups of people, organised in the form of norm circles. These groups have the emergent causal power to influence us, to increase our tendency to conform to the norms that they endorse, and it is this power of norm circles that tends to produce and sustain shared ways of living. That emergent causal power arises from a particular sort of relation between the members of a norm circle: their collective intention to endorse and enforce the norm. While intelligibilia such as books and documents play a part in this process, and may even perhaps be considered parts of norm circles, it is as representations of ideas, as vehicles for their communication, that they do so, and not in the form of ideas as such.

In some ways this process produces the appearance of collective representations of objective knowledge or objective culture. For many practical purposes we can talk „as if" there were objective knowledge in something like Popper's sense, and „as if" it were possessed by an epistemological community in something like Nelson's sense. But, I suggest, the reason that some knowledge and cultural practices appear to us as externally objective, as existing in their own right independently of us as individuals, is precisely that we are so accustomed to them being endorsed by those around us that the knowledge itself, and the cultural practices, take on the appearance of having an independent existence. This is an illusion; but it is an instructive illusion, because when we look behind it for its cause we find the real source of the objective moment in the cultural cycle: the groups of people that produce it.

References

Alexander, Jeffrey C. 1990. Analytic debates: understanding the relative autonomy of culture. In *Culture and society: contemporary debates*, eds. Alexander, C. Jeffrey, Steven Seidman, 1-27. Cambridge: Cambridge University Press.
Archer, Margaret. 1995. *Realist social theory: the morphogenetic approach*. Cambridge: Cambridge UP.
Archer, Margaret. 1996. *Culture and Agency* (1988). Cambridge: Cambridge UP.
Archer, Margaret. 2000. *Being Human: The Problem of Agency*. Cambridge: Cambridge UP.
Bhaskar, Roy. 1975. *A realist theory of science*. Leeds: Leeds Books.
Catlin, George E. G. 1964. Introduction to the translation. In *The rules of sociological method*, ed. Émile Durkheim, XI-XXXVI. New York: Free Press.

Durkheim, Émile. 1964. *The rules of sociological method* (1901). New York: Free Press.
Durkheim, Émile. 2001. *The elementary forms of religious life* (1912). Oxford: Oxford UP.
Durkheim, Émile. 1952. *Suicide* (1897). London: Routledge & Kegan Paul.
Elder-Vass, Dave. 2005. Emergence and the realist account of cause. *Journal of Critical Realism* 4: 315-38.
Elder-Vass, Dave. 2007. Reconciling Archer and Bourdieu in an emergentist theory of action. *Sociological Theory* 25: 325-346.
Elder-Vass, Dave. 2008. Integrating institutional, relational, and embodied structure: an emergentist perspective. *British Journal of Sociology* 59: 281-299.
Elder-Vass, Dave 2009a. *The causal power of discourse?* Cardiff: BSA Annual Conference.
Elder-Vass, Dave. 2009b. *Towards a social ontology of knowledge.* Warwick: BSA Theory Study Group conference.
Elder-Vass, Dave. 2010. *The causal power of social structures. Emergence, structure and agency.* Cambridge: Cambridge University Press.
Foucault, Michel. 2002. *The archaeology of knowledge* (1969). London: Routledge.
Gilbert, Margaret. 1990. Walking together. *Midwest Studies in Philosophy* 15: 1-14.
Jay, Martin. 1984. *Adorno.* London: Fontana Paperbacks.
Jenks, Chris. 1993. *Culture.* London: Routledge.
Longino, Helen. 1993. Subjects, power, and knowledge: description and prescription in feminist philosophies of science. In *Feminist epistemologies*, eds. Linda Alcoff, Elizabeth Potter, 11-30. New York: Routledge.
Nelson, Lynn Hankinson. 1993. Epistemological communities. In *Feminist epistemologies*, eds. Linda Alcoff, Elizabeth Potter, 121-159. New York: Routledge
Popper, Karl R. 1979. *Objective knowledge.* Oxford: Clarendon Press.
Sawyer, R. Keith. 2005. *Social emergence.* Cambridge: Cambridge UP.
Simmel, Georg. 1955. *Conflict and the web of group affiliations.* New York: Free Press.
Stephan, Achim. 2006. The dual role of „emergence" in the philosophy of mind and in cognitive science. *Synthese* 151: 485-498.
Williams, Raymond. 1976. *Keywords.* London: Fontana/Croom Helm.

Korrespondenzanschrift: Dave Elder-Vass, Department of Social Sciences, Loughborough University, Leicestershire, LE11 3TU, United Kingdom
E-Mail: dave@eldervass.com

Kritik

CULTURE AND INTERPRETATION

Jens Greve

Abstract: In his contribution Dave Elder-Vass claims that the objectivity of culture is based on norm circles. In his view, this stands in opposition to an individualistic view of culture. The anti-individualistic point of his argument consists in a certain interpretation of social emergence. According to him, from the fact that social phenomena can be explained reductively by individuals it does not follow that these phenomena disappear. Thus, if reduction does not mean elimination causal judgments about the influence of social phenomena on individuals can also be justified. I agree with Elder-Vass on the fact that reduction does not mean elimination; the group does not resolve if it is understood as a certain relation of individuals. Accordingly, causal judgments can also refer to descriptions of social phenomena, e.g. groups. However, in contrast to Elder-Vass I do hold the view that this stands in no contrast to an individualistic interpretation. On the contrary, on the basis of weak emergence no independent causal influence by social phenomena can be maintained, i.e. the causal influence of groups consists exactly in the causal influence of individuals. To deny this, Elder-Vass would have to claim the existence of strong emergence. But, as I am demonstrating, strong emergence can not be defended. Consequently, I am following Max Weber's individualistic position according to which social properties have to be considered as a special class of individual properties. The objectivity of social phenomena is based not on the independence of social phenomena, but arises from the fact that individuals cannot completely control the behaviour of other individuals.

I. Introduction

Elder-Vass poses an important question for sociological theory: how do we reconcile the subjective and the objective moment of culture? I completely agree with his conclusion that a satisfying theory of culture must be able to show three things: in which way culture is a subjective phenomenon, in which way it is an objective phenomenon and how both aspects can be integrated. However, I will come to the conclusion that the way in which these answers should be given has to differ in some respects from the ones given by Elder-Vass. The best way to develop my approach to Elder-Vass's position is to start with a brief recapitulation of his argument.

Elder-Vass assumes that the shared quality of culture can be explained only if one assumes that culture is not based on unconstrained individual choices only (subjective aspect), but also on "larger social forces" (p. 351).

According to Elder-Vass, Durkheim wasn't able to convincingly identify the nature of these constraints, because of two weaknesses: firstly, Durkheim's argument is in danger to fall back on a metaphysically dubious group mind; secondly (and as a consequence of the first), he didn't succeed in demonstrating how culture is able to influence individual representations.

Elder-Vass is also critical with regard to the answers given by Archer and Popper. For them the objective character of culture is not located in collective consciousness, but in a collective archive. But this archive – according to Elder-Vass – is simply a world 1 (books) or a world 2 phenomenon if they are read, not an independent phenomenon of a world 3 (p. 355).

Elder-Vass instead proposes that the objectivity of culture is established by norm circles: "A norm circle is that group of people that is committed to endorsing and enforcing a particular norm" (p. 357).

Elder-Vass is aware that this might cause an individualist to "interject at this point that it is not 'the public conscience' or 'social constraint' that exercises such checks and sanctions on our activities, concepts that still bear traces of Durkheim's collective consciousness, but simply other human individuals. From the subjectivist point of view, this story can be retold as one in which individuals put normative pressure on other individuals, who consequently choose to act in ways that avoid negative sanctions" (p. 358).

At this point the most challenging question returns: Is it possible to (1) reject ontological reification of groups and (2) to hold the view that norm circles are not exhausted by individuals who share a belief they hold for themselves or that they adopt because of their belief that other people hold such a belief?

At this point in Elder-Vass's argument the notion of emergence comes in because it entails the claim that group qualities are real even if they are based on individuals.

Elder-Vass considers emergent qualities as weak emergent qualities. Weak emergent means that these emergent qualities can be explained. Elder-Vass correctly insists that to explain emergent phenomena does not mean to "explain them away" – a conclusion sometimes used as a knock-down argument against reductionism: if you argue that groups can be reductively explained by individual properties, you are forced to accept that groups do not exist.

If we do no commit this fallacy there seems to be room for explanations based on emergent properties. It is a highly welcome feature of Elder-Vass's argument to look at this explanatory option and I agree on three points: firstly, social emergent properties are weak emergent properties; secondly, these properties exist; and thirdly, such properties can be referred to in causal judgements. But there is one central point to which I disagree: the idea that groups or social entities have causal powers which are not causal powers of individuals is flawed. I am going to elaborate this criticism in more detail. Firstly, I am going to argue that the theses of weak emergence and causal relevance are contradictory. Secondly, I am going to show that the idea that groups can exert causal powers on their members is self-contradictory and, thirdly, that a demonstration of the empirical existence of such causal powers is still lacking *(I.)*. In a second part, I will take a closer look at Elder-Vass's claim that even weak emergence leaves room for some kind of causal autonomy of groups *(II.)*. The final part of my paper consists of looking again at the question of objectivity, because my criticism seems to lead to the conclusion that there is no room left for the concept of objectivity of culture. Consequently, I am going to consider alternative views on what might constitute a claim for objectivity *(III.)*.

II. Strong Emergence and causal powers

This cannot be the place for an extensive discussion about emergence. Nevertheless, some brief considerations will follow. First of all, the notion of emergence is ambiguous and therefore it should be briefly clarified how it is used here. The term "emergence" is sometimes used to indicate the appearance of something new. Emergent phenomena in this sense are ubiquitous, but this is not meant here. Often emergence denotes non-predictability. In this case the distinguishing trait is not novelty, but the non-predictability of a property measured against the available knowledge. This might be a part of the concept of emergence, but the notion of emergence as understood here (and by others who apply it, for example, to the distinction between a micro- and a macro-level) is based on the distinction between two levels or layers of reality or between a whole and its parts which are related in a certain way. Emergence then denotes a relation in which the higher level or the system level is marked by properties which cannot be found in the lower level entities or the system's parts (Bunge 1977). If emergence denotes this kind of relation between levels or a system and its parts, two forms of emergence can be distinguished: weak and strong emergence. Weak emergence means that there is a difference between "macro" and "micro"-properties, but macro-properties nevertheless can be explained by micro-properties. So, e. g., group size would be weakly emergent because group size is no property of the individuals forming the group, but group size nevertheless can be derived from properties of the elements (e. g., group size = number of the individuals who form a group). In contrast, strong emergence denotes cases in which such a reduction or derivation is not possible (Beckermann 1992; Stephan 1992).

Elder-Vass also advocates this weak notion of emergence. In my opinion, however, it is not possible to defend the notions of weak emergence and independent causal influence at the same time. This point has been convincingly demonstrated by Jaegwon Kim who criticised the idea of strong emergence because, according to Kim, emergence always entails the idea that causal properties of a macro level entity are realized by its constituent parts. If the idea of autonomous causal powers cannot be defended in the case of strong emergence, the prospects for defending them on the premise of weak emergence seem to be dim. I am going to look at the relation between strong emergence and causality first.

The claim for strong emergence entails the following three propositions: Firstly, that higher-level-properties must always be realized in lower-level elements, that, secondly, it is nevertheless possible to understand higher-level properties as irreducible and therefore thirdly, to hold the view that higher-level properties are able to exercise independent – that is irreducible – causal influences on lower-level properties (downward causation) (Sawyer 2004: 261, 266 f., 2005: 24, 65 ff., 113 f.)

Kim made his objection in the context of the discussion about strong emergence in the philosophy of mind. His objection starts from the realization premise. Given that every mental property is physically realized by the properties of their realizers, the causal potential of mental properties also has to be realized by the physical properties (see *figure 1*).

Figure 1: Adopted with modification from Kim

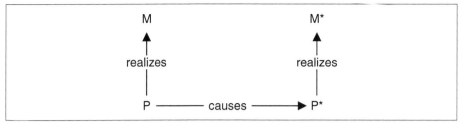

Source: Kim (2005: 45).

In the light of the realization of mental properties in physical properties for Kim a "causal exclusion" problem arises: "Given that P [the physical property at t] is a sufficient physical cause of P* [the physical property at t + 1], how could M [the mental property at t] also be a cause, a sufficient one at that, of P*? What causal work is left over for M, or any other mental property to do?" (Kim 1993: 354).

Kim draws two conclusions from this argument. Firstly, there are no autonomous causal effects of mental properties. Secondly, therefore, only the reduction of mental to physical properties allows for an account of the causal impact of mental properties (Kim 2005: 24 ff.). Since the model of strong emergence in sociology parallels the model of strong emergence in the philosophy of mind, the conclusion of Kim can be generalised: "If these considerations are correct, higher-level properties can serve as causes in downward causal relations only if they are reducible to lower-level properties" (Kim 1999: 33, 2000: 319).

There is a still lively debate on Kim's criticism which I cannot discuss here. Let me only clarify one point. It has been argued against Kim's objection that he ignores the possibility to understand the claim of irreducibility simply as a claim of epistemic relations (Horgan 1997). In the words of Sawyer:

"Social properties can participate in tractable social laws, even if the underlying individual-level explanation is too complex to submit to lawful description. If this is the case, then our laws must be formulated *as if* social event types have causal powers" (Sawyer 2003: 216 [italics added], see also 2005: 71).

It is perfectly possible to understand the notion of emergence as an epistemic notion. However, ironically those (like Sawyer here) who express this criticism against Kim (that he takes what is an epistemic question as an ontological problem) do agree on the ontological point Kim makes: as if-causality is not a claim for genuine causal relevance of social emergents.

What follows for our topic? According to Kim, the idea of strong emergence and the thesis of autonomous higher level causal powers stand and fall together. Since for Kim the idea of higher level causal powers contradicts the idea of realization by the lower level entities (which is necessary to reject the idea of ontological autonomous entities – e. g., for sociology: the group as an ontologically self-sustained entity as opposed to individuals), strong emergence cannot be maintained – so only weak emergence is a viable position.

This brings me to a second point. As we have seen, downward causation, i.e. causal relations between the emergent object and its constituent parts, is part of the idea of strong emergence. As we have also seen, this downward causation leads to the problem of causal exclusion. There is a related problem which concerns the question of how constitution and causal influence can exist at the same time. When we say that (1) the group is constituted by the individuals and (2) *at the same time* the individual is in a causal manner shaped by the group, this results in a metaphysically "uncomfortable" situation (Kim 1999: 28) because then the whole must produce the process of its own constitution. Accordingly, holistic downward causation is not only challenged by the "exclusion problem" but also by the "problem of irreversibility", i. e. that an effect cannot generate its own cause (Hulswit 2006: 265; Kim 2000: 315).

There is a third reason for being sceptical about downward causation exerted by autonomous social entities. Although the thesis that groups may have an autonomous influence on their members has often been made, an empirical proof of this idea is still lacking. One of the rare attempts to empirically establish this claim has been made by Blau (1960, 1977a, 1977b, 1987). For Blau there are two notions that describe an independent effect of structure on the individual: firstly, the "opportunity structure" and secondly the "structural effects". Due to limitations of space, I will concentrate on "structural effects". In addition, in the case of "structural effects" Blau was not interested in parameters of size and distribution (as in his considerations on opportunity structure) but in the influence exerted on individual behaviour by group values (accordingly a more appropriate test case for norm circles).[1]

How group values determine individual behaviour is demonstrated by Blau in a study of social workers who were working in an agency whose main task was to verify the entitlement to welfare support. I am going to take a short look at two of his examples. The interviewed social workers were asked whether in their view public support should be increased. As the social workers were working in groups, Blau was able, on the basis of the responses, to identify groups where the majority supported such an increase and those other groups in which this was not the case. Blau then analyzed to what extent persons who favoured such an increase or rejected it, offered additional social work for their clients. He found that persons who worked in groups in which a majority approved of more public support offered more additional casework even when these persons, taken as individuals, rejected an increase in public support (Blau 1960: 181).

Here we find an empirical indication for group determination, the influence of a social property (membership in the group) on an individual property (individual action). This is a convincing example for the effect of groups, but for two reasons it does not support the thesis of an irreducible group influence. Firstly, the group property is

---

[1] Elder-Vass offers an illustration of how norm-circles might depend on organizations: "If there were no organisation there would be no such roles and the people would behave differently. Hence the causal effect of the organisation cannot be eliminated from the explanation of this behaviour" (Elder-Vass 2007a: 32). But this does not prove that the organisation is not simply persons in a certain relation. The causal pre-existence of persons that already formed such an organization is of no help here, since Elder-Vass rightly stresses that temporal pre-existence is not what is meant by autonomous causal influences by emergents (Elder-Vass 2007a: 34; see also Sawyer 2001: 570).

defined by individual characteristics (attitude toward the increase in support). Secondly, the effect of the group property is easily explained individualistically, because the individual's perception of the situation is different in the two groups and thus offers different motives for additional social casework. One possible explanation for these differences is given by Blau: "If pro-client values prevail in a group, merely checking on eligibility of clients meets with social disapproval while providing casework services gains a worker approval and respect" (Blau 1960: 182).

If one takes these three points together, it becomes doubtful whether Elder-Vass's basic argument can be maintained, namely that what produces culture ("makes them culture") is an endorsement by a group *("endorsement by a collective"),* not by individuals.

III. Weak emergence and causal powers

I will take a look at the justification given by Elder-Vass. His main argument, as far as I can see, consists of the following three propositions.[2]

(1) Social properties are weak emergent properties. "Weak" means that they can be explained by references to the properties of the lower level elements.
(2) By giving an explanation the social property is not "explained away".
(3) Since the social property is not explained away, it "cannot be eliminated from causal explanations" (p. 359).

Reduction can be understood as an epistemic claim or an ontological claim (like in Kim's argument for reduction). As an epistemic claim, reduction comprises mainly of the reduction of theories, like in Nagelian reduction where a theory can be considered to be reduced if it can be deduced from a different theory by the help of bridge laws that relate the different concepts of both theories. If we can reduce one law to another, the explanatory force of the reducing law covers the explanatory force of the reduced.

The ontological reduction that Kim used consisted of an identity claim. According to him emergentism is forced to accept that mental state = physical state. We can perfectly well apply this case to groups.

Figure 2:

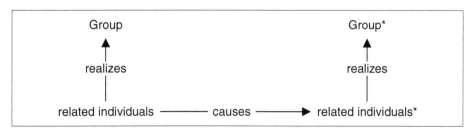

---

[2] Since he draws on other parts of his work, I used them as a background (see especially Elder-Vass 2007a) but the elements of his arguments are present in the paper I am commenting on here.

Since realization means identity we can simply equate group = related individuals (not every relation of individuals makes up a group but this can be ignored here). Like with water the phenomenon described does not resolve (2) but surely we can eliminate the concept "group" from our causal explanation, thus e. g. "Bert could not catch the stag, because he had not been part of the group" could be replaced by "Bert could not catch the stag, because he had not been hunting together with Beatrice, Carla and Daniel".

Now it can easily be seen that (3) does not follow from (1) and (2) and this depends on (2) because *in one sense* reduction means to "explain away", namely in the sense that we can replace the description by a "reductive" description, like group = related individuals. The same applies with regard to epistemic reduction since in the case of a reduced theory the reducing theory is able to do at least the same explanatory job as the reduced one. If we reduce some law that explains the behaviour e.g. of gases this doesn't cause the gases to dissolve, but nevertheless the reduced theory is no longer needed.

The only move to block this inference would be to redraw (1) and to claim that there still is a kind of irreducibility. It seems to me that something like this is implied in "(II) they [the emergent properties] would not be possessed by those parts if they were not organised into the form of such an entity. Hence they are properties of the whole entity and not of the parts" (p. 359). But this simply restates the point made earlier that the group would not exist, if the individuals were not related in this manner. Accordingly, it is not the group that makes people relate in a certain way but to be a group means to be related in a certain way.

Nevertheless, one may still use the concept of group in causal judgements. However, the decisive question is whether from the existence of a group we can derive the thesis that the group can have causal effects *as a group,* i. e. in a manner which cannot be derived from the fact that a group is a made up of individuals which stand in certain relations to each other. In other words, we might form causal judgements, e. g. that a group (persons standing in a certain relation) might cause another group (persons standing in a certain relation) or an individual to do something. These are plausible statements as long as we are aware of the fact that "group" simply is a conceptual abbreviation for the relations of individuals and that the actions of the group consist exactly of the actions of the those individuals that who form the group (a point also made by King 1999: 272). Causal judgements do not validate the existence of causal processes realized by something different than the individuals. On the contrary, a causal judgement about a group is true because a group consists of related individuals.

As I have said before, Elder-Vass in a sense seems to claim irreducibility (which effectively contradicts (1) but might back up (3)). Since he argues that: "Only individuals have the power to hold beliefs; but only groups have the power to designate those beliefs as elements of shared culture" (p. 360), an element should exist that is not realized by the individuals themselves. If we equate individuals and parts this additional factor is would consist of the relation between the individuals: "They [the properties of the entity] are emergent in the sense that (I) they are properties of the entity that depend upon the composition and structure of the entity – its parts *and* the relations between them" (p. 359) [italics added by me].

The use of the notions "parts" and "relations" relates to a troubling feature in the reducibility-debate in sociology, since we are not left with two possibilities in the discussion on reduction but with four.

(A) social properties = individual properties
(B) social properties ≠ individual properties
(C) social properties = individual properties and relations
(D) social properties ≠ individual properties and relations

One might easily infer that individualism is absurd because it implies (A) and that relations, because they are not individual properties, are not reducible to individual properties. From this premise the temptation for reification is lurking and it is easy to see how it works. Given that social properties are social properties because we need to add relations to individuals, the genuine social element is the relation. Since the relation is not identical with the parts, the individual might encounter an independent social relation or is shaped by it etc. The strong emergentist reading is one variant: Firstly, to argue that every social phenomenon is based on individual action. Secondly, to hold that from these individual actions some irreducible social properties result. To argue, thirdly, that these genuine social properties are able to causally impact individuals.

My impression is that Elder-Vass is somehow caught in a dilemma that results from the options mentioned before. He wants to avoid reification (option D) but nevertheless resists (A).

However, reduction means something stronger than merely adding relations to individuals. Consider for instance the case of chemical processes. In order to understand the structure and properties of water it does not suffice to know about the properties of oxygen or hydrogen. Yet, if you know the properties of both (plus some laws) you can infer the process of chemical bonds by these properties – without adding new objects! In other words, reduction here is reduction to the properties of the compounds and the changes in these properties due to the properties of the components themselves. In this sense reduction informs a position that holds that social properties = individual properties. There might be two objections: first, we do not know social laws. Second, we don't know how the individual in isolation would look like. In my opinion, the first objection is true and the second one is partially true. However, we can easily see that the first objection is irrelevant here. It might be true that water consists of relations of the properties of its parts, even if we don't have a theory that explains how the parts accomplish that. The second is partially true. Of course, we don't know how an individual outside any social relation looks like. But individualism is not tied to this (absurd) premise. It is only necessary to be able to identify the state of an individual at a given time. In other words, we need to know something about his time-spatial location, his corporeal attributes and his mental states – the individual as a discrete entity at a certain moment. So, as in the case of water, it might be true that social properties consists of the properties of their parts, even if we neither have a complete theory that explains this process nor can imagine how an individual would look like that has no social properties.

Accordingly, individualism is not either absurd or condemned to add social properties which are not individual properties. In my view a consistent individualism in this sense can be found in Max Weber's work. For Weber, social action is defined by an orientation toward other actors (Weber 1980: 1). Accordingly, social orientations for Weber are simply a class of individual properties! On this basis, social relations are defined by the mutual orientation of individuals (Weber 1980: 13). Since social relations consist of individuals who orient themselves towards other actors, social relations cannot be reduced to the orientation of one actor, but they nevertheless can be reduced to the orientations of *the actors*.

IV. Culture

I have argued that Elder-Vass in his attempt to determine the objectivity of the culture is caught between two stools. On the one hand, he holds a concept of weak emergence, on the other hand, according to him, the objectivity of culture depends on the fact that there are causal forces which are not only those of the individuals involved.

"Only individuals have the power to hold beliefs; but only groups have the power to designate those beliefs as elements of shared culture" (p. 360).

Since the endorsement by the collective, not by individuals for Elder-Vass is the raison d'être for the objectivity of culture, do we have to admit then that culture is merely subjective because culture simply means the consensus on certain beliefs?

I share the doubts Elder-Vass has with regard to a concept of culture which understands culture as objects which own a similar status as natural objects.[3] Hence, it is tempting to locate the objectivity of culture in "social forces", but then, as we have seen, reification threatens again. In my opinion, one alternative consists of a different understanding of what social forces mean, namely that a social situation always consists of at least two persons.

There is an element in Elder-Vass's reflection on norm circles that points towards this option and it might indicate Elder-Vass's own discontent with the Durkheimian tendency of his argument: "This ['endorsement by the group'] does not depend on group knowledge, but it does depend on the existence of communication processes within the group that are sufficiently reliable to make such consistency possible" (p. 360) (see also Elder-Vass 2007b: 471).

(In addition, there is another element in Elder-Vass's argument, namely the reference to collective intention. However, as far as I can see, this is tied to the idea of the group as a norm circle. In addition, further reflection would, I guess, show that collective intentionality is related to the same ambiguity, namely whether it requires and justifies something stronger than weak emergence.[4])

---

3 There is at least one important asymmetry between the constraints exerted by natural objects and by culture: In the case of natural objects deceptions about their existence might result in non-intended effects – if, e. g., the bridge wasn't stable enough. In the case of logical contradictions deceptions must be ascertained by others or the agent himself. Consequently, they are bound to a mental representation. Nevertheless, logic is associated with a validity claim similar to that associated with statements about natural objects.

4 "In order to make a group human beings must be in special states and form a whole or unit of a special kind" (Gilbert 1992: 431). This can easily be adopted from an individualistic perspective. The belief of being part of the group can have a causal relevance, but these beliefs are indi-

With regard to the objectivity of culture the second person can be relevant in two ways. First, other persons are objective elements in the situation because their behaviour constraints the behaviour of the first person and his interpretation of the second person's behaviour. Second, one might make the stronger claim that culture depends on the interaction between two persons.

I will close with some final remarks on both aspects. If you argue from the point of an individualistic theory of interpretation, like the one proposed by Max Weber, a fundamental trait is that individuals are always in situations which they interpret. "The transcendental presupposition of any *cultural science* is not that we find one or any 'culture' to be of *value,* but that we are cultural beings endowed with the capacity and the desire to adopt a position with respect to the world, and lend it *meaning"* (Weber 2004: 380 f.). These individuals are not isolated actors but are always related to situations. According to a theory of interpretation inspired by Weber, individuals constantly learn from these situations. In situations, individuals do not only encounter natural objects, but also other actors (entities endowed with the same capacity of intentionality and reflexivity). There are at least three implications with regard to the problem of objectivity. First, if we understand the point of view of an individual actor as 'subjective' (not the point of view of the mental states of all individuals, i. e. mental states in general), then every interpretation always has two objective sides: natural objects and other actors in the situation. Both are objective because they impose constraints on the actions and interpretations by ego. Second, a theory of interpretation does not necessarily require the idea of an additional world of ideas, because interpretations are always cultural, they operate on the basis of meaning. This becomes immediately obvious if one points out that the reference to objects of world 1 already implies interpretation, i. e. not simply the adding of mental components, but the mental representation of something which is not something mental itself. The idea of objectivity then results from a tension between true and false representations of the world (in which way world and representations relate is, of course, widely debated). Third, in a basic form the idea of contradiction (between true and false) is also already present in interpretations of world 1. Thus, the claim for objectivity in these cases rests on interpretation, not on the addition of contents of an independent world 3.

A stronger thesis would be that objectivity claims can only arise in a situation marked by intersubjectivity. It concerns a tradition, of course multi-layered in itself, which was formulated by authors like Mead, Wittgenstein, Winch and Habermas. The thesis that intersubjectivity is a constitutive condition for objectivity has been developed also by Davidson in his concept of triangulation. In a situation marked by triangulation two beings refer to a stimulus. Briefly put, only by comparing their own reactions to a stimulus to the reactions to the stimulus by another sentient being, they are able to locate the position of the stimulus (Davidson 1989: 198, 1991: 159 f.). For Davidson, mental representations and the idea of objective reality depend on this fundamental basal structure. Davidson expresses, therefore, a thought which can be already found in Mead's work, namely that intersubjectivity is the base of knowledge and self-knowledge (Davidson 1996). However, whether Davidson's argument is even-

---

vidual beliefs. As far as I see, it is unclear, to what extent Gilbert can prove anything stronger than this (cf. Gilbert 1992: 274 ff.).

tually successful remains unclear. The basic problem, also acknowledged by Davidson himself, consists of the fact that he needs to show that the contrast between subjective and objective can only be derived from this structure and is not already a precondition for triangulation to work (Davidson 1985: 480).

V. Conclusion

I have argued that there is a tension in Elder-Vass's contribution. On the one hand, he tries to avoid reification of social phenomena and culture. On the other hand, he aims not to fall into subjectivism with regard to culture and accordingly designates the norm circle as the site of collective endorsement. There are two possible ways to understand this endorsement by a collective. For the individualist, this endorsement is simply the consent of individuals who share a belief they hold for themselves or which they adopt because of their belief that other people hold such a belief. Elder-Vass claims that this individualistic reading fails to take account of the objectivity of culture. This, according to him, can only be accomplished by resorting to a group process which can not be understood individualistically. The causal power of groups can be maintained, according to Elder-Vass, even if the group is only weakly emergent. My criticism was based on this thesis. In the debate on emergence the claim for autonomous causal powers is backed by the thesis of strong emergence. My criticism started from this point, since there are strong reasons for rejecting the thesis that by the concept of strong emergence the claim for autonomous causal powers of the emergent phenomena can be justified. The reason, clearly put forward by Kim, is that even strong emergentists hold the view that the emergent property has to be realized by the elements of the lower level. Accordingly, the causal potential of emergent phenomena has to be already present in those elements. In addition, downward causation in whole-part-relations is challenged by circularity. Finally, an empirical demonstration of downward causation is missing.

Elder-Vass's optimism that genuine causal powers by weakly emergent properties can be maintained rests on the thesis that an explanation of a phenomenon does not mean that the phenomenon reduced dissolves like water that does not evaporate due to the reduction to the properties of its components. I argued that this nevertheless does not preserve the causal autonomy of the emergent quality because the reduction of water to H_2O does not preserve any causal power in water that is not the causal power of H_2O. A part of Elder-Vass's argument has been that weak emergence does not include the dissolution of the relation between the parts. I have agreed and disagreed. I have agreed since reduction does not mean reduction to the parts considered "in isolation". Yet, I have disagreed, since reduction means the explanation of why the properties of the parts allow for the constitution of the relation. The relation does not add some irreducible new entity ("the relation"), but is entirely fixed by the properties of the parts when they combine.[5] It is Max Weber who proposed an individualistic sociology along

---

5 And since their combination is water, what makes them combine is not the water. The idea to understand the whole as the cause of the relation was exploited by Durkheim – "cette synthése

this line of thought. For Max Weber social properties (the orientations of individuals towards other actors) are a class of individual properties. Reification is then ultimately blocked. Social constraints are not due to social wholes or self-sustained relations, but to other individuals. The orientation towards a situation always involves interpretation. A decisive part of this interpretation is theory-building carried out by the agents themselves. The orientation towards others is therefore replenished by generalized accounts of regularities, typical motives of other actors and normative orientations towards them. These orientations can in turn become causally effective by entering into the reasons individuals have for their actions.[6]

Interpretation might be a good place to start for looking at what happens in norm circles. If one starts here, two implications arise. First, the objectivity of culture does not depend on specific groups, but on situations of interpretation in which not only natural objects but also other persons constrain possible interpretations of the situation. Second, with regard to the objectivity of culture, the discussion about emergence might be less informative than assumed. Even if one argues that social phenomena are weakly emergent and causally inert with regard to their constituent elements (because

---

est l'œuvre du tout" (Durkheim 1963: 36) – but the synthesis is not the work of the whole but due to the properties of the elements.

6 One of the relevant traits of a Weberian conception of action is the idea that reasons can figure as causes. This might cause an objection to my critique that was forcefully formulated already by Durkheim, namely that to refuse social emergence is at the same time a refusal of the autonomy of the mental (Durkheim 1963: 39 f.). Since I argued against strong emergence in analogy to Kim, genuine mental explanations seem to be ruled out too. There are two reasons why I do not consider this to be a conclusive argument. First of all, since the existence of emergence at one domain does not justify the claim that there are other emergences as well, social emergence has to be defended partially on its own grounds. Second, one of my reasons for being sceptical about this justification consists in a strong dissimilarity between mental and social explanations of actions. Whereas in the case of action explanations based on reasons we don't have to be aware of the physical details of the mental (we simply have to know that there is *some* physical realization), in the case of social explanations the explanation necessitates reference to individuals. To understand how urbanization shapes the rates of divorces, urbanization has to be defined first. This definition is already bound to individual properties (like the number of individuals that inhabit a certain territory etc.), whereas an explanation based on beliefs is not related to any definite physical description. To explain the acquisitive drive of Calvinist Protestants by their need for salvation, we don't need any knowledge of the physical structure of mental states that comprise this need for salvation. This also applies to the explanandum, i. e., in this case, acquisitive behaviour. We can perfectly understand what an acquisitive behaviour is without knowing anything that resembles a description in physical terms (in the sense of concepts referred to in the physical sciences). It is, therefore, not a constitutive feature of action explanations by reasons to include something like downward causation. In understanding how the belief causes the behaviour we do not "cross the boundaries" between something that is not physical (belief, mental event) and something that is physical (action), since descriptions of beliefs and actions are not bound to some definitive description in terms of physics, even though both, belief and action, are physically realized. My argument relies on Fodor's similar claims made for multiple realization (Fodor 2008). His argument for the autonomy of sciences (or descriptions, as in my case) does not include a constitutive claim for downward causation. The real trouble with Durkheim then is not his idea of social laws or explanations but, first, the need to conceptualise the social in individual terms already and, second, his claim for irreducible downward causation. In short, in my opinion, action explanations are marked by an explanatory autonomy from physics whereas social explanations are not autonomous from action explanations but consist of action explanations. See also Greve (2010).

social properties consist of the orientations of individuals to each other) the question is not yet answered whether objectivity (of culture) can only exist in social relations. Whereas the individualist holds that the contrast between subjective and objective has to be presupposed as an individual capacity in interpretation, the intersubjectivist holds that for an individual to acquire the concept of objectivity presupposes the interaction with a second person. The idea of norm circles points towards the second reading and it is worth to explore this path, but I guess it will be an easier way to go without a rucksack weighted by emergence.

References

Beckermann, Ansgar. 1992. Introduction. In *Emergence or reduction? Essays on the prospects of nonreductive physicalism,* eds. Ansgar Beckermann, Hans Flohr, J. Kim, 1-21. Berlin, New York: de Gruyter.
Blau, Peter Michael. 1960. Structural effects. *American Sociological Review* 25: 178-193.
Blau, Peter Michael. 1977a. *Inequality and heterogeneity. A primitive theory of social structure.* New York, London: Free Press/Collier Macmillan.
Blau, Peter Michael. 1977b. A macrosociological theory of social structure. *American Journal of Sociology* 83: 26-54.
Blau, Peter Michael. 1987. Contrasting theoretical perspectives. In *The micro-macro link,* eds. Jeffrey C. Alexander, Bernhard Giesen, Richard Münch, Neil J. Smelser, 71-85. Berkeley: University of California Press.
Bunge, Mario. 1977. Emergence and the mind. *Neuroscience* 2: 501-509.
Davidson, Donald. 1985. Rational animals. In *Actions and events,* eds. Ernest Lepore, Brian P. McLaughlin, 473-480. Oxford: Blackwell.
Davidson, Donald. 1989. The Conditions of thought. In *The Mind of Donald Davidson,* eds. Johannes Brandl, Wolfgang L. Gombocz, 193-200. Amsterdam: Rodopoi.
Davidson, Donald. 1991. Three varieties of knowledge. In *Memorial essays,* eds. A. Phillips Griffiths, Alfred Jules Ayer, 153-166. Cambridge: Cambridge University Press.
Davidson, Donald. 1996. Subjective, intersubjective, objective. In *Current Issues in Idealism,* eds. Paul Coates, Daniel D. Hutto, 155-177. Bristol: Thoemmes.
Durkheim, Emile. 1963. *Sociologie et philosophie.* Paris: Presses Universitaires de France.
Elder-Vass, Dave. 2007a. For emergence: refining archer's account of social structure. *Journal for the Theory of Social Behaviour* 37: 25-44.
Elder-Vass, Dave. 2007b. Social structure and social relations. *Journal for the Theory of Social Behaviour* 37: 463-477.
Fodor, Jerry. 2008. Special sciences (or: the disunity of science as a working hypothesis). In *Emergence. Contemporary readings in philosophy and science,* eds. Mark A. Bedau, Paul Humphreys, 395-409. Cambridge, Mass., London: A Bradford Book/MIT Press.
Gilbert, Margaret. 1992. *On social facts.* Princeton: Princeton University Press.
Greve, Jens. 2010. Emergence in sociology: A critique of non-reductive individualism. *Philosophy of the Social Sciences* (forthcoming).
Horgan, Terry. 1997. Kim on mental causation and causal exclusion. *Nous* 31: 165-184.
Hulswit, Menno. 2006. How causal is downward causation? *Journal for General Philosophy of Science* 36: 261-287.
Kim, Jaegwon. 1993. *Supervenience and mind.* Cambridge: Cambridge University Press.
Kim, Jaegwon. 1999. *Making sense of emergence.* Philosophical Studies 95: 1-36.
Kim, Jaegwon. 2000. Making sense of downward causation. In *Downward Causation,* eds. Peter Bøgh Andersen, Claus Emmeche, Niels Ole Finnemann, Peder Voetmann Christiansen, 305-321. Aarhus: Aarhus University Press.
Kim, Jaegwon. 2005. *Physicalism, or something near enough.* Princeton: Princeton University Press.

King, Anthony. 1999. The impossibility of naturalism: the antinomies of Bhaskar's realism. *Journal for the Theory of Social Behaviour* 29: 267–288.

Sawyer, R. Keith. 2001. Emergence in sociology: contemporary philosophy of mind and some implications for sociological theory. *American Journal of Sociology* 107: 551-585.

Sawyer, R. Keith. 2003. Nonreductive individualism, part 2: social causation. *Philosophy of the Social Sciences* 33: 203-224.

Sawyer, R. Keith. 2004. The mechanisms of emergence. *Philosophy of the Social Sciences* 34: 260-282.

Sawyer, R. Keith. 2005. *Social emergence. Societies as complex systems.* New York: Cambridge University Press.

Stephan, Achim. 1992. Emergence – a systematic view on its historical facets. In *Emergence or reduction? Essays on the prospects of nonreductive physicalism,* eds. Ansgar Beckermann, Hans Flohr, John Kim, 25-48. Berlin: de Gruyter.

Weber, Max. 1980. *Wirtschaft und Gesellschaft. Grundriß der verstehenden Soziologie,* 5. Auflage. Tübingen: Mohr Siebeck.

Weber, Max. 2004. The 'objectivity' of knowledge in social science and social policy. In *The essential Weber. A reader,* ed. Sam Whimster, 359-404. London, New York: Routledge.

Korrespondenzanschrift: PD Dr. Jens Greve, Karlsruher Str. 48, 69126 Heidelberg
E-Mail: jensgreve@gmx.de

REPLIK

CAN GROUPS HAVE CAUSAL POWERS?

Dave Elder-Vass

Abstract: In response to Jens Greve's reductionist critique, this reply argues that this kind of reductionism, although it is widespread in the philosophical literature, is in fact ontologically incoherent. Greve also questions the possibility of supporting the emergentist argument empirically. From a stricty empiricist standpoint, I will suggest, distinctions between the conflicting ontological claims cannot be made, but if we draw, as we must, on other explanatory resources, there are nevertheless viable ways of making the necessary empirical distinctions. Indeed the case studied by P. M. Blau and cited by Greve in his reponse is paradigmatic in this respect. There are therefore ways to provide empirical support for the claim that groups have powers. These powers remain the best available explanation of the objective moment of culture: the moment in which we are culturally influenced by something outside or ourselves.

Jens Greve's thoughtful and well-informed response focuses, like my original paper, on the difficult question of the objective moment in the process of culture: that moment in which we are influenced by something outside of us. He opposes, however, my invocation of the concept of emergence and my consequent attribution of the objective moment to the causal powers of groups of people. He justifies that opposition using a series of arguments drawn from contemporary debates in the philosophy of mind, which he employs to question the account of emergence upon which my argument depends. Some of these arguments are somewhat technical, and I propose to neglect some of them here on the grounds that many of these issues are addressed in the chapters on causality and emergence in my book *The Causal Power of Social Structures* (Elder-Vass 2010), which was not yet available when Greve wrote his response. Instead, I focus here on what seem to me to be the core issues that his response raises. The first of these is whether Greve's reductionism is plausible. I will argue that this kind of reductionism, although it is widespread in the philosophical literature, is in fact ontologically incoherent. The second issue is the possibility of distinguishing empirically between conflicting ontological claims. From a strictly empiricist standpoint, I will suggest, such distinctions cannot be made, but if we draw, as we must, on other explanatory resources, there are nevertheless viable ways of making the necessary empirical distinctions, and indeed the case studied by Blau and cited by Greve in his response is paradigmatic in this respect.

Let me begin with Greve's reductionism: his denial that groups can exert causal powers and his call for us to attribute this causal power instead to "related individuals" (p. 369) – to the individuals who make up these groups, related as they are while belonging to these groups. Greve invokes the work of Jaegwon Kim, who has carefully criticised strong emergentism in the philosophy of mind. Strong emergentists argue that higher level properties are *autonomous* of lower level properties in the strong sense that they cannot be explained by the lower level properties and the relations or interactions between them (the comparison with my argument is complicated by the fact that the mental/physical relationship that is the focus of the philosophy of mind is not a whole/part relationship, hence my use of *higher level* and *lower level* in this sentence). Kim, in response to strong emergentism, has sought to analyse the difference between the causal contribution of a mental property (M) and the causal contribution of the set of physical properties and relations (P) upon which that mental property supervenes – what Kim calls the higher level's "microstructural property" (Kim 1999: 6-7). The argument that Greve refers to implies that the microstructural property can explain everything that the mental property appears to explain therefore the mental property is redundant in any causal argument.

In part/whole terms, Kim's argument against strong reductionism is essentially that the powers of a whole are not different from the powers of the full set of parts, organised as they are in such a whole (this is what he means by the "microstructural property"), and hence that it is hard to see how the whole could have a causal power that is completely autonomous of those parts and relations. But Kim's argument does not work as a critique of weak emergentism. Indeed Kim accepts something like the kind of weak emergence I am advocating, although he does not call it *emergence*.[1] His argument does not work against weak emergentism because weak emergentism *accepts* that the properties or powers of a whole can be explained in terms of the properties of its parts *and* the relations between them. What weak emergentism denies is that the emergent powers of a whole can be explained purely in terms of the properties its parts would have if they were not organised into this kind of whole. These emergent powers are thus not entirely autonomous of the parts, but they are nevertheless powers of the whole and not of the parts because they would not exist if the parts concerned were not organised into this kind of whole.[2]

The weak emergentist can therefore accept something like Greve's point that "'group' simply is a conceptual abbreviation for the relations of individuals" (p. 370). To put the point in a way that eliminates Greve's ontological slant, 'the group' and 'these related individuals' are just two different descriptions of the same thing. So, to say that the properties of a group can be explained as properties of the individuals, related as they are in this group, is just to say that the properties of the group under one description are the same as its properties under another. This is not a *reduction* that enables us to explain away the causal powers of 'the group' purely in terms of the powers of its members; it is merely a redescription of the group's relation to its properties. Those who think that such arguments do enable us to dispense with reference

---

[1] He argues, for example, that "Micro-reductively explainable causal powers may be new causal powers, net additions to the causal structure of the world" (Kim 1998: 117, also see 85). However, he continues to think of *emergence* as meaning *strong emergence*, and so does not call these "new causal powers" emergent properties (Kim 1998: 117-118).

[2] For a fuller discussion of the issues covered in this and the next paragraph, see (Elder-Vass 2007: 30 f. or 2010: ch. 2).

to the causal powers of groups, I suggest, have been bewitched by the *linguistic* distinction between "the group" and "these related individuals" (or equivalent terms). They have been bewitched into believing that there is an ontological distinction between the referents of these two terms.[3]

This helps to cast some light on the second issue I want to address in this reply. This is Greve's suggestion that an empirical proof of the causal influence of groups is lacking (p. 368). On the argument offered above, it is inconceivable that empirical proof could distinguish between the causal effects of a group and the causal effects of the members of the group, related as they are as parts of the group. If there is no ontological distinction between the referents of these two linguistic descriptions then there can be no empirical distinction between their causal effects. But my argument is that we *can* distinguish between the causal effects of a group and the causal effects of a single individual (or of the same or equivalent *sets* of individuals, when they are not related in the way that forms them into this group or another of the same type), and it is reasonable to ask for empirical evidence to support *this* claim.

Again, however, we must be cautious about how this could be obtained. When an individual acts there may be no way to distinguish purely by observation whether that action is caused by the individual or at least partly by a group. As I said in my original paper, group normative influences "always operate *through* the actions of individuals, and thus from a superficial empirical perspective the influence of the group is invisible". When we observe an individual acting, there may be no evidence that is accessible to our senses that enables us to distinguish whether the individual is acting purely on their own account or instead on behalf of (or under the causal influence of) a group.

This should not be entirely surprising. One key lesson that sociologists have learned from Weber and the interpretive tradition invoked by Greve is that pure empiricism can tell us very little about human action. Consider a game of football in which player A passes the ball to player B.[4] We cannot *observe* player A *passing* the ball; all we can observe is that A's foot strikes the ball, which then moves off in the direction of B. In order to tell that player A is passing the ball, we must bring other explanatory resources to bear: our knowledge that football is being played, our knowledge of the rules and practices of football, our understanding that they are both members of team T, and so on.[5] With these other explanatory resources at our disposal, we

---

[3] This is not to say that reduction is always impossible. We *can* eliminate a property of a whole from causal explanations when the property concerned can be explained just by the properties that the whole's parts possess even when they are *not* related in the ways that make them into a token of the type of whole concerned. The classic example is the *mass* of a group. Such properties or powers, those that do not depend on the relations between the parts of the whole, are sometimes called *resultant* or *aggregative* properties (Wimsatt 2000, 2006).

[4] I am thinking of soccer but much the same point could be made about other varieties of football.

[5] These are, of course, *interpretive* resources, but this is entirely compatible with their employment in a causal account. As the English translation of Weber puts it, "A correct *causal* interpretation of a concrete course of action is arrived at when the overt action and the motives have both been correctly apprehended and at the same time their relation has become meaningfully comprehensible" (Weber 1978: 12, italics added).

can reasonably securely describe A's action as *passing the ball* and come to the conclusion that the ball moved off in the direction of B because A intended to pass it to B and did so. Empirical proof that this is what occurred (rather than, for example, that A, knowing nothing of football, ran around the pitch and accidentally knocked the ball in B's direction) is lacking. But although there is no strictly empirical way of distinguishing between "A passed the ball to B" and "A accidentally knocked the ball in B's direction", we can combine the empirical evidence with other explanatory resources and conclude reliably (if fallibly) that the player did indeed pass the ball.

Causal explanations, then, must draw on other resources as well as the evidence of our senses and these other resources may help us to come to reliable conclusions. In the case where we wish to establish whether it is a group or an individual that is causally responsible for an effect, the additional resources we need to bring to bear are not primarily interpretive but primarily *counterfactual*. Specifically, we need evidence that helps us to understand whether the same causal effects would occur if the individuals under study were *not* part of the group that we hypothesise to be causally responsible for the effects concerned.

One way in which we can provide such evidence is by an interpretive thought experiment: knowing what we do about the culture of the people concerned, is it plausible to suppose that the actor would have acted as they did if they were not part of the group concerned? I should stress that there is no need to imagine a return to a presocial state of nature; we need only consider what would have occurred if these individuals had not been part of this specific group or one like it. Is it plausible to suppose that A, for example, would have passed the ball to B if they were not both members of the same football team? In such cases it often seems obvious that the existence of the team (or other group) has had an effect on the behaviour of its members.

But perhaps this is not empirical enough. Fortunately, contemporary quantitative analysis has provided us with further techniques that enable us to compare the effects of being a member of a given type of group and not being so. I am grateful to Greve for drawing my attention to an exemplary demonstration of this, in the work of Peter Blau (1960). He considers the normative effects, not of norm circles, but of different work groups within an organisation. His analysis shows, for example, that "regardless of their own attitudes, members of groups in which pro-client values prevailed were more apt to be oriented toward casework service than members of groups with other values" (Blau 1960: 181). In effect such quantitative work performs a kind of statistical counterfactual. It examines the difference between the behaviour of those who are in a given type of group with those who are not, in the expectation that *if* an individual moved into the other category their behaviour would alter as 'predicted' by the differences between the two categories.

Blau's paper is, as Greve puts it, "a convincing example for the effect of groups", but he doubts that it establishes the irreducibility of group influence. First, he suggests, "the group property is defined by individual characteristics" (p. 369). But the group property is not the existence of pro-client values in any given individual but rather the *prevalence* of such values within the group, operating through the affected individual's awareness of the normative environment that they face because of their interactions with the rest of the group. And second, he says, this so-called group property operates through individuals. But, as should be clear from the argument above, this is no proof that it is not a group property. My ability to type this reply operates through my fingers, but that doesn't prove that it is my fingers that are causally responsible for the typing rather than me as a whole person.

The causal powers of groups like norm circles, I conclude, cannot be so easily explained away, and there *are* ways to provide empirical support for the claim that groups have powers. These powers remain the best available explanation of the objective moment of culture: the moment in which we are culturally influenced by something outside of ourselves.

References

Blau, Peter M. 1960. Structural effects. *American Sociological Review* 25: 178-193.
Elder-Vass, Dave. 2007. For emergence: refining Archer's account of social structure. *Journal for the Theory of Social Behaviour* 37: 25-44.
Elder-Vass, Dave. 2010. *The causal power of social structures*. Cambridge: Cambridge UP.
Kim, Jaegwon. 1998. *Mind in a physical world*. Cambridge, MA: The MIT Press.
Kim, Jaegwon. 1999. Making sense of emergence. *Philosophical Studies* 95: 3-36.
Weber, Max. 1978. *Economy and society* (1922). Berkeley, CA: University of California Press.
Wimsatt, William C. 2000. Emergence as non-aggregativity and the biases of reductionisms. *Foundations of Science* 5: 269-297.
Wimsatt, William C. 2006. Reductionism and its heuristics: making methodological reductionism honest. *Synthese* 151: 445-475.

11. Kultur als soziale Tatsache?

Position

CULTURE AS COLLECTIVE CONSTRUCTION

Margaret Gilbert

Abstract: A group's culture includes its beliefs, attitudes, rules and conventions. But what do these features of groups amount to? This discussion focuses on the case of a group's belief. It argues that, according to a central everyday conception, a group's belief is not a matter of the personal beliefs of the group members. Rather it is a matter of the joint commitment of the members by virtue of their several actions and utterances to emulate a single possessor of the belief in question. This means that each member has the standing to demand appropriate utterances and actions of the others and to rebuke those others for failure to produce them. Clearly when group beliefs on this conception arise they are highly consequential phenomena. The same goes for all similarly constructed features of groups.

I. Introduction

The term "culture" in the title of this paper is intended to refer to a constellation of relatively permanent features of social groups, including organizations. Such features tend to provide numerically distinct groups with some degree of qualitative distinctness one from the other. Though that may be generally agreed among social theorists, there is controversy as to what the features in question amount to. Assuming that a group's culture includes its beliefs and values, its rules and conventions, what does it take for a group to have a particular belief, and so on?

There is more than one way of approaching these questions. In discussing two possibilities I focus on the case of group belief.

One possibility is to offer an explicitly stipulative account of what it is for a group to believe something. To say that the account is stipulative is not to say that it is arbitrary. It is to say, rather, that it does not purport to be the articulation of an existing idea. In particular, it does not purport to articulate the idea expressed by the relevant terms in vernacular speech.

How a given stipulative account is criticizable will depend in part on the type of justification offered for it. Perhaps the claim is simply that group beliefs, on the proposed account of them, are important phenomena, as indeed they may be.

A stipulative account of a group's belief may also be criticizable from the point of view of the intuitive aptness of the label adopted for the phenomenon in question, or for its tendency to deflect attention from a phenomenon more intuitively apt to be referred to as a group's belief.

Another approach is to attempt to articulate the idea expressed by the relevant terms in vernacular speech. Naturally, this approach allows that there may be ambiguities in everyday discourse in which case the different *ideas* in question will need to be revealed.

One might wonder how helpful the second approach can be for scientific purposes. After all, as both Max Weber and Emile Durkheim emphasized, "everyday concepts" as one might call them, were not framed for such purposes but rather for broadly speaking practical ones. The possibility remains that these concepts – in particular the central concepts at issue here – are themselves geared to pick out important phenomena, phenomena that might, indeed, escape one's attention were one to limit oneself to the first approach mentioned.

I have myself in a series of papers and books adopted the second approach to group beliefs and other elements of culture.[1] This paper focuses on the question of a group's belief, and reviews some of my main conclusions about it.[2] It also briefly touches on the question of social convention.

Group belief statements. What I shall refer here to as "group belief statements" are exemplified by such sentences as: "The union believes that the strike should be continued", "In the opinion of the search committee, Jones is the best candidate", and "Our discussion group thought it was a great poem".

In what contexts are everyday group belief statements considered to be true, or false, by those who make them? One should not assume that the answer is obvious, or easily retrievable after a moment's thought.

In approaching it my method has been a standard philosophical one. Rather than operating in terms of interviews and questionnaires, I have largely drawn on my own intuitive judgment of the contexts in which group belief statements are properly made, and of a variety of reactions that occur in such contexts.

Problems with the summative condition. The first hypothesis that occurs to many people is what I call the "simple summative account" of group belief. This maintains that – according to everyday understandings – a group believes something when and only when all or most of its members believe that thing. For instance, to say that the union believes the strike should be continued is to say that all or most members of the union believe this.[3]

More complex variants of the simple summative account may also be proposed. All have at their core what I shall call the "summative condition", which comprises the whole of the simple summative account.[4]

---

1 See, initially, Gilbert (1989).
2 Previous sometimes quite extended discussions include the following articles and book chapters: Gilbert (1987, 1989: ch. 5, 1994 (reprinted in revised form as "More on Collective Belief" in Gilbert 1996), 2000, 2002, 2004a, 2004b, 2006a).
3 See, e. g. Quinton (1975).
4 Several such complex accounts are discussed in Gilbert (1989: ch. 5). See also the following proposal from social psychology (which I assume is seen as stipulative): group beliefs are "con-

It can be argued that all or most of a group's members believing that such-and-such is neither necessary nor sufficient for the group's believing that such-and-such. More complex accounts that are not exhausted by the summative condition could in principle avoid the sufficiency problem. Insofar as they purport to offer a set of conditions that are individually necessary as well as jointly sufficient, however, they will be criticizable, as is the simple summative account, for the non-necessity of the simple summative condition.

II. It is not necessary

I turn first, then, to the question of necessity. Must all or most members of a group believe that such-and-such in order that the group believes that such-and-such?

Consider first two of the examples of group belief statements offered earlier: "The union believes that the strike should be continued" and "In the opinion of the search committee, Jones is the best candidate". Such statements are commonly made in light of the results of a voting procedure that has been previously agreed-upon by the parties. The application of any such procedure is liable to result in an opinion of the group that runs contrary to the opinions of most of its individual members. For what ultimately determines the group belief is the votes of the members as opposed to their personal beliefs.

Thus suppose that in the union case it is understood that a two-thirds majority of votes in favor of continuing the strike is both necessary and sufficient to determine that the union is in favor of such continuance. It is possible that when there is a two-thirds majority of votes in favor of continuance those members who voted in its favor do not themselves believe that the union should continue the strike.

For one thing, many of these individuals may lack a personal opinion on the matter. They may then vote as they imagine others will vote; or they may make arbitrary choices of how to vote, mentally "tossing a coin". And so on. In addition, there are many reasons why someone might vote in a way contrary to his personal opinion, should he have one. Thus suppose the vote is public and he sees that the rest are voting in favor of continuance. Not wishing to defend himself after the vote, or be the target of various negative emotions, he may vote as the others are voting, contrary to his own opinion.

The scenario just envisaged may or may not be a common one. The point is that it is possible – indeed, familiar motivations could lead to it. It follows that a group may believe something that is not believed by all or most of its members.

This case involves people who vote for a position that is not their own. Given a different – but common – voting procedure, however, one can easily describe a case in which everyone votes in accordance with his personal beliefs and the group then believes something that is not believed by all or most of its members.

---

victions that group members (a) are aware that they share and (b) consider as defining their 'groupness'" (Bar-Tal 1990: 16). I take the implied condition that group members "share a given conviction" to be, in effect, the summative condition.

Thus suppose that in the search committee case there are six committee members and it is agreed that the committee's opinion is to be determined by the majority of positive votes. The members are to vote on whether Jones should get the job. Three members find themselves sitting on the fence on the matter and vote "Abstain". A fourth thinks Jones is the worst candidate and votes "No". The two remaining members think Jones is the best candidate and vote "Yes". All vote according to their personal beliefs, then, but the resulting opinion of the group is not the view of the majority of the members: only two out of six believe that the job should be offered to Jones.

Evidently, voting procedures vary, and are to some extent arbitrary. What, then, of cases that do not involve a previously agreed-upon voting procedure? It is plausible to suppose that the most basic cases of group belief are of this kind, and should be one's initial focus in coming to understand what a group's belief amounts to. It is also plausible to suppose that these most basic cases will not involve an authoritative person or body that has been charged with formulating opinions for the group. In what follows I focus on such basic cases.

Suppose that at a meeting of a "leaderless" poetry discussion group one member speaks admiringly of certain poem, and each of the others responds in a similar way. "Truly, it's great!" says one. "It's very accomplished." says another. Several others nod their heads in concurrence. And so on through each of those present. I take it that on some such basis someone might with confidence say "The poetry discussion group thinks this is a good poem".

Why might one then be confident that the poetry discussion group thinks the poem is a good one? It may be proposed that it is because one can reasonably assume, in this context, that all of the members personally think the poem is a good one. There is reason to reject this suggestion, however.

First, it cannot be the whole story. As I argue in the next section, even if each member explicitly and sincerely avows his personal belief that the poem is a good one, this does not suffice to establish that the group believes this. So something more is needed to ground the latter claim. Further, there is a plausible alternative story that does not even entail that the members personally think well of the poem, though of course they may.

The alternative story is roughly this. It suffices for the group to think the poem a good one if, roughly, the individual members of the group have publicly expressed their personal readiness to see the belief that the poem is a good one established as that of the group. More must be said in clarification of the proposed sufficient condition, which, as stated, assumes an understanding of what it is for a belief to be the belief of a group. I say more in clarification of it shortly. For now, the main points to be made about it are these.

Those expressing their readiness to see a favorable view of the poem established as the view of the group do not thereby express their personal views regarding the quality of the poem. Nor, indeed, need they personally believe that the poem is a good one.

There are many reasons why, in practice, a given group member might be ready to see a particular opinion established as the view of the group, and to express this readiness, even though the opinion in question is not his own. He may have no opinion of his own, but guess that most people will be of the opinion in question, and not want to stand out from the crowd. He may wish to curry favor with a group member who has already expressed a particular opinion, and be willing therefore to suppress the contrary personal opinion he himself has formed. And so on.

III. It is not sufficient

Is the fact that all or most members of a certain group believe that such-and-such *sufficient* for the group's belief that such-and-such? There are several ways of arguing for a negative answer.

Here is one. In the discussion imagined earlier among the members of the poetry discussion group no one said anything about his or her personal views. Suppose, however, that we imagine a different discussion. One of the members, Jane, mentions a certain poem and says "It's a wonderful poem – as I see it, anyway". Her "as I see it, anyway" suggests that she is not yet ready to have the wonderfulness of the poem established as the view of the group. She is ready only to have it established that she personally sees the poem as wonderful. Even if everyone does likewise, and the truth of their statements is not in doubt, it seems that the judgment that *the group* thinks the poem is wonderful has not yet been made true.[5]

Another line of argument is as follows. Each of the members of the poetry group may be familiar with a certain poem, and each may think it is excellent. Yet it has not yet been a topic of discussion among the members of the poetry group. No one has said anything to anyone else about it. It would then seem right to say that, as of now, the group has no opinion of this poem.

It seems, then, that is not sufficient for a group to have a certain opinion that each of its members has that opinion. This conclusion accords with that of the classic sociological discussion of Durkheim in the *Rules of Sociological Method* where he discusses "the beliefs of a group taken collectively". He says there that the *generality* of a given belief, that the group members generally have the belief, is not what makes it *collective.* Rather, its being collective may account for its generality. One may be helped to see how collectivity could lead to generality by considering the following observation.

An observation concerning the standing to rebuke. If one is attempting to formulate an alternative to the simple summative account the following observation should be born in mind. Once a group belief is established, the parties understand that any members who bluntly express the opposite belief in conversation with other members may appropriately be taken to task by other members. The same goes for the blunt expression of beliefs that logically imply the opposite of the group belief.

That the other members have the standing to rebuke the member in question appears to be a function of the group belief itself. An adequate account of group beliefs as these are ordinarily conceived of, then, should explain how a group belief is such as to give the members this standing.

Returning to Durkheim, one can see that if someone knows he is likely to be rebuked for bluntly expressing the belief that a certain poem is not a good one, for instance, he is less likely to be willing so to express that belief even if he has it. His sup-

---

5 For further discussion of this kind of case see Gilbert (1989: 268-270).

pression of his tendency bluntly to express what he believes may lead his belief itself to be diminished or simply to disappear.

Rather than bluntly saying something that runs contrary to an established view of one's group one may make use of such prefatory phrases as "In my personal opinion". I take it that the use of such a phrase would be enough to forestall the kind of rebuke just envisaged, which is a rebuke precisely for bluntly saying something contrary to the group's view, in circumstances where this is not appropriate.

Though such locutions are available, however, there is likely to be some cost attached to using them. One makes it clear that one's personal view is different from that of the group. Others may regard one with suspicion, thinking one more likely to go on bluntly to say things that run contrary to the group's view, and hence to be worthy of rebuke. One may therefore be almost as reluctant to say "In my personal opinion it is not the case that such-and-such" as to say the sentence that results from omitting "In my personal opinion".

The plural subject account of group belief. The foregoing discussion suggests certain criteria of adequacy for an account of group belief: (1) It should clarify the point that a group belief can be established, roughly, by virtue of public expressions of readiness on the part of the individual group members to let a particular belief be established as that of the group. In particular it should not presuppose that one understands what it is for a belief to be the belief of a group. (2) It should explain how the very existence of a particular group belief gives group members the standing to rebuke each other for bluntly expressing a contrary view. (3) It should not entail that all or most group members believe what the group believes. (4) It should not entail that if all or most of them believe something then the group believes it too. At the same time, of course, (5) it should allow that the members may believe what the group believes: that is not ruled out.

I now give a rough statement of the account of group belief that I have developed and then briefly explain its key terms. As will emerge, this account fares well in light of the criteria of adequacy just stated:[6]

> *A group G believes that p* if and only if the members of G, as such, are jointly committed to believe as a body that p.

One can give a parallel account of a collective belief that does not presuppose a pre-existing group, to cover cases of a type I refer to later in the text.

The *phrase* "joint commitment" as I use it is a technical one. There is reason to believe, however, that the concept it expresses, as I understand it, is fundamental to our everyday conceptual scheme concerning social relations. In other words, it is not a technical *concept*.

The kind of commitment involved is what I have called "a commitment of the will". One species of such commitment is engendered by my decision to go to the

---

[6] I have formulated this account differently on different occasions. This is in part because essentially the same idea is expressible in different ways. Naturally the most acceptable version will be as clear and free of ambiguity as possible. I explain the way the main formulations I had used to date relate to one another in Gilbert (1996: 7-10; see also 1989: ch. 7).

beach tomorrow. In making this decision I commit myself to go to the beach tomorrow. A *personal commitment* of this kind is one that the person in question unilaterally creates – for himself – and that he is in a position unilaterally to rescind.

He is committed to do what he decided to do in the following sense: he now has *sufficient reason* to do it – unless and until he rescinds his decision. This does not mean that it is, in and of itself, a good thing to do, or that doing it will have good consequences. It means that, all else being equal, rationality in an intuitive sense of the term requires him to do it.[7] He is thus in a clear sense, and to a certain extent, "tied down" with respect to what it is appropriate for him to do in the future.

A joint commitment, as I understand it, is the commitment of two or more people. It is not a conjunction of a personal commitment of one party with personal commitments of the others. Rather, all, together, commit all. And they remain thus committed absent the concurrence of all on the alternative.

Any given party is of course physically capable of acting against a standing joint commitment, if he so desires. But then the commitment will be violated, as all of the parties will understand.[8]

In order together to commit them all, each of the two or more people involved must express his personal readiness to participate in the creation of this commitment, in conditions of common knowledge. I use "common knowledge" in roughly the sense introduced by David Lewis.[9] To put it informally, these things are out in the open as far as the relevant people are concerned. Once each of the necessary expressions has been made in conditions of common knowledge the parties are jointly committed in the relevant way.

Of course there is sometimes some unclarity as to what a given person is expressing. There will be various ways of clarifying the situation in a given case. One obvious method is to ask that person to make his intentions explicit.

Having explained – to some extent – the nature of joint commitment in general, I now focus on the particular joint commitment invoked in my account of a group's belief.[10]

On that account, a group's belief that p involves a joint commitment of the members, as such, *to believe that p as a body*. What does this particular joint commitment require of the individual parties to it?

On the negative side, and importantly, it does not entail that each of them is personally to believe that p.

On the positive side, the requirement to believe that p *as a body* can be further explained as the requirement *as far as possible together to emulate a single believer of the proposition that p*. This requirement will be fulfilled, to some extent at least, if in ap-

---

7 This is not rationality in the game-theorist's sense of "maximization of utility" but rather the rationality of reacting appropriately given those considerations that bear on the case.
8 For discussion of the consequences of such violation see Gilbert (1996: 14-15). I there incline to the view that generally speaking violation by one or more parties renders a joint commitment voidable by the remaining parties, as opposed to immediately voiding it.
9 See Lewis (1969). For further discussion along these lines see Gilbert (1989: 188-195) and elsewhere.
10 I have discussed joint commitment more extensively in a variety of places including Gilbert (1996: 7-15, 2003, 2006b: ch. 7).

propriate circumstances those concerned say that p with an appropriate degree of confidence, and generally behave in a way consistent with the belief that p.

I have elsewhere introduced the technical phrase "plural subject" as a label for those who are jointly committed to do something as a body, where believing that p counts as an instance of "doing something". I therefore call the account of a group's belief that I have sketched here "the plural subject account". If for some reason that label is found to be uncongenial, "the joint commitment account" would do just as well.

Social groups as plural subjects. My discussion in this paper has focused on the beliefs of established groups such as unions, search committees, and discussion groups. All of these may be thought to have as their primary feature a certain aim or mission.

I have elsewhere argued that it is necessary and sufficient for the existence of a social group in a certain central sense of the term that there is a plural subject in the sense just indicated.[11] This central sense includes unions, search committees and discussion groups, among others, within its extension.

If all plural subjects are social groups in the sense in question, it follows that any persons A, B, and so on, who are jointly committed to believe something as a body thereby constitute a social group, irrespective of any other relationship they have. This seems to me to be correct intuitively. Indeed, there are established groups that appear to have not so much a certain mission as a certain belief or credo as their primary feature. The Flat Earth Society is but one example.

Joint commitment and the standing to rebuke. I return now to the criteria of adequacy for an account of group belief proposed earlier and discuss how the plural subject account fares in relation to them.

According to criterion (1) an adequate account should clarify the point that a group belief can be established, roughly, by virtue of public expressions of readiness on the part of the individual group members to let a particular belief be established as that of the group. The plural subject account offers, in effect, a particular interpretation of that point, an interpretation that does not presuppose that one understands what it is for a group to believe something.

According to criterion (2) the account should explain how the very existence of a particular group belief could give group members the standing to rebuke each other for bluntly expressing a contrary view. I leave discussion of this criterion till last, since it requires the longest treatment.

According to criteria (3), (4), and (5) the account should not entail that all or most group members believe what the group believes; it should not entail that if all or most of them believe something then the group believes it too, and it should allow that the members may believe what the group believes: that is not ruled out. All of these criteria are satisfied by the plural subject account.

I return now to criterion (2): the need to explain how the members of a group with a given belief have the standing to rebuke each other for bluntly expressing a contrary view. It is clear enough that by virtue of their having jointly committed one another in some way, the parties to any joint commitment gain a special standing in rela-

---

11 See Gilbert (1989: ch. 4).

tion to one another's actions. Precisely how to characterize that standing is a good and important question, and gets us into some fairly deep waters. Here I summarize some aspects of the matter as I see it.

First, the parties to a joint commitment are *answerable* to one another, qua parties to the commitment, should they fail to conform to it. Each will understand that if one party asks another why he failed to conform, it will not be appropriate to respond "That is none of your business!" Second, one who fails to conform to a given joint commitment has *offended against* all of the parties to the commitment as such.

I propose that the offense in question can plausibly be characterized as a violation of each party's *right* to the offender's conformity. Correlative to this right is an *obligation* or duty of conformity on the part of each, an obligation or duty *towards* the other parties. In other terms, each *owes* each his conformity.

I take it that one owes someone an action in the sense in question here if that action is already in an important sense *his*. Its occurrence is not, of course, a matter of his behaving in a certain way. It is not his action in *that* sense. In what pertinent sense is an action that is owed to me mine? Apparently, if my proposal is correct, in a sense exemplified by a situation of joint commitment.

If all this is right, then we can see how the parties to a joint commitment have the standing to rebuke one another for non-conformity to the commitment. To spell this out, it will be useful first to introduce the notion of a *demand*. In the pertinent relatively narrow sense of "demand" one needs a special standing in order to be capable of demanding that someone act in a certain way. I take it that one has this standing if the action in question is one's own in the sense in which an action that is owed is one's own.

A rebuke is an after-the fact demand. One can sensibly demand the action *before* it has been performed – if, perhaps, the person who must carry it out seems to be planning not to do it. When the time for carrying it out has past, one can no longer sensibly demand it, but one can rebuke the person in question for not carrying it out. In the case of the demand one says, in effect, "Give me what is mine!" In the case of the rebuke, one says, rather "You did not give me what was mine!" implying, perhaps, that some kind of recompense or at least apology is called for.

There is, then, a way of linking group belief on the plural subject account to the standing to rebuke, a way that makes this standing part and parcel of the fact that the group belief exists. It is unclear that any other way of characterizing group belief will fare so well in terms of the criterion of adequacy in question.

Group belief as belief. I propose that the concept of group belief as articulated in the plural subject account is an everyday concept that permeates everyday life. In this section, in writing of "group belief" I mean group belief according to the plural subject account.

To say that there are group beliefs is not to say anything metaphysically disreputable, or so I suppose. It is clear enough what group beliefs involve.

If it is said that group beliefs are not really beliefs, this will need to be supported. For when people speak of what their group believes, they are apparently speaking seriously and non-metaphorically.

One can of course make important distinctions among the statements about belief that are made in everyday life. In a story for children a train might be said to believe something. A computer user might find himself saying in response to an error message that his computer thinks he is stupid. Or someone might attribute an overly sophisticated belief to his cat: "She thinks she is the President of the United States." Many such statements can presumably be excluded from consideration as in some sense playful, or not intended to be taken seriously or literally. Group belief statements, in contrast, are commonly made with serious intent.

It would be reasonable to assume that there are both analogies and disanalogies between the beliefs of groups – or, if you will, the phenomenon to which group belief statements refer – and the beliefs of individuals. Precisely what these analogies and disanalogies are is a good question.[12]

Elements of culture beyond group beliefs. I have focused in this paper on the nature of group beliefs as these are conceived of in everyday life, and offered an account of such beliefs in terms of joint commitment. I should like to close by noting the plausibility of joint commitment accounts of many other potential cultural elements, one of these being social conventions.

A popular account of social convention comes from the philosopher David Lewis via the philosopher Hume and the economist Thomas Schelling. According to this account, roughly, there is a convention in a given population – which may or may not be a social group – if there is a regularity in the behavior of its members combined with expectations on the part of the members that such behavior will continue and preferences for such continuation on the part of all, if most so continue.

Lewis may have described an important phenomenon with his description of a convention. However, he set out not only to do this, but to give an account of our everyday concept of a social convention. That he has achieved this particular aim is debatable. That depends, of course, on what one thinks an account of this concept must explain – what one thinks the firm contours of the everyday concept of a social convention are.

In my view, in parallel with the everyday concept of a group's belief, the everyday concept of a social convention is such that the parties to such a convention understand themselves to have the standing to rebuke one another for non-conformity to the convention, and to have this standing by virtue of the fact that this is their convention. It is hard to see how this can be explained given only the elements of Lewis's account of social convention.

I have elsewhere proposed an account that can explain it, an account that retains none of the elements of Lewis's account. According to this plural subject account of social convention, there is a convention in a given population if and only if the members are jointly committed to accept as a body a certain fiat with respect to their behavior. Given this account, which is to be understood along similar lines to the plural subject account of collective belief, the parties do have the standing to rebuke one an-

---

12 For some discussion of analogies between group or collective belief and the beliefs of individuals in light of various philosophical doctrines about belief, based on the individual case, see Gilbert (2002).

other for non-conformity with the "fiat" that characterizes the particular convention at issue, insofar as non-conformity contravenes the joint commitment that lies at the heart of the convention.[13]

Though I shall not attempt to discuss other elements of culture here, I believe that, as I have argued elsewhere, plural subject accounts of central elements of culture other than beliefs and conventions are very plausible. These include a group's language, and its moral code.[14]

References

Bar-Tal, Daniel. 1990. *Group beliefs: a conception for analyzing group structure, processes and behavior.* New York: Springer-Verlag.
Gilbert, Margaret. 1989. *On social facts.* Princeton: Princeton University Press.
Gilbert, Margaret. 2004a. On social facts. In *Debating Durkheim,* eds. Herminio Martins, William H. Pickering, 86-109. London: Routledge.
Gilbert, Margaret. 2004b. Collective epistemology. Episteme. *A Journal of Social Epistemology* 1: 95-107.
Gilbert, Margaret. 2005. Shared values, social unity, and liberty. *Public Affairs Quarterly* 19: 25-49.
Gilbert, Margaret, 2006a. Can a wise society be a free one? *Southern Journal of Philosophy* 44: 1-17.
Gilbert, Margaret, 2006b. *A theory of political obligation: membership, commitment, and the bonds of society.* Oxford: Oxford University Press.
Gilbert, Margaret. 2008. Social convention revisited. *Topoi* 27: 5-16.
Lewis, David. 1969. *Convention.* Cambridge, MA: Harvard University Press.
Quinton, Anthony. 1975. Social objects. *Proceedings of the Aristotelian Society* 76: 1-27.

Korrespondenzanschrift: Prof. Dr. Margaret Gilbert, University of California, Irvine, 201 Humanities Office Building, Mail Code: 4555, Irvine, CA 92697
E-Mail: mpgilber@uci.edu

---

13 For further discussion of both Lewis's and my account of social convention see Gilbert (1989: ch. 6; 2008).
14 See Gilbert (1989: ch. 3), on group languages, and, on a group's moral code, Gilbert (2005).

KRITIK

GROUP BELIEFS, GROUP SPEAKERS, POWER AND NEGOTIATION

Annette Schnabel

Abstract: In her article, Margaret Gilbert touches the sociologically important subject of the establishment and nature of group beliefs. This subject is not only important because group formation, decision making in groups and group behaviour are central topics of sociology since the beginning of the discipline. It rather touches the more general questions of the role of conventions guiding behaviour in interactions and how social order emerges on a larger scale. The answers Gilbert provides to these more general questions lead to a distinct epistemological standpoint. This commentary realizes the broad scope of the contribution by firstly, summarizing and discussing its implications. Secondly, it confronts Gilbert's conceptualisation with individualistic and reductionist[1] approaches referring to one of the most prominent dilemmas in sociology, namely the collective good problem. Thirdly, the commentary explores and discusses the epistemological consequences of Gilbert's joint acceptance account.

I. Group sociology and its conceptual and epistemological blurriness

As an empirical phenomenon, groups, especially small groups, are one of the most important and influential forms of human organisation: hordes, clans, tribes are universal phenomena. Anthropologically, human development takes place in primary groups like families and clans in which significant others enable the primary socialization of individuals into genuine social beings (Berger and Luckman 1969); face-to-face interactions in small scale groups continuously facilitate the maintenance and development of identity (Jenkins 1996). Even larger scale changes of societies by all kinds of collective action like policy swings, innovative practices or social movements start in networks of small groups. There, people meet face-to-face and support each other in their ways of thinking, acting and sense making (e.g. Marwell and Oliver 1993; Schnabel 2003). Phenomenologically, groups are an important societal category and group practices are vital mechanisms of societal re-production.

Neidhardt (1979) proposed a definition that locates groups between interactions and organisations. According to this definition, a group is characterized as a relatively stable formation depending on particular persons. Group members share similar inter-

---

1 I use the terms "individualistic" and "reductionist" synonymously to refer to all approaches that either explanatorily or ontologically reduce the properties of higher level phenomena to the properties and relations of their components, e. g. as Rational Choice or Game Theories (Heintz 2004).

ests and are bound by shared feelings of togetherness. They develop a unifying group identity. While interactions end when their members depart groups survive phases of latency. However, they have to be actualised regularly by (face-to-face) contacts of their members.[2] In contrast to organisations, groups do not necessarily have formal roles and rules of membership; their members cannot easily be substituted by "just somebody else".

This definition allows groups to be distinguished not only from interactions and organisations but also from other forms of communities: While group members know each other, members of "imagined communities" like nations (Anderson 1983) share a feeling of togetherness but do not have immediate contact. Categories (or "series" as Young 1994 calls them) are even more anonymous: their members only share a similar characteristic like sex or political attitudes. The feeling of togetherness has to be actively constructed and mobilized to transform a category into a group.

While shared feelings of togetherness are quite helpful to tell groups apart from interactions, organisations, imagined communities and categories, they turned out to be problematic with regard to the conceptual and epistemological grounds that they are based on. The *conceptual* problem concerns the question of what these feelings consist of, under which conditions they emerge and whether groups in fact need them to develop and maintain. The *epistemological* problem refers to the jointness of these feelings, but also of group interests or aims: are they the same (ones) for all members or do the group members just individually have similar feelings, interests or aims? And if the latter is the case: how do the group members obtain a valid "fiction" of sameness?

These two lines of argument affect not only the definition of groups and the understanding of their formation and maintenance but also the more fundamental questions of (1) how members of groups or communities coordinate action and cooperate and if they in fact are able to develop the same (one) interest. That implies also the question (2) if sociality is more than just the sum of its individuals – and their preferences, interests, and actions.

(1) The first question is closely related to the collective good problem prominently discussed since the 1960s. Collective goods have particular properties that provide incentives for individual actors to wait for others to bear the costs of their production – especially in larger groups. That gives rise to the question under which (additional) conditions these incentives for free-riding can be overcome (Olson 1963).[3] The significance of this question for the commentary at hand lays in the following: Every group formation has to solve a collective good problem, namely the formulation and enforcement of rules of "production" and "distribution" of group related "goods" (second-order collective good problem, Heckathorn 1989; Weede 1992).[4] Does Gilbert's concep-

---

[2] The necessity of frequent face-to-face contact is recently questioned by considerations about virtual group formation (e. g. Döring and Schestag 2000).

[3] In this line of argumentation, I will present just those aspects of the well established debate on collective and common goods. Further, classical arguments are provided by e. g. Olson (1963), Hardin (1968), Oliver and Axelroth (1984), Hechter (1990), Marwell and Oliver (1993) or Heckathorn (1996).

[4] These "goods" can comprise everything that the group members decide to produce or do together: ideas and enjoyment, jointly bringing in a harvest, or provoking political change.

tualization of collective beliefs provide an alternative answer to this problem, especially for larger groups and communities where people do not necessarily have face-to-face contacts that may help to enforce commitment?

(2) While the first conceptual question touches this mere sociological puzzle, the second epistemological question refers to the sociological debate about rather holistic (or macro-sociological) or individualist (or micro-sociological) explanations of the social (Alexander and Giesen 1987; Greve, Schnabel and Schützeichel 2008): Is it possible, as Gilbert strongly argues for, to explain ideas, beliefs, norms and institutions independently of their realization by individuals or do we have to reduce them to the individual re-production in order to fully understand them? Do we, in consequence, have to account for ideal types of action that Weber did not consider – like group actions or joint actions?

II. Joint Commitment, collective beliefs and preferences

In her definition of groups, Margaret Gilbert takes explicit care of the conceptual and epistemological problem of defining groups. For her, a group is a "plural subject" which is constituted by "those who are jointly committed to do something as a body" (Gilbert 2001: 115). This joint commitment entails two or more people and is "not a conjunction of personal commitments of the different parties" (Gilbert 2001: 115). A joint commitment is created by "expressing to the others his or her willingness to be jointly committed with them" (Gilbert 2001: 115). Joint commitments are therefore not reducible to individual, personal commitments. Joint commitments are publically expressed and force those who have committed to them to comply with them. They can be changed only in a joint act and individuals cannot rid themselves of the commitment just by changing their will.

Collectivity, according to this understanding, encompasses the mode of group formation as well as the subject of the group:[5] the act of jointly committing differs from individual or mutual commitment and creates a collective or plural subject that is more than the mere sum of individuals or of mutual relationships between group members.

For Gilbert, these plural subjects are the basis of joint beliefs. Collective, group or joint beliefs[6] are beliefs that are jointly accepted by the members of the group. They are based on the common knowledge of commitment of others generated by the members that have openly expressed this joint acceptance (Gilbert 1987: 195). However, as Gilbert explicitly stated (e. g. 1987: 186-187, 2001: 113-114, in this volume), if a group as "a body" believes in something it does not necessarily implicate that all or most of its members as individuals believe in it as well. By the same token, it is nei-

---

5 In his discussion of collective intentionality, Schmid (2008: 561) differentiates between content, mode and subject each of which can become the collective focus of collective intentionality. In contrast to Schmid, I argue that Gilbert's "joint commitment", in contrast to individual or mutual commitment, not only results in a plural subject but also assumes a "we-mode" in which group members act "as group members" instead of individual persons.
6 Gilbert uses these terms synonymously in her writings.

ther necessary nor sufficient for beliefs to be held by all or most of the members in order to become collective or group beliefs.

Groups are as well able to develop collective preferences by joint commitment (Gilbert 2001). Like collective beliefs, collective preferences are just what the group members jointly and openly committed to prefer, even if some members of the group individually might not share this particular preference. If the individual members are committed and obliged to them, collective preferences provide sufficient reason for group members to act accordingly (Gilbert 2001: 113-114). Rational individual action[7] therefore can be motivated and explained by individual desires and beliefs as well as by jointly accepted (group) desires and beliefs that are independent from individual desires and beliefs and not reducible to them.

This joint acceptance account of beliefs has three important and far-reaching consequences (Gilbert 1987, 2001 and in this volume): It constitutes (a) the obligation of compliance for the committing group members, (b) the right of the group to rebuke in case of noncompliance or public disagreement and opposition by one of members, and (c) the obligation of members to justify noncompliance, disagreement and opposition. Collective preferences show these features as well and provide individuals with enough reason to act according to them. In short: collective beliefs and preferences create *expectations* of compliance which all group members are aware of and accept. They are not determining but provide enough force to hold people accountable for deviations. While Gilbert would argue that these expectations are joining, a competitive interpretation may refer to them as just mutual.

III. Conceptual and epistemological Implications

With her approach, Gilbert suggests a solution both to the conceptual and the epistemological problem imposed by conventional group definitions. She solves the conceptual problem by explicitly referring to the jointness of the commitment as the central grounds for group formation. Joint commitment can comprise a joint interest or goal like winning a football match or completing a military mission (Gilbert 2001: 112). By being a particular sort of beliefs, even convictions can lead to group formation, for example convictions in (cultural) similarities, in a particular framing of events or in the illegitimacy of discrimination. For the formation of groups, compulsion is not necessary but it is not excluded either. Groups just have to have a relevant collective objective to become a group.

Gilbert's definition does not enable us to distinguish between groups, organisations or imagined communities. However, even though the conceptual specification leads to a much more comprehensive definition of groups, it facilitates a focus on the most central aspect of group formation: jointness – in contrast to individuality or mutuality. Groups simply start with a joint and openly expressed commitment – no matter what this commitment refers to. The jointness of the commitment provides enough binding

---

[7] Following Schick (1997: 34), a course of action is rational if "[a] rational person *wants* to take a certain sort of option, an option whose outcome is best for him. And he chooses one of the options he *believes* is of this sort [italics not in the original, A. S.]".

force to create togetherness or a "single body" that motivates its members to act "as members of this body". As a plural subject, groups in the conventional sense do not differ from organisations or imagined communities: All of them are founded by joint and open commitment – although to different objectives.

Contrary to conventional definitions of groups, Gilbert provides clear conditions under which groups are maintained: as long as there is a joint commitment there is a group. However, the conditions under which groups tend to fall apart are less clear: what happens to the group if all its members individually, silently by themselves, decide to opt out – as to be observed often e.g. in activist groups of social movements – at one point of time? Do these groups just vanish or do they persist?

With her definition, Gilbert takes also a clear epistemological stand: joint commitment and resulting from it, groups, group beliefs and group preferences in her view are not simply aggregated individual or mutual commitments, beliefs, expectations or actions. They transform into something different – if a proposition is jointly accepted by a group it changes its epistemological status (Gilbert 1987: 194). Groups become "bodies". Only by that, a group (and not only its single members) can develop the powers to pledge or to grant the right to rebuke. As Stephan (1999: 53) has argued, only if systems (like groups) show such properties that cannot be deducted from the behaviour of its isolated elements these properties are able to develop causal powers. "Downward causation" in this sense requires a strong notion of emergence.[8] This is what Gilbert seems to refer to when she stated that groups are "plural subjects".

Although Gilbert's solution to the conceptual and the ontological problem of group formation is quite intriguing some questions come into mind.

IV. Some Concerns

Gilbert's conceptualisation takes a different course than individualistic or reductionist approaches in explaining coordinated and cooperative action. By that, it should be possible to derive an alternative answer to one of the most important puzzles of individualistic or reductionist theories: What incentives are necessary and sufficient to force rational actors to contribute to collective goods, especially in larger communities where face-to-face contacts are not always possible?

Olson's classical argumentation (1963) on the problem of free riding in large groups started by challenging one of the main claims of the sociology of group research, namely that a joint or shared aim is enough to initiate a group effort for its realization. While Olson's argument refers to the individual incentives of free-riding, Gilbert claims that joint commitment results in over-individual expectations that force group members to either contribute to the production or provide "very good reasons"

---

8 Although Gilbert herself did not argue explicitly for a strong notion of emergence in this sense, it can be read as such: the jointness of the commitment (and not the commitment of a single actor) seems to be the property that grants rights and oblige action. It seems to be exactly this property that enables groups and group beliefs to develop causal powers that individual group members seem not to have. This would support an emergent understanding of groups and beliefs held by them in a strong sense according to Stephan's argumentation.

to opt out or to sanction those who opted out. The collective good problem does not exist because the mere joint commitment to the belief that collective action is necessary to produce a particular collective good is sufficient to develop causal power over individuals and force them to contribute. The good then and by that becomes the relevant objective for the group to form. This argumentation emphasises the properties of group and the mode of its formation. Contrary to Olson's line of argumentation, the properties of the group's objective (shared interest or good) do not seem to play any role here.

This brings Gilbert's solution quite close to the group theory's initial claim that a shared or joint project/objective is sufficient for group formation. Reductionist or individualistic approaches doubt that and argue that there are additional conditions necessary: Traditionally, there are three larger groups of analytical individualistic or reductionist solutions to the collective good problem: Iteration and reputation, selective incentives, and the critical mass. Game theory has translated the collective goods problem into the two-actors' Prisoner's Dilemma. If this game is iterated, expected future benefits of working together outweigh the benefits of defecting in the current game (Axelrod 1987). Reputation effects towards a third party may also function as internal sanctions (Raub and Weesie 1991). The second mechanism that helps to overcome the incentives to free-ride are those incentives additional to the benefits from collective goods that consist of private goods or sanctions which do not show the characteristics of joint supply. The joy of joint action, additional social status, or even monetary incentives are examples for that (Olson 1965: 61; followed by Oliver 1980). A third kind of explanation is offered by Oliver and Marwell (1993): They suggest analysing the production function of the collective good itself. Some production functions (those with increasing returns of scale) enable a small group of highly interested and resourceful actors to produce the collective good or initiate the social movement necessary for its production. Marwell, Oliver and Teixeira (1985: 522) called this a "critical mass". They state: "A pool of highly interested and resourceful individuals willing to contribute in the initial region [of the production function, A. S.] of low returns may therefore become a 'critical mass' creating the conditions for more widespread contributions" (Marwell, Oliver and Teixeira 1985: 543).

Gilbert's approach does not per se contradict these suggestions; it is possible to translate it into an individualistic or reductionist interpretation: her idea of joint commitments to group-related beliefs can be understood as mutual promises of sharing the future. Even if they do not necessarily occur, reputational effects can emanate – under those conditions as they are specified by e. g. Raub and Weesie (1991). If commitments are highly visible they can become signals of self-commitments to others which increases mutual trust. Subsequently, mutual expectations and anticipated sanctions that arise from them work as selective incentives while smaller groups that arise out of joint commitments lay the basis of a critical mass. In this way, Gilbert's considerations can be connected to reductionist solutions of the collective good problem as long as one understands joint commitment as "collectively realized" by single actors and as long as one do not see it as sufficient.

The main difference obviously, lies in the underlying epistemological assumptions (which have tremendous consequences): while Game Theory or Rational Choice Theory inspired approaches refer to a strictly individual-based understanding of the world and retain this perspective though their argumentation, Gilbert counters that it is by virtue of the jointness of the commitments that beliefs and desires transform into entities that are not completely reducible to their individual equivalent. In her view, it is not sufficient to just incorporate the utility of collective goods and the jointness of action into individual utility functions. It is by their jointness that commitments develop a new quality which gives rise to their ability to gain causal power over individual action. And it seems to be exactly this quality that provides a quite different mechanism for solving the collective good problem. If people even in imagined communities can be convinced (in which ever way) that a collective or common good like Human Rights or whales in the ocean are a relevant objective for them and if they jointly commit to standing in or protecting them, the group formed out of this plus the joint beliefs force people to act accordingly (or to provide "very good reasons" for not doing so).

Although reductionist positions start with the single actor and try to minimize the assumptions that are necessary for a particular outcome (here: collective action), their models are normally socially quite demanding: cooperative and joint action needs individual strategic considerations, particular information, communication and/or trust. Gilbert's approach does not need any of them. It does not even require face-to-face contacts as conventional definitions of groups suggest.

However, as elegant as this appears, it leaves some open questions. While reductionist approaches have problems explaining how people develop not only similar but common and even shared perceptions and interests (e. g. Schnabel 2006) theories referring to emergent properties, like Gilbert's approach, assume an emergent objective to which all actors can refer in the similar way. However, these approaches run into trouble when it comes to explaining how exactly the particular properties of these objectives come into being (e. g. Stephan 1999). What are the particular conditions that transform individual into joint commitment and provide the latter with a kind of causal power that the former obviously does not have? In a more sociological perspective, conditions of group formation and the relationship between group beliefs, individual beliefs and preferences seem to provide complications that are related to precisely this rather philosophical concern.

At a closer look therefore, Gilbert's conceptualization turns out to be no less demanding than conventional reductionist competitors: firstly, the individual motivation to jointly commit assumes significant others who acknowledge the commitment and demande justification if an actor does not follow the pledge. If I by myself commit to a belief or group effort believing that I am part of a larger community, e. g. by proclaiming a new nation, I do not found such a nation if nobody joints in.[9] Instead, I make a fool out of myself and my efforts remain just individual efforts. Jointness requires significant others – either to commit in the same way (the "us") or to believe that there are people "outside" that already have committed themselves to a particular belief or objective (the "them") even if they do not.[10] Such others are a necessity for

---

9 This also includes the problem to explain the status of individuals which claim to be part of a group by committing to it but which are not acknowledged by other members of the group.
10 With Gilbert one might argue that even if the members themselves all do not believe in the group the group comes into being just by others believing it exists. Stereotyping and prejudice

jointness. It seems meaningless to assume that there are collective beliefs or preferences if nobody believes in them and they cannot be "jointly" if there is nobody to join them with. In this regard, collective beliefs at least depend on either internal or external realization by individual actors. Secondly, to be sufficient, commitments have to be visible; visibility is therefore the second necessity in this line of argumentation. Even if face-to-face contact is not needed, visibility of any sort in fact requires media of communication: if literally nobody – neither of the potential group nor from outside – is aware of a commitment because it has not made public knowledge jet, then there is no commitment and therefore no group at all. And one might be tempted to assume that joint commitment has to be refreshed openly now and then for groups and group beliefs to maintain.

The other side of the same coin refers to the relationship between individual and collective beliefs and preferences. Gilbert states that congruence between these two is possible but neither necessary nor sufficient. As long as the group members and their actions are visible to others and as long as there are no high ranked individual beliefs, convictions, preferences or interests that overrule the collective ones completely, this relationship is quite unproblematic. However, under the conditions of the production of collective goods in larger or even imagined communities, this relationship gives rise to particular concerns. If my actions or omissions are probably undetected and/or if my egoistic utility is sufficiently high, group concerns, common beliefs or objectives start to lose their relevance and individual utility maximizing action becomes quite likely, as the debate about the tragedy of the commons suggests (for the classic arguments see Hardin 1968). There is strong empirical and everyday life evidence that joint commitments, beliefs and preferences are easily overruled when strong pure individual reasons come into play. Sorting garbage, renouncing from using a private car for environmental reasons or sticking to dish washing rules in flat sharing communities are well known everyday examples of how joint commitments, beliefs and preferences (or norms and institutions) lose their power if defection is likely to remain undetected or/ and if the individual opportunity costs of obeying are really high (Quandt and Ohr 2004). That there are as numerous counterexamples as examples for free-riding only shows that the conditions for the development of group beliefs and preferences have to be carefully analyzed and that it is far from self-evident that it is the mere 'objectivation' of the group and of the collective beliefs that forces people in keeping the pledge even if individual incentives for free riding are very high and no one is ever going to detect it. It becomes even harder to argue so when taking into account that (at least rational) individual action is not motivated by beliefs but by desires. Beliefs, collective or individual, can motivate action only if they are able to generate an individual desire (Gosepath 1999). While for collective preferences the motivating aspect is unproblematic it is not for collective beliefs. The downward causation process in this case will be different.

So far, these considerations leave the problem either that mental representations and individual realizations of groups and of the collectiveness of beliefs/preferences develop causal power over individual action or that the particular properties of the joint-

---

against particular people might result in such an "unintended" group formation by the virtue of external proclamation.

ness and the conditions under which they work have to be defined more specifically. While the first option results in a reductionist perspective the latter requires a quite demanding line of argumentation if it should not result in the traditional group theory's claims and problems.

Gilbert's definition of groups and her deduction of group beliefs provide a convincing explanation for the everyday understanding of the power of groups. Sociologically, however, the differentiation between commitment based groups and beliefs appears to be circular: a collective belief is a jointly and openly accepted proposition while "any set of persons who jointly accept some proposition thereby become a social group of collectively, intuitively" (Gilbert 2001: 195). It follows that collective beliefs (like "we are a group") can cause a group as well as other collective beliefs (like "we as a group decided that p") and collective preferences (like "we as a group will do a"). This makes it hard to distinguish between beliefs that found a group ("we have the same problems, interests, aims ...") and those that result out of the joint group effort ("we as a group decided ..."). Is it the same kind of collective belief in both cases? Additionally, the circularity of the argumentation leaves open some sociologically important questions: do all group members have the same say in what they jointly commit to? How do power relationships come into play within those jointly founded groups and aren't it precisely these power relations that help to enforce the jointness of the commitment and to keep members committed? Under which conditions, necessary and sufficient, is jointness even possible at all?

As stated before Gilbert's argumentation seems either to produce the need for intensive explanations of how groups and collective beliefs, preferences and objectives receive those properties that enable them to develop the causal power to keep people committed or it comes back to a more individualistic version that is in line with different already discussed mechanisms that help to overcome the collective good problem.

VI. Concluding remarks

From a sociological perspective, Gilbert's conceptualization of groups is of great additive value to the conventional perspective on groups. It opens the perspective on how shared interests, perceptions, beliefs and preferences between actors are generated. While other definitions of groups cover a narrow scope of phenomena and emphasize the active mobilization processes that transform e.g. series into groups, Gilbert's conceptualization focuses on the most central aspect underlying all kinds of cooperative action. It opens the perspective on how shared interests, perceptions, beliefs and preferences between actors are generated. By the virtue of the jointness of commitment these interests, perceptions, beliefs and preferences become an objective to which individual actors can relate and which are able to force them into either obeying them, provide good reasons for deviation or to rebuke in case of deviation. This provides an elegant solution to one of the main problems of reductionist positions, namely the problem of how similar interests become shared concerns.

However, several concerns remain: What are the particular properties of the joint commitment that are not reducible to individual commitment and under which conditions do they develop? How do joint beliefs and preferences relate to individual beliefs and preferences? Do they overwrite them? Are they even able to be overwritten by them? What exactly are the mechanisms that force people to keep their commitment? What happens to the group if all its members individually, silently by themselves, decide not to be a member any more? Do they just vanish or do they persist?

Taking these considerations seriously, both the reductionist and the emergent position that is proposed by Gilbert seem to have their serious downsides. They, nevertheless, help to bring into focus different aspects of sociality. Margaret Gilbert provides a valuable suggestion of conceptualizing groups and group beliefs. However, this conceptualization to me seems to need further development to become a full substitute for conventional reductionist approaches when it comes to explaining cooperative actions, in particular cooperative actions in large groups.

References

Alexander, Jeffrey C., and Bernhard Giesen. 1987. From reduction to linkage: the long view of the micro-macro debate. In *The Micro-Macro-Link*, ed. C. Alexander Jeffrey, 1-42. Berkeley: University of California Press.
Anderson, Benedict. 1983. Imagined communities: reflections on the origin and spread of nationalism. London: Verso.
Axelrod, Robert. 1984. *The evolution of cooperation.* New York: Basic Books.
Berger, Peter L., and Thomas Luckmann. 1969. *The social construction of reality.* New York: Anchor Books.
Döring, Nicola, and Alexander Schestag. 2000. Soziale Normen in virtuellen Gruppen. Eine empirische Untersuchung ausgewählter Chat-Channels. In *Virtuelle Gruppen. Charakteristika und Problemdimensionen*, ed. Udo Thiedeke, 313-354. Opladen: Westdeutscher Verlag.
Gilbert, Margaret. 1987. Modelling Collective Belief. *Synthese* 73: 185-204.
Gilbert, Margaret. 2001. Collective preferences, obligations, and rational choice. *Economics and philosophy* 17: 109-119.
Gosepath, Stefan. 1999. *Motive, Gründe, Zwecke.* Frankfurt a.M.: Fischer.
Greve, Jens, Annette Schnabel and Rainer Schützeichel. 2008. Das Mikro-Makro-Model der Soziologischen Erklärung. Zur Ontologie, Methodologie und Metatheorie eines Forschungsprogramms. Wiesbaden: VS Verlag für Sozialwissenschaften.
Hardin, Garrett. 1968. The tragedy of the common. *Science* 162: 1243-1248.
Hechter, Michael. 1990. The emergence of cooperative social institutions. In *Social institutions*, eds. Michael Hechter, Karl-Dieter Opp, Reinhard Wippler, 13-35. Berlin, New York: Walter de Gruyter.
Heckathorn, Douglas. 1989. Collective action and the second-order free-rider problem. *Rationality and Society* 1: 78-100.
Heckathorn, Douglas. 1996. The dynamics and dilemmas of collective Action. *American Sociological Review* 61: 250-277.
Heintz, Bettina. 2004. Emergenz und Reduktion. Neue Perspektiven auf das Mikro-Makro-Problem. *Kölner Zeitschrift für Soziologie und Sozialphilosophie* 56: 1-31.
Jenkins, Richard. 1996. *Social identity.* London, New York: Routledge.
Marwell, Gerald, and Pamela Oliver. 1993. *The critical mass in collective action.* Cambridge: University Press.
Marwell, Gerald, Pamela Oliver and Ruy A. Teixeira. 1985. A theory of the critical mass i: interdependence, group heterogeneity, und the production of collective action. *American Journal of Sociology* 91: 522-556.
Neidhardt, Friedhelm. 1979. Das innere System sozialer Gruppen. *Kölner Zeitschrift für Soziologie und Sozialpsychologie* 31: 639-660.
Olson, Mancur. 1965. *The logic of collective action.* Cambridge, Mass.: Harvard Univ. Press.

Quandt, Markus, and Dieter Ohr. 2004. Worum es geht, wenn es um nichts geht? Zum Stellenwert von Niedrigkostensituationen in der Rational-Choice-Modellierung normkonformen Handelns. *Kölner Zeitschrift für Soziologie und Sozialpsychologie* 56: 683-707.

Raub, Werner, and Jeroen Weesie. 1991. Reputation and efficiency in social interactions: an example of network effects. In *Modellierung sozialer Prozesse*, eds. Hartmut Esser, Klaus G. Troitzsch, 735-772. Bonn: Informationszentrum Sozialwissenschaften.

Schäfers, Bernhard. 2006. Die soziale Gruppe. In *Einführung in Hauptbegriffe der Soziologie*, eds. Hermann Korte, Bernd Schäfers, 127-143. Wiesbaden: VS Verlag für Sozialwissenschaften.

Schick, Frederic. 1997. *Making choices. A recasting of decision theory*. Cambridge: Cambridge University Press.

Schmid, Hans Bernhard. 2008. Intentionalität, kollektive. In *Handbuch der politischen Philosophie und Sozialphilosophie*, eds. Stephan Gosepath, Wilfried Hinsch, Beate Rössler, 560-564. Berlin: De Gruyther.

Schnabel, Annette. 2003. *Die Rationalität der Emotionen*. Wiesbaden: Westdeutscher Verlag.

Schnabel, Annette. 2006. What makes collective goods a shared concern? Re-constructing the construction of the collectiveness of goods. *Rationality & Society* 18: 5-34.

Stephan, Achim. 1999. Varieties of emergentism. *Evolution and Cognition* 5: 49-59.

Weede, Erich. 1992. Mensch und Gesellschaft. Soziologie aus der Perspektive des methodologischen Individualismus. Tübingen: Mohr Siebeck.

Young, Iris M. 1994. Gender as seriality: thinking about women as a social collective. *Signs* 9: 99-124.

Korrespondenzanschrift: Annette Schnabel, Department of Sociology, University of Umeå, SE - 901 87 Umeå, Schweden

E-Mail: annette.schnabel@soc.umu.se

REPLIK

JOINT COMMITMENT AND GROUP BELIEF

Margaret Gilbert

Abstract: This paper responds to some of the questions posed by Annette Schnabel with respect to the author's ideas about joint commitment and group belief. These questions concern the contrast between joint commitment and personal commitment; when and why joint commitments are likely to develop, and how they facilitate human interactions in the case of problematic structures of inclinations; mechanisms that lead people to conform to their joint commitments, and the relationship of the beliefs and preferences of groups to those of individuals.

I thank Annette Schnabel for her detailed comments on my paper "Culture as Collective Construction". This brief response will focus on some of the questions raised in the concluding section of her commentary.

The account of group belief discussed in my paper runs as follows: *A group G believes that p* if and only if the members of G are jointly committed to believe that p as a body. An analogous account can be given of group preferences. Annette Schnabel's questions relate both to joint commitment in general and to group beliefs in particular. I turn to the questions about joint commitment first.

I. Joint Commitment and the Commitments of the Parties

Professor Schnabel asks, "What are the particular properties of the joint commitment that are not reducible to individual commitment and under what conditions do they develop?" In response I will attempt to amplify somewhat the discussion of joint commitment in the paper.[1]

When two or more people have *jointly committed* them all in some way, I say these people *are jointly committed*, that *a joint commitment* has been created, and so on. When this is the case *each of the participating individuals* is indeed committed. That is, each is now subject to the kind of constraint in question – a commitment of the will.

It is important to note, however, that to say this is not to say that each of these individuals now has what I have referred to as a *personal commitment* such as is created by a personal decision.

---

[1] For further amplification see Gilbert (2003); see also Gilbert (2006: especially ch. 7).

By definition, a *personal* commitment is created unilaterally by the party in question, and can be rescinded unilaterally by that party. If you like, he is the sole *author* of his commitment and, as such, he can do away with it when he pleases.

In contrast, a joint commitment has a *joint author*. This is how the parties to it understand what is happening. It is created and must be rescinded as a whole. Thus, for its creation, it must at a minimum be common knowledge between the parties that each is ready *jointly to commit them all* in the relevant way.

Here I would like briefly to insert a point that is not strictly relevant to the reducibility issue. I have long supposed that in basic cases it is necessary that each party's readiness to join with the pertinent others in creating a given joint commitment be *expressed*, in conditions of common knowledge, in order that the joint commitment be formed.[2] This indeed is how I represented the situation in the paper on which Professor Schnabel comments.

It may be, however, that there are some special contexts in which no "expression condition" need be met. These will presumably be cases, if such there be, in which something like the following is true: as is common knowledge between them, each of several people is ready to join with the others in creating a particular joint commitment, *and desires to have that readiness taken for granted in the absence of his expression of it*. There is no space to pursue this possibility here so for present purposes I set it aside.

One thing for which I take the jointness of a commitment to be crucial – whether expressions of the readiness of each jointly to commit one another are essential to its formation or not – is the existence of rights of the parties to each other's conformity to the commitment, along with the standing to demand conformity and to rebuke for non-conformity. A set of mutually expressed personal commitments as in the dialogue "I've decided to (...)" "(...) and so have I" would not in and of themselves create a situation in which each party was in a position to demand the other's conformity as his. In the case of a joint commitment, a fuller elaboration of *as his*, here, would be *as his, in his capacity as one of us, where we have jointly imposed the commitment to act upon him*.

II. Contexts Conducive to the Formation of Joint Commitments

When and why are joint commitments likely to develop? My discussion of this question here will focus on an important type of situation in which one can argue that the development of a joint commitment is predictable.[3] Though this situation as described involves a degree of idealization in terms of the way human beings operate, I take it to be relevant to our understanding of less than ideal circumstances.

Thus consider a situation in which two people, Anne and Bea, are *rational* in the sense that each one always acts appropriately given the considerations that bear on her situation. It is also common knowledge between Anne and Bea that each one is in this

---

2 I argue in favor of an "expression" condition as well as an "expressed" condition in Gilbert (1989: ch. 4).
3 There is related discussion in Gilbert (2007).

sense rational. Each has to choose between two actions which I shall label "defect" and "not defect". The personal *inclinations* of each with respect to the possible combinations of their actions have the profile associated with the payoffs to each agent in a classical Prisoner's Dilemma payoff matrix. Thus each is inclined to defect both on the assumption that the other defects and on the assumption that the other does not defect, though she is more strongly inclined to defect on the assumption that the other does not defect. And so on.[4]

In this situation it seems reasonable to assume that if there is no joint commitment to the contrary both Anne and Bea will defect. Certainly such defection accords with each one's "strictly dominant strategy" given the profile of her inclinations, a fact which would appear to recommend defection if it does not rationally require it.

If the parties can achieve a joint commitment to adopt as a body a plan of non-defection by each, however, then each will choose the option of non-defection. Here I assume that conforming to the joint commitment and hence not defecting is the rational response in this context, all else being equal.

Granting this assumption, as I shall in what follows, it is clear that people who are rational and wish to do as well as possible *according to the profile of their inclinations* in the situation envisaged will be well advised to make an appropriate joint commitment with the other party or parties prior to the time they must act, if it is feasible to do so.

I assume that more generally, *when the pattern of personal inclinations in a population is not enough to guarantee a satisfactory outcome for rational agents*, an appropriate joint commitment can ensure such an outcome for such agents by providing a consideration for all parties that "trumps" that course, if any, that is recommended or required by virtue of their inclinations considered on their own. It will do this as long as there are no further considerations that trump the joint commitment itself.

How might one argue for this trumping quality of joint commitment? Apart from the fact that it seems right on the face of it, the following way of arguing for it seems plausible.

Commitments of the will generally are such that they mandate the action in question all else being equal. Inclinations only recommend actions rather than require that they be performed. Hence, when a commitment of the will is added to the situation, it wins out over a contrary inclination in terms of what one is rationally required to do.

That said, a *joint* commitment in contrast to a pair of personal commitments is an especially powerful tool in face of contrary inclinations. In the case of the personal commitment that a personal decision engenders, it is easy enough for the committed person to do away with it by rescinding the decision. When one is party to a joint commitment, however, he is not in a position unilaterally to do away with his commitment. Once established, then, a joint commitment provides a stable point of reference for the parties.

A joint commitment also introduces certain important *relational facts* into the situation: it endows all of the parties with rights to the conforming actions of the others. That I am inclined to act otherwise appears to be a weak counter to the claim that another has a right to my acting in a particular way.

---

4 Here I assume the reader's knowledge of the Prisoner's Dilemma.

Trumping inclinations is, I propose, one of the central purposes served by everyday agreements, which are plausibly interpreted as involving a joint commitment of a particular type arrived at by a particular explicit process.[5] It is also a central role played by social rules and conventions understood in joint commitment terms.[6]

III. Why Conform?

The foregoing remarks are part of the reply to another of Professor Schnabel's questions: "What exactly are the mechanisms that force people to keep their commitments", to which I now turn.

First, there are mechanisms internal to the person, in that they concern how each person understands his situation. Insofar as he is rational, his understanding that the joint commitment trumps his inclinations as such will lead him to conform to the commitment.

Second, there are mechanisms external to the person, in that they concern how the other parties understand their situation and are likely to react given this understanding. For example, the other parties will understand that if a given person fails to conform to the commitment, each of them has the standing to rebuke him. Insofar as it is unpleasant to be rebuked, the parties to a joint commitment have here an additional reason to conform: their desire to avoid a rebuke.

Of course, even given a tendency of human beings to act rationally in the sense in question, one can expect them to act *irrationally* at times. And factors other than those to which I have alluded will doubtless play a role in bringing people to act in conformity with their commitments – or to fail to do so.

One significant factor that may argue *against* conformity with a joint commitment from a rational point of view is one's sense that it would be *morally wrong*, all things considered, to conform. Indeed it is worth pointing out that though every joint commitment brings with it rights and obligations of a kind, that does not mean that one is always rationally required to act in accordance with these *sui generis* joint commitment rights and obligations, all things considered. To cite but one type of consideration, if the predictable consequences of conformity to the joint commitment are sufficiently grave, it may be rationally required of the parties that they do not conform.

Thus we can expect that in certain circumstances rational agents will act contrary to their joint commitments, though they know this will lay them open to the authoritative rebukes of the other parties. These are the circumstances in which all things considered it would be morally wrong, perhaps it would be a great evil, to conform to the joint commitments in question.[7]

---

5 See Gilbert (2006: ch. 10) for a discussion of agreements and promises as joint commitment phenomena.
6 I briefly discussed social convention in "Culture as Collective Construction". For discussion of social rules, with particular reference to the theory of the British philosopher of law H. L. A. Hart, see Gilbert (1999). See also Gilbert (2006: ch. 9).
7 For discussion of a conflict between one's personal decision and a joint commitment to which one is a party see Gilbert (2006: 158-9). One notable aspect of that situation is that the former

IV. Group Beliefs and Preferences

I turn finally to some of Professor Schnabel's questions specifically about group beliefs: "How do joint beliefs and preferences relate to individual beliefs and preferences? Do they overwrite them? Are they able to be overwritten by them?"

Perhaps the following development of a particular example involving a group belief on my account of these will go some way to answer these questions.[8] Among other things it will bring out in relation to a concrete case how well the account corresponds to the observations on everyday group belief statements offered in the first part of "Culture as Collective Construction".

Suppose that scientists in a particular research team collectively believe that a particular hypothesis H is probably true. Suppose now that Clara Jones is a member of this team. She participates in the collective belief, *being jointly committed with the others* to believe that H is probably true. Personally, however, she has her doubts. Perhaps she did not have them when the collective belief was formed, but on subsequent reflection, in private, she has come to think that H is probably false.

The development of a contrary personal belief is certainly possible in the circumstances of an existing collective belief and does not in and of itself destroy the collective belief. These two, the collective belief and the contrary personal belief, can co-exist, whether or not this is comfortable for the person in question.

If Clara's doubts about H are strong enough, and she wishes to bring the team to a better position on the matter, she may decide to speak out. However, in deciding whether or not to do so, she will need to take into account *the fact of her joint commitment*. This requires that she not baldly, without a special preamble, deny that H is probably true. Indeed, she owes it to her fellow team members not so to deny it.

What she can do, it seems, without defaulting on her obligations to the other members is say something with an appropriate preamble such as "Personally, I have my doubts". This makes it clear that she is speaking in her own name and not that of the research team.

Though this option is available, taking advantage of it will not necessarily be without cost for Clara. For her doing so may well seem to her colleagues to throw doubt on her reliability with respect to her obligations according to their joint commitment. Thus she risks a negative reaction whether she acts contrary to the joint commitment or takes advantage of the possibility of speaking "in her own name".

One can see, then, that as a causal matter, an existing group belief may tend to suppress the expression of contrary beliefs, whether in a qualified or unqualified manner. This tendency may carry with it another: the tendency to prevent contrary personal beliefs from being formed. Rather than saying one thing and thinking another, people may prefer to stop thinking differently altogether, suppressing or turning away from ideas that appear to threaten the plausibility of some proposition that their group believes.

---

but not the latter is unilaterally rescindable by the deliberating agent. Rescinding the decision is therefore the only way to avoid leaving a standing commitment unfulfilled.

8 The example is derived from discussion in Gilbert (2000a).

Group beliefs, then, have an inherently repressive tendency. When what a group believes is true, that may be all to the good. When what a group believes is false, that may be little short of tragic. Though repressive, however, group beliefs do not logically exclude the contrary personal beliefs of the participants. And if one or more people have the courage to speak out, either in their own names or in a more challenging fashion, they may succeed at changing things at the collective level. Indeed, the end result of one person's speaking out could be the demise of the group itself as together the members agree on the error of their previous beliefs.[9]

V. Concluding remark

I use the phrase "plural subject" as a label for any collection of persons linked by a joint commitment of one kind or another. If the concept of a joint commitment roughly as I have characterized it is as fundamental a part of the conceptual scheme with which humans beings approach their lives together as I have suggested it is, it behooves not only philosophers but also social scientists to do their best to understand the nature and functioning of plural subjects. I thank Professor Schnabel for engaging with me in this exchange of ideas on this important topic. I hope that our exchange will encourage others both to explore more of the literature on the topic and to continue the discussion.

Literatur

Gilbert, Margaret. 1989. *On social facts*. Princeton: Princeton University Press.
Gilbert, Margaret. 1999. Social rules: some problems for Hart's account and an alternative proposal. *Law and Philosophy* 18: 141-171.
Gilbert, Margaret. 2000a. Collective belief and scientific change. In *Sociality and responsibility*, ed. Margaret Gilbert, 35-69. Lanham, MD: Rowman and Littlefield.
Gilbert, Margaret. 2000b. *Sociality and responsibility*. Lanham, MD: Rowman and Littlefield.
Gilbert, Margaret. 2003. The structure of the social atom: joint commitment as the foundation of human social behavior. In *Socializing metaphysics*, ed. Frederick Schmitt, 39-64. Lanham, MD: Rowman and Littlefield.
Gilbert, Margaret. 2006. *A theory of political obligation*. Oxford: Oxford University Press.
Gilbert, Margaret. 2007. Collective intentions, commitment, and collective action problems. In *Rationality and* commitment, eds. Fabienne Peter, Hans-Bernard Schmid, 258-279. Oxford: Oxford University Press.

---

[9] This is all that I shall say here about the way groups come to an end, a topic which Annette Schnabel raises in several places. Here I refer her and the reader to Gilbert (2006: ch. 7) where the topic of how joint commitments end is discussed in more detail.

12. Kultur als Kompromiss

POSITION

KULTUR ALS KOMPROMISS*

Andreas Wimmer

Zusammenfassung: Im Anschluss an eine Kritik des klassischen, holistischen Kulturbegriffs wird eine Theorie von Kultur als eines instabilen, offenen Prozesses des Aushandelns von Bedeutungen entwickelt, der bei einer Konsensfindung zur Stabilisierung der Bedeutungshorizonte und zu sozialer Schließung führt.

Gemäß traditioneller ethnologischer Auffassung stellt jede Kultur eine unverwechselbare Einheit, ein historisch dauerhaftes und integriertes Ganzes dar. Eine Kultur umfasst von der Technik über die Sozialorganisation und die typischen Persönlichkeitsmerkmale bis zur Religion alle nicht biologischen Aspekte der Lebensweise einer Gruppe von Menschen. Die verschiedenen Bereiche werden durch gemeinsame Werte und Normen integriert und dadurch zu einem zusammenhängenden, quasi organischen Ganzen geformt (vgl. Kroeber und Kluckhohn 1952). Die Individuen ihrerseits folgen in ihren Gedanken, Gefühlen und Handlungsplänen mehr oder weniger den Regeln und Vorschriften, die ihnen von ihrer jeweiligen Kultur auferlegt werden. Sie sind, bildlich gesprochen, der Ton, aus dem sich die Kultur durch Enkulturation und Sozialisation ihre Geschöpfe formt.

Von diesem klassischen Kulturbegriff wendete sich die Ethnologie Ende der 1980er Jahre ab (s. Hannerz 1993b; Barth 1995; Kaschuba 1995). Einige Fachvertreter wollten zukünftig gar „gegen die Kultur schreiben", wie ein weit zitierter Aufsatz von Abu-Lughod (1991) betitelt ist.[1] Radikale Vertreter der postmodernen und konstruktivistischen Schule gehen gar so weit, jedes Schreiben und Reden über kulturelle Unterschiede als Versuch zu brandmarken, andere zu essentialisieren und die Trennlinien zwischen ihnen und uns zu „ethnisieren" oder gar zu „rassialisieren". Sie sehen die zukünftige Aufgabe der Ethnologie ausschließlich im Studium solcher Prozesse diskursiver Ausgrenzung.

---

* Die ungekürzte Version dieses Aufsatzes erschien 1996 in der *Kölner Zeitschrift für Soziologie und Sozialpsychologie 48* und findet sich auch in einer kürzlich erschienenen Aufsatzsammlung zum Thema (Wimmer 2005).
1 Siehe auch Fernández (1994).

Neben offenkundig politischen Gründen für diese „Culture Worry" (Fox und King 2002), so insbesondere die Übernahme des klassischen Kulturbegriffs durch xenophobe Bewegungen oder nationalistische Ideologen insbesondere in der post-kommunistischen Welt, ist das Unbehagen der Ethnologie an ihrer theoretischen Tradition auch der eigenen intellektuellen Entwicklung geschuldet. In den letzten fünf Jahrzehnten hat die ethnologische Theorie Schritt für Schritt die traditionelle Kulturanalyse demontiert[2] und alternative Konzepte entwickelt, um die vielfältigen Formen symbolischer Praxis zu verstehen, die rund um den Globus beobachtet werden können. Im Folgenden werde ich mich auf die Behandlung der vier wichtigsten Kritikpunkte am klassischen Kulturbegriff beschränken.

I. Vier Kritikpunkte an Kultur und ein fünfter an Diskurs

Der erste Punkt betrifft die Vorstellung kultureller Homogenität, die in den theoretischen Äußerungen der Klassiker quasi stillschweigend vorausgesetzt wurde, wenn auch nicht in ihren ethnographischen Berichten. Intrakulturelle Variation gehört zu den grundlegenden Tatbeständen selbst sogenannter einfachster Gemeinschaften (Bricker Reifler 1975) und erst recht von geschichteten und arbeitsteiligen Gesellschaften (Barth 1989; Hannerz 1993a; vgl. allgemein Archer 1988: 2 ff.). Zwar anerkannten die Gründerväter der Ethnologie diese Tatsache in verschiedenen programmatischen Äußerungen (vgl. Bruhmann 1999), doch hielt sie die Vorstellung einer homogenen Natur, einer einzigen *Gestalt* einer jeden Kultur, davon ab, die entsprechenden theoretischen Schlussfolgerungen zu ziehen. Die zunehmende funktionalistische Überformung des klassischen Kulturkonzepts, wie wir sie in der englischen Sozialanthropologie der 1930er Jahre ebenso finden wie in der Redfield'schen Schule der amerikanischen Kulturanthropologie (die selbst wiederum von Radcliffe-Browns Schriften stark beeinflusst war), machte eine sorgfältige Analyse intrakultureller Verschiedenheit sogar noch schwieriger, denn sie versah die eher vage Vorstellung von Integration und Kohäsion mit einer soliden theoretischen Grundlage. Leachs Studie über die Kachin, Turners Arbeiten über die Ndembu und spätere ethnologische Untersuchungen unterminierten und, wie man heute sagen würde, dekonstruierten allmählich diese Vorstellung von kultureller Homogenität.

Die kulturellen Territorien auf dem imaginierten Globus lösen sich so in einem Raster unterschiedlich eingefärbter Punkte auf; die kulturelle Welt gleicht nicht länger einem Bild Modiglianis, sondern eher einem Gemälde Kokoschkas, um eine Metapher (Gellner 1983: 139 f.) abzuwandeln.

Zweitens kritisierten Vertreter der „kritischen Anthropologie" am klassischen Kulturbegriff, er ignoriere jene Aspekte kultureller Sinngebungsprozesse, die eng mit Machtbeziehungen zusammenhängen, ob zwischen den Geschlechtern, Generationen, Klassen, Patrons und Klienten oder sogar ganzen Gesellschaften im Weltsystem. Insbesondere in den 1970er Jahren griffen deshalb viele Ethnologen auf die Althusser'sche Ideologietheorie oder Gramscis Hegemoniekonzept zurück, um zu verstehen, wie Machtungleichheiten die Produktion kollektiver Repräsentation beeinflussen. Die radi-

---

[2] Siehe Gupta und Ferguson (1992), Welz (1994) und Wicker (1996).

kalsten Vertreter dieser kritischen Anthropologie waren davon überzeugt, dass das klassische Verständnis von Kultur als ideologisches Instrument mitgeholfen hatte, koloniale Unterdrückung und Ausbeutung zu legitimieren.³

Der dritte Kritikpunkt bezieht sich auf die Handlungstheorie, die der klassische Kulturbegriff impliziert: Die Individuen folgen in ihren Gedanken, Gefühlen und Handlungsplänen ausschließlich den kulturellen Regeln, die sie während des Sozialisationsprozesses gelernt haben. Die Kultur schreibt so das Skript vor, nach dem die einzelnen Individuen auf der Bühne der Gesellschaft ihre Rolle spielen. Kritiker wie Bloch (1985, siehe auch 1991, 1993) haben für dieses Modell den Begriff des *übersozialisierten Individuums* geprägt. Dagegen erwiesen viele Studien im Anschluss an die Entwicklungspsychologie Piagets, dass in allen Kulturen eine kognitive Entwicklungsstufe erreicht werden kann, die dazu befähigt, das kulturell Gegebene als eine von vielen anderen denkbaren Möglichkeiten zu erkennen.⁴

Andere Forschungen zeigten die Grenzen des Modells vom übersozialisierten Individuum auch auf der Handlungsebene auf. Der neue ethnographische Realismus, der in der britischen Sozialanthropologie während der 1950er Jahre in sogenannten Situationsanalysen und in der Beschreibung „sozialer Dramen" entwickelt wurde, dokumentierte Studie um Studie, dass sich die Handlungspraxis der Individuen häufig nicht nach den kulturellen Regeln richtet (Turner 1957; Leach 1954; Fortes 1970). Dies hatten zwar bereits Autoren des klassischen Zeitalters wie Malinowski immer wieder festgestellt, aber sie reflektierten in ihren theoretischen Schriften nicht über diese Diskrepanz zwischen Regeln und tatsächlichen Verhalten. Die Linie des ethnologischen Denkens, die von diesen frühen Studien ausging, durchquerte in der Folge das Territorium der prozessualen Anthropologie,⁵ das der frühe Frederik Barth, Jeremy Boissevain und andere ausgelotet hatten, und erreichte vor kurzem den interdisziplinären Bereich der Theorie des rationalen Entscheidungshandelns, wo sie sich mit Politikwissenschaft und neo-klassischer Ökonomie kreuzt (s. Schweizer und White 1998).

Der vierte Kritikpunkt ergibt sich aus dem dritten: Wenn von einer vollständigen kulturellen Prägung des Handelns und Denkens ausgegangen wird, kann die Kultur selbst keine Eigendynamik besitzen. Diese Problematik wurde durch die funktionalistische Aufladung des traditionellen Kulturverständnisses seit den 1920er und 1930er Jahren und danach noch verstärkt. Kulturen können sich daher nur durch Kontakt mit anderen Kulturen verändern. Die entsprechenden Anpassungsprozesse wurden von US-amerikanischen Kulturanthropologen in sogenannten Akkulturationsstudien untersucht oder von englischen Sozialanthropologen in Forschungen zum Kulturkontakt. Diese Arbeiten waren auf eine reine Beschreibung der kolonialen Situation beschränkt

---

3 Zur Rolle der Marxistischen Ideologietheorie in der Anthropologie siehe Asad (1979) oder Gendreau (1979). Gramscis Schriften fanden vor allem in der britischen und amerikanischen Anthropologie große Resonanz (Harris 1992)). Neben teilweise recht rudimentären Verschleierungsthesen wurden auch differenziertere Argumente vorgetragen, so von Godelier (1984: Kap. 3) oder Donham (1990: Kap. 3).
4 Vgl. allerdings die Debatten in Schöfthaler und Goldschmidt (1984).
5 Siehe die Überblicksartikel von Whitten und Whitten (1972) zur sozialen Organisation; Vincent (1978) zu politischen Strategien und Barlett (1980) zum ökonomischen Verhalten.

und berücksichtigten nicht den dynamischen Charakter jeder kulturellen Ordnung (vgl. Moore 1987), auch außerhalb von Verhältnissen kolonialer Unterdrückung.[6]

Um es zusammenzufassen: Der klassische Kulturbegriff ist mit vier grundsätzlichen theoretischen und methodologischen Problemen konfrontiert. Er gibt keine Antwort auf das Problem der intrakulturellen Variation. Er hilft nicht, die Beziehung zwischen Macht und Bedeutung zu verstehen; sein Handlungskonzept ist größtenteils unzulänglich; und er bietet kein adäquates Instrumentarium an, um Prozesse des kulturellen und sozialen Wandels zu analysieren.

So kam die Ethnologie nach und nach davon ab, Kultur als allumfassendes Gestaltungsprinzip menschlichen Zusammenlebens zu betrachten; mit beachtenswerten Ausnahmen allerdings, wie beispielsweise Clifford Geertz.[7] Der Fokus richtet sich nun auf Fragen der individuellen und subkulturellen Variabilität, auf den Prozesscharakter und die strategische Anpassungsfähigkeit der kulturellen Praxis.[8]

In vielen zeitgenössischen Arbeiten hat inzwischen der *Diskurs* die *Kultur* als Leitbegriff ersetzt. Foucault und anderen sogenannten poststrukturalistischen Denkern folgend versucht die Anthropologie zu verstehen, wie an einem bestimmten Ort (in einem Dorf, einem Bahnhof oder einer Nachbarschaft) vielfältige Diskurse entstehen, sich kreuzen und zu Bedeutungskonglomeraten bündeln, sich wieder auflösen und verschwinden. Lokale und globale Diskurse interagieren, Frauen verfolgen andere diskursive Strategien als Männer, koloniale Diskurse wetteifern mit antikolonialen, Ethnographen entwickeln ebenso ihren eigenen wie die Einheimischen. Vorstellungen von Vielfältigkeit, Hybridisierung, Kreolisierung und Vielstimmigkeit sind an die Stelle von kultureller Homogenität und Integration getreten (vgl.Vertovec und Rogers 1998: 1-14). Diskurse werden nun als Quelle und Fokus einer alles durchdringenden, welterschaffenden und -vernichtenden Macht gesehen (Habermas 1988: 246). Emergenz, Konstruktion und Prozess haben Stabilität, funktionales Gleichgewicht und Gegebenheit ersetzt.

Das Auf- und Abtauchen dieser verschiedenen Diskurse und die Dynamik ihrer gegenseitigen Verdrängung können jedoch nicht Gegenstand einer ernsthaften Analyse werden. Denn der Gesellschaftsbegriff erschöpft sich in diesem Universum von kommenden und gehenden Diskursen (z. B. Foucault 1978: 211). Ökonomische Beziehungen, Sozialstruktur und Machthierarchien tauchen im Analysehorizont nur als *Diskurse* über ökonomische, soziale und politische Verhältnisse auf. Weil zudem anstelle von handelnden Individuen die Diskurse selbst zum Subjekt des historischen Prozesses avancieren, können die Erfolgsbedingungen unterschiedlicher Weltkonstruktionen gar

---

6 Zur Geschichte und Kritik der Akkulturationstheorie siehe Wimmer (1995a: Kap. 3).

7 Geertz steht insofern in der Tradition der klassischen Kulturanthropologie, als er von dieser den kulturellen Relativismus, das Homogenitätspostulat, die Ausklammerung polit-ökonomischer Zusammenhänge sowie das Modell des übersozialisierten Individuums übernimmt (wie die Diskussion über seinen Aufsatz zum Balinesischen Hahnenkampf gezeigt hat). Er interpretiert jedoch den Begriff des „kulturellen Musters", das in der Kulturanthropologie noch diffus psychologisch definiert wurde, im Rückgriff auf Dilthey und Ricœur konsequent hermeneutisch um (Geertz 1983).

8 Dieser neue Konsens ist beispielsweise in dem von Borofsky (1994) herausgegebenen Sammelband *Assessing Cultural Anthropology* dokumentiert. Was die deutschsprachige Ethnologie betrifft, sollten die Beiträge von Kaschuba (1995) und Wicker (1996a) erwähnt werden.

nicht reflektiert und keine Aussagen darüber gemacht werden, wieso sich gerade dieser Diskurs in jener sozialen Konstellation verbreitet (vgl. Dreyfus und Rabinow 1987: Kap. 4). Damit wird auch das Projekt einer theorieorientierten, sozialwissenschaftlichen Ethnologie obsolet (s. Foucault 1977: 102 ff.). Es bleiben Bibliotheken von Monographien, die dokumentieren, wie die Akteure in dieser historischen Situation auf dem pazifischen Atoll X oder im afrikanischen Dorf Y zu Werkzeugen der Entfaltung des einen oder anderen Diskurses werden (siehe z. B. Abu-Lughod 1990; Comaroff und Comaroff 1991; Lindstrom 1990; Pemberton 1994; Yang 1994). Mit dieser Entwicklung hin zu einem „glücklichen Positivismus", wie eine oft zitierte Wendung Foucaults lautet (Foucault 1991: 44), wird das wissenschaftliche Programm der Ethnologie auf eine „Ethnographie des Partikularen" verkürzt und das Sammeln fremdkultureller Schmetterlinge wird erneut zu ihrer vordringlichsten Aufgabe.

Die Hinwendung der Ethnologie zu einem post-strukturalistischen Kulturverständnis fordert also einen hohen Preis, nämlich den Verzicht auf analytische Schärfe und die Beerdigung des komparativen und wissenschaftlichen Projekts überhaupt. Halten wir dagegen an diesem fest, so braucht es begriffliche Instrumente, welche die Probleme des klassischen Kulturbegriffs zu überwinden helfen, ohne auf der anderen Seite das Unbestimmbare und Ephemere kultureller Sinngebungen zu verabsolutieren. Der gangbarste Weg scheint mir darin zu bestehen, an Max Weber, die prozessuale Ethnologie und andere neuere Strömungen in der Sozialanthropologie anknüpfend den Prozess kultureller Verständigung ins Zentrum der Analyse zu rücken. Kultur wird dann nicht als Surrogat für einen funktionalistischen Gesellschaftsbegriff verwendet, wie in der klassischen Ethnologie, sondern als Resultat der in unterschiedlichen Formen erfolgenden, aber bestimmbaren sozialen Dynamik der Sinnproduktion.

Im Folgenden werde ich den Grundriss einer solchen prozessualen Kulturtheorie skizzieren. Im Zentrum steht das Konzept von *Kultur als Kompromiss*, das ich in einer Reihe vor längerer Zeit erschienener Veröffentlichungen entwickelt habe (vgl. Wimmer 1995b, 1996). Im nächsten Abschnitt werde ich dieses Konzept ausführlich vorstellen, um dann im Folgenden aufzuzeigen, welche Antworten es auf die Probleme von Variation, Macht und kulturellem Wandel bereithält.

II. Der kulturelle Kompromiss

Ich definiere Kultur als einen offenen und instabilen Prozess des Aushandelns von Bedeutungen, der im Falle einer Kompromissbildung zur Abschließung sozialer Gruppen führt. Drei eng miteinander verwobene Aspekte sind der Reihe nach zu diskutieren, nämlich erstens die verinnerlichte Kultur eines Individuums, welche als Voraussetzung diesen Aushandlungsprozess ermöglicht und gleichzeitig den Raum von möglichen Übereinkünften begrenzt; zweitens die allgemein verbindlichen Vorstellungen über die Beschaffenheit der Welt, die aus diesem Prozess resultieren; und drittens jene kulturellen Praktiken, welche die Grenzen der sozialen Gruppe markieren, innerhalb derer der Aushandlungsprozess stattfindet.

1. Verinnerlichte Kultur: Habitus

Zur Analyse der verinnerlichten Kultur gehe ich zunächst von Pierre Bourdieus Habitusbegriff aus, um anstelle des übersozialisierten Individuums oder des allesdurchdringenden Diskurses den strategisch handelnden Menschen zu setzen. Bourdieu setzt eine ungleiche Verteilung von ökonomischen, politischen und kulturellen Ressourcen voraus, also eine gesellschaftliche Struktur. Die Individuen internalisieren ihre soziale Lage, indem sie einen auf diesen zugeschnittenen Habitus herausbilden. Unter *Habitus* versteht Bourdieu ein System von Prädispositionen, das die Handlungen, Wahrnehmungen und Interpretationen der Individuen bestimmt (Bourdieu 1987: Kap. 3). Es besteht aus einem Repertoire von Handlungszielen und gedanklichen Grundmustern, die sich im Laufe des Lebens sedimentieren oder eben habitualisieren.

Dieser Bourdieu'sche Habitus lässt sich empirisch konkretisieren, indem er mit dem Begriff des *Schemas* in Verbindung gebracht wird, der in den Kognitionswissenschaften eine wichtige Rolle spielt. Schemata sind Modelle von prototypisch vereinfachten Welten, die als Netzwerke miteinander verknüpfter Bedeutungen organisiert sind. Sie werden in den täglichen Denk-, Wahrnehmungs- und Handlungsprozessen selektiv aktiviert.[9]

Die Handlungs- und Denkschemata werden also nicht von außen als „gesellschaftliche Zumutung" an ein Individuum herangetragen, wie es das Modell des übersozialisierten Individuums suggeriert. Denn es „spielt" nicht eine von der Gesellschaft entworfene Rolle, sondern verinnerlicht eine Matrix, die aus dem eigenen Lebenszusammenhang über Lernprozesse erst aufgebaut wird. Allerdings ist Bourdieus Konzeption in einem entscheidenden Punkt zu modifizieren: Sie beinhaltet die Vorstellung, dass der Habitus die Menschen dazu bringt, das zu *wollen*, was ihnen gemäß ihrer sozialen Lage zukommt, indem er Wahrscheinlichkeiten internalisiert und so die Not als Tugend erscheinen lässt. Dies läuft auf eine Verschleierungsthese hinaus, welche einer Ideologietheorie sehr nahe kommt (z. B. Bourdieu 1993: 58-61).

Stattdessen ist davon auszugehen, dass der Habitus nach Maßgabe einer kulturunabhängigen und allgemein menschlichen Fähigkeit gebildet wird, Kosten und Nutzen gegeneinander abzuwägen und dabei die eigenen Interessen wahrzunehmen. Die Wahrnehmung dessen, was einem nützt, hängt tatsächlich von ersten Anpassungen an kulturelle Setzungen und der eigenen gesellschaftlichen Position ab; beide Vorgaben sind ja bereits im Habitus inkorporiert. Die Individuen sind jedoch dank dieser universalen Kompetenz, die sich nicht in habituellen Dispositionen auflöst, in der Lage, ihre eigene Situation kritisch einzuschätzen und Strategien zu entwerfen, welche auch von den vorgegebenen kulturellen Mustern abweichen können (dazu Wimmer 1995b: Kap. 2). Diese Fähigkeit ist auch für den Prozess des Aushandelns normativer Ordnungen von großer Bedeutung, wie wir noch sehen werden. Der modifizierte Habitusbegriff ermöglicht es, zwischen einer Theorie zweckrationalen Handelns und dem Modell normativ-kultureller Prägung zu vermitteln, also gleichsam zwischen der Skylla des Materialismus und der Charibdis des Idealismus hindurch zu steuern.

---

9 Vgl. D'Andrade (1992), D'Andrade und Strauss (1992), Bloch (1991) sowie die Beispiele von Forschungen in Dougherty (1985).

2. Öffentliche Kultur: Kollektive Repräsentationen

Damit ist die Voraussetzung für den Prozess des Aushandelns von Bedeutungen angesprochen worden, nämlich die verinnerlichte Kultur. Nun gilt es, diesen Aushandlungsprozess selbst zu fokussieren. Über die habituellen Schemata werden entsprechend unterschiedlichen sozialen Lagen verschiedene Klassifikationen und Weltdeutungen hervorgebracht. Die Individuen sind auch in einem Kommunikations- und Beziehungsfeld aufeinander bezogen und eruieren jene Elemente, in denen alle Beteiligten ihre langfristigen Ziele wiedererkennen können. Das Ergebnis dieses Aushandlungsprozesses nenne ich *kulturellen Kompromiss*. Wir haben es nun nicht länger mit verinnerlichter Kultur zu tun, sondern mit Normen, sozialen Klassifikationen und Weltdeutungsmustern, also mit anderen Worten mit dem, was Émile Durkheim kollektive Repräsentationen nannte.

Es hängt von der Möglichkeit einer Interessenkonkordanz ab, ob sich solche Grundregeln des symbolischen Prozesses entwickeln. Wenn die Machtverteilung so ungleich ist, dass kein Bereich gemeinsamer Interessen auszumachen ist, kann sich auch kein kultureller Kompromiss entwickeln, denn dies geschieht nur, wenn die Beteiligten sich zumindest auf einige Elemente dieses Kompromisses in für sie sinnhafter Art und Weise beziehen können, d. h. ihrer Interessen in dieser symbolischen Sprache formulieren und befördern können. Ein Kompromiss gründet also auf der Zustimmung der durch eine gemeinsame Öffentlichkeit aufeinander bezogenen Akteure, denn moralische Kategorien und soziale Klassifikationen müssen für gültig befunden und für wahr genommen werden. Sie können nicht einfach von einem Machtzentrum definiert und durchgesetzt werden, wie es in gegenwärtigen Diskurstheorien behauptet wird, sondern müssen sinnvoll vom Interessenstandpunkt aller Betroffenen sein, um auf breiter Basis akzeptiert zu werden.

Diese Konzeption lässt sich weiter verdeutlichen, indem der Begriff des Aushandelns sowie jener der Zustimmung expliziert und in den entsprechenden theoretischen Kontext gestellt werden. Ich beginne mit der Idee des Aushandelns und jenen Aspekten des Prozesses der Kompromissbildung, die sich empirisch direkt beobachten lassen: Im alltäglichen Umgang handeln die Akteure jeweils aus, wie eine Situation definiert wird, wer welche Rolle spielt, welche Handlungspläne vorangetrieben werden sollen und welche Normen und Werte in diesem bestimmten Kontext bedeutsam sind. Es war diese Ebene der Koordination von Weltdarstellungen, welche die Ethnomethodologie ins Zentrum der Aufmerksamkeit gerückt hatte. Ihre Protagonisten spitzten allerdings diese Perspektive in merkwürdiger Konsequenz zu, indem sie die Möglichkeit ausschlossen, dass ein solcher Prozess zu einer Übereinkunft führen könnte, welche die beschriebene Situation transzendieren und so in einen institutionalisierten Konsens über die gültigen Regeln des Handelns und Darstellens münden würde (siehe z. B. Garfinkel 1967: 33). Für Garfinkel ist Konsensbildung notwendigerweise immer nur lokal, fragmentarisch, hinfällig und prekär. Kulturelle Normen und Regeln existieren nur als Schein, d. h. als problematischer Augenblickskonsens über eine Situation, den interaktiv aufeinander bezogene Akteure eingehen, ohne dessen wirkliche Entstehungsbedingung, die „formalen Strukturen der praktischen Handlungen", reflexiv einholen zu können (Garfinkel und Sacks 1976: 164). In ähnlicher Art und Weise verfährt die „dialogic anthropology", deren Vertreter im Anschluss an Bakhtin und andere

Literaturwissenschaftler untersuchen wollen, „how shared culture emerges from [dialogic] interaction" (Mannheim und Tedlock 1995: 2).[10]

Wird das Okkasionelle derart überschätzt, so gerät aus dem Blickfeld, dass die lokalen und situativen Übereinkünfte, wenn sie von außen und über einen längeren Zeitraum hinweg beobachtet werden, genügend Gemeinsamkeiten in ihren Erscheinungsformen aufweisen, um darin Realisierungen eines allgemeinen Musters erkennen zu können, nämlich Variationen eines Schemas, das die Grenzen des Raums sinnvoller Übereinkünfte definiert (vgl. Bourdieu 1976: 149 ff.). Dass dieses Muster lediglich in lokalen Variationen „wirklich" existiert, die in konkreten Interaktionssequenzen zwischen Individuen angerufen werden, erscheint lediglich aus der Perspektive eines überzogenen Begriffsrealismus problematisch. Ein *kultureller Kompromiss* meint also einen über den generierenden und offenen Entstehungsprozess weiter hinaus bestehenden Konsens über die Geltung von Normen, Klassifikationen und Weltdeutungsmustern. Die Forschungen von Robert Bellah und seinen Mitarbeitern zeigen, dass sich derartige Leitplanken des Verbindlichen selbst in hochmodernen Gesellschaften wie den USA der 1980er Jahre ausmachen lassen; im konkreten Fall bestehen sie aus der Dreifaltigkeit „Leistung", „Freiheit" und „Gerechtigkeit" (Bellah 1992).

Das Konzept des Kompromisses baut also auf jenem der Anerkennung normativer Geltungsansprüche auf. Wie kann nun dieser Akt der Zustimmung konzeptualisiert werden, ohne den Boden einer an der Empirie orientierten Sozialwissenschaft zu verlassen und zu einer normativen Vertragstheorie abzuheben? Und wie kann der Tatsache Rechnung getragen werden, dass diese Zustimmung nicht in einem kulturellen Vakuum erfolgt, sondern auf einem Evaluationsprozess basiert, der bereits etablierte und verinnerlichte Normen voraussetzt? Das „nicht-kontraktuelle Element des Kontraktes", wie es Durkheim nannte, muss so begriffen werden, dass wir es einerseits vermeiden können, der Kultur ein eigenständiges Dasein zuzugestehen, das sozusagen über den Individuen schwebt, während wir auf der anderen Seite anerkennen müssen, dass Kultur einen kollektiv bindenden Charakter hat, der dem individuellen Denken und Handeln vorausgeht (vgl. König 1961).

Eine ontogenetische Betrachtungsweise könnte hier den Weg weisen. Als Ausgangspunkt bietet sich die Sozialisationstheorie von George Herbert Mead an, da diese mit dem revidierten Konzept des Habitus kompatibel ist. Mead zeigt, wie der Mensch über den Mechanismus der Einstellungsübernahme „die Institutionen [der] Gemeinschaft in sein eigenes Verhalten hereinnimmt" (Mead 1968: 204 f.). Dies geschieht zunächst einmal dadurch, dass die Sanktionsdrohungen der Eltern und ihre Beurteilung des kindlichen Verhaltens antizipiert und damit für das Kind handlungsbestimmend werden. Diesem rein auf Anpassung und Kostenminimierung ausgerichteten Prozess folgt eine weitere Phase, während der die elterlichen Normen als Teil umfassenderer gesellschaftlicher Verbindlichkeiten erkannt werden, indem diese Normen der Perspektive des *generalisierten Anderen*, d. h. der gesamten Bezugsgruppe zugeordnet werden. Wiederum mittels Einstellungsübernahme werden die Geltung und Gültigkeit der normativen Ordnung über den reinen Sanktionsmechanismus hinaus auch für das eigene Verhalten anerkannt und ein entsprechendes kognitives Schema aufgebaut.

---

10 Zur Bedeutung der Ethnomethodologie in der Sozialanthropologie siehe Watson (1991).

Anerkennung und Zustimmung zu einer normativen Ordnung erfolgen jedoch keineswegs selbstverständlich und automatisch, wie Mead mit seiner Variante des *übersozialisierten Individuums* und Bourdieu in seiner Theorie des Habitus implizieren. Dies verdeutlichen beispielsweise Generationenkonflikte, die selbst in einfachen Gesellschaften vorkommen. Eine Norm wird vielmehr nur dann als gültig anerkannt, wenn sie „im Hinblick auf eine jeweils regelungsbedürftige Materie die Interessen *aller* Betroffenen berücksichtigt und den Willen, den *alle* im jeweils *eigenen* Interesse *gemeinsam* bilden könnten, als Willen des ‚verallgemeinerten Anderen' verkörpert", wie es Jürgen Habermas (1981: 64) in seiner Interpretation des Mead'schen Theorieentwurfs formulierte. Kommt eine Verhaltenserwartung oder Klassifikation den wahrgenommenen eigenen Interessen nicht so entgegen, dass diese in Bezug darauf formulierbar wären, so wird sie zwar vielleicht routinemäßig befolgt, aber deshalb noch nicht als legitim und gültig erachtet.

Das Theorem des kulturellen Kompromisses nimmt also deskriptiv einen Aspekt von Habermas' Theorie des kommunikativen Handelns auf, nämlich die Einsicht, dass Normen und Werte in einem Aushandlungsprozess argumentativ begründet werden können und damit prinzipiell hinterfragbar sind. Allerdings ist dies, entgegen der Habermas'schen Konzeption, nicht nur möglich, wenn die Strukturen der Lebenswelt wie in modernen Gesellschaften „rational ausdifferenziert" sind. Studien über politische Rhetorik in traditionellen Gesellschaften (Paine 1981; Bloch 1975) sowie eine lange Reihe rechtsethnologischer Arbeiten zu Streitschlichtungsverfahren[11] zeigen in aller Deutlichkeit, dass sich die Geltung einer Norm nicht nur durch Inbezugnahme auf universale Rationalitätsstandards, sondern dank der Tatsache kultureller Heterogenität auch kulturimmanent anzweifeln lässt, wie später noch ausgeführt werden wird. Für den Moment genügt es festzuhalten, dass wir im Gegensatz zu Habermas nicht daran interessiert sind, die Kritisierbarkeit von Werten als Verteidigungsargument gegen die postmodernen Angriffe auf das Projekt der Aufklärung zu nutzen. Es geht lediglich um den Punkt, dass die Akteure auch in vorindustriellen Gesellschaften nicht Gefangene im Gehäuse ihrer eigenen kulturellen Tradition oder in einer diskursiven Zwangsjacke sind.

Der Begriff des kulturellen Kompromisses[12] erlaubt es also, die Verhandelbarkeit und Wandlungsfähigkeit des Kulturellen zu erfassen und somit totalisierende Kulturkonzepte zu relativieren, ohne andererseits beim Okkasionalismus interaktionistischer Ansätze zu landen. Allerdings stellt sich die Frage, wieso diese Kompromissformeln

---

11 Siehe Caplan (1995); vgl. auch Strathern (1985).
12 Die aus unterschiedlichen Interessenlagen heraus erfolgende Zustimmung zu und deshalb Legitimität einer gesellschaftlichen Ordnung impliziert aus meiner Sicht nicht, dass diese Ordnung vernunftrechtlich begründbar sei – im Gegenteil: Die Zustimmung erfolgt aufgrund der Abwägung der je variierenden, nicht der universalen Interessen von Individuen, und sie erfolgt unter Bezugnahme auf bereits durch gesellschaftliche und kulturelle Erfahrungen vorgeformter, meist habitualisierter Bewertungsmaßstäbe (den „nicht-kontraktuellen Elementen des Kontraktes"), nicht nach Maßgabe einer abstrakten Rationalität. Jedes institutionelle Arrangement, das nicht alleine durch Gewalt aufrechterhalten wird, enthält also Aspekte eines „impliziten Gesellschaftsvertrages" (vgl. Ballestrem 1986). Elemente einer solchen soziologisch gewendeten Vertragstheorie finden sich auch bei James Scott (1990) und in den Arbeiten einiger Historiker der frühen Neuzeit (Burke 1992: 87, 157) sowie der Dialogtheorie (Dermott und Tylbor 1995).

überhaupt symbolischen Charakter aufweisen. Meiner bisherigen Argumentation zufolge würde ja ein einfacher, in nüchterner Sprache geführter Aushandlungsprozess genügen. Dagegen lässt sich im Anschluss an die Sprechakttheorie zeigen, dass es gerade die semantische Überdichte und mehrseitige Anschlussfähigkeit von Symbolen erlauben, sich aus unterschiedlichen Interessenlagen heraus zumindest aufs Mehrdeutige zu verständigen.[13]

Dies soll das erste Beispiel für einen solchen kulturellen Kompromiss verdeutlichen, die nationalistische Selbstbeschreibung moderner Gesellschaften. Dazu gehört einmal die inzwischen sprichwörtliche „imagined community" (Anderson 1991), die Vorstellung einer auf gemeinsamer Herkunft und geschichtlicher Erfahrung beruhenden nationalen Schicksalsgemeinschaft. Ein weiteres Element dieses Kompromisses ist ein neues Verhältnis zur Territorialität: Das unmittelbare Umfeld einer Siedlungsgemeinschaft mit dem Geflecht von Freundschafts-, Verwandtschafts- und Berufsverbindungen stellt nicht länger den alleinigen Horizont der Solidaritätserwartungen dar, sondern die Idee gegenseitiger Verbundenheit und Fürsorge wird auf die nationale Großgruppe übertragen. Die Grenzen des nationalen Territoriums bilden nun die Trennungslinie, hinter der eine Welt voller Unsicherheiten und Gefahren beginnt. Der außerordentliche Erfolg dieses nationalistischen Selbstbildes ist nicht als funktionales Korrelat zunehmender gesellschaftlichen Differenzierung oder als Ergebnis der bürgerlichen Machtergreifung zu interpretieren. Er verdankt sich vielmehr einem Interessenkompromiss zwischen verschiedenen gesellschaftlichen Gruppen, nämlich dem Tausch von politischer Loyalität gegen rechtliche Gleichstellung, soziale Sicherheit und politische Teilhabe. Die neue bürokratische Elite kann im Namen der Nation und aus Sorge um das Wohl der Bürger ihren Machtbereich immer weiter ausdehnen. Die Bevölkerung andererseits appelliert an das Ideal der nationalen Solidargemeinschaft, um Rechte auf Gleichheit vor dem Gesetz, politische Mitbestimmung, freie Schulbildung sowie schließlich auf wohlfahrtsstaatliche Leistungen einzufordern. In der nationalistischen Sprache lassen sich viele Interessen formulieren (Wimmer 2002). Gerade weil in der nationalstaatlichen Ordnung eine Vielzahl von Gruppierungen aufeinander bezogen werden, muss der Nationalismus ideologisch dürftig und diffus bleiben, denn nur dank seiner ausgeprägten Polysemie und Primitivität kann er aus den unterschiedlichsten Interessenpositionen Sinn machen. Vielleicht ließe sich durch diese Betrachtung eines der Paradoxa des Nationalismus auflösen (vgl. Elwert 1989) – nämlich dass die geschichtsmächtigste Ideologie der Moderne gleichzeitig ihre armseligste ist.

Präziser und symbolisch reichhaltiger sind dagegen jene kulturellen Kompromisse, die in kleineren sozialen Zusammenhängen formuliert werden – eine Tatsache, der Durkheim (1988: 348 ff.) in seiner Theorie der Arbeitsteilung eine zentrale Rolle zumaß. Ein Beispiel dafür ist jene Konstruktion von Gemeinschaft, wie sie unter der in-

---

13 Die neuere Sprechakttheorie untersucht u. a., welche Rolle Symbolisierungen in Kommunikationssituationen mit Machtgefällen spielen. Gemäß Brown und Levinson wird eine Symbolisierung dann gebraucht, wenn zwischen den Interaktionspartnern eine große soziale Distanz besteht und das Machtgefälle ausgeprägt ist. Solche „Implikaturen" können sich, wie der Anthropologe Ivo Strecker (1988) gezeigt hat, mit der Zeit verfestigen und standardisieren. Symbolisierungen machen aber auch dann Sinn, wenn die Interessenunterschiede nicht durch ein Machtgefälle begründet sind.

dianischen Bevölkerung Mexikos und Guatemalas bis vor wenigen Jahrzehnten Gültigkeit hatte: Die eigene Gemeinde bildet das Zentrum der moralischen und geographischen Welt. In der Mitte dieser sozialen Insel liegt das Dorf. Gemäß diesem Idealbild bestehen keine Konflikte zwischen den Bewohnern, sie sind in Armut solidarisch und leben in Frieden miteinander unter der Obhut ihrer Weisen, welche für eine ausgeglichene Beziehung zu den Göttern und Naturmächten sorgen. Der Dorfheilige symbolisiert das gemeinsame Interesse aller, die Idee der Schicksalsgemeinschaft in einer feindlichen und durch mancherlei Unsicherheiten geprägten Welt (Wimmer 1995b: Kap. 4).

Diese Konzeption erlaubt es der Dorfelite, Konkurrenten mit dem Argument von der sozialen Insel fernzuhalten, sie hätten als Nichtdazugehörige kein Recht darauf, sich in der Gemeinde zu etablieren. Weiter gehört zum kulturellen Kompromiss, dass die übrigen Gemeindemitglieder der Dorfelite politische Loyalität schulden. Sie können aber umgekehrt darauf pochen, dass die Loyalitätsverpflichtung nur gilt, solange die Dorfelite ihrer Pflicht nachkommt, sich zum Wohle der Gemeinschaft einzusetzen und das Solidaritätsgebot ernst zu nehmen.

3. Soziale Schließung und kulturelle Distinktion

Beide Beispiele zeigen, dass kulturelle Kompromisse auch die Grenzen zwischen denen definieren, die sich an ihm beteiligen, und jenen, welche außerhalb seines Geltungsbereiches stehen. Damit komme ich auf den dritten Aspekt des kulturellen Prozesses zu sprechen. Kulturelle Kompromissfindung ist mit einem Prozess der sozialen Schließung verbunden, um einen Begriff von Max Weber (1985: 23 ff.) zu verwenden, mit der Ausgrenzung der Nichtdazugehörigen, der Distanzierung und Absetzung vom Fremden. Prozesse sozialer Schließung können zur Bildung von Klassen, Ethnien, Subkulturen, Geschlechtergruppen oder nationalen Großgruppen führen. Häufig werden die Grenzen zwischen uns und ihnen durch kulturelle Alltagspraktiken sichtbar gemacht, etwa durch das Tragen einer Tracht auf dem sonntäglichen Markt, auf dem die Angehörigen verschiedener ethnischer Gruppen zusammenkommen, oder durch den *guten Geschmack*, dank dessen sich die alteingesessene Oberschicht von den Parvenues abzugrenzen vermag, durch einen bestimmten Wissenschaftsjargon, der nur Soziologen verständlich ist, oder auch durch den Verzehr großer Mengen Schmelzkäse, die nur diejenigen in der Lage sind zu verdauen, die in einer bestimmten nationalen Kultur aufgewachsen sind.

Wenn diese kulturelle Distinktion zum Kernelement des Wir-Gefühls einer Gruppe wird und sie sich als historische Abstammungsgemeinschaft versteht, also als Menschen gleicher Kultur und Herkunft, sprechen wir, wiederum in der Weber'schen Begriffstradition, von Ethnien (Elwert 1989; Eriksen 1993: Kap. 1). Sie unterscheiden sich bezüglich ihres objektiven kulturellen Inventars, nun im Sinne des klassischen Kulturbegriffes, unter Umständen nicht entscheidend. Vielmehr ist es häufig so, dass gerade Ethnien mit ähnlicher Lebensweise in besonders markanter Art und Weise ihre Unterschiedlichkeit in Szene setzen, beispielsweise durch Kleidung oder die Betonung einzelnen Brauchtums. Sie verhelfen auf diese Weise der ethnologischen Vision von der Welt als Mosaik von Kulturen zu einer verführerischen Plausibilität. Ethnien mit einem

Wir-Gefühl und Gruppen gleicher Kultur decken sich also nicht notwendigerweise, wie Fredrik Barth (1969) gezeigt hat – entgegen dem romantischen Volksbegriff, den die Völkerkunde beerbt und in ihr Kulturkonzept übernommen hatte (Mühlmann 1954: 165). Die Ethnizitätsproblematik ist deshalb unter der Perspektive sozialer Abschließungsprozesse zu analysieren, und nicht als Ausdruck einer kulturellen Differenz.[14]

Ich habe drei verschiedene, eng miteinander verwobene Aspekte von Kultur unterschieden. Die Voraussetzung für den Prozess des Aushandelns von Bedeutungen stellt das System habitueller Dispositionen dar, also die individuelle und kognitive Dimension von Kultur. Auf der kollektiven und symbolischen Ebene finden wir Vorstellungen über die Beschaffenheit der sozialen Welt, über Recht und Unrecht, Heiliges und Profanes, also die kollektiven Repräsentationen. Ein derartiger kultureller Kompromiss stellt sich ein, wenn alle in einer Arena aufeinander bezogenen Akteure ihre langfristigen Interessen in der gemeinsamen Sprache des Kompromisses formulieren können. Als kulturelle Konsequenz dieses Prozesses der Kompromissfindung habe ich jene Elemente der alltäglichen Lebensführung identifiziert, welche die Grenzen zwischen jenen, die sich an einem Basiskompromiss beteiligen, und denen, die aus ihm ausgeschlossen bleiben, sichtbar machen und bestärken sollen. Wollen wir das bisher Gesagte auf eine Kurzformel bringen, so wäre Kultur als ein offener und reversibler Prozess des Aushandelns von Bedeutungen zu definieren, der kognitiv kompetente Akteure in unterschiedlichen Interessenlagen zueinander in Beziehung setzt und bei einer Kompromissbildung zur sozialen Abschließung und entsprechenden kulturellen Grenzziehung führt.

4. Ausblick und Theorievergleich

Die nun umrissene Position wurde anfangs der 1990er Jahre entworfen und mündete in eine Reihe von Publikationen, die Mitte der 1990er Jahre erschienen. Seither sind einige neuere Tendenzen zu beobachten, insbesondere in der sich stark ausdifferenzierenden und rasant gewachsenen Kultursoziologie, die im folgenden kurz umrissen und zur hier vertretenen Kulturtheorie in Bezug gesetzt werden soll. In Gang gebracht wurde diese Entwicklung einerseits durch die enthusiastische Rezeption von Pierre Bourdieus Arbeiten insbesondere in den USA (Sallaz und Zaviska 2007) andererseits durch Swidlers (1986) Adaptation der neueren, praxeologisch ausgerichteten Kulturanthropologie etwa von Ulf Hannerz oder Sherryl Ortner. Ihre „culture as toolkit"-Metapher brachte, in angelsächsisch-pragmatisch zugespitzter Form, die Stoßrichtung einer handlungstheoretisch gewendeten Kulturanthropologie auf den Punkt, welche die Abwendung vom Durkheim'schen Kulturverständnis beschleunigt und so auch dem hier skizzierten Ansatz den Weg bereitet hat.

In Frankreich selbst distanzierte sich eine neue Generation von Schülern Bourdieus von dessen strukturalistischen Prämissen und fokussierte auf die diskurviven Prozesse des Aushandelns von Geltungsansprüchen zwischen Akteuren, welche unterschiedliche Begründungsmaßstäbe (oder Repertoires an Evaluationskriterien) als situationsadäquat durchzusetzen versuchen (Boltanski und Thévenot 1991). Diese an den Mead'schen

---

14 Elwert (1989); Eriksen (1993); Wimmer (2008).

Pragmatismus anlehnende Theorietradition hat mit dem hier skizzierten Konzept von Kultur als Kompromiss gemeinsam, dass es normative Verhandlungsprozesse sowie die reflexive Fähigkeit zur Distanzierung vom kulturell Vorgegebenen betont. Allerdings werden diese im Neo-Pragmatismus von strukturell vorgegebenen Interessenlagen, in welche Individuen eingebunden sind, losgekoppelt und deshalb der situativ und kontextuell variierende Charakter der Übereinkünfte ähnlich überbetont, wie dies in der Ethnomethodologie der Fall war.

Parallelen sind auch zu den verschiedenen neo-Durkheim'schen und makrophänomenologischen Theorietraditionen auszumachen, welche sich beiderseits des Atlantiks entwickelt haben. Die Performanz-Theorie, an welcher Bernhard Giesen und Jeff Alexander arbeiten, beschreibt in Anlehnung an Durkheim'sche Interpretation der gemeinschaftsbildenden Funktion von Ritual, an Goffmans Analyse des performativen Charakters von Alltagshandlungen sowie Victor Turners Theorie der rituellen Performanz, wie Handlungen selbst in durch Dissens und Komplexität gekennzeichneten Gesellschaften quasi-rituelle Züge annehmen können und deshalb gemeinschaftsbildend wirken, sofern sie von allen Beteiligten als kulturell bedeutungsvoll und persönlich authentisch wahrgenommen werden (Alexander et al. 2006). Dieser Ansatz verspricht zu erklären, wie kultureller Konsens in situativ und kontextuell spezifischen Umwelten dramatisiert und angeeignet wird, und sich somit trans-situativ reproduziert. Es steht noch offen, ob er auch die Entstehung und Transformation solcher Konsense historisch und vergleichend zu erfassen vermag.

Schließlich gilt es die makro-phänomenologische Schule John Meyers und seiner Schüler zu erwähnen, welche herausgearbeitet haben, wie gewisse kulturelle Muster (Handlungsskripts, Blaupausen institutioneller Organisation, spezifische Wertnormen) dank ihrer Koppelung an eine universal geltende Weltkultur derart legitimiert sind, dass sie sich unabhängig von Ihrer Effizienz oder Situationsadäquanz verbreiten und von mehr und mehr Akteuren adaptiert werden (s. z. B. Meyer et al. 1997). Diese „institutionalistisch" gewendete Phänomenologie eignet sich dazu, die Eigenlogik von Diffusionsprozessen zu verstehen. Allerdings bleibt es schwierig zu erklären, wieso gerade diese und nicht jene Kulturformen globale Dominanz erringen, wie sie diese gegenüber anderen, konkurrierenden Geltungsnormen verlieren, und wie sich die Varianz in der Adoption solcher Praktiken erklärt – Probleme, welche diese makro-phänomenologische Schule in der Soziologie mit dem älteren, vor-praxeologischen Kulturbegriff der Ethnologie teilt.

Literatur

Abu-Lughod, Lila. 1990. The romance of resistance: tracing transformations of power through Bedouin women. *American Ethnologist* 17: 41-55.
Abu-Lughod, Lila. 1991. Writing against culture. In *Recapturing anthropology*, ed. Richard G. Fox, 137-162. Santa Fe: School of American Research Press.
Alexander, Jeffrey, Bernhard Giesen und Jason Mast. 2006. *Social performance. Symbolic action, cultural pragmatics, and ritual.* Cambridge: Cambridge University Press.
Anderson, Benedict. 1991. *Imagined communities: reflections on the origin and spread of nationalism.* London: Verso.
Archer, Margaret. 1988. *Culture and agency.* Cambridge: Cambridge University Press.

Asad, Talal. 1979. Anthropology and the analysis of ideology. *Man* 14: 607-627.
Ballestrem, Karl Graf. 1986. Die Idee des impliziten Gesellschaftsvertrages. In *Gerechtigkeit, Diskurs oder Markt? Die neuen Ansätze in der Vertragstheorie*, Hrsg. Lucien Kern, Hans-Peter Müller, 35-44. Opladen: Westdeutscher Verlag.
Barlett, Peggy F. 1980. Adaptive strategies in peasant agricultural production. *Annual Review of Anthropology* 9: 545-573.
Barth, Fredrik. 1969. Introduction. In *Ethnic groups and boundaries: the social organization of culture difference*, ed. Frederik Barth, 1-38. London: Allen & Unwin.
Barth, Fredrik. 1989. The analysis of culture in complex societies. *Ethnos* 3-4: 120-142.
Barth, Fredrik. 1995. Other knowledge and other ways of knowing. *Journal of Anthropological Research* 51: 65-68.
Bellah, Robert N., Richard Madsen, William Sullivan, Ann Swidler und Steven M. Tipton. 1992. *Habits of the heart. Individualism and commitment in American life*. New York: Harper & Row.
Bloch, Maurice. 1975. *Political language and oratory in traditional society*. London: Seminar Press.
Bloch, Maurice. 1985. From cognition to ideology. In *Power and knowledge. Anthropological and sociological approaches*, ed. Richard Fardon, 21-48. Edinburgh: Scottish Academic Press.
Bloch, Maurice. 1991. Language, anthropology and cognitive science. *Man* 26: 183-198.
Bloch, Maurice. 1993. *Time, narrative and the diversity of ways of knowing the past*. Okford: Vortrag gehalten während der Decennial Conference of the Association of Social Anthropologist.
Boltanski, Luc, und Laurent Thévenot. 1991. *De la justification. Les économies de la grandeur*. Paris: Gallimard.
Borofsky, Robert. 1994. *Assessing cultural anthropology*. New York: McGraw-Hill.
Bourdieu, Pierre. 1987. *Sozialer Sinn. Kritik an der Theoretischen Vernunft*. Frankfurt a. M.: Suhrkamp.
Bourdieu, Pierre. 1993. Esprits d'État. Genèse et structure du champ bureaucratique. *Actes de la Recherche en Sciences Sociales* 96/97: 49-62.
Bourdieu, Pierre. 1976. *Entwurf einer Theorie der Praxis*. Frankfurt a. M.: Suhrkamp.
Bricker Reifler, Victoria. 1975. Intra-cultural variation. *American ethnologist* 2: 1-206.
Bruhmann, Christoph. 1999. Writing for culture: why a successful concept should not be discarded. *Current Anthropology* 40: 1-13.
Burke, Peter. 1992. *History and social theory*. Cambridge: Polity Press.
Caplan, Pat. 1995. *Understanding. The politics of arguments*. Oxford: Berg.
Comaroff, Jean, und John Comaroff. 1991. *Of revelation and revolution vol. I: christianity, colonialism, and consciousness in South Africa*. Chicago: University of Chicago Press.
D'Andrade, Roy G. 1992. Cognitive anthropology. In *New directions in psychological anthropology*, eds. Theodor Schwartz, Geoffrey M. White, Catherine A. Lutz, 47-58. Cambridge: Cambridge University Press.
D'Andrade, Roy G., und Claudia Strauss. 1992. *Human motives and cultural models*. Cambridge: Cambridge University Press.
Donham, Donald. 1990. *History, power, ideology. Central issues in marxism and anthropology*. Cambridge: Cambridge University Press.
Dougherty, Janet. 1985. *Directions in cognitive anthropology*. Urbana: University of Illinois Press.
Dreyfus, Hubert L., und Paul Rabinow. 1987. *Michel Foucault. Jenseits von Strukturalismus und Hermeneutik*. Weinheim: Beltz/Athenäum.
Durkheim, Émile. 1988. *Über soziale Arbeitsteilung. Studie über die Organisation höherer Gesellschaften*. Frankfurt a. M.: Suhrkamp.
Elwert, Georg. 1989. Nation und Ethnizität. Über die Bildung von Wir-Gruppen. *Kölner Zeitschrift für Soziologie und Sozialpsychologie* 41: 440-464.
Eriksen, Thomas H. 1993. *Ethnicity and nationalism. Anthropological perspectives*. London: Pluto Press.
Fernández, James W. 1994. Culture and transcendent humanization. On the „Dynamic of the Categorical". *Ethnos* 59: 16-37.
Fortes, Meyer. 1970. Time and social structure: An Ashanti case study (1949). In *Time and social structure*, ed. Meyer Fortes, 1-32. New York: Humanities Press.

Foucault, Michel. 1977. *Der Wille zum Wissen. Sexualität und Wahrheit 1.* Frankfurt a. M.: Suhrkamp.
Foucault, Michel. 1978. *Dispositive der Macht. Michel Foucault über Sexualität, Wissen und Wahrheit.* Berlin: Merve-Verlag.
Foucault, Michel. 1991. *Die Ordnung des Diskurses.* Frankfurt a.M.: Fischer.
Fox, Richard G., und Barbara J. King. 2002. *Anthropology beyond culture.* Oxford: Berg.
Garfinkel, Harold. 1967. *Studies in ethnomethodology.* Englewood Cliffs: Prentice-Hall.
Garfinkel, Harold, und Harvey Sacks. 1976. Über formale Strukturen praktischer Handlungen. In *Ethnomethodologie. Beiträge zu einer Soziologie des Alltagshandelns,* Hrsg. Elmar Weingarten, Fritz Sack, Jim Schenkein, 130-176. Frankfurt a. M.: Suhrkamp.
Geertz, Clifford. 1983. *Dichte Beschreibung. Beiträge zum Verstehen kultureller Systeme.* Frankfurt a. M.: Suhrkamp.
Gellner, Ernest. 1983. *Nations and nationalism.* Ithaca: Cornell University Press.
Gendreau, Andrée. 1979. Pour une théorie des idéologies en anthropologie. *Anthropologica* 21: 123-142.
Godelier, Maurice. 1984. *L'idéel et le matériel. Pensée, économies, sociétés.* Paris: Fayard.
Gupta, Akhil, und James Ferguson. 1992. Beyond 'culture': Space, identity and the politics of difference. *Cultural Anthropology* 7: 3-129.
Habermas, Jürgen. 1981. *Theorie des kommunikativen Handelns.* Frankfurt a. M.: Fischer.
Habermas, Jürgen. 1988. *Nachmetaphysisches Denken. Philosophische Aufsätze.* Frankfurt a. M.: Suhrkamp.
Hannerz, Ulf. 1993a. *Cultural complexity. Studies in the social organization of meaning.* New York: Columbia University Press.
Hannerz, Ulf. 1993b. When culture is everywhere: reflections on a favorite concept. *Ethnos* 1-2: 95-111.
Harris, David. 1992. *From class struggle to the politics of pleasure. The effect of gramscianism on cultural studies.* London: Routledge & Kegan Paul.
Kaschuba, Wolfgang. 1995. Kulturalismus: Vom Verschwinden des Sozialen im gesellschaftlichen Diskurs. In *Kulturen – Identitäten – Diskurse. Perspektiven europäischer Ethnologie,* Hrsg. Wolfgang Kaschuba, 11-30. Berlin: Akademie Verlag.
König, René. 1961. Einleitung. In *Emil Durkheim: Die Regeln der soziologischen Methode,* Hrsg. René König, 21-82. Frankfurt a. M.: Suhrkamp.
Kroeber, Alfred L., und Clyde Kluckhohn. 1952. *Culture; a critical review of concepts and definitions.* Cambridge, Mass.: The Museum.
Leach, Edmund R. 1954. *Political systems of highland Burma. A study of Kachin social structure.* London: Athlone Press.
Lindstrom, Lamont. 1990. *Knowledge and power in a south pacific society.* Washington: Smithsonian Institution Press.
Mannheim, Bruce, und Dennis Tedlock. 1995. Introduction. In *The dialogic emergence of culture,* eds. Bruce Mannheim, Dennis Tedlock, 1-32. Urbana: University of Illinois Press.
McDermott, R. P., und Henry Tylbor. 1995. The necessity of collusion in conversation. In *The dialogic emergence of culture,* eds. Dennis Tedlock, Bruce Mannheim, 4-16. Urbana: University of Illinois Press.
Mead, George H. 1968. *Geist, Identität, Gesellschaft.* Frankfurt a. M.: Suhrkamp.
Meyer, John, John Boli, George M. Thomas und Francisco O. Ramirez. 1997. World society and the nation-state. *American Journal of Sociology* 103: 144-181.
Moore, Sally F. 1987. Explaining the present: theoretical dilemmas in processual ethnography. *American Ethnologist* 14: 727-736.
Mühlmann, Wilhelm E. 1954. Ethnologie und Geschichte. *Studium Generale* 7: 165-177.
Paine, Robert. 1981. *Politically speaking: cross-cultural studies of rhetoric.* Newfoundland: ISHI.
Pemberton, John. 1994. *On the subject of 'Java'.* Ithaca: Cornell University Press.
Sallaz, Jeffrey, und Jane Zaviska. 2007. Bourdieu in American Sociology, 1980-2004. *Annual Review of Sociology* 3: 21-41.

Schöfthaler, Traugott, und Dietrich Goldschmidt. 1984. *Soziale Struktur und Vernunft. Jean Piagets Modell entwickelten Denkens in der Diskussion kulturvergleichender Forschung.* Frankfurt a. M.: Suhrkamp.
Schweizer, Thomas, und Douglas R. White. 1998. *Kinship, networks, and exchange.* Cambridge: Cambridge University Press.
Scott, James C. 1990. *Domination and the arts of resistance.* Yale: Yale University Press.
Strathern, Marilyn. 1985. Knowing power and being equivocal: three Melanesian contexts. In *Power and knowledge. Anthropological and sociological approaches*, ed. Richard Fardon, 61-81. Edinburgh: Scottish Academic Press.
Strecker, Ivo. 1988. *The social practice of symbolization: an anthropological analysis.* London: Athlone.
Swidler, Ann. 1986. Culture in action: symbols and strategies. *American Sociological Review* 51: 273-286.
Turner, Victor W. 1957. *Schism and continuity in an African Society.* Manchester: University of Manchester Press.
Vertovec, Steven, und Alisdair Rogers. 1998. Introduction. In *Muslim European youth. Reproducing religion, ethnicity, culture*, eds. Steven Vertovec, Alisdair Rogers, 13-34. Aldershot: Ashgate.
Vincent, Joan. 1978. Political anthropology: Manipulative strategies. *Annual Review of Anthropology* 7: 175-194.
Watson, Graham. 1991. Rewriting culture. In *Recapturing anthropology. Working in the present*, Hrsg. Richard G. Fox, 73-92. Santa Fe: School of American Research Press.
Weber, Max. 1985. *Wirtschaft und Gesellschaft: Grundriß der verstehenden Soziologie* (1922). Tübingen: Mohr Siebeck.
Welz, Gisela. 1994. Die soziale Organisation kultureller Differenz. Zur Kritik des Ethnosbegriffs in der anglo-amerikanischen Kulturanthropologie. In *Nationales Bewusstsein und kollektive Identität. Studien zur Entwicklung des kollektiven Bewusstseins in der Neuzeit*, Hrsg. Helmut Berding, 66-81. Frankfurt a. M.: Suhrkamp.
Whitten, Dorothea S., und Norman E. Whitten. 1972. Social strategies and social relationships. *Annual Review of Anthropology* 1: 247-270.
Wicker, Hans-Rudolf. 1996. Von der komplexen Kultur zur kulturellen Komplexität. In *Das Fremde in der Gesellschaft. Migration, Ethnizität und Staat*, Hrsg. Hans-Rudolf Wicker, Jean-Luc Alber, Claudio Bolzman, Rosita Fibbi, Kurt Imhof, Andreas Wimmer, 373-392. Zürich: Seismo.
Wimmer, Andreas. 1995a. *Die komplexe Gesellschaft. Eine Theorienkritik am Beispiel des indianischen Bauerntums.* Berlin: Reimer.
Wimmer, Andreas. 1995b. *Transformationen. Sozialer Wandel im indianischen Mittelamerika.* Berlin: Reimer.
Wimmer, Andreas. 1996. Kultur. Zur Reformulierung eines ethnologischen Grundbegriffs. *Kölner Zeitschrift für Soziologie und Sozialpsychologie* 48: 401-425.
Wimmer, Andreas. 2002. *Nationalist exclusion and ethnic conflicts. Shadows of modernity.* Cambridge: Cambridge University Press.
Wimmer, Andreas. 2005. *Kultur als Prozeß. Zur Dynamik des Aushandelns von Bedeutungen.* Wiesbaden: VS Verlag für Sozialwissenschaften.
Wimmer, Andreas. 2008. The making and unmaking of ethnic boundaries. A multi-level process theory. *American Journal of Sociology* 113: 970-1022.
Yang, Mayfair Mei-hui. 1994. *Gifts, favors, and banquets. The art of social relationships in China.* Ithaca: Cornell University Press.

Korrespondenzanschrift: Andreas Wimmer, University of California Los Angeles, 264 Haines Hall, Box 951551, Los Angeles, CA 90095-1551, USA
E-Mail: awimmer@soc.ucla.edu

KRITIK

KULTUR ALS SOZIALES GEDÄCHTNIS

Wolfgang Ludwig Schneider

Zusammenfassung: Der vorliegende Beitrag begreift Kultur als soziales Gedächtnis. Dieser Vorschlag unterscheidet sich von Wimmers Position vor allem in den folgenden Hinsichten: (a) Er versteht die Probleme der Sicherung *kommunikativer Anschlussfähigkeit* und der Ermöglichung von *Erwartungssicherheit* als übergeordnete Bezugsprobleme, deren Lösung Bedingung der Möglichkeit für interessenrationales Handeln und für die Bildung „kultureller Kompromisse" im Sinne Wimmers ist. (b) Er rechnet mit latenten Sinnbeziehungen, die von den Handelnden nicht registriert, aber gleichwohl als Determinanten und Konsequenzen ihres Handelns wirksam werden. (c) Er geht davon aus, dass auch die Richtung des Willens der Akteure durch kulturelle Orientierungen geprägt sein kann, die in engem, aber für die Akteure u. U. latentem Zusammenhang mit ihrer sozialen Lage stehen und die sowohl zur Reproduktion von Strukturen sozialer Ungleichheit als auch zu deren Legitimation beitragen können.

I. Wimmers Konzept von Kultur als Medium strategischer Interessenartikulation

Andreas Wimmer unterscheidet in seinem Beitrag „Kultur als Kompromiss" drei Aspekte von Kultur, nämlich (a) Kultur als Ensemble habitualisierter Schemata, (b) Kultur als Medium der Formulierung von Interessenkompromissen in der Öffentlichkeit sowie (c) Kultur als Instrument der symbolischen Schließung sozialer Gruppen. Ich beginne mit einer Zusammenfassung von Wimmers Position, in der ich die mir problematisch erscheinenden Punkte markiere (*I.;* a-c), um danach eine alternative Konzeption von Kultur zu skizzieren (*II.*) und exemplarisch zu plausibilisieren (*III.*).

Zu (a): Ausgangspunkt seines Vorschlags ist die pointierte Abgrenzung gegenüber der Vorstellung des „übersozialisierten", d. h. kulturell determiniert handelnden Akteurs, der das Modell des zu rationaler Nutzenabwägung befähigten Akteurs entgegengesetzt wird. Wimmer schließt dazu an Bourdieus Habitusbegriff an, den er jedoch erheblich modifiziert. Ein für Bourdieu zentrales Element wird dabei aus dem Habitusbegriff entfernt: Ausdrücklich verwirft Wimmer den Gedanken der Prägung des *Willens* der Akteure durch lagespezifische Erfahrungen in einer Weise, die zur Folge hat, dass die Orientierung an habitualisierten Zielen, Erwartungen und Verhaltensschemata sie dazu disponiert, ohne Willen und Bewusstsein zur Reproduktion ihrer sozialen Lage beizutragen. Statt dessen nimmt er an, „dass der Habitus nach Maßgabe einer kulturunabhängigen und allgemein menschlichen Fähigkeit gebildet wird, Kosten und Nutzen gegeneinander abzuwägen und dabei die eigenen Interessen wahrzunehmen" und Akteure „dank dieser universalen Kompetenz" dazu befähigt seien, „ihre eigene Situation kritisch einzuschätzen und Strategien zu entwerfen, welche auch von den vorgegebenen kulturellen Mustern abweichen können" (S. 416). Funktionalistische und ideologietheoretische Annahmen lehnt er deshalb generell ab (vgl. Wimmer 1996: 420, S. 416). Sofern ich Wimmer hier recht verstehe, impliziert dies auch die Ablehnung jeder Position, die das Handeln der Akteure auf latente Determinanten zurückführt und ihm transintentionale Sinnüberschüsse zuschreibt, die aus der Perspektive anderer Beobachter registriert und sozial folgenreich werden können, für die Akteure selbst jedoch typisch (aber nicht unbedingt ausnahmslos) verborgen bleiben.

Zu (b): Vor dem Hintergrund dieses gleichermaßen subjektivistisch wie rationalistisch anmutenden Ansatzes analysiert Wimmer den Prozess der sozialen Konstruktion kollektiv geltender Repräsentationen, d. h. von Normen, sozialen Klassifikationen und Mustern der Weltdeutung, als öffentlichen und interessegeleiteten Prozess des Aushandelns von Bedeutungen. Sofern keine gravierenden Machtungleichgewichte dem entgegenstehen, führe dieser Aushandlungsprozess zur Bildung kollektiv anerkannter Bedeutungen mit dem Status eines „kulturellen Kompromisses" oder, wie in einer früher publizierten Fassung des vorliegenden Textes formuliert, eines „symbolischen Gesellschaftsvertrags" (vgl. Wimmer 1996: 408). Kulturelle Konflikte werden so letztlich auf Interessenkonflikte reduziert. Auch Konflikte, die auf der Ebene gegensätzlicher kollektiver Identitätskonstruktionen verankert sind, können nur nach diesem Modell gedeutet werden.

Zu (c): Akteure oder Gruppen, die nicht an der Bildung eines „kulturellen Kompromisses" beteiligt waren und deren Interessen darin nicht berücksichtigt wurden, werden dadurch ausgeschlossen. Für sie indizieren die so etablierten kollektiven Repräsentationen den Ausschluss von der Teilhabe am „symbolischen Gesellschaftsvertrag". Die Erzeugung derartiger Grenzmarkierungen wird nicht als Folge interessenunabhängiger kultureller Unterschiede oder als nicht intendierte Nebenfolge sozialer Interaktionsprozesse, sondern generell als Ergebnis intentionaler Interessenartikulation und damit verbundener Distinktionsstrategien betrachtet, die kontingente Differenzen als Instrumente symbolischer Schließung nutzen können, um zwischen zugehörigen und nicht-zugehörigen Akteuren zu unterscheiden und um die innerhalb eines etablierten kulturellen Kompromisses zu berücksichtigenden Interessen von den nicht zu berücksichtigenden abzugrenzen (vgl. S. 422 f.).

Wimmers Thesen fügen sich zusammen zu einem akteurtheoretischen, gleichermaßen subjektivistisch wie rationalistisch konzipierten Kulturbegriff, der Kultur primär als Medium der Artikulation, Regulierung und kollektiven Koordination individuellen interessegeleiteten Handelns begreift. Ein solcher Kulturbegriff scheint keine für die Akteure latent bleibenden Determinanten und Sinnüberschüsse kultureller Deutungsmuster zu kennen. Kulturelle Konflikte müssen deshalb generell als für die Beteiligten weitestgehend transparenter Modus der Aushandlung von Interessenkompromissen porträtiert werden. Eine derartige Darstellung erscheint allenfalls in Situationen annähernd angemessen, in denen es um die strategisch kalkulierte Austragung von Interessenkonflikten in der politischen Öffentlichkeit geht (sei es nun die Öffentlichkeit des Dorfplatzes, einer politischen Versammlung oder der massenmedialen Öffentlichkeit) und in denen sozial anerkannte Deutungsmuster als Ressourcen für die Legitimierung von Interessen sowie für den Gewinn politischer Unterstützung eingesetzt werden. Als Basis für die Ableitung eines *allgemeinen* Kulturbegriffs erscheinen Situationen dieses Typs jedoch zu spezifisch gewählt.

II. Kultur als soziales Gedächtnis und Beobachtungsform

Um meine Einwände gegen Wimmers Kulturbegriff zu erläutern, will ich zunächst eine alternative, abstrakter gefasste Konzeption von Kultur umreißen und deren Differenz zu Wimmers Vorschlag dann an empirischen Beispielen exemplarisch verdeutlichen.[1] Dazu schlage ich vor, Kultur funktional, nämlich durch ihren Beitrag zur Kontinuierung sozialer Zusammenhänge zu bestimmen. Als Elementareinheiten des Sozialen wähle ich nicht subjektiv-intentional konstituierte Handlungen, sondern Kommunikationen, die notwendig sozial, nämlich unter Beteiligung von minimal zwei Prozessoren erzeugt werden. Anknüpfend an die Systemtheorie Luhmann'schen Typs nehme ich an, dass ein elementares kommunikatives Ereignis konstituiert wird durch die Verknüpfung einer Mitteilung Egos mit einer daran anschließenden Mitteilung Alters, die ein bestimmtes Verstehen von Egos Äußerung als Mitteilung einer Information impliziert (vgl. Luhmann 1990: 23 ff.; Schneider 1994: 163 ff.). Die Kontinuierung eines sozialen Zusammenhangs ist gebunden an die Fortsetzung von Kommunikation. Bedingung der Möglichkeit für die Fortsetzung von Kommunikation ist, dass kommunikative Ereignisse erkennen lassen, in welcher Weise andere Teilnehmer daran anschließen können, um die laufende Kommunikation weiterzuführen. Benötigt werden dazu Muster der Verknüpfung, die durch kommunikative Ereignisse aufgerufen und als Grundlage für die Erzeugung passender Nachfolgeereignisse benutzt werden können. Im Rahmen einer solchen kommunikationstheoretischen Perspektive kann Kultur verstanden werden als die Menge möglicher Verknüpfungsmuster, die zur Lösung des Problems der Sicherung kommunikativer Anschlussfähigkeit eingesetzt werden können.[2] Um diese Funktion zu erfüllen, müssen sie jederzeit abrufbar sein und deshalb die Gestalt eines Gedächtnisses der Kommunikation annehmen.[3] Dieses psychisch verankerte und durch

---

[1] Zur ausführlichen Darstellung dieses Konzepts von Kultur vgl. Schneider (2010a).

[2] Dieses Konzept von Kultur ist letztlich kongruent mit dem allgemeinen systemtheoretischen Strukturbegriff, der die Strukturen von Kommunikation generell als Sinnstrukturen oder genauer, als Erwartungsstrukturen begreift. Es wirft deshalb die Frage auf, inwiefern es noch Raum lässt für die Unterscheidung zwischen Kultur und Sozialstruktur. Diese Differenz ist unter den dargestellten Voraussetzungen in der folgenden Weise zu erläutern: „Sozialstruktur" meint unter systemtheoretischen Prämissen die Differenzierung der Gesellschaft in unterschiedliche selbstreferenziell geschlossene Sozialsysteme, d. h. im Blick auf die moderne Gesellschaft zum einen deren primäre Differenzierung in Funktionssysteme und zum anderen die multiple Ausdifferenzierung von Sozialsystemen vom Typ Interaktion und Organisation (eventuell auch, wie neuerdings diskutiert, vom Typ Netzwerk; vgl. dazu Bommes und Tacke 2010). Die semantischen Einrichtungen, die zur Schließung eines Systems erforderlich sind (bei Funktionssystemen insbesondere der je systemspezifische Operationstyp und die binäre Codierung der Kommunikation), definieren diejenigen Sinnstrukturen, die als invariante Bedingung der Möglichkeit seiner Reproduktion bei allen Systemoperationen vorausgesetzt werden müssen und die so zugleich die Differenzierung der Gesellschaft in unterschiedliche Sozialsysteme aufrecht erhalten. Sie sind deshalb der sozialstrukturellen Ebene zuzurechnen. Demgegenüber sind diejenigen Erwartungsstrukturen, die innerhalb eines Sozialsystems variieren können, ohne dessen Reproduktion zu gefährden, der kulturellen Ebene zuzuordnen (bei Funktionssystemen sind dies die Programme; siehe dazu auch unten, Punkt III.).

[3] Das analoge handlungstheoretische Problem, wie nämlich bestimmte Verhaltensweisen als Handlungen eines bestimmten Typs intendiert und von anderen Akteuren erkannt werden können, hatte Parsons dazu veranlasst, Kultur die Funktion der „latent pattern-maintenance",

Kommunikation je selektiv aktivierte Gedächtnis vergleicht aktuelle Mitteilungsereignisse mit aus vergangenen Erfahrungen bekannten oder daraus ableitbaren Mustern. Es kategorisiert etwa eine Äußerung als „Frage", die im nächstmöglichen Zug eine „Antwort" verlangt, deren Ausbleiben als „Schuldigbleiben der Antwort" zugerechnet werden und darauf zugeschnittene Motivzuschreibungen oder weitere Rückfragen auslösen kann, und es registriert, inwiefern der weitere Verlauf der Kommunikation mit dem erwarteten Verlaufsmuster übereinstimmt, d. h. konsistent oder inkonsistent mit den aktivierten Erwartungen ist.

Die Unterscheidung konsistent/inkonsistent kann in der Kommunikation in verschiedenen Modi aktiviert werden (vgl. dazu auch Schneider 2000: 131 ff., 2004: 323 ff.):

(1) Im *operativen Modus* orientieren Verknüpfungsmuster die Erzeugung von Anschlusskommunikationen. Ob dabei bekannte Strukturen unverändert benutzt oder neue strukturelle Varianten erzeugt werden, wird in der Kommunikation nicht registriert, weil die Unterscheidung konsistent/inkonsistent dazu nicht in expliziter Form aufgerufen werden muss.

(2) Im Modus der *Beobachtung erster Ordnung* fungiert Kultur als Gedächtnis und Einrichtung der Konsistenzkontrolle. Dieser Modus wird in der Kommunikation insbesondere dann aktiviert, wenn die Inkonsistenz kommunikativer Ereignisse mit erinnerten Mustern explizit festgestellt wird. Dies ist z. B. der Fall, wenn das Ausbleiben der Antwort auf eine Frage in einer Äußerung wie „Warum antwortest du nicht?" kommunikativ registriert wird. Die kommunikative Registrierung von Inkonsistenzen erzeugt typisch Bedarf für Reparaturen oder Abweichungserklärungen, die es ermöglichen, die erlebte Diskrepanz zwischen erwartetem und faktisch eingetretenem Kommunikationsverlauf sekundär zu normalisieren. Schemata der Klassifikation und damit verknüpfte Repertoires der Zuschreibung von Eigenschaften und Motiven spielen dafür eine wichtige Rolle. Ihr Gebrauch ist im Beobachtungsmodus erster Ordnung jedoch durch die fortbestehende Bindung an das kulturelle Muster limitiert, das für die Registrierung von Abweichungen jeweils zugrunde gelegt worden ist. Dessen alternativlose Geltung wird weiterhin unterstellt und deshalb auch bei der Konstruktion von Abweichungserklärungen vorausgesetzt. Weil keine gleichrangigen Alternativen zu diesen Mustern gesehen werden, bleibt die Beschränkung des Blicks, die aus der Bindung der Beobachtung an kulturelle Schemata resultiert, für den Beobachter, der sie benutzt, zugleich latent. Wie gleich zu zeigen sein wird, ist der Beobachtungsmodus erster Ordnung von besonderer Bedeutung für die Konstruktion von kulturellen Grenzen zwischen Kollektiven.

(3) Kultur als Gedächtnis und Einrichtung der Konsistenzkontrolle ist im *Beobachtungsmodus zweiter Ordnung* aktiviert, wenn die Frage aufgeworfen wird, welche alternativen kulturellen Muster dafür verantwortlich sein könnten, dass von Ego als erwartungsinkonsistent registrierte kommunikative Ereignisse von Alter als erwartungskonsistent erlebt worden sind. Das in der Beobachtung erster Ordnung für die Registrierung einer Abweichung verwendete kulturelle Schema wird hier als kontingent definiert und alternativen Maßstäben der Konsistenz gegenübergestellt. Unterschiedliche Konsistenz-

---

d. h. der Erhaltung oder Bewahrung der dafür benötigten Muster und damit ebenfalls, wie oben vorgeschlagen, die Funktion eines Gedächtnisses zuzuschreiben.

kriterien können deshalb miteinander verglichen werden. Die Nötigung zur Verwendung von Abweichungserklärungen der einen oder anderen Art, der die Beobachter erster Ordnung unterliegen, lässt sich jeweils als Resultat ihrer Bindung an ein bestimmtes Schema verständlich machen. Von „Kulturen" im Plural ohne Kopplung an die Unterscheidung konform/abweichend kann erst im Beobachtungsmodus zweiter Ordnung die Rede sein. Die Karriere von „Kultur" als historischem Begriff im 18. Jahrhundert ist als Indikator für die soziale Normalisierung dieses Beobachtungsmodus zu deuten (vgl. Luhmann 1995), der dann in den „Geistes-" oder „Kulturwissenschaften" systematisch praktiziert wird.

Auch der Beobachtungsmodus zweiter Ordnung regeneriert jeweils einen eigenen Latenzbereich. Die Inkonsistenzen, die er durch die Suche nach alternativen kulturellen Konsistenzregeln aufzuklären sucht, sind ihm durch die im Beobachtungsmodus erster Ordnung identifizierten Abweichungen vorgegeben und erfassen deshalb vor allem diejenigen „fremdkulturellen" Besonderheiten besonders prägnant, die von den „eigenkulturellen" Normalitätserwartungen des Beobachters erkennbar differieren. Dadurch werden kulturelle Differenzen übermäßig betont, Übereinstimmungen hingegen, für die eine analoge Registrierungseinrichtung fehlt, systematisch unterschätzt. Insofern tendiert der Beobachtungsmodus zweiter Ordnung zum „Othering", d. h. zur „kulturalistischen" Überzeichnung kultureller Unterschiede. Sobald auf diese Weise überzogene Erwartungen kultureller Differenz erzeugt worden sind, können freilich auch Übereinstimmungen als Abweichung in Relation dazu registriert werden mit der Folge, dass nun die Überschätzung von Differenzerwartungen erklärungsbedürftig erscheint und zur Suche nach Konsistenzkriterien motiviert, die diese Überschätzung erklären können. Die Kritik an der Tendenz des klassischen ethnologischen und soziologischen Kulturbegriffs, kulturelle Differenzen zu „substantialisieren" oder zu „essentialisieren" exemplifiziert diese Verlagerung. Der Modus der Beobachtung zweiter Ordnung wird damit reflexiv. Er wird angewendet auf vergangene Resultate der Beobachtung zweiter Ordnung und versucht, deren Latenzbereich aufzuhellen, der auf diese Weise freilich nicht eliminiert, sondern nur ein weiteres Mal verschoben wird. Denn jede Beobachtung kann die Unterscheidungen, die sie aktuell benutzt, erst in einer anschließenden Beobachtung (für die wieder dasselbe gilt) von anderen Unterscheidungen unterscheiden, d. h. auf ihre Selektivität hin beobachten (vgl. Luhmann 1990: 91 f.).

Der reflexive Gebrauch des Beobachtungsmodus zweiter Ordnung wird im Kontext der Sozial- und Kulturwissenschaften besonders forciert, weil er es ermöglicht, (tatsächliche oder vermeintliche) Beschränkungen vorausgegangener Beobachtungsversuche aufzudecken und damit die Innovationsverpflichtung wissenschaftlicher Kommunikation durch Propagierung neuer theoretischer und methodischer Ansätze zu erfüllen, die versprechen, die identifizierten Beschränkungen zu überwinden. Die Ausdifferenzierung von Wissenschaft auf der Basis der Funktion der Erzeugung neuen Wissens prämiert damit die systematisch vorangetriebene Erzeugung von Inkonsistenzen zwischen neuem und altem Wissen. Nicht die Reproduktion, sondern die Transformation kultureller Muster, oder genauer, der je systemspezifischen Programme (vgl. oben, Fußnote 1), wird im Kontext von Wissenschaft, aber auch in anderen Funktionssystemen wie der Kunst, der Ökonomie oder den Massenmedien, systematisch gefördert und gefordert. Beobachtete Innovationen (d. h. Inkonsistenzen mit bisher bekannten Mustern) werden typisch auf Leistungsrollenträger und Organisationen, weniger hingegen auf kulturell differente Großgruppen zugerechnet.[4]

III. Exemplarische Plausibilisierung des vorgeschlagenen Kulturbegriffs

Die erfolgreiche Mitteilung einer intendierten Bedeutung[5] setzt bei Ego und Alter sowohl eine hinreichend übereinstimmende Kenntnis sprachlicher bzw. kommunikativer Regeln, als auch die kontinuierliche Lösung des Koordinationsproblems voraus, was als relevantes Kontextwissen für die Deutung von Äußerungen zugrunde zu legen ist. Geringfügige Diskrepanzen zwischen den Kommunikationsteilnehmern in den Kriterien für die Selektion von Anschlussäußerungen und die Konsistenzkontrolle können hier schon genügen, um erheblich divergierende Bedeutungszuweisung zu erzeugen. Beispielfälle dazu findet man insbesondere in Untersuchungen aus dem Bereich der Ethnographie der Kommunikation, der interaktionalen Soziolinguistik und der Konversationsanalyse.

John Gumperz (1982: 173 f.) berichtet etwa von dem indischen Personal in einer Kantine eines englischen Flughafens, das in der Essensausgabe tätig war und die vermutlich als Frage intendierte Einwortäußerung („Sauce" = „Möchten Sie Sauce?") in einer Weise ausführte (nämlich mit abfallender statt mit ansteigender Intonationskontur), die diese Äußerung für die Adressaten als bloße Feststellung („Das ist Sauce.") des ohnehin offensichtlichen Umstandes erscheinen ließ, dass es hier Sauce gab. Die so im *Beobachtungsmodus erster Ordnung* registrierte Inkonsistenz des Verhaltens des Kantinenpersonals mit geläufigen kulturellen Mustern wurde von den Engländern als vorsätzliche Abweichung vom Modell höflicher Zuvorkommenheit wahrgenommen, als Affront gedeutet und als Ausdruck einer „unfreundlichen" und „unkooperativen" Haltung des indischen Kantinenpersonals, d. h. durch Rückführung auf eine zugrunde liegende konstante Einstellung erklärt. Auf der Suche nach alternativen Konsistenzkriterien, die es ermöglichten, das Verhalten des indischen Kantinenpersonals nicht primär als abweichendes Verhalten, sondern, unter Nutzung des *Beobachtungsmodus zweiter Ordnung*, als konform mit divergierenden kulturellen bzw. sprachlichen Regeln zu erklären, diagnostizierte Gumperz ein Missverständnis, das er auf Unterschiede in den Intonationsregeln zwischen der Herkunftssprache der Inder und dem Englischen zurückführte: Die von den Engländern registrierte Inkonsistenz zwischen der Erwartung einer höflichen Frage und der davon abweichenden und als unhöflich erlebten Feststellung sei als unbeabsichtigter und für das indische Personal latent bleibender Bedeu-

---

4 Die Zurechnung auf Kollektive ist freilich auch hier nicht generell ausgeschlossen. Innovationen in der Wissenschaft können etwa „wissenschaftlichen Schulen" als Kollektiven von Leistungsrollenträgern zugeschrieben werden. Systemtheoretisch lassen sich solche Kollektive als Sozialsysteme eigenen Typs, nämlich als Netzwerke rekonstruieren (vgl. Schneider und Kusche 2010). Aber nicht erst in der Systemtheorie, sondern bereits in der hermeneutischen Tradition (insbesondere bei Dilthey) wird der Beobachtungsmodus zweiter Ordnung auf die Deutung von Handlungen als Elementen sozial ausdifferenzierter „Kultursysteme" bezogen (vgl. Schneider 2010b).
5 Die Ausdrücke „Sinn" und „Bedeutung" verwende ich hier und im Folgenden synonym.

tungsüberschuss zu erklären, der durch den unbemerkten Import muttersprachlicher Intonationsmuster in die englische Sprache erzeugt worden sei.[6]

Weitere Beispiele, in denen derartige Diskrepanzen transintentionale Bedeutungsüberschüsse generieren und in die Zuschreibung negativ bewerteter Einstellungen umgearbeitet werden, lassen sich leicht finden: Chinesische Gesprächsteilnehmer vermeiden es möglichst, den Äußerungen deutscher Gesprächspartner offen zu widersprechen, weil ihnen offener Widerspruch als unhöflich und gesichtsbedrohend erscheint (vgl. Günthner 1993: 74 f.). Treffen sie auf diskussionsfreudige Deutsche, die eine Äußerung eines chinesischen Gesprächsteilnehmers zum Anlass offenen Widerspruchs nehmen und eine Debatte zu beginnen versuchen, dann verhalten diese sich damit aus chinesischer Perspektive nicht nur unhöflich, sondern nötigen die chinesischen Gesprächsteilnehmer, die sich selbst weiterhin höflich verhalten wollen, unter Umständen zu Ausweichmanövern bis hin zum Selbstwiderspruch (vgl. Schneider 2004: 222 ff.). Die explizite kommunikative Registrierung solcher Widersprüche als Inkonsistenz im Beobachtungsmodus erster Ordnung verbunden mit Versuchen, die chinesischen Gesprächsteilnehmer zu deren Reparatur zu veranlassen („Aber vorhin haben Sie doch gesagt, (...)") provozieren leicht verstärkte Formen des Ausweichens oder des Rückzugs. Statt eine allmähliche Annäherung der verschiedenen Perspektiven zu erzeugen, können solche „schismogenetischen" (Bateson) Kommunikationsverläufe zu einer Verstärkung und Stabilisierung von Diskrepanzen führen, die von den Beteiligten mit Hilfe entsprechender Zuschreibungsstereotypen dispositional erklärt werden. Aus dem kulturellen Deutungsvorrat abrufbare und als Einrichtungen zur sekundären Normalisierung registrierter Inkonsistenzen tauglich Fremdstereotype wie „unhöfliche Deutsche" und „undurchsichtige Chinesen" können auf diese Weise immer wieder neu in der Kommunikation bestätigt werden, ohne dass für die Beteiligten erkennbar werden muss, welche Differenzen auf der Ebene kulturspezifischer Regeln zur Reproduktion dieser Stereotype führen.

Solche Diskrepanzen finden sich auch bei Personen mit gleicher Muttersprache. In einem Interview nennt eine ostdeutsche Studentin an einer ostdeutschen Hochschule die ihr unangemessen erscheinende Widerspruchsfreudigkeit eines westdeutschen Kommilitonen gegenüber den Dozenten in Seminarveranstaltungen als Beispiel für ein Verhalten, das unter Ostdeutschen als Beleg für die „Arroganz" von Westdeutschen gelte (vgl. Schneider 2004: 263). An anderer Stelle äußert sie im Falle des erwähnten Kommilitonen Zweifel an der Richtigkeit dieser Zuordnung, weil er bei einer Exkursion habe erkennen lassen, dass er Kontakt suche und „dass er versucht, sich einzufügen" (Schneider 2004: 261). „Arroganz" versus „sich einfügen" in die Gruppe erscheint hier als binäres Schema, dessen Benutzung dazu führen kann, dass betont individualistisches Verhalten, das Insistieren auf einer abweichenden Meinung u. Ä. als Indiz für „Arroganz" zugeschrieben wird, ohne andere Möglichkeiten der Zurechnung in Erwägung zu ziehen (z. B. „Starrsinnigkeit" anstelle von „Arroganz").[7]

---

6 Vgl. ausführlicher dazu sowie zur Interpretation eines weiteren Beispiels von Gumperz: Schneider 1994: 214 ff.

7 Der hier erwähnte Fall ist freilich gerade deshalb besonders interessant, weil die befragte Studentin sich der Richtigkeit dieser Zurechnung nicht sicher ist, sondern alternativ dazu in Erwägung zieht, dass der westdeutsche Kommilitone nicht arrogant, sondern vielleicht eher „ver-

Vergleichbare Zurechnungsschemata sind auch in Verbindung mit anderen Kategorisierungen der Teilnehmer abrufbar. So etwa zwischen den einheimischen Bewohnern eines Dorfes und zugewanderten Städtern. Mehr oder weniger zufällige Differenzen der Lebensweise (so z. B. dass die Städter primär soziale Kontakte zu Nicht-Dorfbewohnern unterhalten) können dann als Indiz dafür gedeutet werden, dass die „Zugezogenen" sich nicht in die „Dorfgemeinschaft" einfügen wollen, und als Hinweis auf eine Haltung der „Überheblichkeit" gegenüber den Einheimischen betrachtet werden. Umgekehrt neigen Städter unter Umständen dazu, ihnen abweichend erscheinende Lebensgewohnheiten der „Dörfler" als Ausdruck von „engstirniger Provinzialität" zuzurechnen.

Die erwähnten Beispiele illustrieren einen generellen Mechanismus: Inkonsistenzen zwischen Egos Normalitätserwartungen und Alters kommunikativem Verhalten werden als Abweichung registriert (Personen verhalten sich ohne erkennbaren Anlass „unhöflich", widersprechen unerwartet oder weichen bei einer Diskussion aus) und erzeugen so Bedarf für eine Erklärung, die geeignet ist, diese Abweichungen sekundär in Normalitätserwartungen umzuarbeiten. Dies geschieht durch Rückführung der erlebten Diskrepanzen auf angeblich typische Dispositionen zu Abweichungen der erlebten Art bei Personen einer bestimmten (im den vorliegenden Fällen ethnischen oder quasi-ethnischen) Kategorie wie Inder, Chinesen oder Deutsche, „Wessis" oder „Ossis", Städter oder Dörfler. Was semantische Generalisierungen dieses Typs leisten, ist die Wiederherstellung von Erwartungssicherheit in Situationen der Irritation. Kulturell verankerte Stereotype sind dazu gerade deshalb gut geeignet, weil sie entsprechende Irritationen für den Fall weiterer Begegnungen mit Personen derselben Kategorie erwartbar machen. Sie ermöglichen es so, zugleich an den irritierten Erwartungen festzuhalten und sich gleichwohl bei Personen einer bestimmten Kategorienzugehörigkeit darauf einzurichten, dass mit deren Verletzung zu rechnen ist. Sie stellen dadurch Erwartungssicherheit auf einer sekundären Ebene wieder her.[8] Die damit verbundene Tendenz zur Übergeneralisierung („Vorurteile") ist im Blick auf die Funktion eines solchen Mechanismus unproblematisch: Erfüllen Interaktionspartner, die einer als „abweichend" etikettierten sozialen Kategorie angehören, die kategorienspezifischen Abweichungserwartungen nicht, können diese selektiv, d. h. in der Regel individualspezifisch, außer Kraft gesetzt und durch die sonst unterstellten primären Normalitätserwartungen substituiert werden, für die man ja bereits über routinisierte Möglichkeiten der Reaktion und damit der irritationsfreien Fortsetzung von Kommunikation verfügt.

---

unsicher" sei, „und dass er erstmal nur wirklich alles gesagt hat, was er denkt und weiß" (Schneider 2004: 265). Sie fährt dann fort: „Aber irgendwie (...) also so ganz eindeutig is das für mich auch noch nich, weil er – aah ich weiß auch nich, ich bin damit noch nich so ganz fertig (...)" (a. a. O.).

8 Wie eine Untersuchung von Erikson und Shultz (1982) zeigt, steigt die Toleranz gegenüber Irritationen in der Interaktion, wenn eine gemeinsame Mitgliedschaftskategorie verfügbar ist, der sich die Interaktionspartner zuordnen können. Man kann diesen Befund so deuten, dass unter diesen Voraussetzungen ein hinreichendes Maß an Erwartungssicherheit als gegeben unterstellt wird, das es ermöglicht, einzelne Irritationserlebnisse isolierend zu verarbeiten, d. h. ohne daraus generalisierende Schlussfolgerungen über abweichende Dispositionen des Interaktionspartners als Mitglied einer fremden Personenkategorie abzuleiten.

Als Folge der Verwendung einer solchen Strategie der sekundären Normalisierung beliebiger Inkonsistenzerfahrungen im Beobachtungsmodus erster Ordnung können kulturelle Grenzmarkierungen zwischen Kollektiven generiert und reproduziert werden, die die registrierten Verhaltensabweichungen zu stabilen Dispositionen substanzialisieren und für alle Angehörigen einer bestimmten Kategorie generalisieren. Charakteristisch für den Beobachtungsmodus erster Ordnung ist dabei, dass alternative Deutungsmöglichkeiten weder gesehen noch gesucht werden, sodass die Substantialisierung und Generalisierung der registrierten Abweichungen gleichsam „natürlich" erscheint. Die Kontingenz der jeweiligen Deutung und Erklärung bleibt dem Blick des Beobachters entzogen, solange er diesen Beobachtungsmodus benutzt. Der Beobachtungsmodus erster Ordnung sorgt insofern zugleich für die Latenz seiner eigenen Funktionsweise.

Der skizzierte Mechanismus der Konsistenzkontrolle und die dadurch erzeugten oder reproduzierten kulturellen Stereotype dienen nicht der Beförderung inhaltlich spezifischer Handlungsziele oder Interessen. Die Leistung dieses Mechanismus besteht vielmehr darin, hinreichende Erwartungssicherheit als Bedingung der Möglichkeit zielorientierten oder interessegeleiteten Handelns zu garantieren. Erst die Erfüllung dieser Voraussetzung ermöglicht es, Annahmen darüber zu entwickeln, welche Handlungsziele in Situationen doppelter Kontingenz mit Aussicht auf Erfolg angestrebt werden können. Im Dienste ihrer Erfüllung sind bereits auf dieser Ebene, die dem strategisch-interessengeleiteten Handeln vorgelagert ist, kulturelle Grenzziehungen möglich. Weil es hier nicht um die Verfolgung spezifischer Interessen geht, lassen sich die dazu entwickelten kollektiven Repräsentationen kaum unter Wimmers Vorstellung eines „kulturellen Kompromisses" subsumieren, der durch interessengeleitete Aushandlung erreicht würde.

Der These, dass kulturelle Grenzziehung auch durch divergierende Ziele und Interessen ausgelöst werden kann, soll damit nicht widersprochen werden. Sie lässt sich vielmehr auf einfache Weise in die hier vorgeschlagene Konzeption von Kultur integrieren. Ziele und die zu ihrer Erreichung geeigneten Mittel sind, wie klassisch in Mertons Anomietheorie vorgeführt (vgl. Merton 1995: 127-154), selbst Gegenstand kultureller Definition und Legitimation. Dem eben skizzierten Ansatz folgend, können sie als kulturell geprägte Orientierungen gedeutet werden, welche die Beteiligung an (operativer Modus) und die Beobachtung von Kommunikation leiten. Das Verhalten anderer kann von Ego sowohl unter dem Gesichtspunkt beobachtet werden, ob es Egos Versuche zur Verwirklichung bestimmter Ziele beeinträchtigt oder begünstigt, als auch im Hinblick darauf, inwiefern andere die Orientierung an diesen Zielen teilen. Verhaltensweisen, welche Egos Verfolgung kulturell legitimierter Ziele stören oder der Erwartung zuwider laufen, dass diese Ziele allgemein als erstrebenswert zu betrachten sind und deshalb auch von anderen verfolgt werden sollten, können im Beobachtungsmodus erster Ordnung als inkonsistent mit diesem Maßstab wahrgenommen und daher als deviant beurteilt werden. Kollidierende kulturelle Zieldefinitionen und darauf zugeschnittene Verhaltensnormen sind deshalb geeignet, Konflikte auszulösen und, vermittelt durch sozial generalisierende Zurechnungen, sich antagonistisch aufeinander beziehende Kollektive zu erzeugen. Insbesondere dann, wenn die konfligierenden Ziele in der Binnenkommunikation von Personengruppen als zentral ausgeflaggt und dadurch jeweils mit der Definition einer als kollektiv geteilt unterstellten Identität verknüpft werden, nehmen solche Konflikte eine spezifische Form an. Oft werden sie nicht als Interessenkonflikte,

d. h. auf der Basis strategisch rationaler Nutzenkalkulation mit Spielraum für Kompromissbildung, sondern als Identitätskonflikte ausgetragen, in denen die kompromisslose Durchsetzung der eigenen, als allein legitim betrachteten Ziele als Gebot der Selbstbehauptung kollektiver Identität gilt. Unter solchen Prämissen gelten die Mitglieder anderer Kollektive zwangsläufig als minderwertige, verachtungswürdige und tendenziell feindliche Personen.

Man muss bei Konflikten des letzteren Typs nicht gleich an gewaltsame Konfrontationen zwischen rivalisierenden ethnischen oder religiösen Großgruppen denken. Schon die Schulklasse und der Schulhof liefern dafür hinreichendes Anschauungsmaterial. Als klassisches Beispiel aus der britischen Tradition der Cultural Studies kann die bekannte Studie „Learning to labour" von Paul Willis (1977) gelten, die eine sich antagonistisch gegenüber mittelschichttypischen Erwartungen abgrenzende Subkultur analysiert. Willis hat eine Gruppe männlicher Jugendlicher untersucht, die aus Arbeiterfamilien stammen, sich als „lads" bezeichnen und innerhalb der Schule durch ein ausgeprägt nonkonformistisches Verhalten auffallen. Gegenüber den von ihnen als „ear'oles" etikettierten Mitschülern, die die schultypischen Verhaltensanforderungen respektieren, grenzen sich die „lads" scharf ab. Die Schule erscheint aus ihrer Perspektive nicht als eine Institution, die Chancen beruflichen Aufstiegs zugänglich machen kann, sondern eher als lästige Verzögerung auf dem Wege in un- und angelernte Tätigkeiten, wie sie ihre Väter im Regelfalle ausüben.

Diese Tätigkeiten verlangen hohen körperlichen Einsatz unter extremen Bedingungen (Schmutz, Lärm, unangenehme Temperaturen). Sie können nur von „harten Kerlen" erledigt werden, nicht aber von nur „Bleistifte stemmenden Sesselfurzern", die von den Vätern in ähnlicher Weise verachtet werden, wie in der Schule die konformistischen „ear'oles" von den „lads". Weil nur harte körperliche Arbeit als „richtige Arbeit" gilt, die eines Mannes würdig ist, geistige oder Schreibtischarbeit hingegen in der Wahrnehmung der „lads" nur etwas für schwächliche Naturen ist, erscheint Schulerfolg irrelevant und wird nicht angestrebt. Die Anforderungen der Lehrpersonen zu erfüllen, erscheint deshalb als sinnlos. Ihre Autorität wird nicht akzeptiert. Stattdessen wird ein spielerisch subversives Verhalten kultiviert, das den Unterricht stört, die Lehrkräfte provoziert und Autonomie gegenüber den schulischen Anforderungen demonstriert. Als primäres und von den „lads" immer wieder genanntes Ziel dieses Verhaltens wird „Spaß haben" angegeben. Mitschüler, für die dieses Ziel nicht zentral zu sein scheint, die nach guten Noten streben, ihre Hausaufgaben erledigen und die Lehrer respektieren, verhalten sich, gemessen an diesen Standards, deviant. Sie werden als „ear'oles" etikettiert, verachtet und immer wieder physisch attackiert.

Willis erklärt dieses subkulturelle Orientierungsmuster wissenssoziologisch aus der sozialen Lage der Herkunftsfamilien und hier insbesondere aus der sozialen Position der Väter an deren Arbeitsplatz. Er deutet es als Replikation der Betriebskultur, die es den Vätern am Arbeitsplatz ermöglicht, in untergeordneter Hierarchieposition Autonomie und Selbstachtung zu wahren. Das Verhalten der Söhne findet sein Vorbild und seinen bestätigenden Rückhalt im Verhalten der Väter und disponiert die Söhne zugleich dazu, sich im Prozess schulischer Selektion aktiv in einer Weise zu engagieren, die die Wahrscheinlichkeit maximiert, dass ihre eigene biographische Laufbahn in der Reproduktion des untergeordneten sozialen Status terminiert, den bereits ihre Väter einnahmen.

Im Blick auf das ökonomische System werden damit die untersten Ränge gesundheitlich belastender, gering qualifizierter und niedrig bezahlter beruflicher Tätigkeiten kontinuierlich mit einem Nachwuchs versorgt, der selbst in diese Positionen hineinstrebt, der die Platzierung in den unteren beruflichen und sozialen Rangpositionen deshalb subjektiv als Ergebnis eigener Entscheidung erlebt und insofern auch in überraschend hohem Maße (wenngleich nicht uneingeschränkt) als legitim anerkennt. Sofern und soweit der Zusammenhang zwischen sozialer Lage, lagespezifischer Kultur und Reproduktion der Struktur sozialer Ungleichheit in Übereinstimmung mit dem beschriebenen Modell zirkulärer Selbstkontinuierung prozessiert, erzeugt er die für seine Stabilität notwendige „Soziodizee" (Bourdieu) zugleich mit. Innerhalb eines solchen sich selbst stabilisierenden Zusammenhangs kann die Kultur der unteren sozialen Schichten dann in der Tat als funktional für die stabile Reproduktion der Struktur sozialer Ungleichheit gedeutet und zugleich die Latenz dieser Funktion für die meisten Handelnden angenommen werden, die innerhalb dieses Zusammenhangs agieren. Von zentraler Bedeutung dafür ist, dass die Handelnden als Folge der subjektiven Aneignung lagespezifischer kultureller Orientierungen lernen, Ziele erreichen zu wollen, deren Verfolgung sie in die ihrer Herkunft entsprechenden untergeordneten sozialstrukturellen Positionen manövriert. Analytisch ist diese Deutung m.E. schlüssig und zugleich unvereinbar mit dem subjektivistischen Kulturbegriff Wimmers, der die kulturelle Prägung des Willens von Akteuren ebenso abzulehnen scheint, wie funktionalistische oder mit Annahmen über latente Sinnbeziehungen operierende Deutungen, die in die Nähe von Ideologiekritik führen könnten (vgl. Wimmer 1996: 420, S. 416).

Die Untersuchung von Willis kommt im Wesentlichen mit Bourdieus These überein, nach der die durch den lagespezifische Habitus bestimmten Erwartungen und Handlungsziele von Akteuren diese dazu disponieren können, in einer Weise zu handeln, welche die biographische Reproduktion der sozialstrukturellen Position ihrer Herkunftsfamilie wahrscheinlich macht. Bourdieu hebt dabei die Konformitätszwänge der Kultur der unteren Klassen in Verbindung mit der lagespezifischen Prägung kognitiver Erwartungen hervor. Regeln angemessener Lebensführung, die Abweichungen als irrationales oder deviantes Verhalten deklarieren,[9] wirken demnach zusammen mit der Beobachtung, dass im eigenen sozialen Umfeld Versuche des Aufstiegs durch Bildung typisch scheitern und/oder mit sozialer Isolation bezahlt werden müssen.

Der behauptete Zusammenhang zwischen einem sozialen Herkunftsmilieu und seiner Kultur, der Aneignung des entsprechenden Habitus und der individuellen lebensgeschichtlichen Reproduktion der sozialen Ausgangsposition ist freilich auch bei Bourdieu und Willis nicht deterministischer, sondern nur stochastischer Art und läuft deshalb nicht auf die Erneuerung der von Wimmer zu recht abgelehnten Konzeption des

---

9 Vgl. dazu auch Bourdieus Darstellung des für die unteren sozialen Schichten angeblich typischen „Geschmacks am Notwendigen" sowie des damit verbundenen „Konformitätsprinzips" (vgl. Bourdieu 1987: 587 ff.). Bourdieu notiert: „Ermahnungen (‚für was hält sich denn die?'; ‚so was ist nichts für unsereins'), aus denen das *Konformitätsprinzip* spricht (die einzige explizite Geschmacksnorm der unteren Klassen), und die zu ‚vernünftigen', d. h. zu den ohnehin von den objektiven Verhältnissen auferlegten Geschmacksentscheidungen raten, implizieren darüber hinaus eine Warnung davor, sich durch Identifizierung mit anderen gesellschaftlichen Gruppen abheben zu wollen, also einen Befehl, nicht aus der Reihe zu tanzen" (Bourdieu 1987: 596, Hervorhebung im Original).

„übersozialisierten" Akteurs hinaus. Um eine abweichende biographische Verlaufskurve zu erzeugen, kann es im Einzelfall etwa genügen, dass ein Junge von schwächlicher körperlicher Konstitution innerhalb seiner peer group marginalisiert wird, er die Beschäftigung mit Büchern als attraktive Strategie des „Rückzugs" (Merton) in eine befriedigendere Phantasiewelt entdeckt, dass der intensive Gebrauch dieser Strategie als nicht intendierten Nebeneffekt Schulerfolg produziert und die dadurch gewonnene Anerkennung eines Lehrers Kompensationsmöglichkeiten für seine Randposition innerhalb der peer group eröffnet. Im Ergebnis kann er so, durch eine Serie biographischer Abweichungsverstärkungen in Relation zu den Verhaltensanforderungen seiner Herkunftskultur, auf den Weg zum sozialen Aufstieg durch Bildung geraten und diesen dann schließlich auch als Ziel anstreben.[10] Nach analogem Muster können mehrere Akteure, die in einem sozialen Zusammenhang als deviant etikettiert werden, gemeinsame Orientierungen entwickeln, auf deren Grundlage sie eine Selbstbeschreibung als Kollektiv (d. h. eine eigenständige „kollektive Identität") entwerfen, durch die sie sich symbolisch gegenüber ihrer sozialen Umwelt abgrenzen und so eine neue „(Sub-)Kultur" konstituieren.

IV. Resümee

Ich habe im vorliegenden Text ein Konzept von Kultur vorgeschlagen, das Kultur als soziales Gedächtnis begreift, dessen allgemeine Funktion in der Sicherung der Anschlussfähigkeit von Kommunikation besteht. Dieses Gedächtnis benutzt die Unterscheidung konsistent/inkonsistent, um dieses Problem von Mitteilung zu Mitteilung erneut im operativen Modus zu lösen und um die Übereinstimmung oder Nicht-Übereinstimmung der dabei erzeugten Verknüpfungen mit bereits bekannten Mustern (= Erwartungsstrukturen) im Beobachtungsmodus erster oder zweiter Ordnung zu prüfen. Konsistenzkontrolle kann im Dienste der Ermöglichung von Erwartungssicherheit stehen und dann die Differenz konsistent/inkonsistent mit der Unterscheidung konform/abweichend koppeln. Von besonderer Bedeutung ist dafür, wie an verschiedenen Beispielen demonstriert, der Beobachtungsmodus erster Ordnung. Konsistenzkontrolle kann aber auch in Verbindung mit der sozialen Präferenz für Inkonsistenz eingesetzt werden, um Innovationen zu stimulieren und zu registrieren, wie insbesondere im Kontext verschiedener Funktionssysteme (wie z. B. der Wissenschaft oder der Kunst)

---

10 Entsprechend divergierende Opportunitätsstrukturen und Formen der Abweichungsverstärkung können auch Differenzen zwischen Kategorien von Personen erzeugen, die derselben Familie angehören: Für Mädchen aus Migrantenfamilien, in denen Frauen gegenüber Männern ein generell untergeordneter Status zugeschrieben wird, bietet relativ größerer Schulerfolg unter Umständen die Möglichkeit, die intrafamiliale Statusunterlegenheit gegenüber Brüdern zu kompensieren. Für die Brüder kann demgegenüber der schulische Zwang zur Unterordnung insbesondere gegenüber weiblichen Lehrkräften in Kombination mit den ohnehin schon bestehenden herkunftsbedingten Hindernissen für Schulerfolg die Erfahrung von Statusverlust bedeuten. Versuche zur Kompensation dieser Erfahrung durch forcierte Demonstration „männlicher" Autonomie gegenüber Lehrpersonen machen schulische Misserfolge noch wahrscheinlicher und können dann wiederum die Tendenz verstärken, sich in Gruppen Gleichgesinnter, in denen dieses Verhalten Mitgliedschaftsbedingung ist, gegen solche Erfahrungen zu immunisieren und Entschädigung dafür zu suchen.

der Fall. Im Beobachtungsmodus zweiter Ordnung wird die Unterscheidung konsistent/inkonsistent genutzt, um (im Beobachtungsmodus erster Ordnung registrierte) Inkonsistenzen durch die Orientierung an alternativen kulturellen Konsistenzkriterien zu erklären. Insbesondere dann, wenn Inkonsistenzen als Ausdruck „kultureller Differenzen" gedeutet und erklärt werden, ist dieser Beobachtungsmodus aktiviert.

Das skizzierte Konzept von Kultur unterscheidet sich, wenn ich Wimmer recht verstanden habe, von dessen Entwurf vor allem in den folgenden Hinsichten:

(a) Es begreift die Bezugsprobleme der Sicherung kommunikativer Anschlussfähigkeit und der Ermöglichung von Erwartungssicherheit (einschließlich der Erwartbarkeit von Innovation) als übergeordnete Probleme, deren Lösung Bedingung der Möglichkeit für interessenrationales Handeln und für die Bildung „kultureller Kompromisse" im Sinne Wimmers ist.

(b) Es rechnet mit latenten Sinnbeziehungen, die von den Handelnden nicht registriert, aber gleichwohl als Determinanten und Konsequenzen ihres Handelns wirksam werden.

(c) Es geht davon aus, dass auch die Richtung des Willens der Akteure durch kulturelle Orientierungen geprägt sein kann, die in engem, aber für die Akteure u. U. latentem Zusammenhang mit ihrer sozialen Lage stehen und die sowohl zur Reproduktion von Strukturen sozialer Ungleichheit als auch zu deren Legitimation beitragen können.

Literatur

Bommes, Michael, und Veronika Tacke, Hrsg. 2010. *Netzwerke in der funktional differenzierten Gesellschaft*. Wiesbaden: VS Verlag für Sozialwissenschaften (im Erscheinen).
Bourdieu, Pierre. 1987. *Die feinen Unterschiede. Kritik der gesellschaftlichen Urteilskraft* (1979). Frankfurt a. M.: Suhrkamp.
Erickson, Frederick, und Jeffrey Shultz. 1982. *The counselor as gatekeeper. Social interaction in interviews*. New York: Academic Press.
Gumperz, John J. 1982. *Discourse strategies*. Cambridge: Cambridge University Press.
Günthner, Susanne. 1993. *Diskursstrategien in der interkulturellen Kommunikation. Analysen deutsch-chinesischer Gespräche*. Tübingen: Max Niemeyer Verlag.
Luhmann, Niklas. 1990. *Die Wissenschaft der Gesellschaft*. Frankfurt a. M.: Suhrkamp.
Luhmann, Niklas. 1995. *Kultur als historischer Begriff. In Gesellschaftsstruktur und Semantik. Studien zur Wissenssoziologie der modernen Gesellschaft,* Band 4, Hrsg. Niklas Luhmann, 31-54. Frankfurt a. M.: Suhrkamp.
Merton, Robert K. 1995. *Sozialstruktur und Anomie. In Soziologische Theorie und soziale Struktur* (1949), Hrsg. Robert K. Merton, 127-154. Berlin, New York: Walter de Gruyter.
Schneider, Wolfgang Ludwig. 1994. *Die Beobachtung von Kommunikation. Zur kommunikativen Konstruktion sozialen Handelns*. Opladen: Westdeutscher Verlag.
Schneider, Wolfgang Ludwig. 2000. The sequential production of acts in conversation. *Human Studies* 23: 123-144.
Schneider, Wolfgang Ludwig. 2004. *Grundlagen der soziologischen Theorie, Band 3: Sinnverstehen und Intersubjektivität – Hermeneutik, funktionale Analyse, Konversationsanalyse und Systemtheorie*. Wiesbaden: VS Verlag für Sozialwissenschaften.
Schneider, Wolfgang Ludwig. 2010a. Kultur als Beobachtungsform. In *Kultursoziologie. Paradigmen, Methoden, Fragestellungen,* Hrsg. Monika Wohlrab-Sahr, 339-374. Wiesbaden: VS Verlag für Sozialwissenschaften.

Schneider, Wolfgang Ludwig. 2010b. Systemtheorie, hermeneutische Tradition und die Theorie sozialer Differenzierung. In *Die Methodologien des Systems: Wie kommt man zum Fall und wie dahinter?*, Hrsg. René John, Anna Henkel, Jana Rückert-John, 203-224. Wiesbaden: VS Verlag für Sozialwissenschaften.

Schneider, Wolfgang Ludwig, und Isabel Kusche. 2010. Parasitäre Netzwerke in Wissenschaft und Politik. In *Netzwerke in der funktional differenzierten Gesellschaft*, Hrsg. Michael Bommes, Veronika Tacke. Wiesbaden: VS Verlag für Sozialwissenschaften (im Erscheinen).

Willis, Paul E. 1977. *Learning to labour: how working class kids get working class jobs.* Aldershot: Avebury.

Wimmer, Andreas. 2010. Kultur als Kompromiss. In *Soziologische Theorie kontrovers*, Sonderband der Kölner Zeitschrift für Soziologie und Sozialpsychologie, Hrsg. Steffen Sigmund, Gert Albert, 411-426. Wiesbaden: VS Verlag für Sozialwissenschaften.

Wimmer, Andreas. 1996. Kultur. Zur Reformulierung eines sozialanthropologischen Grundbegriffs. *Kölner Zeitschrift für Soziologie und Sozialpsychologie* 48: 401-425.

Korrespondenzadresse: Prof. Dr. Wolfgang L. Schneider, Universität Osnabrück, FB 1: Sozialwissenschaften, Seminarstraße 33, 49069 Osnabrück
E-Mail: wolfgang.ludwig.schneider@uni-osnabrueck.de

REPLIK

WIDER DIE AUSTREIBUNG VON MACHT UND INTERESSE
AUS DER KULTURTHEORIE

Andreas Wimmer

Zusammenfassung: In der Replik wird darauf hingewiesen, dass soziale Schließungsprozesse nicht von kultureller Differenz abgeleitet werden können, wie Schneiders neo-holistisches Modell vorschlägt. Vielmehr stellen vorangegangene kulturelle Verständigung und entsprechende Formen sozialer Schließung die Voraussetzung für die Wahrnehmung kultureller Distanz in der Gegenwart dar. Weiter wird gezeigt, dass die kommunikationstheoretische Austreibung von Macht und Interessen aus der Analyse kultureller Verständigungsprozesse selbst dann problematisch ist, wenn der Fokus auf mikro-sozialen Alltagsinteraktionen liegt.

Die Theorie von Kultur als Kompromiss unterscheidet zwischen internalisierter, routinisierter Alltagskommunikation auf der einen Seite, und nicht-routinisierten, im Reflexivmodus erfolgenden Formen des Kommunizierens auf der anderen Seite. Nur so kann das theoriestrategische Ziel erreicht werden, das Abgleiten in ein kulturalistisches Argument, dem zufolge Ziele durch soziale Lagen oder kulturelle Setzungen determiniert sind und von den Akteuren blind reproduziert werden, ebenso zu vermeiden wie die Aporien der klassischen Theorie rationalen Entscheidungshandelns, welche unrealistische Annahmen über die kognitiven Entscheidungs- und Denkprozesse im Alltag macht. Schneider weißt diese Lösung als „rationalistisch" zurück, wirft die Rationalitätsannahme ganz über Bord, und zieht sich auf eine Position zurück, die Routine, kulturelle Prägung und die Ausrichtung auf soziale Rollenmodelle betont.

Sein Gegenmodell beruht auf einer kommunikationstheoretischen Fundierung: Kommunikation setzt Fortsetzung von und Anschluss an vorangegangene Äußerungen voraus, welche durch gewisse Schemata und Konversationsregeln ermöglicht werden (diese stellen Kultur auf einer ersten Ebene dar). Wenn solche Schemata und Konversationsregeln voneinander abweichen und die Fortsetzung der Interaktion deshalb nicht mehr gewährleistet ist, wird dies von den Teilnehmern als Ausdruck „kultureller Unterschiede" gedeutet (Kultur 2), was zu Stereotypenbildung und sozialen Abgrenzungsprozessen führt. Kultur 3 schließlich ermöglicht die wissenschaftliche Beobachtung solcher kultureller Differenzen und Konflikte von außen. Im dritten Teil von Schneiders Ausführungen wird diese kommunikationstheoretische Basis erweitert und argumentiert, dass nicht nur Konversationsregeln, sondern auch Handlungsziele für die Handelnden selbst uneinsehbar im kulturellen Regelwerk festgeschrieben sind. Sich explizit auf Bourdieu berufend wird dann spezifiziert, nun durchaus im Widerspruch zum kommunikationstheoretischen Fundament, in dem ja keine „Sozialstruktur" vorgesehen ist, dass diese kulturimmanente Zieldefinition zur Reproduktion sozialer Ungleichheit sowie zu Konflikten zwischen kulturell definierten Großgruppen führt.

Gegen diese Formulierung und Kritik möchte ich zunächst einwenden, dass die Schneidersche Unterscheidung zwischen kommunikativem Routine- und Reflexionsmodus (Kultur 1 und 2) in der Theorie des kulturellen Kompromisses bereits vorgesehen ist. Im Hauptteil meiner Entgegnung werde ich dann argumentieren, dass soziale Schließungsprozesse nicht von kultureller Differenz (Kultur 2) abgeleitet werden können, sondern dass umgekehrt vorangegangene kulturelle Verständigung innerhalb einer Gruppe und entsprechende Formen sozialer Schließung gegen außen die Voraussetzung für die Wahrnehmung kultureller Distanz in der Gegenwart darstellen. Schließlich gilt es zu zeigen, dass die kommunikationstheoretische Austreibung von Macht, Interessen und Verhandlungsprozessen aus der Analyse kultureller Verständigung problematisch ist.

I. Kulturtheorie ohne Alltagsverständigung?

Die Theorie des kulturellen Kompromisses sieht sowohl Routinehandeln wie reflektiertes Handeln und Kommunizieren vor, also genau die von Schneider eingeführte und durchaus nützliche Unterscheidung zwischen verschiedenen Ebenen kultureller Praxis. Routinsiertes Handeln, also die von Akteuren im Alltag produzierte Verständigung unter zu Hilfenahme geteilter Schemata (Kultur 1) ist gemäß meiner Analyse dann zu erwarten, wenn sich die Beteiligten auf die lokale Geltung spezifischer kultureller Schemata bereits geeinigt haben und diese deshalb bei zukünftiger Kommunikation voraussetzen können. Die sequenzielle Logik von Alltagskommunikation auf der Mikroebene lässt sich in der Tat am besten durch die Forschungen der Konversationsanalyse rekonstruieren. Es zeigt sich, dass den Akteuren die Schemata, auf deren Basis Verständigung hergestellt wird, nicht bewusst sind – eine kognitive Überlastung wäre anderenfalls die Folge. Vielleicht ist dies mit den „transintentionalen Sinnüberschüssen" gemeint, die Schneider in meiner Theoriekonstruktion vermisst? Jedenfalls ist diese nicht ausschließlich eine Theorie der Austragung von Interessenkonflikten in der politischen Öffentlichkeit, wie Schneider moniert, sondern kann auch auf der Mikroebene zur Analyse von Alltagskommunikation eingesetzt werden.

Auch Kultur 2 ist in der Theorie des kulturellen Kompromisses vorgesehen: Der Aushandlungsprozess zwischen verschiedenen Akteuren, welche unterschiedliche Schemata des Handelns und Denkens für gültig erachten, impliziert ja eine reflexive Distanzierung vom problemlosen Routinehandeln (oder präziser: vom Handeln, das nur durch die Routineprobleme der Verständigung auf geteilter Basis geprägt ist, die durch „repair" und dergleichen behoben werden können). Solche Situationen reflexiver Kommunikation zwischen Menschen, welche die Situation gemäß unterschiedlichen Schematas beurteilen, stehen in der Tat im Zentrum des Theorieprojekts, weil solche Situationen die interessante Herausforderung beinhalten, zu verstehen, unter welchen Voraussetzungen eine zumindest teilweise Übereinkunft über situationsadäquate Realitätsdefinitionen, Handlungsziele, moralische Standards und dergleichen erzielt und stabilisiert werden kann – ansonsten eine komplexe, kulturell differenzierte Gesellschaft ja theoretisch nicht zu denken wäre.

II. Soziale Schließung und Kultur

Gemäß Wolfgang Ludwig Schneider hängt alles vom Grad der Übereinstimmung der Konversationsregeln ab, also vom Grad der kulturellen Homogenität. Kommunizieren dagegen „Chinesen" mit „Deutschen", so ist, Schneiders Analyse zufolge, die kulturelle Distanz so groß, dass eine einfache Verständigung und die „Reparatur" von Konversationsproblemen und Missverständnissen schwierig ist. Als Folge davon reduzieren die Teilnehmer Komplexität und machen Kommunikation (wenn auch nicht notwendigerweise kooperativer Natur) wieder möglich, indem sie Stereotype aufbauen, welche die Situation „beschreibbar machen", um mich für einmal im Luhmann'schen Sprachduktus zu versuchen. Die Folge von kultureller Distanz, Verständigungsschwierigkeiten und deren Lösung durch Typisierung sind dann Gruppenbildung und -konflikte.

Diese kulturalistische Sichtweise übersieht aber, dass Kommunikation immer durch bereits existierende, historisch gewachsene Strukturen kultureller Kompromissfindung und sozialer Abschließung geprägt wird. Um auf das Beispiel zurückzukommen: „Deutsche" und „Chinesen" sind als soziale Großverbände bereits geformt, kulturelle Kompromisse wurden innerhalb dieser Verbände bereits geschlossen (so dass sich nun nicht nur Bayern und Preußen, sondern auch Arbeiter und Adelige gegenseitig als „Deutsche" verstehen und miteinander kommunizieren können), und ein Verhältnis nationalstaatlicher Konkurrenz zwischen Deutschen und Chinesen ist bereits so etabliert, dass eine entsprechende Typisierung für die Beteiligten Sinn machen kann.

Kommunikationsdifferenzen sind also die Folge vorangehender kultureller Kompromissfindung und sozialer Abschließung und jene können deshalb nicht genetisch von diesen abgeleitet werden, wie Schneider es versucht. Solche genetische Verkürzungen zu vermeiden stellt ja eines der Hauptanliegen der Theorie kultureller Kompromisse dar, die als prozessuale Reproduktions- und Transformationstheorie erlaubt, historische etablierte Formen von Sinnbildung und sozialer Schließung als Ausgangspunkte für deren Neu-Verhandlungen im Alltag zu begreifen. Schneiders Vorstellung, dass kulturelle Missverständnisse zwischen in einem macht- und geschichtslosen Raum operierenden Akteuren zu Gruppenbildung und Abgrenzung führen, ist vielleicht für die Analyse von „Erstbegegnungen" etwa im Hochland von Papua-Neuguinea vor der kolonialen Einvernahme sinnvoll, aber als Kernszenario für die Entwicklung einer Kulturtheorie vielleicht zu spezifisch.

Ähnliches lässt sich am Beispiel von Klassenkulturen zeigen, die Schneider im dritten Teil seiner Ausführungen diskutiert. Englische Klassenkulturen (oder in meinem Jargon: milieuspezifische kulturelle Kompromisse) sind die Folge bereits institutionalisierter sozialer Abschließungsprozesse. Wie in meinem ursprünglichen Artikel von 1996 dargelegt wird, sind solche kulturellen Ausdifferenzierungen, im zu verhandelnden Fall etwa bezüglich Männlichkeitsvorstellungen, Biographiemustern und so weiter, immer dann zu erwarten, wenn die Macht- und Positionsunterschiede so stark ausgeprägt sind, dass eine Vereinbarung über allgemein geteilte Wertemuster, mithin auch die Regeln, welche Statuszuweisung und Prestigegewinne bestimmen, nicht zustande kommen kann. Englische Arbeiterkinder versuchen also durch das Bewahren der Männlichkeitsvorstellungen ihrer Väter, die Gültigkeit genau jener Spielregeln gebildeten und gesitteten Umgangs anzufechten, denen zufolge sie die Verlierer sein müssen, weil ihnen die Natürlichkeit im Umgang mit diesen Regeln ebenso fehlt wie das kulturelle Kapital, das notwendig ist, um in diesem Spiel Erfolg zu haben. Ihre Abgrenzung von den Klassenkameraden hat deshalb, contra Schneider und Bourdieus Kultursoziologie, aber *mit* Bourdieus Feldtheorie, auch strategischen Charakter und ergibt sich nicht einfach aus einem Sozialisationsmechanismus: Sie macht aus der Position und Interessenlage der Arbeiterkinder solange Sinn, als die englische Schule noch die Züge einer Volkserziehungs- und -disziplinierungsinstitution des 19. Jahrhunderts trägt, solange Erfolg und Statuszuweisung in Englands Schulen durch den „richtigen" Akzent und die routinemäßige Beherrschung des bürgerlichen Ehren- und Höflichkeitskomplexes bestimmt sind, und nicht ausschließlich auf schulischer Leistung oder kognitiver Kompetenz beruhen.

III. Strategische Meta-Reflexion, kulturelle Heterogenität und sozialer Wandel

Löst sich dieses System sozialer Abschließung entlang von Klassengrenzen auf, so wird es für Arbeiterkinder sinnvoll, und nicht nur diejenigen unter ihnen, welche dem Männlichkeitsideal proletarisch-bäuerlicher Provenienz nicht zu genügen vermögen, wie Schneider argumentiert, diese Gegenstrategie aufzugeben und den sozialen Aufstieg in die Bildungsmittelschichten zu wagen. Inwieweit die bereits internalisierte Kultur der Väter dabei ein Hindernis darstellen kann, oder gar eine unüberwindbare Hürde, stellt eine empirische und keine theoretisch deduzierbare Frage dar. Massenweise Veränderung der Einstellungen zu Bildung war jedenfalls beispielsweise im Nachkriegsdeutschland oder beim Entstehen einer schwarzen Mittelschicht in den USA zu beobachten.

Auf der Theorieebene muss man deshalb die Möglichkeit solcher Prozesse vorsehen, sich vor dem kulturellen Determinismus hüten und stattdessen eine universale Fähigkeit vorsehen, sich gegenüber den eigenen Prägungen reflexiv zu positionieren und sich zu fragen, ob eine Orientierung auf andere Werte und der Versuch, sich diese durch Routinisierung einzuverleiben, unter den gegebenen Umständen Sinn machen und Erfolg versprechen kann. Wer dieses Theorem wie Schneider als „rationalistisch" beschreiben will – à la bonheur! Es ist in der Tat mit Hartmut Essers Modell des Entscheidungshandelns kompatibel, demzufolge die Situationsdefinition darüber bestimmt, ob ein solch reflektierter, „rationaler" Entscheidungsmodus ins Spiel kommt oder ob Routinemuster der Entscheidungsfindung zur Anwendung gelangen (dazu Kroneberg 2005: 1724).

Meine eigenen Überlegungen münden jedenfalls nicht, wie Schneider befürchtet, in einer Reduktion von Kultur auf rationale Interessenverfolgung – etwa im Sinne einer ökonomistischen Fokussierung auf Einkommensmaximierung, einer politizistischen Verkürzung auf Machtgewinn, oder der soziologistischen Verengung auf Statuserwerb. Sie setzen lediglich die Fähigkeit voraus, sich zwischen unterschiedlichen kulturellen Schemata in zielkonsistenter Art und Weise zu entscheiden, wobei diese Metaziele selbst wieder in der Form eines kulturellen Schemas organisiert sind – die nun in der Tat nur sehr selten zum Gegenstand reflexiver Beobachtung (Kultur 4?) werden. Wie muss man sich diesen Prozess der Metaevaluation vorstellen? Wie im 1996er Artikel darlegt ermöglichen die innere Heterogenität und symbolische Ambiguität kultureller Muster ebenso wie Prozesse von Diffusion und Adaption, die eigenen, routinisierten und verinnerlichten Muster aus der Perspektive anderer Werte und Zieldefinitionen zu evaluieren. Diese Annahme ist also durchaus mit Schneiders „Kultur 3" kompatibel; allerdings mit dem Unterschied, dass nicht nur wir Sozialwissenschaftler zu solcher Reflexion befähigt sind, sondern auch der gemeine Alltagsakteur, und dass zweitens diese Metareflexion nicht einem cartesianischen Selbsterkennungstrieb entspringt, sondern im Hinblick auf wahrgenommene Interessen und erstrebenswerte Ziele erfolgt.

Konkreter: Britische Arbeiterkultur beinhaltet vielleicht nicht nur Bescheidenheit und Selbstbeschränkung, sondern auch die Wertschätzung von Konsum und monetärem Erfolg (innere Werteheterogenität). Männlichkeit findet Ausdruck nicht nur in manueller Arbeit, sondern auch in der Überlegenheit gegenüber männlichen Konkurrenten im sozialen Nahbereich (symbolische Polysemie). Ausrichtung auf schulischen Erfolg kann von den Mittelschichtschülern übernommen werden (Diffusion). Und alle drei Mechanismen zusammen ermöglichen es Individuen, andere als die vorgegebenen, von den Eltern vorgelebten Strategien des Statuserwerbs zu verfolgen und der sozialen Abschließung der Mittelschicht mit anderen Mitteln als interner Solidarität und Inversion des Mittelschichtethos zu begegnen.

IV. Macht, Interessen, Kompromissbildung

Wie die vorangegangene Diskussion gezeigt hat, muss die Wahl kultureller Bezugsschemata mit der Wahrnehmung von Interessen, welche durch andere Schemata beeinflusst werden, in Bezug gesetzt werden, um kulturellen Wandel endogen erklären zu können. Die Bedeutung von Interessenlagen lässt sich aber auch daraus ableiten, dass in den meisten Situationen mehr als eine Situationsdefinition und mehr als ein Handlungsschema zu Verfügung stehen – nun nicht auf der Ebene „zweiter Ordnung", auf der Metareflexion über Zieladäquatheit erfolgt, sondern auch auf der Ebene „erster Ordnung" im Alltagshandeln. Wie erklären wir, welches Schema von welchen Akteuren zur Interpretation von Kommunikationsereignissen herangezogen wird? Geht es um die Aushandlung eines Vertrags zwischen der deutschen Firmenleitung und einer lokalen Gewerkschaft in einer chinesischen Manufaktur, um zum Beispiel Schneiders zurückzukehren, wird die gemeinsame Firmenkultur und -geschichte in den Vordergrund gerückt und Kommunikationsanschluss verläuft reibungslos; geht es dagegen um die Rechtfertigung eines Abbruchs der Beziehung und der Schließung der Manufaktur, kommt eine Typisierung als „chinesisch" gelegen. Ethnische Grenzziehungen sind in diesem Fall also nicht unintendierte Folge von verinnerlichten Kulturunterschieden, sondern die Konsequenz intentionaler Schließungsstrategien (vgl. genauer Wimmer 2008).

Aus der Sicht der Theorie kultureller Kompromisse ist es deshalb angebracht, den Macht- und Interessenaspekt auch in den alltäglichen Mikrointeraktionen nicht aus den Augen zu verlieren. Es geht nie alleine um die Fortsetzung von Kommunikation *per se*, sondern immer auch darum, in welche Richtung diese verläuft und wessen Interpretationen der Situation und wessen Auffassung von der Gültigkeit von Evaluationsstandards sich durchsetzen kann. Dies ist gerade auch in der neueren Konversationsanalyse, auf die Schneider sich bezieht, eine der zentralen Stossrichtungen: Welches Schema überhaupt gelten soll (ist dies ein Arztbesuch oder ist dies ein Gespräch zwischen alten Freunden?) und welche Konversationsmuster als situationsadäquat gelten (ist dies ein Befehl oder eine Bitte?) hängt von der Verteilung der Kapitalien in einem Feld und den darin eingelegten Machtmustern zusammen. So zeigt sich beispielsweise, dass die mächtigsten im Raum Anwesenden bei Koordinierungsaufgaben bereits erfolgte Vorschläge oder Aussagen von Untergebenen wiederaufnehmen und sich zu eigen machen, worauf diese dann als allgemeinverbindlich von der Kleingruppe als Orientierungsmuster akzeptiert werden.

Solche Detailanalysen zeigen auf, dass Kommunikationsfortsetzung und Reibungslosigkeit in der Tat allgemeine Ziele sind (um Schneiders Ausgangsaxiom handlungstheoretisch rückzuübersetzen), dass die Beteiligten aber auch sicherzustellen suchen, dass die eigenen Kommunikations- und Interpretationsschemata für die Anschlusskommunikation als gültig erachtet werden. Dieses Interesse an der Fortsetzung von Kommunikation auf der Basis der eigenen Selbstverständlichkeit ist dem Ziel der Kommunikationsfortsetzung nicht nachgelagert, sondern in diesem eingeschlossen. Damit gehört die Verfolgung von (variabel definierten) Interessen zum Grundcharakteristikum von Kommunikation *per se:* Jede Situationsdefinition beinhaltet eine gewisse Verteilung von Legitimität über Positionen und alternativen sozialen Grenzziehungen, und dementsprechend sind selbst in Mikroprozessen, und nicht nur bei Interessenkonflikten in der politischen Öffentlichkeit, solche mehr oder weniger feinen Kämpfe um die Gültigkeit unterschiedlicher Vorstellungen darüber, wer was ist, wem was zusteht, und wer wem was schuldet, zu beobachten. Patienten versuchen, den Arzt davon zu überzeugen, dass dessen volle Aufmerksamkeit auf eine Reihe von somatischen Problemen und eine dialogische Diagnostik unter Rücksichtnahme der Einsichten der Patienten nötig ist. Ärzte wiederum versuchen, Patienten im Dienste der Effizienzgewinnung zur Einengung der Symptomatik und zur raschen Akzeptanz von Diagnosen zu bringen (siehe die konversationsanalytischen Arbeiten zu Arzt-Patienten-Interaktionen von Waitzkin 1991; Todd 1989; Stivers 2007).

Eine zumindest partielle Verständigung über die Situation ist für die Fortsetzung von Kommunikation selbst in solchen Routinesituationen nötig, so dass macht- und interessengeleitete Aushandlungsprozesse selbst hier zu beobachten sind. M. a. W. ist die Kompromissfindung auch für die routinisierte Kommunikation unter kulturell Gleichen eine der Voraussetzungen davon, dass die von Schneider betonte Alltagsverständigung – und damit in seinem Verständnis: Kultur überhaupt – zustande kommen kann.

Literatur

Kroneberg, Clemens. 2005. Die Definition der Situation und die variable Rationalität der Akteure. *Zeitschrift für Soziologie* 34: 344-363.
Stivers, Tanya. 2007. *Prescribing under pressure: parent-physician conversations and antibiotics.* New York: Oxford University Press.
Todd, A. D. 1989. *Intimate adversaries: cultural conflict between doctors and women patients.* Philadelphia, PA: University of Pennsylvania Press.
Waitzkin, Howard. 1991. *The politics of medical encounters: how patients and doctors deal with social problems.* New Haven, Conn.: Yale University Press.
Wimmer, Andreas. 2008. The making and unmaking of ethnic boundaries. A multi-level process theory. *American Journal of Sociology* 113: 970-1022.

13. Brauchen wir den Systembegriff?
Zur (Un-)Vereinbarkeit von Akteurs- und Systemtheorie

POSITION

BRAUCHEN WIR DEN SYSTEMBEGRIFF?

Zur (Un-)Vereinbarkeit von Akteur- und Systemtheorie

Thomas Schwinn

Zusammenfassung: Handlungs- und Systemtheorie sind die beiden Grundlagentheorien der Soziologie, und es bestehen unterschiedliche Einschätzungen zu ihrer Verhältnisbestimmung. Um zu begründeten Antworten in dieser Kontroverse zu kommen, werden verschiedene Theorieebenen unterschieden und die ordnungstheoretischen Analysemöglichkeiten in Abhängigkeit von den grundlagentheoretischen Weichenstellungen aufgezeigt *(II.)*. Die unklare Vermischung dieser Ebenen wird am Beispiel verschiedener Syntheseversuche von Akteur- und Systemtheorie demonstriert. Sowohl die Anstrengungen, funktionale Systemmodelle handlungstheoretisch zu ergänzen *(III.)* wie auch die „Integration" der Akteure in die autopoietische Systemkonzeption *(IV.)* sind nicht zufriedenstellend und überzeugend. Die beiden heterogenen und unvereinbaren Paradigmen werden daher auch weiterhin „zwei Soziologien" begründen *(I.,V.)*.

I. Einleitung

Die Frage der Überschrift, die mir von den Herausgebern vorgelegt wurde, lässt verschiedene Interpretationen zu. Ausgehend von dem beklagten multiparadigmatischen Zustand der Soziologie könnte man eine Kontroverse eröffnen, ob dies durch eine Einheitstheorie zu überwinden oder ob Theorienvielfalt und Konkurrenz zu begrüßen sei. Nach Karl Popper sind Theorien wie Scheinwerfer, die einen bestimmten Ausschnitt der ansonsten im Dunkeln bleibenden Realität ins Licht setzen. Eine Auswahl an Beleuchtungsmitteln und -perspektiven wäre dann zu begrüßen, weil keine Theorie alles erklären kann. Da soziologische Theorie kein Luxusartikel ist, sondern uns über die sozialen Verhältnisse und Probleme, in denen wir leben, aufklären soll, ist es von Vorteil, wenn man über ein vielfältiges diagnostisches und prognostisches Potenzial verfügt. Die Wahrscheinlichkeit, dass man Blindstellen, die man mit einem Scheinwerfer nicht erfasst, durch einen anderen entdeckt, nimmt zu. Unabhängig von eigenen Theoriepräferenzen und der Frage der Vereinbarkeit würde man hier für Vielfalt plädieren und die Frage der Überschrift mit „Ja" beantworten.

Der Nachsatz spezifiziert meine Aufgabe allerdings in einem anderen Sinne. Die Vereinbarkeit oder Kombinationsmöglichkeiten von Akteur- und Systemtheorie sollen geprüft werden. Stellt man hier logische Inkonsistenzen fest, muss man, etwa als Handlungstheoretiker, aber nicht die Berechtigung der anderen Theorie bestreiten, sondern kann sie im Sinne der vorausgehenden Interpretation akzeptieren. Die professionspolitische Frage, „Benötigen wir die Systemtheorie?", ist daher zu trennen von der theoriesystematischen Frage, ob der Systembegriff in die Handlungstheorie integriert werden kann. Auf Letzteres werde ich mich im Folgenden konzentrieren.

Mit Akteur- und Systemtheorie ist nicht irgendein, sondern eines der zentralen Grundprobleme unseres Faches angesprochen. Nach Luhmann (1978: 211) wird das soziologische „Spiel ... im Grund doch mit wenigen Figuren gespielt", und dazu gehören zweifelsohne diese beiden. Dieses Grundproblem begleitet die Soziologie seit ihrem Bestehen, und in gewissen Abständen entzünden sich daran immer wieder heftige Debatten. Drei Phasen besonders intensiver Diskussionen lassen sich unterscheiden (Udehn 2002: 479): das Ende des neunzehnten und der Beginn des zwanzigsten Jahrhunderts, in der sich die Begründung des Faches als eigenständige Disziplin vollzog; die unmittelbaren Nachkriegsjahrzehnte, in der sich eine kritische Auseinandersetzung um die Parsons'sche Systemtheorie entwickelte; die dritte Phase begann in den 1980er Jahren und dauert noch an, angetrieben nicht zuletzt durch die Verbreitung der Rational-Choice-Theorie, die in Deutschland auf die neuere Systemtheorie trifft. Diese Kontroverse läuft in der ersten Phase noch nicht unter der Überschrift Handlungs- versus Systemtheorie – diese Begriffe sind neueren Datums –, gleichwohl lässt sich ein Großteil der Soziologiegeschichte damit retrospektiv rekonstruieren.

Mit Akteur- und Systemtheorie ist zwar ein Grundproblem der Soziologie angesprochen, das aber nicht zu klaren Fronten geführt hat. Drei Optionen sind in der neueren Diskussion identifizierbar. Eine Position geht von unüberbrückbaren Gräben aus und lässt die zwei unvereinbaren Paradigmen nebeneinander stehen (Schwinn 2001, 2006; Schluchter 2006/2007; Greve 2008). Schluchter (2006/2007) optiert in diesem Sinne für „Grundlegung*en* der Soziologie", also für den Plural. Eine zweite Position glaubt, den Graben zuschütten und das fremde Gelände in das eigene eingemeinden zu können. Esser (1993, 2000, 2004) sieht keine Notwendigkeit, der Systemtheorie eine Existenzberechtigung einzuräumen. Sie kann in die Handlungstheorie integriert werden. Entsprechend gibt es bei ihm die „Soziologie" nur im Singular. Spiegelbildlich argumentiert Luhmann (1978, 1984). Nach ihm können handlungstheoretische Begriffe und Erklärungen aus den Grundannahmen der Systemtheorie abgeleitet und mit dieser „Supertheorie" ein Einheitsfundament gelegt werden. Eine dritte Position schlägt Brücken über den Graben. Hier wird eine Kombination von Handlungs- und Systemtheorie verfolgt, ohne dass die eine in der anderen aufgelöst wird (Habermas 1981; Alexander 1985; Münch 1996; Schimank 1996, 2005; Heintz 2004). Beide würden entscheidende Aspekte der sozialen Wirklichkeit sehen und sich wechselseitig ergänzen.

Offensichtlich sind die Etiketten „Handlungs-" und „Systemtheorie" nicht eindeutig und das damit Bezeichnete nicht selbst evident, wenn sich dazu solch unterschiedliche Einschätzungen finden. Dies macht es erforderlich, klarere Kriterien zu entwickeln, mit denen sich die Ausgangsfrage beantworten lässt. Grundlagentheoretische Ausgangsentscheidungen müssen von den ordnungs- oder aggregationstheoretischen Modellen unterschieden werden, und letztere sind in ihren Analysestrategien abhängig von jenen. An Parsons und Luhmann wird deutlich gemacht, auf welchen Prämissen der Systembegriff ruht und dass die Akteurtheorie diese nicht übernehmen kann *(II.)*. Die Konfusion dieser Ebenen und Prämissen wird an zwei Syntheseversuchen aufgezeigt: den Systemfunktionalismus mittels der Handlungstheorie zu retten *(III.)* und die autopoietische System- mit einer Akteurtheorie zu kombinieren *(IV.)*. Zurechnungsfragen sind mit diesem Theorienmix nicht mehr zu klären, und letztlich bleibt unklar, was man damit eigentlich „erklärt" hat. Was dies für den Umgang mit Theorienvielfalt in der Soziologie bedeutet, wird in der Einleitung *(I.)* und im Schlussteil thematisiert *(V.)*.

II. Grundlagentheoretische Weichenstellungen bestimmen ordnungstheoretische Analysemöglichkeiten

Die Weichenstellung für Akteur- oder Systemtheorie wird auf einer *grundlagentheoretischen Ebene* getroffen. Diese arbeitet mit der Leitdifferenz „System – Umwelt", jene mit der von „Handlungssubjekt – Situation". Mit dieser Grundunterscheidung wird festgelegt, wer oder was als Träger sozialer Prozesse in Frage kommt, und diese Festlegung kann auf der *ordnungs-* oder *aggregattheoretischen Ebene* nicht beliebig wieder gewechselt werden. In den Handlungstheorien ist dies das menschliche Subjekt. Bei Max Weber (1982: 439) ist es „nach unten" wie „nach oben" die Grenze und der einzige Träger sinnhaften Sichverhaltens. Ist bei Weber das handlungsfähige Subjekt einfach als Ausgangspunkt seiner *Grundbegriffe* vorausgesetzt – es ist in der Lage, sinnhaft sich zu orientieren und zu handeln – so wird diese Fähigkeit von anderen Handlungstheorien, symbolisch-interaktionistischen oder sozialpsychologischen, genetisch hergeleitet. Der Fluchtpunkt aller elaborierten Sozialisationstheorien ist die Entstehung der Handlungs- und Orientierungsfähigkeit des Subjekts als Voraussetzung sozialer Partizipation.

Die systemtheoretische Leitdifferenz von „System – Umwelt" durchbricht dagegen jene von Weber durch das Subjekt markierte Grenze „nach unten" wie „nach oben". Die Gründungsphase der Systemtheorie liegt in den 1940er bis 1980er Jahren (Baecker 2003), und die soziologische Systemtheorie ist dabei eher ein Ableger einer allgemeinen Systemtheorie, die auf vielfältigen Gebieten entwickelt und erprobt wurde: Automaten, Maschinen, Gehirnen, Computern, Immunsysteme, Nervensysteme etc. Die zentrale Idee ist, dass der Mensch kein Monopol oder Privileg auf Selbstorganisationsfähigkeit hat. Von daher lag es nahe, auch dem Sozialen eine eigene Systemfähigkeit zu attestieren. Sowohl Parsons als auch Luhmann beziehen zentrale Konzepte aus nicht-sozialwissenschaftlichen Entwicklungen. Sind es bei Parsons Biologie, Kybernetik und die organizistische Philosophie Whiteheads, die den sozialen Systemgedanken auf den Weg bringen (Schwanenberg 1970; Wenzel 1990; Schwinn 1993, 2010), so ist es bei Luhmann die von Maturana und Varela entwickelte biologische Systemtheorie. Dies kommt einer radikalen Dezentrierung des menschlichen Subjekts gleich. Es ist nicht mehr Einstiegsstelle und Fluchtpunkt der Theoriearbeit. „Auf dieser Spur jedenfalls setzt die Systemtheorie die größten Kränkungen des Menschen frei, insofern sie nicht daran denkt, den Subjektstatus, den die Philosophie dem (transzendental verankerten) Bewußtsein des Menschen reserviert, anderen Objekten, Tieren, Pflanzen, Maschinen und Aschenbechern [sic! T. S.], vorzuenthalten" (Baecker 2005: 13; vgl. auch Habermas 1985: 426 ff.).

Die Konsequenzen dieser grundlagentheoretischen Weichenstellung für die beiden wichtigsten soziologischen Systemtheorien lassen sich knapp skizzieren. Parsons (1968) zerlegt das Handlungssubjekt und verfügt es mehr oder weniger problemlos mit der sozialen Ordnung. Im Frühwerk wählt er als Letztelement den „unit act", der als kleinster Systembaustein konzipiert ist. Zwar ist der Aktor noch Bestandteil des unit act, aber nicht sein Konstrukteur. Der Handlungsbezugsrahmen ist so angelegt, dass die zu definierende Handlungseinheit als eine in Systeme eingebettete bestimmt wird. Handlungen sind Ereignisse, die untereinander systemisch relationiert werden. Luhmann (1980: 7) schlägt für Parsons folgende Sichtweise vor: „Der Handelnde ist, obwohl Parsons diese Terminologie übernimmt, im strengen Sinne kein Subjekt ... seiner Handlung. Eher müsste man zur Verwirrung europäischer Gemüter sagen: Das Handlungssystem ist das Subjekt des Handelnden." Perfektioniert hat Parsons später seine Analysetechnik mit dem AGIL-Schema. Der organizistisch verfassten Wirklichkeit lässt sich nur mit diesem *System analytischer* Elemente beikommen. Mit dem AGIL-Schema lässt sich jede Einheit, von der wir ausgehen, weiter dekomponieren als auch die Beziehungen zur nächst höheren Einheit bestimmen. Dieses theoretische System löst nach Parsons ein, was er schon im Frühwerk angestrebt hat: Die Makroperspektive auf ein soziales System und die Mikroperspektive auf die Handlungseinheit sind ineinander übersetzbar. Mit ein und demselben Schema lassen sich die Wirkungsbeziehungen und Zusammenhänge über alle nur denkbaren Aggregationsstufen erfassen. Richard Münch (1988: 506) hält an dieser Analysetechnik fest und fasst sie prägnant zusammen: „Der Sinn dieses Herunterbrechens des analytischen Schemas [AGIL, T.S.] besteht darin, dass man immer präziser bestimmen kann, wie ein bestimmter Aspekt der Realität zunächst durch die ihn unmittelbar auf gleicher Abstraktionsstufe umgebenden Subsysteme, durch die diese Subsysteme umgebenden Systeme auf der nächsten Abstraktionsstufe usw. bis an die jeweiligen Horizonte des gesamten Handlungsraumes bestimmt wird und wie er selbst vermittelt über die verschiedenen Abstraktionsstufen bis an die Grenzen des Handlungsraumes Wirkungen entfaltet." Die soziale Welt gehorcht nach Parsons einem festen Bauplan, der sich von der einzelnen Handlung bis zur Gesellschaft zur Geltung bringt. Man muss nicht wie in Webers *Grundbegriffen* nach dem subjektiv gemeinten Sinn fragen; wie dieser in sozialen Beziehungen mehr oder weniger ineinandergreift, sich partiell, weitgehend oder gar nicht deckt; und wie daraus soziale Gebilde entstehen, deren Existenz auf der Chance beruht, dass ein solches ordnungsgemäßes Handeln in nennenswertem Umfang stattfindet. In Parsons' Theorie ist dieses mühsame Geschäft entbehrlich, weil alles der gesamtsystemischen Logik des AGIL-Spielplanes gehorcht.

Niklas Luhmann nimmt einige Umrüstungen der Systemtheorie vor. Die Beziehungen der Ebenen und Teilsysteme gehorchen nicht einer Makro-Mikro-Makro-Logik, sondern müssen über das System-Umwelt-Modell aufgeklärt werden. Das AGIL-Schema lässt er als untauglich fallen (Luhmann 1988). Auch das Subjekt wird nicht, wie bei Parsons, organizistisch aufgelöst und perfekt mit der sozialen Ordnung verfügt, sondern steht in einer Umweltbeziehung zu den sozialen Systemen. Weiterhin sind nicht Handlungen, sondern kommunikative Ereignisse die Elemente, aus denen Systeme bestehen. Vor der autopoietischen Wende waren noch Handlungen die Elemente, aber auch da schon konnte man sie nicht einem Subjekt zurechnen, analog zu Parsons' unit-act, sondern es waren Elemente eines Systems (Luhmann 1978: 213, 216). Der Übergang von Handlung zu Kommunikation mit der autopoietischen Wende hat an der „Konstitution von oben" nichts geändert. „Theoretisch umstritten scheint zu sein, ob die Einheit eines Elements als Emergenz ‚von unten' oder durch Konstitution ‚von oben' zu erklären sei. Wir optieren entschieden für die zuletzt genannte Auffassung. Elemente sind Elemente nur für die Systeme, die sie als Einheit verwenden, und sie sind es nur durch diese Systeme" (Luhmann 1984: 43). Aus der Konstitution der elementaren kommunikativen Ereignisse von oben darf nun nicht geschlossen werden, Luhmann blende das Mikrogeschehen aus. Systeme bestehen aus Ereignissen, und sie existieren nur solange, wie sie die momenthaften, sofort wieder verschwindenden kommunikativen Ereignisse mit Anschlussfähigkeit versehen können (Luhmann 1984: 28, 78 f., 86, 388, 472 ff., 508). Jenseits dieses Ereignisstromes haben Systeme keine Existenz und Dauer.

Wie ergibt sich nun aus diesen unzähligen kommunikativen Ereignissen eine soziale Ordnung, und wie kommt man vom Systemzustand t_1 zum nächsten t_2? Luhmann geht von der Frage aus, wie dieser sich dahinwälzende Strom kommunikativer Ereignisse abgestimmt wird. Die Abstimmungsprozesse sind im Zusammenspiel von funktionaler Analyse und Systemtheorie aufzuklären (Luhmann 1984: 83 ff., 404 ff.; Schwinn 1995). Der Funktionalismus ist nicht nur eine wissenschaftliche Analysemethode, sondern ein von den sozialen Systemen eingesetzter kreativer morphogenetischer Mechanismus, der Ereignisse auf funktionale Äquivalenzen in Bezug auf die Lösung von Systemproblemen abtastet. Die Bewährungsauslese, das Festhalten von kommunikativen Ereignissen und ihr Einbau in das Strukturrepertoire, erfolgt mit Blick auf die Einheit des Systems. Funktion heißt immer Bezug auf ein Problem des Gesellschaftssystems (Luhmann 1997: 745 f.). „Probleme sind nur dann Probleme, wenn sie nicht isoliert, nicht Stück für Stück bearbeitet und gelöst werden können. Gerade das macht ihre Problematik aus. Es gibt Probleme also nur als Problem-Systeme (bzw. als Systemprobleme). Alle Funktionsorientierung richtet sich deshalb auf einen unauflösbaren (nur: zerstörbaren) Zusammenhang. Wir werden viel von ‚Ausdifferenzierung' von Funktionseinrichtungen sprechen; das heißt aber niemals Herauslösung oder Abtrennung vom ursprünglichen Zusammenhang, sondern nur: Etablierung funktionsbezogener Differenzen innerhalb des Systems, auf dessen Probleme sich die Funktionseinrichtungen beziehen. ... Die Funktionsorientierung behält mithin den ‚holistischen' Zug älterer Systemtheorien bei" (Luhmann 1984: 84). Luhmann geht also von einer funktionalen Selbstbeweglichkeit und Selbststeuerung des Systemgeschehens aus. Die Autopoiesis des Gesellschaftssystems wird durch die funktionale Abstimmung der Vielzahl kommunikativer Ereignisse im Hinblick auf die Aufrechterhaltung eines kontinuierbaren Reproduktionsflusses des Gesamtzusammenhangs gesteuert,[1] aber sie ist nicht das aggregative Resultat vieler in situativen Kontexten getroffener Handlungswahlen.

---

[1] Zwischen Autopoiesis und Funktionalismus besteht in Luhmanns Werk eine spannungsreiche, z. T. widersprüchliche Beziehung. Der Übergang zum Autopoiesis-Modell macht aber den Funktionalismus nicht überflüssig, wie in der Sekundärliteratur stellenweise behauptet wird. Dies kann hier nicht weiter verfolgt werden.

Die neuere Systemtheorie hat damit ein anderes Mikro-Makro-Modell als die Handlungstheoretiker. Zunächst ist es kein Subjekt, das im situativen oder strukturellen Kontext eine Handlungswahl trifft. „Selektion kann jetzt nicht mehr als Veranlassung eines Subjekts, nicht handlungsanalog begriffen werden. Sie ist ein subjektloser Vorgang" (Luhmann 1984: 56 f.; vgl. auch 229) heißt es in *Soziale Systeme*. Selektionen werden von den Systemen vorgenommen, von Interaktions-, Organisations-, Teil- und Gesellschaftssystem. Das lässt sich an der Verhältnisbestimmung von Interaktionssystemen und Gesellschaftssystemen veranschaulichen. Jedes Makrosystem ist mit einer Vielzahl von einfachen Interaktionssystemen konfrontiert, und es selegiert daraus jene, die in einen ordnungsfähigen Makrozustand überführbar sind. Die Ebene des Gesellschaftssystems selegiert das, was einheits-, d. h. systemfähig ist und blockiert damit gewisse potenzielle Struktureffekte der Mikrosysteme. Bei Gesellschaftssystem und Interaktionssystem handelt es sich beides mal um *Systeme*, und deren Verhältnis darf nicht nach dem Modell oder der Leitdifferenz „Subjekt – Situation" gedacht werden, sondern nach dem System-Umwelt-Modell. In Akteurtheorien ist Handlungsfähigkeit nur auf der Subjektebene lokalisiert, d. h. alle Makrozustände müssen mikrosoziologisch erklärt werden. In der Systemtheorie ist die der Handlungsfähigkeit des Subjekts analoge *System*atisierungsfähigkeit dagegen auf *allen* Systemebenen anzutreffen. Eine reine Mikrofundierung kann die Systemtheorie daher nicht haben, weil Interaktionssysteme und Gesellschaftssystem sich nicht wie Handlungssubjekte und Ordnung gegenüberstehen. In der Akteurtheorie hat letztere *prinzipiell* keine subjektanalogen Fähigkeiten, Makrosysteme haben dagegen die gleiche Systemfähigkeit wie Mikrosysteme und sind daher nie nur das Explanandum. Das Makrosystem ist nicht das Resultat der Aggregation der Mikrosysteme. Beide Systemebenen stellen vielmehr wechselseitig füreinander strukturierte Umwelten dar. „Strukturwahlen im einen Systemtyp können dann Restriktionen für die möglichen Strukturwahlen im anderen Systemtyp nach sich ziehen. Aber dies ist keine Aggregation von Mikroereignissen zu einem Makrogeschehen" (Stichweh 1995: 403). Luhmanns System ist also nicht nach dem Aggregationsmodell der Handlungstheorie konzipiert.

System ist ein grundlagen- und kein aggregationstheoretischer Begriff. Dies verkennen alle Versuche, die Handlungs- und Systemtheorie kombinieren möchten. System ist bei Parsons und Luhmann nicht etwas, was ab einem gewissen Aggregationsniveau ins Leben tritt, sondern es bestimmt die gesamte Theorieanlage, vom unit act und einfachen Interaktionen bis hin zur Weltgesellschaft. Dies ist theorieimmanent konsistent gedacht. Wenn man dagegen mit der Handlungstheorie beginnt und Systeme als Aggregationsphänomen aufnimmt, sind Konfusionen vorprogrammiert. Dabei wird in der Regel mit einer nicht-intentionalen Systemvorstellung gearbeitet, im Sinne des vom Subjekt nicht mehr Überschaubaren und Gestaltbaren. Behauptet wird damit, dass ab einer komplexitätsbedingten sozialen Wasserscheide die Qualität des Sozialen von einem Akteur-Struktur-Modell in ein Modell der Selbstorganisationsfähigkeit kippt. Der Übergang zur Systemtheorie postuliert ja nicht nur, dass die Handlungsfolgen ab einer gewissen Komplexitätsstufe nicht mehr von den Akteuren überschaut werden können, sondern dass sich die Handlungsfolgen selbsttätig arrangieren und damit die Grundlagentheorie gewechselt werden muss. Ich kann nicht sehen, dass jene, weiter oben unter Position drei angeführten Autoren, diesen Übergang wirklich überzeugend dargelegt hätten. Es ist eine Sache festzustellen, dass ab einer gewissen Komplexität die Handlungsfolgen und -zusammenhänge nicht mehr von den Teilnehmern überschaut werden können; es ist aber eine ganz andere, zu behaupten, die komplexer werdenden Handlungsfolgen gehorchen einem selbstregulativen Systemgeschehen. Es müsste in einer genetischen Perspektive gezeigt werden, dass, angefangen von überschaubaren intentionalen Handlungen, das Selbstorganisationsprinzip mit zunehmendem Komplexitätsgrad vom Subjekt auf das System überspringt. Die Gültigkeit von Handlungs- und Systemtheorie ist in diesen Ansätzen auf bestimmte soziale Enklaven begrenzt.

III. Vermittlungsversuche oder die Agonie des Systemfunktionalismus

Vergleicht man die verschiedenen Syntheseversuche in dieser Hinsicht, stellt man widersprüchliche Einschätzungen fest. Jürgen Habermas (1981) reserviert das Systemische für die komplexen sozialen Zusammenhänge, bei denen die Akteurtheorie angeblich an ihre Leistungsgrenzen stößt. Die Neofunktionalisten kommen gleichsam von der anderen Seite. Ausgehend von Parsons' Systemfunktionalismus, sehen sie die Notwendigkeit, die Akteurtheorie aufzunehmen. Aber diese werden nicht, wie bei Habermas, auf verschiedene soziale Phänomenbereiche verteilt. Habermas' Behauptung, für komplexe Makrozusammenhänge benötige man die Systemtheorie, steht bei den Neofunktionalisten die Einsicht entgegen, gerade diese ließen sich nicht zufriedenstellend systemtheoretisch erklären. Demonstriert wird dies auf dem Felde der Differenzierungstheorie (Alexander und Colomy 1990), auf dem Habermas ein Exklusivrecht der Systemtheorie sehen möchte.[2] Offensichtlich fällt es nicht leicht, das „Systemische" in der gegenständlichen Analyse zu spezifizieren.

Ein genauerer Blick auf die neofunktionalistischen Arbeiten zeigt, dass sie die Leitvorstellung einer systemischen Selbstorganisation von Makroprozessen aufgeben. Sie setzen mit einer Kritik an der systemfunktionalistischen Logik an: die einzelnen sozialen Ereignisse und Einrichtungen können nicht zufriedenstellend aus dem „systemfunktionalen Geflecht" erklärt werden. Die Akteure haben einen Spielraum innerhalb dieses Geflechtes, mehr noch: Wie es geknüpft wird, hängt entscheidend von den Akteuren ab. Bei dieser Durchbrechung und -löcherung des funktionalen Bedingungszusammenhangs mutiert der System- zum Strukturbegriff. Es ist eine prinzipielle Offenheit und Unterdetermination der Handlungssubjekte durch die Bedingungen und Relationen vorhanden, in denen sie stehen. Jeder neue Makrozustand t_2 ist nicht aus dem vorhergehenden aus einer Makrologik ableitbar. Die Neofunktionalisten würden entschieden Luhmanns Annahme eines subjektlosen Selektionsprozesses widersprechen. Das makrosoziale Geflecht weist notorisch „Lücken" auf, die „systemisch" über Begriffe wie „funktionale Erfordernisse", „systemische Bestandsbedingungen" oder „Anschlussfähigkeit" nicht schließbar sind. „Because systemic criteria often subject to change, inconsistent with one another, internally ambiguous, and susceptible to diverse interpretations, the problem of specification is chronic and paramount. It is precisely because the connection between ‚selective criteria' and institutional patterns is tenuous and loose that the ‚contributions' of concrete actors to the process of structural differentiation must be assessed. This approach maintains, then, that within the broad limits

---

[2] Zur Kritik an Habermas' Vermittlungsversuch vgl. Schwinn (2003).

established by systemic parameters corporate action and group conflict specify the pattern of differentiation that ultimately obtains" (Colomy 1990: 492).

Die Öffnung des Systemfunktionalismus zur Akteurtheorie hin hat für ersten weiterreichendere Konsequenzen als die Neofunktionalisten zugestehen. Ohne eine Systemeinheit, in Bezug auf deren funktionale Erfordernisse die Konsequenzen von Ereignissen sich verrechnen lassen, ist ein funktionalistisches Programm nicht denkbar (Giddens 1977: 110; Barber 1992: 37 ff., 53). Vor diesem Problem stehen auch die aus dem Max-Planck-Institut für Gesellschaftsforschung entstandenen Arbeiten. Das systemtheoretische Konzept funktionaler Differenzierung bildete die Grundlage, um die problembeladene Dynamik moderner Gesellschaften zu begreifen. Zugleich sah man aber, dass der Funktionsbegriff in der Analyse nicht recht zu gebrauchen war. Uwe Schimank (1985: 429 ff.) führt dies zum einen auf die *funktionale Intransparenz* zurück. Weder der wissenschaftliche Beobachter noch die sozialen Teilnehmer vermögen das Gesellschaftssystem auf seine funktionalen Erfordernisse hin zu durchschauen. Die üblichen Auflistungen einiger allgemeiner Funktionen sind nicht sonderlich instruktiv. Zum anderen muss mit *Äquifunktionalität* gesellschaftlicher Reproduktion gerechnet werden. Funktionen fordern nichts Bestimmtes, sie lassen sich auf verschiedene Weise bedienen. Allenfalls in Krisen scheinen funktionale Erfordernisse durch, aber auch dann nur negativ und unbestimmt. Die Krise sagt nichts darüber aus, wie die positive Erfüllung auszusehen hat. Schimank kommt zum gleichen Ergebnis wie die Neofunktionalisten: Erst die handelnden Akteure spezifizieren, wie diese diffusen „funktionalen Erfordernisse" konkretisiert werden. Damit geht aber auch hier der System- in den Strukturbegriff über. Systeme organisieren sich selbst, Strukturen nicht, sie müssen durch Handelnde aktiviert werden. Dieser implizite grundlagentheoretische Wechsel wird aber weder von den MPI-Autoren noch von den Neofunktionalisten explizit vollzogen. Das funktionalistische Systemmodell soll nicht mehr in einem erklärenden, sondern lediglich noch in einem deskriptiven Sinne verwendet werden. „Although not providing a model in an explanatory sense, functionalism does provide a general picture of the interrelation of social parts, a model in a more descriptive sense" (Alexander 1985: 9). Mit dem deskriptiven Modell sollen Daten gesammelt und organisiert werden, die dann mittels eines anderen Modells in einen erklärenden Zusammenhang gebracht werden (Turner und Maryanski 1979: 130 ff.). Renate Mayntz (1988: 19) schlägt dagegen gleich eine „empirische Wende" bei der Bestimmung der Konstitutionskriterien gesellschaftlicher Teilsysteme vor. Schimank (1996: 268) spricht von einer „orienting strategy", die die Systemtheorie bietet, die aber dann akteurstheoretisch gefüllt werden soll. Beide Schulen schleifen den Systembegriff und den Funktionsbegriff mit, ohne plausibel zu machen, welchen analytischen Wert sie noch haben. Weder überzeugt die Trennung von Deskription und Erklärung – wie soll ein Konzept als Sensorium fungieren, um die „important processes and data" auszuwählen, das zuvor als erklärungsuntauglich herausgestellt wurde – noch die empirische Wende. Was Mayntz als „empirisch" auszeichnet, ist in Wahrheit eine theoretische Wende, die allerdings nicht konsequent vollzogen und ausformuliert wird. „But aiming at analytic relevance should at least imply that models pretend to say something about reality. And this is only possible when these models are not fictitious but consciously idealized constructions of reality. In any event this means that elements that are neither present in, nor inferable from, social reality do not belong in a model. And this is especially true of objective functions" (Becker 1988: 869). Von einer gelungenen Kombination von Handlungs- und Systemtheorie kann man bei dieser „Weberianization' of functionalist theory" (Alexander und Colomy 1985: 12) nicht sprechen. „Neofunctionalists have not resurrected functionalism, but killed it off" (Turner und Maryanski 1988: 118).

IV. Autopoiesis und Akteure: Wie passt das zusammen?

Die Rettungsversuche der funktionalistisch begründeten Systemtheorie mittels der Handlungstheorie sind nicht sonderlich erfolgreich gewesen. Auch für den neueren, auf der Autopoiesis-Idee beruhenden Systembegriff sieht Schimank akteurtheoretischen Korrekturbedarf. Man benötige aber auch als Akteurtheoretiker die von Luhmann fruchtbar gemachte Autopoiesisperspektive (Schimank 2005: 51, 60, 163, 222), die das bisher dem Subjekt vorbehaltene Privileg der Selbstreferenz auf soziale Systeme überträgt. Nun ist dies für einen Handlungstheoretiker eine überraschende Einschätzung! Wie wird sie begründet? Schimank ist der Ansicht, dass die „menschenverlassene Sozialität" keine universelle Form darstellt, sondern ein Ergebnis des zunehmenden Größenwachstums sozialer Zusammenhänge und der technischen Möglichkeiten zur Ausdehnung von Kommunikation ist. Zwar tragen die Akteure nach wie vor zur Reproduktion der Systeme bei, „doch lediglich in so infinitesimal kleinen Quanten, dass deren Aggregation nicht mehr bestimmten Akteuren zurechenbar ist, sondern sowohl von den Beteiligten selbst als auch von sie beobachtenden Gesellschaftstheoretikern nur noch als völlig intentionslose Evolution verbucht werden kann" (Schimank 2005: 75). Wer würde bestreiten, dass damit die zeitweilige Gefühlslage des Menschen in modernen Lebensverhältnissen treffend wiedergegeben wird. Auch die soziologische Klassik hat hierfür einiges an Ideen und Metaphern anzubieten, von Marx' Entfremdung über Webers „stahlhartes Gehäuse der Hörigkeit" bis hin zu Simmels Tragödie der modernen Kultur durch das Auseinandertreten von subjektiven und objektiven Momenten. Genügt dies aber, um den Autopoiesisgedanken zu rechtfertigen? Zunächst fällt auf, dass Schimank ihn nicht grundlagentheoretisch, sondern aggregationstheoretisch, d. h. mit dem Komplexitätsargument einführt. Wo benötigt man hier die akteurtheoretische Korrektur oder Ergänzung? Ich kann vier Versuche oder Anläufe von Schimank für eine Kombination der beiden Grundlagentheorien erkennen.

Der erste Versuch arbeitet mit dem Typisierungsprozess, wie er sich in der phänomenologischen Soziologie bei Schütz, Berger und Luckmann findet: Je anonymer und indirekter soziale Beziehungen werden, desto mehr greifen die Akteure auf Typisierungen zurück, hinter denen die Träger der Beziehungen als konkrete Personen verschwinden. Entsprechend erscheint den Akteuren das teilsystemische Geschehen als „Fiktion akteurloser Sozialität" (Schimank 2005: 48 f.). In anonymer und indirekter Kommunikation werden die Beiträge der Akteure „als bloße Betriebsmittel kommunikativer Autopoiesis konzeptualisiert". Schimank ist aber natürlich zu sehr Handlungstheoretiker, um nicht zu betonen, dass es eine *praktische Fiktion* der handelnden Akteure wie eine *theoretische Fiktion* des Beobachters ist, und natürlich würden die Codes von den Subjekten produziert und reproduziert. „Weil die Akteure ihrem Handeln die Teilsysteme als Fiktionen zugrundelegen, kann das teilsystemische Geschehen weithin als Fiktion akteurloser Sozialität ablaufen, was wiederum auf Seiten der Akteure die Fiktionen der

Teilsysteme bestärkt usw." (Schimank 2005: 49). Überzeugend ist, dass man damit Verdinglichungsprozesse institutioneller Strukturen in der Sichtweise von Berger und Luckmann begreifen kann, aber diese werden als Gedankenkonstrukte der Subjekte konzeptualisiert – bei Schimank „Fiktionen". Bei Luhmann setzt die Autopoiesis sozialer Systeme zwar das Bewusstsein der Akteure voraus, die Systeme sind aber keine „gedachte Konstruktion" in den Köpfen der Menschen. Die Fährte, die Schimank mit dem Fiktionsgedanken legt, ist also eine genuin handlungstheoretische und führt nicht zum System. Nur damit lassen sich im Übrigen auch Prozesse der Entdinglichung verständlich machen – im Autopoiesismodell ist dies prinzipiell ausgeschlossen. Sollte die zuvor gestellte Diagnose richtig sein, dass angesichts des Größenwachstums und der Komplexität moderner Lebensverhältnisse der Beitrag des Akteurs zur Reproduktion der Strukturen so unbedeutend wird, dass sich die Struktur vom Motiv abkoppelt und eine intentionslose Evolution abläuft, muss man sich fragen, warum Schimank sich dann überhaupt noch dafür interessiert, wie Systeme im Bewusstsein der Akteure präsent sind. Für die soziale Reproduktion wäre dies ja irrelevant. Offensichtlich traut Schimank seiner eigenen Diagnose nicht so recht, da er sich doch wieder für die Bewusstseinskorrelate und -präsenz der Systeme interessiert und mit dem Fiktionsbegriff die Entkoppelungsthese wieder zurücknimmt. „Fiktion hält fest, dass sich moderne Gesellschaft in wichtigen Aspekten teilsystemischen Operierens so reproduziert, *als ob* Akteure keine eigenständige Bedeutung hätten" (Schimank 2005: 49; Hervorhebung von T. S.). Sind die Systeme nun akteursenthoben, oder sind sie es nicht?

In einem zweiten Versuch beantwortet er diese Frage im Sinne von Habermas: Es gibt Phänomenbereiche, die sich autopoietisch reproduzieren, und solche, in denen Akteure strukturgestaltend auftreten. „Damit formuliert Luhmann – wenn man so sagen will – eine halbierte Theorie der modernen Gesellschaft" (Schimank 2005: 76). Dieser gleichsam ontologischen Separierung des Sozialen nach unterschiedlichen Qualitäten und einer korrespondierenden Arbeitsteilung von System- und Handlungstheorie widerspricht aber der dritte Vermittlungsversuch von Schimank. Mit Verweis auf Giddens' Dualitätstheorem wird alles Soziale zugleich als Voraussetzung und Ergebnis des Handelns verstanden, und die Gegenüberstellung von system- und akteurgeprägten Sozialbereichen weicht einer einheitlichen Konzeptualisierung (Schimank 2005: 87 f., 102 ff.). Hier wird zwischen handlungsprägenden und handlungsfähigen Systemen unterschieden. Die primären Teilsysteme wie Wirtschaft, Politik, Wissenschaft usw. sind handlungsprägend, aber nicht handlungsfähig. Letzteres ist für Subjekte, Gruppen, soziale Bewegungen und Organisationen reserviert. Schimank (2005: 107) denkt das Verhältnis beider nach dem Strukturations- oder Badewannenmodell soziologischer Erklärung. Die handlungsprägenden Vorgaben geben eine bestimmte Richtung und einen bestimmten Kontext vor, was jedoch innerhalb dieses Rahmens geschieht, welche Handlungen selektiert werden, ist damit nicht determiniert, sondern abhängig von den handlungsfähigen Instanzen. Daraus entstehen und aggregieren wieder die neuen handlungsprägenden Bedingungen usw. Damit zerbricht aber das Autopoiesiskonzept, das den Systemgedanken trägt, und wird durch die analytische Sequenz von Makro t_1 – Mikro – Makro t_2 ersetzt. Das autopoietisch operierende System ist bei Luhmann nicht nur prägend, sondern selbst handlungsfähig. In der von Schimank anvisierten Tiefenerklärung ist das System dagegen ein Fremdkörper. Seine Gültigkeit kann nicht, wie im zweiten Versuch, auf bestimmte Phänomenbereiche eingegrenzt werden, da alles

Soziale durch die Akteurtheorie mikrofundiert werden muss. Deshalb ist es auch willkürlich, wenn Schimank (2005: 107) Gruppen, sozialen Bewegungen und Organisationen den Status von „intentional handelnden sozialen Akteuren" zuschreibt. Auch diese müssen mikrofundiert, d. h. auf menschliche Akteure zurückgeführt werden. Wie zieht Schimank hier die Grenze zwischen Handlungsfähigkeit und bloßer Handlungsprägung? „Wenn Organisationen, wie Schimank annimmt, beides sind, handlungsprägend und durch Handeln geprägt, dann muss es eine Erklärung für den möglichen Wechsel beider Beziehungsrichtungen geben, also z. B. dafür, wann bestimmte Rollenerwartungen nicht mehr nur handlungsprägend sind, sondern durch das Handeln geprägt werden. Wann wechseln also Handlungsprägung und Prägung durch das Handeln die Plätze? Wie lassen sich beide Prozesse überhaupt trennscharf unterscheiden? Ist nicht die Erfüllung der Rollen eine Prägung der Rollenerwartungen durch den Handelnden im selben Maße wie die Abänderung der Rolle eine Prägung von Rollenerwartungen durch Handelnde ist? Hier stellen sich ... Zurechnungsfragen, die in einer reinen handlungs- oder reinen systemtheoretischen Fassung nicht auftreten" (Greve 2008: 166).

Soziale Makroprozesse können aus der Aggregationslogik zwar als nicht intentionale hervorgehen, sie müssen aber über die Selektionsprozesse auf der Mikroebene handlungstheoretisch erklärt werden.[3] Der Begriff des „Nicht*intentionalen*" zeigt seine Verbindung zu den Subjekten ja auch sprachlich noch an, Luhmanns Autopoiesiskonzept arbeitet nicht mit der Überlegung, dass Systeme ab einer gewissen Aggregationsschwelle den Intentionen der Akteure entschwinden; Selektionen sind prinzipiell a-intentional. Schimank möchte den Autopoiesisgedanken nicht fallen lassen, hält ihn gar für unverzichtbar (Schimank 2005: 51, 163, 222). Es muss betont werden, dass damit keine Tiefenerklärung möglich ist; darin kann man nicht die eine Seite als selbstreproduktiv und die andere als handlungs- und aggregationstheoretisch auslegen. In einem vier-

---

[3] Man kann sich dies am Beispiel des Abspielens eines Filmes deutlich machen, der auf einer sehr großen Anzahl von hintereinander geschalteten einzelnen Bildern beruht. Im Ablauf sind diese nicht erkennbar, aber ein genauerer Blick, i.e. Tiefenerklärung, offenbart die aus vielen Mikrosituationen zusammengesetzte Sequenz. Auch das Argument „infinitesimal" kleiner Handlungsquanten ändert daran nichts. Sie mögen noch so klein sein, die Rückführung der Makroprozesse auf die Mikroprozesse bleibt bestehen, und koppelt sich nicht in einer Art Grundlagenswitch ein selbstaktives System davon ab. In der Filmsequenz sind die einzelnen Aufnahmen festgehaltene und festgefrorene Zeitpunkte $t_1, t_2 \ldots t_n$. Was ist die Voraussetzung, dass deren Aneinanderreihung einen sinnvollen Ablauf ergibt? Systemtheoretisch gesprochen: Was garantiert die „Anschlussfähigkeit"? Die Aneinanderreihung der in den einzelnen Fotografien festgehaltenen Zeitpunkte ergibt nur dann eine Geschichte, wenn die Schauspieler mehr oder weniger im- oder explizit ständig zeitlich vor- und zurückblenden und so den roten Faden knüpfen. Nicht nur im Film, sondern auch „im richtigen Leben" ergibt sich die Ordnungstauglichkeit sozialer Sequenzen nur dann, wenn die Akteure eine Interpretation und Selektion ihrer Handlungen in Hinsicht auf das zeitlich Vorausliegende und das Folgende vornehmen. Das heißt, der Ordnungsablauf muss, zumindest in Abschnitten, wie bruchstückhaft auch immer, ein Bewusstseinskorrelat oder eine Bewusstseinsrepräsentanz haben. Handlungen sind meist mehrdeutig und können mit einer Vielzahl von Fortsetzungen beantwortet werden. Ordnungstauglich – systemtheoretisch: anschlussfähig – ist aber nur eine identifizierte Handlung. Nur sie kann eine Antwort erhalten, eine Reaktion stimulieren und thematisch mit anderen verbunden werden. Ordnungsbildung beruht auf Selektivität, und Handlungs- und Systemtheorie geben eine prinzipiell verschiedene Antwort auf die Frage, wer diese Selektion vornimmt. Daran ändert die Aggregationslogik nichts.

ten Anlauf und als einen „Ausweg" aus diesem Dilemma bietet Schimank eine kybernetische Denkfigur an. „Der Zusammenhang von Strategie und Evolution ist wie der zwischen dem Bonsaibaum und dem diesem durch die Hand des Züchters im wahrsten Sinne des Wortes übergestülpten, die Richtung des Wuchses beeinflussenden Formdraht. Die Formung von außen kann den inneren Wachstumstrieb der Pflanze nicht substituieren, setzt ihn vielmehr voraus. Ebenso setzen Konstellationen von Akteuren, die strategisch auf gesellschaftliche Dynamiken einwirken wollen, die evolutionäre Autopoiesis der betreffenden gesellschaftlichen Teilsysteme voraus. Entsprechend muss eine adäquate Erklärung struktureller Dynamiken beide Arten von Determinanten – Teilsystemevolutionen und Akteursstrategien – berücksichtigen" (Schimank 2005: 163, vgl. auch 222). Mit der Pflanze-Züchter-Metapher ist die Autopoiesis des Systems hier auf eine energetische Komponente abgeschwächt – System ist ein „allgegenwärtiger unbewegter Beweger" – und das steuernde, richtunggebende Moment haben die Akteure zu liefern. Von einer blinden sozialen Evolution geht Schimank nicht mehr aus. Freilich ist der Gedanke vom System als „allgegenwärtiger unbewegter Beweger" (Schimank 2005: 222) aus dem Hut der Systemtheorie gezaubert. Handlungstheoretisch schlüssig ist er nicht. In den rein handlungstheoretischen Modellen wird das energetische Moment auch auf die Subjekte zurückgeführt, seien es die Basalmotivation des körperlichen Wohlbefindens in der Rational-Choice-Theorie oder etwa die Antriebe, die Ideen und Interessen bei Weber freizusetzen vermögen.

Schimank bietet interessante Überlegungen im Zwischenfeld von System- und Handlungstheorie, aber keine überzeugende Verbindung beider. Entsprechend variieren Schimanks eigene Einschätzungen zum Verhältnis der beiden Grundtheorien: Von einer „unüberbrückbaren Kluft" (Schimank 2005: 2) und inkommensurablen „Scheinwerfern auf gesellschaftliche Wirklichkeit", die sich nicht zur Deckung bringen lassen (Schimank: 1996: 77), über paradoxe Formulierungen wie: „Nur als Systemtheoretiker kann man zum Kern dessen vorstoßen, was funktionale Differenzierung ausmacht; aber nur als Akteurtheoretiker kann man die so gewonnenen Erkenntnisse konzis formulieren" (Schimank 2005: 42), bis hin zur Strategieempfehlung, das systemtheoretische Gedankengut akteurtheoretisch zu rekonstruieren und damit eine erklärungskräftige Synthese zu entwickeln (Schimank 2005: 17, 94), findet man unterschiedliche Formulierungen, die Anlass zur Nachfrage und Präzisierung geben.

V. Schlussbemerkungen

Max Weber hatte 1920 noch die Hoffnung, das eigene Fach auf eine einheitliche Grundlage stellen zu können. „Wenn ich jetzt nun einmal Soziologe geworden bin (laut meiner Anstellungsurkunde), dann wesentlich deshalb, um den immer noch spukenden Betrieb, der mit Kollektivbegriffen arbeitet, ein Ende zu machen. Mit anderen Worten: Auch Soziologie kann nur durch Ausgehen vom Handeln des oder der, weniger oder vieler Einzelnen, strikt ‚individualistisch' in der Methode also – betrieben werden" (Weber, zit. n. Mommsen 1974: 256, Fn. 57). Nach 90 Jahren muss man feststellen, dass es ihm nicht gelungen ist, dem Spuk ein Ende zu setzen und ein einheitliches Paradigma zu etablieren. Im Gegenteil: Mit Parsons' Systemtheorie war eine mit

Kollektivbegriffen arbeitende Soziologie in den Nachkriegsjahrzehnten dominant, und die neuere Systemtheorie hat, wenn auch auf Deutschland begrenzt, eine beachtliche Anhängerschaft in den letzten Jahrzehnten gefunden. Das macht eine Neueinschätzung von Webers eliminativer Theoriestrategie erforderlich. Die vorstehenden, der individualistischen Methode verpflichteten Ausführungen teilen Webers Soziologieverständnis und plädieren dafür, von einer subjekttheoretischen Grundlage aus die Systemtheorie zu kritisieren.[4] Der Autor gibt sich aber keiner Illusion hin, wie sie Weber noch hatte, der Gegenseite den Garaus machen zu können. Schon aus den in der Einleitung erwähnten professionspolitischen Erwägungen heraus wäre dies nicht wünschenswert. Es muss aber auch theoriesystematische Gründe geben, warum sich Webers Erwartung nicht erfüllt hat. In der Kritik an den Vermittlungsversuchen von System- und Handlungstheorie habe ich versucht, diese Gründe zu explizieren. Mit Akteur- und Systemtheorie liegen zwei Grundlagenpositionen vor, die über eine jeweils eigene Theorielogik verfügen, die wechselseitig nicht aufeinander reduzierbar sind und der Soziologie auch langfristig eine plurale Basis verschaffen.

Zwischen Webers Einschätzung und heute liegt fast ein Jahrhundert Theorieentwicklung, und für diesen Zeitraum dürfte gelten, was Margaret Archer (1988) für die Ideenentwicklung generell feststellt: Ideen sind im Status Nascendi nicht voll entwickelt, sondern werden dies erst in der Auseinandersetzung mit anderen. Versuche, eine Konzeption als die dominante durchzusetzen, rufen nicht selten energische Anstrengungen der Gegenseite hervor, ihre Position zu stärken. Gerade scharfe und präzise Angriffe auf die Gegenposition, um deren Schwächen bloßzulegen, lösen oft die ergiebigsten Bemühungen auf deren Seite aus, diese Schwächen auszuräumen mit dem Ergebnis, das konkurrierende Ideen- und Theoriegebäude nicht selten gestärkt und konsistenter aus solchen Auseinandersetzungen hervorgehen. Was wären und wo stünden Akteur- und Systemtheorie ohne die jeweils andere Seite!

Ein weiterer Grund kommt hinzu. Das Grundproblem, um das sich beide Theorierichtungen streiten, ist nicht auf die Soziologie begrenzt, sondern findet sich auch in anderen Disziplinen und wird disziplinübergreifend in der Philosophie thematisiert.[5] Die Dynamik der soziologischen Theorieentwicklung kann daher nicht rein fachimmanent verstanden und erklärt werden. Dass die soziologische Systemtheorie wesentliche Impulse aus naturwissenschaftlichen und biologischen Denkmustern erhalten hat, wurde bereits erwähnt. Der fachfremde Ideenimport muss dann zweifelsohne in eine überzeugende sozialwissenschaftliche Konzeption übersetzt und entsprechend reformuliert werden. Die Soziologie steht in einem interdisziplinären Wissensfeld, dessen Denkmoden sozialwissenschaftlichen Theorien einen Legitimationsimport verschaffen können. So sind etwa Luhmanns Überlegungen zum Verhältnis von Gehirn, Bewusstsein und sozialem System gut an die momentan florierende Gehirnforschung anhängbar. Und so bleibt abzuwarten, ob Max Webers Grundprämisse, dass das Subjekt „nach unten" wie „nach oben" das Atom sinnhaften Sichverhaltens ist, die Forschungsergebnisse der Gehirnforschung überlebt. Der Autor der vorliegenden Zeilen ist in dieser Hinsicht gelassen[6] und sieht keinerlei Veranlassung, die Seiten zu wechseln oder sie zu verknüpfen.

---

4 Jüngst hat dies Greshoff (2008) wieder mit überzeugenden Argumenten demonstriert.
5 Heintz (2004: 2, 5 ff.) und Albert (2005: 390 f.) weisen darauf hin.
6 Zu einer subjektphilosophischen Grundlegung vgl. Henrich (2007). An dieser muss dann auch

Literatur

Albert, Gert. 2005. Moderater methodologischer Holismus. Eine weberianische Interpretation des Mikro-Makro-Modells. *Kölner Zeitschrift für Soziologie und Sozialpsychologie* 57: 387-413.
Alexander, Jeffrey C., ed. 1985. *Neofunctionalism*. Beverly Hills: Sage.
Alexander, Jeffrey C., und Paul Colomy, eds. 1985. Toward neofunctionalism: Eisenstadt's change theory and symbolic interactionism. *Sociological Theory* 3: 11-23.
Alexander, Jeffrey C., und Paul Colomy, ed.s 1990. *Differentiation theory and social change. Comparative and historical perspectives*. New York: Columbia University Press.
Archer, Margaret S. 1988. *Culture and agency. The place of culture in social theory.* Cambridge: Cambridge University Press.
Baecker, Dirk, Hrsg. 2005. *Schlüsselwerke der Systemtheorie*. Wiesbaden: VS Verlag für Sozialwissenschaften.
Barber, Bernard. 1992. Neofunctionalism and the theory of the social system. In *The dynamics of social systems*, ed. Paul Colomy, 36-55. London: Sage.
Becker, Uwe. 1988. From social scientific functionalism to open functional logic. *Theory and Society* 17: 865-883.
Colomy, Paul. 1990. Revisions and progress in differentiation theory. In *Differentiation theory and social change. Comparative and Historical Perspectives*, eds. Jeffrey C. Alexander, Paul Colomy, 465-495. New York: Columbia University Press.
Esser, Hartmut. 1993. *Soziologie. Allgemeine Grundlagen*. Frankfurt a. M., New York: Campus.
Esser, Hartmut. 2000. *Soziologie. Spezielle Grundlagen, Band 2: Die Konstruktion der Gesellschaft*. Frankfurt a. M., New York: Campus.
Esser, Hartmut. 2004. *Soziologische Anstöße*. Frankfurt a. M., New York: Campus.
Giddens, Anthony. 1977. Functionalism: après la lute. In *Studies in social and political theory*, ed. Anthony Giddens, 96-134. London: Hutchinson.
Greshoff, Rainer. 2008. Ohne Akteure geht es nicht! Oder: Warum die Fundamente der Luhmannschen Sozialtheorie nicht tragen. *Zeitschrift für Soziologie* 37: 450-469.
Greve, Jens. 2008. Gesellschaft: Handlungs- und systemtheoretische Perspektiven. In *Soziologie, eine multiparadigmatische Wissenschaft*, Hrsg. Andreas Balog, Johann A. Schülein, 149-185. Wiesbaden: VS Verlag für Sozialwissenschaften.
Habermas, Jürgen. 1981. *Theorie des kommunikativen Handelns,* 2 Bände. Frankfurt a. M.: Suhrkamp.
Habermas, Jürgen. 1985. *Der philosophische Diskurs der Moderne*. Frankfurt a. M.: Suhrkamp.
Heintz, Bettina. 2004. Emergenz und Reduktion. Neue Perspektiven auf das Mikro-Makro-Problem. *Kölner Zeitschrift für Soziologie und Sozialpsychologie* 56: 1-31.
Henrich, Dieter. 2007. *Denken und Selbstsein. Vorlesungen über Subjektivität*. Frankfurt a. M.: Suhrkamp.
Luhmann, Niklas. 1978. Handlungstheorie und Systemtheorie. *Kölner Zeitschrift für Soziologie und Sozialpsychologie* 30: 211-227.
Luhmann, Niklas. 1980. Talcott Parsons – Zur Zukunft eines Theorieprogramms. *Zeitschrift für Soziologie* 9: 5-17.
Luhmann, Niklas. 1984. *Soziale Systeme*. Frankfurt a. M.: Suhrkamp.
Luhmann, Niklas. 1988. Warum AGIL? *Kölner Zeitschrift für Soziologie und Sozialpsychologie* 40: 127-139.
Luhmann, Niklas. 1997. *Die Gesellschaft der Gesellschaft*. Frankfurt a. M.: Suhrkamp.
Mayntz, Renate. 1988. Funktionale Teilsysteme in der Theorie sozialer Differenzierung. In *Differenzierung und Verselbständigung. Zur Entwicklung gesellschaftlicher Teilsysteme*, Hrsg. Renate Mayntz, Bernd Rosewitz, Uwe Schimank, Rudolf Stichweh, 11-44. Frankfurt a. M., New York: Campus.

---

die naturwissenschaftliche Gehirnforschung gemessen werden, wenn sie beansprucht, geisteswissenschaftliche Wissensbestände zu rekonstruieren.

Mommsen, Wolfgang J. 1974. *Max Weber. Gesellschaft, Politik und Geschichte.* Frankfurt a. M.: Suhrkamp.
Münch, Richard.1988. *Theorie des Handelns. Zur Rekonstruktion der Beiträge von Talcott Parsons, Emile Durkheim und Max Weber.* Frankfurt a. M.: Suhrkamp.
Münch, Richard. 1996. Modernisierung und soziale Integration. Replik auf Thomas Schwinn. *Schweizerische Zeitschrift für Soziologie* 22: 603-629.
Parsons, Talcott. 1968. *The structure of social action* [1937]. New York: The Free Press.
Schimank, Uwe. 1985. Der mangelnde Akteurbezug systemtheoretischer Erklärungen gesellschaftlicher Differenzierung. *Zeitschrift für Soziologie* 14: 421-434.
Schimank, Uwe. 1996. *Theorien gesellschaftlicher Differenzierung.* Opladen: Leske + Budrich.
Schimank, Uwe. 2005. *Differenzierung und Integration der modernen Gesellschaft. Beiträge zur akteurzentrierten Differenzierungstheorie 1.* Wiesbaden: VS Verlag für Sozialwissenschaften.
Schluchter, Wolfgang. 2006/2007. *Grundlegungen der Soziologie,* 2 Bände. Tübingen: Mohr Siebeck.
Schwanenberg, Enno. 1970. *Soziales Handeln. Die Theorie und ihr Problem.* Stuttgart, Wien: Huber.
Schwinn, Thomas. 1993. *Jenseits von Subjektivismus und Objektivismus. Max Weber, Alfred Schütz und Talcott Parsons.* Berlin: Duncker & Humblot.
Schwinn, Thomas. 1995. Funktion und Gesellschaft. Konstante Probleme trotz Paradigmenwechsel in der Systemtheorie Niklas Luhmanns. *Zeitschrift für Soziologie* 24: 196-214.
Schwinn, Thomas. 2001. *Differenzierung ohne Gesellschaft. Umstellung eines soziologischen Konzepts.* Weilerswist: Velbrück.
Schwinn, Thomas. 2003. Nicht intendierte Folgen als Struktur oder System. Konstruktionsprobleme im Neofunktionalismus und bei Jürgen Habermas. In *Die Transintentionalität des Sozialen. Eine vergleichende Betrachtung klassischer und moderner Sozialtheorien,* Hrsg. Rainer Greshoff, Georg Kneer, Uwe Schimank, 278-302. Wiesbaden: Westdeutscher Verlag.
Schwinn, Thomas. 2006. Lassen sich Handlungs- und Systemtheorie verknüpfen? Max Weber, Talcott Parsons und Niklas Luhmann. In *Max Webers ‚Grundbegriffe',* Hrsg. Klaus Lichtblau, 91-111. Wiesbaden: VS Verlag für Sozialwissenschaften.
Schwinn, Thomas. 2010. Whiteheads Bedeutung für die Entwicklung der soziologischen Systemtheorie. In *Whitehead – Cassirer – Piaget: Unterwegs zu einem neuen Denken,* Hrsg. Reto Luzius Fetz, Benedikt Seidenfuß, Sebastian Ullrich, 345-365. Freiburg, München: Alber.
Stichweh, Rudolf. 1995. Systemtheorie und Rational Choice Theorie. *Zeitschrift für Soziologie* 24: 395-406.
Turner, Jonathan H., und Alexandra Maryanski. 1979. *Functionalism.* Menlo Park, CA: Benjamin/Cummings.
Turner, Jonathan H., und Alexandra Maryanski. 1988. Is 'Neofunctionalism' really functional? *Sociological Theory* 6: 110-121.
Udehn, Lars. 2002. The changing face of methodological individualism. *Annual Review of Sociology* 28: 479-507.
Weber, Max. 1982. *Gesammelte Aufsätze zur Wissenschaftslehre.* Tübingen: Mohr Siebeck.
Wenzel, Harald. 1990. *Die Ordnung des Handelns. Talcott Parsons' Theorie des allgemeinen Handlungssystems.* Frankfurt a. M.: Suhrkamp.

Korrespondenzanschrift: Prof. Dr. Thomas Schwinn, Universität Heidelberg, Institut für Soziologie, Bergheimer Str. 58, 69115 Heidelberg
E-Mail: thomas.schwinn@soziologie.uni-heidelberg.de

KRITIK

WIE AKTEURKONSTELLATIONEN SO ERSCHEINEN, ALS OB GESELLSCHAFTLICHE TEILSYSTEME HANDELN – UND WARUM DAS GESELLSCHAFTSTHEORETISCH VON ZENTRALER BEDEUTUNG IST*

Uwe Schimank

Zusammenfassung: Eine handlungstheoretisch fundierte soziologische Theorie der modernen Gesellschaft sollte und kann das Konzept gesellschaftlicher Teilsysteme, wie es Niklas Luhmann systemtheoretisch ausgearbeitet hat, für ihre Zwecke adaptieren. Denn die Systemtheorie erfasst die für die moderne Gesellschaft konstitutive Paradoxie, dass die von Thomas Schwinn weberianisch gefassten „Wertsphären" ein Eigenleben führen, dem sich die Akteure fügen müssen, obwohl es natürlich sie – wer denn sonst? – sind, die dieses Eigenleben durch ihr handelndes Zusammenleben beständig hervorbringen.

Das Gegeneinander von System- und Handlungstheorie ist eine der großen Konfliktlinien im Feld soziologischer Theoriebildung, spätestens seit Talcott Parsons das systemtheoretische Denken ins Fach importierte; und gerade in der deutschen Soziologie ist diese Konfliktlinie bis heute in der wohl auch nicht so bald endenden Auseinandersetzung über das Werk Niklas Luhmanns stark umkämpft. Thomas Schwinn und ich bewegen uns freilich an dieser Front auf derselben Seite. Wir sind beide Handlungstheoretiker. Anders als Schwinn meint, stimmen wir auch darin überein, dass man nur entweder Handlungs- oder Systemtheoretiker sein kann: eine klare Alternative – ein bisschen von beidem geht nicht ohne schlechten Eklektizismus.[1] Aber heißt das auch, dass man als Handlungstheoretiker, um als solcher glaubwürdig aufzutreten und konsistent zu argumentieren, völlig vergessen muss, welche Intuition über Sozialität in systemtheoretischen Kategorien steckt?

Nur in diesem Punkt stimme ich mit Schwinn nicht überein. Sein im Rahmen des „Weber-Paradigmas" (Albert 2009) formuliertes handlungstheoretisches Instrumentarium zur Analyse von Differenzierungsdynamiken der modernen Gesellschaft (Schwinn 2001, 2003) deckt sich in großen Teilen mit dem, was ich selbst als nötig erachte und nutze (Schimank 2005a). Aber was er mit Max Weber als „Wertsphären" fasst, begreife ich, Niklas Luhmanns Verständnis handlungstheoretisch rekonstruierend, als Teilsysteme der funktional differenzierten Gesellschaft. Und ich behaupte: Erst die handlungs-

---

* Rainer Greshoff danke ich für eine kritische Lektüre.
1 Ich gebe zu, dass Schimank (1985) diesbezüglich noch nicht eindeutig positioniert war – insbesondere die Begrifflichkeit von „handlungsprägenden" und „handlungsfähigen Sozialsystemen" legt eine systemtheoretische Perspektive nahe. Schon Schimank (1988: 620) erklärte allerdings unzweideutig die Absicht, „(...) akteurtheoretische Erklärungen (...) durch Einbau des systemtheoretischen Konzepts des gesellschaftlichen Teilsystems zu verbessern". Dabei ist es geblieben.

theoretisch eingefangene systemtheoretische Perspektive auf funktionale Differenzierung lenkt den Blick auf den Wesenskern der modernen Gesellschaft.

I. Gesellschaftliche Teilsysteme: selbstbeweglich über den Akteuren?

Um mit Selbstverständlichkeiten zu beginnen: Schwinn bestreitet nicht, dass es ausdifferenzierte Sphären der modernen Gesellschaft gibt und dass diese Differenzierungsstruktur ein grundlegendes, vielleicht sogar das grundlegendste Merkmal der Moderne ist; auch in der von Weber übernommenen Sphäreneinteilung stimmt er mit Luhmann – und mir – größtenteils überein, und in weiteren Beschreibungsdimensionen dieser Sphären ebenfalls. Wenn es also insoweit nicht bloß oberflächlich erhebliche Übereinstimmungen gibt: Wo trennen sich dann die Wege?

Woran Schwinn (2001; 86) bei Luhmann Anstoß nimmt, ist die für dessen Theorie autopoietischer Sozialsysteme zentrale These von der „Selbstbeweglichkeit des Sinngeschehens" (Luhmann 1984: 101). Die Autopoiesis teilsystemischen Operierens – etwa des Kommunikationszusammenhangs von Zahlungen im Wirtschaftssystem – ist für Schwinn eine zwar im systemtheoretischen Duktus konsequente, aber handlungstheoretisch völlig inakzeptable theoretische Vorstellung. In einer kritischen Auseinandersetzung mit dem Handlungstheoretiker Hartmut Esser, der glaube, „die Selbstregulation und Homöostase von Systemen, die völlig unabhängig von den Motiven der Akteure abläuft, in seine Theorie integrieren zu können",[2] betont Schwinn (2006: 55 f.) nochmals, dass ein Handlungstheoretiker niemals behaupten dürfe, „dass es eine eigene Systemtätigkeit gebe", „weil handlungstheoretisch gesehen Ordnungen oder Makroeffekte prinzipiell über keine subjektanalogen Selbstregulations- und Eigenstrukturierungsfähigkeiten verfügen."[3]

In seiner ebenso kritischen Betrachtung von Jürgen Habermas' (1981) Versuch des Zusammendenkens von Handlungs- und Systemtheorie markiert Schwinn (2001: 136-150, 2003, 288-298) den Punkt noch genauer. Habermas geht zunächst handlungstheoretisch von Subjekten in ihrer Lebenswelt aus, stellt dann aber insbesondere für die moderne Gesellschaft fest, dass, wie man es mit Norbert Elias (1939) formulieren könnte, die „Verlängerung der Handlungsketten" zur Unüberschaubarkeit der Handlungsfolgen und damit zur sozialen Transintentionalität führt. Diejenigen sozialen Ordnungsmuster, die sich auf dieser Grundlage jenseits der Intentionen der involvierten Akteure bilden, müssen, so Habermas, mit systemtheoretischen Mitteln analysiert werden; und er betont: „Dabei ist das Systemmodell nicht bloß ein Artefakt." Womit er meint: Soziale Gebilde wie die kapitalistische Wirtschaft können nicht nur in einer locker-suggestiven Analogie als soziales System angesprochen werden, sondern „verlangen nach dem Begriff eines ... systemischen Zusammenhangs" (Habermas 1981, Band 2: 349). Schwinn (2001: 139) hingegen insistiert: „Es ist eine Sache, festzustellen, dass ab

---
2 Womit Schwinn Esser wohl nicht gerecht geworden ist; siehe auch Esser (2009: 281-285).
3 Luhmann hatte ja in der Tat bei der Einführung des Konzepts von Selbstreferentialität, sodann von Autopoiesis darauf hingewiesen, dass soziale Systeme damit ähnlich gesehen würden, wie sich die Subjektphilosophie menschliche Subjektivität vorstellt, worauf dann auch Jürgen Habermas (1985: 426-445) hinwies.

einer gewissen Komplexität die Handlungsfolgen und -zusammenhänge nicht mehr von den Teilnehmern überschaut werden können; es ist aber eine ganz andere, zu behaupten, die komplexer werdenden Handlungsfolgen gehorchten einem selbstregulativen Systemgeschehen." Dieser Schluss aus Ersterem sei „bloß erschlichen".

Schwinn ist zuzugestehen, dass Habermas, Esser und, auf den Schultern der Riesen, auch ich das, was sie meinen, wenn sie als Handlungstheoretiker am Systembegriff festhalten, noch keineswegs hinreichend klar gemacht haben und so Missverständnisse provozieren.[4] Ich will deshalb nun, freilich nur für mich sprechend, nochmals und hoffentlich nachvollziehbarer als bisher zu begründen versuchen, warum funktionale Differenzierung, um Habermas' emphatische Wendung aufzunehmen, „nach dem Begriff" des gesellschaftlichen Teilsystems „verlangt". Die zweiteilige These lautet:[5] Die ausdifferenzierten Sphären der modernen Gesellschaft haben erstens und in einem präzise zu formulierenden Sinne Systemcharakter, und das ist nicht irgendeine Eigenschaft unter vielen, sondern das gemeinsame konstitutive Merkmal von moderner Wirtschaft, Politik, Wissenschaft, Kunst etc.; und zweitens ist der Mechanismus der permanenten Erzeugung dieser Systemhaftigkeit der Sphären eine sich selbst erfüllende Prophezeiung auf Seiten der gesellschaftlichen Akteure.[6]

II. Systemcharakter der „Wertsphären" der modernen Gesellschaft

Konsequent handlungstheoretisch liegt mein Ausgangspunkt nahe bei dem, den auch Habermas hat: Die Akteure, und zwar individuelle wie korporative, erfahren bestimmte Zusammenhänge handelnden Zusammenwirkens, in denen sie stecken, als jenseits nicht nur des eigenen aktuellen Gestaltungsraums; sondern diese Zusammenhänge stellen sich so dar, dass sie in wichtigen Hinsichten dauerhaft der Gestaltung aller involvierten oder überhaupt aller vorstellbaren gesellschaftlichen Akteure entzogen sind. Gestaltung heißt hier die mittelfristig angelegte gezielte und mit hinreichender pragmatischer Erfolgswahrscheinlichkeit rechnen könnende Realisierung von Intentionen der Formung sozialer Strukturen, einschließlich der Ergebnisse des durch diese Strukturen geprägten handelnden Zusammenwirkens.[7] Eine Form von Gestaltung ist immer auch

---

4 Die vier von Schwinn (in diesem Band) bei mir entdeckten „Anläufe (...) für eine Kombination der beiden Grundlagentheorien" machen mir klar, dass selbst – oder gerade! – gründliche Leser ins Stutzen kommen dürften.

5 Worauf ich nicht weiter eingehe, ist Schwinns (S. 453 ff.) Verknüpfung von Systemtheorie und Funktionalismus. Hierzu nur soviel: Aussagen über funktionale Zusammenhänge erfordern, anders als Schwinn meint, kein soziales System als Bezugseinheit; diese kann vielmehr genauso gut eine nicht-systemische Struktur sein. Es hieß bekanntlich nicht zufällig „Strukturfunktionalismus" statt „Systemfunktionalismus", und Robert K. Merton war ganz sicher kein Systemtheoretiker.

6 Mit dem zweiten Teil der These benenne ich den Mechanismus der Reproduktion des Systemcharakters der „Wertsphären". Die ursprüngliche Genese der systemischen Ausdifferenzierung der „Wertsphären" ist eine andere Frage.

7 Dass jede Gestaltung misslingt, wenn nur der Zeithorizont hinreichend lang ist, zeigt auch dem unter „Machzwang" (Marquard 1977: 72) stehenden modernen Menschen spätestens, dass er nicht Gott ist.

die absichtsvolle Zerstörung von Strukturen, wobei ihr völlig egal sein kann, wie anschließend der Trümmerhaufen aussehen mag.

Gerade in der modernen „Entscheidungsgesellschaft" (Schimank 2005b) verfolgen Akteure beständig einzeln, mit- und gegeneinander kleinere oder größere Gestaltungsabsichten und scheitern dabei häufig genug, ohne dass ihnen das in dem Sinne eine Lehre wäre, dass fortan niemand mehr die betreffende Absicht nochmals aufgreifen würde. Jeder weiß, dass erstens allerlei situative Umstände dafür sorgen können, dass Handlungsabsichten entgleiten. Zweitens sind kognitive Verzerrungen in Rechnung zu stellen, die in der Beschaffenheit menschlicher Informationsverarbeitung angelegt sind und eine oftmals einrastende „Logik des Misslingens" (Dörner 1989) von Gestaltungsambitionen forcieren. Man macht drittens immer wieder auch Erfahrungen mit „social traps" (Platt 1973; Macy 1982), wie z. B. Konstellationen des „Prisoner's Dilemma", aus denen manchmal auf lange Zeit keiner der Beteiligten herauskommt und die jedem von ihnen Handlungsmuster auferlegen, die äußerst suboptimale Resultate zeitigen. Hier handelt es sich um dauerhafte soziale Gebilde, die gegenüber den Akteuren, die sie mit ihren Handlungen tragen, Zwangscharakter besitzen.[8] Bis zu diesem Punkt gilt allerdings: Wer an ungünstigen Umständen scheitert, weiß, dass es auch besser hätte laufen können; wer kognitiven Verzerrungen aufsitzt, könnte sich diese bewusst machen und sie zu vermeiden suchen; und selbst wer in einer Falle sitzt, vermag sich vorzustellen, dass zumindest Gestaltungshilfe von außen, vielleicht sogar eine „konzertierte Aktion" der Insassen, die Falle aufbrechen könnte. Es handelt sich also um prinzipiell für Gestaltungshandeln zugängliche soziale Strukturen. Dann gibt es aber viertens auch Strukturen, die in den Augen der Akteure über das bisher Genannte hinausgehend von Grund auf gestaltungsresistent erscheinen. Dieser Art von Strukturen – und nur ihr – ist handlungstheoretisch Systemcharakter zu attestieren.[9]

Dieser vierte Typ von Gestaltungsirritationen, also der Tatbestand der Unzugänglichkeit sozialer Strukturen für jegliches Gestaltungshandeln, kann zum einen aus der Könnens-, zum anderen aus der Wollens-Dimension des Handelns herrühren.[10] Im ersten Fall fehlen Akteuren, so sehen sie es, prinzipiell die erforderlichen Gestaltungsmittel einschließlich der Mittel, hinreichenden Konsens für bestimmte Gestaltungsmaßnahmen zu erzielen. Noch zugespitzter stellt sich allerdings die Unantastbarkeit sozialer Strukturen im zweiten Fall dar. Hier vermögen Akteure es sich überhaupt nicht vorzustellen, dass sie eine andere Gestaltung der Strukturen wollen könnten. Diese *Unvorstellbarkeit eines Anders-Gewollten* hat Karl Marx als Verdinglichung von Gesellschaftsstrukturen, die nichts als Menschenwerk sind, durch eben diese Menschen analysiert.[11] Derartige Strukturen besitzen „die Festigkeit von Naturformen des gesellschaftlichen

---

8 Siehe zu Organisationsblockaden Deeg et al. (2009).
9 Mit diesem Bruch der Terminologie wird dem systemtheoretischen Entdeckungszusammenhang des Phänomens Reverenz erwiesen. Nicht mehr und nicht weniger: Ehre, wem Ehre gebührt!
10 Die Sollensdimension ist demgegenüber kein Ursprung von Gestaltungsunzugänglichkeit. Denn Ver- oder Gebotsnormen werden gerade aufgestellt, weil man mit ihrer gezielten Übertretung rechnet.
11 Siehe Berger und Luckmann (1966: 106-109) zu einer nicht mehr bloß besserwisserisch ideologiekritischen, sondern sozialtheoretisch fundamentalen wissenssoziologischen Konzeptualisierung von Verdinglichung.

Lebens" (Marx 1867: 90). In vormodernen Gesellschaftsstufen vollzog sich die Verdinglichung bestimmter Gesellschaftsstrukturen vor allem durch Verweis darauf, sie seien „results of cosmic laws, or manifestations of divine will" (Berger und Luckmann 1966: 106). Die Moderne kann zum einen als wissenschaftlich erwiesen geltende Sachzwänge der Natur, einschließlich der Natur des Menschen und der Natur der Gesellschaft anführen. Zum anderen kann durchaus konzediert werden, dass bestimmte Strukturen früher einmal anders gewesen sind, dass aber inzwischen der „Fortschritt" unübertrefflich gut beschaffene Strukturen erzeugt habe, die deshalb sowohl unhintergehbar als auch unüberschreitbar sind. Nicht anders möglich heißt also in der Moderne vor allem: unüberbietbar und daher nicht *mehr* anders möglich. Dies ist die moderne Sicht funktionaler Differenzierung, was jedenfalls deren Kern in Gestalt der Leitwerte der etablierten „Wertsphären" anbetrifft.[12] Luhmann (1986: 76) bringt, hier gleichsam als Ideologe der Moderne, diese Verdinglichung unfreiwillig zum Ausdruck, wenn er meint, lapidar als unbestreitbare Tatsachenbehauptung konstatieren zu können: „Für funktionale Differenzierung gibt es ... keine Alternative". Denn „wir können uns nicht vorstellen, wie die Bevölkerungsmengen, das Lebensniveau, also die Errungenschaften der Moderne gehalten werden könnten, wenn wir funktionale Differenzierung aufgäben. Da hat man kein anderes Modell in Sicht" (Luhmann 1996b: 197). Also: funktionale Differenzierung als Ende der Geschichte! Und das meint: Es mögen vielleicht noch Teilsysteme hinzukommen, aber das Ensemble existierender Teilsysteme ist sakrosankt. Alles andere wäre Barbarei.

Es ist dieser hochgradig verdinglichte Charakter funktionaler Differenzierung im Allgemeinen und der Leitwerte der ausdifferenzierten „Wertsphären" im Besonderen, dem auch Handlungstheoretiker mit der Terminologie des „Teilsystems" Rechnung tragen sollten.[13] Die „Wertsphären" bilden über ihre jeweiligen Leitwerte, mit Esser (2000: 64-79) formuliert, „frames", die immer dann, wenn sie als Situationsdefinitionen zum Einsatz kommen, „stahlharte Gehäuse der Hörigkeit"[14] darstellen und als solche Impulse zur relativierenden reflexiven Kalkulation des jeweiligen „Oberziels" rigoros unterdrücken. Diese Werte stehen „nicht zur Disposition des Handelnden ..., weil sie keinen instrumentellen, sondern einen Eigenwert haben; sie gelten."[15] Pierre Bour-

---

[12] Anders sieht es bei den Programmstrukturen der Teilsysteme aus, um die fortwährende Gestaltungskämpfe toben.

[13] Welche anderen Arten von sozialen Strukturen in diesem Sinne Systemcharakter haben können, muss hier dahingestellt bleiben. Klar ist, dass diese Fassung des Systembegriffs auf Seiten der systemtheoretischen Perspektive auf völliges Unverständnis stoßen muss. Das explizite Selbstverständnis dieser Perspektive begreift sich ja als eines, das hoch über der bestenfalls viertrangigen Frage nach den Gestaltungsmöglichkeiten von Akteuren steht. Der Subtext der Metamorphosen des Systembegriffs, wie ihn Luhmann (1984: 20-29) nachzeichnet (Baecker 2008; Ziemann 2009: 469-480), spricht freilich eine etwas andere Sprache. Sowohl der Teil-/Ganzes- als auch der System-/Umwelt-Unterscheidung unterliegen unübersehbare Gestaltungsintentionen, mit denen sich zuletzt die Kybernetik als Komplexitätsbeherrscherin feierte. Erst die „autopoietische Wende" der Luhmannschen Systemtheorie findet ihre Identität im harschen Dementi dieser für haltlos erklärten Versprechungen; und zwar haltlos auf Grund der nun explizierten Eigenschaften von „nicht-trivialen" Systemen.

[14] Man kann Webers auf die „Bürokratie" gemünzte bekannte Formel mit wohl noch größerem Recht auf die binären Codes beziehen.

[15] So, hierfür sehr treffend, Mateusz Stachuras (2006: 121, Hervorheb. weggel.) Beschreibung von Webers Verständnis des Vorgangs der Situationsdefinition.

dieu (1992: 360-365) spricht plastisch von der „illusio", der sich Akteure in einer bestimmten „Wertsphäre" – bei ihm: „soziales Feld" – hingeben.
Weiß man erst einmal, dass man sich z. B. in der Wirtschaft bewegt, weiß man, was nun zählt, und hat fortan zu diesem ersten, für alles Weitere grundlegenden Schritt der Handlungsselektion keine weiteren Fragen mehr, wie etwa nachträgliche Zweifel.[16] Dieser hochgradige „taken-for-granted"-Charakter eines teilsystemischen Leitwerts zeigt sich zum einen daran, dass er über weite Strecken des Handelns latent bleiben kann.[17] Zum anderen wird sein Geltungsanspruch aber gerade auch dann deutlich, wenn situative Herausforderungen auftreten. Manchmal bringen Akteure aufgrund eigener Überzeugungen oder des Drucks Anderer moralische Gesichtspunkte ins Spiel, die den Leitwert übertrumpfen sollen; oder Akteure tragen, wiederum selbst oder von Anderen gedrängt, den Leitwert einer anderen „Wertsphäre" herein und beanspruchen für diesen eine Gleichrangigkeit oder sogar einen Primat bei der Situationsdefinition. In der Regel stellt sich dann heraus, dass diese von außen kommenden Gesichtspunkte dem geltenden Leitwert letztlich doch, und sei es noch so zähneknirschend, unterworfen werden, also in die fremdreferentiellen Elemente der Programmstruktur der „Wertsphäre" eingehen. Das gilt beispielsweise für „corporate social responsibility" als Moralisierung wirtschaftlichen Handelns, die keineswegs vom Geldverdienen abhalten soll, dieses letztlich sogar voraussetzt. Ebenso wird das seit einiger Zeit penetrante Bestehen auf der wirtschaftlichen „Relevanz" wissenschaftlicher Forschung nicht ernsthaft so verstanden, dass damit Wahrheitsfragen durch Rentabilitätskalküle entschieden werden dürften. Gerade in diesen Wertkollisionen beweist der Leitwert, dass er sich als solcher zu behaupten vermag; wäre es anders, stünde nicht weniger als die Ausdifferenzierung des betreffenden Teilsystems auf dem Spiel. Nur in ganz seltenen Fällen geht es um echte Code-Herausforderungen, und dann ist allen Beteiligten klar, dass damit ein unerhörter Anspruch erhoben wird, der sich überhaupt nur als die Regel ansonsten ausdrücklich bestätigende Ausnahme begründen lässt.[18] Ein Beispiel wäre ein wirtschaftlich nicht mehr überlebensfähiges Unternehmen, das aus politischen Rücksichten auf die Arbeitsplätze von Wählern staatlich so subventioniert wird, dass es weiter existiert. Auch dieses Beispiel zeigt im Übrigen, dass sogar solche punktuellen – und explizit so

---

16 Das bedeutet nicht, dass der Akteur nicht im nächsten Schritt in den „rc-Modus" übergehen muss – sowohl bei der weiteren Spezifikation des „frame" als auch bei der Handlungsselektion im Rahmen einer vollständig definierten Situation (Esser 2001: 271-273). Gerade weil ich weiß, dass ich mich in einer wirtschaftlich definierten Situation bewege, kann ich mich genötigt sehen, genauer zu überlegen, ob es sich etwa um eine „Hoch-" oder eine „Niedrigkostensituation" handelt; und wenn Ersteres der Fall ist, werde ich mich um eine möglichst rationale Entscheidung bemühen.
17 Weswegen ihn Karin Knorr-Cetina (1992) in den alltäglichen Kommunikationen zwischen Wissenschaftlern nicht zu finden vermag.
18 Wenn man die Herausforderung nicht schon dadurch abweist, dass sie als sachlich nicht nachvollziehbare „Unvernünftigkeit" derjenigen Akteure deklariert wird, die den Code relativieren wollen. Es gibt eben „weltfremde Spinner", die meinen, vor allem die kapitalistische Wirtschaft abschaffen zu können und zu müssen; siehe etwa Luhmanns (1996) Einschätzung der „Alternativen". Immer wieder gibt es auch Individuen, die beispielsweise als Stammzellenforscher von den religiös geprägten Bedenken ihrer Familienangehörigen unter Druck gesetzt werden, aber dann auch erst einmal das übliche Register von Coping-Strategien mit solchen Inter-Rollenkonflikten ziehen können.

markierten: Nur so kann sein, was eigentlich nicht sein darf – Suspendierungen des Codes kaum dauerhaft durchhaltbar sind.

All diese Wirkungen verdinglichter Leitwerte in ihren jeweiligen „Wertsphären" lassen sich nun, die systemtheoretische Lesart akteurtheoretisch als phänomenologische Beschreibung übernehmend, wie folgt auf den Punkt bringen: Handelndes Zusammenwirken vollzieht sich dann so, *als ob* die „Wertsphären" als Strukturgebilde ein Eigenleben, systemtheoretisch als „Autopoiesis" teilsystemischer Kommunikation beschrieben, entfalten, das durch die Akteure nur exekutiert wird. Dann erscheint es allen Beteiligten so, dass in der Wirtschaft Zahlungen weitere Zahlungen und in der Wissenschaft Publikationen weitere Publikationen erzeugen. Wofür ein Kunde wie viel Geld ausgibt oder was ein Wissenschaftler in einem Aufsatz schreibt, ist damit freilich in keiner Weise prädeterminiert; aber dass ein Akteur als Käufer Preise respektieren, und sei es anschließend runterhandeln, muss und als wissenschaftlicher Autor den Forschungsstand zur Kenntnis zu nehmen hat, bevor er einen eigenen Erkenntnisfortschritt reklamieren kann, sind die Rahmungen des Geschehens in Gestalt von Sinngrenzen, innerhalb derer sich wirtschaftliches bzw. wissenschaftliches Handeln bewegen muss, um als solches erkennbar zu sein und zu zählen.[19] So erhalten sich die Sinngrenzen, die das Territorium einer „Wertsphäre" abstecken, gleichsam selbst dauerhaft aufrecht, indem sie von jedem jederzeit absoluten Respekt fordern. Die Verdinglichung der Sinngrenzen wiederum bedeutet, dass ein explizites Fordern zumeist gar nicht vorkommt, sondern bedingungslose Fügsamkeit den Akteuren als Selbstverständlichkeit gilt.

Fragt man nach der Funktion dieser Verdinglichung der „Wertsphären" in Gestalt „autopoietischer" gesellschaftlicher Teilsysteme, lautet die wiederum systemtheoretisch bereits im System/Umwelt-Paradigma gelieferte Antwort: Nur so ist die extrem forcierte Spezialisierung dessen möglich, was in einer „Wertsphäre" geschieht. Dass sich etwa Wissenschaftler zum einen von sich aus überhaupt nicht um alle sonstigen gesellschaftlichen Belange zu kümmern brauchen, sondern ganz auf den Erkenntnisfortschritt fixieren können, und sich dabei zum anderen ungestört völlig „abgehobenen", für Außenstehende sowohl kognitiv als auch evaluativ, bisweilen sogar normativ, gänzlich unverständlichen Fragen und Aktivitäten zu widmen vermögen: Dies setzt voraus, dass teilsystemische Sinngrenzen die Kombination von „legitimer Indifferenz" (Tyrell 1978: 183 f., Hervorheb. weggel.) und, wie man analog sagen könnte, „legitimer Esoterik" möglich machen; und die Legitimität derart doppelt anstößigen Geschehens ist am besten so sichergestellt, dass dessen Kontingenz durch Verdinglichung invisibilisiert wird.[20]

Warum also sollte man auch als Handlungstheoretiker „Wertsphären" als Teilsysteme denken und bezeichnen? Es stimmt, dass so nicht eigens betont wird, dass die Entstehung, Erhaltung und Veränderung der gesellschaftlichen Differenzierungsstrukturen Resultat handelnden Zusammenwirkens ist. Aber inzwischen will ich dieses handlungs-

---

19 Webers (1920: 252) Unterscheidung von Ideen als „Weichenstellern" und dann aufs richtige Gleis gesetzten Interessen der Akteure beschreibt diese Zweistufigkeit der Handlungswahl prägnant.
20 Um keines funktionalistischen Fehlschlusses verdächtigt zu werden, sei betont: Dass die Verdinglichung funktionaler Differenzierung Solches ermöglicht, erklärt nicht, warum und auf welchen Wegen sich eine funktionale Differenzierung der modernen Gesellschaft herausgebildet hat.

theoretische Apriori nicht mehr bei jedem Satz im Munde führen müssen, ohne gleich verdächtigt zu werden, es vergessen zu haben. Den generellen Tatbestand der Strukturproduktion und -reproduktion durch Akteurkonstellationen vorausgesetzt, ist vielmehr wichtig und damit hervorhebenswert, dass sich die funktionale Differenzierung der Moderne den Anschein gibt, als verhalte es sich bei ihr andersherum: als führten die „Wertsphären" ein Eigenleben, dem sich die Akteure fügen müssen, sobald sie sich im Territorium einer von ihnen bewegen – und das heißt: fast immer! Genau diesen für die Konstitution der Moderne fundamentalen Vorgang stellt die systemtheoretische Betrachtung funktionaler Differenzierung ins Scheinwerferlicht; und eben deshalb macht es Sinn, als Handlungstheoretiker von Wirtschaft, Wissenschaft, Politik etc. als gesellschaftlichen Teilsystemen zu sprechen.

III. Mechanismus der Erzeugung von Systemhaftigkeit

Wie wird nun dieser „notwendige Schein", sozusagen die Basis-Ideologie der Moderne, auf Dauer erzeugt? Hierzu kann ich mich abschließend ganz kurz fassen, weil ich den entscheidenden Punkt meiner Antwort bereits angesprochen und an anderer Stelle ausführlich erläutert habe (Schimank 1988, 2009). Was sich als teilsystemische „Autopoiesis" von Publikationen, Zahlungen, Rechtsentscheidungen, politischer Machtausübung etc. darstellt, beruht auf einem Mechanismus handelnden Zusammenwirkens, bei dem die „Wertsphären" mit ihren Leitwerten in Gestalt verdinglichter Fiktionen das Handeln so prägen, dass aus diesem in der „Logik der Aggregation" vielen gleichsinnigen Handelns die Leitwerte und teilsystemischen Sinngrenzen immer wieder aufs Neue als Situationsdefinitionen weiteren Handelns bestätigt werden. Die Fiktionalität der Teilsysteme besagt einerseits, dass es sich bei ihnen um realitätsvereinfachende *subjektive* Vorstellungen der Akteure handelt, aber andererseits um solche Vorstellungen, die als *inter*subjektiv wechselseitig bestätigte und so geteilte „frames" des Handelns über entsprechendes handelndes Zusammenwirken Geltung erhalten und auf diese Weise quasi „objektiven" Charakter annehmen.

Wie Schwinn (S. 456) richtig sieht, werden von mir die Teilsysteme also zunächst „als Gedankenkonstrukte der Subjekte konzeptualisiert". Aber er übersieht die soziologische Pointe, wenn er dann doch eine eindeutige Festlegung anmahnt: „Sind die Systeme nun akteursenthoben, oder sind sie es nicht?" (S. 456) Es gilt eben bei sich selbst erfüllenden Prophezeiungen, um die es sich hier handelt, immer beides: Weil beispielsweise alle Akteure in der Wirtschaft davon ausgehen, dass die jeweiligen anderen davon ausgehen, dass sich dort letztlich alles um Zahlungen und Zahlungsfähigkeit dreht, stellt sich genau dieser Zustand dauerhaft ein. Akteure erschaffen Systeme, die sodann über handlungsprägende Situationsdefinitionen die Akteure vor ihren Karren spannen; und weil die Akteure das so gar nicht merken, sondern als die natürlichste Sache der Welt empfinden, kommen sie überhaupt nicht mehr auf den Gedanken, das Geschirr abzustreifen und alle ihre eigenen Wege zu gehen, sondern ziehen gemeinsam den Karren auf der von ihnen, was sie völlig vergessen haben, vorgezeichneten Bahn.

Auch Handlungstheoretiker können und müssen also zur Kenntnis nehmen, „daß es Systeme gibt" (Luhmann 1984: 30). Zumindest die „Wertsphären" der funktional differenzierten Gesellschaft sind in diesem Sinne soziale Gebilde eines besonderen Härtegrads. Kybernetisch formuliert erfreut sich der zentrale Leitwert einer „Wertsphäre" einer ultrastabilen Abweichungsdämpfung durch Verdinglichung; und damit stellen „Wertsphären" durch handelndes Zusammenwirken produzierte und reproduzierte Orientierungshorizonte des Handelns dar, die diesem nicht für Gestaltungsintentionen verfügbar sind. Da die dem Handeln so auferlegten evaluativen Orientierungen ihrerseits maßgeblich an der Erzeugung zahlreicher gesellschaftlich höchst bedeutsamer Effekte handelnden Zusammenwirkens – von der Individualisierung bis zur Globalisierung – beteiligt sind, muss auch ein handlungstheoretisches Verständnis der modernen Gesellschaft und ihrer funktionalen Differenzierung das Systemische der „Wertsphären" adäquat einfangen.

Literatur

Albert, Gert. 2009. Weber-Paradigma. In *Handbuch Soziologische Theorien,* Hrsg. Georg Kneer, Markus Schroer, 517-554. Wiesbaden: VS Verlag für Sozialwissenschaften.
Baecker, Dirk. 2008. System. In *Lexikon Soziologie und Sozialtheorie – Hundert Grundbegriffe,* Hrsg. Sina Farzin, Stefan Jordan, 297-300. Stuttgart: Reclam.
Berger Peter L., und Thomas Luckmann. 1972. *The social construction of reality. a treatise in the sociology of knowledge* (1966). Harmondsworth: Penguin.
Bourdieu, Pierre. 1999. *Die Regeln der Kunst* (1992). Frankfurt a. M.: Suhrkamp.
Deeg, Jürgen, Uwe Schimank und Jürgen Weibler. 2009. Verhalten im Stillstand – Stillstand als Verhalten: Organisationsblockaden in der Perspektive des akteurzentrierten Institutionalismus. In *Verhalten in Organisationen, Managementforschung* 19, Hrsg. Georg Schreyögg, Jörg Sydow, 239-283. Wiesbaden: Gabler.
Dörner, Dietrich. 1989. *Die Logik des Mißlingens. Strategisches Denken in komplexen Situationen.* Reinbek: Rowohlt.
Elias, Norbert. 1976. *Über den Prozeß der Zivilisation* (1939), 2 Bände. Frankfurt a. M.: Suhrkamp.
Esser, Hartmut. 2001. *Soziologie – Spezielle Grundlagen.* Band 6: Sinn und Kultur. Frankfurt a. M.: Campus.
Esser, Hartmut. 2009. Bringing Society (Back). In *Hartmut Essers Erklärende Soziologie – Kontroversen und Perspektiven,* Hrsg. Paul Hill, Frank Kalter, Johannes Kopp, Clemens Kroneberg, Reiner Schnell, 255-286. Frankfurt a. M.: Campus.
Habermas, Jürgen. 1981. *Theorie des kommunikativen Handelns,* 2 Bände. Frankfurt a. M.: Suhrkamp.
Habermas, Jürgen. 1985. *Der philosophische Diskurs der Moderne.* Frankfurt a. M.: Suhrkamp.
Knorr-Cetina, Karin. 1992. Zur Unterkomplexität der Differenzierungstheorie. Empirische Anfragen an die Systemtheorie. *Zeitschrift für Soziologie* 21, 406-419.
Luhmann, Niklas. 1984. *Soziale Systeme. Grundriß einer allgemeinen Theorie.* Frankfurt a. M.: Suhrkamp.
Luhmann, Niklas. 1996a. Alternative ohne Alternative. Die Paradoxie der „neuen sozialen Bewegungen" (1986). In *Niklas Luhmann. Protest – Systemtheorie und soziale Bewegungen,* Hrsg. Kai-Uwe Hellmann, 75-78. Frankfurt a. M.: Suhrkamp.
Luhmann, Niklas. 1996b. Systemtheorie und Protestbewegungen – ein Interview (1994). In *Niklas Luhmann. Protest – Systemtheorie und soziale Bewegungen,* Hrsg. Kai-Uwe Hellmann, 175-200. Frankfurt a. M.: Suhrkamp.
Macy, Michael W. 1989. Walking out of social traps. A stochastic learning model for the prisoner's dilemma. *Rationality and Society* 1: 197-219.
Marquard, Odo. 1981. Ende des Schicksals? Einige Bemerkungen über die Unvermeidlichkeit des Unverfügbaren (1977). In *Abschied vom Prinzipiellen,* Hrsg. Odo Marquard, 67-90. Stuttgart: Reclam.
Marx, Karl. 1972. *Das Kapital* (1867), Band 1. Frankfurt a. M.: Verlag Marxistische Blätter.

Platt, I. 1973. Social Traps. *American Psychologist* 28: 641-651.
Schimank, Uwe. 1985. Der mangelnde Akteurbezug systemtheoretischer Erklärungen gesellschaftlicher Differenzierung – Ein Diskussionsvorschlag. *Zeitschrift für Soziologie* 14: 421-434.
Schimank, Uwe. 1988. Gesellschaftliche Teilsysteme als Akteurfiktionen. *Kölner Zeitschrift für Soziologie und Sozialpsychologie* 40: 619-639.
Schimank, Uwe. 2005a. *Differenzierung und Integration der modernen Gesellschaft*. Wiesbaden: VS Verlag für Sozialwissenschaften.
Schimank, Uwe. 2005b. *Die Entscheidungsgesellschaft. Komplexität und Rationalität der Moderne*. Wiesbaden: VS Verlag für Sozialwissenschaften.
Schimank, Uwe. 2009. Wie sich funktionale Differenzierung reproduziert – eine akteurtheoretische Erklärung. In *Hartmut Essers Erklärende Soziologie – Kontroversen und Perspektiven*, Hrsg. Paul Hill, Frank Kalter, Johannes Kopp, Clemens Kroneberg, Rainer Schnell, 201-226. Frankfurt a. M.: Campus.
Schwinn, Thomas. 2001. *Differenzierung ohne Gesellschaft*. Weilerswist: Velbrück.
Schwinn, Thomas. 2003. Nicht intendierte Folgen als Struktur oder System. Konstruktionsprobleme im Neofunktionalismus und bei Jürgen Habermas. In *Die Transintentionalität des Sozialen*, Hrsg. Rainer Greshoff, Georg Kneer, Uwe Schimank, 278-302. Wiesbaden: Westdeutscher Verlag.
Schwinn, Thomas. 2006. Der Nutzen der Akteure und die Werte der Systeme. In *Integrative Sozialtheorie? Esser – Luhmann – Weber*, Hrsg. Rainer Greshoff, Uwe Schimank, 39-62. Wiesbaden: VS Verlag für Sozialwissenschaften.
Stachura, Mateusz. 2006. Handlung und Rationalität. In *Aspekte des Weber-Paradigmas. Festschrift für Wolfgang Schluchter*, Hrsg. Gert Albert, Agathe Bienfait, Steffen Sigmund, Mateusz Stachura, 100-125. Wiesbaden: VS Verlag für Sozialwissenschaften.
Tyrell, Hartmann. 1978. Anfragen an die Theorie der gesellschaftlichen Differenzierung. *Zeitschrift für Soziologie* 7: 175-193.
Weber, Max. 1978: *Gesammelte Aufsätze zur Religionssoziologie* (1920), Band 1. Tübingen: Mohr Siebeck.
Ziemann, Andreas. 2009. Systemtheorie. In *Handbuch Soziologischer Theorien*, Hrsg. Georg Kneer, Markus Schroer, 469-490. Wiesbaden: VS Verlag für Sozialwissenschaften.

Korrespondenzanschrift: Prof. Dr. U. Schimank, Universität Bremen, Fachbereich 08, Institut für Soziologie, Bibliothekstr./GW2, 28359 Bremen
E-Mail: uwe.schimank@fernuni-bremen.de

REPLIK

ERSCHEINEN STRUKTUREN NUR ALS SYSTEME ODER SIND SIE ES WIRKLICH?

Thomas Schwinn

Zusammenfassung: Der Versuch von Uwe Schimank, Handlungs- und Systemtheorie zu verknüpfen, weist Inkonsistenzen auf. Einerseits hält er am Systembegriff fest, andererseits möchte er ihn handlungstheoretisch rekonstruieren und spricht in diesem Kontext nur noch von „Systemen als ob". Die beschreibende, bloß metaphorische Verwendung des Systembegriffs wird mit der erklärenden Verwendung konfundiert. Für drei soziale Phänomene hält Schimank den Systembegriff für unverzichtbar: Verdinglichung, die Makrostruktur funktionaler Differenzierung und den Taken-for-granted-Charakter der institutionellen Leitwerte oder Codes. Es lässt sich zeigen, dass dafür die Systemkategorie nicht erforderlich ist – auch bei Schimank selbst nicht.

I. Systeme „als ob" und handlungstheoretische Rekonstruktion

Uwe Schimank wehrt sich gegen die Zumutung, seine „theoretical correctness" ständig bekunden zu müssen. Er möchte das „handlungstheoretische Apriori nicht mehr bei jedem Satz im Munde führen müssen, ohne gleich verdächtigt zu werden, es vergessen zu haben" (S. 469). Das ist verständlich, aber es geht hier nicht um moralische, sondern um kognitive Fragen. Und so ist es erfreulich, von ihm ein klares Bekenntnis als Handlungstheoretiker zu bekommen. Er kommt meiner Forderung nach, zwischen Handlungs- und Systemtheorie eine klare Alternative zu sehen; „ein bisschen von beidem geht nicht ohne schlechten Eklektizismus" (S. 462). So klar war mir seine Position nicht, und er räumt ein, sich diesbezüglich bisher nicht eindeutig positioniert zu haben (Fn. 1 und 5). Freilich geben auch seine Ausführungen im Kommentar Anlass zu Nachfragen. Die Formulierungen reichen von der handlungstheoretischen Rekonstruktion der systemtheoretischen Intuition (S. 462) über gesellschaftliche Teilsysteme als „Als-ob-Kategorien" bis hin zur Feststellung, auch als Handlungstheoretiker müsse man zur Kenntnis nehmen, dass es Systeme gibt (S. 470). Das ist sprachlich sehr weit gesteckt, und dahinter sind konzeptionelle Unschärfen zu vermuten.

Schauen wir genauer hin, warum Schimank den Systembegriff beibehält. Als bekennender Handlungstheoretiker kann er ihn nicht grundlagentheoretisch einführen. Soziales ist nicht prinzipiell über alle möglichen Aggregationsstufen hinweg systemisch. Nur gewisse soziale Gebilde erreichen einen „besonderen Härtegrad", der es rechtfertigt, ihnen „handlungstheoretisch Systemcharakter zu attestieren" (S. 465). Das seien die Teilsysteme oder die Wertsphären, die ultrastabile, quasi objektive Eigenschaften besitzen würden. Dafür genügen nach Schimank nicht die üblicherweise an dieser Stelle ins Feld geführten nichtintentionalen Konsequenzen oder paradoxen Effekte des

Handelns. Situative Umstände, kognitive Verzerrungen oder „social traps", wie das Prisoner Dilemma, lassen zwar Handlungsabsichten entgleiten, aber nicht prinzipiell, so dass sie nicht wieder in die Verfügbarkeit der Akteure geholt werden könnten (S. 464). Nach Schimank gibt es einen Typus von Strukturen, der prinzipiell unzugänglich für jegliches Gestaltungshandeln sei (S. 465). Das ist das Strukturprinzip funktionaler Differenzierung und mit ihm die entsprechenden Teilsysteme. Diese sozialen Strukturen seien „unantastbar". Er verweist hier auch auf Max Webers Metapher des „stahlharten Gehäuses der Hörigkeit", aus dem es kein Entrinnen gäbe. Nun hat zumindest Webers Metapher eine Menge Unheil in der Sekundärliteratur angerichtet, insofern man glaubt, sie ersetze sorgfältige Analysen des Gemeinten. Man sollte dabei Ulf Hannerz' Empfehlung beherzigen: Wer eine Metapher reitet, muss wissen, wann er wieder absteigt.

Schimank ist dieser Vorwurf nicht zu machen. Er bemüht sich um eine handlungstheoretische Rekonstruktion des „hochgradig verdinglichten Charakters funktionaler Differenzierung". Wie in anderen, ähnlich gelagerten Versuchen auch ergibt sich dabei eine Spannung oder ein ungelöster Widerspruch zwischen zwei Annahmen: „erstens die Intuition einer individualistischen Ontologie, die als Träger sozialer Prozesse lediglich Individuen sowie ihre Orientierungen und Entscheidungen kennt, und zweitens die Intuition, dass sich gleichwohl von einer relativen Eigenständigkeit von sozialen Gebilden und Prozessen sprechen lässt" (Greve et al. 2008: 12). Auch Schimank möchte die Intuition der Systemtheorie aufnehmen, traut aber der Idee einer Eigenständigkeit des Sozialen nicht ganz. Das macht sich sprachlich in Ausdrücken wie „als ob", „dem Anschein nach", „quasi-objektiv" bemerkbar. Wie wird der „Systemcharakter" des Sozialen handlungstheoretisch rekonstruiert? Mehrere Argumente lassen sich in seinem Kommentar identifizieren – alle interessieren sich dafür, wie das „als ob" im Bewusstsein der Akteure entsteht.

II. Verdinglichung: eine bewusstseins- und handlungsbezogene Kategorie

Die Unzugänglichkeit sozialer Strukturen kann sich erstens ihrer Verdinglichung verdanken (6; vgl. auch Schimank 2009: 210 ff.). Das meint, Soziales so aufzufassen, als wäre es etwas anderes als menschliches Produkt. Das Bewusstsein der eigenen Urheberschaft der Akteure geht verloren. Mit der Angleichung der institutionellen Formen an Naturgegebenheiten geht die „Unvorstellbarkeit eines Anders-Gewollten" (S. 465) einher. Wie immer man diese Ideologie im Einzelnen erklären mag, dürfte doch klar sein, dass Verdinglichung eine bewusstseins- und handlungsbezogene Kategorie ist. Die von Schimank angeführten Berger und Luckmann formulieren dies unzweideutig: „Verdinglichung ist – das muß ausdrücklich betont werden – eine Modalität des Bewußtseins, oder präziser: eine Modalität der Objektivation der menschlichen Welt durch den Menschen. Noch wenn der Mensch die Welt als Verdinglichung erlebt, läßt er nicht davon ab, sie zu schaffen" (Berger und Luckmann 1982: 96). Der Begriff zeigt keine Verschiebung in eine andere ontologische Qualität oder Ebene an. Genauso wie die Annahme von Teilsystemen als Akteurfiktion, bietet auch die Kategorie der Verdinglichung keinerlei Schnittfläche, um systemtheoretisches Gedankengut zu importieren. Auch die Rede von „System als ob" ist allenfalls von metaphorischem Wert, für die Analyse dieses Phänomens bietet sie nichts. Geht es doch darum, über die Makro-Mikro-Makro-Sequenz zu klären, wie eine solch spezifische Modalität der Reproduktion sozialer Strukturen zustande kommt. Und dies kann allemal nur reduktiv erklärt werden. Ob Menschen mit Gestaltungsambitionen oder mit einem verdinglichten Bewusstsein soziale Strukturen reproduzieren, macht für das Analyseprogramm des methodologischen Individualismus keinen Unterschied.[1] Die Rückfrage an Schimank muss erlaubt sein, ob seine Annahme der „Unzugänglichkeit bestimmter Strukturen für jegliches Gestaltungshandeln" (S. 465) das letzte Wort sein soll. Wenn man an der nicht zuletzt durch die Verbreitung systemtheoretischen Denkens aus der Mode gekommenen Idee soziologischer Aufklärung festhalten möchte, muss man auch ein Erklärungsangebot für den Übergang von Latentem in Manifestes bieten. Von Marx über Dahrendorf bis hin zu Giddens ist das Interesse dafür, wie Akteuren die Strukturen, in denen sie leben, verfügbar werden, zu identifizieren. Auch dafür scheint mir der methodologische Individualismus unverzichtbar.

III. Funktionale Differenzierung als Schicksal?

Die Frage nach den Gründen für die Verdinglichung führt zu einer weiteren Antwort Schimanks auf die Unzugänglichkeit sozialer Strukturen. Ein verdinglichtes Verhältnis zu sozialen Phänomenen entwickeln Menschen dann, wenn sie vor unverfügbaren Vorgaben stehen, denen nur gefolgt werden kann. Einen solchen schicksalhaften Charakter habe die funktionale Differenzierung. Zu diesem Strukturprinzip gebe es keine Alternative. „Also funktionale Differenzierung als Ende der Geschichte!" (S. 466). Schimank (2005: 10) macht, mit Verweis auf Luhmann, die Befangenheit im Gegebenen mit einem historischen Vergleich deutlich: So wie der Adel des Mittelalters sich Ordnung nicht anders als Hierarchie vorstellen konnte, so ist heute eine nachmoderne Gesellschaftsform nicht denkbar. Das Ensemble existierender Teilsysteme sei sakrosankt. Man kann dann zwar immer noch mit dem methodologischen Individualismus darauf beharren, diese Makrostruktur reduktiv zu erklären, aber im Prinzip bleibt den Akteuren nichts anderes übrig, als sie bloß zu vollziehen. Der „Systemcharakter" wird nicht methodologisch, sondern gesellschaftsdiagnostisch plausibilisiert.

Zunächst sind Zweifel angebracht an Schimanks (2005: 49) Parallelisierung traditioneller und moderner Verdinglichungsmechanismen und -vorstellungen. Was vormodern Gottes Wille den Menschen als unverfügbare Vorgaben auferlegte, würde heute eine zum Schicksal gewordene Gesellschaftsstruktur bewerkstelligen. Dazwischen liegt die Aufklärung, die den Modus des Denkens verändert hat. Modernes Denken ist gerade dadurch ausgezeichnet, dass es sich mit „Unverfügbarem" nicht zufriedengibt. Und Schimank tut dies auch nicht! Einerseits übernimmt er Luhmanns Argument, die heutigen Bevölkerungsmengen und das moderne Lebensniveau könnten ohne funktionale Differenzierung nicht organisiert und gehalten werden (S. 467). Andererseits führen ihm seine eigenen Analysen die Grenzen des modernen Ordnungsarrangements vor Au-

---

1 Überzeugende Argumente in diesem Sinne bei Greve 2008. Auch Albert (2009: 518, Fn. 4; 539, Fn. 37) korrigiert seine zunächst partiell holistische Sichtweise von Weber in Richtung reduktive Erklärung.

gen, vor allem sozialintegrative und ökologische. Hierin sieht er „gefährlichen Sprengstoff" für das zukünftige Schicksal moderner Gesellschaften (Schimank 2005: 275). Nach bloßer Hinnahme klingt das nicht. Zwischen Luhmann und den von ihm so bezeichneten „weltfremden Spinnern" sozialer Bewegungen, die etwa den Kapitalismus abschaffen möchten, gibt es Alternativen. Dazu muss man die Differenzierungstheorie vergleichend öffnen, wie etwa in den Arbeiten zu Multiple-Modernities. In diesen Kontext gehören auch Überlegungen zu einer „Zweiten Moderne". Ich stimme Schimank zu, dass man mit solchen Analysen nicht das Ensemble an Wertsphären und korrespondierenden Institutionen überschreitet. Aber es wird die Bandbreite an Institutionenarrangements deutlich, die zu unterschiedlichen materialen Ergebnissen (Lebensniveau, soziale Integration, soziale Ungleichheit, ökologische Nachhaltigkeit) führen. Gesellschaftsdiagnostisch ist man jedenfalls nicht gezwungen, die „Intuition systemtheoretischer Kategorien" (S. 462) aufzunehmen. Sie blockieren geradezu erforderliche neue Erkenntnisse. So können sich die Bielefelder „Weltgesellschaft" nur als Ausweitung oder Maßstabsvergrößerung funktionaler Differenzierung vorstellen – das soziologische Möglichkeitsbewusstsein schärft dies nicht.[2]

IV. Über Fügsamkeit und die Interessen der Akteure

Ein drittes Argument setzt an den teilsystemischen Codes oder den Wertsphären an. Schimank (2005: 47, 41) sieht in Luhmanns Konzeption eine Fortführung von Webers Idee der Wertsphären. Um den „Systemcharakter" handlungstheoretisch zu rekonstruieren, versenkt Schimank diese kulturelle Komponente in unverfügbaren Orientierungsschichten der Akteure. Er spricht vom „taken-for-granted Charakter" der teilsystemischen Leitwerte, die nicht zur Disposition stünden (S. 467 f.); dass „sie von jedem jederzeit absoluten Respekt fordern" und „bedingungslose Fügsamkeit den Akteuren als Selbstverständlichkeit gilt" (S. 468); er bemüht hierbei gar die behavioristische Terminologie: Treten gewisse coderelevante „symbolische Schlüsselreize", wie etwa der weiße Kittel des Arztes, auf, kann mit reflexartiger Folgebereitschaft gerechnet werden (Schimank 2009: 216). Luhmanns sich selbst tragende Codereproduktion wird hier im Sinne eines bestimmten Bewusstseinsmodus auf Seiten der Akteure gelesen. Die konstruktive Seite der Handlungssubjekte spielt keine Rolle. Entsprechend hat er auch keine Bedenken, die Autopoiesis-Perspektive als soziologisch fruchtbar zu erachten (Schimank 2005: 51).

Diese handlungstheoretische Rekonstruktion des kulturellen Moments der Systemtheorie passt jedoch nicht zu den organisationssoziologischen und identitätstheoretischen Überlegungen Schimanks. In einer Weber'schen Perspektive gewinnen Wertsphären über ihre Institutionalisierung und ihre Internalisierung eine handlungsorientierende Wirksamkeit. Bei Schimank (2005: 224) liest sich dies folgendermaßen: „Dass es

---

2 Auf diese Einsicht stößt man auch vereinzelt im systemtheoretischen Lager: „Würde die Systemtheorie ihr eigenes differenzierungstheoretisches Potenzial ernster nehmen, dann müsste sie sich für jene diskursiven Kämpfe interessieren, in denen um die nicht zuletzt kulturelle Bestimmung einer Funktion und um die Grenzziehung von Funktionssystemen gerungen wird" (Stäheli 2007: 185).

diese Fügsamkeit in hinreichendem Maße gibt, wird in fast allen Teilsystemen nicht schon durch deren um den jeweiligen binären Code gebaute Deutungsstrukturen gewährleistet, sondern erst durch die *Durchorganisierung der Teilsysteme.*" Offensichtlich kann man nicht von einer unbedingten, der Autopoiesis nahekommenden Folgebereitschaft der Akteure ausgehen. Diese ist *bedingt*, und das heißt, die Akteure können die Leitwerte in Frage stellen. Das ist vor allem dann der Fall, wenn sie ihren interessenbedingten Handlungsstrategien widersprechen. Akteure gehen dann auf „Distanz zum Teilsystemcode, heben ihn also aus jenem unreflektierten Vollzug der teilsystemischen Handlungslogik heraus" (Schimank 2005: 160).[3]

Gleiches gilt für die Internalisierung. Schimank (2005: 46) greift auf Webers Metapher des „Dämons" zurück, der die eigenen Lebensfäden in der Hand hat, sieht aber natürlich, dass Identitäten und Biographien nicht allein aus dem ideellen Bezug zu den Wertsphären entwickelt und gelebt werden können. Moderne Identitäten bilden sich über *Ansprüche* heraus, die Kriterien für „ein sinnerfülltes Leben" liefern (Schimank 2005: 243 ff., 226): Karrieren, höheres Einkommen, mehr Konsumchancen, bessere Bildung, mehr Aufstiegschancen etc. Außer für einige Experten und Professionen dürfte Schimanks Beschreibung einer unhinterfragten Geltung der Leitwerte oder Codes für die Masse der Bevölkerung gerade nicht gelten. Weber thematisiert dieses Problem in der Religionssoziologie. Der Unterscheidung von religiösen Eliten und religiösen Laien korrespondieren die Begriffe Ideen und Interessen, und beide werden vermittelt in einer bestimmten institutionellen Form. Nach Schimank (S. 469) werden die Akteure vor den Karren der Codes gespannt, ohne jede Möglichkeit, das Geschirr abzustreifen. Er vergisst dabei die durchaus bei ihm angelegte andere Bewegung: Die Leitwerte oder Codes müssen auch den Karren der Interessen ziehen. Nach Weber hatte kein religiöses Gedankensystem eine Chance, nennenswerte Anhänger zu finden, wenn es nicht deren Bedürfnisse bediente und sich an ihre Interessen adaptierte. In einer solchen Analyseperspektive zerfällt der Autopoiesis-Gedanke, den Schimank handlungstheoretisch reformulieren und retten möchte. Soziale Strukturen sind keine selbsttragenden Konstruktionen, die die Beiträge „psychischer Systeme" völlig eigen-sinnig verwenden könnten. Das gilt freilich auch umgekehrt.

V. Beschreibung und Erklärung

Gegenüber der methodologisch geführten Debatte um das Mikro-Makro-Problem[4] nimmt Schimank das Problem von der gesellschaftstheoretischen Seite her auf. Für die moderne, funktional differenzierte Gesellschaft habe die Systemtheorie die richtige „Intuition": die Systemhaftigkeit sozialer Strukturen. Schimank schwankt zwischen der Einschätzung, dies könne man akteurtheoretisch als *Beschreibung* übernehmen (S. 468;

---

3 Nur damit lässt sich Institutionenwandel erklären: „Für den weberianischen Ansatz ist das Wechselspiel von Eigen- und Folgenorientierungen, von Sanktionen und Geltungsglauben gerade eine Voraussetzung, um die Transformation von Mitteln zu Selbstzwecken, von Zwecken zu Nebenfolgen, kurz: den Institutionenwandel zu erklären" (Stachura 2009: 24).
4 Vgl. den Sammelband Greve, Schnabel und Schützeichel (2008) mit weiterführenden Beiträgen. Zur philosophischen Diskussion vgl. Schmid und Schweikard (2009).

Schimank 2009: 211), und der Feststellung, man müsse zur Kenntnis nehmen, dass es Systeme gibt (S. 469). Auch in Bezug auf die Nachfrage in meinem Ausgangsbeitrag: „Sind die Akteure nun akteursenthoben, oder sind sie es nicht?", mag er sich nicht entscheiden. Eine Beschreibung ist noch keine Erklärung, und Intuitionen müssen auf ihre explanatorische Relevanz hin überprüft werden. Schimank möchte dies handlungstheoretisch rekonstruieren. Meine Zweifel bleiben allerdings, ob dies gelingen kann. In meiner Sichtweise sind gesellschaftstheoretische oder makrosoziologische Diagnosen und Prognosen nicht unabhängig von grundlagentheoretischen Positionen. Und so ist zu fragen, ob die systemtheoretisch inspirierte Beschreibung und Intuition akteursenthobener Strukturen zutreffend ist. Wenn Schimank glaubt feststellen zu können, dass die Teilsysteme „dauerhaft der Gestaltung aller involvierten oder überhaupt aller vorstellbaren gesellschaftlichen Akteure entzogen sind" (S. 464), dann steckt darin eine systemtheoretisch bedingte, verzerrte Beschreibung, die sich deformierend auf die handlungstheoretische Rekonstruktion auswirkt. Dass man dieser Intuition weder methodologisch noch gesellschaftstheoretisch trauen sollte – auch nach eingehender Berücksichtigung von Schimanks Arbeiten nicht –, wollte mein Ausgangsbeitrag und mein Kommentar zeigen.

Literatur

Albert, Gert. 2009. Weber-Paradigma. In *Handbuch Soziologische Theorien*, Hrsg. Georg Kneer, Markus Schroer, 517-554. Wiesbaden: VS Verlag für Sozialwissenschaften.
Berger, Peter L., und Thomas Luckmann. 1982. *Die gesellschaftliche Konstruktion der Wirklichkeit. Eine Theorie der Wissenssoziologie*. Frankfurt a. M.: Fischer.
Greve, Jens. 2008. Das Makro-Mikro-Makro-Modell. From reduction to linkage and back again. In *Das Mikro-Makro-Modell der soziologischen Erklärung*, Hrsg. Jens Greve, Annette Schnabel, Rainer Schützeichel, 49-78. Wiesbaden: VS Verlag für Sozialwissenschaften.
Greve, Jens, Annette Schnabel und Rainer Schützeichel, Hrsg. 2008. *Das Mikro-Makro-Modell der soziologischen Erklärung. Zur Ontologie, Methodologie und Metatheorie eines Forschungsprogramms*. Wiesbaden: VS Verlag für Sozialwissenschaften.
Schimank, Uwe. 2005. *Differenzierung und Integration der modernen Gesellschaft. Beiträge zur akteurzentrierten Differenzierungstheorie 1*. Wiesbaden: VS Verlag für Sozialwissenschaften.
Schimank, Uwe. 2009. Wie sich funktionale Differenzierung reproduziert – eine akteurtheoretische Erklärung. In *Hartmut Essers Erklärende Soziologie. Kontroversen und Perspektiven*, Hrsg. Paul Hill, Frank Kalter, Johannes Kopp, Clemens Kroneberg, 201-226. Frankfurt a. M., New York: Campus.
Schmid, Hans Bernhard, und David P. Schweikard. 2009. *Kollektive Intentionalität. Eine Debatte über die Grundlagen des Sozialen*. Frankfurt a. M.: Suhrkamp.
Stachura, Mateusz. 2009. Einleitung. Der Standort weberianischer Institutionentheorie im Raum konkurrierender Forschungsprogramme. In *Der Sinn der Institutionen. Mehr-Ebenen- und Mehr-Seiten-Analyse*, Hrsg. Mateusz Stachura, Agathe Bienfait, Gert Albert, Steffen Sigmund, 8-39. Wiesbaden: VS Verlag für Sozialwissenschaften.
Stäheli, Urs. 2007. Differenzierte Moderne? Zur Heterogenität funktionaler Differenzierung am Beispiel der Finanzökonomie. In *Kulturen der Moderne. Soziologische Perspektiven der Gegenwart*, Hrsg. Thorsten Bonacker, Andreas Reckwitz, 183-198. Frankfurt a. M., New York: Campus.

14. Objektivitätsansprüche Kritischer Theorie heute

Position

DER STANDPUNKT DER KRITISCHEN THEORIE

Überlegungen zum Objektivitätsanspruch Kritischer Theorie

Rahel Jaeggi

Zusammenfassung: Theorien, die den Anspruch haben, im Sinne der Tradition „Kritischer Theorie" „kritisch" zu sein, können sich aus dem Streit um „Werturteile" und Lebensformen nicht heraushalten. Und sie sollten es – entgegen der liberalen, aber auch in der neueren Kritischen Theorie virulenten Tendenz zur „ethischen Enthaltsamkeit" – auch nicht tun, sofern sie an der übergreifenden Rationalität und am umfassenden „Geglücktsein" des gesellschaftlichen Gefüges orientiert bleiben wollen. Gleichzeitig aber lässt sich die Stellungnahme der Kritischen Theorie in Bezug auf diese Fragen nicht vor dem Hintergrund einer substanziellen ethischen Theorie denken, sondern nur als Meta-Kritik des Bestehenden leisten.

I. Einleitung

Wo lässt sich Kritische Theorie heute lokalisieren, wenn es um Konflikte in Bezug auf Lebensformen geht? Und wie stellt sich der Objektivitätsanspruch der Kritischen Theorie in Bezug auf das, was Max Weber „Werte", „Wertbindungen" und „Kulturinhalte" genannt und aus dem sozialwissenschaftlichen Diskurs ausklammern wollte, dar? Ich werde in diesem Aufsatz die These vertreten, dass Theorien, die den Anspruch haben im Sinne der Tradition Kritischer Theorie *kritisch* zu sein, sich aus dem, was Weber als Streit um Werturteile auffasst und was man heute vielleicht zutreffender als Streit um Lebensformen verstehen kann, nicht heraushalten können. Vielmehr gehört es zu den Spezifika der Kritischen Theorie seit ihrem Bestehen, hier Position zu beziehen. Und sie sollte es, entgegen der liberalen, aber auch in der neueren Kritischen Theorie virulenten Tendenz, auch tun, sofern sie an der übergreifenden Rationalität und am umfassenden „Geglücktsein" des gesellschaftlichen Gefüges orientiert bleibt. Gleichzeitig aber lässt sich die Stellungnahme der Kritischen Theorie in Bezug auf diese Fragen nicht vor dem Hintergrund einer substanziellen ethischen Theorie denken, sondern vielmehr nur als *Meta-Kritik des Bestehenden* leisten. Eine solche Meta-Kritik kritisiert, kurz gesagt, weniger eine bestimmte Position als vielmehr ihre Formationsbedingungen, also die Art und Weise, wie es zu ihr gekommen ist. Und sie sollte dem sachlichen (oder „materiellen") Gehalt dessen, worum es in Konflikten um Lebensformen oder bezüglich der Stellungnahme zu „Kulturinhalten" geht, wieder stärker Rechnung tragen, als es eine bestimmte Entwicklung der Diskussion seit Weber nahelegt. Das bedeutet, diese nicht nur als kollektive Wertesysteme, sondern als Bündel sozialer Praktiken aufzufassen, die umgekehrt wiederum „ethisch imprägniert" sind.

II. „Eine Sache des Glaubens"

Max Weber (1973) hat in seinem berühmten Aufsatz über „Die Objektivität sozialwissenschaftlicher und sozialpolitischer Erkenntnis" die Rolle sozialwissenschaftlicher Erkenntnis ebenso entschieden bestimmt, wie er deren Geltungsbereich beschränkt hat. Auf die Frage nämlich, in welchem Sinn es „objektiv gültige Wahrheiten' auf dem Boden der Wissenschaften vom Kulturleben" (147) geben könne, reagiert Weber mit einer ebenso traditions- wie folgenreichen Unterscheidung. Das Interesse der Sozialwissenschaft habe sich, so die Quintessenz der Weber'schen Position, auf die „Erkenntnis des Seienden", nicht aber auf die „Erkenntnis des Seinsollenden" (149) zu richten. Es gilt, anders gesagt, der verstehenden *Analyse* des bestehenden sozialen Gefüges samt der in diesem wirkenden kulturellen Wertvorstellungen, nicht aber der wertenden *Stellungnahme* in Bezug auf diese. Denn, so Weber, „wir sind der Meinung, dass es niemals Aufgabe einer Erfahrungswissenschaft sein kann, bindende Normen und Ideale zu ermitteln, um daraus für die Praxis Rezepte abzuleiten" (149). Diese Meinung liegt nun vor allem im epistemischen Status solcher Werturteile begründet. Dass es sie *gibt* und wie sie wirken, lässt sich sozialwissenschaftlich erforschen, und es sollte auch erforscht werden. (Schließlich vertritt Weber im selben Aufsatz vehement die Position, dass an der Quelle vieler sozialer und sozialpolitischer Fragen so etwas wie „ursprüngliche Wertentscheidungen" liegen und dass es soziale Tatsachen ohne den verstehenden Bezug auf diese, und damit auch auf Individuen, die sich selbst und ihr Handeln in Bezug auf diese verstehen, nicht geben kann.) Ob bestimmte kulturelle Ideale und Werte dagegen *gelten* sollen, ob sie gerechtfertigt oder beförderswert sind, das sind Fragen, die von Weber entschieden aus dem Kompetenzbereich der Sozialwissenschaften ausgegrenzt und in einen gänzlich anders verfassten Bereich verwiesen werden: „Die *Geltung* solcher Werte zu *beurteilen*, ist Sache des *Glaubens*" (152). Und wo dann Glaube gegen Glaube steht, wirkt sich das in einem von der Sozialwissenschaft nicht entscheidbaren Kampf der Ideale aus.

Damit stellt sich die soziale Welt gewissermaßen zweigeteilt dar: Von „innen" (aus der Perspektive der Akteure) werden unausweichlicherweise bestimmte Wertvorstellungen oder, wie Weber sagt, „Kulturinhalte" vertreten, gelebt und im Zweifelsfall geltend gemacht; von „außen" dagegen (und aus der Perspektive der Wissenschaft) sind diese nicht beurteilbar. Wir halten bestimmte Werte oder Kulturinhalte und die von diesen beeinflussten Lebensweisen für berechtigt und manchmal sogar für alternativlos. Wir können diese Position aber (selbst wenn wir das glauben und selbst wenn wir das gerne wollen) nicht verallgemeinern in dem Sinne, dass wir sie mit guten Gründen für andere, die sie nicht teilen, verbindlich machen könnten. Es gibt keinen in diesem Sinne „objektiven" Standpunkt, von dem aus sich die Geltung bestimmter Werte oder die Angemessenheit bestimmter „Kulturinhalte" beurteilen ließe. Zwischen diesen nicht begründbaren Werten herrscht entsprechend ein unausweichlicher, zwar hegbarer, aber nicht entscheidbarer Kampf, dem gegenüber sich der Wissenschaftler „epistemisch abstinent" verhalten muss (wie der Philosoph Joseph Raz es später formuliert hat). Objektivität ist also nur durch Distanzierung gegenüber diesen partikularen Standpunkten zu erreichen. Die „Enthaltsamkeit" ist gewissermaßen der Preis für die Objektivität der (Sozial-)Wissenschaft. Und in dem Maße, in dem wir um die Nichtbegründbarkeit der von uns so vehement verfochtenen Werte auch noch wissen, liegt hierin eine Tragik unserer aufgeklärten Existenz, die ja damit selbst in bestimmter Hinsicht „gedoppelt" oder zweigeteilt ist.

III. Parteilichkeit und Interesse

Max Horkheimer, einer der Begründer der „Kritischen Theorie" der Frankfurter Schule, hat die Sache offenbar anders gesehen. Wenn in seinem programmatischen Aufsatz „Traditionelle und kritische Theorie" (von 1937) Kritische Theorie als die „intellektuelle Seite des historischen Prozesses [der] Emanzipation" (Horkheimer 1988: 189) und „Theorie als Moment einer auf neue gesellschaftliche Formen abzielenden Praxis (...)" (190) bestimmt wird, so beinhaltet das nicht nur eine bestimmte Vorstellung von Theorie als aktiv-tätiger, eingreifender Instanz im sozialen Prozess; also genau die Art von praktischer Wirksamkeit der gegenüber Max Weber skeptisch war. Horkheimer gibt damit auch offen zu erkennen, dass Kritische Theorie den widerstreitenden gesellschaftlichen Kräften und damit auch den widerstreitenden „Kulturidealen" gegenüber *nicht neutral* ist, sondern sich vielmehr *parteiisch* verhält. Kritische Theorie ist, in immer neuen Wendungen wird das betont, verknüpft mit einem bestimmten *Interesse*, dem Interesse an gesellschaftlicher Emanzipation und dem „Interesse an der Aufhebung des gesellschaftlichen Unrechts" (216). Und sie ist eben deshalb notwendigerweise parteiisch. Ob das als Abgrenzungsmerkmal zur „Traditionellen Theorie" hinreicht, sei dahingestellt. Fest steht jedenfalls, dass die damit skizzierte Parteinahme umfangreich ist und vor den von Weber epistemisch „eingeklammerten" „Kulturinhalten" und inneren Wertentscheidungen durchaus nicht Halt macht. Wenn aber die Kritische Theorie nicht nur auf die „Aufhebung von Unrecht" zielt, sondern auch auf die Verwirklichung von Freiheit oder, noch umfassender, am Ziel einer „vernünftigen, der Allgemeinheit entsprechenden gesellschaftlichen Organisation" (189) orientiert ist, kommt ihr Einspruch gegen die bestehende Gesellschaftsverfassung gar nicht umhin, auch im Namen jener „letzten Werte" aufzutreten, die Weber für „eine Frage des Glaubens" hält. Ist nämlich diese Verknüpfung von Freiheit, Rationalität, Gerechtigkeit und gar Glück typisch für jedenfalls die frühe Kritische Theorie (Honneth 2007a), so muss, wie aus unzähligen Bemerkungen deutlich wird, die von ihr erstrebte gerechte und rationale Gesellschaftsordnung auf ein ganz anderes Leben, ein ganz anderes Welt- und Selbstverhältnis der Individuen, als es die bisherige Ordnung zu ermöglichen scheint,[1] zielen.

---

1 Am prominentesten lässt sich vielleicht in Adornos *Minima Moralia* die inhaltliche Breite der Phänomene studieren, die hier zum Gegenstand einer durchaus (im Weber'schen Sinne) „inhaltlich" verfahrenden (eben nicht nur Analyse, sondern) Kritik von Lebensformen werden. Schön auch die Stelle, in der Horkheimer davon spricht, dass die Menschen „schöner, heller und länger leben" wollen; vgl. Horkheimer (1985b: 317).

IV. Analyse und Kritik und die vorläufige Parteilichkeit der Kritischen Theorie

Ist damit der Gegenstandsbereich gekennzeichnet, in Bezug auf den Kritische Theorie sich positionieren muss, so gilt es andererseits, die spezifische Weise von Parteilichkeit und die spezifische Weise von Objektivität genauer zu verstehen, die Horkheimer hier konzipiert. Dazu muss man zwei Spezifizierungen vornehmen.

Erstens: Was Max Horkheimer als „Kritische Theorie" zu entwerfen versucht, ist gerade nicht nur eine Erfahrungswissenschaft im Weber'schen Sinne (und im Sinne der sich damals gerade entwickelnden empirischen Soziologie). Vielmehr geht es um eine Art von Gesellschaftstheorie, für die die *Verbindung von Philosophie und Sozialwissenschaften* typisch ist oder werden soll(te) (vgl. dazu auch Horkheimer 1985a; Honneth 2000). Gerade hinsichtlich des „erfahrungswissenschaftlichen" Aspekts und in Bezug auf das Vorgehen und die Objektivitätsstandards der sozialwissenschaftlichen *Analyse* wäre nun die Konstruktion einer „Gegnerschaft" zwischen Weber und der Kritischen Theorie ganz fehl am Platz. Hier stehen die Bemühungen der Kritischen Theorie, wie sie von Horkheimer konzipiert wird, methodologisch in einer Linie mit der von Weber begründeten Tradition „verstehender Ansätze" und qualitativer Methoden im weitesten Sinn.[2]

Sie unterscheidet sich von Max Webers Postulat vielmehr da, wo es über das Verstehen hinaus gehen soll, also in Bezug auf die Möglichkeit der (mit dieser Analyse verbundenen und durch das Verstehen hindurch wirkenden) Etablierung von *Standards der Kritik* gegenüber den sozialen Gegebenheiten. Ganz in der Nachfolge von Marx werden in der Tradition der Kritischen Theorie deskriptive und normative Elemente derart miteinander verwoben, dass aus der *Analyse* des Bestehenden die Gesichtspunkte seiner *Kritik* gewonnen werden können. Anders gesagt: Kritische Theorie gewinnt ihre Maßstäbe „immanent" aus den in der sozialen Wirklichkeit vorfindbaren Widersprüchlichkeiten, Krisen und den in dieser Wirklichkeit gleichzeitig angelegten Potenzialen ihrer Überwindung.[3] Sie argumentiert nicht von einem der gesellschaftlichen Wirklichkeit gegenüber externen normativen Standpunkt aus, von dem aus sich die Verfasstheit dieser Gesellschaft beurteilen ließe oder von dem aus sich entwerfen ließe, wie diese sein *soll*. Die deskriptiv-analytische Bestimmung der Situation geht einher mit der normativ-kritischen Parteinahme im Namen einer historisch situierten Rationalität, die sich aber nicht aufs „bloße Sollen", sondern eben auf eine wirklich existierende Möglichkeit richten soll. (Das ist das ebenfalls von Marx geerbte anti-utopische Moment der kritischen Theorie.) Man könnte das in methodischer Hinsicht für *die* entscheidende Pointe kritischer Theorien halten. Kritische Theorie ist also *keine empirische Wissenschaft*, weder im landläufigen Sinne noch im Sinne Webers. Sie ist aber gleichzeitig *auch nicht einfach Philosophie;* und schon gar nicht einfachhin „normative politische Philosophie" im heutigen Sinne, sofern sie auf andere Weise als diese auf Empirie und

---

2 Nun gibt es auch bei Weber eine gewisse Spannung zwischen dem hermeneutischen Ziel der Untersuchung, das auf Verstehen und Bedeutung gerichtet ist und einem anderen Aspekt, der sich auf das Verstehen von Gesetzmäßigkeiten richtet; vgl. McCarthy (2001).

3 Siehe zum linkshegelianischen Kritikmodell Kritischer Theorie Honneth (2007b). Zur Bestimmung verschiedener Auffassungen bzgl. des immanenten Vorgehens und zur Abgrenzung von interner und immanenter Kritik Jaeggi (2009a). Ausführlicher wird dies entwickelt in Jaeggi (2009b).

einen Rückhalt in der Diagnose der sozialen Verhältnisse, die sie kritisiert, angewiesen ist.

Zweitens: Ein zweiter Umstand ist nicht weniger folgenreich. Nur scheinbar nämlich ist Kritische Theorie, wie sie von Horkheimer aufgefasst wird, tatsächlich „parteilich". Sie ist es jedenfalls nicht in dem Sinne, auf den man sich bezieht, wenn man als Parteilichkeit das Festhalten an einem eingeschränkten und partikularen Standpunkt, das nicht weiter begründbare Parteiergreifen für eine bestimmte und gegen eine andere Position, meint. Was Horkheimer hier, wiederum dem Marx'schen Vorbild folgend, im Sinn hat, ist vielmehr die Parteinahme für etwas, das in seiner Partikularität das Allgemeine vorwegnimmt. Eine Parteinahme also für eine Position, die nur unter den gegebenen Verhältnissen partikular ist, in Wahrheit aber, da sie „im Recht" ist, bereits das Allgemeine verkörpert. So ist schon bei Marx die Parteinahme für das Proletariat eine Parteinahme für die Klasse, die letztendlich die Klassengesellschaft überhaupt und damit alle Partikularitäten überwinden soll. Auch Horkheimers Bemerkung, Kritische Theorie wirke „parteiisch und ungerecht", „da sie den herrschenden Denkgewohnheiten zuwiderläuft" (1988: 192) lässt ahnen, dass es hier nicht um wirkliche und bleibende Parteilichkeit geht, sondern um die Vorwegnahme eines (richtigen) Standpunkts, der Standpunkt der Aufhebung der bisherigen Ordnung, von der aus betrachtet der Eindruck von Parteilichkeit und Ungerechtigkeit verschwinden wird.

Hinter Horkheimers Idee der Parteilichkeit verbirgt sich also gerade nicht die (nietzscheanisch geprägte) Weber'sche Vorstellung der Unaufhebbarkeit und Unausweichlichkeit des (Glaubens-)Kampfes um letzte Ideale und Werte, innerhalb dessen die Kritische Theorie und das „Interesse an Emanzipation" dann eine Partei wäre oder Partei ergreifen müsste. Ganz im Gegenteil: Horkheimers Parteilichkeit ist von Grund auf vorläufig; sie zielt auf die Aufhebung aller Partikularität und Parteilichkeit im Namen einer umfassenden Vorstellung von Gerechtigkeit, Emanzipation, Freiheit und Glück.

V. Rationalität und Objektivität. Die Nichtenthaltsamkeit der Kritischen Theorie

Nimmt man diese beiden Punkte zusammen, so ergibt sich für den Standpunkt der Kritischen Theorie folgendes Bild: Horkheimer schlägt nicht einfach das Erfordernis von Objektivität zugunsten von Subjektivismus oder Parteilichkeit aus. Kritische Theorie ist auf eine Weise parteilich, die gleichzeitig in Anspruch nimmt, in einem bestimmten Sinne „objektiv" zu sein. Es ist allerdings eine andere Vorstellung von Objektivität, die hier wirksam ist, als diejenige, von der Max Weber auszugehen scheint. Diese fällt nicht zusammen mit der Idee von Neutralität und dem Abstand zu spezifischen Wertbindungen und Interessen, und sie besteht auch nicht in der wertfreien Betrachtung bloßer Tatsachen, sondern sie ist gebunden an ein inhaltliches Konzept umfassender und übergreifender Rationalität. Sofern dieses auch die von Weber diskutierten „Wertbindungen" und Kulturinhalte betrifft, teilt die Kritische Theorie also auch die Weber'sche Grundannahme der Unbegründbarkeit „letzter Wertbindungen" nicht. Oder besser: Das Problem stellt sich gar nicht auf dieselbe Weise, wie es sich für Weber stellt. Die Frage, wie in der (frühen) Kritischen Theorie die diesbezüglichen Objektivitätsansprüche begründet worden sind, ist aber, ganz abgesehen davon, dass es hierfür wenig Problembewusstsein gab, verwickelt.

Kritische Theorie ist nämlich nicht, wie Max Weber es will, „enthaltsam" gegenüber „letzten Werturteilen". Sie ist aber auch nicht einfachhin nicht-enthaltsam in dem Sinne, dass sie solche Wertorientierungen unmittelbar behaupten und begründen zu können glaubt. Dem steht schon der von Horkheimer wie Adorno immer wieder betonte Negativismus der Kritischen Theorie entgegen, den Horkheimer bei allen Wandlungen noch in den späten Jahren als „entscheidendes Moment in der Kritischen Theorie von damals und von heute" hochhalten wird: „Man konnte sagen, was an der gegenwärtigen Gesellschaft das schlechte ist, aber man konnte nicht sagen, was das Gute sein wird, sondern nur daran arbeiten, daß das Schlechte schließlich verschwinden würde" (Horkheimer 1985c: 339).[4]

Wenn es hier einen Dissens zu Max Weber gibt, so besteht dieser darin, dass die Kritische Theorie der Anfänge tatsächlich zu glauben scheint, dass sich das Sollen aus dem „Werden" ableiten lässt. Sie löst also (wiederum im Anschluss an einen nicht ganz unproblematischen Zug bei Hegel und Marx) das ethisch-normative Moment letztlich in Geschichtsphilosophie auf. Gibt es nämlich ganz verschiedene Versuche, den umstrittenen Schluss vom Sein aufs Sollen zu vollziehen,[5] so beruht der Versuch, mit dem wir es hier zu tun haben, etwas verkürzt gesagt, auf der Vorstellung, dass der Geschichte so etwas wie eine Tendenz und Möglichkeit innewohnt, an der die bestehenden Verhältnisse sich messen lassen müssen und in Bezug auf die sie sich die bestehenden Verhältnisse als defizitär zeigen. Die Einheit von Analyse und Kritik, die Möglichkeit, aus der beschreibenden Analyse der sozialen Gegebenheiten die Gesichtspunkte ihrer Kritik zu entwickeln, bezieht ihre normative Kraft aus dem Vertrauen in die normative Gerichtetheit des Geschichtsprozesses. Und das Fundament der auf diese Weise mehr vorausgesetzten als explizierten Ethik wird auch für die Vertreter der frühen Kritischen Theorie entsprechend genau in dem Maße wacklig, wie es diese geschichtsphilosophischen Voraussetzungen werden.

VI. Problematik von Horkheimers Position

Nun ist leicht zu sehen (und heute kein Geheimnis mehr), dass es keine unproblematischen Annahmen sind, die im Hintergrund dieser Position stehen.

Nicht nur ist ja, das ist häufig genug bemerkt worden, der Bezug auf die Arbeiterklasse als Subjekt der für die Kritische Theorie charakteristischen Parteilichkeit schon zu Zeiten der älteren Kritischen Theorie prekär geworden.[6] Aus diesem Umstand er-

---

4 Zum Negativismus der Kritischen Theorie siehe Michael Theunissen (1983). Eine Gegenposition vertritt neuerdings Martin Seel (2004).
5 Ich kann auf dieses Problem hier nicht ausführlich eingehen. Anzumerken ist allerdings, dass es, entgegen dem Verdikt, in der Geschichte der Philosophie von Hegel über Nietzsche und Dewey bis hin zu Searle ganz unterschiedliche Versuche gab, vom Sein aufs Sollen zu schließen, die alle auf ihre Weise mit dem Umstand argumentieren, dass das Sein selbst bereits normativ imprägniert ist. Ob der „naturalistische Fehlschluss" auf die so beschriebene Konstellation noch zutrifft, bleibt zu prüfen.
6 Schon in seinem eigenen Rückblick auf die Anfänge der Kritischen Theorie betont Horkhei-

gibt sich die Frage, wo in der gesellschaftlichen Wirklichkeit dann das lokalisiert sein soll, das sowohl als Einspruchsinstanz auftreten könnte, als auch das Potenzial zur Überwindung der Verhältnisse in sich trägt – und der Bezug auf ein solches Potenzial (und nicht die Bezugnahme auf soziales Leid *per se*), ist ja die dialektische Pointe dieser Position. Aber ganz abgesehen vom Ausgang der Suche nach einer solchen Instanz, ist die Vorstellung einer gerichteten historischen Fortschrittsentwicklung (nicht nur aus Gründen, die mit dem faktischen Verlauf der Geschichte zusammenhängen) fragwürdig geworden. (Selbst der Imperativ, der von den historisch erreichten „Möglichkeiten" auszugehen schien, ist fraglich geworden. Auch wenn eine Kritik, die sich an der Diskrepanz zwischen dem historisch Möglichen und dem historisch Wirklichen festmacht, wie sowohl Horkheimer als auch Adorno es immer wieder tun, einiges für sich hat, so kommt sie dennoch nicht ohne ein Argument dafür aus, warum eine bestimmte Möglichkeit es wert ist, verwirklicht zu werden.)

Damit wird aber auch die Vorstellung einer übergreifenden Rationalität (an die die Vorstellung einer „rationalen Gesellschaftsorganisation", die sowohl Freiheit, wie auch Gerechtigkeit und Glück garantieren soll, gebunden ist) problematisch. Die Frage, wie sich angesichts der realen Pluralität von Lebensformen und der damit einhergehenden Wertvorstellungen bestimmte Lebensformen als richtig und rational auszeichnen lassen sollen (und die Weber'sche Skepsis gegenüber einer solchen Möglichkeit), scheint sich dann auch für die Kritische Theorie wieder zu stellen. So gibt es für die enthaltsame Zurückhaltung in diesem Bereich ja einige mindestens pragmatisch gute Gründe. Wer könnte schon sagen, was jenseits dessen, was die Individuen selbst glauben und wollen „gut für sie" ist? Von welchem Standpunkt aus ließe sich eine substanzielle und „objektive" Theorie des Guten aus begründen, die es besser als die Individuen selbst wüsste, welche Lebensweise für sie die richtige ist und an welchen Werten sie sich orientieren sollen? Die Frage der Ausweisbarkeit ihrer normativ-ethischen Grundlagen, die durch die geschichtsphilosophische Transformation gewissermaßen „eingezogen" worden war, stellt sich, wenn sie nicht mehr mit dem Verweis auf Entwicklungstendenzen vorentscheidbar ist, offenbar wieder ganz klassisch. Und es ist nicht von vornherein ausgemacht, ob die Kritische Theorie darauf eine Antwort hat.

VII. Werteproblematik und ethische Enthaltsamkeit in der Kritischen Theorie

Auf dem Hintergrund der oben beschriebenen Schwierigkeiten ist es zu verstehen, dass auch die (zeitgenössische) Kritische Theorie Gründe dafür stark macht, in ethischen Fragen, Fragen der letzten Wertbindungen, „enthaltsamer" zu sein, als die traditionelle Kritische Theorie es war. So verschreibt sich Jürgen Habermas angesichts der Schwierigkeiten, unter Bedingungen einer Vielfalt voneinander differierender Lebensformen kontextübergreifende Werturteile über Lebensformen zu formulieren, einer „gut begründeten Enthaltsamkeit" in ethischen Fragen. Die Folgen einer solchen Enthaltsamkeit für die Reichweite möglicher Einflussnahme der Kritik benennt er sehr klar:

---

mer deshalb in erstaunlicher Offenheit, man habe anfangs auf die Revolution gesetzt und schließlich nur noch auf die Erhaltung von Resten bürgerlicher Autonomie; vgl. Horkheimer (1985c: 339-342).

„Grausam' nennen wir das Quälen von Menschen nicht nur bei uns, sondern überall. Aber wir fühlen uns keineswegs berechtigt, gegen befremdliche Erziehungspraktiken und Heiratszeremonien, also gegen Kernbestandteile des Ethos einer fremden Kultur, Einspruch zu erheben, solange diese nicht unseren *moralischen* Maßstäben widersprechen – nämlich zentralen Werten, die sich durch ihren universalistischen Geltungsanspruch von anderen Werten unterscheiden" (Habermas 2002).

Zwar hält Habermas an der Begründbarkeit normativer Standards in Bezug auf die von ihm als „moralisch" (im Gegensatz zu den „ethischen") qualifizierten Fragen fest. Dem Universalismus in der Moral entspricht aber ein Verzicht auf starke Geltungsansprüche in Fragen der Gestaltung von Lebensformen (oder eben dessen, was Weber „Kulturinhalte" nennt). Damit gilt auch für solche Positionen das, was Joseph Raz in Bezug auf John Rawls und Thomas Nagel so ausdrückt: „They advocate an *epistemic withdrawal* from the fray" (Raz 1990). Oder wie Habermas, Weber nicht unähnlich, es an anderer Stelle formuliert hat: Hier geht es um einen Streit von „Glaubensmächten", in den die „Philosophie nicht mehr aus eigenem Recht eingreifen" könne (Habermas und Ratzinger 2006).[7]

Habermas scheint damit, jedenfalls in Bezug auf diese Fragen, zum selben Punkt zurückgeworfen, an dem auch Max Weber mit seinem Diktum, die Geltung letzter Werte sei „eine Frage des Glaubens", stand. Wohlgemerkt hat das bei Habermas weder relativistische Untertöne noch die Affirmation eines nietzscheanisch gedachten unentscheidbaren „Kampf der Werte" zum Hintergrund. Ja, die Grenzziehung zwischen ethischen und moralischen Fragen (oder: Normen und Werten) und die Zurückhaltung in Bezug auf ethische Fragen (die jedenfalls einen Teil dessen ausmachen, was Weber „letzte Wertentscheidungen" nennt) ist gerade motiviert von dem Versuch, den moralischen Objektivismus und Kognitivismus (in seiner kantianischen Version) in Bezug auf die von den ethischen unterschiedenen moralischen Fragen zu retten (Habermas 2002). Wenn Habermas die Position der Enthaltsamkeit als „unbefriedigend aber unumgänglich" bezeichnet, bringt er ein Dilemma zum Ausdruck, das, seiner Meinung nach, für die moderne Situation konstitutiv und daher unauflösbar ist. Ganz ähnlich hatte Weber die Zurückhaltung in Bezug auf Werturteile mit dem aufgeklärten Charakter einer Gesellschaft begründet und die Unterscheidung zwischen Normen und Werten oder Ethik und Moral (wenn auch in einer anderen Terminologie) angedacht.

Nur positive Religionen, präziser ausgedrückt: dogmatisch gebundene Sekten, vermögen dem Inhalt von Kulturwerten die Dignität unbedingt gültiger ethischer Gebote zu verleihen. Außerhalb ihrer sind Kulturideale, die der Einzelne verwirklichen *will*, und ethische Pflichten, die er verwirklichen *soll*, von prinzipiell verschiedener Dignität (154).

---

7 Schon in der *Theorie des kommunikativen Handelns* wird, wenn auch aus anderen Gründen, vertreten, „daß eine solche Theorie (…) auf die kritische Beurteilung und normative Einordnung von Totalitäten, Lebensformen und Kulturen, von Lebenszusammenhängen und Epochen *im ganzen* verzichten muss" Habermas (1981: 562).

VIII. Kritik der Enthaltsamkeit

Ist aber diese „Enthaltsamkeit" wirklich so plausibel? In Bezug auf die epistemischen Grundlagen der Sozialwissenschaften ist dies vielfach problematisiert, ist die Möglichkeit, die Untersuchung von sozialen Fakten von eigenen Wertbindungen freizuhalten vielfach bestritten worden[8]; und Weber selbst hat dazu die entscheidenden Vorlagen geliefert, wenn er zugibt, dass schon Problemstellungen von Wertentscheidungen gefärbt sind (vgl. Weber 1973: 151, 156).

Aber auch in Bezug auf die normative Ausrichtung einer Gesellschaftstheorie, die sich als Kritische Theorie verstehen will, lässt sich die Position der „Enthaltsamkeit" gegenüber Wertbindungen und „Kulturinhalten" in Frage stellen – und zwar nicht *trotz*, sondern gerade *angesichts* der Situation moderner Gesellschaften. Scheint nämlich die Enthaltsamkeit in ethischen Fragen zum Signum moderner Gesellschaften geworden zu sein, so lässt sich gleichzeitig behaupten, dass gerade das Leben unter den Bedingungen der Moderne und der wissenschaftlich-technischen Zivilisation die Akteure zunehmend mit Fragen konfrontiert, die eine Bewertung von Lebensformen unumgänglich machen oder auf solcher Bewertung aufruhen. Die Frage der Beurteilbarkeit von „Kulturinhalten" oder Lebensformen wäre mit demselben Befund konfrontiert, der sich aus Hegels *Rechtsphilosophie* als eine Art von Dialektik der Individualisierung herauslesen lässt: Entlässt die moderne Zeit die Individuen einerseits in die Unabhängigkeit von kollektiven und traditionalen Bindungen („das Recht der Individuen, ihre Besonderheit zu entwickeln"), so verstärken sich andererseits unter den Bedingungen der modernen bürgerlichen Gesellschaft die Abhängigkeiten der Individuen vom gesellschaftlichen Austausch und Verkehr und die Interdependenzen zwischen den Individuen. Die „dichten ethischen Positionen" wären dann im gleichen Maße schwerer zu begründen, in dem sich die Frage nach ihrer Begründung überhaupt stellt. In diesem Sinne ist Ludwig Siep zuzustimmen, wenn er bemerkt:

„Moderne Lebensformen haben (...) so massive technische und infrastrukturelle Voraussetzungen, daß sie ohne erhebliche öffentliche Leistungen nicht möglich sind. Diese Leistungen schaffen aber ihrerseits irreversible Bedingungen für die Wahl- und Realisierbarkeitschancen von Lebensformen. (...) Wenn solche Entscheidungen durch die Freiheit der technischen Entwicklung, des Marktes und der staatlichen Infrastrukturleistungen gefällt werden, dann wird die private nur durch allgemeine Regeln wechselseitiger Achtung beschränkte Bildung von Präferenzen und Glücksvorstellungen zur Illusion. Wenn über das private Glück öffentlich und mit Gesetzen – Steuergesetze, staatliche Technologiepolitik etc. – entschieden wird, müßte über Lebensweisen, die dem Menschen gerecht werden, auch eine allgemeine Diskussion stattfinden" (Siep 1977).

Gegenüber der Weber'schen Überzeugung, dass nur vor-aufklärerische Gesellschaften Kulturinhalte und Wertbindungen selbst verbindlich zu machen beanspruchen (können) und gegenüber der (zeitgenössischen) liberalen Position, derzufolge die Zurückhaltung in Bezug auf ethische Fragen sich als die einzig angemessene Lösung angesichts der Pluralität moderner Gesellschaften darstellt, lässt sich also umgekehrt behaupten, dass gerade diese Gesellschaften in besonderer Weise auf eine Regelung „gemeinsamer

---

8 Zu einer ausführlichen kritischen Auseinandersetzung mit Max Webers Werturteilsfreiheitsthese auf dem Stand der gegenwärtigen sozialwissenschaftlichen Diskussion siehe Ritsert (2003).

Angelegenheiten" angewiesen sind, und zwar (zunehmend) auf die Regelung auch solcher Angelegenheiten, die sich gegenüber „Einklammerungsversuchen" als sperrig erweisen. Gerade von Max Weber kann man in diesem Zusammenhang lernen, dass auch hinter vordergründig „technischen Fragen der Zweckmäßigkeit" „regulative Wertmaßstäbe" liegen, die es des „Schein[s] der Selbstverständlichkeit" zu entledigen gälte (153) und dass alles Handeln (und auch das Nicht-Handeln) eine „Parteinahme zugunsten bestimmter Werte" enthält.

Auch Webers Hinweis darauf, dass wir „den Sinn des Weltgeschehens (...) *selbst zu schaffen imstande sein müssen*", dass also die Wertmaßstäbe, die hier im Spiel sind, nicht von einer (wie auch immer beschaffenen religiösen, metaphysischen, kosmologischen) Instanz *gegeben*, sondern vielmehr von uns *geschaffen* sind oder werden müssen, ist ja durchaus angebracht. Aus dem Umstand aber, dass wir in diesen Bereichen mit Auseinandersetzungen rechnen müssen, und dass es in einigen Fällen eine Pluralität gleichermaßen plausibler Werte gibt, die es zu gewichten gilt, ergibt sich aber eben gerade nicht ohne weiteres die These von der normativen und rationalen Unentscheidbarkeit des Streits um „Kulturinhalte". Wenn Weber davon spricht, dass uns unsere „höchsten Ideale (...) für alle Zeit *nur im Kampf mit anderen Idealen* sich auswirken", legt er ja nahe, dass diese mit dem Wegfall übergeordneter Instanzen von Sinngebung normativ unentscheidbar, als „unhintergehbare Bindungen" der Argumentation nicht zugänglich sind, und eben deshalb nur in einem wie auch immer zu hegenden oder zu zivilisierenden „Kampf" entscheidbar sind. Die Frage, ob sich rationale Gründe zur Verteidigung von Kulturinhalten finden lassen, ist aber mit dem Wegfall der transzendenten Begründungsmacht noch nicht automatisch entschieden. Und es scheint eher eine übergroße Rest-Bindung an transzendente Begründungen zu sein, die das glauben macht.[9] So lässt sich argumentieren, dass Weber hier lediglich eine Dimension der Unverfügbarkeit (die metaphysische oder kosmologische Begründung von Werten) durch eine andere (die der unhintergehbaren Subjektivität, der tiefsten persönlichen und unverfügbaren Bindung an bestimmte Werte) ersetzt.

Die Problematik einer solchen Weichenstellung, die auch heute weit verbreitet ist, liegt auf der Hand: In der Grundintuition der „Geworfenheit" und Nichtverfügbarkeit der (individuellen wie kollektiven) Identität schlägt sich eine fragwürdige Tendenz zur Romantisierung von Identitäten und Wertentscheidungen nieder. Damit werden „partikulare Identitäten" und die ihnen entsprechenden Wertbindungen gewissermaßen *essentialisiert und petrifiziert*. Oder, wie Hilary Putnam es in seiner Kritik an der Habermas'schen Unterscheidung von Normen und Werten formuliert hat: Diese führe zu einer *Naturalisierung von Werten*, sofern Werte dann quasi naturalistisch als Vorfindbares behandelt werden, unhintergehbar einer Logik gehorchend, die sich der rationalen Hinterfragung entzieht (Putnam 2002). Die Enthaltsamkeitsthese begünstigt damit eine folgenreiche *Irrationalisierung* dessen, was im Bereich des „Ethischen" oder der „Kulturinhalte" gesagt wird oder gesagt werden kann.

Diese Irrationalisierung und Naturalisierung entspricht aber, so will ich behaupten, nicht dem tatsächlichen Charakter dessen, was Kulturinhalte und „Werte", wie sie sich in sozialen Praktiken und Zusammenhängen von Lebensformen realisieren, ausmacht.

---

[9] Dass „wenn Gott tot ist, alles erlaubt ist", leuchtet ja vor allem denjenigen ein, die vorher an ihn geglaubt haben.

Und es entspricht auch nicht dem Charakter der Auseinandersetzung, die um diese geführt werden. Nicht nur erheben wir selbst mit dem, was wir hier tun und glauben Geltungsansprüche. (Wir glauben also, dass es richtig ist, so zu leben bzw. sich von diesen oder jenen Werten leiten zu lassen.) Wir nehmen auch die anderen genau an diesem Anspruch ernst bzw. bestreiten ihn. Und wir tun das (wie unsachlich wir dabei auch manchmal verfahren mögen) mit Bezug auf Sachprobleme von denen wir glauben, dass sie auf bestimmte Weise, mithilfe bestimmter sozialer Praktiken und auf dem Hintergrund der mit diesen verwobenen „Werten" angemessen behandelt werden oder eben nicht. Dann aber wäre schon die hier wirkende Vorstellung von der Unhintergehbarkeit und dem „Ergriffensein" von Wertbindungen, aber vielleicht auch schon viel grundsätzlicher die Vorstellung einer Art von „Wertehimmel", die hier untergründig zu wirken scheint, nicht angemessen.

IX. Kritische Theorie und die Kritik von Lebensformen

Meine These ist: Kritische Theorie heute kann und sollte sich von der Debatte über „Kulturinhalte" (die ich frei in die Debatte über gute und rationale Lebensformen zu übersetzen mir anmaße) nicht zurückziehen. Nicht nur betreffen die hiermit angesprochenen Fragen die Kritische Theorie in besonderer Weise. Gerade aus der Traditionslinie Kritischer Theorie ergibt sich auch, so meine Vermutung, eine spezifische Perspektive auf die hier angesprochenen Probleme, die es ermöglichen könnte, einige der Probleme, die sich in Bezug auf die Bewertung von Lebensformen und der Beurteilung „letzter Werte" ergeben, zu lösen und der diskussionsbestimmenden (unbefriedigenden) Alternative zwischen der Enthaltsamkeit in Wertfragen und einer ausgeführten positiven substanziellen Theorie des Guten zu entkommen.

Die Konzeption oder Möglichkeit einer solchen „Kritischen Theorie von Lebensformen" (oder vielleicht besser: einer Kritik von Lebensformen in der Tradition kritischer Theorie) beruht auf zwei Weichenstellungen:

Die *erste* könnte man vorsichtig als eine Art von Wiedervergegenwärtigung dessen bezeichnen, was sich als der *„materialistische" Gehalt* der oben skizzierten Konflikte auffassen lässt. Bereits das *setting* der Problematik, ihre Lokalisierung auf der Ebene von Wertbindungen und letzten Glaubensüberzeugungen, ist nämlich aus dieser Perspektive unbefriedigend. Bei dem, was sich hier konflikthaft gegenübersteht, geht es vielmehr um ein Gefüge von sozialen Praktiken und (Wert-)Überzeugungen, die sich, meiner These nach, immer auch als Auseinandersetzung mit sachlichen Problemen auffassen lassen müssen.[10] Auch wenn die Frage, ob etwas ein Problem ist und wie genau es beschaffen ist, selber normativ konnotiert ist und sich nicht unabhängig von den mit den sozialen Praktiken (und Lebensformen als Zusammenhang solcher Praktiken und Überzeugungen) einhergehenden Wertüberzeugungen stellt, so liefert ein solcher Ansatz dennoch Kriterien zur Beurteilung von Lebensformen. Beurteilen lassen müssen sie sich dann nämlich letztlich anhand der Frage, ob sie die mit ihnen sich stellenden Probleme angemessen zu lösen in der Lage sind. Sind Lebensformen immer schon Versu-

---

10 Zu einer ausführlicheren Entwicklung der Auffassung von Lebensformen als Problemlösungsstrategien, siehe Jaeggi (2009b).

che und Resultate einer Auseinandersetzung mit gegebenen Bedingungen, dann lässt sich in der Auseinandersetzung um sie nach ihrer Angemessenheit, nach ihrem Gelingen und Scheitern fragen. Lebensformen sind dann Problemlösungsstrategien und in ihrer Beurteilung wird mit der Rationalität immer auch der „Erfolg" der betreffenden Lebensform (der, wie gesagt, von den ihnen inhärenten Kriterien ihres Gutseins nicht unabhängig ist) ausgelotet. Lebensformen können „scheitern" oder in *Krisen* geraten und sie können gelingen. Und beides ist, der hier vorgeschlagenen Perspektive zufolge, etwas, das sich einer Perspektive immanenter Kritik auf eine Weise erschließt, die nicht unabhängig von der Perspektive der an ihr Teilhabenden ist, aber gleichzeitig ein Korrektiv oder einen Gegenpol in der Sache hat. (Die Krisen, in die Lebensformen und die zugehörigen Wertbindungen geraten können sind gewissermaßen gleichzeitig subjektiv und objektiv, interpretationsabhängig und interpretationsleitend zugleich.)

Die *zweite* Weichenstellung könnte man (ebenso vorsichtig) als *formale Umorientierung* bezeichnen: Kritische Theorie wäre dann als eine Art von ethischer *Metakritik* zu verstehen, eine Kritik also, die weniger auf die Entwicklung substanzieller ethischer Positionen (und die direkte Parteinahme für die eine oder die andere Lebensform/Wertbindung) zielt, sondern die Bedingungen der Bildung dieser Optionen in den Blick nimmt (Geuss 1983). Diese Metakritik betrifft die Bedingungen der Willensbildung und der Handlungsfähigkeit sozialer Akteure. Damit zielt Kritische Theorie, wie Robin Celikates herausgearbeitet hat, auf die „Auflösung struktureller Blockaden" (Celikates 2009) der Reflexionsfähigkeit der Akteure, ohne dass sie sich einen epistemologisch hervorgehobenen oder normativ überlegenen Standpunkt anmaßen müsste. Genau dieser Standpunkt lässt sich nun weiterentwickeln in Richtung der Aufhebung von Blockaden der (auf der Reflexionsfähigkeit, aber möglicherweise nicht nur auf dieser beruhenden) *kollektiven Handlungsfähigkeit* von sozialen Akteuren (Celikates und Jaeggi 2009) und in die Richtung der Entwicklung von Kriterien für gelingende soziale Lernprozesse.

Für die Frage einer Kritik von Lebensformen, Kulturinhalten oder Wertbindungen haben beide Weichenstellungen zusammengenommen nun die Konsequenz, dass sich die Frage nach der Rationalität oder Angemessenheit einer Lebensform jetzt als Frage nach dem Gelingen von durch Krisen initiierten (kollektiven) ethischen Lernprozessen – *als* Lernprozessen – stellen lässt. Genauso wenig wie Kritische Theorie besser als die Akteure wissen muss, was diese eigentlich wollen, sondern die Bedingungen verzerrter Willensbildung ausfindig macht, müsste sie (wie bestimmte Versionen von Geschichtsphilosophie) ein übergeordnetes Wissen um das „Ziel" der Geschichte haben. Dennoch ließen sich Kriterien erarbeiten, anhand derer sich beurteilen lässt, ob ein solcher Prozess als Lernprozess angemessen beschrieben werden kann oder ob er defizitär (z. B. regressiv) ist. Mit einer solchen „Metakritik des historischen Prozesses" ließe sich also gleichzeitig eine Rekonstruktion wie eine Deflationierung des geschichtsphilosophischen Hintergrunds entwerfen, an den die ältere Kritische Theorie gebunden war.

X. Webers „Läuterung" von Werturteilen vs. Metakritik des Bestehenden

Was unterscheidet nun aber eine solche Positionierung Kritischer Theorie von der Rolle, die auch Max Weber der Wissenschaft als einer Art läuternder Instanz in Bezug auf

Wertentscheidungen zugebilligt hatte?[11] Ich will abschließend kurz auf dieses Konzept zurückkommen, um das hier skizzierte stärkere Programm von Kritischer Theorie als Metakritik ethischer Lernprozesse davon abzusetzen.

Max Weber hat, auf die eingangs zitierten Ausführungen folgend, der Wissenschaft ja nicht einfach gar keine, sondern eine *beschränkte* Rolle für die Bewertung von Kulturinhalten zugewiesen, die nämlich „läuternden oder klärenden Instanz". Dass nämlich, so differenziert Weber direkt anschließend an das oben zitierte Werturteilsverbot, Werturteile auf „bestimmten Idealen" fußen und daher „subjektiven' Ursprungs" seien, bedeute noch lange nicht, dass sie der „wissenschaftlichen Diskussion überhaupt entzogen" seien. Vielmehr wird diese in mehreren Stufen wirksam. Als „technische Kritik" kann Wissenschaft behilflich sein, herauszufinden, welches die *adäquaten Mittel* zur Erreichung von ihrerseits gesetzten, also nicht zur Debatte stehenden Zielen sein können. Dazu gehört in einem weiteren Schritt in manchen Fällen auch die *Abwägung der Folgen* der Erreichung bestimmter Zwecke und ihrer Kosten in Bezug auf andere Zwecke. Einen Schritt weiter (wenn man so will) in der kritischen Beurteilung der „gewollten Zwecke und der ihnen zugrunde liegenden Ideale" geht dann schon die „formal-logische" Überprüfung des „in den geschichtlich gegebenen Werturteilen und Ideen liegenden Materials, eine Prüfung der Ideale an dem Postulat der inneren *Widerspruchslosigkeit des Gewollten*" (151). Auch diese Überprüfung nun, obwohl sie in gewisser Hinsicht in das „Innere" der Werturteile hineinreicht, bleibt dem Werturteil selbst gegenüber enthaltsam, sofern sie nicht zu seinem Inhalt selbst, sondern eben, „formallogisch", zu seiner inneren Konsistenz Stellung bezieht. Sie sagt, anders gesagt, dem „Wollenden" nicht, was er wollen soll, sondern verhilft ihm auf dem Weg dieser Überprüfung des von ihm Gewollten auf Konsequenzen und innere Konsistenz zur „*Selbstbesinnung auf diejenigen letzten Axiome*, welche dem Inhalt seines Wollens zugrunde liegen, auf die letzten Wertmaßstäbe, von denen er unbewußt ausgeht, oder, um konsequent zu sein, ausgehen müßte" (151, Hervorh. RJ). Damit verhilft sie ihm dazu, besser oder klarer zu wissen, was er will, der Bezugspunkt seines eigenen Wollens bleibt aber unhintergehbar.

Das ist ein in vielerlei Hinsicht einleuchtendes Programm. Auch Kritische Theorie, wie ich sie eben als Metakritik projektiert habe, will ja den Akteuren nicht über deren Köpfe hinweg sagen, was gut für sie ist und was sie wollen sollen. Ebenso wie die von Weber projektierte Wissenschaft vermag sie in mancher Hinsicht, wie Weber formuliert, „niemanden zu lehren, was er *soll*, sondern nur was er *kann* und – unter Umständen – was er *will*" (151). Und dennoch geht ihr Anspruch auf entscheidende Weise weiter.

Die „Belehrung über das, was man will" ist nämlich im Fall der kritischen Theorie mit stärkeren Voraussetzungen und weitergehenderen Folgen verknüpft, als es bei Max Weber der Fall ist. Scheint dieser davon auszugehen, dass die wissenschaftliche „Läute-

---

11 Und auch Habermas spricht an entscheidender Stelle von der Umstellung auf die Suche nach „Formeigenschaften von Selbstverständigungsprozessen": „Gerade in den Fragen, die für uns die größte Relevanz haben, begibt sie [die Philosophie] sich auf die Metaebene und untersucht nur mehr die Formeigenschaften von Selbstverständigungsprozessen, ohne zu den Inhalten selbst Stellung zu nehmen. Das mag unbefriedigend sein, aber was lässt sich gegen eine gut begründete Enthaltsamkeit ins Feld führen?" Vgl. Habermas und Ratzinger (2006).

rung" der jeweiligen Positionen es mit relativ einfachen Problemen von interner Konsistenz einerseits und Wissen andererseits (also dem Gewahrsein von Fakten qua erweiterter Einsicht in die Folgen von Handlungen) zu tun hat,[12] so unterscheidet sich das vom „Interesse an Emanzipation" geleitete Vorgehen der Kritischen Theorie davon in mehreren Hinsichten.

Erstens: Es ist auf *systematische Blockaden* des Willensbildungsprozesses und der Handlungsfähigkeit (individueller oder kollektiver) Akteure und nicht nur auf zufällige Inkonsistenzen oder Inkonsequenzen im „Ausbuchstabieren" von Überzeugungen gerichtet. Interessant sind aus der Perspektive Kritischer Theorie im Wesentlichen die *sozialstrukturell* induzierten Blockaden der Willensbildung und der kollektiven Handlungsfähigkeit und die sozialstrukturellen Gründe für Verformungen und Inkonsistenzen des eigenen Wollens. Dazu gehört auch, dass sie in ideologiekritischer Absicht die Werte selbst, die „Kulturinhalte", auf ihre Entstehungsbedingungen und ihre gesellschaftliche Funktion hin befragt. Schon deshalb sind diese nicht im selben Sinne unhintergehbar und epistemisch unzugänglich wie Max Weber es voraussetzt. Das, was „die Individuen wirklich wollen" wird also in stärkerem Maße als Max Weber es zulässt auf dem Hintergrund seiner Formationsbedingungen in Frage gestellt.

Zweitens: Die Orientierung an *Krisen* und Störungen von Problemlösungsvollzügen hat zur Folge, dass der Orientierung am individuellen Wollen ein stärker „realistisches" Moment an die Seite gestellt wird. Dass an unseren Orientierungen etwas nicht stimmen kann, sieht man u. a. an der Art von praktischen Verwerfungen und Dysfunktionalitäten, die man als Krisen bezeichnen kann. Das bedeutet aber, dass, so sehr diese wiederum von unserer Interpretation abhängig ist, die (soziale) *Realität* es ist, die uns mit Problemen konfrontiert. In all diesen Hinsichten geht die „immanente Kritik", die die Kritische Theorie leistet über einen internen Klärungsprozess hinaus, sofern sie einen überindividuellen Maßstab für die angemessene Reaktion auf solche Probleme etabliert und damit die Idee der „Passung" an die Stelle der bloßen internen Konsistenz setzt.

Es zeigt sich dann nicht zuletzt, dass das „Interesse an Emanzipation", von dem Horkheimer gesprochen hatte, eines ist, das zwar einerseits in mancher Hinsicht ethisch formal bleibt. Schließlich geht es dem Ansinnen der Emanzipation darum, die Individuen selbst zu den Autoren ihrer eigenen Handlungen und zu Faktoren ihres eigenen Lebens und ihrer eigenen Entscheidungen zu machen und nicht darum, ihnen bestimmte Inhalte des für sie „guten Lebens" vorzuschreiben. Andererseits aber ist „Emanzipation", als „Form" in der individuelle wie kollektive Willensbildung stattfinden sollte, ein durchaus *inhaltliches* Programm und in gewisser Hinsicht selbst ein „Wert", von dem aus sich substanzielle Einwände gegen bestehende soziale Formationen formulieren lassen.

---

12 Diese Gegenüberstellung ließe sich mit ebensolchem Recht in Bezug auf die philosophische Diskussion um aufgeklärtes Eigeninteresse und Rationalität wiederholen; vgl. z. B. die Überlegungen in Jon Elster (1983). Elster (1982: 123-148) verfolgt begrifflich etwas avancierter oder ausdifferenzierter das Weber'sche Programm der Aufklärung über das eigene Wollen (allerdings nicht in Bezug auf Wertorientierungen, sondern allgemeiner, in Bezug auf Präferenzen überhaupt). In der entsprechenden philosophischen Diskussion hat sich für einen Teil der hier zu vollziehenden Klärungsbewegung der schöne Begriff „preference laundering" eingebürgert.

Auch wenn der so konzipierte Ansatz dann immer noch schwächer, vor allen Dingen aber ergebnisoffener, ist als das Eintreten für eine ganz bestimmte Lebensweise, für ganz bestimmte „Kulturinhalte" oder „Wertbindungen", so ist er dennoch weit entfernt vom Programm der „Enthaltsamkeit" in Bezug auf diese. Und die durchgeführte Orientierung an den Bedingungen gelingender Lernprozesse könnte in letzter Instanz vielleicht sogar plausibilisieren, warum der von Max Weber (und anderen) so verpönte Schluss vom „Sein aufs Sollen" oder vom „Werden" aufs „Sollen" so absurd gar nicht ist.

Literatur

Celikates, Robin. 2009. *Kritik als soziale Praxis. Gesellschaftliche Selbstverständigung und kritische Theorie.* Frankfurt a. M.: Campus.
Celikates, Robin, und Rahel Jaeggi. 2009. *Materialien zu einer kritischen Theorie kollektiven Handelns.* Unveröffentlichtes Arbeitspapier. Berlin, Frankfurt a. M.
Elster, Jon. 1982. Belief, bias and ideology. In *Rationality and relativism,* Hrsg. Martin Hollis, Steven Lukes, 123-148. Cambridge: MIT Press.
Elster, Jon. 1983. *Sour grapes. Studies in the subversion of rationality.* Cambridge: Cambridge University Press.
Geuss, Raymond. 1983. *Die Idee einer Kritischen Theorie.* Königstein, Ts.: Anton Hain.
Habermas, Jürgen. 1981. *Theorie des kommunikativen Handelns,* Band 2. Frankfurt a. M.: Suhrkamp.
Habermas, Jürgen. 2002. Werte und Normen. Ein Kommentar zu Hilary Putnams Kantischem Pragmatismus. In *Hilary Putnam und die Tradition des Pragmatismus,* Hrsg. Marie-Luise Raters, Marcus Willaschek, 280-305. Frankfurt a. M.: Suhrkamp
Habermas, Jürgen, und Joseph Ratzinger. 2006. *Dialektik der Säkularisierung. Über Vernunft und Religion,* 4. Aufl. Freiburg: Herder.
Honneth, Axel. 2000. Die soziale Dynamik von Mißachtung. Zur Ortsbestimmung einer kritischen Gesellschaftstheorie. In *Das Andere der Gerechtigkeit. Aufsätze zur praktischen Philosophie,* 88-109. Frankfurt a. M.: Suhrkamp.
Honneth, Axel. 2007a. Eine soziale Pathologie der Vernunft. Zur intellektuellen Erbschaft der Kritischen Theorie. In *Pathologien der Vernunft. Geschichte und Gegenwart der Kritischen Theorie,* 28-56. Frankfurt a. M.: Suhrkamp.
Honneth, Axel. 2007b. Rekonstruktive Gesellschaftskritik unter genealogischem Vorbehalt. Zur Idee der ‚Kritik' in der Frankfurter Schule. In *Pathologien der Vernunft. Geschichte und Gegenwart der Kritischen Theorie,* 57-69. Frankfurt a. M.: Suhrkamp.
Horkheimer, Max. 1985a. Soziologie und Philosophie (1959). In *Gesammelte Schriften,* Band 7, Hrsg. Gunzelin Schmid Noerr, 108-121. Frankfurt a. M.: Fischer.
Horkheimer, Max. 1985b. Marx heute (1968). In *Gesammelte Schriften,* Band 8, Hrsg. Gunzelin Schmid Noerr, 306-317. Frankfurt a. M.: Fischer.
Horkheimer, Max. 1985c. Kritische Theorie gestern und heute (1969). In *Gesammelte Schriften,* Band 8, Hrsg. Alfred Schmidt, 336-353, Frankfurt a. M.: Fischer.
Horkheimer, Max. 1988. Traditionelle und kritische Theorie. In *Gesammelte Schriften,* Band 4. Hrsg. Alfred Schmidt, 162-216. Frankfurt a. M.: Fischer.
Jaeggi, Rahel. 2009a. Was ist Ideologiekritik. In *Was ist Kritik?,* Hrsg. Rahel Jaeggi, Tilo Wesche, 266-295. Frankfurt a. M.: Suhrkamp.
Jaeggi, Rahel. 2009b. *Zur Kritik von Lebensformen.* Habilitation Frankfurt a. M.
McCarthy, George E. 2001. *Objectivity and the silence of reason: Weber, Habermas and the methodological disputes in German sociology.* New Brunswick, NJ: Transaction Publishers.
Putnam, Hilary. 2002. Antwort auf Jürgen Habermas. In *Hilary Putnam und die Tradition des Pragmatismus,* Hrsg. Marie-Luise Raters, Marcus Willaschek, 306-321. Frankfurt a. M.: Suhrkamp.

Raz, Joseph. 1990. Facing diversity: the case of epistemic abstinence. *Philosophy and Public Affairs* 19: 3-46.
Ritsert, Jürgen. 2003. *Einführung in die Logik der Sozialwissenschaften*. Münster: Westfälisches Dampfboot.
Seel, Martin. 2004. *Adornos Philosophie der Kontemplation*. Frankfurt a. M.: Suhrkamp.
Siep, Ludwig. 1977. *Zwei Formen der Ethik*. Opladen: Westdeutscher Verlag.
Theunissen, Michael. 1983. Negativität bei Adorno. In *Adorno-Konferenz* 1983, Hrsg. L. von Friedeburg, J. Habermas, 41-65. Frankfurt a. M.: Suhrkamp.
Weber, Max. 1973. Die »Objektivität« sozialwissenschaftlicher und sozialpolitischer Erkenntnis (1922). In *Gesammelte Aufsätze zur Wissenschaftslehre,* 146-214. Tübingen: Mohr Siebeck.

Korrespondenzanschrift: Prof. Dr. Rahel Jaeggi, Humboldt-Universität zu Berlin, Institut für Philosophie, Unter den Linden 6, 10099 Berlin
E-Mail: rahel.jaeggi@staff.hu-berlin.de

KRITIK

ABSCHIED VON DER KRITISCHEN THEORIE

Axel Bühler

Zusammenfassung: In ihrer Standortbestimmung der Kritischen Theorie bezieht sich Jaeggi auf die Position Max Webers zur wissenschaftlichen Kritik von Werturteilen und versucht, die Kritische Theorie sowohl in Anlehnung an als auch durch Abgrenzung von Webers Position zu definieren. Nach Jaeggi geht die Kritische Theorie dadurch über Weber hinaus, dass sie eine „Metakritik des Bestehenden" durchführt. Diese Metakritik kritisiert Werte, die sich hinter strukturell bedingten „Verformungen" individueller und institutioneller Handlungsfähigkeit befinden. Hierbei wird die Metakritik von dem Wert der Emanzipation geleitet als Grundlage für die Einwände gegen soziale Formationen. In meiner Stellungnahme argumentiere ich für zwei Thesen: (1) Das Projekt der „Metakritik" ist eine Form der wissenschaftlichen Kritik von Werturteilen, wie sie bereits Weber konzipiert hat. (2) Auch nach Weber kann die sozialwissenschaftliche Forschung von bestimmten ethisch-moralischen Werten, wie etwa dem der Emanzipation, geleitet sein. Außerdem dient Webers wissenschaftliche Kritik dem umfassenden Wert der Klärung menschlicher Entscheidungsmöglichkeit und damit auch dem Ideal der Emanzipation. Wenn diese Thesen zutreffen, dann unterscheidet sich die Kritische Theorie, wie sie Jaeggi konzipiert, nicht von der „Traditionellen Theorie". Deswegen läuft Jaeggis Standortbestimmung auf eine Verabschiedung der Kritischen Theorie hinaus.

I.

Rahel Jaeggi nimmt in ihrem Aufsatz eine Bestimmung des Standpunktes der Kritischen Theorie vor. Hiernach unterscheidet sich die Kritische Theorie nicht mehr wesentlich von der herkömmlichen oder „Traditionellen Theorie". Daher läuft Jaeggis Standortbestimmung auf eine Verabschiedung der Kritischen Theorie hinaus.

Status und Inhalt der Kritischen Theorie sind seit der Formulierung des Programms der Kritischen Theorie durch Max Horkheimer im Jahre 1937 immer wieder diskutiert worden. Was verbleibt nach Berücksichtigung der Kritik als substanzieller Gehalt der Kritischen Theorie? Als korrekturbedürftig an Horkheimers Ansatz sieht Jaeggi vor allem zweierlei: die Vorstellung eines gerichteten historischen Fortschritts und die Idee einer übergreifenden Rationalität, welche gleichzeitig Freiheit, Gerechtigkeit und Glück garantieren kann. Jaeggi gibt diese beiden Bestandteile von Horkheimers Konzeption der Kritischen Theorie auf. Anstatt dessen bezieht sie sich auf die Position Max Webers zur wissenschaftlichen Kritik von Werturteilen und versucht, die Kritische Theorie sowohl in Anlehnung an als auch durch Abgrenzung von Webers Position zu definieren. Sie übernimmt das Weber'sche Projekt der wissenschaftlichen Kritik von Werturteilen und möchte es zu einem Projekt der „Metakritik des Bestehenden" erweitern.

In meiner Stellungnahme zu Jaeggis Beitrag fasse ich zunächst die wesentlichen Punkte ihrer Position zusammen. Sodann diskutiere ich, ob und inwiefern diese Position über Webers Programm der wissenschaftlichen Kritik von Werturteilen hinausgeht. Ich gehe davon aus, dass Webers Programm auch vom Standpunkt der „Traditionellen Theorie" noch heute akzeptabel ist. Meine Untersuchung ergibt, dass sich Jaeggis Konzeption der Kritischen Theorie nicht von der „Traditionellen Theorie" unterscheidet.

II.

Weber erachtete bekanntlich wissenschaftliche Kritik von Werturteilen in dreifacher Hinsicht für möglich und fruchtbar:

(1) hinsichtlich der Frage nach den Mitteln für das Erreichen von Zielen, einschließlich der Frage nach den Konsequenzen bei der Anwendung erforderlicher Mittel, wie auch der Frage der Klarheit der Parteinahme bezüglich bestimmter Werte;
(2) hinsichtlich der Bedeutung des Gewollten;
(3) hinsichtlich der Prüfung der internen Konsistenz von Wertstandpunkten.

Jaeggi hält diese Konzeption der wissenschaftlichen Kritik von Werturteilen für ein durchaus einleuchtendes Programm, welches auch die Kritische Theorie übernehmen sollte. Der Anspruch der Kritischen Theorie reiche jedoch in entscheidender Weise weiter, und zwar gehe die Kritische Theorie in zwei Punkten über Webers Läuterung von Werturteilen durch ihre wissenschaftliche Kritik hinaus:

(A) Die Kritik von Werturteilen ist in der Kritischen Theorie auf „sozialstrukturell induzierte Blockaden der individuellen und kollektiven Handlungsfähigkeit und der Verformungen eigenen Wollens" gerichtet. Werturteile werden also nicht direkt kritisiert, sondern indirekt, und zwar unter Berücksichtigung der von ihnen verursachten „Blockaden von Handlungsfähigkeit" und „Verformungen" von Willensbildungsprozessen. Diese Kritik durch die Kritische Theorie nennt Jaeggi „Metakritik", weil sie Werte kritisiert, die sich *hinter* sozialstrukturell bedingten „Verformungen" befinden.
(B) In dieser „Metakritik" geht es nicht allein, wie bei Weber, um einen internen Klärungsprozess individuellen Wollens, sondern um Emanzipation als Form, in welcher individuelle wie kollektive Willensbildung stattfinden sollte. Emanzipation ist hier ein Wert, der eine Grundlage für substanzielle Einwände gegen soziale Formationen bietet. Die Kritik an sozialen Formationen ist also auch durch den Wert der Emanzipation geleitet.

III.

Im Folgenden argumentiere ich erstens für die These, dass ein Projekt der „Metakritik" als Kritik an sozialstrukturell verursachten „Blockaden der Willensbildung" durchaus als Form wissenschaftlicher Kritik von Werturteilen, wie von Weber konzipiert, gesehen werden kann. Zweitens will ich zeigen, dass sozialwissenschaftliche Forschung auch Weber zufolge von bestimmten ethisch-moralischen Werten wie dem der Emanzipation geleitet sein kann. Also geht Jaeggis Projekt nicht über das Projekt einer wissenschaftlichen Kritik von Werturteilen hinaus. Wenn dem so ist, dann gibt es auch keine inhaltlichen Unterschiede zwischen der Kritischen Theorie und einer durch Wertungen geleiteten sozialwissenschaftliche Forschung im Sinne Webers. Ich denke, dass sich die Kritische Theorie als eigenes Wissenschaftsprojekt hiermit erledigt.

Zu (A): „Metakritik" ist Folgenabschätzung besonders komplexer Art. Bestimmte Werte werden sozial implementiert. Die Implementation führt zu bestimmten sozialen Strukturen, und diese Strukturen verursachen „Blockaden von Handlungsfähigkeit", „Verformungen eigenen Wollens", welche wir in moralisch-ethischer Sicht negativ (Weber: als „ungewollt") beurteilen. Die Implementation etwa puritanischer Ethik führt, Weber zufolge, zu bestimmten Ausformungen des kapitalistischen Wirtschafts- und Soziallebens. Diese Ausformungen können die individuelle und kollektive „Handlungsfähigkeit" von Wirtschaftssubjekten beeinträchtigen. Wenn die Handlungsfähigkeit von Wirtschaftssubjekten tatsächlich so eingeschränkt wird, dann mag dies zu einer ablehnenden – kritischen – Einschätzung der puritanischen Werte veranlassen. Eine derartige „Metakritik" ist freilich hinsichtlich angenommener Kausalfaktoren und kausaler Mechanismen voraussetzungsreich. Wenn ihre Voraussetzungen hinreichend gut abgesichert sind, stellt sie eine ernstzunehmende Kritik an Werten dar. Diese Kritik, auch wenn sie sehr komplex ist, entspricht aber noch immer Webers Idee der Folgenabschätzung als wissenschaftliche Kritik von Werturteilen. Somit ist „Metakritik" im Sinne Jaeggis eine mögliche Form der wissenschaftlichen Kritik von Werturteilen, geht nicht über sie hinaus.

Zu (B): Sollte „Metakritik" von besonderen Wertgesichtspunkten geleitet sein? Jaeggi erwähnt den Wert der Emanzipation, welcher die Kritik sozialer Formationen ermögliche. Welche Bedeutung kann der Wert der Emanzipation für die sozialwissenschaftliche Forschung und für die wissenschaftliche Kritik von Werturteilen haben?

Sicherlich meint Jaeggi, der Wert der Emanzipation solle sozialwissenschaftliche Forschungen anleiten. Diese Forschungen sollten also Fragen beantworten wie: Welche soziale Formationen verhindern Emanzipation, welche fördern sie? Weber selbst hat mehrfach darauf hingewiesen, dass bereits die Auswahl eines Forschungsgegenstandes Wertungen enthalte. Dass man für die Auswahl eines Forschungsgegenstandes etwa den Wert der Emanzipation heranziehen könnte, hätte er nicht ausgeschlossen. Der Wert der Emanzipation kann in dieser Weise auch in der „Traditionellen Theorie" forschungsleitend sein. Ergebnisse solcher Forschung könnten außerdem einer wissenschaftlichen Kritik von Werturteilen im Rahmen einer Folgenabschätzung dienen. Damit kann die wissenschaftliche Kritik von Werturteilen im Sinne Webers durchaus auch dem Wert der Emanzipation genügen.

Darüber hinaus sind der Wert der Emanzipation wie auch ähnliche Werte der Autonomie oder der Selbstbestimmung mit der Zielsetzung der wissenschaftlichen Kritik von Werturteilen inhaltlich verknüpft. Die wissenschaftliche Kritik von Werturteilen ist ja nicht nur ein Ziel für sich, sondern dient dem umfassenden Wert der Klärung und Erweiterung menschlicher Entscheidungsmöglichkeiten und damit der Selbstbestimmung oder Emanzipation als einem traditionellen Ideal der Aufklärung. Die wissenschaftliche Kritik von Werturteilen im Sinne Webers kann also nicht nur instrumentell dem Wert der Emanzipation dienen, sondern sie wird auch als ein eigenes Ziel durch diesen Wert mitkonstituiert.[1]

Ich fasse zusammen: Sowohl in Hinsicht auf die sozialwissenschaftliche Forschung als auch hinsichtlich der Zielsetzung der wissenschaftlichen Kritik von Werturteilen reduziert sich die Kritische Theorie Jaeggis auf die „Traditionelle Theorie" Max Webers.

Literatur

Albert, Hans. 1971. Theorie und Praxis. Max Weber und das Problem der Wertfreiheit und der Rationalität (1966). In *Werturteilsstreit*, Hrsg. Hans Albert, Ernst Topitsch, 200-236. Darmstadt: Wissenschaftliche Buchgesellschaft.
Albert, Hans. 1977. Aufklärung und Steuerung (1972). In *Kritische Vernunft und menschliche Praxis*, Hrsg. Hans Albert, 180-210. Stuttgart: Reclam.
Weber. Max. 1973. Die ‚Objektivität' sozialwissenschaftlicher und sozialpolitischer Erkenntnis (1904). In *Gesammelte Aufsätze zur Wissenschaftslehre*, 4. Aufl., Hrsg. Max Weber, 146-214. Tübingen: Mohr.

Korrespondenzanschrift: Prof. Dr. Axel Bühler, Universität Düsseldorf, Philosophische Fakultät, Universitätsstr. 1, 40225 Düsseldorf
E-Mail: buehler@phil-fak.uni-duesseldorf.de

---

[1] Hinsichtlich des Wertes der Emanzipation wäre übrigens zu erörtern, in welchem Verhältnis er zu anderen Werten steht, etwa denen der Wohlstandssicherung, der Freiheit, der Friedenssicherung. Sind andere Werte dem Wert der Emanzipation unterzuordnen oder können sie gegebenenfalls in Konflikt miteinander geraten, so dass in der sozialen Praxis zwischen diesen Werten abzuwägen ist? Auf diese Fragen gibt Jaeggi keine Antwort.

REPLIK

REKONSTRUKTION, NICHT ABSCHIED!

Rahel Jaeggi

Zusammenfassung: Die Replik versucht, einige Missverständnisse zu klären. Erstens geht es im diskutierten Beitrag weniger um die Entgegensetzung von traditioneller und kritischer Theorie als um eine Frage, die sich auch innerhalb der Kritischen Theorie selbst stellt, nämlich die nach der Kritisierbarkeit von Lebensformen im Gegensatz zur These von der „ethischen Enthaltsamkeit". Zweitens war nicht beabsichtigt, den übergreifenden Rationalitätsanspruch und die geschichtsphilosophische Fundierung der älteren Kritischen Theorie in Bezug auf Lebensformen aufzugeben, sondern ihn – so kritisch wie rettend – zu rekonstruieren.

Nicht nur die Höflichkeit gebietet es, mich bei Axel Bühler für die hilfreichen Einwände und die unumwundene Wiedergabe seiner Skepsis zu bedanken. Bekanntlich sind selbst Missverständnisse dazu geeignet, die eigene Position zu klären, zumal wenn es sich um durch den eigenen Text hervorgerufene Missverständnisse handelt. Im hier vorliegenden Fall provoziert mich die Art der Einwände und der prägnante Vorwurf, mit meinem Text den „Abschied von der Kritischen Theorie" zu betreiben (ob Axel Bühler diesen Abschied für begrüßenswert oder für bedauerlich hält, lässt er offen), dazu, ein paar Dinge unmissverständlicher zu sagen, als ich es ursprünglich getan habe. Und das ist ja genau der dramaturgische Effekt, den ein solcher Austausch von Positionen bewirken soll.

(1) Ein erstes Missverständnis (eines, das möglicherweise auch die Quelle weiterer Missverständnisse ist) betrifft schon die Fragestellung meines Beitrags. In diesem geht es nicht um den Standpunkt der Kritischen Theorie generell. Ich will also nicht ein weiteres Mal zur Beantwortung der Frage ansetzen, was Kritische Theorie überhaupt auszeichnet und damit eine neue Runde der Auseinandersetzung zwischen „kritischer und traditioneller Theorie" oder gar des Positivismusstreits einläuten. Das aber scheint der Kontext zu sein, in dem Axel Bühler mich verortet, oder jedenfalls scheint mein Beitrag bei ihm Abwehrreflexe genau in diese Richtung ausgelöst zu haben. Nun müsste man, um sich auf diese Weise zu positionieren, zu allererst dem Umstand Rechnung tragen, dass sich seit den ehrwürdigen Zeiten des Positivismusstreits in wissenschaftstheoretischer Hinsicht auf beiden Seiten, auf Seite der „kritischen" wie auch auf Seiten der „traditionellen Theorie", einiges verändert hat. Vielleicht wäre es interessant, diese Debatte unter neuem Vorzeichen wieder aufzunehmen. Aber das war, wie gesagt, nicht meine Absicht.

Meine Positionierung betrifft vielmehr den Standpunkt der Kritischen Theorie in Bezug auf eine ganz bestimmte Frage, die auch innerhalb der neueren Kritischen Theorie umstritten ist: die Frage nach Sinn und Möglichkeit einer Kritik von Lebensformen und damit einhergehend die Frage nach der Debattierbarkeit „ethischer" Positionen. Wenn hier meine These lautet, dass sich die Kritische Theorie der Thematisierung solcher Fragen nicht entziehen kann und sollte, so betrifft diese Positionierung weniger den Gegensatz zur „traditionellen Theorie", sondern vielmehr die Frage, ob Kritische Theorie in einer philosophischen Theorie der Gerechtigkeit, wie sie die philosophische Diskussion seit Rawls über so viele Jahre hin bestimmt hat, aufgehen kann oder nicht. Die Positionierung betrifft also, wenn man so will, das philosophische Feld zwischen Gerechtigkeitstheorie und Theorien des guten Lebens, oder anders: Sie betrifft das Verhältnis der Kritischen Theorie zur Möglichkeit der Begründung und Kritik ethischer Positionen. In Bezug auf dieses Spannungsfeld glaube ich, dass die Perspektive der Kritischen Theorie eine wirkliche Alternative darstellt, die so spezifisch wie verfolgenswert ist. Und diese wollte ich darstellen oder andeuten. So viel also zum Ausgangspunkt und zu meiner Fragestellung.

(2) Was nun mein Verhältnis zur älteren Kritischen Theorie betrifft, so fühle ich mich wiederum missverstanden. Irreführend ist nämlich bereits Axel Bühlers Zusammenfassung meiner Intention, wenn er mir einleitend unterstellt, zwei genuine Bestandteile der klassischen Kritischen Theorie, die übergreifende Rationalitätskonzeption und die geschichtsphilosophische Fundierung geradewegs aufgeben zu wollen. Ganz im Gegenteil war es mein Ziel, gerade diese Bestandteile, die ich für sehr wichtige Motive der Kritischen Theorie halte, zu retten. Ein solcher Rettungsversuch ist allerdings, so meine Überzeugung, nur möglich durch eine kritische Transformation oder Rekonstruktion dieser Motive. So halte ich die „Idee einer übergreifenden Rationalität, welche gleichzeitig Freiheit, Gerechtigkeit und Glück zu thematisieren vermag", für eine der entscheidenden Herausforderungen der an Kritischer Theorie orientierten Positionen gegenüber vielen anderen philosophischen Optionen, die wir haben, um einerseits die Bedingungen des gerechten Zusammenlebens, andererseits Fragen des guten Lebens zu untersuchen. Nur ist es eben nicht so leicht, das damit verbundene Versprechen einzulösen oder auch nur den internen systematischen Zusammenhang zwischen Freiheit, Gerechtigkeit, Rationalität und Glück, wie er hier mehr vorausgesetzt als konzeptualisiert wird, genau zu verstehen. Natürlich ist es gerechtfertigt zu fragen, ob (mir) eine solche Rekonstruktion gelingen kann. Und selbstverständlich lässt sich in Zweifel ziehen, ob eine solche Rekonstruktion sinnvoll ist. Aber schlichtweg falsch ist es zu behaupten, dass ich diese beiden Ansprüche aufgegeben hätte, um mich einer Weber'schen Methodologie zuzuwenden.

Der erste Argumentationsschritt meines Aufsatzes, die Behauptung, dass die ältere Kritische Theorie eben weil sie „auf ein ganz anderes Leben, ein ganz anderes Welt- und Selbstverhältnis der Individuen, als es die bisherige Ordnung zu ermöglichen schien" zielt, immer auch als Kritik von Lebensformen auftritt oder, auf die Weber'sche Fragestellung übertragen, sich der Beurteilung von Kulturinhalten nicht entziehen kann, ist vor genau diesem Hintergrund zu verstehen. Vielleicht habe ich in meiner an internen Differenzen orientierten „Betriebsblindheit" verkannt, dass diese Weichenstellung nicht ohne weiteres erkennbar ist. Und sicherlich ist die Engführung zwischen Webers Fragestellung und der von mir angesprochenen „Kritik von Lebensformen" alles andere als selbstverständlich. Schon meine Eingangsbehauptung aber, dass „Theorien, die den Anspruch haben im Sinne der Tradition ‚Kritischer Theorie' kritisch zu sein, sich aus dem Streit um Werturteile und Lebensformen nicht heraushalten können", dass es vielmehr zu den Spezifika der Kritischen Theorie seit ihrem Bestehen gehöre, hier Position zu beziehen, hatte ich ja mit deren Orientierung an der „übergreifenden Rationalität und am umfassenden „Geglücktsein" des gesellschaftlichen Gefüges" systematisch verknüpft. Vor dem Hintergrund dieser Verknüpfung aber ist die Verteidigung der Möglichkeit der Kritik von Lebensformen ein Baustein zur Verteidigung eben jenes von der Kritischen Theorie behaupteten Zusammenhangs. (Und beides ist auch im Kontext der zeitgenössischen Kritischen Theorie nicht selbstverständlich).

(3) Auch der zweite Bestandteil der älteren kritischen Theorie, die Vorstellung eines gerichteten historischen Fortschritts ist, so umstritten diese nicht nur angesichts historischer Entwicklungen, sondern auch angesichts der philosophischen Kritik der Geschichtsphilosophie sein mag, gerade ein Punkt, den ich nicht etwa aufgeben, sondern integrieren möchte. Ja, ihm kommt sogar in meinem Vorschlag zum Umgang mit der Aufgabe der Begründung der Kritik von Lebensformen ein entscheidender Stellenwert zu. Angesichts der Schwierigkeiten nämlich, in Bezug auf die Beurteilung von Lebensformen kontextübergreifende Kriterien zu entwickeln, die den Einwänden der „Enthaltsamkeitsdoktrin" (wie ich sie in meinem Text als gemeinsame Position so unterschiedlicher Autoren wie Habermas und Weber dargestellt habe) standhalten, soll es geradezu die Pointe meiner Konzeption sein, dass sich die Rationalität und das Gelingen von Lebensformen anhand eines, wenn man so will, „deflationiert-geschichtsphilosophischen" Kriteriums diskutieren lassen soll. Die Frage nach der Möglichkeit einer Kritik von Lebensformen, Kulturinhalten oder Wertbindungen soll sich ja, so meine Behauptung, als Frage nach dem Gelingen von durch Krisen initiierten (kollektiven) ethischen Lernprozessen stellen lassen.

Ich habe das im Text nur vergleichsweise kurz angedeutet, und nehme deshalb die Gelegenheit wahr, nicht nur den Stellenwert dieses Gedankens, sondern auch seine Durchführung hier noch einmal deutlicher zu skizzieren.

Zunächst sollten Lebensformen, meiner Konzeption nach, weniger in Bezug auf die hier verkörperten „Werte" (und damit als Wertegemeinschaften), sondern als Bündel sozialer Praktiken (und ein entsprechendes Gemenge aus Praktiken und Orientierungen) verstanden werden. Das hat sozialtheoretisch betrachtet verschiedenartige Konsequenzen, die ich in meinem Beitrag vielleicht etwas irreführend mit der Chiffre „materialistisch" andeuten wollte, und die sicherlich weiterer Ausführungen bedürften.

Entscheidend für die Rekonstruktion des geschichtsphilosophischen Moments ist aber der weitere Umstand, dass Lebensformen als Zusammenhänge sozialer Praktiken dynamische Gebilde sind. Ihre Charakterisierung als „dynamisch" soll nicht nur andeuten, dass sie sich überhaupt verändern. Gemeint ist damit auch (und auch das bedarf natürlich längerer Ausführung), dass diese Dynamik teilweise konflikthaft ist, oder anders: Dass Lebensformen aufgrund von internen Spannungen wie auch durch externe Veränderungen oder auch durch die Auseinandersetzung mit anderen Lebensformen in Krisen geraten (können) und sich gegebenenfalls verändern und entwickeln, indem sie in Reaktion auf solche Krisen oder auftretende Probleme Problemlösungen herbeiführen. Solche Problemlösungen können gelingen oder eben nicht. Sie können also regressiv oder vorwärtsweisend, rational oder irrational, angemessen oder unangemessen, gut oder schlecht sein. (Eine solche Idee krisenhafter Entwicklung und nicht die Idee eines umfassenden Telos der Geschichte halte ich für den interessanten, wenn auch zu Recht umstrittenen Kern des geschichtsphilosophischen Erbes. Und in diesen Begriffen lässt sich, so meine weitergehende These, die Idee einer Rationalität der Geschichte oder einer historischen Rationalität erläutern.)

Wenn nun jede Lebensform zu verstehen ist vor dem Hintergrund einer Geschichte von teilweise krisenhaften Problemlösungsprozessen, dann lässt sich, so meine Überlegung weiter, ihre Rationalität anhand der Qualität dieses Entwicklungsprozesses selbst diskutieren. Oder anders: Sie lassen sich anhand des Kriteriums bewerten, ob es sich hier um gelingende (ethische) Lernprozesse handelt.

(4) An dieser Stelle erst kommt die Idee der *Metakritik* – und damit die der Formalisierung der vormals substanziellen Gesichtspunkte zur Bewertung von Lebensformen – ins Spiel. Dabei war der für mich leitende Gesichtspunkt die Vermeidung der stets umstrittenen direkten Bezugnahme auf objektivierende substanzielle Werturteile. (Schließlich ist an der Diagnose des „fact of pluralism" ja etwas dran.)

Der entscheidende Rekonstruktionsschritt ist also, dass solche Lern- oder Fortschrittsprozesse nicht substanziell bestimmt werden müssen, sondern, „formal" hinsichtlich ihres Gelingens als Lernprozess selbst. Die Frage ist jetzt also nicht mehr, ob ein bestimmtes Ziel (von dem wir Kenntnis hätten) inhaltlich erfüllt ist, sondern ob der *Modus* des Lernprozesses als solcher eine bestimmte Qualität hat. Kriterien dafür wären u. a. der Anreicherungscharakter und die Erfahrungsoffenheit eines solchen Lernprozesses. Nicht nur also lassen sich mit einem solchen metakritischen Verfahren die Bedingungen verzerrter Willensbildung von Akteuren in Bezug auf das für sie gute Leben ausfindig machen, sodass sich prima facie Wünsche von Individuen kritisieren lassen, ohne dass man dabei gegenüber den Individuen einen objektivistischen Standpunkt einnehmen muss. Der weitere und entscheidende Schritt ist der, aus einer solchen Perspektive der Metakritik Kriterien zu erarbeiten, anhand derer sich beurteilen lässt, ob kollektive historische Prozesse als Lernprozess angemessen oder defizitär sind, ohne dass man dazu ein übergeordnetes Wissen um das „Ziel" der Geschichte haben müsste.

Genau dieser Standpunkt ist es, den ich einerseits als „gleichzeitig eine Rekonstruktion wie eine Deflationierung des geschichtsphilosophischen Hintergrunds" andeuten wollte, ohne die Position der (älteren) Kritischen Theorie aufzugeben. Kritisch-theoretische Geschichtsphilosophie ließe sich damit als eine Metakritik von Erfahrungsprozessen auffassen.

(5) Wenn Max Weber in meinem Text dann abschließend noch einmal ins Spiel gekommen ist, so nicht deshalb weil ich, wie Axel Bühler meint, „Kritische Theorie sowohl in Anlehnung an wie auch durch Abgrenzung von Webers Position zu definieren" versuche. Ich benutze ihn hier eher als Kontrastfolie, um den Charakter einer solchen Meta-Kritik herauszuarbeiten. Ich erwähne ihn hier aber auch deshalb, weil ich seine Idee der klärenden Funktion der Wissenschaft als eine Art von vorbereitendem Schritt zu einer Kritik von Lebensformen auffasse, mit dem man weit, aber eben nicht weit genug kommt. (Genau in dieser Hinsicht halte ich das für ein „einleuchtendes Programm".)

Dennoch ist Axel Bühlers Kritik (oder die Weber'sche Position) an diesem Punkt eine wirkliche Herausforderung. Und der Hinweis, den Bühler hier gibt, ist für die Klärung meines Unternehmens ausgesprochen hilfreich. Fragt man sich nämlich, was denn Webers (ebenfalls „metakritische") Idee von der „klärenden" Aufgabe der Wissenschaft bzgl. der Herausarbeitung letzter Wertmaßstäbe und ihrer Prüfung auf Inkonsistenzen und Folgen eigentlich von meinem Programm unterscheidet, so ergibt sich nicht nur der Umstand, dass es mir um kollektive Prozesse und Akteure und um systemisch induzierte Verwerfungen und nicht um die Klärung individueller Haltungen geht.

Der Unterschied zum Weber'schen Programm lässt sich noch direkter bestimmen. Auch wenn Webers Klärungsverfahren möglicherweise weiter geht als angenommen, lässt sich doch nicht leugnen, dass er vor der Stellungnahme zu oder der Bewertung dessen, was sich ihm als „letzte Wertmaßstäbe" darstellt, zurücktritt. Auch Hans Albert, auf den Bühler sich hier beruft, spricht von einem für Max Weber unreduzierbarem „normativem Restproblem" und bemerkt, dass Max Weber „solche ,letzten Stellungnahmen' für einigermaßen unkorrigierbar, jedenfalls durch rationale Kritik unbeeinflußbar hielt" (Albert 1979: 205).

Wie auch immer man Webers Begründung hier weiter verstehen mag: Dem von mir skizzierten Programm einer Kritik von Lebensformen jedenfalls geht es ausdrücklich genau um dieses „normative Restproblem" und um die Möglichkeit einer Kritik dessen, was sich für Weber als „letzte Stellungnahme" oder letztes Wertaxiom darstellt.

Durch die Verschiebung der Kritik weg von der substanziellen Bestimmung dessen, was als gelingende Lebensform gelten mag (und von welchen Werten diese geleitet sein kann) hin zur Bestimmung der Qualität einer Entwicklung, soll eine solche Stellungnahme zu „letzten Werten" ja nicht ausgespart, sondern vielmehr in einen anderen Modus gesetzt werden. Die Formalisierung der Kriterien zur Beurteilung dieses „Restproblems" bedeutet also nicht seine Einklammerung, sondern seine Transformation, die auch eine Transformation der Ausgangsfrage ist. Die von mir vorgeschlagene Evaluierung von Lernprozessen nämlich ist einerseits formal, sofern sie nicht substanziell dazu Stellung nimmt, welche Ingredienzien eine gelingende Lebensform aufzuweisen hätte oder welche inhaltlich definierten Potenziale ein Lernprozess verwirklichen muss. Sie nimmt aber gerade damit inhaltlich Stellung zu diesen; erklärt sie als Lernprozesse für gelungen oder scheiternd, statt sie nur intern auf ihre Voraussetzungen und Konsequenzen hin zu läutern. Kriterien wie das der Erfahrungsoffenheit oder der Regression, der systematischen Blockierung oder der Integrationsfähigkeit vergangener wie gegenwärtiger Sachverhalte (um den möglichen Kriterienkatalog einer solchen Bewertung nur anzudeuten) argumentieren in diesem Sinne zwar „formal", haben aber direkte inhaltliche Konsequenzen für die Bewertung der in Frage stehenden Lebensform, die vor deren „letzten Wertaxiomen" nicht Halt macht.

Wie man sich vor diesem Hintergrund nun zu Webers Festhalten an einer „Grenze der Rationalität" oder der „Kritikimmunität sogenannter letzter Voraussetzungen oder Glaubenssätze" (205) verhält, ist ein Problem, das uns tatsächlich (Albert führt das sehr hilfreich aus) sehr weit in das grundsätzliche Verständnis dessen, was eigentlich Begründung oder gar „Letztbegründung" in solchen Bereichen bedeuten soll, hineinführt. Und hier ist (mit Hans Albert) festzuhalten, dass man, um die Kritikimmunität zu durchbrechen, um eine Neujustierung der Begründungsmodi nicht herumkommt. Nicht anders aber geht eine, sagen wir „praxistheoretisch" orientierte Kritik von Lebensformen vor, die sich in diesem Bereich zutrauen muss, gute Gründe zu geben, ohne auf letzte Rechtfertigungen zu setzen.

(6) Nun mag das von mir skizzierte Vorhaben gelingen oder nicht. Und natürlich ergibt sich eine ganze Menge von Problemen daraus, dass sich die Interpretationsstreitigkeiten und der Dissens möglicherweise nur verschieben hin zur Interpretation dessen, was als gelungener Lernprozess (aber auch: als Problemstellung und Problemlösung) gelten darf. Aber selbst wenn man das Projekt für unplausibel hält: Als Abschied von den weitgesteckten Erwartungen der Kritischen Theorie, als den Bühler ihn auffasst, ist es sicherlich nicht zu verstehen, allenfalls als ein allzu trotziges Festhalten an ihr und ein allzu großes Vertrauen in die Möglichkeit der Rekonstruktion auch noch ihrer gewagtesten Annahmen. Meine eigene Befürchtung geht, ganz im Gegenteil, also eher dahin, dass meine Überlegungen sich zu sehr an gerade die Bestandteile der als „Kritische Theorie" bezeichneten Theoriekonzeption binden, die besonders belastet und damit besonders schwer zu verteidigen sind. Aber das ist ein ganz anderes Problem.

Literatur

Albert, Hans. 1979. Theorie und Praxis: Max Weber und das Problem der Wertfreiheit und der Rationalität. In *Werturteilsstreit*, Hrsg. Hans Albert, Ernst Topitsch, 200-236. Darmstadt: WBG.

IV. Methodologie, Methoden, Ontologie:

Übergreifende Problemperspektiven

CAUSALITY AND HUMAN NATURE IN THE SOCIAL SCIENCES

John Dupré

Abstract: Human nature is of course a fundamental concept for social science. There is a widespread belief, even among some social scientists, that human nature is a biological given something that should be elucidated by the biological sciences. This perspective has recently been especially associated with the evolutionary perspective of the human offered by sociobiologists and evolutionary psychologists. In this paper I will argue that a number of developments within the biological sciences, both in evolutionary theory (cultural evolution, niche construction, developmental systems) and elsewhere (especially epigenetics) contribute to demonstrating the poverty of these approaches to evolutionary theory. On the contrary, I argue, contemporary biological theory is much more congenial to a view of the human as highly flexible and adaptable to change, much of which is generated by humans themselves. Humans are, by nature, developmentally and behaviourally plastic. I conclude with an account of how a conception of human freedom fits within this general picture.

I. Introduction*

It would be hard to find a more fundamental concept for the social sciences than human nature. The social sciences are, after all, about *human* societies, so they had better have some idea what the constituents of such societies are like. But the issue central to the present paper is whether human nature is something that the social sciences presuppose, an exogenous input from some other part of the intellectual map, or whether it is rather the subject matter of the social sciences, something that the social sciences aim to illuminate. Or, and here is where I shall suggest the truth lies, perhaps it is not quite either, but human nature is a concept that can only adequately be understood from multiple perspectives, some, but not all, of which form parts of the social sciences. The other topic of this paper, causality, is fundamental to explaining this last point, as will emerge, I hope, as the paper develops.

The reason that there has been a question about the role of human nature in recent years is that there has been an active and influential movement to insist that this was a question entirely, or almost entirely, outside the social sciences, somewhere on the boundary between biology and psychology. A natural, if ultimately arbitrary, point to

---

* I gratefully acknowledge funding from the Economic and Social Research Council (UK). The research in this paper was part of the programme of the ESRC Centre for Genomics in Society (Egenis).

date the beginning of this movement is with the publication in 1975 of E. O. Wilson's *Sociobiology*, and the heated controversy that followed this event. Wilson famously suggested in this work that the extension of evolutionary biology he was advocating would lead to the "cannabilization" of the social sciences and ethics, as human behaviour, both social and individual, was increasingly understood as an elaborate set of fitness-maximising devices.

This reductive vision was rightly subject to severe criticism (Lewontin et al. 1984; Kitcher 1985), firstly because of its scientific inadequacy, but also because of its unsavoury potential social and political implications. But for two reasons this is hardly the end of the story. First, as I shall describe in a moment, the same basic ideas emerged soon after in a slightly different guise. But second, the extreme reaction to the sociobiological picture, reductive environmentalism, is no improvement. Indeed the latter may be the position with the more disastrous potential implications. Biological determinism suggests political nihilism, as attempts to alter the natural biological state of human life must ultimately be futile. But environmental determinism suggests a plasticity of human nature that may legitimate any political system, however repellent it may seem to us, now. Worker bees, one assumes, do not yearn for the freedom to choose their way of life and nor would we if our upbringing and social milieu had properly conditioned us to the lives of slaves.

The remainder of this paper will take on three tasks. The first will be to describe the successor project to sociobiology and briefly point out some if its major weaknesses. The second will be to sketch a more adequate view of the relation between biology and society in the development of human nature. And finally I shall say something more contentious about the way this positive view presents a possible view of human freedom. This will also make clearer the vision of causality that, I believe, makes most sense of the problem addressed in the second part.

II. From Sociobiology to Evolutionary Biology

As mentioned above, sociobiology slipped out of view during the early 1980s, in part in response to some severe criticism. However, something similar re-emerged in the latter half of that decade, rebranded as Evolutionary Psychology.[1] There is considerable debate as to how much this scientific venture differed from its predecessor. The official story is that sociobiology had ignored a crucial link between evolution and behaviour, the cognitive mechanisms that had evolved to produce appropriate behaviour in response to environmental information (Cosmides and Tooby 1987). It seems unlikely that Wilson had been unaware of the necessity of some kind of cognitive mechanism or, to put it differently, of the distinction between proximate (neurological) and ulti-

---

[1] Following Buller (2005), I capitalise Evolutionary Psychology to refer to the specific and influential school discussed here, and associated especially with John Tooby, Leda Cosmides, and David Buss. Classic statements are Barkow, Cosmides and Tooby (1992) and Buss (1999). In lower case, I mean by evolutionary psychology any attempt to understand how it is that humans came to have (evolved) the mental capacities they now exhibit. Provided the latter project does not assume a specific and controversial understanding of evolution, it is of course unexceptionable.

mate (evolutionary) causes.[2] However, there is no doubt that Evolutionary Psychologists devoted more attention to this intervening entity, and this led to an aspect of their account of the mind that I want to stress, what I refer to as its atavistic character.[3]

Evolved cognitive mechanisms are devices evolved to respond to problems organisms face in surviving and reproducing. But exactly which problems will these be? Clearly they will not necessarily be the problems that the organisms are currently facing: evolution is not an instantaneous process. In fact, one of the most distinctive features of Evolutionary Psychology was the quite specific answer it gave to this question: human cognitive mechanisms evolved in the Pleistocene, the period from about 2 million years ago, to about 10 000 years ago, the end of the last ice age. Motivating this choice is the thought that substantial periods of time are required for significant evolutionary change, and the Pleistocene is conceived of as a sufficiently extended period with reasonably constant conditions to which human life could adapt. It is also the most recent such period, and therefore an appropriate era during which to look for characteristics that distinguish humans from other lineages from which they have diverged, most recently the great apes. Much of evolutionary psychology has consisted of reflection on the conditions that might have obtained during this period, and on the behaviours that would have been most favoured by natural selection given those conditions. This has been more or less supplemented by empirical investigations aiming to show that the appropriate behaviours have, indeed, evolved.

There are, unfortunately, many problems with this line of thought. To begin with, knowledge of the conditions in the Pleistocene is a lot less certain than one might wish and, more importantly, those conditions were probably far from stable. It has been argued that the safest inference from the Evolutionary Psychologists' assumptions would be that human psychology should be enormously flexible to take account of this variability. But even if we did know as much as we could wish about the Pleistocene, including that the relevant conditions there were highly stable, the procedure in question would be highly dubious. First of all, a lot of human behaviour has roots that are far more ancient, and that are shared with many of our not even very close relatives. Sociability, for instance, is not a uniquely human attribute, though its detailed implications may be different in humans than in other animals. But then, second, the assumption that significant evolutionary change must have taken at least hundreds of thousands, perhaps millions of years, is also questionable. This latter assumption is based on a model of evolution as change in gene frequency resulting from selection of advantageous alleles. But significant changes in the nature of human sociality are evident over historical periods of tens or hundreds of years, presumably because they are due to cultural, or possibly epigenetic, processes. Why should similar processes not also facilitate the evolutionary divergence between humans and non-human relatives?[4]

---

[2] This distinction was made famous by Ernst Mayr (1961).
[3] I shall concentrate my criticism of Evolutionary Psychology on this point. This is far from exhausting the difficulties the position faces. For more comprehensive criticism see Dupré (2001) and Buller (2005). I explain the present objection in more detail in Dupré (2008).
[4] Limitations to the neo-Darwinist view of evolution assumed by Evolutionary Psychology are discussed in Dupré (2010).

I mentioned that Evolutionary Psychologists attempt with varying degrees of commitment to provide empirical backing for the hypotheses derived from reflections on the Pleistocene. It should be stressed that empirical support is being sought for universal claims about human psychology. There is some room for explanation of diversity in human behaviour through appeal to different environments in which people grow up, and specific differences in the experiences of individuals. But the object of interest is what is common to all humans: human nature. There are, certainly, worthy motivations for a concern with universal human nature, for example it may serve as a ground for rejecting racist views that claim deep difference between groups of humans. On the other hand, evolutionary psychologists do make a lot of the differences between the sexes; from an evolutionary perspective it is certainly a highly salient one. The historical message seems to be that with sufficient ingenuity views about human nature can be deployed on either side of most political issues.[5] However, the Evolutionary Psychologists' treatment of sexual difference does point to deep theoretical difficulties with their general position.

The notion that there is no difference at all between the human sexes except what local conventions of gender dictate has largely been abandoned, and this is probably a good thing. It is an unhelpful view because it represents exactly the veering to reductive environmentalism that I mentioned above. There are, of course, biological differences between men and women. The trouble is that although Evolutionary Psychologists claim that their theories are interactive, the psychological modules we all share determine behaviour in ways responsive to and hence appropriate for environmental circumstances, their evolutionary arguments are presented in terms of universally optimal behaviour for humans, for males or for females. Moreover, the dispositions that humans develop through their lives are universal. If humans universally have a tendency to reciprocate cooperative behaviour, let us say, and to punish selfish behaviour, the interaction is only at the point of detecting an instance of cooperation or selfishness and then behaving appropriately. Development, the process of becoming a mature human with a particular set of responses to contingencies in the world, turns out to be irrelevant. A proper interactionism, on the other hand, does not merely involve appropriate interaction with various environmental contingencies, something that probably characterises every life form on the planet, but rather refers to development that produces different mature phenotypes in response to different environments. This much is also true of many organisms, perhaps most strikingly plants. What is developed to a unique degree in humans is the ability to develop a cognitive phenotype, a set of cognitive mechanisms, if you like, that is adjusted to the environment in which it matures. And this is something that the evolved cognitive mechanisms of the Evolutionary Psychologists are wholly unable to comprehend. So I now turn to a view of evolution that is better fitted to this task.

---

5 The political versatility of scientific findings is illustrated in some detail in the second half of Barnes and Dupré (2008) with respect to genetics and genomics. What we describe there as 'astrological genetics', the vulgar view that sees details of human behaviour ineluctably inscribed in genes, would be difficult to deploy in a politically progressive way. There is probably no reputable scientist who believes the extreme vulgar view, though it is easily read into a lot of popular writing, not least by Evolutionary Psychologists, and it is often implicit in casual statements by scientists extolling the importance of their fields.

III. From Evolutionary Psychology to Developmental Systems Theory

Evolutionary Psychology, as I have tried to explain, is ultimately committed to a view of development that sees the basic parameters of cognitive systems as somehow inscribed in our DNA. One reason that it does this, to which I have already alluded, is that it is still very much mired in the assumption central to neo-Darwinist thinking, that the products of the evolutionary process could only be preserved in the long term if they were entrusted to the care of the genome, to Dawkins's "immortal coils" (1976). This assumption has little to be said for it, however. Genes are by no means the only vehicles by which information about development can be passed down from one generation to the next, and it is far from clear what degree of stability, immortality, is required for such a mechanism of heredity to function in an evolutionary process. Three generally interconnected processes that have come under recent investigation and that illustrate the limitations of traditional gene-centred neo-Darwinism are epigenetic inheritance, transgenerational niche construction, and cultural evolution. I shall next say a little about each of these.

1. Epigenetics

Epigenetics embodies a fundamental reevaluation of the ways that genes work. Genomes are constantly undergoing chemical modifications through interactions with the cellular environment. Most well-known of these is methylation, the alteration of cytosine, one of the bases that make up the famous genetic code, by the addition of a methyl (CH_3) group. Other epigenetic processes modify the protein core that forms part of the structure of the chromosome. Methylation generally reduces the probability that the sequence of DNA in which it occurs will be transcribed, thus changing the overall output of RNA transcripts from the genome. Processes of this kind help to explain the different behaviour of genetically identical cells in the different parts of the bodies of multicellular organisms. The crucial implication of the expanding understanding of epigenetic phenomena is that it finally lays to rest the idea that the nature and behaviour of an organism are somehow inscribed in the sequence of nucleotides in its nuclear DNA. It is now clear that this sequence provides no more than a (vast) set of chemical possibilities; what is actually done even in terms of the transcription of RNA molecules depends on a further level of chemical modification, and one that is far more transitory than DNA sequence.

Contrary to an earlier belief that at least only DNA sequence was passed on to subsequent generations, it is increasingly clear that some epigenetic changes can be inherited too. Striking illustrations of this kind have emerged from the UK Avon Longitudinal Study of Parents and Children (ALSPAC), a project involving 14 000 mothers enrolled during pregnancies in 1991 and 1992. The findings of this project have included a correlation between smoking by men prior to puberty and obesity in their male offspring, and – bizarrely – an inverse correlation between the availability of food for men in childhood, and the longevity of their grandsons (but not granddaughters) (Pembrey et al. 2005). Although it is difficult to assemble conclusive evidence, such results add to the plausibility of the long held suspicion that descendants of victims of the Dutch Hunger Winter of 1944-5 showed symptoms such as low birth weight, and that these were the consequence of epigenetic inheritance.

It is also important that epigenetic inheritance need not involve the direct transfer of molecules between generations. A fascinating illustration of this point can be found in the research on maternal behaviour in rats by Michael Meaney and colleagues (Champagne and Meaney 2006). It appears that attentive mothering by rats, involving a lot of licking of rat pups, produces calmer, less nervous adult rats, and that this is a consequence of epigenetic effects in the developing rat brains initiated by maternal care. These calmer adults, if female, are likely to lick their pups more. Hence the epigenetic changes to the rat's brain can be passed on by means of a process involving behaviour alterations between parent and child.

Another important point about this example is that it illustrates the fact that environmental influences on the organism can produce epigenetic changes, another crucial idea in developing a picture of development that goes beyond simplistic genetic determinism. A disturbing example of this point is provided by the growing evidence that assisted reproductive technologies, by providing an abnormal developmental environment at a crucial point in embryonic development, can have epigenetic effects that may produce disease. These certainly include rare disorders known to be epigenetic, and it is increasingly suspected that these technologies substantially increase the risks of diabetes and obesity in later life (Pembrey 2010). More speculative is the thought that the realisation that the environment can affect the behaviour of genes and can do so in ways that may be heritable, raises the spectre of Lamarckian processes in evolution. This is an issue I shall not pursue here however (but see Jablonka and Lamb 1995).

2. Niche Construction

It is still often supposed that there exist niches in nature, and organisms evolve to occupy them. On the other hand it has been known, at least since Charles Darwin's extensive and classic investigations of earthworms (Darwin 1881), that organisms can have a profound influence on their environments, and can do so in ways that are beneficial or essential for their ways of living. Of particular importance is the fact that the niche that the organisms construct is the environment in which subsequent generations develop. Thus, as opposed to the niche being a pre-existing space to which natural selection adapts a group of organisms, the organisms come to be adapted to the environment that its members have constructed, in part because that environment provides some of the conditions that enable them to develop in an appropriately adapted way. I shall therefore sometimes refer to the constructed niche as a developmental niche. Classic examples of niches both constructed and developed are provided by the beaver, the entire life of which focuses on the resources provided by the dam that it itself constructs, and the termite, whose mounds are remarkable achievements in climate control and much else. But these are only extreme examples. It is increasingly acknowledged that niches are not pre-existing givens, but rather co-evolve with the organisms that inhabit them (Odling-Smee et al. 2003). And surely the organism that has taken this phenomenon to the highest level is *Homo sapiens*.

From certain perspectives one may admire the climate regulation system of a termite mound more than the energy-guzzling air conditioning systems that keep the inhabitants of Los Angeles or Hong Kong comfortable on hot days, but it would be hard to deny that the latter constitute even more complex systems, and ones that would not have been possible without the unique cognitive endowments of the human species. More fundamental to human development, on the other hand, are the hospitals in which most of us are now born, and which contribute to the extensions of our life spans, and the schools that provide us, over many years, with the skills necessary to negotiate successfully the enormously complex material and social environments we construct. No one could be tempted to imagine that a human infant raised in the wild by non-humans would acquire these skills by sheer force of genome.

One way of thinking about these phenomena is through Richard Dawkins' (1982) notion of the extended phenotype. On Dawkins' view, a termite's genes don't just build termite bodies, they build termite mounds by determining the behaviour of termites that results in the building and maintenance of mounds. It should be noted that this provides a very different causal path between the generations from the familiar idea of a genome directing the development of an organism. For one thing, it is evidently impossible for a termite to build a mound by itself, so that the termite genome is at best only part of a much larger system that in its entirety provides the conditions for the production of new termites. My own view is that the differences are greater than the similarities, and Dawkins' way of describing things is likely to mislead more than it enlightens. But I don't need to pursue that argument here, since the focus will remain on the human case. And no one could suppose that the environment that humans create for, among other things, the production of new humans, is simply a consequence of genetically determined human behaviour. The point is probably too obvious to require argument. It is sufficiently established, for example, by the diversity of human environments. Of greatest interest here, and one of the central explanations for that diversity, for the particular ways in which particular groups of humans shape their environments, is cultural evolution. To this I now turn.

3. Cultural Evolution

That culture can generate processes similar to biological evolution has been a familiar idea for a long time. Recent discussions generally date from the sometimes rather technical analyses of Feldman and Cavalli-Sforza (1981) and Boyd and Richerson (1985). The basic idea is that elements of culture are transmitted from one human to another, and if the cultural item is beneficial to its possessors it will tend to be passed on more often and become more common. This deliberately vague summary covers many possibilities. Transmission may be from parents to offspring, but it certainly need not be: transmission from teachers to students or between peers is perhaps equally or more common. "Beneficial" could be interpreted in a way analogous to biological evolution as promoting survival and reproduction, but it also need not be. It might just mean something the possessor enjoys, or it may be pleasurable or otherwise advantageous to transmit it. Cocaine use probably doesn't increase reproductive success, but the habit appears to be easily picked up, and the economic context of many contemporary societies tends to generate a subset of users with a strong interest in finding new recruits to the practice. The sources cited above offer a range of different plausible and even empirically supported dynamics for the evolution of various cultural items.

Another approach that has received a good deal of attention starts rather from the perspective of the cultural element itself. I refer to so-called memetics (Blackmore 1999; following Dawkins 1976). Here the idea is that there are certain cultural items, 'memes', that are very good at getting themselves transmitted from one human mind to another, and human minds thus end up being colonised by the most successful such memes. Although this perspective can provide some illumination in particular cases, as a general approach to cultural evolution it is highly simplistic, and not surprisingly it shares many of the defects of simplistic gene-centred approaches to biological evolution. For example, it has become increasingly clear that the division of genomes into a specific number of distinct genes is a human imposition rather than a reflection of the nature of things (Barnes and Dupré 2008). That culture does not exist as an objectively determined set of discrete elements is far more obvious.

The last remark points to some very serious issues that I have glossed over. My talk of cultural elements or items above is no more justified than the assumption that culture can be divided into memes. Indeed, and worse, I have written as if it was unproblematic what the word 'culture' refers to, and certainly this is not the case. Fortunately, I do not think it is necessary to go into any of these difficult questions here. All I want to insist on now is that a wide range of behaviour transmitted between human individuals, including from more mature to juvenile individuals, is part of the set of resources involved in the successful development of human individuals. I have wanted to indicate that there are interesting questions to be asked about the processes by which this behavioural repertoire changes over time, though I certainly do not want to commit myself to the view that this is best studied in terms of formal models, or indeed that all such phenomena are amenable to such study at all. Given only this very general assertion, it is possible to see how far the human developmental system differs from that implicitly assumed by evolutionary models limited to an obsessive focus on the genetic.

4. Developmental Systems

The point I have been making is in many ways an obvious one: the successful development of a human takes the confluence of a considerable variety of resources. These include a great deal that is provided by other humans, some through direct interaction, many more through the construction of the environment in which contemporary human life is possible. There are also, of course, many biological conditions. Although one may say that first among those is a zygote with an appropriate and not fatally corrupted genome there is much more. The zygote and the developing embryo and fetus undergo a series of interactions with the environment provided by the mother's body, and the influence of this environment is to some extent affected by the wider environment in which the mother herself is placed. All of this makes nonsense of the idea that somehow the future adult human is inscribed in the zygotic genome, if only we had the ability to read it. Although few contemporary theorists assert so crassly the preformation of the adult in the genome, many implicitly or explicitly assume more of this picture than is defensible.

The appreciation that evolution can act on many different aspects of the developmental system is another way of seeing the inadequacy of Evolutionary Psychology. Most obviously this is illustrated by cultural evolution – the clue, after all, is in the name. Cultural evolution has surely had a great deal to do with the very different phenotypes (behavioural, at any rate) exhibited by contemporary humans and their ancestors a few centuries ago, and indeed between those exhibited in (say) New York City, rural England, and the forests of New Guinea. Genetically-minded evolutionists are inclined to respond that cultural differences are easily mutable, and hence superficial. And it is true that an infant born in rural England or even New Guinea and transplanted to New York City might grow up as a typical New Yorker. But even assuming this is true, it of course begs the question by assuming that all that really matters is the "deep" biology. This, and the argument that deep biology (genetics) takes a very long time to change significantly (a premise increasingly questionable in the light of epigenetics), are what underlie the argument for Evolutionary Psychology that I have been particularly concerned to refute.

One way to see the power of cultural evolution, on the other hand, is to stress its role in the reconstruction of the human niche. Let us focus on a very small episode of cultural evolution, say that which has occurred in Europe over the last two centuries. Human behaviour is, I suppose, significantly different between the ends of this period. At the beginning of the period a much higher proportion of people were occupied with agricultural work of some kind, and the kind of agricultural work was mainly different from anything available today. The affluent travelled in horse-drawn vehicles, the rest on foot; most people stayed much closer to home than they do today. No one watched television or played video games. Generally people did different kinds of work and entertained themselves in different ways.

The biologically inclined will tend to acknowledge these differences, but stress that both then and now people had sex, raised children, competed with one another for status, and so on; in these fundamental ways nothing changed. But as these activities do not even distinguish us from apes, or indeed most other animals, it is clear that a rather finer grain of description is relevant. No doubt there are finer grains of description than these that will count the populations in question as similar. One of the deeper problems in this area that is between any two groups of organisms there will be similarities and differences. As a population evolves new differences will appear and old similarities will disappear. What constitutes significant, interesting differences that should be marked by the term "evolutionary change"? I do not see how any answer to this could be given by Nature; it is up to us how we use this term. We might decide by fiat to apply it only to genetic changes, but if we did we should be careful not to infer anything from this about the importance of different kinds of change in nature. My point is just that in terms of changes that are of interest to us, very considerable differences occur to humans in relatively short periods of time, and whether or not these involve genetic differences may be an interesting question in its own right, but has little bearing on how significant the changes may be.

But to return to the main thread, I wished to emphasise particularly the ability of cultural evolution to transform the developmental niche. And here, at least in contemporary developed countries, it seems clear that humans have learned in quite recent time to construct a remarkably novel environment for the development of their young. Our homes are heated, plumbed with incoming water and outgoing waste, and provided with electricity. Entertainment arrives through the air or in subterranean cables at specially made receivers that project images of musicians, actors, etc. Our food comes from supermarkets, sometimes in cans or ready-frozen meals. If our health is threatened we are moved to special facilities where specialists intervene to restore our proper functioning. Massive infrastructures facilitate our movement through space and our communications with one another independent of physical proximity. And most importantly of all in the present context, other locations house specialists who impart to the young some of the vast body of information necessary to thrive in these very complex environments. All of this is entirely banal. What is curiously often overlooked, however, is that these prodigious changes to the human environment, concretisations of our rapidly evolving culture, profoundly affect the developmental resources available to growing humans. For that reason their introduction should be seen as representing major evolutionary change.

One simple example may further illustrate the point. The mobile phone did not exist when I was a child. In fact it is for hardly more than a decade that it has been omnipresent, a mandatory accoutrement for everyday life in developed countries. And whereas it may seem only more or less mandatory for people of my generation, for those aged, say 10 to 20, it is as unthinkable to be deprived of one's phone as to wander the streets stark naked. Most teenagers move through the world, by virtue of this technology, in a continuous dialogue with a group of friends who need not be in any physical proximity. In fact the virtual community seems far more salient than the contingency of physical proximity, very probably the cause of considerable conflict in spaces such as train carriages, in which an older generation continues to see physical proximity as a decisive basis for at least polite interaction. It is not, therefore, merely behaviour that has changed for those who have grown up with the mobile phone, but the entire experience of social space, transformed from a direct function of physical space, to a virtual space within the voluntary control of the individual. Needless to say, the rate of such evolutionary change is entirely different from the genetic change so beloved of neo-Darwinists.

IV. Human Nature

It is now possible to see why I want to deny that there is any such thing as human nature, when this is understood as something constant through the history of the species and across members of the species. By human nature, therefore, I shall in what follows mean only the nature of a particular human, or the nature typical of, or average for, a particular group of humans. Human nature as a population average can evolve rapidly over time; and individual human nature can vary considerably within a population at a time. The reason for this is not, as Evolutionary Psychologists imagine to be asserted by the "Standard Social Sciences Model" (Barkow et al. 1992), that human nature is something superficial and trivial that can be written on the blank slate of the human mind by any ambient culture. On the contrary, it is a consequence of the complexity of the way human nature develops, the multiple causal factors involved in the progression from zygote to mature human with a relatively settled set of behavioural dispositions.[6] The complexity of the process and the number of factors that influence it explain both these dimensions of diversity. Evolution can change the characteristic, or typical behaviour of a population through the accumulation of (at least) genetic, epigenetic, and cultural changes. It is safe to say that in recent human history the last mentioned has been the leading driver, as cultural evolution has drastically altered the species-typical developmental niche. It may well be that some of these changes have become more firmly entrenched through parallel epigenetic or even genetic changes.

It is equally clear that recognition of the variety of factors involved in development makes possible a diversity of individual outcomes within even quite narrowly defined populations. Everyone recognises that there is genetic diversity within most populations and specifically among humans. A great and currently increasing quantity of work goes into correlating these genetic differences with phenotypic differences. A major form of contemporary biomedical research is the genome wide association study (GWAS), which uses the very large volume of genomic data we now have about human populations to find correlations with medical outcomes – physiological and psychological disease. I don't mean to raise an objection to such studies, which may well succeed in usefully identifying causal factors involved in pathological processes. However, as everyone involved in such research is aware, this is a hardly a search for sufficient causes. GWAS will at best provide clues to the detailed causal processes involved in pathology.

A good indication of the difficulty can be gained by reflecting briefly on by far the strongest known correlation between a genomic factor and a psychological pathology, a correlation far too well known to require anyone to launch a GWAS, namely the genetic cause of violence. The cause in question is, of course, the Y chromosome. Possession of this genomic feature increases the probability that a person will commit a violent crime by a factor of 5 to 10, the sort of finding which would be likely to achieve considerable publicity if it related to schizophrenia or cancer, say. The example can usefully highlight a number of quite general, mainly fairly obvious, points.

To begin with the most obvious point, a genetic cause is not generally a sufficient cause. Most men do not commit violent crimes. And it is not a necessary cause. 10 to 20 percent of violent crimes are committed by women. Like any other human trait, the disposition to violence develops in interaction with a range of other factors, for example those explored by social scientists interested in the causes of violence. The variation in these factors, presumably, explains the wide differences in the prevalence of the trait in different social contexts.[7] But saying all that, is not to deny that the genetic difference plays a role. This might mean that in all actual and most imaginable social contexts there would be a predominance of male over female violence. It is easy enough to imagine differences in hormone levels, the autonomic nervous system, or

---

[6] I say *relatively* settled. In fact human development should be seen as a process that continues from fertilisation of the egg until death. It is probably safe to say, however, that dispositions are a good deal more fixed in the last few decades of this process than in the first.

[7] For an analysis of some factors affecting the prevalence of domestic violence, for example, see Archer (2006).

even more specific cognitive biases that could result in such an enhanced disposition. And these differences may even be explained, in part, by the evolutionary scenarios offered by Evolutionary Psychologists.

But the point I want to emphasise most strongly with this example is that even with such a robust phenomenon and a well-grounded belief in causal relevance, the usefulness of this genetic information is very limited. No one seriously advocates addressing the social problem of violence by universal incarceration, elimination, or selective abortion of fetuses with Y chromosomes. This is a relevant factor in that causes of male and female violence may well be significantly different, and because it alerts us to the greater importance of focusing on the causes of male, rather than female, violence. But any practical impact on the social problem will require understanding in real depth and detail the processes that lead some people with Y chromosomes (and a smaller number without) to end up as adult humans with an atypical tendency to resort to violence.

One final point should be added with respect to the causally complex situation just described. There is a widespread if inchoate intuition that there is something specially deep and important about genetic causes. One thing that may contribute to this is a sense of their immutability: apart from some very recent and still quite unreliable technologies, there is nothing much we can do about genetic causes. But for the multicausal situations I have been considering, this is a reason for inferring the lesser importance of these causes. A long tradition of philosophical analysis has considered the question how we pragmatically distinguish a particular factor as "the cause" from a complex causal nexus (Mackie 1974). A central conclusion is that we distinguish a fixed background (standing conditions) from the distinguishing and not necessarily expected factor. Thus, in one classic example, an electrical short circuit rather than the presence of oxygen is offered as the cause (and, more obviously, the explanation) of a fire in the hay barn. The short circuit is the "difference-maker"; the oxygen is present just as it is in countless other non-burning barns.[8]

The preceding idea alerts us to the importance of being very clear about the scope of the questions we are considering. If we are interested in the general phenomenon, why men are more disposed than women to violence across a whole range of social contexts, then it may be that some physiological upshot of the Y chromosome is what makes the difference. But for most explorations of violent human behaviour being male is a background condition, and we are interested in causes that make the difference between violent and non-violent men. Similarly when we are interested in cross-cultural differences we will look at the differences between cultures, and the distribution of XX and XY karyotypes will be a background condition. As with almost any variable human trait, there are likely to be other genetic differences that affect the trait to some degree. Experience so far, however, suggests that it is most unlikely that there will be anything with an effect comparable in size to that of the Y chromosome.

---

8 A sophisticated development of a similar idea, but based on the idea of the potential manipulability of a cause, has been developed by James Woodward (2003). However, for present purposes the simple idea outlined in the text will be sufficient.

V. Human Autonomy

I have said a good bit about the genetic determinism which is still such a regrettable concomitant of much thinking about genetics. I want to finish on a rather different topic, determinism in general and the worries that this has long engendered about human autonomy. Space will not permit a detailed defence of my rejection of the still widely endorsed deterministic perspective (for this see Dupré 1993: part 3). What I would like to argue is that, contrary to a common philosophical assumption, rejection of the deterministic worldview does in fact have significant consequences for our view of what it is to be human.

Outside the philosophy of science it is still widely assumed that a commitment to determinism is an inescapable concomitant of taking scientific knowledge seriously at all. However, it is a quite different story among philosophers who have attempted to engage seriously with the contents of scientific belief. Philosophers of physics have, of course, given up on classical ideas about determinism since the general acceptance of quantum theory, though it is still often supposed that determinism can somehow reappear unharmed at the macroscopic level. To this I comment only that such containment of indeterminism seems incredible. Schrödinger's cat may or may not be around to kill the mouse that would have moved the nail that stuck in the shoe of the horse that would have. ... The fact that there are deterministic processes that emerge at the macroscopic level cannot exclude the amplified effects of microscopic events that are not deterministic from interfering with the orderliness of the macroscopic sphere.

Philosophers of biology are perhaps not typically much exercised by this question since, on the whole, they have now given up on the reductionism that, it was once imagined, might import determinism from the microscopic sphere. On the face of it the regularities that biologists discern or the models that they construct look anything but deterministic. Biologists, it is true, do tend to assert their commitment to determinism and reductionism, but it generally turns out that these doctrines are understood as methodological commitments rather than metaphysical doctrines. As such (assume that phenomena of interest have causal explanations; look for underlying mechanisms) these commitments are surely unexceptionable. On the other hand, the rise of systems biology in the last five years or so has brought a good deal of discussion of holism, emergence, and related ideas to the forefront of theoretical biological thought (Boogerd et al. 2007; O'Malley and Dupré 2007). Picking up on an idea promoted long ago by Donald Campbell (1974), biologists and philosophers have even started to consider seriously the idea of downward causation, the causation of the behaviour of parts by the whole.

But here I don't propose to review the arguments for or against these positions, but want only to consider whether the rejection of determinism and physicalist reductionism, together with the acceptance of emergent properties or downward causation, would make any significant difference to the way we should think about the nature of the human. In particular, can these ideas begin to make sense of human autonomy, or freedom of the will? I want to argue against the still orthodox assumption that such issues are irrelevant to the issue of free will.[9]

---

[9] Such an argument was presented in greater deal in Dupré (2001: ch. 7).

The reason why these issues are generally thought to have little relevance to the question of free will is straightforward. It is naturally supposed that the alternative to determinism is indeterminism, lack of causality, or randomness. But the concerns that people have about determinism, that it may seem to imply lack of control over or responsibility for, one's actions, are hardly ameliorated by the thought that they are randomly generated. As philosophers since Hume have observed, it is a rather more attractive thought that they are caused by one's beliefs and desires.

That propositional attitudes such as beliefs and desires explain actions is largely uncontroversial, and most philosophers now hold that they do this because they cause actions. But what does this mean? One common picture is that beliefs and desires are states of the brain, and that these initiate signals down nerves which, in turn, cause the motions of parts of the body that constitute actions. But this, of course, is a picture that fits naturally with the philosophical vision of microscopic causal transactions to which the apparent actions of macroscopic agents are mere epiphenomena. A quite different picture begins with the rejection of the assimilation of beliefs, desires, and so on, to states of the brain. This rejection is often motivated nowadays by externalism, the view that a belief, for example, depends for its identity on things in the world beyond its human possessor. The alternative position, however motivated, is that believing that p, say, is a property of a whole human, and that the reification of a belief required in locating it in the brain is wholly unwarranted. If a belief, or an instance of believing, is indeed a property of a whole human, then its causing of the movement of a part may be seen as a case of downward causation, the influence of the whole on one of its parts. If this seems metaphysically extravagant, note that the familiar philosophical example "I raise my arm", unless the I is a Cartesian ego or its current neurophysiological analogue, is an example of a whole ("I") acting on a part ("my arm"). So the rehabilitation of downward causation is an important step in beginning to make sense of the human agent as something causally efficacious, capable of making things happen, rather than merely an epiphenomenon of constituent microscopic happenings.

This will all continue to seem to most philosophers metaphysically extravagant in comparison to the alternative story at the microphysiological level in which a complex array of physical particles in my brain acts on another such array in my arm. If a belief is more than an array of stuff in my brain, then it may still only be that part of the belief that does the actual neurophysiological causing. Again, the description of all this in terms of whole person agency may seem otiose.

But why does this alternative picture looks so much more philosophically plausible (if it does)? The answer, I think, is that many of us are still captivated by a neo-Laplacean picture in which everything really happens at the microphysical level, which is causally closed and complete. And this picture cannot escape the implication that *everything* above the microphysical level is merely epiphenomenal. If the parts of a thing have their behaviour determined by microphysics then so must the behaviour of the composite thing be determined. Any appearance that it has casual powers of its own is illusory. It is no more nor less necessary to appeal for causal explanation to the properties of my mental states than it is to the liquidity of water or the motion of tectonic plates. To a LaPlacean calculator all are just the upshots of countless microscopic movements.

The resolution of this problem, in my view, lies with abandoning the assumption of the causal completeness of the physical. Although I cannot offer detailed arguments here against this assumption, I shall try to give some sense of why I think it can safely be abandoned. The microphysical determination of everyday events is, at least, hardly something open to casual inspection. It is, on the contrary, a metaphysical assumption, and once open to serious consideration it is, it seems to me, a highly implausible one.

Abandoning the assumption of causal completeness is giving up the idea of the universal reign of law, the assumption that everything happens in accordance with some universal causal regularity. Speculatively, I suggest that this is an idea grounded in the prescientific conception of law as the edict of a supreme lawgiver. Certainly God should be capable of regulating every event, however minute; whether Nature could or should be expected to accomplish the same feat is another matter. Reflection on biology, on the other hand, should make such universal regularity quite implausible. Not only are life processes constantly beset by at least the appearance of irregularity and unpredictability but, more significantly, regularity is won with great difficulty and ingenuity. The mechanisms that make possible the regularities that constitute the persistence of living things are more astonishing the better we come to understand them.

Of course, this will seem entirely beside the point to someone convinced that universal law reigns at the microphysical level. My point so far, however, is not to show that biology refutes microphysical determinism, but that it is incumbent on the determinist to offer an account of the relation between physical and biological phenomena. This account will be reductionist, but not in the sense of explaining biological laws, since in the determinist's sense there are none, but in the sense of explaining in principle every specific biological event. Irregularity is then an expected consequence of the microphysical heterogeneity of biological entities and processes. But then it appears that the determinist has explained too much; for biological regularities, the regularities that make possible the persistence of biological processes, while far from universal, are highly impressive and certainly in need of explanation.

I will not attempt to show that the determinist can't meet this challenge, but rather suggest that this is a point in the dialectic at which an entirely different perspective begins to look much more attractive. This is the idea that causal regularity is in fact a rare and precious thing, bought at great cost in energy or ingenuity. Biology, from this point of view, is not so much about tracing out how the causal regularities at the microphysical level lead deductively to the (partial) regularities at the biological level, but rather is a matter of seeing how the causal properties of physical entities are employed to constrain events and maintain the persistence of complex systems. New properties, put to such purposes, are constantly emerging as more complex entities come into being. The complex macromolecules employed by living systems have properties, catalysing other reactions, forming structures with strength, elasticity, etc., neutralising alien biological entities, and so on, that are a result of their particular complex structures. The combination of these new causal capacities in turn create systems with entirely new (emergent) capacities, the abilities to fix atmospheric nitrogen, say, or run down and consume prey, capacities that contribute to the persistence of the highly complex systems of which they are part.

In this light, now consider the human developmental system, surely the most complex system in our experience. This deploys the causal capacities of humans and the countless artefacts they create, and perpetuates the survival of the human lineage and the structures that serve that survival. Central to this system is the human mind, an abstraction that I take to refer to the densest concentration of causal capacities in our experience, the capacities exercised in human intelligence, and without which it would be inconceivable that the human developmental niche could be maintained and indeed give rise to ever larger numbers of humans, in turn creating a set of problems that human intelligence may or may not ultimately succeed in solving.

This then, to summarise, is the major step towards an understanding of human autonomy made possible by the rejection of determinism, and indeed leads to a far more satisfactory metaphysics of human nature. Causal order is not something found saturating every part of the universe. On the contrary it is something quite rare and specific in its locations. It is found in the simplicity of massive physical processes such as are studied by astronomers; it is created with great difficulty in the complex, elaborately controlled and isolated machines built by physical scientists; and most spectacularly, though very differently in form, it is found in living beings.

If there is a scale of nature, it is an increase in the causal powers, the construction of causal order and regularity. One respect in which the human mind constitutes a further step in this scale is that it involves a new level of capacity to transform the world beyond the organism. Humans, in my view, are the densest concentrations of causal capacities, or causal power, in our experience. The niches we have constructed for ourselves – warm and sheltered housing, landscapes dominated by edible plants and docile and tasty animals, roads and machinery for moving ourselves about, and so on – are remarkable testimony to our causal potency. But still, it may be asked, does this amount to real autonomy?

How much autonomy do we want? As I have already mentioned, we don't want to conceptualise ourselves as random action generators. And we do want our actions to be properly related to our mental states, our beliefs and desires. Is there any sense that we can be said to choose our beliefs and desires? Or if we cannot be said to choose them, can we at least in some sense own them? It seems to me that we can do so to the extent that we organise our lives in pursuit of consistent goals or principles. If I simply act in pursuit of whatever passing whim is uppermost at the moment I exhibit no more causal power than any other animal. If I choose to build a bridge, write a book, or cook dinner, and subordinate my choice of actions to this decision, I exercise to a greater or lesser degree a distinctively human ability to shape the world.[10] In the social realm, the ability to conform to principle, above all moral principle, is the kind of regimentation of behaviour that constitutes a uniquely human achievement. And in the terms I have just been employing, it is through such plans or principles that human minds are able to impose regularity on the world. Clearly some acknowledgement of Kant is in order here, though the view I am proposing is a lot less arduous in its account of the kind of principle that might constitute freedom. Rather than one rationally grounded canon of morality that constitutes an action as free or unfree, I would rather suggest a spectrum of degrees of causal efficacy, ranging from the person de-

---

10 I take it that this has a lot to do with the importance that many thinkers, perhaps most famously Marx, have attached to the autonomy exhibited in labour. John Ruskin's (1905) view of the Gothic cathedral is a powerful if romantic expression of the point.

scribed by Harry Frankfurt (1988) as the wanton, to those most efficacious in affecting the world through the subordination of their immediate desire to goals and principles.[11]

There are of course many big questions unanswered. Can we choose what kind of person we will be, and if so when and how? Is it better to be causally efficacious than merely content (Socrates or a satisfied pig)? And no doubt many more. My point is only that inverting the familiar question about human freedom, might humans be an exception to the otherwise universal rule of law to the almost diametrically opposite question, might humans be an extreme exception to an otherwise largely disordered and unruly universe, opens up a quite different, and perhaps more productive, line of thought.

VI. Conclusion

This essay has had more to say about what human nature is not than what it is. But this is no accident. Ultimately my central contention is that human nature is open. Humans have powers to shape the world and themselves which, while no doubt not without limits, have surely not yet encountered those limits. Hence I started this essay with my opposition to an influential perspective that not only insists on the importance of human nature, but offers us a methodology for determining exactly what it is. Unfortunately this methodology is grounded in an obsolete and simple-minded view of evolution. Or perhaps I should say, "fortunately". For it seems to me that the narrow view of human nature presented by Evolutionary Psychology is not only mistaken, but is also potentially bad for us. A limited view of human possibility must inevitably narrow human aspirations. And though it should perhaps also be said that aspirations can be bad as well as good, so that the openness of human possibility, of possible changes to the human developmental niche, can cut both ways, I am sufficient of an optimist to feel that opening up a better future is worth the risk of making possible one that is worse.

---

11 I have described my view in the past as opposed to compatibilist views of free will. Just before sending this paper to press I head John Perry's Dewey Lecture at the 2010 American Philosophical Association Pacific Division meeting, which convinced me that this opposition was mistaken, provided compatibilism was understood as compatibility not with determinism, but merely with naturalistic causality. Indeed, rereading the present paragraph, and reducing these slightly portentous plans and principles to the beliefs and desires that represent them on particular occasions of action, I suspect it promotes a form of compatibilism quite consistent with that which Perry persuasively articulates.

References

Archer, John J. A. 2006. Cross-cultural differences in physical aggression between partners: a social-role analysis. *Personality and Social Psychology Review* 10: 133-153.

Barkow, Jerome H., Leda Cosmides and John Tooby (eds.). 1992. *The adapted mind: evolutionary psychology and the generation of culture*. New York: Oxford University Press.

Barnes, Barry, and John Dupré. 2008. *Genomes and what to make of them*. Chicago: University of Chicago Press.

Blackmore, Susan. 1999 *The meme machine*. Oxford and New York: Oxford University Press.

Boogerd, Fred C., Frank J. Bruggeman, Jan-Hendrik S. Hofmeyr and Hans V. Westerhoff, eds. 2007. *Systems biology. Philosophical foundations*. Amsterdam: Elsevier.

Boyd, Robert, and Peter J. Richerson. 1985. *Culture and the evolutionary process*. Chicago: University of Chicago Press.

Cavalli-Sforza, Luigi Luca, and Marcus W. Feldman. 1981. *Cultural transmission and evolution: a quantitative approach*. Princeton: Princeton University Press.

Buller, David. 2005. *Adapting minds: evolutionary psychology and the persistent quest for human nature*. Cambridge, MA: MIT Press.

Buss, David. 1999. *Evolutionary psychology: the new science of the mind*. New York: Doubleday.

Campbell, Donald T. 1974. 'Downward causation' in hierarchically organized biological systems. In *Studies in the philosophy of biology*, eds. Fransisco Ayala, Theodosius Dobzhansky, 179-186. Berkeley: University of California Press.

Champagne, Frances A., and Michael J. Meaney. 2006. Stress during gestation alters postpartum maternal care and the development of the offspring in a rodent model. *Biological Psychiatry* 59: 1227-1235.

Cosmides, Leda, and John Tooby. 1987. From evolution to behaviour: evolutionary psychology as the missing link. In *The latest on the best: essays on evolution and optimality*, Ed. John Dupré, 277-307. Cambridge, MA: MIT Press.

Darwin, Charles. 1881. *The formation of vegetable mould, through the action of worms, with observations on their habits*. New York: D. Appleton.

Dawkins, Richard. 1976. *The selfish gene*. Oxford: Oxford University Press.

Dawkins, Richard. 1982. *The extended phenotype*. Oxford: Oxford University Press.

Dupré, John. 1993. *The disorder of things: metaphysical foundations of the disunity of science*. Cambridge, MA: Harvard University Press.

Dupré, John. 2001. *Human nature and the limits of science*. Oxford: Oxford University Press.

Dupré, John. 2008. Against maladaptationism: or what's wrong with evolutionary psychology. In *Knowledge as social order: rethinking the sociology of Barry Barnes*, ed. Massimo Mazzotti, 165-180. Farnham: Ashgate.

Dupré, John. 2010. Postgenomic Darwinism. In *Darwin*, eds. William Brown, Andrew Fabian, 150-171. Cambridge: Cambridge University Press.

Frankfurt, Harry G. 1988. *The importance of what we care about*. Cambridge: Cambridge University Press.

Jablonka, Eva, and Marion J. Lamb. 1995. *Epigenetic inheritance and evolution: the Lamarckian dimension*. New York: Oxford University Press.

Lewontin, Richard C., Steven Rose and Leon J. Kamin. 1984. *Not in our genes: biology, ideology and human nature*. New York: Random House.

Kitcher, Philip. 1985. *Vaulting ambition: sociobiology and the quest for human nature*. Cambridge, MA: MIT Press.

Mackie, John Leslie. 1974. *The cement of the universe: a study of causation*. Oxford: Oxford University Press.

Mayr, Ernst W. 1961. Cause and effect in biology. *Science* 131: 1501-1506.

Odling-Smee, F. John, Kevin N. Laland and Marcus William Feldman. 2003. *Niche construction: the neglected process in evolution*. Princeton: Princeton University Press.

O'Malley, Maureen A., and John Dupré. 2005. Fundamental issues in systems biology. *BioEssays* 27: 1270–1276.

Pembrey, Marcus E., Lars Olov Bygren, Gunnar Kaati, Sören Edvinsson, Kate Northstone, Michael Sjöström, Jean Golding and The ALSPAC Study Team. 2005. Sex-specific, male-line transgenerational responses in humans. *European Journal of Human Genetics* 14: 159-166.
Pembrey, Marcus E. 2010. *Research into the epigenetic impact of assisted conception.* Bionews. http://www.bionews.org.uk/page_53453.asp (18 January 2010).
Ruskin, John. 1905. *The seven lamps of architecture* (1849), vol. 1 of The complete works of John Ruskin. New York: Thomas Y. Cromwell & Co.
Wilson, Edward Osborne. 1975. *Sociobiology: The new synthesis.* Cambridge, MA: Harvard University Press.
Woodward, James. 2003. *Making things happen: a theory of causal explanation.* New York: Oxford University Press.

Korrespondenzanschrift: Prof. Dr. John Dupré, ESRC Centre for Genomics in Society (Egenis), Byrne House, St German's Road, University of Exeter, EX4 4PJ, United Kingdom
E-Mail: j.a.dupre@exeter.ac.uk

HANDLUNGSTHEORIEN MITTLERER ODER UNIVERSALER REICHWEITE?

Zu einer latenten methodologischen Kontroverse*

Gert Albert

Zusammenfassung: Der Aufsatz thematisiert bisher noch nicht kontrovers diskutierte gegensätzliche methodologische Heuristiken, hinsichtlich derer sich verschiedene bekannte Theorieansätze grundsätzlich unterscheiden. Robert K. Mertons Begriff der Theorien mittlerer Reichweite wird dabei eine mikrosoziologische Wende gegeben. Methodologisch lässt sich eine Suche nach Handlungstheorien mittlerer Reichweite von einer Suche nach Handlungstheorien universaler Reichweite unterscheiden. Nachdem es zunehmend schwieriger wird, mit der Rational-Choice-Theorie universale Geltungsansprüche zu verbinden, stellt sich nun die Frage, was diesbezüglich auf den RC-Ansatz folgen wird: Wieder eine Theorie, die universale Ansprüche erhebt, oder moderatere Versionen handlungstheoretischer Modellierung? Es werden unter dieser Fragestellung zunächst fünf handlungstheoretische Ansätze untersucht: der RC-Ansatz, Max Webers handlungstheoretische Idealtypen, Hartmut Essers Theorie der Frame-Selektion, Uwe Schimanks handlungstheoretische Modelle sowie Peter Hedströms DBO-Theorie. Das Ergebnis ist, dass sich mit diesen Theorien im Wesentlichen die zwei genannten methodologischen Heuristiken verbinden. Anschließend wird gefragt, welche Gründe für beide methodologischen Optionen aus reduktionistischer und emergenztheoretischer Sicht gegeben werden können. Das Ergebnis ist, dass die Suche nach Handlungstheorien mittlerer Reichweite von reduktionistischer wie emergentistischer Seite aus empfohlen werden kann und die Suche nach Handlungstheorien universaler Reichweite überraschenderweise eher weniger mit dem Reduktionismus kompatibel ist.

I. Die Relevanz der Fragestellung

Die Soziologie als multiparadigmatische Wissenschaft konstituiert sich vor allem auch über unterschiedliche Grundsatz-Entscheidungen für bestimmte methodologische Heuristiken. Eine methodologische Heuristik beschreibt ein rationales Entdeckungs- und Prüfverfahren, das die Suche nach Theorien mit bestimmten Qualitätsmerkmalen anleitet.[1] Die Soziologie ist reich an Kontroversen, die sich mit dem Für und Wider der Suche nach Theorien mit bestimmten Merkmalen verbinden. Eine immer wieder aufflammende Kontroverse besteht in dem Streit um methodologischen Individualismus oder Kollektivismus, eine zweite in dem um Erklären und Verstehen, eine dritte in der Debatte über Theorien mittlerer oder universaler Reichweite (vgl. bspw. O'Neill 1973;

---

* Ich danke Thomas Kern und Rainer Greshoff für ihre konstruktive Kritik.
1 Im kritischen Rationalismus wird Methodologie als rationale Heuristik verstanden, und die traditionelle, scharfe Unterscheidung zwischen Entdeckungs- und Begründungszusammenhang ist hier seit langem obsolet (vgl. bspw. Albert 1987: 70-93).

Vanberg 1975; Kincaid 1997; Bohnen 2000; Udehn 2001; Winch 1974; von Wright 1974; Apel 1978; Esser 1991; Greshoff, Kneer und Schneider 2008). Letztere, hier interessierende, Debatte hat ihren Ursprung in einem Streit zwischen den führenden Köpfen des in den 1950er Jahren dominierenden Strukturfunktionalismus, nämlich zwischen Talcott Parsons und Robert K. Merton (Merton 1948, 1968; Parsons 1948). Während Parsons mit der „grand theory" einen umfassenden Theorieentwurf anstrebte, sprach sich Merton für die Suche nach Theorien mittlerer Reichweite aus. Einen begrifflichen Hintergrund dieser Debatte bildete die „Theorie des sozialen Systems". Daher trug sie eher makro-soziologischen Charakter. Man kann dieser Debatte aber auch eine mikro-soziologische *Wende* geben.[2] Dann wird sie für alle akteurszentrierten Ansätze interessant, die Handlungs- oder Verhaltenstheorien ins Zentrum ihrer Aufmerksamkeit stellen.[3]

Für den Fall der Handlungstheorie geht es dann um die Frage, ob man nach einer umfassenden solchen Theorie sucht, die für alle menschlichen Akteure zu jeder Zeit an jedem Ort gilt, oder nach unterschiedlichen Theorien, Modellen oder Idealtypen, die jeweils nur für eine begrenzte Zahl von Akteuren oder eine begrenzte Zahl von Handlungen Geltung beanspruchen dürfen. Die Relevanz dieser Fragestellung wurde meines Erachtens bisher nicht ausreichend erkannt. Es gibt bisher keine Debatte, die deutliche Stellungnahmen beider möglicher Lager hervorrief. Zu vermuten ist, dass die Lagerbildung hier erst noch stattfinden wird. Und ihr Ausgang ist offen. Den passenden Kontext dazu würde der sinkende Stern der „Theorien" der rationalen Wahl bilden. Die Auflösungserscheinungen im Lager der rationalen Wahl sind nicht mehr zu übersehen. Attackiert von vielen Seiten kann man den Rational-Choice-Ansatz heute nicht mehr einfach als universale Handlungstheorie apostrophieren – hier von „einer" Theorie zu sprechen ist ja schon eine gewagte Idealisierung.[4] Wenn diese Theorie sich in den Augen vieler ihrer Anhänger als eine universal gültige nicht mehr halten lässt, was wird dann ihren Platz einnehmen? Wieder eine Theorie, die universale Ansprüche erhebt, oder eine moderatere Version handlungstheoretischer Modellierungen, die stärker begrenzte Geltungsansprüche anmeldet? Und welche Gründe kann man dafür vorbringen, sich für die eine oder andere Möglichkeit zu entscheiden?

Letzter Frage werde ich im Folgenden nachgehen. Dazu soll zunächst geklärt werden, was unter Handlungstheorien mittlerer und universeller Reichweite verstanden werden soll *(II.)*. Dabei werde ich unter dem methodologischen Gesichtspunkt der Reichweite der Theorien auf die Rational-Choice-Theorie, den Weberschen Ansatz der handlungstheoretischen Idealtypen, Hartmut Essers Theorie der Frame-Selektion, Uwe Schimanks Akteursmodelle und Peter Hedströms DBO-Theorie eingehen. Nach einem

---

[2] Max Haller nimmt die mikro-soziologische Wende meines Arguments fast vorweg, da er die RC-Theorie als entgegengesetzt zu einer Theorie mittlerer Reichweite versteht. Er geht aber nicht konsequent in diese Richtung, da er der Auffassung ist, dass Theorien mittlerer Reichweite die übliche Trennung zwischen Mikro- und Makrosoziologie überschneiden (Haller 1999: 632). Hier folgt er Merton, dessen Forschungsprogramm Michael Schmid zufolge Unklarheiten hinsichtlich des Mikro-Makro-Zusammenhangs aufweist (vgl. Schmid 2006: 65).
[3] Die hier verfolgte mikro-soziologische Fassung des Begriffs der „Theorie mittlerer Reichweite" steht im Gegensatz zu der Hartmut Essers (2002).
[4] Eine Einschränkung ihrer universalen Geltungsansprüche beseitigt keineswegs ihren Wert für begrenztere Gebiete!

vorläufigen Fazit wende ich mich dann zwei konträren Auffassungen zu, die sich bei der Begründung methodologischer Heuristiken oft gegenüberstehen: der reduktionistischen und der emergentistischen Metaphysik *(III.)*. Nachdem die Vereinbarkeit beider Positionen mit Handlungstheorien kurz beleuchtet wird, wird untersucht, welche Forderungen sich aus beiden Positionen an die Reichweite von soziologischen Handlungstheorien ableiten lassen. Ich ende in einem abschließenden Fazit mit einer kurzen Bemerkung zur Verstehensproblematik bei den Handlungstheorien unterschiedlicher Reichweite *(IV.)*.

II. Handlungstheorien mittlerer und universeller Reichweite: Begriffe und Beispiele

1. Der Begriff der „Theorien mittlerer Reichweite"

Um den Begriff der „Handlungstheorien mittlerer Reichweite" zu klären, erscheint es sinnvoll, sich zunächst Robert Mertons Begriff der „Theorien mittlerer Reichweite" und seinen diesbezüglichen Absichten zuzuwenden. Raymond Boudon zufolge warb Merton mit seinem Plädoyer für Theorien mittlerer Reichweite dafür, in der Soziologie *überhaupt* nach wissenschaftlichen Theorien zu suchen (Boudon 1991: 520).[5] Damit meinte er logisch verbundene Aussagenmengen, aus denen wiederum empirische Regelmäßigkeiten ableitbar waren (Merton 1968: 39). Sie sollten aus klar formulierten, verifizierbaren Aussagen über Beziehungen zwischen spezifizierten Variablen bestehen. Diesen Theorien stellte er solche gegenüber, die er als für seine Zeit typisch empfand und wahrscheinlich bei seinem großen Gegenüber Talcott Parsons ortete: orientierende Begriffschemata, die Typen von Variablen empfahlen, die „irgendwie" in Betracht gezogen werden müssten, also nur aus allgemeinen Orientierungen gegenüber den Daten bestanden. Diese „Theorien" ergäben sich typischer Weise aus dem Versuch, von Beginn an totale Systeme soziologischer Theorie, also „grand theories" zu erstellen. Ergebnis solcher Versuche wären sterile wissenschaftliche Prachtbauten, die sich durch theoretische Ineffektivität und wissenschaftliche Unergiebigkeit auszeichneten (Merton 1968: 46, 51 f.). Typischer Weise würden ineffektive, sterile Begriffsschemata auch *plötzlich offenbart*, während effektive wissenschaftliche Theorien *kumulativ entwickelt* würden. Merton ging es zunächst also darum, echte wissenschaftliche Theorien von lediglich „proto-theoretischen" Begriffsschemata zu unterscheiden und die Suche nach ersteren als primäres Erkenntnisziel der Soziologie zu apostrophieren.[6]

Begriffliche Ordnungsschemata statt echter Theorien waren für Merton das Ergebnis zu hoch gegriffener Erkenntnisziele. Die *heuristische Orientierung* war dafür das ausschlaggebende Moment: Welches Ziel sollte man mit der Soziologie verfolgen, nach was sollte man suchen? Wie Max Haller bemerkt, richtete sich der Vorschlag von Merton explizit gegen alle Versuche, „umfassende, totale Systeme soziologischer Theorie" zu entwickeln (Haller 1999: 630). Der Grundzug seines Vorschlags richtete sich also

---

5 Vgl. zum Folgenden Albert (2008a: 446-450).
6 Boudon (1991) betont diesen grundlegenden Zug der Merton'schen Auffassungen hinsichtlich wissenschaftlicher Theorien, vergisst darüber aber deren Charakterisierung als solche „mittlerer Reichweite".

auf eine methodologische Heuristik, die zunächst die Suche nach Theorien mittlerer Reichweite empfahl, und zwar im Gegensatz zu einer Suche nach Theorien umfassender Reichweite. Merton unterschied in diesem Zusammenhang vier Arten von Theorien, die sich in eine aufsteigende Reihenfolge bringen ließen, wobei die nächste Stufe die vorhergehende umfasste: empirische Regelmäßigkeiten sowie Theorien mittlerer, allgemeinerer und umfassender Reichweite (vgl. Albert 2008a: 448 ff.). Die empirischen Regelmäßigkeiten seien Anlass für Generalisierungen, die beobachtete Gleichförmigkeiten oder Beziehungen zwischen zwei und mehr Variablen summierten (Merton 1968: 41). Solche Regelmäßigkeiten könnten in deduktiv-nomologischen Erklärungen als Explananda fungieren[7] und seien daher bestätig- oder widerlegbar durch empirische Untersuchungen (Merton 1968: 65, 68). Diese empirischen Generalisierungen würden durch Theorien mittlerer Reichweite konsolidiert und vereinheitlicht. Diese ließen sich wiederum in einem weiteren Netzwerk aus Theorien, in einem allgemeineren theoretischen System, vereinigen. Irgendwann, in einem hohen Reifezustand der Wissenschaft, könnte es dann möglich sein, alle Theorien allgemeinerer Reichweite in einer umfassenden, fundamentalen und universal gültigen Theorie zu vereinigen. Man kann davon ausgehen, dass die Zahl der Schritte in einem solchen Vereinheitlichungsprozess von Merton nicht als festgelegt gedacht wird. Insofern ist es wahrscheinlich auch relativ, was noch als Theorie mittlerer und was als Theorie allgemeinerer Reichweite anzusehen ist. Eine scharfe Grenzziehung ist hier wohl unmöglich – und auch nicht weiter wichtig.

Die Richtung des kumulativen Erkenntnisfortschritts nach Merton ist aber eindeutig. Er beginnt nicht mit den universalen Theorien, sondern mit der Konsolidierung empirischer Befunde in Form empirischer Regelmäßigkeiten, die zusammengefasst werden in Theorien mittlerer Reichweite, wahrscheinlich über mehrmalige Vereinheitlichung zu immer allgemeineren Theorien voranschreitet und schließlich in einer funda-

Abbildung 1: Tiefenstruktur einer Theorie umfassender Reichweite

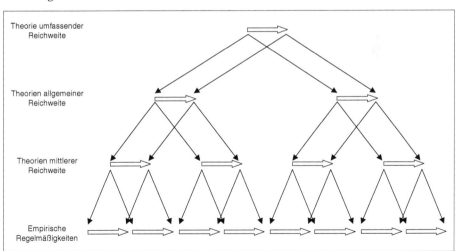

---

7 Dies ist eine Ergänzung meinerseits, die für Merton aber ziemlich sicher selbstverständlich galt.

mentalen Theorie umfassender Reichweite endet. In *Abbildung 1* ist die *Tiefenstruktur* einer Theorie umfassender Reichweite beschrieben, die alle drei anderen Arten von Theorien als Teilstücke beinhaltet. Die weißen horizontalen Pfeile beschreiben die empirischen (Regelmäßigkeiten) oder theoretischen Gesetze, die schwarzen vertikalen Pfeile die jeweiligen logischen Ableitungsbeziehungen. Die weniger umfassenden Gesetze lassen sich jeweils als Spezialfälle, die unter gewissen Bedingungen gelten, aus den umfassenderen Gesetzen logisch ableiten.[8]

Merton nannte zwei Hauptgründe, warum Soziologen den unfruchtbaren Weg der Schaffung „totaler Systeme soziologischer Theorie" gegangen sind, statt den Weg kumulativer Forschung über Theorien mittlerer Reichweite zu gehen (Merton 1968: 45-48; vgl. Haller 629-632). Zum einen hätte die Philosophie des 18. und frühen 19. Jahrhunderts das Vorbild für die frühen Soziologen abgegeben: Philosophen wie Kant, Fichte, Schelling und Hegel hätten jeweils ihre eigenen universellen philosophischen Systeme über die Hauptfragen der Materie, der Natur und des Menschen entwickelt; Soziologen wie Comte und Spencer wären ihnen mit ihrem *esprit des système* dabei gefolgt. Andere Soziologen wiederum hätten sich an den Naturwissenschaften und im speziellen an der Physik orientiert, um ihrer Wissenschaft intellektuelle Legitimität zu verschaffen, wären dabei aber einem Missverständnis bezüglich des Aufbaus und der Reichweite der Theorien dieser Wissenschaften aufgesessen. Die erste Fehlinterpretation bestände in der Annahme, dass große Gedankensysteme entwickelt werden könnten, ohne dass vorher eine große Masse grundlegender Beobachtungen akkumuliert wurde. Die zweite Fehleinschätzung hätte auf der falschen Annahme historischer Gleichzeitigkeit beruht: Dass alle kulturellen Produkte, die zum selben Moment der Geschichte existieren, den gleichen Grad von Reife aufwiesen. Die Physik des 20. Jahrhunderts dürfe also nicht zur Messlatte der Soziologie desselben Jahrhunderts erhoben werden. Und die dritte Fehleinschätzung beträfe den aktuellen Stand der Physik, die nämlich keineswegs ein einheitliches umfassendes theoretisches System aufweisen konnte und weder gegenwärtig noch wahrscheinlich in naher Zukunft eine Vereinheitlichung der Theorien der verschiedenen physikalischen Bereiche erreichen würde. Wenn nicht einmal die Physik eine Theorie umfassender Reichweite aufweisen könnte, wie sinnvoll wäre es, in der Soziologie gleich mit der Suche nach einer solchen Theorie beginnen?![9]

Traditionell finden sich in der Soziologie nun zwei Arten von Theorien: makro-soziologische und mikro-soziologische. Bei den mikro-soziologischen Theorien lassen sich Handlungs- und Verhaltenstheorien unterscheiden. Für reine Verhaltenstheorien in der behaviouristischen Tradition scheint mit der kognitiven Wende und dem Aufkommen des Rational-Choice-Ansatzes die Zeit abgelaufen zu sein: Die momentanen Diskussio-

---

[8] Dies darf nicht mit einer „vertikalen" reduktiven Erklärung einer Makro-Theorie durch eine Mikro-Theorie verwechselt werden. Es handelt sich um einen „horizontalen" Erklärungsvorgang, der auf einer Ebene verbleibt.

[9] Ich kann aus Platzgründen leider nicht auf Karl-Dieter Opps Kritik dieser Merton'schen Auffassungen eingehen, denen ich aber in den meisten Punkten widersprechen würde. Sie sind für diesen Beitrag aber nicht direkt relevant, da es Opp wie Merton nur um die Frage der Strategie geht, wie man zu Theorien umfassender Reichweite kommen könne (vgl. Opp 1973). Hier geht es aber um die Frage, in wie weit das Anvisieren dieses Ziels überhaupt sinnvoll ist. Ich werde mich an anderer Stelle mit seinen Argumenten gegen Merton auseinandersetzen.

nen besitzen daher einen handlungstheoretischen Schwerpunkt.[10] Und auch hier lassen sich Theorien mittlerer von solchen universeller Reichweite unterscheiden. Dafür muss man sich den unterschiedlichen Geltungsansprüchen zuwenden, die mit ihnen verbunden sind. Mit Handlungstheorien mittlerer Reichweite ist nur ein eingeschränkter Geltungsanspruch verbunden. Handlungstheorien mittlerer Reichweite werden ganz bewusst nicht so konzipiert, dass sie für alle Handlungen aller Menschen aller Zeiten und Orte gelten sollen. In welcher spezifischen Weise die jeweiligen Einschränkungen ihres Geltungsbereiches auch erfolgen, die damit verbundene Vorstellung richtet sich auf nomologische Zusammenhänge eingeschränkter Art, deren Anwendungsbereich deswegen nicht offensichtlich ist, sondern erst festgestellt werden muss. Diese besondere Schwierigkeit besteht bei Handlungstheorien universeller Reichweite nicht. Im Idealfall bezieht sich ihr Geltungsanspruch auf alle jemals erfolgten und alle in Zukunft möglichen Handlungen von Menschen. Eine solche Handlungstheorie unbegrenzter Reichweite beschreibt dem Anspruch nach also eine anthropologische Konstante.

2. Die „Theorie" der rationalen Wahl als Handlungstheorie universeller Reichweite?

Ein handlungstheoretischer Ansatz, der von vielen seiner Vertreter im Wesentlichen als universal geltend verstanden wurde, hat in den letzten 30 Jahren in der Soziologie viele Anhänger gewonnen: Es ist die Theorie der rationalen Wahl. Ihren Vertretern geht es um ein „allgemeines Modell des Menschen in den Sozialwissenschaften" (Lindenberg 1990). Siegwart Lindenberg betitelte dieses Modell als RREEMM-Modell, ein Akronym für das Modell des ressourcenreichen (R), restringierten (R), erwartenden (E), evaluierenden (E), maximierenden (M) Menschen (M) (vgl. bspw. Lindenberg 1990: 739).[11] Dieses Modell hat seinen Weg in zahlreiche Lehrtexte zur Theorie der rationalen Wahl gefunden (vgl. Esser 1993: 231-250; Hill 2002: 40 f.; Kunz 2004: 35-42; Schmid 2004: 150 f.; Braun 2009: 400). „Ressourcenreich" bezieht sich auf die möglichen materiellen und immateriellen Mittel, die die Durchführung von Handlungen ermöglichen. Sowohl die eigenen Ressourcen wie auch äußere materielle und gesellschaftliche Tatsachen wie z. B. Institutionen begrenzen, also „restringieren", aber auch den Handlungsspielraum der Menschen. Handlungsspielräume konstituieren sich subjektiv als „Erwartungen" bezüglich möglicher Konsequenzen von Handlungen und (Nutzen-) Bewertungen („Evaluationen") dieser Konsequenzen oder auch als Erwartungen und Bewertungen der Handlungen selbst. Die „Maximierung" des erwarteten Nutzens betrifft schließlich die Entscheidung zwischen den Handlungsalternativen, wobei die optimierende Entscheidung der Maximierung eben als *rationale Wahl* verstanden wird. Die rationale Wahl zwischen in solcher Weise ausformulierten Handlungsalternativen bildet dann die „Logik der Selektion", deren Formulierung den *nomologischen Kern* dieses handlungstheoretischen Ansatzes ausmacht.

Der universale Geltungsanspruch dieser Handlungstheorie wird nun teilweise durch ihre biologisch-anthropologische Verankerung untermauert. Bei Hartmut Esser kommt

---

10 Es bleibt natürlich abzuwarten, inwieweit durch die Gehirnforschung und die Verhaltensökonomie wieder stärker verhaltenstheoretische Mechanismen diskutiert werden.
11 Lindenberg stützte sich dabei auf William Mecklings (1976) REMM-Modell.

dies besonders deutlich zum Ausdruck (vgl. Esser 1993: 141-250). Er lokalisiert schon in der Schottischen Moralphilosophie genau die „These von der Uniformität und der Konstanz der menschlichen Natur bei gleichzeitiger Variabilität der menschlichen Bedingungen", die dem Prinzip nach auch als anthropologische Grundlage des modernen RREEMM-Modells fungieren kann (Esser 1993: 241): „Eine zweite grundlegende Annahme der Schottischen Moralphilosophie war, dass sich die Vielfalt der menschlichen Kulturen und Institutionen nur auf der Grundlage einer konstanten menschlichen Natur über die unterschiedlichen (natürlich wie konstitutionellen) Bedingungen erklären lässt, vor deren Hintergrund die Akteure nach den gleichen allgemeinen Regeln der Wahrnehmung und der Selektion von Handlungen agieren. Zwar gebe es ganz ohne Zweifel erhebliche Unterschiede kultureller und institutioneller Art. Diese seien jedoch – in der Terminologie unseres Erklärungsschemas – die Folge der Variation von Randbedingungen, die – zusammen mit den Gesetzen einer universalen und konstanten menschlichen Natur – die Unterschiede im Verhalten bewirkten" (Esser 1993: 241). Die anthropologischen Grundlagen, die Hardware des Menschen, sei Erkenntnissen der Lehre der biogenetischen Evolution nach seit 70 000 Jahren dieselbe geblieben (Esser 1993: 242).[12]

Garantiert die Konstanz der menschlichen Natur eine gewisse Stabilität der Entscheidungsfindung und der Verhaltensweisen, so Norman Braun, so lassen sich doch Verhaltensweisen bestimmter Akteure vor dem Hintergrund der beschriebenen Rationalitätskonzeption schwerlich rekonstruieren, bspw. die kleiner Kinder, Betrunkener und Dementer (Braun 2009: 398, 402). Hier schränkt Braun den Universalitätsanspruch des Rational-Choice-Ansatzes also etwas ein. Es ist zwar nur eine geringfügige Einschränkung, sie macht aber trotzdem deutlich, dass wir es *der Möglichkeit nach* mit einem Kontinuum zu tun haben, das zwischen Handlungstheorien universeller Reichweite bis zu geltungsmäßig extrem eingeschränkten Handlungstheorien mittlerer Reichweite besteht. Durch jede Einschränkung des Geltungsanspruchs bewegt sich eine Handlungstheorie von einer Theorie universeller Reichweite weg und hin zu einer Theorie mittlerer Reichweite, wie im Falle der eben behandelten Einschränkung der Geltungsreichweite des Rational-Choice-Ansatzes durch Norman Braun.

Muss die Theorie der rationalen Wahl als Handlungstheorie universaler Reichweite aufgefasst werden? Muss es um ein einziges handlungstheoretisches Modell gehen, das im Wesentlichen für alle Menschen gilt? Nein, natürlich nicht. Und es gibt bei den Anhängern des Rational-Choice-Ansatzes auch Tendenzen in diese andere Richtung. Schon bei der Formulierung des RREEMM-Modells durch Siegwart Lindenberg kommen solche Tendenzen zum Ausdruck, sie bleiben nur methodologisch verpackt (Lindenberg 1990).

Lindenberg empfiehlt mit dem RREEMM-Modell die Methode der abnehmenden Abstraktion zu übernehmen. Die Grundidee dahinter besteht darin, dass man ein einfaches Modell nutzenmaximierenden Handelns besitzt, das, wenn es unbedingt nötig ist, durch realistischere Brückenhypothesen komplexerer Art ergänzt werden kann (vgl. Lindenberg 1990: 738 f.). Es wird dabei angenommen, dass ein grundsätzlicher Konflikt besteht zwischen Realismus und Einfachheit der handlungstheoretischen Hypothe-

---

12 Essers anthropologische Fundierung scheint gut zum Programm der evolutionären Psychologie zu passen. Zu einer Kritik an letzterer vgl. Dupré in diesem Band.

sen. Die Einfachheit handlungstheoretischer Modelle wird benötigt, weil das analytische Primat, also das Erklärungsobjekt der Sozialwissenschaften auf der kollektiven Ebene, nicht auf der individuellen, liegt. Für die soziologische Analyse von Gruppen, Organisationen und Institutionen muss das erklärende handlungstheoretische Modell immer möglichst einfach sein, da sonst eine effektive Modellierung solcher komplexer Phänomene unmöglich werden kann. Um nicht von vornherein zur Falsifikation verdammt zu sein, müssen aber, wenn das einfache Modell nicht ausreicht, zusätzliche Hypothesen hinzugefügt werden, die die handlungstheoretischen Modelle realistischer machen. Die Methode der abnehmenden Abstraktion erlaubt nun flexibel mit diesen von Fall zu Fall unterschiedlichen Anforderungen umzugehen und die Modelle immer so einfach wie möglich und so realistisch und komplex wie nötig zu gestalten (vgl. dazu auch Lindeberg 1991). Die Idee hinter der Methode der abnehmenden Abstraktion bei Lindenberg besteht in der Etablierung eines handlungstheoretischen Kerns, der fallweise durch Hilfs- oder Brückenhypothesen ergänzt wird, die dem jeweiligen Anwendungsbereich angepasst werden.

Tatsächlich scheint es sich bei dieser Methode aber um die Aufgabe des Anspruchs einer universalen Handlungstheorie zu handeln und um eine Einführung von Handlungstheorien mittlerer Reichweite durch die Hintertür. Denn es handelt sich bei diesen Hilfshypothesen wohl nicht um reine Konkretisierungen der Randbedingungen zum Zwecke der Modellbildung, sondern um erklärende Bestandteile nomologischer Hypothesen. Dies würde bedeuten, dass die Handlungstheorien zwar bestimmte Kern-Gemeinsamkeiten aufwiesen, sich aber trotzdem nomologisch partiell voneinander unterschieden: Es ginge dann nicht mehr um *das* RREEMM-Modell, sondern um die Theorienfamilie der RREEMM-Modelle, um eine Familie von Theorien mittlerer Reichweite mit engem Verwandtschaftsgrad.

In ganz ähnliche Richtung wie Siegwart Lindenberg mit seinem RREEMM-Modell scheint Andreas Diekmanns Auffassung der Rational-Choice-Theorie zu gehen. Nur wird es bei ihm nun ziemlich eindeutig, dass seine Konzeption des Rational-Choice-Ansatzes die Idee einer Familie von Theorien mittlerer Reichweite involviert. Rational-Choice-Theorien besitzen Diekmann zufolge drei Merkmale (Diekmann 1999: 140 f.; 2004: 15): Ihren Ausgangspunkt bilden Akteure (1), die zwischen mindestens zwei Alternativen wählen können (2) und deren Wahlentscheidung durch eine Regel angegeben werden kann (3). Vorausgesetzt sind auch hier natürlich Ressourcen, Restriktionen, Präferenzen etc. Zentral für Diekmanns Auffassung der Theorien der rationalen Wahl ist folgender Sachverhalt: Es lassen sich unterschiedliche Entscheidungsregeln angeben (vgl. Diekmann 1999: 141). Es fängt bei den Maximierungsprinzipien an: von der Maximierung des Erwartungsnutzens in der Neumann-Morgenstern-Theorie über die Maximierung des subjektiv erwarteten Nutzens in der SEU-Theorie bis zur Maximierung von „prospects" in Kahnemann und Tverskys Prospect-Theorie; und es gibt weitere Entscheidungsregeln wie Maximin, minimales Bedauern und satisfying behaviour in bounded-rationality-Theorien. Methodologisch bedeutsam ist hierbei die grundsätzliche Austauschbarkeit des nomologischen Kerns, die innerhalb des Forschungsprogramms der rationalen Wahl damit einen theoretischen Pluralismus begründet. „Man sieht: Es gibt nicht die RC-Theorie, sondern ein ganzes Bündel unterschiedlicher Varianten" (Diekmann und Voss 2004: 16). Und entscheidend ist: „Welches Modell jeweils angemessen ist, ist eine empirische Frage" (Diekmann und Voss 2004: 16). Die Modelle unterschiedlicher Theorien stehen also in einem Ergänzungsverhältnis zueinander. Mal erklärt das eine Modell besser, mal das andere. Es besteht also kein Ausschließlichkeitsverhältnis wie bei konkurrierenden Theorien mit universalem Geltungsanspruch. Leider sagt uns Diekmann nicht genügend darüber, wie er das Verhältnis der verschiedenen Theorien zueinander auffasst. So stellt sich insgesamt die Frage: Haben wir es im Rational-Choice-Programm nur mit einer vorübergehenden Phase der Theorienproliferation zu tun und sind dessen Vertreter noch auf dem Weg zu einer Theorie universaler Reichweite oder akzeptieren sie, dass dieses Forschungsprogramm dauerhaft nur auf Theorien mittlerer Reichweite abzielt, deren Geltungsansprüche empirisch abgesteckt werden müssen? Es scheint hier vieles darauf hinzudeuten, dass dem Forschungsprogramm der rationalen Wahl in seinem Fortschreiten seine methodologische Heuristik zumindest zum Teil abhanden gekommen ist.

3. Max Webers Handlungstypologie

Schon vor rund hundert Jahren kam Max Weber zu der Auffassung, dass das ökonomische Modell des Menschen nicht ausreichen würde zur Erklärung sämtlicher sozialer Tatbestände (vgl. Schluchter 2006: 237, 240 sowie Schluchter 2000, 2003, 2005). Er verfolgte deswegen eine andere handlungstheoretische Erklärungsstrategie. Neben das Modell zweckrationalen Handelns, wie er das in der Ökonomie hauptsächlich verwendete Handlungsmodell nannte, stellte er drei weitere „Idealtypen des (sozialen) Handelns": „Wie jedes Handeln kann auch das soziale Handeln bestimmt sein 1. *zweckrational:* durch Erwartung des Verhaltens von Gegenständen der Außenwelt und von anderen Menschen und unter Benutzung dieser Erwartungen als ‚Bedingungen' oder als ‚Mittel' für rational, als Erfolg, erstrebte und abgewogene eigene Zwecke, – 2. *wertrational:* durch bewussten Glauben an den – ethischen, ästhetischen, religiösen oder wie immer sonst zu deutenden – unbedingten Eigenwert eines bestimmten Sichverhaltens rein als solchen und unabhängig vom Erfolg, – 3. *affektuell,* insbesondere emotional: durch aktuelle Affekte und Gefühlslagen, – 4. *traditional:* durch eingelebte Gewohnheit" (Weber 1921: 12).

Mit diesen vier Handlungstypen waren aber jeweils verschiedene Varianten desselben Grundtyps vorgesehen: Das Handeln gemäß dem Grenznutzengesetz wäre bspw. nur eine von mehreren Varianten zweckrationalen Handelns. Der heutige Rational-Choice-Ansatz mit seinen verschiedenen Varianten ist methodologisch also identisch aufgebaut wie Webers Idealtypus des zweckrationalen Handelns mit seinen verschiedenen abweichenden Varianten. Insofern ist die Inkorporierung der heutigen RC-Theorienfamilie in das Weber'sche Forschungsprogramm, wenn man etwaige universale Geltungsansprüche außer Acht lässt, prinzipiell kein Problem (vgl. auch Schluchter 1998; Albert 2006a).

Damit wird auch deutlich, dass Webers Idealtypen des Handelns keine rein taxonomische, sondern explanative Bedeutung haben sollten. Seine Idealtypen des Handelns waren als idealisierte theoretische Modelle mit verschiedenartigen nomologischen Kernen gemeint, also als Handlungstheorien mittlerer Reichweite (vgl. dazu Albert 2006b,

2007a, 2009).¹³ Freilich kann man sie hinsichtlich heutiger methodologischer Ansprüche als unausgeführt bezeichnen (so auch Prosch und Abraham 2006: 107): Die heute geforderte Ausführung muss bei einer Weiterentwicklung des Weber'schen Programms also ins Auge gefasst werden.

Könnte Weber intendiert haben, dass die vier Handlungstypen die Vorstufe einer vereinigten universalen Handlungstheorie bilden sollten, die sich erst im Laufe weiteren Erkenntnisfortschritts ergeben würde? Dies scheint mir ausgeschlossen zu sein, da er neben seinen begrifflich reinen Typen die Möglichkeit zur Formulierung einer Menge von anderen Handlungstypen sah und zwar in der Form von Abweichungen von den Idealtypen und von Mischtypen. Er ging wohl davon aus, dass man zeitlich unbegrenzt, also immer, mit Handlungstheorien mittlerer Reichweite auskommen müsste und seine handlungstheoretische wie methodologische Konzeption „widersprach" diesbezüglich dem langfristigen Erkenntnisziel der vereinigten universalen Theorie, wie es später Robert Merton anvisiert hatte.

Kann man ein Prinzip finden, das die Konstruktion dieser Handlungstypologie erklären würde? Dies lässt sich meines Erachtens bejahen: Man könnte es das *Prinzip der maximalen Differenz* nennen. Die Idealtypen wären danach nomologisch so definiert, dass sie sich maximal unterschieden, um den Raum der „objektiv möglichen" Handlungen möglichst effizient abzudecken. Methodologisch ergäbe sich die Abdeckung dieses Handlungsraumes einerseits über die Formulierung der vier reinen, sinnhaft adäquaten, Idealtypen des Handelns, die in möglichst großem Abstand voneinander den Raum abstecken, andererseits eben über das Postulat der möglichen und vielfach wahrscheinlichen Existenz von nicht-ausformulierten Mischtypen und Abweichungen, die die Räume dazwischen auffüllen. Man kann sich das Prinzip der maximalen Differenz an den vier reinen Handlungstypen Webers grob folgendermaßen deutlich machen (Weber 1921: 12 f.): Das zweckrationale Handeln ist rational rein an den Folgen hinsichtlich der Bedürfnisbefriedigung des Akteurs orientiert, das wertrationale hingegen am bewussten normativen Eigenwert des Handelns. Das affektuelle und das traditionale Handeln sind beides Grenzfälle des sinnhaften Handelns: Beides meint eher ein automatisches oder spontanes Reagieren, denn ein bewusstes Handeln, aber traditionales Handeln meint die routinisierte Reaktion auf alltägliche Reize, affektuelles Handeln die mit höherem Erregungsgrad und mit bewussten Gefühlen verbundene Reaktion auf außeralltägliche Reize. Jeder Idealtyp des Handelns besitzt also ein Alleinstellungsmerkmal, welches ihn von den anderen maximal abhebt.

Weber postulierte also eine qualitative Verschiedenheit der Idealtypen, die sich dann auch als Unsinnigkeit bestimmter methodischer Verfahren manifestiert: „Man muß sich klar sein, dass auf soziologischem Gebiete ‚Durchschnitte' und also ‚Durchschnittstypen' sich *nur* da einigermaßen eindeutig bilden lassen, wo es sich nur um *Grad*unterschiede qualitativ *gleich*artigen sinnhaft bestimmten Verhaltens handelt. Das

---

13 Daher verstehe ich nicht, dass Rational-Choice-Anhänger Handlungstypen nach wie vor keine explanative Kraft zumessen (vgl. bspw. Diekmanns und Przepiorkains Antwort auf Bienfait in diesem Band). Auch Christian Etzrodts Interpretation der Weber'schen Idealtypenkonzeption scheint mir nicht angemessen (vgl. Albert 2007a mit Etzrodt 2007). Endreß' Auffassung, Weber folge keiner (deduktiv-)nomologischen Konzeption, würde ich zum guten Teil widersprechen (vgl. Endreß 2006: 170 ff. mit Albert 2006b; 2007a), wie ebenso auch der Rekonstruktion Greshoffs (2006: 567).

kommt vor. In der Mehrzahl der Fälle ist aber das historisch oder soziologisch relevante Handeln von qualitativ *heterogenen* Motiven beeinflusst, zwischen denen ein ‚Durchschnitt' im eigentlichen Sinn gar nicht zu ziehen ist" (Weber 1921: 10). Zwischen den Idealtypen des Handelns besteht also eine qualitative Verschiedenheit, aufgrund ihrer geforderten möglichst einheitlich sinnadäquaten Konstruktion, das die Grundlage des besagten „Prinzips der maximalen Differenz" darstellt. Diese qualitative Verschiedenheit begründet, dass die Idealtypen die Fokalmodelle jeweils einer Modellfamilie darstellen, wie es im Rational-Choice-Ansatz der Fall ist, wo das Modell des *homo oeconomicus* das Fokalmodell für die RC-Modellfamilie ist. Man könnte nun eine solche Modellfamilie als „Theorie allgemeinerer Reichweite" bezeichnen. Da dies aber kein eingeführter Begriff ist, werde ich auch dafür den Begriff „Theorie mittlerer Reichweite" gebrauchen, da die Dehnbarkeit dieses Begriffs meines Erachtens zumindest bis zu einem gewissen Ausmaß statthaft und angesichts des üblichen Sprachgebrauchs durchaus sinnvoll ist. Für die verschiedenen „Theorien mittlerer Reichweite" innerhalb eines theoretisches Ansatzes wie dem der Theorien der rationalen Wahl werde ich den Begriff der „nomologischen Modellvarianten" verwenden, um damit die nomologische Unterschiedlichkeit der Varianten eines Idealtypus zu bezeichnen. Damit will ich auch Verwechslungen mit Modellvarianten vermeiden, die sich nur in den (Modell-)Annahmen hinsichtlich der Randbedingungen unterscheiden.

Die Krise der Theorien der rationalen Wahl lässt die Weber'sche Sichtweise auf die Zweckrationalität als nur einer unter mehreren möglichen Idealtypen des Handelns wieder aktuell werden. Wenn es grundsätzlich unterschiedliche Arten des Handelns gibt, die sich als nomologisch unterschiedlich charakterisieren lassen, dann scheinen zwei unterschiedliche Umgangsweisen mit diesem Faktum möglich: Man akzeptiert Webers methodologische Umgangsweise mit diesem Problem und geht von verschiedenen Idealtypen des Handelns aus, also von idealisierten theoretischen Modellen des Handelns, die in Erklärungen realer Phänomene kombiniert werden können. Oder man versucht, die nomologisch unterschiedlichen Handlungsweisen wiederum in einer Handlungstheorie zu vereinigen, mit der man versucht, universelle Geltungsansprüche zu verbinden; was natürlich einen Prozess der fortlaufenden Falsifikation und anschließenden korrigierenden Erklärung nicht ausschließt. Im Folgenden soll zunächst ein Beispiel für die letztere Möglichkeit betrachtet werden.

4. Hartmut Essers Universalisierung der Weber'schen Handlungstypologie

Auch die von Hartmut Esser entworfene und von Clemens Kroneberg weiterentwickelte Theorie der Frame-Selektion kann man als spezielle Variante des Weber-Paradigmas verstehen, streben Esser und Kroneberg damit doch unter anderem eine Einbindung der vier Weber'schen Idealtypen des Handelns in eine umfassende Theorie an. Es geht ihnen um eine „general theory of action" im Sinne einer echten „erklärenden" Theorie, nicht nur um ein Begriffschema, wie Talcott Parsons es schon angeboten hatte (Esser 2001: 329 f.). Die Theorie der Frame-Selektion soll „eine Handlungstheorie für alle

Paradigmen und Handlungstypen" sein (Esser 2001: 329). Wie ist diese Theorie im Groben aufgebaut?[14]

In ihrem Mittelpunkt steht die „Definition der Situation". Sie bezeichnet die von den Akteuren vorgenomme Selektion eines gedanklichen Modells der Situation, eines sogenannten „Frames" (Esser 2001: 205-236; vgl. auch Esser 2003). Akteure orientieren sich in den Situationen mittels solcher sozial geteilter Modelle. Diese Modelle enthalten insbesondere die kulturell definierten Oberziele, um die es in der Situation geht, und sind auch regelmäßig mit bestimmten Werten und Emotionen assoziiert (Esser 2001: 263; Kroneberg 2005: 346). Weiterhin werden über diese Modelle Präferenzordnungen festgelegt und Handlungsalternativen ausgesondert. Orientierende Frames besitzen also eine große Verhaltensrelevanz, legen das Handeln aber noch nicht fest. Sie beantworten zunächst die Frage, mit welcher Art von Situation es der Akteur zu tun hat. Die Frage, welches Verhalten in dieser Situation angemessen ist, wird über die Selektion einer zweiten Art von Modell beantwortet, den sogenannten „Skripten". Ein Skript beschreibt typische inhaltliche „Abläufe und Verzweigungen für ganze Bündel und Sequenzen von Handlungen" (Esser 2001: 263). Damit sind Handlungs- oder Verhaltensprogramme bewusster und auch unbewusster Art gemeint (Kroneberg 2005: 346). Nicht für alle Situationen muss ein Skript vorhanden sein, und falls ein Skript vorhanden ist, muss der Akteur nicht unbedingt danach handeln. Denn die Frage, was der Akteur dann tatsächlich tut, die Selektion der Handlung, muss analytisch separat behandelt werden. Es kann dabei zur Selektion eines Handeln gemäß jedem der vier Weber'schen Handlungstypen kommen (Esser 2001 329 f., 2003: 184). Dem Anspruch nach, so lässt sich damit wohl sagen, bietet Essers Theorie der Frame-Selektion somit eine Art korrigierende Erklärung der Weber'schen „Handlungstheorie".[15]

Frames, Skripte und Handlungen bezeichnen das „Was" der jeweiligen Selektionen; das „Wie" der Selektionen wird durch den Modus der Informationsverarbeitung bestimmt. Dabei können zwei solcher Modi unterschieden werden: ein automatisch-spontaner (as-)Modus und ein reflexiv-kalkulierender (rc-)Modus (Kroneberg 2005: 347). Mit dem rc-Modus sind bewusste Entscheidungen unter informierter Folgenorientierung verbunden, mit dem as-Modus unhinterfragte Selektionen auf der Basis der Passung von Modellen und Handlungen. Diese Passung hängt u.a. mit subjektiven Phänomenen wie den mentalen Verankerungen der Modelle und deren Verbindung zusammen wie auch teilweise mit objektiven Phänomenen wie dem Grad des Vorliegens signifikanter Objekte. Wichtig ist nun, dass vor jede Selektion von Frame, Skript und Handlung eine Selektion des Modus der Selektion vorhergeschaltet ist (Esser 2001: 271 ff.; Kroneberg 2005: 353-356). Diese Modus-Selektion ist ein unbewusster Prozess und basiert auf abgelagerten Erfahrungen und unmittelbar wahrnehmbaren Situationsmerkmalen. Trotzdem wird diese Selektion, die streng genommen keine Entscheidung ist, mit Hilfe einer Entscheidungstheorie, nämlich der Wert-Erwartungs-Theorie, modelliert. Die Selektion des Selektions-Modus folgt also selber einem bestimmten Mo-

---

[14] Die Theorie der Frame-Selektion wird mittlerweile breit und kontrovers diskutiert (für eine kleine Auswahl vgl. bspw. Etzrodt 2007, 2008; Greshoff 2006; Greshoff und Schimank 2006; Kron 2004, Kron und Winter 2009; Kroneberg 2007, 2008; Stachura 2006).
[15] „Man kann den Eindruck gewinnen, als wolle Esser ein modernisierter Max Weber sein" (Greshoff und Schimank 2006: 8).

dus: nämlich dem rc-Modus. Es ist damit die *Theorie der,* nichtsubstanziell verstandenen, *rationalen Wahl,* die über die Selektion des Selektions-Modus die Theorie der Frame-Selektion insgesamt dominiert. Gerade auch vor diesem Hintergrund kann man Mateusz Stachura zustimmen, wenn er von einer „utilitaristischen Verengung der Theorie der Frame-Selektion" spricht (Stachura 2006).

Müssen Weberianer aber nicht trotzdem mit dieser Theorie zufrieden sein, weil sie einen substanziellen Erkenntnisfortschritt involviert? Denn muss man folgender Bemerkung Clemens Kronebergs nicht zustimmen: „Handlungstypen können durchaus bereits zur Erklärung verwendet werden (...). Allerdings ist eine Theorie erklärungskräftiger, die angibt, unter welchen Bedingungen welcher Idealtyp des Handelns zu erwarten ist, und die zudem erklärt, welches Handeln unter nicht-idealtypischen Bedingungen auftritt" (Kroneberg 2007: 215 Fn. 1). Um diesem Argument etwas entgegen zu setzen, könnte man vielleicht auf Mängel der Rekonstruktion der Weber'schen Handlungstypen hinweisen. Diesen Weg möchte ich hier aber nicht einschlagen, sondern den folgenden grundsätzlicheren: Wenn man sich klar gemacht hat, dass die Theorie der rationalen Wahl über die Selektion des Selektions-Modus in der Theorie der Frame-Selektion dominiert, dann sieht man, dass das ursprüngliche Problem, vor dem Weber stand, sich hier eine Ebene, oder mehrere Ebenen, darüber auf eine ähnliche Weise wiederholt. Damit ist auch die Möglichkeit gegeben, dieselbe prinzipielle Lösung dieses Problems wie Weber ins Auge zu fassen. Wenn Weber dem zweckrationalen Handlungstypus drei weitere zu Seite gestellt hat, so ließe sich doch auch der „zweckrationalen" Selektion des Selektions-Modus in der Theorie der Frame Selektion drei weitere zur Seite stellen: eine wertrationale, eine „traditionale" und eine affektuelle Art der Selektion.[16] So schiene eine Weberianisierung der Theorie der Frame-Selektion möglich zu sein! Warum soll nur die Handlungsselektion nach den vier Weber'schen Grundtypen funktionieren können? Mateusz Stachura hat ja schon überzeugend gezeigt, dass die Annahme einer wertrationalen Definition der Situation äußerst sinnvoll ist (vgl. Stachura 2006; dazu auch Kroneberg 2007).[17] Und nicht nur für die Selektion des Selektions-Modus, sondern auch für die Frame- und Skript-Selektion gilt grundsätzlich: Wann immer ein rational-kalkulierender und ein automatisch-spontaner Modus gegenübergestellt werden können, so können diese beiden Modi wiederum in sich differenziert werden, nämlich der rationale Modus in einen wert- und einen zweckrationalen, der automatisch-spontane Modus in einen traditionalen und einen affektuellen. Hartmut Esser bezeichnet seine Aufteilung in zwei konträre Modi selbst als Vereinfachung, sodass eine solche Differenzierung der beiden Modi in jeweils einen

---

16 Selbstverständlich auch hier mit dem Caveat des nichtsubstanziellen Verständnisses dieser Selektion. Ob hier ein unakzeptabler Instrumentalismus mit im Spiel ist, sei außen vorgelassen. Kronebergs Einwand gegen den Vorwurf des Instrumentalismus, dass die Theorie der Frame-Selektion bei Falsifikation modifiziert werden müsste, trifft nicht, da auch instrumentalistisch aufgefasste Theorien empirisch adäquat sein müssen. Dies macht nicht den Unterschied zum Realismus aus (vgl. Kroneberg 2008: 267).
17 Aber Stachura scheint mit Esser und Kroneberg das Ziel einer universalen Handlungstheorie zu verfolgen.

zweck- und wertrationalen sowie einen traditionalen und einen affektuellen statthaft zu sein scheint (Esser 2001: 266; Kroneberg 2005: 347).[18]

Methodologisch zentral bleibt aber der Selektions-Modus der Modus-Selektion. Wer hier von vornherein eine Einschränkung auf nur einen Modus annimmt, wie dies Esser und Kroneberg mit ihrer Beschränkung auf den rc-Modus modelliert nach der Wert-Erwartungs-Theorie tun, favorisiert die Suche nach einer universalen Handlungstheorie. Wer hier mehrere mögliche Typen in weberianischer Tradition postuliert, geht von der Existenz mehrerer Handlungsgesetze aus. Hier erscheint die Suche nach Handlungstheorien mittlerer Reichweite angemessener.

Festzuhalten bleibt: Hartmut Esser und Clemens Kroneberg kommt das unbestreitbare Verdienst zu, die Definition der Situation vom beschreibenden Zustand in Richtung einer nomothetischen Theorie der Frame-Selektion weiterentwickelt und mit der Handlungstheorie verbunden zu haben.[19] Aber: Man sieht dieser Theorie ihren Ursprung in der Rational-Choice-Tradition an. Das kann für Weberianer einen berechtigten Stein des Anstoßes bilden: Insbesondere die chronische zweckrationale Durchkreuzung wertrationaler Motive ist moralphilosophisch und deswegen auch handlungstheoretisch unakzeptabel.[20] Die heutige RC-Version dieser Theorie ist deswegen keineswegs alternativlos: Eine weberianische Revision der Theorie der Frame-Selektion kann ihre Weiterentwicklung in Richtung einer Theorie mittlerer Reichweite ins Auge fassen. Eine solche Weberianische Version der Theorie in Form mehrerer Idealtypen der Frame-Selektion könnte dann eine interessante Weiterentwicklung im Geiste Webers bedeuten.[21]

5. Uwe Schimanks partielle Variation der Weber'schen Handlungstypen

Uwe Schimank ist nun hinsichtlich der Möglichkeit einer Theorie der Frame-Selektion äußerst skeptisch (Schimank 2007: 19). Ihm zufolge sind Theorien, die eine Verknüpfung der Logik der Situation mit der Logik der Selektion leisten wollen, zum Scheitern verurteilt. Die Menge und Verschiedenartigkeit von Strukturelementen, die auf einen Handelnden in einer bestimmten Situation wirken, sei zu groß. „Über diese Komplexität unabhängiger Variablen allgemeine Gesetzesaussagen treffen zu wollen, wäre völlig illusorisch" (Schimank 2007: 19). Es bleibt ungewiss, ob und wann die Theorie der

---

18 Esser geht in Bezug auf die Modi also eigentlich von verschiedenen nomologischen Modellvarianten aus, die er „instrumentalistisch" vereinfacht.
19 Damit ist ja auch die Möglichkeit gegeben, sie zu falsifizieren.
20 Rössel formuliert eine ähnliche Kritik in Hinsicht darauf, dass Wertorientierungen bei Esser über die Konzeption der sozialen Produktionsfunktionen immer instrumentell ausgehebelt werden (Rössel 2008: 165).
21 Die Theorie der Frame-Selektion stützt sich auf Russel Fazios MODE-Modell, unterschlägt dabei aber, dass sich rationale und automatische Prozesse der Informationsverarbeitung vermischen können (vgl. Opp 2004: 259 f.; Rössel 2008: 173) Diese spricht dafür, die Theorie der Frame-Selektion weberianisch, d.h. idealtypisch und als mit der Möglichkeit von Mischtypen ausgestattet zu verstehen. Greshoff zeigt, dass Esser und Kroneberg dies auch, anders als weiter oben skizziert, intendieren (Greshoff 2006: 557 f.). Dass damit die universale Handlungstheorie zugunsten einer Typologie aufgegeben wird, wird von keinem der drei erkannt.

Frame-Selektion auf dem Friedhof der soziologischen Theorien begraben sein wird. Schimank jedenfalls entscheidet sich vor diesem Hintergrund methodologisch für die Suche nach Handlungstheorien mittlerer Reichweite. Heuristisch wandelt er diesbezüglich auf Weber'schen Pfaden. Er übernimmt auch wesentliche handlungstheoretische Unterscheidungen Webers, und zwar dann, wenn es beispielsweise um Erklären und Verstehen, soziales Handeln und soziale Beziehungen geht (vgl. bspw. Schimank 2007: 23-36). Wie Weber setzt er auf theoretische Modelle des Handelns mit einem nomologischen Kern in verschiedenen Varianten, also auf Idealtypen mit unterschiedlichen nomologischen Modellvarianten. Weiterhin übernimmt er zwei Handlungstypen Webers, nämlich das zweckrationale Handeln, hier spricht Schimank vom soziologisierten homo oeconomicus, und das affektuelle Handeln, hier spricht er vom „emotional man" (Schimank 2007: 79, 108). Schimank führt diese Typen in bedeutendem Maße mehr aus als Weber und kritisiert diesen auch, bspw. in dem Punkt, dass Weber zwar einerseits Emotionen als Handlungsantriebe erkenne, diese aber soziologisch wieder abtue, indem er sie in die Nähe des bloßen Verhaltens rücke (Schimank 2007: 109). Wie auch immer es sich damit verhalten mag, Schimank steht Weber akteurtheoretisch auf jeden Fall sehr nahe.

Übernimmt Schimank auch Webers methodologisches Programm der Suche nach Handlungstheorien mittlerer Reichweite und seine zwei Idealtypen des zweckrationalen und affektuellen Handelns, so scheint er sich mit seinen zwei anderen Akteurmodellen *prima facie* von Weber in origineller Weise abzusetzen. So ergänzt er die von Weber übernommenen beiden Akteurmodelle durch die Modelle des „homo sociologicus" sowie durch das des von ihm so genannten „Identitätsbehaupters". Dies scheint ein guter theoriestrategischer Schachzug zu sein, weil Schimank damit die ganze theoretische Tradition der Rollentheorie in seinen Ansatz aufnehmen kann sowie an Theorien der Identität anknüpfen und diese auf die Dauer weiter ausbauen und integrieren kann. Vor diesem Hintergrund scheint Schimanks akteurtheoretischer Ansatz eine Verbesserung der Weber'schen Handlungstypologie darzustellen.

Wenn man diese Modernisierung der Weber'schen Handlungstypologie aber genauer betrachtet, büßt sie meines Erachtens ihre Vorzugswürdigkeit weitgehend wieder ein. Meine Kritik aus weberianischer Perspektive richtet sich auf drei Punkte. (1) Der Schimank'sche homo sociologicus besitzt ein Problem: Entweder ist er mit dem traditionalen Handeln Webers identisch oder ihm fehlt ein handlungstheoretisches Gesetz. (2) Betrachtet man die normative Seite des homo sociologicus, so wird klar, dass er nicht Webers traditionalem Handeln, sondern dessen wertrationalem Handeln nahe kommt. Der zentrale Unterschied besteht in der Frage, ob Rationalität und Normativität vereinbar sind. (3) Und schließlich kann auch Schimanks Identitätsbehaupter im Wesentlichen durch Webers wertrationales Handeln rekonstruiert werden. Insgesamt zeigt sich, dass Schimanks Vernachlässigung des wertrationalen Idealtypus handlungstypologisch zu negativen Konsequenzen führt. Diese drei Punkte sollen nun kurz im Einzelnen behandelt werden.

Schimank erweitert Webers Akteurskonzeption um den homo sociologicus, den normbefolgenden Akteur als Modell des „normativen Paradigmas" (Schimank 2007: 37-69). Betrachtet wird der Mensch hier als Rollenspieler, insofern er den normativen Erwartungen seiner Umgebung Folge leistet. Wie Dahrendorf in seinem bekannten „Homo scoiologicus" schon schilderte, ist jeder Akteur in vielfältige Beziehungsnetze eingebunden und nimmt deswegen verschiedenste Positionen darin ein (vgl. Schimank 2007: 47-50). Damit verbunden sind Rollen, Bündel von Erwartungen, die von seinen Bezugsgruppen an den Träger der Position gerichtet werden. Diese Rollenerwartungen können beträchtlich in ihrer Verbindlichkeit und damit auch in den mit ihnen verbundenen Sanktionen variieren. Weiterhin werden die Rollenerwartungen keineswegs nur von außen an den Akteur herangetragen, sondern auch vom Akteur internalisiert. Somit werden sie als interne Sanktionsinstanzen, als Gewissen oder Über-Ich, gegen mögliche Übertretungen der Normen schon im Vorfeld aktiv.

Dieses oben geschilderte, eher struktur-funktionalistische Verständnis des Rollenhandelns als „role taking", als bloße Exekution vorgegebener Verhaltensmaßregeln, entspricht nach Schimank in hohem Maße dem traditionalen Handeln Max Webers (Schimank 2007: 55 f.). Traditional kann hier als gewohnheitsmäßig oder routinisiert verstanden werden. Schimank diagnostiziert, dass jedes Handeln, nicht nur das normbefolgende, sondern auch das nutzenorientierte, emotionale und identitätsbehauptende Handeln routinisiert und nichtreflektiert ablaufen kann (Schimank 2007: 148 ff.). Er führt das routinisierte Handeln also nicht als eigenen Handlungstypus, sondern als eine je eigene Variante jedes seiner vier Handlungstypen ein. Diese Bindung der Routine an seine eigentliche Entstehung in verschiedenen Handlungstypen braucht hier nicht weiter nachgegangen zu werden, denn sie scheint zumindest auf den ersten Blick unproblematisch zu sein. Ob man Routinehandeln methodologisch als eigenen Handlungstypus oder als jeweils mögliche nomologische Modellvariante aller Handlungstypen fasst, scheint eine eher zweitrangige Frage zu sein.[22] Zentral ist, dass dabei die andere, die Nicht-Routine-Variante vorerst ungeklärt bleibt.

Die Nicht-Routine-Variante wurde Schimank zufolge durch das interpretative Paradigma mit dem Begriff des „Role-Making" belegt. „Role-Making" meint in erster Linie die kreative Eigenleistung der Rollenträger über eine bloße Exekution vorgegebener Rollenerwartungen hinaus (Schimank 2007: 63). Solche kreative Eigenleistungen muss der Rollenträger vor allem bei Intra- und Inter-Rollenkonflikten erbringen, die in der immer komplexer werdenden Welt aufgrund der wachsenden Rollendifferenzierung zunehmen (Schimank 2007: 55-69). Aber auch beim „role making" geht es um ein an normativen Orientierungen ausgerichtetes Handeln (Schimank 2007: 56). In letzter Instanz lautet dann die Formel der Handlungsmotivation für den homo sociologicus bei Schimank aber, dass dieser normkonform handelt, weil er es soll, nicht, weil er es will (Schimank 2007: 147). Ist das tatsächlich aber eine Handlungserklärung: „Der Handelnde befolgt die Sollens-Erwartungen, weil er sie befolgen soll"? Das Potenzial dieser „Erklärung" scheint eher gering auszufallen: Explanandum und Explanans fallen der Tendenz nach zusammen. Man könnte auch sagen: Es fehlt ein gehaltvoller nomologischer Kern des Akteurmodells, es findet sich kein wirkliches handlungstheoretisches Gesetz.[23]

---

22 Dies gilt zumindest, so lange man das routinisierte Handeln nicht einer weiteren Überprüfung unterzieht. Vor dem Hintergrund der interessanten Ausführungen Martin Hartmanns zur „Kreativität der Gewohnheit" käme man vielleicht zu anderen Ergebnissen (vgl. Hartmann 2003).

23 Das von Schimank postulierte dahinter liegende *Streben nach Erwartungssicherheit* stellt auch kein Gesetz der Handlungsselektion dar und greift wegen der Normativität der hier zu erklä-

Aber lässt man die Frage des geringen Erklärungsgehaltes zunächst beiseite, so lässt sich feststellen, dass sich dieses Handlungsmodell nicht allzu viel von Webers wertrationalem Handeln unterscheidet: „Stets ist (im Sinne unserer Terminologie) wertrationales Handeln ein Handeln nach ‚Geboten' oder ‚Forderungen', die der Handelnde an sich gestellt glaubt" (Weber 1921: 12). Ein Unterschied zwischen Schimank und Weber scheint nun der zu sein, dass Weber den rationalen Charakter dieses Modells normativen Handelns betont, während Schimank hier wohl weniger von Rationalität ausgehen will, was unter anderem darin zum Ausdruck kommt, dass er die Nähe des homo sociologicus zum traditionalen Handeln Webers betont.[24] Aber es hat sich ja schon gezeigt, dass jedes Handeln routinisiert ablaufen kann und sich die Frage nach der Handlungsselektion im Nicht-Routine-Fall stellt. Diese Frage beantwortet Schimank unter anderem wohl deswegen nicht, weil er von einer Außengeleitetheit des Handelns ausgeht, die sich bei Webers wertrationalem Handeln gerade nicht findet: Man weiß deswegen bei Schimank eigentlich nicht, wie die Handlungsselektion zustande kommt. Warum handeln Akteure, „wie sie sollen", abseits von Routinen, Nutzenerwägungen oder emotionalen Reaktionen wie z. B. Angst. Schimank kennt nur die Sollensforderung auf Seiten der Bezugsgruppen, die Seite der Akteure behandelt er nicht. Weber diagnostiziert auf Seiten der Akteure hingegen normativ gehaltvolle Wert-Überzeugungen, wie Thomas Schwinn festgestellt hat: „der Wert, als die Vorstellung einer Verpflichtung, ist die Ursache einer Handlung" (Schwinn 1993: 226). Im Falle von legitimen Normen, Institutionen und Ordnungen braucht es ein gewisses Maß von wertrationalen Handlungsorientierungen auf Seiten der Normadressaten, um den als legitim erachteten „Gegenstand" – die Norm, die Institution oder die Ordnung – in Existenz zu halten. Eine bestimmte Anzahl von „typuskonstituierenden Handlungsorientierungen" muss gegeben sein (Schwinn 1993: 229).

Man kann zusätzlich daran zweifeln, ob Schimanks Strategie, Rationalität und Normativität des Handelns als nicht vereint (oder nicht vereinbar?) zu konzipieren, Webers Konzeption der Wertrationalität etwas voraus hat. Webers moderater ethischer Non-Kognitivismus sieht die rationale Behandlung von Wertungsfragen vor. Die positivistischen Tradition des Emotivismus und Präskriptivismus, eines radikalen ethischen Non-Kognitivismus, in der bspw. der Ökonom und Soziologe Vilfredo Pareto stand, geht hingegen von der Nicht-Rationalität normativer Fragen und Antworten aus.[25] Schimank scheint mit seiner Konzeption des homo sociologicus der letzteren Tradition nahe zu stehen. An dieser Stelle kann die Vorzugswürdigkeit einer der beiden Lösungen nicht diskutiert werden. Nur so viel sei gesagt: Die nun schon Jahrtausende währende Existenz rationaler moralphilosophischer Diskussion scheint für Webers Lösung

---

renden Regelmäßigkeiten auch von vornherein zu kurz. Alfred Bohnen kommt zu dem Ergebnis, dass außer dem homo oeconomicus keines der Schimank'schen Akteurmodelle einen nomologischen Kern besitzt (Bohnen 2001: 82). Der Tendenz nach scheint mir das richtig zu sein, aber man kann eventuell Ansätze zu Gesetzesformulierungen finden.

24 Die äußerst begrenzte Erklärungskraft des „Schimank'schen" homo sociologicus wie auch die ziemlich eingeschränkte des Weber'schen Idealtypus des wertrationalen Handelns weisen aber darauf hin, dass die Modellfamilie des normativen Handelns insgesamt noch sehr entwicklungsbedürftig ist.

25 Vgl. zum radikalen ethischen Non-Kognitivismus Vilfredo Paretos Albert (2005: 60-66). Er scheint aber auch heute noch von Soziologen wie Jon Elster vertreten zu werden (vgl. Elster 1989).

zu sprechen. Normative Fragen sind rational behandelbar. Die positivistische Tradition kam über das empiristische Sinnkriterium zur entgegengesetzten Auffassung: Das ist heute aber keine ernsthafte Option mehr.

Für Schimank ist der homo sociologicus das in vieler Hinsicht zentrale Akteursmodell für die Soziologie. Deshalb ist eine genaue Behandlung dieses Modells auch eine Aufgabe höchster Wichtigkeit. Daneben stellt er aber noch das minder wichtige Modell des von ihm so genannten „Identitätsbehaupters", der in wesentlichen Punkten „Goffman'sche" Züge trage (vgl. Schimank 2007: 121-143). Es soll hier nur noch kurz angeschnitten werden.

Das noch nicht fertig ausgearbeitete Akteurmodell des Identitätsbehaupters thematisiert die persönliche Identität als Handlungsantrieb (vgl. zum Folgenden Schimank 2007: 122 ff.). Die Identität einer Person ist deren Bild von sich selbst. Wenn sich Personen selbst charakterisieren sollen, so beziehen sich einige auf ihre Berufsrolle, andere auf ihre Rolle in der Familie, wiederum andere auf ihre Freizeitaktivitäten, ihre weltanschaulichen Überzeugungen oder auf ihre Beziehungen zu für sie wichtigen anderen Menschen, wie bspw. ihren Kindern, oder schließlich auch auf ihre angenommen Persönlichkeitseigenschaften. Solche Identitätsbeschreibungen enthalten normative und evaluative Selbstansprüche sowie kognitive Selbsteinschätzungen. Im Zentrum stehen Schimank zufolge aber zumeist die evaluativen Selbstansprüche. Das sind die Vorstellungen der Person darüber, wer sie sein und wie sie leben will. Schimank skizziert das Beispiel eines Wissenschaftlers, der einer Entdeckung auf der Spur ist. Er verstößt dabei gegen gesellschaftliche Normen, die Entdeckung schadet ihm und er wird auch nicht von tiefsitzenden Emotionen wie Neid gegenüber seinen erfolgreicheren Kollegen getrieben. Alle bisher behandelten Akteursmodelle passen hier nicht, sodass es angezeigt erscheint, ein zusätzliches Modell zu konstruieren, das des Identitätsbehaupters. Bei ihm geht es in Form der evaluativen Selbstansprüche um die Lebensziele als Wegweiser der Lebensführung. Zentral ist, dass es hierbei um ein durch das Wollen der Personen bestimmtes Handeln geht, um ein Handeln aus Eigenantrieb, nicht um ein durch das Sollen bestimmtes Handeln aus Außenantrieb wie beim homo sociologicus.

Die zentrale Frage, um die es hier geht, ist, inwieweit Schimank hier von Weber abweicht und ob die Abweichung fruchtbare Konsequenzen verspricht. Auch hier lässt sich sagen, dass Schimanks Identitätsbehaupter mit Webers Typus des wertrationalen Handeln eng verwandt zu sein scheint. Jeder Weberianer würde hinsichtlich des Schimank'schen Beispiels des Wissenschaftlers, der aus evaluativen, also werthaltigen Überlegungen heraus Forschung betreibt, ohne auf die für ihn negativen Konsequenzen zu schauen, von einem wertrationalen Handeln sprechen.[26] Sogar die auf Werte bezogene Unterscheidung von „wollen" und „sollen" lässt sich bei Weber finden. Weber unterschied ein Wollen, das Kulturinhalte und Kulturformen betraf, von einem Sollen, bei dem die Geltung ethischer Normen in Frage steht (Weber 1904: 155). Normative Geltung ist mit beiden verbunden, und sie können auch in Spannung zueinander geraten (Weber 1913: 163): Das politische Wollen in der Wertsphäre der Politik könne einem moralischen Sollen in der Wertsphäre der Ethik gegenübergestellt werden, und unter Umständen könne man politische Werte nur realisieren, wenn man ethische Schuld auf

---

26 Auch Thomas Krons homo politicus, mit dem er die Schimank'schen Akteurmodelle um ein Modell erweitert, lässt sich wohl Webers wertrationalem Handeln zuordnen (Kron 2006: 175).

sich nehme. Das gleich ließe sich natürlich für die Wertsphäre der Wissenschaft sagen. Aber nicht nur die Unterscheidung von Wollen und Sollen findet sich bei Weber, auch Fragen der Identität von Personen finden sich bei ihm. Die Erziehung zur Persönlichkeit als konstante Orientierung an einer jeweiligen inneren Werteordnung von Personen bildete bei ihm einen immer wiederkehrenden Topos und seine Protestantische Ethik kann sicherlich unter anderem als ein Beitrag zu einer soziologischen Theorie der Identität gelesen werden (vgl. zu ersterem auch Albert 2010a).

Schimanks Akteurmodelle stehen der Weber'schen Tradition also näher, als man auf den ersten Blick meinen könnte. Wo sie dies nicht tun, wie beim homo sociologicus, scheinen seine Lösungen den Weber'schen gegenüber nicht unbedingt vorzugswürdig zu sein. Der wertrationale Handlungstypus Webers mit dem damit verbundenen moralphilosophischen Hintergrund sollte bei der soziologischen Erklärung normativer Phänomene des Sozialen nicht einfach außer Acht gelassen werden.[27] Aber man kann von weberianischer Warte auch durchaus positive Aspekte der Schimank'schen Akteurstheorien finden. Zum ersten ist natürlich zu erwähnen, dass es sich wirklich um eine Weiterentwicklung handelt. Weiterhin könnte Schimanks Idee, mit einem der Akteursmodelle die rollentheoretische Tradition zu inkorporieren, sicherlich fruchtbare Folgen zeitigen. Ins Auge gefasst werden müsste hierbei vor allem eine Steigerung der Erklärungskraft des wertrationalen Handlungstypus wie auch eine damit verknüpfte korrigierende Erklärung bisheriger rollentheoretischer Erklärungen – soweit tatsächlich vorhanden. Auf jeden Fall scheint Schimanks Verknüpfung der Handlungstypen mit Theorien der Identität aber ein vielversprechender Schachzug für die Weberianische Theorieentwicklung zu sein.

6. Peter Hedströms Abschied von der Handlungstheorie

Auch Peter Hedströms mechanismenbasierter Ansatz hat seinen eigenen Angaben zufolge eine enge Affinität zum Weber'schen Ansatz, insofern er soziales Handeln im Weber'schen Sinne als Kernstück seines soziologischen Unternehmens ansieht, handlungsbasierte Mechanismen postuliert und einem Makro-Mikro-Makro-Modell der Erklärung in der von Weber vorgezeichneten Linie folgt (vgl. Hedström 2008: 56, 67, 163).[28] Hedströms handlungstheoretischer Kern besteht aus der von ihm so genannten DBO-Theorie. Dieses Akronym steht für **D**esire, **B**eliefs und **O**pportunities: für Bedürfnisse im Sinne affektiver Prozesse, Überzeugungen im Sinne kognitiver Vorgänge und für Opportunitäten. Wie Weber grenzt er seinen Begriff des Handelns von einem Begriff des Verhaltens ab. Eine Überzeugung definiert er als These über die für wirklich gehaltene Welt und ein Bedürfnis als einen Wunsch oder einen Bedarf. Opportu-

---

[27] Die hier vorgetragene Kritik richtet sich eher gegen Uwe Schimanks Auslassung des wertrationalen Handelns als gegen eine „Falschheit" seines homo sociologicus und seines Identitätsbehaupters. Auch im hier verfolgten Ansatz bestände die Möglichkeit *eine* Variante des normbefolgenden Handelns als außengeleitet und nicht-rational zu betrachten. Man könnte es methodologisch eventuell als dispositionalen Effekt betrachten (vgl. dazu Albert 2008b: 28). Aber es wäre zu klären, was hier im Innenleben des Akteurs eigentlich stattfindet.
[28] Insofern man hier einer individualistischen Interpretation folgt. Zu einer davon abweichenden Interpretation im Sinne eines moderaten methodologischen Holismus vgl. Albert (2005a).

nitäten beschreiben das „Menü" von vorhandenen Handlungsalternativen, das dem Akteur zur Verfügung steht, also die Menge von Handlungsalternativen, die unabhängig von den Überzeugungen des Akteurs für ihn existieren. Diese Opportunitäten lassen sich, so meine Interpretation, als strukturelle Ursachen begreifen, die die auslösenden Ursachen des Handelns ergänzen müssen, um den Prozess des Handelns zu ermöglichen. Gegen ein solches Hereinnehmen der strukturellen Ursachen in die Handlungserklärung scheint mir nichts Grundlegendes einwendbar zu sein: Dies lässt sich wohl pragmatisch handhaben. Hedström gibt zur Illustration seines Ansatzes nun ein Beispiel für eine Handlungserklärung mittels seiner DBO-Theorie (vgl. Hedström 2008: 62):

Überzeugung: Herr Schmidt glaubte, dass es heute regnen würde.
Bedürfnis: Herr Schmidt hatte kein Bedürfnis danach, nass zu werden.
Opportunität: Herr Schmidt besitzt einen Schirm, den er mitbringen kann.

Handlung: Herr Schmidt hat heute einen Regenschirm mitgebracht.

Offensichtlich ist hier zunächst, dass die Existenz der Opportunität dem Handelnden bekannt sein muss, was Hedström in einer Fußnote hinzufügt (Hedström 2008: Fn. 7). Korrekter Weise müsste die Überzeugung also um das Wissen Herrn Schmidts, einen Schirm zu besitzen, erweitert werden.[29] Lassen wir die Frage der Opportunität einmal beiseite, zeigt sich hier, dass Hedström den praktischen Syllogismus verwendet, der in der Erklären-Verstehens-Kontroverse eine zentrale Rolle gespielt hat. Er bezieht sich auch auf von Wright (1989), der der prominenteste Theoretiker auf Seiten der verstehenden Fraktion darstellt, ergänzt dies aber durch Donald Davidsons Auffassung, dass Gründe Ursachen sein können. Damit lässt sich Hedström auf Seiten der erklärenden und verstehenden Fraktion wie Max Weber verorten.

Denn genau diese Auffassung von Gründen als Ursachen lässt sich dann auch bei Max Weber finden (vgl. Albert 2005a: 405 ff., 2009: 519-522): Gründe als Motive sind bei Weber Ursachen des Handelns.[30] Das Verstehen, die sinnhafte Deutung, etabliert eine kausale Hypothese, die die Gründe des Handelns als motivationale Ursache und das damit verbundene Verhalten als sich daraus ergebende Wirkung erscheinen lässt. Aus Webers Methodologie und der Formulierung seiner Idealtypen des Handelns ergeben sich aber zwei zentrale Punkte, die bei Hedström nicht zu finden sind. Zum ersten: Der Praktische Syllogismus muss in das Standardmodell der Erklärung integriert werden. Dies geschieht über die Hinzufügung eines Gesetzes. Aus dem Praktischen Syllogismus alleine folgt logisch noch gar nichts; er bietet keine Handlungserklärung.[31] Die Verstehenstheoretiker wie beispielsweise von Wright begingen ursprünglich den Fehler, zwischen Bedürfnissen, Überzeugungen und Handlungen einen logischen Zusammenhang zu postulieren, das sogenannte Logische-Verknüpfungs-Argument. Von Wright hat später diesen Irrtum korrigiert (von Wright 1977: 138). Und wie schon Carl Gustav Hempel und Paul Churchland angemerkt haben, muss der Praktische Syl-

---

29 Es gibt einige kleinere Ungereimtheiten in Hedströms Darstellung, denen ich aber nicht weiter nachgehen möchte.
30 Dies findet sich auch bei Vilfredo Pareto (vgl. Albert 2002).
31 Karl-Dieter Opp (2007: 117) übersieht, dass die DBO-Theorie kein Gesetz enthält und damit auch nach seiner eigenen Auffassung keine Theorie darstellen dürfte.

logismus um ein Handlungsgesetz erweitert werden, damit eine Handlungserklärung daraus wird (Hempel 1985; Churchland 1985; siehe auch Meggle 1985). Dies kann dann bspw. folgendermaßen aussehen (vgl. Albert 2009: 522):

Gesetz: Für jede Person *x*: Wenn *x* beabsichtigt, den gewünschten Zustand *w* herbeizuführen und *x* meint, dass in der gegebenen Situation *w* nur durch Handlung *h* herbeigeführt werden kann, dann macht sich *x* daran, *h* auszuführen.
Randbedingungen: Wunsch: Person *p* beabsichtigt, Zustand *w* herbeiführen.
Überzeugung: Person *p* meint, dass in der gegebenen Situation *w* nur durch *h* herbeigeführt werden kann

Handlung: *p* macht sich daran, *h* auszuführen.[32]

Der Praktische Syllogismus alleine umfasst nur die Randbedingungen und die Konklusion (Wunsch, Meinung, Handlung). Durch die Hinzufügung eines Gesetzes wird der Praktische Syllogismus zu einem deduktiv-nomologischen Modell der Handlungserklärung erweitert.[33] Es bleibt deswegen festzuhalten: Hedströms Ansatz beinhaltet nur den Praktischen Syllogismus und ist deswegen keine Theorie, sondern nur ein Begriffsschema. Es besitzt ohne diese Ergänzung eines Gesetzes keinen Erklärungswert.[34]

Es ergeben sich aber auch mit Ergänzung weitere gewichtige Einwände gegen die „DBO-Theorie". Dieses oben gezeigte Schema gilt für alle Arten rationalen Handelns, also auch für Webers zweck- und wertrationales Handeln. Man könnte es auch als den Kern aller Varianten der Theorie der rationalen Wahl betrachten.[35] Unberücksichtigt bliebe aber mindestens das emotionale wie das traditionale, gewohnheitsmäßige, Routinehandeln. Ob das angesichts der heutigen Theorieentwicklung auf die Dauer haltbar ist, möchte ich bezweifeln.[36]

Schließlich muss noch konstatiert werden, dass Hedström mit seiner „Handlungstheorie" hinter alle gängigen Handlungstheorien erklärender Art zurückfällt. Die eigentlich interessierende Selektion der Handlung, die beispielsweise in einem Abwä-

---

32 Hier fehlen die Opportunitäten, deshalb ist hier auch offengelassen, ob der Handelnde die Handlung wirklich durchführen kann.
33 Ich schließe mich Karl-Dieter Opps (2006: 117 f.) kritischen Bemerkungen zu Hedströms Kritik am deduktiv-nomologischen Erklärungsmodell an, der dieses gegen den mechanismenbasierten Ansatz ausspielt.
34 Wie Hans Peeters (2007: 609) erwähnt, findet sich DBO-Theorie nicht in dem Kapitel, in dem Hedström beispielhaft seinen Ansatz zur „Erklärung" einer Arbeitslosenquote in Stockholm anwendet, was meines Erachtens die Schwäche seiner „Theorie" illustriert. Mario Bunge (2007: 279) bemängelt Hedströms Auffassung, dass Mechanismen und Gesetze nicht zusammenpassen, ortet diesen Mangel aber nicht in dessen DBO-Theorie. Dies ist aber interpretationsbedürftig. Vielleicht spielt hier die genaue Art des Gesetzesbegriffs, die Frage der Universalität der Gesetze und ihr mikro- oder makro-soziologischer Charakter eine Rolle.
35 Dies schiene auch eine bessere Alternative zu sein als Diekmanns und Voss' Weigerung, den Rationalitätsbegriff für die Theorien der rationalen Wahl in irgendeiner Weise näher zu erläutern und anschließend alles auf den Entscheidungsbegriff zu schieben, der dann auch wieder unerläutert bleibt (vgl. Diekmann und Voss 2004: 13). Aber vielleicht optieren Diekmann und Voss ja auch tatsächlich für die Weber'sche Lösung, dass die einzige methodologische Forderung die nach Handlungsgesetzen, gleichgültig welcher Art, ist.
36 Auch Karl-Dieter Opp (2006: 119) trägt unter Berufung auf Weber diesen Punkt vor.

gungsprozess wie bei den Theorien der rationalen Wahl oder in weiteren Selektionsprozessen wie bei der Theorie der Frame-Selektion stattfindet, bleiben völlig unbeachtet. Sie erst machen aber den zentralen Inhalt der Handlungstheorien aus. Und nur darüber werden sich in Zukunft zentrale theoretische Probleme der Soziologie lösen lassen. Zumindest in der weberianischen Tradition wird etwa ein Zusammenhang von Wertrationalität und Ordnung postuliert. Die Erklärung der Genese legitimer Ordnung wird nur mit einem differenzierten Handlungsmodell zu erklären sein, das über einfache Bedürfnisse und Wünsche hinausgeht und die schwierigen verschiedenen Dimensionen normativer Phänomene in den Blick bekommt. Hedströms unterkomplexe Rumpf-„Theorie" rationalen Handelns scheint hier von vornherein zum Scheitern verurteilt zu sein.[37]

Wahrscheinlich beabsichtigte Hedström, die offensichtlich ungenügenden Theorien der rationalen Wahl durch einen offeneren Ansatz zu ersetzen. Vielleicht intendierte er sogar so etwas wie Handlungstheorien mittlerer Reichweite. Tatsächlich formulierte er aber keine Theorie, sondern ein Begriffsschema. Wenn man dieses Schema zu einer Rumpftheorie rationalen Handelns ergänzt, trägt diese Theorie universellen Charakter und gehört vermutlich schon jetzt zum falsifizierten Bestand von Handlungstheorien, weil sie nur rationalen Handlungen Rechnung trägt.[38]

7. Vorläufiges Fazit

Peter Hedströms Ansatz kann wohl nicht als ernsthafter Kandidat für die hier geführte handlungstheoretische Diskussion in Frage zu kommen.[39] Das Paradigma der rationalen Wahl als prominentester zeitgenössischer handlungstheoretischer Ansatz wiederum entpuppt sich bei genauerem Hinsehen als bei weitem nicht so universaler Ansatz, wie er in der Regel auftritt. Siegwart Lindenberg verband mit seinem populären RREEMM-Modell die Methode der abnehmenden Abstraktion, die sich bei genauerem Hinsehen als die Einführung einer Handlungstheorie mittlerer Reichweite erwiesen hat. Diese nomologischen Modellvarianten brechen mit dem Anspruch einer Handlungstheorie universaler Reichweite, weisen aber einen sehr engen Verwandtschaftsgrad auf. Derselbe Sachverhalt lässt sich in Andreas Diekmanns Charakterisierung seiner Version der Rational-Choice-Theorie finden, nur dann in eindeutigerer Formulierung. Faktisch hat die „Theorie" der rationalen Wahl ihren Anspruch auf Universalität damit aufgegeben. Tatsächlich kann man natürlich auch davon ausgehen, dass der universale Anspruch der Rational-Choice-Theorie sich inzwischen als falsch herausgestellt hat. Al-

---

37 Opp (2006: 118 f.) interpretiert Hedströms DBO-„Theorie" als „weite" Version der Wert-Erwartungstheorie.
38 Hedströms Verdienst liegt deswegen wahrscheinlich nicht in einer Erneuerung der Handlungstheorie, sondern eher im Bereich der „Logik der Aggregation", wo sich die von ihm entwickelten Ideen zur Computersimulation bewähren könnten. Rainer Greshoff kommt aber auch in diesem Punkt zu einer negativen Einschätzung (vgl. Greshoff 2010a).
39 Auch Keith Sawyer kommt zu der Auffassung, dass Hedström handlungstheoretisch zu einfach argumentiert (Sawyer 2007: 257).

leine schon angesichts der Ergebnisse der Verhaltensökonomie wird es schwierig, mögliche Universalitätsansprüche der Rational-Choice-Theorie aufrecht zu erhalten.[40]

Vor diesem Hintergrund wird der handlungstypologische Ansatz Max Webers wieder aktueller. Zum einen kann man sich ihm in traditioneller Weise annehmen und versuchen, die verschiedenen Handlungstypen sowie wichtige Mischtypen nomologisch weiter zu entwickeln oder sie partiell zu variieren, wie dies Uwe Schimanks Strategie ist. Bei genauerem Hinsehen ist die Kontinuität zwischen Schimank und Weber größer, als sich auf den ersten Blick vermuten lässt. Wo dies nicht der Fall ist, verläuft der Vergleich teilweise eher nicht zu Schimanks Gunsten. Grundsätzlich zeigen seine Ideen der identitätstheoretischen Anbindung sowie der rollentheoretischen Erweiterung aber in eine Richtung, die für weberianisch orientierte Soziologen interessant sein könnte.

Da Schimank eine Mehrzahl handlungstheoretischer Modelle favorisiert, steht er in Bezug auf die hier diskutierte methodologische Frage auf der Seite der weberianischen Idealtypenkonzeption. Ihr gegenüber stehen die Vertreter der Theorie der Frame-Selektion, die faktisch eine Integration der Weber'schen Handlungstypen in eine universale Handlungstheorie anstreben. Zum einen lässt sich aber auch bei der Theorie der Frame-Selektion konstatieren, dass sie neben der Wert-Erwartungs-Variante auch andere Formulierungen wichtiger Teile der Logik der Selektion zulassen, was wie bei der Rational-Choice-Theorie eine Aufweichung des universalen Anspruchs erkennen lässt. Wenn man diese Frage aber beiseite lässt, so hat sich gezeigt, dass sich die Theorie der Frame-Selektion zu einer Theorie mittlerer Reichweite weiter entwickeln lässt. Falls man die mit dieser Theorie verbundenen Neuerungen prinzipiell begrüßt, so lassen sich diese auch in der von Weber postulierten methodologischen Manier ausbauen. Es verpflichtet einen in theoretischer Hinsicht zunächst nichts auf die Annahme, dass die Soziologie ihr methodologisches Heil in der Formulierung von Theorien universaler Reichweite zu suchen hätte: Es steht die Weber'sche methodologische Heuristik als Alternative zur Verfügung. Und schließlich kann man folgende These aufstellen: Jede Handlungstheorie mit universalem Anspruch, die verschiedene Handlungstypen in einem Modell vereint, ist auch zu einer Handlungstypologie mit mehreren Handlungstheorien mittlerer Reichweite weiter entwickelbar.

III. Begründungen der beiden heuristischen Optionen

1. Eine reduktionistische Begründung für Handlungstheorien?

Man kann nun fragen, welche Möglichkeiten der Begründung für die beiden unterschiedlichen heuristischen Strategien angeführt werden können. Eine davon besteht darin, den metaphysisch-ontologischen oder erkenntnistheoretischen Hintergrund der

---

40 Siehe beispielsweise Etzrodt (2007: 365-368) zur Falsifiziertheit des RC-Ansatzes, insofern er universale Ansprüche impliziert. Für einen unterhaltsamen Streifzug durch Ergebnisse der neueren experimentellen Verhaltensökonomie siehe Dan Ariely (2008). Für einen kleinen Überblick über Ergebnisse der Verhaltensökonomie unter dem Gesichtspunkt, wieder zu einer einzigen, universalen verhaltenstheoretischen Theorie zu kommen, vgl. Weber und Dawes (2005).

fraglichen Methodologie explizit zu machen, ob sich von daher Gesichtspunkte für die anstehende Entscheidung ergeben. Hier spielt die Gegenüberstellung von reduktionistischer und emergentistischer Weltsicht eine Rolle. Grob skizziert sieht sie folgendermaßen aus.

Die reduktionistische Position ist in der Regel mit einem Physikalismus verbunden. Ausgangspunkt ist hier die Annahme, dass sich alle Spezialwissenschaften letztlich auf die grundlegende Wissenschaft der Physik zurückführen, also reduzieren lassen. Verbunden ist dies mit der Annahme, dass kausale Vorgänge nur in zwei Formen auftauchen: auf der untersten physikalischen Mikroebene als Kausalität auf derselben Ebene (same level-causation) und von da ausgehend nach oben als Mikrodetermination (upward causation). Nicht ins reduktionistische Bild passen horizontale Gleiche-Ebenen-Kausalitäten auf weiter oben liegenden Ebenen[41] wie auch Makrodetermination (downward causation) von einer Makro- auf eine darunter liegende Mikro-Ebene.

Die emergentistische Weltsicht unterscheidet sich hiervon grundlegend. Beiden gemeinsam sein kann zunächst Folgendes: Sie können beide von einer geschichteten Wirklichkeit ausgehen, die sich aufgrund des hierarchischen Aufbaus von Makro-Entitäten aus aufeinander bezogenen Mikro-Entitäten ergibt. Moleküle werden aus Atomen gebildet, Lebewesen aus Zellen, Vergesellschaftungen aus Menschen etc. Der emergentistischen Auffassung nach treten nun aber auf irgendeiner oberhalb liegenden Ebene (stark) emergente Eigenschaften an Makroentitäten auf. Man kann emergentistische Auffassungen für alle oder auch einzelne ausgewählte Ebenen oberhalb der Mikrophysik vertreten. Man könnte z.B. der Auffassung sein, dass nur auf der biologischen Ebene der Lebewesen emergente Eigenschaften entstanden sind, aber weder darüber noch darunter, oder aber auf mehreren oder allen Ebenen. Welcher Ansicht man auch in diesem Punkt ist, die übliche Vorstellung besteht in folgenden Annahmen: Die Mikroentitäten, aus denen die Makroentitäten aufgebaut sind, besitzen die zu einem bestimmten Zeitpunkt neu auftretenden emergenten Eigenschaften nicht. Es handelt sich nämlich um „systemische" Eigenschaften, also Eigenschaften der Makroentitäten. Weiterhin sind sie nicht mechanistisch oder reduktiv erklärbar und vor ihrem ersten Auftreten auch prinzipiell nicht vorhersagbar. Die prominenteste und meistdiskutierteste Kandidatin für den Status der Emergenz sind Bewusstseinsphänomene.[42] Besonders gerne wird hier natürlich anhand des Beispiels des menschlichen Bewusstseins diskutiert.

Mentale Verursachung beim Menschen, bei der bewusste Entscheidungen oder Gefühle körperliches Verhalten verursachen, wird in dieser Diskussion als Makrodetermination durch emergente Eigenschaften verstanden.[43] Reduktionistische Philosophen wie Jaegwon Kim bestreiten, dass es solche Makrodetermination geben kann (vgl. bspw. 1995). Sie haben aber auch keinerlei Erklärung für die Existenz von subjektiven Bewusstseinserlebnissen, den sogenannten Qualia, zu bieten. Schon allein die Existenz der

---

41 Wenn die Existenz solcher Ebenen ontologisch überhaupt postuliert wird und sie nicht von vornherein reduktiv-eliminativ beseitigt sind.
42 Vgl. zum ontologischen Problem der emergenten Eigenschaften auf makro-sozialer Ebene Albert (2010b).
43 Inbegriffen ist hier natürlich auch ein Unterlassen.

Qualia, geschweige denn die mit ihnen verbundene Makrodetermination, ist mit dem physikalistischen Reduktionismus unvereinbar.[44]

Nun ist das Thema unseres Beitrags hier die Frage nach Handlungstheorien mittlerer oder universeller Reichweite. Interessanter Weise ist hier eigentlich schon vorentschieden, dass der Reduktionismus als Hintergrundposition gar keine Rolle spielen kann: Handlungstheorien sind mit dem Reduktionismus unvereinbar. Am besten lässt sich das am oben behandelten Prinzip Max Webers „Gründe als Ursachen" illustrieren, dass für alle Handlungstheorien eine zentrale Rolle spielt, die Rationalität beinhalten, also für alle weiter oben behandelten Theorien beispielsweise. Haben wir es mit irgendeiner Art von rationalem Handeln zu tun, sind die bewussten Gründe der Akteure die Ursachen ihres körperlichen Verhaltens. Das ist mentale Verursachung im besten Sinn und beinhaltet (starke) Emergenz und Makrodetermination. Nur eine Emergenztheorie kann also der handlungstheoretischen Tradition in der Soziologie gerecht werden. Der Reduktionismus ist nur mit einer verhaltenstheoretischen Position vereinbar.

Alle Theoretiker, die einen physikalistischen Reduktionismus mit einem handlungstheoretisch aufgefassten methodologischen Individualismus verbinden wollen, stehen in einer großen Bringschuld, nämlich zu zeigen, wie mentale Verursachung und die Intentionalität des Menschen mit dem Reduktionismus vereinbar sein kann.[45] So lange dies nicht gezeigt wurde, ist man besser beraten, die soziologische Handlungstheorie vor dem Hintergrund einer emergentistischen Position zu vertreten.

2. Eine emergentistische Begründung für Handlungstheorien mittlerer Reichweite

Wenn die Suche nach Handlungstheorien auch nicht vor einem reduktionistischen, sondern nur vor einem emergentistischem Hintergrund sinnvoll zu sein scheint, so muss die emergentistische Position doch wiederum differenziert betrachtet werden. Üblicher Weise besteht in der soziologischen Tradition wie bspw. bei Emile Durkheim eine Verbindung zwischen Emergenz und methodologischen Kollektivismus (radikalem Holismus). Emergenz führt hier zur Annahme der Existenz von Kausalgesetzen auf der Makroebene. Es beinhaltet nun gewisse Schwierigkeiten, diese Annahme mit dem Postulat handlungstheoretischer Ursachen zu verbinden. Insbesondere die Existenz bewusster und rationaler Entscheidungen von Akteuren scheint mit der Annahme makrosozialer Kausalität über die Köpfe der Akteure hinweg schlecht vereinbar zu sein. Es spricht deswegen einiges dafür, die Suche nach makrosozialen Kausalgesetzen mit einer rein verhaltenstheoretischen Mikrofundierung zu versehen, wie dies bspw. der Tendenz nach

---

[44] Ich gehe auch davon aus, dass die Identitätstheorie letztlich nicht funktioniert und tatsächlich eliminativ-reduktionistischen Charakter trägt. Identitätstheoretiker lassen das Problem der Existenz von Qualia dann auch typischer Weise einfach aus (vgl. bspw. Esfeld und Sachse 2010: besonders 225).

[45] Hier sind sowohl alle reduktionistischen Handlungstheoretiker gemeint als auch diejenigen, die die Annahme der Existenz starker Emergenz ablehnen wie bspw. Viktor Vanberg (1975), Alfred Bohnen (2000), Hartmut Esser (2000), Jens Greve (2006), Rainer Schützeichel (2009), Rainer Greshoff (2010b) und Annette Schnabel (2009).

bei R. Keith Sawyers methodologischem Kollektivismus „positivistischer" Machart der Fall ist (vgl. Sawyer 2005).[46]

Während im kollektivistischen Emergentismus also keine systematische Verbindung zu Handlungstheorien, einerlei welcher Art, besteht, ist dies im emergenztheoretisch begründeten moderaten methodologischen Holismus grundlegend anders (vgl. Albert 2005a, 2007b, 2010b). Der moderate methodologische Holismus ist eine methodologische Position, in deren Zentrum stabil und dauerhaft handlungstheoretische Annahmen stehen, die weder reduktionistisch nach unten hin noch emergentistisch von oben her durchkreuzt werden.[47]

Das klare Votum für eine handlungstheoretische Grundlegung der Soziologie begründet sich im moderaten Holismus mit der Annahme mentaler Verursachung. Mentale Verursachung impliziert hier im Kontrast zum reduktionistischen Verständnis eindeutig Emergenz und Makrodetermination auf der mikrosozialen Ebene. Weiterhin geht der moderate Holismus im Gegensatz zu sonstigen emergentistischen Positionen aus ontologischen Gründen von der Nicht-Existenz makrosozialer Kausalgesetze aus. Da die ontologische Analyse trotzdem aber zeigt, dass kulturelle Makroentitäten wie kollektive Überzeugungen oder Institutionen real existieren und stark emergent sind, wird davon ausgegangen, dass Kultur qua motivationaler Prägung der Akteure Makrodetermination ausübt. Makrodetermination als soziale Verursachung meint hier im Gegensatz zum üblichen emergentistischen Denken nicht das direkte Einwirken auf das Handeln, sondern die kulturelle Prägung der sozialisatorischen Grundlagen des Handelns. Soziale Makrodetermination besitzt demnach sozialisatorischen, nicht handlungstheoretischen Charakter. Daher sind erst im moderaten methodologischen Holismus soziale Makrodetermination und Handlungstheorie grundsätzlich miteinander vereinbar. Der moderate methodologische Holismus ist also als eine Mittelposition zwischen reduktionistischem Individualismus und emergentistischem Kollektivismus zu verstehen: Er vereint attraktive Eigenschaften beider Lager und schließt einige eher unerwünschte aus.

Handlungstheorie und „Sozialisationstheorie" sind im moderaten Holismus fundamental aneinander gekoppelt: Die Variation handlungstheoretischer Gesetze bei kulturell unterschiedlichen Arten von Akteuren ergibt sich aus der jeweiligen Verschiedenheit motivationaler Prägung.[48] Damit wird das bisher übliche (individualistisch-)ato-

---

46 Positivismus ist keine stigmatisierende Titulierung meinerseits, sondern seine eigene Wortwahl (vgl. Sawyer 2005: 212). Margaret Archer verbindet mit ihrem emergenztheoretischen Ansatz hingegen keine solche positivistische Perspektive (vgl. Archer 1995; dazu auch Albert 2008a).

47 Eine zweite mögliche Position wäre die eines emergentistisch aufgefassten methodologischen Individualismus.

48 Man könnte sagen, dass Theorien motivationaler Prägung variable Handlungsgesetze „nomologisieren", d. h. ihre Anwendungsbedingungen werden angegeben, wodurch sie zu „Gesetzen klassischen Stils" werden, indem ihr eingeschränkter Raum-Zeit-Bezug unter Aufrechterhaltung nicht nur ihres empirischen, sondern auch ihres theoretischen Gehalts eliminiert wird (vgl. dazu Albert 1965: 131-134). In gewissem Sinne handelt es sich dann um universale Gesetzmäßigkeiten. Die damit verbundene Ausdrucksweise der „Nomologisierung von Quasi-Gesetzen" ist aber problematisch, weil sich dahinter noch eine anti-realistisch motivierte metaphysik- und ontologiekritische Sicht auf Gesetze verbirgt. Im Realismus verändert sich der Charakter von Gesetzen nämlich nicht, nur weil wir ihre Anwendungsbedingungen, besser, angeben können. Aus einer „Nomologisierung" ergibt sich auf jeden Fall auch die Falsifizierbarkeit der

Abbildung 2: Das Erklärungsmodell des moderaten methodologischen Holismus (betont sind hier spezifische Unterschiede zum individualistischen Erklärungsmodell)

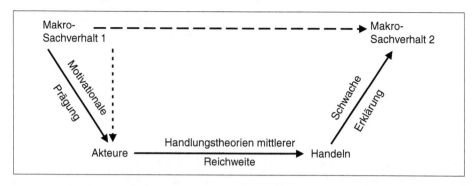

mistische Forschungsprogramm verlassen. Das atomistische Forschungsprogramm geht davon aus, dass sich Handlungsgesetze nicht ändern können und dass sich jeder qualitative Wandel auf der Makro-Ebene aus dem Wandel der Komposition der Elementarteilchen, hier der Akteure als „Atome", ergibt.[49] Entweder funktionieren die Akteure nach der Theorie der rationalen Wahl, nach der Theorie der Frame-Selektion oder nach ähnlichen universal gültigen Handlungstheorien und die qualitativ wechselnden Eigenschaften der Makro-Ebene ergeben sich aus den unterschiedlichen Randbedingungen, bspw. aus den unterschiedlichen Erwartungen und Bewertungen der Akteure und der Mikrostruktur der Akteurskonstellation. Im moderaten Holismus können sich die Akteure hingegen grundlegend wandeln, sodass sich makrosozialer Wandel auch auf dieser Grundlage ergeben kann:[50] Die kulturelle Prägung der motivationalen Grundstrukturen der Akteure verändert die handlungstheoretische Gesetzlichkeit ihres Handelns. Dies trifft sich mit einer Annahme aus der allgemeinen Emergenztheorie, die bisher nicht in konkreter Weise auf die Soziologie bezogen worden ist.[51] Ganzheiten, die emergente Eigenschaften aufweisen, haben einen bedeutenden Einfluss auf ihre Teile, sodass sich das innere Funktionieren der Teile fundamental wandeln kann. Man spricht bei diesen Ganzheiten auch von nicht-dekomponierbaren Systemen. In dekomponierbaren Systemen verhält sich jede Komponente hingegen nach den eigenen intrinsischen Prinzipien, deren inneres Funktionieren nicht durch das System beeinflusst wird. Konkretisiert man diesen Topos der allgemeinen Emergenztheorie handlungstheoretisch, ergibt sich also die Wandelbarkeit handlungstheoretischer Gesetze. Vor

---

Handlungstypen, womit sich die Kritik Christian Etzrodts an Max Webers Idealtypen zum großen Teil erübrigt (vgl. Etzrodt 2007).
49 Die Handlungen der Akteure sind hier mit inbegriffen.
50 Dasselbe trifft im Übrigen auf eine Variante des methodologischen Individualismus zu, den man holistischen Individualismus nennen kann. Hier muss man die motivationale Prägung individualistisch interpretieren. Ich werde dieser Variante im Folgenden nicht weiter nachgehen. Sie besitzt aber handlungstheoretisch die gleichen Eigenschaften wie der moderate Holismus.
51 Sawyer zitiert immer wieder neben anderen den Zusammenhang von Emergenz und Nicht-Dekomponierbarkeit, versäumt aber eine konkrete soziologische Interpretation dieser abstrakten These zu geben (vgl. bspw. Sawyer 2005: 96).

diesem Hintergrund erscheint methodologisch die Suche nach Handlungstheorien mittlerer Reichweite sinnvoll.

3. Eine reduktionistische Begründung für Handlungstheorien universaler Reichweite?

Wie weiter oben gezeigt wurde, ist eine handlungstheoretische Grundlegung der Soziologie mit einem reduktionistischen Hintergrund eigentlich nicht machbar: Nur Verhaltenstheorien sind mit dem Reduktionismus vereinbar.[52] Klammert man dieses Problem aber einmal aus, so lässt sich fragen, ob die Suche nach Handlungstheorien universaler Reichweite nicht eine gute Begründung im Reduktionismus finden kann.[53] Dies scheint auch vor dem Hintergrund plausibel zu sein, dass die Suche nach nomologischen Handlungstheorien universaler Reichweite von methodologischen Individualisten betrieben wird und das Programm des methodologischen Individualismus üblicher Weise eine reduktionistische Einbettung erfährt. In Deutschland hat bspw. Alfred Bohnen den methodologischen Individualismus als reduktionistische Position interpretiert und damit viel Anklang im individualistischen Lager gefunden (vgl. Bohnen 2000).

Der Reduktionismus ist dabei keine Position, die auf die Frage der Reduzierbarkeit möglicher makrosoziologischer Theorien auf mikrosoziologische Theorien beschränkt bliebe. Der Reduktionismus ist vielmehr eine umfassende Position, die auf eine Einheit der Wissenschaft abzielt (vgl. dazu Oppenheim und Putnam 1958). Mit diesem Begriff der Einheit der Wissenschaft wird einerseits auf einen andauernden Trend in Form erfolgreich durchgeführter Reduktionen in der Wissenschaft hingewiesen, anderseits auf einen idealen Zustand der Wissenschaft; und dieser ideale Zustand soll als fernes Ziel die methodologischen Heuristiken jetziger und zukünftiger wissenschaftlicher Forschung anleiten (Oppenheim und Putnam 1958: 3). Das anvisierte Ziel besteht in der Entdeckung einer einzigen vereinheitlichten Theorie auf der untersten physikalischen Ebene der Elementarteilchen (Oppenheim und Putnam 1958: 3, 9 f.). Das adäquate Mittel zur Zielerreichung besteht in der sukzessiven Mikro-Reduktion der Theorien oberer Makro-Ebenen auf Theorien der jeweils darunter liegenden Mikro-Ebene, bis über alle Ebenen hinweg auf die unterste Ebene mikro-reduziert wurde. Es können verschiedene solche Ebenen unterschieden werden und über die korrekte Feinkörnigkeit der Einteilung kann gestritten werden; sie ist aber für die Diskussion hier nicht weiter wichtig. Ein klassischer Vorschlag unterscheidet sechs Ebenen: 1. Elementarteilchen, 2. Atome, 3. Moleküle, 4. Zellen, 5. multizelluläre lebende Dinge und 6. soziale Gruppen (Oppenheim und Putnam 1958: 9). Jede Ebene umfasst Objekte, die Ganzheiten darstellen, die durch ihre Teile gebildet werden; Mikroreduktion bedeutet demnach also die Reduktion von Theorien von Ganzheiten auf Theorien ihrer Teile (Op-

---

[52] Den Hintergrund dieser These bildet auch meine Überzeugung, dass die identitätstheoretische Position die Existenz der intentionalen Gerichtetheit nicht erklären kann, die mit Handlungstheorien unweigerlich zusammenhängt.
[53] Wenn man das angesprochene Problem nicht ausklammern möchte, lässt sich nach der Vereinbarkeit von Verhaltenstheorien universaler Reichweite mit reduktionistischen Auffassungen fragen.

penheim und Putnam 1958: 6). Dabei soll eine reduzierende Theorie der Teile mehr erklären können als die reduzierte Theorie der Ganzheiten (Oppenheim und Putnam 1958: 5). Die auch selbst vereinheitliche Theorie der untersten Ebene der Elementarteilchen soll dann prinzipiell alle Tatsachen der Welt erklären können. Das heißt auch: Die Theorien aller Wissenschaften oberer Ebenen wie z. B. der Psychologie und Soziologie sollen letztlich auf die Kernphysik zurückgeführt werden (Oppenheim und Putnam 1958: 7).[54] Die sukzessiven Mikroreduktionen besitzen einen kumulativen Charakter: Wenn Theorie T_3 reduziert wird auf T_2 und T_2 anschließend auf T_1, dann wird T_3 auch automatisch auf T_1 reduziert (Oppenheim und Putnam 1958: 7). Der Erkenntnisfortschritt kumuliert schließlich in der alles-erklärenden Theorie der untersten Ebene. Genau dieses Bild findet sich nun auch bei Hartmut Esser:

> „Reduktionismus ist dann jene wissenschaftliche Programmatik, durch die ‚Reduktion' spezieller Theorien auf allgemeinere das Wissen um die speziellen Bedingungen der Geltung der speziellen Theorien systematisch zu *erweitern* (...) In einem engeren Sinne wird dann Reduktionismus als das Bestreben verstanden, alle möglichen ‚molaren' Ganzheitsphänomene auf die ‚molekulare' Ebene der Mikro-Prozesse zu reduzieren, weil die molaren Phänomene stets die spezielleren Vorgänge sind. In seiner Extremform nimmt der Reduktionismus an, dass sich so – schritt weise und natürlich unter Angabe der jeweiligen ‚Brücken'-Übergänge der jeweiligen Mikro-Makro-Verbindungen – die Soziologie mit Hilfe psychologischer Theorien, die psychologischen Theorien über biologische und neurophysiologische Gesetze, und die wiederum über chemische und physikalische Theorien, aufbauend auf einem mathematischen Kern, reduzieren lasse. Das Ergebnis wäre, so hoffen immer noch einige Vertreter dieser Auffassung ganz unbeirrt, ein großes integriertes Wissensgebäude, mit dem sich alle Phänomene dieser Welt auf allen ihren Aggregationsstufen durch die jeweils ‚darunter' liegenden Theorien, einschließlich der nötigen Mikro-Makro-Verbindungen, versteht sich, erklären lassen. Mindestens ein Argument haben die Verfechter dieser Hoffnung auf ihrer Seite: Es gibt bisher keinen empirischen Sachverhalt, der mit dem Programm des Reduktionismus unvereinbar wäre" (Esser 2000: 12 f.).

Es ist nun offensichtlich, dass dieses Programm die Methodologie individualistischer Erklärungen stützt. Stützt sie aber auch das Programm der Suche nach der einen universal gültigen Handlungstheorie? Wohl eher nicht! Dafür muss man sich einen Sachverhalt deutlich machen, den die reduktionistische Auffassung impliziert. Wie Hartmut Esser es deutlich gemacht hat, geht es um eine sukzessive Reduktion von molaren Ganzheitsphänomenen auf die molekulare Ebene der Mikro-Prozesse, wobei die Theorien der Ganzheiten speziellere sind, die durch die allgemeineren Theorien der jeweiligen Mikro-Ebene erklärt werden können. Die Gesetze der jeweiligen Makro-Ebenen sind begrenzt gültig innerhalb bestimmter Randbedingungen, wobei diese Randbedingungen nicht mit denen verwechselt werden dürfen, die im jeweiligen Gesetz selbst eine Rolle spielen.[55] Die Vorstellung ist also die, dass mehrere, also mindestens zwei, Gesetze einer Makro-Ebene jeweils auf eine darunter liegende Mikro-Ebene reduziert werden sollen. Dies soll nun für jedes Paar von Ebenen gelten. Rechnet man dies

---

54 Oppenheim und Putnam sagen hier auch klar, dass die Annahme einer immateriellen Psyche, also die Existenz von Qualia, wie es Handlungstheorien voraussetzen, oder auch die (stark) emergenter Phänomene in diesem Bild von der Einheit der Wissenschaft keinen Platz haben (Oppenheim und Putnam 1958: 12-15). Handlungstheorien wären demnach eindeutig nicht zugelassen!

55 „Gesetze" oberer Ebenen, also von Makro-Ebenen, sind im Reduktionismus qua ihrer kausalen Impotenz empirische Regelmäßigkeiten, also Gesetze in Anführungszeichen.

durch über die sechs vorgeschlagenen Ebenen – heute dürften eher noch mehr Ebenen als adäquat geschätzt werden – so ergeben sich von der untersten einheitlichen Theorie bis zu den obersten speziellen Theorien eine Mindestanzahl von 2^5, also mindestens zweiunddreißig speziellere Gesetze der Makro-Soziologie. Diese könnten dann unter jeweils angebbaren Bedingungen auf mindestens sechszehn psychologische (handlungstheoretische) Gesetze reduziert werden. Das vom Reduktionismus gezeichnete Bild müsste also eine Mindestzahl von sechzehn Theorien mittlerer Reichweite ergeben. Von einer Handlungstheorie universaler Reichweite ist man hier also weit entfernt.[56] Wenn man an die vielen nomologischen Modellvarianten denkt, die sowohl im Rational-Choice-Ansatz wie in der Theorie der Frame-Selektion zugelassen sind, relativiert sich ja aber auch sehr schnell das idealisierte Bild von der universalen Handlungstheorie.

Es lässt sich noch ein weiteres Detail des hier gezeichneten Bildes erwähnen, das nicht für die Idee einer universalen Handlungstheorie spricht. Jede universale Theorie auf einer höheren, also eine Makro-Ebene, verpflichtet alle weiter unten liegenden Theorien auf Universalität und Einheitlichkeit. Ansonsten würde sich die Richtung der Reduktion umdrehen lassen. Es ließen sich dann mehrere Mikro-Theorien durch eine Makro-Theorie vereinheitlichen, also reduzieren.[57] Dies stände im direkten Widerspruch zur reduktionistischen Grundidee der sukzessiven Mikro-Reduktion auf eine einheitliche Theorie der untersten Mikro-Ebene, wenn diese als Erkenntnisfortschritt gedeutet werden sollen. Die Suche nach einer universalen Handlungstheorie gefährdet also diese Grundidee des Reduktionismus.

Einerlei, ob man das hier gezeichnete Bild für völlig korrekt hält, gilt:[58] Wenn man auch vielleicht darüber streiten mag, ob die Existenz von Handlungstheorien universaler Reichweite mit dem reduktionistischen Weltbild unvereinbar ist, so gibt es keinen Anhaltspunkt dafür, dass der Reduktionismus zumindest nicht ebenso gut mit Handlungstheorien mittlerer Reichweite vereinbar ist. Das aber bedeutet: Der Reduktionismus kann nicht dazu herangezogen werden, die Suche nach Handlungstheorien universaler Reichweite zu rechtfertigen.

---

56 Wenn man hingegen Max Webers Handlungstypen nimmt und die reinen und die verschiedenen möglichen Mischtypen aufzählt, wäre diese Zahl gar nicht abwegig.
57 Dies ist ein ganz ähnliches Argument wie das der multiplen Realisierung und der wildwuchernden Disjunktion. Man braucht dafür aber nicht mehr als zwei Mikro-Theorien, die sich durch eine Makro-Theorie vereinheitlichen lassen.
58 Man könnte ein zweites Bild zeichnen, das tatsächlich nur einheitliche Theorien auf jeder Stufe enthält, die dann aber prinzipiell immer mit verschiedenen Anomalien konfrontiert wären, die durch sie grundsätzlich nicht erklärbar wären. Alle Theorien der oberen Ebenen, ausgenommen die der untersten Ebene, würden durch die Anomalien also falsifiziert werden. Im oben gezeichneten Bild sind die Theorien oberer Ebenen hingegen wahr, aber in ihrer Reichweite begrenzt. Die reduktionistischen Alternativen für die Soziologie wären hier wahre, aber begrenzt gültige Theorien oder falsche „universale" Theorien.

IV. Abschließendes Fazit

Wenn man die Frage der (Un-)Vereinbarkeit von Handlungstheorien mit dem Reduktionismus beiseite lässt und weiterhin davon ausgeht, dass sich die Universalitätsansprüche des Rational-Choice-Ansatzes nicht mehr glaubwürdig aufrecht erhalten lassen, steht man in der deutschen Diskussion zumindest zwei wichtigen nomologisch orientierten handlungstheoretischen Forschungsprogrammen „weberianischer Spielart" gegenüber: Auf der einen Seite der Theorie der Frame-Selektion mit universalem Anspruch und auf der anderen Seite verschiedenen Handlungsmodellen mittlerer Reichweite, die methodologisch mit der Weber'schen Idealtypenkonzeption übereinstimmen. Unter welchen Gesichtspunkten ist nun welches theoretische Programm das vorzugswürdigere? Diese Frage wurde hier vor dem Hintergrund zweier entgegengesetzter Positionen behandelt: der des Emergentismus in Form des moderaten methodologischen Holismus und des Reduktionismus, wie er in der Regel von methodologischen Individualisten vertreten wird.

Im moderaten methodologischen Holismus wird die These der Makrodetermination mit der prinzipiellen Variabilität handlungstheoretischer Gesetze verbunden: Die kulturelle Prägung motivationaler Grundstrukturen führt zu verschiedenartigen Grundkonstitutionen der Akteure.[59] Solche verschiedenartigen Grundkonstitutionen implizieren die Existenz verschiedener variabler Handlungsgesetze.[60] Der moderate Holismus ist also mit einem Programm der Suche nach Handlungstheorien mittlerer Reichweite verbunden. Ebenso verhält es sich nun aber mit dem Reduktionismus. Es ist eher die Suche nach Handlungstheorien mittlerer Reichweite, die er unterstützt. Das liegt daran, dass die Logik der sukzessiven Mikro-Reduktion die Annahme impliziert, dass auf der Ebene der menschlichen Individuen eine Mehrzahl handlungstheoretischer Gesetze zu finden sein müsste. Sofern man die Notwendigkeit dieser Annahme in Frage stellt, lässt sich zumindest feststellen, dass der Reduktionismus auf keinen Fall die Suche nach universalen Handlungstheorien favorisiert. Er bleibt bestenfalls unentschieden. Eine methodologische Heuristik, die sich der Suche nach Handlungstheorien mittlerer Reichweite verpflichtet, schneidet also auf keinen Fall schlechter ab als das universalistische Konkurrenzprogramm.

Es lässt sich abschließend noch eine letzte wichtige Thematik kurz anschneiden. Alle hier besprochenen handlungstheoretischen Ansätze sind der Weber'schen Programmatik des Erklärens und Verstehens verpflichtet. Es ergeben sich aber tatsächlich interessante Unterschiede, wenn man die beiden methodologischen Programme hinsichtlich der Verstehensproblematik näher untersucht. Handlungstheorien mittlerer Reichweite können erklären, indem sie verstehen. Bei universalistischen Handlungstheorien hingegen versteht man, indem man erklärt. Universale Handlungstheorien müssen immer irgendwelche Möglichkeiten des Handelns ausschließen, ansonsten wären sie nicht falsifizierbar und damit empirisch leer. Weber'sche Mischtypen bspw. sind prinzipiell von einer Erklärung durch universale Handlungstheorien, die die jeweiligen Idealtypen be-

---

[59] Man kann hier auch von einer umfassenden Identität sprechen.
[60] Falls es sich um mehrere nicht zu vereinheitlichende Gesetze handelt, geht es um unterschiedliche nomologische Komplexe.

inhalten, ausgeschlossen,[61] und ihr Verstehen damit auch. Handlungstypen als Theorien mittlerer Reichweite implizieren hingegen die Bildung von Mischtypen und deren Verstehen. Man kann sich hier deshalb auch über das Verstehen dem Erklären nähern. Man erklärt, indem man versteht. Wenn eine Handlungstypologie einmal keinen Ideal- oder Mischtypus zum Verstehen und Erklären anzubieten hat, ist sie als ganzes falsifiziert und muss geändert oder ergänzt werden.[62] Die Theoriebildung ist hier aber prinzipiell frei, dem Verstehen von Handlungen zu folgen. Das Programm der Suche nach Handlungstheorien mittlerer Reichweite, wenn diese als Idealtypen aufgefasst werden, ist damit hermeneutisch dem Programm der Handlungstheorien universaler Reichweite überlegen. Die prinzipielle Integration von Erklären und Verstehen ist hier vollständig gelungen.[63] Dies ist ein weiterer Grund, der das Programm der Theorien mittlerer Reichweite attraktiv erscheinen lässt.

Literatur

Albert, Gert. 2002. Paretos hermeneutischer Positivismus. Eine Analyse seiner Handlungstheorie. *Kölner Zeitschrift für Soziologie und Sozialpsychologie* 54: 625-644.
Albert, Gert. 2005a. Moderater methodologischer Holismus. Eine weberianische Interpretation des Makro-Mikro-Makro-Modells. *Kölner Zeitschrift für Soziologie und Sozialpsychologie* 57: 387-413.
Albert, Gert. 2005b. *Hermeneutischer Positivismus und dialektischer Essentialismus Vilfredo Paretos.* Wiesbaden: VS Verlag für Sozialwissenschaften.
Albert, Gert. 2006a. Zur Integration des Rational Choice-Ansatzes in das Weber-Paradigma. *Erwägen – Wissen – Ethik* 17: 106-109.
Albert, Gert. 2006b. Max Webers non-statement view. Ein Vergleich mit Robald Gieres Wissenschaftskonzeption. In *Aspekte des Weber-Paradigmas. Festschrift für Wolfgang Schluchter*, Hrsg. Gert Albert, Agathe Bienfait, Steffen Sigmund, Mateusz Stachura, 49-79. Wiesbaden: VS Verlag für Sozialwissenschaften.
Albert, Gert. 2007a. Idealtypen und das Ziel der Soziologie. *Berliner Journal für Soziologie* 17: 51-75.
Albert, Gert. 2007b. Keines für alle! Die moderat holistische Alternative zu Hartmut Essers Modell der soziologischen Erklärung. *Kölner Zeitschrift für Soziologie und Sozialpsychologie* 59: 340-349.
Albert, Gert. 2008a. Soziologie mittlerer Reichweite. Die methodologischen Konzeptionen Robert K. Mertons und Max Webers im Vergleich. In *Soziale Konstellation und historische Perspektive. Festschrift für M. Rainer Lepsius*, Hrsg. Steffen Sigmund, Gert Albert, Agathe Bienfait, Mateusz Stachura, 445-467, Wiesbaden: VS Verlag für Sozialwissenschaften.
Albert, Gert. 2008b. Sachverhalte in der Badewanne. Zu den allgemeinen ontologischen Grundlagen des Makro-Mikro-Makro-Modells der soziologischen Erklärung. In *Das Makro-Mikro-Makro-Modell der soziologischen Erklärung. Zur Ontologie, Methodologie und Metatheorie eines Forschungsprogramms*, Hrsg. Jens Greve, Annette Schnabel, Rainer Schützeichel, 21-48. VS Verlag für Sozialwissenschaften.
Albert, Gert. 2009. Weber-Paradigma. In *Handbuch Soziologische Theorien*, Hrsg. Georg Kneer, Markus Schroer, 517-554. Wiesbaden: VS Verlag für Sozialwissenschaften.

---

61 Die reduktionistische Fassung von Handlungstheorien mittlerer Reichweite schließt dies aber aus.
62 Auch einzelne Handlungstypen sind unter Angabe der Bedingungen ihres Auftretens falsifizierbar.
63 Für eine etwas ausführlichere Behandlung dieses Punktes vgl. Albert (2009: 548 f.). Hier zeichnet sich deswegen auch eine bessere Integration von quantitativen und qualitativen Methoden ab (vgl. dazu Kelle und Nolte in diesem Band und Kelle 2007).

Albert, Gert. 2010a. Werturteilsstreit. In *Soziologie – eine zerrissene Disziplin?*, Hrsg. Georg Kneer, Stephan Moebius. Frankfurt a. M.: Suhrkamp (im Erscheinen).
Albert, Gert. 2010b. Moderater Holismus – emergentistische Methodologie einer dritten Soziologie. In *Emergenz: Zur Analyse und Erklärung komplexer Strukturen*, Hrsg. Jens Greve, Annette Schnabel. Frankfurt a. M.: Suhrkamp (im Erscheinen).
Albert, Hans. 1987. *Kritik der reinen Erkenntnislehre. Das Erkenntnisproblem in realistischer Perspektive.* Tübingen: Mohr Siebeck.
Albert, Hans. 1993. Theorie und Prognose in den Sozialwissenschaften (1965). In *Logik der Sozialwissenschaften*, Hrsg. Ernst Topitsch, 126-143. Frankfurt a. M.: Hain.
Apel, Karl-Otto. 1978. *Neue Versuche über Erklären und Verstehen.* Frankfurt a. M.: Suhrkamp.
Archer, Margaret S. 1995. *Realist social theory: the morphogenetic approach.* Cambridge: Cambridge University Press.
Ariely, Dan. 2008. *Denken hilft zwar, nützt aber nichts: Warum wir immer wieder unvernünftige Entscheidungen treffen.* München: Droemer, Knaur.
Bienfait, Agathe. 2010. Signaling-Theorie als Kulturtheorie. In *Soziologische Theorie kontrovers*, Sonderheft 50 der Kölner Zeitschrift für Soziologie und Sozialpsychologie, Hrsg. Gert Albert, Steffen Sigmund, 238-246. Wiesbaden: VS Verlag für Sozialwissenschaften.
Bunge, Mario. 2006. Book review: dissecting the Social: on the principles of analytical sociology. By Peter Hedström. *American Journal of Sociology* 113: 258-260.
Bohnen, Alfred. 2000. *Handlungsprinzipien oder Systemgesetze. Über Traditionen und Tendenzen theoretischer Sozialerkenntnis.* Tübingen: Mohr Siebeck.
Bohnen, Alfred. 2001. Einzelbesprechung: Uwe Schimank. Handeln und Strukturen. Einführung in die akteurstheoretische Soziologie. *Soziologische Revue* 24: 81-83.
Boudon, Raymond. 1991. What Middle-Range Theories are. *Contemporary Sociology* 20: 519-522.
Braun, Norman. 2009. Rational choice theorie. In *Handbuch Soziologischer Theorien*, Hrsg. Georg Kneer, Markus Schroer, 395-418. Wiesbaden: VS Verlag für Sozialwissenschaften.
Churchland, Paul M. 1985. Der logische Status von Handlungserklärungen. In *Analytische Handlungstheorie.* Band 2: Handlungserklärungen, Hrsg. Georg Meggle, 304-331. Frankfurt a. M.: Suhrkamp.
Diekmann, Andreas. 1999. Homo ÖKOnomicus. Anwendungen und Probleme der Theorie rationalen Handelns im Umweltbereich. In *Handlungstheorie: Begriff und Erklärung des Handelns im interdisziplinären Diskurs*, Hrsg. Jürgen Straub, Hans Werbik, 137-181. Frankfurt a. M., New York: Campus.
Diekmann, Andreas, und Wojtek Przepiorka. 2010. Soziale Normen als Signale. Der Beitrag der Signaling-Theorie. In *Soziologische Theorie kontrovers*, Sonderheft 50 der Kölner Zeitschrift für Soziologie und Sozialpsychologie, Hrsg. Gert Albert, Steffen Sigmund, 220-237. Wiesbaden: VS Verlag für Sozialwissenschaften.
Diekmann, Andreas, und Thomas Voss. 2004. Die Theorie rationalen Handelns. Stand und Perspektiven. In *Rational Choice-Theorie in den Sozialwissenschaften, Anwendungen und Probleme*, Hrsg. Andreas Diekmann, Thomas Voss, 13-32. München: Oldenbourg Verlag.
Dupré, John. 2010. Causality and human nature in the social sciences. In *Soziologische Theorie kontrovers*, Sonderheft 50 der Kölner Zeitschrift für Soziologie und Sozialpsychologie, Hrsg. Gert Albert, Steffen Sigmund, 507-525. Wiesbaden: VS Verlag für Sozialwissenschaften.
Elster, Jon. 1989. *The cement of society. A study of social order.* Cambridge: Cambridge University Press.
Endreß, Martin. 2006. Zwischen den Stühlen – Zu Hartmut Essers Versuch einer Rekonzeptualisierung von „Sinn" und „Kultur" im Gespräch mit „Rational Choice" und „Max Weber". In *Integrative Sozialtheorie? Esser – Luhmann – Weber*, Hrsg. Rainer Greshoff, Uwe Schimank, 157-186. Wiesbaden: VS Verlag für Sozialwissenschaften.
Esfeld, Michael, und Christian Sachse. 2010. *Kausale Strukturen. Einheit und Vielfalt in der Natur und den Naturwissenschaften.* Frankfurt a. M.: Suhrkamp.
Esser, Hartmut. 1991. *Alltagshandeln und Verstehen. Zum Verhältnis von erklärender und verstehender Soziologie am Beispiel von „Rational Choice" und Alfred Schütz.* Tübingen: Mohr Siebeck.
Esser, Hartmut. 1993. *Soziologie. Allgemeine Grundlagen.* Frankfurt a. M., New York: Campus.
Esser, Hartmut. 2000. *Soziologie. Spezielle Grundlagen*, Band 2: Die Konstruktion der Gesellschaft. Frankfurt a. M., New York: Campus.

Esser, Hartmut. 2001. *Soziologie. Spezielle Grundlagen.* Band 6: Sinn und Kultur. Frankfurt a. M., New York: Campus.
Esser, Hartmut. 2002. Was könnte man (heute) unter einer „Theorie mittlerer Reichweite" verstehen? In *Akteure – Mechanismen – Modelle: Zur Theoriefähigkeit makro-sozialer Analysen*, Hrsg. Renate Mayntz, 128-150. Frankfurt a. M.: Campus.
Esser, Hartmut. 2003. Die Rationalität der Werte. Die Typen des Handelns und das Modell der soziologischen Erklärung. In *Das Weber Paradigma*, Hrsg. Gert Albert, Agathe Bienfait, Steffen Sigmund, Claus Wendt, 153-187. Tübingen: Mohr Siebeck.
Etzrodt, Christian. 2007. Neuere Entwicklungen in der Handlungstheorie. Ein Kommentar zu den Beiträgen von Kroneberg und Kron. *Zeitschrift für Soziologie* 36: 364-379.
Etzrodt, Christian. 2008. Über die Unüberwindlichkeit festgefahrener Frames: Eine Entgegnung auf Clemens Kronebergs Erwiderung. *Zeitschrift für Soziologie* 37: 271-275.
Greshoff, Rainer. 2006. Das Essersche „Modell der soziologischen Erklärung" als zentrales Integrationskonzept im Spiegel der Esser-Luhmann-Weber-Vergleiche – was resultiert für die weitere Theoriediskussion? In *Integrative Sozialtheorie? Esser – Luhmann – Weber*, Hrsg. Rainer Greshoff, Uwe Schimank, 515-580. Wiesbaden: VS Verlag für Sozialwissenschaften.
Greshoff, Rainer, 2008. Das „Modell der soziologischen Erklärung" in ontologischer Perspektive – das Konzept von Hartmut Esser. In *Das Mikro-Makro-Modell der soziologischen Erklärung. Zur Ontologie, Methodologie und Metatheorie eines Forschungsprogramms*, Hrsg. Jens Greve, Annette Schnabel, Rainer Schützeichel, 108-141. Wiesbaden: VS Verlag für Sozialwissenschaften.
Greshoff, Rainer. 2010a. Wie aussage- und erklärungskräftig sind die sozialtheoretischen Konzepte Peter Hedströms? In *Die analytische Soziologie in der Diskussion*, Hrsg. Thomas Kron und Thomas Grund. Wiesbaden: VS Verlag für Sozialwissenschaften (im Erscheinen).
Greshoff, Rainer, 2010b. Emergenz und Reduktion in sozialwissenschaftlicher Perspektive, In *Emergenz: Zur Analyse und Erklärung komplexer Strukturen*, Hrsg. Jens Greve, Annette Schnabel. Frankfurt a. M.: Suhrkamp (im Erscheinen).
Greshoff, Rainer, Georg Kneer, und Wolfgang Ludwig Schneider. 2008. *Verstehen und Erklären. Sozial- und kulturwissenschaftliche Perspektiven.* München, Paderborn: Fink.
Greshoff, Rainer, und Uwe Schimank. 2006. Einleitung: Integrative Sozialtheorie. In *Integrative Sozialtheorie? Esser – Luhmann – Weber*, Hrsg. Rainer Greshoff, Uwe Schimank, 7-12. Wiesbaden: VS Verlag für Sozialwissenschaften.
Greve, Jens. 2006. Max Weber und die Emergenz. Ein Programm eines nicht-reduktionistischen Individualismus? In *Aspekte des Weber-Paradigmas. Festschrift für Wolfgang Schluchter*, Hrsg. Gert Albert, Agathe Bienfait, Steffen Sigmund, Mateusz Stachura, 19-48. Wiesbaden: VS Verlag für Sozialwissenschaften.
Haller, Max. 1999. *Soziologische Theorie im systematisch-kritischen Vergleich.* Opladen: Leske + Budrich.
Hedström, Peter. 2008. *Anatomie des Sozialen – Prinzipien der analytischen Soziologie.* Wiesbaden: VS Verlag für Sozialwissenschaften.
Hempel, Carl G. 1985. Rationales Handeln. In *Analytische Handlungstheorie*, Band 1: Handlungsbeschreibungen, Hrsg. Georg Meggle, 388-414. Frankfurt a. M.: Suhrkamp.
Hill, Paul B. 2002. *Rational-Choice-Theorie.* Bielefeld: transcript.
Kelle, Udo. 2007. *Die Integration qualitativer und quantitativer Methoden in der empirischen Sozialforschung. Theoretische Grundlagen und methodologische Konzepte.* Wiesbaden: VS Verlag für Sozialwissenschaften.
Kelle, Udo, und Alexander Nolte. 2010. Handlung, Ordnung und Kultur und das Mehrebenenproblem der empirischen Sozialwissenschaften. In *Soziologische Theorie kontrovers*, Sonderheft 50 der Kölner Zeitschrift für Soziologie und Sozialpsychologie, Hrsg. Gert Albert, Steffen Sigmund, 562-588. Wiesbaden: VS Verlag für Sozialwissenschaften.
Kim, Jaegwon. 1995. Making sense of emergence. *Philosophical Studies* 95: 3-36.
Kincaid, Harold. 1997. *Individualism and the Unity of Science. Essays on reduction, explanation, and the special sciences.* Lanham, Boulder, New York, Oxford: Rowman & Littlefield Publishers.
Kron, Thomas. 2004. General theory of action? Inkonsistenzen in der Handlungstheorie von Hartmut Esser. *Zeitschrift für Soziologie* 33: 186-205.

Kron, Thomas. 2006. Integrale Akteurtheorie – zur Modellierung eines Bezugsrahmens für komplexe Akteure. *Zeitschrift für Soziologie* 35: 170-192.
Kron, Thomas, und Lars Winter. 2009. Aktuelle soziologische Akteurtheorien. In *Handbuch Soziologische Theorien*, Hrsg. Georg Kneer, Markus Schroer, 41-66. Wiesbaden: VS Verlag für Sozialwissenschaften.
Kroneberg, Clemens. 2005. Die Definition der Situation und die variable Rationalität der Akteure. Ein allgemeines Modell des Handelns. *Zeitschrift für Soziologie* 34: 344-363.
Kroneberg, Clemens. 2007. Wertrationalität und das Modell der Frame-Selektion. *Kölner Zeitschrift für Soziologie und Sozialpsychologie* 59: 215-239.
Kroneberg, Clemens. 2008. Zur Interpretation und empirischen Widerlegbarkeit des Modells der Frame-Selektion: Eine Erwiderung auf Christian Etzrodt. *Zeitschrift für Soziologie* 37: 266-270.
Kunz, Volker. 2004. *Rational Choice*. Frankfurt a. M.: Campus.
Lindenberg, Siegwart. 1990. Homo socio-oeconomicus: the emergence of a general model of man in the social sciences. *Journal of Institutional and Theoretical Economics* 146: 727-748.
Lindenberg, Siegwart. 1991. Die Methode der abnehmenden Abstraktion. Theoriegesteuerte Analyse und empirischer Gehalt. In *Modellierung sozialer Prozesse*, Hrsg. Hartmut Esser, Klaus G. Troitzsch, 29-78. Bonn: Informationszentrum Sozialwissenschaften.
Meckling, William. 1976. Values and the choice of the model of the individual in the social sciences. *Schweizerische Zeitschrift für Volkswirtschaft und Statistik* 112: 545-559.
Meggle, Georg. 1985. Grundbegriffe der rationalen Handlungstheorie. In *Analytische Handlungstheorie*, Band 1: Handlungsbeschreibungen, Hrsg. Georg Meggle, 415-428. Frankfurt a. M.: Suhrkamp.
Merton, Robert K. 1948. Discussion. *American Sociological Review* 13: 164-168.
Merton, Robert K. 1968. On sociological theories of the middle range. In *Social theory and social structure*, Hrsg. Robert K. Merton, 39-72. London, New York: The Free Press.
O'Neill, John. 1973. *Modes of individualism and collectivism*. New York: St. Martins Press.
Opp, Karl-Dieter. 1973. Theorien mittlerer Reichweite als Strategie für die Konstruktion einer allgemeinen soziologischen Theorie. In *Kritik der Soziologie. Probleme der Erklärung sozialer Prozesse I*, Hrsg. Karl-Dieter Opp, 13-26. Frankfurt a. M.: Athenäum.
Opp, Karl-Dieter. 2004. Review Essay Hartmut Esser: Textbook of Sociology. *European Sociological Review* 20: 253-262.
Opp, Karl-Dieter. 2006. Book review: Peter Hedström: Dissecting the social. On the principles of analytical sociology. *European Sociological Review* 4: 115-122.
Oppenheim, Paul, und Hillary Putnam. 1958. Unity of science as a working hypothesis. In *Minnesota studies in the philosophy of science*, volume II: Concepts, Theories and the Mind-Body-Problem, eds. Herbert Feigl, Michael Scriven, Grover Maxwell, 3-36. Minneapolis: University of Minnesota Press.
Parsons, Talcott. 1948. The position of sociological Theory. *American Sociological Review* 13: 156-171.
Pawson, Ray. 2000. Middle-range realism. *European Journal of Sociology* 16: 283-325.
Peeters, Hans. 2007. Review: Theoretical approaches: Peter Hedström, Dissecting the social: on the principles of analytical sociology. *International Sociology* 22: 606-609.
Prosch, Bernhard, und Martin Abraham. 2006. Gesellschaft, Sinn und Handeln: Webers Konzept des sozialen Handelns und das Frame-Modell. In *Integrative Sozialtheorie? Esser – Luhmann – Weber*, Hrsg. Rainer Greshoff, Uwe Schimank, 87-109. Wiesbaden: VS Verlag für Sozialwissenschaften.
Rössel, Jörg. 2008. Vom rationalen Akteur zum „systemic dope". Eine Auseinandersetzung mit der Sozialtheorie von Hartmut Esser. *Berliner Journal für Soziologie* 18: 156-178.
Sawyer, R. Keith. 2005. *Social emergence. Societies as complex systems*. Cambridge: Cambridge University Press.
Sawyer, R. Keith. 2007. Review: Hedström, P. 2005. Dissecting the social: on the principles of analytical sociology. *Philosophy of the Social Sciences* 37: 255-260.
Schimank, Uwe. 2007. *Handeln und Strukturen. Einführung in die akteurtheoretische Soziologie*. Weinheim, München: Juventa.

Schluchter, Wolfgang. 1998. Replik. In *Verantwortliches Handeln in gesellschaftlichen Ordnungen. Beiträge zu Wolfgang Schluchters „Religion und Lebensführung"*, Hrsg. Agathe Bienfait, Gerhard Wagner, 320-365. Frankfurt a. M.: Suhrkamp.
Schluchter, Wolfgang. 2000. Handlungs- und Strukturtheorie nach Max Weber. *Berliner Journal für Soziologie* 10: 125-136.
Schluchter, Wolfgang. 2003. Handlung, Ordnung und Kultur. In *Das Weber-Paradigma. Studien zur Weiterentwicklung von Max Webers Forschungsprogramm*, Hrsg. Gert Albert, Agathe Bienfait, Steffen Sigmund: Claus Wendt, 42-74. Tübingen: Mohr Siebeck.
Schluchter, Wolfgang. 2005. *Handlung, Ordnung und Kultur. Studien zu einem Forschungsprogramm im Anschluss an Max Weber.* Tübingen: Mohr Siebeck.
Schluchter, Wolfgang. 2006. *Grundlegungen der Soziologie. Eine Theoriegeschichte in systematischer Absicht*, Band I, Tübingen: Mohr Siebeck.
Schmid, Michael. 2004. Die Theorie rationaler Wahl. Bemerkungen zu einem Forschungsprogramm. In *Rationales Handeln und soziale Prozesse. Beiträge zur soziologischen Theoriebildung*, Hrsg. Michael Schmid, 146-170. Wiebaden: VS Verlag für Sozialwissenschaften.
Schmid, Michael. 2006. *Die Logik mechanismischer Erklärungen.* Wiesbaden: VS Verlag für Sozialwissenschaften.
Schnabel, Annette. 2008. Wo kämen wir hin, wenn wir Ideologien reduzierten? Ideologien in methodologisch-individualistischer Perspektive. In *Das Mikro-Makro-Modell der soziologischen Erklärung. Zur Ontologie, Methodologie und Metatheorie eines Forschungsprogramms*, Hrsg. Jens Greve, Annette Schnabel, Rainer Schützeichel, 79-107. Wiesbaden: VS Verlag für Sozialwissenschaften.
Schützeichel, Rainer. 2008. Methodologischer Individualismus, sozialer Holismus und holistischer Individualismus. In *Das Mikro-Makro-Modell der soziologischen Erklärung. Zur Ontologie, Methodologie und Metatheorie eines Forschungsprogramms*, Hrsg. Jens Greve, Annette Schnabel, Rainer Schützeichel, 357-371. Wiesbaden: VS Verlag für Sozialwissenschaften.
Schwinn, Thomas. 1993. Max Webers Konzeption des Mikro-Makro-Problems. *Kölner Zeitschrift für Soziologie und Sozialpsychologie* 45: 220-237.
Stachura, Mateusz. 2006. Logik der Situationsdefinition und Logik der Handlungsselektion. Der Fall des wertrationalen Handelns. *Kölner Zeitschrift für Soziologie und Sozialpsychologie* 58: 433-452.
Udehn, Lars. 2001. *Methodological Individualism*. London, New York: Routledge.
Vanberg, Viktor. 1975. *Die zwei Soziologien. Individualismus und Kollektivismus in der Sozialtheorie.* Tübingen: Mohr Siebeck.
Weber, Max. 1980. Soziologische Grundbegriffe (1921). In *Max Weber, Wirtschaft und Gesellschaft. Grundriß der verstehenden Soziologie*, Hrsg. Max Weber, 1-30. Tübingen: Mohr Siebeck.
Weber, Max. 1988. Die „Objektivität" sozialwissenschaftlicher und sozialpolitischer Erkenntnis (1904). In *Max Weber, Gesammelte Aufsätze zur Wissenschaftslehre*, Hrsg. Johannes Winkelmann, 146-214. Tübingen: Mohr Siebeck.
Weber, Max. 1996. Max Weber. In *Der Werturteilsstreit. Die Äußerungen zur Werturteilsdiskussion im Ausschuß des Vereins für Sozialpolitik (1913)*, Hrsg. Heino Heinrich Nau, 147-186. Marburg: Metropolis.
Weber, Roberto, und Robyn Dawes. 2005. Behavioural economics. In *The handbook of economic sociology*, eds. Neil J. Smelser, Richard Swedberg, Princeton/Oxford: Princeton University Press, 90-108.
Winch, Peter. 1974. *Die Idee der Sozialwissenschaft und ihre Verhältnis zur Philosophie.* Frankfurt a. M.: Suhrkamp.
Wright, George Henrik von. 1974. *Erklären und Verstehen.* Frankfurt a. M.: Athenäum.
Wright, George Henrik von. 1977. Determinismus in den Geschichts- und Sozialwissenschaften. Ein Entwurf. In *Handlung, Norm und Intention*, Hrsg. Hans Poser, George Henrik von Wright, 131-152. Berlin, New York.

Korrespondenzanschrift: Dr. Gert Albert, Universität Heidelberg, Institut für Soziologie, Bergheimer Str. 58, 69115 Heidelberg
E-Mail: gert.albert@soziologie.uni-heidelberg.de

HANDLUNG, ORDNUNG UND KULTUR UND DAS MEHREBENENPROBLEM DER EMPIRISCHEN SOZIALWISSENSCHAFTEN

Udo Kelle und Alexander Nolte

Zusammenfassung: Theoretische Begriffe und Daten in den empirischen Sozialwissenschaften beziehen sich häufig auf sehr unterschiedliche Aggregatebenen. Aussagen und Beobachtungen auf der Mikro- und Makroebene sozialwissenschaftlicher Beschreibung lassen sich aber nicht ohne weiteres logisch auseinander ableiten. Werden Aussagen auf verschiedenen Ebenen dennoch aufeinander bezogen, ergeben sich eine Vielzahl konzeptioneller und begrifflicher Schwierigkeiten. Dieses „Mehrebenenproblem" der Sozialwissenschaften versuchen entscheidungstheoretische Ansätze innerhalb eines „Makro-Mikro-Makro-Modells" zu lösen. Die durch dieses Modell implizierte Strukturiertheit des Gegenstandsbereichs durch universelle Gesetze auf der Mikroebene sozialer Handlungen erscheint vor dem Hintergrund neuerer wissenschaftstheoretischer Debatten wie auch der empirischen Forschungspraxis zweifelhaft. Die Theoriebildung muss vielmehr der Existenz von „kontingenten Strukturen" im Gegenstandsbereich der Sozialwissenschaften Rechnung tragen und zulassen, dass den Strukturen auf der Makroebene eine sehr heterogene und oft unüberschaubare Vielfalt von Handlungsmustern auf der Mikroebene gegenüberstehen. Die zentrale methodologische Konsequenz der raum-zeitlichen Kontingenz, wie auch der (partiellen) Stabilität sozialer Strukturen besteht in der Verwendung methodenintegrativer Forschungsdesigns: dies erfordert einen konsequenten Methodenmix aus qualitativen und quantitativen Verfahren, der gleichermaßen die Wandelbarkeit und Heterogenität sozialer Phänomene berücksichtigt.

I. Einleitung

Die empirischen Sozialwissenschaften stehen in ihrer Forschungspraxis, also dann, wenn sie konkrete soziale Phänomene, Prozesse und Strukturen beschreiben, verstehen und erklären wollen, immer wieder vor der Herausforderung, dass sich theoretische Begriffe und empirische Daten auf sehr unterschiedliche Aggregatebenen beziehen können. Wenn aber Konzepte und Beobachtungen, die Interaktionen zwischen einzelnen Individuen, soziales Geschehen in Gruppen und Organisationen oder ganze Gesellschaften zum Gegenstand haben, aufeinander bezogen werden, tauchen sofort eine ganze Reihe von begrifflichen und logischen Problemen auf. In unserem Beitrag wollen wir dieses „Mehrebenenproblem" der Sozialwissenschaften zuerst in Bezug auf die klassische Unterscheidung zwischen Mikro- und Makroebene sozialwissenschaftlicher Beschreibung und Erklärung explizieren. In einem zweiten Schritt unserer Argumentation werden wir uns mit einem prominenten und häufig rezipierten Ansatz auseinandersetzen, der das Problem unter Rückgriff auf handlungstheoretische Konzepte in den Griff bekommen will: das Modell der „Makro-Mikro-Makro-Erklärung" versucht das Mehrebenenproblem dadurch zu lösen, dass auf der Mikroebene das Wirken universeller

Gesetzmäßigkeiten des Handelns postuliert wird. Dieses Postulat erweist sich, so wollen wir zeigen, als für die empirische Forschung zu restriktiv; auf dieser Grundlage formulierte Makro-Mikro-Makro-Erklärungen werden trivial oder unvollständig und müssen dann durch Zusatzannahmen („Brückenhypothesen") repariert werden. Eine intensive Beschäftigung mit dem Konzept der Brückenhypothesen macht aber deutlich, dass der empirische Gehalt von Makro-Mikro-Makro-Erklärungen nicht aus universellen Theorien sozialen Handelns oder sozialer Strukturen, sondern aus kulturspezifischem Wissen über soziohistorisch kontingente Strukturen bezogen werden muss.

Dies wiederum zeigt die Bedeutung von „Strukturen begrenzter Reichweite", ein Konzept, dessen Relevanz für die sozialwissenschaftliche Theorienbildung und für die Formulierung sozialwissenschaftlicher Erklärungen ausführlich im dritten Abschnitt unseres Beitrags diskutiert wird. Eine explizite Anerkennung der Bedeutung von Strukturen begrenzter Reichweite, die zwischen raumzeitlich universellen sozialen Gesetzen und nur situativen Interaktionsordnungen stehen, ermöglicht es der sozialwissenschaftlichen Theoriebildung, die unbezweifelbare Existenz sozialer Ordnung(en) in Einklang zu bringen mit dem Umstand, dass diese Ordnungen eine begrenzte Reichweite haben und sich (trotz ihrer vorherigen Stabilität) in unvorhersagbarer Weise ändern können. In einem vierten Schritt wollen wir dann methodologische Konsequenzen unserer Überlegungen aufzeigen. Die von uns diskutierten Mehrebenenprobleme sind durch die klassischen Modelle der statistischen Mehrebenenanalyse allein nicht lösbar, weil quantitative Methoden empirischer Sozialforschung ganz allgemein zwar zur Beschreibung der Heterogenität von sozialen Strukturen erfolgreich genutzt werden können, aber dort schnell an Grenzen stoßen, wo sich soziale Strukturen durch unvorhersehbaren sozialen Wandels rasch ändern oder in einer bestehenden Gesellschaft stark fragmentiert werden. Diese Grenzen quantitativer Forschung können allerdings überwunden werden durch die Einbeziehung qualitativer Methoden, welche verwendet werden können, um Prozessen sozialen Wandels durch explorative Forschung auf die Spur zu kommen. Qualitative Methoden scheitern aber wiederum oft an der Heterogenität von Strukturen, welche eher durch quantitative Verfahren beherrscht werden kann. Qualitative und quantitative Methoden empirischer Sozialforschung weisen also jeweils spezifische Stärken und Schwächen im Umgang mit Strukturen begrenzter Reichweite auf, die aber durch den Rückgriff auf Verfahren der jeweils anderen Methodentradition ausgeglichen werden können. Die durch Strukturen begrenzter Reichweite aufgeworfenen Probleme und damit auch das Mehrebenenproblem der empirischen Sozialwissenschaften erfordern Forschungsdesigns, die qualitative und quantitative Methoden miteinander verbinden.

II. Das Mehrebenenproblem der empirischen Sozialwissenschaften

Empirische Beschreibungen sozialer Phänomene können sowohl auf einer Mikroebene individueller Entscheidungen, Handlungen und Interaktionen sozialer Akteure als auch auf einer Makroebene größerer sozialer Einheiten erfolgen. Dieser Umstand bildet den Ausgangspunkt für das bereits seit langem diskutierte und bislang ungelöste „Mikro-Makro-Problem" der sozialwissenschaftlichen Theoriebildung (vgl. Eisenstadt und Helle 1985; Helle und Eisenstadt 1985; Collins 1987: 177 f.; Opp 1992: 144; Münch und Smelser 1987; Alexander und Giesen 1987; Erzberger 1998: 80 ff.). In der Debatte über dieses Problem bereitet offensichtlich bereits eine Festlegung von verbindlichen Kriterien für eine Unterscheidung zwischen Mikro- und Makrotheorien Schwierigkeiten. Vorschläge reichen von theorie-orientierten Unterscheidungen (Makro-Theorien beziehen sich demnach auf die Strukturen sozialer Systeme, Mikrotheorien auf die Interaktion zwischen Individuen, vgl. Helle und Eisenstadt 1985) bis hin zu rein empirischen Definitionen („We define any concept or statement referring to an aggregate of individual actors as ‚macrosociological'" (Opp 1992: 144). Allerdings benötigt man gar keine ausgearbeitete Theorie sozialen Handelns oder sozialer Strukturen, um die Unterscheidung zwischen Ebenen sinnvoll zu verwenden. Anknüpfend an Münch und Smelser lassen sich die Begriffe Mikro- und Makroebene (auch wenn ihnen in der Theoriedebatte eine ganze Anzahl unterschiedlicher und nicht immer konsistenter Bedeutungen zugewiesen werden, vgl. Münch und Smelser 1987: 357) auf konkrete empirische Untersuchungsgegenstände sinnvoll anwenden, um auf diese Weise soziologische Aussagen durch eine Unterscheidung von Beschreibungsebenen verständlicher zu machen.

Das Mikro-Makro-Problem ist u. E. nach einer jener zentralen Katalysatoren der Theorie- und der Disziplinbildung, die der Wissenschaftshistoriker und -philosoph Larry Laudan in seiner Arbeit „Progress and its Problems" beschreibt (Laudan 1977). Laudan zufolge entwickeln sich sowohl wissenschaftliche Theorien als auch ganze Fächer und Disziplinen in Auseinandersetzung mit Problemen, die in einer historischen Situation, durch technische Innovationen, politische und ökonomische Entwicklungen oder kulturellen Wandel aufgeworfen werden. So ist, um ein Beispiel zu nennen, die Entwicklung der modernen Wahrscheinlichkeitstheorie kaum denkbar ohne Probleme, mit denen das mathematische Denken durch die Entwicklung mechanischer Glücksspiele im 18. Jahrhundert konfrontiert wurde.

Am Anfang der akademischen Soziologie standen nun soziale und ökonomische Sachverhalte, welche erst durch die amtliche Statistik als Probleme entdeckt und beschreibbar gemacht wurden. Dies lässt sich zeigen an den Arbeiten von Emile Durkheim und Max Weber, zweier Autoren, die zu dieser Zeit die Soziologie als akademisches Fach (jenseits der Sphäre akademischen Außenseitertums und säkularer Glaubensgemeinschaften, die sich davor auf der Basis der Arbeiten von Marx und Comte gebildet hatten, vgl. Tenbruck 1984: 110 ff.) begründeten. Sowohl Durkheim als auch Weber wurden durch Anomalien herausgefordert, die zuvor von Sozial- und Verwaltungsstatistikern mit einer gewissen Verwunderung oder auch Achselzucken registriert wurden, wie die *prima facie* unerklärlichen Unterschiede zwischen den Suizidraten oder dem unterschiedlichen ökonomischem Erfolg von Katholiken und Protestanten. Die Voraussetzungen, um solche Erscheinungen zu registrieren, waren in einem mühevollen Prozess im 18. und 19. Jahrhunderts durch den zentralisierten Verwaltungsstaat erst geschaffen worden (vgl. Porter 1986, 1995), der Institutionen gebildet und Regeln durchgesetzt hatte, die eine zuverlässige Erfassung von Merkmalen der Bevölkerung erlaubten. Administrative Praktiken, mit deren Hilfe Geburten, Todesfälle oder meldepflichtige Krankheiten registriert wurden, erlaubten erstmalig die Produktion von Kennziffern zur Fertilität, Morbidität und Mortalität von Bevölkerungen, welche den Vergleich ganzer Gesellschaften ermöglichten. Die bereits zwei Jahrhunderte vor den Anfängen der akademischen Soziologie ständig verfeinerte Verwaltungspraxis der modernen Zentralstaaten hatte eine zuvor in dieser Weise nicht zugängliche Phänomenebene *sui generis* geschaffen, die das wissenschaftliche Räsonnement über das, was heute als sozialwissenschaftliche Makroebene gilt, erst ermöglichte. Der Begriff der Gesellschaft war damit zu Beginn zumindest teilweise ein statistisches Konstrukt (Porter 1995: 37), wobei die Suche nach Regelmäßigkeiten und „Gesetzen", die hinter den Erscheinungen dieser Phänomenebene am Werke waren, die Statistiker bereits beschäftigte, bevor die Soziologie als Fach existierte. So sah der Astronom und Bevölkerungswissenschaftler Adolphe Quetelet in der Beschreibung von Bevölkerungen durch Makroziffern, die sich durch Mittelwertsbildung errechnen lassen, den Königsweg zu einer exakten Gesetzeswissenschaft der Gesellschaft. Heirats-, Verbrechens- und Suizidraten würden dann die „Gewohnheiten jenes konkreten Wesens, das wir Volk nennen" (Quetelet 1847: 142, vgl. auch Gigerenzer et al. 1999: 65) repräsentieren. Das sei aber nur durch die Konstruktion von „Durchschnittsmenschen" möglich, also von statistischen *homunculi*, mit deren Hilfe die Besonderheiten konkreter Individuen ausgeblendet werden können:

„Wenn man versucht, sozusagen die Grundlage einer Sozialphysik zu schaffen, muss man ihn [den homme moyen] betrachten, ohne sich bei den Einzelfällen oder Anomalien aufzuhalten, und ohne zu untersuchen, ob dieses oder jenes Individuum einer mehr oder weniger starken Entwicklung einer seiner Anlagen fähig ist" (Quetelet 1838: 21).

Quetelets Vorschläge wurden schnell rezipiert: In seiner „*History of Civilization in England*" verwendete etwa Henry Thomas Buckle (1865) Quetelets Beispiele als Beleg für die Existenz universeller geschichtlicher Gesetzmäßigkeiten. Andere Autoren warfen die Frage auf, wie sich Phänomene auf einer statistischen Aggregatebene zum Tun und Lassen von Einzelmenschen verhalten; es wurde m.a.W. die Mikroebene individuellen Handelns ins Spiel gebracht und aus dieser Perspektive das Postulat universeller gesellschaftlicher Gesetzmäßigkeiten angegriffen. Gegen Quetelets Idee, dass Regelmäßigkeiten in der Häufung von Straftaten Ausdruck der „Neigung" („penchant") des Durchschnittsmenschen zu abweichendem Verhalten seien, wies der deutsche Mathematiker Moritz Drobisch auf das Problem der Varianz der untersuchten Merkmale hin: Verbrechen etwa würden nur von einem bestimmten Teil der Bevölkerung verübt. Andere Sozialstatistiker jener Zeit wiesen aufgrund eigener Analysen nach, dass viele demographische Regelmäßigkeiten oft weniger zeitlich stabil waren als zuerst angenommen (u. a. Campbell 1859; Lexis 1877, 1903).

Dass die junge Disziplin der Soziologie aber die Heterogenität individuellen Handelns aus guten Gründen vernachlässigen müsse, betonte dann auch Émile Durkheim, dabei theoretisch anspruchsvoller argumentierend als Quetelet. Die Soziologie müsse sich von der Betrachtung von Akteuren und Individuen ganz lösen und sich stattdessen nur auf jene „sozialen Tatsachen" konzentrieren, die die „Gussformen" des sozialen Lebens darstellen würden. Eine soziologische Theorie des Selbstmords beispielsweise soll keinesfalls jene einzelnen Bedingungen thematisieren, die letztlich für den „Entschluss des Selbstmörders, (die) in seinem Temperament, seinem Charakter, den Ereignissen seines privaten Lebens und in seiner persönlichen Entwicklung" (Durkheim 1973: 30) liegen. Statt individueller Selbstmorde und der nicht beherrschbaren Heterogenität ihrer Ursachen müsse das Aggregatphänomen der Häufigkeit von Selbstmorden oder der „sozialen Suizidrate" betrachtet werden:

„Unsere Absicht ist es nicht; eine möglichst vollständige Liste aller Bedingungen zusammenzustellen, die zur Genese der jeweiligen Selbstmorde beitragen mögen, sondern wir wollen nur diejenigen untersuchen, von denen jene Tatsache abhängt, die wir die *soziale Selbstmordrate* genannt haben" (Durkheim 1973: 35).

Durkheims Anomietheorie des Suizids beansprucht deshalb auch bewusst nicht die Erklärung einzelner Selbstmorde, sondern nur die Veränderung von Suizidraten. Eine solche Vernachlässigung individueller Aspekte ist keineswegs nur die Folge der besonderen methodologischen Position Durkheims, sondern Geburtsmerkmal der Disziplin überhaupt: auch Max Weber verfuhr in einer ganz ähnlichen Weise, als er Aggregatziffern zur Stützung seiner These des Zusammenhangs zwischen kapitalistischer Wirtschaftsweise und protestantischer Moral verwendete. Weber beginnt bei statistischen Makrophänomenen, wie dem „ganz vorwiegend protestantischen Charakter des Kapitalbesitzes und Unternehmertums sowohl (sic), wie der oberen Schichten der Arbeiterschaft, namentlich aber des höheren technisch oder kaufmännisch vorgebildeten Personals der modernen Unternehmungen" (Weber 1973: 29). Diesen durchschnittlich größeren ökonomischen Erfolg von Protestanten gegenüber Katholiken sowie die Tatsache, dass Protestanten häufiger höhere soziale Statuspositionen in Gewerbe und Industrie besetzen, erklärt Weber durch verschiedene Typen religiös motivierten Handelns, bei denen das weltliche Berufsleben für Protestanten zu einem besonderen Ort christlicher Bewährung wurde. Auch diese Erklärung funktioniert nur bezogen auf statistische Aggregate, weil sie nicht alle relevanten Bedingungen ökonomischen Erfolgs benennen kann. Der geschäftliche Erfolg eines Kaufmanns des 17. Jahrhunderts beruhte natürlich auf einer Vielzahl von auch nicht-religiösen Bedingungen, bei deren Nichtvorliegen auch fromme Kaufleute ökonomisch scheitern konnten. Der Umstand, dass nicht alle Protestanten dieser Zeit geschäftlich erfolgreich waren, hat natürlich keine Auswirkung auf die Gültigkeit von Webers Argument, dass sich ja nicht auf Individuen bezieht, sondern auf (anhand idealtypischer Vertreter beschriebene) Kollektive. Während also Weber, ähnlich wie Durkheim, individuelle Bedingungen vernachlässigt (weil sonst Erklärungen formuliert werden müssten, in denen soziologische Faktoren in einer Fülle von individuellen Handlungsgründen verschwinden würden), bleiben auch Durkheims Erklärungen keinesfalls auf die Makroebene allein bezogen (trotz seines stark makrosoziologisch orientierten Forschungsprogramms, mit dem er soziale Sachverhalte ausschließlich durch andere soziale Sachverhalte erklären möchte, vgl. Durkheim 1970: 182 f.). In seinen religionswissenschaftlichen Studien erklärt er etwa spezifische gesellschaftliche Strukturen durch Strukturen religiöser Überzeugungen auf die folgende Weise:

„Die Ideen und die Gefühle, die von einer Kollektivität beliebiger Art ausgearbeitet wurden, sind Kraft ihres Ursprunges ausgestattet mit einem Einfluss und einer Autorität, die bewirken, dass die einzelnen Mitglieder, die diese Ideen und Gefühle hegen und ihnen glauben, sie sich als moralische Kräfte vorstellen (...). Wenn diese Ideale unseren Willen bewegen, fühlen wir uns geleitet, geführt, fortgerissen durch einzigartige Energien, die offenkundig nicht aus uns selbst stammen, sondern sich uns aufzwingen und für die wir ein Gefühl der Achtung, der ehrerbietigen Furcht, aber auch der Dankbarkeit empfinden wegen des Trostes, den sie uns spenden (...) Auf der anderen Seite können aber diese kollektiven Bewusstseinszustände nur so Wirklichkeit werden, dass sie sich in materiellen Objekten darstellen, in Sachen aller Art, Figuren, Bewegungen, Tönen, Worten usw." (Durkheim 1976: 377 f.).

Da Durkheim zufolge die Aufgabe der Soziologie darin besteht, universelle soziale Strukturen durch andere allgemeine soziale Sachverhalte zu erklären, gibt er sich deutliche Mühe, Phänomene, die sich auf das Bewusstsein individueller Akteure beziehen, durch objektivierende Formulierungen als unabhängig von diesen Akteuren auszuweisen. Einen Vorgang, den man aus der Sicht der Individuen vielleicht so schildern könnte, dass Menschen ihre Gefühle von den Werten einer Gruppe auf physische Objekte übertragen, die diese Werte versinnbildlichen, stellt er sprachlich so dar, dass „kollektive(n) Bewusstseinszustände (dadurch ...) Wirklichkeit werden, dass sie sich in materiellen Objekten darstellen" (s. o.). Das Argument, mit welchem hier eine soziale Tatsache durch eine andere erklärt werden soll, wäre nämlich gar nicht ohne weiteres verständlich, wenn man hieraus alle Bezüge zu den Wahrnehmungen und Handlungsorientierungen von Akteuren entfernen würde, wobei Durkheim an die Alltagserfahrungen des Lesers appelliert („Wenn (...) Ideale unseren Willen bewegen, fühlen wir uns geleitet, geführt (...)", s. o.). Ohne die Annahme, dass die betreffenden Mitglieder einer sozialen Gruppe (jeder für sich und alle gemeinsam) spezifische Werte ihrer Gruppe in bestimmter Weise kennen, anerkennen und ihnen gegenüber besondere Empfindungen hegen, verlören die Argumente von Durkheim an Überzeugungskraft; übrig bliebe dann nur das einfache Faktum, welches selber erklärt werden soll, dass nämlich Mitglieder bestimmter Gruppen bestimmten Symbolen gegenüber äußere Anzeichen von Verehrung zeigen.

Obwohl solche sozialwissenschaftlichen Erklärungen von Makrophänomenen also die Mikroebene explizit oder implizit einbeziehen müssen, werden die beschriebenen Strukturen nur auf der Ebene von Aggregaten sichtbar, nicht jedoch bei einer Untersuchung und dem Vergleich von Einzelfällen. Genau dieser Umstand konstituiert das Mehrebenenproblem sozialwissenschaftlicher Erklärung und führt dazu, dass solche Erklärungen oft empirisch quasi „in der Luft hängen", auch wenn sie sehr plausibel sind.

Dies lässt sich exemplarisch verdeutlichen anhand von aktuellen sozialwissenschaftlichen Diskursen über bekannte Makrophänomene, etwa betreffend den Zusammenhang zwischen sozialer Herkunft und erreichtem formalem Bildungsstatus (vgl. Shavit und Blossfeld 1993; Müller und Haun 1994; Henz und Maas 1995; Henz 1997; Brauns 1999). Dieser in zahlreichen Ländern feststellbare Makro-Zusammenhang kann durch sehr unterschiedliche Mikroprozesse erklärt werden (vgl. Henz 1997): etwa als Folge des Handelns rationaler Bildungsakteure, die die Kosten und Erträge alternativer Bildungsinvestitionen abwägen (Boudon 1979; Goldthorpe 1996). Der subjektive Nutzen der Bildungsinvestitionen wird demnach von den Akteuren, abhängig von ihrer sozio-ökonomischen Herkunft, unterschiedlich eingeschätzt, wobei in einkommensschwächeren Familien die Belastungen durch die (Opportunitäts-)Kosten von Bildung relativ höher ausfallen als bei besser gestellten Akteuren und der subjektive Grenznutzen höherer Bildung dort schneller erreicht wird. Intergenerationeller Transfer des Bildungsstatus kann aber auch erklärt werden durch die soziale Auslesepraxis bestimmter Gatekeeper (Lehrer, schulische Auswahlkomitees usw.), die das kulturelle Kapital (Bourdieu

1966), welches Kinder aus Mittelschichtfamilien mitbringen, in besonderer Weise honorieren. Schließlich lässt sich auch argumentieren, dass in Mittelschichtfamilien Kinder sich besonderer Unterstützungsleistungen und eines für schulischen Erfolg besonders unterstützenden Klimas erfreuen; dass Kinder aus sozial schwächeren Familien durch Erfahrungen von sozialer Deprivation und Ausgrenzung Frustrationen erfahren, die sie im Lernen behindern u. a. m. Eine besondere Pointe liegt in dem Umstand, dass die Zusammenhänge zwischen soziodemographischen Variablen, die das Fortbestehen[1] der intergenerationellen Tradierung von Bildungsungleichheit belegen, von einem biologistisch orientierten Soziologen auch als empirisches Argument für eine genetische Bedingtheit sozialer Ungleichheit verwendet werden könnten.[2] Viele der Mikroprozesse, die von diesen unterschiedlichen Erklärungshypothesen postuliert werden, sind oftmals gar nicht ohne weiteres empirisch direkt beobachtbar, sodass sozialwissenschaftliche Erklärungen von Makrozusammenhängen oft in charakteristischer Weise unvollständig sind. Das heißt: sie enthalten eine Reihe von nicht ohne weiteres prüfbaren Zusatzannahmen.

III. Das Makro-Mikro-Makromodell handlungstheoretischer Erklärung und seine Grenzen

Ein berühmt gewordener und viel diskutierter Vorschlag, wie das Mehrebenenproblem aus handlungstheoretischer Perspektive konzeptualisiert und auch gelöst werden könnte, hat James Coleman unter expliziter Anknüpfung an Max Webers Arbeiten zur Protestantismusthese vorgestellt: das Modell der „Makro-Mikro-Makro"-Erklärung (Coleman 1991: 4 ff.; vgl. auch Lindenberg und Wippler 1978; Esser 1993: 98). Die Erklärung eines Zusammenhangs zwischen zwei Makrophänomenen erfolgt demnach in drei Teilschritten:

1. Der erste Teilschritt soll die Mikro- mit der Makroebene verknüpfen, indem Aussagen darüber getroffen werden, wie die subjektive Situation beschaffen ist, in die ein (idealisierter) Akteur durch die Wirkung sozialstruktureller Einflüsse der Makroebene gerät. Im Fall der Weber'schen Protestantismusthese ließe sich ein solcher Erklärungsschritt vielleicht so formulieren: der Calvinismus erzeugte bei vielen seiner Anhänger Besorgnisse den eigenen Heilsstand betreffend.
2. Im zweiten Schritt werden ein oder mehrere Mikromodelle formuliert, die das Handeln des Akteurs erklären sollen, indem Aussagen darüber formuliert werden, wie dieser die Einflüsse sozialer Strukturen verarbeitet und auf der Grundlage dieser Verarbeitungsprozesse handelt: gläubige Calvinisten nutzten innerweltliche Askese

---

[1] Es liegen hierzu allerdings divergierende empirische Ergebnisse vor, so dass streitig ist, ob sich diese Zusammenhänge langsam auflösen (Müller und Haun 1994; Henz und Maas 1995) oder persistieren (Blossfeld und Shavit 1993).
[2] Bezüglich der Debatte um die mögliche genetische Determiniertheit sozialen Verhaltens, und der damit implizierten Möglichkeit der Subsumierung des sozialwissenschaftlichen Gegenstandes unter biologische Gesetzmäßigkeiten, besteht freilich auch unter Biologen und Soziobiologen keineswegs Konsens (vgl. u. a. die Debatten in Lewontin, Rose und Kamin 1984; Alcock 2001).

und methodisch disziplinierte Lebensführung als eine Möglichkeit, Heilsgewissheit zu erfahren.
3. Im dritten Schritt wird geklärt, wie Entscheidungen, Handlungen und Interaktionen der Akteure soziale Makrophänomene erzeugen: die Tatsache, dass ein wesentlicher Teil der Bevölkerung bestimmte Muster ökonomisch-rationalen Handelns zeigte, führte zur Entstehung des kapitalistischen Wirtschaftssystems.

Vertreter entscheidungstheoretischer Ansätze zufolge stellen jene Aussagen, die den zweiten Erklärungsschritt, die Formulierung von Mikromodellen, betreffen, nomothetische Aussagen dar. Die Wahl zwischen den verschiedenen durch die Situation vorgegebenen Handlungsalternativen könne nämlich, so etwa Esser, durch eine allgemeine Handlungstheorie erklärt werden, deren theoretischer Kern folgendermaßen formuliert werden kann (vgl. auch Kunz 1997; Coleman 1991; Coleman und Fararo 1992; Opp 1989, 1991; Esser 1991; Kelle und Lüdemann 1995): „Individuen führen solche Handlungen aus, die ihre Ziele in höchstem Maße realisieren – unter Berücksichtigung der Handlungsbeschränkungen, denen sie sich gegenüber sehen" (Opp 1989: 105).

Eine äquivalente Formulierung dieses Theoriekerns könnte auch lauten: Individuen wählen aus einer Menge perzipierter Handlungsalternativen jene, von deren Konsequenzen sie sich subjektiv den größten Nutzen versprechen. Ein solcher entscheidungstheoretischer Theoriekern enthält allerdings keine Informationen darüber, welche Handlungsziele die Akteure haben, welche Handlungsalternativen ihnen zur Verfügung stehen, welchen Handlungsbeschränkungen sie unterliegen, welche Handlungsfolgen welchen Nutzen haben und mit welcher Wahrscheinlichkeit sie von den Akteuren erwartet werden. Dies wäre auch nicht sinnvoll, denn, würden „Rational-Choice"-Theorien derartige Aussagen enthalten „würden die Individualtheorien falsch sein. Der Grund ist, dass zumindest die meisten Anfangsbedingungen nur für bestimmte Orte und Zeitpunkte gelten" (Opp 1979: 78). Wenn aber explizit auf die Spezifikation von Randbedingungen verzichtet wird, bleiben die Formulierungen des Theoriekerns notwendigerweise leer und empirisch gehaltlos. Dieser Umstand wird von Kritikern des RC-Ansatzes häufig moniert (vgl. Preisendörfer 1985; Trapp 1985; Lautmann 1986; Smelser 1992; Münch 1992), aber auch von dessen Vertretern freimütig eingeräumt. So schreibt Simon (1985: 300): „Authors who use rational choice models are not always conscious of the extent to which their conclusions are independent of the assumptions of those models, but depend, instead, mainly upon auxiliary assumptions."

Dieser Umstand ist nun für sich genommen nicht unbedingt ein erkenntnistheoretischer Mangel. Der Wissenschaftstheoretiker Imre Lakatos argumentiert, dass in allen Wissenschaften Anhänger erfolgreicher Forschungsprogramme oftmals deren harten Kern per Konvention vor Falsifikation schützen, indem der Pfeil des modus tollens zunächst nur gegen die Zusatzannahmen im „Schutzgürtel" des Forschungsprogramms gerichtet wird (vgl. Lakatos 1982). Im Rahmen des Forschungsprogramms „Rational Choice" spricht man von sogenannten „Brückenannahmen" (Lindenberg 1981, 1991, 1992; Esser 1993: 120, 134 f.; Esser 1998; Wippler und Lindenberg 1987: 145; Kelle und Lüdemann 1995, 1998). Eine empirisch überprüfbare RC-Erklärung eines konkreten sozialen Handelns würde demnach aus zwei Teilen bestehen: einerseits aus einer aus dem Theoriekern abgeleiteten Prämisse, wonach soziale Akteure diejenigen Handlungsalternativen als Mittel zur Erreichung ihrer Handlungsziele auswählen, die ihnen hierfür am geeignetsten erscheinen, und andererseits aus zusätzlichen Annahmen darüber, welche Handlungsalternativen dem Akteur in der gegebenen Situation zur Verfügung stehen, mit welchen Konsequenzen diese Handlungsalternativen jeweils verbunden sind, und mit welchen Wahrscheinlichkeiten der Akteur das Eintreten dieser Handlungsfolgen erwartet (vgl. Kelle und Lüdemann 1995).

Wie gelangt man nun zu Brückenannahmen? In der Regel wird versucht, überindividuelle Brückenannahmen zu formulieren, indem etwa fundamentale menschliche Ziele benannt werden wie etwa „soziale Wertschätzung", „physisches Wohlbefinden" oder „Vermeidung von Verlust" (vgl. Lindenberg 1991, 1992). Um Handlungen damit zu erklären, dass soziale Akteure versuchen, solche obersten Ziele zu realisieren, müssen dann allerdings „instrumentelle Zwischenziele" eingeführt werden (vgl. Lindenberg 1991): Um soziale Wertschätzung zu erhalten, können Akteure z. B. versuchen, Status zu erlangen. Um wiederum den eigenen Status zu maximieren, können sie sich bemühen, in den Besitz knapper Güter wie Einkommen, Macht, Einfluss oder Wissen zu gelangen usw. Die allgemeinen menschlichen Ziele können also durch die verschiedensten „instrumentellen Ketten" erreicht werden, sodass auch das Postulat allgemeiner menschlicher Ziele keine direkt überprüfbare Erklärung sozialen Handelns zur Verfügung stellt, sondern nur eine allgemeine theoretische Heuristik in der folgenden Form: „Suche nach den sozialstrukturellen Umständen, unter denen eine Person systematisch physisches Wohlbefinden und soziale Wertschätzung produziert" (Lindenberg 1991: 60).

Dies kann im Einzelfall sehr schwierig sein und sehr unterschiedliche instrumentelle Ketten erfordern. So kann soziale Wertschätzung nicht nur durch Status, sondern auch durch die Bestätigung des eigenen Verhaltens durch Dritte oder durch positive Affekte, die Dritte dem Akteur entgegenbringen, produziert werden (Lindenberg 1991). Status lässt sich durch Berufstätigkeit, durch einen demonstrativen Lebensstil, Titel, akademische Grade oder durch Bildung produzieren. Es dürfte nicht schwer fallen, diese Liste möglicher „instrumenteller Ziele" oder „Zwischengüter" beliebig zu verlängern.

Die instrumentellen Ziele werden also je nach Kultur und historischer und sozialer Situation variieren; möglicherweise konstruieren einzelne Akteure ideosynkratische instrumentelle Ketten. Die Verknüpfungen zwischen den verschiedenen instrumentellen Zielen und Gütern, oder die sozialen Produktionsfunktionen, wie Lindenberg (1992) sie nennt, repräsentieren also letztendlich die in einer bestimmten (Sub-)Kultur zu einem bestimmten Zeitpunkt geltenden sozialen Regeln, die angeben, welche Handlungsalternativen Akteuren mit bestimmten Zielen zur Verfügung stehen und welche Konsequenzen die Befolgung dieser Handlungsalternativen nach sich ziehen. So weiß ein Wissenschaftler, dass er soziale Anerkennung durch Publikationstätigkeit erreichen kann, ein Politiker durch ein gutes Wahlergebnis, ein Jugendlicher durch bestimmte Kleidung und „cooles" Auftreten usw. Ohne einen Rückgriff auf gegenstandsbezogenes Wissen lassen sich also Brückenannahmen oft überhaupt nicht gewinnen.

Entscheidungstheoretische Erklärungen erhalten ihren empirischen Gehalt also nicht allein aus einer allgemeinen Handlungstheorie, sondern aus soziohistorisch kontingenten Wissensbeständen. Dieser Umstand bleibt oft nur deshalb verborgen, weil Sozialwissenschaftler häufig Gebrauch machen von einer „Gewohnheitsheuristik des Alltagswissens" (Kelle 2008: 103 ff.): Als Teilnehmer an verschiedenen sozialen Lebensformen, als informierte Mitglieder der Gesellschaft, in der sie leben, haben Sozialforscher oft Zugang zu kulturellen Wissensbeständen, die es ihnen ermöglichen, zutreffende Aussagen zu machen über die in einem bestimmten Handlungsfeld geltenden Regeln (welche die situativ gegebenen Handlungsalternativen und deren wahrscheinliche Konsequenzen für die Akteure festlegen) und können auf dieser Grundlage Brückenhypothesen formulieren (und dies umso besser, je intensiver sie mit diesem Bereich vertraut sind).

Aber die Gewohnheitsheuristik stößt bei der Formulierung entscheidungstheoretischer Erklärungen dort an ihre Grenzen, wo man nicht über den Zugang zu entsprechendem kulturellem Alltagswissen verfügt. Dies ist einerseits dort der Fall, wo fremde Kulturen oder Subkulturen innerhalb der eigenen Gesellschaft untersucht werden, wobei es sich bei „Subkulturen" um Gruppen handeln kann, die „nur" einer anderen sozialen Schicht angehören, in einem anderen Stadtteil wohnen, die eine andere Bildung besitzen, die dem anderen Geschlecht angehören, einen anderen Beruf ausüben, einer anderen Altersgruppe angehören, in anderen familiären Konstellationen leben oder einen anderen weltanschaulichen oder religiösen Hintergrund besitzen als die Forscher. Zum anderen dürfte dies der Fall sein, wo Modernisierungsprozesse zu einer zunehmenden Individualisierung, Differenzierung und Veränderung der Präferenzstrukturen der Akteure und von deren Alltagswissensbeständen über Handlungsalternativen, Handlungsrestriktionen und Handlungsfolgen führen.

IV. Die Bedeutung von „Strukturen begrenzter Reichweite"
für sozialwissenschaftliche Erklärungen

Das, was den Informationsgehalt einer Makro-Mikro-Makro-Erklärung liefert, ist also keine allgemeine Theorie, die ein universelles Handlungsgesetz für die Mikroebene individueller Akteure beschreibt, sondern vielmehr Wissen über raum-zeitlich kontingente Sachverhalte, die in bestimmten Kulturen allgemein akzeptierte Handlungsziele und die dort zur Erreichung dieser Ziele bekannten und anerkannten Mittel betreffend. Das hat nun eine weit reichende Bedeutung für die Frage nach den Möglichkeiten, soziale Ordnung oder „soziale Strukturen" ganz allgemein zu untersuchen, zu beschreiben, zu verstehen und zu erklären.

Die Debatte um die Existenz universeller Ordnungen und „Gesetzmäßigkeiten" in den Sozialwissenschaften hat eine lange Geschichte und nach wie vor beherrschen hier sehr konträre Positionen das Feld. Vertreter entscheidungstheoretischer Ansätze neigen oft einer nomothetischen Position zu, der zufolge das letztendliche Ziel soziologischer Erklärung in der Formulierung von Aussagen über Strukturen sehr umfassender (im Idealfall: universeller) Reichweite (z. B. Albert 1980; Esser 1993: 45) bestünde. Eine strikte Gegenposition hierzu ließe sich aus Grundannahmen der interpretativen Soziologie ableiten: demnach stellen soziale Ordnungen Sinn- und Bedeutungsstrukturen dar, die in Mikroprozessen sozialer Interaktion konstituiert, beständig reinterpretiert und modifiziert werden. Innerhalb des „interpretativen Paradigmas" (Wilson 1981) ersetzen soziale Konventionen als handlungsleitende Sinnstrukturen (kausale) soziale Gesetze (Faye 2002: 135-136). Verschiedene interpretative Ansätze gehen von einem unterschiedlichen Grad an Stabilität solcher gesellschaftlichen Regelwerke aus, radikalkonstruktivistische Modelle streiten jegliche Form von akteursunabhängiger Strukturiertheit ab (Williams 2000: 102-103). Im Zuge einer solchen Extremposition, die von einer vollständigen Situativität sozialer Handlungen ausgeht, müsste aber auch jeglicher wissenschaftliche Anspruch auf eine rationale Untersuchung und Beschreibung von (zumindest teilweise) geordneten Zusammenhängen sozialer Phänomene aufgegeben werden (Yoshida 2007: 289-290; Riós 2005: 775-776).

In der Philosophie der Sozialwissenschaften läuft seit der Kontroverse zwischen Carl Gustav Hempel (der die Existenz universeller Gesetzmäßigkeiten für die Sozialwissenschaften aus einer einheitswissenschaftlichen Position postulierte, vgl. Hempel 1942; Hempel und Oppenheim 1948) und William Dray (der das „covering law model" als für sozialwissenschaftliche Gegenstandsbereiche ungeeignet kritisierte, vgl. Dray 1957) eine fortlaufende und bislang unentschiedene Debatte über die Möglichkeit sozialwissenschaftlicher Gesetze (in neuerer Zeit vgl. etwa Roberts 2004; Kincaid 2004; Little 2006, 2009). Im Zentrum neuerer Diskussionen steht die Komplexität und begrenzte Vorhersagbarkeit sozialer Sachverhalte. So argumentiert Roberts (2004), dass solche Systeme, die von den Sozialwissenschaften erforscht werden (z.B. Märkte, Familien, Organisationen oder politische Bewegungen), in außerordentlicher Weise kontingent, auf unterschiedlichste Weise realisierbar und zeitlich sehr instabil seien (Roberts 2004: 160-162; Little 2009: 172). Wegen dieser Komplexität, Kontingenz und variablen Realisierbarkeit sind Gesetzesaussagen, die soziale Regularitäten beschreiben, bestenfalls als ceteris paribus-Gesetze denkbar, d. h. als „Gesetze", die unter unterschiedlichen Bedingungen Ausnahmen aufweisen, sodass sie nicht notwendig gültig sind und deren postulierte Regularitäten nicht zwingend auftreten (Schurz 2002; Earman, Roberts und Smith 2002). Eine ähnliche Überlegung hatte bereits Albert 1957 angestellt: die in den Sozialwissenschaften tatsächlich formulierten Allgemeinaussagen seien i. a. nur „Quasi-Gesetze", die nicht universell gelten, sondern einen nicht näher spezifizierten raumzeitlich begrenzten Geltungsbereich aufweisen (Albert 1980). Nun ist aber auch der Ausweg, den Albert weist, nämlich die „Nomologisierung" von Quasi-Gesetzen durch eine genaue Spezifikation der (möglicherweise eng beschränkten) Geltungsbedingungen, offensichtlich nicht ohne Weiteres gangbar. Sozialwissenschaftliche Ceteris-paribus-Bedingungen werden in der Regel nicht explizit gemacht, sondern nur als „Störvariablen" oder „Interferenzen" in das jeweilige Modell mit aufgenommen. Dies geschehe häufig, so Roberts, ohne dass ein systematischer (oder: mehr als nur korrelativer) Zusammenhang zwischen den „Interferenzen" und dem tatsächlichen nomologischen Gehalt einer Theorie oder Aussage aufgedeckt werden kann (Roberts 2004: 154-159; auch Sawyer 2003: 213). Dem gegenüber verteidigt Harold Kincaid (1990, 2002, 2004) das Postulat der Existenz sozialwissenschaftlicher Gesetze mit der Begründung, dass auch in den Naturwissenschaften das Ceteris-paribus-Problem nicht unbekannt sei, weil schließlich niemals alle geltenden Randbedingungen bekannt sind. Dieser Umstand würde in den Natur- ebenso wie in den Sozialwissenschaften durch entsprechende Abstraktionen oder Idealisierungen aufgefangen, die ebenso unrealistisch seien wie die strengen Rationalitätsannahmen mancher entscheidungstheoretischer Ansätze (Lehtinen und Kuorikoski 2007; vgl. auch oben) oder das Postulat vollständiger Marktinformation, dass das klassische ökonomische Gesetz von Angebot und Nachfrage voraussetzt (Stiglitz 1985: 22-23; Buchholz 1999). Fester Bestandteil der Newton'schen Mechanik etwa sind Annahmen über das Massezentrum von theoretisch punktförmigen Teilchen, obwohl punktförmige Teilchen empirisch nicht existieren. Die Newton'sche Mechanik lässt sich nun bekanntermaßen für äußerst komplexe Probleme (etwa zur Konstruktion von Weltraumsonden) technologisch nutzen, ohne dass die (in essentialistischer Lesart) falschen Grundannahmen dies behindern. Der Weg, den man in den Naturwissenschaften gefunden habe, um mit diesem Problem umzugehen, nämlich die Kontrolle von zufälligen Fehlern oder externen Einflüssen durch sukzessive Modellverbesserungen und approximative Lösungen, sei auch in den Sozialwissenschaften gangbar (Kincaid 2004: 175-176), etwa bei der Anwendung des Angebot-Nachfrage-Gesetzes, das ebenso wenig zwingend eine absolut strikte Regularität beschreibt wie ein Modell zur Beschreibung des Verhaltens von Festkörpern in der Mechanik. Kincaid zufolge ist es für den nomologischen Charakter solcher Theoreme ausreichend, dass hier Kausalfaktoren beschrieben werden, die Phänomene, etwa Angebot und Nachfrage bestimmter Waren, in Relation zueinander setzen und Phänomene erfolgreich erklären und vorhersagen können, auch wenn sich diese Theoreme nicht gegenüber allen möglichen variierenden Hintergrundbedingungen als hochgradig robust und präzise erweisen. Die Kernfrage lautet also: Können die Sozialwissenschaften Kausalaussagen formulieren, mit deren Hilfe einigermaßen weitgehende und stabile Erklärungen und Vorhersagen sozialer Phänomene möglich erscheinen (Kincaid 2004: 174-175)?

Hier zeigt sich, dass die Debatte seit den Diskussionsbeiträgen Hempels und Drays im Grunde nicht entscheidend vorwärts gekommen ist. Prognosefähigkeit war bereits eine der zentralen „Adäquatheitsbedingungen" des „Hempel-Oppenheim-Schemas deduktiv-nomologischer Gesetzeserklärung". Dabei stellt sich bereits empirisch die Frage, was die Sozialwissenschaften in dieser Hinsicht gegenwärtig überhaupt zu bieten haben: zwar lassen sich in manchen Gegenstandsbereichen Ereignisse zuverlässig prognostizieren (wenn etwa die zukünftige Altersstruktur der Bevölkerung anhand gegenwärtiger Fertilitäts- und Sterberaten geschätzt wird und in dem Prognosezeitraum keine dramatischen Ereignisse wie Kriege oder Naturkatastrophen die Mortalitätsraten beeinflussen). Viele Prozesse sozialen Wandels der letzten Jahrzehnte konnten jedoch von den Sozialwissenschaften nicht auf der Grundlage theoretisch entwickelter Modelle vorhergesagt werden, etwa die friedlichen Revolutionen und Systemtransformationen in Osteuropa am Ende der 1980er Jahre oder in jüngster Zeit die internationalen Finanzkrisen im Jahr 2008 oder 2010. Eine sparsame Theorie, die eine begrenzte Anzahl universeller Gesetzmäßigkeiten in der Art naturwissenschaftlicher Gesetze postuliert und mit deren Hilfe sich soziales Handeln in ähnlicher Weise erklären und vorhersagen lässt wie etwa der Fall von Körpern durch das Newton'sche Gravitationsgesetz, ist bislang weder formuliert worden, noch, wenn man den gegenwärtigen Diskussionsstand in der Soziologie zugrundelegt, in nächster Zeit zu erwarten (vgl. auch Flyvbjerg 2008). Vielmehr müssen auch Vertreter der nomologischen Orientierung in den Sozialwissenschaften „feststellen, dass in den Sozialwissenschaften keine Gesetze im obigen Sinne [eines universellen raum-zeitlichen Geltungsbereichs] bekannt sind und deshalb die ideale Form der [deduktiv-nomologischen] Erklärung zur Zeit kaum möglich ist" (Schnell, Hill und Esser 2008: 59). Diese letztlich empirische Feststellung spricht natürlich für sich genommen nicht prinzipiell gegen die Möglichkeit, dass (möglicherweise alle) sozialen Phänomene durch (bislang allerdings unbekannte) universelle Gesetze bestimmt werden, bei deren Kenntnis soziales Leben exakt vorhersagbar wäre. Die Frage, ob in den Sozialwissenschaften tatsächlich raumzeitlich ungebundene Gesetze existieren oder nicht, kann nicht aufgrund der vorhandenen Datenlage entschieden werden, denn der Verweis darauf, dass bislang solche Gesetze nicht formuliert worden sind, kann grundsätzlich stets damit beantwortet werden, dass die entsprechenden Gesetzmäßigkeiten (noch) nicht entdeckt worden sind.

Annahmen über eine universelle Geltungsreichweite von Gesetzmäßigkeiten stellen nicht empirisch prüfbare theoretische Aussagen dar, sondern repräsentieren weder beweisbare, noch widerlegbare Prämissen, auf der die Forschungsarbeit einer bestimmten Wissenschaftlergemeinschaft oder -schule aufbaut: „Paradigmen" (Kuhn) oder „harte Kerne von Forschungsprogrammen" (Lakatos). Paradigmen oder harte Kerne von Forschungsprogrammen beschreiben stets „Forschungswege, die man vermeiden soll (negative Heuristik) (und) Wege, denen man folgen soll (positive Heuristik)" (Lakatos 1982: 47). Angesichts des Standes sozialwissenschaftlicher Theoriebildung und empirischer Forschung würde man allerdings Heuristiken benötigen, mit denen Extrempositionen vermieden werden (wie etwa die Annahme einer vollständigen Determination sozialen Handelns durch universelle Gesetze oder die Annahme, dass soziale Ordnungen nur situativ bestehen). Allerdings ist hier auch keine „Alles oder nichts"-Entscheidung erforderlich, die hier möglichen Positionen lassen sich schließlich auf einem Kontinuum darstellen zwischen dem einen Pol einer vollständigen Strukturiertheit sozialen Handelns durch universelle Gesetze und dem anderen Pol einer völligen Situativität sozialen Handelns, zwischen denen eine mittlere Position möglich ist.

Wenn also einerseits die Strukturiertheit sozialen Lebens ein unbestreitbares Faktum ist, andererseits aber raumzeitlich universelle und erklärungshaltige Theorien zur verlässlichen Vorhersage (noch) nicht existieren, dann müssen sich die Sozialwissenschaften auf einen mittleren Bereich konzentrieren, der sich als Bereich von „Strukturen begrenzter Reichweite" oder „kontingenter Strukturen" bezeichnen lässt; Strukturen, die in bestimmten raumzeitlichen Kontexten existieren und in diesen Kontexten sehr stabil sein können, sich aber auch in plötzlicher und nicht vorhersagbarer Weise ändern können. Empirische Forschung in den Sozialwissenschaften nimmt in der Tat sehr oft diesen mittleren Bereich kontingenter Strukturen in den Blick: situationsübergreifende Ordnungen, die über längere Zeit relativ fest sind, um sich dann in kurzen Zeiträumen grundlegend zu wandeln, oder soziale Strukturen, die innerhalb einer bestehenden Gesellschaft, Organisation oder Kultur einen begrenzten Geltungsbereich haben. In den letzten Jahrzehnten haben unterschiedliche soziologische Theorieschulen die Existenz solcher kontingenten Strukturen thematisiert: Hierzu zählen mikrosoziologische Ansätze wie der Pragmatismus und der symbolische Interaktionismus, denen zufolge das Handeln individueller Akteure stets abhängig von Interpretationsprozessen ist und immer einen Moment des Kreativen und damit auch der Kontingenz beinhaltet. Dieser Sichtweise zufolge müssen soziale Prozesse, die ja das gemeinsame Handeln zahlreicher (kreativer) Akteure darstellen, und die Geschichte insgesamt einen kontingenten Verlauf nehmen (Blumer 1969: 72). Aber auch im Rahmen aktueller „Rational Choice" Ansätze gewinnen Konzepte, die mit der „bounded rationality" von Akteuren rechnen, zunehmend an Bedeutung: „Dealing with uncertainty (...) will continue to be one of the leading edges of economic research" (Simon 2000: 37). Auch neuere konflikttheoretische Ansätze betonen in deutlicher Abgrenzung zur klassischen Marx'schen Konfliktsoziologie, dass der gesellschaftliche Wandlungsprozess nicht prognostiziert werden kann, sondern geprägt ist von „local conditions, historical antecedents, the acuteness of the crisis" (Bendix 1952, 1963: 602). Ebenso versucht die von Anthony Giddens in den 1980er Jahren formulierte und danach oft rezipierte Theorie der Strukturierung (Giddens 1984, 1988) der Beeinflussbarkeit und Veränderbarkeit von Strukturen durch Akteure Rechnung zu tragen. Neuere strukturfunktionalistische Modernisierungstheorien machen darauf aufmerksam, dass gesellschaftliche Entwicklungsprozesse ergebnisoffen sind und Modernisierung in ihren Folgen und Formen nicht theoretisch ableitbar ist, weil sie von individuellen Akteuren vorangetrieben wird (vgl. hierzu etwa Eisenstadt 1970). Schließlich spielen auch in der modernen Systemtheorie „Kontingenz" und „Emergenz" eine zentrale Rolle. Zahlreiche soziale Ordnungen sind in diesem Sinne „weder notwendig, (...) noch unmöglich" (Luhmann 1984: 153), sodass sich auch mit perfektem Wissen über die Bestandteile eines Systems viele seiner Eigenschaften nicht vorhersagen lassen.

Sehr unterschiedliche, die sozialwissenschaftliche Theoriedebatte gleichwohl stark bestimmende Ansätze tragen also auf unterschiedliche Weise dem Umstand Rechnung, dass der Gegenstandsbereich durch raumzeitlich gebundene, partielle Ordnungen oder kontingente Strukturen gekennzeichnet ist; die Theoriebildung muss dementsprechend stets die offenkundige Tatsache sozialer Ordnung mit einer (zumindest partiellen) Unvorhersagbarkeit dieser Ordnung vereinbaren.

Was bedeuten diese theoretischen Überlegungen nun für das Mehrebenenproblem? Die Existenz sozialer Strukturen sowohl auf der Makro- als auch auf der Mikroebene sozialwissenschaftlicher Erklärung lässt sich nicht leugnen oder wegdiskutieren, nur haben diese Strukturen einen sowohl räumlich als auch zeitlich begrenzten Geltungsbereich, d. h. sie gelten nur in bestimmten Ländern, Gesellschaften und (möglicherweise sehr kleinen) Subkulturen, unterliegen also einem nicht vorhersagbaren sozialen Wandel (auch wenn sie über eine längere Zeit sehr stabil sein können). Deshalb können auf den verschiedenen Ebenen sehr unterschiedliche Strukturen koexistieren. Durch eine Untersuchung bestimmter kleiner sozialer Einheiten wird man etwa Ordnungen rekonstruieren können, die gesamtgesellschaftlich kaum Bedeutung haben. Trotzdem kann es sich gerade hier um innovative Milieus handeln, die zu Akteuren sozialen Wandels werden, Mikro- und Makroebene üben also einen (manchmal starken, manchmal schwachen) Einfluss aufeinander aus, existieren aber gleichzeitig bis zu einem gewissen Grad unabhängig voneinander; es bestehen, mit anderen Worten, nur lose Kopplungen zwischen Mikro- und Makroebene.

V. Methodologische Konsequenzen

Eine wesentliche Folgerung aus der Heuristik der Strukturen begrenzter Reichweite würde darin bestehen, dass man einen Reduktionismus der Ebenen strikt vermeidet: Weder lassen sich soziale Mikrophänomene (also das Handeln konkreter Akteure) direkt aus Makrophänomenen (also sozialen Strukturen) deduzieren, noch lassen sich die Postulate eines radikalen methodologischen Individualismus forschungspraktisch einlösen, solange die auf der Makroebene beobachtbaren sozialen Strukturen auch nur einigermaßen Varianz aufweisen (was durch die unausrottbare Vorliebe von Soziologen für Mittelwerte allerdings oft verdeckt wird). Man benötigt also immer empirische Informationen auf den verschiedenen Ebenen zur Formulierung empirisch gehaltvoller soziologischer Erklärungen. Von besonderer Bedeutung ist hierbei nun, dass die beiden methodologischen Traditionen der Sozialforschung (die quantitativ-standardisierte und die qualitativ-interpretative Tradition) sich auf jeweils verschiedene Arten von Informationen spezialisiert haben und es dabei erlauben, unterschiedliche Aspekte von Strukturen begrenzter Reichweite zu untersuchen. Quantitative Methoden können die Heterogenität und Varianz sozialer Strukturen auf der Makroebene gut abbilden, weil mit ihrer Hilfe große Stichproben untersucht werden können. Qualitative Verfahren erlauben es, bislang unbekannte soziale Phänomene auf der Mikroebene in den Blick zu nehmen und sind besonders gut dazu geeignet, mit der Tatsache umzugehen, dass sich Ordnungen begrenzter Reichweite oft in unvorhersagbarer Weise ändern und neue soziale Sachverhalte hervorbringen. Verfahren aus beiden Methodentraditionen können aber immer nur einen Teil jener Schwierigkeiten lösen, die durch Strukturen begrenzter Reichweite aufgeworfen werden, sodass beide Traditionen spezifische Validitätsbedrohungen empirischer Forschung generieren. Die spezifischen Schwächen und Stärken qualitativer und quantitativer Forschung verhalten sich allerdings in gewissem Sinne komplementär zueinander (vgl. Kelle 2008: 227 ff.).

Im Rahmen der quantitativen Methodentradition existiert mit der Mehrebenenanalyse bereits ein Verfahren, welches das Mehrebenenproblem der empirischen Sozialwissenschaften bearbeitet (de Leeuw und Meijer 2008: 1-3). Konkret erklären Mehrebenenanalysen Phänomene auf der Mikroebene „(i) by showing that parameters of models specified at the micro level [...] are a function of context, and (ii) by showing that this micro-macro relationship can be expressed in terms of characteristics of the context, which take the form of macrolevel variables" (Diprete und Forristal 1994: 333) oder, einfacher ausgedrückt, „predict values of some dependant variable based on a function of predictor variables at more than one level" (Luke 2004: 9). Das grundlegende Modell basiert dabei auf einer (multiplen) Regressionsanalyse,[3] mit dem wichtigen Unterschied, dass die Regressionsparameter in den Gleichungen einer Mehrebenenanalyse zwischen den verschiedenen Analyseebenen variieren können (Steenbergen und Jones 2002: 221; Engel 1998: 73).

Die Aufstellung und Spezifizierung der unterschiedlichen Modelle[4] einer Mehrebenenanalyse setzt aber, wie bei einer einfachen Regressionsanalyse, die Angabe aller einzubeziehenden Variablen voraus und impliziert dabei, „daß keine relevanten Variablen, die mit den geprüften Prädiktoren in systematischem Zusammenhang stehen, aus dem Modell ausgeschlossen sind bzw. vernachlässigt wurden" (Ditton 1998: 119). Bevor der statistische Mehrebenenanalytiker mit der Datenerhebung beginnen kann, muss er also im Prinzip schon wissen, welche Einflüsse oder Kontextfaktoren auf den unterschiedlichen Ebenen für betrachtete abhängige Variablen wie etwa Schulerfolg (Tiedemann und Billmann-Mahecha 2004), Fertilitätsverhalten (Zaccarin und Rivellini 2002) oder Prozesse der Familiengründung (Hank 2003) relevant sind – zumindest muss er hierüber brauchbare Hypothesen formulieren können. Die zentrale Problematik einer Fehl-

---

3   Für Ansätze, die auf Strukturgleichungsmodellen basieren, vgl. u. a. Heck und Scott (2009) sowie de Leeuw und Meijer (2008). Die folgende Kritik geht von den weiter verbreiteten regressionsbasierten Ansätzen aus, lässt sich im Prinzip aber auch bei ersteren anbringen.
4   Eine Übersicht findet sich bei Steenbergen und Jones (2002), ausführlich dazu de Leeuw und Meijer (2008) sowie Langer (2009).

spezifikation des zu schätzenden Modells ist aber kein rein technisch-statistisches Problem, das sich nur in Form von verzerrten Steigungskoeffizienten oder fehlerhaften Regressionskonstanten ausdrückt, sondern ist auf der Ebene der theoretischen Begründung des Modells anzusiedeln: „[T]he specification and interpretation of multilevel models hinge on a theoretical understanding of the relevant levels of analysis" (Steenbergen und Jones 2002: 234).

Somit kann ein quantitatives Monomethodendesign, auch wenn es mit elaborierten Modellen der statistischen Mehrebenenanalyse arbeitet, das dargestellte Mehrebenenproblem, das sich aus der Existenz von Strukturen begrenzter Reichweite ergibt, nicht vollständig lösen. Strukturen begrenzter Reichweite, etwa die in bestimmten Milieus dominanten Normen und Lebensstile oder spezifische Praktiken und Bräuche in Organisationen, können Sozialforscher oft deswegen nicht kennen, weil diese Strukturen nicht universell sind, sich rasch wandeln oder auf begrenzte gesellschaftliche Felder (etwa bestimmte Subkulturen) beschränkt sind. Bei dem Versuch, das Handeln von Akteuren in solchen Feldern theorie- und hypothesengeleitet zu beschreiben und entsprechende Variablen für Mehrebenenmodelle festzulegen, kann man natürlich trotzdem auf bereits vorhandene Gesellschafts- oder Handlungstheorien zurückgreifen. Will man aber empirisch gehaltvolle (das heißt auch zu Prognosen geeignete) Erklärungen formulieren, entsteht hierbei das Problem, das wir bereits exemplarisch anhand der Anwendung von Entscheidungs- und Nutzentheorien in den Sozialwissenschaften beschrieben hatten.

Notwendig wäre es hier, bevor man Variablen operationalisieren und Instrumente zu ihrer Messung überhaupt erst entwickeln kann, dass die (bislang unbekannten) Strukturen mit Hilfe systematischer explorativer, das heißt qualitativer Verfahren überhaupt erst angemessen beschrieben werden. Bereits in den 1950er Jahren haben Barton und Lazarsfeld (1984) vorgeschlagen, explorative Vorstudien zur Generierung von Hypothesen zu nutzen, die dann in einer darauf folgenden quantitativen Hauptuntersuchung nach den Regeln des hypothetiko-deduktiven Modell geprüft werden. Vor allem die deutsche quantitative Methodenliteratur folgt oftmals dieser Argumentation, wobei sich die Funktion qualitativer Methoden allerdings auf ein Vorgehen reduziert, bei dem sich Forscher „in mehr oder weniger impressionistischer Form" durch „Ideen, Gespräche und Explorationen, die helfen sollen, das Problem zu strukturieren" (Friedrichs 1990: 52), ein Bild über den Gegenstandsbereich machen. Dabei wird dann oft argumentiert, dass qualitative Forschungsergebnisse so stark von subjektiven Einflüssen und Zufälligkeiten abhängig seien, dass keine methodischen Standards hierfür festgelegt werden können (vgl. auch Mayntz, Holm und Hübner 1969: 92; Schnell, Hill und Esser 2008: 357 f.). Wenn Methodenlehrbücher eine Hypothesengenerierung durch qualitative Forschung aber einerseits empfehlen, deren Methodisierbarkeit aber andererseits für unmöglich halten und ihren Ergebnissen kaum Vertrauen entgegenbringen (Mayntz, Holm und Hübner 1969: 93; Friedrichs 1990: 53 ff.), argumentieren sie inkonsistent. Denn wenn qualitative Forschung aus unsystematischen Verfahren besteht, für die „Gütekriterien kaum formulierbar" sind (Schnell, Hill und Esser 2008: 358) und die zu beliebigen Interpretationen (Mayntz, Holm und Hübner 1969: 93) führen, bleibt unverständlich, wieso dieselben Autoren überhaupt solche Verfahren zur Hypothesengenerierung empfehlen. Auch explorative Vorstudien lassen sich forschungsmethodisch kaum begründen, wenn sie nur zur Entwicklung beliebiger Hypothesen führen. Unter pragmatischen Gesichtspunkten bliebe dann unklar, warum man sich überhaupt der Mühe unterzieht, Feldbeobachtungen und Interviews durchzuführen, wenn daraus ohnehin nur beliebige Hypothesen resultieren und nicht Hypothesen, die in irgendeiner Form solchen Hypothesen überlegen sind, die ohne den Kontakt zum empirischen Feld, durch Spekulation, durch den Blick in eine Kristallkugel o. Ä. entstanden sind.

Die wissenschaftstheoretische Schwachstelle dieser Argumentation besteht darin, dass hier die Frage nach einer (zumindest partiellen) Rationalisierbarkeit und Methodisierbarkeit des „context of discovery" nicht zugelassen wird. Dabei ist die Vernachlässigung des Entdeckungskontexts auch unter einer einheitswissenschaftlichen Perspektive angreifbar. Gerade die Naturwissenschaften liefern genügend Beispiele dafür, wie eine methodisch kontrollierte Exploration von Phänomenen im Untersuchungsfeld einer quantitativen Messung von Merkmalen dieser Phänomene notwendigerweise vorausgehen muss: in der analytischen Chemie etwa hat die quantitative Analyse der untersuchten Substanzen deren qualitative Analyse regelmäßig zur Voraussetzung, in der Evolutionsbiologie müssen zuerst Taxonomien von Fossilien erstellt werden, bevor eine Erklärung von deren Abstammungsverhältnissen formuliert werden kann usw. Auch die aktuelle und bereits seit mehr als 30 Jahren laufende wissenschaftsphilosophische Diskussion über Fragen der Methodisierbarkeit und Rationalisierbarkeit des „context of discovery" und den Stellenwert „rationaler Heuristiken" im Forschungsprozess (vgl. Hanson 1958, 1965; Nersessian 1984, 1989; Danneberg 1989; ein Überblick bei Kelle 1997) wird in der quantitativ orientierten Methodenliteratur nicht rezipiert. Im Gegensatz zu neueren Methodenlehrbüchern trugen Barton und Lazarsfeld dem potenziellen Gebrauch solcher rationaler Heuristiken zumindest implizit Rechnung, indem sie eine methodologische Fortentwicklung qualitativer Methoden, insbesondere die Formulierung von Qualitätsstandards und die Entwicklung von elaborierten Verfahren methodischer Kontrolle explizit einforderten. Der Vorwurf, qualitative Analyse sei eher „Kunst" als „Wissenschaft" (Barton und Lazarsfeld 1984: 52 f.), lässt sich angesichts der seitdem stattgefundenen Entwicklungen der Interviewführung, der technischen Datenaufzeichnung und -archivierung (vgl. Kelle 2004), der methodisch kontrollierten Analyse qualitativen Datenmaterials (vgl. etwa Strauss und Corbin 1990; Miles und Huberman 1994; Flick 1996; Kelle und Kluge 1999 u. v. a.) oder der Diskussion von Qualitätsstandards (vgl. u. a. Seale 1999; Steinke 1999) in dieser Schärfe sicher nicht mehr aufrechterhalten. Wegen der Bedeutung von Strukturen begrenzter Reichweite sind Verfahren einer empirisch begründeten Entwicklung von Kategorien, Typologien und theoretischen Aussagen für die Sozialwissenschaften unverzichtbar.

Allerdings führt die Kontingenz sozialer Strukturen zu dem, von dem ethnographisch orientierten Soziologen Hammersley so genannten „Dilemma qualitativer Sozialforschung": Prominente Theorien, mit denen qualitative Forschung begründet wird, etwa der symbolische Interaktionismus oder die soziologische Phänomenologie, betonen, dass soziales Handeln und soziale Interaktion sich in konkreten Situationen entwickeln und verändern und einen fortlaufenden Prozess der wechselseitigen Interpretation darstellen, bei dem die Akteure zwar auf kulturell vorgegebene Symbolsysteme zurückgreifen, dabei jedoch mehr oder weniger große Spielräume zur Verfügung haben, durch deren Nutzung neue Formen sozialer Praxis entstehen und soziale Strukturen beständig differenziert und pluralisiert werden. Je größer aber die Diversität, Pluralität und Wandlungsfähigkeit der untersuchten relevanten Strukturen, umso größer wird die Gefahr, dass Einzelfallanalysen (etwa auf der Basis von einigen qualitativen Interviews) ein nur fragmentarisches Bild erzeugen:

„on the basis of symbolic interactionism's emphasis on the indeterminism of human action one could make a plausible case for the importance of statistical analysis, certainly as against the search of universal laws. By contrast, it is not at all clear that symbolic interactionism provides a strong justification for the study of individual cases as a basis for constructing theories, since it offers no grounds for generalizing from such cases" (Hammersley 1989: 219).

Das bedeutet, dass auch eine explorative Forschungsstrategie, die auf die Identifikation bislang unbekannter Strukturen begrenzter Reichweite zielt, eine heterogene empirische Verteilung dieser Strukturen in Rechnung stellen muss und auf Verfahren angewiesen ist, die eine solche Heterogenität empirisch erfassen können. Bereits in der Frühzeit des symbolischen Interaktionismus wurden hierüber Reflektionen angestellt, dann aber nicht weiter verfolgt. Bereits 1928 wandte Herbert Blumer Vertretern der Chicagoer Schule der qualitativen Sozialforschung (die damals eine Überlegenheit der Einzelfallstudie gegenüber statistischen Verfahren damit begründet hatten, dass die Statistik keine universellen (sic!) Gesetzmäßigkeiten beschreiben könne) gegenüber ein, dass die statistische Methode:

„(is) interested in securing a ‚correlation' in the activity of the aggregate, and not a ‚universal' holding true in all instances, (it) tacitly recognizes a complexity, variability or uniqueness of the instances. When used as a final form of understanding, it must be regarded as a way of meeting the condition of uniqueness by attempting to secure propositions about the aggregate and not about the individual members" (Blumer 1928: 47 f.).

Im Gegensatz zu einer Suche nach soziologischen Universalien durch die Analyse von Einzelfällen stelle die statistische Methode, so argumentiert Blumer hier, die „Komplexität, Variabilität und Einzigartigkeit" sozialer Phänomene und damit die Wandelbarkeit und Flexibilität sozialer Strukturen wenigstens stillschweigend in Rechnung. Oft lassen sich empirisch gut nachweisbare soziale Strukturen nur mit Hilfe von statistischen Verfahren, aber nicht durch Einzelfallanalysen sinnvoll untersuchen, was sich leicht an klassischen soziologischen Themen demonstrieren lässt: Der Zusammenhang zwischen der formalen Höhe von Bildungsabschlüssen und dem sozialen Status des Elternhauses ist empirisch gut belegt (Krüger et al. 2009; Müller-Benedict 2007): In politischen Debatten werden nun aber Feststellungen, dass Kinder, deren Eltern einen formal hohen Bildungsabschluss haben und einem Beruf mit gutem Einkommen und hohem Sozialprestige nachgehen, eine vergleichsweise gute Chance haben, selbst einen höheren Bildungsabschluss zu erwerben, gern mit einem Verweis darauf gekontert, dass es, und das nicht selten, Kinder aus Familien mit hohem Sozialstatus gibt, die in ihrer Schullaufbahn scheitern und umgekehrt viele, deren Herkunftsverhältnisse durch soziale Benachteiligung gekennzeichnet sind, einen höheren Schulabschluss erreichen. Und kommt es nicht bei der Frage nach dem Schulerfolg auch auf Fleiß an und auf Motivation?[5] Solche Argumentationen machen aber nur deutlich, dass hier die Aussage „Kinder mit bestimmtem familiärem Hintergrund haben eine vergleichsweise gute

---

5 Als ein Beispiel für viele mag hier die Äußerung des früheren niedersächsischen Ministerpräsi-

Chance, einen formal höheren Bildungsabschluss zu erwerben" und insbesondere der Begriff der „Chance" nicht richtig verstanden wurde. Die Herkunftsabhängigkeit von Bildungschancen ist eine klassische Struktur mit begrenzter Reichweite, die das Leben der Menschen zwar mehr oder weniger stark beeinflusst, das soziale Handeln aber nicht in deterministischer Weise regiert wie das Gravitationsgesetz das Verhalten bestimmter Festkörper.

Dies ist insofern relevant, als die Wirkung sozialer Strukturen begrenzter Reichweite auf das Handeln von Individuen sich oft nur mit Begriffen wie „Chancen" oder „Wahrscheinlichkeiten" sinnvoll beschreiben lässt, welche aber nur anhand großer Fallzahlen empirisch bestimmt werden können. Dieser Problematik, die in gegenwärtigen Debatten häufig übersehen wird, waren sich im übrigen bereits die Klassiker soziologischen Denkens bewusst, wie etwa die bereits erwähnten Überlegungen Durkheims zu dem Unterschied zwischen individuellen Selbstmorden und der „sozialen Suizidrate" deutlich machen.

Sowohl qualitative als auch quantitative Methoden der empirischen Sozialforschung weisen also spezifische Stärken und Schwächen auf, wenn sie zu einer Beschreibung und Erklärung sozialer Phänomene auf den unterschiedlichen Ebenen genutzt werden sollen. Notwendig ist hier eine methodenintegrative Forschung, die diese Stärken und Schwächen berücksichtigt und anerkennt und die unterschiedlichen Methoden so miteinander verknüpft, dass die Schwächen und Validitätsbedrohungen der jeweiligen Verfahren durch die Stärken der Methoden, die aus der jeweils anderen Tradition stammen, ausgeglichen werden können (vgl. Kelle 2008). Das erfordert ein anderes Verständnis des Forschungsprozesses, als es in den klassischen Modellen des Forschungshandelns in der quantitativen und qualitativen Forschung, dem hypothetiko-deduktiven Modell einerseits und induktivistischen Konzeptionen in der qualitativen Forschung andererseits (vgl. Glaser und Strauss 1967) zum Ausdruck kommt.

Im Rahmen des hypothetiko-deduktiven Modells quantitativer Sozialforschung wird zumeist eine zentrale Funktion statistischer Methoden vernachlässigt: Quantitative Forschung kann nicht nur empirische Evidenz liefern für vorab formulierte (Zusammenhangs-)Hypothesen, sondern sie stellt auch Explananda für sozialwissenschaftliche Handlungserklärungen zur Verfügung. Auf diese Weise wird es einerseits möglich, die Variation von Handlungsmustern zu gegebenen Zeitpunkten und über die Zeit hinweg in ihrem Wandel auf einer gesellschaftlichen Makroebene zu beschreiben. Andererseits lassen sich die partiellen und mehr oder weniger schwachen Auswirkungen, die Strukturen begrenzter Reichweite auf individuelles Handeln haben (und die in Einzelfallstudien oftmals gar nicht in den Blick kommen) valide nur mit statistischen Methoden (d. h. anhand des Vergleichs zahlenmäßig hinreichend großer Gruppen) beschreiben. Von besonderer Bedeutung für die sozialwissenschaftliche Erklärung von Makrophänomenen sind dabei oft anomale und schwer erklärbare statistische Befunde oder Varianzanteile, die durch bislang in Modelle aufgenommene Variablen nicht erklärt werden können.

---

denten Christian Wulff angesichts der Amtseinführung einer türkischstämmigen Ministerin dienen, wonach deren Ernennung doch zeige, dass man in „Deutschland alles werden" könne, „wenn man fleißig ist und Leistung bringt" (Hadem 2010).

Zwar kann eine nicht-erklärte (technisch manchmal auch als „Fehlervarianz" bezeichnete) Variation von abhängigen Variablen in statistischen Modellen Folge einer Fehlspezifikationen oder von Messfehlern sein. Unter einer handlungstheoretischen Perspektive drücken sich hierin aber auch oft die Handlungs- und Entscheidungsspielräume[6] sozialer Akteure und deren den Forschern bislang unbekannte Handlungsgründe aus. Manche dieser zusätzlichen Handlungsgründe sind aus sozialwissenschaftlicher Sicht irrelevant und damit vernachlässigbar, andere repräsentieren jedoch bislang unbekannte Faktoren, die als neue unabhängige Variablen in sozialwissenschaftliche Modelle mit einbezogen werden müssen. Eine statistische Analyse von Zusammenhängen auf der Makroebene ist deshalb oft nur ein erster Schritt einer sozialwissenschaftlichen Erklärung. Oder mit anderen Worten: die Verwendung statistischer Instrumentarien, die Abweichungen von postulierten Zusammenhängen in bestimmten Grenzen als Fehler oder unerklärte Varianz tolerieren und damit die Modellierung nicht-deterministischer Zusammenhänge erlauben, ist für die Formulierung sozialwissenschaftlicher Erklärungen zwar eine oft notwendige Voraussetzung. Unerklärte Varianz stellt aber nicht schon selber eine Erklärung dar, sondern liefert oft nur neue erklärungsbedürftige Sachverhalte. Diese Explananda auf der Makroebene lassen sich oft durch Phänomene und Prozesse auf der Mikroebene erklären, die erst mit Hilfe qualitativer Methoden überhaupt identifiziert und beschrieben werden können. Qualitative Methoden können dabei insbesondere dazu dienen, um

1. Prozesse auf der Mikroebene zu beschreiben, welche einen auf der Aggregatebene schwer interpretierbaren Zusammenhang durch eine Tiefenerklärung verständlich machen,
2. Variablen (etwa bislang unbekannte Handlungsgründe der Akteure) zu identifizieren, die bislang unaufgeklärte Varianz erklären können,
3. Variablen zu entdecken, die eine fehlerhafte Interpretation statistischer Zusammenhänge korrigieren helfen. Qualitative Untersuchungen können insbesondere genutzt werden, um die Bedeutung der in quantitativen Studien verwendeten Variablen besser einzuschätzen (indem etwa durch qualitative Interviews untersucht wird, wie Befragte die Items standardisierter Befragungen verstehen) und auf diese Weise Methodenartefakte aufzudecken.
4. Schließlich können qualitative Studien dazu verwendet werden, um zusätzliche abhängige Variablen zu identifizieren. Diese Möglichkeit lässt sich etwa in der sozialwissenschaftlichen Evaluationsforschung nutzbar machen, um nicht-intendierte Folgen sozialpolitischer Interventionen zu beschreiben, die durch neue kausale Pfade

---

6 Die Verwendung stochastischer Modelle (die einen bestimmten Begriff des Zufalls voraussetzen) für die Beschreibung von Phänomenen, bei denen die (begrenzte) Entscheidungsfreiheit von Akteuren berücksichtigt wird, darf nun keinesfalls missverstanden werden in dem Sinn, dass „freie Entscheidungen" etwas Ähnliches wie „zufällige Entscheidungen" darstellen, dass mithin regellose Prozesse untersucht werden. Das Konzept des Zufalls dient hier vielmehr als ein Lückenbüßer für das unvollständige Wissen sozialwissenschaftlicher Untersucher über die (manchmal sehr zahlreichen) faktischen Handlungsgründe der Akteure. Autonomes Handeln ist nur selten im strengen Sinne „zufällig" – ein Handelnder ist gerade bei einer freien Entscheidung oft gut in der Lage, seine Handlungsweisen zu begründen. Dadurch wird dieses Handeln aber rational rekonstruierbar, das heißt jene Regeln, denen es folgt, werden prinzipiell beschreibbar und nachvollziehbar.

zustande kommen, welche die von Interventionen betroffenen Akteure entwickeln, um bspw. den für sie unerwünschten Folgen sozialtechnologischer Zumutungen entgegenzuwirken.

Aus dieser Perspektive ist die Entwicklung und Überprüfung sozialwissenschaftlicher Erklärungen ein mehrschrittiges Verfahren, bei welchem Konzepte und Daten auf den verschiedenen sozialwissenschaftlichen Beschreibungsebenen aufeinander bezogen und miteinander verknüpft werden. Qualitative und quantitative Methoden der empirischen Sozialforschung werden dabei in unterschiedlichen Phasen des Forschungsprozesses genutzt: quantitative Methoden zur Beschreibung von Explananda auf der Makroebene, qualitative Methoden zur Identifikation von Mikroprozessen, die diese Zusammenhänge erklären können und quantitative Methoden wiederum zur Überprüfung der Hypothese, dass die anhand von kleinen Fallzahlen beobachteten Mikroprozesse tatsächlich weit verbreitet und für die zu erklärenden Makrophänomene relevant sind. Dabei können durchaus einzelne Studien nur mit qualitativen oder quantitativen Methoden durchgeführt werden, wenn diese Untersuchungen sich als Teil eines sehr viel umfassenderen Prozesses sozialwissenschaftlicher Wissenskumulation betrachten lassen, bei dem etwa sowohl auf Informationen über Zusammenhänge auf der statistischen Makroebene als auch auf Wissen über kulturelle Handlungsregeln zurückgegriffen wird, das diese Zusammenhänge verständlich macht. Dies ist sowohl bei qualitativen Studien möglich, bei denen die Fallauswahl auf der Basis solider Kenntnisse über die untersuchten Handlungsmuster erfolgt, als auch bei quantitativen Studien, die sich bei der Konstruktion von Erklärungshypothesen auf gesichertes und allgemein zugängliches alltagsweltliches Wissen stützen. Von einer solchen methodenintegrativen Forschung im weiteren Sinne lassen sich methodenintegrative Designs im engeren Sinne unterscheiden, bei denen qualitative und quantitative Methoden in einem einzelnen Forschungsprojekt verbunden werden, wobei das Ziel der Methodenintegration in einem Ausgleich der Stärken und Schwächen beider Methodentraditionen und in der wechselseitigen Bearbeitung und Lösung von Methodenproblemen und Validitätsbedrohungen besteht.

VI. Zusammenfassung und Ausblick

Die Bedeutung des Mehrebenenproblems für die Sozialwissenschaften lässt sich bis zu den Schriften bekannter Klassiker zurückverfolgen: so standen sowohl Weber als auch Durkheim vor der Aufgabe, die Erklärungskraft der entstehenden Wissenschaft Soziologie bei der Lösung von Rätseln auf einer durch die amtliche Statistik erst konstituierten eigenen Beschreibungsebene für makrosozietäre Phänomene zu erweisen. Selbst im Rahmen eines strikt makrosoziologischen Programms, wie es Durkheim formuliert hat, lassen sich soziale Strukturen, die statistische Regelmäßigkeiten auf der Makroebene (wie etwa die unterschiedlich hohen Suizidraten in bestimmten Ländern) erklären können, nicht ohne Bezug auf Informationen beschreiben, die die Handlungen und Interaktionen, die Orientierungen, Wahrnehmungen und Interpretationen individueller Akteure betreffen. Diese anhand der Arbeiten von Klassikern paradigmatisch gut beschreibbare Erklärungsstrategie ist bis heute ein nahezu ubiquitär eingesetztes Modell sozialwissenschaftlicher Erklärung, bei dem Konzepte, Aussagen und Daten auf verschiedenen Aggregatebenen zueinander in Beziehung gesetzt werden. Da sich aber Aussagen und Beobachtungen auf der Mikro- und Makroebene sozialwissenschaftlicher Beschreibung nicht ohne weiteres logisch auseinander ableiten lassen und nicht zwangsläufig zueinander passen, wird damit das Mehrebenenproblem zu einem zentralen und dauerhaften Problem sozialwissenschaftlicher Modellbildung.

Das von Vertretern entscheidungstheoretischer Ansätze entwickelte und seitdem viel diskutierte Modell der Makro-Mikro-Makro-Erklärung sollte dieses Problem im Rahmen eines nomothetischen Wissenschaftsverständnisses lösen, indem auf der Mikroebene wirksame universelle Gesetzmäßigkeiten des Handelns postuliert wurden. Die diesem Modell zugrunde liegende Idee einer Strukturiertheit des Gegenstandsbereichs der Sozialwissenschaften durch raumzeitlich universell gültige Gesetzmäßigkeiten ist nicht nur vor dem Hintergrund der dargestellten wissenschaftstheoretischen Kontroversen über die Existenz allgemeiner Gesetze des Sozialen zweifelhaft, sie scheitert auch bereits in der aktuellen Forschungspraxis schlicht an der Tatsache, dass bislang keine allgemeine Theorie gleichzeitig universelle und empirisch gehaltvolle (d. h. real überprüfbare) Gesetzesaussagen zur Erklärung konkreter sozialer Phänomene anbieten kann. Entscheidungstheoretiker reflektieren genau diesen Umstand mit Hilfe des Konzeptes der „Brückenhypothesen"; Brückenhypothesen aber lassen sich nicht aus allgemeinen Theorien ableiten; ihre Formulierung und damit die Konstruktion empirisch gehaltvoller Makro-Mikro-Makro-Erklärungen setzt kulturspezifisches Wissen über „kontingente Strukturen" mit raumzeitlich begrenztem Geltungsbereich voraus.

Um adäquate sozialwissenschaftliche Erklärungen zu ermöglichen, muss sowohl die sozialwissenschaftliche Theoriebildung als auch die empirische Sozialforschung die Tatsache sozialer Ordnung einerseits mit der nur eingeschränkten Vorhersagbarkeit dieser Ordnung andererseits in Einklang bringen.

Die Theoriebildung muss der Existenz von kontingenten Strukturen explizit Rechnung tragen und berücksichtigen, dass weder theoretische Aussagen noch empirische Beobachtungen auf der Makro- und Mikroebene sozialwissenschaftlicher Beschreibung direkt und bruchlos auseinander ableitbar sein können. Mikro- und Makroebene sind durch Strukturen begrenzter Reichweite nur lose miteinander gekoppelt: den auf der Makroebene durch statistische Methoden beschreibbaren Strukturen stehen auf der Mikroebene eine sehr heterogene und oft unüberschaubare Vielfalt von Handlungsmustern gegenüber. Diese diversen und differierenden Handlungsmuster können lange Zeit koexistieren, irgendwann verschwinden oder sich auch verallgemeinern und schließlich auf der Makroebene deutlich wahrnehmbaren sozialen Wandel generieren.

Die empirische Sozialforschung muss sowohl Werkzeuge zur Verfügung haben, mit deren Hilfe die Geltungsreichweite sozialer Strukturen bestimmt werden kann (also Techniken zur Erhebung und Analyse statistischer Massendaten), als auch Methoden, um bislang unbekannte Strukturen in den Blick zu nehmen, zu verstehen und zu beschreiben (also explorative Verfahren zur Erhebung und Analyse qualitativer Daten). Das Mehrebenenproblem der Sozialwissenschaften lässt sich also keinesfalls lösen im Rahmen nur eines methodologischen Paradigmas. Auch die bekannten statistischen Verfahren der Mehrebenenanalyse, die eine Erweiterung üblicher Regressionsansätze darstellen, können die durch das Mehrebenenproblem aufgeworfenen Schwierigkeiten der Modellspezifikation und -formulierung nicht aus sich heraus bewältigen. Die zentrale methodologische Konsequenz der raumzeitlichen Kontingenz, wie auch der (partiellen) Stabilität sozialer Strukturen besteht daher in der Verwendung methodenintegrativer Forschungsdesigns. Die empirischen Sozialwissenschaften müssen das Mehrebenenproblem in empirischen Projekten immer wieder neu bearbeiten und praktisch lösen – dies erfordert einen konsequenten Methodenmix, der gleichermaßen die Wandelbarkeit und Heterogenität sozialer Phänomene berücksichtigt.

Literatur

Albert, Hans. 1980. Theorie und Prognose in den Sozialwissenschaften (1957). In *Logik der Sozialwissenschaften*, Hrsg. Ernst Topitsch, 126-143. Königstein/Ts: Verlagsgruppe Athenäum, Hain, Scriptor, Hanstein.
Alcock, John. 2001. *The Triumph of Sociobiology*. Oxford: Oxford University Press.
Alexander, Jeffrey C., und Bernhard Giesen. 1987. From reduction to linkage. The long view of the micro-macro link. In *The micro-macro link*, eds. Jeffrey C. Alexander, Bernhard Giesen, Richard Münch, Neil J. Smelser, 1-42. Berkeley: University of California Press.
Barton, Allen H., und Paul F. Lazarsfeld. 1984: Einige Funktionen von qualitativer Analyse in der Sozialforschung (1955). In *Qualitative Sozialforschung*, Hrsg. Christel Hopf, Elmar Weingarten, 41-89. Stuttgart: Klett-Cotta.
Blumer, Herbert. 1928. *Method in social psychology*. University of Chicago: Unveröff. Dissertation.
Blumer, Herbert, 1969: *Symbolic interactionism. Perspective and methods*. Englewood Cliffs: Prentice Hall.
Buckle, Henry T. 1865. *Geschichte der Civilisation in England*. Leipzig: Winter.
Boudon, Raymond. 1979. *L'Inégalité des chances*. Paris: Armand Colin.
Bourdieu, Pierre. 1966. L'école conservatrice. Les inégalités devant l'école et devant la culture. *Revue Francaise de sociologie* 7: 37-347.
Brauns, Hildegard. 1999. Soziale Herkunft und Bildungserfolg in Frankreich. *Zeitschrift für Soziologie* 28: 197-218.
Buchholz, Todd G. 1999. *New ideas from dead economists. An introduction to modern economic thought*. London: Penguin.
Campbell, Robert. 1859. On a test of ascertaining whether an observed degree of uniformity, or the reverse, in tables of statistics is to be looked upon as remarkable. *Philosophical Magazine* 18: 359-368.
Coleman, James S. 1991. *Grundlagen der Sozialtheorie*. Band 1: Handlungen und Handlungssysteme. München: Oldenbourg.
Coleman, James S., und Thomas J. Fararo. 1992. *Rational choice theory. Advocacy and critique*. Newbury Park: Sage.
Collins, Randall. 1987. Interaction ritual chains, power and property: the micro-macro connection as an empirically based theoretical problem. In *The micro-macro link*, eds. Jeffrey C. Alexander, Bernhard Giesen, Richard Münch, Neil J. Smelser, 193-206. Berkeley: University of California Press.
Danneberg, Lutz. 1989. *Methodologien. Struktur, Aufbau und Evaluation*. Berlin: Duncker & Humblot.
De Leeuw, Jan, und Erik Meijer. 2008. Introduction to multilevel analysis. In *Handbook of multilevel analysis*, eds. Jan De Leeuw, Erik Meijr, 1-75. New York: Springer.
Diprete, Thomas A., und Jerry D. Forristal. 1994. Multilevel Models: Methods and Substance. *Annual Review of Sociology* 20: 331-357.
Ditton, Hartmut. 1998. *Mehrebenenanalyse: Grundlagen und Anwendungen des Hierarchisch Linearen Modells*. Weinheim: Juventa.
Dray, William. 1957. *Laws and explanation in history*. Oxford: Oxford University Press.
Durkheim, Émile. 1970: *Die Regeln der soziologischen Methode* (1895). Neuwied und Berlin: Luchterhand.

Durkheim, Émile. 1973. *Der Selbstmord* (1897). Neuwied und Berlin: Luchterhand.
Durkheim, Émile. 1976. *Die elementaren Formen des religiösen Lebens* (1914). Neuwied und Berlin: Luchterhand.
Earman, John, John Roberts und Sheldon Smith. 2002. Ceteris paribus lost. *Erkenntnis* 57: 281-301.
Eisenstadt, Shmuel N., Hrsg. 1970. *Readings in social evolution and development.* Oxford: Pergamon Press.
Eisenstadt, Shmuel N., und Horst J. Helle, Hrsg. 1985. Macro-sociological theory. *Perspectives on Sociological Theory* 1.
Engel, Uwe. 1998. *Einführung in die Mehrebenenanalyse. Grundlagen, Auswertungsverfahren und praktische Beispiele.* Opladen: Westdeutscher Verlag.
Erzberger, Christian. 1998. *Zahlen und Wörter: Die Verbindung quantitativer und qualitativer Daten und Methoden im Forschungsprozeß.* Weinheim: DSV.
Esser, Hartmut. 1991. *Alltagshandeln und Verstehen. Zum Verhältnis von erklärender und verstehender Soziologie am Beispiel von Alfred Schütz und „Rational Choice".* Tübingen: Mohr Siebeck.
Esser, Hartmut. 1993. *Soziologie. Allgemeine Grundlagen.* Frankfurt a. M., New York: Campus.
Esser, Hartmut. 1998. Why are bridge hypotheses necessary? In *Rational choice theory and large-scale data analysis,* eds. Hans-Peter Blossfeld, Gerald Prein, 94-111. Boulder: Westview Press.
Faye, Jan. 2002. *Rethinking science: a philosophical introduction to the unity of science.* Aldershot: Ashgate.
Flick, Uwe. 1996. *Qualitative Forschung. Theorie, Methoden, Anwendung in Psychologie und Sozialwissenschaften.* Reinbek: Rowohlt.
Flyvbjerg, Bent. 2008. *Making social science matter. Why social inquiry fails and how it can succeed again.* Cambridge: Cambridge University Press.
Giddens, Anthony. 1988. *Die Konstitution der Gesellschaft. Grundzüge einer Theorie der Strukturierung* (1984). Frankfurt a. M., New York: Campus.
Gigerenzer, Gerd, Zeno Swijtink und Theodore Porter. 1999. *Das Reich des Zufalls. Wissen zwischen Wahrscheinlichkeiten, Häufigkeiten und Unschärfen.* Heidelberg, Berlin: Spektrum.
Glaser, Barney, und Anselm Strauss. 1967. *The discovery of grounded theory. Strategies for qualitative research.* New York: Aldine.
Goldthorpe, John H. 1996. Class analysis and the reorientation of class theory: the case of persisting differentials in educational attainment. *British Journal of Sociology* 47: 481-505.
Hammersley, Martyn. 1989. *The dilemma of qualitative method. Herbert Blumer and the Chicago tradition.* London: Routledge.
Hank, Karsten. 2003. Eine Mehrebenenanalyse regionaler Einflüsse auf die Familiengründung westdeutscher Frauen in den Jahren 1984 bis 1999. *Kölner Zeitschrift für Soziologie und Sozialpsychologie* 55: 79-98.
Hanson, Norwood R. 1965. *Patterns of discovery. An inquiry into the conceptual foundations of science* (1958). Cambridge: Cambridge University Press.
Heck, Ronald H., und Thomas L. Scott. 2009. *An introduction to multilevel modeling techniques.* New York: Routledge.
Helle, Horst J., und Shmuel N. Eisenstadt, Hrsg. 1985. Micro-sociological theory. *Perspectives on Sociological Theory* 2.
Hempel, Carl Gustav. 1942. The function of general laws in history. *The Journal of Philosophy* 39: 35-48.
Hempel, Carl Gustav, und Paul Oppenheim. 1948. Studies in the logic of explanation. *Philosophy of Science* 15: 135-175.
Henz, Ursula, und Ineke Maas. 1995. Chancengleichheit durch die Bildungsexpansion? *Kölner Zeitschrift für Soziologie und Sozialpsychologie* 47: 605-633.
Henz, Ursula. 1997. Der Beitrag von Schulformwechseln zur Offenheit des allgemeinbildenden Schulsystems. *Zeitschrift für Soziologie* 26: 53-59.
Kelle, Udo, 1997. *Empirisch begründete Theoriebildung. Zur Logik und Methodologie interpretativer Theoriebildung.* Weinheim: DSV.
Kelle, Udo. 2004. Computer assisted qualitative data analysis. In *Qualitative research practice,* eds. D. Silverman, G. Gobo, C. Seale, J. F. Gubrium, 473-490. London: Sage.

Kelle, Udo. 2008. *Die Integration qualitativer und quantitativer Methoden in der empirischen Sozialforschung. Theoretische Grundlagen und methodologische Konzepte.* 2. Auflage. Wiesbaden: VS Verlag für Sozialwissenschaften.
Kelle, Udo, und Susann Kluge. 1999. *Vom Einzelfall zum Typus. Fallvergleich und Fallkontrastierung in der qualitativen Sozialforschung.* Opladen: Leske + Budrich.
Kelle, Udo, und Christian Lüdemann. 1995. „Grau, teurer Freund, ist alle Theorie...". Rational Choice und das Problem der Brückenannahmen. *Kölner Zeitschrift für Soziologie und Sozialpsychologie* 47: 249-267.
Kelle, Udo, und Christian Lüdemann. 1998. Bridge assumptions in rational choice theory: methodological problems and possible solutions. In *Rational choice theory and large-scale data analysis*, Hrsg. Hans-Peter Blossfeld, Gerald Prein, 112-125. Boulder: Westview Press.
Kincaid, Harold. 1990. Defending laws in the social sciences. *Philosophy of the Social Sciences* 20: 56-83.
Kincaid, Harold. 2002. Social sciences. In *The Blackwell guide to the philosophy of science*, eds. Peter Machamer, Michael Silberstein, 290-311. Massachusetts: Blackwell.
Kincaid, Harold. 2004. There are laws in the social sciences. In *Contemporary debates in philosophy of science*, Hrsg. Christopher Hitchcock, 168-185. Malden: Blackwell.
Kunz, Volker. 1997. *Theorie rationalen Handelns. Konzepte und Anwendungsprobleme.* Opladen: Leske + Budrich.
Krüger, Heinz-Hermann, Ursula Rabe-Kleberg, Rolf-Torsten Kramer und Jürgen Budde, Hrsg. 2009. *Bildungsungleichheit revisited: Bildung und soziale Ungleichheit vom Kindergarten bis zur Hochschule.* Wiesbaden: VS Verlag für Sozialwissenschaften.
Lakatos, Imre. 1982. *Die Methodologie der wissenschaftlichen Forschungsprogramme.* Philosophische Schriften 1. Braunschweig: F. Vieweg.
Langer, Wolfgang. 2009. *Mehrebenenanalyse. Eine Einführung für Forschung und Praxis.* Wiesbaden: VS Verlag für Sozialwissenschaften.
Laudan, Larry. 1977. *Progress and its problems. Towards a theory of scientific growth.* London, Henley: Routledge & Kegan Paul.
Lautmann, Rüdiger. 1986. Was nutzt der Soziologie die Nutzenanalyse? *Soziologische Revue* 8: 219-226.
Lehtinen, Aki, und Jaako Kuorikoski. 2007. Unrealistic assumptions in rational choice theory. *Philosophy of the Social Sciences* 37: 115-138.
Lewontin, Charles R., Steven Rose und Leon J. Kamin. 1984. *Not in our genes: biology, ideology and human nature.* New York: Random House.
Lexis, Wilhelm. 1877. *Zur Theorie der Massenerscheinungen in der modernen Gesellschaft.* Freiburg: Wagner'sche Buchhandlung.
Lexis, Wilhelm. 1903. *Abhandlungen zur Theorie der Bevölkerungs- und Moralstatistik.* Jena: Gustav Fischer.
Lindenberg, Siegwart. 1981. Erklärung als Modellbau: Zur soziologischen Nutzung von Nutzentheorien. In *Soziologie in der Gesellschaft*, Hrsg. Werner Schulte, 20-35. Bremen: Universität Bremen.
Lindenberg, Siegwart. 1991. Die Methode der abnehmenden Abstraktion: Theoriegesteuerte Analyse und empirischer Gehalt. In *Modellierung sozialer Prozesse*, Hrsg. Hartmut Esser, Klaus G. Troitzsch, 29-78. Bonn: Informationszentrum Sozialwissenschaften.
Lindenberg, Siegwart. 1992. The method of decreasing abstraction. In *Rational choice theory. advocacy and critique*, eds. James S. Coleman, Thomas J. Fararo, 3-20. Newbury Park: Sage.
Lindenberg, Siegwart, und Reinhard Wippler. 1978. Theorienvergleich. Elemente der Rekonstruktion. In *Theorienvergleich in den Sozialwissenschaften*, Hrsg. Karl O. Hondrich, Joachim Matthes, 219-231. Darmstadt: Luchterhand.
Little, Daniel. 2006. Levels of the social. In *Philosophy of anthropology and sociology*, Hrsg. Stephen P. Turner, Mark W. Risjord, 343-371. Amsterdam: Elsevier.
Little, Daniel. 2009. The heterogenous social: new thinking about the foundations of the social sciences. In *Philosophy of the social sciences. Philosophical theory and scientific practice*, ed. Chrisostomos Mantzavinos, 154-178. Cambridge: Cambridge University Press.

Luhmann, Niklas. 1984. *Soziale Systeme: Grundriß einer allgemeinen Theorie*. Frankfurt a. M.: Suhrkamp.
Luke, Douglas A. 2004. *Multilevel modeling*. Thousand Oaks: Sage.
Mayntz, Renate, Kurt Holm und Peter Hübner. 1969. *Einführung in die Methoden der empirischen Sozialforschung*. Opladen: Westdeutscher Verlag.
Miles, Matthew B., und Michael A. Huberman. 1994. *Qualitative data analysis: an expanded sourcebook*. London: Sage.
Müller, Walter, und Dieter Haun. 1994. Bildungsungleichheit im sozialen Wandel. *Kölner Zeitschrift für Soziologie und Sozialpsychologie* 46: 1-42.
Müller-Benedict, Volker. 2007. Wodurch kann die soziale Ungleichheit des Schulerfolgs am stärksten verringert werden? *Kölner Zeitschrift für Soziologie und Sozialpsychologie* 59: 615-639.
Münch, Richard. 1992. Rational choice theory. A critical assessment of its explanatory power. In *Rational choice theory. advocacy and critique*. eds. James S. Coleman, Thomas J. Fararo, 137-160. Newbury Park: Sage.
Münch, Richard, und Neil J. Smelser. 1987. Relating the micro and macro. In *The micro-macro link*, eds. Jeffrey Alexander, Bernhard Giesen, Richard Münch, Neil J. Smelser, 356-387. Berkeley: University of California Press.
Nersessian, Nancy J. 1984. Aether / Or: The creation of scientific concepts. *Studies in the History and Philosophy of Science* 15: 175-212.
Nersessian, Nancy J. 1989. Scientific discovery and commensurability of meaning. In *Imre Lakatos and theories of scientific change*, eds. Kostas Gavroglu, Yorgos Goudaroulis, Pantelis Nicolacopoulus, 323-334. Kluwer Academic Publishers: Dordrecht, Boston, London.
Opp, Karl-Dieter. 1979. *Individualistische Sozialwissenschaft. Arbeitsweise und Probleme individualistisch und kollektivistisch orientierter Sozialwissenschaften*. Stuttgart: Enke.
Opp, Karl-Dieter. 1989. Ökonomie und Soziologie – Die gemeinsamen Grundlagen beider Fachdisziplinen. In *Die Ökonomisierung der Sozialwissenschaften. Sechs Wortmeldungen*, Hrsg. Hans-Bernd Schäfer, Klaus Wehrt, 103-127. Frankfurt a. M.: Campus.
Opp, Karl-Dieter. 1991. Processes of collective political action. A dynamic model and the results of a computer simulation. *Rationality and Society* 3: 215-251.
Opp, Karl-Dieter. 1992. Micro-macro transitions in rational choice explanations. *Analyse und Kritik* 14: 144-151.
Porter, Theodore M. 1986. *The rise of statistical thinking*, 1820-1900. Princeton: Princeton University Press.
Porter, Theodore M. 1995. *Trust in numbers: the pursuit of objectivity in science and public life*. Princeton: Princeton University Press.
Preisendörfer, Peter. 1985. Das ökonomische Programm in der Soziologie: Kritische Anmerkungen zur Nutzentheorie. *Angewandte Sozialforschung* 13: 61-72.
Quetelet, Adolphe J. 1838: *Über den Menschen und die Entwicklung seiner Fähigkeiten, oder Versuch einer Physik der Gesellschaft* (1835). Stuttgart: Schweizerbartsche Buchhandlung.
Quetelet, Adolphe J. 1847. De l'influence de libre arbitre de l'homme sur les faits sociaux. *Bulletin de la Commission Centrale de Statistique* 3: 135-155.
Riós, Diego. 2005. Social Complexity and the Micro-Macro Link. *Current Sociology* 53: 773-787.
Roberts, John T. 2004. There are no laws of the social sciences. In *Contemporary debates in philosophy of science*, ed. Christopher Hitchcock, 151-167. Malden: Blackwell.
Schnell, Rainer, Paul Hill und Elke Esser. 2008. *Methoden der empirischen Sozialforschung*. München: Oldenbourg.
Sawyer, R. Keith. 2003. Nonreductive individualism. Part II – Social causation. *Philosophy of the Social Sciences* 33: 203-224.
Schurz, Gerhard. 2002. Ceteris Paribus Laws: Classification and Deconstruction. *Erkenntnis* 57: 351-372.
Seale, Clive. 1999. *The quality of qualitative research*. London: Sage.
Shavit, Yossi, und Hans-Peter Blossfeld, Hrsg. 1993. *Persistent inequality*. Boulder: Westview.
Simon, Herbert A. 1985. Human nature in politics: the dialogue of psychology with political science. *The American Political Science Review* 79: 293-304.

Simon, Herbert A. 2000. Bounded rationality in social science: today and tomorrow. *Mind & Society* 1: 25-39.
Smelser, Neil J. 1992. The rational choice perspective. A theoretical assessment. *Rationality and Society* 4: 381-410.
Steenbergen, Marco R., und Bradford S. Jones. 2002. Modeling multilevel data structures. *American Journal of Political Science* 46: 218-237.
Steinke, Ineke. 1999. *Kriterien qualitativer Forschung. Ansätze zur Bewertung qualitativ-empirischer Forschung.* Weinheim: Juventa.
Stiglitz, Joseph E. 1985. Information and economic analysis. A perspective. *The Economic Journal* 95, Supplement. Conference Papers, 21-41.
Strauss, Anselm, und Juliet M. Corbin. 1990. *Basics of qualitative research. Grounded theory procedures and techniques.* Newbury Park: Sage.
Tenbruck, Friedrich H. 1984. *Die unbewältigten Sozialwissenschaften oder die Abschaffung des Menschen.* Graz: Styria.
Tiedemann, Joachim, und Elfriede Billmann-Mahecha. 2004. Kontextfaktoren der Schulleistung im Grundschulalter. *Zeitschrift für Pädagogische Psychologie* 18: 113-124.
Trapp, Manfred. 1985. Utilitaristische Konzepte in der Soziologie. *Zeitschrift für Soziologie* 15: 324-340.
Wilson, Thomas P. 1981. Theorien der Interaktion und Modelle soziologischer Erklärung. In *Alltagswissen, Interaktion und gesellschaftliche Wirklichkeit.* Hrsg. Arbeitsgruppe Bielefelder Soziologen, 54-79. Opladen: Westdeutscher Verlag.
Wippler, Reinhard, und Siegwart Lindenberg. 1987. Collective phenomena and rational choice. In *The micro-macro link*, eds. Jeffrey C. Alexander, Bernhard Giesen, Richard Münch, Neil J. Smelser, 135-152. Berkeley: The University of California Press.
Weber, Max. 1973. *Die protestantische Ethik I. Eine Aufsatzsammlung* (1920). Hamburg: Siebenstern.
Yoshida, Kei. 2007. Defending scientific study of the social. *Philosophy of the Social Sciences* 37: 289-314.
Zaccarin, Susanna, und Giulia Rivellini. 2002. Multilevel analysis in social research: an application of a cross-classified model. *Stastistical Methods & Applications* 11: 95-108.

Korrespondenzadresse: Prof. Dr. Udo Kelle, Philipps-Universität Marburg, Institut für Soziologie, Ketzerbach 11, 35032 Marburg
E-Mail: kelle@staff.uni-marburg.de

AUF EINANDER ZÄHLEN

Rationale Idiotie, kollektive Intentionalität und der Kern des Sozialen

Hans-Bernhard Schmid

Zusammenfassung: Soziale Fakten sind dadurch gekennzeichnet, dass sie das Verhalten anderer Akteure auch dort erwartbar machen, wo Entscheidungen interdependent sind. Bewohner einer sozialen Welt sind Wesen, die, zu einem wie auch immer geringen Grad, aufeinander zählen können. Im Bemühen um die Aufklärung dieser Grundstruktur der sozialen Wirklichkeit treffen sich Philosophie und sozialwissenschaftliche Theoriebildung. In diesem Aufsatz wird in kritischer Auseinandersetzung mit einigen Ansätzen aus der soziologischen Theorie die These vertreten, dass wir einen starken Begriff des *Teilens* kognitiver und praktischer Einstellungen brauchen, um zu verstehen, was es bedeutet, dass es soziale Fakten gibt.

Aristoteles hat den Menschen bekanntlich auf doppelte Weise bestimmt: einmal als rationales, einmal als soziales Wesen. Damit trifft Aristoteles die beiden wohl wesentlichsten Grundbestimmungen unseres Daseins, und das Projekt der Besinnung auf das Menschliche, in der Philosophie ebenso wie später in den Sozialwissenschaften, dreht sich seitdem in wesentlichen Teilen um die Frage, wie sie sich zueinander verhalten: *Rationalität* als jenes Empfänglichsein für Gründe, welches das Menschliche im Gesamtzusammenhang der kausal bestimmten objektiven Welt hervorhebt und das Handeln zu einem eigenen Typ von Ereignissen macht, und *Sozialität* als eine Weise des Aufeinanderbezogenseins, in welchem wir bei aller Eigenständigkeit immer auch etwas Gemeinsames sind. Aristoteles selbst sieht in seiner Doppelbestimmung keinen Gegensatz. Es ist, wie er am Anfang seiner „Politik" sagt, die Gemeinschaft in jenen Vorstellungen, die uns als rationale Wesen auszeichnen, die unsere Sozialität ausmacht. Die Aufklärung hat diese Sicht radikalisiert und sogar auf die Spitze getrieben, indem sie in der Vernunft jene Instanz hat sehen wollen, welche die individuelle Einzelheit der Menschen und eine universale Allgemeinheit der Menschheit begrifflich, epistemisch und motivational miteinander verklammert. Vernunft ist, in aufklärerischer Sicht, der Sitz des Allgemeinen im Einzelnen. Wenn die Individuen erst einmal aus den partikularen ständischen Banden und Korporationen gelöst worden und von jeglicher Tyrannei über ihren Geist befreit worden sind, sich also in ihren Überzeugungen und Absichten frei an ihrer eigenen Einsicht orientieren und diese in ihrem Handeln praktisch wirksam werden lassen können, werden sie, so das aufklärerische Versprechen, Allgemeinheit verwirklichen: Subjektive Überzeugung wird kraft Vernunft zur objektiven Wahrheit, individuelles Eigeninteresse kraft Vernunft zu Gemeinwohl. Aber die aufklärerische Synthese von Rationalität (qua Vernunft) und Sozialität (qua Allgemeinheit) ist eine überspannte begriffliche Konstruktion. Die emanzipierten Individuen haben sich bekanntlich faktisch als höchst eigensinnige und eigenwillige Wesen entpuppt, deren Sozialität umso problematischer wird, je schärfer ihre Rationalität hervortritt.

In historischer Perspektive lässt sich die moderne sozialwissenschaftliche Theoriebildung als Versuch beschreiben, einige der Scherben dieser Konzeption zu kitten. Abhängig davon, ob beim rationalen oder beim sozialen Pol unseres Selbstbilds angesetzt wird, entstehen unterschiedliche Konstruktionen, die indes nicht mehr recht zueinander passen wollen. Wird beim rationalen Pol angesetzt, entsteht bald das Bild eines Akteurs, mit dem, wie es scheint, keine rechte Sozialität mehr zu machen ist; rationale Akteure sind nur unter sehr spezifischen Bedingungen zur Kooperation zu bringen. Und vom sozialen Pol aus entsteht umgekehrt ein Verständnis von Sozialität, welches oft nicht mehr an die Perspektive rationaler Akteurschaft anzuschließen ist: Sozialität erscheint mitunter als Sache von „Strukturen", die gleichsam hinter dem Rücken handelnder Akteure entstehen.

Die Divergenz von Rationalität und Sozialität kann, das ist eine in der Sozialtheorie beliebte Option, als realer gesellschaftlicher Prozess gedeutet werden, wie es die Diagnose vom Untergang der Gemeinschaft im Prozess der Rationalisierung und Individualisierung tut. Zugleich scheint es aber, dass der Konflikt zwischen Rationalität und Sozialität eher in der Semantik unserer Selbstbeschreibung liegt als einer in der Gesellschaftsstruktur: Die Fehlgriffe sozialwissenschaftlicher Prognostik wie auch etwa die Resultate der experimentellen Ökonomie weisen in diese Richtung. Die Art und Weise, wie wir Rationalität mittlerweile verstehen, macht die Struktur selbst basalster Formen von Sozialität fraglich. Je mehr auf die Rationalität der Akteure fokussiert wird, desto mehr verschwimmt ihre Sozialität vor dem Blick.

Der vorliegende Aufsatz greift diese Problematik bei ihrer äußersten Zuspitzung auf. In der gegenwärtigen Rationalwahltheorie ist „Rationalität", wie es auch Amartya Sen in seinem berühmten Aufsatz „Rational Fools" (1977) bemerkt, letztlich zu einer Form vollkommener *Idiotie* geworden – „Idiotie" in der etymologischen Bedeutung des Wortes, also des griechischen „idiotes" verstanden, des Eigenbrötlers und reinen Privatmenschen, dessen Sinnen und Trachten jeglichen Bezug aufs Gemeinwesen verloren hat. Wie „idiotisch" dies auch im modernen Wortsinn ist, d. h. wie „unvernünftig" im Hinblick auf ein adäquates Verständnis menschlicher Rationalität, zeigt sich am deutlichsten am Scheitern der etablierten Rationalwahltheorie bei der Aufgabe, das Prinzip rationaler Koordination zu erläutern. Das Prinzip rationaler Koordination ist eine naheliegende, tief sitzende Grundintuition bezüglich eines elementaren Zusammenhangs von Rationalität und Sozialität. Es bezieht sich auf Entscheidungssituationen, in denen Akteure ein Verständnis ihrer wechselseitigen Situationsdeutungen und Absichten haben, und in denen den Akteuren weniger daran gelegen ist, für welche der gegebenen Alternativen sie sich entscheiden, als daran, dass sie dies in Übereinstimmung mit anderen tun. In solchen Situationen ist es, das besagt das Prinzip, rational, sich für jene Alternative zu entscheiden, die das für alle beste Resultat zum möglichen Ausgang hat, oder aber, wenn es kein solches bestes Resultat gibt, sich an Konventionen zu orientieren.

Wenn es im Bereich des Sozialen irgendetwas grundlegend Rationales gibt, dann doch wohl das: sich dort an Konventionen zu orientieren, wo klar ist, dass diese allgemein bekannt sind und niemand ein Interesse am Abweichen hat. Und umgekehrt ist Koordination so etwas wie der Kern von Sozialität. Das Prinzip der rationalen Koordination stellt ein sinnvolles Minimalkriterium bezüglich des Zusammenhangs von Rationalitätstheorie und Sozialtheorie dar: Keine Theorie der Rationalität sollte akzeptiert werden, die derart *idiotisch* ist, dass sie nicht einmal so etwas wie Koordination zulässt. Umgekehrt sollte aber auch keine Sozialtheorie akzeptiert werden, die der Intuition nicht gerecht zu werden vermag, dass Konventionen mitunter schlicht deshalb die Chance haben, befolgt zu werden, weil dies für die Beteiligten rational ist. Die Leitfrage der folgenden Ausführungen lautet somit: Welcher Rationalitätsbegriff kann dieser Intuition genügen, und welche Struktur hat die Sozialität, die er impliziert?

Dieser Aufsatz hat vier Teile. In einem ersten Schritt wird auf das für viele Autoren überraschende und von manchen Rationalwahltheoretikern immer noch ignorierte Scheitern der Rationalwahltheorie am Prinzip der rationalen Koordination eingegangen, und es wird, z. T. in Rückgriff auf Max Weber, die dahinterliegende Problematik der strategischen Interdependenz von Erwartungen beleuchtet *(I.)*. Daran anschließend wird die These vertreten, dass Koordination der ontologische Kern des Sozialen ist: Soziale Fakten sind im Grunde Koordinationsleistungen. Um zu verstehen, was uns zu sozialen Wesen macht, muss mithin verstanden werden, wie das Problem der Interdependenz von Erwartungen gelöst wird *(II.)*. Es folgt ein Exkurs in die soziologische Theorie, der zeigen soll, dass diese Problematik eine Scharnierstelle der soziologischen Theorieentwicklung des letzten halben Jahrhunderts bildet. Für Talcott Parsons und Niklas Luhmann ist sie der Grund für den „Paradigmenwechsel" von Handlungstheorie zur Systemtheorie; bei Jürgen Habermas motiviert sie umgekehrt den „Paradigmenwechsel" vom handlungstheoretischen „Intentionalismus" zu einer Theorie der Handlungsrationalität, welche diese an sprachliche Verständigung bindet und damit versucht, die aufklärerische Synthese auf gehaltvolle Weise wieder herzustellen. Es werden in diesem dritten Abschnitt auch die Gründe genannt, die aus der Perspektive des Prinzips rationaler Koordination gegen jeden dieser beiden gegenläufigen „Paradigmenwechsel" sprechen *(III.)*. Im vierten Teil wird eine Alternative skizziert. Der Schlüsselbegriff dafür ist: „kollektive Intentionalität". Die Grundintuition lautet, dass für das Prinzip rationaler Koordination die Tatsache entscheidend ist, dass Akteure Absichten teilen können. Es werden in diesem Abschnitt einige allgemeinere Bemerkungen zur Theorie kollektiver Intentionalität gemacht und auch einige Vermutungen dazu angestellt, welche Fingerzeige die Theorie kollektiver Intentionalität von der sozialtheoretischen Debatte rund um das Problem rationaler Kooperation erhält *(IV.)*.

I. Rationale Idiotie

Die Polizei wird eines schönen Tages zu einer Unfallstelle gerufen. Auf offener Überlandstrecke hat sich eine Frontalkollision zwischen zwei Automobilisten ereignet. Die Spuren zeigen klar und deutlich, was passiert ist. Der Wagen des einen Fahrers hat die Mittellinie überquert und ist direkt vor das korrekt entgegenkommende Fahrzeug geraten. Dem anderen blieb keine Zeit für Ausweichmanöver. Zum Glück ist niemand verletzt worden; der Blechschaden ist aber beträchtlich. Die diensthabende Polizistin befragt den Schuldigen. Warum ist er bloß in die linke Spur geraten? Hat er die Kontrolle über seinen Wagen verloren? Hatte er technische Probleme? Wurde er von der Sonne geblendet, war er unaufmerksam und abgelenkt? Der fehlbare Fahrer verneint alle diese

Fragen. Mit unbewegter Miene gibt er an, seinen Wagen absichtlich auf die andere Straßenseite gelenkt zu haben. Ob er sich selbst oder den anderen denn habe umbringen wollen, fragt ihn darauf die Polizistin. Nein, antwortet er, er habe keine Kollision verursachen, sondern eine solche vermeiden wollen. Kollisionsvermeidung durch Spurwechsel? Die Polizistin runzelt ungläubig die Stirn: „Hat denn der entgegenkommende Wagen Anzeichen gezeigt, auf die falsche Spur zu geraten?" „Nein", antwortet der Fahrer, „der andere sei durchaus korrekt entgegengekommen. Aber das besage nichts. Im letzten Moment hätte er sich ja doch noch fürs Spurwechseln entscheiden können."

Jetzt entschlüpft der Polizistin eine abschätzige Bemerkung bezüglich des Geisteszustands des fehlbaren Fahrers: Offensichtlich habe er den Verstand verloren. Darauf reagiert dieser mit schneidender Schärfe: Er wisse sehr wohl, dass er hier im Sinne des Gesetzes der Schuldige sei, und er akzeptiere alle Folgen. Aber er werde den Vorwurf der Irrationalität keinesfalls auf sich sitzen lassen. Natürlich, im Nachhinein sei man immer klüger: Er wisse jetzt auch, dass er besser auf der eigenen Spur geblieben wäre. Aber es sei nicht fair, seine frühere Entscheidung aus dieser späteren Warte zu beurteilen. Aus damaliger Sicht habe er durchaus nicht weniger rational gehandelt als der entgegenkommende Fahrer. Zur Kollision brauche es immer zwei, und die Entscheidung des anderen, die Spur nicht zu wechseln, sei für das Geschehene kausal schließlich mitverantwortlich. Als er den anderen Fahrer gesehen habe, habe er zunächst die zur Verfügung stehenden Optionen gesichtet: auf der eigenen Spur zu bleiben oder die Spur zu wechseln. Auf der eigenen Spur bleiben ist besser, weil es etwas bequemer und zudem legal ist, aber wenn es der einzige Weg ist, einem entgegenkommenden Fahrzeug auszuweichen, sei ein Spurwechsel sicherlich rational. Er habe den anderen Fahrer ebenfalls für rational gehalten und angenommen, dass dieser ebenfalls seine Optionen evaluiere; auch dieser wolle sicher eine Kollision vermeiden und sei bereit dazu, die Spur zu wechseln, wenn das der einzige Weg zur Vermeidung einer Kollision sei.

„Schön und recht", sagt die Polizistin beschwichtigend, „als theoretische Möglichkeit leuchtet diese Überlegung ja ein. Aber warum so etwas gleich in die Tat umsetzen, wenn der andere sich doch offensichtlich an die Verkehrsregeln hält?" Der Fahrer greift hinter sich, öffnet seinen Laptop, geht im Browser auf gametheory.net, öffnet in einem interaktiven Normalformspiel-Lösungsapplet eine 2 × 2-Matrix und erklärt der Polizistin kühl die Entscheidungssituation und den rationalen Umgang damit.

Wenn beide sich für „rechts bleiben" entscheiden, resultiert für keinen der Beteiligten ein Schaden; aber auch wenn sich beide für „Spurwechseln" entscheiden, kommen sie unfallfrei aneinander vorbei; nur dass das einen gewissen Mehraufwand bedeutet und dann ein, wenn auch minimales Risiko besteht, bei dieser beiderseitigen Verletzung der Verkehrsregeln beobachtet und angezeigt zu werden. Der Fahrer trägt den zu erwartenden Aufwand für beiderseitiges Spurwechseln mit −1 ein. Wenn nur der eine die Spur wechselt, der andere aber rechts bleibt, bleibt am Spurwechsler mit den eigenen Reparaturkosten, der Busse und den Schadenersatzforderungen ein Verlust von −1500 hängen; aber auch für den schuldlosen Fahrer entstehen beträchtliche Unannehmlichkeiten. Sie werden mit -100 beziffert. Nachdem die Matrix so gefüllt ist, drückt der Fahrer den Lösungsknopf und mit mathematischer Genauigkeit berechnet erscheint sogleich die „rationale Lösung" der Entscheidungssituation auf dem Bildschirm:

„Die beiden Nash-Gleichgewichte sind ‚rechts bleiben/rechts bleiben' und ‚Spur wechseln/Spur wechseln'. Es gibt keine strikt dominante Strategie; es gibt keine schwach dominante Strategie. Die rationale Lösung der Situation liegt für beide Beteiligten in einem Gemischtstrategien-Gleichgewicht, nämlich der Wahl der Option ‚Spurwechseln' mit der Wahrscheinlichkeit von 0,9381."

Triumphierend blickt der Fahrer zur Polizistin auf. Und diese ist sprachlos. Sie hat hier offensichtlich einen veritablen „rational fool" vor sich, der seinen Wahnsinn mit mathematischen Methoden betreibt. Gleichzeitig beginnt ihr die Sache doch auch etwas unheimlich zu werden. Denn aus der Polizeischule weiß sie, dass die Spieltheorie im Kern des ökonomischen Verhaltensmodells steht und dass dieses das gegenwärtig einflussreichste sozialwissenschaftliche Modell ist. Aber ist es denn möglich, dass eine so wichtige Theorie des rationalen Entscheidens einen derart vollkommenen Unsinn empfiehlt? Kann es sein, dass ernsthafte Wissenschafterinnen und Wissenschafter an einer Theorie festhalten, die einen solchen Quatsch ergibt, und dazu noch der Ansicht sind, derlei hätte mit der Wirklichkeit zu tun?

Die Polizistin hat zweifellos Recht: Wenn es im Bereich der Interaktion irgend etwas gibt, was den Namen „rational" verdient, dann doch wohl dies: Wo die Verkehrsregeln allgemein bekannt sind und angenommen werden kann, dass alle in Kontrolle ihrer Fahrzeuge sind und weder sich selbst noch andere gefährden wollen, da ist es rational, und zwar im engsten Sinn des Wortes, sich beim Kreuzen an die Verkehrsregeln zu halten. Etwas abstrakter formuliert: In reinen Koordinationssituationen ist es rational, sich an Konventionen (Lewis 1969) oder an „salience" oder „focal points" (Schelling 1960) zu orientieren. Und wo Regeln sanktioniert werden oder aus anderen Gründen ein Gleichgewicht besteht, welches besser ist als die anderen, da ist es für die Beteiligten rational, die entsprechende Strategie zu wählen (Gauthier 1975). Nennen wir dies das „Prinzip rationaler Koordination". Dieses Prinzip bezieht sich auf Koordinationssituationen. Koordinationssituationen sind solche, bei denen den Beteiligten weniger daran gelegen ist, welche der zur Verfügung stehenden Optionen gewählt wird, als daran, in welchem Verhältnis die individuellen Wahlentscheidungen der Beteiligten zueinander stehen.

Es gehört zu den erstaunlichen Tatsachen in der an Merkwürdigkeiten nicht gerade armen Geschichte der Rationalwahl- und Spieltheorie, dass die Unfähigkeit, das Prinzip der Koordination als rationales Prinzip auszuweisen, so lange unter dem Deckel der Verschwiegenheit hat bleiben können. Erst durch die Arbeiten von Michael Bacharach (1998, 2006), Martin Hollis (1998) und Robert Sugden (1993, 1995, 1996, 2000) ist dieses Problem zu klarem Bewusstsein gekommen. David Gauthier hat das Problem, fälschlicherweise, wie sich bald zeigen sollte (Provis 1977), noch 1975 für leicht lösbar gehalten; Thomas C. Schelling hatte zwar bereits an einer Stelle seines Buches (1960: 57) die ominöse Bemerkung fallen lassen, dass die Koordination anhand von „salience" und Konventionen eher eine Sache der Intuition und Imagination als eine Sache der Rationalität sei, aber niemand hat ihn so verstanden, dass er hier tatsächlich behauptet, das Befolgen von Konventionen sei schlicht a-rational – das wäre ja auch eine schwer verdauliche Pille. Zwei der klügsten Spieltheoretiker, Reinhard Selten und John Harsanyi, haben zwar gesehen, dass das mit „individueller Rationalität" im spieltheoretischen Sinn nicht geht, aber sie haben einfach *ad hoc* ein zweites, unabhängiges Rationalitätsprinzip angenommen, um diesen doch eigentlich reichlich skandalösen Befund schnell zu beseitigen: „payoff dominance", was aber nur ein Name für die gesuchte Lösung ist, nicht die Lösung selbst (Harsanyi und Selten 1988: 365). Die meisten Spieltheoretiker scheinen trotz dieser klar vernehmlichen Alarmzeichen irgendwie angenommen zu haben, dass das Prinzip der rationalen Koordination sich letztlich doch noch aus individueller Rationalität herleiten lassen wird, und sei es über rationale Gewohnheiten, „bounded rationality" (Simon 1959), „frames", oder schlicht und einfach konventionelle, blinde „Impulse" (Thalos 1999). Aber eine einfache Überlegung zeigt schnell die Hoffnungslosigkeit all dieser Herleitungsversuche des Prinzips der Koordination aus einer rein individuell verstandenen Rationalität unter irgendwelchen Zusatzannahmen (vgl. dazu ausführlicher Schmid 2006a). Wir handeln in Situationen wie jener der Autofahrer ja nicht rational, weil wir Gewohnheiten folgen, bestimmte Denkmöglichkeiten ignorieren etc., sondern genau umgekehrt: Wir folgen in solchen Situationen Gewohnheiten und ignorieren bestimmte Optionen, *weil dies rational ist.* Die Rationalität legitimiert die Gewohnheit oder den „frame", nicht umgekehrt. Wer's nicht glaubt, kann auf einer der Kanalinseln zwischen Frankreich und England jederzeit leicht die Probe aufs Exempel machen. Dort gilt der Linksverkehr, da die Kanalinseln der Britischen Krone gehören; aber da Frankreich nur wenige Meilen entfernt ist und gute Fährenverbindungen bestehen, verkehren auf den Straßen viele Wagen, die an den Kennzeichen klar als von Kontinentaleuropa kommend erkennbar sind. Auf den engen, nicht immer spurgetrennten Straßen der Inseln kreuzen sich immer wieder Fahrer, die voneinander annehmen können, keine gewohnheitsmäßigen Linksfahrer zu sein. Trotzdem klappt, wenn auch leider nich immert ganz, das regelkonforme, unfallfreie Sichkreuzen. Dieses alltägliche Wunder rationaler Koordination zeigt deutlich, was der gesunde Menschenverstand schon längst weiß: Das Bestehen einer Konvention in Koordinationssituationen rationalisiert ein entsprechendes Handeln. Dies gilt auch dann, wenn keine Gewohnheiten und entsprechende Impulse bestehen, ja wenn die Beteiligten sogar voneinander wissen, dass sie gegen ihre Gewohnheiten und spontanen Impulse ankämpfen müssen.

II. Der Kern des Sozialen

Koordination wird nur dort im realen Leben thematisch, wo sie misslingt: etwa dann, wenn wir auf dem Bürgersteig uns spiegelsymmetrisch auszuweichen versuchen und gerade durch unsere Ausweichversuche kollidieren; oder dann, wenn wir bei einem Telefongespräch unterbrochen werden und es uns deshalb nicht gelingt, die Verbindung wiederherzustellen, weil beide gleichzeitig versuchen, sich anzurufen; oder wenn beim Abschied unter neuen Freunden der eine einen Wangenkuss versucht, der andere aber die Hand ausstreckt; oder bei der notorischen Krawattenfrage. Koordinationsprobleme sind im realen sozialen Leben allenfalls irritierende Marginalprobleme, die fast nur in Kleinstkostensituationen auftreten. Denn überall dort, wo's wirklich darauf ankommt, wo mangelnde Koordination tödlich wäre, wie etwa im Straßenverkehr, haben wir Konventionen. Wenn solche nicht bestehen, wenn vermutet werden muss, dass sie nicht allgemein bekannt sind oder ihre Interpretation unklar ist, gibt es ein Allheilmittel für Koordinationsprobleme: die Kommunikation, die indes selbst eine der beeindruckendsten Koordinationsleistungen ist.

Die Tatsache, dass Koordinationsprobleme real selten sind, dürfte dazu geführt haben, dass sich die Debatte rund um Handlungsrationalität in den letzten fünfzig Jahren vor allem am ganz anders strukturierten Kooperationsproblem abgearbeitet hat. Im Unterschied zu Koordination ist Kooperation ein höchst reales Problem. Spieltheoretisch ausgedrückt zeichnen sich Kooperationssituationen dadurch aus, dass es ein einziges Nash-Gleichgewicht gibt, welches aber die Beteiligten schlechter stellt als ein anderer möglicher Ausgang: Dies ist die Struktur des Gefangenendilemmas. Seit seiner „Entdeckung" durch Alfred W. Tucker hat das Gefangenendilemma weite Teile der sozialtheoretischen Diskussion dominiert. Gefangenendilemmata spielen bei der Problematik der öffentlichen Güter eine große Rolle. Aber Gefangenendilemmata sind, im Unterschied zum Eindruck, den man manchmal bei der Lektüre der einschlägigen Literatur erhält, keineswegs die „Essenz" des Sozialen. Nicht Kooperation, sondern Koordination ist das soziale Grundproblem; also nicht die Frage, wie gemeinsames Handeln trotz Abweichungsanreizen möglich ist, sondern die Frage nach der Möglichkeit gemeinsamen Handelns selbst.

Auch wenn man sich dem Phänomen des Sozialen aus anderer Perspektive als der rationalwahltheoretischen nähert, erscheint diese Begriffsbestimmung indes alles andere als selbstverständlich. Eine verbreitete Intuition bezieht sich darauf, dass es für die Existenz eines sozialen Faktums schon genügt, dass im Gehalt eines intentionalen Zustandes (insbesondere einer Absicht) eines Akteurs ein anderer Akteur vorkommt. Das steckt in Max Webers Begriff des „sozialen Handelns", welches er als den eigentlichen Gegenstand der Sozialwissenschaft bestimmt. Soziales Handeln ist solches, welches „in seinem Sinn und Ablauf" am Verhalten anderer orientiert ist (Weber 1968: § 1 f.); das soziale Elementarfaktum erscheint dann als soziale Handlung. Nun ist es zwar klar, dass alle Koordinationsleistungen (geeignet aufeinander bezogene) soziale Handlungen sind. Aber nicht alles soziale Handeln ist koordiniertes oder an Koordination orientiertes Handeln. Warum also die Klasse sozialer Fakten von vornherein so verengen?

In sozialontologischer Perspektive dürfte der Grund dafür letztlich eine metaphysische und sozialontologische Festlegung sein, die auch Weber selbst zu teilen scheint, wenn er einmal erwähnt, die verstehende Sozialwissenschaft wolle nicht „Teil einer Psychologie" sein (vgl. Weber 1922: 408 ff.). Die metaphysische Intuition lautet, dass das Soziale und das Mentale voneinander verschiedene Domänen der Erfahrungswirklichkeit sind. Soziale Fakten sind nicht individualpsychologische Ereignisse. Diese Intuition muss keineswegs zwangsläufig auf eine Art vulgärdurkheimianischen Substanzendualismus zwischen psychologischem Individualbewusstsein und sozialen Kollektivkräften, von „Handlung" und „Struktur" oder dergleichen zugespitzt werden. Alle möglichen Begriffe der Korrelation zwischen dem Mentalen und dem Sozialen sind mit dieser Intuition verträglich: Supervenienz, alle möglichen Formen von Kausalität, Konstitution, ontologische Abhängigkeit, oder Emergenz. Die These, dass soziale Fakten keine individualpsychologischen Ereignisse sind, impliziert als solche noch kein bestimmtes Verständnis des Verhältnisses von sozialen Fakten und individuellen Einstellungen.

Wie verhält sich diese Festlegung zu Webers Ansatz? Mit „sinnhaftem Bezogensein" des Handelns der einen Person auf dasjenige anderer meint Weber so etwas wie „Repräsentation des anderen als Handelnder", nicht etwa bloß faktische Referenz auf einen Handelnden. „The man who mistook his wife for a hat" ist kein sozial Handelnder, denn obwohl sich sein Handeln sinnhaft faktisch auf einen anderen Akteur bezog, hat er den anderen Akteur nicht als anderen Akteur repräsentiert. Zum sozialen Handeln im Weber'schen Sinn gehört, mit gegenwärtigen Begriffen ausgedrückt, so etwas wie eine elementare „theory of mind": Der andere muss als sich seinerseits in seinem Handeln sinnhaft orientierend verstanden werden, d. h. das Verhalten an dem sich sozial Handelnde orientieren, muss seinerseits als in Absichten und Überzeugungen motiviert verstanden werden: Es muss als Handeln repräsentiert werden. Aber damit ist *per se* noch kein Schritt über die Psychologie hinaus getan. Akteure können ihr Handeln am Verhalten anderer orientieren und dieses dabei als Handeln repräsentieren, ohne dass damit etwas Soziales entstünde. Man vergegenwärtige sich einen einsamen Akteur, der auf der Jagd unbemerkt einem anderen Akteur folgt, weil er hofft, von diesem zu reicher Beute geführt zu werden, die er ihm dann vielleicht unbemerkt vor der Nase wegzuschnappen gedenkt. Er versteht den Anderen als Akteur und richtet sich sinnhaft nach seinem erwarteten Verhalten. Trotzdem liegt kein sozialer Sachverhalt vor. Was fehlt, ist die Wechselseitigkeit der sinnhaften Orientierung: nämlich das, was Max Weber in einer allerdings etwas gewundenen Definition als „soziale Beziehung" bezeichnet hat.

Nehmen wir an, der verfolgte Jäger dreht sich plötzlich um und sieht seinen Verfolger. Das Sich-auf-den-Anderen-Einstellen wird nun wechselseitig, da beide sich als Akteure begreifen, deren erwartetes Verhalten für die Entscheidung über das eigene Handeln entscheidend ist. Nehmen wir an, beide können entweder davonrennen, angreifen, oder freundlich lächeln. Erst jetzt kommt Sozialität ins Spiel: Bei beiderseitigem Angriff kommt es zu einem Kampf, beim einseitigen Angriff zu einem Überfall oder seiner Abwehr, bei beiderseitigem freundlichen Lächeln zu einer schlichten Begegnung unter etwas dubiosen Umständen. Gleichzeitig sind die Entscheidungen über diese Alternativen interdependent; Talcott Parsons formuliert die Grundstruktur sehr schön in seinem Begriff der Interaktion:

„In interaction ego and alter are each objects of orientation for the other. The basic differences from orientation to nonsocial objects are two. First, since the outcome of ego's action (e.g. success in the attainment of a goal) is contingent on alter's reaction to what ego does, ego becomes oriented not only to alter's probable overt behavior but also to what ego interprets to be alter's expectations relative to ego's behavior, since ego expects that alter's expectations will influence alter's behavior. Second, (...) this orientation to the expectations of the other is reciprocal or complementary" (Parsons und Shils 1959: 105).

Die Tatsache, dass die Beteiligten einander jeweils als die relevanten Faktoren in der Entscheidung über ihre eigenen Handlungsalternativen erleben, entzieht dem Versuch, die Entscheidung über das eigene Handeln im erwarteten Handeln des anderen zu begründen, den Boden. Es kommt zum infiniten Regress der Erwartungserwartung. Parsons hat für diese Struktur den Begriff der „doppelten Kontingenz" geprägt (Parsons 1951: 10). Doppelte Kontingenz liegt überall dort vor, wo das Verhalten anderer für Akteure derart relevant ist, dass sie ihre eigenen Entscheidungen von ihren Erwartungen bezüglich der Entscheidungen anderer abhängig machen, wobei sie sich nicht darauf verlassen können, dass diese anderen unabhängig von ihnen entscheiden werden, da ihnen klar ist, dass dieselbe Abhängigkeit auch umgekehrt von den anderen gilt. Mit der doppelten Kontingenz wird der entscheidende Schritt über die Psychologie hinaus hin zum Problem der Koordination getan; das Entscheidende liegt hier nicht bloß in Überzeugungen und individuellen Absichten der Beteiligten selbst, sondern in der Form der wechselseitigen Bezogenheit dieser Einstellungen. In der Interdependenz individuellen Sinnens und Trachtens liegt der Kern des Sozialen; soziale Fakten sind solche, die Verhalten auch in Situationen der Interdependenz erwartbar machen. Ist der in dieser Situation relevante soziale Sachverhalt derjenige der Gegnerschaft, ist Kampf erwartbar (obwohl sich beide vielleicht lieber freundlich lächelnd aus der Affäre ziehen würden); geht es um Freundschaft, ist Lächeln erwartbar (obwohl die Motivationen der Beteiligten vielleicht anders geartet sind). Wie ist das möglich?

III. Auf einander zählen

In der soziologischen Theorie hat kein Autor diese Struktur wechselseitiger Bezogenheit eindringlicher als „soziale Ursituation" dargestellt als Niklas Luhmann, in dessen Theorie dieses Motiv die eigentliche Zentralstelle einnimmt (1984: Kap. 3). Luhmann stellt „doppelte Kontingenz" als Situation dar, in der die Beteiligten sich wechselseitig als sinnhaft operierende Akteure erfahren und sich wechselseitig iteriert als füreinander entscheidungsrelevant erleben, in der sie sich aber zugleich motivational völlig intransparent sind: „black boxes", wie Luhmann sagt. Luhmanns Punkt ist, dass Sozialität nicht als etwas von den Beteiligten Intendiertes und sinnhaft Kontrolliertes ist; aller „psychische Sinn" kommt an der Situation doppelter Kontingenz an ein Ende. Es sind nicht die Gedanken und Absichten der Beteiligten, die für die Art der sozialen Festlegung entscheidend sind, sondern die Situation legt sich vielmehr selbst fest. Denn alles, was geschieht, wird als soziale Festlegung verstanden und ist damit ein soziales Faktum. Aus der Perspektive der Beteiligten erscheint das soziale Urfaktum damit gleichsam als Zufall. Eine schöne Illustration ist Albert Camus' ‚Fremder', der einem Bekannten, zu dem er in einem reichlich unklaren, belasteten Verhältnis steht, plötzlich auf einsamem Strand gegenübersteht. Ein Reflex des Sonnenlichts, ein „zufällig" gemachter Schritt, und schon ist die Situation auf Kampf um Leben und Tod festgelegt, obwohl alles doch so leicht ganz anders gekommen wäre, hätte nicht ein blitzender Sonnenlichtreflex, sondern ein Zucken in einem Mundwinkel den Anfang gemacht.

Was auch immer in einer Situation doppelter Kontingenz geschieht, wird von Luhmann terminologisch als „Kommunikation" bestimmt. Kommunikation ist für Luhmann damit das elementare soziale Faktum. Kommunikation ist zwar ihrerseits ein sinnhafter Prozess, aber die Sinnhaftigkeit von Kommunikation hat, wie Luhmann aufgrund seiner Konzeption annehmen muss, nichts mit jener von Gedanken zu tun. Der kommunikative Sinn ist auf einer gegenüber den psychischen Systemen emergenten Systemebene angesiedelt. Das ist eine harte Zumutung, an welcher Luhmann denn auch nicht ganz konsequent festhalten will, z. B. da nicht, wo es um das Verhältnis von Schülergedanken und Lehrerkommunikation geht (Luhmann 1987: 179). Aber diese Zumutung ist bloß die intellektuell höchst redlich gezogene Konsequenz einer Konzeption, deren Grundprobleme viel tiefer liegen, nämlich bereits in der Art und Weise, wie Luhmann „doppelte Kontingenz" versteht. In der spieltheoretischen Konzeption strategischer Entscheidungen wird „common knowledge" nicht nur der Rationalität der Beteiligten, sondern auch der entsprechenden Nutzenfunktionen angenommen. Jeder weiß, dass jeder weiß, was jeder gern möchte. Luhmann setzt an die Stelle dieser Annahme die „black box". Die beteiligten Systeme wissen zwar, dass sie sinnhaft operieren, aber sie sind sich wechselseitig motivational völlig intransparent. Die Annahme, dass ein Wesen ein anderes Wesen unabhängig von der Zuschreibung bestimmter Überzeugungen und Motivationen überhaupt als anderes sinnhaft operierendes Wesen verstehen könnte, ist indes reichlich unplausibel. Ein Wesen als sinnhaft auf „Welt" bezogenes und in der Welt operierendes Wesen zu verstehen bedeutet immer, ihm bestimmte Überzeugungen und Absichten zuzuschreiben. Insofern steckt in Luhmanns Annahme „doppelter Kontingenz zwischen black boxes" schon rein begrifflich ein Widerspruch, denn doppelte Kontingenz ist selbst als Bewusstsein des sinnhaften Operierens des Gegenübers definiert, welches von „black boxes" nicht gebildet werden kann. Die philosophische Debatte von Husserl über die philosophische Hermeneutik bis zu Davidson und Dennett hätte Luhmann reichliche Gelegenheit geboten, diese Konzeption zu revidieren.

Wenn aber „wechselseitige Intransparenz" nicht hypostasiert werden darf, sondern die Erfahrung eines anderen Wesens als sinnhaft operierend immer mit Annahmen bezüglich seiner Überzeugungen und Motivationen einhergeht, dann ist das Prinzip rationaler Koordination zu monieren. Wo es eine für die unterstellten Präferenzen beider Beteiligter „beste" Lösung gibt, oder wo Konventionen bestehen, ist es für die Beteiligten rational, die entsprechende Option zu wählen; der „Sinn" der Konvention ist mithin kein gegenüber den Überlegungen und Gedanken der beteiligten Individuen abgeschnürter und für sie ungreifbarer „sozialer Sinn", der auf einer emergenten Systemebene seine Ordnungsleistung erringt, sondern kommt in den praktischen Überlegungen der Beteiligten selbst vor. Wenn wir am Prinzip rationaler Koordination festhalten wollen, und es bräuchte sehr starke Gründe, von ihm abzuweichen, ist die systemtheoretische Analyse doppelter Kontingenz nicht überzeugend.

Trotz ihrer argumentativen Schwäche im sozialontologischen Grundansatz bietet die Systemtheorie ein reiches begriffliches Material, das auch zur Bearbeitung der von Luhmann ignorierten Frage verwendet werden kann. Warum können die Beteiligten trotz Interdependenz Erwartungen bilden, wo Konventionen oder offensichtlich beste Lösungen bestehen? Worum es hier geht, ist letztlich eine Äquivokation im Begriff des Erwartens, welche Luhmann mit der Unterscheidung von kognitivem und normativem Erwarten umschreibt. Normative Erwartungen unterscheiden sich von kognitiven in drei Hinsichten: durch die Limitierung ihres Gegenstandsbereichs, durch die Passungsrichtung ihres Gegenstandsbezugs und durch ihre Enttäuschungsresistenz. Kognitive Erwartungen sind Voraussagen. Sie richten sich in ihrem Gehalt kriterial nach dem Erwarteten; wo sie enttäuscht werden, werden sie rationalerweise fallengelassen; der Fehler wird dann der Erwartung selbst, nicht dem Erwarteten zugeschrieben. Das ist im Fall normativer Erwartungen anders. Wenn normative Erwartungen enttäuscht werden, dann wird der Fehler nicht der Erwartung selbst, sondern ihrem Objekt zugeschrieben; Enttäuschung ist deshalb kein Grund, eine normative Erwartung fallen zu lassen. Normative Erwartungen sind, wie Luhmann sagt, „kontrafaktisch stabilisiert", und ihre Passungsrichtung ist gegenüber kognitivem Erwarten umgekehrt: Es wird erwartet, dass das Erwartete sich nach der Erwartung richtet, nicht umgekehrt. Der dritte Unterschied bezieht sich auf die Klasse möglicher Objekte der jeweiligen Erwartungshaltung. Kognitive Erwartungen können sich auf alles Mögliche richten: von der Fallrichtung von reifen Äpfeln bis zu komplexen Systemen. Normative Erwartungen haben viel engere Restriktionen. Sie können sich nur auf Wesen richten, die als normativ ansprechbar verstanden werden, also nur auf Akteure. Was Erwartungen bezüglich des Verhaltens von Akteuren betrifft, bietet sich folgende Unterscheidung an: Ein kognitiv erwartender Akteur rechnet *mit* einem bestimmten Verhalten eines anderen; ein normativ erwartender Akteur zählt auf ein bestimmtes Verhalten eines anderen.

Die Vermutung, die sich hinsichtlich des Prinzips rationaler Koordination an diese Unterscheidung knüpft, lautet: Das Aufeinanderzählen, nicht das Miteinanderrechnen ist das Medium, in welchem Interaktion in Koordinationssituationen anhand von Konventionen zustande kommt. Wenn Akteure in Situationen doppelter Kontingenz konventionelles Verhalten voneinander erwarten, tun sie dies in normativer, nicht in kognitiver Hinsicht.

Im strategisch limitierten Begriff von Interaktion, wie er in der Spieltheorie systematisiert wurde (und wie er vom rationalen Idioten im obigen Beispiel verkörpert wird), kommen keine normativen Erwartungen vor. Alles Erwarten, zumindest soweit es sich nicht auf eigenes Verhalten bezieht, ist in diesem Modell kognitiv. Es ist, wie es scheint, für einen rationalwahltheoretischen Modellmenschen schlichtweg irrational, sich auf einen anderen anders als rein kognitiv zu beziehen. Mit den anderen ist zu rechnen, aber es gibt keinen Grund, auf sie zu zählen. Andere und ihre Entscheidungen sind schließlich nichts anderes als Restriktionen in der eigenen Wahl. Ein in diesem Sinn rationaler Akteur mag versuchen, andere zu konditionieren, sie durch Signalisierung der eigenen Wünsche oder Haltungen irgendwie zu beeinflussen, aber es gibt für einen solchen Akteur schlichtweg keinen Grund, normative Erwartungen bezüglich anderer Akteure zu haben.

Das von der Rationalwahltheorie vernachlässigte Element der Normativität hat schon Max Weber in seinen bislang noch zu wenig analysierten Begriffen des „Gemeinschaftshandelns" und des „Einverständnisses" (Schmid 2006 b) angedacht – ein Motiv, welches Habermas in seinen Überlegungen zur kommunikativen Vernunft dann entschlossen aufgegriffen hat. Die Intuition lautet: Optimale Gleichgewichte und Konventionen machen die Wahl der entsprechenden Strategie bei hinreichender Transparenz deswegen rational erwartbar, weil sie festlegen, was die Beteiligten tun sollen. Rationale Akteure, so Weber, können insofern auch in Situationen strategischer Interdependenz von Entscheidungen Erwartungen bezüglich des Verhaltens anderer bilden, als sie davon ausgehen können, dass diese anderen die eigene Erwartung als „praktisch gültig" betrachten. Webers Erläuterungen zu dieser Struktur sind relativ knapp, sodass auch hier Interpretation ins Spiel kommen muss. Die These scheint die zu sein, dass hier die Adressaten der Erwartung als solche verstanden werden, die ein Bewusstsein der an sie gerichteten Erwartung haben, und die deshalb dazu disponiert sind, dieser Erwartung zu entsprechen, weil sie glauben, dass diese Erwartung „zu Recht" an sie gerichtet wird. Aufs obige Beispiel bezogen würde das heißen: Wäre der fehlbare Fahrer kein „rational fool" gewesen, sondern ein rationaler Akteur im Sinne eines Weber'schen Begriffs rationalen Gemeinschaftshandelns, wäre er von der Erwartung ausgegangen, dass der andere sich an die Rechtsfahrkonvention hält. Er hätte in Bezug auf die Frage, ob diese Erwartung denn eine rationale Erwartung darstellt, beachten müssen, dass der andere durch die Geltung der Norm dazu motiviert ist, dieser Erwartung zu entsprechen, weil er sie für sich verbindlich behandelt.

Nun ist aber relativ klar, was unser „rationaler Idiot" des obigen Beispiels auf diese Diagnose erwidern würde. Seine Entgegnung wäre, dass er gar nicht verstehe, was es denn bedeuten soll, von einer Erwartung auszugehen und „blind" darauf zu vertrauen, dass sich der andere dann schon nach der eigenen Erwartung richte, von der Rede von „Verbindlichkeit" ganz zu schweigen, wenn sie sich nicht auf kognitiv zu erwartende Bußen oder andere Sanktionen bezieht. In einem solchen Modell, so würde unser „rational fool" antworten, werden Erwartungen als etwas verstanden, was einen Effekt auf das Objekt der Erwartung hat. Solch „magisches" Denken, nach dem sich die Welt irgendwie den eigenen Erwartungen anpasst, sei ihm völlig fremd. So wie er rationales Handeln verstehe, hätten sich die Erwartungen, auf welchen Entscheidungen basieren, nach dem Erwarteten zu richten, und nicht umgekehrt. Die Frage, die sich damit stellt, lautet: Wie können Normen die Entscheidungen rationaler Akteure anders beeinflussen denn als bloße Restriktionen, d. h. als Prognosen über allfällige Sanktionen?

Im Unterschied zu Luhmann hat Talcott Parsons die Rolle normativer Haltungen in der Bewältigung doppelter Kontingenz klar erkannt. Aber nicht nur Luhmann, sondern auch Parsons meint, dass die Entstehung des Sozialen aus der doppelten Kontingenz letztlich nicht aus der handlungstheoretischen Perspektive der beteiligten Akteure, sondern nur systemtheoretisch zu beschreiben ist. Allerdings unterscheidet sich Parsons' Sicht stark von derjenigen Luhmanns. Parsons meint, dass Koordination nur zustande kommen kann, wenn ein Bestand von sozialen Normen oder Werten gegeben ist, der von den Beteiligten „internalisiert" worden ist und der einen Konsens der Beteiligten sichert. Soweit ich zu sehen vermag, gibt Parsons nirgends eine wirklich ausführliche argumentative Begründung für die These, dass das Funktionieren von Interaktion anhand von sozialen Normen nicht aus intentionalistisch-handlungstheoretischer Perspektive zu rekonstruieren ist. Aber die hinter dieser These stehende Überlegung dürfte mit dem Gedanken zu tun haben, dass dem fehlbaren Fahrer im obigen Beispiel rein im Hinblick auf Handlungsrationalität schlicht nicht sinnvoll zu begegnen ist. Soweit Akteure „rational" agieren, fallen Normen für sie nur so weit ins Gewicht, als sie den Erwartungsnutzen von Entscheidungen verändern. Dies ist nur bei (formell oder informell) sanktionierten Normen der Fall, und diese verändern die Entscheidungssituation zudem meist nur so, dass sie eines der Koordinationsgleichgewichte zum „besten" machen. Die Tatsache, dass eines der Koordinationsgleichgewichte das für alle Beteiligten beste ist, rationalisiert aufgrund der Interdependenz der Erwartungen aber nicht die Wahl der entsprechenden Strategie. Daher muss die Tatsache, dass soziale Normen faktisch motivational wirksam sind (sich Akteure also im realen Leben durchaus an diesen zu orientieren vermögen) auf andere Weise verstanden werden als über eine Rekonstruktion ihres rationalen praktischen Überlegens. Diese Konventionen, so Parsons' These, sind von den Akteuren „internalisiert" worden. „Internalisierung" bedeutet allerdings etwas anderes als bloß das Zurkenntnisnehmen der Existenz einer Norm; es bedeutet ein Wirksamwerden einer Norm in der Handlungsorientierung von Akteuren, die nicht über rationales praktisches Überlegen läuft. Wenn Konventionen es schaffen, bestimmte Handlungsoptionen im Normalfall aus der Klasse relevanter Alternativen zu eliminieren, so ist dies, so Parsons' Hintergrundthese, kein Vorgang, der über praktische Rationalität zu rekonstruieren ist, sondern schlicht ein Bestandseffekt, der aus einer anderen Form innerpsychischer Kausalität erwächst. Die praktische Wirksamkeit von Normen in der Interaktion ist kein Bestandteil praktischer Rationalität, sondern vielmehr deren Voraussetzung.

Diese Annahme ist indes eine harte Zumutung an den gesunden Menschenverstand, und sie steckt letztlich im Kern des „over-socialized image of man", welches Parsons in der Literatur zu Recht vorgeworfen worden ist (Wrong 1992). Es ist äußerst kontraintuitiv anzunehmen, dass wir von Normen in irgendeinem Sinn „gesteuert" werden, der unsere praktische Rationalität unterläuft. Die Verbindlichkeit, die Normen für unser Handeln haben, ist zumindest in paradigmatischen Fällen keiner extrarationalen Wirksamkeit geschuldet, sondern der Rationalität von Koordination selbst. Wenn wir uns im Alltag, etwa im Straßenverkehr, darauf verlassen, dass Konventionen gelten, so tun wir dies nicht deswegen, weil wir annehmen, dass Akteure von diesen Konventionen „kontrolliert" oder direkt „gesteuert" werden, sondern deswegen, weil wir davon ausgehen, dass das Sichhalten an diese Konventionen in diesen Situationen eben vernünftig ist. Das Prinzip rationaler Koordination unterstellt keineswegs, dass eine entsprechende Überlegung von den sozialen Akteuren permanent angestellt wird; tatsächlich „verlassen" wir uns meist faktisch blind auf Konventionen, d. h. wir ziehen die nicht-konventionellen Alternativen gar nicht ernsthaft in unser praktisches Überlegen mit ein. Aber für die Tatsache, dass wir dies tun, und uns damit gewissen Routinen und Konventionen „blind" anvertrauen, selbst wenn dabei wie im Straßenverkehr unser Leben auf dem Spiel steht, ist keine extrarationale kausale Kraft oder systemische Wirkung sozialer Normen verantwortlich, sondern vielmehr unsere Überzeugung, dass das Einhalten von Konventionen im Bedarfsfall, d. h. dort, wo Routinen und Gewohnheiten ausfallen oder fraglich werden, durch eine einfache rationale Überlegung gestützt werden kann. Die offene Frage, mit dem uns das Prinzip rationaler Koordination konfrontiert, lautet, wie diese Überlegung strukturiert ist. Es gilt mithin, den Platz normativer Erwartungen im rationalen Überlegen aufzuweisen.

Einen faszinierenden Gegenentwurf zur Systemtheorie und einen beeindruckenden Versuch, die große aufklärerische Synthese von Rationalität und Sozialität wieder herzustellen, stellt Jürgen Habermas' „Theorie des kommunikativen Handelns" dar, deren zentrale Begriffe in Auseinandersetzung mit Max Webers Versuch entwickelt werden, im Begriff des „Einverständnisses" und des „Gemeinschaftshandelns" normative Elemente in die Struktur rationalen Handelns einzulesen (Habermas 1981). Aus einer Habermasianischen Sicht besteht die „Idiotie" des Autofahrers darin, dass er zweckrational, rein erfolgsorientiert zu kalkulieren versucht, was in Tat und Wahrheit eine Sache elementarster kommunikativer Vernunft ist. Zu kommunikativer Vernunft gehört die Fähigkeit, normativ ansprechbar zu sein, also ein Verständnis davon zu haben, dass bestimmte Dinge von einem selbst erwartet werden können, weil die entsprechenden Normen tatsächlich verbindlich sind. Was uns im Kern vernünftig macht, ist unsere Orientierung an normativer Geltung, nicht jene an faktisch zu erwartenden Konsequenzen; diese Geltung oder Verbindlichkeit wird durch die Intuition des kommunikativ erzielbaren Konsenses artikuliert. Der Konsens ist der unendliche Fluchtpunkt, in dem Wollen und Sollen konvergieren. Die rationale Bindungskraft faktischer Konventionen rührt daher, dass sie gleichsam lebensweltliche Sedimentationen von Verständigungsprozessen darstellen. Wo keine anderen Überlegungen eine Rolle spielen, binden Konventionen einen wahrhaft rationalen Akteur deshalb, weil sie das verkörpern, was er soll. Die Idiotie des Fahrers besteht also darin, dass er nicht zu sehen vermag, dass er die Verkehrsregeln einhalten soll, und dass der entgegenkommende Fahrer entsprechend handeln wird, weil es das ist, was er seinerseits soll. Instrumentelle Überlegungen spielen auf der Grundebene keine Rolle; im Gegenteil, Habermas grenzt die kommunikative Vernunft direkt von einem Begriff der Rationalität als strategisches Kalkül ab:

> „*Strategisch* nennen wir eine erfolgsorientierte Handlung, wenn wir sie unter dem Aspekt der Befolgung von Regeln rationaler Wahl betrachten und den Wirkungsgrad der Einflussnahme auf die Entscheidungen eines rationalen Gegenspielers bewerten. ... Hingegen spreche ich von *kommunikativen* Handlungen, wenn die Handlungspläne der beteiligten Akteure nicht über egozentrische Erfolgskalküle, sondern über Akte der Verständigung koordiniert werden. Im kommunikativen Handeln sind die Beteiligten nicht primär am eigenen Erfolg orientiert; sie verfolgen ihre individuellen Ziele unter der Bedingung, dass sie ihre Handlungspläne auf der Grundlage gemeinsamer Situationsdefinitionen aufeinander abstimmen können" (Habermas 1981: 385).

Habermas sieht in diesen Typen der Handlungsorientierung die Unterscheidung von „systemischer" und „lebensweltlicher Integration" angelegt, welche im Kern seiner Gesellschaftstheorie steht. Immer mehr lebensweltlich integrierte Bereiche der Gesellschaft werden, so Habermas, systemischen Imperativen unterworfen. Gleichzeitig setzt das Systemische die Lebenswelt, die sie „kolonisiert", voraus.

Mit Habermas' normativer Erweiterung des Begriffs der Handlungsrationalität geht mithin ein Schritt einher, der als „Paradigmenwechsel" nicht weniger radikal ist als Parsons' und Luhmanns Umschalten von Handlungs- auf Systemtheorie. Habermas bleibt dabei, im Unterschied zu Parsons und Luhmann, der handlungstheoretischen Perspektive verpflichtet, aber er schaltet um von einer intentionalistischen zu einer linguistisch fundierten Handlungstheorie. Rationales Handeln erscheint aus dieser Perspektive nicht als „monologisch"-instrumentelles Abzielen auf das Erreichen von Erfüllungsbedingungen von Absichten, sondern letztlich als Agieren unter dem Regulativ der Verständigung. Rationale Akteure zählen aufeinander, insofern sie sich in ihrem Handeln am Ideal eines rationalen Konsenses orientiert wissen. Sie können sich auf die entlastenden lebensweltlichen Üblichkeiten und Konventionen verlassen, weil diese gleichsam das Sediment diskursiver Praxen sind. Wo Dissens auftritt, kann in den Diskurs eingetreten werden und ein neuer Konsens erzielt werden, der dann wiederum in den Hintergrund lebensweltlich verankerter Konventionen zurücksinkt.

Das Problem dieser Rekonstruktion ist, dass sie das Prinzip rationaler Koordination viel zu hoch hängt. Es ist aussichtslos, basale Koordinationsleistungen über Sprachpraxen erklären zu wollen, weil nämlich Sprachpraxen selbst Koordinationsleistungen einer besonders komplexen Art sind. Der Versuch einer Rekonstruktion des Prinzips rationaler Koordination mit der Theorie des kommunikativen Handelns würde in dieser Hinsicht dem Versuch gleichen, den Begriff des Klangs aus einer Analyse von Johann Sebastian Bachs Kompositionstechniken zu gewinnen. Was das Prinzip rationaler Koordination anbelangt, spannt die Theorie des kommunikativen Handelns den Wagen vor das Pferd. Nur Wesen, die sich zu koordinieren vermögen, können überhaupt in Kommunikationspraxen eintreten, von sprachlicher Verständigung ganz zu schweigen. Wenn es aber wahr ist, dass Koordination ein rationaler Vorgang ist und nur Wesen, die in einem normativen Verhältnis zueinander stehen können, sich koordinieren können, dann lautet die Frage, was es rational zu rechtfertigen vermag, ein normatives Verhältnis zu einem Wesen zu unterhalten, das nicht sprachmächtig ist. Woher könnte das normative „Einverständnis" mit diesem Wesen, das in solchen Haltungen unterstellt wird, denn kommen, wenn nicht aus einem faktisch erzielten oder doch wenigstens als möglich unterstellten diskursiv erzielten Konsens? Was könnte es denn rechtfertigen, etwas von einem anderen Wesen normativ zu erwarten, wenn nicht dessen, wirkliche oder mögliche, Zustimmung zur entsprechenden Zumutung? Warum sollte rationalerweise erwartet werden können, dass eine Erwartung ein Wesen normativ bindet, welches keine entsprechende Verpflichtung im Rahmen einer Vereinbarung übernommen hat, indem es sich damit einverstanden erklärte? Was anderes als eine, wirkliche oder unterstellte, Vereinbarung kann so etwas wie normative Verbindlichkeit zwischen Menschen stiften?

Das Desiderat ist ein Begriff normativ gehaltvoller „Übereinstimmung" zwischen Akteuren, welcher diese nicht von vornherein an Vereinbarung bindet. Max Weber hat genau für diesen Zweck den Begriff des „Einverständnisses" geprägt:

„Unter ‚Einverständnis' nämlich wollen wir den Tatbestand verstehen: dass ein an Erwartungen' des Verhaltens Anderer orientiertes Handeln um deswillen eine empirisch ‚geltende' Chance hat, diese Erwartungen erfüllt zu sehen, weil die Wahrscheinlichkeit objektiv besteht: dass diese andern jene Erwartungen trotz des Fehlens einer Vereinbarung als sinnhaft ‚gültig' für ihr Verhalten praktisch behandelt werden" (Weber 1922: 432).

Habermas' Theorie fehlt ein gehaltvoller Begriff eines (vordiskursiven) Einverständnisses. Eindrücklich und plausibel ist hingegen in seiner Konzeption, dass das Prinzip der rationalen Koordination aus der Perspektive der Theorie des kommunikativen Handelns tatsächlich als rationales Prinzip angenommen werden kann. Die Theorie des kommunikativen Handelns bietet eine gehaltvolle Erläuterung der Intuition, dass es in reinen Koordinationen rational ist, sich an besten Gleichgewichten oder an bestehenden Konventionen zu orientieren; das ist es schließlich, worauf man sich geeinigt hat oder worauf man sich doch absehbarerweise einigen würde. Die Leistung der Theorie des kommunikativen Handelns ist, dass sie Rationalität aus der Egozentrik rationaler Idiotie löst, und rationalen Akteuren die Fähigkeit zumutet, anstehende Entscheidungen aus einer gemeinsamen Perspektive zu betrachten. Das ist hier tatsächlich das Entscheidende, aber die Frage ist: Woher kommt diese gemeinsame Perspektive, die die Egozentrik eines individuellen Erfolgskalküls überwindet? Habermas rückt an diese Stelle die Konsenstheorie der Wahrheit und Legitimität, eine idealisierende Artikulation des „Telos der Verständigung", das in der Sprache angelegt ist. Plausibler ist es, an dieser Stelle die Ursprünge der menschlichen Kommunikation selbst genauer zu betrachten. Michael Tomasello hat in seinem Buch zu diesem Titel (2009) sehr eindrücklich gezeigt, dass es die Neigung von Menschen zum Teilen von Aufmerksamkeit ist, die unserer vorsprachlichen wie sprachlichen Kommunikation zugrunde liegt. Vor jeder praktischen Koordination liegt mithin schon so etwas wie eine kognitive Koordination: Wir sind Wesen, denen an gemeinsamer Bezugnahme liegt, wie es sich eindrücklich im kleinkindlichen Zeigeverhalten manifestiert. Das „telos" des (vordiskursiven) „Konsenses" kommt mithin nicht erst mit der Sprache ins Spiel, sondern liegt dieser schon zugrunde. Schon in der Weise, wie wir uns auf die Welt beziehen, ist ein Bezug auf Gemeinschaft angelegt. Das Problem mit Habermas' Dualismus von Zwecktätigkeit und kommunikativem Handeln ist, dass er übersieht, wie sehr sprachliche Kommunikation schon auf Formen der Gemeinschaft aufruht, die im basalsten, vorsprachlichen Weltbezug liegen. Habermas wird mithin Opfer der traditionellen Sicht, nach der „Intentionalität" eine monologische Angelegenheit vereinzelter Bewußtseinssubjekte ist. Aber schon die elementaren Formen der menschlichen Aufmerksamkeit sind, wie Michael Tomasello und sein Team eindrücklich gezeigt haben, und wie die Debatte rund um „joint attention" eindrücklich bestätigt hat (Eilan 2005), auf Gemeinschaft hin angelegt. In diesem Bereich, und nicht erst auf der Ebene der linguistisch vermittelten Interaktion, müssen auch die Quellen sozialer Normativität liegen. Habermas' Abkehr vom „Intentionalismus" der als „monologisch" verabschiedeten „Bewußtseinsphilosophie" in der Hinwendung zu einer „sprachanalytischen Grundlegung der Soziologie" hat hier ebensoviel Denkschranken aufgebaut wie umgekehrt auch Perspektiven eröffnet. Zwar hat er bezüglich des Problems des Prinzips rationaler Koordination die richtige Lösung, eine über soziale Normativität vermittelte soziale Erweiterung der Perspektive, durchaus gesehen, aber er hat sich durch seinen „Paradigmenwechsel" die Möglichkeit verbaut, diese Struktur schon auf der vordiskursiven Ebene anzusiedeln.

IV. Kollektive Intentionalität

Ohne Zweifel ist das Abstraktionsniveau, die gedankliche Tiefe und die synthetische Kraft der beiden deutschsprachigen soziologisch-theoretischen Großentwürfe der achtziger Jahre des letzten Jahrhunderts global einzigartig und seitdem wohl nicht mehr erreicht worden. Aus der Perspektive des Prinzips rationaler Koordination muss die Kritik dennoch radikal und ziemlich vernichtend ausfallen. Die Systemtheorie Luhmanns gibt, wie es scheint, dieses Prinzip schlichtweg preis; Habermas' Theorie des kommunikativen Handelns vermag zwar zu bewahren, bindet aber an sprachlich vermittelte Kommunikationspraxen und limitiert damit auf linguistisch kompetente Akteure. Hinter beiden Ansätzen steckt ein gemeinsames Problem: der klassische intentionalanalytische Individualismus, oder genauer: die intentionalanalytische *Idiotie*, nach welcher der Bezug zwischen einer Überzeugung und ihrem Objekt, einer Absicht und ihren Erfüllungsbedingungen stets als eine einsame Angelegenheit eines Einzelnen gesehen wird.

Jedes Individuum hat, so eine Version dieser traditionellen, individualistisch beschränkten Sicht, stets nur seine eigenen Überzeugungen und Absichten. Niemand kann schließlich, so das Argument, die Überzeugungen und Absichten eines anderen Individuums haben. Luhmann affirmiert diese Privatheit oder Idiotie aller Intentionalität, indem er Kommunikation als höherstufige, eigene Privatheit des „Sozialen Systems" konzipiert, welches aus der wechselseitigen Intransparenz der in sich abgeschlossenen beteiligten psychischen Systeme emergiert. Habermas seinerseits affirmiert dieses „idiotische" Bild der Intentionalität, indem er „Intentionalismus" mit „bewusstseinsphilosophischem Monologismus" identifiziert und sich einer sprachanalytisch fundierten Konzeption zuwendet.

Mit Blick auf das Prinzip rationaler Koordination kann indes keiner der beiden „Paradigmenwechsel" überzeugen. Es liegt daher nahe, den Fehler in der Idiotie des herkömmlichen Bilds der Intentionalität selbst zu suchen. Vielleicht ist Intentionalität doch nicht eine Sache eines selbstreferentiell in sich geschlossenen Einzelsubjekts oder

Einzelsystems. Vielleicht gibt es sie ja tatsächlich: die *gemeinsamen* intentionalen Einstellungen, von der die Alltagssprache berichtet.

„Kollektive Intentionalität" ist eine Wortschöpfung von John R. Searle (1990), der dabei auf Raimo Tuomelas und Kaarlo Millers „we-intention" (1988) zurückgreift. Tuomela und Miller beziehen sich auf diesen Terminus von Wilfrid Sellars, in dessen praktischer Philosophie er eine zentrale Rolle spielt. Sellars eigene Quelle ist Robin George Collingwoods *New Leviathan* (1947), in welchem der Begriff gemeinsamer Absichten die Grundstruktur des Sozialen bezeichnet (vgl. dazu und zu den relevanten Literaturangaben Schmid und Schweikard 2009: 29-38). Rund um das Thema „kollektive Intentionalität" hat sich in den letzten beiden Jahrzehnten eine international geführte philosophische Debatte entsponnen, an der auch viele Nachbardisziplinen beteiligt sind (Schmid 2008). Die von den wichtigsten Teilnehmenden an dieser Debatte geteilte Grundintuition lautet, dass eine individualistische Verengung der herkömmlichen Intentionalanalyse die Perspektive auf die Grundstruktur der sozialen Welt verstellt hat. Gleichzeitig sind die Dissense unter den beteiligten Autoren beträchtlich. Schon in der Frage, worin die Kollektivität kollektiver intentionaler Zustände denn grundsätzlich bestehe, herrscht kein Konsens. Die wichtigsten Autoren verorten das entscheidende Moment der Gemeinsamkeit an ganz unterschiedlichen Orten der entsprechenden intentionalen Einstellungen.

Intentionale Einstellungen (oder „Zustände") sind durch mindestens dreierlei charakterisiert: ein Subjekt (also jemand, dessen Zustände sie sind), einen Gehalt (also etwas, worauf sie bezogen sind) und einen Modus (also eine Art und Weise, wie sie bezogen sind). Wenn nun solche Einstellungen geteilt oder gemeinsam gehabt werden können sollen, fragt sich: Was ist es denn genau, was an ihnen geteilt oder gemeinsam gehabt wird? Die Antworten auf diese eigentliche Gretchenfrage der Theorie kollektiver Intentionalität gehen denkbar weit auseinander und sind über das ganze Feld der Intentionalanalyse gestreut. Margaret Gilbert vertritt die Ansicht, die Gemeinsamkeit kollektiver intentionaler Zustände stecke im Subjekt; sie entwickelt die Sicht, dass sich die verschiedenen Beteiligten zu einem Pluralsubjekt verbinden, welches Träger der gemeinsamen Absicht und Überzeugung ist (vgl. etwa Gilbert 2000). Raimo Tuomela (1995) und John Searle (1995) dagegen verorten das Kollektive der kollektiven Intentionalität im Modus. Es sind ihnen zufolge Individuen, die kollektive intentionale Zustände haben, nur dass diese Zustände solche einer besonderen *Art* sind: Tuomela spricht diesbezüglich explizit vom „Wir-Modus" (Tuomela 2007). Michael E. Bratman seinerseits vertritt die Ansicht, das Kollektive der kollektiven Intentionalität stecke vor allem im Gehalt der entsprechenden Zustände. Für ihn sind gemeinsam beabsichtigende Individuen u. a. dadurch gekennzeichnet, dass sie Absichten der Form „Ich beabsichtige, dass wir *g*-en" haben, was sich von „normalen" individuellen intentionalen Einstellungen nur dadurch unterscheidet, dass gemeinsame Handlungen im Gehalt vorkommen (Bratman 1999).

Die Debatte rund um die Struktur kollektiver Intentionalität hat sich bislang vor allem im Kontext der analytischen Handlungstheorie bewegt (zu einer argumentativen Auseinandersetzung mit den erwähnten sowie weiteren Ansätzen vgl. Schmid 2005 a). Es steht zu vermuten, dass sie von der Einbettung in sozialtheoretische und soziologisch-theoretische Kontexte profitieren könnte. Mit Blick auf das Problem des Prinzips rationaler Koordination lassen sich vier Festlegungen zur Struktur kollektiver Intentionalität plausibilisieren: Kollektive Intentionalität ist irreduzibel (a), vorreflexiv (b), relational (c) und normativ gehaltvoll (d); (hier müssen knappe Bemerkungen zu diesen Charakteristika genügen; eine ausführliche Darstellung findet sich in Schmid 2005a, 2009).

a) Wenn Michael Tomasello und sein Team recht haben, dann ist das Teilen von Aufmerksamkeit und die spontane Kooperationsneigung, also die Neigung zum Teilen von kognitiven und praktischen Einstellungen ein entwicklungspsychologisch sehr elementarer Vorgang. Die entsprechenden Dispositionen kennzeichnen die von Tomasello so genannte „Neun-Monats-Revolution" (Tomasello 2002; Tomasello und Rakoczy 2009). Zu diesem Zeitpunkt verfügen Kleinkinder noch über keine entwickelte „theory of mind", d. h., sie repräsentieren andere Akteure noch nicht als solche, die auf der Grundlage eigener Überzeugungen operieren, die sich von den eigenen Überzeugungen unterscheiden können. Mit Blick auf Weber könnte man sagen: Gemeinschaftshandeln ist weit elementarer als der Vollbegriff sozialen Handelns, welcher die Repräsentation des Anderen als eigenständigen Akteur impliziert. Diese Beobachtung ist für die Strukturanalyse kollektiver Intentionalität äußerst instruktiv (vgl. Tollefsen 2002). Selbst wenn empirische Befunde nie Kriterien für Begriffsanalysen vorgeben können, scheint es sinnvoll, eine Art Reflexionsgleichgewicht zwischen Phänomen und Begriff anzustreben. Für die Analyse elementarer Formen des Teilens von Intentionalität bedeutet das: Wenn die genannte Phänomenologie tatsächlich stimmt, dann favorisiert sie klar Strukturanalysen, die kollektive Intentionalität als simplen, eigenständigen Modus von Intentionalität verstehen statt als Struktur, die komplexe Konstellationen individueller Intentionalität wie etwa iterierte Formen wechselseitigen Umeinanderwissens impliziert. Kollektive Intentionalität ist dann nicht reduzibel auf eine Kombination eigener Einstellungen und eines allenfalls iterierten Wissens um die Einstellungen von anderen.

b) In der entscheidungstheoretischen Debatte rund um das Prinzip rationaler Koordination haben Michael Bacharach, Martin Hollis und Robert Sugden vorgeschlagen, Koordination anhand von Konventionen oder anhand von „payoff dominance" als Sache gemeinsamer Präferenzen zu sehen (vgl. dazu die Literaturangaben oben in Kapitel I. sowie Schmid 2006 a). Die Wahl der Strategie, die das für beide beste Gleichgewicht zum möglichen Resultat hat, ist nicht durch eine Iteration kognitiver Erwartungen zu begründen, sondern liegt schlicht in der Tatsache, dass das beste Resultat dasjenige ist, was die Beteiligten gemeinsam wollen. Die metaphysische Spitze liegt hier in der Tatsache, dass eine distributive Allgemeinheit nicht reicht, sondern eine kollektive Gemeinsamkeit der Präferenz erforderlich ist. Die Frage, wie es denn zu diesen gemeinsamen Präferenzen komme, wird dabei von diesen Autoren oft mit Verweis auf die „social identity theory" oder „self-categorization" beantwortet. Die These lautet, dass Akteure nur dann eine Präferenz teilen können, wenn sie sich selbst mit dem entsprechenden Team identifizieren, und diese Identifikation wird wiederum als reflexive Haltung angesehen, nach welcher die Betreffenden die Überzeugung haben, zusammen mit den anderen ein Team zu bilden. Das entspricht der von Georg Simmel im Anschluss an Moritz Lazarus entwickelten (vgl. dazu Schmid 2005b) These, dass Individuen dann ein Team bilden, wenn sie ein entsprechendes reflexives Team-Bewusstsein haben (zu Margaret Gilberts Rezeption dieser These vgl. Gilbert 1989: Kap. 4). Indes verschiebt dies, wie Robert Sugden klar sieht, die Frage nach der Rationalität des Prinzips der Koordination auf die Frage nach der Rationalität der Bildung einer bestimmten reflexiven Überzeugung. Und es ist nicht offensichtlich, warum Akteure in flüchtigen Situationen wie jener, die eingangs geschildert worden ist, überhaupt solche reflexiven Überzeugungen bilden sollten. Daher plausibilisiert das Prinzip rationaler Koordination die auch unabhängig davon begründbare These, dass reflexive Identifikation kollektive Intentionalität voraussetzt, und nicht umgekehrt. Kollektive Intentionalität ist vorreflexiv; wenn Individuen sich als Team sehen, dann deswegen, weil sie Einstellungen teilen; sie teilen nicht umgekehrt Einstellungen, weil sie sich als Team sehen (vgl. Schmid 2005a: Teil II).

c) Ein wahrer Kern an Parsons' und Luhmanns Überlegungen zur Struktur doppelter Kontingenz liegt in der Einsicht, dass die Bewältigung der Interdependenz von Erwartungen keine „rein" psychologische Angelegenheit ist, sondern eine Welt sozialer Fakten ins Spiel bringt. Wenn daraus allerdings nicht der Schluss zu ziehen ist, dass dazu aus der „psychologischen" Akteurperspektive nichts zu sagen ist, dann drängt sich der folgende Schluss auf: Gewisse psychologische Sachverhalte, nämlich kollektiv intentionale Zustände, sind soziale Fakten. Von nicht-sozialen psychologischen Zuständen unterscheiden sie sich dadurch, dass sie relational sind. Kollektive Intentionalität ist keine Angelegenheit des Gehalts individueller „Geister". Einen intentionalen Zustand zu teilen glauben und ihn tatsächlich zu teilen sind zweierlei; es sind die Relationen zwischen den Beteiligten, die hier den Unterschied machen. Die Analyse kollektiver Intentionalität verlangt mithin selbst von Autoren, die ein internalistisches Bild individueller intentionaler Zustände haben, die Analyse auf Sachverhalte auszudehnen, die außerhalb des Geistes der einzelnen Beteiligten liegen (Schmid 2003). Zusammen mit der Annahme, dass kollektive Intentionalität für soziale Fakten konstitutiv ist, nicht nur Koordination, Kooperation, Konsens und Kommunikation, sondern auch Kampf und Konflikt sind kollektiv intentionale Praxen, resultiert daraus eine neue Perspektive auf die Metaphysik des Sozialen, die sich jenseits der gängigen Alternative von „metaphysischem Sozialismus" oder Konstruktivismus (nach dem alle gehaltvollen intentionalen Zustände bereits soziale Fakten sind) und dem Naturalismus (nach welchem das Soziale letztlich in physikalischer Sprache beschreibbar sein soll) bewegt. In historischer Perspektive wäre an die sozialontologischen Analysen anzuknüpfen, die im Umfeld Edmund Husserls (etwa durch Gerda Walther oder Dietrich von Hildebrand) oder im Kontext der Theorie des „Objektiven Geistes" (etwa bei Nicolai Hartmann oder Hans Freyer) entwickelt worden ist. Es geht, mit anderen Worten, um eine Neuaneignung der zu Unrecht verfemten Geschichte des Mentalismus in der Sozialontologie.

d) Offen geblieben ist bis jetzt die entscheidende Frage, wie das Faktum kollektiver intentionaler Zustände das Unterhalten normativer Erwartungen unter den Beteiligten rationalisieren soll. Es gibt in der Analyse kollektiver Intentionalität einen Konflikt zwischen normativistischen und nicht-normativistischen Ansätzen; die normativistische Position wird etwa von Margaret Gilbert und Anthonie Meijers vertreten. Gilbert zufolge sind die Beteiligten an gemeinsamen Absichten zum Leisten ihres Beitrags verpflichtet. Es gibt berechtigte normative Erwartungen an sie, und sie haben entsprechende Ansprüche den anderen gegenüber. Von der Gegenseite, etwa Michael Bratman und John Searle, wird hingegen nicht ganz ohne Anhalt in der Sache betont, dass das Bestehen einer gemeinsamen Absicht selbst noch keine Verpflichtung schafft. Mit Robert Sugdens Beispiel: Die bloße Tatsache, dass die Teenager-Kinder beim Familienspaziergang mitzumachen beabsichtigen, begründet per se noch keine Verpflichtung (Sugden 2000). Das halte ich für plausibel. Man kann Dinge gemeinsam tun, ohne sich bereits in vollwertige Verpflichtungen zu verstricken. Umgekehrt ist das Bild völlig normativitätsfreier kollektiver Intentionalität schief. Es ist eine auch aus der Soziologie gut bekannte Tatsache, dass Gemeinschaftspraxen zur normativen Stabilisierung neigen, und es wäre rätselhaft, wie das zustande kommen könnte, wenn ein Element von Normativität nicht schon in der elementaren Gemeinsamkeit einer Absicht läge. Eine vermittelnde Position, die ich favorisiere, sieht in gemeinsamen Zielen keine Verpflichtung am Werk, aber doch so etwas wie „normative requirement" im Sinne John Broomes, die im Wiederholungsfall einer kollektiv intentionalen Praxis zu Bräuchen, Gewohnheiten und schließlich zu vollgültigen sozialen Normen gerinnen. „Normative requirements" liegen schon in individuellen Absichten vor. Wenn ein Individuum ein individuelles Ziel hat, dann legt es sich damit auf ein geeignetes Verhalten fest; es muss seinem eigenen zukünftigen Verhalten gegenüber eine normative Einstellung einnehmen, wobei es bei dieser Normativität eben nicht um moralische Verpflichtung geht, sondern bloß um instrumentelle Eignung. Soweit Individuen nun ein Ziel teilen, schlägt diese instrumentelle Normativität in soziale Normativität um: Die Beteiligten haben normative Erwartungen nicht nur bezüglich ihres eigenen Verhaltens, sondern auch bezüglich des Verhaltens der beteiligten anderen. Das Teilen von Zielen ist mithin der Ursprung sozialer Normativität. Gemeinschaftshandelnde stehen in einem (instrumentell) normativen Verhältnis zueinander; man kann nicht gemeinsam etwas vorhaben, ohne in einem wie auch immer rudimentären Sinn aufeinander zu zählen. Soziale Konventionen und Normen sind Standardisierungen von Beitragshandlungen zu Gemeinschaftshandlungen (Schmid 2005a).

Damit wären nun die Elemente beisammen, die es erlauben, die rationale Idiotie des Autofahrers im Eingangsbeispiel adäquat zu würdigen und ihr einen hinreichend sozial angereicherten Begriff rationalen Handelns entgegenzuhalten. Das Problem des rationalen Idioten ist, dass er keinen Begriff der sozialen Norm und der normativen Erwartung hat. Er verwechselt Normen mit Restriktionen. Normative Erwartungen sind in gemeinsamen Absichten begründet; selbst ein so flüchtiger Akt wie ein Sichkreuzen im Straßenverkehr ist eine Gemeinschaftshandlung. In der Welt des rationalen Idioten kommen keine Gemeinschaftshandlungen vor, keine gemeinsamen Ziele, sondern nur individuelle Zwecke. Seine Welt ist radikal entsozialisiert. Er ist nicht in der Lage, intentionale Zustände zu teilen. Das ist es, was ihn zum rationalen Idioten macht, denn erst im Lichte gemeinsamer Ziele werden wechselseitige normative Erwartungen rational.

Bei aller berechtigten Kritik an der großen aufklärerischen Synthese von Rationalität und Sozialität ist doch zu hoffen, dass sich die Scherben allmählich wieder zu einem Bild zusammenfügen, welches der fundamentalen menschlichen Sozialität zumindest so weit gerecht wird, dass es rationale Koordination in elementaren Situationen zulässt, und umgekehrt der Rationalität genügend Platz einräumt, dass es elementare Formen gemeinsamen Handelns als rationalen Vorgang zu bezeichnen vermag. Die Analyse kollektiver Intentionalität ist dazu der entscheidende Schritt. Ihr Verständnis ist für die sozialtheoretischen Grundbegriffe von Koordination, Kooperation, Kommunikation, aber auch Konflikt und Kampf unerlässlich. In der soziologischen Theorie erlaubt die Analyse kollektiver Intentionalität, von den Überspanntheiten der „Paradigmenwechsel" des letzten Jahrhunderts Abstand zu nehmen und eine integrativere Sicht zu entwickeln. Zu hoffen ist dabei, dass bald wieder ein wenig von dem atemberaubenden theoretischen Niveau und der synthetischen Kraft gewonnen wird, welches die deutschsprachigen soziologischen Großtheorien bei aller Brüchigkeit ihrer theoretischen Grundlagen gekennzeichnet hat.

Literatur

Bacharach, Michael. 1998. Interactive team-reasoning: a contribution to the theory of cooperation. *Research in Economics* 58: 117–147.
Bacharach, Michael. 2006. *Beyond individual choice. Teams and frames in game theory.* Princeton, NJ: Princeton University Press.
Bratman, Michael E. 1999. *Faces of intention. Selected essays on intention and agency.* Cambridge MA: Harvard University Press.
Eilan, Naomi, Christoph Hoerl, Teresa McCormack und Johannes Roessler, eds. 2005. *Joint attention.* Oxford: Oxford University Press.
Gauthier, David. 1975. Coordination. *Dialogue* 14: 195–221.
Gilbert, Margaret. 1989. *On social facts.* Princeton: Princeton University Press.
Gilbert, Margaret. 2000. *Sociality and responsibility. New essays in plural subject theory.* Lanham: Rowman & Littlefield.
Habermas, Jürgen. 1981. *Theorie des kommunikativen Handelns,* 2 Bände. Frankfurt a. M.: Suhrkamp.
Harsanyi, John. C., und Reinhard Selten. 1988. *A general theory of equilibrium selection in games.* Cambridge MA: MIT Press.
Hollis, Martin. 1998. *Trust within reason.* Cambridge: Cambridge University Press.
Lewis, David K. 1969. *Convention: a philosophical study.* Oxford: Blackwell.
Luhmann, Niklas. 1984. *Soziale Systeme. Grundriß einer allgemeinen Theorie.* Frankfurt a. M.: Suhrkamp.
Luhmann, Niklas. 1987. *Soziologische Aufklärung,* Band 4. Opladen: Westdeutscher Verlag.
Parsons, Talcott. 1951. *The social system.* Glencoe, Ill: Routledge & Kegan.
Parsons, Talcott, und Edward A. Shils. 1959. Categories of the orientation and organization of action. In *Toward a general theory of action,* eds. Talcott Parsons, Edward A. Shils, 53-109. Cambridge, MA: HUP.
Provis, C. 1977. Gauthier on coordination. *Dialogue* 16: 507-509.
Schelling, Thomas C. 1960. *The strategy of conflict.* Cambridge, MA: Harvard University Press.
Schmid, Hans Bernhard. 2003. Can brains in vats think as a team? *Philosophical Explorations* 6: 201-218.
Schmid, Hans Bernhard. 2005a. *Wir-Intentionalität. Kritik des ontologischen Individualismus und Rekonstruktion der Gemeinschaft.* Freiburg/Br.: Alber.
Schmid, Hans Bernhard. 2005b. „Volksgeist". Individuum und Kollektiv bei Moritz Lazarus (1824-1903). *Dialektik – Zeitschrift für Kulturphilosophie* 16: 157-170.
Schmid, Hans Bernhard. 2006a. Rationalizing coordination. Towards a more robust conception of collective intentionality. In *Economics and the Mind,* eds. Mark D. White, Barbara Montero, 159-179. London: Routledge.
Schmid, Hans Bernhard. 2006b. „Einverständnis" – Bermerkungen zu einer Kategorie Max Webers. In *Anfang und Grenze des Sinns,* Hrsg. Brigitte Hilmer, Georg Lohmann, Tilo Wesche, 236-250. Weilerwist: Velbrück.

Schmid, Hans Bernhard. 2008. Kollektive Intentionalität. In *Handbuch der Politischen Philosophie und Sozialphilosophie*, Band 1, Hrsg. Stefan Gosepath, Wilfried Hinsch, Beate Rössler, 560-564. Berlin: De Gruyter.

Schmid, Hans Bernhard, und David Schweikard. 2009. Kollektive Intentionalität – Begriff, Geschichte, Probleme. In *Kollektive Intentionalität. Eine Debatte über die Grundlagen des Sozialen*, Hrsg. Hans Bernhard Schmid, David Schweikard, 11-65. Frankfurt a. M.: Suhrkamp, stw 1898.

Schmid, Hans Bernhard. 2009. Plural action. Essays in Philosophy and social science. In *Contributions to Phenomenology*, Band 58. Hamburg: Springer.

Searle, John R. 1990. Collective intentions and actions. In *Intentions in communication*, eds. Philip R. Cohen, Jerry Morgan, Martha E. Pollack, 401-415. Cambridge, MA: The MIT-Press.

Searle, John R. 1995. *The construction of social reality*. New York: Basic Books.

Sen, Amartya K. 1977. Rational fools. *Philosophy and Public Affairs* 6: 317-344.

Simon, Herbert. 1959. Theories of decision making in economics and behavioral science. *American Economic Review* 49: 253-283.

Sugden, Robert. 1993. Thinking as a team: towards an explanation of nonselfish behavior. *Social Philosophy and Policy* 10: 69–89.

Sugden, Robert. 1995. A theory of focal points. *Economic Journal* 105: 533-50.

Sugden, Robert. 1996. Rational coordination. In *Ethics, rationality and economic behavior*, eds. Francesco Farina, Frank Hahn, Stefano Vanucci, 244-262. Oxford: Clarendon Press.

Sugden, Robert. 2000. Team preferences. *Economics and Philosophy* 16: 175-204.

Thalos, Marjam. 1999. Degrees of freedom: towards a systems analysis of decision. *Journal of Political Philosophy* 7: 453–477.

Tollefsen, Deborah. 2002. Collective intentionality and the social sciences. *Philosophy of the Social Sciences* 32: 25-50.

Tomasello, Michael. 2002. *Die kulturelle Entwicklung des menschlichen Denkens. Zur Evolution der Kognition*. Frankfurt a.M.: Suhrkamp.

Tomasello, Michael. 2009. *Die Ursprünge der menschlichen Kommunikation*. Frankfurt a. M.: Suhrkamp.

Tomasello, Michael, und Hannes Rakoczy. 2009. Was macht menschliche Kognition einzigartig? Von individueller über geteilte zu kollektiver Intentionalität. In *Kollektive Intentionalität. Eine Debatte über die Grundlagen des Sozialen*, Hrsg. Hans Bernhard Schmid, David Schweikard, 697-737. Frankfurt a. M.: Suhrkamp.

Tuomela, Raimo. 1995. *The importance of us. A study of basic social notions*. Stanford: Stanford University Press.

Tuomela, Raimo. 2007. *The philosophy of sociality. The shared point of view*. New York: Oxford University Press.

Tuomela, Raimo, und Kaarlo Miller. 1988. We-Intentions. *Philosophical Studies* 53: 367-389.

Weber, Max. 1922. *Gesammelte Aufsätze zur Wissenschaftslehre*, Hrsg. Marianne Weber. Tübingen: Mohr Siebeck.

Weber, Max. 1968. *Wirtschaft und Gesellschaft* (1921). Tübingen: Mohr Siebeck.

Wrong, Dennis H. 1992. The oversocialized conception of man in modern sociology. In *Talcott Parsons: critical assessments*, Band 2, ed. Peter Hamilton, 211-224. London: Routledge.

Korrespondenzanschrift: Prof. Dr. Hans-Bernhard Schmid, Philosophisches Seminar, Universität Basel, Nadelberg 6-8, CH-4051 Basel

E-Mail: hans-bernhard.schmid@unibas.ch

Die Autorinnen und Autoren

Albert, Gert, 1966, Dr. phil., wiss. Mitarbeiter am Institut für Soziologie der Universität Heidelberg. Forschungsgebiete: Allgemeine Soziologie, Handlungstheorie, Philosophie der Soziologie, Veröffentlichungen: Hermeneutischer Positivismus und dialektischer Essentialismus Vilfredo Paretos. Wiesbaden 2005; Das Weber-Paradigma. Studien zur Weiterentwicklung von Max Webers Forschungsprogamm. Tübingen 2003 (Hrsg. mit A. Bienfait, S. Sigmund, C. Wendt); Moderater methodologischer Holismus. Eine weberianische Interpretation des Makro-Mikro-Makro-Modells, Kölner Zeitschrift für Soziologie und Sozialpsychologie 57, 2005; Werturteilsstreit. In: Soziologische Kontroversen. Eine andere Geschichte der Wissenschaft vom Sozialen (Hrsg. G. Knerr, S. Moebius). Frankfurt am Main (Im Erscheinen).

Baurmann, Michael, 1952, Prof. Dr., Professor für Soziologie an der Universität Düsseldorf. Forschungsgebiete: Rational Choice, Vertrauen, soziale Erkenntnistheorie. Veröffentlichungen: Rational Fundamentalism? An Explanatory Model of Fundamentalist Beliefs, Episteme – A Journal of Social Epistemology 4, 2007; Homo Ökonomikus als Idealtypus. Oder: Das Dilemma des Don Juan, Analyse & Kritik 30, 2008; What Should the Voter Know? Epistemic Trust in Democracy, Grazer Philosophische Studien 79, 2009 (mit G. Brennan); The Internal Point of View as a Rational Choice? An Empirical Interpretation of the 'Normativity' of Social and Legal Rules, Rationality, Markets and Morals 1, 2009.

Bienfait, Agathe, 1962, Dr. phil., Privatdozentin an der Universität Heidelberg. Forschungsgebiete: Max Weber, aktuelle soziologische und politische Theorie-Diskussion, Kultursoziologie, Religionssoziologie. Veröffentlichungen: Freiheit, Verantwortung, Solidarität. Zur Rekonstruktion des politischen Liberalismus. Frankfurt am Main 1999; Das Weber-Paradigma. Studien zur Weiterentwicklung von Max Webers Forschungsprogramm. Tübingen 2003 (Hrsg. mit G. Albert, S. Sigmund, C. Wendt); Im Gehäuse der Zugehörigkeit. Eine kritische Bestandsaufnahme des Mainstream-Multikulturalismus. Wiesbaden 2006; Aspekte des Weber-Paradigmas. Neue Beiträge zum weberianischen Forschungsprogramm. Wiesbaden 2005 (Hrsg. mit G. Albert, S. Sigmund, M. Stachura).

Boudon, Raymond, Honorary Professor at the University of Paris-Sorbonne, is member of the Institut de France (Académie des sciences morales et politiques), of the American Academy of Arts and Sciences, of The British Academy, the Royal society of Canada, the Academia europaea. Research interests: social mobility, social theory, political theory, methodology and philosophy of the social sciences.

Bühler, Axel, Prof. Dr. phil, Dipl. Soz., Professor für Philosophie an der Universität Düsseldorf. Visiting Fellow an der Princeton University (USA) und der University of Otago (Neuseeland). Gastprofessor an der Universität von Ferrara (Italien) und der Universität von L'Aquila (Italien). Forschungsgebiete und Veröffentlichungen: philosophische Grundlagen der Sozial- und Geisteswissenschaften, insbesondere zu einer naturalistischen Hermeneutik.

Cook, Karen S., Ray Lyman Wilbur Professor of Sociology and Department Chair at Stanford University. She is also the Director of the Institute for Research in the Social Sciences (IRiSS). Publications: Trust in Society (Ed.). New York 2001; Trust and Distrust in Organizations: Emerging Perspectives. New York 2004 (ed. with R. Kramer), eTrust: Forming Relations in the Online World. New York 2009 (ed. with C. Snijders, V. Buskens, C. Cheshire); Whom Can We Trust? New York 2009 (ed. with M. Levi and R. Hardin); Cooperation without Trust? New York 2005 (with R. Hardin and M. Levi).

Diekmann, Andreas, Prof. Dr., Professor für Soziologie an der ETH Zürich. Forschungsgebiete: Theorie sozialer Kooperation, Umweltsoziologie, Bevölkerung, Methoden und Modelle, Experimentelle Spieltheorie. Veröffentlichungen: Trust and Reputation in Internet Auctions (mit B. Jann und D. Wyder). In: Trust and Reputation (Hrsg. K. S. Cook et al.), New York 2009; Rational Choice, Evolution and the "Beauty Contest". In: Raymond Boudon. A Life in Sociology (Hrsg. M. Cherkaoui und P. Hamilton), Oxford 2009; Spieltheorie. Einführung, Beispiele, Experimente, Reinbek 2009 (2. Aufl. 2010). Analytische Soziologie und Rational Choice. In: Die analytische Soziologie in der Diskussion (Hrsg. T. Kron und T. Grund), Wiesbaden 2010; Demokratischer Smog? Eine empirische Untersuchung zum Zusammenhang zwischen Sozialschicht und Umweltbelastung. Kölner Zeitschrift für Soziologie und Sozialpsychologie 62, 2010 (mit R. Meyer); Benford's Law and Fraud Detection. Facts and Legends, German Economic Review 11, 2010 (mit B. Jann).

Dupré, John, is a philosopher of science whose work has focused especially on issues in biology. He is currently Professor of Philosophy of Science at the University of Exeter and since 2002 he has been Director of the ESRC Centre for Genomics in Society (Egenis). Publications: The Disorder of Things: Metaphysical Foundations of the Disunity of Science. Harvard 1993; Human Nature and the Limits of Science. Oxford 2001; Humans and Other Animals. Oxford 2002; Darwin's Legacy: What Evolution Means Today. Oxford 2003; Genomes and What to Make of Them. Chicago 2008 (with Barry Barnes).

Elder-Vass, Dave, British Academy Postdoctoral Fellow in the Department of Sociology at the University of Essex, UK. His book 'The Causal Power of Social Structures' addresses the general theory of emergence and its application to the sociological concepts of social structure and human agency. In his current work, he is examining how language, discourse, culture and knowledge contribute to constructing our social reality. This research aims to show, through an emergentist ontological analysis, that language, discourse, culture and knowledge are based on real and causally effective mechanisms, and hence to provide an ontological foundation for a synthesis of realism and constructionism. In an earlier career Dave was a senior IT executive.

Endreß, Martin, Prof. Dr. phil., Professor für Allgemeine Soziologie an der Universität Trier. Forschungsgebiete: Soziologische Theorie, Politische Soziologie, Wissenssoziologie, Soziologie des Vertrauens. Veröffentlichungen: Karl Mannheims Analyse der Moderne. Opladen 2000 (Hrsg. mit I. Srubar); Vertrauen. Bielefeld 2002; Alfred Schütz. Theorie der Lebenswelt I. Die pragmatische Schichtung der Lebenswelt. Konstanz 2003 (Hrsg. mit I. Srubar); Alfred Schütz. Der sinnhafte Aufbau der sozialen Welt. Eine Einleitung in die verstehende Soziologie. Konstanz 2004 (Hrsg. mit J. Renn); Explorations of the Life-World. Continuing Dialogues with Alfred Schutz. Dordrecht 2005 (Hrsg. mit G. Psathas, H. Nasu); Alfred Schütz. Konstanz 2006; Die Ökonomie der Organisation – die Organisation der Ökonomie. Wiesbaden 2009 (Hrsg. mit T. Matys).

Esser, Hartmut, 1943, Prof. Dr., Studium der Volkswirtschaftslehre und Soziologie in Köln; 1970 Diplom (Volkswirt sozialwissenschaftlicher Richtung) in Köln; 1974 Promotion in Köln (Dr. rer. pol.); 1981 Habilitation in Bochum; 1974 – 1978 Akademischer Rat Ruhr-Universität Bochum; 1978 – 1982 Wissenschaftlicher Rat und Professor Universität Duisburg GH; 1982 – 1987 o. Professor für Empirische Sozialforschung Universität Essen GH; 1985 – 1987 Geschäftsführender Direktor des ZUMA, Mannheim; 1987 – 1991 o. Professor für Soziologie Universität zu Köln; 1991 – 2009 o. Professor für Soziologie und Wissenschaftslehre an der Fakultät für Sozialwissenschaften der Universität Mannheim.

Gresshoff, Rainer, Dr. phil., wissenschaftlicher Angestellter am Institut für Sozialwissenschaften der Universität Oldenburg. Forschungsgebiete: Sozialtheorie, Theorienvergleich/Theorienintegration, sozialwissenschaftliche Interdisziplinarität. Veröffentlichungen: Dimensionen und

Konzeptionen von Sozialität. Wiesbaden 2010 (Hrsg. mit G. Albert, R. Schützeichel); Ohne Akteure geht es nicht! Oder: warum die Fundamente der Luhmann'schen Sozialtheorie nicht tragen, Zeitschrift für Soziologie 37, 2008; Verstehen und Erklären. München 2008 (Hrsg. mit G. Kneer, W. L. Schneider); München 2008; Integrative Sozialtheorie? Esser – Luhmann – Weber. Wiesbaden 2006 (Hrsg. mit U. Schimank); Was erklärt die Soziologie? Münster 2005 (Hrsg. mit U. Schimank).

Greve, Jens, 1966, PD Dr., Lehrstuhlvertretungen an den Universitäten Erfurt, Kassel und Hamburg. Forschungsgebiete: soziologische Theorie, Handlungstheorie, Weltgesellschaft. Veröffentlichungen: Jürgen Habermas. Konstanz 2009; Das Makro-Mikro-Makro-Modell: From reduction to linkage and back again. In: Das Mikro-Makro-Modell der soziologischen Erklärung (Hrsg. mit A. Schnabel, R. Schützeichel). Wiesbaden 2008; Gesellschaft: Handlungs- und systemtheoretische Perspektiven. In: Soziologie, eine multiparadigmatische Wissenschaft (Hrsg J. A. Schülein, A. Balog). Wiesbaden 2008; Globale Ungleichheit: Weltgesellschaftliche Perspektiven, Berliner Journal für Soziologie 20, 2010.

Gilbert, Margaret, holds the Melden Chair in Moral Philosophy at the University at California, Irvine. Research interests: Philosophy of social phenomena and related parts of ethics, political philosophy, philosophy of law. Publications: On Social Facts. New York 1989; Living Together. Lanham, MD 1996; Sociality and Responsibility. Lanham, MD 2000; A Theory of Political Obligation. Oxford 2006.

Harkness, Sarah, Ph.D. candidate in the Department of Sociology at Stanford University and the Associate Director of the Laboratory for Social Research. Research Interests: status and exchange processes. Publications: Exploring the Role of Diagnosis in the Modified Labeling Theory of Mental Illness, Social Psychology Quarterly 71, 2008 (with A. Kroska); Stigma Sentiments and Self-Meanings: Exploring the Modified Labeling Theory of Mental Illness. Social Psychology Quarterly 69, 2006 (with A. Kroska).

Jaeggi, Rahel, Prof. Dr., Professorin für praktische Philosophie an der Humboldt-Universität zu Berlin. Forschungsgebiete: Sozialphilosophie, Politische Philosophie. Veröffentlichungen: Welt und Person. Anthropologische Grundlagen der Gesellschaftskritik Hannah Arendts. Berlin 1997; Entfremdung. Zur Aktualität eines sozialphilosophischen Problems. Frankfurt am Main/New York 2005; Was ist Kritik? Philosophische Positionen. Frankfurt am Main 2009 (Hrsg. mit T. Wesche); Kritik von Lebensformen. Frankfurt am Main 2011 (Im Erscheinen).

Kelle, Udo, 1960, Prof. Dr. phil., Professor für Methoden der empirischen Sozialforschung an der Philipps-Universität Marburg. Forschungsgebiete: Methodologie empirischer Sozialforschung, Verhältnis quantitativer und qualitativer Methoden, soziologische Handlungstheorie, Lebenslaufforschung. Veröffentlichungen: Vom Einzelfall zum Typus. Fallvergleich und Fallkontrastierung in der qualitativen Sozialforschung. 2. Auflage. Wiesbaden 2010 (mit S. Kluge); Die Integration qualitativer und quantitativer Methoden in der empirischen Sozialforschung: Theoretische Grundlagen und methodologische Konzepte. 2. Auflage. Wiesbaden 2008.

Kneer, Georg, Prof. Dr. phil., Professor für wissenschaftliche Grundlagen an der Hochschule für Gestaltung Schwäbisch Gmünd. Forschungsgebiete: Soziologische Theorie, Gesellschaftstheorie, Wissenssoziologie. Veröffentlichungen: Handbuch Soziologische Theorien (Hrsg. mit M. Schroer): Wiesbaden 2009 (Hrsg. m. M. Schroer); Bruno Latours Kollektive. Kontroversen zur Entgrenzung des Sozialen. Frankfurt am Main 2008 (Hrsg. mit M. Schroer, E. Schüttpelz); Verstehen und Erklären. Sozial- und kulturwissenschaftliche Perspektiven. München: Fink 2008 (Hrsg. mit R. Greshoff, W. L. Schneider).

Kroneberg, Clemens, 1980, Dipl.-Soz., wissenschaftlicher Assistent am Lehrstuhl für Allgemeine Soziologie an der Fakultät für Sozialwissenschaften der Universität Mannheim. Forschungsgebiete: Soziologische Theorie, Integration von Einwanderern, soziale Grenzziehungen, Kriminalität, Methodologie der Sozialwissenschaften. Veröffentlichungen: Ethnic Communities and School Performance among the New Second Generation. Testing the Theory of Segmented Assimilation, The Annals of the American Academy of Political and Social Science 620, 2008; The Interplay of Moral Norms and Instrumental Incentives in Crime Causation, Criminology 48, 2010 (mit I. Heintze und G. Mehlkop); Norms and Rationality in Electoral Participation and in the Rescue of Jews in WWII: An Application of the Model of Frame Selection, Rationality and Society 22, 2010 (mit M. Yaish und V. Stocké).

Mol, Annemarie, Professor Anthropology of the Body at the University of Amsterdam. Research interests: bodies, care practices, topologies, coexistence. Publications: The Body Multiple. Ontology in Medical Practice. Durham 2002; The Logic of Care. New York 2008; Differences in Medicine. Durham 1998 (ed. with M. Berg); Complexities. Durham 2002 (ed. with J. Law), Care in Practice. Bielefeld 2010 (ed. with I. Moser & J. Pols).

Münch, Richard, 1945, Prof. Dr. phil, Lehrstuhl der Soziologie II an der Universität Bamberg. Sprecher des interdisziplinären DFG-Graduiertenkollegs „Märkte und Sozialräume in Europa", Universität Bamberg. Forschungsgebiete: Soziologische Theorie und komparative Makrosoziologie. Veröffentlichungen: Offene Räume. Frankfurt am Main 2001; Nation and Citizenship in the Global Age. Houndsmill, Basingstoke 2001; The Ethics of Modernity, Lanham, MD 2001; Soziologische Theorie. 3 Bände. Frankfurt am Main/New York 2002-2004; Die akademische Elite. Frankfurt am Main 2007; Die Konstruktion der europäischen Gesellschaft. Frankfurt am Main/New York 2008; Globale Eliten, lokale Autoritäten. Frankfurt am Main 2009.

Nolte, Alexander, 1982, M.A., wissenschaftlicher Mitarbeiter, Institut für Soziologie, Philipps-Universität Marburg. Forschungsgebiete: Methodologie empirischer Sozialforschung (insbesondere komparative Verfahren), Historische Soziologie (insbesondere der Zwischenkriegszeit Europas).

Ockenfels, Axel, 1969, Prof. Dr., Studium der Volkswirtschaftslehre an der Universität Bonn, Promotion (1998) und Habilitation (2002) an der Universität Magdeburg, unterbrochen durch längere Forschungsaufenthalte an der Penn State University und der Harvard University, 2002-2003 Forschungsgruppenleiter am Max-Planck-Institut für Ökonomik in Jena, seit 2003 Professor am Staatswissenschaftlichen Seminar der Universität zu Köln und Direktor des Kölner Laboratoriums für Wirtschaftsforschung. 2003-2007 Direktor des Energiewirtschaftlichen Instituts an der Universität zu Köln. Mitglied der Nordrhein-Westfälischen und der Berlin-Brandenburgischen Akademie der Wissenschaften. Forschungsgebiete: ökonomisches Design, Verhaltensökonomik.

Opp, Karl-Dieter, 1937, Prof. Dr., Professor Emeritus an der Universität Leipzig und Affiliate Professor an der University of Washington (Seattle). Forschungsgebiete: Soziologische Theorie (Schwerpunkt „Rational Choice"-Theorie), kollektives Handeln und politischer Protest, Normen, Institutionen und Methodologie der Sozialwissenschaften. Veröffentlichungen: Theories of Political Social Movements. A Multidisciplinary Introduction, Critique and Synthesis. New York 2009 (mit K. Mühler); Region - Nation - Europa. Die Dynamik regionaler und überregionaler Identifikation. Wiesbaden 2006; The Dynamics of Political Protest: Feedback Effects and Interdependence in the Explanation of Protest Participation, European Sociological Review 26, 2010 (mit B. Kittel), Das individualistische Erklärungsprogramm in der Soziologie. Entwicklung, Stand und Probleme, Zeitschrift für Soziologie 28, 2009.

Przepiorka, Wojtek, 1977, Dr. sc., wissenschaftlicher Mitarbeiter an der Professur für Soziologie ETH Zürich. Forschungsgebiete: experimentelle Spieltheorie. Dissertation: Reputation and Signals of Trustworthiness in Social Interactions.

Raub, Werner, 1953, Prof. Dr., Studium der Sozialwissenschaften an der Universität Bochum, Promotion (1984) an der Universität Utrecht. Wissenschaftlicher Assistent an der Universität Erlangen-Nürnberg (1982-1988), Associate Professor an der Universität Utrecht (1988-1995), Professor an der Universität Erlangen-Nürnberg (1995-1996), seit 1996 Professor am Department of Sociology/ICS der Universität Utrecht. Wiederholte Gastprofessuren an der University of Chicago. Senior Research Fellow, Nuffield College, University of Oxford. Mitglied der Nationalen Akademie der Wissenschaften Leopoldina. Forschungsschwerpunkte: theoretische Soziologie, experimentelle Spieltheorie.

Reckwitz, Andreas, Prof. Dr., Professor für Kultursoziologie an der Europa-Universität Viadrina in Frankfurt/Oder. Veröffentlichungen: Die Transformation der Kulturtheorien. Weilerswist 2006; Das hybride Subjekt. Weilerswist 2006; Unscharfe Grenzen. Perspektiven der Kultursoziologie. Bielefeld 2008.

Renn, Joachim, Privatdozent Dr. phil., 2005 bis 2010 Vertretungsprofessuren für „Allgemeine Soziologie" und „Soziologische Theorie" an den Universitäten Heidelberg, Erlangen, Erfurt und Bonn. Forschungsgebiete: Handlungs- und Gesellschaftstheorie, Wissenssoziologie, Kultursoziologie, interkulturelle Kommunikation mit dem Schwerpunkt auf Formen „sozialer Übersetzung".

Schmid, Hans Bernhard, 1970, Prof. Dr. phil., Professor am Philosophischen Seminar der Universität Basel. Veröffentlichungen: Gute Leute, böse Taten – Konstruktion und Kompromittierung persönlicher Integrität in der Moraltheorie. Frankfurt am Main 2011 (im Erscheinen); Plural Action – Essays in Philosophy and Social Science. Dordrecht 2009; Wir-Intentionalität – Kritik des ontologischen Individualismus und Rekonstruktion der Gemeinschaft. Freiburg 2005; Subjekt, System, Diskurs - Edmund Husserls Begriff transzendentaler Subjektivität in sozialtheoretischen Bezügen. Dordrecht 2000.

Schminak, Uwe, 1955, Professor für Soziologische Theorie an der Universität Bremen. Forschungsgebiete: Sozialtheorie, Theorien der modernen Gesellschaft, Governanceforschung, Organisations- und Entscheidungstheorien, Wissenschafts- und Hochschulforschung. Veröffentlichungen: Das Publikum der Gesellschaft. Wiesbaden 2008 (mit N. Burzan, B. Lökenhoff, N. Schöneck); Teilsystemische Autonomie und politische Gesellschaftssteuerung. Wiesbaden 2006; Differenzierung und Integration der modernen Gesellschaft. Wiesbaden 2005; Die Entscheidungsgesellschaft. Wiesbaden 2005.

Schnabel, Annette, Associate Professor am Department of Sociology der Univerity of Umeå. Forschungsgebiete: Allgemeine Soziologie und Sozialtheorie, Theorien rationaler Handlungswahlen, soziale Bewegungen, Geschlechtersoziologie, nationale Identität und quantitative Methoden. Veröffentlichungen: Mobilizing Nationalist Sentiments. Which factors affect nationalist sentiments in Europe?, Social Science Research 39, 2010 (mit M. Hjerm); Geschlechterarrangements in der Sozialität – Sozialität in den Geschlechterarrangements. Dimensionen und Konzeptionen von Sozialität (Hrsg. G. Albert, R. Greshoff, R. Schützeichel). Wiesbaden (im Erscheinen); Das Makro-Mikro-Makro-Modell in der Soziologie: Theorie, Methodologie und Ontologie. Wiesbaden 2008 (mit J. Greve, R. Schützeichel).

Schneider, Wolfgang Ludwig, 1953, Prof. Dr. rer. soc., Professor für Allgemeine Soziologie am Fachbereich Sozialwissenschaften der Universität Osnabrück. Forschungsgebiete: Theorie sozialer Differenzierung, ‚Pathologien' der modernen Gesellschaft, Kommunikations- und Kultursoziologie, sequenzanalytische Methoden. Veröffentlichungen: Objektives Verstehen. Rekonstruktion eines Paradigmas. Opladen 1991; Die Beobachtung von Kommunikation. Opladen 1994; Grundlagen der soziologischen Theorie. 3 Bände. Wiesbaden 2002 und 2004; Verstehen und Erklären. Sozial- und kulturwissenschaftliche Perspektiven. Paderborn 2008 (Hrsg. mit R. Greshoff und G. Kneer); Parasitäre Netzwerke in Wissenschaft und Politik (mit I. Kusche). In: Netzwerke in der funktional differenzierten Gesellschaft (Hrsg. M. Bommes, V. Tacke). Wiesbaden 2010.

Schützeichel, Rainer, 1958, Dr., wissenschaftlicher Mitarbeiter am Institut für Soziologie der FernUniversität in Hagen. Forschungsgebiete: Soziologische Theorie, Emotionsforschung, Professions- und Wissenssoziologie, Wirtschaftssoziologie, Historische Soziologie. Veröffentlichungen: Methodologischer Individualismus, sozialer Holismus und holistischer Individualismus. In: Das Mikro-Makro-Modell der soziologischen Erklärung (Hrsg. mit J. Greve, A. Schnabel). Wiesbaden 2008; Neue Historische Soziologie. In: Handbuch Soziologische Theorien (Hrsg. M. Schroer, G. Kneer). Wiesbaden 2009; Der Wert der politischen Leidenschaft. Über Max Webers „Affektenlehre", Tel Aviver Jahrbuch für Deutsche Geschichte 38, 2010; Kontingenzarbeit. Die psycho-soziale Beratung als Funktionsbereich. In: Sinnstiftung als Beruf (Hrsg. mit M. N. Ebertz). Wiesbaden 2010; Die Logik des Sozialen. In: Dimensionen und Konzeptionen von Sozialität (Hrsg. mit G. Albert, R. Greshoff). Wiesbaden 2010.

Schwinn, Thomas, Prof. Dr., Professor für Soziologie an der Universität Heidelberg. Forschungsgebiete: Soziologische Theorie, Max Weber, vergleichende Globalisierungs- und Modernisierungsforschung, Differenzierungstheorie, soziale Ungleichheit. Veröffentlichungen: Differenzierung ohne Gesellschaft. Weilerswist 2001; Die Vielfalt und Einheit der Moderne. Kultur- und strukturvergleichende Studien (Hrsg.). Weilerswist 2006; Soziale Ungleichheit. Bielefeld 2007; Institutionenanalyse und Makrosoziologie nach Max Weber. In: Der Sinn der Institutionen (Hrsg. M. Stachura et al.). Wiesbaden 2009.

Sigmund, Steffen, 1961, Dr., Vertretungsprofessur für Empirische Makrosoziologie am Institut für Soziologie der Universität Heidelberg. Forschungsschwerpunkte: Vegleichende Institutionenanalyse, Soziologie des Stiftungswesens, zeitgenössische soziologische Theorie. Veröffentlichungen: Das Weber Paradigma. Tübingen 2003 (Hrsg. mit G. Albert, A. Bienfait, C. Wendt); Die Gift Economy moderner Gesellschaften (mit F. Adloff). In: Vom Geben und Nehmen. Zur Soziologie der Reziprozität (Hrsg. F. Adloff, S. Mau). Frankfurt am Main/New York 2005; Ist Gemeinwohl institutionalisierbar. Prolegomena zu einer Soziologie des Stiftungswesens. In: Soziale Konstellation und historische Perspektive. Festschrift für M. Rainer Lepsius. Wiesbaden 2008 (Hrsg. mit G. Albert, A. Bienfait, M. Stachura).

Stichweh, Rudolf, 1951, Prof. Dr., Professor für Soziologie an der Universität Luzern und 2006-2010 Rektor der Universität Luzern, 2011 Visiting Professor Princeton University. Forschungsgebiete: Theorie der Weltgesellschaft, Soziologie des Fremden, soziokulturelle Evolution, Soziologie der Wissenschaft und der Universitäten, Systemtheorie. Veröffentlichungen: Zur Entstehung des modernen Systems wissenschaftlicher Disziplinen. Physik in Deutschland 1740-1890. Frankfurt am Main 1984; Der frühmoderne Staat und die europäische Universität. Zur Interaktion von Politik und Erziehungssystem im Prozess ihrer Ausdifferenzierung (16.-18. Jh.). Frankfurt am Main 1991; Wissenschaft, Universität, Professionen. Frankfurt am Main 1994; Die Weltgesellschaft. Soziologische Analysen. Frankfurt am Main 2000; Inklusion und Exklusion: Studien zur Gesellschaftstheorie. Bielefeld 2005; Der Fremde: Studien zu Soziologie und Sozialgeschichte. Frankfurt am Main 2010.

Wimmer, Andreas, Professor of Sociology at the University of California Los Angeles. Research interests: dynamics of nation-state formation, ethnic boundary making and political conflict from a comparative perspective. Much of this work is based on a processual theory of cultural change that he previously developed. Publications: Nationalist Exclusion and Ethnic Conflicts. Cambridge 2002; Kultur als Prozess. Wiesbaden 2005.

English Summaries / Zusammenfassungen

Gert Albert and *Steffen Sigmund*: **Sociological Theory Controversial – An Introduction**, pp. 11-41.

From its beginning the history of Sociology is a history of controversies. The first special issue of the *Kölner Zeitschrift* on "Sociological Theory" takes up this fertile form of the controversy and comprises fourteen controversies and four contributions in form of the traditional article. The introduction is concerned with a brief sociology of sociological controversies. Following Thomas Luckmann, controversies are considered as a communicative genre. A scientific controversy may be understood as a written clash of scientific claims of knowledge in public for their critical examination. It is a rather symmetrical form of implementation of the norm of organised scepticism as one can find it in Robert Merton's sociology of science. Scientific controversies are the most adequate expression of the collective enterprise of science, as, to speak with Simmel, their content is determining their form. Empirical research shows increasing institutionalisation of the form of controversy. Subsequently the four blocks of the special edition are presented. The first block deals with rational choice theory, its anomalies, extensions and alternatives. The second block discusses problems of social order and coordination, the third one questions of subjective and objective culture. The fourth block deals with overall perspectives on problems of anthropology, methodology and ontology.

Keywords: Controversies • Communicative Genre • Sociology of Science • Robert K. Merton • Georg Simmel • Rational Choice • Coordination • Culture

Stichworte: Kontroversen • kommunikative Gattung • Wissenschaftssoziologie • Robert K. Merton • Georg Simmel • rationale Wahl • Koordination • Kultur

Hartmut Esser: **The Model of Frame Selection. A General Theory of Action for the Social Sciences?**, pp. 45-62.

This contribution connects the model of frame selection with the various paradigms and approaches within the social sciences as a whole as well as with attempts to meet the incompleteness, deficiencies and anomalies of the single approaches. It demonstrates that by integrating important aspects of the various approaches into one single model being comprehensive in content and formally consistent, the model of frame selection could show a way out of these dead ends and boundaries. Moreover, the contribution illustrates that the model of frame-selection represents by no means a (complicated) special case of one of the paradigms and least of all a variant of the (broader) Rational Choice Theory.

Keywords: Theory of Action • Sociological Paradigms • Framing • Rational Choice Theory • Norms

Stichworte: Handlungstheorie • soziologische Paradigmen • Framing • Rational-Choice-Theorie • Normen

Karl-Dieter Opp: **Frame Selection, Norms and Rationality. Strengths and Weaknesses of the Model of Frame Selection**, pp. 63-78.

This paper deals with three problems of the model of frame selection (MFS): (1) The vagueness of the basic concepts and distinctions is illustrated with an example. (2) An alleged difference between the MFS and the theory of rational action is supposed to be in explaining the effects of norms and other incentives on behavior. It is argued that these differences do not exist. (3) In contrast to proponents of the MFS, it is held that the MFS is not an alternative but an extension of a wide version of the theory of rational action. In a final section, some open questions are discussed.

Keywords: Model of Frame Selection • Theory of Rational Action • Rational Choice Theory • Norms • Spontaneous Action • Calculation

Stichworte: Modell der Frame-Selektion • Theorie rationalen Handelns • Rational-Choice-Theorie • Normen • spontanes Handeln • Kalkulation

Hartmut Esser and *Clemens Kroneberg:* **Fortunately, all Quiet on the Theory Front?**, pp. 79-86.

Opp's major objection to the Model of Frame Selection (MFS) pertains to the central thesis of the main article. He maintains that opposed to its portrayal there, the MFS can indeed be reconstructed as a variant of an (expanded) Rational Choice Theory (RCT) which thus needs not be altered but provides general micro foundations for the social sciences. Our reply shows (once again) that this is not the case: However much expanded, RCT does not recognize the central mechanism of pattern recognition and the definition of the situation through the activation of mental models. RCT therefore offers no solution to a central concern of the MFS: the explanation of the potential unconditionality of norms and other attitudes and the accompanying suppression of all (rational) incentives – in lieu of the sole focus on utility differences that is always retained in RCT. The other conceptual and methodological objections by Opp are shown to be either unfounded or else general problems not specific to the MFS.

Keywords: Action Theory • Rational Choice • Norms • Model of Frame Selection

Stichworte: Handlungstheorie • rationale Wahl • Normen • Modell der Frame-Selektion

Raymond Boudon: **Alltagsrationalität oder instrumentelle Rationalität,** S. 87-105.

Die gegenwärtig vorherrschende Konzeption der instrumentellen Rationalität, selbst in den modifizierten Versionen so zentraler Autoren wie H. Simon und G. Becker, betont die Sichtweise, dass Akteure die Mittel zur Erreichung ihrer Ziele rational auswählen, während ihnen ihre Ziele, Werte oder Überzeugungen durch soziale, kulturelle, biologische oder psychologische Bedingungen aufgedrängt werden, über die sie wenig Kontrolle besitzen oder die ihnen unbewusst sind. Sollen wir auf die beobachtbaren Grundsätze, die Präferenzen, die Werte, die normativen und faktischen Überzeugungen der Akteure Rücksicht nehmen und sie nicht, oder nur auf Grundlage von Vermutungen erklären? Eine Möglichkeit, uns von den Problemen, die mit den unterschiedlichen Versionen der Rationalität zusammenhängen, zu befreien, besteht darin, diese durch eine Theorie der Alltagsrationalität zu ersetzen. Der Aufsatz entwickelt eine formale Definition einer solchen Theorie, zeigt wie sie sich auf Repäsentationen und Werte beziehen lässt, bietet ein Sample von möglichen Anwendungen und entwirft eine Übersicht über den logischen Mehrwert, den diese gegenüber den gegenwärtig benutzten Rationalitätstheorien bietet, wie insbesondere der sogenannten Rational-Choice-Theorie.

Keywords: Descriptive Beliefs • Normative Beliefs • Bounded Rationality • Axiological Rationality • Ordinary Rationality • Fairness • Solipsism • Proceduralism • Intellectualism

Stichworte: beschreibende Überzeugungen • normative Überzeugungen • begrenzte Rationalität • axiologische Rationalität • Alltagsrationalität • Fairness • Solipsismus • Prozeduralismus • Intellektualismus

Andreas Reckwitz: **Gründe und Überzeugungen oder Schemata und Scripts?**, S. 106-115.

Der Beitrag formuliert eine Kritik an der Handlungstheorie Raymond Boudons und weist auf eine praxeologische Alternative hin. Ansatzpunkt ist die Frage, ob sich Handlungen auf „Gründe" zurückführen lassen und ob sich Handeln informativer über einen Rückgriff auf implizites Wissen (Schemata und Scripts) verstehen lässt.

Keywords: Theory of Action • Theory of Social Practices

Stichworte: Handlungstheorie • Praxistheorie

Raymond Boudon: **Erwiderung auf die Bemerkungen von Andreas Reckwitz**, S. 116-118.

Soziale Phänomene sind die Folge sozialer Handlungen. Die Theorie der Alltagsrationalität hebt hervor, dass individuelles soziales Handeln und Verhalten im Allgemeinen das Ergebnis von Intentionen, normativen und beschreibenden Überzeugungen sind, die auf kognitiven Gründen im Bewusstsein der Akteure beruhen. Die Theorie der Alltagsrationalität definiert ein Paradigma, das für die Erklärungskraft vieler klassischer und moderner soziologischer Arbeiten verantwortlich ist.

Keywords: Descriptive Beliefs • Normative Beliefs • Bounded Rationality • Axiological Rationality • Ordinary Rationality • Fairness • Solipsism • Proceduralism • Intellectualism

Stichworte: beschreibende Überzeugungen • normative Überzeugungen • begrenzte Rationalität • axiologische Rationalität • Alltagsrationalität • Fairness • Solipsismus • Prozeduralismus • Intellektualismus

Axel Ockenfels and *Werner Raub:* **Rational and Fair**, pp. 119-136.

The standard model of the rational choice approach, i. e., the homo oeconomicus model, assumes rational as well as self-interested behavior. This model has various strengths but also encounters empirical regularities that contradict various of its predictions. With respect to empirical evidence, we focus on experimental findings on market games, Ultimatum and Dictator games, and the Prisoner's Dilemma. We sketch alternatives for the standard model that retain the rationality assumption but replace or modify the assumption of self-interest. These alternatives include a model of endogenous preference change with non-selfish preferences as implications rather than assumptions of the model. Another model includes the motivational assumption that actors care for their own material payoff and for their relative payoff standing and can account for a large and seemingly disparate set of empirical regularities, including regularities that contradict the self-interest assumptions.

Keywords: Assurance Game • Dictator Game • Endogenous Preference Change • Experiments • Fairness • Game Theory • Homo Oeconomicus • Market Games • Prisoner's Dilemma • Rationality • Reciprocity • Self-Interest • Ultimatum Game

Stichworte: Versicherungsspiel • Diktatorspiel • endogene Präferenzänderungen • Experimente • Fairness • Spieltheorie • Homo Oeconomicus • Markt-Spiele • Gefangenendilemma • Rationalität • Reziprozität • Eigennutz • Ultimatumspiel

Steffen Sigmund: **Fair and Rational? Action in Institutional Contexts**, pp. 137-146.

The increasing importance of concepts such as reciprocity, fairness or altruism for explaining individual social action is an indicator of the growing scepsis toward the standard model of rational action. The paper concentrates on three critical aspects of Ockenfels' and Raub's behavioral economical contribution to this discussion: 1. Does a modification of the rational choice not necessarily need a reformulation of its basic assumptions of rationality as well? 2. To what extent do institutions play a crucial role in this context?, and 3. Can general conclusions about societal processes be based on game theoretical modelling of interaction processes alone? The aim of answering these questions is to bring forward the debate about interdisciplinary consistency in the explanation of social action.

Keywords: Rational Choice • Behavioral Economics • Rationality • Game Theory • Institutions • Constellations • Values

Stichworte: rationale Wahl • Verhaltensökonomie • Rationalität • Spieltheorie • Institutionen • Konstellation • Werte

Axel Ockenfels and *Werner Raub:* **Rational Models,** pp. 147-153.

In our reply to Sigmund we sketch alternative rational choice models of moral preferences. We discuss how to account for the embeddedness of behavior in networks and institutions. Finally, we anwer the question why simple models are often preferable to complex models.

Keywords: Embeddedness • Institutions • Models • Moral Preferences • Rationality • Game Theory

Stichworte: Einbettung • Institutionen • Modellbau • moralische Präferenzen • Rationalität • Spieltheorie

Karen S. Cook und *Sarah K. Harkness:* **Rationalität und Emotionen,** S. 154-168.

Die Entwicklung der Rational-Choice-Theorie (RCT) in der Soziologie ist teilweise eine Reaktion auf das Desiderat kumulativer wissenschaftlicher Arbeit innerhalb des Faches (Boudon 2003). Die besondere Attraktivität der RCT lag in ihrem Potenzial, ein einfaches Handlungsmodell auf der Mikroebene zu entwickeln, das in der Folge von Aggregationsprozessen die Erklärung von Ableitungen auf der Makroebene erleichtert. Soziologie und Psychologie kritisieren in diesem Zusammenhang die Tendenz von Rational-Choice-Theorien, die Bedeutung emotionaler Aspekte des Verhaltens nicht ausreichend zu berücksichtigen. Wir skizzieren einige der Möglichkeiten, wie Emotionen rationale Wahlhandlungen direkt oder indirekt beeinflussen, den Prozess der Entscheidungsfindung modifizieren, oder, in Abgrenzung zur RCT, als alternative Determinanten des Verhaltens bestimmt werden können. Wir beabsichtigen, hiermit die künftige theoretische und empirische Forschung zur Verhältnisbestimmung von Emotionen, Rationalität und Verhalten anzustoßen. Abschließend wollen wir auf Möglichkeiten hinweisen, wo künftig Verknüpfungen mit aktuellen Entwicklungen und Forschungen sowohl in der Ökonomie (insbesondere der Verhaltensökonomie) als auch in den Neurowissenschaften über die Voraussetzungen von Emotionen und Verhalten bestehen.

Keywords: Rational Choice • Emotions • Bounded Rationality • Decision-Making • Behavioral Economics

Stichworte: rationale Wahl • Emotionen • begrenzte Rationalität • Entscheidungsfindung • Verhaltensökonomie

Rainer Schützeichel: **Emotionen, Rationalität und Rational Choice,** S. 169-182.

In den letzten Jahren hat sich das Verhältnis von Rational-Choice-Theorien und Emotionen zunehmend entspannt. Viele theoretische Ansätze, die man dem Lager der Theorien rationaler Wahl zurechnen kann, haben sich mit der Relevanz von Emotionen für rationale Wahlakte auseinandergesetzt und sind zu positiven Befunden gekommen. Diese werden im Beitrag von Karen S. Cook und Sarah K. Harkness systematisch beschrieben. Wie in dieser Kritik ausgeführt wird, ist es jedoch fraglich, ob die Theorien rationaler Wahl von ihren analytischen Grundlagen her in der Lage sind, die Relevanz wie auch die Rationalität von Emotionen in einer umfassenden Weise zu erfassen. Denn in dem engen analytischen Bezugsrahmen der Theorien rationaler Wahl werden Emotionen in aller Regel stets nur in ihren negativen wie positiven Einflüssen auf die Entscheidungsfindungen betrachtet. Unthematisiert bleibt die Rationalität der Emotionen selbst. Es wird deshalb die These erwogen, von Theorien rationaler Wahl zu umfassenden Theorien rationalen Handelns überzugehen, die zudem nicht nur die Rationalität der Emotionen selbst, sondern auch Formen epistemischer Rationalität in einer umfassenden Weise zu integrieren in der Lage sind, da emotive und epistemische Rationalität in einem engen Wechselverhältnis stehen. Ein solcher analytischer Ansatz könnte einen Gegenpol zu jüngeren Entwicklungen in den Sozialwissenschaften bilden, die als Neurosoziologie oder Neuroökonomie zwar die Emotionalität von Entscheidungen betonen, aber die deliberative Rationalität von Entscheidungen zugunsten von neurologischen und neurobiologischen Mechanismen minimieren.

Keywords: Emotions • Rationality • Sociology of Emotions • Rational Choice Theories • Theories of Rational Action • Neurosociology

Stichworte: Emotionen • Rationalität • Emotionssoziologie • Rational-Choice-Theorien • Theorien rationalen Handelns • Neurosoziologie

Karen S. Cook und *Sarah K. Harkness:* **Kognition, Emotion, Rationalität und die Soziologie,** S. 178-182.

Unsere Entgegnung auf den Beitrag von Rainer Schützeichel konzentriert sich auf einige der Aspekte, die er im Hinblick auf die Beziehungen zwischen Rational-Choice-Theorie und Emotionen herausstellt. Vor dem Hintergrund der zeitgenössischen Arbeiten hierzu diskutieren wir die Verknüpfungen zwischen Kognitionen und Emotionen wie auch die Begrenzung des Modells der rationalen Wahl als einer Handlungstheorie. Unsere Schlussfolgerungen beziehen sich auf Fragen des Reduktionismus und hinterfragen seine Wahrnehmung der wissenschaftlichen Arbeitsteilung zwischen unterschiedlichen Forschungsfeldern. Insbesondere behaupten wir, dass die Möglichkeit besteht, künftig im Bereich der Emotionsforschung und der Analyse rationalen Handelns mit der Neuroökonomie und allgemein den Neurowissenschaften zusammenzuarbeiten. Hierfür bedarf es einer weitgehenden Offenheit zu einer Zusammenarbeit über disziplinäre Grenzen hinweg.

Keywords: Rational Choice • Emotions • Neuroeconomics • Behavioral Decision Theory (BDT) • Bounded Rationality

Stichworte: rationale Wahl • Emotionen • Neuroökonomie • BDT • begrenzte Rationalität

Michael Baurmann: **Collective Knowledge and Epistemic Trust. The Approach of Social Epistemology,** pp. 185-201.

The research programme of "social epistemology" developed from a critique on philosophical epistemology thirty years ago. Since then it has attracted ever-growing attention, mainly, however, among philosophers. But social epistemology also offers prolific alignments for the social sciences, especially the sociology of knowledge. As a common subject and focus, an analysis of epistemic trust seems to be a promising option: trust plays a crucial role in the acceptance and distribution of information and knowledge. In the social sciences theoretical and empirical studies on the social function of trust have been on the agenda for quite a while, though the epistemic role of trust has hardly been investigated in these studies. Therefore, in this regard, there are excellent prospects for interdisciplinary cooperation to the advantage of both research traditions.

Keywords: Social Epistemology • Sociology of Knowledge • Trust • Knowledge
Stichworte: Soziale Erkenntnistheorie • Wissenssoziologie • Vertrauen • Wissen

Martin Endreß: **On the Trustworthiness of Social Empirical Knowledge**, pp. 202-213.

The paper deals with Michael Baurmann's explanation on the relation between social epistemology and rational choice theory. By differentiating various forms of trust, the question of the connection between trust and knowledge is discussed with regard to different types of "generators of plausibility". Critical remarks focus especially on Baurmann's differentiation of types of "epistemic trust".

Keywords: Trust • Trustworthiness • Social Epistemology • Sociology of Knowledge
Stichworte: Vertrauen • Vertrauenswürdigkeit • soziale Erkenntnistheorie • Wissenssoziologie

Michael Baurmann: **The Heuristics of Epistemic Trust**, pp. 214-219.

Heuristics enable people to use simple decision rules without calculating all options and aiming at optimalization. The use of heuristics can be a rational strategy because heuristics facilitate the reduction of decision costs and can lead to satisficing or even good decisions. Heuristics also play an important role in decisions whether to accept a testimony or not. This applies especially to the relations between lay-persons and experts. In this case the relevant heuristics are based on the socially established criteria for epistemic trustworthiness and expertise.

Keywords: Heuristics • Epistemic Trust • Lay-persons • Experts
Stichworte: heuristische Entscheidungsregeln • epistemisches Vertrauen • Laien • Experten

Andreas Diekmann and *Wojtek Przepiorka:* **Social Norms as Signals. The Contribution of Signaling Theory**, pp. 220-237.

Why do people pierce themselves, get tattoos, buy overpriced worn-out jeans, wear designer clothes, or engage in other costly but socially accepted behavior? While coordination and cooperation norms can be explained by rational choice theory, a third category of norms, signaling norms, have largely been neglected. At first it appears difficult to explain the emergence of social norms prescribing seemingly self-destructive or wasteful behavior. However, signaling theory constitutes the basis for understanding the emergence and evolution of signaling norms and offers an innovative approach in sociological theory. In this article we present the main tenets of signaling theory and based on Posner (2000) we also develop a game theoretical model to identifying the conditions for the emergence and evolution of social norms.

Keywords: Social Norms • Signaling Theory • Cooperation • Trust Games
Stichworte: Soziale Normen • Signaling-Theorie • Kooperation • Vertrauensspiele

Agathe Bienfait: **Signaling Theory as Cultural Theory**, pp. 238-246.

The term "signaling theory" stands for an interdisciplinary effort to integrate the insights of the theory of symbolic interactionism within the rational choice theory intending an overall concept of human action and rationality. The central point of interest are costly norms that are appearing "irrational" in terms of a benefit-cost analysis. These norms are taken as "signals" communicating relevant information and, therefore, reducing social contingency and complexity. An indispensable condition of signaling is, however, the credibility of signals, and this credibility is based on several assumptions of social and cultural homogeneity. In the light of this, it can be demonstrated that a satisfying explanation of signaling cannot be achieved in terms of rational choice but only in form of a cultural theory giving consideration to the diversity of human reasons and rationalities. Against the intentions of a rational choice theory to design an all-embracing social theory, this contribution pleads for a versatile typology of human actions and reasons in the tradition of Max Weber's basic sociological terms. The variety of social reality demands a variety of social theories, models and methods.

Keywords: Rational Choice Theory • Sociology of Culture

Stichworte: Rational-Choice-Theorie • Kultursoziologie

Andreas Diekmann and *Wojtek Przepiorka:* **Sociological Applications of Signaling Theory,** pp. 247-252.

In this article we clarify several questions raised by Bienfait regarding the application of signaling theory to sociological problems. These include the significance of signaling cost differentials, which are not a necessary condition for separating signaling equilibria, the problem of the reliability and meaning of signals, and the problem of explaining social norms. Signaling theory does not solely apply to small social groups, but also contributes to the explanation of macro-sociological phenomena. Finally, we argue for further exploring the potential of signaling theory in sociology. We recommend using game theoretical models to arrive at precise arguments and to derive testable hypotheses.

Keywords: Social Norms • Signaling Theory • Cooperation • Trust Games

Stichworte: soziale Normen • Signaling-Theorie • Kooperation • Vertrauensspiel

Annemarie Mol: **Akteur-Netzwerk-Theorie: Empfindliche Begriffe und andauernde Spannungen,** S. 253-269.

ANT ist keine Theorie oder falls doch, dann bieten Theorien nicht notwendig einen kohärenten Rahmen, sondern stellen eine anpassungsfähige, offene Fundgrube dar: eine Liste von Begriffen, ein Set von Empfindlichkeiten. Falls ANT eine Theorie ist, dann ermöglicht eine Theorie, Fallstudien nachzuerzählen, Kontraste nachzuzeichnen, verschwiegene Schichten aufzudecken, Fragen auf den Kopf zu stellen, das Unerwartete in den Fokus zu stellen, die eigenen Empfindlichkeiten zu ergänzen, neue Konzepte vorzuschlagen und Erzählungen von einem Kontext in einen anderen zu verschieben. Die vorliegende Darstellung der Akteur-Netzwerk-Theorie erklärt sowohl die Konzepte des Akteurs, des Netzwerks und der Theorie als auch die der Ordnung und der Kooperation. Aber es bleibt zu beachten: ANT definiert diese Konzepte nicht, sondern spielt mit ihnen. Es wird nicht Kohärenz angestrebt, es wird keine Festung aufgebaut und anstelle der Transplantation eines allgemeinen Schemas, das zunehmend stabiler und verfeinert wird, sollen ANT-Beiträge bewegen, ausbilden, transformieren und übersetzen, bereichern und betrügen.

Keywords: Actor-Network Theory • ANT • Actor • Network • Theory • Coordination • Order

Stichworte: Akteur-Netzwerk-Theorie • ANT • Akteur • Netzwerk • Theorie • Koordination • Ordnung

Georg Kneer: **Soziale Ordnung aus assoziationstheoretischer Perspektive,** S. 270-278.

Der Beitrag diskutiert den Vorschlag der Akteur-Netzwerk-Theorie, den Aufbau sozialer Ordnung mit Hilfe eines erweiterten Symmetrieprinzips zu beschreiben. Mit Blick insbesondere auf die generalisierte Akteurskonzeption und den Netzwerkbegriff werden verschiedene Unklarheiten und Inkonsistenzen des Ansatzes herausgearbeitet. Die vorgetragene Kritik verfolgt dabei ein pragmatisches Anliegen. Insofern richten sich die Einwände nicht gegen den Gebrauch eines symmetrischen Beschreibungsvokabulars, sondern gegen die daran geknüpften Ansprüche.

Keywords: Actor-Network Theory • Post-Structuralist Sociology • Symmetrical Descriptive Vocabulary • Hybrid Constellations • Generalized Concept of Actor • Construction of Social Order • Interdependence

Stichworte: Akteur-Netzwerk-Theorie • poststrukturalistische Soziologie • symmetrisches Beschreibungsvokabular • hybride Konstellation • generalisierter Akteursbegriff • Aufbau sozialer Ordnung • Interdependenz

Annemarie Mol: **Ein Brief an Georg Kneer,** S. 279-282.

Als Antwort auf Georg Kneers Kritik finden Sie einen an ihn adressierten Brief. Es ist ein höflicher Brief, wie man dies ja erwartet, aber kein freundlicher. Denn Kneer ist so wertend, nein, schlimmer noch, beleidigend in seinem Text, dass er mir kaum eine andere Möglichkeit bot. Ich musste zurückschlagen, und das habe ich. Ich zeige, dass er in seinem Beitrag weder meinen Text noch irgendeine andere Version der Akteur-Netzwerk-Theorie diskutiert, wozu er eigentlich aufgefordert wurde. Anscheinend hat er dies nicht ernst genommen, sonst hätte er sich sorgfältiger mit bisherigen ANT-Arbeiten auseinandergesetzt und nicht Beleidigungen an die Stelle von Beurteilungen gestellt. Er hat den Feind konstruiert, den er bekämpfen wollte und ich frage mich, ob er meinen Tex überhaupt gelesen hat.

Keywords: Actor-Network Theory • ANT • Actor • Network • Theory • Coordination • Order

Stichworte: Akteur-Netzwerk-Theorie • ANT • Akteur • Netzwerk • Theorie • Koordination • Ordnung

Richard Münch: **The World Society in the Tension Field between Functional, Stratificatory and Segmentary Differentiation,** pp. 283-298.

The functional differentiation of world society is the direction towards which evolution proceeds. It replaces segmentary and stratificatory differentiation in its primacy. Such is the main doctrine of Niklas Luhmann's social theory. This article wants to point out that though this doctrine entails a correct insight, it does not live up to an empirical test in its general claim. It leads to underestimating segmentary and stratificatory differentiation as constitutive structures of world society. In this extended perspective, it is evident that, in the first instance, the economy undergoes a goal-specific differentiation on the level of world society, while politics, law, administration and education remain largely bound to the nation state, yet increasingly cannot harmonize the economic dynamic with other ends. Along this way of evolution, the intervention state is being transformed into the competition state, into an agent of world culture and into a transmission belt of the economization of non-economic functional domains.

Keywords: Functional Differentiation • Stratificatory Differentiation • Segmentary Differentiation • Center and Periphery • Nation State • World Society

Stichworte: funktionale Differenzierung • stratifikatorische Differenzierung • segmentäre Differenzierung • Zentrum und Peripherie • Nationalstaat • Weltgesellschaft

Rudolf Stichweh: **Functional Differentiation of World Society,** pp. 299-306.

The paper examines the form of the primary differentiation of the system of world society. It points (1) to the plurality of global function systems existing in 20th and 21st century society. This is not compatible with a reductive description of world society which only looks at world politics and the world economy and postulates on the basis of such a simplification a differentiation of world society which is as well segmentary as functional. The text demonstrates (2) that the segmentary, horizontal differentiation of the system of world politics only did become dominant in the political reorganization after World War II. Before this, we observe for centuries a structure defined by political empires which generate a hierarchical inclusion in which empires exercise hierarchical control over other and different forms of political order. This older structure had its culmination in the epoch of first globalization from 1871 – 1914. In our days segmentation only functions as the internal differentiation of world politics – it is even now relativized by structures of "Global Governance" and by welfare states specializing on enabling inclusion processes into other function systems. The paper argues (3) for the close interrelation of the functional differentiation of world society and the radicalization of interregional inequalities in the world (1820 – 1950). Functional differentiation obviously increases and cumulates inequalities; but until now it did not produce global strata. Again the preponderance of functional differentiation is easily to be seen: global elites internal to function systems become very probable: but from this does not result the emergence of a global order of stratification orthogonal to the function systems of world society.

Keywords: World Society • Functional Differentiation • Segmentary Differentiation • Stratification

Stichworte: Weltgesellschaft • funktionale Differenzierung • segmentäre Differenzierung • Stratifikation

Richard Münch: **Functional, Stratificatory and Segmentary Differentiation of the World Society**, pp. 307-310.

No abstract.

Keywords: Functional Differentiation • Stratificatory Differentiation • Segmentary Differentiation • Center and Periphery • Nation State • World Society

Stichworte: funktionale Differenzierung • stratifikatorische Differenzierung • segmentäre Differenzierung • Zentrum und Peripherie • Nationalstaat • Weltgesellschaft

Joachim Renn: **Coordination by Translation. Social Differentiation and Governance from a Pragmatist Point of View**, pp. 311-327.

Empirical Evidence – e. g. the notoriously increasing relevance of non-intended side-effects - necessarily jeopardizes main assumptions of classical theories of modernity such as the model of a centralized, intentional governance of well integrated societies. The article tries to show how a macro-level oriented theoretical account of social forms of translation has to be shaped in order to integrate seemingly contradicting assumptions: first the assumption that we have no access to a unified representation of "the" modern society and therefore have to presuppose the absence of one unified social language as the prerequisite for a deliberately optimized coordination within the globalized world-society, second the reverse intuition that macro-coordination still remains possible. The clue of this strategy is shown to be found in an account of decentralized coordination which is based on the model of divergent translational relations between differentiated subsystems and –contexts of the globalized world-society.

Keywords: Social Differenciation • Theory of Action • Coordination • Modernity • Practice • Rationality • Social Integration • Language Games • Governance • Translation

Stichworte: Differenzierungtheorie • Handlungstheorie • Koordination • Moderne • Praxis • Rationalität • soziale Integration • Sprachspiele • Steuerung • Übersetzung

Rainer Greshoff: **Agents as Dynamic Power of the Social, pp. 328-342.**

The article is about Joachim Renn's conceptual foundations of his pragmatist theory of society. From this point of view his action theory is discussed on the one hand and on the other hand his propositions that social structures determine the intentions of agents. The article gives reasons that and why Renn's concepts are not valid. The article argues that the unit of a social action is based on the subjective meaning of the agents. This unit is not produced by the attribution of the recipients who relate and join to these actions. However the social action only becomes part of the social processes by those attributions. Furthermore the position is set out that social structure as social structure do not have any genuine causal power and cannot determine the intentions of agents. Thus social processes are produced only by social oriented agents.

Keywords: Social Theory • Production of the Social • Action Theory • Social Agents

Stichworte: Sozialtheorie • Produktion des Sozialen • Handlungstheorie • soziale Akteure

Joachim Renn: **Actors as the Effects of Social Attribution Conventions, pp. 343-348.**

To conceive of every single social act as the "product" of an intentional actor – the acting individual – is a conventional, but questionable sociological assumption. The article argues that an individualistic theory of social action has to be replaced by a sociological account of socially differentiated processes and contexts of "agency-ascription". Thus the individual actors become transparent as a social convention established and maintained by socially differentiated time-horizons and routines of ascription, which are entangled in translational relations.

Keywords: Act • Action • Agency • Convention • Ascription • Differentiation • Time • Time-Horizon • Interpretation • Emergence • Responsibility

Stichworte: Handlung • Akteur • Handlungskompetenz • Konvention • Zurechnung • Differentiation • Zeit • Zeithorizont • Interpretation • Emergenz • Verantwortung

Dave Elder-Vass: **Die Emergenz von Kultur, S. 351-363.**

Ausgangspunkt dieses Aufsatzes ist die These, dass Kultur notwendigerweise von subjektiven und objektiven Aspekten abhängt: Klassische Theorien betonten die objektiven Aspekte mit Hilfe von Konzepten wie kollektive Repräsentation (Durkheim), objektives Wissen (Popper, Archer) oder epistemologische Gemeinschaften (Nelson). Im Folgenden wird darauf hingewiesen, dass die objektiven Aspekte der Kultur die Form einer emergenten Fähigkeit sozialer Gruppen annimmt, die in Gestalt von Normzirkeln normativen Einfluss auf ihre Mitglieder ausüben. Nur die Individuen besitzen die Fähigkeit an den Überzeugungen festzuhalten, die den Inhalt der Kultur bestimmen, aber nur den Normzirkeln ist die Macht inhärent, solche Überzeugungen als Kultur zu bezeichnen.

Keywords: Culture • Norm Circles • Critical Realism • Collective Representations • Objective Knowledge • Feminist Epistemology

Stichworte: Kultur • Normzirkel • kritischer Realismus • kollektive Repräsentationen • objektives Wissen • feministische Epistemologie

Jens Greve: **Kultur und Interpretation, S. 364-377.**

In seinem Beitrag vertritt Elder-Vass die Ansicht, dass die Objektivität der Kultur auf Normzirkel zurückgeführt werden kann. Seines Erachtens steht dies im Gegensatz zu einer individualistischen Auffassung von Kultur. Die anti-individualistische Pointe seines Arguments besteht in einer bestimmten Interpretation von sozialer Emergenz. Dass soziale Phänomene im Rekurs auf Individuen erklärt werden können, heiße nicht, dass diese Phänomene verschwinden. Wenn Reduktion nicht Elimination meine, dann ließen sich aber auch kausale Urteile über den Einfluss von sozialen Phänomenen auf Individuen rechtfertigen. Ich stimme mit Elder-Vass darin überein, dass Reduktion nicht Elimination meint. Die Gruppe löst sich nicht auf, wenn sie als Relationierung von Individuen verstanden wird. Entsprechend können auch kausale Urteile auf soziale Phänomene, wie zum Beispiel Gruppen, Bezug nehmen. Im Gegensatz zu Elder-Vass vertrete ich aber die Ansicht, dass dies in keinem Gegensatz zu einer individualistischen Interpretation steht. Im Gegenteil, auf der Basis schwacher Emergenz lässt sich kein von Individuen unabhängiger Einfluss sozialer Phänomene behaupten, das heißt, der kausale Einfluss von Gruppen besteht genau im kausalen Einfluss von Individuen. Um dies zu bestreiten, müsste Elder-Vass von einer starken Emergenz ausgehen. Aber auch diese lässt sich widerspruchsfrei nicht verteidigen. Folglich vertrete ich im Anschluss an Max Weber eine individualistische Position, nach der soziale Eigenschaften eine besondere Klasse individueller Eigenschaften darstellen. Die Objektivität sozialer Phänomene beruht nicht auf ihrer Eigenständigkeit, sondern ergibt sich aus dem Umstand, dass Individuen das Verhalten anderer Individuen nicht vollständig kontrollieren können.

Keywords: Culture • Objectivity • Emergence • Social Causation

Stichworte: Kultur • Objektivität • Emergenz • soziale Verursachung

Dave Elder-Vass: **Besitzen Gruppen kausale Macht?**, S. 378-382.

In Antwort auf Jens Greves reduktionistische Kritik lässt sich zeigen, dass diese Art von Reduktionismus, wenngleich sie in der Philosophie weit verbreitet ist, ontologisch inkohärent bleibt. Darüber hinaus stellt er die Möglichkeit in Frage, das Emergenzargument empirisch zu begründen. Ich möchte stattdessen hervorheben, dass zwar von einem rein empiristischen Standpunkt aus Differenzierungen zwischen den sich widersprechenden ontologischen Annahmen nicht getroffen werden können, bei einer Hinwendung zu alternativen Erklärungsmodellen – und dies sollten wir tun – sich sehr wohl begehbare Wege finden lassen, um die notwendigen Unterscheidungen vorzunehmen. Gerade der von Greve in seiner Kritik herangezogenen Fall von P. M. Blau ist in dieser Hinsicht paradigmatisch. Denn es besteht die Möglichkeit, empirische Unterstützung für die Annahme zu finden, dass Gruppen über Macht verfügen. Und gerade diese Macht stellt die beste Erklärung für den objektiven Charakter der Kultur dar: die Erkenntnis, dass wir durch einige Phänomene kulturell geprägt sind, die außerhalb unseres Selbst liegen.

Keywords: Emergence • Reduction • Causal Powers • Culture • P. M. Blau

Stichworte: Emergenz • Reduktionismus • Kausalität • Kultur • P. M. Blau

Margret Gilbert: **Kultur als kollektive Konstruktion**, pp. 383-393.

Eine Gruppenkultur umfasst Überzeugungen, Haltungen, Regeln und Konventionen. Aber worauf laufen diese Gruppenerscheinungen hinaus? Die vorliegende Diskussion konzentriert sich auf den Fall von Gruppenüberzeugungen. Hierbei wird davon ausgegangen, dass entsprechend der vorherrschenden Alltagsannahmen, der Gruppenglaube nicht die Folge der persönlichen Überzeugungen der Gruppenmitglieder ist. Sehr viel eher ist es die Folge der gemeinsamen Überzeugungen der Mitglieder, die aufgrund ihrer unterschiedlichen Handlungen und Äußerungen den Inhaber der jeweilig in Frage stehenden Überzeugung nachzuahmen suchen. Das heißt, dass jedes Mitglied das Ansehen besitzt, angemessene Äußerungen und Handlungen der anderen zu fordern und diejenigen zu tadeln, die hierbei Fehler begehen. Falls Gruppenüberzeugungen in diesem Sinne entstehen, bedeute dies, dass sie starke Effekte besitzen. Dies gilt ebenso für alle ähnlich konstruierten Gruppenerscheinungen.

Keywords: Joint Commitment • Group Belief • Group Preference • Prisoner's Dilemma • Rational Agents • Rights

Stichworte: gemeinsame Bindung • Gruppenüberzeugung • Gruppenpräferenzen • Gefangenendilemma • rationale Akteure • Rechte

Annette Schnabel: **Gruppenüberzeugungen, Gruppensprecher, Macht und Verhandlung,** S. 394-404.

Der Artikel kommentiert Margaret Gilberts Ausführungen zur Etablierung von Gruppenüberzeugungen. Sie argumentiert, dass Gruppenüberzeugungen gemeinsame Verpflichtungen seien, die in der Lage seien, einerseits Akteure darauf zu verpflichten, sich ihnen gemäß zu verhalten, andererseits das Recht auf Rechtfertigung begründen, falls sich Gruppenmitglieder nicht ihnen gemäß verhalten. Daraus lässt sich ableiten, dass gemeinsame Verpflichtungen einen anderen Charakter und andere Eigenschaften haben als individuelle Verpflichtungen. Diese emergenten Eigenschaften werden kritisch hinterfragt und daraufhin überprüft, ob sie in der Lage sein könnten, soziologische Probleme, die sich aus einer individualtheoretischen Sicht (z. B. in Form des Kollektivgutproblems) ergeben, besser zu lösen als bisherige Erklärungsansätze.

Keywords: Group Beliefs • Collective Goods • Reductionism • Social Philosophy

Stichworte: Gruppenüberzeugungen • Kollektivgüter • Reduktionismus • Sozialphilosophie

Margret Gilbert: **Gemeinsame Bindung und Gruppenüberzeugung,** S. 405-410.

In diesem Aufsatz werden auf der Grundlage meiner Überlegungen zum Konzept der gemeinsamen Bindung und der Gruppenüberzeugung einige der von Annette Schnabel aufgeworfenen Fragen beantwortet. Diese Fragen beziehen sich auf die Differenz zwischen gemeinsamen und persönlichen Bindungen, wann und warum gemeinsame Bindungen entwickelt werden und inwiefern sie menschliche Interaktionen angesichts des Problems von Strukturen der Zuneigung erleichtern, also Mechanismen darstellen, die die Menschen dazu bringen, sich konform zu ihren gemeinsamen Bindungen zu verhalten. Darüber hinaus geht es auch darum, die Beziehungen zwischen den Überzeugungen und Präferenzen der Gruppen im Verhältnis zu denen der Individuen zu diskutieren.

Keywords: Joint Commitment • Group Belief • Group Preference • Prisoner's Dilemma • Rational Agents • Rights

Stichworte: gemeinsame Bindung • Gruppenüberzeugung • Gruppenpräferenzen • Gefangenendilemma • rationale Akteure • Rechte

Andreas Wimmer: **Culture as Compromise,** pp. 411-426.

The article summarizes four well-known critiques of the classical, anthropological theory of culture. It then develops a new theory of culture as the outcome of an instable and open process of negotiating meaning, which may lead to a consensus and thus more stable patterns of meaning and corresponding forms of social closure.

Keywords: Cultural Theory • Negotiation Processes • Social Reproduction

Stichworte: Kulturtheorie • Verhandlungsprozesse • soziale Reproduktion

Wolfgang Ludwig Schneider: **Culture as Social Memory,** pp. 427-440.

The article proposes a concept of culture that conceptualizes culture as social memory. Opposing Andreas Wimmer's position, the following aspects are accentuated: (a) Assuring connectibility of communication and reduction of uncertainty by standardized expectations are defined as primary problems of reference whose solution is a necessary precondition of rational action and for the construction of "cultural compromises" in Wimmer's sense. (b) Latent relations of meaning, not noticed by the actors but potentially effective as determinants and consequences of their actions, are taken into account. (c) It is assumed that cultural orientations, shaping intentional and voluntarily performed actions, are correlated with the position of actors within structures of social inequality, contributing to the reproduction and legitimization of these structures in a way being potentially latent to the actors.

Keywords: Culture • Conflict • Social Memory • Systems Theory • Communication • Observation

Stichworte: Kultur • Konflikt • soziales Gedächtnis • Systemtheorie • Kommunikation • Beobachtung

Andreas Wimmer: **Against the Expulsion of Power and Interest from the Theory of Culture, pp. 441-446.**

In the reply I argue that social closure cannot be derived from degrees of social distance, as in Wolfgang Ludwig Schneider's neo-holistic model. Rather, previous cultural consensus and corresponding forms of closure lead to perceptions of cultural distance in the presence. Furthermore, I show how problematic it is to overlook the role of power and interests in processes of cultural meaning making, even if we focus, following Schneider's theory of communication, on everyday interaction on the micro level.

Keywords: Cultural Theory • Negotiation Processes • Social Reproduction

Stichworte: Kulturtheorie • Verhandlungsprozesse • soziale Reproduktion

Thomas Schwinn: **Do We Need the System Concept? On the (Non-)Compatibility of Action and Systems Theory, pp. 447-461.**

Although action and systems theory are the basic sociological theories, there are different views on the question whether and how they could be combined. In order to come to a more convincing answer in this controversy, two levels of theory building are differentiated. The idea of action or system is set on a fundamental level with the distinction actor – situation or system – environment. The next level, theory of order, is dependent on the first one (2). The ambiguity of mixing these levels, typical of most attempts to combine action and systems theory, leads to flawed models: First, in efforts that combine system functionalism with action theory (3) and second, in attempts that seek to integrate actors in the autopoietical conception of system (4). The article concludes that action and systems theory cannot be combined and they result in "two sociologies" (1; 5).

Keywords: Action Theory • Systems Theory • Theory of Order • Micro-Macro • Autopoiesis • Functionalism

Stichworte: Handlungstheorie • Systemtheorie • Ordnungstheorie • Mikro-Makro • Autopoiesis • Funktionalismus

Uwe Schimank: **How Constellations of Actors can Appear as if Societal Sub-Systems Act – and why this is of Central Importance for a Theory of Society, pp. 462-471.**

An actor-based theory of modern society is well advised and able to adapt for its purposes the concept of societal sub-systems as elaborated in Niklas Luhmann's systems-theoretical approach. With this concept, systems theory grasps the constitutive paradox of modern society that "value spheres", as Thomas Schwinn conceives them following Weber, have an independent existence which actors must comply with although they – who else? – bring about this independent existence in their social interplay.

Keywords: Systems Theory • Actor-Based Theory • Functional Differentiation • Weber
Stichworte: Systemtheorie • Handlungstheorie • funktionale Differenzierung • Weber

Thomas Schwinn: **Are Systems Real or Do They Only Appear as Such?**, pp. 472-477.

Uwe Schimank's attempt to combine action and systems theory is flawed. On the one hand, he clings to the systems concept and on the other hand, he tries to reconstruct it in terms of action theory. In this context he is merely speaking of "systems as if" (hypothetical systems). The descriptive, only metaphorical use is confused with systems as an explaining category. For three social phenomena the term of system is regarded indispensable: reification, the macro structure of functional differentiation and the taken-for-granted character of the institutional codes or values. It will be demonstrated that for all three phenomena the systems theory is not needed – even not by Schimank himself.

Keywords: Functional Differentiation • Reification • Codes • Values • „Systems as if"
Stichworte: funktionale Differenzierung • Verdinglichung • Codes • Leitwerte • „Systeme als ob"

Rahel Jaeggi: **The Standpoint of Critical Theory. Considerations about the Claim of Objectivity of Critical Theory,** pp. 478-493.

In this paper I suggest that theories locating themselves within the tradition of "Critical Theory" (or the so called "Frankfurt School") cannot and should not aim at being neutral with respect to ethical matters and issues concerning value decisions as well as "forms of life". With respect to the challenges modern societes are faced with the liberal tendency to "ethical austerity" reaches ist limits. At the same time one should not conceptualize answers to these questions on the background of a substantial theory of the good life but as a meta-critique of social life.

Keywords: Critical Theory • Max Weber • Value Freedom • Social Criticism • Forms of Life
Stichworte: Kritische Theorie • Max Weber • Wertfreiheit • Sozialkritik • Lebensformen

Axel Bühler: **A Farewell to Critical Theory,** pp. 494-497.

In her paper Jaeggi reformulates Critical Theory by comparing it with Max Webers "scientific criticism of value judgments". She claims that Critical Theory surpasses Weber's position in two regards: (1) Critical Theory contains a "metacritique of existing society". This metacritique criticizes values embedded in social structure which condition the „deformation" of individual and institutional capacities for action. (2) The metacritique is guided by the ideal of emancipation as basis for arguments against social formations. In my reply to Jaeggi I show that there is no tangible difference between Critical Theory as conceived by her and "Traditional theory": (1) The project of "metacritique" is already implicitly present in Weber's conception. (2) Additionally, according to Weber, research in the social sciences can be guided by moral values like, for example, the value of emancipation. Furthermore, Weber's scientific criticism of value judgments serves the comprehensive ideal of clarifying possibilities of human decision making and the value of emancipation. Although Jaeggi is not aware of it, her Critical Theory reduces to "Traditional Theory" and hence has no substantial content.

Keywords: Critical Theory • "Traditional Theory" • Value Freedom • Metacritique • Emancipation

Stichworte: Kritische Theorie • „Traditionelle Theorie" • Wertfreiheit • Metakritik • Emanzipation

Rahel Jaegggi: **Reconstruction, not Farewell!**, pp. 498-503.

My reply aims at some clarification. First of all, my article does not discuss the difference between traditional and critical theory but rather an issue that comes up within critical theory itself: The question whether forms of life can be criticized. Secondly, I didn't argue for giving up but rather for rethinking and reconstructing the idea of rationality that originally motivated critical theory, an idea of rationality that has its foundation in a concept of historical progress.

Keywords: Critical Theory • Social Criticism • Values • Forms of Life

Stichworte: Kritische Theorie • Sozialkritik • Werte • Lebensformen

John Dupré: **Kausalität und menschliche Natur in den Sozialwissenschaften**, pp. 507-525.

Das Konzept der menschlichen Natur ist sicherlich zentral für die Sozialwissenschaften. Doch selbst unter einer Reihe von Sozialwissenschaftlern herrscht die Überzeugung vor, dass, da die menschliche Natur biologisch gegeben sei, sie von der Biologie ausgearbeitet werden müsse. In jüngster Zeit wurde diese Perspektive mit dem evolutionären Ansatz in der Soziobiologie und der evolutionären Psychologie verknüpft. Im vorliegenden Aufsatz wird gezeigt, dass eine Reihe von Entwicklungen innerhalb der Biologie, etwa im Rahmen evolutionärer (kulturelle Evolution, Niche-Construction-Ansatz, Entwicklungssysteme) wie auch weiterführender Ansätze (Epigenik), auf konzeptionelle Mängel innerhalb der Evolutionstheorie hinweisen. Stattdessen wird betont, dass die aktuelle biologische Theoriebildung in sehr viel größerem Maße einer Perspektive nahe steht, die den Menschen als hoch flexibel und an Veränderungen anpassbar beschreibt, und dies aufgrund von Möglichkeiten, die in den Menschen selbst liegen. Menschen sind von Natur aus entwicklungsfähig und ihr Verhalten ist plastisch. Der Beitrag endet mit einem Vorschlag, inwiefern eine Konzeption des freien menschlicher Willens in diese allgemeine Konzeption eingebaut werden kann.

Keywords: Human Nature • Sociobiology • Evolutionary Psychology • Developmental Systems Theory • Free Will

Stichworte: menschliche Natur • Soziobiologie • evolutionäre Psychologie • Theorie der Entwicklungssysteme • freier Wille

Gert Albert: **Action Theories of Middle or Universal Range? To a Latent Methodological Controversy**, pp. 526-588.

The paper deals with two different methodological heuristics which are connected with different theoretical approaches. Robert K. Mertons concept of theories of the middle range is given a micro-sociological turn. Methodologically, one can differentiate between a search for action theories of the middle range and for action theories of universal range. Since it's recently getting more difficult to see the rational choice theory as a universally valid theory there is the question what comes after: action theories with the pretension of universal validity or middle range theories of action? In this respect five action theories are analysed. Thereafter it is asked for reasons to choose between both options, from an emergentist and an reductionist point of view. From both views one can only recommend a search for middle range theories of action.

Keywords: Middle Range Theories • Action Theory • Rational Choice • Max Weber • Frames • Emergence • Reduction

Stichworte: Theorien mittlerer Reichweite • Handlungstheorie • rationale Wahl • Max Weber • Frames • Emergenz • Reduktion

Udo Kelle and *Alexander Nolte:* **Action, Structure and Culture and the Multilevel Problem of the Empirical Social Sciences**, pp. 562-588.

In the empirical social sciences theoretical terms as well as empirical data often refer to different (macro-, meso and micro) levels of aggregation. However, it is usually not possible to logically deduce propositions and observations on the sociological micro and macro level from each other. Thus a host of conceptual and terminological challenges may arise if micro and macro level propositions are related to each other. A variety of outstanding social theorists coming from the rational choice paradigm (James Coleman being the most prominent among them) have proposed to tackle this multilevel problem with the help of a concept of "macro-micro-macro explanation": macro level phenomena shall be explained by descending to the micro level of individual action. However this approach relies on heroic assumptions regarding the existence of universal laws of individual action which are not only seriously challenged in current epistemological debates but also turn out to be problematic in social science research practice. We will argue that theory construction in the social sciences must rather take into account the contingent nature of social structures and must deal with the often heterogeneous and hardly manageable diversity researchers may find on the micro level of individual action. One crucial methodological consequence of the spatio-temporal contingency and of the potential fragility of social structures must lie in the application of mixed methods designs which combine quantitative and qualitative methods to deal with the fact that social structures are simultaneously stable and modifiable.

Keywords: Micro-Macro Link • Multilevel Models • Qualitative Methods • Quantitative Methods • Mixed Methods • Rational Choice

Stichworte: Mikro-Makro-Verknüpfung • Mehrebenenmodelle • qualitative Methoden • quantitative Methoden • gemischte Methoden • rationale Wahl

Hans-Bernhard Schmid: **Rational Idiocy, Collective Intentionality, and the Core of the Social**, pp. 589-610.

It is characteristic of social facts that they enable agents to form expectations concerning other agents' behavior even if their decisions are interdependent. The denizens of the social world are creatures who, to some degree at least, can count on each other. The clarification of this basic structure of social reality is in the common focus of philosophy and the theory of social science. Based on a critical assessment of some important sociological theories, this paper develops the thesis that a strong conception of the sharing of cognitive and practical attitudes is needed in order to understand what it means to say that there are social facts in the world.

Keywords: Social Facts • Coordination • Convention • Double Contingency • Consensus • Collective Intentionality

Stichworte: Soziale Fakten • Koordination • Konvention • doppelte Kontingenz • Einverständnis • kollektive Intentionalität

Das Standardwerk zur Soziologie der Arbeit

> Stand und Entwicklungen der Arbeitssoziologie

Fritz Böhle / G. Günter Voß /
Günther Wachtler (Hrsg.)
**Handbuch
Arbeitssoziologie**

2010. 1013 S. Geb. EUR 69,95
ISBN 978-3-531-15432-9

Erhältlich im Buchhandel
oder beim Verlag.
Änderungen vorbehalten.
Stand: Juli 2010.

Der Inhalt: Arbeit als Grundlage menschlicher Existenz – Arbeit als menschliche Tätigkeit – Strukturwandel von Arbeit – Rationalisierung von Arbeit – Kontrolle von Arbeit – Gratifizierung von Arbeit – Gestaltung von Beschäftigungsprozessen – Subjekt und Arbeitskraft – Betriebliche und überbetriebliche Organisation – Arbeitsmarkt und Beschäftigung – Beruf und Bildung – Politische Regulierung von Arbeit und Arbeitsbeziehungen – Haushalt und informeller Sektor – Bilder als arbeitssoziologische Quellen

Das Buch gibt einen Überblick über die bisherigen Entwicklungen und den gegenwärtigen Stand zentraler Themenbereiche der Arbeitssoziologie. Das Handbuch vermittelt grundlegendes Wissen und gibt wichtige Forschungsbereiche und Diskurse der Arbeitssoziologie wieder. Theoriebestände und empirische Ergebnisse werden aufbereitet, um wesentliche Konzepte und Perspektiven des Faches erkennbar zu machen.

Gerade in der gegenwärtigen Phase tiefgreifender Umbrüche in den Formen und Erscheinungsweisen von Arbeit ist ein Blick auf den breiten Bestand von Theorien, Konzepten und Begriffen sowie empirischen Befunden eine wichtige Grundlage für Ausbildung, Forschung und Praxis. Aus dieser Perspektive werden in den Beiträgen gegenwärtige Entwicklungen von Arbeit beschrieben, aktuelle Konzepte für deren Analyse vorgestellt und neue Herausforderungen für die Forschung umrissen.

www.vs-verlag.de

Abraham-Lincoln-Straße 46
65189 Wiesbaden
Tel. 0611.7878-722
Fax 0611.7878-400

Printed by Publishers' Graphics LLC